| 제12판 |

심리학과 삶의 도전

적응과 성장

Jeffrey S. Nevid, Spencer A. Rathus 지음
오경자, 강성록, 김현수, 양재원, 이주은 옮김

WILEY Σ 시그마프레스

심리학과 삶의 도전 : **적응과 성장**, 제12판

발행일 | 2016년 2월 15일 1쇄 발행
2024년 2월 5일 2쇄 발행

저자 | Jeffrey S. Nevid, Spencer A. Rathus
역자 | 오경자, 강성록, 김현수, 양재원, 이주은
발행인 | 강학경
발행처 | (주)시그마프레스
디자인 | 송현주
편집 | 김성남

등록번호 | 제10-2642호
주소 | 서울특별시 영등포구 양평로 22길 21 선유도코오롱디지털타워 A401~402호
전자우편 | sigma@spress.co.kr
홈페이지 | http://www.sigmapress.co.kr
전화 | (02)323-4845, (02)2062-5184~8
팩스 | (02)323-4197
ISBN | 978-89-6866-652-0

Psychology and the Challenges of Life: Adjustment and Growth, 12th Edition

* 책값은 뒤표지에 있습니다.
* 이 도서의 국립중앙도서관 출판예정도서목록(CIP)은 서지정보유통지원시스템 홈페이지(http://seoji.nl.go.kr)와 국가자료공동목록시스템(http://www.nl.go.kr/kolisnet)에서 이용하실 수 있습니다.(CIP제어번호 : CIP2016002120)

역자 서문

근래 우리 사회에서 심리학에 대한 관심이 커지면서 대학에서도 심리학 교양과목이 많이 개설되고 있다. 인간 행동과 마음의 원리를 탐구하는 학문인 심리학은 다양한 삶의 과제에 효율적으로 대처하는 데 도움이 되는 내용을 많이 담고 있다. 예를 들어 자아정체감 문제, 자신에게 적합한 진로 찾기, 친구 사귀기, 효율적 스트레스 대처방안, 정신건강문제 등은 많은 학생들이 관심을 가지고 있는 주제로 대학의 교양강의에서 다루기에 적합한 내용이다. 다만 이러한 주제들을 인간 행동에 대한 과학적 연구에 토대를 둔 내용을 중심으로 하면서 학생들이 흥미를 가지고 공부할 수 있도록 구성되어 있는 교재를 찾기는 쉽지 않다.

*Psychology and the Challenges of Life*는 위의 두 가지 조건을 두루 갖추고 있는 교재로 판단되어 번역을 결정하였다. 구체적으로 이 책에서는 성격의 이해, 스트레스 관리, 건강한 습관과 건강관리, 자기와 타인의 인식, 사회적 영향, 심리장애의 소개와 치료방안, 대인관계와 대인 의사소통, 성의 문제, 청소년기 · 성인기 발달 그리고 진로와 직업의 문제 등 대학생들이 당면하고 있는 다양한 삶의 문제들을 그와 관련된 연구결과들과 함께 소개하고 있다. 특히 최근 화제가 되고 있는 여러 가지 사회적 현상을 과학적 연구 결과들을 활용하여 설명하는 내용, 다양한 이론적 개념들을 자신에게 직접 적용해보는 자기 평가도구 및 과제들을 소개하는 등 학생들이 보다 흥미를 가지고 공부할 수 있도록 구성되어 있다. 또한 인터넷 중독 문제, 사이버스페이스에서 개인의 정체성 문제 등 최근 과학기술의 발전과 함께 새롭게 부상하고 있는 문제들에 대해서도 함께 생각해볼 수 있는 기회를 제공하고 있다.

이 책의 번역에 앞서 미국이나 서구인들의 연구에 기반을 둔 외국의 교재를 번역하는 것보다 우리의 사회 상황을 반영하고 국내 연구에 기반을 둔 교재를 새롭게 개발하는 노력이 더 의의가 있지 않을까 하는 의견도 제기되었다. 그러나 이 책의 내용을 살펴보면서 젊은 세대들이 당면하고 있는 삶의 문제에서는 문화적 차이보다 동서양을 가로지르는 공통점이 더 많으며 이 책의 내용 중 대부분이 우리나라 대학생들에게도 큰 무리가 없이 적용될 수 있다는 판단에 이 책의 번역을 결정하게 되었다. 특히 이 책에서는 각 주제마다 일관되게 문화, 인종, 가치관, 그리고 라이프스타일에서의 다양성을 강조하고 있어 강의를 통하여 학생들에게 문화적 차이에 대한 감수성을 더 높일 수 있는 기회로 활용될 수 있을 것이다.

이 책의 번역에는 모두 다섯 사람이 참여하였다. 제1, 2장의 번역은 본인이 담당하였고, 제3, 4, 5장은 강성록 박사, 제6, 13, 14장은 이주은 박사, 제7, 8, 9장은 김현수 박사, 제10, 11, 12장은 양재원 박사가 담당하였다. 원문을 충실하게 옮기는 것을 원칙으로 번역하였으나, 필요하면 독자들이 편하게 읽고 이해할 수 있도록 풀어서 기술하였다.

이 책의 출판을 맡아주신 (주)시그마프레스의 사장님과 수고를 아끼지 않은 편집부 여러분께 감사드리면서 이 책을 통하여 많은 학생들이 흥미를 가지고 공부할 수 있기를 기대한다.

역자 대표 오경자

저자 서문

심리학과 삶의 도전 : 적응과 성장, 새로운 개정판의 독자가 된 것을 환영한다. 이번 제12판에서도 심리학이 우리의 삶과 관련되는 다양한 방식, 그리고 매일매일의 생활에서 마주치는 수많은 도전에 대한 적응에 도움을 주는 심리학의 중요한 역할에 대하여 깊이 생각해볼 것이다. 이 교재 전반에 걸쳐서 시간 관리, 자아정체성 발달, 우정과 친밀한 관계의 형성과 유지, 건전한 행동과 생활양식의 채택, 스트레스 관리, 그리고 정서적 문제와 심리장애를 다루는 것 등 삶의 도전에 심리학적 개념과 원리를 적용하는 방안을 알아볼 것이다. 요즈음과 같은 불확실성 시대에는 자연재해나 테러 등 국가적 차원에서의 보다 광범위한 위협으로부터 오는 도전에 대한 대처방식을 알아보는 것도 좋으리라고 생각된다.

오늘날의 학생들은 인류 역사상 가장 서로 밀접하게 연결되어 있는 세대이다. 이들은 구글, 인스턴트 메시지, 페이스북, 문자 보내기, 그리고 아이팟 세대이다. 1980년과 2002년 사이에 태어난 새 천 년 세대는 인터넷과 월드와이드웹 그리고 휴대전화가 존재하지 않았던 시대를 알지 못한다. 사이버 공간에서의 새로운 자아, 아바타의 사용은 전혀 새로운 유형의 심리적 정체성을 만들어내고 있다. 요즈음의 대학생이 태어났을 때에는 웹(web)이라는 것은 그냥 거미가 친 거미줄이었고, 타블렛은 약물 투여에 사용되는 것이며, 휴대전화는 너무 크고 사용하기 번거롭고 비싸서 소수의 회사 중역이나 군 인사들만 사용했었다.

이 책의 이전 판에서도 기술의 변화가 우리의 심리적 적응에 미치는 영향에 대한 문제를 다룬 바 있다. 이번 판에서는 사회 미디어가 우리의 심리적 적응에 미치는 영향에 대해서도 다루었다. 그러나 이런 변화와 도전에 대해 깊이 생각하면서도 적응의 심리학과 개인적 성장이라는 핵심적 주제에 대한 초점은 유지하고 있다.

이런 목표를 염두에 두고 이 교재의 이전 판들의 특징이었던 몇 가지 명확한 목적을 가지고 이번 신판의 저술에 접근하였다.

- 연구 방법과 근원적 문제에 대한 이해를 알려주는 고전적 심리학 연구의 개관, 그리고 최근 수년간 과학 문헌에 보고된 연구의 포괄적 개관을 통하여 심리학의 과학적 기반을 전달한다.
- 심리학 원리를 적용하여 독자들이 자신의 일상생활에서 부딪히는 도전에 대응하고 문제를 해결하며 고유의 잠재력에 도달하도록 돕는다.
- 오늘날 우리의 삶에서 인간 다양성의 중요함을 음미한다.
- 학습을 독려하고 기억을 증진시키는 종합적 교육 프로그램을 제공한다.
- 유머와 개인적 경험을 풍부하게 사용하여 학생들에게 동기를 부여한다.
- 추상적이고 복잡한 개념들을 하달하는 방식이 아니라 직접 학생들에게 이야기하는 방식의 강력하고 이해하기 쉬운 산문으로 제시한다.

이번 개정판에서 새롭게 추가된 점

나의 생활, 나의 마음(MyLife, MyPsych)

적응 심리학에서는 학생들로 하여금 일상의 삶에 심리학을 적용할 수 있도록 한다. 우리는 적응과 성장을 공부하는 것이 학생들에게 개인적으로 마음에 끌리고 마음을 풍부하게 해주는 경험이 되기를 바란다. 새 개정판에서는 **나의 생활, 나의 마음**이라는 특집란에 심리학을 매일매일의 생활에 개인적으로 적용하는 내용이 통합정리되어 있다. 그 특집란에는 학생들이 어떻게 심리학적 지식을 적용하여 삶을 증진시킬 수 있는지가 설명되어 있어 적응 심리학 연구를 개인적으로 적용하는 데 도움이 될 것이다. 이 교재의 이전 판에서 "일상생활의 심리학"이라는 제목의 내용은 이제 "나의 생활, 나의 마음"이라는 제목으로 통합되었고, 아울러 본문에서 논의된 개념과 연관된 태도나 행동을 학생들이 스스로 알아볼 수 있도록 자기 보고식 설문이 제시되어 있다. 이러한 특집란이 아래에 예시되어 있다.

- 개인의 행복을 증진하기 (제1장)
- 온라인 정보 검색에서 비판적 사고하기 (제1장)
- 당신은 얼마나 스트레스를 받고 있는가? (제3장)
- 당신은 A 유형인가 또는 B 유형인가? (제3장)
- A 유형 행동 수정하기 (제4장)
- 체중을 줄이고 유지하라 (제5장)
- 자기 개념 점검하기 (제6장)
- 자기 주장적인 사람이 되기(존경을 얻으면서 사람들에게 영향을 주기) (제7장)
- 위기에 처한 친구를 돕기 (제8장)
- 스트레스에 대한 정서적 반응(불안, 분노, 우울)에 대처하기 (제9장)
- 대학에서 안전하게 소셜 네트워킹하기 (제10장)
- 안전한 사이버데이트를 위한 지침 (제11장)
- 사이버섹스 중독의 경고 징후 (제12장)
- 권위 있는 부모 되기 (제13장)
- 나에게 맞는 직업 찾기 (제14장)

챕터 구성의 변화

강의자들은 내용은 종합적으로 다루되 학생들이 접근하기 쉬운 형태로 길이도 적당한 정도이기를 원한다. 새로운 연구 결과와 적용들을 포함하면서 그 분량을 유지하기 위해서 이번 판에서는 이전에 성(gender)과 섹슈얼리티(sexuality)로 나누었던 두 장을 하나로 합쳤다(제12장 성과 섹슈얼리티). 이를 위해서 적응 심리학 수업에서 학생들에게 필요한 핵심 내용은 포함한 채로 성과 섹슈얼리티에 대한 내용을 간결하게 정리하였다.

새 기술, 새 도전

새로운 전자기기와 사회 관계망 사이트들이 쏟아지면서 학생들이 서로 소통하고 상호작용하는 방식에 많은 변화가 있었다. 이런 기술적 변화가 개인의 적응에 미치는 의미에 초점을 두고 우리는 휴대전화, 문자 메시지, 사회 미디어, 온라인 데이트, 온라인 아바타의 활용, 안전한 사이버 서핑법과 인터넷 중독 및 사이버 섹스 중독 등의 적응 문제를 다룬다. 이번 판에서는 사회 미디어의 심리적 양상에 대한 심리학 연구에 바탕을 두고 새로운 기술이 제기하는 도전으로 우리의 초점을 확장하였다. 새 천 년 시대의 학생들의 이해와 교수 방법에 대해서 더 알고자 하는 강의자는 Nevid가 *APS Observer*[1]에 최근에 발표한 논문을 참고해도 좋겠다. 구글에서 Nevid와 논문 제목인 "Teaching the Millennials"를 검색어로 찾아보거나 아래 각주에 있는 웹 주소로 접속할 수 있다.

종합적인 업데이트

적응과 성장 과정의 이해를 알려주는 연구의 발전은 현기증이 날 정도로 빠르게 진행되고 있다. 우리는 최근의 연구 결과와 과학적 발전을 독자들이 관심을 가지고 쉽게 접근할 수 있는 방식으로 포함시키기 위해 노력하였다. 동시에 각 영역의 많은 고전적인 연구들을 함께 엮어 내려고 하였다. 그리고 전문적이고 복잡한 자료들을 다양한 수준의 학생들이 접근하기 쉽도록 간결하고 읽기 쉽게 서술하려고 노력하였다.

교수법적 측면

오늘날의 바쁜 학생들에게 맞는 모듈 형식과 학습 스타일

우리는 교재란 지식과 정보를 요약한 것 이상이어야 한다고 생각한다. 교재는 학습을 위한 도구여야 한다. 우리는 강의실에 서 있거나 컴퓨터 모니터 앞에 앉아서 교재를 쓸 때나 항상 우리가 교수자라는 사실을 놓치지 않으려 애쓴다. 우리는 교수자로서 학생들이 오늘날의 학습 환경에서 성공하는 데 도움을 받도록 지식을 습득하고 유지하도록 지원하는 난제를 마주하고 있다.

우리 선생들은 이전에 전혀 경험해보지 못한 도전을 받고 있다. 우리 학생들은 변화하고 있고, 우리는 교실에서 그리고 학생을 위한 교재를 만드는 과정에서의 도전에 대응하는 새로운 방법을 개발하여야만 한다. 우리 교실에서는 학업을 다시 시작하는 학생들, 기존과는 다른 유형의 학생, 그리고 가족 · 일 · 학업의 균형을 학생들의 수가 점차로 증가하고 있다.

학생들이 자신의 삶의 수많은 책임들 간의 균형을 잡도록 도와주기 위해서 교재를 모듈 형태로 구성하여 긴 분량의 장을 작고 개별화된 학습 단위로 나누었다. 모듈식 접근은 보다 관리하기 수월한 교수 단위로 정보를 제시하여 학생들이 공부 시간을 조직하는 데 도움이 될 것이다. 각 모듈은 훑어보기 질문으로 시작하여 다음 장으로 넘어가기 전에 학생들이 주요 개념들에 대한 지식을 검증할 수 있는 복습으로 끝나는 독립적 학습단위이다. 모듈 형식을 통해서 학생들은 한 번에 한 장 전체를 소화하려고 노력하기보다는 각 모듈별로 조금씩 학습할 수 있을 것이다.

심층 탐구

글상자로 구성된 **심층 탐구**에서는 심리학의 역사상, 그리고 동시대의 흥미로운 인물들의 프로필을 제공하고 있다. 여기에서 우리는 지그문트 프로이트, B. F. 스키너, 에릭 에릭슨, 칼 로저

---

1 Nevid, J. S. (2011, May/June). Teaching the millennials. *APS Observer, 24*(5), 153-156. www.psychologicalscience.org/index.php/publications/observer/2011/may-june-11/teaching-the-millennials.html.

스, 스탠리 밀그램, 아론 벡과 같이 유명한 인물들이 마주했던 도전들에 대해서 이야기해 볼 것이다. 또한 베벌리 그린, 라파엘 자비에와 고인이 된 제인 토마스 등 우리 동료들의 개인적인 이야기를 통해서 다양성의 중요한 이슈를 강조할 것이다.

개인적 글쓰기 : 숙고하기/숙고하기/숙고하기

글쓰기(journaling)는 학생들이 수업시간에 배운 것을 각자의 삶에 관련짓도록 하는 중요한 도구이다. 하루의 경험을 일기로 쓰는 것과 같은 전통적인 형식을 포함해서 글쓰기에는 다양한 형태가 있다. 우리는 학생들이 교재에서 배운 것들이 자신의 개인적 생각과 경험에 어떤 영향을 줬는지 생각해보도록 하는 과제 형식을 글쓰기에 결합하고자 하였다. 학생들이 교재의 내용과 연관된 자신의 삶에 초점을 맞추어보도록 함으로써 글쓰기는 보다 심층적 정보처리를 촉진하여 더욱 효과적인 학습을 이끌 수 있을 것이다. 글쓰기와 그 밖의 정교화 되뇌기 방식은 학생들이 교재에 제시딘 개념들을 적극적으로 학습하여 새로운 학습 내용을 탄탄하게 해줄 것이다. 강의자들은 글쓰기를 학점에 반영되는 과제로 내줄 수 있다.

글쓰기 과제는 각 장 끝 부분에 **개인적 글쓰기 : 숙고하기/숙고하기/숙고하기**란에 제시된다. 학생들은 각 장에서 다루고 있는 내용과 관련하여 개인적으로 의미 있는 질문에 대해서 스스로 답해보기를 권장한다. 아래에 그 질문들의 예가 나와 있다.

- 5요인 모델의 성격 특성으로 자신의 성격을 묘사해보라. 가장 두드러진 특성은 무엇인가? 당신을 아는 다른 사람들은 당신의 평가에 동의할까, 동의하지 않을까? (제2장)
- 이 책에 기술된 심리적 갈등의 유형들은 경험해본 적이 있는가? 어떤 유형의 갈등이었는가? 어떻게 그 갈등을 해결하였는가?(혹은 그렇지 못했는가?) (제3장)
- 이 책에서 읽은 내용을 바탕으로, 술에 취해 의식을 잃은 사람을 '한 숨 자고 나서 술이 깨도록' 내버려두지 말아야 하는 것이 중요한가? 이 장을 읽고 과음의 위험성에 대한 인식이 높아졌는가? 그로 인해서 당신이 과음의 위험성이 있을 듯한 사람을 접하면 개입하고자 하는 의지나 행동이 변화되었는가? (제5장)
- 커리어 개발의 여러 단계에 대해 배웠다. 현재 당신은 어느 단계에 속해 있는가? 설명해보라. (제14장)

글쓰기는 이 책의 여러 가지 적극적인 학습 방식 중 하나이다. 이 책 전반에 걸쳐서 개인적 글쓰기, 자기 질문지의 실시, 주요 주제에 대한 비판적 사고와 각 장에서 다루었던 내용을 자신의 삶에 적용하는 등을 통한 적극적 학습을 권장한다.

현대인의 삶과 적응

우리는 사람들이 현대 삶에서 수많은 도전에 적응할 수 있도록 지원하는 과정에서 심리학이 중요한 역할을 차지한다는 것을 계속해서 강조한다. **현대인의 삶과 적응**란에서는 각 분야에서의 최신 연구, 현대의 이슈와 오늘날 삶에서의 도전을 다룬다. 아래는 그 예이다.

- 다중작업 : 한마디로 요약하면 "공부할 때는 절대 해선 안 되는 것" (제1장)
- 휴대전화 나라 : 사회적 축복인가 저주인가? (제1장)
- 성격 특성은 유전자에 찍혀 있는가? (제2장)
- 대학에서 올바르게 먹기 (제5장)

- 대학에서의 폭음 (제5장)
- 인터넷 중독 (제5장)
- 사이버공간에서의 당신 : 어떤 자기인가? (제6장)
- 여성들이 더 우울한 이유는 무엇인가? (제8장)
- 페이스북 아래 하나의 국가 (제10장)
- 21세기 데이트 : (사이버) 하늘에서 짝 점지해주기 (제11장)
- 정서 지능 : 성공에 이르는 정서 경로 (제11장)
- '사이버섹스 중독' – 새로운 적응의 문제 (제12장)
- 커리어 : 뜨는 직업, 그렇지 않은 직업 (제14장)
- 변화하는 직업 세계가 우리에게 주는 도전 과제 (제14장)

인간 다양성에 대한 통합적인 적용

우리는 인간 다양성의 풍부함에 대해 언급하지 않고 인간의 행동을 이해할 수 있을 것이라 생각하지 않는다. 사람들은 개인마다 다를 뿐 아니라 문화, 성, 나이, 성적 지향과 다른 요인들에서도 서로 다르다.

이번 판에서도 오늘날 미국 사회의 풍부함과 다양성에 대한 탐색은 계속된다. 미국은 서로 다른 전통, 국적, 민족의 다양한 사람들로 구성된 나라이다. 미국 그 자체는 수많은 민족과 종교 집단으로 구성된 국가이다. 그 다양성은 거의 200여 개의 지구촌 국가들과 각 국가의 고유한 하위문화에까지 이른다.

다양성에 대한 내용은 따로 분리시켜서 글상자로 담기보다는 각 장 내에서 직접 통합하고자 하였다. 이는 다양성을 별개로 다루면 다양성이 주류 심리학의 부분이 아니라는 잘못된 인상을 줄 수 있다. 우리는 다양성이 심리학 연구의 한 부분으로, 교재 내의 일반적인 논의 속에 함께 통합되어야 한다고 생각한다.

문화, 민족, 가치와 생활양식에서의 다양성의 이슈가 어떻게 우리 주변의 세계에의 적응을 형성해 나가는지를 학생들이 생각해보면 좋을 것이다. 다양성에 초점을 맞춤으로써 학생들은 사람들이 어떻게 다른지뿐 아니라 여러 측면에서 사람들이 어떻게 유사한지도 더 잘 이해하게 될 것이다.

자기 평가 연습

이 책은 학생들이 단순히 심리학적 개념을 읽는 것에 그치지 않고 그 개념들을 자신과 자신 삶의 경험에 적용할 수 있게 하는 많은 자기 평가 설문들을 포함하고 있다. 학생들은 자기 평가 설문을 교재를 이용하여 실시할 수 있다.

자기 평가 연습을 통해서 학생들은 심리학적 개념을 자신에게 적용해보는 과정을 통해서 이에 더 흥미를 느끼며 심화학습을 할 수 있을 것이다. 학생들은 각 장에서 다룬 개념과 관련하여서 자신의 위치가 어디인지 평가할 수 있다. 예를 들어 학생들은 자신이 A 유형 행동에 해당되는지 여부를 확인할 수 있고, 대학생 규준과 비교했을 때 자신의 스트레스 수준을 평가할 수 있다. 아래에 자기 평가 연습의 예가 나와 있다.

- 생각하는 것을 그대로 말할 용기가 있는가? 사회적 바람직성 척도 (제1장)
- 성공할 것인가 아니면 실패할 것인가? 성공 기대 척도 (제2장)

- 당신은 얼마나 스트레스를 받고 있는가? (제3장)
- 당신은 A 유형인가 또는 B 유형인가? (제3장)
- 당신의 심장은 현명한가? (제4장)
- 당신은 충분히 잠을 자고 있는가? (제5장)
- 당신은 왜 담배를 피우는가? (제5장)
- 가치관 규명 - 당신에게는 무엇이 중요한가? (제6장)
- 자기 개념 점검하기 (제6장)
- 당신의 생각이 당신을 우울하게 만드는가? (제8장)
- 큐피드가 당신의 심장에 화살을 쐈나요? 스턴버그의 삼각형 사랑 척도 (제10장)
- 당신이 생각하는 결혼의 역할은 전통적인가, 자유로운 것인가? (제11장)
- 당신은 남성적인 남성 아니면 여성적인 여성인가? 양성성 척도 (제12장)
- 에이즈 인식 척도 (제12장)
- 당신은 노화에 대해 어떻게 생각하는가? (제13장)
- 직업에 대해 어떻게 느끼는가? 직업 만족도 척도 (제14장)

긍정 심리학의 강조

긍정 심리학은 심리학 내에서 점차 성장하는 분야로 인간의 단점이나 결점보다는 덕성이나 자원에 초점을 맞춘다. 긍정 심리학에서는 사랑, 행복, 우정, 낙관주의, 도움 행동과 자존감 증진 같은 인간 경험의 많은 긍정적 차원에 대해서 연구한다. 우리는 긍정 심리학과 관련된 내용을 이 책 전반에서 통합하고자 하였으며, **긍정 심리학**이라는 표시를 사용해서 그것을 강조하였다.

학생지향적 측면

우리는 각 모듈의 복습에 제시된 **생각해보기**의 사고력을 자극하는 질문을 통해서 학생들이 글을 읽고 암기하는 것 이상을 해보도록 격려하고 있다. 아래가 그 예이다.

생각해보기

우리는 학생들이 글을 읽고 암기하는 것을 뛰어넘어, 각 모듈의 복습에 제시된 **생각해보기**의 질문을 통해서 생각을 일으킬 수 있도록 하였다. 아래 그 예들이 있다.

- 생물학은 운명이라는 말이 정확하지 않은 이유는 무엇인가?
- 이민자 집단에서 어떻게 문화적응이 긍정적 측면과 부정적 측면을 모두 가질 수 있을까? 설명해보라.
- 자존감은 어떻게 발달하는가? 부모가 된 지 얼마 안 되는 사람들에게 자녀들이 자존감을 획득하도록 도와주는 방법에 대해 어떤 조언을 해줄 수 있을까?
- 캠퍼스 내에서 편견을 줄이고 관용을 도모하는 방법에 대해 대학교 측에 건의를 한다면 어떤 조치들을 제안하겠는가?
- 인지치료자들은 정서장애 발달에서 인지의 역할을 어떻게 개념화하고 있는가?
- 규칙적으로 운동을 하는 사람들은 일반적으로 그렇지 않은 사람들보다 더 건강하다. 이러

한 운동과 건강 간 관계가 운동이 건강의 원인임을 보여주는가? 그렇다면 그 이유는? 만약 그렇지 않다면 그 이유는 무엇인가?

"다음을 알고 있나요?"로 각 장을 시작하기

각 장은 "다음을 알고 있나요?"라는 질문으로 시작된다. 이 질문은 각 장에서 다룰 내용에 대한 흥미를 이끌어내 학생들이 본문을 더 잘 읽도록 할 것이다. 이는 또한 일반적으로 알려진 그릇된 생각을 바꾸고, 중요한 심리학적 · 사회적 이슈에 대해서 학생들의 인지를 높이며, 최근의 연구 성과에 대해 학생들이 관심을 갖도록 할 것이다. 또한 본문의 몇 쪽인지를 알려주어 학생들이 관련된 정보를 쉽게 찾을 수 있도록 하였다. 아래에 각 장의 시작의 예가 나와 있다.

다음을 알고 있나요?

- 공부할 때 여러 가지 일을 동시에 하려고 하면 성적이 나빠질 수 있다.
- 시험 직전 벼락치기 공부할 때 시간 간격을 두고 여러 번에 나누어서 공부하는 것보다 더 좋은 성적을 얻을 가능성이 높지는 않다.
- 인종 차별에의 노출은 개인의 정신건강과 자기개념에 피해를 가져올 수 있다.
- 명상은 혈압에 좋다.
- 성실성 수준이 높은 사람들은 일을 제때 마칠 뿐 아니라 더 오래 더 행복하게 사는 경향이 있다.
- 음주 이후 정신을 잃은 사람들에게 신속한 의료 조치를 취하지 않는다면 회복되지 않을 수도 있다.
- 실험자에 의해 무엇인가를 지시받을 때 획기적이지만 논란이 많았던 연구에서 참가자들 대부분은 고통스러울 것임을 앎에도 전기 자극을 다른 참가자에게 주었다.
- 키 큰 사람은 작은 사람에 비해서 돈을 더 많이 버는 경향이 있다.
- 애인을 찾는 많은 사람들이 파트너를 직접 만나기 전에 문자나 웹캠을 이용한 데이트를 한다.
- IQ와 관련하여 한 성이 다른 성에 비해서 더 똑똑한 것은 아니다.
- 남성은 여성이 느낀 것보다 더 성관계 동안에 상대가 오르가슴을 느꼈다고 말하는 경향이 있다.
- 비만은 발기장애의 위험을 높인다.
- 청춘의 샘 다음으로 좋은 것은 집 근처 운동시설이다.
- 면접에 향수를 뿌리고 가는 여성들은 면접관이 남성일 경우 취업 가능성이 낮아질 수 있다.

학습을 위한 도움

적응 심리학 수업을 듣는 대부분의 학생은 1학년이거나 2학년이다. 상당수 학생들에게 적응 심리학은 심리학을 처음 접하게 되는 과목이다. 이 과목을 성공적으로 마칠 수 있도록 우리는 다음과 같은 더 효과적 학습 방법을 제시하였다.

SQ4R 학습법

교육심리학자인 프란시스 로빈슨이 개발한 SQ3R 공부 방법은 (1) 개관(survey), (2) 질문(question), (3) 읽기(reading), (4) 암송(recite), (5) 복습(review)의 다섯 단계로 이루어져 있다. 많은 교재 저자들이 SQ3R 방법을 이용하는 데에는 그럴 만한 이유가 있다. 이 방식은 학생들이 학습 과정에서 더 적극적인 역할을 하도록 하여 학습을 증진시킨다. 이 책에서는 SQ3R 학습 방법을 충분히 활용하면서 여기에 또 다른 중요한 'R'인 숙고하기(reflect)를 추가하였다.

각 장의 도입부와 각 모듈 시작부의 질문에서는 학생들이 읽게 될 내용이 무엇인지를 소개한다. 그리고 숙고, 암송, 복습을 통해서 학생들이 학습한 내용을 숙달하고 유지할 수 있도록 하였다.

1. 개관과 질문. 각 장은 그곳에 포함된 모듈들의 목록으로 시작된다. 이는 학생들이 각 장에서 다루고 있는 내용이 무엇이며, 어떻게 구성되어 있는지를 훑어보는 데 도움이 될 것이다. 각 모듈의 시작은 모듈에서 중요한 학습 목표를 강조하는 개관 질문들로 이루어져 있다. 이 질문들은 학생들로 하여금 교재 내용의 지식을 스스로 점검하여 학습을 사전에 조직할 수 있게 해준다.
2. 읽기. 이 교재는 분명하고 쉬우며 흥미를 끌 수 있게끔 글을 쓰고자 노력하였다. 우리는 대학 수업에서 필요한 명시적 학습을 위해서는 주의 집중이 필요하다는 것을 인식하고 있기에 독자의 관심을 붙잡고자 하였다. 독자들의 관심을 끌기 위한 방법으로 직접 화법을 이용하고 교재의 내용이 각자 개인적인 삶과 어떻게 관련되는지를 평가해보게 하였다.
3. 숙고. 학생들 자신이 학습한 것에 대해서 스스로 숙고할 때 더 효과적인 학습이 가능해진다. 기억과 학습을 연구하는 심리학자들은 정교화 되뇌기를 숙고라고 일컫는다. 주제에 대해 숙고하는 방법 중 하나는 그 내용을 자신이 이미 알고 있는 것과 관련시켜보는 것이다. 숙고를 하게 되면 그 내용에 의미가 부여되며 또 외우기가 쉬워진다. 또한 학생들은 그 정보를 자신의 삶에 적용할 가능성이 높아진다. 숙고 부분은 이미 언급한 바와 같이 글쓰기 부분과 통합되어 있다(즉 개인적 글쓰기 : 숙고하기/숙고하기/숙고하기).
4. 암송과 복습. 복습 모듈은 빈칸 채우기 형식으로 되어 있다. 이 방식은 단순히 사지선다형의 객관식 문제를 통해서 정답을 찾는 것보다 주요 개념들에 대한 지식을 되새기고 복습하도록 한다. 암송과 복습은 각 장의 끝에 암송하기/암송하기/암송하기의 요약에서 더욱 강조된다. 학생들은 훑어보기 질문에 대한 대답을 되새겨보고 자신의 답과 교재에 나와 있는 해답의 예를 비교해볼 수 있다.

용어 해설

주요 용어들은 교재 내에서 언급된 본문 옆에 정의되어 있다. 책 뒤편에 있는 용어 해설을 이용하지 않는 학생들이 많다. 용어 해설을 쉽게 볼 수 있게 만들면 학생들이 각 장의 내용 흐름에 집중을 유지할 수 있다. 학생들은 용어를 이해하기 위해서 책의 뒤로 넘겼다가 앞으로 되돌아오는 일을 반복할 필요가 없다. 주요 용어는 각 장에서 처음 나올 때 용어 해설을 이용할 수 있도록 진하게 표시해놓았다.

보조도구

이번 판에서는 학습과 강의의 최적화를 위하여 여러 가지 자료를 제공한다.

강의자를 위한 보조도구

강의자 지침서, 시험 문제, 비판적 사고 질문, 토의 문제, 파워포인트 자료 등이 강의자의 효과적인 수업을 위해 제공된다.

학생을 위한 보조도구

이 책을 공부하는 학생들을 위한 웹사이트(www.wiley.com/college/nevid)에서 온라인 퀴즈, 비판적 사고 글쓰기, 토의 문제와 관련 웹 링크 등과 같은 학습용 보조도구들을 찾아볼 수 있다.

요약 차례

차례

CHAPTER 2

성격

심리적 요인과 건강

CHAPTER 5 건강 행동의 개발

사회 안에서의 자기

CHAPTER 7 사회적 영향 : 타인에 영향받고 영향 주기

CHAPTER 8 심리장애

치료 : 도움을 주는 방법

CHAPTER 10

대인관계의 매력 : 우정과 사랑

관계와 소통

CHAPTER 12 성과 섹슈얼리티

CHAPTER 13

청소년과 성인의 발달 : 변화의 경험

CHAPTER

1

심리학과 삶의 도전

개요

다음을 알고 있나요?

- 공부할 때 여러 가지 일을 동시에 하려고 하면 성적이 나빠질 수 있다.(6쪽)
- 젊은이들은 잠자는 것을 제외하면 다른 어떤 활동보다도 전자 매체 사용에 쓰는 시간(매일 평균 7시간 정도)이 더 많다.(7쪽)
- 유전은 다수의 심리적 특성에, 심지어는 직업 선호도에도 영향을 미친다.(8쪽)
- 미국에서는 한때 여성의 대학교육을 허용하지 않았던 적이 있었다.(12쪽)
- 심리학자는 당신을 면담하거나 심리검사를 하지 않고도, 심지어는 당신이 누구인지도 모르면서 그럴듯한 성격보고서를 작성할 수 있다(정말).(17쪽)
- 2,000만 명의 유권자들을 설문조사해도 대통령 선거의 결과를 정확하게 예측할 수 없다.(23쪽)
- 결혼 전 장래의 배우자와 동거하는 경우 이혼 가능성이 더 크다.(27쪽)
- 시험 직전 벼락치기 공부할 때 시간 간격을 두고 여러 번에 나누어서 공부하는 것보다 더 좋은 성적을 얻을 가능성이 높지는 않다.(32쪽)

Oleg Prikhodko/iStockphoto

화학전공 4학년 학생인 22세의 베스는 보스턴에 있는 의과대학에 합격이 된 상태이다. 그녀는 암 연구를 하고 싶어 하므로 앞으로 7, 8년간은 쉴 새 없이 공부에 전념해야 할 것이다. 그녀의 약혼자인 케빈은 캘리포니아의 실리콘밸리에 안정적인 엔지니어 일을 잡았다. 케빈은 베스가 자기와 같이 캘리포니아로 와서 1년간 가정을 꾸리고 캘리포니아의 의과대학에 진학하기를 바란다. 그러나 베스는 캘리포니아의 의과대학에는 지원하지 않았을뿐더러 지원을 해도 입학이 된다는 보장은 없다. 이번에 진학 기회를 포기하면 또 다른 기회는 없을 수 있다. 그녀가 케빈이 보스턴에는 직장을 잡지 못했는데도 자기와 같이 보스턴으로 가자고 요구해야 할까? 요구하면 같이 가줄까? 케빈이 자기가 잡은 좋은 기회를 포기하는 경우 이를 원망하게 되어서 둘 사이의 관계가 흔들릴까? 그리고 베스는 자신이 출산을 언제까지 미룰 수 있을지도 고민이다. 자신은 아직 '아이'라고 생각하지만 그녀의 생물학적 시계는 쉼 없이 가고 있고, 의대에 진학한다면 서른 살까지 의사 수련을 끝내지 못한다. 그리고 그때가 되어도 출산이 의사로서의 경력을 쌓는 데 방해가 된다면 어떻게 하지?

경영학 전공자인 21세의 존은 모든 것을 사업과 연관시킨다. 그는 매일같이 **월스트리트저널**을 읽고 **뉴욕타임즈**의 비즈니스란을 읽는다. 그는 직장생활을 잘 시작할 수 있도록 열심히 공부하고 견실한 성적표를 만드는 데 전념하고 있다. 그는 미국 내 흑인 가족에서 대학에 간 첫 번째 세대로 대학공부를 제대로 하려고 한다. 그러나 그도 때로는 이렇게 애써봐야 무슨 소용인가 하는 생각을 한다. 그는 자신이 '정말 시험에 젬병인 사람' 중 하나라고 생각한다. 시험 이틀 전부터 떨기 시작한다. 시험지가 배포될 때에는 생각이 뒤죽박죽이 된다. 혹시 교수들이 자신이 흑인이라서 성적이 나쁠 것이라고 생각하는 것은 아닐까 하는 의문도 생긴다. 시험지가 책상에 놓일 때가 되면 손이 어찌나 떨리는지 자기 이름을 쓰기도 어렵다. 당연히 그의 성적은 형편없다.

마리아는 19세로 대학 신입생이다. 마리아는 TV 토크쇼도 보았고 청소년 관람불가 영화도 보러 간 적이 있다. 그녀는 새로운 성적 개방성에 대한 책이나 잡지 기사를 읽어보았지만 멕시코계 미국인의 전통적인 양육 덕분에 무엇이 옳고 그른지에 대한 확고한 의식을 지니고 있다. 그러나 그녀는 스스로 보다 진보적인 현대 주류 미국문화에 잘 적응했다고 생각한다. 주류문화의 사회적 · 성적 압력, 그리고 그에 맞추고 싶은 마음은 크지만 그녀는 완벽한 남자가 나타날 때까지 기다리고 싶다. 최소한 그녀는 사회적 압력 때문에 자신의 가치와 감정들의 신중한 구분을 그만두기는 싫다. 그녀가 만나는 마크라는 청년은 인내심을 보여 왔다, 그의 관점에서는. 그러나 근래 그도 마리아에게 압력을 가하기 시작했다. 그는 마리아에게 자신들의 관계가 일시적인 관계를 넘어섰고, 다른 여성들은 보다 쉽게 성적 욕구를 표현한다고 하였다. 마리아의 여자친구들도 그녀의 감정을 이해는 하지만 결국은 마크가 다른 쪽으로 돌아설 것 같아 걱정이라고 한다. 솔직히 마리아는 처녀성 문제만 걱정하는 것이 아니다. 성기 헤르페스나 에이즈 같은 성적 접촉으로 전염되는 병에 대해서도 걱정이 된다. 무엇보다도 마크는 22살이고 그가 어떤 행동을 하고 다녔는지 전부 알고 있지는 못한다. 물론 예방조치를 할 수는 있지만 완벽하게 안전한 것이 어디에 있는가? 여하튼 마리아는 압력에 못 이겨 행동하기는 싫다.

리사는 대학 3학년생이고 공부벌레이다. 교수들에게 인기가 있고 친척들에게도 예의 바르게 대한다. 운동도 규칙적으로 하고 자신의 몸매에 자부심을 가지고 있다. 그러나 리사에게도 비밀은 있다. 아침에 커피를 마시면서 다시는 '나락'으로 떨어지지 않기를 바라지만 대부분 그렇게 되고 만다. 보통 도넛 하나를 천천히 먹는 것으로 시작되지만 곧 한 개를 더 빠르게 먹어치운다. 그러고는 상자에 남아 있는 네 개를 게걸스럽게 먹어치운다. 그러고는 크림치즈를 바른 베이글 두어 개를 더 먹는다. 전날 저녁에 먹다 남긴 피자가 있으면 그것도 먹어치운다. 자신이 정말 싫어지지만 먹을 것을 찾아서 온 집 안을 뒤진다. 감자칩도 먹어치우고 과자도 꾸겨 넣는다. 15분 후에는 속이 터질 것 같고 더 이상 아무것도 속에 들어가지 않을 것 같은 느낌이 든다. 구역질을 하면서 욕실로 가서 폭식한 것들을 토해낸다. 내일은 달라지겠지, 혼자 다짐하지만, 그녀 자신도 도넛, 과자를 더 살 것이고 꼭 같은 일이 반복될 것이라고 생각한다. 그녀는 자기가 폭식증이고 전문가의 도움이 필요할지도 모른다고 걱정한다.

데이비드는 32세로 잠을 잘 못 잔다. 새벽이 되기 전에 깨어서는 다시 잠을 이루지 못한다. 식욕도 없고, 에너지도 떨어지며, 담배도 다시 피우기 시작했다. 점심에 술 한두 잔을 마시면서 그 이상 마시면 속이 나빠져서 다행이라고 생각한다, 그렇지 않다면 틀림없이 과음도 할테니까. 그러고는 '그렇다고 뭐가 달라지겠나?' 하는 생각을 한다. 성욕을 만족시키지 못해서 좌절스럽기도 하지만, 때로는 자신에게 아직도 성욕이 남아 있는지 궁금해진다. 아침에 잠은 깨지만 나날이 일어나는 것이 힘들어진다. 이번 주에는 하루 결근을 했고 지각을 두 번 했다. 그의 상사는 "이러면 곤란하지 않나!"라고 완곡하게 경고했다. 데이비드는 다음에는 조금 더 직설적인 경고가 올 것이라는 것을 알고 있다. 수가 떠난 후부터는 이렇게 계속 상황이 나빠져 가고 있다. 데이비드는 자살 생각도 해본 적이 있다. 그는 자신이 미쳐 가는 것은 아닐까 하는 생각도 든다.

베스, 존, 마리아, 리사, 데이비드는 각자 적응과 성장에 어려움을 경험하고 있다.

우리는 살면서 여러 가지 어려움을 만난다. 예컨대 베스는 역할 갈등을 경험하고 있다. 그녀는 의과대학을 가고 싶지만 케빈과의 관계도 유지하고 아이를 갖는 것도 원한다. 그녀는 의사가 된다고 해도 자녀 양육의 일차적 책임을 갖게 될 것이다. 회사의 임원이 된 여성들도 보통 가사나 자녀양육 책임을 진다. 케빈은 물론 남성우월주의자는 아니다. 이 경우, 그는 베스와 함께 보스턴으로 가서 거기에서 직장을 찾는다.

존의 문제는 시험불안이다 — 명백하지만 그렇게 단순한 문제는 아니다. 수년간의 불안과 실망스러운 학점은 악순환을 이루었다. 그는 너무 불안해서 시험 자체보다 몸의 감각과 걱정스러운 생각에 더 주의가 쏠린다. 이렇게 주의가 분산되니까 학점은 더 나빠지고 불안은 더 심해지고 있다. 걱정 때문에 자기가 가진 잠재력을 충분히 발휘하지 못하는 것이다. 다행히 학생상담소에서 시험불안을 경험하는 학생들을 위한 프로그램이 시작된다는 공지가 게시판에 붙었다.

마리아의 문제 역시 갈등 — 마크와의 갈등과 자기내면의 갈등 — 이다. 그녀는 압력에 밀려서 성관계를 하지는 않기로 결심했는데 마크가 한눈을 판다. 마음이 아팠지만 마리아는 자신의 가치관에 민감한 다른 남자들이라면 자기를 이해하고 존중해줄 것이라고 확신하고 있다.

리사는 신경성 폭식증 — 제5장에서 다루어질 섭식장애 — 이라는 문제를 해결해야 한다. 섭식장애의 원인이 아직 완전하게 밝혀져 있지 않지만 우리 사회의 젊은 여성들이 날씬함에 대한 비현실적 기준을 따르려고 하면서 느끼는 사회적 압력과 관련이 있는 것으로 보인다. 리사는 치과의사가 반복적 구토로 치아의 에나멜이 삭기 시작했다고 알려준 후에야 치료를 시작한다. 치료를 받으면서 폭식과 구토의 빈도가 줄기는 했지만 그녀는 아직도 간혹 예전과 같은 증상을 경험한다. "이제 나아지고는 있지만 아직도 갈 길이 멀다"고 그녀는 말한다.

데이비드는 다른 유형의 심리장애인 우울증으로 어려움을 경험하고 있다. 우울감은 가까운 사람과의 관계가 끝나는 등의 상실을 경험한 후에는 자연스러운 일이지만 데이비드의 경우 우울감이 지속적으로 남아 있다. 그의 친구들은 밖으로 나가서 이런저런 일들을 해야 한다고 하지만 데이비드는 기분이 너무 가라앉아서 그러고 싶은 의욕도 없다. 여러 번 채근을 받고서 데이비드는 심리학자를 만나봤는데, 역설적으로 그 심리학자도 밖으로 나가서 제9장에 기술된 것 같은 즐거운 일들을 해보라고 강력히 권했다. 그 심리학자는 무슨 일을 해도 실패하게 되어 있는 패배자라고 스스로 생각하는 것이 데이비드의 문제라고 하였다.

베스, 존, 마리아, 리사, 그리고 데이비드가 각자의 삶에서 부딪힌 문제들에 대처하기 위해서는 적응이 필요하다. 삶의 문제들은 언제나 만나게 된다. 살아가면서 부딪히는 문제들에 적응하는 것 — 성장하고, 배우며, 관계를 맺고, 우리의 가치체계를 이해하며, 진로를 개척하고, 가계를 꾸리고, 스스로 자부심을 가지는 등 — 그것을 바로 이 책에서 다루고자 한다. 이 책은 자기성장을 위한 탐색을 보여주고 자기성장을 가로막는 문제들에 관한 심리학 지식을 제시한다. 그중 일부는 불안, 우울, 혹은 비만 등과 같이 본질적으로 개인적 문제들이다. 어떤 문제들은 친밀한 관계와 섹슈얼리티가 관여되어 있다. 직장, 편견과 차별, 환경적 재난, 오염, 그리고 도시생활 등 보다 넓은 사회적 맥락이 관여되어 있는 문제들도 있다.

Tom Stewart/©Corbis

대학생활에 적응하기 대학생활에서는 수많은 변화에 적응해야 한다. 이는 기숙사 생활을 하고 있거나 집에서 통학을 하거나, 고등학교 졸업 후 바로 진학했거나 일을 하다가 진학을 했거나, 그리고 풀타임 학생이건 파트타임 학생이건 마찬가지이다. 대학생활에서 부딪히는 도전에는 학업이나 사회생활 영역에 속하는 것들이 많지만, 운동경기에서처럼 출퇴근 교통과 싸우거나 계단을 올라가는 것같이 강력한 신체적 요소가 포함된 것들도 있다.

스트레스가 대학생활의 현실일지는 모르지만 스트레스는 오늘날 대학생들의 정서적 건강과 적응을 해치고 있다. 2010년 미국 전역에서 실시된 설문에서 대학신입생들이 스스로 평가한 정서적 건강은 1985년에 설문이 시작된 이래 가장 낮은 수준이었다(Lewin, 2011). 1985년 설문에서는 대학생의 65%가 자신의 정서적 건강이 평균이상이라고 답한 데 비하여 2010년 설문에서는 52%만이 평균 이상이라고 보고하였다. 평균적으로 여성이 자신의 정서적 건강을 낮다고 보고 있었고, 남녀 간 격차는

그림 1.1

대학신입생들의 정서적 건강 2010년에 대학생들의 정서적 건강을 자기보고를 통하여 평가한 결과, 1985년 이래 매년 조사한 결과 중 가장 낮은 수준을 보였다.

출처 : T. Lewin, "Record level of stress found in college freshmen," *The New York Times*, January 26, 2011, p. A1에서 발췌. the Higher Education Research Institute, University of California, Los Angeles의 자료 사용.

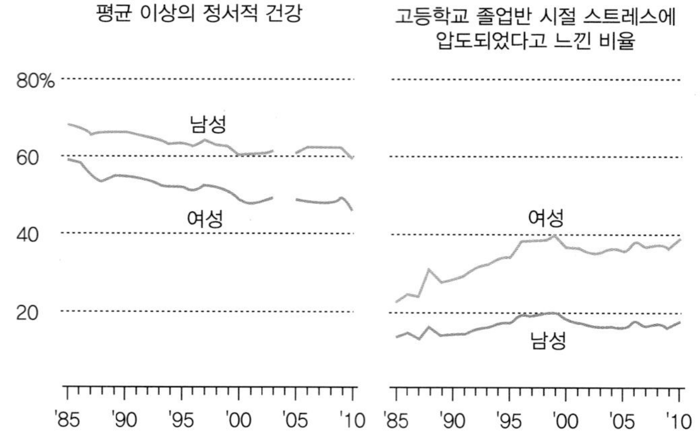

더 벌어졌다(그림 1.1. 참조).

그 설문결과를 보고 미국 대학상담협회의 회장인 브라이언 반 브런트는 말한다. "대학에 올 때부터 문제가 있고 도움이 필요한 학생들이 점점 늘고 있는데, 오늘날의 경제적 요인이 대학생들에게 큰 추가적 스트레스가 되고 있다. 대학생들은 학자금 대출을 보면서, 대학을 나오면 직업을 가지고 활동할 수나 있을까 하고 걱정한다"(Lewin, 2011에서 인용).

오늘날 정신건강문제가 있는 대학생들은 얼마나 될까? 최근 129개 미국 대학에 재학 중인 학생 10만 명을 설문조사한 통계자료에 의하면 대학생의 약 12%는 불안장애로, 11%는 우울증으로 진단받거나 치료받았다(Petersen, 2011). 전반적으로 대학생 3명 중 1명은 대학에 오기 전 혹은 대학 재학 중에 정신건강문제 — 주로 불안과 스트레스 — 로 상담을 받는다(Sieben, 2011).

대학상담소에 도움을 청하는 학생들 중 심각한 심리적 문제(주로 불안과 우울이지만 자살사고, 알코올남용, 섭식장애 그리고 자해행동도 포함된다)를 겪고 있는 사람은 44%로 2000년 16%였던 것과 대조된다(Eiser, 2011).

대학생 정신건강문제의 증가 추세 대학교 상담소에서 정신건강문제(특히 불안장애와 우울증)로 치료받는 학생들의 수가 점점 증가하고 있다. 본인 혹은 아는 사람이 심리적 문제로 고통받고 있을 때 학교 어디에서 도움을 청할 수 있는지 알고 있는가?

이 책에서는 많은 이들이 대학을 다니면서 그리고 평생 살아가면서 부딪히게 되는 스트레스를 알아보고, 나아가서 우리의 일상생활에 심리학적 원리를 적용하여 어떻게 정서적 · 신체적 건강과 안녕을 증진시킬 수 있는지를 살펴보려고 한다. 그러나 이 책에서는 적응의 도전에 직면하는 것 이상의 내용을 다루고자 한다. 삶의 도전은 단순한 적응뿐 아니라 성장의 기회를 준다. 우리는 관심의 폭, 지식과 기술, 자기 인식, 그리고 삶의 도전에 대처하는 방식을 넓히는 등 다양한 측면에서 성장할 수 있다. 심리학적 지식을 적용하여 삶의 도전에 대처하고 삶을 풍요롭게 하고 다른 사람과 더 효과적으로 관계를 발전시키는 방법을 이 책을 통해서 배우게 될 것이다. 또한 도움을 청할 수 있는 전문가들에 대해서,

그리고 언제 어떻게 그들의 도움을 받을 수 있는지도 배우게 될 것이다. 21세기의 삶에서는 여러 측면에서 이전 어느 때보다도 더 많은 도전을 받게 될 것이기 때문에 이러한 지식이 중요해진다.

이 장에서는 과학으로서의 심리학을 정의하고 심리학이 우리의 적응과 성장에 대한 정보를 수집하고 적용방안을 제공하기에 적합한지를 살펴보고자 한다. 인간의 풍부한 다양성－우리 각자를 독특하게 하고 문화적 자부심을 갖도록 해주는 우리의 면모를 탐색한다. 비판적 사고, 즉 다른 사람들의 주장을 분석하여 진실인지 허구인지 판단할 수 있게 하는 삶에 대한 과학적 접근에 대하여 논의할 것이다. 그리고 심리학자들이 지식을 얻기 위해서 사용하는 과학적 절차를 살펴보려고 한다. 끝으로 심리학자들이 성공적 대학생활에 대하여 알게 된 지식－효과적 공부 방법, 수업 시간의 활용 방안, 시험에서 A를 받는 법, 공부도 하면서 여가활동도 할 수 있도록 시간관리를 알아볼 것이다.

21세기는 몇 세대 전의 심리학자들은 상상하지도 못했던 난제들을 우리에게 제시하고 있다. 빠르게 발전하고 있는 과학기술로 인하여 우리가 세상과 접하고 다른 사람들과 상호작용하는 방식이 달라지고 있다. 오늘날의 젊은이들은 World Wide Web, 휴대전화, 개인용 컴퓨터가 없었던 세상은 모른다. 이들 '디지털 토착민'들은 인터넷 서핑을 하고 아이팟을 사용하며 문자 메시지를 보내고 구글링을 하고 페이스북에 글을 남기고 인스턴트 메신저를 이용하는 세대이다(Nevid, 2011; Welsh, 2011). 그들은 어린아이 때부터 이런저런 전자기기를 쓰던 친구들이다. 현대 기술이 우리의 일상생활을 어떻게 변화시키고 있는지를 들여다보지 않고서는 적응을 제대로 연구할 수 없을 것이다. 이 장에서는 우리의 휴대전화 문화와 여러 일을 동시에 하는 다중작업(multitasking)의 과제를 자세히 살펴볼 것이다. 그 밖의 다른 장에서는 사회적 연결망 구성, 대안적 온라인 자기(self) 만들기, 온라인으로 데이트하기, 그 밖에 현대 기술의 출현으로 우리의 삶이 풍부해진 측면, 어려워진 측면들을 알아볼 것이다.

심리학과 적응

모듈 1.1

- 심리학이란 어떤 학문인가?
- 심리적 적응이란 무엇인가?
- 적응과 개인적 성장의 차이는 무엇인가?
- 생물학적 조건은 바꿀 수 없는가?
- 적응심리학에 대한 임상적 접근과 건강한 성격기반 접근은 어떤 차이가 있는가?

심리학(psychology)이라는 학문은 현대인들 앞에 놓인 삶의 도전에 대처하는 데 도움을 주기에 가장 적합하다. 심리학은 행동과 정신적 과정을 연구하는 과학의 분야이다. 심리학자들은 전통적으로 행동을 신경계의 작용, 유전과 환경(선천적 요인과 후천적 요인)의 상호작용, 세상을 지각하고 정신적으로 표상하는 방식, 학습과 동기의 역할, 그리고 성격과 사회적 상호작용의 특성을 통하여 설명해 왔다.

심리학 : 행동과 정신과정을 연구하는 과학

심리학 지식을 적용하여 직장과 사회 환경에 보다 잘 적응하고 정서적 문제를 극복하며, 보다 건강한 행동을 발달시키도록 돕는 데 많은 심리학자들이 관여하고 있다. 그렇다면 적응이란 무엇일까? **적응**(adjustment)이란 우리가 환경에서 만나게 되는 요구들을 충족시킬 수 있게 하는 대처행동을 말한다. 요구는 물리적일 때도 있다. 추우면 옷을 따뜻하게 입고 온도계를

적응 : 사람들이 환경으로부터 오는 압박에 반응하고 스트레스에 대처하는 과정

적응과 현대인의 삶

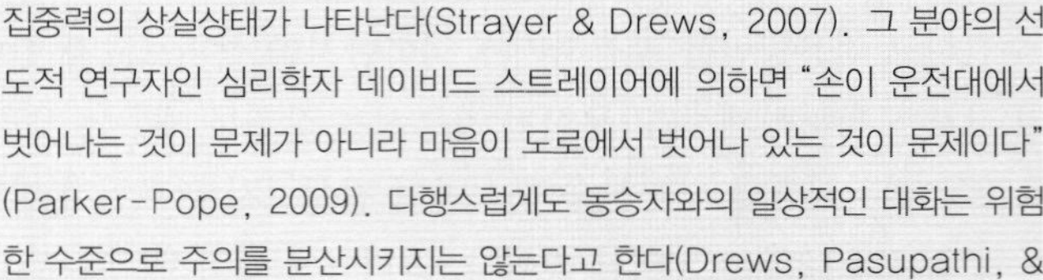

다중작업 : 한마디로 요약하면 "공부할 때는 절대 해선 안 되는 것"

당신은 여러 가지 일을 동시에 하는가? 공부하면서 아이팟이나 MP3플레이어로 음악을 듣는가? 설거지를 하거나 TV를 보면서 혹은 쇼핑을 하면서 휴대전화로 통화를 하는가? 강의를 들으면서 휴대전화 달력에 목록을 적거나 주말계획을 메모하는가? 그런 습관을 가진 사람들은 참 많다. 사람들은 과거 어느 때보다 여러 일을 동시에 하는 다중작업을 많이 한다.

전자기기가 점점 더 많아지면서 한편으로 한 가지 작업을 하면서 다른 한편으로 다른 작업을 하는 일에 점점 더 익숙해지고 있다. 우리는 점점 더 다중작업 방식의 삶을 영위하고 있다. 그런데 과연 우리는 두 가지 일을 동시에 하는 작업을 얼마나 잘 해내고 있는가?

'다중작업'이라는 말은 컴퓨터과학 분야에서 나온 것으로 사용자들이 휴대전화를 받으면서 동시에 웹 서치를 하는 등 두 가지 이상의 작업을 동시 수행할 수 있게 하는 컴퓨터 시스템의 능력을 설명하기 위해서 도입되었다. 그러나 인간은 컴퓨터 시스템이 아니다. 우리가 두 가지 과제를 효율적으로 해낼 수 있는 역량을 가지고 있는가? 답은 '아니다'이기도 하고 '그렇다'이기도 하다. 설명을 하자면 다중작업으로 시간을 절약할 수 있다는 것은 명백하다. 그러나 심리학 연구는 두 가지 일을 동시에 잘하는 것이 얼마나 어려운지를 잘 보여주고 있다(Oberauer & Kliegl, 2004). 문제는 인간의 두뇌에는 둘 이상의 어려운 과제를 동시에 잘 수행하는 데 필요한 정신적 자원이 없다는 것이다(Novotney, 2009).

근본적 문제는 주의의 분산이다. 2,000여 년 전 로마시대의 푸빌리우스 시루스가 말했듯이 "두 가지 일을 한 번에 한다는 것은 하나도 하지 않는 것과 같다." 주의 분산은 단순히 비효율적일 뿐 아니라 운전과 휴대전화 통화 사이에 주의를 분산시켰을 때처럼 매우 위험한 결과를 낳을 수도 있다.

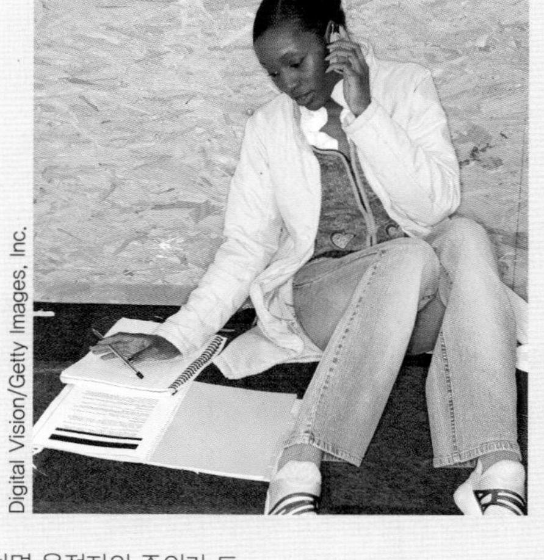
Digital Vision/Getty Images, Inc.

휴대전화 통화를 하면서 운전하면 자동차 사고의 위험성이 네 배나 높아진다. 이는 법으로 규정된 수준의 음주운전과 동일한 수준의 위험성이다(Parker-Pope, 2009). 핸즈프리 장치를 이용한다고 위험성이 낮아지는 것은 아니다(Richtel, 2009). 어떤 형태로든 운전 중에 휴대전화 통화를 하면 운전자의 주의가 도로에서 벗어나서 '부주의 맹목(inattention blindness)'이라는 심각한 주의 집중력의 상실상태가 나타난다(Strayer & Drews, 2007). 그 분야의 선도적 연구자인 심리학자 데이비드 스트레이어에 의하면 "손이 운전대에서 벗어나는 것이 문제가 아니라 마음이 도로에서 벗어나 있는 것이 문제이다"(Parker-Pope, 2009). 다행스럽게도 동승자와의 일상적인 대화는 위험한 수준으로 주의를 분산시키지는 않는다고 한다(Drews, Pasupathi, & Strayer, 2008; Strayer & Drews, 2007).

사망자가 발생한 자동차 사고 여섯 건 중 하나는 주의 분산 상태에서의 운전과 관련이 있다(*Distracted Driving*, 2010). 주의 분산 상태의 운전으로 인한 위험은 휴대전화 통화 이외의 상황에도 해당된다(Conkle & West, 2008). 뒷좌석의 아이와 떠들어대는 것, 화장을 하는 것, 아이팟에서 노래를 고르는 것, 먹거나 마시는 것, 그리고 문자를 보내는 것(특히!)은 위험한 수준으로 주의를 분산시킬 수 있다. 최근 한 보험회사의 설문조사에 의하면 여성 운전자 8명 중 1명은 운전 중 화장을 했다고 보고하였고, 남녀 운전자 5명 중 1명꼴로 문자를 보낸다고 보고하였다(Alexander, 2007).

정신적 자원에 과부하가 걸리는 것은 우리 뇌의 동일한 부분을 사용하는 과제를 수행할 때 특히 문제가 된다. 예를 들자면 대화를 하면서 TV 시청을 하거나 공부를 하면서 다른 일을 하는 것 등이다. 반면 과제 중 하나가 설거지나 진공청소기 사용과 같이 숙련된 기계적 기술인 경우에는 효율적으로 다중과제 수행을 할 수 있다. 사실 이러한 일상적인 기계적 작업의 경우 열심히 주의 집중을 하면 도리어 역효과가 날 수 있다. 숙련된 타이피스트가 과제를 타이핑하면서 과제의 내용보다는 자판의 글자에 전적으로 주의를 집중한다면 얼마나 비효율적일까 상상해보라. 동일한 맥락에서 20세기의 저명한 피아니스트인 블라디미르 호로비츠는 손가락들이 무엇을 하는지를 생각하는 것이 연주 중 피아니스트에게 최악의 상황이라고 하였다.

미분이나 심리학의 원리를 이해하는 것, 시험공부를 하는 것, 새로운 기술을 익히는 것 등 성공적으로 대학생활을 하는 데 필요한 수많은 어려운 정신적 과제들의 경우, 앞에 놓인 과제에 전적으로 주의를 집중하는 것이 필요함은 분명하다. 다시 말해서 아이팟에서 음악을 듣거나 TV 쇼를 보면서 교재를 읽으면 효율적으로 공부하기가 어렵다. 아이팟은 자주 다니는 길에서 조깅을 하거나 집 안에서 왔다 갔다 할 때 사용하도록 하고 대학 과목을 공부할 때에는 삼가는 것이 좋다.

적응과 현대인의 삶

휴대전화 나라 : 사회적 축복인가 저주인가?

우리 사회에서 휴대전화 사용은 거의 일반적이라고 할 수 있다. 최근 8~18세 사이의 젊은이들을 조사한 국가 설문의 결과에 의하면 이들의 하루 평균 휴대전화 통화시간은 30분 정도라고 한다(Ridehout, Foehr, & Roberts, 2010). 그러나 젊은이들이 문자에 사용하는 시간은 더 많다. 중학교 1학년부터 고등학교 3학년 사이 학생 중 문자 사용자들은 하루 평균 1.3시간을 문자를 주고받는 데 사용한다. 최근의 또 다른 설문조사에 의하면 보통 여자 청소년은 한 달에 약 4,000개의 문자를 주고받는다고 하는데, 이는 하루 평균 125개 정도에 해당된다(Chansanchai, 2011). 전체적으로 미국의 청소년들이 전자 미디어 사용에 쓰는 시간은 7시간 정도로, 잠자는 것을 제외하고는 어떤 활동보다도 많은 시간을 사용한다. 근래 한 소아과 의사가 뉴욕 타임즈 기자에게 한 말에 의하면 오늘날 젊은이들에게는 전자미디어 기기 사용이 숨 쉬는 공기나 마시는 물과 마찬가지로 환경의 일부분이 되었다(Lewin, 2010 인용).

대학생 또한 휴대전화 기술을 많이 사용하는 집단이다. 휴대전화는 이제 교재나 기숙사와 마찬가지로 대학생활의 한 부분이 되었다. 덴버의 어느 대학생은 자신이 얼마나 휴대전화에 의존하게 되었는지에 대해서 다음과 같이 말하였다. "내 휴대전화가 고장 나서 전화를 하거나 받을 수도 없었고, 문자 메시지를 받거나 보낼 수도, 음성 메시지를 확인할 수도 없었다. 나는 세상에서 단절된 듯한 느낌이었다. 더 황당했던 것은 내 기숙사 전화번호를 몰라서 배달하는 사람의 전화를 받을 수가 없는 관계로 심지어 피자 주문도 할 수 없었다는 것이다"("The Ubiquitous Cell Phone", 2005).

휴대전화는 단순히 음성 의사소통의 편리한 수단이 아니다. 많은 대학생들은 사람들과의 통화보다 문자를 보내거나, 게임, 웹서핑을 하고 사진을 찍거나 음악을 듣는 데 더 많이 휴대전화를 사용한다. 휴대전화는 점점 더 우리의 생활양식에 통합되어 가고 있다. 사람들은 이제 휴대전화를 두고 나가는 것이 옷을 입지 않고 집을 나서는 것과 마찬가지라고 생각한다.

휴대전화가 점차 우리의 일상생활 안으로 통합되면서 새로운 사회적 연결의 기회를 제공함과 동시에 새로운 적응문제를 제기하고 있다. 사회과학자들은 휴대전화가 사회행동에 미치는 영향을 연구하기 시작했다. 휴대전화는 타인과의 사회적 연결을 증가시킬 수 있는 잠재력이 있다. 예컨대 휴대전화로 문자 메시지를 보내서 친구들과 정보를 공유하거나 집을 떠나 있거나 여기 저기 돌아다닐 때 친구들에게 전화를 걸어서 연락을 유지할 수 있고 삶의 경험들을 사진으로 찍어서 보낼 수 있다. 새로운 휴대전화에는 친구들이 근처에 있을 때 알려주는 앱이나 이들에게 한꺼번에 문자를 보내주는 앱도 개발되어 있다. 이 책이 출판되어서 여러분이 읽게 될 때쯤에는 휴대전화 사용자들이 근처에 있는 사람들 중 유사한 관심을 가진 사람들에게 익명의 문자 메시지를 보내주는 앱이 흔해빠진 일이 될지도 모른다. 과학기술의 발전을 따라가려고 애쓰는 교재 저자들에게는 참 어려운 세상이 되었다!

우리는 사람들이 휴대전화 자료뱅크로 무장을 하고 인근을 스캔해서 데이트 상대나 친구가 될 만한 비슷한 생각을 가진 사람들을 찾는 새로운 사교 세계가 열릴 것으로 기대하고 있다. "헤이, 당신은 90년대 초반 음악을 좋아하는 것 같은데, 나도 그래요. 커피 마시면서 당신이 좋아하는 곡에 대해서 같이 이야기하고 싶으면 전화 주세요." 그런 '문자 경보'를 받은 사람이 개인적 연락을 하려면 "예"라고 답하면 된다.

반면 휴대전화가 사회적 마찰을 일으킬 잠재가능성도 있다. 예를 들어서 공공장소에서 타인을 배려하지 않는 무례한 휴대전화 사용("모두들 내 목소리를 들을 수 있지요?")을 생각해보자. 휴대전화 에티켓 요령을 배우는 것은 좋은 매너를 배우는 것만큼 중요한 사회학습 경험이다. 공공장소에서 부적절한 휴대전화 사용에 대한 벌금 부과를 제도화한 지자체들도 있다. 우리는 이제 이동통신이 우리의 사회생활에 미치는 영향을 이해하기 시작하고 있다. 앞으로 우리는 휴대전화를 통한 의사소통이 우리의 사회적 연결망을 넓히고 친구와 지인들에게 더욱 가깝게 다가갈 수 있게 해줄 것으로 기대한다. 그러나 기술이 우리의 매일매일의 생활에 던지는 잠재적 문제는 무엇일까?

- 점점 많아지는 메시지, 전화, 경보를 피할 필요성을 느끼게 될까?
- 늘 즉각적 연결이 가능하게 하는 장비를 가지고 다니는 것이 우리의 '프라이버시' 감각에 어떤 영향을 미칠까?
- 우리가 이동통신에 점점 더 의존하게 되면서 면대면 상호작용에서 손을 떼게 되는 것은 아닐까?

한 2010년 연구에 의하면 휴대전화 사용을 많이 하는 학생들이 면대면 상호작용이 적어지는 것이 아니라 더 많아진다(Borae & Namkee, 2010). 대학생 표집에서 얼굴을 마주 대하는 시간이 많을수록 휴대전화 통화도 더 많이 하였다. 이 연구의 결과로 볼 때 휴대전화 통화를 많이 하는 학생들이 통화 상대방과 상호작용을 더 많이 하는 것으로 보인다. 휴대전화는 관계 유지에서 대치물이 아니라 추가되는 것일 수 있다.

Ryan McVay/Stone/Getty Images, Inc.

휴대전화 나라 오늘날 휴대전화는 교과서나 기숙사 생활과 같이 대학생활의 일부분이 되었다.

올리거나 운동을 함으로써 적응할 수 있다. 빚을 지지 않게끔 일자리를 유지하는 것, 갈증을 해소하기 위하여 물을 마시는 것, 아이들의 일상적 필요를 채워주는 것 — 이것도 우리가 살면서 부딪히는 요구들을 채워주기 위하여 필요한 적응의 형태라고 볼 수 있다.

적응 연구에서의 접점

우리의 입장을 명확하게 하기 위해서 적응 연구에서의 핵심 쟁점 세 가지에 대해서 이야기해 보자.

적응과 개인적 성장 : 심리적 적응의 두 가지 측면

문자 그대로 해석하자면 적응이란 환경에서 요구하는 것에 순응하거나 혹은 이를 만족시키기 위하여 변화하는 것을 말한다. 적응은 본질적으로 반응적이다. 테니스 경기에 비유를 하면 환경이 서브를 하면 우리는 최선을 다해서 받아친다. 적응한다는 것은 환경의 순응 압력에 반응하는 것이다. 그러나 적응의 심리학에서는 단순히 환경의 요구에 적응하는 것을 넘어서서 개인적 성장의 이슈를 다룬다. 적응은 반응적이지만 개인적 성장은 미리 대비하는 것이다. 우리의 심리적 적응 연구는 사람들이 단순히 환경에 반응하는 존재가 아니라는 전제에 기반을 두고 있다. 사람들은 반응자인 동시에 행위자이기도 하다. 일들이 우리에게 일어나는 것이 아니라 우리가 일들이 일어나게 만든다. 환경이 우리에게 영향을 미칠 뿐 아니라 우리도 환경에 영향을 미친다. 사실 우리는 우리의 욕구에 맞추어서 새로운 환경을 만들어내기도 한다. 우리는 인간 경험의 창의적이고 능동적인 요소 — 한 사람으로서 성장하고 발달할 수 있는 능력 — 를 수용할 수 있도록 적응의 심리학을 확장해야 한다. 우리는 스트레스에 반응할 뿐 아니라 우리의 목표를 추구하고 욕구를 충족시키기 위해서 환경에 영향을 미친다.

심리적 충족감을 얻으려면 우리는 단순히 반응하기만 하는 것이 아니라 능동적으로 행동할 필요가 있다. 우리는 자신의 삶을 의미로 충만하게 하고 지금은 알 수 없는 미지의 방향으로 자신을 확장시킬 필요가 있다. 개인적 성장은 도달해야 할 최종 도착점보다는 일종의 여행에 가까워서 자신이 누구인가, 지향하고 있는 바가 무엇인가, 어떠한 삶을 원하는가를 끊임없이 성찰하는 발달의 과정이다.

선천적 요소와 후천적 경험 : 생물학은 운명인가?

심리학자들은 우리의 특성이나 행동 패턴이 어느 정도 **선천적** 요소 혹은 유전적 요소를 반영하는지, 그리고 **후천적** 요소, 즉 환경의 영향을 반영하는지에 관심을 갖는다. 키, 피부색, 눈동자 색깔 등의 신체적 특징은 **유전자**(genes)에 의해서 한 세대에서 다음 세대로 전달된다. 우리에게 지느러미가 아니라 폐가 있고, 날개가 아니라 팔이 있는 것은 우리의 유전자에 새겨진 유전적 부호 때문이다. 유전자는 우리의 **염색체**(chromosomes)를 구성하는 DNA(deoxyribonucleic acid)의 한 부분이다. 유전자는 우리의 생물학적 구조와 신체적 특질을 만들어내지만 유전자가 어떻게 심리적 혹은 행동적 특성에 영향을 미치는가에 대한 답은 단순하지 않다.

▮ **유전자** : DNA의 한 조각으로 구성된 유전의 기본 단위

▮ **염색체** : 유전자를 구성하는 DNA의 가닥. 사람은 보통 23쌍의 염색체를 지니고 있다.

유전은 지능, 수줍음, 공격성, 잠재된 지도력, 스릴 추구, 이타적 경향성, 음악과 예술 관련 재능, 심지어 다양한 직업 유형 선호도 등 많은 심리적 특성의 결정에 중요한 역할을 한다(Bouchard, 2004; Ellis & Bonin, 2003; Malouff, Rooke, & Schutte, 2008; Reuter et al.,

2010; Schwartz et al., 2003). 또한 유전적 요인은 결혼 가능성을 결정하는 데에도 관여한다(Johnson et al., 2004). 그러나 유전적 영향이 성격 혹은 행동의 형성에 관여하는 과정에서는 환경의 영향과 복합적으로 상호작용을 한다. 다시 말해서 특정 유전자 혹은 유전자군과 특정 심리적 특성 사이의 일대일 연관성은 찾을 수 없다(Uhl & Grow, 2004).

Tribune Media Services

"내가 알코올중독을 일으키는 유전자야. 중개인은 빼버려도 되지 않을까 생각했지."

유전적 영향은 스트레스 상황에 대처하는 과정에서 생길 수 있는 적응문제 — 불안과 우울 관련 정서장애뿐 아니라 조현병(정신분열병), 양극성 장애(기존의 조울증), 심지어는 범죄성이나 반사회적 행동 등 보다 심각한 심리장애의 유형을 결정하는 데에도 기여한다(Baum et al., 2007; Greenwood et al., 2011; Kendler et al., 2011; Raine, 2008; Zimmermann et al., 2011). 또한 유전자는 비만과 알코올, 담배 등의 물질 중독에도 영향을 미친다(Freedman, 2011; Kendler et al., 2008; Young-Wolff, Enouch, & Prescott, 2011).

이 책 10쪽에 있는 "적응과 현대인의 삶"에서 보듯이 연구자들은 특정한 행복 수준을 지향하는 경향성도 유전으로 결정된다고 믿는다. 사람들은 좋은 일도 있고 나쁜 일도 겪게 되지만 평소 수준의 쾌활함 혹은 언짢은 기분으로 되돌아가는 경향이 있다는 것이다.

비록 유전적 요인이 심리적 적응이나 효율적 행동에서 역할을 하지만, 생물학으로 모든 것이 결정되지는 않는다. 특정 특질, 행동, 능력, 혹은 문제행동의 **경향성**, **가능성**은 유전자에서 비롯되지만 유전자가 확실하게 **결정**하는 것은 아니다. 삶의 경험이나 어려운 상황에 대처하는 과정에서의 선택도 중요한 역할을 한다는 것을 이해할 필요가 있다. 예를 들어서 알코올이나 다른 약물 문제가 생길 위험성이 상대적으로 높은 유전적 경향성이 있다고 하자. 그러나 실제로 그러한 문제가 생기는지 여부는 약물남용을 하는 친구들과의 접촉 경험, 약물사용 혹은 남용을 하지 않고도 스트레스에 대처할 수 있는 기술이 있는가, 약물사용에 대한 기대나 태도, 그리고 부모가 알코올 사용/오용을 했는지 등의 다양한 환경적·심리적 요인에 달려 있다.

요약하면 유전자 단독으로 우리가 어떤 사람이 될지, 어떠한 삶을 살게 될지가 결정되지는 않는다. 대다수의 심리학자들은 심리적 특성이 선천적 요인(유전자)과 후천적 요인(환경적 영향과 학습의 영향)의 복합적 상호작용 혹은 조합에 의해서 결정되는 것이며 선천적 요인이나 후천적 요인이 단독으로 결정하는 것은 아니라고 믿는다(Champagne & Mashoodh, 2009; Horwitz, Luong, & Charles, 2008; Larsen et al., 2010). 어떤 유전자를 받았든 관계없이 우리가 가지고 있는 자원들을 모으면 잠재 역량을 성취할 수 있다. 이 책에서는 보다 효과적인 대처기술의 습득, 보다 적응적 행동의 발달, 그리고 부적응적 태도와 믿음을 보다 적응적 대안으로 바꾸는 것 등 우리가 가진 자원을 잘 모으는 데 필요한 기술에 초점을 둘 것이다.

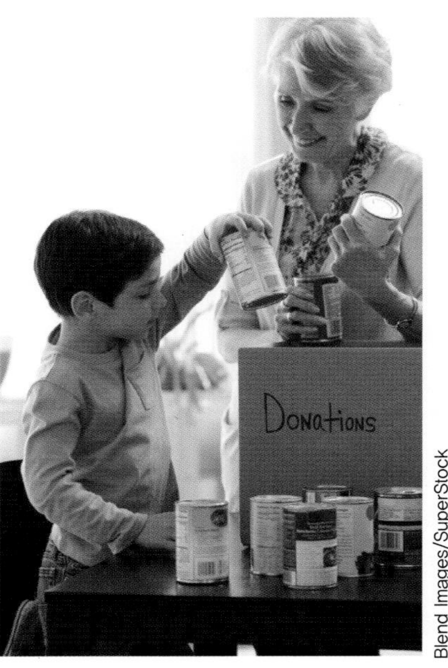

Blend Images/SuperStock

임상적 접근과 건강한 성격 접근

대부분의 적응심리학 교재는 임상적 접근과 건강한 성격 접근의 두 가지 주요 접근 중 하나를 취하고 있다. 임상적 접근에서는 주로 사람들이 개인적 문제를 극복하고 스트레스에 대처하는 것을 심리학이 어떻게 도울 수 있는지를 집중적으로 다룬다.

건강한 성격 접근은 주로 사회적, 직업적 발달을 포함한 개인적 성장과 발달의 건강한 패턴에 초점을 둔다. 이 책은 적응심리학의 두 가지 접근을 모두 염두에 두고 저술되었다. 우리는

적응과 현대인의 삶

무엇이 사람들을 행복하게 만드는가?

긍정심리학은 인간이 가지고 있는 자질과 장점을 강조하는 현대 심리학의 흐름이다. 행복 연구는 긍정심리학의 간판이며 중심이다. 오늘날 심리학자들은 행복에 기여하는 요인들, 그리고 행복 및 심리적 안녕 수준을 높이는 데 도움이 되는 방안을 알아내려고 노력하고 있다.

우리가 알게 된 것 중 하나는 통념과는 달리 돈은 행복을 가져다주지 못한다는 것이다. 사람들은 돈이 더 많으면 훨씬 더 행복해질 것이라고 생각할지 모르지만 돈이 많다고 더 행복해진다는 증거는 없다(Kahneman et al., 2006). 중간 정도의 소득 수준(현재의 통화 가치로 약 75,000달러 정도)을 넘어서면 돈이 많아진다고 행복 수준이 크게 더 높아지지는 않는다. 개인적 행복 연구의 권위자인 하버드대학교의 대니얼 길버트 교수의 말에 따르면 "일단 기본적으로 필요한 것들이 채워지면 돈이 훨씬 더 많아진다고 훨씬 더 행복해지는 것은 아니다"(Futrelle, 2006에서 인용). 〈그림 1.2〉에서 보듯이 고소득 수준에서는 행복도 수준은 크게 달라지지 않는 안정 추세를 보인다. 미국의 포브스지 400대 부자들처럼 엄청난 부호들조차도 보통사람들보다 그저 약간 더 행복할 뿐이다(Easterbrook, 2005). 그리고 로또 당첨이 된다 해도 행복에 미치는 효과는 일시적이고 1년 내외에 그 효과가 사라진다는 것도 밝혀졌다(Corliss, 2003).

"행복의 비결이 무엇인가?"라는 불멸의 질문에 대한 답이 돈이 아니라면 무엇이 답인가? 행복 연구자들은 중요한 단서를 찾았다고 믿고 있다. 지금까지의 연구 결과에 의하면 유전, 친구(크게 도움이 됨), 그리고 신앙 등이 중요한 요인인 것 같다(Kesebir & Diener, 2008; Paul, 2005; Wallis, 2005). 또한 삶의 기복이 있어도 행복과 만족도를 일정한 수준으로 유지하게 해주는 일종의 온도계 역할을 하는 설정값이 사람들마다 유전적으로 결정되어 있는 것이 아닌가 생각하는 연구자들이 있다(Weiss, Bates, & Luciano, 2008). 신앙과 관련해서는 행복과 관련 있는 것이 특정 종교 공동체에 속하는 것인지, 신앙에 따르는 의미와 목적인지 혹은 그 두 가지 모두인지 말하기 어렵다. 친구의 존재가 행복의 비결이라는 것은 사람들과 의미 있고 보람 있는 방식으로 연결되어 있는 것이 중요함을 강조하고 있다. 그런 의미에서 행복이란 서로 친밀한 관계로 연결된 사람들의 연결망을 통해서 퍼질 수 있는 사회적 전염의 일종이라고 생각할 수 있다.

개인의 행복을 증진하기

비록 개인적 행복이 유전적으로 결정된 설정값 중심으로 움직인다고 하더라도 평생 동안 고정된 수준에서 움직이지 않는 것은 아니다(Fujita & Diener, 2005; Lucas, 2007). 긍정심리학의 창시자인 마틴 셀리그만에 의하면 개인적 행복은 세 가지 기본 과제, 1) 기쁨을 주는 활동, 2) 일상생활 활동에의 몰입, 3) 생활 속의 활동을 통해서 의미와 개인적 보람의 발견에 어떻게 대처하느냐에 달려 있다. 셀리그만은 개인적 행복의 증진에 도움이 되는 여러 가지 제안을 하고 있다(Seligman, 2003; Seligman et al., 2005).

- **감사 방문** : 눈을 감고 자신의 삶에서 주요한 긍정적 영향을 주었지만 아직 진정으로 감사를 표한 적이 없는 분을 생각해보자. 그 다음 주에 그분에게 감사 편지를 쓰되 부치지 말고 직접 그분을 찾아가서 그 감사 편지를 읽고 당신에게 그분이 어떤 의미를 갖는지 함께 이야기하라.
- **세 가지 축복** : 매일 밤 잠자리에 들기 전에 그날 잘된 일 세 가지를 생각해서 일기에 기록하고 마음속으로 음미하는 시간을 가지라.
- **문 하나가 닫히면 다른 문이 열린다** : 자신의 삶에서 죽음이나 상실로 인하여 문 하나가 닫혔던 경험을 떠올려보자. 거기에서 그치지 말고 나아가서 그 생각을 문이 열렸던 그 후의 경험과 연결시켜보라. 삶의 경험의 밀물과 썰물을 음미해보자.
- **음미하기** : 완벽한 하루를 계획하고 다른 사람과 그 경험을 나누어보자.

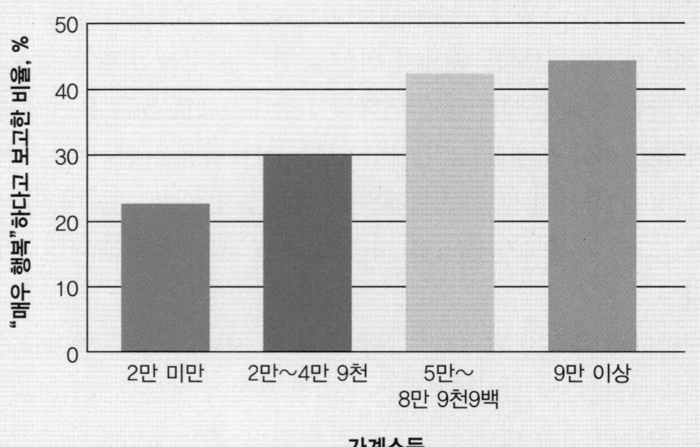

그림 1.2

행복과 가계소득 중간정도의 소득 수준인 5만 달러에서 9만 달러를 넘으면 행복 수준이 더 이상 증가하지 않고 안정된다.

스트레스에 대한 효과적 대처방식과 효과적이지 못한 대처방식을 함께 분석하되 예방적 행동과 자기실현 행동을 통하여 우리의 잠재력을 최적화하는 것을 동시에 강조한다. 우리는 종합적이고 균형 잡힌 접근을 취하면서 최선의 성장과 대처를 위한 이론, 연구 그리고 적용의 실제 사례들을 풍부하게 제공하는 것을 목표로 하고 있다.

심리학자들은 주로 개인에 초점을 두고 개인의 존엄성을 지키는 것을 중요하게 보지만 인간의 다양성이 가져다주는 풍요로움을 인식하지 못한다면 개인을 제대로 이해하기 어렵다는 점도 인식하고 있다. 사람들은 민족, 문화적 배경, 성별, 생활방식 등 다양한 측면에서 서로 다르다. 적응심리학의 연구에서 우리는 당면하는 어려움에 대처하고 자신만의 잠재력을 개발하는 다양한 방식이 어떠한 역할을 하는지 인식할 필요가 있다.

건강한 성격 접근은 심리학에서 점점 중요해지고 있는 **긍정심리학**(positive psychology) 움직임의 한 가닥이다. 펜실베이니아대학교의 심리학자, 마틴 셀리그만이 시작한 긍정심리학에서는 심리장애, 약물남용, 반사회적 행동 등 인간 행동의 부정적 측면보다 사랑, 낙관주의, 희망, 도움 행동, 행복과 같은 긍정적 측면을 강조하고 있다(Selgiman et al., 2005; Snyder & Lopez, 2007; Vallea, Huebner, & Suldo, 2006). 우리는 이 교재 전반에 걸쳐 성공적 노화, 자아존중감, 자기실현 등 인간 경험의 긍정적 측면을 집중 조명할 것이다.

▮ **긍정심리학** : 심리학 분야에서 점차 힘을 얻고 있는 움직임으로, 약점이나 결함보다 자질이나 장점과 같은 긍정적 측면을 강조한다.

모듈 복습

복습하기

(1) 심리학은 행동과 ______ 과정에 대한 과학적 탐구를 포함한다.

(2) ______는/은 환경이 우리에게 부과하는 요구를 충족시킬 수 있도록 하는 대처 행동이다.

(3) 개인적 성장에는 단순히 우리의 요구에 도달하는 것이 아니라 이의 충족을 위해 환경에 대해 ______하는 것이 포함된다.

(4) 유전자는 소인을 만들어냄으로써 어떤 특성, 행동, 능력 또는 심리장애가 발달할 ______을/를 증가시킨다.

(5) ______ 과제를 수행하는 것에 대해 과도하게 주의를 기울이는 것이 때로는 역효과를 낳을 수 있다.

(6) 적응에 대한 연구의 ______은/는 사람들이 스트레스에 대해 더 잘 대처하고 개인적인 문제를 극복하기 위해 심리학을 어떻게 이용할 수 있을까에 대해 주된 관심을 갖는다.

생각해보기

생물학은 운명이라는 말이 정확하지 않은 이유는 무엇인가?

인간의 다양성과 적응

모듈 1.2

▮ 인간의 다양성이란 무엇인가?
▮ 인간의 다양성 연구가 왜 중요한가?
▮ 민족 집단이란 무엇인가?
▮ 우리 사회에서 여성이 겪는 편견에는 어떠한 것들이 있는가?

PhotoDisc Red/Getty Images, Inc.

인간의 다양성 우리 사회의 민족적 다양성은 점차 증가하고 있다. 당신의 개인적 정체성은 문화적 혹은 민족적 유산에 의해서 얼마나 영향을 받는가?

민족 다양성

나라와 세계 전체를 보면 우리 대부분의 상상 이상으로 다양한 유형의 사람들이 있고 사물을 보는 방식과 행동 방식도 천차만별이다. 다양성의 한 유형은 **민족 집단**(ethnic groups)과 관련된다. 그렇다면 도대체 '민족 집단'이란 무엇인가?

민족 집단은 고유의 관습, 인종, 언어, 그리고 공통된 역사 등 문화적 유산을 공유하는 인구 내 하위집단을 말한다. 미국 내 민족 다양성을 연구하는 이유 중 하나는 여러 민족의 경험을 통해서 사회적, 정치적, 그리고 경제적 요인이 인간 행동과 발달에 어떠한 영향을 미치는가를 잘 보여주기 때문이다. 차별과 편견 등은 전통적으로 알려져 있는 소수집단이 다른 집단들보다 더 많이 경험했다. 몇몇 건강 문제들도 일부 집단이 상대적으로 더 잘 걸린다. 민족 집단 연구를 하는 또 다른 이유는 급격하게 바뀌고 있는 우리 사회의 인구 구성(이 모듈의 "적응과 현대인의 삶"에서 다루고 있음)을 알아보기 위해서이다. 사람의 다양성을 공부함으로써 우리 사회의 여러 민족들이 지니고 있는 풍부한 문화 유산과 역사적 문제를 이해할 수 있게 된다.

민족 집단 : 문화 유산, 공통의 역사, 인종, 그리고 언어와 같은 특징으로 구분되는 집단. 모든 민족 집단이 위의 특징으로 구분될 수 있는 것은 아니다. 예를 들어, 프랑스의 가톨릭 신자들과 개신교 신자들은 서로 다른 민족 집단에 속한다고들 하지만, 두 집단 모두 대다수가 백인이며 불어를 사용하고 문화 유산과 역사의 대부분을 공유하고 있다.

민족 다양성 연구를 하는 또 다른 이유는 심리적 개입과 자문과 관련이 있다. 심리학자들은 다양한 민족의 구성원들로부터 개인적 문제의 극복을 도와달라는 요청을 받는다. 이들 집단의 역사와 문화적 유산을 알지 못하면 그들의 포부와 문제를 이해하기가 어려울 것이다.

예를 들어서 아프리카계 미국인, 남미인, 그리고 남미계 미국인들이 역사적으로 겪어 온 편견에 대한 감수성 없이 어떻게 심리학자들이 이들을 이해할 수 있을까? 나아가서 주류집단인 유럽계 미국인 출신 심리학자들이 소수민족 집단 사람들을 대상으로 심리치료를 해도 되는가? 만약 소수민족 사람들을 대상으로 심리치료를 한다면 이들에게 어떤 특별 교육이나 훈련이 필요할까? '문화적으로 민감'한 형태의 심리치료란 무슨 의미일까? 이러한 이슈들은 제9장에서 다룰 것이다.

성별

성별 : 여성 혹은 남성의 상태[이 책에서는 성(sex)이라는 말은 성 행동을 지칭하며 성호르몬 등의 구절에도 사용된다.]

성별(gender)이란 남성 혹은 여성의 상태를 말하지만 이는 생물학적 개념이 아니라 심리적 개념이다. 남성과 여성의 생식기를 구분할 때 성기(sexual organ)라고 하지 성별기관(gender organ)이라고 하지 않는 것에서 보듯이 성(sex)이라는 용어는 남성과 여성의 생물학적 구분을 지칭한다. 그러나 사람의 성별은 단순히 신체의 해부학적 구조나 유성염색체로 결정되지는 않는다. 성별은 우리가 남성이나 여성으로서 어떻게 행동해야 하는지에 관한 문화적 기대와 사회적 역할이 복합적으로 얽혀 있는 망에 둘러싸여 있다.

소수민족 집단에 속한 사람들에 대한 편견이 역사적으로 존재했듯이 여성에 대한 편견도 존재해 왔다. 전통적으로 여성은 지니고 있는 재능이나 소명, 혹은 능력과 무관하게 평생 집안일하는 것을 자기 길로 삼도록 되어 있었다. 서구 문화의 여성들도 비교적 현대에 이르기까지 고등교육의 기회를 갖지 못하였다. 심지어 오늘날에도 남성에게 주어지는 교육과 훈련의 기회가 여성에게는 주어지지 않는 곳도 많이 있다.

미국의 식민지 시대 여성들은 대학에 진학할 수 없었다. 사실 1833년 오벌린대학이 여학

적응과 현대인의 삶

현재의 우리, 미래의 우리

우리가 살고 있는 사회는 다양한 민족으로 구성되어 있으며 그 다양성은 매년 더 증가하고 있다. 오늘날 대략 미국 인구의 1/3은 히스패닉, 아프리카계, 아시아/태평양군도, 그리고 미국 원주민 등 전통적인 소수민족 사람들로 구성되어 있다(그림 1.3a 참조).

오늘날 미국의 여러 도시와 가장 인구가 많은 캘리포니아 주에서 유럽계 백인 미국인이 소수가 됨으로써 '소수집단(minority)'이라는 단어의 전통적 의미는 완전히 역전되었다. 2050년이 되면 백인은 전체 인구에서 과반수를 간신히 넘을 것이다(그림 1.3b). 2011년에는 백인 이외의 신생아 출생이 백인 신생아 출생을 처음 앞질렀다(Tavernise, 2012). 21세기 후반쯤 그 아기들이 중년에 도달하면 백인 이외의 민족이 인구의 다수를 차지하게 되어 인구학자들이 "소수민족의 다수집단화"라고 부르는 상황을 맞이하게 된다. 미국만큼 빠른 속도는 아니지만 캐나다 또한 점차 인구의 민족 구성이 다양해지고 있다.

히스패닉과 아프리카계 미국인(히스패닉 이외의 흑인들)들이 지금은 미국의 최대 소수집단이지만 가장 빠르게 증가하는 미국 내 인구집단은 히스패닉계 미국인(이 책에서는 라티노와 라틴계 미국인이라고 지칭)과 아시아계 미국인들이다. 미국 대학생들의 30%가 자신이 히스패닉, 흑인, 혹은 아시아계라고 보고하고 있어 전체 인구의 다양성이 그대로 반영되어 있다(미국인구통계청, 2005).

미국과 캐나다의 민족 구성이 점차 다양해지고 있을 뿐 아니라 요즘에는 많은 사람들이 인종 혹은 민족정체성을 정의하는 전통적 특징을 받아들이지 않는다. 미국과 캐나다 국민들 중에는 두 가지 이상의 민족적 배경을 가진 사람들이 점점 더 많아지고 있다. 미국 대통령 버락 오바마, 골프 선수 타이거 우즈, 야구 선수 데릭 제터, 그리고 가수 머라이어 캐리와 같은 유명한 사람들이 그 예에 포함된다.

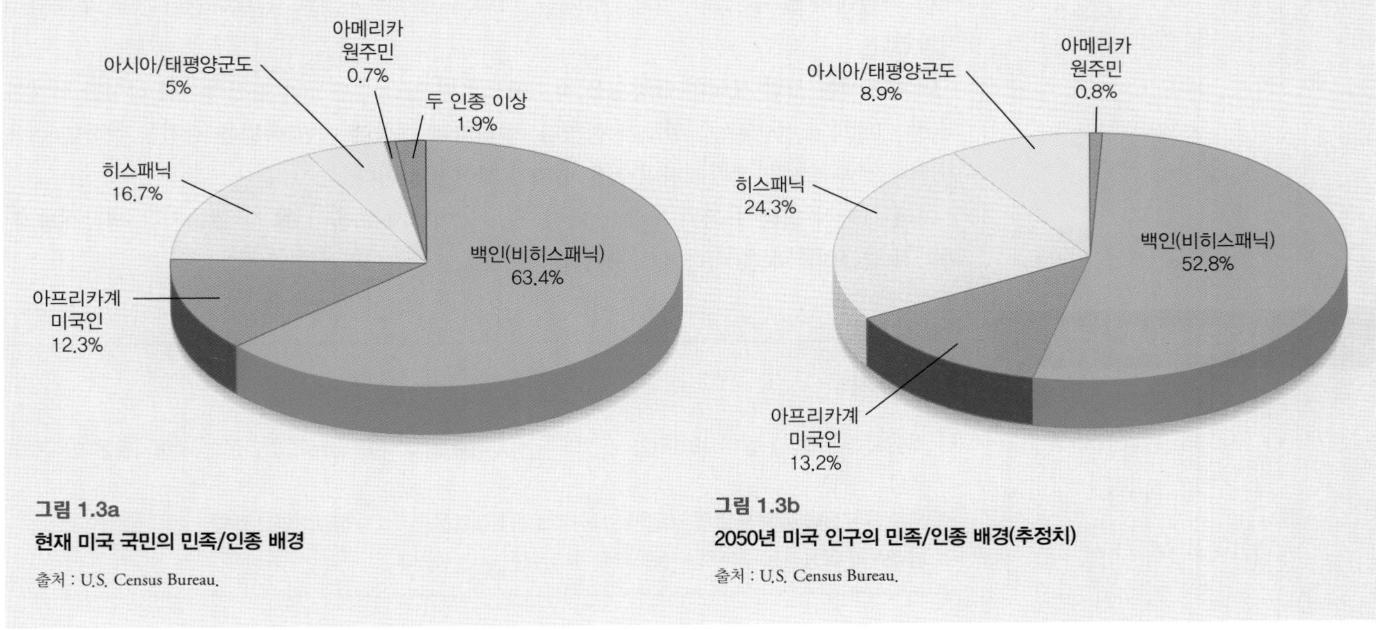

그림 1.3a
현재 미국 국민의 민족/인종 배경
출처 : U.S. Census Bureau.

그림 1.3b
2050년 미국 인구의 민족/인종 배경(추정치)
출처 : U.S. Census Bureau.

생을 받기 시작할 때까지 여성에게 대학의 문은 닫혀 있었다. 심리학에서도 초창기에는 여성의 진출이 쉽지 않았다. 초기의 여성 선구자였던 크리스틴 래드-프랭클린(Christine Ladd-Franklin, 1847~1930)은 이수학점이 부족하거나 논문을 끝내지 못해서가 아니라 여성이라는 이유로, 여성이 석·박사학위를 받으려고 하는 것은 일반적 기대에 배치된다는 이유로 박사학위를 받지 못하였다. 그 대단한 시류는 이제 바뀌었다. 오늘날 심리학 학사학위의 2/3, 그리고 박사학위의 3/4 정도는 여성들에게 수여된다(Cynkar, 2007; 그림 1.4 참조). 오늘날에는 여성이 직장을 갖는 것은 일반적이다. 그러나 제14장에 나와 있듯이 여성들은 일반적으로 대등한 직책의 남성보다 상대적으로 적은 봉급을 받으며 일하고 있다.

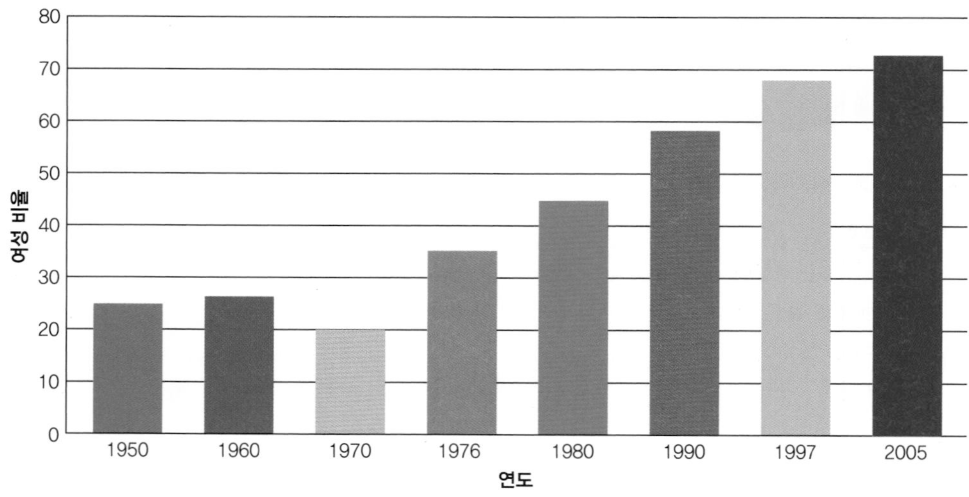

그림 1.4

심리학 분야의 여성 박사학위자 비율 현재 심리학 신규 박사학위 수령자 중 여성이 거의 3/4을 차지하고 있다. 1970년에는 그 비율이 1/5에 불과했다.

출처 : Cynkar, 2007.

다양성의 또 다른 의미

사람 사이의 다양성은 나이, 신체능력, 민족 혹은 인종, 종교적 차이, 그리고 성적 지향성 등 여러 측면에서 볼 수 있다. 노인, 장애인, 그리고 동성애자들은 모두 다양한 형태의 차별에 시달린다.

이 책에서는 사람 사이의 다양성을 강조함으로써 인간의 행동과 정신과정의 진정한 한계를 더 잘 이해하고 음미할 수 있도록 하였다. 심리학과 세상에 대한 폭넓은 관점을 취하면 내용이 더욱 풍부해지고 정확해지며 적용 범위가 넓어질 것이다.

이제 과학적 접근이 삶의 도전에 대처하는 데 어떻게 도움이 될 수 있는지를 생각해보자. 과학적 접근의 특징은 비판적 사고이다.

모듈 복습

복습하기

(7) 개인의 행동을 더 잘 이해하려면 인간의 _______을/를 고려할 필요가 있음을 심리학자들은 인식하고 있다.

(8) 문화적 유산을 공유하고 있는 일반 모집단 내 하위집단을 _______집단이라고 한다.

(9) 남성성과 여성성을 구분하는 심리학적 개념은 _______(이)다.

생각해보기

인간의 다양성과 관련된 요인들을 고려하면 어떻게 적응과 개인적 성장을 더 잘 이해하게 되는가?

모듈 1.3 비판적 사고와 적응

- 비판적 사고란 무엇인가?
- 비판적 사고의 주요 특징은 무엇인가?
- 어떻게 비판적 사고가 점성술을 비롯한 사이비과학에 빠지는 것을 막아줄 수 있는가?

심리학은 과학이다. 적응 심리학은 삶의 도전에 과학적 접근으로 대처하는 길을 제공한다. 과학적 접근의 두드러지는 특징은 **비판적 사고**(critical thinking)이다. 그렇다면 비판적 사고란 무엇인가?

비판적 사고 : 회의적 사고와 주장의 전제와 용어의 정의를 파고드는 등 진술 및 주장의 주의 깊은 분석을 특징으로 하는 사고 방식

비판적 사고에는 여러 가지 의미가 있다. 한 수준에서는 과학적 사고란 어떤 것도 의심할 여지가 없는 당연한 일로 보지 않는다는 것을 의미한다. World Wide Web에 있었다고 해서, 책이나 신문에 나와 있다고 해서, 권위자나 유명한 사람들이 말했다고 해서 그냥 믿는 것이 아니라는 것이다. 심리치료를 받고 있는 친구가 권했다고 해서 자신의 감정을 모두 표현하는 것이 건강에 좋다고 믿어버리는 것이 아니다. 또 다른 수준에서 볼 때 비판적 사고는 용어의 의미와 주장의 전제나 가정을 조사하여 그 주장의 논리를 철저하게 파헤치는 것을 의미한다.

비판적 사고가 중요한 이유는 무엇일까? 비판적 사고는 정치 후보의 주장이 믿을 만한지 신뢰할 수 있는지를 판단하는 데 도움이 된다. 비판적 사고는 온라인에서 발견한 재치 있는 퀴즈가 측정한다고 하는 것을 실제로 측정하는지를 판단하는 데 도움이 된다. 비판적 사고는 고지방 음식을 먹어서는 안 된다는 주장 또는 '안전한 섹스'를 지지하는 주장이 당신에게 해당되는지 여부를 결정하는 데 도움이 된다. 비판적 사고는 새로운 다이어트 유행이 당신에게 도움이 될지, 해로울 가능성이 있는지 판단하는 데 도움이 된다. 비판적 사고는 최신 강철 잠김방지 제동장치(abs)가 동일한 기능을 한다는 기존의 10개 abs보다 더 나은지 여부에 관한 증거를 조사하는 데 도움이 된다. 비판적 사고는 친구의 이야기가 말이 되는지 추정하는 데에도 도움이 된다.

비판적 사고의 특징

대학시절 그리고 그 이후까지 유용하게 쓰일 수 있는 비판적 사고의 주요한 특징들을 생각해 보자.

1. 건전한 회의적 태도를 유지하라. 열린 마음을 가지자. 정치인과 광고주들은 당신을 설득하려고 한다. 심지어 언론매체나 교재에 실린 연구도 편향된 견해를 취할 수 있다. 자신에게도 이 원칙을 적용해보라. 자신의 태도나 믿음 중 일부는 피상적이고 근거가 없지는 않은가? 증거를 조사해보기 전에는 어느 것도 진실로 받아들이지 말라.
2. 용어의 정의를 살펴보라. 어떤 말은 용어의 정의에 따라서 진실일 수도 있고 그렇지 않을 수도 있다. '저지방' 아이스크림 : '97% 무지방'이라는 라벨을 생각해보자. 어느 날 슈퍼마켓에서 아이스크림 포장지에 적혀 있는 '97% 무지방'이라는 주장에 마음이 움직였다고 하자. 그러나 라벨을 자세히 읽어보니 4온즈 분량이 160칼로리에 해당되었고 그중 27칼로리는 지방으로부터 왔다. 그렇다면 지방은 아이스크림 칼로리의 27/160, 그러니까 17% 정도에 해당되는 것이다. 그러나 아이스크림 무게의 대부분은 칼로리가 없는 수분이었고 지방은 전체 무게의 3%에 불과하였다. 그 아이스크림의 포장업자는 '97% 무지방'이라는 라벨을 붙이면 '지방분의 칼로리는 17%뿐'이라고 하는 것보다 더 건강에 좋은 것처럼 들린다는 것을 알았던 것이다. 꼼꼼히 읽어보고 비판적으로 사고하라.
3. 주장의 밑에 깔린 가정이나 전제를 살펴보라. 사람 이외의 동물을 대상으로 하는 실험으로는 인간에 대해서 알아낼 수가 없다는 말을 생각해보라. 그 말의 전제는 인간이 동물이 아니라는 것이다. 물론 우리는 동물이다. 우리가 식물은 아니지 않은가?

4. '증거'에서 결론을 끌어낼 때 신중하라. 자조(self-help)책들은 책에서 권하는 대로 따른 후에 삶이 좋아진 사람들의 일화로 넘친다. 심령술사들은 맞는 것으로 판명된 예언을 가리킨다. 비판적으로 사고해보라. 자조(self-help)책들에 체중감량법이나 마음의 평안을 얻는 방법을 시도한 사람들 모두의 결과가 보고되어 있는가 아니면 성공사례들만이 보고되어 있는가? 이른바 심령술사들은 실패한 경우도 보고하는가 아니면 성공사례들만을 보고하는가? "이러이러한 사람을 아는데…"라는 말을 들으면 특별히 회의적이 될 필요가 있다. 이 한 사람이 보고한 경험 — 그것이 사실이라고 할지라도 — 이 만족스러운 증거가 되는지 자문해보라. 연구 결과를 검토할 때, 그 연구가 누구의 재정지원을 받아서 수행되었는지를 고려하라. 특정 약품의 효과성에 대한 연구의 비용을 그 약품을 판매하는 제약회사가 부담했다면 그 연구는 독립적 연구자의 연구보다 설득력이 떨어질 수 있다.

5. 연구 결과, 특히 인과관계를 보여주는 연구 결과의 경우 대안적 해석을 고려하라. "알코올이 공격성을 유발하는가?"는 연구문제는 어떠한가? 이 장의 뒷부분에 알코올과 공격성 간의 뚜렷한 연관성, 혹은 '상관관계'를 보여주는 증거가 제시되어 있다. 즉 폭력범죄를 저지른 사람들 중 다수가 음주를 했다. 그러나 이 증거로 알코올과 폭력범죄가 인과관계로 연결되어 있음을 알 수 있을까? 성별, 연령, 위험을 무릅쓰는 모험심, 혹은 사회적 기대 등의 다른 요인들이 음주와 공격행동, 두 가지를 모두 설명하는 것은 아닐까?

6. 지나치게 단순화하지 말라. 삶의 도전에의 적응은 유전적 영향, 상황적 요인, 그리고 개인적 선택이 복합적으로 상호작용한 결과이다. 적응의 문제를 겪는 사람들에게 심리치료가 도움이 되는지에 대해서 생각해보자. 이 질문에 대하여 단순히 yes 혹은 no로 대충 답한다면 이는 지나치게 단순화하는 것이다. "어떤 치료자에 의한 어떤 유형의 심리치료가 어떤 유형의 내담자가 보이는 어떤 유형의 문제에 가장 도움이 되는가?"라고 묻는 것이 더 의미가 있지 않을까?

7. 지나친 일반화를 피하라. 동물 실험으로는 인간에 대해서 알 수 없다는 주장을 다시 생각해보자. 이것이 전적으로 옳거나 그르다고 할 성격의 문제인가? 사람에 대한 특정 유형의 정보는 동물 연구를 통해서도 얻을 수 있지 않을까? 어떤 유형의 지식이 인간을 대상으로 하는 연구를 통해서만 얻을 수 있는 것일까?

8. 삶의 모든 영역에서 비판적 사고를 적용하라. 회의적 태도와 증거를 요구하는 것은 대학에서뿐 아니라 삶의 모든 영역에서 유용하다. TV광고가 쏟아질 때, 정치적 이념이 휩쓸고 지나갈 때, 슈퍼마켓의 선정적 신문에서 UFO 관측에 대한 최근 1면 기사를 볼 때, 그대로 믿지 말라. "연구에 의하면…"이란 주장을 얼마나 많이 들었는가? 아마도 그런 주장이 설득력이 있는 것처럼 들릴지 모르지만 스스로에게 물어보라. 누가 그 연구들을 수행했는가? 그 연구자들은 중립적인 과학자였던가? 아니면 특정한 결과를 얻는 쪽으로 기울어진 사람들이었는가?

이러한 비판적 사고의 원칙들은 심리학자들이 행동을 관찰하고 연구를 수행하며 삶의 질을 향상시키는 법을 내담자들에게 조언할 때 생각의 지침이 된다. 이는 또한 당신이 자신의 삶의 문제들에 적응하는 데에도 도움이 될 것이다. 이제 비판적 사고 기술을 점성술과 자조(self-help)책이라는 두 개의 공개된 영역에 적용해보자. 20쪽의 "나의 생활, 나의 마음"에서는

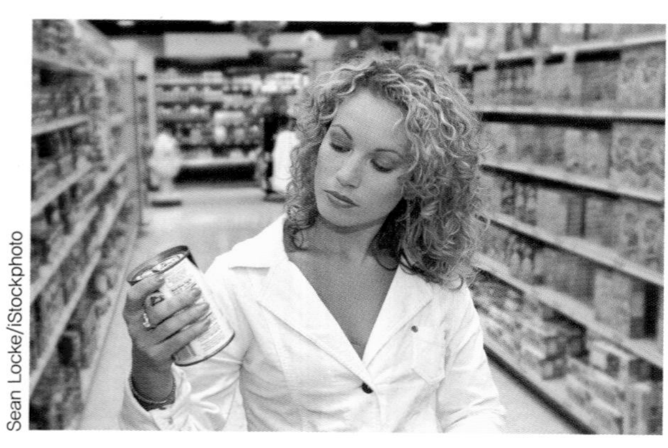
Sean Locke/iStockphoto

식품 주장의 평가 사기 전에 생각해보라. 97% 무지방이라고 광고하는 저지방 아이스크림이 정말 건강에 좋을까? 이러한 주장의 진짜 의미는 무엇일까?

비판적 사고 기술을 사용할 필요가 있는 또 하나의 영역인 인터넷 검색을 집중적으로 다룬다.

점성술과 기타 사이비과학에 대하여 비판적으로 사고하기

자기 별자리에 관심을 가져야 할까? 심령술사들은 정말 경찰이 범죄자나 증거를 찾는 데 도움이 되는가? 걱정이 있을 때 그 상황을 비판적으로 분석하여 스스로 문제를 해결해야 할 때, 다른 사람의 조언이 도움이 되겠다고 생각한다면 점성술사, 심령술사 혹은 심리학자를 비롯한 정신건강전문가 중 누구의 조언을 구해야 할까?

심리학자들은 비판적 사고를 하도록 훈련을 받는다. 그들은 회의적이다. 그들은 무엇이 진실이고 무엇이 거짓인지에 대한 사람들의 주장과 논지를 받아들이기 전에 증거를 보여달라고 고집한다. 점성술과 같은 **사이비과학**(pseudoscience)에도 동일한 절차가 적용될 수 있다. 사이비과학은 슈퍼마켓 계산대의 선정적 신문들에서 우리에게 손짓을 한다. 매주 외계인과 만났다는 사건이 10개나 새로 일어난다. 완벽하게 효과적인 새로운 체중 감량법 10가지, 스트레스와 우울증을 극복하는 새로운 방법 10가지가 있다. 배우자가 바람을 피우는지 알아낼 수 있는 새로운 방법 10가지, 그리고 물론 점성술사나 심령술사의 새로운 예언 10가지도 있다.

▌ **사이비과학** : 점성학처럼 과학적 근거가 있다고 주장하지만 실제로는 근거가 없는 방법이나 체계. 가짜 과학이나 허위 과학

사이비과학의 한 가지 예로 점성술을 집중적으로 살펴보자. 그러나 먼저 아래에 제시된 성격 보고서를 읽어보자. 이 보고서는 당신에 대한 것이다.

> 당신은 장점도 있고 약점도 있는데 대부분의 경우 본인은 자기가 그런 장점이 있다고 믿지 않는다. 당신은 변화할 수 있는 내적 잠재력은 있지만, 자신에게 맞는 길을 결정하려면 자기 감정에 더 많이 주의를 기울일 필요가 있다.
>
> 자신의 내적 충동이 사회적 규칙과 도덕적 규약의 한계에 막혀서 갈등을 경험할 때가 많다. 대부분의 경우 스스로 납득할 수 있는 방식으로 갈등을 해결해냈지만 때로는 의문이 생기고 과연 옳은 일을 했는지 궁금해진다. 두 가지 이상의 일을 동시에 하고 싶을 때가 자주 있지만 그렇게 할 수 없어서 가끔 속이 상하기도 한다.
>
> 자신만 아는 내면의 자기가 있지만 세상에는 자신의 진짜 생각과 느낌과 다른 얼굴을 보여주는 때가 자주 있다. 그리고 간혹 자신이 한 일, 택한 길을 보면서 이 모든 것이 과연 가치가 있는 것인지 회의를 갖기도 한다.

이게 바로 당신이 아닐까? 아마도 상당히 친숙하게 들릴 것이다. 일반화된 (그러나 가짜의) 성격보고서를 믿는 경향을 "좋은 서커스에는 모든 사람에게 줄 무엇인가 있다"고 말한 19세기 서커스왕, P. T. 바넘의 이름을 따서 **바넘 효과**(Barnum effect)라고 한다. 점쟁이들이 생계를 유지할 수 있는 것도 바넘 효과 — 일반적 성격보고서가 누구에게나 조금씩 해당되는 것을 담고 있는 경향 — 의 덕분이다. 다시 말해서 우리 대다수는 공통점을 충분히 지니고 있어서 우리에 대한 점쟁이의 점괘가 맞는 것처럼 들릴 수 있다.

▌ **바넘 효과** : 성격에 대한 지나치게 일반적인 서술을 자기 성격에 대한 정확한 평가로 받아들이는 경향

우리 대부분이 공통적으로 지니고 있는 성격특질들이 있다. 그러나 찻잎, 새똥, 손금, 그리고 별들이 공통적으로 가지고 있는 것은 무엇일까?

P. T. 바넘은 "어리석은 자는 매순간 태어난다"고 말하기도 했다. 일반적 성격보고서를 믿는 경향성은 옛날부터 협잡꾼이나 엉터리 사기꾼의 속임수에 쉽게 넘어가게 만드는 원인이다. 그 덕분에 '성격이 어떤지 알려주거나' 점성술로 별들과 행성들의 움직임을 보고 미래를 예측해준다는 사람들의 주머니가 두둑해지는 것이다. 과학이 우리의 일상생활과 건강에 크

당신의 궁(자리)은 무엇인가? 점성술의 자리를 알면 정말 그 사람의 성격이나 미래에 어떻게 될지를 알 수 있을까? 진짜 과학과 점성술 같은 사이비과학을 어떻게 구별할 수 있을까?

게 기여할 수 있음이 확인된 요즘 세상에도 결정을 내려야 할 때 과학 정보를 찾기보다는 별자리표를 확인하는 사람들이 많다.

점성술은 태양과 달 그리고 별들의 위치가 사람의 기질과 인간사에 영향을 미친다는 생각에 기반을 두고 있다. 예를 들어서 목성 자리 아래에서 태어난 사람들은 유쾌하고 즐거운(쾌활한) 기질을 지니고 있다고 믿고 있다. 토성 자리 아래에서 태어난 사람들은 어둡고 침울(무뚝뚝)하고, 화성 자리 아래에서 태어난 사람은 호전적(용감한)이라고 생각했다. 이와 같은 별자리 위치를 공부함으로써 미래도 예측할 수 있다는 것이다.

점성술사들은 태어날 때의 천체 위치에 따라 우리의 성격과 운명이 결정된다고 주장한다. 그들은 생일을 보고 별점을 치고 어떤 일을 해도 좋은지 알려준다. 당신의 '별자리'가 무엇이냐, 물병자리냐 아니면 황소자리냐고 묻는 사람이 있다면 이는 생일이 점성술에서 쓰는 용어로 무엇인가를 묻는 것이다. 점성술사들은 출생한 달의 '별자리'를 보고 어떤 사람과 잘 맞는지를 알 수 있다고 주장한다. 당신은 종교가 다른 사람과 데이트를 해야 할지 고민했을 수 있다. 점성술을 따른다면 궁수자리 사람이 물고기자리나 쌍둥이자리 사람과 데이트를 해도 좋을지도 알고 싶어질 수 있다.

점성술사들의 주장에 비판적 사고의 원칙을 적용해보자. 예를 들어서 점성술에 오랜 역사가 있다는 것이 그 과학적 신뢰도에 영향을 미칠까? 바다의 조류가 인간의 성격, 그리고 운명과 대등할까?

심리학은 과학이다. 과학에서는 우주선, 화학물질, 세포, 그리고 사람의 행동에 대한 믿음, 혹은 새똥과 별들의 움직임이 가지는 의미는 당연히 증거로 뒷받침되어야 한다. 설득력 있는 주장이나 권위자의 보증은 과학적 증거가 되지 못한다. 점성술사나 다른 사이비과학자들이 특정한 사건을 예언한다면 그 정확성(혹은 부정확성)으로 점성술을 평가할 수 있을 것이다. 점성술사들의 예언이 우연적 예언보다 적중 가능성이 더 높다고 할 수는 없다(Munro & Munro, 2000). 사람의 성격이 그 사람의 출생 별자리와 관련이 있다는 믿음에도 과학적 근거가 없다(Hartmann, Reuter, & Nyborg, 2006). 그러나 점성술을 뒷받침해주는 과학적 근거가 없다는 것이 문제가 될까? 점성술의 추종자들에게 사실을 제시하면 설득이 될까? 어쩌면 아닐지도 모른다. 심령술사가 보여주는 '마술'이 쓰레기 더미에 불과할지라도 삶에서 마술을 필요로 하는 사람들이 많은 것 같다. 애석하게도 과학적으로 개화된 오늘날에도 객관적 증거나 통계적 확률보다는 이야기나 믿음의 비약이 더 편안한 사람들이 많다.

자조책(self-help books)에 대하여 비판적으로 사고하기 : 손쉬운 해결책이 존재하는가?

영혼을 위한 닭고기 수프, 남들이 택하지 않은 길, 매우 성공적인 사람들의 7가지 습관, 성공의 7가지 영적 법칙, No라고 하고 싶은 때 Yes라고 하지 말라, 우리의 몸과 자신, 8주간의 콜레스테롤 치유, Type A형 행동과 심장, 좋은 기분 – 새로운 기분 치료… 이들은 근래 시장에 쏟아져 나오고 있는 자조(self-help)책들의 극히 일부이다. 수줍은 사람들, 불안한 사람들, 체중이 많이 나가는 사람들, 스트레스에 시달리고 있는 사람들, 혼란에 빠진 사람들은 답을 얻을 수 있는 바로 그 책을 찾고자 하는 희망을 품고 매일 책방과 슈퍼마켓 계산대를 훑어본다. 그들이 이 책들의 가치를 어떻게 평가할 수 있을까? 유용한 통찰력과 조언을 제공해주는 책들도 일부 있지만 명백히 잘못된 책들도 있다. 쓸모 있는 곡식과 쓸모없고 해로운 쭉정이를 어떻게 가려낼 수 있을까?

유감스럽게도 쉬운 해답은 없다. 문자로 인쇄된 것들은 그대로 믿는 사람들이 많다. 그리고 어떻게 통통한 존이 60일 만에 60파운드를 뺐는지, 수줍은 조니가 한 달 만에 사교적인 멋쟁이로 변신했는지 말해주는 일화는 아주 매혹적이다 — 특히 우리가 꼭 필요할 때에는.

그러나 경계해야 한다. 언론의 자유로 인하여 무엇이든 닥치는 대로 책으로 인쇄되어 나오는 세상이 되었다. 저자들은 처벌의 두려움은 거의 느끼지 않고 엄청난 주장을 펼친다. 새롭게 유행하는 다이어트가 효과적이라는 거짓말을 UFO에 납치되었었다는 거짓말처럼 쉽게 한다.

허접한 껍질을 털어내고 의미가 있는 알곡을 골라내는 작업에 비판적 사고를 적용해보자.

1. **우선 표지나 제목을 보고 책을 판단하지 말라.** 좋은 책이든 나쁜 책이든 눈을 사로잡는 제목을 붙이거나 책 표지를 흥미롭게 꾸밀 수 있다. 당신의 눈을 끌고자 하는 책은 수십 권, 아마도 수백 권이 될 것이다. 그렇다면 눈을 확 끌어당길 수 있도록 출판사들이 책 표지를 꾸미려고 하는 것은 당연한 일이다.
2. **엄청난 주장을 펼치는 책은 피하라.** 만약 꿈에나 있을 법하게 멋지게 들린다면 아마도 현실적이지 못할 것이다. 누구에게나 도움이 되는 방법은 없다. 하루 밤새에 효과를 보는 방법도 거의 없을 것이다. 사람들은 즉각적인 치유를 원한다. 열흘 만에 날씬하게 만들어 줄 수 있다고 약속하는 책이 10주는 걸린다고 하는 책보다 더 잘 팔릴 것이다. 책임 있는 심리학자나 건강전문인이라면 그런 주장을 함부로 하지 않는다.
3. **저자들의 교육경력을 점검하라.** 저자의 타이틀이 이름 뒤에 단순히 '박사'라고 되어 있으면 의심을 품어라. 그 학위는 우편으로 산 가짜 박사학위일 수도 있다. 대학교나 전문교육기관이 아니라 사이비 종교에서 받았을 수 있다. 의학박사, 철학박사(Ph.D.), 심리학 박사(Psy.D.) 혹은 교육학박사(Ed.D.) 등 학위 분야가 구체적으로 명시되어 있으면 더 신뢰할 수 있다.
4. **저자들의 소속 기관을 점검하라.** 보장할 수는 없지만 그래도 대학에 소속된 저자들이 그렇지 않은 사람들보다 더 신뢰할 만하다.
5. **저자들이 전문인 집단이 보수적이라고 불만을 표한다면 경계하라.** 저자들이 자기들은 시대에 앞서 있다고 자랑하는가? 건강관련 전문가 단체가 완고하다거나 편협하다고 지탄하는가? 그렇다면 의구심을 가져야 한다. 대다수의 심리학자나 과학자들은 편견이 없고 열린 마음을 가지고 있다. 그들은 단지 지지하기로 결정하기 전에 증거를 보여달라고 할 뿐이다. 열광은 연구와 증거를 대신하지 못한다.
6. **책에 소개된 증거를 점검하라.** 수준이 낮은 자조책들은 소수의 사람들의 엄청난 성공에 대한 근거 없는 스토리를 광범위하게 활용하는 경향이 있다. 책임 있는 심리학자들이나 기타 건강전문인들은 신중하게 표집을 구성하여 기법의 효과를 점검하고 결과를 꼼꼼하게 측정하며, "…인 것처럼 보인다", "피험자들은 개선이 되는 경향을 보였다" 등의 표현으로 결과에 대한 설명에 제한점을 명시한다.
7. **참고문헌 인용에서 증거를 확인하라.** 정통의 심리학 연구는 이 교재 뒤의 참고문헌에 기재된 것과 같은 학술지에 보고된다. 이들 학술지에는 과학적 기준을 충족시키는 연구방법과 결과만이 게재된다. 참고문헌 인용이 없거나 참고문헌 목록이 의심스러우면 의구심을 가져야 한다.
8. **교수에게 조언을 청하라.** 무엇을 할지, 누구와 이야기를 할지, 그리고 무엇을 읽을지에 대해서 조언을 구하라.

나의 생활 나의 마음

온라인 정보 검색에서 비판적 사고하기

인터넷은 이메일, 쇼핑, 뉴스, 그리고 정보 등 다양한 서비스를 제공한다. 온라인 서비스 이용자가 점점 증가하는 것은 놀라운 일이 아니다. 여기저기 웹사이트들을 돌아다니면서 심리학, 자기조력(self-help), 인간관계, 건강 등 방대한 정보저장고에 접촉한다. 자조책에서 보듯이 이렇게 얻은 정보들은 상당 부분 도움이 되기는 하지만 불완전하고 오해하기 쉬우며 보통 사람들은 이해하기 어렵거나 부정확한 경우도 많다(Benotsch, Kalichman, & Weinhardt, 2004). 웹의 가장 좋은 점은 누구나 다른 사람들이 볼 수 있게 정보를 올릴 수 있다는 것이다. 그러나 이와 같은 자유는 웹에 올라온 정보가 부정확할 수 있다는 위험성을 수반한다.

비판적 사고를 하는 사람들은 온라인상이라고 그들의 회의적 태도를 보류하지는 않는다. 그들은 출처의 신뢰성 확인을 위해서 다음과 같은 질문을 던진다. 자료를 올린 사람이 누구인가? 그 출처가 신망 있는 의료기관이나 과학기관인가? 아니면 분명한 과학적 자격을 갖추지 못했으면서 기존 과학계에 대해서 딴 속셈이 있는 개인이나 집단에서 나온 정보인가? 가장 믿을 만한 온라인 정보는 주요 과학학술지, 국립보건원과 같은 정부기관, 미국심리학회(APA)와 심리과학회(APS) 등 주요 전문가단체와 같이 잘 알려진 과학적 정보 출처로부터 나온 것이다. 과학학술지에 실린 논문들은 게재가 결정되기 전에 독립적 과학자들에게 철저하게 조사를 받는 동료 심사과정을 거친다.

비판적 사고를 하는 사람들은 건강관련 상품에 대한 주장에 대해서도 신중해야 한다. 요즈음에는 인터넷에서 팔지 못할 물건이 없다. 상품에 대해서 주장하는 내용에 과학적 근거가 있으리라는 가정은 하지 말아야 한다. 이들은 TV광고의 인터넷 버전과 같이 일종의 전자매체를 통한 광고라고 보아야 한다. 다시 말해서 그들의 주장을 에누리해서 듣고 지갑을 쉽게 열지 말아야 한다. 또한 마음에 들지 않으면 환불해준다는 보장을 주의 깊게 점검하고 작은 글씨로 쓰인 내용을 잘 보라. 환불을 보장해준다는 것은 상품이 광고한 대로 작동한다는 것을 약속하는 것은 아닐지 모른다. 환불보장이란 상품이 제대로 작동하지 않을 경우 돈을 돌려받을 수 있다는 것을 보장할 뿐이고, 그것도 조건이 달려 있는 경우가 많다. 그러니까 "사는 사람이 조심해야 한다"는 말이다. 유감스럽게도 종이에 인쇄된 정보나 컴퓨터 화면에 나오는 정보에 대해서는 의심하지 않는 사람들이 우리 중에 많다. 그러나 비판적 사고자라면 이런저런 주장들을 스스로 평가한다.

웹에 나온 정보에는 비판적 사고가 필요하지만 인터넷에서는 다른 곳에서는 쉽게 접근하기 어려운 정보 — 예컨대 성병 예방을 위하여 젊은이들이 사용할 수 있는 방법 — 를 효율적으로 배포할 수 있다(Keller & Brown, 2002). 유방암에 걸린 여성들이 인터넷의 건강관련 정보를 얻으면서 심리적으로 위안을 받는다는 연구도 보고되어 있다(Fogel, 2003).

9. 자조책보다는 이 책과 같은 교재나 전문서적을 읽으라. 대학서점에서 관심 있는 분야의 교재들을 찾아보라. 교재에 실려 있는 추천도서를 읽어보라.

10. 심리학 교수와 만나서 대화를 나누어보라. 대학교 건강센터의 사람들과 이야기해보라.

요약하면 심리적 문제나 건강문제를 손쉽게 고치는 방법은 찾기 어렵다. 직접 찾아보고 자조책의 비판적 소비자가 되라.

이제 적응에 대한 과학적 접근을 보다 깊이 있게 살펴보자. 과학적 방법 전반을 논의한 후에 심리학자들이 자신의 견해를 지지하기 위해서 — 혹은 경우에 따라서 반박하기 위해서 — 증거를 수집하는 방법을 알아보자.

모듈 복습

복습하기

(10) 다른 사람의 주장이나 논증에 대하여 회의적이고 의문을 제기하는 태도를 ______(이)라고 한다.

(11) 비판적 사고의 한 측면으로 용어의 ______을/를 꼼꼼하게 분석해야 한다.

(12) 사이비과학이라는 용어는 (진정한, 가짜의?) 과학을 지칭한다.

(13) 인터넷을 통해서 얻은 정보는 꼼꼼하게 분석할 필요가 있으나 근래 연구에 의하면 유방암에 걸린 여성들의 경우 건강관련 정보를 인터넷을 통해서 찾아봄으로써 ______ 측면에서 도움을 받는다.

생각해보기

TV나 신문 혹은 잡지 광고에 나온 상품이나 서비스에서 주장하는 바를 그대로 믿는가? 이러한 주장들의 타당성을 평가할 때 비판적 사고의 원칙을 어떻게 적용할 수 있을까?

심리학자들은 어떠한 방법으로 적응을 연구하는가?

모듈 1.4

- 무엇이 과학적 방법인가?
- 사례연구법은 무엇인가?
- 설문법은 무엇인가?
- 심리학자들은 어떻게 표집을 사용해서 모집단을 대표하는 결과를 얻는가?
- 자연관찰법이란 무엇인가?
- 상관법은 무엇인가?
- 실험법은 무엇인가?

여성이 남성보다 철자법을 더 잘 아는가? 도시 주민들이 작은 읍에 사는 사람들보다 낯선 사람들에게 덜 친절한가? 차별금지법이 편견을 감소시키는가? 술이 공격성을 유발하는가? 운동을 하면 혈압에 이로운가? 보육시설에 보내는 것 그리고 이혼하는 것이 아이들에게 어떤 영향을 미치는가? 우리 중 대다수가 이러한 문제들에 대한 의견을 표현했던 적이 있을 것이고 심리학이나 의학 이론들도 이에 대하여 여러 가지 가능한 답안을 제시하고 있다. 그러나 심리학은 과학이고 행동에 대한 과학적 진술은 증거에 의해서 뒷받침되어야 한다. 강력하게 주장한다고 해서, 권위자를 인용하거나 저명인사가 밀어준다고 해서, 심지어는 잘 구성된 이론조차도 과학적 증거를 대신하지 못한다. 과학적 증거란 **과학적 방법**(scientific method)으로 얻어진 것을 말한다.

과학적 방법 : 가설을 구성하고 검증하여 과학적 증거를 얻는 방법

가설 : 연구를 통해서 검증되는 행동에 관한 예언

과학적 방법 : 아이디어의 검증

과학적 방법이란 과학자들이 아이디어를 검증하고 세심한 관찰과 실험을 통해서 얻어진 지식을 확장하고 정교화하기 위하여 사용하는 조직적 방식을 말한다. 이것은 심리학자나 다른 과학자들이 따르는 '조리법'이라고 하기보다는 연구의 길잡이가 되는 일반적 원칙이라고 할 수 있다. 심리학자들은 보통 연구문제의 구성에서 출발한다. 연구문제는 여러 곳에서 올 수 있다. 일상생활 경험, 심리학 이론, 심지어는 민간에서 전승되어 내려오는 내용이나 직관도 연구문제를 구성하는 데 도움이 된다. 그러나 심리학자들은 연구문제가 어디에서 왔든 관계없이 추측이나 이론으로 증거 수집을 대신하지 않는다.

연구문제는 질문의 형태 혹은 가설의 형태(그림 1.5 참조)로 바꾸어서 연구한다. **가설**(hypothesis)이란 연구를 통해서 검증될 행동이나 정신과정에 관한 구체적인 예측이다. 탁아에 관한 가설 중 하나는 탁아시설에 맡겨진 유아들은 집에서 키운 아이들보다 또래관계 관련 사회기술이 더 좋으리라는 것이다. TV폭력에의 노출에 관한 가설로는 폭력적 TV 쇼를 더 많이 보는 초등학교 아동들은 또래에 대해서 더 폭력적으로 행동하는 경향이 있으리라는 것이다.

심리학자들은 면밀하게 연구방법을 실행하여 연구문제를 조사하거나 가설을 검증한다. 예를 들어 탁아시설 아동들과 그 외 아동들을 새로운 아동과 만나게 하고 각 집단의 아동들이

Tanya Constantine/Jupiter Images Corp.

가설 검증 과학적 방법이란 예측 혹은 가설을 증거에 비추어서 체계적으로 검증하는 것이다. 예컨대 연구자는 유사한 태도나 관심을 가지고 있는 커플들이 서로 다른 태도와 관심을 가지고 있는 사람들보다 더 오래 관계를 유지한다는 가설을 검증할 수 있다. 그러나 같은 옷을 입는 것은 관계에 별 영향을 미치지 않을 수 있다.

새로 만난 친구와 어떻게 상호작용하는지를 관찰할 수 있다. 심리학자들은 관찰된 바 혹은 결과를 토대로 연구문제나 가설의 정확성에 대한 결론을 내리게 된다. 가설을 지지하지 않는 증거가 쌓이면 심리학자는 자신의 가설을 재검토하거나 가설의 기반이 된 이론을 수정할 수 있다.

심리학자가 연구 증거로부터 결론을 내릴 때에는 비판적 사고의 원칙에 따른다. 예를 들어서 심리학자들은 상관관계와 인과관계를 혼동하지 않는다. **상관관계**(correlation)란 두 변인이 통계적으로 관련이 있거나 연합되어 있음을 말하는 개념이다. 예를 들어, 심리학자들이 아이들의 폭력적 TV 쇼의 시청시간과 학교운동장 혹은 교실에서 보이는 공격성 수준 사이에 유의한 상관관계가 있다는 것을 밝혀낸다고 하자. 이러한 증거를 토대로 TV폭력이 공격행동의 원인이라는 결론을 내리고 싶을 수 있다. 그러나 연구에 참여한 아이들은 자기들이 시청할 프로그램을 스스로 고를 수 있었기 때문에 **선택요인**(selection factor)이 작용했을 수 있다. 어쩌면 상대적으로 공격성이 높은 아이들이 공격성이 낮은 아이들보다 폭력적 TV 쇼를 더 많이 볼 가능성이 있지 않을까? 다음에서 보듯이 심리학자들은 실험법을 사용해서 인과관계를 밝힌다.

상관관계 : 두 변인 간의 통계적 연관이나 관계를 말하는 것으로 상관계수로 표시된다.

선택요인 : 과학 연구에서 피험자들이 처치를 받을지 여부를 스스로 선택할 수 있게 되는 경우 연구 결과에서 발생할 수 있는 편향의 원인. 예를 들어, 다양한 식이요법의 효과를 연구할 때 연구 참여자들이 어떤 식이요법을 받고 싶은지 선택할 수 있게 한다면 문제가 있을 것이라고 생각하는가? 그 이유는?

반복 검증 : 반복, 재생산, 복제. 어떤 이유로 심리학자들이 다른 심리학자들이 수행한 연구를 반복검증할까?

선택요인의 효과를 보다 잘 이해하기 위해서 운동과 건강의 관계에 대한 연구 하나를 살펴보자. 규칙적으로 운동하는 집단과 그렇지 않은 집단을 비교했을 때, 규칙적 운동집단이 소파에서 뭉개면서 시간을 보내는 집단보다 신체적으로 더 건강하다는 결과가 나왔다고 하자. 그렇다면 운동이 양호한 건강의 원인이라고 결론 내릴 수 있을까? 그렇지 않을 수 있다. 선택요인 — 한 집단은 운동하기를 선택했고 다른 집단은 그렇지 않았다는 사실 — 으로도 그 결과를 설명할 수 있다. 아마도 건강한 사람들이 운동을 선택할 가능성이 더 높을 것이다.

일부 심리학자들은 연구 결과 보고서를 전문학술지에 게재하는 것이 과학적 방법의 핵심이라고 본다. 연구자들은 다른 연구자들이 시간이 경과해도 다른 피험자를 대상으로 하였을 때에도 동일한 결과를 얻을 수 있는지 **반복 검증**(replicate)할 수 있도록 연구의 세부사항을 충분히 제공할 의무가 있다. 연구를 학술지에 게재함으로써 일반 과학 공동체가 다른 과학자들의 연구방법과 결론을 평가할 수 있는 기회를 갖게 된다.

심리학자들은 특히 사람들의 복지에 중요한 의미가 있는 연구 결과의 경우에 이를 확인하기 위하여 특정 연구를 상세하게 반복 검증할 수 있다. 심리학자들은 여성을 대상으로 한 연구의 결과가 남성에게도 일반화될 수 있는지, 유럽계 미국인들의 연구 결과가 소수민족 집단에게 일반화될 수 있는지, 혹은 심리치료를 받고자 했던 사람들의 결과가 일반 사람들에게 적용될 수 있는지 등을 알아보기 위해서 동일한 연구방법을 다른 피험자 집단들에게 적용하여 반복 검증한다.

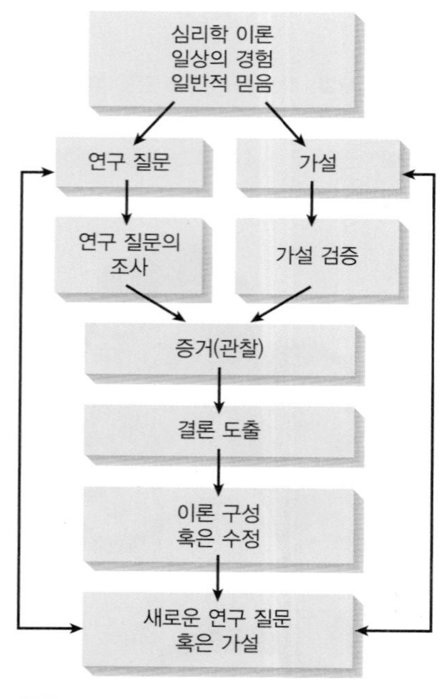

그림 1.5

과학적 방법 과학적 방법이란 과학적 지식을 체계적으로 조직하고 확장하는 방법이다. 일상의 경험, 일반적 믿음과 과학적 관찰은 모두 이론의 발달에 기여한다. 심리학 이론은 관찰 결과를 설명하고 행동과 마음의 과정에 대한 가설로 이끈다. 관찰 결과는 이론을 확인해줄 수도 있고 이론의 정교화 혹은 기각으로 이어질 수 있다.

심리학자들의 연구방법

이제 심리학자들이 연구하는 방법으로 사례연구법, 설문조사법, 자연관찰법, 상관관계법, 그리고 실험연구법을 살펴보자. 그러나 그에 앞서 역사적으로 연구에서 여성과 소수민족이 충분히 반영되어 있지 않다는 점에 주목하고자 한다.

여성과 다양한 민족집단 구성원들을 연구에 포함시키기

특히 건강 분야에서는 역사적으로 남성 대상 연구에 치우쳐 왔다. 예를 들어 생활양식과 건강의 관계에 대한 대규모 연구는 대부분 남성을 대상으로 수행되었다. 그러나 오늘날의 연구자들과 의학 분야 연구의 지원기관들은 여성과 소수민족 등 전통적으로 연구에서 상대적으로 소홀히 다루어졌던 집단을 포함시키는 것의 중요성을 인식하고 있다.

더 많은 연구가 필요한 분야 중 하나가 일이 여성의 삶에 미치는 영향이다. 예를 들어 가정 밖의 직장에서 일하는 것이 가사 분담에 어떠한 영향을 미치는가? 다수의 연구들이 여성은 남성보다 '두 번의 근무'를 하게 될 가능성이 크다고 보고하고 있다. 즉 여성은 하루 종일 일하고 난 후 다시 쇼핑, 청소와 그 밖의 가족을 돌보는 일 등 두 번째 '근무'를 하게 된다는 것이다. 또한 남성을 대상으로 하는 연구의 결과는 여성 전반에게 일반화되기가 어렵고 유럽계 미국 여성의 연구 결과가 유색인종 여성에게 일반화되기 어려울 수 있다는 점을 인식할 필요가 있다. 일반적으로 여성이 특히 유색인종 여성이나 사회경제적 수준이 낮은 여성들이 연구에 포함되지 않거나 그들의 반응이 유럽계 여성이나 보다 부유한 여성들의 반응과 구분되어 분석되지 않으면, 그들에게 중요한 이슈는 드러나지 않을 수 있다.

연구의 표집에서 소수민족집단은 모집단에서의 실제 비율보다 더 낮은 비율로 표집되는 경향이 있다. 예를 들어서 유럽계 미국인들과 아프리카계 미국인들의 성격검사 결과의 비교에서 정확한 결론을 내리려면 다양한 해석이 필요하다. 킨제이 박사의 유명한 성행동 연구(Kinsey et al., 1948, 1953)에는 아프리카계 미국인, 빈곤층, 노인, 그리고 기타 수많은 집단들이 포함되지 않았다.

사례연구법

인간 본성에 대한 우리 자신의 생각은 개인이나 작은 집단의 '약식' 연구나 관찰을 통해서 얻어질 때가 많으므로 주요한 연구방법에 대한 논의는 **사례연구법**(case study method)부터 시작하기로 하자. 우리 대부분은 정보 수집을 아무렇게나 한다. 그리고 우리는 우리가 보고 싶은 것을 볼 때가 많다. 사람들의 행동에 대한 비과학적 설명을 일화라고 부른다. 심리학자들은 사람들의 행동을 더 잘 이해하기 위해서 사례연구법을 사용해서 그들의 사람들의 삶을 면밀하게 묘사한다. 제2장에서 다룰 지그문트 프로이트의 성격이론은 자신이 치료한 환자들에 대한 집중적 사례연구를 기반으로 발달되었다.

프로이트는 환자들의 주목할 만한 행동 패턴의 원인을 밝히기 위해서 그들을 아주 깊이 있게 연구하였다. 그는 어떤 환자들의 경우 다년간에 걸쳐서 일주일에 여러 번씩 만나면서 추적하였다.

물론 사람들이 질문에 답할 때 기억에 빈틈이 있기 마련이다. 또한 사람들은 **사회적 바람직성 편파**(social desirability bias) — 자신을 사회적으로 바람직하게 보이려는 경향성 — 로 인하여 자신의 과거를 왜곡할 수도 있다. 면접자들도 특정한 기대가 있을 수 있고 연구대상자들로 하여금 자기의 이론적 관점에 부합되는 방식으로 빈틈을 채우도록 부추길 수도 있다. 종합해볼 때, 사례연구법은 유용하며 정보를 얻어낼 수 있는 방법이지만 실험법의 엄격한 통제는 갖추고 있지 않다.

설문조사법

심리학자들은 자연 상황에서 직접 관찰하기 어렵거나 실험법으로 연구하기 어려운 태도와 행동에 대해서 알고자 할 때 **설문조사**(survey)를 한다. 설문조사에서 심리학자들은 보통 다수의 사람들에게 질문지를 실시하거나 면담을 한다. 식사습관, 운동 패턴, 결혼만족도, 그리고 심

사례연구법 : 면담, 설문, 혹은 심리검사를 통하여 면밀하게 그린 전기를 기반으로 한 연구방법

사회적 바람직성 편파 : 사회적으로 바람직한 방향으로 반응하는 경향

설문조사 : 태도나 행동을 알아보고자 다수의 개인들을 면담하거나 설문조사를 하여 정보를 수집하는 것

© Michael Newman/PhotoEdit

일이 여성의 삶에 미치는 영향에 대해서는 연구가 더 필요하다. 미국 여성의 대다수 — 아주 어린 자녀를 둔 여성을 포함해서 — 는 가정 밖에서 일을 한다. 가사와 육아의 주 책임을 누가 진다고 생각하는가 — 엄마인가? 아빠인가? (엄마, 맞아요!) 그러므로 여성은 가정과 직장에서 두 가지 일을 겸하는 경향이 있다. 이러한 노동 과부하가 여성의 적응에 어떠한 영향을 미칠까?

지어는 사적인 성행동 등 적응에 관련된 다양한 주제에 대한 설문조사가 수행되어 왔다.

표본과 전집 : 표적 집단 맞추기

실제로 일어나지는 않았던 역사의 한 부분을 생각해보자. 1936년 공화당 후보 알프 랜던이 현직 대통령 프랭클린 루스벨트를 이겼다. 아니, 적어도 랜던은 당시의 인기 잡지인 리터러리 다이제스트가 실시한 여론조사에서 이겼다. 실제 선거에서는 루스벨트가 랜던을 1,100만 표 차이로 크게 이겼다. 그렇다면 어떻게 다이제스트지는 랜던이 이길 것이라고 예측했을까? 어떻게 그렇게 큰 불일치가 가능했을까?

다이제스트지는 설문 대상에게 전화를 했다. 오늘날 전화 표집방법은 널리 사용되고 있고 어느 정도 적법한 방법이다. 그러나 다이제스트지의 설문조사는 전화가 있는 미국인들은 없는 미국인들보다 훨씬 더 부유했던 대공황 기간에 시행되었다. 그리고 고소득층 미국인들은 공화당 후보에게 투표할 가능성이 더 높다. 그렇다면 표집된 사람들의 대다수가 랜던에게 투표한다고 했다는 것은 놀랄 일이 아닐 것이다.

심리학자들은 모집단을 대표하는 표본을 사용한다. 만약 표본이 의도했던 모집단을 정확히 대표한다면 연구 표본에서 얻은 결과를 모집단에 **일반화**(generalize)시키는 것이 가능하다.

일반화 : 특정한 것에서 일반적인 것으로 확대하는 것. 표집에서 관찰된 것을 모집단에 적용하는 것

표본 : 연구대상으로 선정된 모집단의 일부

리터러리 다이제스트지에서 시행한 바와 같은 설문이나 그 밖의 연구방법에서 연구의 대상이 되는 개인 혹은 피험자들을 **표본**(sample)이라고 한다. 표본은 모집단의 한 부분이다. 심리학자들이나 그 외 과학자들은 관찰의 대상인 피험자들이 표적 모집단(로드 아일랜드에 거주하는 유럽계 미국인이 아니라 미국 거주자 전체)을 대표할 수 있는지 확실하게 할 필요가 있다.

무작위 표집

무작위 표집 : 모집단의 각 구성원이 동등한 선정 기회를 갖도록 선정된 표집

모집단 : 생물체 혹은 사건의 전집

대표성 있는 표본을 얻는 방법 중 하나는 **무작위 표집**(random sample)이다. 무작위 표집에서는 **모집단**(population)의 각 구성원들이 연구에 참여하도록 선택될 수 있는 기회는 동일하다. 연구자들은 우선 모집단의 하위집단들을 확인해서 모집단에서의 각 하위집단의 비율에 따라 각 하위집단의 구성원들을 무작위로 표집하여 유층화 표집을 구성할 수 있다. 예컨대 전체 미국인 중 아프리카계 미국인의 비율이 12%라면 유층화된 표집에서 아프리카계 미국인의 비율은 12%가 될 것이다. 실제로 무작위로 표집된 대규모 표집은 어느 정도 정확하게 유층화되어 있다. 무작위로 추출된 1,500명 표집은 무리가 없을 만한 수준의 일반 미국민 모집단 대표성이 있다. 그러나 100만 명을 표집한다고 해도 아무렇게나 한다면 대표성이 없을 수 있다.

자원자 편파

대중 잡지는 독자들을 대상으로 인간관계, 성, 가족문제 등에 대한 태도를 알아보기 위한 설문을 자주 한다. 수천 명의 독자들이 설문에 답을 해서 보낸다고 해도 그 응답이 일반 미국인들을 대표할 수 있을까? 아마도 아닐 것이다. 이러한 연구들은 **자원자 편파**(volunteer bias)의 영향을 받았을 수 있다. 자원자 편파는 연구나 설문에 스스로 참여하려는 사람들은 참여하지 않는 사람들과 중요한 측면에서 차이가 있다는 개념에 기반을 두고 있다. 성 행동 연구의 사례를 보면 자원자들은 모집단 — 혹은 해당 잡지의 독자들 — 중 사적 정보를 드러낼 용의가 있는 특정 집단을 대표할 수 있다. 자원자들은 또한 자원하지 않은 사람들보다 연구에 더 관심이 있을 수 있거나 여유시간이 더 많을 수 있다. 그러한 자원자들은 일반 모집단과 어떻게 다를까? 그러한 차이가 연구 결과를 한쪽으로 기울게 하거나 혹은 왜곡할 수 있을까?

자원자 편파 : 연구에 자발적으로 참여하는 사람들과 그렇지 않은 사람들 사이에 체계적 차이가 있을 것이라는 기대가 반영된 연구의 편파 혹은 오류의 원인

자연관찰법

우리는 매일매일의 생활에서 **자연관찰**(naturalistic observation)을 한다. 즉 우리는 사람들이 사는 환경에서 그들을 관찰한다. 과학자들도 그렇게 한다. 그러나 과학자들은 일상적인 관찰보다 체계적이고, 형식에 맞는 방법에 따라 관찰한다. 예를 들어 아이들이 어떻게 상호작용하는가를 더 잘 이해하기 위하여 학교 운동장에서 아이들의 또래관계를 관찰할 수 있다. 아이들이 놀이집단을 어떻게 구성하는지, 어떻게 다른 아이들을 넣어주거나 제외하는지를 눈여겨볼 수 있다. 심리학자들은 패스트푸드 식당에서 정상체중 손님들과 과체중 손님들의 식사 행동 차이를 관찰할 수 있다. 사람들이 무엇을 주문하는지, 식사를 마치는 데 얼마나 시간이 걸리는지, 그리고 몇 입에 먹는지를 관찰할 수 있다. 과체중 손님들이 더 빨리 먹는지? 씹는 횟수가 더 적은지? 접시에 음식을 덜 남기는지? 이러한 정보는 체중 수준에 따라 식사습관이 다른지를 판단하는 데 도움이 된다.

▮ **자연관찰** : 생물체를 그 자연적 환경에서 관찰하는 과학적 방법

심리학자를 비롯한 과학자들은 자연관찰에서 실제로 해당 행동이 일어나는 현장에서 행동을 관찰한다. 그들은 자신들이 관찰하는 행동에 방해가 되지 않도록 **남의 눈에 띄지 않는 측정방법**(unobtrusive measure)을 사용한다. 자연관찰법은 행동에 대한 기술적 정보는 제공하지만 행동의 저변에 있는 원인을 알아낼 수는 없다.

▮ **남의 눈에 띄지 않는 측정방법** : 멀리서 사람의 행동을 조심스럽게 관찰하는 등 연구대상자의 행동을 방해하지 않는 측정방법

상관관계법 : 증가하는 것과 감소하는 것을 알아보기

지능이 높은 사람들이 학교 공부를 더 잘할까? 성취욕구가 높은 사람들이 회사에서 더 높은 지위까지 올라갈까? 스트레스와 건강의 관계는 어떠할까? 이러한 질문은 보통 상관관계 연구의 대상이 된다.

상관관계법(correlational method)을 사용할 때 심리학자들은 관찰된 행동 혹은 측정된 특성이 또 다른 행동이나 특성과 관련이 있는지, 상관관계가 있는지 조사한다. 지능과 학업성적 변인은 지능지수와 평균성적과 같은 수치를 부여한다. 그리고 수치나 점수의 수학적 관련성은 **상관계수**(correlation coefficient)로 표현된다. 상관계수는 −1.00에서 +1.00의 범위를 가진 숫자로 +1.00이나 −1.00에 가까울수록 두 변인 간 관계의 정도가 크다.

▮ **상관관계법** : 변인 간 관계를 조사하는 과학적 방법

▮ **상관계수** : 두 변인 간 관계의 강도와 방향(정적 혹은 부적)을 말해주는 −1.00에서 +1.00 사이의 숫자

한 변인이 증가하면 다른 변인도 증가한다면 그 두 변인의 관계는 **정적 상관**(positive correlation)(상관계수가 정적)으로 표현된다. 예컨대 연구자들은 지능과 학교성적 등 학업성취도의 정적 관계를 보고하고 있다(예 : Ridgell & Lounsbury, 2004).

▮ **정적 상관** : 두 변인 중 한 변인이 증가하면 나머지 변인도 증가하는 관계

일반적으로 지능검사에서 높은 점수를 받을수록 학업성적이 더 우수할 가능성이 크다. 지능검사 점수는 전반적 학업성취와 정적 상관을 보인다(그림 1.6 참조).

스트레스는 건강의 여러 측정치와 **부적 상관**(negative correlation) 관계가 있다. 우리가 받는 스트레스가 크면 클수록 우리의 면역체계 기능은 저하된다(제4장 참조). 스트레스가 높으면 건강이 나빠지는 사람들이 많다. 부적 상관은 음수의 상관계수로 표현된다(예 : −.60).

▮ **부적 상관** : 두 변인 중 한 변인이 증가하면 나머지 변인은 감소하는 관계

상관연구는 인과관계 양상을 시사할 수 있지만 인과관계를 입증하지는 못한다. 예를 들어서 높은 지능으로 인하여 교육의 성과를 얻을 수 있었다고 논리적으로 가정할 수 있다. 그러나 연구 결과에 의하면 교육이 지능검사 점수를 높일 수도 있다. 어린 나이에 고도의 지적 자극을 제공하는 헤드 스타트 프로그램의 혜택을 받은 아이들은 받지 못한 아이들보다 이후의 지능검사 수행이 더 우수하다. 또한 지능과 학업성취는 인과관계는 없지만 두 변인 모두 유전적 요인이나 지적 자극이 풍부한 가정환경 등 제3의 변인으로 설명될 수 있다. 지능과 학업

그림 1.6

정적 그리고 부적 상관 지능과 학업성적의 관계에서처럼 두 변인 사이에 정적 상관관계가 있다면 한 변인이 증가하면 나머지 변인도 증가하는 경향이 있다. 그림의 좌측에 나타난 것처럼 지능검사 점수가 높을수록 대체로 학업성적이 더 좋다(각각의 점은 개인의 지능검사 점수와 학점 평량 평균을 표시한다). 제5장에 기술되어 있는 바대로 운동과 신체건강 사이에는 정적 상관이 있다. 반면 스트레스와 건강 간에는 부적 상관이 있다. 스트레스 양이 증가하면 면역체계의 기능은 저하되는 경향이 있다. 상관관계 연구는 인과관계의 가능성을 시사하지만 인과관계를 입증하지는 못한다.

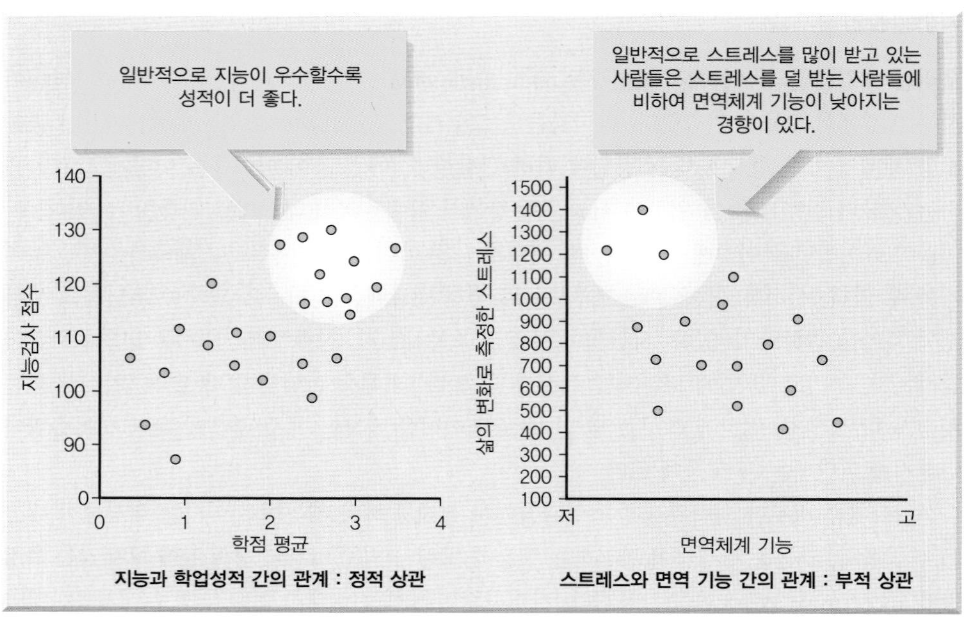

성적 사이의 관계는 생각하는 것같이 단순하지는 않을 수 있다. 스트레스와 건강 간의 연결고리는 어떠한가? 스트레스가 건강을 해치는가? 아니면 건강이 나쁜 사람들이 높은 스트레스를 겪게 되는가? 비록 상관연구가 인과관계를 적시하지는 못할지 모르지만 실험연구를 통해서 규명될 수 있는 원인적 요인들을 제시할 수 있을 것이다.

동거에 관한 연구의 예를 들어보자. 장래 배우자와의 혼전 동거 혹은 시험 결혼의 이점에 관한 속설들이 있다. 영구적 혼인서약을 하기 전에 자신의 감정을 시험해보고 자신이 상대의 기벽에 적응할 수 있을지를 시험 결혼 기간 동안 알아볼 수 있으리라고 믿는 사람들이 많다. 그러므로 동거 후 결혼하는 커플이 결혼 전 동거를 하지 않는 사람들보다 이혼할 가능성이 더 높다는 것은 역설적인 결과이다(Cohan & Kleinbaum, 2002; Rhoades, Stanley, & Markman, 2009).

결혼하기 전에 동거하는 것이 이혼 위험성을 유발한다거나 혹은 위험성을 높인다고 결론을 내릴 수는 없다. 상관연구는 결국 인과관계를 입증하지 못한다. 두 변인 — 높은 이혼율과 혼전 동거 선택 — 은 제3의 요인(즉 개방적 태도)을 반영할 가능성이 있다. 다시 말해서 개방적 태도가 혼전 동거와 이혼에 모두 기여했을 수 있다. 마찬가지로 키와 체중의 상관관계가 있지만 사람들이 체중이 늘었기 때문에 키가 커지는 것은 아니다.

실험법 : 실험적으로 해보기

과학자들은 실험법을 사용하여 인과관계를 확인하고 신체적 활동이 혈압을 낮추는가, 알코올이 공격행동을 유발하는가, 혹은 심리치료로 불안감이 해소되는가 등의 질문에 대한 답을 얻는다. **실험법**(experimental method)에서는 일군의 연구 참여자들(피험자들)이 처치(예컨대 운동치료, 일정량의 술, 혹은 치료 1회기 등)를 받는다. 그런 후 그 처치가 건강 혹은 행동에 영향을 미쳤는지를 판단하기 위하여 세심하게 통제된 조건하에서 피험자들을 관찰한다.

‖ **실험법** : 독립변인을 도입하고 그것이 종속변인에 미치는 효과를 관찰하여 인과관계를 확인 혹은 발견하고자 하는 과학적 방법

독립변인과 종속변인

알코올이 공격성을 유발하는지를 알아보기 위한 실험에서는 피험자들에게 일정량의 알

자기 평가 : 생각하는 것을 그대로 말할 용기가 있는가? 사회적 바람직성 척도

당신은 생각한 대로 말하는가? 아니면 다른 사람들의 승인을 받기 위해서 자신의 신념과 다르게 말하는 경향이 있는가? 질문에 정직하게 답하는가? 아니면 다른 사람들이 듣고 싶어 하는 답을 하는가? 남들이 듣고 싶어 하리라고 생각되는 말을 해주는 것은 사회적으로 바람직한 반응을 하는 것이다. 사회적 바람직성의 포로가 되면 면담이나 심리검사에서 자신의 신념과 경험을 왜곡하게 된다. 사회적으로 바람직한 방향으로 반응하는 편향은 사례연구, 설문조사, 그리고 심리검사법에서 오류를 일으키기도 한다. 크라운과 말로우가 개발한 아래의 사회적 바람직성 척도로 당신이 사회적으로 바람직한 반응을 하는 경향성이 있는지 여부를 알아볼 수 있다.

지시 : 각 항목을 읽고 당신에게 해당되는지(예), 아닌지(아니요)를 결정하시오. 빠른 속도로 읽어 가면서 각 문항의 예 혹은 아니요에 동그라미하시오. 마친 후에는 이 장의 끝에 제시된 채점표를 보고 응답 내용을 해석해보시오.

예 아니요 1. 투표를 하기 전에 각 후보들의 자격을 철저하게 조사한다.
예 아니요 2. 나는 어려움에 처한 사람을 돕기 위한 일이라면 주저한 적이 없다.
예 아니요 3. 격려 없이 나의 일을 계속하는 것이 힘에 겨울 때가 있다.
예 아니요 4. 누구를 정말 싫어해본 적이 없다.
예 아니요 5. 내가 인생에서 성공할 수 있는 능력이 있는지 회의가 들 때가 가끔 있다.
예 아니요 6. 내 마음대로 되지 않으면 성질이 날 때가 있다.
예 아니요 7. 언제나 내 차림새에 신경을 쓴다.
예 아니요 8. 외식할 때와 마찬가지로 집에서도 식사예절을 갖춘다.
예 아니요 9. 나는 들키지만 않는다면 입장료를 안 내고 영화관에 들어갈 것이다.
예 아니요 10. 내 능력을 과소평가해서 포기한 적이 몇 번 있었다.
예 아니요 11. 때로는 남의 이야기하기를 좋아한다.
예 아니요 12. 윗사람이 옳다는 것을 알면서도 반항하고 싶었던 적이 있었다.
예 아니요 13. 나는 상대가 누구든지 경청한다.
예 아니요 14. 어떤 일을 모면하려고 아프다고 둘러댔던 적이 있었다.
예 아니요 15. 내가 남을 이용했던 적이 있었다.
예 아니요 16. 내가 한 실수는 늘 기꺼이 인정한다.
예 아니요 17. 나는 항상 내가 말하는 대로 실천에 옮기려고 노력한다.
예 아니요 18. 시끄럽고 밉살스러운 사람들과도 별로 어렵지 않게 잘 지낸다.
예 아니요 19. 나는 때로 잊어버리고 용서하기보다는 복수하려고 한다.
예 아니요 20. 나는 모르는 것은 모른다고 인정하는 것을 꺼리지 않는다.
예 아니요 21. 나는 별로 마음에 들지 않는 사람들까지도 늘 예의 바르게 대한다.
예 아니요 22. 가끔 내 뜻을 정말 고집할 때가 있다.
예 아니요 23. 물건을 박살내고 싶은 때가 있었다.
예 아니요 24. 내 잘못에 대해서 다른 사람이 처벌받게 하는 것은 생각해본 적도 없다.
예 아니요 25. 신세진 것을 갚으라는 이야기를 불쾌하게 여긴 적은 없다.
예 아니요 26. 사람들이 나와 아주 다른 아이디어를 냈다고 질색한 적은 없다.
예 아니요 27. 긴 여행을 할 때에는 반드시 내 차의 안전성을 점검한다.
예 아니요 28. 남들의 행운에 심하게 질투가 난 적이 있었다.
예 아니요 29. 누구를 야단치고 싶은 충동을 느꼈던 적은 거의 없다.
예 아니요 30. 내게 부탁을 하는 사람들에게 화가 난 적이 있다.
예 아니요 31. 이유도 없이 내가 벌을 받는다고 느낀 적은 없다.
예 아니요 32. 사람들에게 불행이 닥칠 때 자업자득이라고 생각할 때가 가끔 있다.
예 아니요 33. 남의 감정이 상할 만한 말을 의도적으로 한 적은 없다.

출처 : Crowne, D. P., & Marlowe, D. A. (1960). A new scale of social desirability independent of pathology. *Journal of Consulting Psychology*, 24, 351. Copyright 1960 by the American Psychological Association 허락하에 재인쇄.

▮ **독립변인** : 과학적 연구에서 그 효과를 관찰하기 위하여 조작된 조건

▮ **종속변인** : 가정하고 있는 독립변인 효과의 측정치

코올을 마시도록 한 후 그 효과를 측정한다. 이러한 경우, 알코올은 **독립변인**(independent variable)이다. 독립변인은 그 효과를 검증할 수 있도록 실험자에 의해서 조작된다. 알코올이라는 독립변인은 전혀 제공하지 않거나 극히 소량에서부터 취할 정도에 이르기까지 그 수준이나 양이 다양할 수 있다.

실험에서 측정된 결과는 **종속변인**(dependent variable)이라고 불린다. 종속변인의 유무는 아마도 독립변인에 의해 결정될 것이다. 알코올이 공격성에 영향을 미치는지를 검증하는 실험에서는 공격행동이 종속변인이 될 것이다. 그 밖에 성적 흥분, 시각운동협응, 그리고 단어 정의 혹은 숫자 계산 등의 인지적 과제 수행 등도 흥미로운 종속변인에 포함될 수 있다.

실험집단과 통제집단

▮ **처치** : 실험에서 그 효과를 관찰할 수 있도록 실험참여자들에게 시행된 조건

▮ **무선할당** : 피험자를 실험 혹은 통제집단에 무작위로 할당하는 절차

과학자들은 실험집단과 통제집단의 행동을 비교하여 독립변인의 효과를 측정한다. 실험집단에 속한 개인들은 **처치**(treatment)라고도 불리는 실험조작의 대상이 된다. 통제집단 사람들은 실험조작의 대상이 되지 않는다. 그리고 두 집단이 그 이외의 다른 조건에서는 동등하다는 것을 보장하기 위해서 최선의 노력을 다한다. 연구자들은 이러한 방법에 힘입어 보다 자신 있게 인과관계에 대한 결론을 내릴 수 있게 된다. 잘 설계된 연구에서는 피험자들이 실험집단과 통제집단에 무작위로 할당된다. 실험자들은 **무선할당**(random assignment)을 통하여 처치를 받은 집단과 통제집단 간의 차이가 각 집단을 구성하는 피험자 유형에서의 차이가 아니라 실험조작 혹은 독립변인에 의한 효과라는 것을 확신할 수 있게 된다.

▮ **실험집단** : 실험 처치를 받는 피험자 집단

▮ **통제집단** : 실험에서 다른 조건들은 동일한 상태에서 실험 처치는 받지 않는 피험자 집단. 따라서 처치 후의 집단 간 차이는 처치의 결과라는 결론을 내릴 수 있다.

알코올이 공격성에 미치는 효과 연구에서 **실험집단**(experimental group) 구성원들은 술을 마셨고 **통제집단**(control group) 구성원들은 마시지 않았다. 복잡한 실험에서는 실험집단에 따라 음주량이 다를 수 있고 다른 유형의 사회적 도발에 접하게 될 수 있다.

은폐설계와 이중은폐실험

알코올이 공격성에 미치는 효과에 관한 초기 연구에서는 남성들이 청량음료만 나오는 파티에서보다 맥주와 술이 나오는 파티에서 더 공격적으로 행동한다고 보고되어 있다(Boyatzis, 1974). 그러나 실험집단의 피험자들은 자신들이 술을 마셨다는 것을 알고 있었고 통제집단의 피험자들은 자신들이 술을 마시지 않았다는 것을 알고 있었다. 음주의 결과인 듯 보이는 공격성은 음주 자체를 반영하는 것이 아니고 술의 효과에 대한 피험자들의 기대를 반영했을 가능성이 있다. 사람들은 자신들이 술을 마셨다고 믿으면 상투적인 행동방식을 보이는 경향이 있다. 예를 들어서 남자들은 사회상황에서 불안이 낮아지고 더 공격적이 되며 성적 흥분이 높아지는 경향이 있다.

▮ **위약** : 외견상 진짜처럼 보이는 가짜 처치

위약(placebo)도 진짜 약과 유사한 효과를 낼 수 있다. 예컨대 통증 환자들은 진짜 진통제 대신에 위약을 주어도 통증이 감소한다고 보고하기도 한다(Bailar, 2001). 위약효과는 인간 마음의 힘을 보여준다(Raz, Zigman, & de Jong, 2009). 근래에는 참여자들이 자신들이 위약을 받고 있음을 알고 있어도 위약이 효과가 있다는 연구 결과가 보고되었다(Boutron et al., 2010).

▮ **이중은폐연구** : 누가 실제 처치나 약물을 받았고 누가 받지 않았는지를 연구자와 피험자가 모두 알 수 없도록 한 실험

잘 설계된 실험에서는 피험자들이 처치를 인식하지 못하거나 잘 모르도록 상황을 만들어서 기대의 효과를 통제한다. 그러나 연구자들도 자신들의 기대로 인하여 판단이 왜곡될 수 있다. 연구자들은 자신들도 인식하지 못하지만 사실상 특정 처치를 지지하고 있을 수 있다. 따라서 어떤 피험자들이 어떤 처치를 받는지를 실험자들이 모르도록 하는 것이 유용하다. 진짜 약을 주는지 위약을 주는지를 피험자와 실험자 모두 모르도록 하는 연구를 **이중은폐연구**

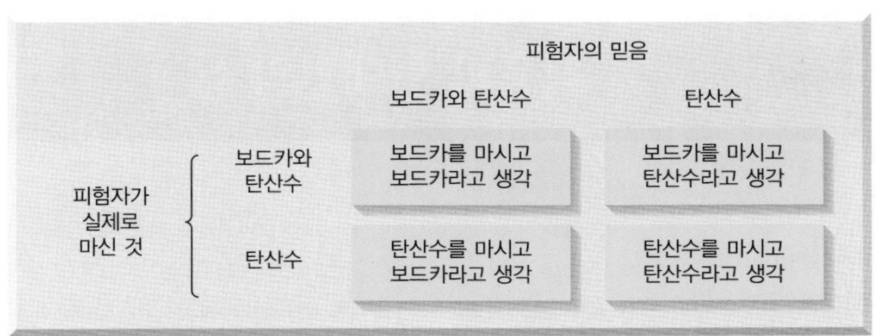

그림 1.7
랭의 연구에서의 실험조건 보드카를 탄산수와 섞으면 보드카의 맛을 구분할 수 없다. 이 때문에 랭의 연구에서는 피험자들은 자신이 실제로 술을 마셨는지 여부를 알 수 없었다. 연구에서는 피험자들의 기대 효과를 통제하기 위해서 은폐설계를 사용한다.

(double-blind study)라고 한다.

미국의 감시기관인 식약청(FDA)에서는 신약 출시를 허용하기 전에 이중은폐 약물연구를 필수 조건으로 하고 있다. 약물과 위약은 모양과 맛이 같고, 실험자는 약물 혹은 위약조건에 피험자들을 무선으로 할당한다. 최종 측정이 마무리된 후에 개인적으로 연구의 결과 아무런 이해관계가 없는 사람들로 구성된 중립 패널이 약물과 위약의 효과에 차이가 있는지 판단한다.

이제 술의 효과에 관한 고전적 이중은폐연구의 예를 다시 생각해보자. 앨런 랭과 동료연구자들(Lang et al., 1975)은 보드카와 탄산수를 섞은 음료와 탄산수의 맛이 구분 가능한지 알아보기 위해서 우선 보드카와 탄산수를 섞은 음료를 예비 검사하였다. 그 후 남과 어울릴 때 술을 마시는 정도라고 보고한 대학생들을 피험자로 모집하였다. 모집된 피험자들 중 일부는 보드카와 탄산수를 섞은 음료를 마셨고 나머지는 탄산수 음료를 마셨다. 보드카와 탄산수를 섞은 음료를 마신 사람들 중 절반은 본인들이 탄산수만을 마셨다고 오해를 하도록 했다(그림 1.7). 탄산수를 마신 사람들 중 절반은 자신들이 보드카가 섞인 음료를 마셨다고 믿었다. 따라서 피험자들은 자신들이 받은 처치가 무엇인지 몰랐다는 것이다. 피험자들의 공격적 반응을 측정한 실험자들 또한 어떤 피험자들이 보드카를 마셨는지 알지 못했다. 그 연구팀은 보드카를 마셨다고 믿은 피험자들은 탄산수만을 마셨다고 믿은 피험자들보다 도발 상황에서 더 공격적으로 반응하였다는 결과를 얻었다. 음료의 실제 성분으로는 결과를 설명할 수 없었다. 다시 말해서 실제로 알코올을 마신 피험자들은 탄산수를 마신 피험자들과 공격적 행동에서 차이가 없었다.

그러나 이중은폐 통제연구도 완벽하지는 못하다. 약을 처방하는 의사나 환자들은 흔히 숨길 수 없는 부작용으로 위약과 진짜 약을 쉽게 구별한다. 따라서 이중은폐설계는 가끔 살짝 들여다보이는 베네치안 블라인드와 비슷할지도 모른다. 이러한 한계점에도 불구하고 이중은폐설계는 현재 신약의 효과성을 결정하는 가장 중요한 방안이다(Perlis et al., 2010).

앞으로 더 나아가기 전에 〈표 1.1〉에 요약되어 있는 심리학자들의 여러 연구방법 유형을 살펴보기로 하자.

모듈 복습

복습하기

(14) 세심한 관찰과 실험을 통해서 아이디어를 검증하고 지식을 습득하는 틀을 ______(이)라고 한다.
(15) 개인을 상세하게 묘사하는 방법은 ______(이)라고 한다.
(16) 다수의 사람들에게 설문이나 면담을 시행하는 연구방법을 ______법이라고 한다.
(17) 연구에 사용되는 모집단의 일부분을 ______(이)라고 지칭한다.
(18) 관심이 있는 모집단에서 대표적 표집을 하기 위하여 연구자들은 ______을/를 사용한다.

적응과 현대인의 삶

문자해요? ㅋㅋㅋ (당연.)

문자는 수백만의 미국인들이 선호하는 의사소통수단이 되었다. 문자는 전화, 이메일, 심지어는 직접 보고 이야기하는 것보다도 더 인기가 있다(Steinhauer & Holson, 2008). 문자는 휴대전화에서 휴대전화로 SMS(short message service, 짧은 문자) 메시지를 보내는 과정이다. 현재 메시지당 160자로 제한이 있어서 사용자들은 약어를 통해서 단어 수를 줄이는 시스템을 개발하였다. 간단한 예로 "How r u?"로 "How are you?"를 표기하는 것이다. 문자나 인스턴트 메신저에서 사용되는 그 외의 약어들은 그보다 직관적으로 알아내기가 어려울 수 있다.

문자는 기본적으로 전화 통화나 대화의 대안이라기보다 새로운 형태의 짧은 통신으로 볼 수 있다. 전화 통화보다 문자메시지 수가 10배가 넘는 어떤 대학생은 "전화하기가 싫다기보다는… 대화를 나누고 싶은 것이 아니라 그냥 무슨 일이 있는지 알아보고 싶을 때가 있다. 그래서 문자를 보내는 것이 더 쉽다"(Steinhauer & Holson, 2008, A17쪽)고 말한다.

교육자들은 의사소통의 압축된 형태를 사용하면 미국 젊은이들의 쓰기 능력이 더 나빠지지 않을까 우려를 표명하고 있다. 언어학자들은 문자나 인스턴트 메신저에서의 지나치게 가벼운 언어 사용은 공식적 영어 문장에 대한 폭력이고 언어를 제대로 사용하는 기본 능력을 무너뜨릴 수 있다고 주장한다(Lee, 2002). 운전을 하거나 길을 건너갈 때의 문자를 사용하면 위험할 정도로 주의가 분산될 수 있다(Richtel, 2009). 휴대전화 사용의 경우처럼 인간의 두뇌는 운전과 문자 보내기와 같이 복잡한 과제 두 가지의 동시 수행에 필요한 정신적 자원을 감당할 수 없다.

문자 사용으로 인해서 공부 습관이 달라졌는가? 속기 문자 사용으로 수업 시간에 노트를 더 잘할 수 있게 되었다고 주장하는 학생들이 있다. 그러나 인스턴트 메신저나 문자를 많이 사용하는 사람들은 수업 과제 제출과 같은 정식 글쓰기에서 올바른 형태의 언어 사용을 잊어버리거나 소홀히 할 수 있다. 새로운 기술이 흔히 그렇듯이 문자는 효과적 공부습관에 도움이 될 수도 있고 해가 될 수도 있다. 자신이 문자나 인스턴트 메신저에서 쓰이는 약어들을 그것이 합당하지 않은 정식 글쓰기에 끼워넣는다면 제출하기 전에 시간을 내서 자신의 글을 다시 살펴보라. 부적절한 단어 사용이나 단순한 조잡함은 쉽게 교정할 수 있다.

문자와 기타 이메일이나 인스턴트 메신저 등 새로운 형태의 의사소통은 생각을 언어로 전환하는 새로운 방법을 제공한다. 아마도 이것이 몇 세대 전 편지 쓰기의 인기가 떨어지기 시작한 후의 어떤 세대보다도 오늘날의 10대 청소년들이 글쓰기를 더 많이 하는 이유일 것이다(Helderman, 2003). 단축된 의사소통이 정식 글쓰기를 위협하는지 여부는 적절성의 관점에서 이야기하는 것이 나을 것이다. 이 새로운 의사소통 방식을 억제하기보다는 모든 표현 형태가 모든 상황에 적합한 것은 아니라는 것을 아이들에게 가르칠 필요가 있을지 모른다. 생략은 이메일, 문자, 인스턴트 메신저에는 괜찮을지 모르지만 정식 글쓰기 수업이나 시험, 혹은 편지나 공식 문서 작성에는 부적절할 수 있다는 것을 교육할 수 있을 것이다(Fresco, 2005; O'Connor, 2005).

©Betsy Streeter

(19) 관찰법이 관찰대상의 행동에 방해가 되지 않게 하려고 심리학자들은 _____ 측정방법을 사용하기도 한다.

(20) 심리학자들은 상호 인과적 관련성이 없을 수 있음을 알면서도 상관관계법을 통해서 변인들 간의 _______을/를 조사한다.

(21) 실험법은 하나 이상의 (독립, 종속?)변인의 조작을 한 후 하나 이상의 (독립, 종속?)변인에 미치는 영향을 관찰하여 인과관계를 조사한다.

생각해보기

규칙적으로 운동을 하는 사람들은 일반적으로 그렇지 않은 사람들보다 더 건강하다. 이러한 운동과 건강 간 관계가 운동이 건강의 원인임을 보여주는가? 그렇다면 그 이유는? 만약 그렇지 않다면 그 이유는 무엇인가?

표 1.1 심리학자들의 연구방법

심리학자들의 연구에 사용되는 방법들을 생각해보자. 심리적 적응에 중요한 이슈인 낭만적 사랑에 관한 연구문제의 조사에 사용된 방법의 예가 아래에 제시되어 있다.

연구자의 역할	해설	낭만적 사랑의 연구방법
사례연구법에서 연구자들은 개인이나 소집단을 면담하거나 특정인의 삶에 관한 역사적 기록들을 조사한다.	사례연구의 정확성은 기억의 빈틈이나 오류 혹은 자신의 모습을 거짓으로 꾸며서 보여주려는 사람들의 노력으로 인하여 훼손될 수 있다.	심리학자는 파트너를 택한 이유에 관하여 여러 사람을 심층면접할 수 있다.
설문조사법에서 연구자들은 설문지, 면담, 혹은 공적인 기록을 통해서 특정 집단에 관한 정보를 얻는다.	심리학자들은 인공유산, 혼전 성관계, 혹은 여가활동 등의 주제에 대한 태도나 신념을 알아보기 위하여 수천 명을 조사하기도 한다.	심리학자들은 수백 명 혹은 수천 명을 대상으로 이들과 언약 관계에 있거나 결혼을 한 사람들의 특성에 대해서 조사할 수 있다.
자연관찰법에서 연구자들은 실제로 행동이 일어나는 현장에서의 행동을 관찰한다.	심리학자들은 자신들이 관찰하는 행동에 방해가 되지 않으려고 한다.	멀리서 연인들끼리 같이 걷는 모습과 서로 바라보는 모습을 관찰할 수 있다.
상관법에서 연구자들은 통계적(수학적) 방법으로 변인 간의 정적 그리고 부적 관계(상관관계)를 밝혀낸다.	이 방법은 인과관계가 있음을 시사할 수는 있지만 입증하지는 못할 수 있다. 변인들 간의 통계적 관련성의 정도는 +1에서 −1 사이의 상관계수의 형태로 표현된다.	심리학자들은 사랑의 느낌, 자기존중감, 그리고 성적 만족도 사이의 관계를 연구할 수 있다.
실험법에서는 심리학자들이 하나 이상의 독립변인을 조작하여 피험자들의 환경에 변화를 일으키고, 하나 이상의 종속변수 측정치에 미치는 영향을 관찰한다. 실험은 독립변인과 종속변인 간의 인과관계를 입증하기 위해서 시행된다.	실험집단의 참여자들은 실험적 처치를 받지만 통제집단의 참여자들은 실험적 처치를 받지 않는다. 독립변인(실험 vs 통제 조건)과 종속변인(관찰된 효과) 사이의 인과적 고리에 관한 결론을 끌어내기 위해서 그 이외의 모든 조건은 동일하도록 한다. 무선 할당은 결과에 영향을 미칠 수 있는 중요한 피험자 특성에서 집단 간 차이가 없음을 확실하게 하는 데 도움이 된다.	심리학자들은 데이트 파트너들이 정서적으로 강렬한 영화를 보는 등 자극적 경험을 하도록 한 후 그 처치가 서로에 대한 매력이나 사랑의 느낌에 미치는 영향을 측정하는 연구를 할 수 있다(통제집단 참여자들은 중립적 영화를 보도록 한다).

문자 줄임말 기술 테스트하기

당신의 기술을 테스트해보기 위해서 아래의 빈칸에 답을 써넣어 보라. 이에 대한 해답은 문제 오른편에 있다.

문자 줄임말 표현	의미
ㄱㄱ	______
ㄱㄷ	______
ㄴㄴ	______
ㄷㄷ	______
ㄹㄷ	______
ㅁㄹ	______
ㅂㅂ	______
ㅅㄱ	______
ㅇ?	______
ㅇㄱㄹㅇ	______
ㅇㅇ	______
ㅇㅋ	______

문자 줄임말 표현	의미
ㄱㄱ	가자
ㄱㄷ	기다려
ㄴㄴ	안돼, 싫어, 아니
ㄷㄷ	덜덜(무섭다라는 의미)
ㄹㄷ	준비(레디)
ㅁㄹ	몰라
ㅂㅂ	안녕(BYE)
ㅅㄱ	수고해
ㅇ?	왜?
ㅇㄱㄹㅇ	이거 레알(이거 진짜야)
ㅇㅇ	응응, 알겠어
ㅇㅋ	응(오키)

성공적인 학생 되기

모듈 1.5

긍정심리학

대학에서의 공부를 성공적으로 해내려면 시간관리법과 효과적 학습법을 알아야 한다. "나의 생활, 나의 마음"에서는 여러분의 생활에서 부딪힐 만한 도전에 심리학을 적용하는 것을 다룬다. 이 절에서는 여러분이 대학 강의에서 공부를 잘할 수 있도록 돕고자 한다.

이 책의 제2 저자는 대학에 진학하면 어떤 일이 벌어질 것인지 거의 몰랐었다. 새로운 얼굴들, 새 동네, 자기 빨래는 스스로 해야 한다는 것, 새로운 과목들, 모든 것이 더해져서 엄청난 변화로 다가왔다.

아마도 그중 가장 멋진 변화는 새롭게 발견한 자유였다. 미리 계획을 해서 수강과목의 과제를 해내면서 친구들과 어울리고 좋아하는 브리지 게임을 할 시간을 내는 것은 온전히 자신에게 달려 있었다.

새롭게 발견한 것 또 하나는 수강신청을 해놓고 자리에 앉아 있는 것만으로는 충분하지 않았다는 것이다. 무슨 말인지를 알려면 작은 실험을 상상해보라. 욕조에 물을 받아놓고 들어앉아 있는 것을 상상해보라. 조금 있다가 주위를 돌아보라. 이상한 일이 일어나지 않는다면 욕조 안의 물이 조금 위치가 바뀌었을 수는 있지만 그대로 있을 것이다. 당신이 스폰지가 아닌 이상 그냥 물을 몸속으로 빨아들이지는 않을 것이다. 물을 몸 안으로 들어오게 하려면 적극적 방안 — 예컨대 빨대와 인내심을 이용하는 등 — 이 필요하다.

적극적 접근으로 학습하기(지식은 그냥 '흡수'되지 않는다)

이 책과 그 밖의 교재에서 지식을 흡수하는 문제도 별로 다르지 않다. 교재 위에 앉아 있는 것은 별로 도움이 안 된다. 아마도 앉은키가 1인치 정도 커지기는 하겠지만. 그러나 심리학 이론이나 연구에 의하면 적극적으로 학습할 때 수동적으로 학습할 때보다 더 좋은 성적을 얻을 수 있다. 미리 생각해서 구체적 문제들에 대한 답을 찾아보는 것이 그냥 책 페이지를 넘기는 것보다 더 효율적이다. 또한 시험 전에 벼락공부하듯이 한 번에 몰아서 공부하지 않는 편이 더 낫다. 특히 공부해야 할 내용이 많을 때에는.

미리 계획하기

공부에 적극적으로 대처하려면 우선 학기 중에 공부할 것이 얼마나 되는지, 그리고 어떤 속도로 해야 할지를 평가해야 한다. 교재와 지정 도서들을 공부할 충분한 시간이 있는지를 확인하고 학습 계획을 짜야 한다. 때로는 학습 계획을 재평가하고 원래의 계획을 재검토할 필요가 생길 수도 있다.

우리 중 대다수는 한 번에 모아서 공부하는 것보다 시간 간격을 두고 나누어서 공부할 때 더 효율적이다. 따라서 학기 중에 상당히 고르게 분산시켜서 공부하는 것이 시험 바로 전에 벼락치기 공부보다 합리적이다.

아래에 도움이 될 공부비결 몇 개를 더 제시하였다.

- 시험 일정과 각 시험의 범위를 안다.
- 교수에게 어떤 내용이 가장 중요한지 질문한다.
- 강의 노트를 복습하고, 학습지침서 등의 추가적 자료를 사용하며, 교재 내용을 복습한다.
- 각 시험 전에 교재의 지정된 장들과 그 밖의 읽을거리들을 모두 숙지할 시간이 충분하도록 일정을 짠다.
- 공부할 과제의 우선순위를 정하고 이를 달성할 수 있도록 일정을 결정한다.
- 읽으면서 예상시험문제를 내서 스스로 해본다.
- 이들 용어풀이를 숙지할 수 있도록 플래시 카드나 색인카드를 사용하여 핵심용어를 복습한다.
- 교재의 각 단락 후에는 잠시 멈추어서 '저자가 전달하려고 하는 핵심개념은 무엇인가? 저자가 말하려고 하는 주요 논점은 무엇인가?' 자문하면서 핵심개념을 확인한다.
- 교재나 부교재의 학습 지침에 나오는 연습문제를 실제 시험에 앞선 예행연습으로 풀어본다. 강의자들은 때로 연습문제에서 시험문제를 출제하기도 하므로 그 문제를 풀어보면 시험에 유리할 수 있다.
- 연습문제를 짝수문제와 홀수문제로 나누어서 홀수문제를 우선 풀어보라. 홀수문제를 모두 맞히면 짝수문제를 풀어보라. 홀수문제를 다 맞히지 못했으면 그 장의 내용을 다시 복습하고 짝수문제를 풀어보라. 그리고 짝수와 홀수문제의 점수를 비교해보라. 아마도 한 번 더 복습한 것이 두 번째의 짝수문제 점수를 높이는 데 도움이 되었을 것이다.
- 한 학기 동안 얼마나 발전이 있었는지 가늠할 수 있도록 연습문제 점수를 기록해두라.

매일같이 여러 과목을 공부하라

지나치게 심리학 공부만 하는 것은 그리 좋지 않을 수 있다는 것을 인정해야 한다. 일반적으로 우리는 새로운 자극과 다양성에 더 잘 반응하므로, 과목들을 번갈아 가면서 공부하는 것이 더 나을 수 있다. 월요일에는 하루 종일 심리학 공부, 화요일에는 하루 종일 문학 공부를 하는 것보다는 매일같이 심리학 공부와 문학 공부를 조금씩 하는 편이 낫다.

적극적으로 강의노트를 하라

노트를 하면 적극적인 학습자가 된다. 그냥 수동적으로 강의내용을 받아들이는(혹은 아마도 멍한 채로 있는) 것이 아니라 적극적으로 내용을 검토하고 조직화하는 데 몰두하게 된다. 우리 중 누구도 듣고 보는 것을 모두 백과사전식으로 기억하지는 못한다. 상세한 노트를 하면 잊거나 심지어는 애초에 학습하지 못했을 수 있는 중요한 강의 정보를 기억하는 데 도움이 된다.

주의의 폭을 넓혀라

매일 몇 분씩 공부시간을 점차 늘려 가는 일정표를 짜라. 우리 대부분은 제대로 궤도에 오르려면 시간이 걸린다. 또한 장시간 공부를 하면 주의가 산만해질 수도 있다. 이렇게 주의가 흐트러지는 것을 최소화하기 위해서 휴식시간을 자주 갖도록 하라. 자리에서 일어나서 근육을 스트레칭하라. 잠깐 걷거나 창문 밖 경치를 보라. 공부로 되돌아올 때에는 주의집중하기가 수월해질 것이다.

주의 분산요인을 배제하라

공부 장소는 소음이나 다른 사람이 떠드는 소리 등 주의를 분산시키는 요인들이 없는 곳으로 택하라. 도서관이나 휴게실 등 주의집중이 가능한 조용한 공부 장소를 찾으라. 집에서 공부한다면 "방해하지 말 것"이라는 표시를 문에 걸어놓으라. 휴대전화를 꺼놓거나 전화응답기 소리가 나지 않도록 묵음 모드로 해놓으라. TV나 라디오를 꺼놓으라. 잡지나 기타 주의분산이 될 만한 것들을 공부 공간에 가져오지 않도록 하라.

자기 강화를 시행하라

공부 목표를 달성하면 자신의 어깨를 두드려주라. 공부 목표의 달성과 구체적 보상의 연계를 할 수도 있다. 예컨대 주간 공부 목표를 달성할 경우, 주말에는 좋아하는 활동으로 스스로에게 보상을 해줄 수 있다.

버티라 – 대학 공부는 그만한 가치가 있다

물론 그만두고 싶을 때도 있을 것이다 그러나 대학 졸업장 하나(혹은 둘)는 버틸 만한 가치가 있다. 정부 통계에 의하면 대학 졸업장이 있는 사람들은 없는 사람들보다 평균 수입이 더 많다(그림 1.8 참조). 얼마나 더 버는가? 대학 졸업자들은 평균적으로 고등학교 졸업자들에 비하여 평생 100만 불 정도 더 수입이 많다(Wolk, 2011). 그러나 대학교육은 단순히 돈으로 측정되는 것 이상의 가치가 있다. 대학교육은 지식과 기술을 얻고 관점을 넓히며 비판적 사고를 할 수 있게 해주고 더 정보에 밝은 시민, 부모, 그리고 노동자가 되게 해줄 수 있다. 그리고 대학에서 만나는 사람들은 변치 않는, 심지어는 평생 지속되는 친구가 될 수 있다.

SQ3R공부법 : 개관(Survey), 질문(Question), 읽기(Read), 암송(Recite), 복습(Review)

SQ3R공부법은 교육심리학자 프란시스 로빈슨(Robinson, 1970)이 개발한 공부기법이다. 이 방법은 학생들의 보다 효과적인 공부습관 개발을 돕기 위해서 만들어졌다. SQ3R은 효과적 공부습관 개발의 다섯 가지 핵심단계 – Survey, Question, Read, Recite, Review – 의 머리글자를 딴 것이다.

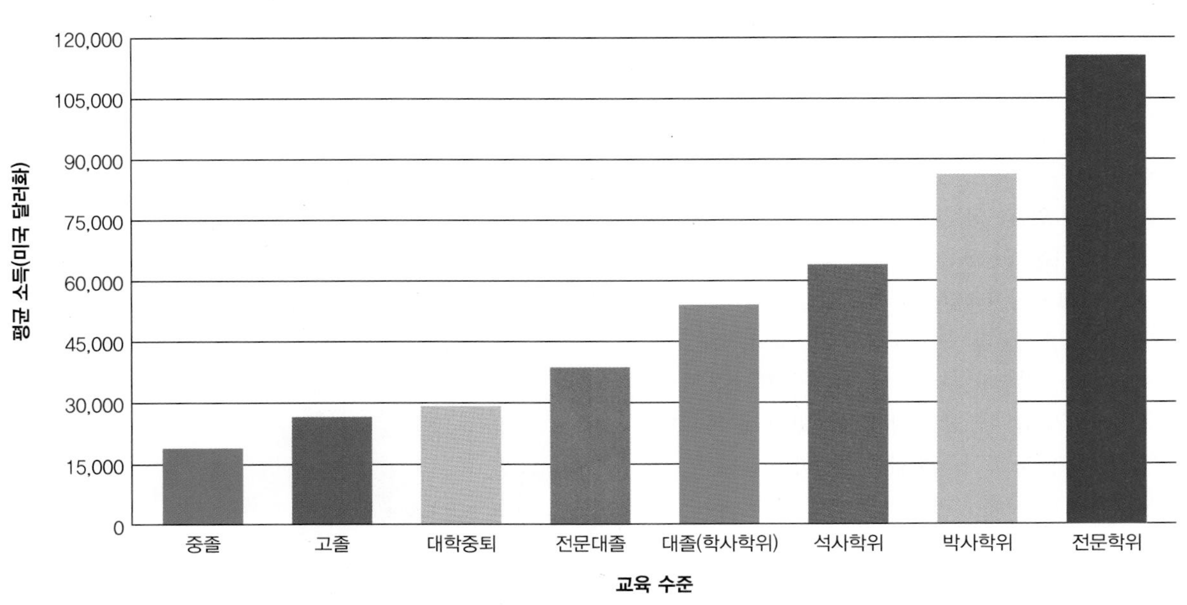

그림 1.8
대학은 그만한 가치가 있다 그렇다. 대학교육의 가치는 미래의 잠재 소득 차원에만 있는 것이 아니다. 대학을 다니면 그 밖에 어떤 이익이 있을까?

출처 : Bureau of Labor Statistics, based on 2010 earnings.

개관(Survey)

각 장의 페이지들을 대충 훑어보면서 다루고 있는 주제들과 구성 방식을 미리 알아본다. 각 장은—이 교재의 경우에도 해당되지만—주요 단락들과 상대적으로 덜 중요한 부분들로 구성되어 있다. 특히 이 교재는 모듈이라고 이름이 붙여진 주요 단락들과 각 모듈 내 소단락으로 구성되어 있다. 모듈이란 각 장의 주요 주제에 초점을 둔 하나의 독립적인 교수단위이다. 교재의 형식과 구성에 익숙해지면 학습 내용에 더 잘 대비할 수 있을 것이다.

질문(Question)

이 책에서 각 모듈은 본문에서 답을 찾을 수 있는 개관 질문들로 시작한다. 이 질문들은 그 모듈에서 다루고 있는 핵심 이슈들과 논점들을 강조한다. 이 개관 질문들을 지침으로 삼아서 읽어보자. 그 모듈의 해당되는 내용을 읽으면서 각 질문에 답할 수 있는지 스스로 테스트해보라. 스스로 추가적 질문들을 생각해보는 것도 도움이 될 것이다. 좋은 질문을 하는 기술의 개발은 능동적 학습자가 되어 교재의 내용을 폭넓게 이해하는 데 도움이 된다.

읽기(Read)

각 장의 내용을 읽으면서 개관 질문들에 답해보라. 그리고 더 앞으로 나아가기 전에 핵심용어와 핵심개념들을 찾아서 확실하게 이해하도록 하자.

암송(Recite)

각 개관 질문에 대한 답을 소리 내어 암송하자. 자신이 답하는 것을 스스로 들으면 그 내용을 기억하고 숙지하는 데 도움이 된다. 학습을 좀 더 보강하려면 노트에 답을 적는 연습을 하자.

복습(Review)

각 모듈의 마지막에 있는 모듈 복습 부분을 사용해서 내용에 관한 지식을 복습하자. 우선 "복습하기" 부분의 빈 곳—채워넣기 문제들에 답을 하자. 그리고 "복습하기"에 있는 "생각해보기" 문제에 답해보라. 그 비판적 사고 질문들은 여러분의 사고를 자극하고 도전하여 교재에서 논의된 이슈들을 면밀하게 평가하고 조사하게끔 이끌 것이다. 요즈음의 대학교재들 다수에는 비판적 사고 문제가 포함되어 있다.

이 교재에는 각 장의 끝에 있는 "암송하기/암송하기/암송하기" 장 복습 부분의 개관 질문에 대한 예시 답안도 함께 제시되어 있다. 제시된 예시 답안과 자신의 답을 비교해보고 자신의 답이 부족하면 교재의 관련 부분을 복습하라. 각 장 끝에 있는 "개인적 글쓰기"는 그 장에 소개된 개념들이 개인적 경험과 어떻게 관련되어 있는지를 음미해 볼 수 있는 기회를 제공한다. 음미를 하면 내용을 보다 깊이 있게 처리할 수 있고 교실에서의 수행이 향상될 수 있다.

교재 내용을 일주일에 한 번 등 정기적 공부 일정에 따라 복습하라. 개관 질문에 대한 자신의 답안을 복습하고 핵심 용어와 개념들의 지식을 시험해보라. 분명하게 답하지 못하고 우물쭈물한다면 그 주제를 다시 읽으라.

종합하면 공부에 대해서 보다 능동적 접근을 취하면 성적도 좋아질 것이고 공부하는 과정이 더 즐거워질 것이다.

시험불안에 대처하기

이 장의 도입부에 소개된 존처럼 시험불안을 극복해야 하는 대학생들이 많다. 시험불안은 시험을 볼 때 긴장이 되어서 주의를 집중하여 자기 능력을 최대한 발휘하기 어렵게 만든다. 시험불안은 〈표 1.2〉에 제시된 것과 같은 지나친 파국적 사고와 관련 있는 경우가 많다. 시험불안 때문에 시험에서 제대로 능력발휘가 어렵다면 자신의 생각을 살펴보고 비합리적이고 파국적 생각을 〈표 1.2〉의 합리적 대안으로 대치하는 조치를 할 필요가 있다. 사고의 재구성에 사용할 수 있는 방법은 다음과 같다.

1. 비합리적인 파국적 사고를 밝혀내기
2. 그와 상충되는 합리적 대안을 만들기
3. 합리적 대안적 사고로 대치하기
4. 그렇게 변화된 자신에게 보상을 주기

필요할 때 사용할 수 있도록 합리적 대안을 연습하여 시험 상황에 대비하라. 시험을 칠 때 떠오르는 생각에 귀를 기울이면서 비합리적 사고가 시작되면 합리적 사고로 대치하라. "잘했어. 이제는 내 생각 때문에 일을 망치게 내버려두지는 않을 거야. 자신에게 어떤 말을 할지는 내가 결정할 수 있어."라고 하면서 자기 마음의 방향을 바꾸면 스스로에게 상을 주라.

시험 전에 긴장을 풀려면 제3장에 기술된 것 같은 긴장완화기법을 연습해보는 것도 도움이 될 수 있다. 그리고 존의 경우처럼 재학하고 있는 대학에 시험불안 극복 지원 프로그램이 있는지 알아볼 필요가 있다.

Angela Hampton Picture Library/Alamy Limited

불안 사고가 아니라 대처 사고를 연습하기 시험을 볼 때 자신에게 무슨 말을 해주면 마음을 진정시키는 데 도움이 될까?

표 1.2 ▮ 비합리적 사고에 대한 합리적 대안

비합리적 파국적 사고	합리적 대안
"나는 이것을 절대 할 수 없을 거야. 이건 불가능해."	"말도 안 돼. 공부했잖아. 한 번에 하나씩 해봐."
"낙제를 하면 내 인생은 망치는 거야."	"과장하지 마. 유감스러운 일이지만 세상이 끝장나는 것은 아니지. 자, 심호흡을 하고 시험에 집중해보자."
"다른 사람들은 모두 나보다 훨씬 더 머리가 좋아."	"자기 비하는 그만해. 그 친구들도 아마 너처럼 쩔쩔매고 있을 거야."
"모두들 나가네. 저 사람들은 답을 전부 아나 봐."	"빨리 해치운다고 잘하는 것은 아니지. 필요한 만큼 시간을 쓰도록 해."
"내 마음이 텅 빈 것 같아. 하나도 기억이 안 나네!"	"자, 진정해. 심호흡을 하고 다시 주의집중을 해봐. 그래도 답을 모르겠으면 일단 넘어가고 나중에 다시 해봐."
"시간 내에 이것을 다 끝내는 것은 절대 불가능해."	"한 번에 하나씩 해봐. 최선을 다해보고 평정심을 잃지 말도록."

제1장 복습 암송하기/암송하기/암송하기

학습 비결 : 이 질문에 대한 답을 암송하면 보다 효과적으로 학습을 할 수 있을 것이다. 우선 질문에 대한 답을 혼자 소리 내어 답해보거나 공책이나 컴퓨터에 써보라. 그리고 자신의 답을 아래의 정답 예시와 비교해 보라.

1. 심리학이란 어떤 학문인가?

심리학은 행동과 정신과정의 과학이다.

2. 심리적 적응이란 무엇인가?

적응이란 우리가 삶의 도전에 대응하도록 해주는 행동을 말한다. 적응은 대처 혹은 대처행동이라고 부르기도 한다.

3. 적응과 개인적 성장의 차이는 무엇인가?

적응은 삶의 도전에 대한 대처라는 점에서 반응적이다. 개인적 성장은 의식적, 능동적 자기 발달을 포함한다는 점에서 선도적이다.

4. 생물학적 조건은 바꿀 수 없는가?

아니다. 유전(본성)은 특성이 표현될 수 있는 범위를 결정하지만 환경적 조건과 우리가 선택한 행동 패턴은 유전적 위험요인의 영향을 최소화하고 유전적으로 주어진 잠재력을 최대화한다.

5. 적응심리학에 대한 임상적 접근과 건강한 성격기반 접근은 어떤 차이가 있는가?

임상적 접근에서는 문제를 어떻게 교정하는가에 초점을 둔다면 건강한 성격 접근에서는 개인적, 사회적, 신체적 그리고 직업적 영역에서의 발달을 최적화하는 데 초점을 둔다.

6. 인간의 다양성이란 무엇인가?

인간의 다양성은 민족적 차이, 성별, 장애 상태, 성적 취향 등 사람들 간 차이의 여러 가지 근원을 말한다.

7. 인간의 다양성 연구가 왜 중요한가?

사람들이 얼마나 다양한지를 알게 되면 개인을 더 잘 이해할 수 있게 되고 다양한 민족 집단의 문화적 유산과 역사적 문제들의 가치를 이해할 수 있도록 해준다. 다양성을 알게 되면 심리학자들이 다양한 집단 구성원들의 포부와 어려움을 이해하고 성공적으로 개입하는 데 도움이 된다.

8. 민족 집단이란 무엇인가?

민족 집단은 문화적 유산, 역사, 인종, 언어 등의 특징을 공유하는 사람들로 구성된다. 소수 민족 집단들은 주류 문화의 구성원들로부터의 편견과 차별을 경험하는 경우가 많다.

9. 우리 사회에서 여성이 겪는 편견에는 어떠한 것들이 있는가?

역사적으로 여성에게 불리한 편견들이 존재해 왔다. 여성은 자신의 개인적 소망과 상관없이 전통적으로 집안일을 자기 일로 삼게 되어 있었다. 성 역할이나 성차에 대한 과학적 연구의 대부분은 남성의 행동을 표준으로 삼고 있다.

10. 비판적 사고란 무엇인가?

비판적 사고는 의문을 품고 조사하는 태도를 취하면서 주장이나 요구를 증거에 비추어 평가하는 것이다. 비판적 사고는 심리학을 비롯한 과학의 두드러지는 특징이다.

11. 비판적 사고의 주요 특징은 무엇인가?

비판적 사고는 용어 정의를 조사하고, 주장의 뒤에 있는 전제나 가정들을 검토하며, 논의 전개의 논리를 자세히 조사하는 것이다. 비판적 사고를 하는 사람들은 증거로부터 결론을 도출할 때 신중한 태도를 취하며 지나친 단순화나 일반화를 피한다.

12. 어떻게 비판적 사고가 점성술 등 사이비과학에 빠지는 것을 막아줄 수 있는가?

비판적 사고는 점성술이나 사이비과학을 지지하는 증거와 그에 반대되는 증거의 조사에서 지침이 된다.

13. 무엇이 과학적 방법인가?
과학적 방법은 지식을 확장하고 정교화하는 조직적 방식이다. 심리학자들은 연구에서 관찰된 것 혹은 결과를 토대로 자신의 연구 문제나 가설의 정확성에 대한 결론을 내린다.

14. 사례연구법은 무엇인가?
사례연구법에서는 사람들의 행동을 더 잘 이해할 수 있도록 그 인물들을 상세하게 묘사하는 방법이다.

15. 설문법은 무엇인가?
설문법은 다수의 사람들에게 설문이나 면담을 실시하여 그들의 태도나 행동패턴을 알아내는 것이다.

16. 심리학자들은 어떻게 표집을 통해서 모집단을 대표하는 결과를 얻는가?
연구의 대상이 되는 피험자들을 표집이라고 부른다. 표본은 모집단의 한 부분이다. 건강관련 연구는 전통적으로 남성을 대상으로 하는 경향이 있어 왔다. 또한 모집단 내의 소수민족 집단은 제대로 표집에 포함되지 못하는 경향이 있었다. 연구자들은 모집단의 대표성을 확보하기 위해서 무작위 표집과 유층화 표집을 사용한다. 무작위 표집에서는 모집단의 각 구성원이 참여자로 선정될 기회가 동등하다. 유층화 표집에서는 모집단 내 알려진 하위집단들이 그 비율에 맞추어서 표집된다.

17. 자연관찰법이란 무엇인가?
자연관찰법은 행동이 일어나는 곳 — 현장 — 에서의 행동을 눈에 띄지 않게 그리고 세심하게 관찰하는 것이다.

18. 상관법은 무엇인가?
상관법은 두 변인 간의 관계는 보여주지만 인과관계를 밝히지는 못한다. 정적 상관에서는 두 변인이 함께 증가한다. 부적 상관에서는 한 변인이 증가하면 다른 변인은 감소한다.

19. 실험법은 무엇인가?
실험은 인과관계 — 즉 독립변인이 종속변인에 미치는 효과 — 를 알아내기 위해서 사용된다. 실험집단은 특정 처치를 받는 반면 통제집단은 처치를 받지 않는다. 은폐 혹은 이중은폐를 통해서 피험자와 연구자가 효과에 대해서 가지는 기대를 통제한다. 연구의 결과는 연구표집이 대표할 수 있는 모집단에 국한하여 일반화할 수 있다.

나의 생활 나의 마음

개인적 글쓰기 숙고하기/숙고하기/숙고하기

학습 비결 : 이 장에 나온 개념들을 자신의 경험과 관련시켜 음미하면 보다 심층 처리가 가능하다. 그렇게 되면 내용에 보다 더 개인적인 의미를 부여하게 되며 더 효과적인 학습이 가능해진다. 답을 쓸 공간이 더 필요하면 추가 페이지를 이용해도 좋다.

1. 이 책에 기술된 학습 비결 중에서 어떤 것을 자신의 공부에 반영할 수 있는가? 읽은 내용에 따르면 시간 간격을 두고 나누어서 공부하는 것과 시험 직전의 벼락치기 공부 중 어느 것이 더 나은가? 이것을 알면 실제 공부가 어떻게 달라질까?

2. 이 장에서는 심리적 적응에서의 사회문화적 요인의 역할에 대하여 논의하였다. 자신의 민족적 혹은 문화적 배경이 매일매일의 생활에 어떠한 영향을 미치는가? 스트레스에 대한 적응에는?

모듈 복습의 답

모듈 1.1
1. 정신
2. 적응
3. 행동
4. 가능성
5. 기계적
6. 임상적 접근

모듈 1.2
7. 다양성
8. 민족
9. 성별

모듈 1.3
10. 비판적 사고
11. 정의
12. 가짜의
13. 심리적

모듈 1.4
14. 과학적 방법
15. 사례연구
16. 설문조사
17. 표본
18. 표집법
19. 남의 눈에 띄지 않는
20. 관계
21. 독립/종속

사회적 바람직성 척도 채점법

채점표에 나온 것과 자신의 답이 일치할 때마다 해당번호 옆에 체크하라. 체크된 것을 모두 합하여 총점을 내라.

1. 예_____
2. 예_____
3. 아니요_____
4. 예_____
5. 아니요_____
6. 아니요_____
7. 예_____
8. 예_____
9. 아니요_____
10. 아니요_____
11. 아니요_____
12. 아니요_____
13. 예_____
14. 아니요_____
15. 아니요_____
16. 예_____
17. 예_____
18. 예_____
19. 아니요_____
20. 예_____
21. 예_____
22. 아니요_____
23. 아니요_____
24. 예_____
25. 예_____
26. 예_____
27. 예_____
28. 아니요_____
29. 예_____
30. 아니요_____
31. 예_____
32. 아니요_____
33. 예_____

점수의 해석

낮은 점수(0~8). 6명 중 1명은 0점에서 8점 사이의 점수를 받는다. 이 범위에 속하는 점수를 받은 사람들은 대부분 사회적으로 바람직하지 않은 방향으로 답을 한다. 이는 그 사람들이 사회적으로 비난을 받더라도 진실되게 답하고자 하는 경향성이 다른 사람들보다 더 높기 때문일 수 있다.

평균 수준의 점수(9~19). 3명 중 2명은 9~19점 사이의 점수를 받는다. 이 사람들은 자기 반응이 사회적으로 바람직한지에 보통정도의 관심을 보인다. 이는 그 사람들의 일반적 행동이 사회적 규칙과 관례에 부합되는 정도가 평균 수준이라는 의미로 볼 수 있다.

높은 점수(20~33). 6명 중 1명은 20~33점 사이의 점수를 받는다. 이 사람들은 사회적으로 승인받는 것에 관심이 많아서 자기 반응을 읽는 사람들에게 비난받지 않는 방향으로 검사문항에 답할 가능성이 있다. 그들의 일반적 행동도 사회적 규칙이나 관습에 순응할 가능성이 높다.

CHAPTER 2

성격

개요

- 다음을 알고 있나요?
- 모듈 2.1 : 정신역동이론
- 모듈 2.2 : 학습이론
- 모듈 2.3 : 인본주의이론
- 모듈 2.4 : 특성이론
- 모듈 2.5 : 사회문화적 관점
- 모듈 2.6 : 성격의 평가
- 모듈 2.7 :  나의 생활, 나의 마음 나 자신을 이해하기

복습 암송하기/암송하기/암송하기

 나의 생활, 나의 마음 **개인적 글쓰기** 숙고하기/숙고하기/숙고하기

다음을 알고 있나요?

Oleg Prikhodko/iStockphoto

- 프로이트에 의하면 손톱 물어뜯기와 흡연은 어린 시절에 경험한 갈등의 흔적이 남아 있는 것이다.(43쪽)
- 행동주의의 대부인 존 왓슨은 건강하고 정상적인 아기를 자신이 선택하는 방식에 따라 기르게 해준다면, 어떤 아기든지 의사, 변호사, 성공적인 사업가로, 혹은 거지나 도둑으로 만들 수 있다고 믿었다.(50쪽)
- 인본주의 심리학자인 칼 로저스는 아이들은 보이는 행동에 관계없이 그 자체로 소중하게 여겨져야 한다고 믿었다.(63쪽)
- 우리의 성격과 운전행동은 관련이 있다.(67쪽)
- 성실성 수준이 높은 사람들은 일을 제때 마칠 뿐 아니라 더 오래 더 행복하게 사는 경향이 있다.(67쪽)
- 이민자 집단의 미국 생활 적응에서 문화적응은 양날의 검 같다.(73쪽)
- 일부 성격검사들은 사람들이 모호한 자극에 대한 반응에 자기 성격의 면모를 투사한다는 믿음에 기반을 두고 있다.(76쪽)

코끼리를 만난 세 장님에 대한 옛이야기가 있다. 각자 코끼리의 다른 부분을 만지고는 고집스럽게 자기만이 코끼리의 참모습을 알아냈다고 주장한다. 한 장님은 코끼리 다리를 잡고는 기둥처럼 단단하고 강하며 똑바로 서 있다고 하였다. 코끼리의 귀를 만진 장님은 이에 반박을 한다. 그의 생각으로는 코끼리는 양탄자처럼 넓고 거칠다. 코끼리의 코를 만진 세 번째 장님은 다른 이들이 형편없이 잘못 알고 있다는 데 놀란다. 그는 코끼리는 분명히 빈 통처럼 길고 좁다고 공언한다.

이 세 사람은 각자 코끼리를 다른 관점에서 알게 되었다. 각자 자기 관점에 묶여 있어 동료들이 믿고 있는 것이나 코끼리의 진정한 본모습을 볼 수 없었다. 물리적 한계 때문만이 아니라 자신이 처음 접하였을 때 코끼리를 특정한 방식으로만 생각하게 되었기 때문이다.

이와 마찬가지로 사람들, 그리고 자기 자신에 대한 우리의 생각은 우리의 관점과 밀접한 관계가 있다. 사람들을 접하게 된 방식이 다르면 성격을 다른 관점에서 보게 된다. "그 여성은 한 성격 하지"라는 표현에서처럼 흔히 성격과 생기발랄함을 같은 의미로 보기도 한다. 그러나 심리학 이론에서는 보다 심층적으로 들여다본다. 어떤 이론에서는 성격이 '수줍어하는 성격', '낙천적 성격'에서와 같이 그 사람의 가장 두드러지는 특성으로 구성되었다고 본다. 다른 이론에서는 학습이나 저변의 생물학적 영향에 의해서 성격이 형성되는 과정에 초점을 둔다. 프로이트의 전통에서 훈련을 받은 사람들은 성격이란 우리의 일상적 의식의 범위 밖에서 끊임없이 서로 견제하고 경쟁하는 정신구조물이라고 본다. 그리고 인본주의이론에서는 성격이란 사람들이 지니고 있는 것이기보다는 그들의 삶에 의미와 방향성을 부여하는 개인적 선택이 표현되는 방식이라고 본다. 그리고 사회문화적 이론들은 문화, 인종, 민족의 영향을 고려할 필요성이 있음을 잊지 말라고 한다. 요약하면 코끼리, 즉 사람의 성격에 대한 연구에는 다양한 관점이 존재한다. 그중 어느 하나도 단독으로는 완벽한 그림을 보여주지 못하지만 각각 나름대로 우리의 이해에 기여하는 바가 있다. 그 이론적 관점들을 살펴보기 전에 우리의 주제를 정의하자.

성격 : 삶의 요구에 적응하는 개인의 특징적 행동, 사고와 정서의 방식

심리학자들은 **성격**(personality)이란 개인의 독특한 정서, 동기, 행동의 안정적 패턴이라고 정의한다. 이제 각 이론이 인간의 본성에 대하여, 삶의 도전에 대처하는 우리의 능력에 대하여, 그리고 우리가 개인으로 성장하는 과정에 대하여 어떤 이야기를 하는지 알아보자.

모듈 2.1 정신역동이론

- 왜 프로이트의 성격이론을 정신역동모형으로 보는가?
- 프로이트는 성격의 구조를 어떻게 보는가?
- 프로이트의 심리성적 발달이론은 무엇인가?
- 그 밖의 성격의 정신역동이론 관점에는 어떤 것들이 있는가?
- 정신역동이론에서는 건강한 성격을 어떻게 보는가?

정신역동이론 : 성격 내의 서로 다른 요소 혹은 힘 사이의 충돌이 행동, 사고와 정서를 형성한다는 프로이트의 견해에 기반을 둔 이론들

성격의 **정신역동이론**(psychodynamic theory)에는 여러 가지가 있는데, 각각 지그문트 프로이트(Sigmund Freud)의 사상에 근거를 두고 있다. 이 정신역동이론들은 몇 가지 공통적 특징을 지니고 있다. 각 정신역동이론에서는 성격은 성격 내 서로 다른 요소들 간의 역동적 갈등으로 그려진다고 본다. 매 순간의 우리의 행동, 생각, 정서는 이러한 내적 갈등의 결과이다. 정신역동적 관점을 개관하기 전에 프로이트의 성격이론을 살펴보자.

지그문트 프로이트의 성격이론

지그문트 프로이트는 신경과 의사로서 훈련을 받았다. 의사로서의 개업 초기에는 의학적 문제가 전혀 없음에도 불구하고 손의 감각이 없어지거나 다리가 마비되는 등 설명할 수 없는 신체증상을 호소하는 환자들을 치료하였다. 그는 이와 같은 이상한 증상들이 환자들이 최면상태에서 혹은 의식이 깨어 있는 상태에서 강렬한 감정을 회상하거나 표현하면 적어도 일시적으로는 사라지는 경우가 있음을 보았다. 그는 이들이 본질적으로는 심리적 증상이지만 그 원인은 일상적인 의식이 미치지 못하는 마음속 깊이 묻혀 있다고 믿었다. 그는 임상경험을 토대로 최초의 심리학적 성격이론을 구성함으로써 인간 정신의 내면을 탐색하는 작업을 시작하였다.

마음의 지형

전의식 : 정신역동이론에 의하면 의식 속에 있지는 않지만 주의를 집중하면 의식 속으로 끌어들일 수 있는 마음의 부분

무의식 : 정신역동이론에 따르면 그 내용이 보통 의식되지 않는 마음의 부분

프로이트의 마음 개념은 인간 빙산으로 생각할 수 있다. 빙산의 꼭대기만 수면 위에 떠오르고 나머지 큰 덩어리는 깊숙히 숨겨져 있다(그림 2.1 참조). 프로이트는 이와 비슷하게 사람들도 자신의 마음 안에 있는 생각이나 충동의 극히 작은 부분만을 의식하고 있다고 믿게 되었다. 그는 마음의 더 큰 부분 — 심층의 심상, 생각, 두려움, 그리고 충동들 — 은 빛이 거의 비치지 않는 의식 표면 아래에 남아 있다고 주장하였다. 프로이트는 의식의 빛이 뚫고 지나가는 마음의 부분을 의식이라고 불렀고, 표면 아래 부분을 **전의식**(preconscious)과 **무의식**(unconscious)이라고 불렀다. 전의식 마음은 의식 밖에 있으나 주의를 집중하기만 하면 바로 의식으로 들어올 수 있는 경험의 요소들을 포함하고 있다. 무의식은 신비에 싸여 있다. 무의식에는 받아들이기 어려운 충동을 일으키는 성과 공격본능과 같은 생물학적 본능이 들어 있

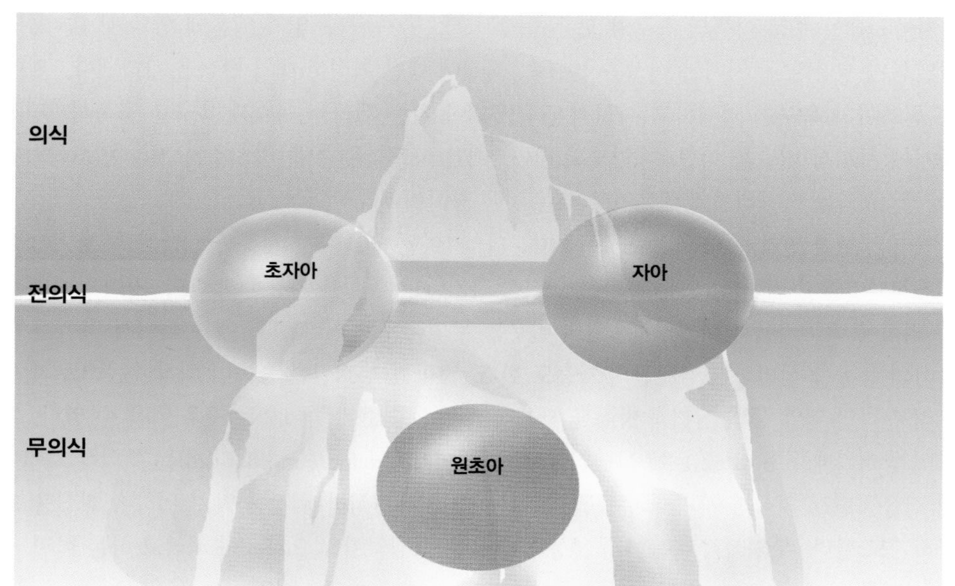

그림 2.1
'인간 빙하' 성격에 대한 프로이트의 견해를 빙하에 비유해서 표현한다면 우리는 수면 위로 떠올라서 의식 속으로 들어온 마음의 끝 부분만을 볼 뿐이다. 전의식 속의 내용은 우리가 주의를 돌리면 의식할 수 있지만 무의식의 내용은 신비 속에 가려져 있다.

다. 이러한 충동들은 불안을 일으키는 생각의 내용을 자동적으로 의식 밖으로 밀어내는 **억압**(repression)을 통해서 의식 밖에 있다. 프로이트는 억압이 괴롭거나 고통스러운 기억에도 작용하여 그 내용을 의식 밖으로 안전하게 밀어낸다고 믿었다. 또한 억압은 도덕적으로 수용될 수 없는 충동을 스스로 의식하지 못하도록 하기도 한다.

▮ **억압** : 정신역동이론의 방어기제 중 하나로 받아들이기 어려운 소망, 충동과 생각을 의식 속에 들어오지 못하게 함으로써 자기를 불안에서 보호함

무의식의 마음은 쉽게 그 내용을 보여주지 않는다. 무의식의 깊은 속을 탐색하기 위하여 프로이트는 **정신분석**(psychoanalysis)이라는 일종의 심리탐정 작업을 하였다. 그의 성격이론에도 정신분석이론이라는 이름이 붙여졌다. 정신분석에서는 사람들이 편안하게 소파에 누워서 마음에 떠오르는 것은 무엇이든 모두 말하도록 한다. 이러한 두서없는 말들을 통해서 궁극적으로 무의식의 소망, 동기, 갈등을 반영하는 심층적 이슈들을 만나게 되고 자신의 무의식적 마음이 어떻게 작동하는지에 대한 통찰력을 얻게 된다. 그러나 **저항**(resistance)의 형태를 가진 정신적 장벽이 무의식의 마음을 깊이 파헤치는 것을 방해할 수도 있다. 예를 들어 차츰 숨겨진 부분을 밝혀주는 내용들이 드러나면서 내담자는 분석 약속을 지키지 않고 건너뛰어서 치료의 진전을 방해할 수 있다. 그 결과 정신분석은 저항이 차츰 극복되고 마침내 통찰을 얻어서 해결이 될 때까지 몇 년, 경우에 따라서는 수십 년까지 걸릴 수 있다.

▮ **정신분석** : 인간의 성격을 탐색하는 프로이트의 방법

▮ **저항** : 의식 속으로 들어오면 불안을 유발할 수 있는 생각을 차단하는 것

성격의 구조

프로이트는 사람의 성격이 원초아, 자아, 초자아의 세 가지 정신적 혹은 **심리적 구조물**(psychic structure)로 구성되어 있다고 하였다. 이 구조물들은 성격 내의 서로 충돌하는 힘을 말한다. 심리적 구조물들은 직접 관찰하거나 측정할 수는 없으나 행동, 표현된 생각과 감정을 통해서 그 존재를 알 수 있다.

▮ **심리적 구조물** : 정신역동이론에서 행동의 다양한 측면을 설명하기 위한 가상의 정신구조

원초아(id)는 태어나면서부터 존재한다. 프로이트의 견해로는 원초아는 성과 공격성 등 본능의 추동을 담고 있으며 전적으로 무의식에서 작동한다. 프로이트는 원초아를 "혼돈, 들끓는 흥분의 도가니"라고 기술하고 있다(1933/1964, 73쪽). 원초아는 프로이트의 용어로 **쾌락 원칙**(pleasure principle)에 따르며 법, 사회적 관습, 혹은 다른 사람의 욕구는 전혀 고려하지 않고 본능의 즉각적 충족을 요구한다.

▮ **원초아** : 태어나면서부터 존재하는 정신구조로 생리적 추동을 나타내며 전체가 무의식 안에 있음 [라틴어로 '그것(it)'을 의미하는 단어]

▮ **쾌락 원칙** : 원초아를 이끌어 가는 원칙으로 본능의 욕구를 사회적으로 요구되는 것이나 다른 사람이 필요로 하는 것과 관계없이 즉각적 충족을 추구함

▮ **자아** : 두 번째로 발달하는 정신구조로 자기인식, 계획, 그리고 만족 지연을 특징으로 한다[라틴어로 '나(I)'를 의미하는 단어].

▮ **현실 원리** : 자아를 이끌어 가는 원칙으로 본능의 요구를 사회생활의 제한 속에서 충족시키고자 한다.

▮ **방어기제** : 정신역동이론에서 의식 속으로 들어오는 불안 유발 자극으로부터 자기를 보호하려는 자아의 무의식적 기능

▮ **초자아** : 세 번째 정신구조로 도덕적 수호자로 기능하며 높은 행동기준을 제시함

자아(ego)는 주로 아동의 요구가 모두 즉각적으로 충족될 수 없기 때문에 생후 첫 1년 동안 발달하기 시작한다. 자아는 이성과 분별력, 좌절에 대한 이성적 대처 방식을 나타낸다. 자아는 원초아의 욕구를 억제하고 사회적 관습에 부합되는 계획을 세워서 욕구를 충족시키면서 동시에 사회적 비난을 피할 수 있도록 한다. 배가 고프다는 것을 알려주는 것은 원초아지만 멕시코 요리를 전자렌지에 데우기로 하는 것은 자아이다.

자아는 **현실 원리**(reality principle)에 따른다. 자아는 원초아가 재촉하는 것과 함께 무엇이 실용적인가를 고려한다. 또한 자아는 의식적 자기(self) 인식을 가능하게 한다. 자아의 대부분은 의식에 속하지만 자아가 하는 일의 일부는 무의식에서 처리된다. 예를 들어서 자아는 원초아의 충동을 선별하는 검열관의 기능도 한다. 자아는 부적절한 충동이 의식 수준으로 떠오르려고 하면 억압 등의 심리적 방어를 사용하여 의식 수준에 들어오는 것을 막을 수 있다. 그 밖의 방어기제들은 〈표 2.1〉에 설명되어 있다. **방어기제**(defense mechanism)는 무의식 차원에서 작동하면서 의식적 자기가 수용될 수 없는 충동을 인식하는 것을 막기 위하여 현실을 왜곡하기도 한다. 무의식적 마음에서 본능의 충동은 끊임없이 겉으로 표출되려고 하는 한편 자아는 이를 억제하려고 노력한다.

초자아(superego)는 어린 시절 **동일시**(identification)의 과정을 통하여 아동이 부모와 중요한 사람들의 도덕적 기준과 가치관을 통합하면서 발달된다. 초자아는 이상적 자기의 빛나는 모범을 내세우면서 내면의 도덕수호자인 양심으로 작동한다. 평생 동안 초자아는 자아의 의도를 감시하고 옳고 그름의 판단을 내려준다. 잘못했다는 판결이 내려지면 초자아는 죄책감과 수치심을 퍼붓는다. 자아에게 쉽지 않은 상황이다. 자아는 원초아와 초자아 사이에서 원초아

표 2.1 ▮ 정신역동이론에 따른 방어기제

방어기제	내용	실례
억압	불안을 유발하는 생각을 의식 밖으로 밀어냄	▮ 학생이 어려운 기말 보고서 제출날짜를 잊는다. ▮ 정신분석을 받고 있는 내담자가 불안을 유발하는 내용이 나올 듯한 분석 회기의 약속을 잊는다.
퇴행	스트레스를 받으면 이전 발달 단계의 행동적 특징의 한 형태로 돌아가는 것	▮ 청소년에게 가족의 자동차 사용을 못하도록 하니까 울어버린다. ▮ 결혼생활 파탄 후 성인이 부모에게 다시 의지하려고 한다.
합리화	용납될 수 없는 행동에 대하여 자기 기만적 정당화를 사용하는 것	▮ 시험에서 부정행위를 한 학생이 시험시간에 시험장을 비운 교사 탓을 한다. ▮ 허위 세금 신고를 한 사람이 "모두들 그렇게 한다"고 설명한다.
치환	생각이나 충동을 위협이 되거나 부적절한 대상에서 덜 위협적 대상으로 옮기는 것	▮ 상사에게 심한 비난을 받고 나서 자기 배우자에게 싸움을 건다.
투사	자신의 용납될 수 없는 충동을 다른 사람에게 돌리는 것	▮ 적대적인 사람이 세상을 위험한 곳으로 지각한다. ▮ 성적 욕구의 좌절을 경험하고 있는 사람이 다른 사람의 별 뜻 없는 제스처를 성적 유혹으로 해석한다.
반동형성	충동을 억압하기 위해서 자신의 진정한 충동과 정반대되는 행동을 취하는 것	▮ 친척에게 화가 나 있는 사람이 그 친척에게 '구역질 나게 친절하게' 군다. ▮ 가학적인 사람이 의사가 된다.
부정	위협의 진정한 특성을 받아들이기를 거부하는 것	▮ 담배를 많이 피우면서도 자기는 암이나 심장질환에 걸릴 리가 없다고 믿는다. ▮ "그런 일이 내게 일어날 리가 없다."
승화	원초적 성충동 혹은 공격충동을 긍정적이고 건설적 노력으로 이끌어내는 것	▮ '아름다움'과 '예술'의 이름으로 나체를 그린다. ▮ 적대적인 사람이 뛰어난 테니스 선수가 된다.

의 요구와 초자아의 도덕관념을 만족시키려고 노력한다. 프로이트의 견해에 따르면 초자아를 심각하게 건드리지 않으면서 원초아의 요구를 대부분 들어줄 수 있는 방법을 찾은 사람은 건강한 성격을 가졌다고 할 수 있다. 원초아의 욕구 중 남아 있는 것은 대부분 통제 혹은 억압된다. 만약 자아가 능숙하게 문제를 해결하지 못하거나 초자아가 지나치게 엄격하다면, 자아가 어려움을 겪을 것이고 두려움, 강박적 걱정, 혹은 우울 등의 심리적 문제가 생길 수 있다.

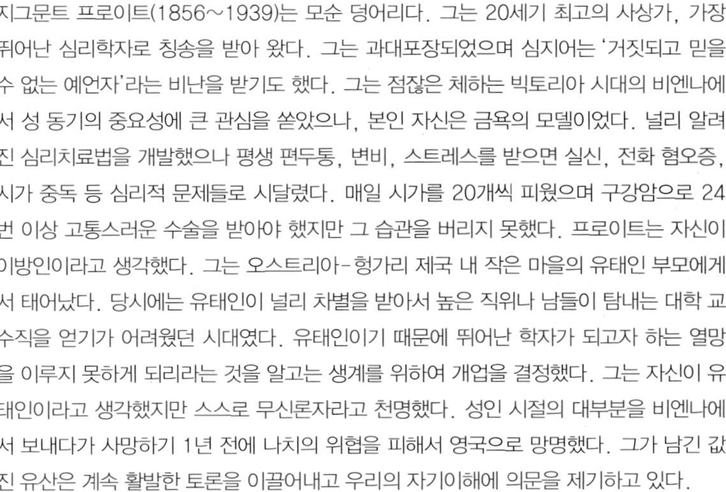

심층 탐구

지그문트 프로이트

지그문트 프로이트(1856~1939)는 모순 덩어리다. 그는 20세기 최고의 사상가, 가장 뛰어난 심리학자로 칭송을 받아 왔다. 그는 과대포장되었으며 심지어는 '거짓되고 믿을 수 없는 예언자'라는 비난을 받기도 했다. 그는 점잖은 체하는 빅토리아 시대의 비엔나에서 성 동기의 중요성에 큰 관심을 쏟았으나, 본인 자신은 금욕의 모델이었다. 널리 알려진 심리치료법을 개발했으나 평생 편두통, 변비, 스트레스를 받으면 실신, 전화 혐오증, 시가 중독 등 심리적 문제들로 시달렸다. 매일 시가를 20개씩 피웠으며 구강암으로 24번 이상 고통스러운 수술을 받아야 했지만 그 습관을 버리지 못했다. 프로이트는 자신이 이방인이라고 생각했다. 그는 오스트리아-헝가리 제국 내 작은 마을의 유태인 부모에게서 태어났다. 당시에는 유태인이 널리 차별을 받아서 높은 직위나 남들이 탐내는 대학 교수직을 얻기가 어려웠던 시대였다. 유태인이기 때문에 뛰어난 학자가 되고자 하는 열망을 이루지 못하게 되리라는 것을 알고는 생계를 위하여 개업을 결정했다. 그는 자신이 유태인이라고 생각했지만 스스로 무신론자라고 천명했다. 성인 시절의 대부분을 비엔나에서 보내다가 사망하기 1년 전에 나치의 위협을 피해서 영국으로 망명했다. 그가 남긴 값진 유산은 계속 활발한 토론을 이끌어내고 우리의 자기이해에 의문을 제기하고 있다.

심리성적 발달

프로이트는 성격 발달에서 아동들의 경우에도 성적 동기가 중요함을 주장해서 당대에 논란을 일으켰다. 그는 성적 동기는 아이들이 어머니의 젖을 빨거나 배변을 하는 등 세상과 관계를 맺는 기본 방식과 밀접한 관련이 있다고 믿었다.

프로이트는 우리는 생명의 보존과 유지를 목표로 하는 **에로스**(eros)라는 기본적 본능을 지니고 있다고 믿었다. 에로스는 심리적 혹은 마음의 에너지에 의해서 충전된다. **리비도**(libido)의 에너지는 성적 본능의 에너지이다. 아동이 발달하면서 리비도의 에너지는 몸의 여러 부위에 위치한 **성감대**(erogenous zone)의 성적 혹은 에로틱한 느낌으로 표현된다. 프로이트에게 심리 발달은 리비도의 에너지를 한 성감대에서 다른 성감대로 옮기는 것을 말하므로 발달은 사실상 심리성적 특성을 가지게 된다. 그는 **심리성적 발달**(psychosexual development)에 구강기, 항문기, 남근기, 잠재기, 그리고 성기기의 다섯 단계를 가정하였다.

> **에로스** : 정신분석이론에서 생명을 보존하고 지속시키는 기본적 본능
>
> **리비도** : (1) 정신분석이론에서는 성본능 에로스의 에너지 (2) 일반적으로는 성적 관심이나 욕구
>
> **성감대** : 성 감각에 민감한 신체 부위
>
> **심리성적 발달** : 정신역동이론에서 발달 단계에 따라 리비도의 에너지가 각각 다른 성감대를 통해서 표현되는 과정

출생 후 첫 1년 동안에는 아동은 세상을 주로 구강을 통해서 경험하게 된다. 무엇이든지 들어갈 수 있으면 입속으로 들어간다. 이것이 **구강기**(oral stage)이다. 프로이트는 빨고 무는 입을 중심으로 하는 활동이 아이에게 영양분뿐 아니라 성적 만족을 준다고 주장하였다.

> **구강기** : 주로 구강을 통하여 리비도가 충족되는 것으로 가정되는 심리성적 발달의 첫 단계

프로이트는 심리성적 발달의 각 단계에서 갈등을 경험한다고 믿었다. 구강기에는 갈등이 구강을 통한 만족의 특성과 정도를 중심으로 일어난다. 빠르게 이유를 시작하는 것(모유 수유의 중단)은 좌절을 가져올 가능성이 있다. 반면에 지나친 만족 또한 아기로 하여금 무엇이든지 원하는 대로 늘 주어지리라는 기대를 갖게 할 수 있다. 어느 단계에서든지 불충분하거나 지나친 만족은 그 단계에 **고착**(fixation)되는 결과를 가져와서 그 단계의 특징적인 특성이 발달하게 된다. 구강기 특성은 의존성, 쉽게 속는 성향, 그리고 지나친 낙관주의나 비관주의(아동의 만족 경험에 따라서) 등이 있다.

> **고착** : 정신역동이론에서 심리성적 발달의 이전 단계들의 특성이 나타나는 일종의 발달 정지

프로이트는 구강기에 고착된 성인은 흡연, 과식, 알코올 남용, 손톱 물어뜯기 등의 '구강 관련 행동'을 하고자 하는 욕망을 과도하게 경험할 것이라는 이론을 세웠다. 생존 여부가 보호자에게 달려 있는 영아처럼 구강기 고착 성인은 매달리는 의존적 관계를 지향하는 경향을 보일 수도 있다.

항문기(anal stage)에는 신체로부터 배설물의 배출을 통제하는 근육의 수축과 이완을 통해서 성적 만족을 얻는다. 생애 첫 1년에는 대부분 반사적으로 통제되던 배설이 처음에는 다소 실수가 있기는 하지만 수의적 통제가 가능해진다. 항문기는 만 1~2세 사이에 시작된다.

> **항문기** : 항문 활동을 통하여 리비도 충족이 되는 심리성적 발달의 두 번째 단계

구강기 고착? 음식이 맛있는 건가? 그 사람이 굶주렸던가? 아니면 이 맛있는 음식의 순간 흡입은 구강기 고착과 관련된 것일까?

항문기에 아동들은 충동을 느끼자마자 바로 배설하는 만족감을 지연하는 것을 배운다. 자기 통제의 일반적 이슈가 부모와 자녀 간 갈등의 근원이 될 수 있다. 이 갈등에서 항문기 고착이 시작되어 성인기의 두 가지 성격특성으로 이어진다. 소위 항문-보유 특성에는 자기 통제가 지나치며 완벽주의, 규칙에 대한 강한 욕구, 과도한 깔끔함과 청결벽이 나타난다. 반면 항문-배출 특성은 '모든 것을 드러내는' 성향으로 부주의함, 지저분함, 심지어는 가학적 성향을 포함한다.

아동들은 만 3세에 접어들면 **남근기**(phallic stage)에 들어선다. 남근기의 주요 성감대는 남근 부위[남아에게는 남근(penis), 여아에게는 음핵(clitoris)]로 옮겨진다. 자위행위로 부모-자녀 간 갈등이 발생할 가능성이 크며 부모들은 이에 대하여 위협을 하거나 벌을 주는 방식으로 반응할 수 있다. 남근기 아동들이 이성부모에 대하여 성적 욕망을 느끼며 동성부모는 이성부모의 애정을 얻는 데 경쟁자로 보기 시작한다는 프로이트의 믿음은 더 큰 논란의 대상이 되었다. 남아는 엄마와 결혼하기를, 여아는 아빠와 결혼하기를 원할 수 있다. 이러한 성적 갈망과 강렬한 경쟁심은 무의식에 남아 있지만 그 영향은 이성부모와 결혼하는 환상이나 동성부모에 대한 적개심으로 표현될 수 있다.

프로이트는 그 갈등을 뜻하지 않게 자기 아버지를 죽이고 어머니와 결혼한 전설 속의 그리스 왕 이름을 따서 **오이디푸스 콤플렉스**(Oedipus complex)라고 이름을 붙였다. 일부 프로이트 추종자들은 여아에게 나타나는 갈등을 아가멤논 왕의 딸, 엘렉트라가 아버지의 사후 아버지를 그리워하며 아버지를 죽인 어머니와 어머니의 연인에 대한 복수를 다짐했던 고대 그리스 전설을 따라서 **엘렉트라 콤플렉스**(Electra complex)라고 명명하였다.

오이디푸스와 엘렉트라 콤플렉스는 5~6세에는 해결이 된다. 아동들은 동성부모를 향한 적대감을 억압하고 동일시를 시작한다. 동일시를 통해서 그들은 동성부모의 사회적 역할과 성역할을 받아들이고 그 가치관을 내면화하게 된다. 이성부모를 향한 성적 감정은 수년간 억압된다. 그 감정이 사춘기에 다시 떠올라 오면 이는 사회적으로 적합한 이성으로 **치환**(displaced)되거나 전위된다.

프로이트는 아이들은 만 5~6세에 이르면 오이디푸스와 엘렉트라 콤플렉스의 압박 때문에 모든 성적 충동을 억압하게 된다고 믿었다. 그러다가 **잠재기**(latency)에 들어서 아동들의 성적 감정은 무의식에 남아 있게 된다. 잠재기 단계에서는 아동들이 동성 놀이친구를 선호하는 경우가 드물지 않다.

마지막으로 사춘기가 되면 아동은 심리성적 발달의 마지막 단계인 **성기기**(genital stage)에 들어간다고 프로이트는 믿었다. 다시 한 번 남자 청소년들은 어머니에 대해서, 여아 청소년들은 아버지에 대한 성적 충동을 경험하게 된다. 그러나 근친상간에 대한 금기로 인하여 이러한 충동은 억압되고 다른 이성 성인이나 청소년으로 옮겨진다. 남아들은 '우리 아빠와 결혼한 여자 아이와 꼭 같은' 여자 아이들을 찾고, 여아들은 아버지를 닮은 남자 아이들에게 끌릴 수도 있다.

프로이트에게 심리성적 성숙은 혼인관계에서의 성교로 성적 만족을 얻을 수 있는 이성 결혼상대를 찾는 것이다. 프로이트의 견해로는 구강성교, 항문성교, 자위 행위, 그리고 동성과의 성행위와 같은 다른 행태의 성적 만족은 미성숙한 형태의 성행위이다.

▮ **남근기** : 리비도가 남근 부위로 옮겨지는 심리성적 발달의 세 번째 단계(남근을 지칭하는 그리스어 단어 phallos에서 왔으나 프로이트는 남근이라는 용어를 남아와 여아에게 모두 적용하였음)

▮ **오이디푸스 콤플렉스** : 남아가 자신의 어머니를 성적으로 차지하기를 원하고 아버지를 연적으로 지각하는 남근기의 갈등

▮ **엘렉트라 콤플렉스** : 남근기의 갈등으로 여아가 아버지를 갈망하고 어머니를 원망하는 것

▮ **치환** : 전위

▮ **잠재기** : 심리성적 발달의 한 단계로 성충동의 억제가 특징임

▮ **성기기** : 심리성적 발달의 성숙된 단계로 결혼관계에서의 성교가 리비도 표현의 우선적 형태임

그 밖의 심리역동이론

여러 성격이론가들이 프로이트의 이론을 계승하였다. 프로이트의 이론과 마찬가지로 그들의 이론에도 심리적 힘의 역동적 움직임, 갈등, 그리고 방어기제가 포함되어 있으나 그 밖의 측면에서는 그들의 이론과 프로이트 이론은 상당한 차이가 있다.

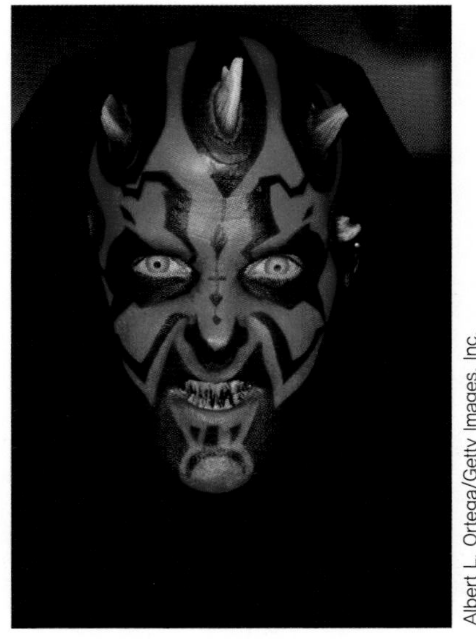

Albert L. Ortega/Getty Images, Inc.

원형의 힘 원형이란 칼 융이 인류 공통의 집단 무의식 안에 근원을 두고 있다고 믿었던 태고의 심상 혹은 상징이다. "반지의 제왕"이나 "스타워즈" 등의 모험소설은 젊은 영웅, 지혜로운 노인, 어두운 악인 등의 원형적 인물들을 활용했다.

칼 융

칼 융(Carl Jung, 1875~1961)은 스위스의 정신과 의사로 프로이트의 측근 중 한 명이었다. 융은 **분석심리학**(analytical psychology)이라는 자기 자신의 역동이론을 개발하면서 프로이트와 결별을 하게 되었다. 융의 말을 빌리자면 "뇌를 성기의 부속기관쯤으로 간주하는" 프로이트와 달리 융은 성적 본능을 중요하게 보지 않았다. 그는 성적 본능은 여러 중요한 본능 중 하나에 지나지 않다고 보았다. 또한 융은 프로이트에 비하여 유아기나 아동기 경험보다는 현재를 더 강조하였다. 융은 인간 행동에 방향성과 목적을 부여하는 성격 내 통합적 힘으로 자기(self)의 존재를 가정하였다. 융에 의하면 자기는 온전함과 충만함을 성취하려고 지속적으로 노력하도록 선천적으로 결정되어 있다. 그는 인간행동을 보다 깊이 이해하려면 무의식의 충동뿐 아니라 자기 인식과 삶의 목표 또는 자기 결정과 같은 의식적 과정을 고려할 필요가 있다고 믿었다.

프로이트와 마찬가지로 융도 무의식적 과정에 흥미를 느꼈다. 그는 억압된 기억이나 충동을 담은 개인적 무의식뿐만 아니라 선조들에게 물려받은 **집단무의식**(collective unconscious)도 있다고 믿었다. 집단무의식에는 인류의 역사를 반영하는 원시적 이미지 혹은 **원형**(archetype)이 있다. 원형의 예를 들자면 전능한 신, 젊은 영웅, 다산의 양육자 어머니, 늙은 현자, 적대적 형제, 심지어는 요정 대모, 사악한 마녀, 그리고 부활과 재생 등이다. 원형 자체는 무의식에 남아 있지만 우리의 사고와 정서에 영향을 미치고 우리로 하여금 "스타워즈" 시리즈와 같은 인기 영화에 나타난 선악의 이미지 등의 이야기나 영화 속의 문화적 주제에 반응하게끔 이끈다.

분석심리학 : 융의 정신역동이론으로 집단무의식과 원형을 강조한다.

집단무의식 : 융의 가정에 따르면 우리 선조들의 흐릿한 기억들이 저장되어 있는 곳

원형 : 융이 집단무의식 속에 있다고 가정하는 기본적, 원초적 심상과 개념들

알프레드 아들러

프로이트 추종자였던 알프레드 아들러(Alfred Adler, 1870~1937)도 프로이트가 성적 충동을 지나치게 강조하였다고 느꼈다. 아들러는 사람들을 동기화시키는 것은 기본적으로 **열등감**(inferiority complex)이라고 믿었다. 어떤 사람들에게는 열등감은 신체적 문제와 이를 보상하고자 하는 욕구에서 나온다. 그러나 아들러는 우리 모두가 어린 시절에는 몸이 작기 때문에 어느 정도 열등감을 느끼게 되고 이러한 느낌이 **수월성 추동**(drive for superiority)을 일으킨다고 믿었다. 예컨대 다리를 절었던 영국 시인 바이런 경은 수영 선수가 되었다. 어린 시절 아들러는 구루병으로 불구가 되었고 폐렴으로 고생을 하였는데 그의 이론은 부분적으로는 자신의 어린 시절 여러 차례 병치레를 극복하려던 노력에서 발달되었을 가능성이 있다.

열등감 : 아들러가 성격의 중추적인 동기로 기능한다고 가정한 열등하다는 느낌

수월성 추동 : 열등감을 보상하려는 욕구를 지칭하는 아들러의 용어

아들러는 자기 인식이 성격의 형성에 주된 역할을 한다고 믿었다. 그는 장애를 극복하고 자신의 잠재력을 개발하고자 하는 성격의 자기인식 측면을 **창의적 자기**(creative self)라고 하였다. 사람마다 잠재력이 다르기 때문에 아들러의 견해는 **개인심리학**(individual psychology)이라고 불렸다. 아들러는 또한 성격 형성에서 출생순위의 중요성을 강조하였다. 그는 첫아이는 부모들의 기대 수준이 높기 때문에 성취도가 높고 권력이나 지도자적 지위를 추구한다고 믿

창의적 자기 : 성격의 자기 인식 부분을 지칭하는 아들러의 용어

개인심리학 : 개인의 독특성을 강조하는 아들러의 성격이론을 기술하는 용어

었다. 둘째아이는 더 경쟁적이고 첫째를 따라잡고 싶어 하기 때문에 형제간 경쟁이 일어나기 쉽다.

카렌 호나이

카렌 호나이(Karen Horney, 1885~1952)는 여성에 대한 정신분석이론의 견해에 대하여 이의를 제기했다는 이유로 뉴욕 정신분석연구소를 떠나야 했다. 20세기 초반 정신분석이론에서 여성의 자리는 가정에 있다고 가르쳤다. 사업분야에서 남성과 경쟁하려고 하는 여성은 무의식적으로 남근 선망(penis envy)을 가지고 있다고 가정했다. 정신분석이론에서는 여자 아이들은 남아에게는 남근이 있지만 자신들은 남근이 없다는 것을 알게 되면서 남자 아이에 비하여 열등하다고 느낀다고 하였다. 호나이는 남근 선망의 일반적 원리는 받아들였지만 젊은 여성의 발달을 사회적 맥락에서 이해해야 한다고 믿었다. 호나이의 주장은 여성이 열등하다고 느끼는 것은 남근 선망 때문이 아니라 현대 사회에서 남성이 누리는 사회적 권력과 권위를 선망하기 때문이라는 것이다(Stewart & McDermott, 2004).

정신분석 훈련을 받은 호나이는 아동기 경험이 성인의 성격 발달에 중요한 요인이라는 점에서는 프로이트와 같은 입장이었다. 그러나 프로이트와는 달리 그녀는 아동 발달에서 인간관계가 무의식적 성과 공격 충동보다 더 중요하다고 주장하였다. 또한 진심에서 우러난 변함없는 사랑은 가장 상처 깊은 아동기의 영향까지도 완화시킬 수 있다고 믿었다.

정체성 위기 : 자신의 신념, 가치 그리고 삶의 방향에 대한 진지한 자기 탐색의 시기를 지칭하는 에릭슨의 용어

심리사회적 발달 : 에릭슨의 성격과 발달의 이론으로 사회적 관계와 성격 성장의 8단계를 강조한다.

호나이는 사람들이 서로 관계를 맺는 방식에는 세 가지 기본 유형이 있다고 믿었다. 다른 사람과 지지적이고 사랑받는 관계를 맺으려고 다른 사람에게 다가갈 수 있다. 독립성과 자립을 중요시하여 다른 사람으로부터 거리를 둘 수도 있다. 또는 다른 사람들을 통제하고 지배하려고 다른 사람에 맞설 수 있다. 호나이의 이론에서 건강한 성격을 가진 사람은 사람들과 관계를 맺는 이 세 가지 유형의 균형을 취할 수 있는 사람이다. 인간관계에서 어느 특정한 방식에만 고착되면 문제가 생길 수 있다. 다른 사람의 요구에 맞추는 방향으로 너무 많이 치중해서 승인을 받지 못할까 두려운 나머지 과도하게 순응적이고 희생적이 될 수 있다. 또는 다른 사람에게 지나치게 거리를 두어서 고립되거나 정서적으로 분리될 수 있다. 또는 지배하고 착취하거나 통제할 수 있는 방식으로만 다른 사람과 관계를 맺을 수도 있다.

심층 탐구

에릭 에릭슨 – "나는 정말 누구인가?"

에릭슨의 생부는 그가 태어나기 전에 그의 어머니를 버렸고, 에릭슨은 어머니와 계부인 테오도르 홈부르거라는 의사에 의해서 양육되었다. 그들은 에릭슨이 남들과 다르다고 느끼지 않았으면 하는 의도에서 생부에 대해서는 오랫동안 알려주지 않았다. 어머니와 계부는 모두 유대인이었지만 에릭슨은 금발머리와 푸른 눈을 가진 덴마크인 생부를 닮았다. 그는 계부가 다니는 유대교회에서는 비유대인/이방인 취급을 받았지만 학교 친구들에게는 유대인이었다. 그는 자신이 다른 아이들과 다르다는 느낌을 갖기 시작했고 가족으로부터도 멀어졌다. 그는 자신이 특별한 부모에게서 태어났지만 버림받은 아이라는 공상에 빠지기도 하였다. "나는 누구인가?"라는 질문은 그의 청소년기 자아정체감 탐색에 스며들어 있다. 성장하면서 에릭슨은 또 다른 정체성 이슈 – "나는 어떤 일을 하면서 살 것인가?" – 에 직면했다. 그의 계부는 의과대학 진학을 권하였으나 에릭슨은 자기만의 길을 찾았다. 청년기에 그는 미술을 공부했고 유럽 전역을 여행하면서 화가로서 자유분방한 방랑생활을 하였다. 에릭슨은 이 자기 탐색 기간에 **정체성 위기**(identity crisis)라는 이름을 붙이게 되었다.

자신의 정체성 탐색의 결과 에릭슨은 자기 평생의 일, 즉 심리치료로 방향을 잡았다. 그는 방랑을 끝내고 지그문트 프로이트의 딸인 안나 프로이트(Anna Freud) 문하에서 정신분석 훈련에 전념하였다.

에릭슨은 호된 정체성 탐색 경험을 거쳤음에도 불구하고 자기 자녀들에게는 가족에 대한 정보를 주지 않았다. 에릭슨 부부는 다운 증후군을 지니고 태어난 넷째 아이, 닐을 공공시설에 맡겼다. 그러나 프리드만(Friedman, 1999)의 전기에 의하면 그는 손위의 자녀들에게 닐이 태어나자마자 죽었다고 말했다. 아마도 에릭슨은 낙관적 인생관에도 불구하고 그러한 가혹한 현실을 감당하기가 어려워서 그냥 회피해버린 듯하다(Edmundson, 1999).

에릭 에릭슨

에릭 에릭슨(Erik Erikson, 1902~1994)은 지그문트 프로이트와 마찬가지로 성격 발달의 포괄적 이론을 제기한 것으로 알려져 있다. 그러나 프로이트가 심리성적 발달 단계에 초점을 둔 것과는 달리 에릭슨은 **심리사회적 발달**(psychosocial development) 단계

표 2.2 ▮ 에릭슨의 심리사회발달 단계

시기	삶의 위기	발달과제
영아기(0~1세)	신뢰 vs. 불신	어머니와 주변 환경을 신뢰하게 됨 – 주변 환경에 대한 내적 선함의 느낌
초기 아동기(1~3세)	자율성 vs. 수치심과 의혹	선택하고자 하는 소망과 선택권 행사를 위한 자기 통제의 발달
유아기(4~5세)	솔선 vs. 죄책감	선택에 계획하기와 주도하기를 더함. 활동적, 능동적이 됨
초등학교 시기(6~12세)	근면 vs. 열등감	유용한 기술의 발달, 생산적 과제의 수행에 열심히 몰두
청소년기	자아정체성 vs. 역할 혼미	진로 목표의 형성과 기술 및 사회적 역할을 연계함. 자신의 정체성과 지향하는 가치의 발달
초기 성인기	친밀감 vs. 고립	자신을 타인에게 헌신, 성적 사랑을 함
중기 성인기	생산성 vs. 정체	필요로 하는 사람이 되려고 함. 후속 세대를 지도하고 격려, 창의적이 됨
후기 성인기	통합 vs. 절망	자기 인생 주기의 때와 장소를 수용함. 지혜와 온전함을 성취함

(표 2.2 참조)를 제안하였다. 에릭슨에 의하면 각 단계에서는 두 가지 성과가 따를 수 있는 심리사회적 과제가 제시된다. 예를 들어서 심리사회 발달의 첫 단계는 두 가지 결과가 가능하므로 **신뢰와 불신** 단계로 명명되었다 : (1) 영아기에 어머니(그리고 다른 사람들)와 온정적이고 애정 깊은 관계를 맺음으로써 사람과 세상에 대한 기본적 신뢰감을 갖게 되거나 (2) 냉정하고 만족스럽지 못한 관계로 인하여 사람과 세상에 대하여 불신감을 갖게 된다. 에릭슨은 대다수의 사람들이 신뢰와 불신이 뒤섞인 상태 — 희망하기로는 불신보다는 신뢰가 더 많은 — 로 마무리하게 된다고 믿었다. 불신감은 이를 인식하고 도전하지 않으면 관계를 맺는 데 방해가 될 수 있다. 에릭슨은 프로이트의 다섯 발달 단계를 성인기에 전개되는 관심사들을 포함시켜서 여덟 단계로 연장하였다. 에릭슨에게 청소년기의 목표는 성기 중심의 성이 아닌 **자아정체성**(ego identity)을 성취하는 것이었다. 성적 관심이 아니라 스스로 자신을 어떤 존재로 보는가, 그리고 어떤 가치를 지향하는가에 초점이 있다는 것이다.

▮ **자아정체성** : 자신이 어떤 사람인지, 추구하는 가치가 무엇인지에 대한 의식을 지칭하는 에릭슨의 용어

우리는 청소년과 성인의 발달에 대한 에릭슨의 견해를 제13장에서 보다 깊이 탐색할 것이다. 에릭슨은 호나이와 마찬가지로 프로이트가 성적 본능을 지나치게 강조하였다고 믿었다. 그는 사회적 관계가 성충동보다 성격에서 더 중대한 결정요인이라고 주장하였다. 에릭슨에게는 모자 관계의 본질이 구체적 수유과정이나 어머니와의 접촉에서 자극될 수 있는 성적 느낌보다 더 중요하다. 또한 에릭슨은 우리는 자신의 성격을 의식적으로 만들어 가는 면이 많다고 주장하였다. 그의 견해는 프로이트보다 자아에 더 많은 힘을 실어준다. 에릭슨의 이론에 따르면 우리는 실제로 선택을 할 수 있다. 프로이트의 이론에서는 우리가 선택을 하고 있다고 생각할지 모르지만 사실은 내적 갈등으로 인하여 어쩔 수 없이 타협된 내용을 그저 합리화할 뿐이라고 본다.

건강한 성격

긍정심리학

각 성격이론은 건강한 성격이 무엇으로 구성되는가에 대한 관점과 연결되어 있다. 심리적 어려움을 겪는 사람들과의 경험을 토대로 발달된 정신역동이론들에서는 건강한 성격보다는 심리장애의 발달을 강조하고 있다. 그러나 주요 이론들의 내용을 종합해서 심리적 건강의 그림을 그려볼 수 있다.

사랑하고 일하는 능력

프로이트는 심리적 건강이 사랑하고 일하는 능력과 같은 것으로 취급하였다고 알려져 있다. 건강한 사람들은 다른 사람을 깊이 사랑할 수 있다. 건강한 사람들은 친밀한 관계 속에서 성관계를 통한 사랑을 할 수 있고 생산적 직업 활동을 한다. 이러한 목표의 달성을 위해서 성충동은 이성 성인과의 관계에서 표현하고 다른 충동들은 사회적으로 생산적 방향으로 돌려야 한다.

자아 강도

건강한 사람의 자아는 원초아의 본능을 통제하고 초자아의 비난을 견디어낼 수 있는 힘을 지니고 있다. 원초적 본능의 표현에 사회적으로 용인되는 출구가 있으면 자아 내부의 압박감은 감소되고 동시에 남아 있는 충동 억압의 부담도 줄게 된다. 어느 정도 관대한 부모의 양육을 받으면 초자아가 지나치게 엄격하고 비판적이 되는 것을 막을 수도 있을 것이다.

창의적 자기

융과 아들러, 두 사람 모두 '자기(self)' — 행동에 방향성을 부여하고 잠재력 개발을 지원하는 통합적 힘을 언급했다. '인도하는 자기'의 개념은 정신역동이론을 사회인지이론(자기조절 과정 개념), 그리고 인본주의이론(세상에서의 우리 경험의 핵심으로서의 자기 개념)과 연결해주는 다리가 되고 있다.

열등감에 대한 보상

우리 중 누구도 '모든 것을 다 잘할' 수는 없다. 아들러에 의하면 우리는 사람들이 상호작용하는 활동무대에서 뛰어난 성취를 함으로써 열등감에 보상을 하려고 한다. 아들러는 생산적 활동무대에서 경쟁하는 것 — 우리가 무엇을 잘하는지를 알아내고 자질을 개발하는 것 — 을 건강한 행동이라고 보았다.

에릭슨의 긍정적 성과

에릭슨의 각 심리사회적 단계에서 긍정적 성과 또한 건강한 성격에 기여한다. 영아기에는 기본적 신뢰의 발달, 초등학교 시절에는 근면성의 발달, 청소년기에는 자신의 정체성과 가치관 함양 그리고 중년기에는 생산성의 함양 등이다.

정신역동적 접근에 대한 평가

정신역동적 사고가 우리의 문화에 풍부하고 광범위한 영향을 미쳤다. **방어기제**, **자아**, **원초아**, **초자아**, 그리고 **고착** 등의 용어는 비록 프로이트의 원래 의도에서 벗어나는 경우도 있지만 널리 쓰이는 단어가 되었다. 프로이트가 제시한 주제나 기조는 예술작품이나 문학작품에도 강한 영향을 미쳤다. 정신역동이론들은 우리로 하여금 꿈, 숨겨진 동기, 그리고 성격에 내재된 힘이나 영향력 등 내적 경험에 주의를 기울이게끔 하였다.

정신역동이론들은 또한 성인의 성격 형성에서 아동기 경험의 중요성을 보다 충분하게 인정하도록 이끌었다. 일부 평자들은 프로이트와 그를 따르는 학자들 덕분에 인간 정신 내의 깊은 구석을 자세히 들여다볼 수 있게 되었다고 하였다. 그러나 프로이트의 추종자 일부를 포함해서 프로이트가 성의 중요성을 지나치게 강조한 나머지 사회적 관계를 소홀하게 취급했다고 믿는 비평가들이 많았다. 또한 비평가들은 정신역동적 관점이 과학적 기반 위에 있는 것이 아니라 기발한 이론의 늪에 빠져 있다고 지적했다. 그리고 억압 등의 무의식적 과정들은 직접 관찰할 수 없으므로 과학적 검증의 범위 밖에 속한다고 주장하는 비평가들도 있었다. 그러나 오늘날에도 프로이트의 여러 개념을 과학적으로 검증하는 방법을 개발할 수 있다고 믿는 연구자들이 여럿 있다(예 : Cramer, 2000; Westen & Gabbard, 2002). 예를 들어서 의식적 사고나 숙고함이 없이 마음이 어떻게 생각들을 자동적으로 서로 연결시킬 수 있는지를 연구할 수 있다(Westen, 2002). 제9장에서 다루겠지만 프로이트 자신은 **자유연상**이라고 부르는 이 개념을 사용해서 심리치료 모델을 만들었다. 종합적으로 볼 때 정신분석적 관점은 계속 우리를 매혹시키면서 동시에 도전하는 주요 성격 모델이다.

모듈 복습

복습하기

(1) 정신역동이론들은 성격이 마음속 무의식적 힘들 사이의 ______에 의해서 조형된다고 말한다.
(2) 프로이트에 의하면 ______(이)라고 하는 심리적 구조물은 태어날 때부터 존재하며 쾌락 원칙에 따라 작동한다고 하였다.
(3) 자아는 ______ 원리에 따라 작동한다.
(4) ______는/은 도덕관념을 지칭하는 것으로 부모와 다른 사람들의 기준을 내면화하여 발달된다.
(5) 심리성적 발달은 구강기, 항문기, ______, 잠재기, 그리고 성기기로 구성된다.
(6) 어느 단계에 ______되면 그 단계와 관련된 특성이 발달하게 된다.
(7) 오이디푸스와 엘렉트라 콤플렉스에서는 아동은 (동성, 이성?)부모를 소유하고 싶어 하면서 동성부모를 질투하거나 원망하기도 한다.
(8) 융은 개인적 무의식 이외에 사람들은 ______ 무의식을 가지고 있다고 믿었다.
(9) 아들러는 사람들이 ______ 콤플렉스에 의해서 동기화된다고 믿었다.
(10) 프로이트가 심리성적 발달 단계를 제안하였다면 에릭슨은 ______ 발달 단계를 제시하였다.

생각해보기

직장에서 승진을 못한 남자가 아내에게 화풀이를 한다. 이 행동을 프로이트의 방어기제 개념을 통해서 설명해 보라.

학습이론

모듈 2.2

- 행동주의자들은 성격을 어떻게 개념화하는가?
- 고전적 조건형성은 무엇인가?
- 조작적 조건형성은 무엇인가?
- 강화에는 어떠한 유형이 있는가?
- 부적 강화와 처벌은 동일한 것인가?
- 사회인지이론은 행동주의적 관점과 어떻게 다른가?
- 학습이론에서는 건강한 성격을 어떻게 보는가?

정신역동이론들은 성격과 행동을 내적 정신 구조들 사이의 갈등의 결과로 본다. 학습이론은 우리를 전혀 다른 방향으로 데려간다. 학습이론에서는 성격의 구조보다는 학습과 당면한 환경에의 적응 능력에 집중한다. 여기에서는 전통적 학습이론 혹은 행동주의와 사회학습이론이라고 부르는 현대 학습이론, 이 두 가지 주요 학습이론을 예로 들면서 적응과의 관련성을 생각해보고자 한다.

행동주의

행동주의 : 심리학이 관찰이 가능한 행동만을 연구해야 한다는 신념에 기반을 둔 심리학의 초기 학파

행동주의(behaviorism)란 심리학이 관찰가능한 행동에 연구를 국한시키지 않는다면 과학으로서 발전하지 못할 것이라는 신념에 토대를 두고 있는 심리학 초기 동향이다. 행동주의자들은 마음의 내용이나 과정은 직접적으로 관찰할 수 없으므로 마음의 연구는 비과학적이라고 거부하였다. 행동주의자들은 환경 속에서의 학습경험을 통해서 행동이 결정된다고 믿었다. 1924년에 존 B. 왓슨(John B. Watson)이라는 심리학자는 행동주의 운동의 슬로건을 천명했다.

> 건강한 정상 아기 12명을 내가 구체적으로 명시한 대로의 세상에서 기르게 해준다면 그중 아무나 무작위로 선택해도 그 아이의 재능이나 성향, 능력, 직업, 그리고 조상의 인종과 무관하게 의사, 법조인, 상인, 심지어는 걸인이나 도둑까지 포함해서 어떤 전문가로도 훈련시킬 수 있다고 보장합니다.
>
> – Watson, 1924. p.82

물론 왓슨의 도전을 받아들인 사람은 아무도 없었으므로 만약 왓슨의 말대로 해주었다면 그 아이들이 어떻게 되었을지 알 도리가 없다. 오늘날의 심리학자 중에 왓슨의 말처럼 행동이 전적으로 환경에 의해서 결정된다는 견해에 동의하는 사람은 거의 없다. 예컨대 이제 우리는 유전이 성격 형성에서 중요한 역할을 한다는 것을 알고 있다. 그러나 왓슨의 선언의 배경에는 성격이 변화될 수 있고, 정신역동의 힘, 특성, 혹은 의식적 선택과 같은 내적 · 성격 요인이 아니라 상황적 변인이나 환경의 영향이 인간의 욕구나 행동을 결정하는 핵심 요인이라는 행동주의의 관점이 깔려 있다. 그 시대의 정신역동이론가들과 달리 왓슨은 볼 수 없고 찾아낼 수 없는 정신 구조들보다는 볼 수 있고 측정할 수 있는 것들을 선택해야 한다고 주장했다.

행동주의자들에게 성격이란 개인의 반응 목록을 총합한 것에 불과한 것이다. 반응 목록은 보상이나 처벌 등 환경의 영향에 의해서 발달된 행동의 범위이다. 성격은 그 사람의 사람됨이 아니라 그 사람이 하는 행동이다. 행동주의에서는 개인의 자유, 선택, 그리고 자기지향이라는 개념은 착각이나 신화일 뿐이라고 평가절하한다. 우리에게 작용하는 환경의 모든 영향 —우리의 행동을 조형하는 모든 보상과 처벌—을 완전히 이해한다면, 우리의 행동도 당구대 위 당구공의 움직임과 같이 결정된다는 것을 알게 될 것이다. 환경의 영향이 어떻게 행동에 영향을 미치는가를 알아보기 위해서 행동주의자들은 고전적 조건형성과 조작적 조건형성의 두 가지 학습과정을 연구하였다.

고전적 조건형성 : 연합 학습

고전적 조건형성 : 하나의 자극이 두 번째 자극과 반복적으로 짝 지어 제시된 결과, 두 번째 자극이 유발하던 반응을 유발하게 되는 단순한 형태의 학습

고전적 조건형성(classical conditioning)은 연합에 의한 학습의 한 형태이다. 고전적 조건형성은 러시아의 생리학자 이반 파블로프(Ivan Pavlov, 1849~1936)에 의해서 우연히 발견되었다. 소화과정 연구로 노벨상을 수상한 파블로프는 개의 침샘의 생물학적 경로를 연구하고 있었

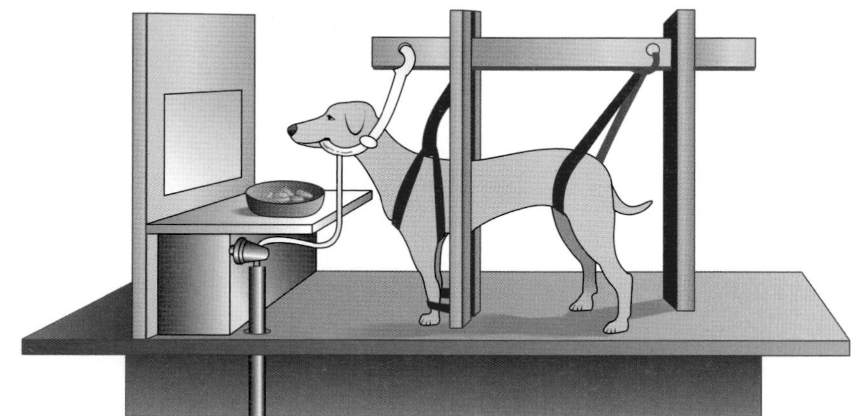

그림 2.2
파블로프의 실험실 개의 조건반사 실험 일방경 뒤에서 실험조수가 신호음을 울리고 개의 혀에 고기가루를 얹어준다. 여러 번 반복하면 개는 소리만 들어도 침을 흘린다. 침은 관을 통해서 받는다. 침의 양은 개의 학습된 반응 강도의 측정치이다.

다. 그러나 처음에는 개들이 이유 없이 침을 흘리는 것처럼 보여서 그의 연구 결과를 망쳐버렸다. 파블로프는 조사 결과 실제로 개들은 실험조수가 실험실에 들어오거나 부주의해서 무심코 금속끼리 마주치는 소리가 나면 침을 흘린다는 것을 알게 되었다. 그래서 파블로프는 개들이 먹이를 주는 것과 연관된 자극에 대한 반응으로 침을 흘린다는 것을 보여주기 위해서 일련의 실험을 시작하였다.

개의 혀에 고기를 놓는다면 개는 침을 흘릴 것이다. 먹이를 보고 침을 흘리는 것은 반사—단순한 형태의 미학습 행동—이다. 우리도 무릎 아래를 쳤을 때의 무릎 반사, 공기를 훅 불었을 때의 눈 깜빡임 등 여러 가지 반사가 있다.

고기를 개의 혀 밑에 놓는다든지 무릎 아래를 톡 친다든지 하는 환경의 변화는 자극이라고 부른다. 반사는 자극에 대한 반응의 한 종류이다. 반사는 학습된 것이 아니지만 다른 자극과 연합이 되거나 조건화될 수 있다.

개의 소화에 대한 연구에서 파블로프(Pavlov, 1927)는 실험동물을 줄에 묶어놓고(그림 2.2 참조) 개의 혀 위에 고기 가루를 놓아주자 개가 침을 흘렸다. 그는 그 과정을 한 가지만을 제외하고 여러 번 되풀이하였다. 그는 매번 고기를 주기 전에 신호음을 울렸다. 신호음과 고기 가루를 여러 번 짝 지어서 제시한 후 파블로프는 신호음은 냈지만 고기는 주지 않았다. 개가 어떤 반응을 보였을까? 개는 여하튼 침을 흘렸다. 그 개는 신호음과 고기가 반복적으로 짝 지어졌기 때문에 신호음에 침을 흘리는 것을 학습했던 것이다.

이 실험에서 고기는 **무조건 자극**(unconditioned stimulus)(US 혹은 UCS)이고 고기에 침을 흘리는 반응은 **무조건 반응**(unconditioned response)(UR 혹은 UCR)이다. '무조건'이란 '학습된 것이 아님'을 의미한다. 처음에 신호음은 지정된 반응(즉 침 흘리는 반응)을 일으키지 않는다는 의미에서 중립적 자극이다. 그러나 무조건 자극(고기)과 반복적으로 짝 지어지면서 신호음은 학습된 혹은 **조건 자극**(conditioned stimulus, CS)이 되어서 침 흘리는 반응을 유발할 수 있게 되었다. 신호음에 침을 흘리는 것은 학습된 혹은 **조건 반응**(conditioned response, CR)이다.

▮ **무조건 자극** : 학습이 없이도 유기체에서 반응을 유발하는 자극

▮ **무조건 반응** : 학습되지 않은 반응, 즉 무조건 자극에 대한 반응

▮ **조건 자극** : 이전에는 중립적이었으나 이미 반응을 일으키는 자극과 반복적으로 연합됨으로써 조건 반응을 일으키게 된 자극

▮ **조건 반응** : 조건 자극에 대한 반응

두려움의 조건화

자신의 생활에서 고전적 조건화를 찾아낼 수 있는가? 아마도 치과 대기실에서 치과 의사의 드릴 소리를 들으면 자동적으로 몸을 움츠리거나 얼굴을 찡그릴 것이다. 드릴 소리는 근육 긴장과 두려움이라는 조건 반응(CR)을 일으키는 조건 자극(CS)이 되었을 가능성이 있다. 존

왓슨과 나중에 그의 부인이 된 로잘리 레이너는 두려움이 어떻게 조건화될 수 있는지를 보여주었다(Watson & Rayner, 1920). 그들은 11개월짜리 앨버트에게 실험실 쥐를 보여주면서 뒤에서 쇠막대로 땡그렁 소리를 냈다. 처음에는 앨버트가 실험실 쥐에게 손을 뻗어서 같이 놀려고 하였으나 쥐와 땡그렁 소리가 수차례 짝 지어진 후에는 쥐를 보면 울면서 피하려고 하였다.

적응을 위해서는 조건화된 자극 — 본래 특정 반응을 일으키는 다른 자극과 연합되거나 연결된 자극 — 에 적절하게 반응해야 할 때가 자주 있다. 만약 빨갛게 달아오른 난로와 통증을 한두 번 같이 경험한 후에도 뜨거운 난로에 손 대는 것을 무서워하지 않는다면 불필요하게 화상을 입는 일이 많을 것이다. 메스껍게 만드는 음식을 싫어하게 되지 않는다면 독극물을 먹게 될 수가 있다.

그러나 적응을 위해서는 지나치거나 불합리한 조건화 두려움에 대처해야 할 때도 있다. 만약 드릴 소리를 듣거나 생각만 해도 치과를 피하게 된다면 제9장에서 다룰 두려움 완화 기법 중 하나를 생각해볼 필요가 있다.

소거와 자발적 회복

조건 자극(CS)이 무조건 자극 없이 반복해서 제시되면 조건화된 반응(CR)이 '소거'될 수 있다. 파블로프는 고기(US)는 주지 않고 신호음(CS)만을 반복적으로 제시하면 침을 흘리는 반응(CR)이 **소거**(extinction)되는 것을 발견했다. 소거 역시 적응적이다. 만약 치과 의사의 기술이 좋아지거나 효과적인 진통제를 쓴다면 드릴 소리가 몸을 움츠리게 할 이유가 없지 않을까? 효과적인 사회기술을 배운다면 사람들을 처음 만나는 것이나 데이트 신청을 생각만 해도 불안해질 이유가 없지 않을까?

소거 : 고전적 조건형성에서 무조건 자극 없이 조건 자극을 반복적 제시하여 조건 반응을 중지시키는 것

그러나 소거된 반응은 단순히 시간이 지나면 되돌아올 수 있다. 즉 **자발적 회복**(spontaneous recovery)을 보일 수 있다. 파블로프가 신호음에 대한 개의 침 분비 반응을 소거시키고 며칠 지난 후 개들이 그 신호음을 들으면 다시 침을 흘리고는 했다. 근래에는 치과병원에서 통증 없이 치료를 받았는데도 1년이 지난 후 진료실에서 다시 몸을 움츠릴 수 있다. 수개월간 데이트를 안 했다면 데이트 신청을 할 생각에 불안감을 느낄 수 있다. 자발적 회복은 적응적인가? 아마도 그럴 것이다. 시간이 지나면 상황은 다시 바뀔 수 있으니까.

자발적 회복 : 고전적 조건형성에서 조건 자극이 일정 시간이 경과된 후 일단 소거되었던 조건 반응을 유발하는 것

조작적 조건형성 : 결과를 보고 배우기

고전적 조건형성에서는 자극의 연결을 학습함으로써 하나의 자극이 유발하던 단순하고 수동적 반응이 다른 자극에 의해서 유발된다. 앨버트의 경우 쇠가 부딪치면서 나는 큰 소리가 쥐와 연합이 되면서 큰 소리에 대한 두려움 반응이 쥐에 대해서도 나타나게 되었다. 이제 결과를 보고 학습하는 형태인 **조작적 조건형성**(operant conditioning)으로 주의를 돌려보자.

조작적 조건형성 : 강화 혹은 보상으로 행동의 빈도가 증가되는 학습의 한 형태

조작적 조건형성은 보다 복잡한 수의적 행동의 습득과 유지를 설명하는 데 도움이 된다. 조작적 조건형성의 과정을 통하여 유기체는 환경에 특정한 보상효과를 갖는 행동의 수행을 학습한다. 이러한 행동은 환경에 작용해서 보상적 결과를 가져오기 때문에 조작적 반응(혹은 단순히 조작자)이라고 부른다.

사회적 승인을 받으니까 "부탁합니다", "고맙습니다"라고 말하기를 배우듯이 조작적 행동은 적응을 촉진한다. 그러나 조작적 행동이 부적응적일 수도 있다. 예를 들어서 고전적 조건형성을 통해서 치과병원에 들어서거나 혹은 피하주사기를 볼 때마다 무심결에 공포 반응을 경험하도록 학습하였을 수 있다. 치과병원이나 주사를 회피하는 행동이 불안 완화라는 보상

을 받기 때문에 조작적 조건형성을 통해서 회피행동이 학습될 가능성이 있다. 그러나 이러한 회피행동은 건강과 전반적 적응에 해로울 수 있다. 이를 보면 학습과정은 건강에 이로운 결과를 가져올 수도 있고 해로운 결과를 가져올 수 있음을 알 수 있다.

조작적 조건형성이라는 용어를 만들고 그 속성을 연구한 과학자는 하버드대학교의 심리학자 스키너(B. F. Skinner)이다. 스키너(Skinner, 1938)는 스위치를 쪼면 새장 속으로 모이가 나오게 하면 배고픈 비둘기가 스위치를 쪼도록 학습시킬 수 있다는 것을 보여주었다. 쪼는 행동은 모이가 나오게 하는 조작적 행동이다. 비둘기가 모이가 나오도록 하는 첫 반응(스위치를 쪼는 행동)을 우연히 하게 되기까지 시간이 조금 걸릴지는 모르지만 스위치 쪼는 행동과 모이의 연합이 몇 번 발생하면 비둘기는 배가 부를 때까지 빠르게 정신없이 스위치를 쫀다. 이와 비슷하게 굶주린 쥐도 먹이를 얻기 위해서, 혹은 쾌락 경험을 주는 뇌의 보상회로에 전기자극을 받기 위해서 레버를 누르는 것을 학습한다.

Nancy Louie/iStockphoto

강화의 역할 행동주의자 스키너는 정적 강화와 부적 강화는 둘 다 어떤 행동의 뒤에 주어질 때 그 행동의 빈도를 증가시킨다고 믿었다. 아동들이 수업시간에 손을 드는 것을 배우고 그 밖의 바람직한 습관들을 발달시키게 되는 것은 교사들이 그 행동을 관심을 주거나 칭찬을 해주어서 강화하기 때문이다. 당신의 삶에서 강화를 주는 영향은 무엇이었는가? 그 강화요인들은 당신의 행동에 어떠한 효과를 미쳤는가?

고전적 조건형성은 침 흘림, 눈 깜빡임, 공포 등의 불수의적 반응이 학습되는 과정을 설명해준다. 조작적 조건형성은 비둘기의 표적 쪼기부터 젊은이의 테니스 서브 배우기 등 복잡한 수의적 반응이 어떻게 습득되는지를 설명해준다.

조작적 조건형성에서 유기체는 **강화**(reinforcement)로 이어지는 반응을 습득하거나 기술을 발달시킨다. 강화란 선행하는 행동의 빈도를 증가시키는 환경의 변화(즉 자극)이다. 이와 대조적으로 보상은 행동의 빈도를 증가시키는 즐거운 자극이라고 정의할 수 있다.

강화 : 행동에 뒤따라 제공되면 그 행동의 빈도를 증가시키는 자극

강화는 전적으로 관찰가능한 행동과 환경의 수반관계로 정의되기 때문에 스키너는 보상보다는 강화의 개념을 선호하였다. 이러한 강화의 정의는 다른 사람이나 혹은 하등동물이 유쾌 혹은 불유쾌하게 느낄 것이라고 '마음속으로' 가정하는 것과는 관련이 없다. 그러나 많은 심리학자들은 강화와 보상을 상호 교환가능한 용어로 사용한다.

정적 강화물 : 음식이나 승인과 같이 제공되면 행동의 빈도를 증가시키는 강화물

부적 강화물 : 통증, 불안, 사회적 비난 등 제거되었을 때 행동의 빈도가 증가되는 강화물

강화물의 유형

정적 강화물(positive reinforcer)은 행동에 뒤따라서 발생하면 그 행동의 빈도를 증가시킨다. 돈, 음식, 성적 쾌감, 그리고 사회적 승인은 정적 강화물의 흔한 예이다. **부적 강화물**(negative reinforcer)은 특정 행동 후 제거되면 그 행동이 빈도를 증가시킨다. 통증, 불안, 사회적 비난 등은 부적 강화물로 기능할 수 있다.

다시 말해서 우리는 부적 강화물을 치우거나 제거하는 행동을 학습한다. 예컨대 비가 머리 위를 세게 때리면서 내리기 시작하면 우산을 펼치고 숨막히게 더운 날씨에는 선풍기나 에어컨을 켠다. 이 두 가지 사례에서 모두 불쾌한 자극을 제거하는(부적 강화) 행동이 학습된 것이다.

JP Laffont/Sygma/©Corbis

농구 슛을 하는 라쿤 조작적 조건형성의 초기 사례로 심리학자들은 보상 혹은 정적 강화물을 사용해서 라쿤이 농구 슛을 하도록 훈련시켰다. 하지만 라쿤이 3점 슛을 할 수 있는지는 확실치 않다.

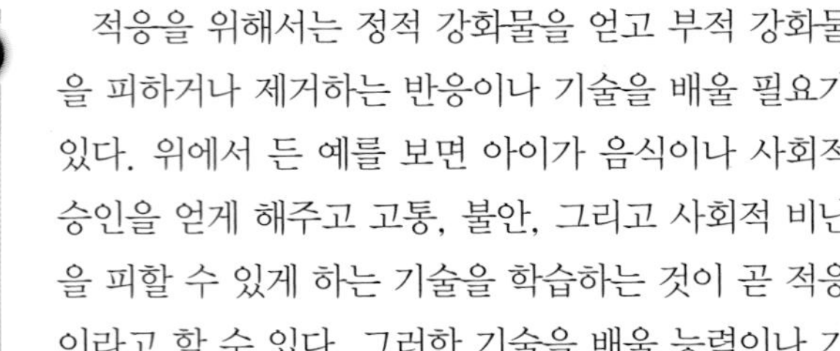

심층 탐구

B. F. (Burrhus Frederic) 스키너

첫 TV 출연에서 스키너는 "만약 선택을 해야 한다면 자녀와 책 중 어느 것을 불태우겠는가?"라는 질문을 받았다. 그는 자기가 유전자보다는 책으로 미래에 더 많이 기여할 수 있기 때문에 자녀들을 불태우는 선택을 할 것이라고 답하였다. B. F. 스키너(1904~1990)는 논쟁을 즐겼고 그로 인해 TV 출연도 많이 했다. 스키너는 펜실베이니아 주 중산층 가정에 태어났다. 그는 어린 시절부터 늘 스쿠터, 썰매, 손수레, 뗏목, 미끄럼틀, 회전목마 등 이런저런 물건들을 만들었다. 나중에 그는 소위 스키너 상자를 만들어서 조작적 행동을 연구하였다. 그는 학부에서는 영문학을 전공했으나 뉴욕의 그린위치 빌리지에서 작가로서 명성을 얻지 못하자 심리학으로 방향을 돌렸다.

자신의 견해를 널리 알리는 방안으로 스키너는 비둘기에게 농구나 피아노 – 그 비슷한 것 – 를 가르쳤다. 그가 딸의 초등학교 교실을 방문했을 때 유사한 기법을 아이들에게 쓸 수 있겠다는 생각이 떠올랐다. 그래서 그는 계획 학습(programmed learning)을 개발했다. 계획 학습에서는 학습자는 각자 자신의 속도에 맞추어 과제를 학습하였고 그 시리즈의 각 단계를 마칠 때마다 강화를 받았다. 비록 일찍이 작가로서는 실패하였지만 강화 원리를 적용해서 사람들이 더 행복하고 생산적인 삶을 살도록 돕는 이상향을 묘사하는 "월든 II"라는 소설을 출판해서 열광적 추종자들을 얻었다.

스키너와 그의 추종자들은 그의 원리를 계획 학습뿐 아니라 물질 남용, 공포증, 그리고 성 장애를 보이는 사람들을 돕는 행동수정 프로그램에도 적용했다. 스키너는 미국심리학회로부터 전례 없던 심리학 생애공로상을 받고 8일 후에 타계하였다.

적응을 위해서는 정적 강화물을 얻고 부적 강화물을 피하거나 제거하는 반응이나 기술을 배울 필요가 있다. 위에서 든 예를 보면 아이가 음식이나 사회적 승인을 얻게 해주고 고통, 불안, 그리고 사회적 비난을 피할 수 있게 하는 기술을 학습하는 것이 곧 적응이라고 할 수 있다. 그러한 기술을 배울 능력이나 기회, 혹은 자유가 없다면 우리의 적응 능력은 손상된다.

일차적 강화물과 이차적 강화물을 구분할 수도 있다. **일차적 강화물**(primary reinforcer)은 유기체의 생물학적 속성으로 인해서 가치를 갖게 된다. 우리는 생물학적 속성 때문에 음식, 액체, 다른 사람과의 애정이 담긴 신체 접촉, 성적 흥분과 해소, 그리고 통증이 없는 상태 등 일차적 강화물을 추구한다. **이차적 강화물**(secondary reinforcer)(조건화된 강화물)은 기존 강화물과의 연합을 통해서 강화 가치를 얻는다. 돈은 음식이나 난방(혹은 냉방)등의 일차적 강화물과 교환할 수 있기 때문에 소중히 여기는 것을 학습한다. 또 다른 이차적 강화물인 사회적 승인을 추구하는 것은 승인이 애정이 담긴 포옹이나 다양한 신체적 욕구의 충족을 가져다줄 수 있기 때문일 수 있다.

일차적 강화물 : 음식, 물, 따듯함, 혹은 통증 등 학습되지 않은 강화물

이차적 강화물 : 기존의 강화물과 연합됨으로써 강화 가치를 얻는 자극. 돈과 사회적 승인은 이차적 강화물이다.

처벌 : 행동을 억제하는 불유쾌한 자극

처벌

처벌은 그에 앞선 행동의 빈도를 억제하거나 감소시키는 불유쾌한 결과 혹은 고통스럽거나 혐오스러운 자극을 말한다. **처벌**(punishment)은 부적 강화와는 다르다. 부적 강화는 제거함으로써 그에 앞선 행동의 빈도를 증가시키는 경우이다. 방이 불편할 정도로 더울 때 에어컨을 켜는 것은 더위로부터 해방이라는 부적 강화를 받은 조작적 행동이다.

처벌은 바람직하지 않은 행동을 빠르게 억제할 수 있다. 그런 이유로 어린아이가 길거리로 뛰어나가려고 할 때와 같이 응급 상황에서는 정당화될 수 있다. 그러나 다수의 이론가들은 일반적으로 그리고 특히 자녀 양육에서는 처벌이 바람직하지 않은 것으로 본다. 에컨대 처벌 그 자체는 바람직한 대안행동을 가르쳐주지 않는다. 또한 처벌은 이행이 될 것이 확실한 상황에서만 바람직하지 않은 행동을 억제하는 경향이 있다. 아이들은 부모 중 하나 혹은 교사 중 한 사람에게는 무슨 짓을 해도 벌을 받지 않고 모면할 수 있지만 다른 부모나 교사에게는 통하지 않는다는 것을 어렵지 않게 배운다. 게다가 처벌을 문제해결이나 스트레스 대처 방안의 하나로 모방할 수 있다. 아이들은 다른 사람들을 관찰하면서 배운다. 아이들이 바로 따라 하지는 않는다고 해도 성인이 되어서 스트레스를 받을 때 자기 자녀를 대상으로 동일한 행동을 따라 할 수 있다. 〈표 2.3〉에 강화와 처벌을 비교한 결과가 제시되어 있다.

심리학자들은 부모들에게 잘못된 행동의 처벌보다 바람직한 행동에 보상을 주는 정적 강화를 사용하라고 권한다. 얄궂게도 어떤 아이들은 나쁜 행동을 할 때에만 어른들의 관심이라는 보상을 받는다. 그러한 경우에는 처벌이 정적 강화로 기능할 수 있다. 다시 말해서 아이들은 자기들이 관심 있는 어른들의 주의(처벌을 통해서 표현되는)를 끌기 위해서 나쁜 행동을

표 2.3 ▮ 강화와 처벌의 비교

	무슨 일이?	언제?	예	행동에 대한 결과
정적 강화	긍정적 사건이나 자극이 제시됨	반응 후	질문에 옳은 답을 할 때 교사가 미소(정적 자극)를 지음	반응(수업 중 질문에 답)이 일어날 가능성 증가
부적 강화	혐오 자극이 제거됨	반응 후	아스피린을 먹으면 두통(혐오 자극)이 그침	두통이 있을 때 아스피린 복용 증가
처벌(혐오 자극의 적용)	혐오 자극이 제시됨	반응 후	문을 꽝 닫으면 부모가 꾸짖음	아동이 문을 꽝 닫을 가능성 감소
처벌(불유쾌한 결과의 사용)	벌금이나 '타임아웃' 등 불유쾌한 결과가 적용됨	반응 후	미터기에 동전을 넣지 않아서 주차위반 딱지가 발부됨	앞으로 주차미터기 시간이 종료되도록 둘 가능성 감소

학습할 수 있다.

조작적 조건형성은 그저 실험실에서의 절차에 그치는 것이 아니다. 조작적 조건형성은 매일같이 실제 세상에서 사용되고 있다. 아이들의 사회화를 생각해보자. 부모들과 또래들은 아이들에게 보상과 처벌을 주면서 자기 성에 적합한 행동을 학습하도록 영향을 끼친다. 부모들은 일반적으로 아이들이 다른 사람들과 함께 나누면 칭찬을 해주고 지나치게 공격적이면 처벌한다. 또래들도 너그럽고 공격적이 아닌 아이들과 함께 놀고 그렇지 않은 아이들은 피함으로써 사회화 과정에서 한몫을 한다.

사회인지이론

왓슨이나 스키너의 전통적 행동주의와는 달리 **사회인지이론**(social-cognitive theory)은 학습에 대한 보다 넓은 관점을 제안하고 있다. 사회인지이론은 주로 앨버트 반두라(Bandura, 1999, 2004), 줄리안 로터(Rotter, 1990) 그리고 월터 미셸(Mischel & Shoda, 1995; Mischel, 2004)이 중심이 되어 발달하였다. 사회인지이론에서는 사건의 예상되는 결과에 대한 기대 등의 인지과정을 강조하고 사회상황에서 다른 사람들의 행동을 관찰함으로써 배우는 관찰 학습에 초점을 둔다. 사회인지이론가들은 환경이 사람들에게 영향을 미치듯이 사람도 환경에 영향을 미친다고 본다는 점에서 행동주의자들과 차별화된다. 예컨대 반두라는 환경, 행동, 그리고 인지가 상호 영향을 주는 양상을 설명하기 위하여 **상호결정론**(reciprocal determinism)이란 용어를 사용하였다(그림 2.3 참조).

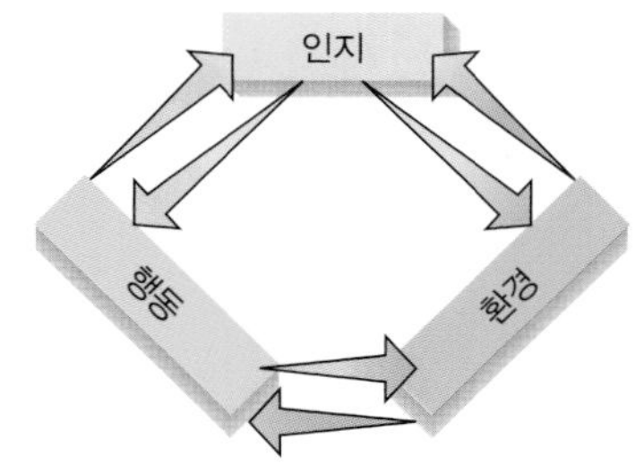

그림 2.3
반두라의 상호결정모델 반두라는 인지, 행동, 그리고 환경요인들이 서로 상호작용하여 행동을 결정한다고 믿는다.

출처 : Bandura, 1986에서 발췌.

사회인지이론가들에게 사람은 단순히 환경에 의해서 좌우되는 존재가 아니다. 사람은 자기 인식이 있고 목적을 가진 학습자이다. 사람들은 자신의 환경에 대해서 배우려고 하며 강화의 가능성을 높이기 위해 환경을 바꾸려고 한다. 사회인지이론가들은 고전적, 조작적 조건형성이 학습의 중요한 형태이기는 하지만 관찰 학습 또한 중요하다고 믿는다.

관찰 학습(observational learning)[**모델링**(modeling)이라는 용어가 사용되기도 함]은 다른 사람을 관찰하면서 지식을 습득하는 것을 말한다. 조작적 조건형성이 일어나려면 유기체는 (1) 반응을 해야 하고, (2) 그 반응이 강화를 받아야 한다. 그러나 관찰 학습은 학습자가 관찰된 행동을 수행하지 않아도 발생할 수 있다. 따라서 직접적 강화도 필요하지 않다. 다른 사람의 관찰에는 책이나 영화, TV나 라디오에서 그들의 행동을 접하고 어떤 결과가 따라왔는지를 읽거나 보는 것까지도 포함된다. 예를 들어서 많은 심리학 연구들이 TV나 다른 매체

▮ **사회인지이론** : 관찰 학습, 가치, 그리고 기대가 행동을 결정하는 데 주요한 역할을 한다는 인지적 지향의 이론. 이전에는 사회학습이론이라는 용어가 사용됨

▮ **상호결정론** : 환경이 사람들에게 영향을 미치는 것처럼 사람들도 환경에 영향을 미친다는 사회인지적 견해를 지칭하는 반두라의 용어

▮ **관찰 학습/모델링** : 다른 사람 행동의 관찰을 통한 학습

에서 폭력에 노출되는 것이 아동 청소년의 공격행동의 원인이 된다는 견해를 지지하고 있다(Bushman & Anderson, 2001; Huesmann et al., 2003; Uhlmann & Swanson, 2004).

개인 변인 : 기대와 능력 등 행동에 영향을 미치는 개인 내 요인

상황 변인 : 보상과 처벌 등 행동에 영향을 미치는 환경 내 요인

사회인지이론가들은 행동이 사람 내에 존재하는 **개인 변인**(person variable)과 환경에 존재하는 보상과 처벌 등 **상황 변인**(situational variable)을 모두 반영한다고 믿었다. 심리학 이론의 목표 중 하나는 행동의 예측이다. 사회인지이론가들은 상황변인만을 안다고 행동을 예측할 수는 없다고 믿는다. 어떤 사람이 특정한 방식으로 행동할지 여부는 상황 변인뿐 아니라 그 행동의 결과에 대한 기대, 그리고 그 결과의 주관적 가치를 어떻게 지각하고 있는가—즉 그 사람이 특정한 결과에 부여하는 중요성의 정도에도 달려 있다. 우리는 행동주의를 논하는 과정에서 보상과 처벌의 역할에 대하여 이야기하였다. 이제 역량, 부호화 전략, 기대, 그리고 자기조절 체계와 계획(Mischel, 2004; Mischel & Shoda, 1995)(그림 2.4 참조) 등 다양한 유형의 개인 변인을 고려할 것이다.

역량 : 무엇을 할 수 있는가?

역량 : 사회 환경의 요구에 적응할 수 있도록 하는 지식과 기술

역량(competency)은 사회 환경에의 적응에 필요한 지식과 기술을 포함한다. 정보를 사용해서 계획을 하는 능력은 역량에 달려 있다. 물리적 환경과 행위의 문화적 부호를 아는 것은 중요한 역량이다. 읽기와 쓰기 등의 학업능력, 수영, 미식축구에서 송구 능력과 같은 운동능력, 누구에게 데이트를 청할지 아는 것과 같은 사회기술 등 그 이외에도 중요한 역량들이 많이 있다.

역량에서의 개인차는 유전적 다양성, 기회 그리고 그 이외의 환경적 요인들에 기인한다. 특정한 과제에서 좋은 수행을 하려면 그에 필요한 역량이 있어야 한다.

그림 2.4
사회인지이론에서의 사람과 상황 변인 사회인지이론에 의하면 사람과 상황 변인은 상호작용하여 행동에 영향을 미친다.

부호화 전략 : 그것을 어떻게 보는가?

동일한 자극도 사람에 따라 다르게 **부호화**(encode)된다. 부호화 전략은 행동에서 중요한 요인이다. 어떤 사람에게는 테니스 경기가 공을 서로 치고 받으면서 즐길 수 있는 기회이다. 다른 사람은 테니스 경기를 서브를 완벽하게 다듬으라는 요구로 부호화할 수 있다. 실패한 데이트를 어떤 사람은 자신이 부족하다는 표시로 부호화할 수 있지만, 또 다른 사람은 사람들이 모두 서로 딱 들어맞지는 않는다는 것을 보여주는 증거로 해석할 수 있다.

▮ **부호화** : 사건이나 정보의 상징화, 변용, 혹은 표시

우리에게 일어나는 일들을 자기패배적으로 부호화하면 스스로 자기 자신을 비참하게 만들 수 있다. 어떤 축구 수비수는 늘 있는 평범한 경기를 한 번도 태클을 하지 못했다고 실패라고 부호화할 수 있다. 어느 시험에서 낙제 점수를 받았을 때 이를 어쩌다 일어난 실패로 보지 않고 전반적 우둔함이나 무능함의 표시로 부호화한다면 절망감을 경험할 수 있다.

기대 : 어떤 일이 일어날까?

기대(expectancy)란 사건의 결과에 대한 개인적 예측이다. **자기효능감 기대**(self-efficacy expectation)란 집단 앞에서 연설, 수영장에서 뒤공중제비, 수학문제 풀기 등을 해낼 수 있으리라는 믿음이다. 성공할 수 있으리라고 믿을 때 우리는 그 행동을 시도할 가능성이 커진다.

▮ **기대** : 사건의 결과에 관한 개인적 예측

▮ **자기효능감 기대** : 특정 과제를 성공적으로 수행하는 자신의 능력에 대한 믿음

결과 기대란 행동의 결과에 대한 기대이다. 시험공부가 소용이 없으리라고 생각할 때보다는 공부를 하면 좋은 성적을 받을 가능성이 높아지리라고 기대할 때 공부할 가능성이 커진다.

역량은 기대에 영향을 준다. 그리고 기대가 수행동기에 영향을 미친다. 긍정적 자기효능감 기대를 가진 사람들은 자기존중감이 높으며, 과제를 잘 해낼 수 없다고 믿는 사람들보다 어려운 과제를 시도할 가능성이 높다. 또한 금연이나 물질남용치료 후에 재발할 가능성이 적고 정기적 운동이나 신체활동 프로그램을 계속할 가능성이 높다(Gwaltney et al., 2009; Ilgen, McKellar, & Tiet, 2005; Motl et al., 2002). 자기존중감이 높은 사람들은 자연재해나 테러리스트 공격 등 끔찍한 일을 당한 후 삶을 더 잘 수습할 수 있다(Benight & Bandura, 2004). 반면에 자기효능감이 부족하면 우울과 무망감에 빠지게 되며(Bandura et al., 1999), 청소년들의 경우 신체활동 수준이 낮다(Motl et al., 2002). 심리치료는 자기효능감 기대를 "나는 못해"에서 "나는 할 수 있어"로 변화시켜서 사람들에게 도움을 준다. 그 결과 사람들이 새로운 일을 시도하려는 동기를 갖게 된다.

자기효능감에 부정적 측면은 없을까? 아마도. 자기효능감은 일반적으로 학교 교실, 경기장, 혹은 회사 사무실과 같이 수행을 해야 하는 상황에서는 자산이 된다(Bandura & Locke, 2003). 그러나 자기효능감이 지나치게 높으면 자만에 빠져서 수행을 저해할 가능성도 있다(Vancouver et al., 2002).

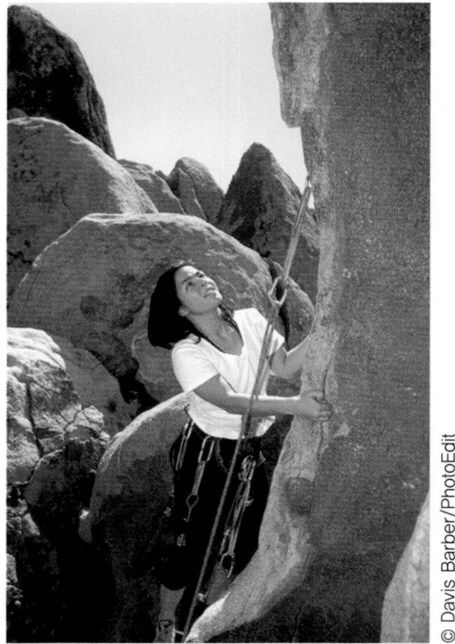

© Davis Barber/PhotoEdit

"나는 할 수 있어." 자기효능감 기대 혹은 하고자 하는 것을 성취할 수 있는 자신의 능력에 대한 믿음은 어렵고 힘든 과제의 자발적 시도에 영향을 미친다. 자신감이 흔들릴 때, 어떻게 하면 "나는 안 돼!"를 "나는 할 수 있어"로 바꿀 수 있을까?

자기 조절 체계와 계획 : 여기에서 거기까지 가기

우리는 보는 사람이나 외적 구속이 없어도 행동을 조절한다. 우리는 목표와 기준을 설정하고 이를 달성하기 위한 계획을 세운다. 그리고 달성 여부에 따라서 기뻐하거나 자신을 비난하기도 한다(Bandura, 1999).

우리는 자기 조절을 통해서 환경에 영향을 주거나 심지어는 통제할 수 있다. 우리는 어떤 상황에 들어갈 것인지 어떤 경기장에서 겨룰지를 선택할 수 있다. 우리가 어떤 기대를 갖고 있는지에 따라서 학계로 갈지 체육계로 갈지 선택할 수 있다. 결혼을 할지, 독신으로 살지도

선택할 수 있다. 그리고 환경의 선택이 여의치 않으면 보다 효율적으로 대처하기 위하여 우리는 그 환경 내에서의 행동을 어느 정도 조직할 수 있다. 예를 들어서 불유쾌한 의학적 처치를 받을 때 우리는 마음속 공상이나 천장 타일의 갈라진 틈 같은 주위의 특징 등 다른 일에 주의를 집중해서 스트레스 완화를 시도할 수 있다. 이것이 준비된 혹은 '자연' 분만에서 사용되는 기법 중 하나이다.

건강한 성격

긍정심리학

성격은 직접 관찰하거나 측정할 수 없기 때문에 행동주의자들은 보통 건강한 성격이라는 말을 하지 않는다. 그 문제는 약간 비켜 가야 한다. 의학의 냄새가 나는 '건강', '건강한'이란 단어 대신에 학습이론가들은 적응적 행동 혹은 학습자가 강화물을 얻을 수 있게 하는 행동이라는 용어의 사용을 선호한다.

이상적으로 우리는 긍정적 사건을 예상할 때에는 즐거워하고 잠재적으로 해를 끼칠 수 있는 사건은 두려워하는 것을 학습해야 한다. 이러한 방식으로 바람직한 자극에는 접근을, 유해한 자극은 회피하도록 동기화될 것이다. 두려움은 실제 위험을 경고하는 데 충분하지만 극단으로 흘러서 자신과 환경을 탐색하는 꼭 필요한 작업을 억제해서는 안 될 것이다. '건강한' 사람들은 자신들의 욕구를 충족시키고 처벌을 피할 수 있게 하는 기술(조작적 반응)을 습득하였다고 볼 수 있다.

사회인지이론가들은 건강한 성격을 관찰 학습의 기회와 개인 변인의 차원에서 본다.

- **다른 사람을 보고 배우기.** 사람들은 상당 부분 관찰을 통해서 배우므로 우리는 다양한 모델을 접하여 학습기회를 최대한 활용할 필요가 있다.
- **학습 역량.** 다른 사람과 같이 어울리면서 앞서 나가려면 지식과 기술, 즉 역량이 있어야 한다. 역량은 조건화와 관찰을 통해서 습득된다. 우리는 정확하고 효율적인 모델과 연습하고 기술을 향상시킬 수 있는 기회가 필요하다.
- **사건의 정확한 부호화.** 우리는 사건을 정확하게 그리고 생산적으로 부호화할 필요가 있다. 한 번의 실패가 총체적 무능함의 징표로 확대 해석되어서는 안 된다. 사회적 도발은 되갚아주어야 할 상처보다는 해결해야 할 문제로 부호화하는 것이 나을 것이다.
- **정확한 기대와 긍정적 자기효능감 기대.** 정확한 기대는 우리의 노력이 성과를 거둘 가능성을 높인다. 긍정적 자기효능감 기대는 도전에 응하려는 동기를 높이고 더욱 지속적으로 맞서게 한다.
- **효율적 자기 조절 체계.** 조직적이고 효율적인 자기 조절 체계는 수행을 촉진시킨다. 예컨대 "한 번에 한 걸음씩", "망가지지 않기"와 같은 생각은 곤경에 대처하고 자신을 조절하는 데 도움이 된다.

학습이론에 대한 평가

성격에 대한 학습이론의 관점은 아마 어떤 이론보다 현대 심리학에 큰 영향을 미쳤다고 볼 수 있다. 학습이론은 학습경험의 조성과 행동의 결정에서의 환경의 역할에 우리의 관심을 집중시켰다. 개인적 수준에서는 학생 혹은 근로자로서의 당신의 현재 행동을 보다 잘 이해하려면 보상과 처벌의 개인력에 대해서 더 많이 알아내야 한다. 전통적 행동주의자에게는 성격이란

나의 생활

자기 평가 : 성공할 것인가 아니면 실패할 것인가? 성공 기대 척도

삶에는 기회와 장애물이 가득 차 있다. 당신이 어려운 도전을 만나면 어떤 일이 생길까? 당신은 정면으로 부딪치는가 아니면 뒷걸음질 치는가? 사회인지이론가들은 우리의 행동은 자기효능감 기대의 영향을 받는다고 말한다. 노력하면 성공을 이룰 수 있다고 믿는다면 우리는 자원을 정렬해서 몰입하게 될 것이다. 아래의 척도를 통해서 당신이 자기 노력으로 성공을 이룰 가능성이 있다고 믿는지를 알아볼 수 있다.

각 문항이 본인에게 해당되는 정도를 아래 표에 따라 적합한 번호에 동그라미를 쳐서 표시하시오. 그리고 이 장의 끝에 있는 채점표를 확인하시오.

1=매우 반대
2=어느 정도 반대
3=찬성도 안 하고 반대도 안 함 : 잘 모르겠음
4=어느 정도 찬성
5=매우 찬성

내가 기대하기로 나는 미래에 …

1. 내가 노력을 기울이는 과제에서 성공할 것이다.	1	2	3	4	5
2. 내가 성취하려는 목표를 달성할 것이다.	1	2	3	4	5
3. 원하는 직장을 얻지 못할 것이다.	1	2	3	4	5
4. 나의 삶과 다른 사람들의 삶에 영향을 미칠 수 있다.	1	2	3	4	5
5. 직면하는 도전에 맞설 수 있다.	1	2	3	4	5
6. 만족스러운 결혼관계를 가질 것이다.	1	2	3	4	5
7. 새로운 기술을 배울 수 있을 것이다.	1	2	3	4	5
8. 삶이 그저 계속되는 투쟁일 뿐임을 발견할 것이다.	1	2	3	4	5
9. 만족스럽고 충만한 삶을 살게 될 것이다.	1	2	3	4	5
10. 부닥칠 수 있는 재정문제를 처리할 것이다.	1	2	3	4	5
11. 부닥칠 수 있는 건강문제를 처리할 것이다.	1	2	3	4	5
12. 재정적으로 그리고 결혼생활에서 성공을 이룰 것이다.	1	2	3	4	5
13. 진정한 사랑을 찾을 것이다.	1	2	3	4	5
14. 내가 염려하는 사람들을 실망시킬 것이다.	1	2	3	4	5
15. 삶의 동반자와 친밀한 관계를 유지할 것이다.	1	2	3	4	5
16. 오래 행복하게 살 것이다.	1	2	3	4	5
17. 다른 사람들이 내게 기대하는 바에 도달하지 못할 것이다.	1	2	3	4	5
18. 내 직업에서의 목표를 이룰 것이다.	1	2	3	4	5
19. 삶의 굴곡에 대처하느라고 애쓸 것이다.	1	2	3	4	5
20. 결국 삶에 실망하게 될 것이다.	1	2	3	4	5
21. 대학에서 성공할 것이다.	1	2	3	4	5
22. 처음 직장 일을 시작하는 데 어려움을 겪을 것이다.	1	2	3	4	5
23. 내 직업 분야에서 유명해질 것이다.	1	2	3	4	5
24. 직업에서 다른 이들의 존경을 받을 것이다.	1	2	3	4	5
25. 삶에서 많은 실패를 경험할 것이다.	1	2	3	4	5
26. 행복한 가정을 이룰 것이다.	1	2	3	4	5
27. 보다 안전한 길을 택하느라고 기회를 지나쳐버릴 것이다.	1	2	3	4	5
28. 어려운 상황에서 옳은 선택을 할 것이다.	1	2	3	4	5
29. 내 잠재력을 최대한 개발할 것이다.	1	2	3	4	5
30. 내가 알아야 하는 것을 배우는 데 어려움이 있을 것이다.	1	2	3	4	5

학습된 행동의 총합에 지나지 않는다. 그러나 다수의 현대 학습이론가들은 학습과정에 대하여 보다 넓은 관점을 취한다. 일반적으로 사회인지이론가라고 불리는 이들 현대 학습이론가들은 전통적 학습이론의 관점을 확장해서 기대와 관찰 학습 등의 인지적 요인들을 포함시킨다. 사회인지이론가들은 인간이 자신에게 작용하는 환경의 힘에 단순히 반응하는 존재가 아니라 능동적으로 환경 내의 정보를 찾고 해석하는 것으로 본다. 그러나 정신역동이론과 마찬가지로 학습이론의 성격모형도 비판을 받고 있다.

일부 비판자들은 학습 모델이 행동의 결정과정에서 무의식 영향의 역할을 설명하지 못한다는 점을 지적하고 있다. 또 다른 비판자들은 학습모델이 유전의 영향과 성격 특성이나 스타일의 발달에 충분히 주의를 기울이지 않았다는 점, 자기 인식을 의미 있게 설명할 수 없다는 점을 지적하고 있다.

이제 사회인지이론과 마찬가지로 인지과정과 의식수준의 경험을 강조하는 인본주의이론으로 주의를 돌려보자.

모듈 복습

복습하기

(11) 고전적 조건형성은 원래 ______ 자극이 다른 자극과 반복적으로 함께 제시되면서 그 자극이 유발하던 반응을 일으키게 되는 단순한 형태의 학습이다.
(12) ______ 자극에 대한 반응은 무조건적 반응이라고 부른다.
(13) ______ 강화물은 어느 반응에 뒤따라서 일어나면 그 반응의 확률을 증가시킨다.
(14) 부적 강화물이 반응에 뒤따라 철회되면 그 반응을 (강화, 약화?)시킨다.
(15) 음식과 같은 ______ 강화물은 유기체의 생물학적 성질로 인하여 그 가치를 갖게 된다.
(16) 돈 등의 ______ 강화물은 기존의 강화물과의 연합을 통해서 그 가치를 획득한다.
(17) 행동의 빈도를 억제하는 혐오적 반응은 ______이다.
(18) 사회인지이론가들은 개인 변인과 행동을 예측하는 ______ 변인을 모두 고려해야 한다고 믿는다.

생각해보기

인간의 가치와 개인적 자유에 대한 견해에서 행동주의와 사회인지이론이 어떻게 다른가?

모듈 2.3 인본주의이론

- 성격에 대한 인본주의 관점은 무엇인가?
- 인본주의이론은 정신역동이론 및 행동주의이론과 어떻게 다른가?
- 자기(self)란 무엇인가?
- 자기이론이란 무엇인가?
- 인본주의이론들은 건강한 성격을 어떻게 보는가?

당신은 남과 다른 독특한 존재이다. 만약 그 독특성이 실현되지 못한다면 무엇인가 놓쳐버린 것이다.

— 마사 그레이엄

이 두 사람의 공통점은 무엇인가? 인본주의 심리학자 에이브러햄 매슬로우는 알버트 아인슈타인과 엘리너 루스벨트를 자기실현을 이룬 사람들로 보았다. 그러나 역사적으로 저명한 인물들만이 자기실현자가 될 수 있는 것은 아니다. 우리 모두가 자신만이 가진 고유의 잠재력을 성취하려고 노력함으로써 자기실현을 성취할 수 있다.

인본주의 심리학자들은 삶의 의미 — 보다 정확히 말하면 우리가 삶에 부여하는 의미에 관심을 집중하고 있다. **인본주의**(humanism)라는 용어는 오랜 역사가 있고 의미도 다양하다. 인본주의는 부분적으로는 당시 주류를 이루었던 정신역동이론과 행동주의이론의 결정론적 모델에 대응하여 1950~1960년대에 미국심리학의 제3세력으로 떠올랐다. 인본주의이론가들에 의하면 인간은 내적 정신 구조나 환경적 영향이라는 눈에 보이지 않는 조정자들이 움직이는 줄에 달린 꼭두각시가 아니다. 인본주의는 산업화와 자동화에 의해서 조장된 무의미한 과당경쟁에 대한 철학적 반응이기도 하다. 인본주의자들은 조립라인에서의 작업이 의미의 내적 근원으로부터 소외시킨다고 느꼈다. 대표적인 인본주의이론가로는 에이브러햄 매슬로우(Abraham Maslow)와 칼 로저스(Carl Rogers)가 있다.

인본주의 심리학자들은 유럽의 **실존주의**(existentialism) 철학으로부터 영향을 받았다. 실존주의 철학자들은 각각 서로 다른 형태의 실존주의를 주장하지만 인간은 자신의 삶을 어떻게 살아 나갈까의 선택에서 본질적으로 (심지어는 '고통'스러울 정도로) 자유롭다는 것이 실존주의 철학의 핵심적 관점이다. 우리는 어떻게 살아갈 것인지를 자유롭게 선택할 수 있으며, 선택하는 데 따르는 책임을 회피할 도리가 없다. 우리는 삶에 의미와 목표의식을 불어넣는 선택을 할 수 있다. 아니면 우리가 누구인지, 무엇을 해야 할지를 타인이 결정하도록 허용함으로써 진실되지 못한 삶을 선택할 수도 있다.

∎ **인본주의** : 사람들이 자유로운 선택과 자기실현, 그리고 윤리적 행동을 할 수 있다는 관점

∎ **실존주의** : 사람들은 자신의 행위를 선택할 수 있는 완벽한 자유가 있으므로 궁극적으로 자신의 행위에 책임이 있다는 관점

프로이트는 방어기제가 세상을 있는 그대로 보지 못하게 만든다고 주장했다. 따라서 자유로운 선택의 개념은 의미가 없다. 행동주의자들은 자유는 착각에 지나지 않는다고 본다. 우리의 행동을 실질적으로 통제하고 있는 보상과 처벌이라는 줄을 보지 못하기 때문에 우리 자신이 자유롭다고 생각한다는 것이다. 인본주의와 실존주의 사상가들에게는 자유로운 선택이 인간됨의 진정한 본질이다.

매슬로우와 자기실현의 도전

인본주의자들은 프로이트가 인간 상황의 '지하실'에 몰두하고 있다고 본다. 프로이트는 사람들이 기본적으로 생물학적 추동을 충족시키고자 하는 동기가 있고 그들의 지각은 심리적 욕구에 의해서 왜곡되어 있다고 하였다. 인본주의 심리학자 에이브러햄 매슬로우는 사람들은 **자기실현**(self-actualization)의 의식적 욕구 — 자신이 될 수 있는 모든 것을 실현하고자 하는 — 가 있고 세상을 있는 그대로 볼 수 있다고 주장하였다.

∎ **자기실현** : 인본주의이론에 따르면 자신의 잠재력을 실현하려고 노력하는 내적 경향성. 자신이 될 수 있는 모든 것을 이루려는 자기 주도적 노력

사람들은 모두 독특하기 때문에 자기실현으로 가는 길은 각자 다르다. 사람들은 무의식의 원초적 충동에 좌우되는 존재가 아니다. 개인의 성격 발달을 위협하는 주 요인 중 하나는 다른 사람에 의해서 통제를 받는 것이다. 우리는 각자 자기 자신과 직면해서 자기실현을 할 수 있는 자유가 있어야 한다. 그러나 자기실현을 위해서는 위험을 감수해야 한다. 사람마다 무엇이 사실인지가 다를 수 있음에도 불구하고 '확실하고 틀림없는 것'에 집착하는 사람들이 많다. 확실하고 틀림없는 것에 집착하는 사람들은 무미건조하고 새로운 것이 전혀 없는 삶을 살게 될 것이다.

자기실현

존중감
성취, 능력, 승인,
인정, 명성, 지위

사랑과 소속
친밀한 관계, 사회집단, 친구

안전
환경, 주택, 의복, 안전

생리적
배고픔, 목마름, 배설, 온기, 피로, 통증 회피, 성욕 해소

그림 2.5
매슬로우의 욕구 위계 매슬로우는 우리는 기본적 생존 욕구가 충족된 이후에는 보다 상위의 심리적 욕구를 향해 나아간다고 믿었다.

욕구의 위계 : 배고픈 상태를 벗어나면 무엇을 할 것인가?

매슬로우는 배고픔과 갈증처럼 기본적 생물학적 욕구에서부터 자기실현에 이르기까지 질서 혹은 **욕구의 위계**(hierarchy of needs)가 있다고 믿었다(그림 2.5 참조).

프로이트는 동기가 모두 원초아에서 비롯된다고 보았고, 의식적이고 고귀한 의도가 있다고 믿는다면 이는 자기 기만이거나 기본적 성 추동의 승화된 표현이라고 주장했다. 반면 매슬로우는 각 단계의 욕구들은 모두 실제 존재하고 그 자체로 정당하다고 보았다. 매슬로우는 일단 위계의 하위단계 욕구가 충족되면 우리는 개인적 성장을 위한 상위단계 욕구 충족을 위하여 노력한다고 믿었다. 하위단계의 욕구가 다시 자극되어서 행동할 때까지 우리가 그냥 졸면서 몇 시간씩 보내지는 않을 것이다. 실제로 생활고에 시달리는 예술가의 고정관념에서 보듯이 우리 중 몇몇은 상위단계 욕구에 헌신하기 위하여 기본적 안락함을 희생할 것이다.

매슬로우의 욕구 위계에는 다음 욕구들이 포함되어 있다.

▎**욕구의 위계** : 매슬로우의 이론에서 기본적인 생리적 욕구에서 사회적 욕구로, 심미적, 인지적 욕구로 진전하는 것

▎**자기** : 로저스는 한 독특한 개인으로서 세상과 관계를 맺는 방식을 조직하는 의식적 경험의 중심을 자기라고 본다.

1. 생물학적 욕구. 물, 음식, 배설, 따뜻함, 휴식, 고통의 회피, 성욕의 방출 등
2. 안전 욕구. 물리적 · 사회적 환경으로부터 옷이나 집으로 보호받음, 범죄 및 재정적 어려움으로부터의 안전
3. 사랑과 소속 욕구. 친밀한 관계를 통한 사랑과 수용, 사회적 집단과 친구. 매슬로우는 식량과 주거의 문제가 순조롭게 해결되는 사회에서는 부적응은 이 단계 욕구의 좌절에서 비롯된다고 믿었다.
4. 존중 욕구. 성취, 역량, 승인, 인정, 명성, 지위
5. 자기실현. 개인적 성장, 우리의 고유한 잠재력의 개발. 가장 높은 단계에서는 새로움, 이해, 탐색, 그리고 지식에서 보는 바와 같은 인지적 이해와 질서, 음악, 시와 미술에서 볼 수 있는 심미적 경험을 향한 욕구

PhotoDisc Green/Getty Images, Inc.

우리가 될 수 있는 모든 것을 이루기 심리학자 에이브러햄 매슬로우는 인간이 가진 더 높은 수준의 욕구로서 자기실현의 중요성을 강조하였다. 자기실현은 최종 종착점이 아니라 각자 고유의 잠재력이 무엇이든 이를 성취하려고 애쓰는 자기 발견의 행로이다. 당신의 자기실현을 향한 길은 무엇인가?

당신의 개인적 성장과 발달은 이 욕구 위계에서 어느 단계까지 올라왔는가? 지금 현재 어느 단계에 도달하려고 노력하고 있는가?

칼 로저스의 자기이론을 살펴보면서 자기의 본질에 대해서 공부해 보자. 로저스는 실제 사회적 세계에서 자기가 발달해 가는(혹은 발달하지 못하는) 길에 대한 통찰을 제공하고 있다.

칼 로저스의 자기이론

인본주의 심리학자인 칼 로저스(1902~1987)는 사람들이 자기 자신 — 자기 — 을 자유로운 선택과 행위를 통해서 만들어 간다고 하였다. 로저스는 자기가 경험의 중심이라고 정의하였다.

자기(self)란 자신이 누구이며 환경에 어떻게 반응하며 그 이유는 무엇인가, 그리고 환경에 어떠한 방식으로 작용하고자 하는가에 관한 진행형 느낌이다. 선택은 가치관에 따라 이루어지며 가치관은 자

기의 일부이다. 로저스의 자기이론은 자기의 본질과 자기의 자유로운 성장이 허용되는 조건에 초점을 맞추고 있다. 로저스에게 주요한 관심 대상은 자기개념과 자기존중감이다.

자기개념은 자기 자신에 대하여 가지고 있는 인상과 믿음으로 구성된다. 로저스는 우리는 각자 자기 자신과 세계에 대한 독특한 **참조 틀**(frames of reference)을 가지고 있다고 믿었다. 우리 각자는 서로 다른 차원을 사용하여 자기를 정의하며 다른 가치에 따라 자신을 판단할 수 있다. 어떤 사람에게는 성취-실패가 자기 평가에서 가장 중요한 차원일 수 있지만 다른 사람에게는 품위를 유지할 수 있느냐 여부가 가장 중요한 차원일지도 모른다. 심지어는 품위 차원의 문제로 생각하지도 않는 사람도 있을 수 있다.

‖ **참조 틀** : 사건 평가의 기준이 되는 개인 특유의 지각과 태도의 틀

자기존중감과 긍정적 존중

로저스는 우리 모두가 성장하여 자기 자신을 인식하게 되면서 자기존중감 혹은 자부심 욕구가 생긴다고 가정하였다. 처음에는 자기존중감이 다른 사람들의 평가를 반영한다. 부모는 **무조건적 긍정적 존중**(unconditional positive regard), 즉 그 당시의 행동과 관계없이 자녀를 그 자체로 소중한 존재로 수용함으로써 자녀의 자기존중감 발달을 도울 수 있다. 그러나 부모가 **조건부 긍정적 존중**(conditional positive regard), 즉 부모가 원하는 방향으로 행동했을 때에만 수용한다면 아이들은 **가치의 조건**(conditions of worth)을 형성하게 된다. 즉 아이들은 부모의 뜻에 맞는 행동을 할 때에는 자신이 가치가 있는 존재라고 생각하게 될지 모른다. 부모의 기준에 맞추지 못하면 스스로를 가치가 없는 존재로 생각하게 될 수도 있다("너는 나쁜 아이야").

‖ **무조건적 긍정적 존중** : 특정 시점의 행동과 무관하게 타인을 본질적 가치를 지닌 존재로 수용하는 것

‖ **조건부 긍정적 존중** : 타인의 가치를 그 사람의 행동의 수용가능성을 근거로 판단하는 것

‖ **가치의 조건** : 한 사람의 가치를 판단하는 기준

각 개인은 고유의 잠재력을 가지고 있다고 보기 때문에 가치의 조건이 생긴 아이들은 스스로에게 어느 정도 실망하게 된다. 타인이 원하는 바에 따라 살면서 동시에 스스로에게도 충실한 삶을 살기는 어렵다. 그렇다고 해서 자기를 표현하면 불가피하게 갈등이 생긴다는 말은 아니다. 로저스는 인간 본성에 대해서 낙관적이었다. 그는 잠재력을 개발하려는 노력이 좌절될 경우에만 다른 사람에게 해를 가하거나 반사회적 행동을 하게 된다고 믿었다. 그러나 부모와 다른 사람들이 애정이 깊고 사람들 사이의 차이를 너그럽게 받아들인다면 우리도 취향이나 능력, 가치관이 부모와 다를지라도 애정이 깊어진다.

그러나 어떤 가족의 아이들은 자기만의 생각이나 감정을 가지면 사회적 비난을 받는다고 배운다. 그 아이들은 자신이 나쁘다거나 혹은 가치가 없으며 자신의 감정이 이기적이고 잘못된, 혹은 사악한 것이라는 딱지를 붙일 수 있다. 그 아이들은 일관성 있는 자기개념과 자기존중감을 유지하기 위해서 자신이 느끼는 감정을 상당 부분 부인하거나 자신의 모습을 인정하지 않아야 한다. 이렇게 되면 자기개념이 왜곡되어 자신의 참모습이 아니라 다른 사람이 원하는 모습을 반영하게 된다. 그런 사람들은 자신에게도 낯선 사람이 될 수 있다. 로저스에 의하면 불안은 왜곡된 자기개념과 일치하지 않는 감정과 욕망을 인식하는 데에서 생기는 경우가 많다. 불안은 불유쾌한 경험이므로 사람들은 불안해질 때마다 자신의 진정한 감정과 욕망의 존재를 부정할 수 있다.

로저스에 의하면 자기실현을 이루려면 자신의 진정한 감정을 인식하고 수용하며 그를 좇는 행동을 취해야 한다. 이것이 로저스의 내담자 중심 심리치료법의 목표이다.

또한 로저스는 우리가 무엇이 될 잠재력이 있는지에 대한 정신

Blend Images/AgeFotostock America, Inc.

무조건적 긍정적 존중 로저스는 무조건적 긍정적 존중이 자기존중감의 발달에서 차지하는 중요성을 강조하였다.

▮ **자기 이상** : 자신이 될 수 있는 것에 대한 개념

적 심상을 가지고 있다고 믿고, 이를 **자기 이상**(self-ideals)이라고 하였다. 우리는 자기개념과 자기 이상 사이의 격차를 줄이려는 동기를 가지고 있다.

인본주의-실존주의이론에 따르면 자기존중감은 우리 안녕감의 중심이다. 자기존중감은 우리로 하여금 독특한 개인으로서의 잠재력을 개발하도록 돕는다. 자기존중감은 아동기에 시작되며 우리에 대한 타인의 존중을 반영한다.

긍정심리학

건강한 성격

인본주의-실존주의이론에서는 자기가 건강한 성격 개념의 정면 중앙에 있다고 본다. 잘 적응하고 있는 사람들은 자기 자신에게 진실하다 — 자신을 알고 자신의 개인적 욕구, 가치와 목표와 일관되는 진실된 선택을 한다. 건강한 성격의 사람들에게는 다음과 같은 특징이 있다.

- 여기, 현재의 삶을 경험한다. 건강한 성격을 가진 사람들은 과거에 지나치게 집착하거나 미래의 행복을 향하여 노력하면서 세월이 지나가기를 소망하지 않는다.
- 새로운 경험에 대한 열린 태도를 가진다. 건강한 성격을 가진 사람들은 자신의 세계관이나 가치관에 도전이 될 수 있는 생각이나 삶의 방식을 외면하지 않는다.
- 자신의 진정한 감정과 믿음을 표현한다. 건강한 성격을 지닌 사람들은 대인관계에서 자기를 표현하며 자신의 감정에 정직하다. 자신의 내적 선함에 대한 믿음이 있고 자신의 충동을 두려워하지 않는다.
- 삶에서 주요한 변화를 가져올 능력이 있다. 건강한 성격을 가진 사람들은 경험을 보다 편의에 맞게 해석하는 방법을 찾아내고 새로운 목표를 추구하며 자유롭게 행동할 수 있다.
- 자기 자신이 될 수 있다. 건강한 성격을 가진 사람들은 자기만의 가치관과 사건을 해석하는 방법을 개발한다. 그 결과 모험을 할 수 있으며 무슨 일이 일어날지 예상하고 통제할 수 있다.

인본주의이론에 대한 평가

인본주의 접근의 가장 큰 가치 — 의식하고 있는 주관적 경험의 중요성 인식 — 는 동시에 가장 큰 취약점이기도 하다. 본질적으로 의식 경험은 개인적이고 주관적인 것으로 과학적 관찰과 측정으로 발견할 수 없다. 우리의 의식은 우리 자신만이 알 수 있다. 엄격한 행동주의자들의 관점에서는 내적 정신적 경험은 과학적 연구의 범위 밖에 있다. 어떻게 다른 사람의 의식 경험을 정확하게 지각하는 — 다른 사람의 눈으로 세상을 명확하게 보는 — 것이 가능할까? 그러나 직접 관찰하고 측정할 수 있는 것에만 연구를 국한시킨다면 인간의 경험의 진정으로 독특한 측면, 자기 인식을 가능하게 하는 '양쪽 귀 사이에서 일어나는 일'을 놓친다는 것이 인본주의 심리학자들의 주장이다. 인본주의이론가들은 의식을 현미경으로 관찰할 수는 없지만 사람들로 하여금 자기 경험의 이해에 도움이 되는 방식으로 자신의 생각이나 감정을 보고하게 하여 의식을 더 잘 이해하도록 이끌 수 있다고 반박한다. 다음에 다루게 될 특성이론가들은 인본주의이론들이 학습이론과 마찬가지로 시간이 지나고 상황이 바뀌어도 관찰되는 행동에서의 일관성과 연속성에서의 성격 특성의 역할을 설명하지 못한다는 점을 지적하고 있다.

모듈 복습

복습하기

(19) 인본주의 관점에서는 사람들이 자유롭게 선택하여 자기실현을 할 수 (있다, 없다?)고 주장한다.
(20) 매슬로우는 사람들이 ______을/를 향한 성장지향 욕구가 있다고 주장하였다.
(21) 자기실현 욕구는 매슬로우의 욕구의 ______에서 가장 높은 단계이다.
(22) 로저스의 이론은 ______의 존재를 가정하면서 출발하고 있다.
(23) 로저스에 의하면 우리는 고유의 ______틀을 통해서 세상을 본다.
(24) (조건적, 무조건적?) 긍정적 존중을 경험할 때 자기가 최선의 발달을 달성할 가능성이 가장 높다.

생각해보기

성격의 인본주의 관점은 정신역동적 그리고 행동주의 관점과 어떤 차이가 있는가?

특성이론

모듈 2.4

- 특성이란 무엇인가?
- 현대 특성모델에서는 성격의 기본 차원을 어떻게 개념화하는가?
- 특성이론가들은 건강한 성격을 어떻게 보는가?

▮ **특성** : 행동을 보고 추정하는 성격의 비교적 안정적 측면으로 행동에 일관성을 부여하는 것으로 가정한다.

▮ **신경증** : 정서적 불안정성에 대한 아이젱크의 용어

> 대부분의 사람들은 나이 30세가 되면 성격이 석고처럼 굳어져서 다시 부드러워지는 일은 없다.
>
> — 심리학자 윌리엄 제임스

특성(traits)이라는 개념은 아주 친숙하다. 자기 자신을 설명해보라고 한다면 아마도 '머리가 좋은', '세련된', '재치 있는' 등의 특성을 사용할 것이다. 우리는 다른 사람들을 설명할 때에도 특성을 사용한다.

특성은 행동에서 추론해내는 상당히 안정적인 성격 요소이다. 어떤 친구가 수줍어한다고 한다면 그 친구가 다른 사람들과 만날 때 사회불안을 보이거나 위축되는 것을 보았기 때문일 것이다. 다양한 상황에서 일관되게 나타나는 행동을 특성이 설명한다고 가정한다. 수줍음이 많은 친구는 다른 사람과 만나는 상황에서 대부분 — 이를테면 '전면적'으로 — 뒤로 물러날 것이라고 예상할 것이다. 특성의 개념은 성격의 다른 접근에서도 찾을 수 있다. 프로이트는 특정한 특성들을 심리성적 발달의 각 단계에서의 아동기 경험과 결부시켰다.

독특함 칼 로저스 등의 인본주의 심리학자들에 의하면 우리 각자는 독특하며 세상을 독특한 참조 틀을 통해서 보고 있다. 로저스는 또한 사람들이 기본적으로 친사회적이며 어린 시절 무조건적 긍정적 존중을 받으면 각자 고유의 재능과 능력이 발달될 것이라고 믿었다.

한스 아이젱크

심리학자 한스 아이젱크(Hans Eysenck, 2000)는 베를린에서 태어났지만 나치의 위협을 피해서 1934년에 영국으로 이주하였다. 그는 제2차 세계대전 중 영국군에 들어가서 나치와 싸우려고 했으나 독일 시민권을 가지고 있다는 이유로 뜻을 이루지 못했다(Farley, 2000).

아이젱크는 영국 최초의 임상심리학자 훈련 프로그램을 개발하였다. 그의 연구 대부분은 성격의 두 일반적 특성인 내향성-외향성과 정서적 안정성-불안정성 간의 관계에 집중되어 있다(Eysenck & Eysenck, 1985). [정서적 안정성은 **신경증**(neuroticism)으로도 알려져 있다.] 최

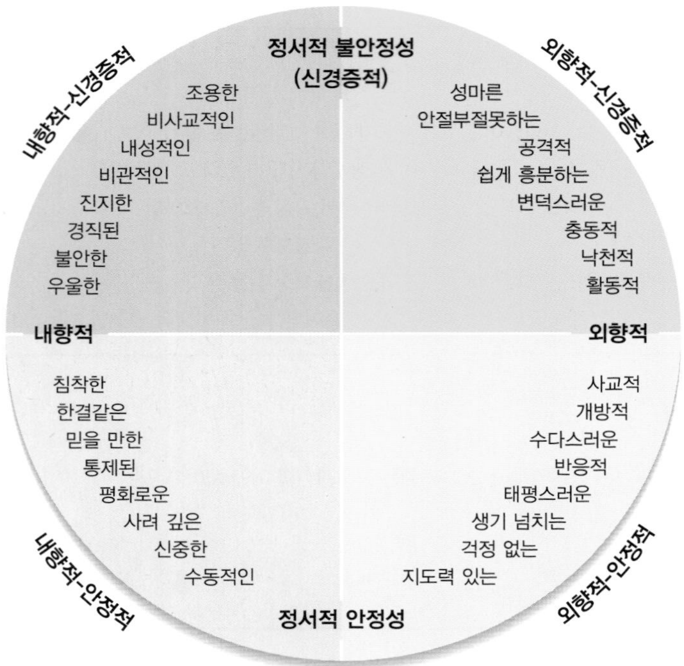

그림 2.6

아이젱크의 성격유형 오른쪽 그림의 사분면에 표시된 다양한 성격 특성들을 사용해서 어떻게 아이젱크 모델의 네 가지 기본 성격유형을 구성할 수 있는지가 제시되어 있다.

▮ **내향성** : 혼자서 하는 활동을 선호하고 충동을 억제하는 경향성이 특징인 성격 특성

▮ **외향성** : 사교적 경향성과 감정과 충동의 자유로운 표현이 특징인 성격 특성

초로 내향성과 외향성을 구분한 사람은 칼 융이었다. 아이젱크는 **내향성**(introversion)-**외향성**(extraversion)에 정서적 안정성-불안정성 차원을 추가하였다. 그는 이 두 차원 혹은 요인에서의 위치에 따라 다양한 성격 특성의 목록을 작성하였다(그림 2.6 참조). 예를 들어서 불안한 사람이 내향적이고 신경증적이라면 외롭고 내성적이고 동시에 정서적으로 불안정할 것이다.

5요인 모델

최근의 선도적 성격 특성 모델인 5요인 모델에서는 대다수의 성격 연구에서 일관적으로 발견되는 5개의 주요 특성 혹은 성격 요인을 제시한다(Costa & McCrae, 2006; McCrae et al., 2004). 그 다섯 가지 특성은 아이젱크 모델의 두 요인 — 외향성과 신경증 — 과 성실성, 우호성, 경험에 대한 개방성이다(표 2.4 참조).

이 5개 요인은 미국, 캐나다, 영국 등의 서구 국가를 비롯해서 이스라엘, 중국, 한국, 일

표 2.4 ▮ 5요인 모델

번호	요인	설명
I	외향성	사교성, 수다스러움, 사람 지향성 vs. 내성적, 외톨이, 진지함
II	우호성	친절함, 신뢰성, 온정성 vs. 적대감, 이기적, 불신감
III	성실성	조직적, 철저함, 신뢰성 vs. 부주의함, 태만, 믿을 수 없음
IV	신경성	걱정, 불안, 정서적 불안정성 vs. 편안함, 안정감, 정서적 안정성
V	경험에 대한 개방성	상상력, 호기심, 창의성 vs. 예측가능성, 관습적, 순응

본 등 세계 여러 나라에서 수행된 성격 연구에서도 발견되었다(Egger et al., 2003; McCrae et al., 2004; Paunonen, 2003; Woods & Hardy, 2012). 독일, 영국, 스페인, 그리고 터키 사람들 5,000명 이상을 대상으로 수행된 연구에 의하면 이 5개 요인들은 상당 부분 유전에 의해서 결정되는 것으로 보인다(McCrae et al., 2000).

연구자들은 어떻게 5요인이 사람들 사이의 개인차를 설명하는지를 활발하게 탐색하고 있다. 자기존중감과 신경성 간의 강한 부적 상관관계, 그리고 자기존중감과 외향성 간의 중간정도-강한 정적 상관관계를 보고한 연구가 있었다(Watson, Suls, & Haig, 2002). 운전행동에 관한 연구도 있어 운전자들이 받은 교통위반 딱지 수, 자동차 사고 횟수는 5요인 중 우호성과 부적 상관이 있음을 보고하였다(Cellar, Nelson, & Yorke, 2000). 고속도로는 우호적인 사람들과 함께 사용하는 것이 안전하다는 것이 확실하다.

Wirelmage/Getty Images

미스터 외향성? 마이크 '시추에이션' 소렌티노가 외향성 척도에서 어느 정도 나오리라고 생각하는가? 성실성은?

성실성이 높은 사람들은 더 오래 사는데 아마도 이들이 안전한 운전습관을 지니고 있고 건강을 잘 관리하며 건강한 식습관을 따르고 적절히 음주를 절제하기 때문일 것이다(Deary et al., 2008; Kern & Friedman, 2008; B. W. Roberts et al., 2009). 반면 융통성이 있고 비판적이 아닌 사람—순한 강아지처럼 다른 사람의 변덕을 참아주는 사람—들은 성실성이 낮고(남을 아주 철저하게 조사하지 않으니까) 우호성은 높다(Bernardin, Cooke, & Villanova, 2000).

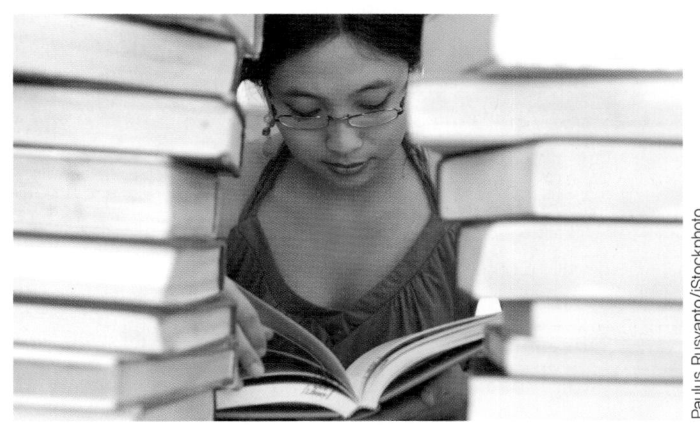

Paulus Rusyanto/iStockphoto

성실성 성실성은 성격의 5요인 모델의 다섯 가지 성격 특성 중 하나이다. 나머지 4개 특성은 외향성-내향성, 우호성, 신경성(정서적 불안정성-정서적 안정성)과 경험에 대한 개방성이다.

대학생 집단에서 성실성 요인이 높으면 성적이 좋고, 성취목표를 설정하고 강력하게 추진하려는 동기 수준도 높았다(Cheng & Ickes, 2009; Kappe & van der Flier, 2010; Poropat, 2009). 반면 신경증이 높은 사람들은 학기말 시험 성적이 낮은 경향이 있다. 성실성이 다소 부족해도 절망할 필요는 없다. 성실성은 통상 사람들이 직업이나 가족에 대한 책임이 커지는 시기인 젊은 성인기와 중년기에 증가하는 경향이 있다(Donnellan & Lucas, 2008; Soubelet, 2011).

연구자들은 5요인과 친구, 연인, 가족들과 어울리는 방식을 연관시켜 조사를 하였다. 대학생들을 대상으로 한 연구에서는 신경증이 높으면 친밀한 관계에서의 만족도가 낮은 것으로 나타났다(White, Hendrick, & Hendrick, 2004). 역으로 우호성과 외향성은 높은 관계만족도와 관련이 있었다. 성격 특성과 인간관계 요인들이 밀접하게 관련되어 있다는 것은 당연한 일이다.

모든 연구자들이 5요인 모델을 받아들이는 것은 아니다. 몇몇 연구자들은 5차원만으로는 사람의 성격의 풍부함과 충만함을 담아내거나, 특정한 환경적 맥락 내 행동에서의 개인차를 설명할 수 없다고 믿는다.

적응과 현대인의 삶

성격 특성은 유전자에 찍혀 있는가?

과학자들은 많은 성격 특성들이 유전자의 영향을 받는다는 것을 알고 있다. 그러나 특정 유전적 경향이나 성향의 표현 여부는 유전자와 학습 경험 등 환경적 영향의 상호작용에 의해서 결정된다(Yang et al., 2009).

수줍음, 신경증, 공격성, 외향성, 우호성, 정서적 안정성, 문제성 음주, 흡연, 그리고 새로움 추구 성향 등 많은 행동적, 성격적 특징의 형성에서 유전자가 중요한 역할을 한다는 것을 보여주는 증거들이 많아지고 있다(예 : DeYoung, Quilty & Peterson, 2007; Derringer et al., 2010; Harro et al., 2009; Hyman, 2011; Lahey, 2009; Wray et al., 2008; Young-Wolff, Enouch, & Prescott, 2011).

유전자는 특정 성격 특질이나 행동 양상의 경향성 혹은 가능성(확실성이 아니라)을 만들어냄으로써 성격에 영향을 미친다. 예를 들어, 사람들은 수줍어하거나 외향적, 혹은 정서적 불안정의 가능성을 증가시키는 유전자를 가지고 있을 수 있다. 그러나 이러한 특질이 실제로 나타날지 여부는 유전적 영향과 생활 경험이나 환경적 요인들의 상호작용에 달려 있다.

과학자들은 성격 형성에서의 특정 유전자의 역할을 연구하기 시작했다(예 : Lahti et al., 2006; Zuckerman, 2006). 이스라엘 연구진(Benjamin, Ebstein, & Belmaker, 2002)은 새로움 추구 특성의 수준이 높은 사람들은 신경 흥분의 세포 간 전달에 관여하는 도파민이라는 **신경전달물질**(neurotransmitter) 분비를 조절하는 유전자가 특정한 유형을 지니고 있음을 밝혀냈다. 새로움 추구 성향이 높은 사람들은 충동적이고 탐구심이 많고 변덕스럽고 쉽게 흥분하고 성질이 급한 것으로 묘사된다. 그들은 그저 스릴을 느끼기 위해서 위험을 무릅쓰는 모험을 하기도 한다. 도파민이 다른 동물의 탐색 행동의 조절에서 중요한 역할을 한다는 것이 알려져 있으므로 사람의 호기심 많고 탐구적인 행동을 설명하는 데 관여될 가능성은 놀라운 일이 아니다. 뇌에서 도파민은 쾌감을 생성하는 보상회로를 활성화해서 유쾌한 기분을 느끼게 한다. 새로움 추구와 관련된 유전자 형태를 지니고 있는 사람들은 뇌의 도파민 활용방식이 다를 수 있다는 흥미로운 가능성은 더 연구해볼 필요가 있다.

오늘날의 과학자들은 과거의 선천적-후천적 요인의 논란에서 한 걸음 더 나아가고 있다. 이제 우리의 성격에 영향을 미치는 것이 유전이냐 환경이냐는 더 이상 문제가 되지 않고 있다. 그보다는 행동적 특성의 발달에서 유전이 환경과 어떻게 상호작용하는가를 밝히는 것이 문제이다(Diamond, 2009; Rutter, 2008). 이에 대한 연구는 이제 막 시작되고 있다. 유전적 소인이 성격을 조성하듯이 초기 경험 또한 뇌 발달에 영향을 줌으로써 성격 특징의 발달에 영향을 미칠 수 있다.

Flickr RF/Getty Images

건강한 성격

긍정심리학

특성이론은 주로 성격 특성을 기술하는 데 비중을 두고 있으며 일반적으로 유전이 특정 성격 특성의 발달에 크게 관련된다고 가정한다. 유전적 요인은 특정한 특성의 성향을 조성하지만 그 특성이 어떻게 표현되는가는 학습 경험, 기술의 발달, 그리고 자기 행동 방향의 선택 능력에 따라 상당히 달라진다. 그러나 우리의 기본적 특성과 가장 잘 맞는 직업 및 활동 간의 적합성을 추구하는 것이 당연할 것이다. 예컨대 상상력이 풍부하고 지능이 높으며 재주가 많은 사람은 회계사보다는 창의적 예술가로 살아가는 것이 더 좋을 것이다.

신경전달물질 : 신경 세포 간 신호 전달에 관여하는 신경계 내의 화학물질

바뀔 수 없는 것을 바꾸기 : 생물학은 운명인가?

신경증이나 수줍음 같은 비생산적인 특성에 적응하려면 어떻게 해야 할까? 그러한 특성들은 쉽게 바뀌지 않으며 적어도 부분적으로는 생물학적 기반에 토대를 두고 있는 것 같다. "그게 나야-내 성격이지!"라고 하면서 스스로 인정하고 불만스럽더라도 그 '특성'이 허용하는 바

에 만족하는 것이 건강한 것일까? 아니면 사회적 위축이나 긴장과 같은 자기 패배적 행동 패턴을 바꾸려고 노력하는 것이 더 건강한 것일까?

깊이 새겨진 특성을 바꾸려고 하기보다는 행동을 바꾸고 수정하려는 것이 더 생산적일지도 모른다. 사회적 위축과 같은 추상적인 특성을 바꾸려고 시도하기보다는 사회적으로 위축된 행동을 수정하려고 노력할 수 있다. 신경증(정서적 불안정성)을 없애버리기보다는 신체의 각성을 완화시키는 법을 배우고 당면한 스트레스를 보다 더 잘 다루는 기술을 개발할 수 있다. 새로운 일관적 행동 패턴을 습득한다면 그 특성의 생물학적 기반과 무관하게 사실상 특성을 바꾼 셈이 아닐까? 깊이 새겨져 있는 특성이 있다는 것은 행동을 바꾸거나 더 나은 대처행동을 개발하려면 조금 더 열심히 노력해야 한다는 의미일 뿐이다.

여기가 바로 학습이론의 관점을 되돌아봐야 할 때이다. 학습이론가들에 따르면 어떤 행동을 자주 연습하고(정말 열심히 노력하고) 그에 대하여 보상이나 강화를 받으면, 새로운 적응적 행동패턴을 습관으로 만들 수 있다. 습관적 행동패턴이 특성과 비슷하게 깊이 새겨질 수 있다는 말이다.

특성이론에 대한 평가

특성이론은 본래 그 자체로 호소력이 있다. 우리는 사람들의 행동을 특성으로 설명하는 경향이 있다. 존이 늘 제시간에 맞춰서 일을 끝내지 못한다면 우리는 그가 게으르다고(게으른 특성이 있다고) 한다. 그러나 비판적 학자들은 특성이론이 설명한다기보다 단순히 행동에 이름을 붙여주는 순환 논법에 불과하다고 주장한다. 다시 말해서 특성이론가들은 관찰된 바를 진정한 의미에서 설명하지 못하고 그저 재진술을 하고 있다는 것이다. 존이 게으르기 때문에 일을 제때 끝내지 못한다고 하는 것은 그의 행동을 보고 그가 가지고 있는 특성을 결정하고 다시 그 특성으로 행동을 설명한다는 점에서 순환적 설명이라는 것이다. 특성이론에 대한 주요한 비판 또 하나는 행동이 상황에 따라 달라지는 것을 설명할 수 없다는 점이다. 비판적 학자들은 특성이론들이 시사하는 것보다 행동이 상황에 따라 크게 변화한다고 주장한다. 그러나 행동이 특정 상황이 요구하는 바에 따라 달라지기는 하지만 사람들이 5요인 등의 특정한 성격 특성과 통하는 변함없는 행동패턴들을 보이는 것은 사실이다.

근래에는 **상호작용주의** — 행동이 특성 성향과 상황 혹은 환경 요인 사이의 상호작용을 반영한다는 믿음 — 의 개념을 중심으로 의견의 합의점이 형성되고 있는 듯하다(Fleeson & Noftle, 2009; Griffo & Colvin, 2009; Pincus et al., 2009; Webster, 2009). 다양한 상황에서 사람들이 반응하는 방식에는 분명히 개인차가 나타난다. 예를 들어서 친구들과 있을 때에는 사교적이고 자기주장이 분명하지만 교수들이나 고용주에게는 느긋하고 공경하는 태도를 취할 수 있다. 하지만 상황이 달라진다고 완전히 사람이 바뀌지는 않는다. 사람들마다 여러 상황에서 일관적으로 나타나는 전형적인 인간관계 방식이 있다(Fleeson, 2004). 사회인지이론의 선도적 인물인 월터 미셸(Walter Mischel)도 어떤 사람은 남보다 더 사교적이고 편견이 없으며 꼼꼼한 성향을 보이는 등 사람들마다 근원적 성격 특성에서 차이가 있음을 인정하고 있다(Mischel, 2004). 특성이론가들은 이 일관적인 패턴을 근원적 특성으로 개념화하고 있다. 상호작용주의를 통하여 우리는 특성 대 상황 논쟁을 넘어서 특성과 상황적 요인의 중요한 역할을 모두 인정하는 통합된 관점을 향하여 나아가고 있다.

모듈 복습

복습하기

(25) ______는/은 행동의 일관성을 설명해주는 지속적 성격 특징이다.
(26) 아이젱크는 성격의 근원 차원을 내향성-외향성과 ______의 두 기본 특성으로 설명하였다.
(27) 5요인 이론은 성격의 기본적 특성으로 내향성-외향성, 정서적 안정성, 성실성, ______, 그리고 경험에 대한 개방성의 5개 요인을 제안하고 있다.

생각해보기

다른 사람들의 행동을 성격 특성으로 설명하는 경향이 있는가? 자기 자신의 행동을 설명할 때에도 동일한 경향을 찾을 수 있는가?

모듈 2.5 사회문화적 관점

- 성격의 이해에서 사회문화이론이 중요한 이유는 무엇인가?
- 개인주의와 집단주의는 어떤 의미인가?
- 문화적응은 이민자 집단의 적응에 어떠한 영향을 미치는가?
- 사회문화이론가들은 건강한 성격을 어떻게 보는가?

사회문화이론 : 성격, 행동, 그리고 적응에서 민족, 성별, 문화와 사회경제적 지위의 역할에 초점을 두는 관점

미국, 캐나다와 같은 다문화 사회에서 사회문화이론에 대한 언급 없이 성격을 이해하기는 어렵다. **사회문화이론**(sociocultural theory)은 우리의 자기관과 사회적응은 민족, 성별, 문화, 차별, 그리고 사회문화계층 등의 사회적·문화적 요인의 영향을 받는다는 관점이다. 뉴욕타임즈의 설문조사에 의하면 미국인의 91%가 미국인이라는 것이 자기 정체감에서 큰 부분을 차지한다고 응답하였다(Powers, 2000). 그리고 79%는 종교가 현재의 자신을 만드는 데 중요한 역할, 혹은 어느 정도의 역할을 했고, 54%가 인종이 중요한 역할을 했거나 어느 정도의 역할을 했다고 답하였다. 출생률과 이민의 추세로 인하여 미국인의 다양성은 더욱 증가하고 있다. 미국 내의 여러 문화집단은 태도, 믿음, 규범, 자기 정의와 가치관에서 서로 차이가 있다.

한국계 미국인 한나의 사례를 생각해보자. 그녀는 뛰어난 바이올린 연주자가 되려고 노력하고 있으나 부모에게 대들고 친구, 옷 등을 자기 마음대로 고르겠다고 고집을 부린다. 그녀는 자기 또래들에게 강한 영향을 받으며 청바지를 입고 감자튀김을 먹는 것이 편안하다. 그녀는 미국문화에서 성공의 열쇠는 교육에 있다고 보는 미국 내 아시아계 이민가정의 딸이기도 하다. 한국계 미국인이라는 배경이 그녀의 큰 포부에 기여하였을 것은 확실하다. 그러나 한국에서 생각하는 아이들, 특히 여자 아이들은 일반적으로 부모가 원하는 대로 따라간다고 해서 한국계 미국인인 한나가 거침없는 미국 청소년이 되지 못할 이유는 없다. 전통적인 한나의 어머니에게 그녀의 거침없는 행동은 당돌하고 부적절하게 느껴진다.

한나의 사례에서 보듯이 개인에게 영향을 미치는 문화적 신념과 사회경제적 조건에 대한 이해 없이는 환경의 요구에 적응해 나가는 어려움을 제대로 이해할 수 없다. 여기에서는 이민자 집단이 새로운 나라에서의 생활에 적응하고 애쓰면서 부딪히는 도전, 그리고 사회문화적 요인과 자기개념의 관계를 집중적으로 다룬다.

개인주의 대 집단주의

한나는 자신을 가족의 구성원이나 한국 여자 아이보다는 한 개인으로, 예술가로서 본다. 비교문화 연구에 의하면 미국과 북유럽 국가의 사람들은 자기 자신을 개인적 관점에서 본다. **개인주의자**(individualist)들은 개인적 성취를 강조하고, 자기 스스로 자립하는 것에 가치를 두며, 개인적 정체성으로 자신을 정의하고, 개인적 목표나 포부에 우선 순위를 둔다. "나는…"으로 시작되는 문장을 완성시키도록 하면 개인주의자들은 자신의 성격 특성("나는 사교적이다", "나는 예술적이다")이나 직업 정체성("나는 간호사이다", "나는 시스템분석가이다")으로 응답한다.

▎**개인주의자** : 자신을 개인적 특성으로 정의하며 자기 자신의 목표를 우선시하는 사람들

반면 세계인구의 대부분 — 한 추정치에 의하면 80% 정도 — 은 아프리카, 아시아와 중남미의 집단주의 문화에서 산다(Dwairy, 2002). **집단주의자**(collectivist)들은 자신이 속한 집단으로 자신을 정의하는 경향이 있으며 그 집단의 목표에 우선순위를 둔다(Choi et al., 2003; Triandis & Suh, 2002). 집단주의자들은 좋은 아들이나 딸, 좋은 직원으로서의 사회적 역할 및 의무와 자신의 정체성을 연결시킨다(Sedikides, Gaertner, & Toguchi, 2003)(그림 2.7 참조). 그들은 윗사람과 권위자에 대한 존중, 동조, 협동, 그리고 다른 사람과의 갈등 회피와 같은 공동체 가치를 강조한다(Nisbett, 2003). "나는…"이라는 문장을 완성시키도록 하면 가족, 성별 혹은 국가를 언급하는 응답("나는 아버지이다", "나는 불교신자이다", "나는 일본인이다")의 가능성이 높다.

▎**집단주의자** : 자신을 다른 사람들 및 집단과의 관계로 정의하며 집단의 목표를 우선시하는 사람들

개인주의와 집단주의의 씨앗은 그 사람이 성장한 문화에서 찾을 수 있다. 자본주의 제도는 개인주의를 조장한다. 자본주의는 개인이 개인적 부를 축적할 권리가 있고 그 과정에서 많은 사람들에게 일자리와 부를 얻게 해준다고 가정한다. 반면 동양의 문화에서는 자신의 의무를 다하고 집단의 복지를 증진시키기 위하여 개인적 유혹을 마다하는 사람을 칭송한다.

개인주의와 집단주의 문화 사이에 중요한 차이가 있는 것은 사실이지만 사람의 마음은 상황에 따라서 개인주의적으로 혹은 집단주의적으로 사고할 수 있다는 점을 지적할 필요가 있다(Oyserman, Coon, & Kemmelmeier, 2002). 다시 말해서 집단주의 문화의 사람들도 개인적 수준에서는 성공하려고 애쓸 수 있고 개인주의적 문화의 사람들도 자신의 사회적 책임과 타인에 대한 의무에 관한 깊은 신념을 가질 수 있다. 그러나 이러한 문화적 차이를 실제 상황에서 보여주는 사례를 생각해보자. 명예롭게 사회적 의무를 다하는 행위는 누군가 길가에

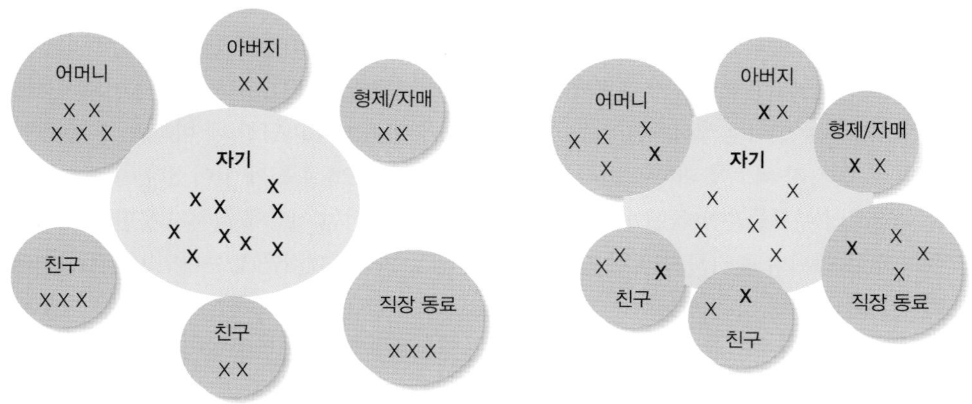

그림 2.7

개인주의자와 집단주의자의 관점에서 본 자기와 타인간의 관계 개인주의자에게는 자기는 타인들은 분리되어 있다(A). 집단주의자에게는 자기는 다른 사람과의 관계 안에서만 완전하다(B).

출처 : Markus & Kitayama, 1991의 자료 사용.

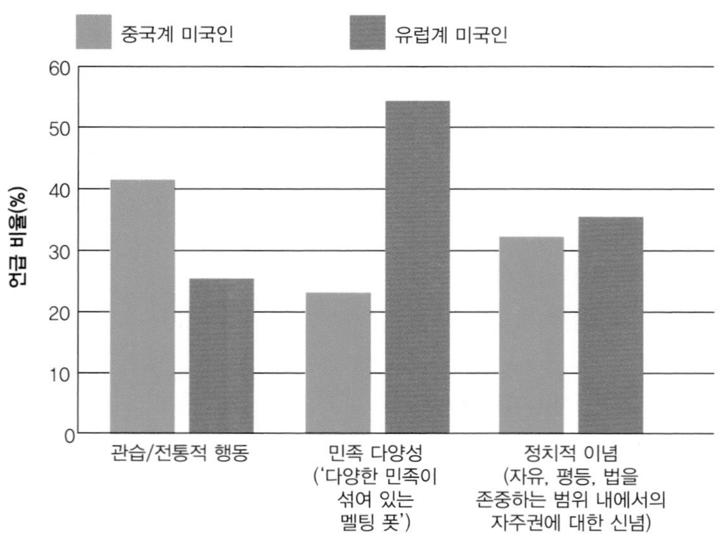

그림 2.8

미국인이라는 것이 갖는 의미의 문화적 차이

미국인이라는 것은 어떤 의미인가? 이 학생집단에서 중국계 미국 학생들은 관습과 전통의 중요성을 더 많이 언급하고 있는 데 반하여 유럽계 미국학생들은 미국 사회의 기반으로 민족 다양성의 중요성을 더 자주 강조하였다.

출처 : Tsai et al.(2002)에서 발췌.

떨어뜨린 현금을 신고하는 것까지 확대될 수 있다(Onishi, 2004). 집단주의 문화의 일본에서 몇 년 전 도쿄 시민들이 보도에 떨어진 현금을 분실물 센터에 신고한 액수는 2,300만 달러에 달하였다. 한 사례에서는 히토미 사사키라는 24세 여성이 그녀가 일하는 식당 밖 보도에서 250달러를 발견하고 곧바로 신고를 했다. 시카고, 뉴욕, 시애틀, 휴스턴, 혹은 그 밖의 미국 도시에서라면 몇 명이나 길에 떨어진 현금을 발견하면 사사키 씨같이 신고할 것인가? 당신은 어떨까? 현금을 신고하겠는가?

문화적 요인은 "미국인이라는 것이 어떤 의미인가"를 포함해서 사회적 정체성의 개념을 구체화시킨다. 샌프란시스코 지역의 중국계와 유럽계 미국학생 집단에 "미국인이라는 것이 어떤 의미인가?"라는 질문을 던졌을 때 유럽계 미국학생들은 민족 다양성을 언급한 데 반하여 중국계 미국학생들은 관습과 전통을 더 자주 언급하였다(그림 2.8 참조; Tsai et al., 2002). 이 두 집단은 정치적 이념을 강조한다는 점에서는 유의한 차이를 보이지 않았다.

사회문화적 요인과 자기

집단주의-개인주의 차원에서의 차이는 자기존중감 증진에서 완충 요인으로 영향을 미칠 수 있다. 아프리카계 미국인과 히스패닉계 미국인, 아시아계 미국인과 같은 그 외 소수민족집단들은 유럽계 배경의 백인 미국인들보다 집단주의 지향성이 더 높다는 증거가 있다. 다시 말해서 소수민족집단들은 유럽계 미국인들에게 두드러지는 '나-지향(me-orientation)'보다는 '우리-지향(we-orientation)'에 더 동의하였다(Gaines et al., 1997; Oyserman, Gant, & Ager, 1995). 따라서 소수민족집단에서는 자기존중감이 개인적 성공보다 부모, 형제, 연장자로서의 역할을 다하는 것과 더 깊이 관련되었을 가능성이 있다. 아프리카계 미국인들은 사회적 연결성과 같은 집단/부족 내 타인들에 대한 책임을 크게 강조하는 아프리카의 전통적 문화유산에 더 가깝다(Boykin & Ellison, 1995).

아프리카계 미국 여학생들이 유럽계 미국 여학생들보다 자신의 외모에 더 만족할 가능성이 있다는 연구 결과는 아마도 문화적 유산의 완충적 영향으로 설명할 수 있을 것이다. 아프리카계 미국 초등학교 여학생들의 65%가 자기 외모에 만족한다고 답한 반면, 유럽계 미국 초등학교 여학생들의 55%가 자기 외모에 대해서 만족한다고 답하였다. 고등학교에 이르러서는 아프리카계 미국 여학생의 58%는 여전히 자기 외모에 만족한다고 답한 데 비하여, 유럽계 미국 여학생 중 자기 외모에 대하여 만족한다고 답한 비율은 22%로 크게 낮아졌다. 아프리카계 미국 여학생의 부모들은 딸들에게 미국 주류문화의 비현실적인 이상에 미치지 못한다고 해도 그들의 탓은 아니라고 가르치는 것 같다. 그들이 세상에서 푸대접을 받는다면 이는 편견 때문이지 그들 개인의 탓은 아니라는 것이다(Williams, 1992). 유럽계 미국 여학생들은 아무리 비현실적인 이상이어도 그에 도달하지 못할 경우 자신을 탓하게 될 가능성이 더 크다.

적응과 현대인의 삶

문화변용 : 양날의 칼?

미국으로 이민을 간 힌두 여성이 인도 전통의상인 사리를 포기하고 캘리포니아의 평상복을 입어야 할까? 러시아 이민자들이 자기 자녀들에게 영어로만 말을 해야 할까? 아프리카계 미국인들은 아프리카의 음악과 예술을 익혀야 할까 아니면 유럽의 음악과 예술을 배워야 할까? 이러한 활동들은 이민자가 새로운 문화의 풍습과 행동양식에 적응해 가는 **문화변용**(acculturation)의 예이다.

이민자들 중 일부는 주류문화의 언어, 복장, 풍습을 받아들여서 완전히 그 문화에 적응한다. 원문화의 언어나 풍습을 유지하고 새로운 문화에 전혀 적응하지 않는 완벽한 분리 상태를 유지하는 이민자들도 있다. 그런가 하면 옛 풍습, 음악 유형, 음식과 복장을 그대로 유지하면서 새 문화의 풍습과 언어를 능숙하게 구사하는 이중적 문화정체성을 취하는 이민자들도 있다. 그들은 두 문화의 풍습과 가치를 융합시키고 '마음의 장치'를 바꿀 수 있다. 다시 말해서 직장에서는 주류문화에 녹아 들어가지만 자녀들에게는 옛 문화의 언어를 배우고 그 가치와 풍습을 받아들이도록 한다. 문화적응과 심리적 적응 간의 관계는 복잡하다. 문화변용은 일종의 '양날의 칼'과 같은 것이다. 연구의 결과(주로 라틴계를 대상으로 한 연구지만)들을 잘 살펴보자.

문화변용이 더 많이 된 집단들은 주류문화의 불건전한 양상의 일부도 습득하는 것 같다. 더 많이 문화변용이 된 라틴계 사람들이 상대적으로 덜 변용된 집단보다 심리장애의 가능성이 더 높다는 연구 결과도 있다(Ortega et al., 2000). 라틴계 청소년들의 경우 문화변용의 정도는 흡연 위험성과 관련되어 있다(Unger et al., 2000). 문화변용이 더 많이 진전된 히스패닉 여자 청소년들이 성행위 비율이 높고, 이민자 집단보다 미국에서 태어난 히스패닉 여성들의 약물의존 비율이 더 높다는 연구 결과는 전통적 문화가치의 와해의 결과로 설명할 수 있을 것이다("Studies Focus," 2007; Turner Lloyd, & Taylor, 2006). 또한 근래 연구 결과에 의하면 미국에서 태어난 멕시코계 미국인들이 멕시코 국적자나 멕시코에서 이민 온 집단보다 정신건강문제가 더 많다(Escobar & Vega, 2000).

반면에 영어에 능숙하지 않고 상대적으로 문화변용이 덜 진행된 멕시코계 미국인들은 우울증의 징후를 더 많이 보인다(Salgado de Snyder, Cervantes, & Padilla, 1990). 문화변용이 거의 안 된 집단은 사회경제 수준이 낮은 경우가 많고, 경제적 곤란은 우울과 관련된 주요 스트레스원이다. 영어 사용 문화가 라틴계의 문화변용 관련 스트레스의 주요한 원인일 가능성이 크다. 문화변용 압력 관련 스트레스가 심리적 부적응과 연관이 있는 것은 당연하다(Crockett et al., 2007; Schwartz, Zamboanga, & Jarvis, 2007).

연구 결과를 보면 두 문화를 유지하는 것이 유리하다는 것은 분명하다. 이민자와 소수민족에서 두 문화를 유지하는 집단이 자아존중감이 높고 심리적 적응이 더 양호하다는 증거가 있다(LaFromboise, Albright, & Harris, 2010; Phinney, Cantu, & Kurtz, 1997; Rodriguez et al., 2009). '미국화'되는 것이 이민자와 소수민족집단의 심리적 적응에 부정적 영향을 미치는 반면 민족정체성과 문화적 전통의 유지는 보호 혹은 완충효과가 있는 것 같다.

민족정체성은 유색인종 청소년의 적응의 핵심적 요소이며(French et al., 2006; Smith et al., 2009; Rodriguez et al., 2009), 유럽계 미국인보다 아프리카계 미국인과 히스패닉계 미국인들의 자아존중감의 더 중요한 예측요인이다(Gray-Little & Hafdahl, 2000; Umaña-Taylor, 2004). 소수민족에게는 자신의 민족적 유산과 강하게 동일시할 수 있으면 계속되는 인종차별과 편견 앞에서 자아존중감을 유지하기가 수월할 수 있다.

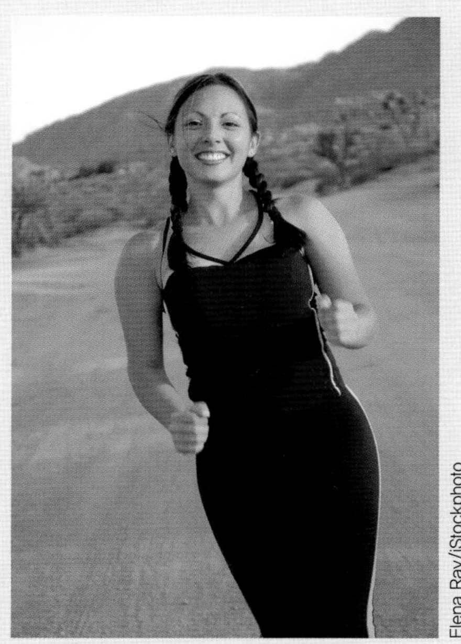
Elena Ray/iStockphoto

문화변용이 적응에 어떠한 영향을 주는가? 이 남미계 미국인은 미국 생활에 매우 잘 동화되어 있다. 어떤 이민자들은 이주한 국가의 문화에 완전히 동화되어서 원래 출신국가의 전통, 풍습, 심지어는 언어까지도 버린다. 원래 출신국가의 전통과 언어를 유지하면서 새로운 주류문화에는 절대로 익숙해지지 않는 사람들도 있다. 그런가 하면 두 문화를 동시에 유지하는 사람들도 있다. 진정으로 두 문화를 유지하는 사람들은 원래 출신국가와 새롭게 이주한 나라의 전통과 언어에 모두 숙달되어 있다. 다른 점에서 동일하다면 두 문화를 유지하는 사람들이 심리적으로 가장 잘 적응하고 있다.

건강한 성격

사회문화적 틀에서 볼 때, 건강한 성격의 발달은 집단 내 자신의 정체성의 이해가 포함된다. 또한 자기의 사회적 부분과 개인적 부분의 균형을 취하는 것도 포함된다. 우리의 문화적 배경, 가족사, 그리고 가족 내 여러 세대에 걸쳐서 존재하는 연속성을 어느 정도 이해할 필요가 있다. 그러나 이 과정에서 보다 큰 사회의 주류 가치 속에서 융합되는 서구 개인주의 사회 안에서 자신의 흥미, 포부 그리고 성취들이 어떻게 기능하는지도 고려될 필요가 있다.

경쟁하는 문화적 요구 사이에서 균형 잡기

서구의 국가에서는 적응이 개인주의적 관점을 취하는 것 — 예를 들어 개인적 야망을 경험하거나 실현하는 것 등 — 을 의미할 수 있다. 그 밖의 지역에서는 적응은 자신과 사회를 집단주의 관점에서 보는 것을 의미할 수 있다. 그러나 한나처럼 일상생활의 학교 및 직장 환경과 집에서의 가족 환경이 크게 다른 사회 속에서 기능해야 하는 사람들도 있다. 우리는 젊은이들이 결혼 전 독립해 나갈 것인지, 독립한다면 언제 할 것인지, 진로나 직업에서 자기 포부를 추구할 것인지 가족의 의무를 다할 것인지, 그리고 주류문화의 사회적 관습을 택할 것인지 아니면 자신의 문화적 전통을 지킬 것인지 등의 문제들에서 문화 간 충돌을 경험할 수 있다. 가족 내 서로 맞서는 요구들에 대하여 솔직한 논의를 통하여 해결책이 마련될 수 있는 경우도 있다. 다른 경우에는 상담자나 정신건강전문가에게 도움을 받아서 대안적 해결 방안을 강구할 수 있다.

차별에 효율적으로 대처하기

우리 대부분은 차별을 받은 경험이 있거나 — 혹은 현재 경험하고 있는 — 집단에 속한다. 사람들은 민족 배경, 성별, 성적 지향, 나이 등을 근거로 차별을 받는다. 건강한 성격을 가진 사람들은 차별로 인하여 자기존중감에 영향을 받지 않는다. 차별을 받는 경우, 차별을 받는 사람 개인의 탓이 아니다. 문제는 사람을 개인적 특성이나 능력이 아니라 사회문화적 배경을 근거로 판단하는 사람의 몫이다. 편견과 차별의 대처에 관한 조언은 제6장에서 다룰 것이다.

문화정체성을 잃지 않는 문화변용

이민자 집단과 소수민족집단에서는 강한 민족정체성과 심리적 건강이 정적 상관관계가 있다(Phinney, 2000; Rieckmann, Wadsworth & Deyhle, 2004). 민족정체성은 전통적 가치, 언어와 그 밖의 민족정체성 관련 관습의 유지, 자신의 문화적 유산에 대한 자부심을 느끼는 것 등 여러 가지 방식으로 표현될 수 있다. 자신의 민족정체성을 유지하면서 동시에 주류문화에 적응하려고 노력하여 이중 문화정체성의 발달도 가능하다.

사회문화적 관점의 평가

사회문화적 관점은 전통적 심리학적 모델들보다 성격에 대한 보다 폭넓은 견해를 받아들인다. 사회문화적 이론들은 성격의 형성에서 그동안 소홀하게 다루어졌던 민족, 성별, 문화, 차별, 그리고 사회경제적 지위 등의 요인들에 관심을 집중해 왔다. 우리는 자신의 신체 안에 갇힌 세계에만 존재하는 것이 아니라 사회적 공동체 속에서 존재한다. 반면에 성격이라는 혼합물 속에 독특한 개인적 경험, 물려받은 유전자, 자신의 주관적 경험들이 포함될 수 있도록 사회문화적 관점이 더 확장될 필요가 있다.

모듈 복습

복습하기

(28) ______은/는 자신들을 개인적 정체성으로 정의하며 개인적 목표를 우선시한다.
(29) ______은/는 자신들을 소속된 집단으로 정의하며 집단의 목표를 우선으로 한다.
(30) 이중문화적 문화적응 패턴을 보이는 이민자들은 일반적으로 자기존중감이 가장 (높다, 낮다?).
(31) 유럽계 미국인들보다 아프리카계 미국인이나 히스패닉계 미국인들의 경우 민족정체성과 자기존중감의 상관관계가 더 (강하다, 약하다?).

생각해보기

이민자 집단에서 어떻게 문화변용이 긍정적 측면과 부정적 측면을 모두 가질 수 있을까? 설명해보라.

성격의 평가

모듈 2.6

- 성격은 어떻게 평가하는가?
- 객관적 성격검사란 무엇인가?
- 투사법 성격검사란 무엇인가?

심리학자들은 여러 가지 이유로 성격 측정에 관심을 가진다. 어떤 심리학자들은 성격검사에서 얻은 정보를 사용해서 특정한 일이나 대학 전공에의 적합성 등 중요한 학문/직업 관련 선택을 돕는다. 다른 심리학자들은 자기 내담자를 더 잘 이해하기 위해서 혹은 내담자의 심리적 혹은 대인관계문제들을 더 잘 밝혀내기 위해서 심리검사를 이용할 수 있다.

객관적 성격검사

객관적 검사에서는 설문 형식의 표준검사문항들에 응답하도록 한다. 객관적 채점이 가능하도록 응답자들의 반응 방식을 일정한 범위 내로 제한한다. 어떤 검사에서는 응답자에게 검사문항이 자신에게 해당되는지 여부를 표시하도록 한다. (이러한 유형의 자기 평가 도구들을 이 책의 여러 장에 포함되어 있다.) 또 다른 검사에서는 응답자가 세 가지 활동 중에서 가장 선호하는 활동을 선택하라고 한다. 대표적 성격검사인 미네소타 다면적 인성검사(MMPI)는 객관적으로 채점할 수 있는 예/아니요 형식을 취해서 매우 신뢰로운 결과를 얻는다.

미네소타 다면적 인성검사

미네소타 다면적 인성검사(Minnesota Multiphasic Personality Inventory, MMPI)(현재 개정판 MMPI-2)는 567개의 예/아니요 문항들로 구성되어 있다. MMPI는 임상심리학자와 상담심리학자들이 진단에 대한 생각을 확진하는 데 도움을 얻거나 개인 저변의 성격적 측면이나 우려되는 영역을 알아내려는 목적으로 개발되었다. MMPI는 경험적 접근을 기반으로 제작되었

표 2.5 MMPI-2의 척도

척도	약칭	해석
타당도 척도		
부인	L	거짓으로 답하거나 매우 관습적임
비전형	F	증상을 과장하거나 아무렇게나 답함. 기이한 생각 이상 행동, 혹은 그렇게 보이고 싶어 함
교정	K	문제를 부인함
임상척도		
건강염려증	Hs	신체증상 및 걱정
우울증	D	우울증, 죄책감과 무력감
히스테리	Hy	스트레스에 신체증상으로 반응, 통찰력 결여
반사회성	Pd	부도덕, 법을 어김, 파란만장한 대인관계
남성성/여성성	Mf	높은 점수는 반대 성에 전형적인 관심과 행동을 보임
편집증	Pa	의심이 많고 성을 잘 내며 인간 본성에 대해 냉소적
강박증	Pt	불안과 걱정이 많고 예민함
조현병	Sc	혼란되어 있고 지리멸렬, 식별력을 잃음, 기괴한 생각
경조증	Ma	에너지가 넘치고 안절부절, 활동적, 쉽게 지루해함
내향성	Si	내향적, 겁이 많고 수줍어함, 자신감의 결여

다. 경험적 접근에서는 우울증, 건강염려증, 그리고 조현병 등 심리적 문제로 진단된 사람들이 정상집단과 다르게 응답하는 경향을 보이는 문항들로 척도를 구성한다.

MMPI-2 또한 강박증, 우울증, 건강관련 걱정, 그리고 가족문제 등 문제가 될 만한 걱정들을 밝혀낼 수 있게 개발된 척도들을 포함하고 있다. 검사자는 MMPI 개별 척도의 점수를 표준화 규준과 비교하여 살펴봄으로써 특정 척도들에서의 위치를 평가하고 치료자의 관심이 필요한 문제 영역을 알아낼 수 있다. MMPI는 현재 세계에서 가장 널리 쓰이는 자기보고식 성격검사이다(Camara, Nathan, & Puente, 2000). MMPI의 신뢰도(측정의 일관성)와 타당도(검사가 측정한다고 주장하는 것을 측정하는 능력)를 뒷받침하는 방대한 연구가 있다(Graham, 2011; Veltri et al., 2009).

MMPI에는 〈표 2.5〉에 제시된 척도들을 포함해서 여러 타당도 척도들이 포함되어 있다. 타당도 척도들은 검사문항에 반응하는 방식에 영향을 줄 수 있는 반응세트 혹은 편향의 측정을 위해서 사용된다. 예를 들어 어떤 사람들은 사회적으로 바람직하게 보이는 반응을 할 수 있다. 그러나 이 타당도 척도들을 가지고도 편향의 근원을 모두 찾아낼 수는 없을 것이다. MMPI의 임상척도는 〈표 2.5〉에 제시되어 있는 문제들과 전형적 남성적/여성적 흥미와 사회적 내향성을 평가한다.

투사법 성격검사

투사법 성격검사는 사람들이 자신의 무의식적 욕구, 충동, 혹은 동기를 비구조화된 혹은 애매한 자극에 투사할 것이라는 정신역동이론의 믿음에서 출발하였다. 투사법 성격검사에는 명확한 명시된 답이 없다. 사람들에게 잉크반점이나 애매한 그림과 같은 애매모호한 자극을 보여주고 '무엇같이 보이는지', '그 자극에 대한 이야기'를 하도록 하기도 한다. 미완성 문장을 주고 각 문장을 완성시키는 짧은 반응을 하도록 하기도 한다. 투사법 검사에는 하나의 정답이 있는 것이 아니다. 사람들이 애매한 자극에 부여하는 의미, 혹은 미완성 문장의 빈칸에 채워넣는 반응은 자신의 심리적 욕구, 추동, 그리고 동기를 반영한다고 가정한다. 따라서 사람들이 자기 성격의 일부를 반응에 투사한다고 가정하는 것이다. 객관적 검사와는 달리 투사법 검사의 채점은 검사자의 주관적 인상과 기술의 수준에 의해서 좌우되는 부분이 많다.

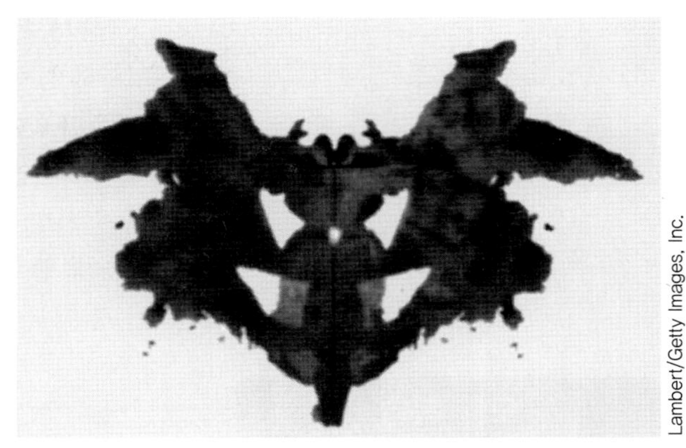

Lambert/Getty Images, Inc.

그림 2.9

로르샤하 잉크반점 로르샤하는 가장 널리 사용되는 투사법 검사이다. 이 잉크반점이 무엇같이 보이는가? 무엇일 수 있을까?

로르샤하 잉크반점 검사

로르샤하 검사는 개발자인 스위스의 정신과 의사 헤르만 로르샤흐(Hermann Rorschach)의 이름을 따서 명명된 검사로 사람들에게 여러 잉크반점을 하나씩 보여주고 각 잉크반점이 어떤 것처럼 보이는지 혹은 어떤 것 같은지 묻는다. 잉크반점의 형태를 반영하는 반응은 적절한 현실검증 — 즉 주변 세상의 정확한 지각 — 을 표시하는 것으로 본다. 잉크반점의 여러 특징을 풍부하게 통합한 반응은 높은 인지 기능의 표시로 해석된다.

〈그림 2.9〉의 잉크반점에 대한 반응 중 유일한 '정확한' 반응이라고 할 수 있는 것은 없지만 어떤 반응들은 반점의 특징과 잘 맞지 않는다. 〈그림 2.9〉는 박쥐, 날아다니는 곤충, 동물의 뾰족한 얼굴, 핼러윈데이 호박램프 등 여러 반응이 가능하다. 그러나 '병든 폐', '불타는 금속 잎사귀' 같은 반응은 그 잉크반점의 특징으로 볼 때 나오기 어렵다고 보기 때문에 성격 문제의 징후일 수 있다.

그렇지만 로르샤하 검사가 타당한 검사일까? 옹호하는 사람들은 로르샤하 검사가 성격 특성, 내적 갈등, 일반적 지적 기능, 그리고 그 밖의 변인들에 대한 통찰을 줄 수 있다고 믿는다. 그러나 비판자들은 로르샤하 검사는 과학적 유용성과 타당성의 일반적 검증을 통과하지 못하였다고 주장하고 있다(Garb et al., 2002; Hunsley & Bailey, 2001; Wood et al., 2010). 반면 로르샤하 검사로 심리치료에서의 성공을 예측하고(Meyer, 2000), 특정한 형태의 사고 장애를 찾아낼 수 있으며(Lilienfeld, Fowler, & Lohr, 2003), 심리장애 유형을 구분할 수 있다는(Dao & Prevatt, 2006) 증거가 있다. 그러나 종합하면 로르샤하 검사의 타당성에 대해서는 앞으로 때로는 귀에 거슬리는 토론이 계속될 것이다.

그림 2.10

주제통각검사의 카드와 유사한 카드 이 그림에 대해서 이야기를 만들 수 있는가? 이 여성이 생각하고 느끼는 것이 무엇일까? 앞으로 이 여성에게 어떤 일이 일어나리라고 생각하는가?

주제통각검사

주제통각검사(Thematic Apperception Test, TAT)는 1930년대에 헨리 머레이(Henry Murray)와 크리스티아나 모건(Christiana Morgan)에 의해서 개발되었다. 주제통각검사는 〈그림 2.10〉과 같이 다양한 해석이 가능한 그림들로 구성되어 있다. 사람들에게 한 번에 하나씩 그 카드들을 보여주고 그때 무슨 일이 일어나고 있는지, 이전에 어떤 일들이 있었는지, 앞으로 어떻게 될지에 대한 이야기를 만들어보게 한다.

주제통각검사는 동기와 성격 연구에서 널리 쓰이고 있다. 그 검사 뒤에 있는 기본 개념은 우리가 자신도 의식하지 못하거나 말하기를 꺼리는 욕구를 애매한 자극에 투사하리라는 것이다. 또한 주제통감검사는 다른 사람들, 특히 부모, 연인, 그리고 배우자에 대한 태도를 평가하는 데 널리 쓰이고 있다.

로르샤하 검사와 마찬가지로 주제통각검사를 비판하는 사람들도 있다. 가장 빈번한 비판은 사람들의 반응이 저변의 성격이 투사되었다기보다 검사자료 자체의 자극 특성과의 관련성이 더 클 수 있다는 것이다(Murstein & Mathes, 1996). 옹호자들은 숙련된 사람들이 사용할 경우 투사법 검사는 자기보고식 검사나 면담에서는 얻을 수 없는 성격이나 임상적 문제에 관한 정보를 줄 수 있다는 입장을 취한다(Stricker & Gold, 1999). 제14장에서는 성격에 맞는 진로를 평가하는 데 성격검사가 어떻게 활용될 수 있는지 보게 될 것이다.

모듈 복습

복습하기

(32) 반응할 수 있는 선택지가 제한되어 있는 검사는 (객관적, 투사법?) 검사이다.
(33) MMPI ______ 척도에서 높은 점수를 받은 사람들은 자신이 정서적 문제가 있음을 보여주려고 노력한다.
(34) ______ 검사에서는 명확한 명시된 답이란 존재하지 않는다.
(35) MMPI가 객관적 검사의 한 예라면 ______와/과 TAT는 투사법 검사의 예이다.

생각해보기

심리검사가 신뢰도는 높으면서 (시간이 경과해도 일관된 결과를 주지만) 타당하지는 못할 수 있을까? 설명해 보라.

나의 생활 나의 마음

나 자신을 이해하기

모듈 2.7

성격과 행동의 이론들은 서로 다르지만 각 이론은 인간 본성의 의미 있는 측면을 다룬다. 어느 이론이 절대적 진실인가 고민하는 것보다 각 이론이 우리의 자기 이해에 어떻게 도움이 되는지를 생각해보는 것이 어떨까?

아래 리스트에 있는 아이디어들 하나하나가 모든 사람에게 동일하게 해당되지는 않겠지만 이와 같은 리스트에는 자신이나 다른 사람에게서 발견되는 무엇인가가 반영되어 있을 것이다. 우선 아래의 원칙들을 하나씩 그 표방하는 이론적 틀에 따라 분류하는 작업부터 시도해보자. 아래의 부호를 사용해서 각 원칙 옆에 표시해보라(정답은 이 장의 끝에 있다).

P =정신역동적
T =특성이론
B =행동주의
SC=사회인지이론
H =인본주의
S =사회문화적

1. ____ 우리의 성격을 구성하는 행동 패턴은 환경에서의 경험에 의해서 만들어진다.

2. ____ 우리의 인지과정은 보고 싶은 것을 보고 듣고 싶은 것을 듣도록 왜곡될 수 있다.

3. ____ 지능, 외향성, 정서적 안정성, 사회적 지배성, 미술 공예에 대한 관심 등 몇몇 특성들은 부분적으로는 유전에 의해서 결정될 수 있다.

4. ____ 심리적 특성에 맞는 직업이나 사회활동을 찾으려고 하는 것은 유용한 일이다.

5. ____ 우리는 스스로도 인식하지 못하는 숨은 추동과 동기의 영향을 받는다.

6. ____ 앞으로 닥칠 일에 대한 기대가 우리로 하여금 기쁨과 두려움을 느끼게 한다.

7. ____ 우리의 행동은 과거의 보상과 처벌에 의해서 만들어진다.

8. ____ 우리의 행동은 대부분 우리가 관찰하는 행동, 특히 존경하는 사람들의 행동의 모범을 따른다.

9. ____ 우리에게 무엇이 의미가 있고 중요한지를 알기 위해서는 우리의 내면을 깊이 성찰할 필요가 있다.

10. ____ 우리의 행동과 성격은 문화적 배경에 의해서 영향을 받는다.

11. ____ 우리의 기본 욕구와 사회가 요구하는 바의 균형을 맞추는 것은 적응 및 안녕과 중요한 관계가 있다.

12. ____ 다른 사람들에게는 매우 중요한 것처럼 보이지 않을 수 있을지라도 우리 각자는 자신만이 내어놓을 수 있는 고유한 것들을 지니고 있다.

13. ____ 새로운 경험에 자신을 열지 않는다면, 우리에게 가치가 있는 것들을 찾고 개인적 성장을 이루기가 어렵다.

14. ____ 우리는 때로 자신이 진정으로 필요로 하며, 원하고, 바라는 것과는 반대로 행동한다.

15. ____ 우리는 일반 사회의 요구나 가치와 가족 혹은 문화적 전통 사이에서 갈등을 경험할 수 있다.

성격 이해의 주요한 접근들은 각각 '코끼리'를 서로 다른 관점에서 바라보지만 인간 본성의 다양한 측면들을 밝혀준다. 이들 성격 모델들은 자신을 이해하는 데 어떠한 교훈을 주는가? 다른 사람들을 이해하는 일에서는? 당신이 어떤 사람이 될 수 있는지를 이해하는 일에서는?

마치기 전에 주요한 성격이론적 관점의 하나인 인본주의 관점을 이용해서 우리 자신을 자세하게 잘 들여다보자. 삶의 여행이 자기실현—자신의 고유한 잠재력의 실현—의 방향으로 우리를 이끌고 있는지 생각해보자.

당신은 자신이 가진 모든 가능성을 이루기 위해서 노력하고 있는가?

당신은 자기실현을 이룬 사람인가? 자신이 가진 모든 가능성을 이루기 위해서 노력하고 있는가? 심리학자 매슬로우는 다음 여덟 가지를 자기실현을 이룬 사람들의 특성으로 제시하였다. 그중 당신에게 해당되는 것이 몇 가지인가? 그 특성들을 점검해보면서 자기 평가를 해보면 어떨까?

1. 현재—지금과 여기—의 삶을 완전히 경험하고 있는가? (자기실현자는 지나간 과거에 지나치게 몰두하거나 멀리 있는 목표를 향해서 애쓰면서 삶을 허비하지 않는다.)

2. 선택을 두려워하지 않고 성장을 위한 선택을 하는가? (자기실현자는 자신의 고유한 잠재력을 개발하기 위해서 적절한 수준의 모험을 한다. 현 상태를 유지하는 지루한 삶 안에서 안락하게 지내지 않는다. 자기실현자는 '안주'하지 않는다.)

3. 자기 자신에 대해서 알려고 노력하는가? (자기실현자는 자신의 내면을 보면서, 가치, 재능, 그리고 의미를 찾는다. 이 책에 실린 설문들은 자기 자신을 알아 가는 괜찮은 출발점이 될 수 있다. 대학의 심리검사 및 상담센터에서 진로 결정을 위해서 흔히 사용되는 '흥미 목록' 검사를 받아보면 배우는 바가 있을 것이다.)

4. 인간관계에서 정직하고자 애쓰는가? (자기실현자는 자기 개방과 친밀한 인간관계 형성을 방해하는 사회적 겉치레와 게임을 하지 않는다.)

5. 자기 주장적으로 행동하고 간혹 사회적 비난을 받을 위험성이 있어도 자기 생각과 감정을 표현하는가? (자기실현자는 사회적 비난을 피하기 위해서 자신의 감정을 억누르지 않는다.)

6. 새로운 목표를 향해서 노력하는가? 선택된 삶의 역할에서 자신이 할 수 있는 최선이 되고자 노력하는가? (자기실현자는 과거 성취의 기억으로 살지도 않고 이류 수준의 노력을 보여주지도 않는다.)

7. 의미가 있고 보람을 느끼는 삶의 활동을 하려고 하는가? 인본주의 심리학자들이 절정경험이라고 부르는 실현의 순간들을 경험하는가? (절정경험이란 개인적 의미로 충만한 짧은 환희의 순간들을 말한다. 예술작품을 완성시키는 것, 사랑에 빠지는 것, 기계 도구를 새롭게 설계하는 것, 돌연히 수학이나 물리학의 복잡한 문제를 풀어내는 것, 아기를 낳는 것 등을 예로 들 수 있다. 물론 우리는 서로 다르므로 한 사람의 절정경험이 다른 사람에게는 어이없이 싫증 나는 일일 수도 있다.)

8. 새로운 경험에 개방이 되어 있는가? (자기실현자는 새로운 경험으로 인하여 자신의 세계관이나 선악의 관점이 흔들리는 것이 두려워서 망설이지 않는다. 자기실현자는 자신의 기대, 가치관, 그리고 의견을 기꺼이 바꾼다.)

제2장 복습 암송하기/암송하기/암송하기

학습 비결 : 이 질문에 대한 답을 암송하면 보다 효과적으로 학습을 할 수 있을 것이다. 우선 질문에 대한 답을 혼자 소리 내어 답해보거나 공책이나 컴퓨터에 써보라. 그리고 자신의 답을 아래의 정답 예시와 비교해 보라.

1. 왜 프로이트의 성격이론을 정신역동모형으로 보는가?

프로이트의 이론은 우리가 주로 무의식의 동기와 성격 내부의 힘에 의해서 움직여진다고 가정하기 때문에 정신역동적이라고 한다. 배고픔, 성, 공격성의 기본적 본능과 규칙과 도덕률을 따르라는 사회적 압력이 부딪히면서 사람들은 갈등을 경험한다. 처음에는 이러한 갈등이 외적이지만 성장하면서 이 갈등은 내면화된다.

2. 프로이트는 성격의 구조를 어떻게 보는가?

성격은 원초아, 자아, 그리고 초자아의 세 가지 정신적 상태로 구성되어 있다. 무의식적 원초아는 심리적 추동을 대표하고 즉각적 충족을 추구한다. 자아 혹은 자기는 경험을 통해서 발달하며 원초아의 충동을 만족시킬 때 무엇이 실제 이득이 있고 가능한가를 고려한다. 억압 등의 방어기제는 수용이 불가능한 생각이나 현실을 왜곡함으로써 자아를 불안으로부터 보호한다. 초자아는 도덕적 양심으로 삶의 중요한 인물과의 동일시 과정을 통하여 발달한다.

3. 프로이트의 심리성적 발달이론은 무엇인가?

아동기에는 심리성적 에너지 혹은 리비도가 한 성감대에서 다른 성감대로 옮겨지면서 사람들은 심리성적 발달을 거친다. 발달의 다섯 단계는 구강기, 항문기, 남근기, 잠재기 그리고 성기기이다. 어느 한 단계에 고착되면 그 단계와 관련된 성격 특성이 발달한다.

4. 그 밖의 성격의 정신역동이론적 견해에는 어떤 것들이 있는가?

칼 융의 분석심리학은 인류의 역사를 반영하는 집단무의식과 원형을 강조한다. 알프레드 아들러의 개인심리학에서는 열등감과 우월성을 향한 보상적 추동을 강조한다. 카렌 호나이의 이론에서는 부모-자녀 관계와 불안감과 적대감의 발달 가능성에 초점을 둔다. 에릭 에릭슨의 심리사회발달이론에서는 아동기의 성적 충동보다는 초기 사회적 관계의 중요성을 강조한다. 에릭슨은 프로이트의 다섯 발달 단계에 성인기의 발달 단계를 포함시켜서 여덟 단계로 확장했다.

5. 정신역동이론에서는 건강한 성격을 어떻게 보는가?

정신역동이론가들은 건강한 성격이란 사랑하고 일하는 능력, 자아강도, 창의적 자아(융과 아들러), 열등감에 대한 보상(아들러), 그리고 다양한 심리사회적 도전에 대한 긍정적 결과(호나이와 에릭슨)라고 본다.

6. 특성이란 무엇인가?

특성이란 행동으로부터 추론된 성격 요소로 행동의 일관성을 설명해준다. 유전은 특성의 발달에서 큰 역할을 하는 것으로 알려져 있다.

7. 현대 특성모델에서는 성격의 기본 차원을 어떻게 개념화하는가?

한스 아이젱크는 성격을 내향성-외향성, 그리고 정서적 안정성-불안정성(신경증)의 두 가지 주요한 성격차원으로 설명하고 있다. 주요한 최근 모델인 5요인 모델에서는 성격의 핵심요인으로 외향성, 우호성, 성실성, 정서적 안정성, 그리고 경험에 대한 개방성의 다섯 가지를 들고 있다.

8. 특성이론가들은 건강한 성격을 어떻게 보는가?

특성이론가들은 건강한 성격이란 적응을 증진시키는 특성을 운좋게 물려받는 것과 크게 다르지 않다고 본다. 특성이론의 초점은 특성의 근원이나 교정에 있다기보다 사람들이 지니고 있는 특성을 그대로 기술하는 데 있다.

9. 행동주의자들은 성격을 어떻게 개념화하는가?

행동주의자들에게 성격이란 경험에 기반을 두고 발달된 개인의 반응 목록의 총합이다. 행동주의자들은 가설적 무의식의 힘보다는 관찰이 가능한 행동에 초점을 두어야 하며 행동의 상황적 결정요인을 강조해야 한다고 믿는다. 행동주의자들은 개인적 자유나 자유의지를 행사할 수 있다는 느낌은 착각이라고 본다.

10. 고전적 조건형성은 무엇인가?

고전적 조건형성이란 기존의 중립적 자극(조건 자극, CS)이 반복적으로 두 번째 자극과 연합되어서 두 번째 자극(무조건 자극, US)이 유발하는 반응을 일으키게 되는 단순한 형태의 연합 학습이다.

11. 조작적 조건형성은 무엇인가?

조작적 조건형성이란 유기체가 강화를 받은 행동의 수행을 습득하는 단순한 형태의 학습이다. 강화된 반응은 빈도가 높아진다.

12. 강화에는 어떤 유형이 있는가?

정적, 부적, 일차적, 그리고 이차적 강화물이 있다. 정적 강화물이 어떤 반응에 뒤따라 발생하면 그 반응의 확률이 높아진다. 부적 강화물은 어떤 반응에 뒤따라 제거되는 경우 그 반응의 확률을 증가시킨다. 음식 혹은 성적 쾌감 등의 일차적 강화물은 유기체의 생물학적 본성으로 인하여 그 가치를 얻는다. 돈이나 사회적 승인 등의 이차적 강화물은 일차적 강화물과의 연합을 통하여 그 가치가 생긴다.

13. 부적 강화와 처벌은 동일한 것인가?

부적 강화와 처벌은 동일한 것이 아니다. 처벌은 행동을 억제하는 고통 등의 불쾌한 자극으로 표적 행동이 발생할 확률을 감소시킨다. 부적 강화도 불쾌한 자극이지만 이를 제거해주는 행동 반응을 증가시킨다.

14. 사회인지이론은 행동주의적 관점과 어떻게 다른가?

사회인지이론은 기대나 사회 환경에서의 관찰 학습 등 행동에 대한 인지적, 사회적 영향을 강조한다. 사회인지이론가들은 행동을 예측하려면 보상과 처벌 등 상황 변인뿐 아니라 역량, 기대, 그리고 자기 조절 과정 등 개인 변인도 함께 고려할 필요가 있다고 믿는다.

15. 학습이론에서는 건강한 성격을 어떻게 보는가?

학습이론가들은 건강한 성격보다는 적응적 행동이라는 용어를 선호한다. 하지만 학습이론가들도 관찰 학습의 기회, 역량의 획득, 사건의 정확한 부호화, 정확한 기대, 긍정적 자기효능감 기대, 그리고 목표달성을 위한 건설적 행동 조절 등이 '건강한 성격'을 이루는 데 도움이 될 것이라는 견해에는 동의할 것이다.

16. 성격에 대한 인본주의 관점은 무엇인가?

인본주의이론가들은 성격은 우리가 자신의 삶으로 무엇을 만드는지에 따라 결정된다고 주장한다. 인본주의자들에 의하면 우리 모두가 자유로운 선택, 자기실현, 그리고 윤리적 행동을 할 수 있다. 인본주의 심리학자들은 실존주의 철학 — 인간은 자신의 삶을 결정할 자유가 있으며 그 선택과 자신의 삶에 부여하는 의미 혹은 무의미에 대한 책임에서 벗어날 수 없다는 믿음 — 에 동조한다.

17. 인본주의이론은 정신역동이론 및 행동주의이론과 어떻게 다른가?

정신역동이론가들은 우리의 행동이 프로이트의 믿음처럼 성격 안의 내적 힘에 의해서, 그리고 행동주의자들은 환경 내의 외적 힘에 의해서 결정된다고 믿는다. 그러나 인본주의 심리학자들은 사람들이 개인적 선택을 통해서 자기실현을 추구한다고 믿는다.

18. 자기(self)란 무엇인가? 자기이론이란 무엇인가?

로저스에 따르면 자기란 타인과의 관계 속에서 각자 '나'라고 지각하는 체계화된 일관적 방식이다. 자기이론은 자기의 존재를 가정하고 각자 고유의 참조 틀을 가지고 있다는 가정에서 출발한다. 자기실현(고유한 잠재력의 발전)을 이루려는 시도는 무조건적 긍정적 존중을 받을 때 가장 이루어질 가능성이 높다. 가치의 조건은 자기개념의 왜곡, 자기 자신의 부분적 부인, 그리고 불안을 일으킬 수 있다.

19. 인본주의-실존주의이론에서는 건강한 성격을 어떻게 보는가?

인본주의-실존주의이론가들은 건강한 성격이란 '지금-여기'의 삶을 경험하고, 새로운 경험에 열려 있으며 자신의 진솔한 감정과 생각을 표현하고, 자신의 감정을 신뢰하며, 의미 있는 활동을 하고, 적응적인 변화를 이루면서 자기 자신의 사람이 되는 것을 의미한다.

20. 성격의 이해에서 사회문화이론이 중요한 이유는 무엇인가?

한 사람에게 영향을 미치는 문화적 신념과 사회경제적 상황에 대한 이해 없이 그 사람의 성격을 완전하게 이해한다는 것은 불가능하다. 사회문화이론은 성격과 행동의 발달에서 민족, 성별, 문화, 그리고 사회경제적 지위의 역할을 고려할 것을 권한다.

21. 개인주의와 집단주의는 어떤 의미인가?

개인주의자들은 자신을 개인적 정체성으로 정의하고 개인적 목표를 우선시한다. 집단주의자들은 자신을 소속 집단에 따라 정의하고 그 집단의 목표를 우선시한다. 다수의 서구 사회들은 개인주의적이며 성격에서 개인주의를 함양한다. 다수의 동양 사회들은 집단주의적이며 성격에서 집단주의를 함양한다.

22. 문화변용은 이민자 집단의 적응에 어떠한 영향을 미치는가?

문화변용과 이민자 집단의 적응 간의 관계는 복합적으로 높은 문화변용 수준과 낮은 문화변용 수준이 모두 부정적 결과와 관련이 있다. 건강한 적응은 민족정체성을 유지하면서 현 거주국에서의 생활이 요구하는 바와의 균형을 취하는 것과 관련이 있을 수 있다.

23. 사회문화이론가들은 건강한 성격을 어떻게 보는가?

사회문화이론가들에 따르면 건강한 성격이란 자신의 문화적 맥락 내에서 적응적으로 기능하면서 서로 다른 문화적 요구들 간의 균형을 유지하고 차별에 대처하며 중요한 전통적 가치와 관습을 유지하면서 동시에 새로운 사회의 문화에 적절하게 적응해 나가는 것이다.

24. 성격은 어떻게 평가하는가?

객관적 성격검사와 투사법 성격검사를 포함해서 다양한 방법이 사용된다.

25. 객관적 성격검사란 무엇인가?

MMPI와 같은 객관적 성격검사에서는 객관적으로 채점할 수 있도록 제한된 범위의 반응만이 허용되는 문항이나 질문들을 제시한다. 검사자는 피검자의 점수를 관련 규준과 비교하여 그 사람의 특정 심리적 특성이 어느 정도인지를 가늠하거나 우려되는 영역을 알아본다.

26. 투사법 성격검사란 무엇인가?

로르샤하 검사나 주제통각검사와 같은 투사법 성격검사들에서는 모호한 검사자료를 제시하고 그에 대한 반응 방식을 통하여 성격의 근저에 있는 측면을 알아보고자 한다.

개인적 글쓰기 숙고하기/숙고하기/숙고하기

학습 비결 : 이 장에 나온 개념들을 자신의 경험과 관련시켜 음미하면 보다 심층 처리가 가능하다. 그렇게 되면 내용에 보다 더 개인적인 의미를 부여하게 되며 더 효과적인 학습이 가능해진다. 답을 쓸 공간이 더 필요하면 추가 페이지를 이용해도 좋다.

1. 이성 친구가 없는 친구를 한 명 떠올려보자. 그 친구에게 데이트 상대를 소개하려고 하는데 성격이 어떤가 하는 질문을 받았다면 어떻게 답할 것인가? 당신이 친구의 성격을 묘사한 내용은 이 장에서 설명한 성격 모델 중 어떤 것과 가장 밀접하게 관련되는가?

2. 5요인 모델의 성격 특성으로 자신의 성격을 묘사해보라. 가장 두드러진 특성은 무엇인가? 당신을 아는 다른 사람들은 당신의 평가에 동의할까, 동의하지 않을까?

모듈 복습의 답

모듈 2.1
1. 갈등
2. 원초아
3. 현실
4. 초자아
5. 남근기
6. 고착
7. 이성
8. 집단
9. 열등감
10. 심리사회적

모듈 2.2
11. 중립적
12. 무조건
13. 정적
14. 강화
15. 일차적
16. 이차적
17. 처벌
18. 상황

모듈 2.3
19. 있다
20. 자기실현
21. 위계
22. 자기
23. 참조
24. 무조건적

모듈 2.4
25. 특성
26. 정서적 안정성-불안정성
27. 우호성

모듈 2.5
28. 개인주의자
29. 집단주의자
30. 높다
31. 강하다

모듈 2.6
32. 객관적
33. F
34. 투사법
35. 로르샤하

나의 생활 나의 마음 퀴즈의 답

1. B
2. C
3. T
4. T
5. P
6. SC
7. B
8. SC
9. H
10. S
11. P
12. H
13. H
14. P
15. S

삶의 기대 척도의 채점 방법

삶의 기대 척도에서의 총점을 계산하려면 우선 3, 8, 14, 17, 19, 20, 22, 25, 27, 30번 항목의 점수를 역채점(즉 1점을 5점으로 2점은 4점으로, 3점은 그대로, 4점은 2점으로, 그리고 5점은 1점으로 재채점)한다. 그다음 점수들을 합산한다. 총점의 범위는 30~150까지이다. 90보다 높은 점수는 전반적으로 긍정적 기대를, 90점 이하는 전반적으로 부정적 기대를 의미한다. 점수가 높을수록 미래 성공에 대한 기대가 높으며, 사회학습이론에 의하면 역경에 정면으로 대응하고자 하는 동기가 높다.

CHAPTER

3

스트레스 : 스트레스란 무엇이며, 어떻게 관리할까?

개요

- 다음을 알고 있나요?
- 모듈 3.1 : 스트레스의 원천
- 모듈 3.2 : 스트레스의 심리적 조절 변인
- 모듈 3.3 :  나의 생활, 나의 마음 스트레스 관리하기

복습 암송하기/암송하기/암송하기

 **나의 생활, 나의 마음 개인적 글쓰기** 숙고하기/숙고하기/숙고하기

다음을 알고 있나요?

- 최근 미국심리학회에서 실시한 전국 조사에 따르면, 미국인의 1/3 이상이 스트레스로 인한 두통을 보고하였으며, 1/4 이상은 스트레스가 소화불량의 원인이라고 보고하였다.(87쪽)
- 대학생들이 대학 상담센터로부터 도움을 구하는 가장 흔한 이유는 스트레스다.(86쪽)
- 인종 차별에의 노출은 개인의 정신건강과 자기개념에 피해를 가져올 수 있다.(90쪽)
- 뇌는 통증을 없애는 신경이 없음에도 불구하고 통증에 대한 반응을 통제한다.(92쪽)
- 높은 기온은 우리를 화나게 만든다. 즉 공격성을 촉발한다.(105쪽)
- 명상은 혈압에 좋다.(116쪽)
- 근육을 이완하기 위해 먼저 근육에 긴장을 주는 것이 도움이 될 수 있다.(117쪽)

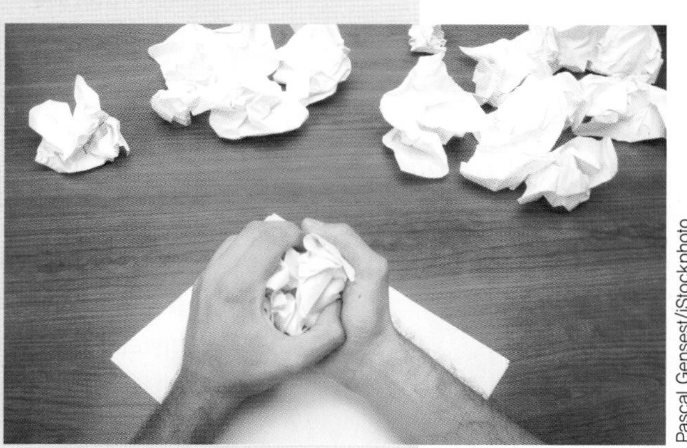
Pascal Gensest/iStockphoto

좋은 것이 너무 많으면 당신을 병들게 할 수 있다. 이상형과 결혼하기, 좋은 직장 구하기, 그리고 더 좋은 이웃이 있는 곳으로 이사하기 등이 한 해에 모두 일어난다면, 당신에게 더 없는 행복이라고 생각할 것이다. 그럴 수 있다. 그러나 이러한 모든 사건의 충격이 차례로 쌓여서 두통, 고혈압, 천식을 유도할 수도 있다. 그러한 사건들이 즐겁기는 하지만 그것들은 모두 주요한 삶의 변화이며, 변화는 **스트레스**(stress)의 원천이다.

스트레스 : (1) 신체적, 심리적 힘 또는 압력이 사람에게 가해지는 사건. (2) 적응을 위해 유기체에게 부과되는 요구

그런데 스트레스란 무엇인가? 물리학에서 스트레스는 신체에 가해지는 압력이나 힘으로 정의된다. 지표면에 압력을 가하는 수많은 돌, 한 자동차가 다른 자동차에 부딪치는 것, 고무밴드 늘리기 — 이것들은 물리학적 스트레스의 유형이다. 심리적 힘이나 스트레스 또한 압력을 가하고, 밀고, 당긴다. 우리는 중대사를 결정할 때 그 무게에 의해 '으스러지고', 역경에 '부딪히며', 딱 부러지기 직전까지 '늘어난다'고 느낄 수 있다. 우리는 우리의 일상사에서 학교 · 직장 · 가족에 대한 책임감, 병든 친척 돌보기, 금전적 역경 또는 건강문제에 대한 대처 등과 관련된 부담으로부터 높은 수준의 스트레스에 직면할 수 있다. 심리학에서 스트레스란 조정, 대처, 적응하도록 어떤 유기체에 주어진 부담을 의미한다.

어떤 스트레스는 건강에 유익하며, 우리가 계속 정신을 바짝 차리고 무언가에 전념하도록 하는 데 필요하다. 그러나 강렬하거나 장기화된 스트레스는 소화기 질병에서부터 알레르기, 심장질환과 우울에 이르는 스트레스 관련 장애에 더 취약하게 만들어 신체적, 정신적 자원에 무리를 줄 수 있다(Kemeny, 2003). 비록 일부 사람들은 다른 이들보다 스트레스에 더 잘 대처할 수 있지만, 우리 모두는 한계가 있다. 시간이 지남에 따라 스트레스는 기분을 망치게 하고, 즐거움을 경험하는 능력을 손상시키며, 신체에 해를 끼칠 수 있다. 가끔 경험하는 스트레스는 해롭지 않을 수도 있지만, 지속적으로 높은 수준의 일상의 스트레스는 질병을 유발하는 유기체로부터 우리를 보호하는 역할을 하는 면역계, 신체 시스템을 약화시킬 수 있다(Fan et al., 2009). 결과적으로, 만성적인 스트레스에의 노출은 제4장에서 보는 바와 같이 다양한 유형의 질병에 더 취약하도록 만들 수 있다.

이 장에서는 3개의 관점에서 스트레스에 초점을 둔다 : 스트레스의 원천, 스트레스를 완화하거나 조절하는 데 도움을 주는 심리적 요인, 그리고 심리학자와 건강 전문가들이 스트레스를 더 효과적으로 관리하도록 사람들을 돕는 방식.

모듈 3.1

스트레스의 원천

- 스트레스의 주요한 원천은 무엇인가?
- 좋은 것이 너무 많으면 어떻게 당신을 병들게 할 수 있는가?
- 비합리적 신념이 어떻게 스트레스를 유발하거나 악화시키는가?
- 재난의 유형은 무엇인가? 재난은 우리에게 어떻게 영향을 미치는가?
- 소음, 기온, 공해, 인구과잉 등의 환경적 요인이 어떻게 우리의 적응에 영향을 미치는가?

거의 절반에 이르는 미국 성인(최근 조사에 따르면 47%)은 삶에서 경험하는 스트레스의 양에 대해 우려하고 있다("Americans Engage", 2006). 그리고 수많은 스트레스의 원천이 있다는 것은 놀라운 일이 아니다. 이 모듈에서 우리는 스트레스의 주요한 원천을 고려한다 : 사소한 사건, 삶의 변화, 통증과 불편감, 갈등, 비합리적 신념, A 유형 행동, 그리고 재난 · 소음 · 인구과잉 등의 환경적 요인. 만약 당신이 대부분의 대학생과 비슷하다면 아마도 최소한 몇 개의 원천을 경험할 것이다. 그렇기 때문에 대학생들이 대학 상담센터에 도움을 구하는 가장 큰 이유가 스트레스라는 점은 놀랍지 않다(표 3.1 참조)(Gallagher, 1996).

그리고 많은 미국인들은 그들의 삶에서 스트레스 수준이 상승하고 있다고 말한다. 미국심리학회에서 실시한 전국 조사에 따르면, 거의 과반수의 미국인들은 지난 5년간 스트레스가 증가하고 있으며, 1/3은 그들의 삶에서 극심한 수준의 스트레스에 직면한다고 말한다(American Psychological Association, 2006, 2007a, b). 젊은이들은 나이 든 사람에 비해 더 높은 수준의 스트레스를 보고하는 경향이 있다(Martin, 2012).

스트레스는 큰 피해를 준다. 미국심리학회의 여론조사에서 43%의 사람들은 스트레스로부터 발생한 부정적인 심리적, 신체적 건강 문제를 보고하였다(그림 3.1 참조). 거의 절반에 해당하는 응답자가 스트레스 때문에 성마르거나 분노하게 되었으며, 2/5 이상은 스트레스가 그들을 피곤하게 만들었다고 말하였다. 1/3 이상은 스트레스의 결과로 두통을 보고하였으며,

표 3.1 ▮ 학생들이 상담센터를 찾는 이유

이유	이유를 보고한 비율
스트레스, 불안, 신경과민	51
이성 관계	47
낮은 자존감, 자신감	42
우울증	41
가족 관계	37
학업 문제, 학점	29
직업 세계로의 전환	25
고독	25
경제적 문제	24

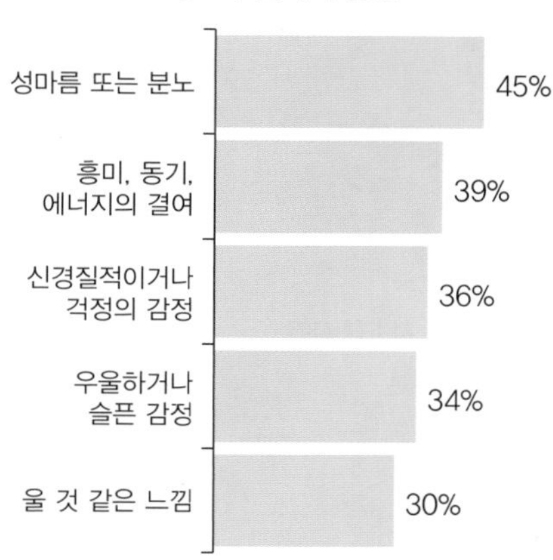

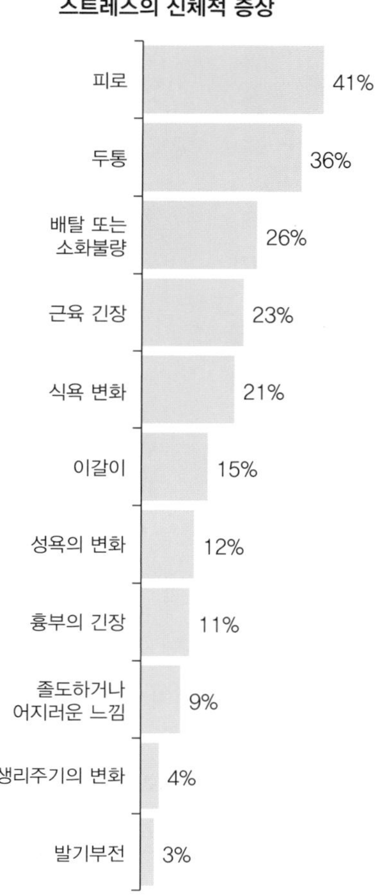

그림 3.1

스트레스로부터 발생하는 심리적, 신체적 증상 미국인들은 많은 스트레스 증상을 보고한다. 특히 피로, 두통, 배탈 등의 신체적 증상뿐만 아니라 성마름, 분노, 신경과민, 동기 결여 등의 심리적 증상이 많다.

출처 : the American Psychological Association's Stress in America 2011 : Executive Summary의 자료 사용.

1/4 이상은 소화불량을 경험하였다. 약 1/3은 스트레스로 인해 우울해지거나 울 것 같은 기분을 느꼈다.

사소한 사건 : 일상의 스트레스

어떤 지푸라기가 낙타의 허리를 꺾어버릴까? 속담에서 말하는 마지막 지푸라기이다(역주 : The last straw breaks the camel's back. 사소한 일이더라도 최후의 한계를 넘어서면 파멸을 가져온다는 의미). 유사하게, 우리가 더 이상 대처할 수 없을 때까지 스트레스가 쌓일 수 있다. 이러한 스트레스 중 일부는 사소한 사건들이다. **사소한 사건**(daily hassles)은 정기적으로 발생하는 환경과 경험을 의미하는데, 우리의 안녕을 위협하거나 해를 끼칠 수 있다(그림 3.2 참조). 다른 것은 삶의 변화이다. 라자루스와 동료들(Lazarus et al., 1985)은 사소한 사건과 그 반대의 개념 — **행복감**(uplifts) — 을 측정하는 척도를 분석하여 사소한 사건을 다음과 같이 분류하였다.

1. 가정 : 식사준비, 쇼핑, 보수작업
2. 건강 : 신체 질병, 의학적 치료에 대한 걱정, 그리고 약의 부작용
3. 시간 압박 : 너무 많은 해야 할 일, 지나친 책임, 그리고 충분하지 않은 시간
4. 내적인 걱정 : 외롭게 되고 감정의 대립

사소한 사건 : 건강에 부정적인 영향을 미치는 짜증이나 화의 일상적인 근원

행복감 : 정기적으로 발생하는 즐거운 경험에 대한 라자루스의 용어

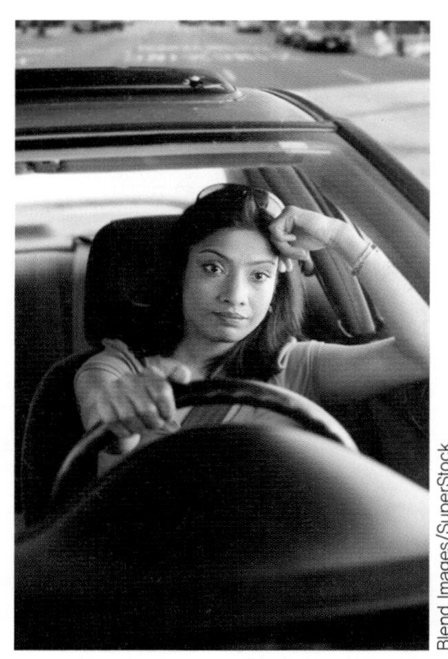

사소한 사건 교통 마비… 지각… 직장과 학교의 요구 병행… 고지서 납부에 대한 걱정. 이러한 것들은 일상사에서 발생하는 일반적인 스트레스의 일부 예일 뿐이다. 당신은 어떤 사소한 사건들에 정기적으로 직면하는가? 스트레스 부담을 줄이기 위해 당신은 그것들에 대해 무엇을 할 수 있는가?

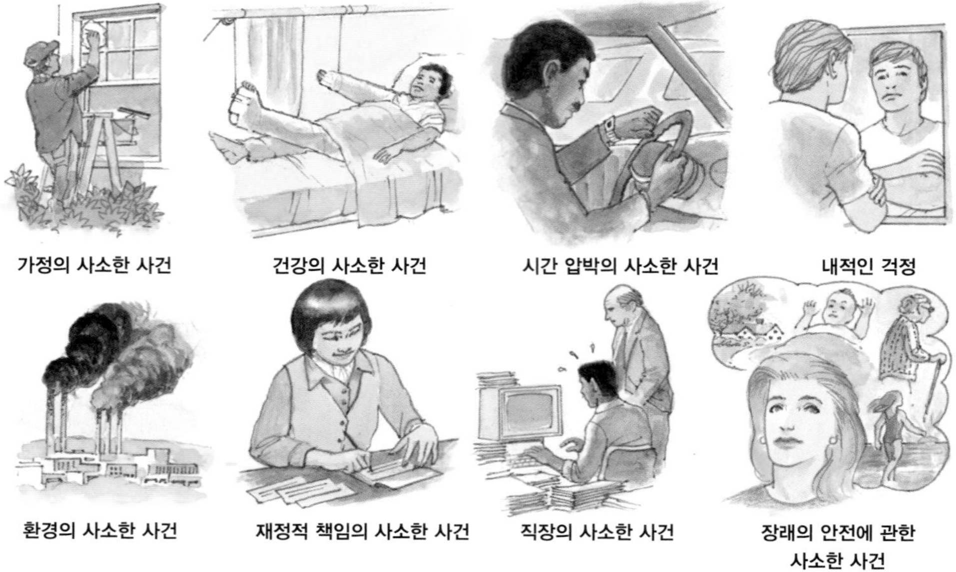

그림 3.2

사소한 사건 사소한 사건은 되풀이하여 발생하는 화의 근원이다. 여기에 제시된 사소한 사건 중 당신의 삶에서 정기적으로 경험하는 것은 무엇인가?

5. **환경** : 범죄, 이웃과의 관계 악화, 그리고 교통 소음
6. **재정적 책임** : 모기지 대출금, 할부 대출 등의 돈에 대한 걱정
7. **직장** : 직무 불만족, 직장에서의 직무를 좋아하지 않는 것, 그리고 동료와의 문제
8. **장래의 안전** : 고용 보장, 세금, 자산 투자, 주식시장 변화, 은퇴에 대한 염려. 이러한 사소한 사건들은 신경과민, 걱정, 시작하는 데 있어서의 무능, 슬픈 감정, 그리고 고독감 등의 심리적 변인과 관련 있다.

삶의 변화 : 결혼, 직업의 시작(또는 실직), 사랑하는 사람을 잃는 것 등 생활 환경에서의 주요한 변화

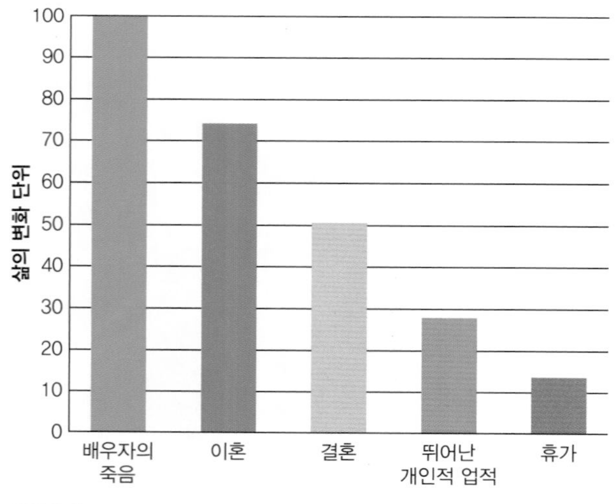

그림 3.3

삶의 변화와 스트레스 긍정적인 삶의 변화와 부정적인 삶의 변화 모두 스트레스가 될 수 있다. 이 그래프는 다양한 삶의 변화에 부과된 스트레스 부담을 보여준다. 당신이 볼 수 있는 바와 같이, 확실히 이혼이나 배우자의 죽음과 같은 정도는 아니더라도 휴가를 가는 것조차 스트레스를 유발한다.

삶의 변화 : 변화를 경험하고 있는가?

우리는 좋은 것이 너무 많은 것도 당신을 병들게 할 수 있다고 지적했다. 우리 삶의 긍정적인 변화일지라도 적응을 요구한다. 긍정적이건 부정적이건 생활 환경에서의 변화는 **삶의 변화**(life change) 또는 생활 사건(life events)으로 불린다. 삶의 변화는 두 가지 측면에서 사소한 사건과 구별된다.

1. 많은 삶의 변화는 긍정적이고 바람직하다. 정의에 의하면 사소한 사건은 부정적이다.
2. 사소한 사건은 정기적으로 발생한다. 삶의 변화는 불규칙적 간격으로 발생한다.

삶의 변화는 우리에게 다양한 영향을 미친다. 어떤 삶의 변화는 다른 것들보다 더 큰 스트레스 부담을 준다. 〈그림 3.3〉에서 볼 수 있는 바와 같이, 이혼이나 죽음 등의 부정적인 변화는 결혼이나 휴가와 같은 긍정적인 변화보다 더 큰 스트레스 부담을 준다.

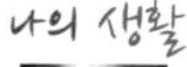

자기 평가 : 당신은 얼마나 스트레스를 받고 있는가?

당신의 삶은 얼마나 스트레스를 받고 있는가? 대학생활 스트레스 척도(College Life Stress Inventory)는 대학생들이 직면할 수 있는 삶의 변화 또는 사건과 관련된 스트레스를 측정하도록 한다. 지난 12개월 동안 당신이 경험했던 사건들에 표시하라. 그리고 동그라미한 각 문항의 스트레스 점수를 합하여 총 스트레스 점수를 구하라. 이 장의 마지막에 있는 평가 기준은 당신의 점수를 해석하는 데 도움을 줄 것이다.

사건	스트레스 점수
1. 강간당함	100
2. HIV 양성 판정을 받음	100
3. 강간으로 피소됨	98
4. 가까운 친구의 죽음	97
5. 가까운 가족 구성원의 죽음	96
6. 성 매개 질병(AIDS 제외)에 걸림	94
7. 임신에 대한 걱정	91
8. 기말고사 기간	90
9. 여자 친구의 임신에 대한 걱정	90
10. 시험 기간에 늦잠 자기	89
11. 낙제	89
12. 이성 친구의 바람 피우기	85
13. 꾸준했던 연애 관계의 청산	85
14. 친밀한 친구나 가족 구성원의 심각한 질병	85
15. 재정적 어려움	84
16. 중요한 기말과제 하기	83
17. 시험에서 부정행위 적발	83
18. 음주 운전	82
19. 학교나 직장에서 과부하되는 느낌	82
20. 하루에 두 번의 시험	80
21. 이성 친구에게 바람 피우기	77
22. 결혼	76
23. 음주나 약물 사용의 부정적 결과	75
24. 가장 친한 친구의 우울이나 위기	73
25. 부모와의 갈등	73
26. 수업 중에 발표하기	72
27. 수면 부족	69
28. 주택 상황의 변화(사소한 사건, 이사)	69
29. 대중 앞에서 시합하거나 공연하기	69
30. 몸싸움하기	66
31. 룸메이트와의 갈등	66
32. 직업 변화(지원, 새 직업, 직무의 사소한 사건)	65
33. 전공 결정 또는 장래의 계획에 대한 걱정	65
34. 싫어하는 과목의 수업	62
35. 음주나 약물 사용	61
36. 교수와의 대립	60
37. 새로운 학기의 시작	58
38. 첫 데이트	57

39. 등록	55
40. 꾸준한 연인 관계의 유지	55
41. 학교나 직장에 통근하기, 또는 둘 다	54
42. 동료의 압력	53
43. 처음으로 집에서 떠나기	53
44. 병이 남	52
45. 외모에 대한 걱정	52
46. 모든 과목에서 A 받기	51
47. 좋아하지만 어려운 과목	48
48. 새로운 친구 사귀기, 친구들과 잘 지내기	47
49. 사교클럽의 가입 권유	47
50. 수업시간에 잠들기	40
51. 운동 경기에 참여하기(예 : 미식축구 경기)	20

출처 : M. J. Renner & R. S. Mackin, A Life Stress Instrument for Classroom Use, (Vol. 25, Issue 1), pp. 25, 46-48, © 1998, Reprinted with permission of Sage Publication.

Ariel Skelley/Blend Images/SuperStock

모든 스트레스가 나쁜 것은 아니다 자녀의 출산이나 직장에서의 승진과 같이 긍정적인 삶의 변화는 스트레스의 원천이 될 수 있다. 긍정적인 삶의 변화는 적응하기 위해 우리에게 부여된 요구를 증가시킨다. 비록 긍정적인 삶의 변화가 우리의 삶을 더 의미 있고 충만하게 만들 수 있지만, 대처할 수 있는 능력에 부담을 주고 일반적인 스트레스 부담을 가중할 때에는 우리의 건강에 영향을 미칠 수 있다.

문화적응 스트레스의 도전

새로운 문화에 적응하기 위해 이민자들이 직면하는 도전은 중요한 스트레스의 원천이 될 수 있는데, 이를 **문화적응 스트레스**(acculturative stress)라고 한다(Ayers et al., 2009; Schwartz et al., 2010). 아프리카계 미국인들에게 문화적응 스트레스는 인종차별주의자 처리의 역사에 포함되어 있으며, 불안과 긴장감, 고혈압과 같은 신체건강 문제와 관련 있다.

인종차별과 차별에 대한 노출은 많은 부정적 효과와 관련되어 있다. 부정적 효과는 자아존중감의 감소, 소외감과 역할 혼란(내가 누구인지, 무엇을 의미하는지에 대한 혼란), 심리적 · 신체적 건강의 악화 등이 있다(예 : Chou, Asnaani, & Hofmann, 2012; Delgado et al., 2010; Huynh, Devos, & Dunbar, 2012; Smart Richman et al., 2010; Torres, Driscoll, & Voell, 2012). 반면에 강력한 민족 정체감을 발달시키고 자신의 문화를 자랑스럽게 여기는 것은 인종차별과 편견의 스트레스 영향에 대처할 수 있는 능력을 향상시킬 수 있다(LaFromboise, Albright, & Harris, 2010; Galliher, Jones, & Dahl, 2011; Oyserman, 2008; Rodriguez et al., 2009; C. O. Smith et al., 2009). 인종차별과 문화적응 스트레스의 충격을 완화하도록 하기 위해서 아프리카계 미국인과 다른 소수민족의 부모들은 자녀들이 자신의 문화의 가치를 잘 이해하도록 도울 수 있다.

문화적응 스트레스 : 주류문화의 방향과 가치에 적응하거나 이를 채택하기 위한 노력에 동반되는 긴장감과 불안감

스트레스를 완화하는 민족 정체성

던 테리(Don Terry)는 문화적응 스트레스를 경험하였다. 던 테리의 어머니는 유럽계 미국인이며, 아버지는 아프리카계 미국인이다. 그가 어렸을 때 그는 어머니에게 "엄마는 백인이고

아빠는 흑인인데, 그럼 난 뭐예요?"라고 말했다(Terry, 2000). 반은 유럽계 미국인이고 반은 아프리카계 미국인인 그는 두 문화에 발을 담그고 있으며, 두 문화 각각에 속하는 사람이 되어야 한다고 느꼈다. 그러나 이는 쉬운 일이 아니다. 주류문화의 가치에 따라 그 가치가 변하는 아프리카계 미국 학생은 종종 변화의 압력을 느낀다. 그들은 적대적인 환경에서 문화에 동화되거나 두 문화를 병용—아프리카계 미국인과 유럽계 미국인 사이에서 살아갈 수 있는—하도록 강요받는다고 느낀다. "오, 그래. 너는 반은 흑인이고 반은 백인이야. 그러니까 너는 양쪽 세상의 최고야."라고 엄마가 말했다.

그러나 던은 미국에서 '반'은 유럽계 미국인이고 '반'은 아프리카계 미국인이 되는 것이 불가능하지는 않지만, 어렵다는 것을 삶의 경험을 통해 배웠다. 대학에서의 경험들을 통해 그가 어떻게 아프리카계 미국인이 되는 것을 '선택했는지' 생각해보라. 던은 오벌린대학에 지원하기로 하였는데, 이 대학이 인종 관계에 대한 진보적인 명성이 있었기 때문이었다. 그가 1학년 생활을 시작했을 때 그는 매우 다른 그림을 발견하였다. 그가 식당을 걷고 있을 때 아프리카계 미국인 학생들끼리 한 테이블에 함께 앉아 있었고, 유럽계 미국인 학생들은 다른 테이블에 있는 것을 발견하였다. 미식축구나 농구 경기에서 통상 유럽계 미국인들은 유럽계 미국인들끼리, 아프리카계 미국인 팬들은 아프리카계 미국인 팬들끼리 함께 앉아 있었다.

어느 날 밤, 던은 유럽계 미국인 여학생과 유럽계 미국인 룸메이트의 기숙사를 방문했다. 그들은 문을 열어놓은 채 잡담을 하고 있었다. 다른 아프리카계 미국인 남학생이 그곳에 있었는데, 룸메이트와 시시덕거리고 있었다. 던이 그 방을 막 떠나려고 할 때 지나가던 유럽계 미국인 여학생이 시비를 걸었다. 그녀는 역겨운 표정으로 "이게 뭐야? 흑인 남자 판인가?"라고 말했다. 던은 기가 막혔다. 왜 인종 이야기를 한 것일까? 그와 그의 친구는 여학생들과 단지 잡담을 하고 있었고 아무런 일도 없었다. 친구인 여학생도 당황한 것처럼 보였다. 던은 그녀의 이웃이 그녀의 방에 불쑥 찾아와서 당황한 것인지, 아니면 그녀의 이웃이 그녀의 방에서 두 명의 아프리카계 미국인 남성을 보았기 때문인 것인지 알 수 없었다.

던은 화가 났다. 그는 자신을 보호할 방패와 명분으로 흑인이 되기로 마음먹었다. 그는 흑인 연구 수업에 등록했으며, 이를 통해 학문적 · 개인적 발전을 이루었다. 그 수업은 던의 정체성을 견고히 하였다. 그리고 그들은 차별적인 주류문화에 대한 던의 아버지의 분노를 이해하도록—난생 처음으로—도왔다.

던은 '진보적인' 대학에서조차 인종이 중요하다는 것에 대한 실망과 격노를 접하게 되었다. 그는 그가 그 자신—유럽계 미국인 어머니와 아프리카계 미국인 아버지를 둔 던 테리라 불리는 복합적인 인간—이 될 수 없다는 것에 화가 났다. 던은 언제나 흑인으로 취급받는 것을 참아야 했으며, 사람이 아닌 캐리커처처럼 취급받았다. 던 테리는 "나를 두 정체성을 함께 가지고 있는 개인으로 보지 않는 세상이 혐오스러웠기 때문에 '어둠'을 선택했다"고 기술하였다. 그리고 그러한 정체성의 일부에는 인종차별적인 생각이 내포되어 있다.

던 테리처럼 아프리카계 미국인들은 그들 자신이 경멸적인 이름으로 불리는 것을 듣는다. 그들은 사람들이 그들에 대해 모욕적인 농담을 하는 것을 듣는다. 그들은 여전히 많은 사회적, 직업적 기회로부터 제지되고 있다. 그들은 조롱당한다. 그들은 때때로 신체 공격의 대상이 된다. 그들의 부모들은 종종 만약 경찰이 불러 세우면, 두 손을 아래로 잘 보이도록 하고 위협적인 소리를 내지 않도록 가르친다. 그렇지 않으면 그들은 총격을 당할 수 있다.

오벌린대학과 같은 '진보적인' 곳에서조차 아프리카계 미국인들은 유럽계 미국인이나 다른 사람들과의 관계에서 인종차별을 경험한다는 것은 비밀이 아니다. 일부 유럽계 미국인들은

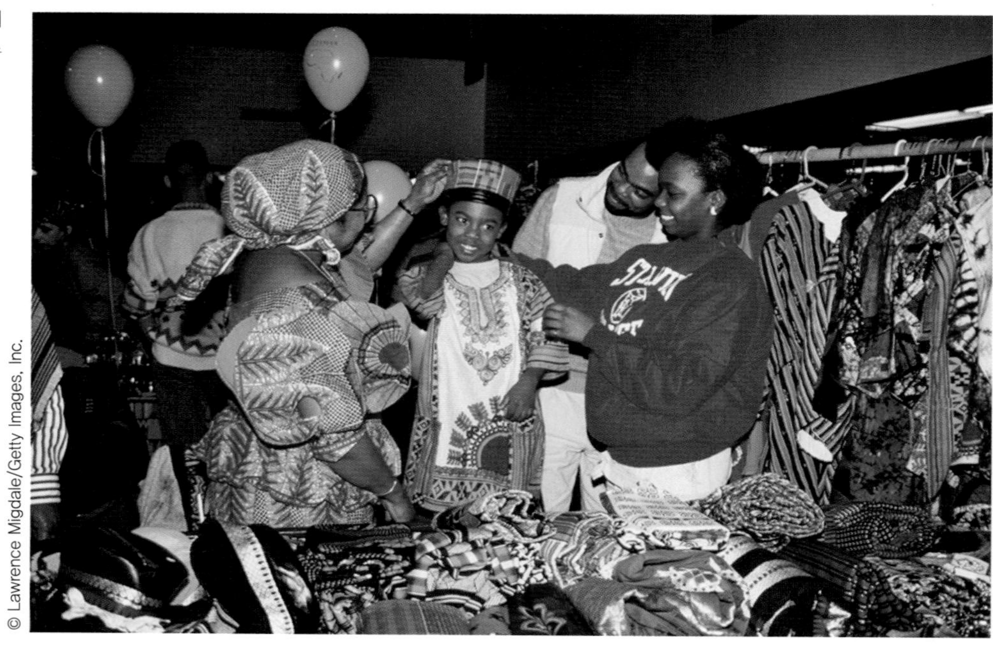

민족 자기정체성 자신의 문화유산과 민족 정체성에 대한 자부심은 인종차별과 편견의 스트레스 효과를 완화하는 데 도움이 될 수 있다.

그들을 범죄 집단으로 취급한다. 대개 유럽계 미국인 대학에 다니는 대부분의 아프리카계 미국인 대학생들 또한 인종차별을 경험한다. 학점, 데이트, 돈, 건강, 대학생들에 의해 경험되는 다른 모든 사소한 사건에 대한 걱정에 추가하여, 아프리카계 미국인 대학생들이 '그들의' 대학에 속하지 않는다고 생각하는 유럽계 미국인 학생들에 의해 들볶이게 된다. 심지어는 '마음이 열린' 유럽계 미국인 학생들조차 가끔 아프리카계 미국인 학생들은 그들의 개인적 장점 때문이 아니라 차별 철폐 조처나 다른 인종 프로그램 때문에 입학을 허락받았다고 가정한다.

통증과 불편감 : 신체의 경고 신호

많은 사람들에게 통증(pain)은 중요한 적응 문제이다. 두통, 요통, 치통 — 이러한 통증은 우리 대부분이 때때로 직면하게 되는 통증의 일부에 지나지 않는다. 8,000만 명으로 추산되는 미국인들이 요통, 두통, 관절염이나 다른 의학적 상태와 관련된 통증 형태의 만성 통증으로 고통 받는다(Edwards et al., 2009; Park, 2011). 〈표 3.2〉는 2,000명 이상 미국 성인의 응답에 근거한 통증에 관한 국가 조사의 결과이다(Arthritis Foundation, 2000).

통증은 우리의 신체에 어떤 문제가 있음을 의미한다. 그러나 통증은 적응적이기도 한데, 불편한 점이 있을 때 무엇인가를 하도록 통증이 우리를 동기화시키기 때문이다. 그러나 일부 사람들에게, 만성 통증 — 부상이나 질병의 통증이 오래 지속되는 것 — 은 우리의 활력을 악화시키고 일상적인 삶의 즐거움을 방해한다.

우리는 대부분의 신체에 발생하는 통증을 감지할 수 있지만, 일반적으로 손가락이나 얼굴처럼 신경 종말이 밀집된 곳에서 가장 뚜렷하다. 그리고 복부 통증이나 요통처럼 신체 내부에서 예민하게 느낄 수도 있다. 두통은 머리 안쪽 깊숙한 곳에서 발생하는 것처럼 보이지만, 뇌에는 통증에 대한 신경 종말이 존재하지 않는다. 뇌 수술은 환자가 두개골을 통하여 작은 구멍을 뚫는다고 느끼지 못하도록 하는 국소 마취 후에 실시될 수 있다. 정상적으로 이야기하자면, 뇌 안쪽에서 통증을 경험하는 것은 이미 조치를 취하기에는 너무 늦었다는 것을 의미하

표 3.2 ▮ 미국 성인의 통증 조사 결과

보고한 비율	여성	남성
통증을 매일 경험하기	46	37
통증을 상당히 통제한다는 느낌	39	48
긴장과 스트레스가 통증의 주요 원인이라는 느낌	72	56
다른 사람이 설득할 때에만 통증에 대해 의사를 방문하기	27	38
통증의 중요 원인이 되는 일과 가정생활 요구의 균형 맞추기	35	24
자주 발생하는 두통	17	8
자주 발생하는 요통	24	19
관절염	20	15
발에 발생한 병	25	17

출처 : Arthritis Foundation, 2000.

기 때문에 뇌에는 신경 종말이 부족한 방향으로 진화된 것인가?

통증은 통상 다친 발가락처럼 접촉 부위에서 비롯된다. 통증 메시지는 접촉 부위에서 척수로, 척수에서 뇌로 전달되는데, 손상된 위치와 강도를 알도록 해준다. 통증 신호에 반응하여 뇌는 **프로스타글란딘**(prostaglandins) 등의 화학물질을 방출하는데, 이는 상처 부위로의 혈액 순환을 높여 우리가 염증이라고 부르는 적열과 부기의 원인이 된다. 염증은 세균의 침입으로부터 환부를 보호하기 위하여 감염을 억제하는 혈액세포를 환부로 끌어모으는 생물학적 기능을 담당한다. 아스피린이나 이부프로펜과 같은 **진통제**(analgesic)는 프로스타글란딘의 생산을 억제하는 작용을 한다.

▮ **프로스타글란딘** : 지방산으로부터 추출되는 물질로서, 염증이나 월경통과 같은 신체 반응에 포함된다.

▮ **진통제** : 통증 감소에 도움을 주는 약물

대표적인 통증 전문가인 로널드 멜작(Melzack, 1999)은 통증에 대한 반응을 결정하는 생리학과 심리학에서의 다양한 요인을 지적한다. 예를 들어 정서적 반응은 통증의 정도에 영향을 미치고, 우리가 스트레스에 반응하는 방식과 마찬가지이다. 예를 들어 만약 통증이 칼이나 바늘처럼 우리가 두려움을 느끼는 대상으로부터 유래했다면 우리는 더 많은 통증을 경험할 것이다. 만약 우리가 상황을 변화시킬 수 있는 것은 아무것도 없다는 것을 지각한다면 통증의 지각은 증가할 것이다. 만약 우리가 자신감과 스트레스에 성공적인 반응을 한 경험이 있다면 통증의 지각은 감소할 것이다.

엔도르핀

통증에 반응하여 뇌는 **엔도르핀**(endorphins)의 방출을 촉진하기도 하는데, 이는 신경계 내의 전달신호에 포함된 일종의 신경전달물질 또는 화학적 전달자이다. 엔도르핀이라는 단어는 내인성 모르핀(endogenous morphine)의 축약어이다. 내인성은 '내부로부터 발생하는'의 의미이다. 엔도르핀은 마취성 모르핀과 기능이 유사하며, 신체 내에서 자연적으로 생산된다. 엔도르핀은 통증 메시지를 뇌로 전달하는 화학물질에 대한 신경계의 수용기를 '잠가두어' 통증을 막는다. 일단 엔도르핀 '열쇠'가 '잠금'에 있으면, 통증 신호를 전달하는 화학물질은 메시지를 전달할 수 없게 된다.

▮ **엔도르핀** : 일련의 아미노산으로 구성된 신경전달물질로, 모르핀과 기능적으로 유사하다.

통증에의 대처

오래된 적 — 통증 — 에 대한 대처는 전통적인 의학적 이슈였다. 기본적인 치료는 통증완화제의 사용과 같이 화학물질이었다. 그러나 심리적 요인은 사람들이 어떻게 통증에 대처하는지에 있어서 중요한 역할을 담당한다. 예를 들어 걱정해주고 도움의 손길을 내미는 사회적 지지의 가용성은 지속적인 통증의 심리적 효과를 약화시키도록 도울 수 있다. 아래에서는 통증을 더 효과적으로 다룰 수 있도록 돕는 몇몇 심리적 요인에 초점을 두고 살펴볼 것이다.

정확한 정보의 획득 통증으로 고생하는 많은 이들은 왜 다쳤는지에 대해 생각하지 않으려고 노력한다. 그러나 통증의 원인에 대해 알아보려 하지 않는 것은 근본적인 문제를 진단하고 치료하기 위해 필요한 의학적 치료를 막을 수 있다. 의사들은 그들 입장에서 종종 환자와 관련된 인간적 측면을 무시한다. 즉 그들은 통증의 원인을 진단하고 치료하는 데 초점을 맞추지만, 통증의 의미와 환자가 무엇을 기대할 수 있는지를 환자와 이야기하지 않는다. 정확한 의학적 정보를 획득하는 것은 사람들로 하여금 상황에 대한 통제감을 유지시켜 스트레스를 감소하도록 도울 수 있다. 그들은 단순하게 그것을 무시하려고 노력하는 대신 그들의 의학적 상태에 관한 무언가를 하고 있다고 느낀다.

주의전환과 환상 이용하기 실험 연구에 따르면, 사람들은 그들의 주의를 통증과 관련 없는 것에 집중하면 통증 수준이 낮아짐을 보고한다(Coderre, Mogil, & Bushnell, 2003). 주의전환은 운동을 하거나 좋은 책이나 영화에 몰입하는 것 등 많은 형태를 띨 수 있다. 당신이 다리에 부상을 입었고 응급실에서 의사를 기다리고 있다고 생상해보라. 당신은 주변 환경의 세세한 부분에 초점을 두어 스스로 주의를 딴 곳으로 돌릴 수 있다. 당신은 천장 타일이나 손가락 뒷면의 털의 개수를 셀 수 있다. 의료진이나 지나가는 사람들의 옷을 유심히 관찰하거나 비평할 수도 있다.

최면 : 암시에 대한 고양된 민감성과 관련된 변경된 의식 상태

최면의 사용 1842년, 런던의 의사인 W. S. 워드(W. S. Ward)는 다소 이상한 마취제 — **최면**(hypnosis) — 를 사용한 후 한 남자의 다리를 절단하였다. 보고서에 따르면, 그 남자는 어떠한 불편도 경험하지 않았다. 몇 년 후, 그의 병원에서는 최면하에서 수술이 일상적으로 실시되었다. 오늘날 최면은 금연을 하거나 체중을 줄이거나 만성 통증을 줄이는 데 사용되고 있으며, 심지어는 마취제로서 치과, 분만, 일부 형태의 수술에도 사용되고 있다(예 : Carmody et al., 2008; Keefe, Abernethy, & Campbell, 2005; Jensen, 2008).

학자들은 최면이 무엇인지뿐만 아니라 최면이 어떻게 작용하는지에 관해 논쟁을 이어 오고 있다. 한 유명한 관점은 최면을 가수면 생태(trance state), 또는 변경된 의식 상태라고 보는데, 이 상태에서 사람은 암시에 매우 영향을 받기 쉽거나 반응적으로 된다. 다른 심리학자는 최면이 어떤 특별한 의식이나 '가수면' 상태를 의미한다는 이러한 관점을 거부한다. 그들의 관점은, 최면은 최면술사와 환자 간의 사회적 역동의 형태로 가장 잘 이해된다는 것이다. 좋은 최면 대상자의 역할을 택하여 사람들이 최면술사의 지시에 억지로 따르게 된다.

비록 연구자들은 최면의 본질에 대한 논쟁을 이어 오고 있지만, 최면은 사람들이 계속되는 통증에 더 잘 대처할 수 있도록 돕는 데 광범위하게 사용되고 있다. 최면술사는 통증이 있는 환자에게 그(녀)가 아무것도 느낄 수 없다거나 통증은 동떨어진 것이거나 약간일 뿐이라고 지시한다. 또한 최면은 주의전환과 환상의 사용에 도움을 줄 수도 있다. 예를 들어 최면술사는 어떤 사람에게 그(녀)가 따뜻하고 이국적인 해변에서 휴식을 취하고 있다고 상상하도록 지시할 수 있다. 비록 최면이 통증을 치료하는 데 치료적인 이점이 있을 수는 있지만, 최면은 전통적인 치료에 대한 대체가 아닌, 치료에 대한 부수적인 수단으로만 사용되어야 한다.

이완 훈련과 바이오피드백 훈련을 연습하기 통증을 느낄 때 우리는 자주 긴장한다. 긴장한 근육은 그것 자체로 불편하며, 교감신경계를 각성시키며, 우리의 주의를 통증에 맞추도록 한다. 이완은 이러한 자멸적인 행동 패턴을 감소시킨다. 몇몇 심리학적인 이완 방법은 근육군을 이완시키는 데 초점을 둔다(이 장의 마지막에 있는 "나의 생활, 나의 마음" 참조). 몇몇 방법은 호흡 연습을, 다른 방법은 이완 심상을 사용한다. 그 심상은 사람의 주의를 다른 곳으로 돌리고 이완의 감정을 깊게 한다. 그리고 **바이오피드백 훈련**(biofeedback training, BFT)은 고통을 받을 때 사람들이 자주 긴장하는 근육군들을 이완하도록 돕는 데 사용된다. 바이오피드백 훈련은 두통, 하부 요통, 턱의 통증 등 많은 형태의 통증을 치료하는 데 매우 효과적으로 사용되어 왔다(Gatchel, 2001; Nestoriuc, Rief, & Martin, 2008).

Cindy Charles/PhotoEdit

당신의 몸에 귀를 기울이라 바이오피드백 훈련을 통해 사람들은 근육 긴장 등의 어떤 신체 반응을 바꾸는 방법을 배운다. 이마의 근육 긴장을 감소시키는 것은 두통 관련 통증을 감소시키는 데 도움을 줄 수 있다.

당신의 사고를 통제하기 당신의 사고를 통제하는 것은 지속적인 통증을 다루는 데 중요한 대처 기술이다(Nuland, 2003). 통증이 절대 끝나지 않을 것이라고 믿는 등의 비관적인 사고를 하는 통증 환자들은 더 희망적이고 낙관적인 태도를 유지하는 사람들보다 통증에 대해 잘 대처하지 못하는 경향이 있다. 더 일반적으로, 통제감을 유지하는 것 — 무기력한 피해자가 되기보다는 통증을 다루는 데 있어 능동적인 역할을 하는 사람으로 스스로를 보기 — 은 통증에 대처하는 능력을 증가시킨다.

▮ **바이오피드백 훈련(BFT)** : 체내 반응들의 변화에 대한 피드백(정보)을 제공하는 생리적 감시 장비를 사용함으로써 그러한 반응에 대한 통제를 갖도록 사람들을 훈련시키는 수단

통증의 '문'을 닫기 부상 부위에 아이스 팩을 하거나 문지르는 등의 단순한 치료요법은 종종 통증을 줄이는 데 도움이 된다. 왜? 멜작(Melzack, 1999)의 **통증에 대한 문 이론**(gate theory of pain)이 한 가지 가능한 대답이다. 이 이론에 따르면, 척수의 가동 기제는 뇌에 통증 메시지들을 도달하도록 하거나 차단하면서 열리고 닫힌다. '문'은 척수의 실제 신체 구조가 아닌, 척수에서 뇌에 이르는 통증 신호들의 흐름을 통제하는 신경계 활동 패턴의 표현이다. 아이스 팩을 사용하거나, 심지어 부상 부위를 문지르는 것조차 통증 신호에 대항할 수 있는 자극을 척수에 전달한다. 결과적으로, 통증 신호들은 뇌에 도달하지 못하게 될 수 있다. 많은 전화가 걸려오는 교환대를 생각해보라. 전화의 홍수는 많은 전화(통증 신호)가 연결되지 못하도록 한다.

예를 들어 발가락 하나에 통증을 느낀다면 모든 발가락을 압박해보라. 종아리에 통증을 느낄 때는 허벅지를 문질러라. 주변 사람들이 당신이 무엇을 하는지 궁금해할지 모르지만, 당신은 통증 메시지들이 통과하지 못하도록 '교환대를 전화로 넘쳐나도록 하기' 위해 노력하고 있는 것이다. 그러나 갑작스럽거나 지속적인 통증의 경우에는 단순하게 그 증상을 치료하지 말고 의사를 만나라. 통증은 의학적 주의를 요하는, 신체에 무엇인가 문제가 생겼다는 신호이다.

Corbis/SuperStock

통증 막기 아이스 팩을 하거나 부상 부위를 문지르는 것은 뇌로 가는 통증 신호를 막음으로써 통증을 일시적으로 완화시키는 데 도움을 준다. 그러나 통증은 무엇인가 문제가 생겼으며, 의학적 주의를 요한다는 신호이다.

침술 수천 년간 중국 의사들은 몸의 특정 지점에 얇은 침을 놓았고, 통증을 완화시키기 위해 침을 회전시켰다. **침술**(acupuncture)이라 불리는 이 행위는 통증뿐 아니라 천식부터 약물 중독에 이르기까지 다양한 범위의 장애를 치료하는 데 사용되어 왔다. 그 효과에 대한 증거가 엇갈리기는 하지만, 침술의 효과에 대한 가장 강력한 증거는 만성 두통과 구역질과 같은 통

▮ **침술** : 침이 신체의 자연적 치유 에너지를 방출한다는 믿음으로, 신체의 다양한 부위에 얇은 침을 놓고 회전시키는 중국의 전통적인 치료 방법

증에 대한 치료에 있다(Vickers et al., 2004). 그러나 최근의 증거는, 침술의 효과가 침을 놓고 조작하는 것보다는 위약 효과에 의해 설명될 수 있음을 시사한다(Cloud, 2011; Linde et al., 2009; Suarez-Almazor et al., 2010).

좌절 : 벽이 너무 높을 때

좌절 : 목표를 달성하려 하는 욕구의 무산

당신은 대학 농구 대표팀에서 포인트 가드가 되기를 희망하지만, 드리블할 때마다 공을 놓칠 수 있다. 당신은 인종적 배경과 편파 때문에 취직이나 교육 기회를 거부당했을 수도 있다. 이러한 상황들은 목표를 달성하기 위한 노력이 무산되거나 막혔을 때 발생하는 정서적 상태, **좌절**(frustration)을 일으킨다(그림 3.4, A 참조). 좌절은 스트레스의 또 다른 근원이다. 많은 좌절의 근원은 명백하다. 청소년들은 화장하고, 운전하고, 외출하고, 성행위를 하고, 돈을 쓰고, 술을 마시거나, 일을 하기에는 너무 어리다는 이야기를 듣곤 한다. 나이는 만족을 지연시키는 장벽이다. 우리는 목표가 너무 높게 설정되어 있거나 자기 요구가 비합리적일 때 성인으로서 좌절할 수 있다. 만약 무슨 수를 써서라도 다른 사람의 인정을 받거나 모든 일을 완벽하게 수행하기를 고집한다면, 우리는 스스로 실패와 좌절의 운명을 맞게 될 것이다.

통근의 좌절

현대의 삶에서 흔한 좌절 중의 하나는 통근이다. 거리, 시간, 운전 조건은 우리와 직장 혹은 학교 사이에 놓여 있는 장벽들 중 일부이다. 얼마나 많은 사람들이 출근하기 위해 한 시간 이상 고속도로에서 씨름하거나 북적대는 기차나 버스를 이용하는가? 대부분의 사람들에게 통근 스트레스는 가볍지만 지속적이다. 여전히 복잡한 고속도로에서의 긴 통근은 심박률, 혈압, 가슴 통증, 그리고 스트레스의 다른 신호들을 증가시키는 것과 연관되어 있다. 소음, 습도, 공기 오염은 출근길에 느끼는 좌절에 기여한다. 만약 당신이 차로 출근을 한다면 교통량이 적은 시간과 길을 선택하도록 노력하라. 교통이 원활한, 길고 경치 좋은 길을 택하는 것이 바람직할 것이다.

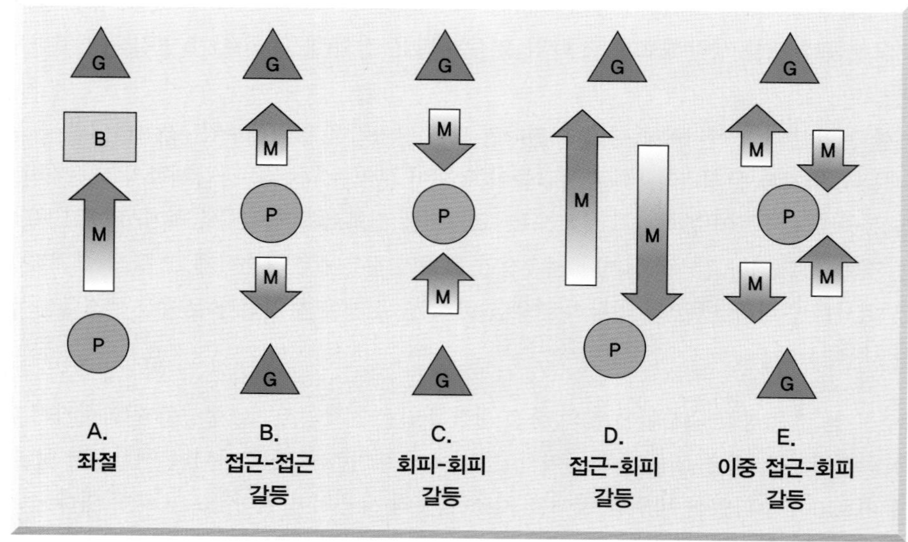

그림 3.4

좌절과 갈등 모델 A는 좌절 모델인데, 사람(P)이 목표(G)에 도달하고자 하는 동기(M)를 갖고 있지만, 장벽(B)에 의해 방해를 받는다. B는 접근-접근 갈등인데, 사람은 동시에 2개의 긍정적인 목표에 접근할 수 없다. C는 회피-회피 갈등인데, 부정적인 목표를 피하는 것이 다른 부정적인 목표에 접근하는 것을 요구한다. D는 접근-회피 갈등인데, 동일한 목표가 긍정적인 특징과 부정적인 특징을 가지고 있다. E는 다중 접근-회피 갈등(이 경우에는 2개)인데, 여러 개의 각각의 목표가 긍정적인 특징과 부정적인 특징을 가지고 있다.

심리적 장벽

불안과 공포는 우리가 목표를 달성하기 위해 효과적으로 활동하는 것을 막는 정서적 장벽이 될 수 있다. 다른 지역의 대학에 진학하기를 희망하는 고등학교 3학년은 집을 떠나는 두려움에 의해 낙담할 수 있다. 어떤 젊은이는 거절의 두려움 때문에 매력적인 이성에게 데이트 신청을 하지 않을 수도 있다. 어떤 여성은 직장동료들, 친구들, 가족에게 그녀의 자기 주장이 너무 강하기 때문에 그들에게 여성적이지 못한 것으로 비춰질 것을 두려워하여 기업 내에서의 서열 상승 욕구를 좌절시킬 수도 있다.

좌절에 대한 내성

앞서 나간다는 것은 우리에게 약간의 좌절 경험과 만족의 지연을 요구하는 점진적인 과정이다. 그러나 우리의 **좌절에 대한 내성**(tolerance for frustration)은 변화할 수 있다. 축적된 스트레스는 내성을 낮출 수 있다. 좋은 날에는 타이어의 펑크를 웃어넘길 수 있다. 그러나 비가 내릴 때라면 타이어의 펑크는 앞에서 언급한 마지막 지푸라기가 될 수 있다. 좌절을 경험했지만 장벽을 극복하거나 대안의 목표를 찾는 것이 가능하다는 것을 학습한 사람들은 좌절을 전혀 경험해보지 못했거나 극도로 경험한 사람들보다 좌절에 대한 내성이 더 강하다.

▮ **좌절에 대한 내성** : 목표가 좌절되었을 때 자기 통제를 유지하기 위한 만족을 지연시키는 능력

갈등 : “할 수 있다면 꿰매라, 할 수 없어도 꿰매라”

당신은 디저트를 먹을 것인가 아니면 다이어트를 유지할 것인가? 더 편리한 캠퍼스에서 살 것인가 아니면 더 독립성이 보장되는 아파트를 구해서 살 것인가? 이러한 예와 같은 선택은 우리를 갈등 상황에 놓이게 할 수 있다. 심리학에서의 갈등은 대립하는 동기로 인해 둘 이상의 방향에 이끌리는 느낌을 의미한다. **갈등**(conflict)은 좌절과 스트레스를 준다. 심리학자들은 갈등을 4개 유형으로 분류한다 : 접근-접근, 회피-회피, 접근-회피, 다중 접근-회피.

▮ **갈등** : 반대되는 동기로 특징지어지는 상황. 한 가지 동기에 의한 만족이 또 다른 동기에 의한 만족을 막는다.

접근-접근 갈등(approach-approach conflict)(그림 3.4, B)은 스트레스가 가장 적은 유형이다. 2개의 목표가 각각 바람직하고, 두 목표 모두 손이 닿는 곳에 있다. 당신은 피자 혹은 타코, 톰 혹은 딕, 나소(서인도 제도의 휴양지) 또는 하와이로의 여행 등의 사이에서 결정하지 못할 수 있다. 그러한 갈등은 보통 결정을 함으로써 해결된다. 이러한 유형의 갈등을 경험하는 사람들은 그들이 결정할 때까지 흔들릴 수 있다.

▮ **접근-접근 갈등** : 2개의 목표가 모두 긍정적이지만 상호 배타적인 갈등

회피-회피 갈등(avoidance-avoidance conflict)(그림 3.4, C)은 당신에게 더 많은 스트레스를 주는데, 각각 부정적인 2개의 목표를 피하고자 동기화되기 때문이다. 그러나 2개의 목표 중 하나를 회피하는 것은 다른 목표에 접근하는 것을 요구한다. 당신은 치과에 방문하는 것을 두려워할 수 있으나, 치과에 가지 않으면 치아가 썩을 것이라는 사실도 걱정할 것이다. 당신이 어떤 단체를 돕기를 원하지 않을 수 있지만, 만약 그 단체를 돕지 않는다면 친구가 당신을 인색하거나 헌신적이지 않다고 생각하는 것을 두려워할 수 있다. 회피-회피 갈등의 각 목표는 부정적이다. 회피-회피 갈등이 스트레스를 많이 주고 해결책이 없을 때, 몇몇 사람들은 다른 문제에 초점을 두거나 아무것도 하지 않음으로써 갈등으로부터 철회한다. 갈등이 많은 사람들은 아침에 일어나서 하루를 시작하는 것을 거부하는 것으로 알려져 왔다.

▮ **회피-회피 갈등** : 두 가지의 부정적인 목표로 인한 갈등. 하나의 목표에 대한 회피가 다른 목표에 대한 접근을 요구함

동일한 목표가 접근과 회피 동기를 모두 만들어낼 때 우리는 **접근-회피 갈등**(approach-avoidance conflict)(그림 3.4, D)을 경험한다. 사람과 사물은 장점과 단점, 좋은 면과 나쁜 면을 가지고 있다. 치즈 케이크는 맛있지만 칼로리가 높다. 혼합된 동기를 만드는 목표는 멀리

▮ **접근-회피 갈등** : 긍정적인 특징과 부정적인 특징을 갖는 목표와 관련된 갈등

서 보면 매력적으로 보이지만, 가까이에서 보면 바람직하지 않다. 많은 커플들이 반복적으로 헤어지고 다시 만난다. 그들은 헤어져 외로울 때는 서로를 좋게 회상하고, 다시 함께라면 잘 사귈 수 있을 것이라고 맹세한다. 그러나 그들이 다시 함께 시간을 보내고 난 다음에는 "내가 어떻게 이 짜증나는 인간이 바뀔 것이라고 믿었지?"라고 생각할지도 모른다.

다중 접근-회피 갈등 : 긍정적인 측면과 부정적인 측면을 갖는 둘 혹은 그 이상의 목표와 관련된 갈등

가장 복잡한 갈등의 형태는 **다중 접근-회피 갈등**(multiple approach-avoidance conflict)인데, 여러 개의 행동 방안 각각이 장점과 단점을 갖는다. 2개의 목표를 가진 예시가 〈그림 3.4〉의 E에 제시되어 있다. 이러한 종류의 갈등은 시험 전날 공부와 영화 감상을 선택해야 하는 상황에 직면했을 때 나타난다. 각 대안은 모두 긍정적인 측면과 부정적인 측면이 있다 : "공부하는 것은 지루하지만, 시험에 낙제할 걱정은 하지 않아도 돼. 영화를 보러 가는 것을 좋아하지만, 내일 시험을 어떻게 볼지 걱정하게 될 거야."

모든 종류의 갈등은 반대 방향으로 향하는 동기들을 수반한다. 당신이 배고픔을 느끼고 단지 약간의 몸무게 걱정을 할 때와 같이 하나의 동기가 다른 동기보다 강할 때, 더 강한 동기—이 경우에는 먹기—에 따라 행동하는 것은 아마도 그렇게 스트레스를 주지는 않을 것이다.

그러나 각 갈등 동기가 강할 때는 적당한 행동 방안에 대해 높은 수준의 스트레스와 혼란을 경험할 수 있다. 그럴 때 당신은 결정을 내릴 필요와 직면하게 된다. 그러나 의사결정은 스트레스를 줄 수 있다. 특히 확실하게 올바른 선택이 존재하지 않을 때는 더욱 그러하다.

비합리적 신념 : 고통에 이르는 10개의 출입문

심리학자 앨버트 앨리스(Albert Ellis, 1913~2007)는 사건 그 자체뿐만 아니라 사건에 대한 우리의 신념이 우리의 적응 능력에 도전하는 스트레스원이 될 수 있다고 믿었다(Ellis & Dryden, 1996). 한 사람이 직장에서 해고되고, 그로 인해 불안하고 우울해 있는 사례를 생각해보자. 실직이 불행의 원인이라는 것은 논리적인 것처럼 보이지만, 앨리스는 실직에 대한 개인의 신념이 어떻게 그(녀)의 불행을 악화시키는지를 주목한다.

앨리스의 A→B→C 접근에 따라 이 상황을 평가해보자. 실직은 선행사건(A : activating events)이다. 그 사건의 결과(C : consequences)는 불행이다. 그러나 선행사건(A)과 결과(C) 사이에는 신념(B : beliefs)이 놓여 있다. 신념의 예는 "이 직업은 내 인생에서 가장 중요한 것이었어", "나는 무가치한 실패자야", "내 가족은 굶주릴 거야", "나는 좋은 직장을 얻을 수 없을 거야", "내가 할 수 있는 건 아무것도 없어" 등이다. 이러한 신념들은 불행을 악화시키고, 무기력감을 발전시키며, 다음에 할 일을 계획하고 결정하는 것을 어렵게 만든다. "내가 할 수 있는 건 아무것도 없어"의 신념은 무기력감을 발전시킨다. "나는 무가치한 실패자야"의 신념은 비난을 내면화시키고 과장될 수 있다. "내 가족은 굶주릴 거야"의 신념 또한 과장될 수 있다. 우리는 이 상황을 다음과 같이 도식화할 수 있다.

선행사건 → 신념 → 결과

혹은

A → B → C

미래에 대한 불안과 상실에 대한 우울은 정상적이며 예상되는 것이다. 그러나 직장을 잃은 사람의 신념은 실패의 정도를 파국화하는 경향이 있으며, 불안과 우울에 기여한다. 상실에 대한 개인의 정서적 반응을 고조시키고 무기력감을 발전시킴으로써 이러한 신념들은 또한 대

표 3.3 ▮ 앨리스의 비합리적 신념들

비합리적 신념 1: 당신은 언제나 당신에게 중요한 사람들로부터 진실된 사랑과 인정을 받아야만 한다.
비합리적 신념 2: 당신은 유능한 사람이라는 것을 느끼기 위해 시도하는 모든 일에서 성공해야만 한다.
비합리적 신념 3: 모든 일은 당신이 바라는 대로 되어야만 하고, 그렇지 않으면 삶은 끔찍한 것일 뿐이다.
비합리적 신념 4: 다른 사람들은 모든 사람을 공정하고 정의롭게 대우해야만 하며, 그들이 그렇게 하지 않는다면 당신은 참을 수 없다.
비합리적 신념 5: 당신의 세상에 위험 혹은 공포가 존재할 때 당신은 그것에 대해 계속 생각하고 걱정해야만 한다.
비합리적 신념 6: 사람은 실제보다 더 좋은 모습만 보여주어야 한다. 만약 당신이 삶의 사소한 사건에 대한 빠른 해결책을 찾지 못할 때 아주 끔찍하고 소름 끼친다.
비합리적 신념 7: 당신의 정서적 불행은 당신의 통제능력을 벗어난 외부 압력에 기인한다. 외부 압력이 바뀌지 않는다면 당신은 계속 비참할 것이다.
비합리적 신념 8: 새로운 도전에 직면하고 그것을 시작하는 것보다 삶의 책임과 문제들을 피하는 것이 더 쉽다.
비합리적 신념 9: 당신의 과거는 오늘 당신의 기분과 행동에 결정적인 영향을 미친다.
비합리적 신념 10: 당신은 타인의 의견을 무시한 채 자신만의 길을 고수해 나가야만 행복을 얻을 수 있다.

처 능력을 손상시킨다. 그것들은 사람의 자기효능감 기대를 낮춘다.

앨리스는 우리 중 많은 사람들이 불행에 이르는 출입문이 되는 비합리적 신념을 택한다고 제안하였다. 그는 우리가 〈표 3.3〉에 나열된 비합리적인 신념들을 채택함으로써 우리 스스로를 불행하게 만들고 있다고 주장한다. 우리가 이러한 종류의 신념들을 고수하고 있을 때 우리는 필연적으로 우리 혹은 세상이 대체로 단축된다는 것을 느끼고, 우리는 속상하거나 화나거나 우울함을 경험한다.

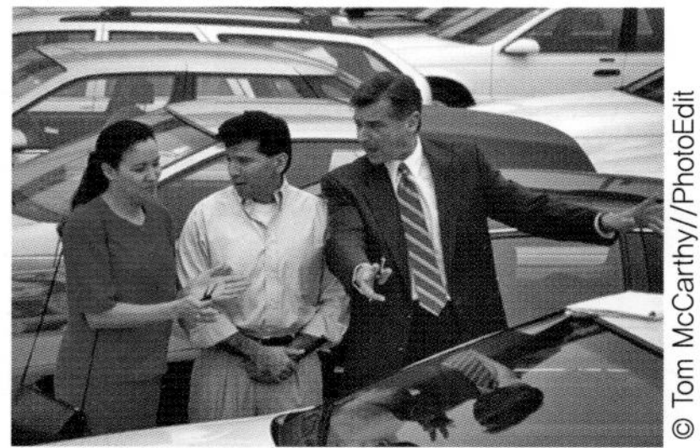

나는 이 거래를 성사시켜야 해, 그렇지 않으면 좋지 않아! 당신은 스스로 기분 좋기 위해서 성취하려고 시작한 모든 일은 반드시 성공해야만 한다고 믿는가? 혹은 완전히 실패했다는 식의 감정 없이 실망감을 받아들일 수 있는가? 앨리스의 어떤 비합리적 신념이 당신의 관점을 묘사하는가?

앨리스는 사람들이 타인들의 인정을 원하는 것은 이해할 만하지만 인정 없이 살아갈 수 없다고 믿는 것은 비합리적이라고 주장했다. 우리가 하는 모든 것에 유능한 것은 바람직하지만, 그것을 기대하는 것은 합리적이지 못하다. 물론 프로 테니스 선수처럼 서브와 발리를 할 수 있다면 좋겠지만, 대부분의 사람들은 완벽한 경기를 위해 투자할 시간 혹은 타고난 능력이 부족하다. 완벽함을 요구하는 것은 주말에 코트에 나가서 재미로 테니스를 하는 것을 하지 못하게 한다. 비합리적 신념 5번은 끊임없이 계속되는 정서적 격변의 원인이다. 비합리적 신념 7번과 9번은 무기력과 의기소침의 감정을 유도한다. 물론 앨리스는 어린 시절의 경험이 비합리적 신념의 기원을 설명할 수 있지만, 우리를 불행하게 만드는 것은 스스로의 인지적 평가—지금 여기—라고 말할 것이다.

연구 결과들은 비합리적 신념(예 : 사회적 승인과 완벽주의에 대한 과도한 의존성)과 불안, 우울감 간의 관계를 뒷받침해준다(Blatt et al., 1995). 또한 완벽주의자들은 우울할 때 자살 확률이 다른 사람들보다 더 높은 경향이 있다(Pilkonis, 1996).

사고와 행동 간의 영향을 연구하는 다른 인지행동 심리학자들처럼, 앨버트 앨리스는 스트레스원들이 발생할 때 우리의 최악의 적은 어떻게 우리 자신이 되는가를 보여준다. 예를 들어 아래의 경험들이 친숙하게 들리는가?

1. 당신은 시험의 첫 번째 문제를 푸는 것이 어려웠고, 낙제할 것이라고 확신하게 되었는가?
2. 당신의 진실된 감정을 표현하고 싶지만, 그렇게 하면 다른 사람을 화나게 할 것이라고 생각하는가?
3. 단지 15분 동안 잠들지 못했을 뿐인데, 밤새도록 잠들지 못하고 아침에 녹초가 될 것이라고 생각하는가?
4. 어떤 결정을 내려야 할지 확신이 없어서, 외출하거나 카드 게임을 하거나 TV를 보면서 그 갈등을 마음에서 지워버리려고 노력하는가?
5. 당신의 폼이나 컨디션이 완벽하지 않기 때문에, 테니스를 치거나 조깅을 하러 나가지 않기로 결정하는가?

만약 당신이 위와 같은 경험이 있었다면, 앨버트 앨리스에 의해 식별된 비합리적 신념 — 타인들의 인정을 지나치게 염려하거나(경험 2) 또는 완벽주의적인 신념(경험 5) — 을 품고 있기 때문이었을 것이다. 비합리적 신념들은 문제가 존재하지 않는다고 가장하여 당신의 문제를 해결할 수 있다고 생각하거나(경험 4), 사소한 좌절이 틀림없이 큰 문제를 일으킬 것처럼 생각하도록 만들 수 있다(경험 1과 경험 3). 사건이 끔찍하거나 끔찍해질 것이라는 근거 없는 가정은 '파국화(catastrophizing)'라 불린다. 즉 당신은 좌절을 대참사로 바꾼다.

그러면 우리는 어떻게 비합리적이거나 파국화의 사고를 바꿀 수 있는가? 인지행동 심리학자들은 도전적으로 단순한 답을 제시한다. 우리는 비합리적이거나 파국화의 사고를 바꿈으로써 그 사고를 변화시킨다. 그러나 변화는 약간의 작업을 요구한다. 우리의 사고를 바꾸기 전에 우선 비합리적이거나 파국화의 사고가 무엇인지를 알아야 한다. 인지행동 심리학자들(예 : Marks & Dar, 2000)은 종종 불안, 갈등 혹은 긴장감을 동반하는 비합리적이거나 파국화의 사고를 통제하기 위한 여러 단계의 절차를 제시한다.

첫째, 주의 깊은 자기반성을 통해 당신을 불행하게 만들 수 있는 사고에 대한 인식을 개발하라. 〈표 3.3〉의 비합리적 신념의 예를 공부하고, 그 신념들 중 어떤 것이 당신에게 해당되는지 자문하라. 또한 불안이나 좌절을 겪을 때 당신의 사고에 깊게 주의를 기울여라.

둘째, 사고의 정확성을 평가하라. 사고가 당신을 해결책으로 인도하고 있는가, 혹은 당신의 사고가 문제를 악화시키고 있는가? 사고가 현실을 반영하고 있는가, 혹은 문제를 확대시키고 있는가? 사고가 실패 혹은 결점에 대해 잘못된 비난을 하고 있는가? 등등.

셋째, 비합리적이거나 파국화의 사고와 양립할 수 없는 생각을 준비하고, 그 사고를 스스로에게 확고하게 말하는 것을 연습하라(주변에 아무도 없다면, 큰 목소리로 확고하게 말해보는 것이 어떤가?).

마지막으로, 당신의 신념과 사고 패턴을 효과적으로 변화시킨 것에 대해 정신적인 격려의 말을 해줌으로써 스스로를 보상하라.

파국화의 사고를 통제하는 것은 통증, 불안, 좌절감 등 스트레스원의 효과를 감소시킨다. 이것은 효과적인 행동 계획을 발달시킬 기회를 제공해준다. 효과적인 행동이 불가능할 때는 우리의 사고를 통제하는 것이 불편감을 인내하는 능력을 증가시킨다. 그러므로 이 장의 맨 뒤에 있는 "나의 생활, 나의 마음" 모듈의 이완하기를 해보라.

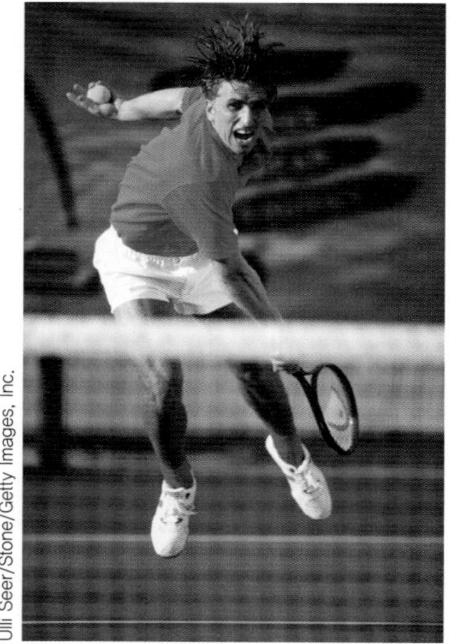

Ulli Seer/Stone/Getty Images, Inc.

당신은 A 유형인가? 당신은 항상 조급하거나 압박감을 느끼는가? 당신은 대부분의 사람들보다 인내심을 빨리 잃는가? 일을 쉽게 처리하는 데 어려움을 느끼는가? 당신의 삶에서 얼마나 많은 스트레스를 스스로 부과했는가?

A 유형 행동 패턴 : 안으로부터의 소진?

어떤 사람들은 A **유형 행동 패턴**(Type A behavior pattern)을 통해 스스로에게 스트레스를 만든다. A 유형의 사람들은 매우 주도적이고, 경쟁적이며, 인내심이 없고, 공격적이다. 그들은 조급하고, 항상 압박하에 있으며, 한쪽 눈은 단단히 시계를 향해 있다. 그들은 약속시간을 맞추도록 촉구할 뿐만 아니라 자주 일찍 오도록 한다. 그들은 빠르게 먹고, 걷고, 이야기하며, 다른 사람들이 천천히 일할 때 가만히 있지 못한다. 그들은 집단 토의를 지배하려고 시도한다.

A 유형 행동 패턴 : 스트레스를 유발하는 행동 패턴. 공격성, 완벽주의, 통제 포기를 꺼림, 그리고 시간의 절박감 등의 특징이 있음

A 유형의 사람들은 통제를 포기하거나 권력을 공유하는 것에 어려움을 느낀다. 그들은 자주 직장에서 권한을 위임하는 것을 꺼리고, 그 결과 자신의 업무 부담을 증가시키게 된다.

A 유형의 사람들은 그냥 테니스 코트에 나가서 이리저리 공을 치는 것을 어려워한다. 그들은 그들의 자세를 지켜보고, 스트로크를 완벽하게 하며, 지속적인 자기 향상을 할 것을 요구한다. 그들은 완벽하게 유능하고 그들이 하는 모든 일을 성취해야만 한다는 비합리적 신념에 사로잡혀 있다.

반대로, B 유형의 사람들은 손쉽게 잘 이완하고 삶의 질에 더 집중한다. 그들은 덜 야망적이고, 덜 짜증 내며, 스스로 속도를 유지한다. 그들은 모임에 곧장 달려가기보다는 멈춰서 장미 냄새를 맡을 수 있다.

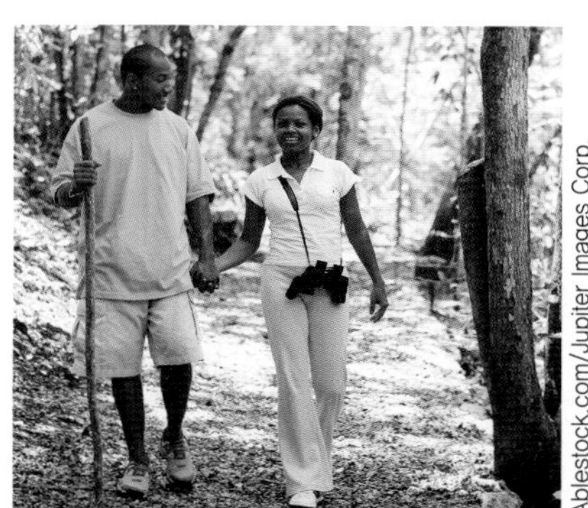

A 유형 행동 감소시키기 산토끼조차 때때로 속도를 늦춘다. 당신이 A 유형이라면, 일상사의 속도를 늦추기 위해 어떤 단계를 밟을 수 있는가?

당신은 A 유형의 사람인가? 다음에 나오는 자기 평가는 이 질문에 대한 약간의 통찰력을 갖게 해줄 것이다.

환경 스트레스원 : 그곳이 위험할 수 있다

우리는 도시의 거리에서 요란한 교통 소음의 일상적인 스트레스원부터 자연재난과 기술재난, 테러행위와 같은 외상성 스트레스원에 이르기까지 환경 속에서 많은 스트레스원에 직면할 수 있다.

재난 : 화재와 얼음

> 누군가는 세상이 불로 끝난다고 하고, 누군가는 얼음으로 끝난다고 말한다.
>
> – 로버트 프로스트

자기 평가 : 당신은 A 유형인가 또는 B 유형인가?

기술된 행동 패턴이 당신에게 해당되면 "예"에, 그렇지 않으면 "아니요"에 체크하여 다음의 자기 평가지를 완성하라. 빠르게 실시하고, 빈칸을 남기지 마라. 그리고 당신의 점수를 확인하기 위해 이 장의 맨 뒤에 있는 평가 기준을 살펴보라.

당신은…	예	아니요
1. 일상적인 대화에서 중요 단어들을 강하게 발음하는가?	____	____
2. 빠르게 먹고 걷는가?	____	____
3. 아이들은 경쟁적이도록 교육을 받아야만 한다고 믿는가?	____	____
4. 천천히 걷는 사람들을 볼 때 안절부절못하는가?	____	____
5. 다른 사람들이 말하려고 하는 것을 서둘러 말하게끔 하는가?	____	____
6. 교통이 정체되거나 식당에서 자리를 기다릴 때 매우 화가 나는가?	____	____
7. 심지어는 다른 사람이 이야기하는 것을 듣는 중에도 당신의 문제나 일에 대해 계속 생각하는가?	____	____
8. 식사와 면도 또는 운전과 메모를 동시에 하려고 하는가?	____	____
9. 휴가 중에 밀린 일을 하는가?	____	____
10. 편안하게 쉬면서 시간을 보낼 때 죄책감을 느끼는가?	____	____
11. 일에 너무 몰두한 나머지 사무실의 장식이나 출근할 때의 풍경을 더 이상 알아채지 못하는가?	____	____
12. 창의성과 사회적 관심사를 계발하기보다는 더 많은 것을 얻는 것을 중요시하는가?	____	____
13. 더 적은 시간에 더 많은 활동을 계획하는가?	____	____
14. 항상 정시에 약속장소에 나타나는가?	____	____
15. 당신의 의견을 강조하기 위해 주먹을 꽉 쥐거나 세게 두들기거나 다른 몸짓을 사용하는가?	____	____
16. 당신의 성취는 일을 빠르게 하는 능력 때문이라고 생각하는가?	____	____
17. 일이 당장 그리고 빨리 완료되어야만 한다고 느끼는가?	____	____
18. 일을 마무리하기 위해 더 효율적인 방법을 찾도록 끊임없이 노력하는가?	____	____
19. 단순히 게임을 즐기기보다는 이기는 것을 강조하는가?	____	____
20. 자주 다른 사람들을 방해하는가?	____	____
21. 다른 사람들이 늦으면 짜증이 나는가?	____	____
22. 식사 후에는 즉시 식탁을 떠나는가?	____	____
23. 조급함을 느끼는가?	____	____
24. 현재의 수행 수준에 대해 불만족하는가?	____	____

Nicholas Kamm/AFP/Getty Images

외상성 스트레스 재난과 외상성 사건은 삶에 대한 통제감을 감소시키고 심리적, 신체적 적응에 심오한 영향을 미친다. 스트레스 관련 문제는 외상후 스트레스 장애(PTSD)의 형태로 몇 년간 이어질 수 있다.

지진, 허리케인, 눈보라, 토네이도, 폭풍우, 빙설 폭풍, 계절풍, 홍수, 산사태, 눈사태, 그리고 화산 폭발 — 이는 우리를 희생양으로 만드는 자연재난의 예이다. 2005년 허리케인 카트리나가 뉴올리언스와 다른 주에 끼친 대대적인 피해는 자연의 파괴적인 힘을 증명한다.

자연재난은 그 자체만으로 위험하며, 지역사회 생활을 망가뜨림으로써 삶의 변화를 야기한다. 전기, 물 등 당연하게 여겨졌던 서비스를 받지 못할 수도 있다. 일과 가정이 파괴되어, 사람들은 터전을 재건하거나 이주를 해야만 한다. 자연재난은 문명사회가 의존하고 있는 기술의 허울이 빈약하다는 점을 드러낸다. 자연재난 이후 수개월 동안 많은 생존자들이 불안과 우울 등 스트레스 관련 문제를 보고하는 것은 이해할 만하다.

허리케인, 홍수, 지진과 같은 자연재난 발생 이후 자살률이 증가하는 것 또한 이해할 만하다. 질병관리본부의 에티엔 크루그와 그의 동료들(Krug et al., 1998)은 선의로 시작한 정부의 재난 대출이 재난 피해자들로 하여금 대출 상환 스트레스를 주어 자살률을 증가시켰다고 추측했다.

자연 환경에 대한 지배는 기술적 진보 덕분이다. 그러나 기술은 실패하거나 역효과를 낼 수도 있고, 항공 사고, 주요 화재, 다리 붕괴, 유독성 가스나 화학 물질의 유출, 그리고 정전 등의 재난을 일으키기도 한다. 이러한 것들은 우리에게 들이닥치는 기술재난의 일부 예일 뿐이다. 그러한 기술재난들이 발생할 때 우리는 통제를 상실한다고 느끼고, 외상적인 형태의 스트레스로 고통을 받게 된다.

자연재난 및 기술재난의 생존자들은 재난 이후 몇 년 동안 스트레스의 심리적, 신체적 효과로 인해 고통받을 수 있다. 누군가의 삶을 관통하거나 사랑하는 사람을 잃은 슬픔의 스트레스는 추가적인 소송을 제기함에 따라 악화되고, 심지어는 다른 사람들에게 해로운 결과를 준 사람에 대한 소송을 지속하는 것에 의해서도 악화될 수 있다.

테러리즘 : 우리 영토에서 우리의 안전감이 위협받을 때

2001년 9월 11일, 모든 것이 변했다. 미국 영토 안에서는 항상 테러 행위로부터 안전하고 보호받는다고 느꼈던 미국인들은, 현재 불행하게도 지구상의 많은 곳에서 일상이 된 취약감과 공포감을 경험했다. 비록 정상으로 돌아가기 위해 노력하고 있지만, 많은 사람들은 여전히 9/11 사건으로부터 휘청거리고 있다. 많은 사람들은 친구와 사랑하는 이를 잃었거나 그 끔찍한 날의 정서적 결과를 여전히 느끼고 있다. 9/11과 같은 외상성 사건, 파괴적인 허리케인, 홍수의 생존자들은, 우리가 제8장에서 다룰 외상후 스트레스 장애(PTSD)와 같은 지속적인 정

적응과 현대인의 삶

외상 관련 스트레스의 경고 신호

사람들은 외상에 직면하여 보통은 심리적 고통을 경험한다. 위기 혹은 재난 시에 무감각한 상태를 유지하는 것은 오히려 비정상적일 것이다. 그러나 한 달 넘게 지속되고 일상사에 잘 기능하도록 하는 개인의 능력에 영향을 미치는 스트레스 반응은 우려를 낳을 수 있다.

아래에 기술된 증상들은 외상성 스트레스 반응의 가능한 경고 신호들이다. 당신 혹은 사랑하는 사람이 외상성 사건을 경험하고 한 달 이상 그와 같은 증상들을 보였다면, 더 완전한 평가를 위해 전문가와 상담할 필요가 있다. 당신은 대학 건강 서비스 혹은 지역사회의 훈련된 전문가들에게 도움을 구할 수 있다.

- 잠자는 데 어려움이 있거나 악몽을 꾸는가?
- 외상성 사건이 다시 일어나는 듯한 생각이 드는가?
- 평소보다 더 짜증을 느끼는가?
- 결정을 하는 데 더 어려움이 있는가?
- 외상과 관련된 사건을 기억하는 데 어려움이 있는가?
- 외상 이후에 더 화가 나거나 분개한 감정을 느끼는가?
- 다른 사람들로부터 단절되었다고 느끼는가?
- 내면에서 정서적으로 '무감각'해졌다고 느끼는가?
- 집중하는 데 어려움이 있는가?
- 식욕의 변화가 있음을 알고 있는가?
- 슬프거나 우울해진 감정을 느낀 적이 있는가?
- 피곤하거나 힘이 없는가?
- 아무 이유 없이 울고 있는 자신을 발견한 적이 있는가?
- 쉽게 놀라는가? 대부분의 시간에 불안함을 느끼는가?
- 항상 '경계'하는가?
- 특히 외상을 기억나게 하는 것에 노출되었을 때 불안 혹은 공포로 인해 괴로운가?
- 희망이 없거나 절망감에 휩싸인 느낌을 받은 적이 있는가?
- 외상을 상기시키는 장소나 상황을 피한 적이 있는가?
- 당신의 안전이나 사랑하는 사람의 안전에 대해 지나치게 걱정하게 되었는가?

출처 : Warning Signs of Trauma Related Stress, American Psychological Association, 2002에서 발췌.

표 3.4 ▮ 2001년 9월 11일의 테러 공격이 발생한 다음 주에 미국인들이 보고한 스트레스 관련 증상들

	우울	초점의 부족(집중의 어려움)	불면증
남성	62	44	26
여성	79	53	40
계	71	49	33

출처 : Pew Research Center(2002, September, 20). *American Psyche reeling from terror attacks*. www.people-press.org/terrorist01rpt.htm.

서적 영향으로부터 고통받을 것이다. 그러나 9/11과 같은 외상 사건의 결과는 어떤 식으로든 대부분의 사람들에게 영향을 미친다. 〈표 3.4〉에서 볼 수 있듯, 미국인들 대다수는 9/11의 즉각적인 여파로 우울감을 느낀다고 보고했고, 상당한 비율의 사람들이 집중하는 데 어려움을 겪거나 불면증으로 고통받았다.

소음 : 시끄러운 삶의 영향

심리학자들은 긍정적인 정서 반응을 일으키고 인간의 수행에 기여하는 환경을 설계하기 위해 감각과 지각의 지식을 적용함으로써 사람들이 적응할 수 있도록 돕는다. 그래서 심리학자들은 어떤 환경의 소리를 방음하거나 음악이나 자연적인 환경에서 녹음된 물소리(비, 해변, 개울 등) 등의 기분 좋은 배경음 사용을 제안한다. 그러나 소음, 특히 큰 소음은 부정적일 수 있다. 칠판에 분필을 긁을 때나 저공비행하는 항공기가 머리 바로 위해서 쌩 소리를 낼 때 당신은 어떻게 반응하는가?

데시벨(dB)은 소음의 크기를 표현하는 데 사용된다(그림 3.5 참조). 청력 역치는 0dB로 정의된다. 당신의 학교 도서관은 아마도 약 30~40dB 정도가 될 것이다. 고속도로는 약 70dB이다.

높은 수준의 소음은 스트레스를 주며, 고혈압부터 신경 질환, 소화기 장애에 이르는 건강 문제를 야기할 수 있다. 85dB 이상은 신체의 자연적인 스트레스 반응을 촉발시켜 혈압 증가, 소화 불량을 일으킬 수 있다. 약 125dB 이상이 되면 소음은 신체적으로 고통스럽게 만든다. 150dB의 소음은 당신의 고막을 파열시킨다. 그러나 85dB 이상의 소음에 장기간 노출되거나 120dB 이상의 단기적인 소음 폭발에 노출되면, 통증이 나타나기 전에 영구적인 청력 손상으로 고통받을 수 있다.

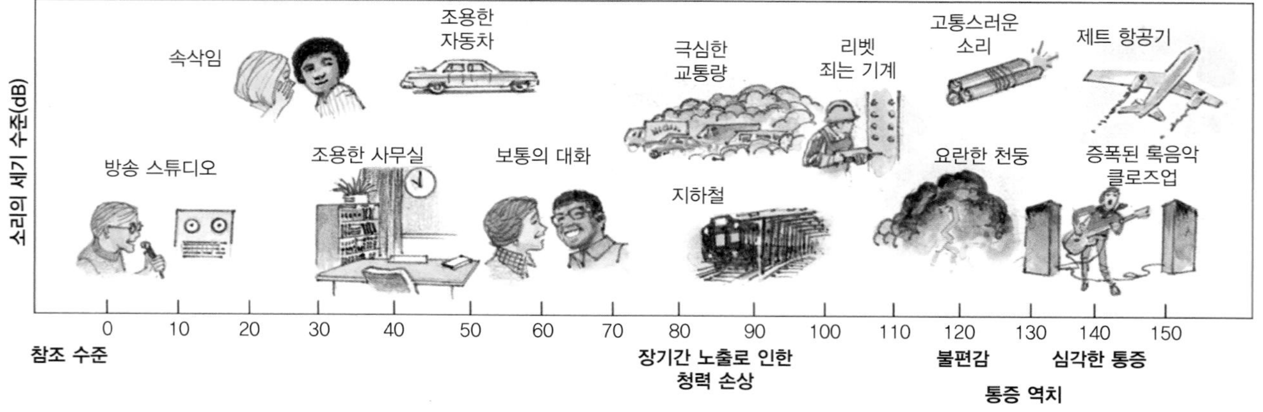

그림 3.5
다양한 소리의 데시벨 수준 큰 소음은 혈압을 높이고 학습과 수행을 방해할 수 있는 환경적인 스트레스원이다.

120dB은 얼마나 큰 소리일까? 록 콘서트에서의 소리가 자주 이 범위 안에 있어 뮤지션과 청중들의 청력 손상 위험을 일으킨다. 아이팟이나 MP3 플레이어에 연결된 헤드폰을 통해 큰 소리의 음악을 듣는 많은 젊은이들은 매일매일 위험한 고음에 노출되고 있다. 그들은(당신은?) 장기간의 청력 상실이 진행되었을 때 수년이 지날 때까지도 청력 손상을 깨닫지 못할 수도 있다. 과잉 소음은 수면 방해, 수행 손상, 심지어는 심장질환 등의 다른 문제들을 야기할 수 있다(Szalma & Hancock, 2011; University of Michigan, 2011).

청력을 보호하기 위해 당신은 무엇을 할 수 있는가? 여기 몇 가지 조언을 제시한다.

- 직장에서와 같이, 과잉 소음을 피할 수 없을 때에는 청력 보호구 혹은 부드러운 고무나 실리콘 타입의 귀마개를 착용해라.
- 비상 시에는 손가락으로 귀를 막아라(조심스럽게!).
- 입체 음향의 볼륨을 줄여라, 특히 이어폰을 사용할 때.
- 고막을 찢을 듯한 콘서트에 가지 마라.
- 집에서 두꺼운 커튼, 흡음 천장과 벽 타일, 이중 창, 그리고 두꺼운 카펫류를 이용하여 귀를 보호해라. 소리가 들어오는 창문과 문을 닫아라.

기온 : '옷깃 속의 열기'

기온 상승 또한 일부 사람들을 화나게 할 수 있다. 높은 기온은 성폭행과 폭력적인 대립을 포함하는 공격적 행동 수준의 증가와 연관된다(Bell, 2005; Bushman, Wang, & Anderson, 2005; Sorg & Taylor, 2011). 심지어 기온이 높을 때 프로 야구 투수들은 동료가 상대팀 투수의 공에 맞으면 상대팀 중 한 선수를 맞춰 상대팀을 응징할 가능성이 더 높다(Larrick et al., 2011).

고온은 화, 적대적인 생각과 감정을 불러일으켜 공격적인 행동을 조장하고, 그럼으로써 사람들이 화나거나 좌절되었을 때 공격적으로 반응할 준비를 높인다. 그러나 매우 고온일 때 사람들은 참을 수 없는 열을 피하도록 우선적으로 동기화되어 공격적인 행동이 감소하기 시작할 수 있다.

공해 : "숨 쉬지 마라"

심리학자들과 건강 과학자들은 우리의 건강과 적응에 영향을 미치는 오염과 유해한 악취를 조사하였다. 예를 들면, 납 먼지나 부패하는 페인트 부스러기를 삼키는 것은 아동의 지적 기능을 손상시킬 수 있다. 높은 공기 오염 수준은 도시에서의 더 높은 사망률과 연관된다(Samet et al., 2000). 다른 형태의 유해한 자극처럼, 불쾌한 냄새가 나는 오염 물질은 매력적인 느낌을 감소시키고 공격성을 증가시킨다(Baron & Byrne, 2000).

도시의 인구밀집과 기타 스트레스

대도시 거주자들은 교외 거주자와 농촌 사람들보다 더 많은 자극 과부하를 경험하고, 범죄를 두려워하는 경향이 있다(Herzog & Chernick, 2000). 압도적인 군중 자극, 밝은 불빛, 가게 창문 등은 사람들로 하여금 특정한 얼굴, 목적지, 일에 대한 지각을 협소하게 하는 원인이 된다. 삶의 속도는 심지어 사람들이 도시 거리를 걷는 속도도 증가시킨다. 미국에서의 모든 주요 인구 집단들—아프리카계 미국인, 동양계 미국인, 유럽계 미국인, 그리고 라틴계 미국인

—은 높은 밀도의 주거 조건을 불편하고, 심지어 혐오스럽다고 생각한다(Evans, Wells et al., 2000).

그러나 모든 도시가 같지는 않다. 한 비교문화 연구에서는 거리를 걷는 속도, 단순한 작업을 완료하는 데 걸리는 시간, 공공 시계의 정확성 등을 측정함으로써 유럽과 일본의 도시들이 덜 발달된 국가들의 도시들보다 더 빠른 속도로 기능한다는 사실이 밝혀졌다(Levine & Norenzayan, 1999). '더 빠른' 도시의 사람들은 더 많은 것을 했을지 모르지만 흡연하고 심장 질환으로 사망할 가능성도 더 높았다(Levine & Norenzayan, 1999). 누구 농사지을 사람 없나요?

개인 공간

인구과잉의 한 부정적 영향은 개인 공간의 침범이다. 개인 공간은 보이지 않는 경계, 즉 당신을 감싸고 있는 일종의 거품이다. 다른 사람이 당신의 공간을 침범했을 때 당신은 불안해지고 아마도 화가 날 것이다. 이것은 텅 빈 식당에서 누군가가 당신의 바로 맞은편이나 옆에 앉을 때, 또는 엘리베이터에서 누군가 당신 옆에 너무 가깝게 서 있을 때 일어날 수 있다.

개인 공간은 보호와 소통의 기능을 동시에 수행하는 것으로 보인다. 사람들은 보통 인종, 나이 혹은 사회경제적 지위가 비슷한 사람들에게 가까이 다가간다. 데이트를 하는 커플들은 그들 사이의 매력이 증가할수록 더 가깝게 된다.

개인 공간에 관한 몇몇 흥미로운 비교문화 연구가 실시되었다. 예를 들면, 북미와 북유럽인들은 남유럽, 아시아, 그리고 중동인들보다 서로 간에 더 많은 거리를 유지한다(Baron & Byrne, 2000).

어떤 문화에 속한 사람들은 명백하게 고밀도에 대처하는 것을 배우고, 또한 다른 사람들에 대처하는 방법을 공유한다. 도쿄와 홍콩과 같은 밀집한 도시에 사는 아시아인들은 덜 밀집한 도시에 사는 북미인들과 영국인들보다 더 조화롭게 상호작용한다. 일본인들은 흰색 장갑을 낀 지하철 요원들에 의해 정어리떼처럼 지하철 안으로 밀려 들어가는 것에 익숙하다. 미국 지하철에서 그러한 시도가 있다면, 발생할 폭동을 상상해보라. 아시아인들이 그들의 환경에 적응하는 것에 익숙한 반면에, 서양인들은 환경을 바꾸려고 노력하는 경향이 있음이 시사되고 있다.

모듈 복습

복습하기

(1) _______은/는 정기적으로 발생하는 성가심이나 우리의 안녕을 위협하는 사건들이다.
(2) 삶의 _______은/는 심지어 즐거운 것들조차 적응을 요구하기 때문에 스트레스를 준다.
(3) 주류문화의 가치와 행동 패턴에 적응을 시도할 때, 이주자 집단의 구성원들은 _______ 스트레스에 직면할 수 있다.
(4) 통증 신호를 막도록 돕는 신체 내의 화학전달물질은 _______(이)라고 불린다.
(5) _______의 정서 상태는 목표를 달성하기 위한 시도가 무산되었을 때 나타난다.
(6) 대립하는 동기로 인해 2개 이상의 방향에 이끌리는 느낌을 _______(이)라고 한다.
(7) 심리학자 앨버트 앨리스는 사건에 대한 우리의 _______이/가 스트레스의 원천이 될 수 있다고 믿는다.
(8) _______ 행동은 시간의 절박감, 경쟁성, 공격성으로 특징지어진다.
(9) 재난은 삶에 대한 우리의 통제감을 (증가시킨다, 감소시킨다?).
(10) 높은 기온 수준은 공격성을 (증가, 감소?)시키는 경향이 있다.

생각해보기

외재적 스트레스원이 미치는 충격에 대해 우리의 인지 – 태도와 신념 – 는 어떻게 영향을 미치는가?

스트레스의 심리적 조절 변인

모듈 3.2

- 자기효능감 기대가 적응에 어떻게 영향을 주는가?
- 어떤 특성이 우리의 심리적 강인성과 연결되어 있는가?
- "마음의 즐거움은 양약(良藥)이다"라는 증거가 존재하는가?
- 예측가능성과 통제가 어떻게 적응을 돕는가?
- 사회적 지지가 적응을 돕는다는 증거가 있는가?

어떤 사람들은 스트레스에 직면하였을 때 더 회복탄력성이 높다. 비록 우리 모두는 한계가 있다 하더라도, 우리가 경험하는 스트레스의 양과 신체적 장애, 심리적 고통 등의 결과 간에 일대일 관계는 없다. 스트레스에 대한 반응의 변동성 중 일부는 생물학적 요인으로 설명된다. 예를 들어 어떤 사람들은 명백하게 특정한 신체적, 심리적 문제에 빠지기 쉬운 소인을 물려받는다. 그러나 심리적 요인들 또한 역할을 담당한다. 심리적 요인들은 스트레스 원천의 충격에 영향을 미치거나 조절할 수 있다.

이 모듈은 몇몇 중요한 스트레스의 조절 변인에 초점을 둔다 : 자기효능감 기대, 심리적 강인성, 유머 감각, 예측가능성과 통제, 낙관주의, 그리고 사회적 지지.

자기효능감 기대 : "무엇이든 할 수 있는 작은 기관차"(역주 : 아동도서 제목)

우리의 능력에 대한 자신감 혹은 **자기효능감 기대**(self-efficacy expectations)는 스트레스를 견뎌내는 능력과 연관되어 있다(Montpetit & Bergeman, 2007). 직면하는 도전에 대처하는 능력에 대한 자신감이 있는 사람들은 불운한 사건에 잘 흔들리지 않는다. 높은 수준의 자기효능감을 가진 사람들은 자기회의감에 빠져 있는 사람들보다 살을 빼거나 금연 이후 다시 흡연을 하지 않는 것 등과 같은 도전들을 잘 이겨낸다. 또한 그들은 신체활동의 생활규제를 충실히 잘 지키는 경향이 있다(Motl et al., 2002; Shiffman et al., 2000). 북미 원주민들에 대한 한 연구에서 알코올 남용이 자기효능감 기대와 상관관계가 있는 것으로 나타났다(M. J. Taylor, 2000). 즉 삶에서의 긍정적인 변화들을 가져오는 능력에 대한 자신감이 부족한 개인들은 그들이 직면하는 스트레스를 줄이는 방법으로 알코올을 남용하는 경향이 있다. 불행하거나 외상적인 사건에 직면할 때, 자기효능감 수준이 높은 사람들은 더 높은 회복 비율을 보이는데, 이는 아마도 그들이 삶을 개선하는 데 있어서 더 직접적인 역할을 하기 때문이다(Benight & Bandura, 2004).

자기효능감 기대 : 임무를 성공적으로 수행하거나 스트레스원을 다룰 수 있다는 효과에 대한 신념

심리적 강인성 – 당신은 충분히 굳센가?

심리적 강인성(psychological hardiness) 또한 사람들이 스트레스에 저항하는 데 도움을 준다. 이 현상에 대한 이해는 주로 수잔 코바사와 동료들(Kobasa et al., 1994)의 선구적인 연구로부터 기인한다. 그들은 스트레스에도 불구하고 질병에 잘 저항할 수 있을 것으로 보이는 경영

심리적 강인성 : 스트레스를 완화하고, 헌신, 도전, 통제를 특징으로 하는 특성의 군집

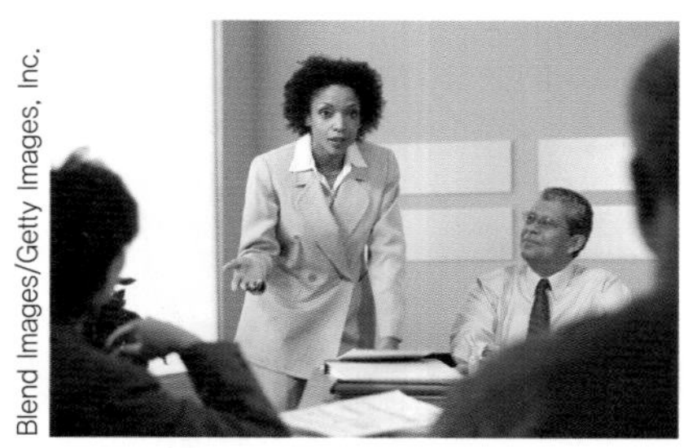
Blend Images/Getty Images, Inc.

심리적 강인성 심리적으로 강인한 개인들은 스트레스의 영향에 더 탄력적이다. 그들은 일과 다른 활동들에 헌신하고, 새로운 도전에 개방적이며, 그들의 삶에서 통제감을 느낀다.

통제소재 : 개인이 받은 강화물에 대한 책임을 귀인하는 장소 – 자기의 내부 또는 외부

간부들을 연구했다. 코바사의 연구에서 심리적으로 강인한 간부들은 세 가지 주요한 특성을 보였다.

1. 헌신(commitment). 그들은 그들의 일에 매우 헌신했고, 그들의 삶의 목표를 추구했다.
2. 도전(challenge). 그들은 새로운 경험과 기회에 도전의식을 느꼈다. 그들은 안정보다는 도전이, 그들의 안전에 대한 위협이 아닌 삶에서 정상적인 것이라고 믿었다.
3. 통제(control). 그들은 그들의 삶에 대한 지각된 통제감이 높았다. 그들은 삶에서의 다양한 보상과 처벌에 직면할 때 무기력하기보다는 영향력 있는 것처럼 느끼고 행동했다. 심리적으로 강인한 사람들은 심리학자인 줄리안 로터(Rotter, 1990)가 내적 **통제소재**(locus of control)라고 부르는 것을 가지고 있는 경향이 있다.

강인한 사람들은 스트레스를, 삶을 더 흥미 있게 만드는 삶의 사실로 해석하는 경향이 있다. 예를 들면, 그들은 감독자와 회의하는 것은 그들의 자리에 대한 위협이라기보다는 감독자를 설득할 수 있는 기회로 간주한다. 다른 연구자들은 심리적으로 강인한 사람들이 덜 강인한 동료들에 비해 신체증상을 덜 보고하고, 더 나은 면역계 반응을 가지고 있으며, 스트레스에 더 잘 대처하며, 우울증을 덜 겪는 경향이 있음을 밝혔다(Dolbier et al., 2001; Ouellette & DiPlacido, 2001; Pengilly & Dowd, 2000; Sheard & Golby, 2007). 또한 강인한 대학생일수록 더 높은 학점을 받는 경향이 있는데, 이는 그들이 학문적 성공을 도전으로 보기 때문일 것이다(Sheard & Golby, 2007).

유머 감각 : "마음의 즐거움은 양약이다"

사람들은 오랫동안 유머가 삶의 부담을 덜어주고, 사람들이 스트레스에 잘 대처할 수 있도록 돕는다고 생각해 왔다. "마음의 즐거움은 양약이다"(잠언 17장 22절)라는 성경 구절을 생각해보라. 유머는 우리를 웃게 할 뿐만 아니라 최소한 일시적으로라도 삶에서의 스트레스의 근원을 마음에서 떨쳐낼 수 있도록 도와준다. 유머의 잠재적 이점에 대한 과학적 발견들이 결론에 이르지 못했음에도 불구하고, 유머는 일상생활에서 직면하는 스트레스를 주는 부담에 대처하는 데 도움을 줄 수 있을 것이다. 오늘 밤 재미있는 무언가, 아마도 코미디를 시도해보면 어떨까?

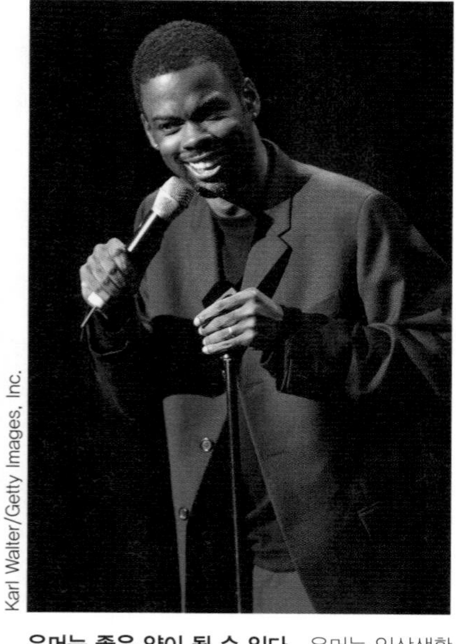
Karl Walter/Getty Images, Inc.

유머는 좋은 약이 될 수 있다 유머는 일상생활에서 직면하는 스트레스를 포함한 삶의 부담을 덜어내는 데 도움을 줄 수 있다. 스트레스를 받는다고 느끼는가? 여기 당신이 즐거움을 찾을 수 있는 처방전이 있다 – 오늘밤 코미디를 보는 것은 어떤가?

예측가능성과 통제 : "무엇이 다가오는지 안다면 더 잘 준비할 수 있다"

스트레스원에 대한 예측 능력은 명백하게 스트레스원의 충격을 조절한다. 예측가능성은 불가피한 것으로부터 우리 스스로를 보호하고, 많은 경우에 그것에 대처하는 방법을 계획하도록 해 준다. 통제감은 심리적 강인성의 비결 중 하나이다. 콘서트장, 클럽, 혹은 스포츠 경기장에 있을 때 우리는 짜증 나는 티켓 줄에 있는 것보다도 더 높은 밀도를 경험할 수 있다. 그러나 우리는 멋진 시간을 보내고 있을지 모른다. 왜? 우리가 콘서트장에 있기를 선택했고, 좋은 시간에 집중하고 있기 때문이다(키 크고 시끄러운 사람이 우리 앞에 서 있지 않는다면 말이다). 우리는 통제하고 있다고 느낀다. 우리는 옆 승객을 무시하거나, 공상하거나, 신문과 책을 읽거나, 유머를 찾음으로써 지하철이나 차량에서 높은 밀도의 효과를 조절하는 경향이 있다. 몇몇 사람들은 선잠을 자다가 내리기 직전에 깨어난다.

아래의 자기 평가는 당신이 스스로의 삶에 책임을 지고 있다고 믿는지 여부에 관한 이해를 도와줄 것이다.

통제 — 통제하고 있다는 환상일지라도 — 는 우리가 운명에 좌우되지 않는다는 것을 느끼게 해준다. 또한 상황 통제의 욕구와 임박한 스트레스원에 대한 정보의 유용성 사이에는 관계가 있다(Lazarus & Folkman, 1984). 예측가능성은 상황에 대한 통제를 연습하기를 바라는 사람들에게 큰 이점이 된다. 의료 절차와 그들이 경험할 것에 대한 정보를 원하는 사람들은 그러한 절차를 겪을 때 통증에 더 잘 대처한다(Ludwick-Rosenthal & Neufeld, 1993).

나의 생활

나의 마음

자기 평가 : 통제소재 척도

심리적으로 강인한 사람들은 내적 통제소재를 가지고 있는 경향이 있다. 그들은 스스로의 삶을 통제하고 있다고 믿는다. 반대로, 외적 통제소재를 가지고 있는 사람들은 운명을 그들의 손을 벗어난 것으로 보는 경향이 있다.

당신은 '내적'인가 또는 '외적'인가? 통제소재에 대한 당신의 지각을 더 잘 알기 위해 스티븐 노위키와 보니 스트릭랜드(Nowicki & Strickland, 1973)에 의해 개발된 이 자기 평가지에 응답해보라[역주 : 정은주, 손진훈(1981)이 번역, 수정하여 사용]. 각 질문에 대해 예 혹은 아니요에 체크 표시를 하라. 모두 끝나면, 이 장의 마지막에 있는 정답 기준을 살펴보라.

	예	아니요
1. 내가 섣불리 끼어들지 않는다면 대부분의 문제는 잘 해결될 것이다.	______	______
2. 내가 감기에 안 걸리려고 조심만 한다면 감기에 안 걸릴 수 있다.	______	______
3. 어떤 아이들은 날 때부터 복을 안고 태어난다.	______	______
4. 대개의 경우 학교 성적을 잘 받는 것은 나에게 매우 중요한 일이다.	______	______
5. 나는 잘못을 하지 않았는데 야단을 맞은 적이 자주 있다.	______	______
6. 누구나 노력을 한다면 좋은 성적을 받을 수 있다.	______	______
7. 일이란 대개 어느 것도 제대로 되는 것이 없으므로 노력할 필요가 없다.	______	______
8. 아침에 일이 잘되면 내가 무엇을 하든 그날은 하루 종일 일이 잘된다.	______	______
9. 부모님들은 대개의 경우, 자기 집 아이들이 하는 말에 귀를 기울인다.	______	______
10. 소원을 빌면 좋은 일이 일어나게 할 수 있다.	______	______
11. 나는 대개 정당한 이유 없이 벌을 받는다.	______	______
12. 대개의 경우 친구의 생각을 바꾸게 하는 일은 어려운 일이다.	______	______
13. 운보다는 응원이 시합에서 이기는 데 도움이 된다.	______	______
14. 어떤 일에 관해서든지 부모님의 생각을 바꾸게 하는 것은 거의 불가능한 일이다.	______	______
15. 나의 문제에 있어서는 대부분 내가 스스로 결정하도록 부모님이 허락해주어야 한다.	______	______
16. 내가 어떤 일을 잘못했을 때 그것을 고치기 위해 내가 할 수 있는 일은 거의 없다.	______	______
17. 날 때부터 운동에 소질이 있는 아이들이 많다.	______	______
18. 내 또래의 아이들은 나보다 힘이 세다.	______	______
19. 문제를 해결하는 좋은 방법 중에 하나는 그것에 대해 생각하지 않는 것이다.	______	______
20. 누구와 친구가 될 것인가 하는 것은 내 결정에 달려 있다.	______	______
21. 네잎 클로버를 찾아내면 재수가 좋다.	______	______
22. 내가 숙제를 하느냐, 안 하느냐에 따라 성적이 올라갈 수도 있고 내려갈 수도 있다.	______	______
23. 내 또래의 아이가 나를 때리려고 하면 나는 맞을 수밖에 없다.	______	______
24. 그것을 가지고 다니면 운수가 좋을 것 같아 어떤 물건을 가지고 다닌 적이 있다.	______	______
25. 사람들이 나를 좋아하느냐, 싫어하느냐 하는 것은 내 행동에 달려 있다.	______	______

	예	아니요
26. 우리 아버지나 어머니는 내가 도와달라고 하면 언제든지 도와줄 것이다.	____	____
27. 사람들은 나에게 심술궂게 할 때면 대부분은 그럴 만한 정당한 이유 없이 그런다.	____	____
28. 대개의 경우 내일 어떤 일이 일어날 것인가 하는 것은 오늘 내가 무엇을 어떻게 하느냐에 달려 있다.	____	____
29. 나쁜 일이 생기려면 내가 아무리 막으려고 해도 그 일은 일어나고 만다.	____	____
30. 노력만 계속하면 내가 하고 싶은 대로 할 수 없다.	____	____
31. 대개의 경우 집에서 내가 하고 싶은 대로 하려고 해보아야 소용이 없다.	____	____
32. 좋은 일이 생기는 것은 그만큼 노력을 했기 때문이다.	____	____
33. 내 또래의 아이가 나와 적이 되려고 할 때 나는 그것을 막을 방법이 없다.	____	____
34. 내 친구들에게 내가 부탁한 대로 일을 하도록 하는 것은 쉽다.	____	____
35. 집에서 주는 대로 먹어야 한다.	____	____
36. 사람들이 나를 싫어한다고 해도 그것은 내가 어쩔 수 없는 일이다.	____	____
37. 학교의 대부분의 아이들은 나보다 훨씬 더 똑똑하기 때문에 나는 아무리 노력해봐야 소용이 없다.	____	____
38. 일에 대해 미리 계획을 세우면 일이 훨씬 더 잘될 것이다.	____	____
39. 우리 가족이 어떤 일을 결정해야 할 때 대개의 경우 나는 그 문제에 대해 별로 말이 없다.	____	____
40. 운이 좋은 것보다는 머리가 좋은 것이 더 좋다.	____	____

긍정심리학

낙관주의 : 컵에 물이 반이나 찼는가, 반이나 비었는가?

당신은 잔이 반이나 찼다고 보는가 아니면 반이나 비었다고 보는가? 더 낙관적인 태도를 가진 사람들 — 잔이 반이나 찼다고 보는 사람들 — 은 신체장애와 관련된 스트레스를 포함한, 스트레스의 효과에 대해 더 탄력적인 경향이 있다(Carver, Scheier, & Segerstrom, 2010; Tindle et al., 2009). 예를 들면, 연구자들은 심장질환과 암 환자들에게는 낙관주의가 낮은 수준의 정서적 고통과 연결되어 있으며, 암 환자들에게는 낙관주의가 낮은 수준의 통증과 연결되어 있음을 밝혔다(Bjerklie, 2005; Carver et al., 2005; Trunzo & Pinto, 2003). 임신한 여성들의 낙관주의는 심지어 출생 시 신생아의 체중이 더 나가는 등 더 좋은 출산 결과를 예측한다(Lobel et al., 2000). 또한 관상동맥 우회술 환자들의 낙관주의는 수술 후 심각한 합병증이 덜한 것과 관련이 있다(Scheier et al., 1999). 반면에 비관적인 태도를 가진 사람들은 우울과 사회 불안과 같은 형태의 정서적 고통을 더 보고하는 경향이 있다(Hardin & Leong, 2005).

우리는 또한 더 낙관적인 사람들이 더 오래 살고, 더 만족스럽고 행복한 연애 관계를 갖는 경향이 있음을 알고 있다(Assad, Donnellan, & Conger, 2007; Giltay et al., 2006). 낙관주의는 확실하게 적응적인 태도이지만, 지나치게 낙관적인 태도를 가진 사람들은 더 균형 잡힌 태도를 가진 사람들보다 삶에서의 실패를 다루는 데 있어서 준비가 덜 될 수 있다는 점을 주의해야 한다(Sweeny, Carroll, & Shepperd, 2006).

건강 연구자들은 낙관적인 태도와 더 나은 건강 결과물의 관련성은 상관관계에 기초하고 있음을 인정한다. 따라서 인과관계를 추론해내는 데 있어서 신중해야 한다. 그럼에도 불구하고 낙관적인 태도로 삶에서의 스트레스원에 직면하는 것이 이러한 도전들을 해결하는 데 필요한 자원들을 보존하고 모으는 데 도움이 될 수 있다는 점은 일리가 있다. 위의 자기 평가는 당신이 잔을 반이나 찬 것으로 보는 사람인지, 반이나 비었다고 보는 사람인지를 평가하는 데 도움을 줄 것이다.

Jon Fisher/WorkbookStock/Getty Images

반이나 찼는가 또는 반이나 비었는가? 당신은 잔이 반이나 찼다고 보는가 아니면 반이나 비었다고 보는가? 낙관주의는 어떻게 사람들이 직면하는 도전에 대처할 수 있도록 도움을 주는가?

자기 평가 : 당신은 낙관주의자인가, 비관주의자인가?

당신은 스스로를 낙관주의자 또는 비관주의자 중 무엇이라고 생각하는가? 당신은 좋은 일이 일어날 것을 기대하는가, 혹은 밝은 희망 속에서 암운을 찾는가? 다음의 설문지는 당신이 전반적인 삶에 대해 가지고 있는 태도를 이해하도록 도울 것이다.

지시 : 각 문항이 당신의 느낌을 잘 나타내는지 여부를 아래의 기준에 따라 빈 공간에 숫자로 표시하시오.

1=매우 동의하지 않음
2=다소 동의하지 않음
3=중간. 동의도, 동의하지 않는 것도 아님
4=다소 동의함
5=매우 동의함

_____ 1. 나는 비관주의자이기보다는 낙관주의자이다.
_____ 2. 당신은 행운을 타고났거나, 나처럼 행운을 타고나지 못했다.
_____ 3. 나는 일반적으로 만사는 잘되어 나갈 것이라고 기대한다.
_____ 4. "고생 끝에 낙이 온다"고 믿는 사람들은 스스로를 속이고 있는 것이다.
_____ 5. 나는 내가 성공할 수 있다고 믿는다.
_____ 6. 나는 물이 반이나 찬 것이 아니라 반이나 비었다고 생각하는 현실주자 중 한 명이다.
_____ 7. 나는 일반적으로 일이 잘못될 수 있다면 실제로 잘못될 것이라고 믿는다.
_____ 8. 나는 나의 미래에 대해 아주 희망적이다.
_____ 9. 삶은 너무 불확실해서 당신이 최선의 노력을 쏟을 때조차도 성공하기가 어렵다.
_____ 10. 내게 미래는 좋아 보인다.

사회적 지지 : 함께 있기

사람들은 사회적 존재이므로 사회적 지지가 스트레스의 효과를 완화하는 역할을 한다는 사실은 놀랍지 않다(Taylor et al., 2007; Wills & Filer Fegan, 2001). 사회적 지지의 근원은 다음과 같다.

Ghislain & Marie David DeLossy/Getty Images, Inc.

손을 뻗기 사회적 지지는 중대한 질병이나 사랑하는 사람의 상실 때문에 직면하는 스트레스와 같은 스트레스의 효과를 완화하는 중요한 역할을 한다.

1. **정서적 배려** : 사람들의 고민 들어주기, 공감하기, 돌봄, 이해, 안심시키기 등
2. **도구적 지원** : 적응적 행동을 촉진하는 물질적 지원과 서비스. 예를 들면, 재난 이후 정부는 생존자들이 재건할 수 있도록 낮은 이자의 대출을 마련해줄 수 있다. 구호 조직은 음식, 약품, 임시 숙소를 제공해줄 수 있다.
3. **정보** : 사람들의 대처 능력을 향상시키는 지도와 조언
4. **평가** : 누가 어떻게 행동하는지에 대한 타인의 피드백. 이러한 종류의 지지는 그들에게 무슨 일이 일어났는지를 해석하거나 '이해하도록' 도와주는 것을 포함한다.
5. **사교** : 단순한 대화, 오락, 심지어 함께 쇼핑 가는 것. 사교는 그것이 구체적으로 문제를 해결하려는 목적이 아닐 때에도 이로운 효과를 갖는다.

연구는 사회적 지지의 가치를 타당화한다. 사회적 기술이 부족한 내향적인 사람과 다른 사람들의 도움 없이 살아가는 사람들은 스트레스 상황에서 감기와 같은 전염성 질병을 더 발달

시키는 경향이 있는 것 같다(Cohen & Williamson, 1991; Cohen et al., 2003; Miller, 2011). 또한 사회적 지지가 이민자들이 문화적응 스트레스에 대처하는 데 도움을 준다는 증거도 있다(Hovey, 2000).

모듈 복습

복습하기

(11) (높은, 낮은?) 자기효능감 기대를 가진 사람들은 스트레스에 더 잘 대처하는 경향이 있다.
(12) 코바사는 심리적으로 강인한 경영자들이 ______, 도전, 통제 수준이 높다는 점을 발견했다.
(13) 스트레스원의 시작을 예측하고 통제할 수 있다는 것은 사람들에게 미치는 충격을 (증가시킨다, 감소시킨다?).
(14) 낙관주의와 더 좋은 건강 결과들 간의 관계는 사실상 (상관관계이다, 실험적 관계이다?).
(15) 스트레스원에 적응할 수 있도록 우리가 받는 물질적 지지는 ______지원이라고 불린다.

생각해보기

높은 자기효능감 기대, 통제, 유머와 같은 요인들이 어떻게 우리가 스트레스에 적응할 수 있도록 돕는가?

스트레스 관리하기

모듈 3.3

스트레스 관리는 삶에서 스트레스를 제거하는 것을 추구하지는 않는다. 어쨌든 스트레스는 삶의 일부분이고, 또한 일정량의 스트레스는 우리를 활발하고, 기민하고, 동기부여가 되도록 만든다. 스트레스 관리는 우리가 경험하는 스트레스에 더욱 효과적으로 대응할 수 있도록 설계된 일련의 기법들이다 — 스트레스가 고통의 원천이 되는 것을 예방한다. 어떤 사람들은 스트레스를 다룰 수 있는 좋은 대처 자원을 가지고 있다. 그러나 어떤 사람들은 스트레스에 대한 대처의 방어적 수단에 의존한다.

회사나 학교에서의 압박이 엄습해 올 때 당신은 무엇을 하는가? 교수나 관리자가 당신의 성과를 인정해주지 않는다는 기분이 들 때 당신은 무엇을 하는가? 당신의 오랜 연인이 다른 데이트 상대를 찾는다면? 시험 전에 긴장하거나 교통체증 때문에 짜증이 난다면? 방어적 대처와 능동적 대처 중 당신은 어느 것을 택하는가? 지금부터 이 두 가지의 상이한 대처 — 방어적 대처와 능동적 대처 — 를 비교해보자.

방어적 대처 : 대처가 아닌, 꽁무니 빼기

스트레스에 대처하는 많은 방법은 방어적이다. 방어적 대처는 스트레스원의 즉각적인 충격을 감소시키기는 하지만, 그에 따른 대가도 있다. 대가는 사회적으로 부적절한 행동(알코올 중독, 공격성, 퇴행적인 행동), 회피 행동(철회), 또는 자기기만(합리화, 부정 등) 등이 있다.

방어적 대처는 우리에게 자원을 모을 수 있는 시간을 허락해주지만, 스트레스의 원인을 다루거나 스트레스에 대한 반응의 효과성을 향상시키지는 못한다. 결국에는 스트레스에 대한 더 좋은 대처 방법을 찾을 기회를 사용하지 않는다면, 방어적 수단은 해로울 것이다. 아래에 제시된 방어적 대처의 예를 주목하라.

철회 당신이 통제할 수 없다고 느끼는 스트레스 상황에 직면할 때 당신은 그 상황으로부터 철회하고 싶을 것이다. 철회는 흥미의 상실과 같이 정서적일 수도 있으며, 생활방식을 바꾸는 것과 같이 신체적일 수도 있다. 강간 피해자들은 종종 고통스러운 기억이나 미래의 위협을 피하기 위해서 새로운 곳으로 이사한다. 일시적인 철회는 더 나은 대처 방법을 찾을 기회를 제공하기 때문에 도움이 될 수 있다. 하지만 사회적 활동으로부터의 철회는 사람들로 하여금 그들의 삶을 잘 살아가게 하고 다른 지지 자원을 찾는 것을 막는다. 한 사례에서 늘 소방관이 되기를 꿈꾸었던 한 청년은 과도한 스트레스로 인해 3일 만에 소방학교를 그만두었다. 나중에 그는 그의 결정을 후회했고, 운 좋게 복직할 수 있었다. 두 번째 기회가 주어졌을 때 그는 소방학교를 성공적으로 마쳤고 오랜 소망을 이루게 되었다.

부정 심각한 질병에 대처해야 할 스트레스에 직면할 때 부정에 의존하는 사람들은 본인의 건강상태에 대한 심각성을 인정하는 것을 거부한다. 그들은 본인들의 상태의 심각성을 축소하거나("음, 이건 큰 문제가 아니야"), 그들의 증상을 양성의 원인으로 잘못 귀인하거나("아마 관절염이 말썽을 부리는 거야"), 내버려두면 증상이 없어질 것이라고 생각한다. 그러나 가슴 통증이나 의심스러운 혹을 '큰일이 아니라고' 일축하는 사람들은 의학적 도움이 필요할 때 그러한 도움을 받지 못할 것이다. 단기적으로는 부정이 스트레스의 효과를 축소할지는 모르지만, 심각한 의학적 상태를 치료하지 않은 채 방치하는 결과는 비극적일 것이다.

지그문트 프로이트에 따르면, 부정은 받아들일 수 없는 생각과 충동에 대한 지각에서 비롯되는 불안감으로부터 우리를 무의식적으로 보호하는 작용을 하는 일종의 자아방어기제이다(표 2.2 참조). 정신역동이론에 따르면 모든 사람은 최소한 일정 수준까지 방어기제를 사용한다. 하지만 사람들이 스트레스에 대처하기 위해 방어기제에 의존하기 시작하거나, 사람들로 하여금 필요한 의학적 치료나 바람직한 삶의 변화를 포기하도록 유도할 때 방어기제는 적응에 문제가 될 수 있다.

약물 사용 스트레스 상황을 다루는 수단으로 많이 사용되지만 효과적이지 않은 방법은 알코올 또는 다른 약물을 사용하는 것이다. 향정신성 약물은 스트레스의 원천에 대한 인식을 둔하게 할 수는 있지만, 그 문제를 해결하는 데에는 실패한다. 추가적으로, 스트레스에 대처하기 위해 정기적으로 음주를 하거나 다른 약물을 복용하는 것은 직면하고 있는 문제를 더욱 악화시키는 약물 의존을 유도할 수 있다.

Image Source/Getty Images, Inc.

방어적 대처 스트레스에 대한 방어적 대처의 수단－음주, 철회, 방어기제의 사용 등－은 스트레스원의 즉각적인 충격은 감소시킬 수 있으나 대가를 치러야만 한다. 대가는 사회적으로 부적절한 행동(약물 사용이나 공격성), 문제의 회피(철회), 자기기만(자아방어기제의 사용) 등이 있다. 능동적 대처는 스트레스원이 무엇인지를 인정하고, 스트레스원을 제거하거나 충격을 완화하기 위한 우리의 반응을 변화시키기 위하여 (사회적으로 용인되는 방법으로) 환경을 바꾸는 것을 목표로 한다.

공격성 어떤 사람들은 스트레스를 받으면 이성을 잃거나 다른 사람들에게 언어적 또는 신체적으로 폭력적으로 변한다. 폭력은 사회적 자극에 대한 대처로 종종 사용되기도 하며, 어떨 때는 불만에 대한 반응으로 사용되기도 한다. 그러나 타인을 언어적으로나 신체적으로 몰아세우면 그것 자체가 스트레스의 원천이며, 관계에 악영향을 줄 수 있고, 심각한 결과, 특히 신체적 학대의 경우에는 치명적인 결과를 초래할 수도 있다. 신체적 폭력은 불법일 뿐만 아니라 위험하기까지 하다. 또한 공격적 행동은 보복에 대한 동기부여를 하여 대인관계 갈등을 증폭시킨다.

능동적 대처 : 직접적으로 스트레스를 다루기

우리는 스트레스를 다루는 몇 가지 방식이 상황을 더 악화시킬 수 있다는 것을 안다. 이제 건강한 스트레스 관리법을 알아보자. 스트레스를 관리하기 위한 직접적 혹은 능동적 대처는 스트레스원을 제거하거나 해로움을 완화하기 위한 반응 패턴을 변화시키기 위하여 환경을 바꾸는(사회적으로 용인되는 방법으로) 것을 목표로 한다. 능동적 대처를 통해 우리는 기꺼이 스트레스원 그 자체에 직면한다. 때때로 스트레스원이 제거되거나 수정되지 않을 수도 있다. 그러면 능동적 대처는 최선을 다해 스트레스원을 다루는 능력을 합리적으로 평가하고, 그 충격을 완화하는 효과적인 방법을 계획하는 것을 포함한다.

여기 일상의 스트레스원에 대한 몇몇 능동적 대처 전략이 제시되어 있다.

관리 가능한 수준으로 스트레스를 유지하라 당신의 일상생활에 대해서 생각해보라. 모든 일이 매일매일 순탄하게 이어지는가? 당신은 '멈춰 서서 장미꽃 향기를 맡을' 여유가 있는가? 아니면 시간에 쫓겨 정신없이 여기저기를 뛰어다니는가? 아무리 노력하더라도 해야 할 일이 점점 더 많아지는 것처럼 보이는가? 계속 시간에 쫓기다 보면, 당신이 다룰 수 있는 것보다 더 많은 스트레스에 직면하게 될 것이다. 당신의 삶에서 스트레스 수준을 낮출 수 있는 방법이 여기 제시되어 있다.

1. 한 번에 씹을 수 있는 양보다 많이 물어뜯지 마라. 제한된 시간 동안 당신에게 부과되는 일을 고려할 때, 당신이 합리적으로 달성할 수 있는 것보다 더 많은 임무를 맡지 말라. 일과 관련된 많은 활동을 당신의 바쁜 일정 속에 쑤셔 넣기 위해 가족이나 개인적인 욕구를 희생하지 말라.
2. 사소한 사건을 줄여라. 매일의 사소한 사건을 줄이기 위해 당신은 무엇을 할 수 있는가? 당신은 아침 교통체증을 피하기 위해서 일정을 바꿀 수 있는가? 카풀을 할 수 있는가? 만약 당신이 운전자가 아니고 그 시간을 독서에 사용할 수 있다면, 교통체증은 더 참을 만할 것이다. 어떤 사소한 사건들이 최소화되거나 제거될 수 있을까?
3. 시간 관리 기술을 개발해라. 당신이 해야 할 모든 것을 달성할 충분

한 시간이 없는 것처럼 보이는가? 시간을 멈추고 하루의 몇 시간을 늘리고 싶지 않은가? 글쎄, 세상을 멈추게 하는 것은 어렵지만 시간을 조절하기 위해 당신이 할 수 있는 것들은 많다(표 3.5 참조).

스트레스에 대한 신체 반응을 더 잘 인식하라 스트레스의 징후를 무시하지 말라. 당신의 신체가 스트레스에 어떻게 반응하는지 인식하라. 당신의 허리가 평소보다 더 쑤시는가? 계속되는 두통이 일상이 되었는가? 손톱을 물어뜯고 있는가? 하루가 끝나면 지쳐버리는가? 이러한 신체적, 심리적 증상들은 당신이 스트레스 역치에 도달하였거나 이미 초과했다는 신호일 수 있다. 더불어 당신의 신체를 스트레스에 대처하도록 준비시켜라. 영양 면에서 균형 잡힌 식단을 짜라. 잠을 충분히 자라. 정기적인 건강 검진을 받으라. 담배 혹은 다른 해로운 약물을 피하라. 활동성과 건강을 유지하라.

예상되는 것을 알라 당신이 예상되는 것을 알고 있으면 스트레스원을 더 관리하기 쉽다. 3~4주 후에 기말시험이 있다는 사실을 아는 것은, 당신이 시험을 준비하기 위해 꾸준한 공부에 적응할 필요가 있다는 것을 알려준다. 정전과 같은 예상하지 못한 스트레스원의 경우에는 촛불 혹은 손전등을 미리 집에 마련해놓음으로써 준비할 수 있다. 또는 최소한 스트레스원의 충격에 대해 대비할 수 있다. 예상되는 것을 아는 것은 당신에게 대처 전략들을 개발할 시간을 준다. 의료 절차에 대한 정확한 지식을 가지고 있는 사람들이 더 효과적으로 대처하는 경향이 있다. 특정한 스트레스원에 직면할 때 그것에 대해서 무엇을 할 수 있는지를 배워라. 무언가를 이해하지 못했다면 교수나 학교 상담자에게 가서 물어보라.

누군가에게 손을 뻗어 관계를 유지하라 사회적 지지는 스트레스의 영향을 완화시킨다. 스트레스가 매우 높은 의대와 치대 학생들을 대상으로 한 초기의 중요한 연구들은 친구가 더 많은 학생들이 면역계 기능이 더 우수했음을 보여준다(Jemmott et al., 1983; Kiecolt-Glaser et al., 1983). 외톨이 학생들은 더 많은 사회적 지지를 받는 학생들보다 면역 기능이 약했다. 강력한 정서적 지지를 받는 입원 환자들은 약한 정서적 지지망을 가지고 있는 사람들보다 회복이 더 빨랐다. 사회적 지지를 받는 것은 속담에도 있는 것처럼 단지 동전의 한 면에 불과하다. 또한 타인에게 지지를 제공해주는 것은 스트레스의 영향을 완화하도록 해주고, 개인적인 충만감도 얻을 수 있다.

사회적 지지망을 어떻게 넓힐 수 있을까? 〈표 3.6〉은 사람들이 의지하는, 특히 스트레스를 받고 있을 때 여러 종류의 사회적 지지를 얻는 법에 대한 제안들을 보여준다. 또 다른 제안을 해보자. 아마도 당신의 캠퍼스나 지역사회에는 새로운 친구들을 만들 수 있는 기회를 제공하는 동아리나 모임이 많이 있을 것이다. 학교생활을 돕기 위한 서비스나 대학교 상담 서비스를 확인해보라.

운동을 통해서 해답을 찾으라 운동은 당신의 신체적 자원을 강화시킬 뿐만 아니라 스트레스와 직접적으로 싸우도록 한다. 많은 사람들은 활발한 라켓볼 게임, 공원 산책, 혹은 수영을 하면서 하루의 긴장감을 푼다. 운동은 어떻게 스트레스 대처에 도움을 주는가? 한 가지 답은 운동이 체력을 증진시킨다는 사실에 있을 것이다. 운동은 스트레스의 영향을 받는 심혈관계 등의 신체 시스템을 강화시킨다.

다른 이유로는 통증을 막고 안녕감을 유도하는 모르핀과 유사한 호르몬인 엔도르핀 때문이다. 활발한 운동은 혈관에서의 엔도르핀 수준을 높인다. 또한 운동은 적어도 몇 시간 동안 스트레스에 대한 중요 반응들, 근육 긴장, 불안감을 감소시킨다. 그리고 운동은 더 이완된 심신 상태로 회복하게 한다.

운동의 스트레스 감소 효과를 보기 위해서 당신의 신체를 극단적으

표 3.5 ▮ 시간을 관리하는 유용한 팁

당신의 시간을 더 효율적으로 조직화하는 데 도움이 되는 제안이 제시되어 있다.

- 월간 일정표를 사용해라. 약속과 중요한 이벤트(다가오는 시험, 병원 진료 약속, 가족 모임과 같은)를 기입하라. 무슨 일이든지 때가 있고, 그것이 제때에 이루어질 수 있는지 확인해라.
- 업무의 우선순위를 매겨라. 해야 할 일 목록표를 사용하고, 우선순위에 의거하여 업무를 조직화하라. 당신이 해야 할 필요가 있다고 느끼는 것들의 목록표와 함께 매일을 시작하라. 3점 코드를 이용하여 우선순위를 부여하라. 당신이 오늘 무조건 종료해야 할 일에는 1순위를 매겨라. 오늘 종료하고 싶지만, 반드시 그럴 필요는 없는 일에는 2순위를 매겨라. 시간이 허락된다면 오늘 마무리하고 싶은 것에 3순위를 매겨라. 그리고 큰 업무는 더 작고, 관리할 수 있는 양으로 쪼개라. 당신이 주시해 오고 있는 기말 보고서를 선택하라. 한두 번의 긴 시간 동안에 끝내려고 하지 마라. 작은 조각들로 나눠서 하나씩 차례로 해 나가라.
- 스트레스원의 지속기간을 줄여라. 관리할 수 있는 정도의 양만 선택하여 스트레스를 관리하도록 노력하라. 급할수록 돌아가라. 더 자주 휴식을 가져라. 가능하다면, 스트레스를 주는 일들이 너무 부담이 될 때 마감기한을 늘려라. 시험공부를 할 때 평소보다 미리 시작하여 시험공부에 대한 충격을 감소시켜라. 그러면 당신은 공부하면서 휴식 시간을 가질 수 있다. 또한 스트레스 부담을 덜기 위해 마감기한을 늘릴 수도 있다. 우리는 당신의 직업윤리와 타협하라고 제안하는 것이 아니다. 그저 당신의 업무량을 덜 스트레스를 주는 만큼으로 쪼개라는 것이다. 당신의 최종 산물은 질적으로 더 나을 것이다.

표 3.6 ▮ 사회적 지지 : 정의와 그것을 얻는 법

지지의 유형	정의	얻는 법
정서적 배려	당신의 문제를 들어주거나, 이해심, 공감, 돌봄, 안심시켜주는 사람을 두는 것	현재의 친구, 가족들과 우정을 발전시키고 관계를 유지하라. 신부, 목사, 랍비 등 지역사회에서 신뢰할 만한 조언자와 연락하라. 사회망을 넓힐 수 있는 기회를 제공하는 사회 조직 혹은 지역사회 활동에 참여하라.
도구적 지원	스트레스 상황에서 적응적 행동을 지지하는 데 필요한 물질적 지원과 서비스를 갖는 것	도움이 필요한 이들을 돕는 지역사회의 자원을 알아두라. 정부의 지원 프로그램과 자원 봉사 단체들의 업무를 잘 알아두라.
피드백	스트레스 상황에서 우리가 어떻게 하고 있는지를 이야기해주는 타인으로부터 피드백을 받는 것	당신이 신뢰하는 사람들과 협조 관계를 발전시켜라.
사교	자유 시간에 남들과 사교할 수 있는 기회를 갖는 것	친구들과 가족을 정기적으로 초대해서 모임을 가져라. 카드 놀이, 저녁 식사 혹은 공연 보러 가기, 볼링 치기 등과 같이 잘 조직화되고 둘러앉아 즐길 수 있는 활동

로 몰아붙일 필요는 없다. 심지어 가벼운 수준의 운동 — 가벼운 수영, 공원에서의 산책 — 도 스트레스를 감소시킬 수 있다. 운동이 스트레스를 경감하는 이유와 상관없이, 운동은 우리의 기분에 아주 큰 영향을 미친다. 우리를 차분하게 해주고, 심리적 관점을 향상시켜준다. 당신이 즐길 수 있는 신체적 활동을 선택하라. 하기 싫은 활동을 하도록 몰아붙이는 것은 스트레스를 증가시킬 뿐이다.

스트레스 사고를 스트레스를 부수는 사고로 변경하라 당신을 괴롭게 하는 일에 대해 스스로에게 무슨 이야기를 하는가? 당신은 정확하게 평가하는가, 아니면 과장하는가? 당신은 실망스러운 경험들에 대해서 환멸을 느끼고 절망적으로 반응하는가? 당신이 하기로 한 모든 일을 달성하기 위해 스스로를 압박하는가? 당신은 타협을 거부하는가? 당신의 기대치에 미치지 못하면 끔찍하게 느끼는가? 만약 이러한 사고 패턴이 사실이라면 흑백논리를 합리적인 대안으로 바꿔야 할 것이다. 중립적인 것을 감안하라. 당신의 경험 중에서 부정적인 부분에만 집중하지 말라.

스트레스 사고의 한 범주는 스트레스원을 과장하는 사고이다. 〈표 3.7〉은 보통의 스트레스 사고와 균형 잡힌 시각을 유지시켜주는 대안적인 사고의 예를 보여준다.

당신의 감정을 표현하라 무엇인가 당신을 괴롭힐 때 그것을 마음속에 담아두지 마라. 믿을 만한 사람과 그것을 이야기해라. 아니면 일기에 당신의 감정을 적어라. 감정을 표현하는 것은 특히 스트레스 사건 혹은 외상 사건에 대처하는 데 도움이 된다는 연구 결과가 있다(de Moor et al., 2003; Pennebaker, 2004; Sloan & Marx, 2004). 혼란스러운 사고와 감정을 유지하는 것은 자율신경계에 추가적인 스트레스가 될 수 있다. 지속적인 높은 수준의 스트레스는 당신의 면역계를 손상시키고, 스트레스 관련 장애에 더 취약하게 만들 수 있다. 스트레스 경험을 이야기하거나 적는 것은 면역계에 긍정적인 효과를 준다. 또한 문제를 해결하기 위해 건강 전문가와 상담할 수도 있다.

글쓰기를 통한 감정 표현의 긍정적인 효과는 부정적인 경험뿐만 아니라 긍정적인 경험에서도 나타난다. 서던메소디스트대학의 연구자들은 대학생들에게 매일 20분씩 3일 동안 매우 긍정적인 경험이나 중성적인 주제(통제)에 대해서 글을 쓰도록 지시했다(Burton & King, 2004). 몇 달 후 긍정적인 경험을 쓴 학생들이 더 나은 기분을 보고했고, 대학 건강센터 방문도 적었다.

유머를 시도해보라 : 좋은 약이다 유머는 스트레스의 영향을 완화시키는 데 도움을 줄 수 있다. 유머는 우리를 웃게 함으로써 잠시나마 힘든 일을 잊게 해줄 수 있다. 정기적인 유머의 사용은 스트레스를 더 견딜 만하게 만들 수 있다.

당신이 즐길 수 있는 무언가를 매일 하라 당신에게 기쁨을 주는 무언가를 매일 할 때 스트레스는 더 관리하기 쉽다. 매일 여가 시간에 독서를 즐길 수도 있다. 스포츠 경기를 보거나 직접 하는 것을 더 좋아할지도 모른다. 아니면 차에 공을 들이든지, 웹서핑을 할 수도 있다.

"나는 할 수 없어"를 "나는 할 수 있어"로 변경하라 강한 자기효능감은 스트레스를 견디는 능력을 향상시킨다. 높은 자기효능감 기대를 갖고 있는 사람들은 실패로부터 더 쉽게 회복한다. 그들은 삶의 도전들로부터 덜 스트레스를 받는 것처럼 보인다.

만약 당신이 하고자 한 일을 성취할 수 있다고 믿는다면, 당신은 목표를 이룰 때까지 자원들을 모으고 집중하는 경향이 있다. 하지만 당신 스스로를 의심한다면, 첫 번째 난관에 봉착할 때 당신은 포기할 것이다. 당신의 자신감을 상승시키고 앞으로 전진하도록 북돋아주는 작고 성취 가능한 목표부터 시작해라. 실망스러운 일을 실패의 신호

표 3.7 ▮ 스트레스원을 과장하는 사고와 균형 잡힌 시각을 유지시켜주는 합리적 대안사고

스트레스원을 과장하는 사고	균형 잡힌 시각을 유지시켜주는 합리적 대안사고
"세상에나, 뒤죽박죽이 될 거야. 나는 모든 자제력을 잃고 있어."	"이것은 성가시고 화나게 하지만, 나는 아직 모든 자제력을 잃지 않았고, 그렇게 하지 않아도 돼."
"끔찍해. 이건 결코 끝나지 않을 거야."	"좋진 않지만, 내가 그것에 휘둘릴 필요는 없어. 그리고 지금 당장은 믿기 어려울지라도, 나를 화나게 하는 것들도 결국 끝이 날 거야."
"나는 엄마(아빠/룸메이트/애인)가 그렇게 쳐다볼 때 참을 수가 없어."	"모든 사람이 나와 행복할 때 삶은 더 즐겁지만, 나는 나다워야 하고, 그것은 다른 사람들이 때때로 나에게 동의하지 않을 때도 있다는 것을 의미해."
"나는 저기에 올라가서 연설을 할 방법이 없어. 나는 바보처럼 보일 거야."	"나는 완벽하지 않아. 그것이 내가 바보처럼 보일 거라는 것을 의미하지 않아. 그리고 만약에 누군가가 나를 나쁘게 생각한다면? 그것이 내가 나쁘다는 것을 의미하지 않아. 그리고 내가 나쁘다고 해도, 그래서 뭐? 나는 그래도 살 수 있어. 나는 항상 완벽할 필요는 없어. 쓸데없이 걱정하는 사람이 되지 말고 일어나서 즐기자."
"너무 빨리 심장이 뛴다. 심장이 터질 것 같아. 내가 이것을 얼마나 견딜 수 있을까?"	"편하게 생각해. 심장이 터지지는 않아. 잠시 속도를 줄이고 — 멈추고 생각해. 나는 해결책을 찾을 거야. 그리고 당분간 해결책을 찾지 못해도 살아남을 거야. 언젠가 이것을 되돌아보면서 내가 얼마나 화가 났었는지에 대해 웃어넘길 거야."
"내가 뭘 할 수 있을까? 나는 무기력해. 점점 더 악화될 거야."	"편하게 생각해. 잠시 멈춰서 생각해. 단지 확실한 해결책이 없다고 해서 내가 그것에 대해 아무것도 할 수 없다는 것은 아니야. 그렇게 화가 날 이유가 없어. 당분간 잠시 쉬어 봐. 내가 해야 할 일에 대해 생각할 수 없다면 다른 사람들에게 이것을 이야기할 수 있어."

가 아닌, 실수로부터 배울 수 있는 기회로 여겨라.

명상하라 명상은 낮은 수준의 신체 각성을 동반하는 이완 상태를 유도한다. 다양한 형태의 명상이 존재한다. 대부분의 명상에서 명상가들은 단어, 사고, 혹은 구절을 반복하거나 타는 양초, 꽃병 디자인 등 특정 물체에 지속적인 초점을 유지함으로써 주의를 좁힌다.

가장 널리 보급된 명상법 중의 하나가 초월 명상(transcendental meditation, TM)이다. 초월 명상은 만트라(mantra)의 반복 — 잉(ieng)과 옴(om)과 같은 이완되고 낭랑한 소리 — 으로 유명한 인도의 명상법이다. 다른 형태의 명상은 불교 수도승들에 의해 오랫동안 수련되어 온 마음챙김 명상(mindfulness meditation)이 있다. 명상가들은 그들의 사고와 신체 감각에 완전히 집중한다(Grossman, 2008; Ludwig & Kabat-Zinn, 2008). 마음챙김 명상에서 당신은 정신적 경험에 대해 분석, 판단, 평가하지 않고, 주의를 그 순간의 시간에 완전히 집중한다. 불교의 정신적 지도자인 달라이 라마는 마음챙김을 "마음이 사고나 감각에 사로잡혀 있는 것이 아니라, 강물이 흐르는 것을 지켜보는 것처럼 그것들이 오고 가게 놓아두는 각성 상태"라고 기술했다(Gyatso, 2003, p. A29에서 인용).

초월 명상과 마음챙김 명상은 심박수와 호흡의 감소, 혈당의 하락을 특징으로 하는 이완 반응을 만든다. 의사들과 심리학자들은 신체적, 정신적 건강을 향상시키기 위해 다양한 명상의 사용을 활발하게 연구하고 있다. 주기적인 명상 연습은 만성 통증을 완화하고, 고혈압을 낮추며, 스트레스에 대항하고, 또한 정서적 안녕을 향상시키는 데 긍정적인 효과를 낼 수 있다(예 : Kenga, Smoski, & Robins, 2011; Manicavasgar, Parker, & Perich, 2011; Segal et al., 2010; Treanor, 2011; Rapgay et al., 2011; Vøllestad, Sivertsen, & Nielsen, 2011; Walsh, 2011). 그리고 명상은 알파파 — 이완감과 연관되어 있는 뇌파 — 를 더 자주 유도한다. 이것은 또한 졸음을 유도하는 멜라토닌 호르몬이 야간 시간에 집중하도록 한다(Buscemi et al., 2006; Wright et al., 2006).

다음의 지침들은 스트레스와 관련된 각성을 낮춰주는 수단으로서 명상을 시도해볼 수 있도록 도와줄 것이다.

1. 하루에 1~2회씩 10~20분 동안 명상을 하는 것으로 시작하라.
2. 명상에서는 무엇을 하는 것보다 무엇을 하지 않는 것이 더 중요하다. "무엇이 일어나면, 일어난 것이다"와 같은 수동적인 태도를 취하라.
3. 조용하고 지장을 주지 않는 환경을 만들어라. 예를 들면, 빛을 직접 마주보지 마라.
4. 명상하기 1시간 전부터 먹지 마라. 적어도 2시간 동안 카페인을 피하라.
5. 편안한 자세를 취하라. 필요하면 자세를 바꿔라. 긁거나 하품하는

것은 괜찮다.

6. 집중을 돕는 수단으로, 당신의 호흡에 집중하거나 식물이나 타는 향 등의 조용한 대상 앞에 앉아 있을 수 있다. (속으로 말하기보다) 모든 날숨에 밖으로 나오는 단어를 '지각하기'를 시도하라. 이것은 그 단어를 생각하기는 하지만 평소보다 '덜 활발하게' 그 단어를 생각하는 것을 의미한다(행운을 빈다!!). 어떤 이들은 숨을 들이마시거나 내쉴 때 단어를 생각하거나 지각하는 것, 혹은 숨을 내쉴 때 아~~~ 하는 것을 제안한다.
7. 만약 당신이 만트라[옴(om) 음절과 같은]를 사용한다면, 명상을 준비할 수 있고 여러 차례 만트라를 크게 말할 수 있다. 이를 즐겨라. 그리고 더욱더 부드럽게 말하라. 눈을 감고 오직 만트라만 생각하라. 만트라를 적극적으로 생각하기보다는 지각하도록 하라. 다시, 수동적인 태도를 취하라. 만트라를 계속 지각하라. 더 크거나 부드럽게 되고, 잠시 사라지기도 하며, 다시 돌아온다.
8. 명상을 할 때 지장을 주는 생각이 당신의 마음에 들어오면, 그 생각들이 '흘러가게' 놔둬라. 그것들을 억누르려는 시도에 빠지지 마라. 그렇지 않으면 각성 수준이 높아질 수 있다.
9. 스스로에게 떠다닐 수 있도록 허락하라(너무 멀리 가지 않을 것이다). 무엇이 일어나면, 일어난 것이다.
10. 무엇보다도 당신이 얻는 것을 취하라. 당신은 명상의 이완 효과를 강요할 수 없다. 당신은 단지 그것을 위한 장을 마련하고, 그것이 일어나도록 할 수 있다.

스스로를 이완하라! 많은 이완 기법들이 있다. 대학 상담센터에서 근무하는 건강 전문가들은 당신에게 그 기법들을 소개해줄 수 있다.

점진적 근육 이완이라 불리는 방법은 심리학자인 에드먼드 제이콥슨(Edmund Jacobson)에 의해 개발되었다. 제이콥슨은 비록 사람들이 스트레스를 인식하지 못하더라도 스트레스 상황에서는 근육을 긴장시키는 경향이 있음을 알아냈다. 근육 수축은 정서적 긴장과 연관되어 있기 때문에 제이콥슨은 근육 이완이 긴장 상태를 낮출 것으로 판단했다. 그러나 그와 함께 연구한 많은 사람들은 어떻게 근육을 이완시키는지에 대한 단서는 찾지 못했다.

제이콥슨은 먼저 사람들에게 긴장을 하도록 지시했고, 그 후 신체에서 특정 근육군을 이완시키도록 했다. 이 방법은 말 그대로 머리부터 발끝까지, 한 근육군에서 다른 근육군으로 진행해 나간다는 점에서 '점진적'이다. 예를 들어 당신은 오른손 근육 등의 특정 근육군에 대한 연습을 통해 이 기법에 대한 감을 잡을 수 있다. 먼저, 오른손 주먹을 꽉 쥐는데, 손을 다치게 할 정도로 꽉 쥐지는 마라. 단지 긴장을 느낄 수 있을 정도로 쥐어라. 몇 초 동안 긴장을 한 이후, 완벽하게 긴장을 없애라. 긴장과 이완 상태의 차이를 공부하라. 손의 근육들이 어떻게 풀리는지, 그리고 긴장이 사라지는지 주목하라. 이 기법에 대한 경험이 쌓이면, 먼저 주먹을 꽉 쥐는 과정 없이도 '단지 그대로 내버려둠으로써' 당신의 근육을 이완시킬 수 있음을 발견할 것이다.

다음의 지침을 사용해봄으로써 점진적 이완을 연습할 수 있다. 지침들을 모두 녹음하거나 친구에게 크게 읽도록 시켜보라.

먼저 좋은 환경을 만들어라. 뒤로 젖혀지는 의자, 소파, 혹은 베개가 있는 침대에 자리를 잡아라. 당신이 방해받지 않을 만한 시간과 장소를 선택하라. 방이 따뜻하고 편안한지 확인하라. 불을 희미하게 하라. 꽉 조여진 옷은 느슨하게 하라.

다음의 지침들을 사용하라. 당신이 최대한 힘을 주었을 때의 2/3 정도로 각 근육군들에 힘을 줘라. 근육에 쥐가 나는 것을 느낀다면, 너무 힘을 많이 준 것이다. 긴장이 사라진다면, 전적으로 그렇게 하라.

지침들을 기억하고(교과서로부터의 약간의 변형은 괜찮다), 녹음하거나 친구에게 크게 읽게 할 수 있다. 누군가에게 지침들을 읽게 하는 것의 장점은 당신이 손가락 1개나 2개를 들어 올림으로써 속도를 높이거나 낮추는 신호를 보낼 수 있다는 것이다.

몇 주 동안 긴장과 이완을 번갈아 하는 것을 연습한 후에는 근육을 이완하는 것만으로 바꿀 수 있다.

팔 근육 이완시키기(4~5분) 가장 편안한 자세로 의자에 기대어 앉아라. 스스로 최대한으로 이완하라. 이제 편안한 상태에서 오른 주먹을 쥐어라. 점점 더 꽉 쥐어라. 그렇게 하면서 느껴지는 긴장을 살펴보라. 오른 주먹을 꽉 쥔 채로 주먹과 손, 팔뚝의 긴장을 느껴보라… 그리고 이제 이완하라. 오른 손가락들의 힘을 풀고, 느낌의 차이를 관찰하라… 이제 스스로를 편한 상태로 놓아두고 더욱더 편안한 상태가 되도록 노력하라… 한 번 더 당신의 오른 주먹을 강하게 꽉 쥐어라… 그 상태를 유지하면서 거기서 느껴지는 긴장을 의식하라… 이제 긴장을 풀고, 이완하라. 손가락을 펴고, 한 번 더 거기서 느껴지는 차이를 의식하라… 이제 왼 주먹으로 지금 한 것을 반복하라. 당신의 몸 전체를 이완한 상태에서 왼 주먹을 쥐어라. 주먹을 더 꽉 쥐고, 긴장감을 느껴보라… 그리고 이제 이완하라. 다시 그 차이를 즐겨라… 한 번 더 이를 반복하라. 왼 주먹을 강하게 쥐어라… 이제 긴장감이 생기는 것과는 반대로 하라 — 이완하고, 차이를 느껴보라. 한동안 이완된 상태를 지속하라… 이제 두 주먹을 함께 강하게 쥐면서 양쪽 주먹의 긴장, 팔뚝의 긴장, 감각을 살펴라… 그리고 이완하라. 손가락을 곧게 펴면서 이완된 상태를 느껴보라. 당신의 손과 팔뚝을 더더욱 계속 이완하라… 이제 당신의 팔꿈치를 굽히면서 이두근을 긴장시키고, 더욱더 강하게 긴장시킨 다음 그 긴장감을 살펴라… 좋다, 이제 당신의 팔을 펴고, 이완된 상태로 두면서 다시 한 번 그 차이를 느껴보라. 이완된 상태를 지속시켜라… 한 번 더 당신의 이두근을 긴장시켜라. 긴장감을 유지하고 조심스럽게 이를 관찰하라… 팔을 펴고, 이완하라. 최대한으로 이완하라… 매 순간 근육을 긴장시키고 이완할 때마다 당신의 느낌에 세심한 주의를 기울여라. 이제 당신의 팔 뒤쪽을 따라 삼두근에서 가장 강한 긴장감을 느끼도록 팔을 곧게 펴라. 팔을 펴고 긴장감을 느껴보라… 그리고 이제 이완하라. 당신의 팔을 편안한 위치로 돌려놓아라. 이완된 상태가 스스로 지속되도록 놔두어라. 당신이 팔을 이완된 채로 둘 때 팔이 편안하면서도 무겁게 느껴져야 한다… 이제 팔을 다시 한 번 펴서 삼두근에 긴장감을 느낄 수 있도록 하라. 팔을 곧게 펴라. 그때의 긴장감을 느껴라… 그리고 이완하라. 이제 아무런 긴장감 없이 순전히 팔의 이완된 상태에만 집중해보라. 당신의 팔을 편하게 하고, 팔이 점점 더 이완되도록 하라. 팔이 더욱 이완된 상태를 지속하라. 심지어 팔이 완전히 이완된 것처럼 보일 때에도, 좀 더 이완된 상태가 되도록 노력하라. 더욱더 깊은 이완 수준에 도달하도록 노력하라.

목, 어깨, 등 위쪽과 얼굴 부위의 근육 이완시키기(4~5분) 당신의 모든 근육을 느슨하고 무거워지도록 놔두어라. 조용하고 편안하게 의자에 기대어 앉아라. 이제 당신의 이마를 주름지게 하라. 더욱더 주름지게 하라… 그리고 이제 이마를 주름지게 하는 것을 멈추고, 이완하고 이마를 부드럽게 하라. 이완 상태가 지속되면서 이마 전체와 두피가 더욱 부드러워지는 것을 머릿속으로 그려보라… 이제 인상을 찡그리고 이마를 주름지게 한 다음, 거기서 느껴지는 긴장감을 살펴라… 다시 한 번 긴장을 풀어라. 한 번 더 이마가 부드럽게 하라… 이제 눈을 꼭 감아라… 긴장감을 느껴보라… 그리고 눈을 이완하라. 눈을 부드럽고 편안하게 감은 상태를 유지하면서, 그 이완 상태를 의식하라… 이제 턱을 고정시키고, 이를 악물어라. 턱으로부터 느껴지는 긴장을 살펴보라… 이제 턱을 이완하라. 당신의 입술이 살짝 벌어지도록 하라 … 이완 상태를 인식하라… 이제 당신의 혀가 입천장을 강하게 누르도록 하라. 거기서 긴장을 찾아보라… 좋다, 이제 당신의 혀가 편안하고 이완된 위치로 돌아오도록 하라… 이제 당신의 입술을 오므리고, 입술이 서로 강하게 누르도록 하라… 입술을 이완하라. 긴장과 이완 간의 차이를 주목하라. 당신의 얼굴 전체와 이마 전체, 두피, 눈, 턱, 입술, 혀, 그리고 목에서 이완을 느껴보라. 이완은 더 계속된다… 이제 당신의 목 근육에 주목하라. 당신의 머리를 할 수 있는 최대한 뒤로 젖히고, 목에서의 긴장감을 느껴보라. 목을 오른쪽으로 돌리면서 긴장이 이동하는 것을 느껴보라. 이제 목을 왼쪽으로 돌려라. 머리를 곧게 하고 머리를 앞으로 굽히고, 턱이 가슴을 누르도록 하라. 이제 당신의 머리를 편안한 위치로 돌려놓고, 이완을 살펴라. 이완이 점점 더 증가하도록 놔두어라… 어깨를 위로 으쓱하라. 그때의 긴장감을 유지하라… 이제 당신의 어깨를 내리고 이완을 느껴보라. 당신의 목과 어깨는 이완되었다… 다시 한 번 당신의 어깨를 올리고 움직여보라. 당신의 어깨를 위로 올렸다가 앞으로 움직였다가 뒤로 움직여라. 당신의 어깨와 등 뒤쪽에서 긴장감을 느껴보라… 다시 한 번 당신의 어깨를 내리고 이완하라. 이완이 어깨와 등 근육들에 깊이 퍼지도록 놔두어라. 완전한 이완 상태가 되고 더더욱 깊이 증가하면서 목과 목구멍, 턱, 다른 얼굴 부위들이 이완되도록 하라.

가슴, 배, 등 아래 근육 이완시키기(4~5분) 당신의 몸 전체를 최대한으로 이완시켜라. 이완을 동반하는 편안한 무거움을 느껴보라. 쉽게 그리고 자유롭게 숨을 들이마셨다가 내쉬어라. 당신이 숨을 내쉬면서 어떻게 이완이 증가하는지 의식하라… 숨을 내쉬면서 그때의 이완을 느껴보라… 이제 숨을 들이마시고 폐를 공기로 채워라. 숨을 깊이 들이마시고 숨을 멈추어라. 긴장을 살펴보라… 이제 숨을 내쉬고, 당신의 흉벽을 느슨하게 하면서 자동적으로 공기가 밖으로 나가도록 하라. 이완 상태를 지속시키고, 부드럽고 자유롭게 숨을 쉬어라. 이완을 느끼고, 그것을 즐겨라… 당신의 가능한 한 몸 전체를 이완하면서, 폐를 공기로 다시 한 번 채워라. 다시 한 번 숨을 깊게 들이마시고, 숨을 참아라… 좋다. 이제 숨을 내쉬고 안도감을 인식하라. 정상적으로 숨 쉬어라. 가슴을 계속 이완하고, 그 이완이 등, 어깨, 목, 팔에 퍼지도록 놔두어라. 그저 놔두어라… 그리고 이완을 즐겨라. 이제 당신의 배 부분인 복부 근육에 주목하자. 당신의 복부 근육을 조이고, 복부를 단단하게 하라. 긴장감을 의식하라… 그리고 이완하라. 근육들이 풀어지게 놔두고, 그때의 차이를 의식하라… 한 번 더 복부 근육들을 조여라. 긴장을 유지하고, 이를 살펴라… 그리고 이완하라. 당신의 배를 이완시키면서 오는 전반적인 안녕감을 의식하라… 이제 배를 집어넣고, 근육들을 당기면서 긴장감을 느껴보라… 이제 다시 이완하라. 복부가 나오도록 놔두어라. 정상적이고 쉽게 계속 숨을 쉬고, 당신의 가슴과 복부 전체에 부드러운 마사지의 움직임을 느껴보라… 이제 다시 당신의 복부를 당기고, 긴장감을 유지하라… 이제 배를 내밀고 그 상태에서 긴장하라. 긴장감을 유지하라… 한 번 더 배를 안으로 당기고 긴장을 느껴보라… 이제 당신의 배를 완전하게 이완하라. 이완이 깊어지면서 긴장감이 사라지도록 놔두어라. 당신이 숨을 내쉴 때마다 폐와 복부에서의 리드미컬한 이완을 의식하라. 어떻게 당신의 가슴과 배가 더욱더 이완되는지를 의식하라… 당신 몸 어느 곳이든 이완하도록 노력해보고 그대로 두어라… 이제 등 아래 근육으로 주의를 돌려라. 누워서 당신의 등을 아치 형태로 만들고, 등 아래가 충분히 들어가도록 한 다음, 척추를 따라 긴장감을 느껴보라… 다시 편안하게 누워서 등 아래를 이완하라… 당신의 등을 아치형으로 만들고, 그로 인해 생기는 긴장감을 느껴보라. 가능한 한 당신의 신체가 이완된 상태를 유지하도록 노력하라. 등 아래 부분에 긴장을 집중시키려고 노력하라… 한 번 더 이완하고, 계속 더 이완하라. 당신의 등 아래를 이완하고, 당신의 등 위쪽을 이완한 후, 이완이 복부, 가슴, 어깨, 팔, 얼굴 부위에까지 퍼지게 하라. 이러한 부위들은 더 계속, 더 깊이 이완된다.

엉덩이, 허벅지, 종아리 근육 이완에 뒤이어 몸 전체 이완시키기(4~5분) 모든 긴장을 풀고, 이완하라… 당신의 엉덩이와 허벅지에 힘을 주어라. 당신의 뒤꿈치를 눌러서 허벅지 근육에 힘을 주어라… 이완하고 그 차이를 의식하라… 무릎을 펴고 당신의 허벅지 근육에 다시 힘을

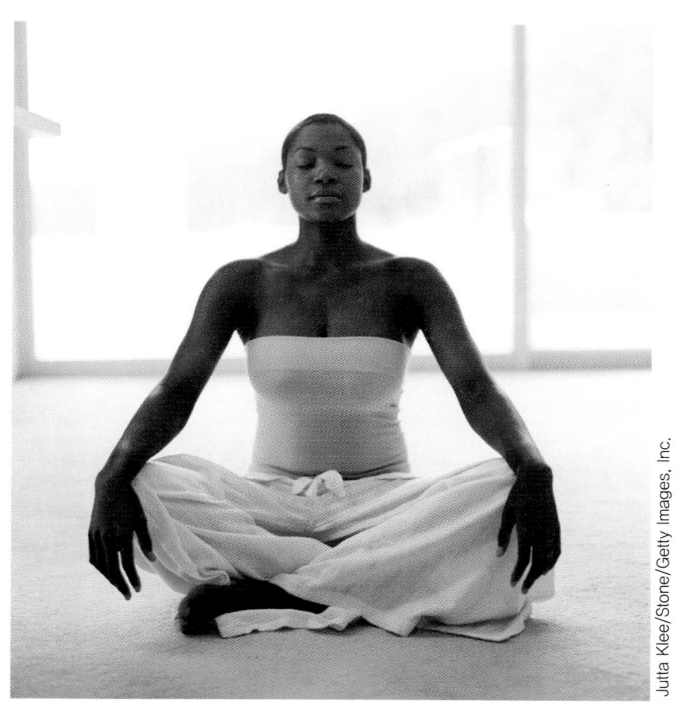

명상 많은 사람들은 정신적 형태의 명상을 실천한다. 그러나 과학자들은 명상이 근육의 긴장, 혈압, 신체적 각성의 생리학적 측정치 변화 등에 미치는 관찰 가능한 효과에 초점을 둔다.

주어라. 긴장을 유지하라… 엉덩이와 허벅지를 이완하라. 이완 상태가 계속 유지되도록 하라… 당신의 발과 발가락이 얼굴에서 멀어지게끔 아래 방향으로 눌러서 종아리 근육이 긴장되게 하라. 그 긴장을 살펴보라… 발과 종아리 근육을 이완하라… 이번에는 발을 얼굴방향으로 구부려서 정강이를 따라 긴장을 느껴보라. 발가락을 들어라… 이제 다시 이완하라. 잠시 동안 이완 상태를 유지하라… 이제 계속 이완된 상태로 두라. 발, 발목, 종아리, 정강이, 무릎, 허벅지, 엉덩이, 둔부를 이완하라. 여전히 이완된 상태에 있으면서 하체의 무게를 느껴보라… 이제 이완 상태를 배, 허리, 등 아래쪽까지 퍼지게 하라. 더 계속해라. 이완 상태를 전체적으로 느껴보라. 이완이 당신의 등 위쪽, 가슴, 어깨, 팔, 손가락 끝으로까지 진행되도록 하라. 더더욱 깊이 이완 상태를 유지하라. 어떤 긴장도 당신의 목구멍으로 스며들지 못하도록 하라. 목과 턱, 모든 얼굴 근육을 이완하라. 잠시 동안 그렇게 당신의 몸 전체를 이완 상태로 유지하라. 스스로를 이완하라.

이제 당신은 단순히 깊이 숨을 들이마시고 천천히 내뱉는 것보다 2배만큼 이완된 상태가 될 수 있다. 눈을 감고서 당신 주위의 물체들과 움직임을 덜 의식하도록 하고, 그럼으로써 표면적인 긴장이 생기는 것을 차단하라. 숨을 깊게 들이마시고 스스로 무거워지는 것을 느껴보라. 오랫동안 깊이 숨을 들이마시고, 아주 천천히 내뱉어보라… 얼마나 무겁고 이완된 상태가 되는지 느껴보라. 완벽한 이완 상태에서 당신 몸의 어느 근육도 움직이고 싶지 않도록 느껴야만 한다. 당신의 오른팔을 드는 데 필요한 노력을 생각해보라. 오른팔을 드는 것을 생각할 때, 어깨와 팔에 스며들지도 모르는 긴장을 의식할 수 있는지 살펴보라… 이제 당신은 팔을 들지는 않지만, 이완 상태를 지속시키려고 한다. 긴장이 사라지는 것과 안도감을 관찰하라… 계속 그런 이완 상태를 지속시켜라. 당신이 일어나기를 원할 때, 4부터 1까지 거꾸로 숫자를 세어보라. 그런 다음 당신은 편안하고, 상쾌하고, 깨어 있으며, 안정된 상태를 느껴야 한다.

숨쉬기(깊게, 횡격막을 통하여) 당신이 스트레스나 불안을 느낄 때 깊게 숨 쉬라고 말해준 사람이 있었는가? 긴장되어 있을 때 호흡은 얕아진다. 우리는 아마 평상시보다 과호흡하거나 더 빠르게 호흡하고 있을지 모른다. 우리는 숨을 쉴 때 산소를 이산화탄소로 교환한다. 그러나 과호흡 시에는 이산화탄소를 너무 많이 내뱉기 때문에 이로 인해 매스꺼움이나 어지러움을 느낄 수 있다. 횡격막으로부터 천천히 그리고 깊게 숨을 쉬는 것은 스트레스에 대한 신체 반응을 진정시킬 수 있고, 혈류에서의 산소와 이산화탄소의 올바른 균형을 회복시킬 수 있다.

횡격막을 활용한 숨쉬기는 몇 가지 간단한 기술을 연습함으로써 배울 수 있다.

1. 오로지 코를 통해서 숨을 쉬어라.
2. 숨을 들이마시고 내쉬는 데 같은 양의 시간을 사용해라.
3. 숨을 들이마시고 내쉬기를 지속적이고 느긋하게 해라. 숨을 들이마셨다 내쉬면서 스스로에게 조용히 숫자를 셀 수 있다(1001, 1002, 1003 등). 또한 매 날숨마다 릴렉스(relax) 등의 낭랑한 특정 단어를 사용할 수 있다(숨을 내쉬면서 x-음을 길게 내어라).
4. 침대에 등을 대고 누어라. 배에 손을 가볍게 올려놓아라. 숨을 깊게 그리고 천천히 쉬면서, 숨을 들이마실 때에는 배가 올라가고 내쉴 때에는 내려가게 하라. 그리고 이 방법을 편안한 의자에 바로 앉아서 연습해볼 수도 있다. 당신의 오른손을 배에 가볍게 올려놓아라(왼손잡이라면 왼손을 올려놓아라). 다른 손은 가슴 위쪽에 올려놓아라. 숨을 쉬면서 당신이 숨을 들이마실 때마다 배가 바깥방향으로, 내쉴 때에는 안쪽으로 움직이는 것을 볼 수 있다. 가슴이 움직이는 것을 지켜보면서, 목구멍으로 숨을 쉬지 않는다는 것을 알 수 있다. 목구멍으로 숨을 쉬는 것은 호흡이 얕아질 때 발생한다. 만약 들숨과 날숨마다 배 위에 올려놓은 손이 안팎으로 이동하는 것을 모니터링하는 동안 가슴 위쪽에 올려놓은 손이 움직이지 않는다면, 당신은 횡격막을 활용하여 숨을 쉬고 있는 것이다.

당신이 횡격막을 활용한 숨쉬기에 좀 더 익숙해진다면, 배와 가슴 위에서 손이 움직이는 것을 관찰하지 않은 채 깊고 천천히 숨쉬기에 초점을 두는 것만으로도 횡격막을 통한 숨쉬기를 할 수 있다. 많은 사람들은 이완 효과를 회복하는 데 도움을 주는 단서로서 이완 단어[날숨마다 릴렉스(relax)라고 말하는 것 등]를 지속적으로 사용하는 것이 도움이 된다는 것을 알고 있다.

긴장되고 불안하거나 통증을 느낄 때, 횡격막을 통한 숨쉬기는 불편함으로부터 벗어나도록 도와줄 수 있다. 그리고 당신의 호흡을 관찰하는 것도 불안감을 주는 생각들을 차단할 수 있다.

정리하자면, 삶에서 스트레스는 불가피한 부분이다. 몇몇 스트레스는 유익하다. 이는 우리를 깨어 있게 하고 동기화시켜준다. 하지만 너무 많은 스트레스는 우리의 대처 능력을 넘어서고, 스트레스 관련 건강문제의 위험에 놓이게 한다.

스트레스를 다룬다는 것은 불필요한 스트레스원을 방지하고, 관리할 수 있는 수준으로 스트레스를 유지하며, 스트레스에 대한 신체의 반응을 완화하는 것을 의미한다. 스트레스는 삶에서 실제하는 것이지만, 스트레스와 함께 살아가는 법을 배울 수 있는 실제이다. 다음 장에서는 스트레스와 다른 심리학적 요인들이 우리의 신체건강에 어떻게 영향을 미치는지 살펴볼 것이다.

제3장 복습 암송하기/암송하기/암송하기

학습 비결 : 이 질문에 대한 답을 암송하면 보다 효과적으로 학습을 할 수 있을 것이다. 우선 질문에 대한 답을 혼자 소리 내어 답해보거나 공책이나 컴퓨터에 써보라. 그리고 자신의 답을 아래의 정답 예시와 비교해 보라.

1. **스트레스의 주요한 원천은 무엇인가?**
   주요 원천들에는 사소한 사건들, 생활 사건, 문화적응 스트레스, 통증, 좌절, 갈등, A 유형 행동, 자연재난 · 기술재난, 테러, 그리고 소음 · 고온 · 공해 · 인구과잉 등과 같은 환경 요소가 있다.
2. **비합리적 신념이 어떻게 스트레스를 유발하거나 악화시키는가?**
   앨버트 앨리스는 부정적인 선행사건(A)이 부정적 사건들을 파국화하는 경향과 같이 비합리적 신념(B)이 그 영향을 악화시킬 때, 더 부정적인 결과(C)를 초래할 수 있음을 보였다. 두 가지의 일반적인 비합리적 신념은, 사회적 승인에 대한 과도한 요구와 완벽주의이다. 이 두 가지는 실망과 스트레스 증가에 대한 발판을 마련한다.
3. **재난의 유형은 무엇인가? 재난은 우리에게 어떻게 영향을 미치는가?**
   자연재난와 기술재난이 있다. 그러한 재난들은 발생 시 물리적, 개인적 피해를 줄 뿐만 아니라 우리의 지원 시스템과 우리의 상황과 삶에 대한 통제감에도 피해를 준다. 재난의 영향은 물리적 피해가 생긴 이후 수년간 지속될 수 있다. 테러는 우리가 가정과 지역사회에서 안전하게 살고 있다는 생각을 흔들 수 있는 스트레스의 원천이다.
4. **소음, 기온, 공해, 인구과잉 등의 환경적 요인이 어떻게 우리의 적응에 영향을 미치는가?**
   높은 소음 수준은 스트레스를 주고, 수면 방해뿐만 아니라 청력손실 등의 건강 문제, 수행 손상, 심지어는 심장질환과 신경질환, 소화기 장애를 유도할 수 있다. 극한 기온은 몸에 부담을 주며, 스트레스의 원천이 되며, 수행을 손상시킨다. 고온 또한 공격성과 연관되어 있다. 과밀한 주거환경은 부정적으로 경험되며, 개인 공간을 침범당한 느낌을 갖게 한다. 통제감이나 선택 — 콘서트나 스포츠 경기를 보러 가는 것 — 은 고밀도의 스트레스에 대처하는 데 도움을 준다.
5. **자기효능감 기대가 적응에 어떻게 영향을 주는가?**
   우리가 임무를 달성하고 도전에 직면할 수 있는 능력을 가졌다고 느낄 때, 어려운 임무를 더 지속하고, 불편감을 견딜 가능성이 높다.
6. **어떤 특성이 우리의 심리적 강인성과 연결되어 있는가?**
   수잔 코바사는 회사 경영간부들의 심리적 강인성의 특징은 높은 수준의 헌신, 도전, 그리고 통제임을 발견하였다.
7. **"마음의 즐거움은 양약이다"라는 증거가 존재하는가?**
   그렇게 말할 수 없다. 왜냐하면 유머와 웃음의 잠재적 건강 이점에 대한 결정적인 증거가 없기 때문이다. 그러나 유머가 기분을 좋게 하며, 기분이 좋은 것이 더 바람직할 것 같다고 말할 수 있다.
8. **예측가능성과 통제가 어떻게 적응을 돕는가?**
   예측가능성은 스트레스에 대비할 수 있게 해준다. 통제는 스트레스 대처법을 계획하고 실행할 수 있도록 해준다.
9. **사회적 지지가 적응을 돕는다는 증거가 있는가?**
   사회적 지지는 감기와 같은 전염성 질병에 대한 저항을 높일 수 있다. 또한 사회적 지지는 사람들이 암 스트레스와 다른 건강 문제에 대처할 수 있도록 도울 수 있다. 사회적 지지에는 정서적 관심의 표현, 도구적 지원, 정보, 평가, 그리고 단순한 사교 등이 있다.

나의 생활 나의 마음

개인적 글쓰기 숙고하기/숙고하기/숙고하기

학습 비결 : 이 장에 나온 개념들을 자신의 경험과 관련시켜 음미하면 보다 심층 처리가 가능하다. 그렇게 되면 내용에 보다 더 개인적인 의미를 부여하게 되며 더 효과적인 학습이 가능해진다. 답을 쓸 공간이 더 필요하면 추가 페이지를 이용해도 좋다.

1. 사소한 사건은 우리의 삶에서 스트레스의 중요한 원천이다. 당신이 정기적으로 직면하는 일상의 사소한 사건들을 묘사하라. 학생으로서의 당신의 역할과 얼마나 많이 관련되어 있는가? 당신은 그것에 대해 무엇을 할 수 있는가?

2. 이 책에 기술된 심리적 갈등의 유형 중 경험한 것이 있는가? 어떤 유형의 갈등이었는가? 어떻게 그 갈등을 해결하였는가?(혹은 그렇지 못했는가?)

모듈 복습의 답

모듈 3.1

1. 사소한 사건
2. 변화
3. 문화적응
4. 엔도르핀
5. 좌절
6. 갈등
7. 신념
8. A 유형
9. 감소시킨다
10. 증가

모듈 3.2

11. 높은
12. 헌신
13. 감소시킨다
14. 상관관계이다
15. 도구적

"당신은 얼마나 스트레스를 받고 있는가?"에 대한 자기 평가의 평가 기준

대학생활 스트레스 척도를 개발한 사람들은 심리학개론 수강생 257명을 대상으로 연구하였다. 이 대학생 표본이 일반적인 대학생들을 대표한다고 말할 수는 없지만, 그들이 보고한 점수는 당신의 스트레스 수준을 해석하는 데 맥락을 제공한다. 학생들의 평균 점수는 1,247점이다. 약 2/3의 학생들은 806~1,688점 사이에 분포한다. 806점 미만은 낮은 스트레스, 1,688점 초과는 높은 스트레스 수준을 나타낸다.

"당신은 A 유형인가 또는 B 유형인가?"에 대한 자기 평가의 정답 기준

"예"는 시간의 절박감과 지속적인 투쟁을 의미하는 A 유형 행동 패턴을 시사한다. 당신의 유형을 평가할 때, 정확한 "예"의 수를 지나치게 염려할 필요는 없다; 당신을 위한 규범적 자료는 없다. 그러나 프리드먼과 로젠만(Friedman & Rosenman, 1974, p. 85)에 따르면, 당신은 스스로를 '단호한' 혹은 '적당하게 고민하는'으로 보는 데 어려움이 없을 것이다. 즉 당신 스스로에게 정직하다면 말이다.

통제소재 척도에 대한 정답 기준

다음에 제시된 평가 기준에 따라 당신의 답과 평가 기준 답이 같을 때마다 빈 공간에 체크하라. 체크한 개수가 당신의 총점이다.

평가 기준

1. 예	11. 예	22. 아니요	33. 예
2. 아니요	12. 예	23. 예	34. 아니요
3. 예	13. 아니요	24. 예	35. 예
4. 아니요	14. 예	25. 아니요	36. 예
5. 예	15. 아니요	26. 아니요	37. 예
6. 아니요	16. 예	27. 예	38. 아니요
7. 예	17. 예	29. 아니요	39. 예
8. 예	18. 예	29. 예	40. 아니요
9. 아니요	19. 예	30. 아니요	
10. 예	20. 아니요	31. 예	
	21. 예	32. 아니요	

점수 해석하기

낮은 점수(0~8). 1/3의 응답자는 0~8점 사이의 점수를 얻는다. 그러한 응답자들은 내적 통제소재를 갖고 있는 경향이 있다. 그들은 그들의 삶에서 얻는(그리고 얻지 못한) 강화에 대한 책임이 스스로에게 있다고 생각한다.

평균 점수(9~16). 대부분의 응답자들은 9~16점 사이의 점수를 얻는다. 이 사람들은 그들의 삶을 부분적으로 통제하고 있다고 볼 것이다. 아마도 그들은 직장에서는 통제를 하고 있지만, 사회적 삶에서는 그렇지 못하다고 생각한다 — 또는 반대로.

높은 점수(17~40). 약 15% 정도의 응답자들은 17점 이상의 점수를 얻는다. 이 사람들은 대체로 삶을 운이 좌우하는 게임으로, 성공을 행운이나 다른 사람들의 관대함의 문제로 보는 경향이 있다.

낙관주의 척도에 대한 평가 기준

테스트의 총점을 구하기 위해 먼저 2, 4, 6, 7, 9번을 역채점하라. 즉,

a. 1번은 5번으로
b. 2번은 4번으로
c. 3번은 그대로 둔다.
d. 4번은 2번으로
e. 5번은 1번으로 바뀐다.

이제 각 문항의 점수를 합하라. 당신의 총점은 10~50점 사이에 있다. 당신의 점수가 높을수록 더 낙관적일 가능성이 높다. 약 30점 정도의 점수는 전반적으로 비관적이기보다는 낙관적인 태도를 가리킨다. 30~40점 범위의 점수는 중간 수준의 낙관주의를 가리키는 반면, 20~30점 사이의 점수는 중간 수준의 비관주의를 가리킨다. 40점 초과의 점수는 높은 수준의 낙관주의를 가리키는 반면, 20점 미만의 점수는 높은 수준의 비관주의를 가리킨다.

CHAPTER

4

심리적 요인과 건강

개요

- 다음을 알고 있나요?
- 모듈 4.1 : 스트레스의 신체적, 정서적, 인지적 효과
- 모듈 4.2 : 건강과 질병의 요인
- 모듈 4.3 : 신체건강 문제의 심리적 요인
- 모듈 4.4 : 나의 생활, 나의 마음 의료 서비스의 적극적인 소비자 되기

복습 암송하기/암송하기/암송하기

나의 생활, 나의 마음 개인적 글쓰기 숙고하기/숙고하기/숙고하기

다음을 알고 있나요?

- 두려움으로 인해 소화불량이 될 수 있다.(131쪽)
- 지속적인 스트레스는 단순히 고통의 근원일 뿐 아니라 우리의 면역계를 약화시켜 더욱더 질병에 취약하게 만들 수 있다.(132쪽)
- 당신이 마주하는 스트레스에 대해 적어보는 것이 당신의 신체적, 정신적 건강에 긍정적인 효과를 가져온다.(134쪽)
- 강한 민족 정체성과 문화유산에 대한 자부심이 소수민족들로 하여금 인종차별과 편견에 더 잘 대처하게 한다.(138쪽)
- 스트레스를 받으면 두통이 올 수 있다.(141쪽)
- 만성적인 분노가 당신의 심장에 손상을 줄 수 있다.(146쪽)
- 규칙적인 운동이 어떤 종류의 암에 걸릴 더 낮은 위험과 관련된다.(153쪽)
- 학위를 받는 것은 당신이 더 나은 직장을 준비할 수 있도록 도울 뿐만 아니라 당신의 삶도 구원해줄 수 있다.(153쪽)

Dragan Trifunovic/ iStockphoto

우리 중 몇몇은 스스로에게 가장 좋은 친구이다. 우리가 무엇을 먹는지 생각하고, 규칙적으로 운동하기도 하며, 삶의 스트레스원들을 살펴봄으로써 그 영향을 조절할 수 있다. 한편 우리 중 몇몇은 우리 스스로에게 가장 나쁜 적이기도 하다. 우리는 HIV/에이즈가 전염될 수 있다는 사실을 알고 있음에도 불구하고, 오염된 주사를 공유하거나 무모한 성적 행동을 하기도 한다. 우리는 콜레스테롤과 지방이 높은 음식이 관상동맥성 심장질환과 암에 걸릴 위험을 높일 수 있음을 알고 있으면서도 그것들을 먹는다. 그리고 당연하게도 담배가 해롭다는 것을 알면서도 계속 담배를 피운다. 앞으로 이 장에 보게 되듯이, 과학자들은 그동안 스트레스나 행동패턴과 같은 심리적 요인들이 심장병, 암, 당뇨 등 우리 삶에 잠재적으로 위협적인 질병에 대한 취약성을 결정할 뿐만 아니라 우리 삶의 기간과 질을 결정하는 것에도 중요한 역할을 한다고 배웠다. 다음 장에서는 더욱더 건강한 식습관과 운동, 그리고 수면습관을 계발하는 것에 대한 이득을 평가할 것이다. 이번 장에서는 우리의 행동패턴이 건강을 지키도록 돕거나 건강을 위험에 빠뜨리는 경우들을 살펴볼 것이다. 또한 심각한 질병을 경험할 때 사람들이 어떻게 대처하는지와 같이 신체적 질병에 적응하는 심리도 탐색할 것이다.

스트레스의 신체적, 정서적, 인지적 효과

모듈 4.1

- 건강심리학이란 무엇인가?
- 일반 적응 증후군이란 무엇인가?
- 스트레스의 정서적, 인지적 효과는 무엇인가?
- 면역계는 어떻게 작동하고, 스트레스가 어떻게 이에 영향을 주는가?

건강심리학(health psychology)은 심리적인 요인들과 신체건강 문제들을 치료하고 예방하는 것과의 관계를 연구하는 심리학의 하위분야이다. 건강심리학자들은 다음과 같은 방법들을

건강심리학 : 심리적 요인(예를 들어 태도, 신념, 상황적 영향, 그리고 명백한 행동 패턴)과 신체적 질병의 치료와 예방과의 관계를 연구하는 심리학 분야

연구한다.

- 스트레스, 행동패턴, 태도 등의 심리적 요인들이 신체건강 문제로 이어지거나 이를 악화시키는 방식
- 사람들이 스트레스에 대처하는 방법
- 스트레스와 병원체들(박테리아나 바이러스와 같은 질병 유발 유기체들)이 상호작용하여 면역계에 영향을 주는 방식
- 사람들이 의료 서비스를 찾을지에 대해 결정하는 방식
- 건강교육(예를 들어 영양, 흡연, 운동 관련하여)과 같은 심리학적 형태의 개입과 행동 수정 프로그램이 신체건강에 기여할 수 있는 방식

건강심리학의 주요 연구 분야 중 하나는 신체건강에 미치는 스트레스의 효과이다. 높은 수준의 스트레스에 노출되는 것은 우리의 대처자원들을 고갈시키고, 두통에서 심장병에 이르는 신체적 장애의 위험에 놓이게 한다. 이 모듈에서는 스트레스가 어떻게 우리의 신체에 영향을 주는지 자세히 들여다보고자 한다.

스트레스에 대한 신체 반응

스트레스는 단순한 심리적 사건 그 이상이다. 이는 단순히 스트레스가 있다는 것을 '아는 것' 이상이고, 밀고 당겨지는 '느낌' 그 이상이다. 스트레스는 신체에 명백한 영향을 준다. 저명한 스트레스 연구자 한스 셀리에(Hans Selye)는 신체가 스트레스에 반응하여 생기는 연속적인 변화를 **일반 적응 증후군**(general adaptation syndrome, GAS)이라고 불렀다. 지속적인 스트레스를 받는 신체는 에너지가 고갈될 때까지 꺼지지 않는 알람시계와 매우 흡사하다.

일반 적응 증후군(GAS) : 스트레스에 대해 3단계의 반응을 가정한 셀리에의 용어

일반 적응 증후군

"스트레스 박사"라고 불리는 셀리에(Selye, 1976)는 다양한 스트레스원에 대한 신체의 반응이 어떤 유사성을 보인다는 것을 관찰하였다. 스트레스원이 박테리아의 침입이든, 지각된 위험이든, 또는 주요한 삶의 변화이든지 간에 말이다. 이러한 이유 때문에 그는 이러한 반응을 일반 적응 증후군(GAS)이라고 명명하였다. 일반 적응 증후군은 세 단계에서 일어나는 신체의 변화들의 집합체이다 : 경고 단계, 저항 단계, 소진 단계.

경고 단계 : 일반 적응 증후군의 첫 번째 단계. 스트레스원의 영향으로 인해 촉발되고, 자율신경계의 교감신경 활동으로 특징지어진다.

투쟁-도피 반응 : 위험 지각에 대한 내면의 적응적 반응으로 캐논 박사가 창안한 용어

내분비계 : 호르몬을 혈류에 직접 분비하는 내분비선으로 구성되어 있고, 많은 신체 과정을 조절하는 신체의 체계

자율신경계(ANS) : 심장박동, 호흡, 소화, 동공 확장 등의 비자발적 활동과 선(腺)을 조절하는 신경계의 한 부분

교감신경계 : 자율신경계의 한 부분. 신체에 저장된 에너지를 소비하는 활동과 정서적 반응(불안, 두려움 등)을 일으킬 때 가장 활동적이다.

부교감신경계 : 자율신경계의 한 부분으로, 소화와 같이 신체의 에너지를 저장하는 과정에서 가장 활동적이다.

경고 단계 **경고 단계**(alarm stage, 경고 반응이라고도 불림)는 스트레스원에 대한 신체의 초기 반응이다. 이 반응은 스트레스원에 대항하여 신체를 보호하도록 준비하기 위해 신체를 동력화 또는 각성시킨다. 20세기 초반에 생리학자인 월터 B. 캐논(Cannon, 1929)은 이러한 경고 반응을 **투쟁-도피 반응**(fight-or-flight reaction)이라고 명명하였다. 이러한 경고 반응은 다양한 종류의 스트레스원으로부터 촉발된다. 이는 위협적인 스트레스원 또는 위험 인자로부터 신체가 투쟁 또는 도망갈 수 있도록 신체를 준비시킨다(Wargo, 2007).

경고 반응은 뇌에 의해서 시작되는 많은 신체 변화를 포함하고, **내분비계**(endocrine system)와 **자율신경계**(autonomic nervous system, ANS)에 의해 조절된다. 자율신경계는 신경계의 한 부분으로서, 심장박동이나 호흡과 같은 비자발적인 신체 과정들을 자동적으로 조절한다. 이 신경계는 **교감신경계**(sympathetic nervous system)와 **부교감신경계**(parasympathetic nervous system)로 구성되어 있다. 교감신경계와 부교감신경계는 서로 반대되는 효과를 가지고 있다. 교감신경계는 심장박동률이나 호흡과 같은 신체 과정들을 촉진하고, 신체가 위협으로부터 스스로를 보호하고, 더욱더 열심히 일하기 위해 추가적인 산소와 연료가 필요할 때 저장된 저장고로부터 에너지를 방출시킨다. 교감신경계는 경고 반응 동안에 주도권을 가지고 있다. 부교감신경계는 신체 각성상태를 진정시키고, 소화와 같이 영양분을 다시 쌓아두는 신체 과정들을 조절한다. 이제 스트레스 반응에 대한 내분비계와 자율신경계의 역할을 생각해보자. 하지만 먼저 〈그림 4.1〉과 〈그림 4.2〉를 통해 내분비계의 분비선과 자율신경계를 이해하는 것이 도움이 될 것이다.

스트레스는 시상하부-뇌하수체-부신(HPA)축이라 일컬어지는 일련의 내분비선에 도미노 효과를 일으킨다(Ellis, Jackson, & Boyce, 2006; Marin et al., 2007; Miller, Chen, & Zhou, 2007). 이는 다음과 같이 작동된다.

1. **시상하부**(hypothalamus)라고 불리는 뇌의 작은 구조는 부신피질 자극 호르몬 방출 호르몬(CRH)을 분비한다.
2. CRH는 뇌하수체로 하여금 부신피질 자극 호르몬(ACTH)을 분비하게 한다.
3. ACTH는 부신의 바깥층인 부신피질로 하여금 **코르티코스테로이드**(corticosteroid) 또는 스테로이드 호르몬을 분비하게 한다.

시상하부 : 배고픔, 수면, 정서, 체온을 포함하여 많은 신체 과정을 조절하는 뇌의 완두콩 크기의 구조

코르티코스테로이드 : 부신피질에서 생산되는 호르몬으로, 간에서 저장된 당을 분비시키고, 염증에 대항함으로써 스트레스에 대한 저항을 키운다. 스테로이드 호르몬이라고도 부른다.

코르티코스테로이드는 스트레스 사건에 대처하기 위해 요구되는 에너지 수요를 충족시키는 일환으로 우리 몸에 저장되어 있던 영양분을 생산함으로써 신체가 스트레스에 저항할 수 있도록 돕는다(Ditzen et al., 2008; Kumsta et al., 2007). 이러한 호르몬들은 초기에 우리 신체가 스트레스에 대처할 수 있도록 도움에도 불구하고 계속된 분비는 심혈관계에 해를 끼칠 수 있는데, 이는 만성적인 스트레스가 우리의 건강을 해칠 수 있는 이유이다. 신체의 근육을 키우기 위해 스테로이드를 사용하는 사람들도 이러한 심혈관계 질환을 얻을 수 있다.

경고 단계에서 주요한 역할을 하는 또 다른 2개의 호르몬은 부신 수질이라 불리는 부신의 안쪽 부분에서 분비된다. 자율신경계의 교감신경계는 부신 수질을 활성화시킴으로써 아드레날린과 노르아드레날린의 혼합물을 방출해낸다. 이러한 혼합물은 심장박동수를 높이고 간이 글루코스(당)의 형태로 저장되었던 에너지를 방출하도록 자극함으로써 우리 신체를 활성화

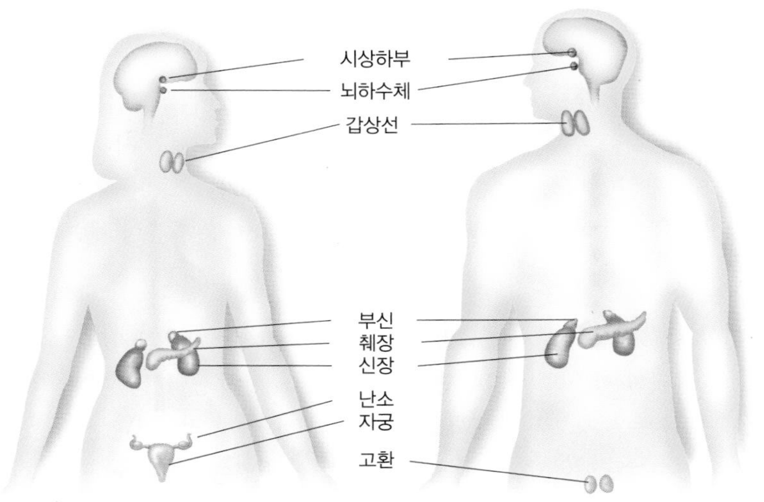

그림 4.1

내분비계의 내분비선 내분비계는 호르몬을 혈류에 직접적으로 분비하는 내분비선 망으로 구성되어 있고 몸 전체에 위치해 있다. 내분비계는 생식, 성장, 신진대사, 스트레스에 대한 신체의 반응에 중요한 역할을 한다.

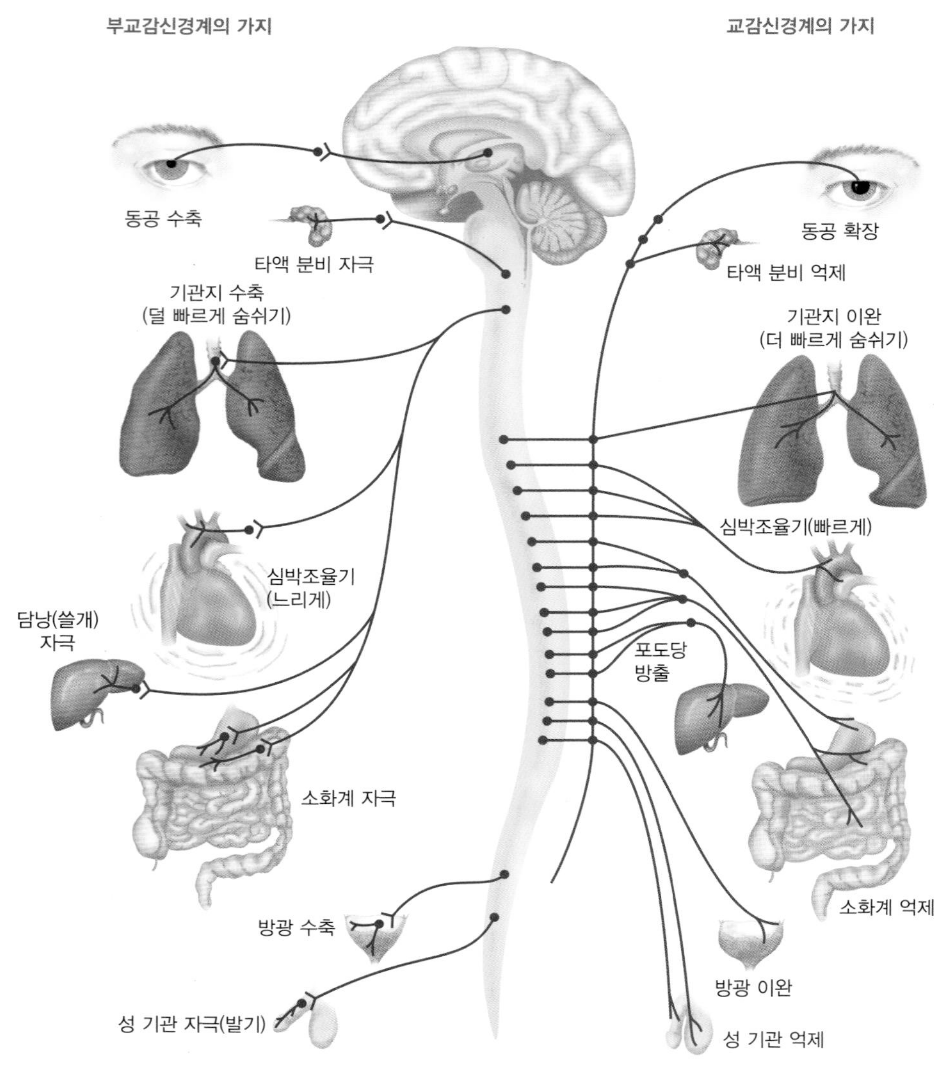

그림 4.2

자율신경계 자율신경계는 심장박동, 호흡, 소화와 같은 자동적 신체반응을 조절한다. 자율신경계의 부교감신경계는 일반적으로 소화, 휴식과 같은 에너지를 충전하는 활동 간에 지배적이다. 교감신경계는 위협적인 스트레스원으로부터 투쟁하거나 달아날 때, 두려움이나 분노 등 강한 감정을 경험하는 것과 같이 에너지를 소비할 필요가 있을 때 가장 활동적이다.

▮ **저항 단계** : 일반 적응 증후군의 두 번째 단계로, 손실된 에너지를 회복시키고 손상을 복구하기 위한 장기적인 교감신경계 활동과 같은 특징이 있다. 적응 단계로도 불린다.

시킨다. 이러한 과정은 투쟁-도피 반응을 일으키도록 에너지를 공급하고, 이를 통해 우리 신체가 적으로부터 투쟁 또는 도피하도록 준비시킨다.

경고 반응 또는 투쟁-도피 기제는 내부의 경고체계이다. 이는 많은 스트레스원들이 생명에 위협적이었던 선사시대 때부터 생겨났다. 아마 이 기제는 숲에서 적을 보았을 때 또는 덤불에서 갑작스럽게 들린 바스락거리는 소리에 의해 작동되었을 것이다. 오늘날에는 당신이 교통체증과 '싸워야' 할 때 또는 시험 보는 것과 같이 짜증 나고 도전적인 사건과 마주할 때 작동될지도 모른다. 일단 위협이 제거되기만 하면, 부교감신경계가 주도권을 가지게 되고 우리 신체는 낮은 각성 상태로 돌아가게 된다. 경고 반응 시에 일어나는 많은 신체변화들은 〈표 4.1〉에 제시되어 있다.

저항 단계 만약 경고 반응이 신체를 동원하고 나서도 스트레스원이 제거되지 않는다면, 우리는 일반 적응 증후군의 적응 또는 **저항 단계**(resistance stage)에 들어서게 된다. 내분비계와 교감신경계의 활동 수준은 경고 반응에서보다는 낮지만, 여전히 정상보다는 더 높다. 이 단계에서 우리 신체는 손실된 에너지를 재충전하려 하고, 신체적 손상을 복구하려고 한다.

적응과 현대인의 삶

'투쟁 또는 도피' 또는 '배려와 친교'? 스트레스 반응에 대한 성차 이해하기

약 100년 전, 하버드대학교의 생리학자 월터 캐논은 스트레스에 대한 신체의 반응을 '투쟁-도피' 반응으로 명명했다. 그는 포식자나 경쟁자와 마주했을 때 전투에 대비하기 위해 신체가 이미 각성되거나 동원된다고 보았고, 포식자가 충분히 위협적이라면 '신중함'('전략적 후퇴')이 때때로 더 나은 용맹이라고 믿었다. 투쟁-도피 반응은 뇌의 통제구조 아래 자율신경계와 내분비계를 포함한 신체 변화의 연속된 사건들을 포함한다.

최근의 연구에서는 성별의 관점에서 스트레스 관련 반응들을 시험해보았다. UCLA 심리학자 셸리 테일러와 그녀의 동료들(Taylor et al., 2000)은 스트레스를 받았을 때 적어도 우리 중 절반은 싸우거나 도망치는 것보다 아이들을 돌보고, 가족, 친구들과 '조화'하는 경향이 있다고 주장했다. 그렇다면 우리 중 어떤 절반이 그렇게 하겠는가? 바로 여성이다.

테일러는 투쟁-도피 반응에 대한 자신의 관심이 한 학생의 발언에 의해 촉발되었다고 설명했다. 이 학생은 동물에 대한 스트레스의 효과 연구에서 거의 모든 쥐가 수컷이라는 점을 언급했다. 테일러는 인간에 대한 스트레스 연구들을 살펴보았다. 1995년 이후 정부기관에서는 연구 지원을 위해서 여성의 동등한 대표성을 요구하기 시작하였는데, 테일러는 1995년 이전에는 단 17%의 피험자들만이 여성이었다는 점을 발견하였다.

이는 꽤나 큰 성차다. 이러한 성차는 연구자들로 하여금 여성이 남성과 같은 방식으로 스트레스에 반응하는지에 대한 질문을 무시하게 하였다.

그리하여 테일러와 동료들은 추가적인 문헌연구를 하였고, "남성과 여성이 스트레스에 대해 신뢰할 만하게 다른 반응을 보인다"는 것을 발견하였다(Taylor et al., 2000). 그녀는 여성의 스트레스에 대한 특징적 반응을 '배려-친교' 반응이라고 불렀다. 이 반응은 투쟁-도피보다 양육과 타인의 지지를 추구하는 것을 의미한다. 테일러와 동료들은 연구를 검토하면서 여성이 위협, 재난에 직면하거나 심지어 사무실에서 특히 좋지 않은 날을 보냈을 때 그들의 아이들을 돌보고, 타인들, 특히 다른 여성의 접촉과 지지를 추구한다는 것을 밝혔다. 사무실에서 좋지 않은 날을 보냈을 때 남성들은 가족으로부터 철회하거나 논쟁을 벌이는 경향이 있다. 이러한 여성의 반응은 여성과 다른 포유류 암컷 동물들에게 이미 존재하고 있는 것이다.

진화론적 관점에서 본다면, 배려-친교 반응이 자식을 돌보는 여성의 생존을 증가시켰기 때문에 유전자에 각인된 것이라고 제안할 수 있다. (투쟁을 선택한 여성들은 아마 죽었거나 적어도 자식들로부터 분리되었을 것이다. 진화론적 관점에서 이러한 선택은 성공적이지 못하다.) 행동의 성차는 자주 **호르몬**(hormone)과 다른 생물학적 요인의 성차와 관련이 있다.

이번 경우도 마찬가지다. 테일러와 동료들은 뇌하수체 호르몬인 옥시토신의 효과를 지적하였다. 이 호르몬은 순산을 자극하고, 양육할 때 모유가 나오도록 한다. 또한 이 호르몬은 유아에 대한 엄마의 애착행동, 타인에 대한 공감능력과 신뢰감의 발달 등 사회적 행동과 관련되어 있다(Mikolajczak et al., 2010; Poulin, Holman, & Buffone, 2012; Seltzer, Ziegler, & Pollak, 2010; Wade, 2011; Zak, 2012).

하지만 잠깐! 남성들 또한 스트레스를 받을 때 옥시토신을 분비하기는 한다. 그렇다면 성차가 왜 생기는 것인가? 그에 답은 다른 호르몬, 즉 성 호르몬인 에스트로겐과 테스토스테론에 있다. 여성은 남성보다 에스트로겐이 더 많고, 에스트로겐은 옥시토신의 효과를 향상시키는 것으로 보인다.

반면에 남성은 여성보다 테스토스테론이 더 많고, 이 테스토스테론은 자신감을 높여주고(아마 과장된 것일지도 모른다) 공격성을 증진시켜 옥시토신의 효과를 약화시킬지도 모른다(A. Sullivan, 2000). 따라서 남성은 호르몬 균형의 생물학적 차이로 인해 스트레스 상황에서 여성보다 더 공격적인 반면, 여성은 더 친화적이고 양육적일 것이다.

모든 심리학자가 진화론적 또는 생물학적 설명에 동의하지 않는다. 심리학자 앨리스 이글리(Eagly, 2000)는 스트레스에 대한 반응에서의 성차가 호르몬에 기반을 두고 있다는 것은 동의하나, 다른 대안을 제시하였다. 차이는 학습과 문화적 조건화를 반영한 것일지도 모른다. "나는 여성이 좀 더 친화적이라는 몇몇 증거가 있다고 생각하지만, 무엇 때문에 그런지에 대해서는 의문이다. 이는 생물학적으로 강하게 연결된 것인가? 아니면 이는 여성들이 발달에 있어 가족에 대한 책임감과 이에 대한 준비를 더 가지고 있기 때문인가? 이는 심리학자들에게 크나큰 질문이다." 정말로 큰 질문이다.

Ghisiain & Marie David de Lossy/Image Bank/Getty Images, Inc.

'투쟁-도피' 또는 '배려-친교'? 월터 캐논은 스트레스에 대한 신체의 반응을 '투쟁-도피' 반응이라고 명명했다. 하지만 셸리 테일러와 그녀의 동료들의 새로운 연구에서는, 여성이 스트레스 사건을 경험할 때 타인들을 돌보거나('배려') 타인들과 어울리도록('친교') '이미 결정되어' 있다고 제안한다.

호르몬 : 내분비선에 분비되는 물질들로 다양한 신체 기능을 조절한다('자극하는', '흥분시키는'의 의미를 지닌 그리스어 horman에서 유래).

표 4.1 ▮ 경고 반응의 요소

코르티코스테로이드가 분비된다.	근육이 수축한다.
아드레날린이 분비된다.	혈액이 내부 장기에서 골격 근육계로 이동한다.
노르아드레날린이 분비된다.	소화가 억제된다.
호흡수가 증가한다.	간에서 당이 분출된다.
심장박동수가 증가한다.	혈액응고가 증가한다.
혈압이 증가한다.	

▮ **소진 단계** : 일반 적응 증후군의 세 번째 단계로서 약화된 저항과 가능성 있는 악화로 특징지어진다.

소진 단계 만약 스트레스원이 여전히 적절히 다뤄지지 않는다면 일반 적응 증후군의 **소진 단계**(exhaustion stage)로 접어들게 된다. 스트레스에 저항하는 개인적 능력은 다양하지만 스트레스가 무기한으로 계속되면 우리의 신체는 결국 소진되게 된다. 근육은 지치게 되고, 우리 신체에서는 스트레스와 싸우기 위해 필요한 자원들이 고갈된다. 이러한 소진과 함께 부교감 신경계가 작동한다. 그 결과, 우리의 심박동수, 호흡수, 신체의 각성은 서서히 늦어진다. 이는 우리가 휴식으로부터 이득을 얻는 것처럼 들릴 수 있지만, 우리가 여전히 외부적 위협인 스트레스를 받고 있다는 것을 기억해야 한다. 소진 단계에서 지속적인 스트레스는 셀리에가 언급한 적응의 질병(diseases of adaptation)으로 이어질 수 있다. 이러한 질병은 알레르기부터 두드러기, 심지어 관상동맥성 심장질환(CHD)에 이르기까지 다양하고, 이는 결과적으로 죽음에 이르게 할 수 있다.

사람들마다 스트레스를 견뎌내는 능력이 모두 다름에도 불구하고, 지속되거나 완화되지 않는 높은 수준의 스트레스는 신체를 스트레스 관련 질병에 더욱더 취약해지도록 신체의 자원을 혹사시킨다(Cohen, Janicki-Deverts, & Miller, 2007; Kemeny, 2003). 이 장의 후반부에서 많은 스트레스 관련 질병들에 대해서 탐색할 것이다.

스트레스의 정서적 효과

정서는 우리의 삶을 색으로 물들인다. 우리는 부러울 때 초록색이 되며, 화가 날 때는 빨간색, 슬플 때는 파란색이 된다. 시인들은 생각에 잠겨 있는 기분을 갈색으로 표현하기도 한다. 사랑이나 소망과 같은 긍정적인 정서는 우리의 하루하루를 기쁨으로 가득 채우지만, 스트레스로 인한 부정적 정서는 우리를 두렵게 하고 매일을 견디기 힘든 일로 만든다. 지금부터 스트레스에 대한 세 가지 중요한 정서적 반응을 생각해보자 : 불안, 분노, 그리고 우울.

불안 불안은 물리적 위험, 상실, 실패와 같은 스트레스원에 의한 위협에 반응하여 나타나는 경향이 있다. 불안은 스트레스에 대한 정서적 반응일 뿐만 아니라 그 자체(이는 우리에게 짐을 지게 한다)만으로도 스트레스원이다.

▮ **특성불안** : 지속적인 특성으로 나타나는 불안

▮ **상태불안** : 특정한 상황에 의해서 나타나는 일시적인 불안 상태

심리학자들은 **특성불안**(trait anxiety)과 **상태불안**(state anxiety)을 구분한다. 특성불안은 성격변인이다. 특성불안을 가진 사람들은 지속적인 두려움과 불길한 예감, 즉 무언가 심각한 일이 일어날 것 같다는 생각을 한다. 그들은 만성적으로 불안해하며 걱정한다. 한편 상태불안은 기말시험 하루 전, 특별한 데이트, 직장 면접, 치과 방문 등 특정한 상황에 의해서 촉발되는 일시적 각성 상태라고 볼 수 있다.

생물학적 수준에서 스트레스에 반응하는 교감신경계 각성은 빠른 심장박동과 호흡, 땀 분비, 근육 긴장과 같은 신체적 증상과 관련되어 있다. 이러한 신체적 반응들은 종종 공포, 놀

람, 불안, 격노 또는 분노와 같은 강한 정서가 수반된다. (당신이 두려움 또는 분노를 경험했던 때를 생각해보라. 그때 당신의 심장박동이 빠르게 뛰지 않았는가? 땀에 흥건히 젖었다거나 식은땀이 난 적은 없었는가?) 스트레스 상황에서는 교감신경계의 활동이 왕성해지기 때문에 소화가 잘 되지 않는다. 따라서 두려움에는 소화불량이 수반될 수 있다.

분노 분노(anger)는 대체로 불만이나 사회적 도발과 같은 스트레스원에 대한 반응으로 나타난다. 적대감은 오래 지속되는 특성이라는 점에서 분노와 다르다. 분노는 대체로 인지(생각과 신념)를 포함하는데, 그 예로 세상은 우리의 욕구를 충족시키는 것을 방해하지 말아야 한다(불만의 경우)라든가, 상대방은 우리를 그런 식으로 대우할 권리가 없다는 것(사회적 도발의 경우)이 있다. 불안처럼 분노도 빠른 심장박동이나 호흡과 같은 강한 신체적 반응을 동반한다.

우울 우울은 친구, 애인, 또는 친척의 상실, 실패, 무기력함 또는 자극의 부족, 지속되는 스트레스 등과 같은 스트레스원에 대한 반응으로 나타난다. 왜 우울은 종종 무기력감이나 자극의 부족으로 생기는가? 사람들은 자극에 대한 욕구를 가지고 있고 몇몇 '스트레스'는 바람직하고, 건강하다.

왜 우울은 스트레스에 대한 장기적인 노출로부터 생기는가? 생물학적 수준에서 우울은 부교감신경계의 지배로 특징지을 수 있고, 부교감신경계 활동은 일반 적응 증후군의 소진 단계의 특징이라고 할 수 있다.

정서와 행동 정서는 어떤 행동을 동기화시킨다. 불안, 분노, 우울과 같은 부정적 정서는 우리를 부적응적인 방식으로 행동하게끔 동기화시킬 수 있다. 예를 들어 불안은 도피행동, 분노는 공격적 행동, 우울은 철회와 같은 행동을 동기화시키는 경향이 있다.

부정적인 정서반응을 무언가 잘못되었다는 신호로 지각하고, 그 스트레스에 대해서 우리가 무엇을 할 수 있는지를 배우고, 스트레스원을 제거 또는 완화시키도록 하는 행동들을 계획하는 것은 우리에게 도움이 된다. 그러나 정서가 '너무 극화되면', 그것들은 우리의 인지적 과정을 방해하고 적응적 행동을 방해할 수 있다.

스트레스의 인지적 효과

스트레스 상황에서 우리는 명료하게 생각하거나 하고 있는 작업에 집중하기 어렵다. 경고 반응을 특징짓는 높은 수준의 신체적 각성은 기억의 기능과 문제해결 능력을 손상시킬 수 있다. 시험을 볼 때(경고 반응을 촉발할 수 있는 스트레스원) 당신은 높은 수준의 부정적 각성(불안)을 경험하여 확실히 기억하고 있다고 자부하는 내용들을 떠올리기 어려울 수 있다. 그 후로 당신은 "난 실패했어"라고 생각할지도 모른다. 또한 높은 각성 상태에서 신체적 반응, 실패나 파멸에 대한 기대에 지나치게 초점을 두어 우리가 가지고 있는 문제에 생각을 집중하지 못할 수 있다.

면역계에 대한 스트레스의 효과

신체의 복잡성과 과학 변화의 빠른 속도를 감안할 때 우리는 종종 질병에 대처하기 위해 훈련된 전문가들에게 의존하고 있다고 느낀다. 그러나 우리는 사실 신체의 **면역계**(immune

▌**면역계** : 신체를 침범하는 외부 물질(항원)을 포착하고 파괴하는 신체의 시스템

▮ **병원균** : 질병을 유발할 수 있는 소규모 유기체(박테리아 또는 바이러스)

▮ **루커사이트** : 백혈구('하얀'을 뜻하는 그리스어 leukos, '비어 있는'을 뜻하는 그리스어 kytos에서 유래, 세포를 지칭함)

▮ **항원** : 면역계 반응을 불러일으키도록 신체를 자극하는 물질[항체 생산기(antibody generator)의 줄임말]

▮ **항체** : 백혈구에 의해 형성되는 물질로, 항원을 포착하고 파괴함

▮ **염증** : 신체의 손상된 부분으로 혈류가 증가한 상태로서, 그 결과 적열, 온기, 백혈구 공급의 증가가 나타남

▮ **정신신경면역학** : 심리적 요인(태도와 명시적인 행동패턴)과 면역계의 기능 간의 관계를 연구하는 분야

system)를 이용하여 대부분의 대처를 스스로 하고 있다. 면역계는 질병과 결함이 있는 세포들에 대항하기 위한 신체의 방어체계이다(Jiang & Chess, 2006; Kay, 2006). 면역계는 수억 개의 특화된 백혈구를 내보내어 박테리아, 균, 바이러스와 같은 **병원균**(pathogen)뿐만 아니라 쓸모없고 암에 걸린 세포를 잡아먹고 죽인다. 백혈구를 설명하기 위한 기술적 용어는 **루커사이트**(leukocytes)이다. 루커사이트는 소규모의 전쟁을 수행하는데, 그들은 이질적인 물질들과 건강하지 않은 세포들을 '포착'해내고 제거하는 탐색-파괴 임무를 수행한다. 이러한 백혈구는 우리의 몸 안에 있는 작은 전사로서, 지속적으로 우리 몸에 들어오는 이질적인 물질들을 상대로 탐색-파괴 임무를 수행한다. 루커사이트는 미래의 전투 효과성을 높이기 위해 이질적인 물질(예를 들어 바이러스와 박테리아)들을 포착해낸다. 이질적인 물질의 표면에는 **항원**(antigen, 항체 생산기의 줄임말)이라 불리는 것이 있는데, 이렇게 불리는 데에는 우리의 몸이 항원에 대해 특수화된 단백질인 **항체**(antibody)를 생산해냄으로써 반응하기 때문이다. 이렇게 생산된 항체는 자물쇠에 열쇠가 들어맞듯이 이질적 물질의 표면에 꼭 들어맞음으로써 그들을 비활성화시키고 후에 백혈구가 파괴할 수 있도록 표시를 해놓는다(Greenwood, 2006; Kay, 2006). 면역계는 혈류에 항체를 유지함으로써 이러한 외부의 침입자들과 싸우는 방법을 '기억'하고 있다.

염증(inflammation)은 면역계의 또 다른 기능이다. 외상이 있을 때 그 부분의 혈관은 먼저 수축하고(출혈을 막기 위해) 다시 팽창한다. 팽창은 손상된 부분으로 혈류를 증가시킴으로써, 염증의 특징인 온기와 적열 상태를 유발한다. 또한 증가된 혈액공급은 박테리아와 같은 미세한 침입 생명체와 싸우기 위해 그 지역을 백혈구로 넘치게 한다. 그렇지 않으면 그 박테리아는 손상된 그 지역을 신체의 출입통로로 사용할 수 있다. 심리학자들, 생물학자들, 그리고 의학 연구자들은 그들의 노력을 통합하여 심리적 요인, 신경계, 내분비계, 면역계, 그리고 질병 간의 관계를 강조한 **정신신경면역학**(psychoneuroimmunology)을 탄생시켰다(Ader, Felten, & Cohen, 2001). 정신신경면역학의 주요 관심사 중 하나는 다음에 보게 될 스트레스가 면역계에 미치는 효과이다.

가끔 받는 스트레스는 해롭지 않을 수 있지만, 만성적 또는 지속적인 스트레스는 다양한 형태의 질병에 취약하게 함으로써 우리의 면역계를 약하게 할 수 있다(Fan et al., 2009; Gorman, 2007). 만성적 스트레스는 우리의 신체건강에 다양한 방식으로 영향을 준다. 예를 들어 스트레스는 상처를 낫게 하는 기능의 손상과 신체의 자연살해세포(병원균을 제거하는 면역계 세포)의 낮은 생산과 연결된다(Dougall & Baum, 2001; Robles, Glaser, & Kiecolt-Glaser, 2005).

만성적 스트레스는 또한 코르티코스테로이드(부신에서 생산되는 스테로이드 호르몬)의 생산을 증가시킨다. 시간이 지나면서 이러한 호르몬들은 면역계의 기능을 억제시킨다(Fan et al., 2009). 억제는 스테로이드가 간헐적으로 분비되었을 때에는 다소 사소한 효과를 일으킨다. 그러나 이러한 스테로이드의 지속적 분비는 항체의 생산을 감소시킨다. 그 결과 우리는 감기와 같은 다양한 질병에 취약하게 된다. 또한 면역계는 합성 스테로이드의 정기적 사용으로 인해 약해질 수 있는데, 이 스테로이드는 합법적으로 의학적 사용이 가능하나, 종종 근육을 키우고자 하는 운동선수들에게 남용되는 약물의 종류이다.

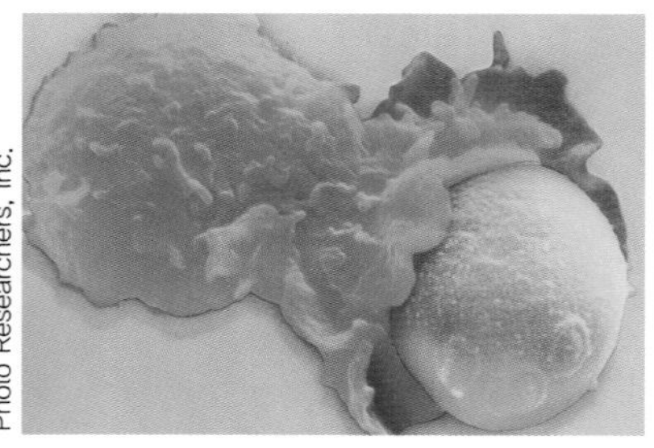

소규모 전쟁 면역계는 우리가 질병과 싸울 수 있도록 돕는다. 이는 위에 보이는 바와 같이 백혈구(루커사이트)를 생산함으로써 박테리아나 바이러스와 같은 병원균을 잡아먹고 죽이도록 한다.

스트레스 호르몬은 심지어 인간관계의 건강에도 영향을 미친다. 연구자들은 신혼부부의 스트레스 호르몬을 측정하였는데, 결혼 첫 해에 이러한 호르몬들을 신체에서 더 분비한 부부들은 10년 내에 이혼하는 경향이 더 높았다(Kiecolt-Glaser et al., 2003). 사회적 지지는 신체

에 대한 지속적 스트레스의 해로운 영향을 조절할지도 모른다. 치대 학생들에 대한 연구에 따르면, 친구가 많은 학생들은 친구가 적은 학생들보다 스트레스받는 시기에 면역계 기능이 더 좋았다(Jemmott et al., 1983). 여기서의 교훈은 우리가 튼튼한 사회망을 가지고 있다면 스트레스를 받는 시기에 우리의 건강을 더 잘 유지할 수 있다는 점이다. 추후 연구에서 연구자들은 사람들을 의도적으로 감기 바이러스에 노출시켰을 때, 더 넓은 사회망을 가진 사람들이 좁은 범위 내에서 사회적 접촉을 하는 사람들보다 감기에 더 저항적이라고 밝혔다(Cohen et al., 1997). 최근의 역학적인 증거는 위의 관점을 지지한다. 즉 외롭고 사회적으로 고립된 사람들이 더 짧은 수명을 가지고 있으며, 감염, 심장병과 같은 신체건강 문제로 인해 더 고통을 경험하는 경향이 있다(Miller, 2011).

Yuri Arcurs Media /SuperFusion/SuperStock

스트레스와 감기 만성적인 스트레스는 감기를 포함한 질병에 우리를 더욱더 취약하게 할 수 있다.

삶의 변화와 신체건강

스트레스와 질병 사이의 관계를 설명하는 또 다른 방법으로는 사람들이 경험하는 삶의 변화(또는 삶의 사건)의 수와 이로 인한 건강상의 결과를 비교하는 것이다. 제3장에서 당신은 삶의 변화가 사람들에게 적응을 요구하여 부담을 주기 때문에 스트레스받는 일이라는 것을 기억할 것이다. 여러 증거들은 특정한 기간 내에 더 많은 삶의 변화를 경험한 사람들이 심리적, 신체적인 건강 문제와 마주하는 경향이 더 높음을 보여준다(Dohrenwend, 2006). 그러나 우리는 이러한 연결고리를 해석할 때 주의해야 할 필요가 있다. 그중 하나는 삶의 사건과 신체건강 문제 사이의 관계는 일반적으로 그 정도가 약하다는 점이다. 또 다른 한 가지로, 연구자들은 둘 사이의 인과관계가 그리 명확하지 않다고 생각한다.

그렇다면 일상의 사소한 사건들, 삶의 변화, 그리고 건강 문제들 사이의 관계에 대한 연구의 많은 한계점들을 고려해보자.

1. 상관관계의 증거. 삶의 변화와 질병 사이의 관계는 실험 연구보다는 상관 연구에 그 기반을 두고 있다. 사소한 사건들과 삶의 변화가 장애를 불러일으킨다는 것은 논리적이나, 이와 같은 변인들은 실험적으로 조작되지 않았다. 따라서 이러한 자료에 대한 다른 설명이 가능하다. 한 가지 가능한 설명으로는 의학적 또는 심리적인 문제에 취약한 사람들이 사소한 사건들과 삶의 변화를 더 많이 경험한다는 것이다. 예를 들어 의학적 장애는 성적인 문제, 배우자 또는 친척과의 논쟁, 삶의 조건과 개인적 습관의 변화, 수면 습관의 변화에 영향을 미칠 수 있다.
2. 긍정적 vs. 부정적 삶의 변화. 삶의 변화와 질병 사이의 관계에 대한 연구의 다른 부분도 도전받아 왔다. 그 예로, 우리는 긍정적 변화로부터 사소한 사건들과 부정적 삶의 변화의 영향을 구분해야 할 필요가 있다. 즉 긍정적 변화는 스트레스를 받을 만한 것일지 모르나, 부정적 변화보다는 덜 귀찮은 일이다.
3. 성격의 차이. 우리는 또한 성격의 차이를 설명할 필요가 있을지도 모른다. 예를 들어 서로 다른 성격을 가진 사람들은 삶의 스

Image Source/Getty Images

"친구를 사귀자" 증거는 넓은 범위의 사회적 접촉이 스트레스를 받았을 때 우리의 건강을 유지시켜주는 데 도움이 된다는 관점을 지지한다.

트레스에 대해서 다른 방식으로 반응할지도 모른다. 마음이 편한 사람들이나 심리적으로 강인한 사람들은 스트레스의 충격으로부터 질병에 덜 걸리는 경향이 있다.

4. 인지적 평가. 한 사건의 스트레스로 인한 충격은 개인에게 그 사건의 의미를 반영해준다(Folkman & Moskowitz, 2000a). 예를 들면, 임신은 긍정적 또는 부정적인 삶의 변화가 될 수 있는데, 이는 당사자가 아이를 원하는지와 아이를 가질 만한 준비가 되어 있는지에 달려 있다. 우리는 지각된 위험, 가치와 목표, 대처능력에 대한 신념, 사회적 지지 등으로 스트레스 사건들을 평가한다. 같은 사건이라 할지라도 더 나은 대처능력과 지지를 가진 사람들이 덜 힘들 것이다.

위의 한계점을 통해 우리는 삶의 변화와 신체건강 사이의 관계가 복잡하다는 것을 알았다. 그럼에도 불구하고 사소한 사건들과 삶의 변화들은 적응을 요구하기 때문에 그것들에 대해 자각하고 우리에게 어떻게 영향을 미치는지 아는 것은 현명하다고 볼 수 있다.

우리는 삶의 스트레스 원천들을 단순히 적어봄으로써 스트레스를 받는 동안 우리의 건강을 더 잘 보호할 수 있다. 이에 대한 증거로, 스트레스 사건을 적어보는 것은 신체적, 심리적 건강 모두를 향상시키고 심지어 면역계의 기능도 향상시킨다(Frattaroli, 2006; Langens & Schüler, 2007; Pennebaker, 2004). 이러한 개인적 글쓰기의 치료적 가치에 대해 추가적인 연구가 필요하겠지만, 스트레스와 일일경험을 일기로 간직하는 전통적인 습관은 유익할 것이다. 스트레스를 기록하는 것이 당신의 신체건강을 향상시키지 않을지라도, 매일 경험하는 스트레스의 심리적 영향을 어느 정도 완화시키는 데 도움이 될 것이다.

모듈 복습

복습하기

(1) ______ 심리학은 심리적 요소와 신체적 질병의 예방과 치료 간의 관계를 연구한다.
(2) 일반 적응 증후군은 세 가지 단계가 있다 : 경고, ______, 그리고 소진 단계.
(3) 캐논은 경고 반응을 ______ 반응이라고 불렀다.
(4) 여성들은 스트레스에 대하여 투쟁-도피 반응보다 ______ 반응을 보일 것이다.
(5) 스트레스를 받을 때, 뇌하수체의 부신피질 자극 호르몬(ACTH)은 부신피질로부터 스트레스에 반응하도록 돕는 ______을/를 분비시킨다.
(6) 경고 반응에서 역할을 하는 두 가지 호르몬은 부신 수질에 의해 분비된다 : 아드레날린과 ______.
(7) ______의 정서는 위협에 반응하여 나타나는 경향이 있다.
(8) 특성불안은 성격 변인인 반면, ______ 불안은 특정한 위협에 의해 촉발된다.
(9) 불안은 대부분 (교감신경계의, 부교감신경계의?) 각성을 포함한다.
(10) 강한 각성은 문제해결 능력을 (돕는다, 손상시킨다?).
(11) 면역계는 ______(이)라고 불리는 (적, 백?)혈구를 생산하는데 이는 병원균을 잡아먹고 죽인다.
(12) 몇몇 루커사이트는 항원에 접착될 수 있는 특수화된 단백질인 ______을/를 생산한다. 이는 항원에 달라붙고 백혈구가 파괴할 수 있도록 표시를 해둔다.
(13) 스트레스는 ______ 계를 약하게 할 수 있다는 증거가 있다.
(14) 삶의 ______은/는 신체건강 문제와 연관되어 있으나, 인과관계는 여전히 명확하지 않다.

생각해보기

장기적인 스트레스는 어떤 방식으로 우리의 적응능력을 손상시키는가?

건강과 질병의 요인

모듈 4.2

▮ 건강에 대한 다요인적 접근은 무엇인가?
▮ 인종, 성별, 사회경제적 지위는 신체건강과 어떻게 연관되어 있는가?

왜 어떤 사람들은 아픈 반면, 어떤 사람들은 건강하고 활기가 있는 것일까? 왜 어떤 사람들은 암이 발병하는 것일까? 왜 어떤 사람들은 심장마비를 겪게 되는 것일까? 왜 우리 중 몇몇은 항시 건강해 보이는 반면, 몇몇은 혹독한 겨울을 훌쩍거리면서 보내야 할까? 건강심리학에서 현대의 선두모델인 **다요인 모델**(multifactorial model)은 이러한 질문들에 대해 한 가지 단순한 답이 있다고 생각하지 않는다. 질병에 걸리는 경향은 — 그것이 독감이든 암이든 간에 — 유전적 요인과 삶의 방식 요인을 포함한 많은 요인들의 상호작용을 반영한다고 할 수 있다.

▮ **다요인 모델** : 다요인 모델은 건강과 질병이 생물학적, 심리학적, 문화적 영역, 그리고 그것들의 상호작용을 포함한 다요인의 기능이라는 관점을 가지고 있다.

유전 또는 해로운 박테리아와 바이러스 등의 질병유발 병원균에 노출되는 것과 같은 생물학적 요인들은 심각한 질병의 위험을 결정하는 데 중요한 역할을 한다. 그러나 생물학만이 답은 아니다. 오랫동안 건강한 삶을 사는 경향은 식습관, 운동습관, 담배 같은 해로운 물질 피하기 등 우리가 통제할 수 있는 행동 요인에 의해 크게 결정된다(Djoussé, Driver, & Gaziano, 2009; Mitka, 2003; Mokdad et al., 2003). 좋은 소식은 건강한 행동들을 실천하는 것이 삶을 구원할 수 있다는 것이다 — 당신의 삶도 말이다(표 4.2 참조).

〈그림 4.3〉을 보면, 심리적 요인들(행동과 성격), 사회문화적 요인들, 환경적 요인들, 스트레스원들이 모두 건강과 질병에 있어 역할을 하고 있다. 많은 건강 문제들은 태도, 정서, 행동 등의 심리적 요인에 영향을 받는다. 그리고 〈그림 4.4〉에서 보듯이, 사람들이 건강한 행동을 한다면 미국에서 매년 거의 100만 명의 죽음을 예방할 수 있다(Schroeder, 2007). 금연, 올바르게 먹기, 운동, 알코올 섭취 조절 등은 이러한 죽음의 거의 80%를 예방할 수 있다. 불안, 우울과 같은 심리적 상태도 우리로 하여금 신체적 장애에 취약하도록 함으로써 면역계의 기능을 손상시킬 수 있다. 이러한 정서적 문제들을 확인하고 치료하는 것은 사람의 정신건강을 향상시킬 뿐만 아니라 신체적 질병의 위험도 감소시킬 수 있다.

이번 모듈에서 우리는 신체건강, 질병과 연관되어 있는 사회문화적 요인들을 고려할 것이다. 그리고 두통, 심장병, 그리고 암을 포함한 건강 문제들을 유도하는 심리적 요인들의 역할을 평가할 것이다. 각 사례에 대해 질병의 발달에 있어 생물학적, 심리학적, 사회적, 기술적, 환경적 요인들 간의 상호작용도 고려할 것이다. 또한 심리학자들이 신체건강 장애들을 치료

표 4.2 ▮ 건강한 행동이 생명을 구한다

- 담배를 피우지 않는 것은 암, 심장과 폐 질환, 뇌졸중으로부터 매년 44만 명의 죽음을 예방할 수 있다.
- 개선된 식단과 운동은 심장병, 뇌졸중, 당뇨, 암으로부터 30만 명의 죽음을 예방할 수 있다.
- 미성년자의 음주와 지나친 알코올 섭취를 통제하는 것은 오토바이 사고, 낙사, 익사, 기타 알코올 관련 부상으로부터 10만 명의 죽음을 예방할 수 있다.
- 감염 질환에 대한 면역조치는 10만 명의 죽음을 예방할 수 있다.
- 안전한 성관계 또는 금욕은 성 매개 감염[sexually transmitted infections, STIs, 성 매개 질병(sexually transmitted diseases, STDs)이라고도 불림]으로부터 2만 명의 죽음을 예방할 수 있다.

출처 : National Center for Health Statistics, U.S. Department of Health and Human Services, Centers for Disease Control and Prevention.

생물학적 요인
질병에 대한 가족력
감염체에 대한 노출(예 : 박테리아와 바이러스)
면역계의 기능
예방접종
투약력
기질적 장애, 출산 합병증
생리학적 조건(예 : 고혈압, 혈청 콜레스테롤 수준)
스트레스에 대한 심혈관계의 반응성 (예 : '뜨거운 반응인'－역주 : 스트레스를 받을 때 혈압과 심장박동이 비정상적으로 높아지는 사람)
통증과 불편감
나이
성별
인종(예 : 테이 삭스병 또는 겸상 적혈구 빈혈증에 대한 유전적 취약성)

사회문화적 요인
사회경제적 지위
가족 환경(사회계층, 가족크기, 가족갈등, 가족해체)
건강관리 서비스에 대한 접근성(예 : 이용가능한 건강관리 서비스의 적절성, 건강보험의 이용가능성, 건강관리 시설에 대한 교통 가용성)
편견과 차별
건강 관련 문화적, 종교적 믿음과 실제
직장 또는 지역사회 안의 건강 증진
건강 관련 법

성격
건강에 대한 위험과 스트레스원에 관한 정보를 찾는 것(또는 피하는 것)
자기효능감 기대
심리적 강인성
심리적 갈등(접근－접근, 회피－회피, 접근－회피)
낙관주의 또는 비관주의
귀인 방법(사람이 어떻게 그들의 실패와 건강 문제를 설명하는지)
건강 통제소재(자신의 건강에 대해 책임이 있다는 또는 있지 않다는 믿음)
내향성/외향성
만성적 적대감
분노와 불만 감정을 가지거나 표현하는 경향성
우울/불안
적대성/의심성

환경적 요인
차량 안전
건축학적 요소(예 : 과밀, 부상 방지를 위한 디자인, 무독성 건축재료, 아름다운 디자인, 공기의 질, 소음방지)
거주지, 직장, 공공 건축물과 조경 건축물의 심미성
수질
쓰레기 처리와 위생
오염
방사능
지구온난화
오존층 파괴
자연재해(지진, 눈보라, 홍수, 태풍, 가뭄, 극심한 온도, 토네이도)

행동
식단(칼로리, 지방, 섬유, 비타민 등의 섭취)
알코올 소비량
흡연
신체적 활동수준
수면 패턴
안전 실천(예 : 안전벨트 사용, 운전 조심하기, 성욕절제 실행, 일부일처제, 또는 '안전한 성관계', 적절한 산전 건강관리)
정기적으로 의학적, 치의적 점검하기(또는 하지 않기)
의학적 또는 치의적 조언에 대한 동의
대인관계/사회적 기술

스트레스원
일상의 사소한 사건(음식준비, 질병, 시간압박, 외로움, 범죄, 재정적 불안정감, 동료들과의 문제, 데이케어)
이혼, 배우자의 죽음, 저당 잡힘, 실직과 같은 인생의 주요 변화
불만
통증과 불편감
사회적 지지의 가용성과 사용 vs. 동료로부터 거절 또는 고립
직장 내의 분위기(예 : 업무과다, 성희롱)

그림 4.3
건강과 질병에 대한 다요인 모델 다요인 모델은 위에 제시된 것들을 포함하여 광범위한 요인들이 우리의 건강과 질병에 대한 취약성을 결정한다고 본다. 이러한 요소들 중에 당신의 통제능력에서 벗어나는 것은 무엇인가? 또한 당신은 어떤 것이 통제 가능한가?

하는 데 중요한 공헌을 할 수 있는 방식에 대해서도 탐색할 것이다.

불필요한 죽음을 예방하는 다른 방법으로는 직장에서의 사고를 막기 위한 직원교육 개선과 안전, 유방암과 자궁암을 위한 폭넓은 검사, 고혈압과 높은 콜리스테롤 수준에 대한 통제 등이 있다.

인간의 다양성과 건강 : 많은 국가들의 나라

건강과 건강관리의 관점에서 미국은 하나의 국가라기보다는 많은 국가들이라 할 수 있다. 인

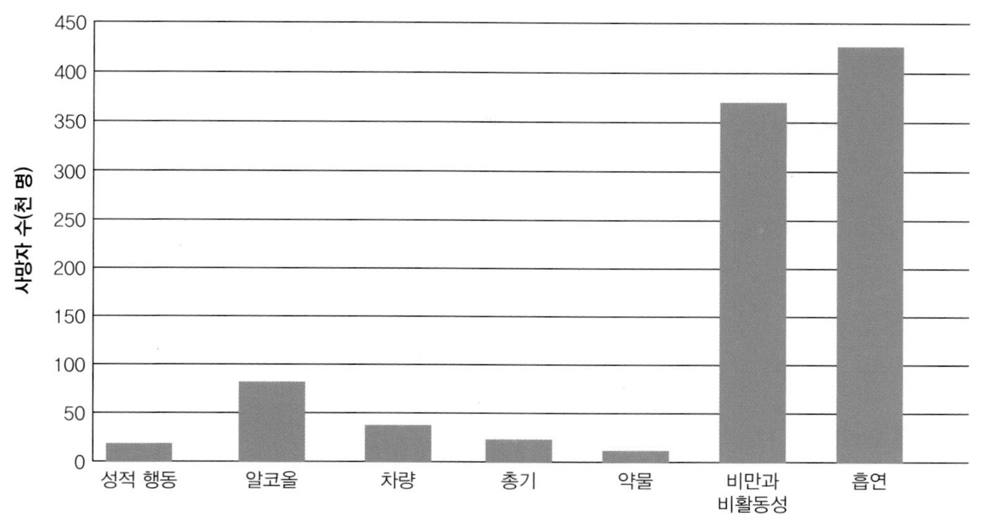

그림 4.4
행동적 원인에 의한 미국의 사망자 수
출처 : Schroeder, 2007.

종이나 성별을 포함한 많은 요인은 사람들이 건강한 행동에 참여하는지 또는 의학적 치료의 발전에 접근 가능한지에 영향을 준다.

인종과 건강 미국에서 모든 인종/민족 집단들의 기대 수명이 점차 증가하고 있음에도 불구하고, 아프리카계 미국인들의 기대 수명은 유럽계 미국인들보다 여전히 평균 7년 정도 낮다. 이러한 차이의 중요한 요인은 사회경제적 지위이다(SES). 아프리카계 미국인들은 불균형적으로 낮은 수입 수준에 머물러 있는데, 사회경제적 사다리의 더 낮은 단계에 있는 사람들은 전형적으로 기대 수명이 짧고 삶의 질이 좋지 못하다(Siegler, Bosworth, & Poon, 2003). 또한 이 밖에도 식단, 운동패턴, 의료 서비스에 대한 접근성, 유전적 요인의 차이 등의 요소들도 이에 기여한다.

미국과 캐나다는 세계에서 가장 진보된 의료 서비스를 제공할 수 있는 자원을 가지고 있다. 그러나 모두가 이러한 이점을 활용할 수 있는 것은 아니다. 더 낮은 사회경제적 지위와 적절한 건강보험의 부족으로 인해 아프리카계 미국인들은 유럽계 미국인들보다 우수한 의료 서비스에의 접근성이 낮은 경향이 있다(Lurie, 2005; Vaccarino et al., 2005).

아프리카계 미국인들은 또한 의료직종 전문가들에게 다른 수준의 치료를 받는 경향이 있다. 아프리카계 미국인들은 엉덩이와 무릎 대체시술, 콩팥 이식, 심지어 유방조영술이나 독감주사조차 더 적게 받는 경향이 있다(Epstein & Ayanian, 2001; Freeman & Payne, 2000). 그렇다면 왜 이러한 차이가 생기는가? 이에 대해서는 문화적 차이, 환자 선호도, 의료 서비스에 대한 정보 부족, 인종차별 등 여러 설명이 가능하다.

미국에서는 매우 많은 아프리카계 미국인과 라티노, 라틴계 미국인들이 HIV/에이즈에 감염된 채 살아간다. 비록 이 집단이 전체 인구의 1/4에 지나지 않지만, 에이즈에 감염된 여성의 거의 3/4과 남자의 1/2이 아프리카계 미국인 또는 라티노, 라틴계 미국인이다. 에이즈로 인한 사망률은 유럽계 미국인들보다 아프리카계 미국인과 라티노, 라틴계 미국인들이 더 높다. 왜냐하면 많은 부분에서 유럽계 미국인들이 질 좋은 의료 서비스에 대한 접근성이 더 높기 때문이다.

아프리카계 미국인들은 유럽계 미국인들보다 심장마비와 뇌졸중 비율이 더 높으며, 이로 인해 사망하는 경향도 더 높다. 〈그림 4.5〉는 미국에서 아프리카계 미국인 여성과 다른 인종

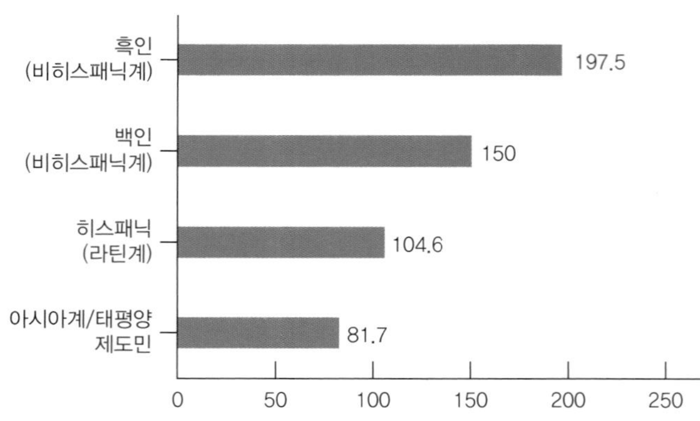

그림 4.5

미국에서 여성 10만 명당 심장질환으로 인한 사망자 수(모든 연령대) 흑인 여성은 다른 인종의 여성보다 심장질환으로 인한 연간 사망률이 더 높다.

출처 : National Center for Health Statistics (2012). *Health, United States, 2011: With special feature on socioeconomic status and health.* Hyattsville, MD. : Centers for Disease Control.

의 여성들 간의 심장질환에 의한 사망 확률을 비교하고 있다. 초기 진단과 치료는 이러한 인종 간의 차이를 줄일 수 있다. 하지만 동등한 이점을 얻을 수 있음에도 불구하고, 심장질환이 있는 아프리카계 미국인들은 유럽계 미국인들보다 심장카테터법과 관상동맥 우회술 등의 과감하고 생명을 살릴 수 있는 치료를 덜 받는 경향이 있다(예 : Chen et al., 2001; Freeman & Payne, 2000; Vaccarino et al., 2005). 더불어 유럽계 미국인과 아프리카계 미국인들이 심장마비나 다른 심각한 심장질환으로 응급실에 갈 때 의사들은 아프리카계 미국인들에게 오진하는 경향이 더 높다(Pope, Kouri, & Hudson, 2000). 이것은 몇몇 응급실 의사들이 아프리카계 미국인들의 건강 문제에 주의를 덜 기울여서일까?

고혈압이 있는 아프리카계 미국인들 또한 고혈압이 있는 어떤 집단보다 심장질환으로 인해 사망할 위험이 가장 컸다(Wright et al., 2005). 아프리카계 미국인들의 1/3은 장애를 가지고 있다. 아프리카계 미국인들은 보통 인구보다 비만율과 당뇨율이 더 높고, 이는 고혈압 위험의 증가와 연결된다(Brown, 2006; Ferdinand, 2006). 나트륨 민감도에 대한 유전적 차이가 있을 수도 있다. 그러나 또 다른 요인, 즉 반복되는 인종차별과 선입견에 대한 노출이 소수 인종들의 신체적, 심리적 건강 악화와 연결되어 있다(Delgado et al., 2010; Smart-Richman et al., 2010; Woods-Giscombé & Lobel, 2008). 반면에 강한 민족 정체성과 문화유산에 대한 자부심을 가지는 것은 인종차별과 선입견에 대한 대처능력을 강화시킬 수 있다(Ayers et al., 2009; Tran & Lee, 2010).

추가적으로, 아프리카계 미국인들은 미국 사회에서 다른 인종 집단들보다 암에 걸릴 확률이 더 높다(National Cancer Institute, 2005). 또한 그들은 원주민을 제외한 다른 미국인들보다 암으로 인한 사망률이 더 높다(Freeman & Payne, 2000). 〈그림 4.6〉은 미국 사회의 몇몇 인종들의 폐암 발병률을 보여주고 있다. 무엇이 암 발병률과 암으로 인한 사망률에서의 인종적 차이를 설명해주는가?

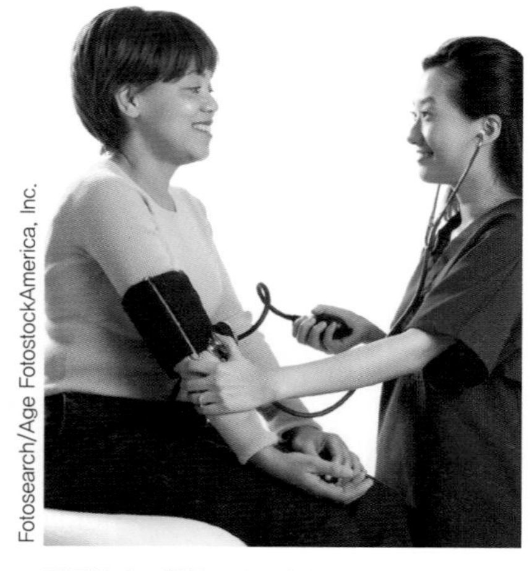

민족성과 고혈압 아프리카계 미국인들은 유럽계 미국인들보다 고혈압으로 인해 더 고통받는 경향이 있다. 아프리카계 미국인들은 유전적으로 유럽계 미국인들보다 고혈압에 더 취약하다. 하지만 스트레스나 식단(특히 염분이 높은 식단), 흡연과 같은 심리적 요인들 또한 고혈압에 영향을 미친다(모든 사람에게 해당).

아프리카계 미국인들은 미국 사회에서 다른 집단들보다 불균형적으로 수입이 낮은 집단이다. 더 가난한 지역사회의 사람들일수록 더 부유한 지역의 사람들보다 암으로 인한 사망률이 더 높다. 그 이유는 부분적으로 가난한 지역의 사람들이 더 많은 위험 요인들(신체적 무기력, 흡연)을 가지고 있기 때문이고, 부분적으로는 초기 발견(선별) 프로그램과 치료 서비스에 대한 접근이 종종 제한되기 때문이다. 암이 발병하면, 아프리카계 미국인들은 유럽계 미국인들보다 사망하는 경향이 더 높다. 아프리카계 미국인들의 더 높은 암 사망률은 암 자체에 대한 생물학적 차이보다 그들의 낮은 사회경제적 지위와 의료 서비스에 대한 상대적인 접근 부족과 관련이 있다(Bach et al., 2002).

유방암의 경우는 좀 다르다. 전체적으로, 아프리카계 미국 여성들은 유럽계 미국 여성들보다 유방암에 걸리는 경향이 낮다. 그러나 아프리카계 미국 여성들이 유방암에 걸리게 된다면 종종 이른 나이에 발병하게 되고, 시간이 어느 정도 지난 후에 진단받게 되며, 그로 인해 사망하는 경향이 더 높다(National Cancer Institute, 2000; 그림 4.7 참조). 늦은 진단은 의료 서비스에 대한 접근성이 낮은 결과일 수 있다. 하지만 유전적 요인들 또한 고려될 수 있다.

식이 요인에 대한 문화적 차이도 고려해보자. 암으로 인한 사망률은 네덜란드, 덴마크, 영국, 캐나다, 미국 같은 나라에서 높은데, 이 나라들은 평균적인 일일 지방 섭취율이 높다

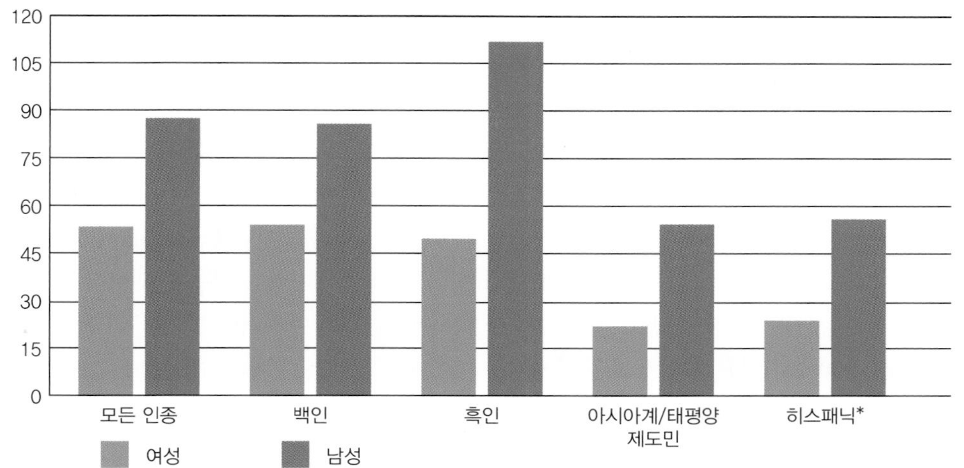

10만 명당 비율이며, 나이는 2000년 미국 표준 집단에 의해 보정됨.
비율은 미국 전체 집단의 대략 92%를 포함함.
* 히스패닉 집단은 다양한 인종 범주를 포함할 수 있다(백인, 흑인, 아시아/태평양 제도민 집단).

그림 4.6

주요 인종 집단 간 폐암 발병률 폐암 발병률은 여성보다 남성에게서 더 높다. 또한 그림에서와 같이 폐암 발병률은 인종, 민족 집단 간에도 다르다. 흑인 남성은 다른 집단의 남성들보다 더 높은 폐암 발병률을 보였고, 아시아/태평양 제도민 남성과 히스패닉 남성이 가장 낮은 발병률을 보였다. 여성들 중에는 백인 여성이 가장 높은 폐암 발병률을 보였다. 아시아/태평양 제도민 여성과 히스패닉 여성은 가장 낮은 발병률을 보였는데, 이들의 흡연율이 가장 낮은 점을 감안할 때 그리 놀랄 만한 것은 아니다.

출처 : National Cancer Institute.

(Cohen, 1987). 암으로 인한 사망률은 태국, 필리핀, 일본 같은 나라에서 낮은데, 이 나라들에서는 평균적으로 일일 지방 섭취율이 훨씬 더 낮다. 태국, 필리핀, 일본은 아시아 국가들이다. 그렇다고 해서 아시아 국가와의 차이가 인종 때문이라고 추측하지는 말라. 일본계 미국인들의 식단은 다른 미국인들의 식단과 지방량이 비슷하고, 암으로 인한 사망률 또한 그렇다.

미국계 인종 집단들 중에는 의료 서비스에 대한 '과소 사용자'들이 있다. 예를 들면, 라티노와 라틴계 미국인들은 건강보험의 부족, 영어구사의 어려움, 의학적 기술에 대한 오해, 그리고 불법체류자의 경우 추방에 대한 걱정으로 인해 아프리카계 미국인들과 유럽계 미국인들보다 의사를 더 적게 방문한다.

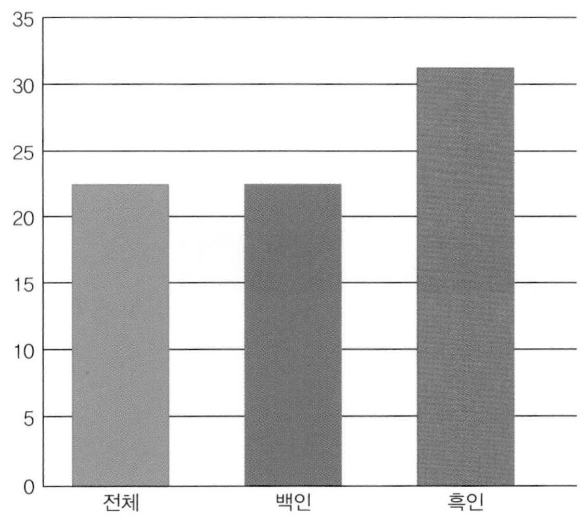

그림 4.7

유방암으로 인한 사망률*에 대한 민족/인종별 차이 이 그림은 히스패닉이 아닌 백인과 흑인들 간의 유방암 사망률 차이를 보여준다. 건강 연구자들은 모든 집단의 사람들이 초기의 암 발견으로 인한 이득을 얻고자 한다면, 선별 검사에 대한 장벽을 극복해야 한다는 점을 주목했다.

* 인구 10만 명당, 연령 보정

출처 : National Center for Health Statistics (2012). *Health, United States, 2011: With special feature on socioeconomic status and health*. Hyattsville, MD.: Centers for Disease Control.

성별과 건강 관상동맥성 심장질환(CHD)의 한 가지 주요 위험 요인은 남성 성별이다. 남성은 여성보다 관상동맥성 심장질환의 발병 비율이 더 높은데, 대략 65세가 되면 이 비율은 비슷해진다. 여성의 몸에서 순환하는 에스트로겐은 심장과 혈관을 보호하는 효과가 있다. 여성에게 관상동맥성 심장질환은 폐경기 전까지 흔하지 않으나, 연령 증가에 따라 에스트로겐의 생성이 급속도로 떨어지게 되면 관상동맥성 심장질환에 걸리는 경우도 급속도로 증가한다(Mendelsohn & Karas, 2005). 성별은 또한 심장병 관련 사고들이 처리되는 방식에도 영향을 미친다. 심장마비 증상과 다른 심각한 심장병 관련 문제로 남성과 여성이 응급실에 방문했을 때 여성의 증상이 남성보다 오진되는 경향이 더 높다(Pope et al., 2000).

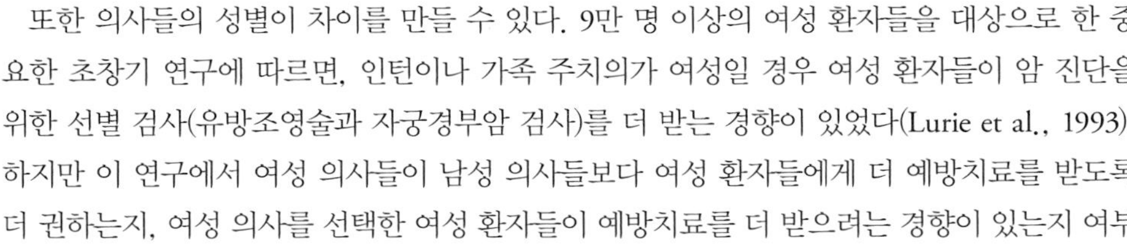

또한 의사들의 성별이 차이를 만들 수 있다. 9만 명 이상의 여성 환자들을 대상으로 한 중요한 초창기 연구에 따르면, 인턴이나 가족 주치의가 여성일 경우 여성 환자들이 암 진단을 위한 선별 검사(유방조영술과 자궁경부암 검사)를 더 받는 경향이 있었다(Lurie et al., 1993). 하지만 이 연구에서 여성 의사들이 남성 의사들보다 여성 환자들에게 더 예방치료를 받도록 더 권하는지, 여성 의사를 선택한 여성 환자들이 예방치료를 더 받으려는 경향이 있는지 여부

는 불명확하다. 평균적으로 여성 환자들은 남성 환자들보다 5년 정도 더 산다(남성의 기대 수명은 75.1세, 여성의 기대 수명은 80.2세이다)(Arias, 2010). 수명에 있어 성차는 점점 좁혀지고 있으나, 남성은 일반적으로 여성만큼 오래 살지 못한다. 이는 부분적으로 남성들이 폭력적 행동, 사고, 간경화증(알코올 중독과 관련됨), 자살 등으로 더 많이 사망하기 때문이다. 그러나 건강에 대한 관심 부족이 또 다른 원인일 수 있다. 의사와 일반 국민에 대한 연구에 따르면, 여성이 남성보다 의료 서비스를 더 받으려는 의지가 있다고 한다(Courtenay, 2000). 남성은 종종 예방되거나 쉽게 치료될 수 있었던 병이 더 심각해지거나 목숨을 위협할 정도가 될 때까지 자신들이 가진 증상을 경시한다. 한 의사는 "건강은 마초적인 것이다"라고 말한다(Kolata, 2000에서 인용). "남성들은 통제에서 벗어나는 상태를 좋아하지 않는다. 그래서 그들은 그들의 증상을 부인한다."

우리는 건강과 수명에 대한 인종 또는 민족 간의 차이를 살펴보면서 사회경제적 지위를 고려하는 것이 중요함을 강조했었다. 이러한 생각의 기저에는 부자들은 더 건강해지고 가난한 사람들은 더 병든다는 진실이 있다. 부유한 사람들일수록 일반적으로 양질의 의료 서비스를 더 잘 이용하고, 더 잘 교육받는다. 더 잘 교육받은 사람들은 담배를 덜 피우는 경향이 있고, 운동을 더 하며, 건강을 더 잘 관리한다. 이를 볼 때, 교육수준은 적어도 부분적으로 사회경제적 지위와 좋지 않은 건강 간의 연관성을 설명한다고 볼 수 있다. 따라서 앞으로 건강 관련 직종의 서비스 제공자들과 교육자들은 더 건강해질 수 있는 행동 지식들을 우리 사회에 퍼트려야 할 뿐만 아니라 저소득 계층 사람들이 양질의 의료 서비스를 더 잘 이용할 수 있고, 건강한 생활양식을 계발할 수 있도록 도와야만 한다.

모듈 복습

복습하기

(15) 우리의 건강이 유전적, 생활양식 관련 요인들을 포함한 요인들 간의 상호작용에 의존한다는 믿음을 ______(이)라 부른다.

(16) 아프리카계 미국인들은 유럽계 미국인들보다 의료 서비스에 더 (높은, 낮은?) 접근성을 가지는 경향이 있다.

(17) 아프리카계 미국인들은 유럽계 미국인들보다 심장마비와 대부분의 암에 (더, 덜?) 걸리는 경향이 있다.

(18) 남성의 기대 수명은 여성의 수명보다 5년 더 (길다, 짧다?).

생각해보기

우리의 건강이 운 또는 유전자의 문제라고 말하는 것은 왜 틀렸는가?

모듈 4.3 신체건강 문제의 심리적 요인

- 두통을 이해하고 치료하는 데 심리학이 어떻게 공헌해 왔는가?
- 월경 문제를 이해하고 치료하는 데 심리학이 어떻게 공헌해 왔는가?
- 관상동맥성 심장질환을 이해하고 치료하는 데 심리학이 어떻게 공헌해 왔는가?
- 암을 이해하고 치료하는 데 심리학이 어떻게 공헌해 왔는가?

우리는 마음과 신체의 문제, 정신질환과 신체질환의 문제가 완전히 구분된 영역이라고 생각할 수 있다. 그러나 마음과 신체의 작용은 사실 겉으로 보기보다 더 밀접하게 엮여 있다. 제8장에서 우리는 정신장애 또는 정신질환이라 불리는 이상행동의 패턴에 있어서 생물학적 요인의 역할을 탐색할 것이다. 이와 더불어 심리적 요인은 매우 많은 신체적 장애에 중요한 역할을 한다. 이 모듈에서는 미국 사회의 두 가지 치명적인 질환 — 심장질환과 암 — 에 미치는 심리적 요인을 살펴볼 것이다. 먼저 두 가지 흔한 신체적 문제 — 두통과 월경전 증후군 — 의 심리적 영역에 초점을 둘 것이다. 이 모듈에서 다루는 건강 문제들은 의학적 장애이지만, 그것을 이해하고 치료하는 데에는 심리적 요인이 중요한 역할을 한다고 볼 수 있다.

두통 : 지끈거리는 고통

두통은 스트레스와 연관된 신체적 질병 중에 가장 흔한 병이다. 미국에 있는 사람들의 20% 정도가 심각한 두통으로 고통받는다. 두통 중에 가장 흔한 두 가지 유형은 근긴장성 두통과 편두통이다.

근긴장성 두통

가장 흔한 두통은 근긴장성 두통(muscle-tension headache)이다. 일반 적응 증후군의 첫 두 단계에서 어깨, 목, 이마, 두피 부위의 근육이 수축되는 경향이 있다. 지속적인 스트레스는 이러한 근육이 일정하게 수축되도록 하고, 근긴장성 두통을 유발한다. 또한 부정적 사건을 파국화하는 경향과 같은 심리적 요인도 긴장형 두통을 불러올 수 있다. 파국화는 심리적인 사건이기는 하나, 목, 어깨, 이마에 있는 근육을 긴장시키는 등 신체에도 영향을 준다. 긴장형 두통은 대체로 점진적으로 발생한다. 이 증상은 양쪽 머리에서의 둔하고 꾸준한 고통, 머리 전체를 조이거나 압박하는 느낌 등의 특징이 있다.

편두통

스트레스는 미국인 10명 중 1명, 즉 3,000만 명의 미국인들에게 영향을 미치는 두통의 한 종류를 유발한다. 이 두통의 이름은 **편두통**(migraine headache)이다(Mulvihill, 2000). 편두통은 머리의 한 부분에 종종 영향을 미치는 강렬하고 지끈거리는 두통이다. 이것은 복잡한 신경질환이며, 수 시간 또는 며칠에 걸쳐 지속될 수 있다. 종종 감각과 운동 장애가 통증에 앞서 나타난다. 경고의 '신호'로 시각적인 문제와 이상한 냄새 지각이 나타날 수 있다. 그리고 편두통은 종종 빛에 대한 민감성, 식욕 감퇴, 멀미, 구토, 균형상실과 같은 감각과 운동 장애, 기분변화가 동반된다. 영상기술에 따르면, 무언가가 편두통을 유발했을 때 뇌의 뒤편에 있는 뉴런들이 머리의 상단에 걸쳐 파도처럼 발화되어 뇌에서 통증을 담당하는 중심영역인 뇌간으로 신호가 내려온다는 것을 알 수 있다. 사실 편두통의 근본적인 인과기제들은 복잡해서 잘 이해되지 않고 있다. 그것들은 뇌의 혈류 변화와 관련 있는데, 아마 이것은 신경전달물질인 **세로토닌**(serotonin)의 불균형에 의해 영향을 받는 것일지도 모른다. **신경전달물질**(neurotransmitter)은 신경계에서 화학적인 메신저이다.

많은 요인들이 편두통을 유발한다(Sprenger, 2011; Zebenholzer et al., 2011). 여기에는 정서적 스트레스, 밝은 빛과 형광빛 등의 자극, 월경, 수면 박탈, 고도, 날씨와 계절변화, 꽃가루, 특정 약물, 음식의 맛을 돋구어주는 화학조미료(MSG), 알코올, 배고픔 등이 포함된다.

편두통 : 뇌에서 뉴런들의 파도 같은 발화에 의해 유발되는 두통으로, 이는 뉴런활동의 물결을 만들어내어 통증센터인 뇌간에 도달하게 된다.

세로토닌 : 이 신경전달물질의 불균형은 기분장애, 불안, 불면증, 식욕의 변화와 연결된다.

신경전달물질 : 한 신경세포에서 다른 신경세포로 신경신호를 전달하는 신경계의 화학적 전달물질

Dragan Trifunovic/iStockphoto

편두통! 편두통은 갑자기 찾아오는 경향이 있고, 대체로 머리의 한쪽 부분에서 심각하게 지끈거리는 통증이 나타난다. 편두통이 긴장감과 연관되어 있다는 사실은 자명하나, 강한 빛, 기압, 꽃가루, 특정 약물, 화학조미료, 초콜렛, 오래된 치즈, 맥주, 샴페인, 레드 와인, 그리고 (수백 만 명의 여성들이 알다시피) 월경과 관련된 호르몬의 변화에 의해서도 유발된다. 새로운 약물들은 편두통에 효과가 있고, 사람들은 두통 유발 요인을 피하는 법을 배울 수 있다. 여성들은 의사와 편두통을 다루는 것을 상의해야 한다. 만약 편두통을 치료하는 어떤 접근법이 적절하지 않다면, 다른 방법을 시도해보라 — 필요하다면 도움을 줄 수 있는 의사를 찾으라.

▎ **프로스타글란딘** : 통증 메시지를 전달하는 호르몬이며, 분만 중에 자궁벽에 있는 근육섬유가 수축하도록 함

월경 전과 중에 여성에게 영향을 주는 호르몬의 변화 또한 편두통을 불러일으키는데, 이러한 점으로 인해 여성의 편두통 발생은 남성보다 2배나 더 많다.

두통에 대한 행동 반응은 대처에 있어서 역할을 할 수 있다. 예를 들어 한 연구에서 연구자들은 정기적인 편두통을 경험하는 여성들이 그렇지 않은 여성들보다 더 자기 비판적이고 스트레스와 통증을 파국화하며, 스트레스 상황에서 사회적 지지를 덜 추구하는 경향이 있다는 것을 발견했다(Hassinger, Semenchuk, & O'Brien, 1999). 이러한 증거는 상관연구이기는 하지만, 이는 우리가 자신도 모르게 스스로를 악순환으로 몰아넣는다는 것을 말해준다. 편두통 또는 다른 유형의 반복되는 두통은 중요한 스트레스원이며, 상황을 파국화시키고, 스스로를 비난 또는 비판하도록 하고, 사회적 교류에서 철회하도록 하며, 이용 가능한 사회적 지지를 활용하는 데 실패하도록 한다. 그로 인해 우리는 신체적 통증과 정서적 고통을 모두 경험하게 된다.

두통 치료

아스피린, 아세트아미노펜, 이부프로펜, 그리고 많은 처방 약물들은 두통의 통증에 사용된다. 몇몇은 뇌에 통증 신호가 전달되도록 도와주는 **프로스타글란딘**(prostaglandins)이라는 호르몬의 생산을 막는다. 처방 약물들은 편두통을 제어하도록 하는데, 여기에는 뇌에서 신경전달물질인 세로토닌의 수준을 조절하도록 돕는 약물이 포함된다. 이완 훈련과 바이오피드백 훈련과 같은 행동적 방법 또한 도움이 된다. MSG나 레드와인에 민감한 사람들은 MSG가 없는 음식을 주문할 수 있고 화이트와인으로 바꿀 수도 있다. 또한 사람들은 초콜렛 또는 형광빛과 같은 편두통 공격의 촉발자를 확인하고 그것들을 최대한 피함으로써 편두통에 대한 더 나은 통제력을 가질 수도 있다.

월경 문제

월경은 너무나 자연스러운 생리적 과정이다. 그럼에도 불구하고 여성의 50~75%가 월경 전 또는 도중에 불편감을 호소한다(Sommerfeld, 2002). 〈표 4.3〉은 월경 시 공통적으로 보고되

표 4.3 ▎ 월경의 고통 증상

신체적 증상	심리적 증상
유방의 부어오름	우울한 기분, 갑작스러운 눈물
유방의 물러짐	사회 또는 여가활동에 대한 관심 저하
복부 팽창	
체중 증가	불안, 긴장('벼랑에 서 있는' 기분)
식탐	
복부의 불편감	분노
경련	짜증
무기력	신체 이미지의 변화
피곤, 수면부족	일상활동, 학교 또는 일을 거르는 것
편두통	통제 상실감
근육, 관절의 통증	대처능력의 상실감
천식과 알러지와 같은 만성장애의 악화	

는 증상들의 리스트를 나타내고 있다. 월경 시 여성들이 경험하는 가장 흔한 불편감 중 하나는 **월경전 증후군**(premenstrual syndrome, PMS)이다.

▮ **월경전 증후군(PMS)** : 월경 전에 여성들을 괴롭히는 신체적, 심리적 증상군

월경전 증후군(PMS)

월경전 증후군은 월경 전 4~6일 정도 동안 경험하는 생리적, 심리적 증상을 일컫는다. 월경전 증후군은 월경 중에도 지속된다. 배란을 한 대부분의 여성들은 그들의 월경주기와 연관되어 있는 기분 관련 문제들을 경험하고, 그중에서도 상위 50%의 여성들은 중간 또는 심한 증상을 경험한다(Freeman, 2011). 거의 1/5의 여성은 일상의 기능을 방해하거나 정서적 고통을 유발할 정도의 심각한 월경전 증후군 증상을 경험한다(Halbreich et al., 2006). 일부 사례에서 월경전 증후군 증상은 직장에서의 잦은 결석과 직무수행에 중요한 충격을 유발한다(Heinemann et al., 2010).

우리는 월경전 증후군의 원인을 확실히 이해하지 못하고 있다. 가장 지배적인 관점은 월경에 대한 부정적인 태도 — 예를 들어 월경을 하는 여성들이 깨끗하지 않다는 믿음 — 가 월경 문제를 더 악화시킬 수 있다는 것이다. 하지만 월경전 증후군은 주로 생물학적 기반을 가지고 있다. 연구자들은 여성의 생식 호르몬(에스트로겐, 프로게스테론)에 대한 신체의 민감성이 중요한 역할을 한다고 보았다(Kiesner, 2009). 또한 월경전 증후군은 세로토닌 같은 뇌의 신경전달물질의 불균형과 관련 있는 것으로 나타났다. 세로토닌을 포함하는 화학적 불균형은 식욕의 변화와도 연결된다. 월경전 증후군을 경험하는 여성들은 다른 여성들보다 월경 전에 식욕이 훨씬 더 증가되었다. 다른 신경전달물질인 **감마-아미노뷰티르산**(gamma-aminobutyric acid, GABA) 또한 월경전 증후군과 관련 있는데, 이는 GABA 수준에 영향을 미치는 약물이 월경전 증후군 증상을 경감시킨다는 점을 보면 알 수 있다. 월경전 증후군은 여성 성 호르몬과 신경전달물질 간의 복잡한 상호작용으로 유발된다(Bäckström et al., 2003; Kiesner, 2009).

▮ **감마-아미노뷰티르산(GABA)** : 불안 반응을 경감시켜주는 신경전달물질

오늘날 여성들은 월경전 증후군을 치료하기 위해 가능한 많은 선택권을 가지고 있다. 여기에는 운동, 식단조절(예를 들어 많은 양을 하루에 두세 끼 먹기보다 적은 양을 여러 번 먹는 것, 소금과 설탕 섭취를 줄이는 것, 비타민 보충제), 호르몬 치료(대체로 프로게스테론), 그리고 신경계에서 GABA 또는 세로토닌의 농도에 영향을 미치는 약물 등이 포함된다. 뒤의 "나의 생활, 나의 마음"은 여성에게 생리로 인한 불편감에 대처하는 데 도움이 될 수 있는 추가적인 방법을 제공할 것이다.

관상동맥성 심장질환 : 스트레스가 심장에게로

관상동맥성 심장질환(coronary heart disease, CHD)은 사망자 5명 중 1명이 이 질환으로 사망하고, 이로 인한 사망자가 매년 5만 명에 이른다는 것을 감안할 때 미국에서 사망의 주요한 원인이라고 할 수 있다(American Heart Association, 2009). 대부분의 이러한 죽음은 심장마비로 인한 결과이나, 근본적인 문제는 종종 동맥벽을 따라 지방퇴적물이 쌓이면서 동맥이 좁아지기 때문에 나타나는 것이다(동맥경화증). 혈액응고는 이러한 지방퇴적물에 의해 막힌 동맥에 쌓이는 경향이 있다. 만약 하나의 혈액응고가 심장으로 혈액을 공급하는 혈관에 쌓이게 되면 심장으로 가는 혈액공급은 막히게 되고, 이로 인해 심장마비 또는 심근경색을 초래하게 된다. 심장조직은 심장마비 도중에 죽게 된다. 사람의 생사는 이러한 심장조직에 대한 손

나의 생활 나의 마음

월경으로 인한 불편감에의 대처

월경으로 인해 지속적 또는 심각한 고통을 경험하는 여성들은 다음의 제안이 도움이 될 것이다 :

1. *무엇보다, 스스로를 비난하지 말자!* 다시 말하자면, 이것은 의학적 조언과는 반대되는 심리적인 부분과 관련되어 있다. 월경으로 인한 문제들은 한때 여성들의 '히스테리'한 본성에 잘못 귀인되었다. 사실 이것은 말도 안 되는 소리이다. 월경으로 인한 문제들은 많은 부분이 신체의 호르몬 수준의 주기적 변화와 뇌에 있는 화학적 메신저(신경전달물질)의 수준 변동에 대한 과민감성으로 인한 것이다. 물론 아직 연구자들이 모든 인과 요인과 패턴들을 밝혀내지는 못했지만, 월경으로 인한 문제를 가진 여성들이 '히스테리컬하다'라는 사실에는 근거가 없다.
2. *당신(과 당신의 주치의)이 패턴을 알 수 있도록 월경 증상을 지속적으로 살펴보라.*
3. *당신이 극심한 고통을 경험했을 때 이를 다룰 수 있는 전략을 계발하라 — 여기서 전략은 당신의 행복을 증진시키고 당신에게 영향을 주는 스트레스를 최소화시키는 것들이다.* 심리학자들은 사람들이 통증에 집중하지 못하도록 하는 활동에 참여하는 것이 도움이 된다고 말한다. 당신은 월경으로 인한 불편감에 집중하지 못하도록 하는 것들을 왜 시도하지 않는가? 영화를 보거나 그동안 읽고자 했던 책도 읽어보라.
4. *복합적인 고통을 주는 월경을 경험할 때 당신이 이에 대해 자기 패배적인 태도를 보이지는 않는지 스스로에게 물어보라.* 친한 친척 또는 친구들은 월경을 병, '오염'의 시기, '더러운 것'으로 보는가? 당신이 이러한 태도들을 보였던 적은 없는가? 월경 시기에 사회적 활동을 제한하는 것과 같이 당신의 행동에 영향을 주는 방식으로 태도를 취한 것은 아닌가?
5. *당신의 걱정에 대해서 의사를 찾아가라. 특히 극심하거나 지속적인 증상을 가졌다면 더더욱.* 심각한 월경 증상들은 종종 자궁내막증과 골반염(PID)과 같은 건강 문제로 인해 종종 유발되기도 한다. 확인해보라.
6. *영양가 있는 식습관을 계발하라 — 그리고 그 식습관을 전체 주기(즉 항상)에 걸쳐 유지하라.* 알코올, 카페인, 지방, 소금, 당 섭취를 제한하고, 특히 월경전 시기에는 더더욱 그렇게 하라.
7. *당신이 느끼기에 부어오른 것 같으면, 하루 동안 끼니를 한두 번 배부르게 먹기보다 소량으로 여러 번 먹어라(또는 영양가 있는 스낵도 좋다).*
8. *몇몇 여성들은 과격한 운동 — 조깅, 수영, 자전거타기, 빠르게 걷기, 춤추기, 스케이트 타기, 심지어 줄넘기마저도 — 이 월경 전과 월경 중 불편감을 경감시켜준다는 것을 발견했다.* **시도해보라. 그러나 월경 시기 전과 도중에만 운동을 하지는 말라! 불규칙적인 과격한 운동은 추가적인 스트레스의 원천이 될 수 있다. 일상 활동으로 실을 짜는 활동을 고려해보라.**
9. *비타민과 미네랄 보충제(칼슘과 마그네슘과 같은)와 관련하여 의사와 상의해보라.* **비타민 B6는 몇몇 여성들에게 도움을 주는 것으로 나타났다.**
10. *이부프로펜(브랜드 이름 : 메디프렌, 애드빌, 모트린 등)과 다른 이용 가능한 약물들은 경련에 도움이 될 것이다.* 진정제(예 : 자낙스)와 신경전달물질 활동을 조절하는 항우울제(예 : 졸로프트)와 같은 다양한 처방 약물들 또한 도움이 될 것이다. 당신의 주치의에게 추천해달라고 하라. 그리고 이러한 경우 주목해야 할 점은, 당신이 불안 또는 우울을 치료하기 위해 약물을 복용하는 것은 아니라는 것이다. 당신은 그저 월경 전의 고통과 불안 또는 우울을 가져올 수 있는 신경전달물질의 불균형을 다루기 위해서 약을 먹는 것이다.
11. *월경으로 인한 문제가 시간적으로 한정된 문제임을 상기하라.* 이 문제를 평생 동안 겪어야 한다거나 직장마저 포기해야 할지 모른다는 식으로 걱정하지 말라. 단 며칠만 견디고 이겨내면 된다.

상 정도에 달려 있을 뿐만 아니라 심장의 리듬을 조절하는 정교한 전기시스템에 달려 있기도 하다.

우리는 그동안 관상동맥성 심장질환으로부터 고통받는 확률을 증가시키는 요인들에 대해서 다루었다. 지금부터 우리는 밝혀진 주요 위험 요인들에 초점을 두고자 한다(American Heart Association, 2009; Berry et al., 2012; Cannon, 2011; Djoussé, Driver, & Gaziano, 2009; Lee, 2007; Mitka, 2012). 우리는 식습관, 흡연, 운동과 같은 행동적 요인들이 관상동맥성 심장질환의 위험과 많은 관련이 있다는 것을 알게 될 것이다.

1. 나이와 가족력. 당신이 통제하지 못하는 두 가지 요인(나이와 가족력)은 위험을 결정하는 데 중요한 역할을 한다. 노령인 사람들과 관상동맥성 심장질환에 대한 가족력이 있는 사람들은 관상동맥성 심장질환이 발병할 위험이 높다.
2. 생리적 조건. 비만, 높은 콜레스테롤 수준, 고혈압은 관상동맥성 심장질환을 유발하는 중요한 위험 요인들이다. 이러한 요인들은 어느 정도 통제할 수 있다. 우리는 과체중을 줄이거나 비만이 되지 않기 위해서 식단과 운동패턴에 변화를 줄 수 있다. 식단과 운동을

통하여 높은 콜레스테롤 수준과 혈압을 조절할 수 있고, 필요하다면 약물을 사용해서라도 조절할 수 있다. 하지만 불행히도 많은 사람들은 이러한 요인들을 조절하는 데 실패한다. 확실히 그들이 통제할 수 있는 위험 요인들을 줄이기 위해 더 많은 것들이 행해져야 한다.

3. 생활양식 요인. 우리가 어떻게 살아가는지가 관상동맥성 심장질환의 발병 위험을 결정하는 데 중요한 역할을 한다. 건강하지 못한 패턴에는 과음, 흡연, 게으름, 과식, 포화지방과 같은 콜레스테롤이 높은 음식 섭취 등이 포함된다. 흡연 하나만으로도 심장마비의 위험성이 2배로 늘어나고, 관상동맥성 심장질환으로 인해 사망한 사람들 5명 중 1명 이상이 흡연과 관련되어 있다. 반면에 알코올의 적절한 섭취는 심장에 좋아 보인다. 이와 관련하여 몇몇 연구에서는 적절한 음주(남성에게는 하루에 한두 잔, 여성에게는 한 잔)가 낮은 심장마비 위험성, 낮은 뇌졸중 발병, 전체적으로 낮은 사망률과 연관되어 있다고 밝혔다(예 : Brien et al., 2011; Di Castelnuovo et al., 2006; Ronksley et al., 2011). 연구자들은 알코올의 적절한 섭취가 고밀도 지단백질(HDL), 즉 동맥을 막는 지방퇴적물이 제거되도록 돕는 '좋은' 콜레스테롤의 수준을 높인다고 하였다(Goldberg et al., 2001a; Wood, Vinson, & Sher, 2001).

4. A 유형 행동. 초기 연구에서 A 유형 성격패턴과 관상동맥성 심장질환의 위험 증가 간의 관계성이 언급되었음에도 불구하고 후속 연구에서는 이러한 관계에 대한 의구심이 지속되었다(Geipert, 2007). 하지만 A 유형 행동패턴 중 한 가지 요인이 높은 심장질환의 위험성과 다른 심각한 건강 문제와도 강하게 연결된다 : 적대감(Boyle, Jackson, & Suarez, 2007; Chida & Steptoe, 2009; Denollet & Pedersen, 2009).

적대감은 '참을성 없고' 쉽게, 자주 화를 내는 성향이 있는 사람들을 기술하는 특성이다. 그리고 그들은 다른 사람들에게 냉소적이고 불신하는 태도를 고수한다. 연구자들은 만성적인 적대감과 쉽게 분노하는 경향성이 관상동맥성 심장질환의 발달과 강하게 관련되어 있는 A 유형 행동패턴의 구성요소들이라는 것을 발견하였다. A 유형 행동패턴 중 조급한 삶의 방식과 같은 다른 특징이 건강 문제에 직접적으로 기여하는지는 추후 연구과제로 남아 있다.

5. 부정적 정서. 적대감이 심장질환으로 어떻게 전환되는가? 한 가지 가능성 있는 강력한 설명으로는 분노의 역할이 있다. 적대적인 사람들은 자주 분노하며, 긴 시간 동안 화가 난 상태를 유지한다. 연구 결과에 따르면, 분노는 관상동맥성 심장질환의 위험과 밀접하게 연관되어 있다(Chida & Steptoe, 2009; DiGiuseppe & Tafrate, 2007; Pressman & Cohen, 2005). 분노의 효과를 맥락 안에서 확인하기 위해 연구자들은 통계적으로 고혈압, 콜레스테롤 수준, 흡연, 비만의 영향을 통제하였는데, 그 결과 쉽게 화를 내는 사람들이 차분한 사람들보다 심장마비를 경험할 확률이 3배나 더 되었다(J. E. Williams et al., 2000).

분노, 적대감과 관상동맥성 심장질환 문제 사이의 관계를 설명하고자 하는 근본적 기제는 아직 설명단계에 있다. 하지만 연구자들은 스트레스 호르몬인 아드레날린(에피네프린)과 노르아드레날린(노르에피네프린)이 중요한 역할을 한다는 것을 발견하였다(Sanders, 2007). 이 호르몬들은 스트레스를 받을 때 분비되는 것들이다. 이 호르몬들은 심장박동을 빠르게 하고 혈압을 증가시키는데, 이는 심혈관계에 무리를 줄 수 있다. 시간이 지나면서 만성적 또는 반복되는 스트레스는 결과적으로 심혈관계를 약화시키고,

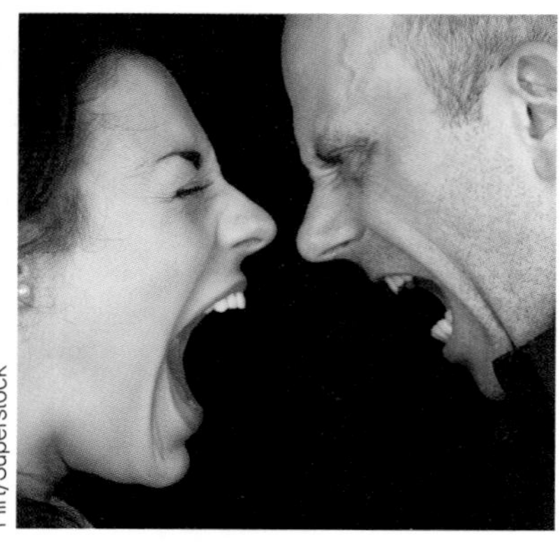

Flirt/Superstock

분노 쉽게, 자주 분노하는 사람들은 관상동맥성 심장질환을 발달시킬 위험이 크다. 당신에게 분노는 문제가 되는가? 분노를 효율적으로 조절하기 위해서 당신은 무엇을 할 수 있는가?

특히 취약한 사람들에게 심장마비를 일으킬 만한 발판을 마련한다. 스트레스 호르몬의 과다 생산은 혈액 응고인자들의 접착성에 영향을 주며, 이는 심장마비나 뇌졸중을 유발하는 잠재적으로 위험한 혈액응고를 증가시킬 수 있다. 만성적으로 적대적이고 분노하는 사람들은 콜레스테롤과 혈압이 높은 경향이 있는데, 이 두 가지 요소는 관상동맥성 심장질환과 이른 죽음을 불러일으키는 주요 위험 요인들이다(Iribarren et al., 2000; Suinn, 2001).

부정적 정서와 심장질환과의 관계에 대한 대부분의 연구는 적대감과 분노의 역할에 초점을 두고 있다. 그러나 불안, 우울과 같은 다른 부정적 정서 상태의 역할에 대한 연구도 주목받고 있다. 시간이 지나면서 이러한 부정적 정서들은 심혈관계에 큰 피해를 주기도 한다(Chida & Steptoe, 2009; Glassman, Bigger, & Gaffney, 2009; Gordon et al., 2011).

관상동맥성 심장질환에 영향을 미치는 부정적 정서의 역할에 있어 새로운 성격 유형이 논의되고 있다 : D 성격 유형. 여기서 D는 '고통받는(Distressed)'을 의미한다. D 유형 성격을 가진 사람들은 전형적으로 불행하고, 불안정하며, 불안하고, 짜증이 많다. 그러나 이들은 다른 사람들이 부정적 감정을 받아주지 않을까 봐 이런 감정들을 이야기하는 것을 두려워하고 안으로만 간직하고 있다. 몇몇 초기 연구는 D 유형 성격의 사람들에게 관상동맥성 심장질환의 위험과 심장질환으로부터의 사망이 증가했다는 것을 보고하였다(Pedersen et al., 2004). 그러나 우리는 이러한 관계성이 앞으로 과학적인 검토를 거친 후에도 여전히 유효한지 여부를 알아보기 위해서는 더 많은 연구가 필요하다는 것을 명심해야 한다.

6. 업무 긴장. 야근, 공장노동, 상충되는 요구에 대한 노출 등이 관상동맥성 심장질환을 유발할 수 있다. 요구는 많으나 개인적 통제권이 없는 높은 긴장도의 직업은 노동자들을 큰 위험에 빠트린다(Aboa-Éboulé et al., 2007; Krantz et al., 1988; 그림 4.8 참조). 〈그림 4.9〉는 높은 콜레스테롤, 흡연, 고혈압, 무기력 등의 위험 요소들이 증가된 위험과 관련되어 있음을 보여준다.

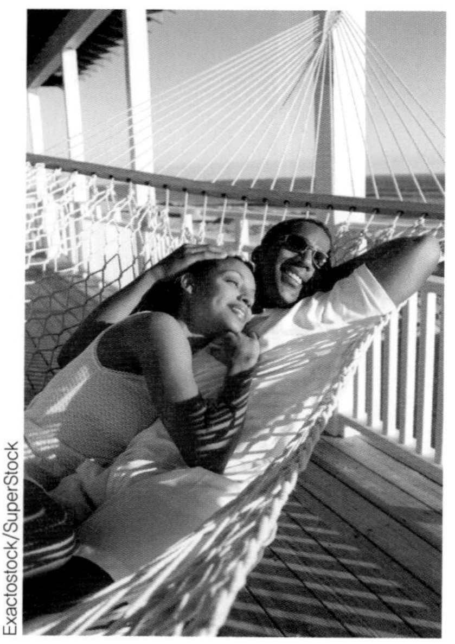

Exactostock/SuperStock

여유를 가져라. 연구 결과, 당신이 A 유형이라 할지라도, 잠시 멈춰서 데이지꽃(유카스, 유칼립투스 또는 어떤 꽃이든지)의 향을 맡는 것을 배울 수 있다. 친구들과 더 많은 시간을 보내라(경쟁이 아닌, 쉬어라!). 영화를 보러 가라. 책을 읽되, 미국 경제계에서 앞서 나가기와 같은 책은 읽지 마라.

관상동맥성 심장질환의 위험을 줄이는 건강한 습관 채택하기

관상동맥성 심장질환으로 진단되면 수술과 약을 포함한 의학적 치료가 가능하다. 우리는 관상동맥성 심장질환의 발달을 예방하기 위해 더 건강한 행동과 삶의 방식을 선택할 수 있다(Djoussé, Driver, & Gaziano, 2009; Forman, Stampfer, & Curhan, 2009; Roger, 2009). 다음 몇 가지는 심장에 건강한 습관들을 제시한 것이다.

1. **담배를 끊거나 피하고, 체중을 조절하며, 건강한 식단을 따르라.** (제5장 참조)
2. **고혈압을 낮추라.** 고혈압을 낮추기 위해 약을 이용할 수 있다. 하지만 염분, 포화지방 섭취를 제한하는 식단을 따르거나 금연, 정기적으로 꾸준히 운동하기 등 행동적 변화도 도움이 될 수 있다.
3. **저밀도 지단백질(LDL)인 혈청 콜레스테롤을 줄이라.** 다시 말하자면, 혈액 콜레스테롤의 해로운 형태인 저밀도 지단백질 콜레스테롤의 수준을 줄이기 위해 약물을 사용할 수 있다. 하지만 운동하기와 콜레스테롤과 포화지방이 높은 음식을 줄이기와 같은 행동적인 수단도 도움이 된다. 저밀도 지단백질을 줄이는 것은 삶의 어느 순간에도 도움이 되고, 심

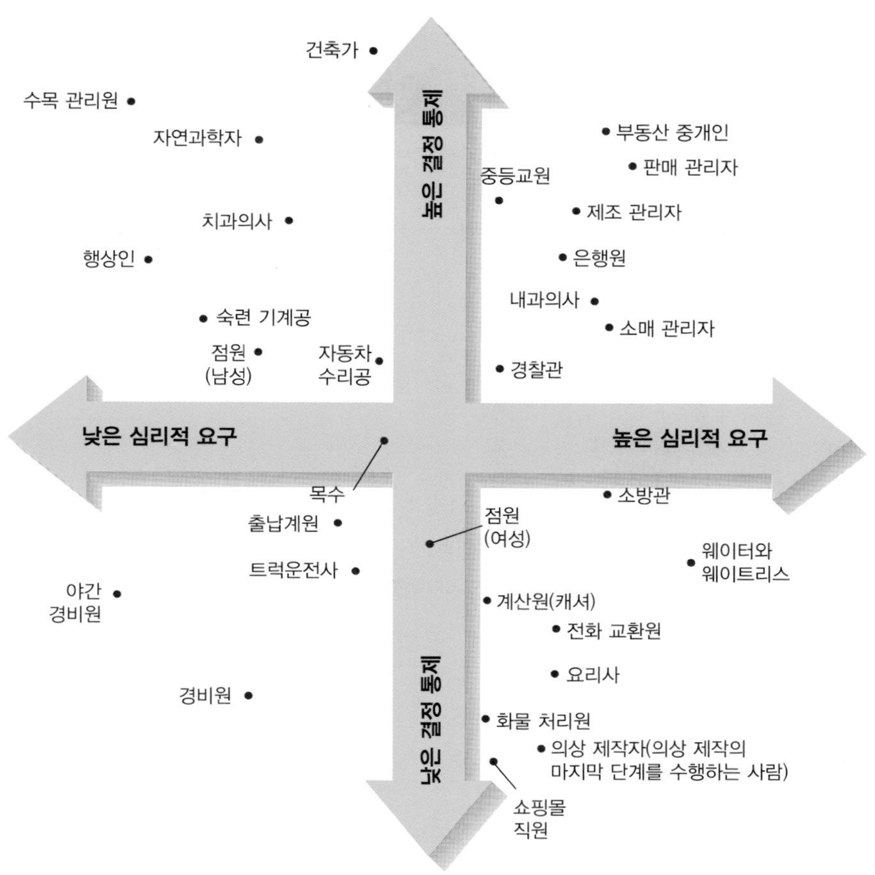

그림 4.8

업무 긴장도 모델 이 모델은 다양한 직업의 심리적 요구와 개인적 통제력(결정)의 정도를 강조한다. 높은 요구와 낮은 통제력을 가진 직업은 노동자들에게 심장 관련 문제에 대한 더 높은 위험을 안겨줄 수 있다.

지어 노년기에도 도움이 된다. 그러나 청소년기에 높아진 저밀도 지단백질이 나중에 심혈관계 질환에 대한 위험성을 높이는 패턴을 만들 수 있기 때문에 청소년기에도 자신의 저밀도 지단백질 수준에 대해서 생각해야 한다.

4. A 유형 행동을 수정하라. 특히 적대감. (뒤의 "나의 생활, 나의 마음" 참조)
5. 운동을 하라. 관상동맥성 심장질환의 위험성을 줄이기 위해서 만능운동선수가 될 필요는 없다. 연구자들은 가벼운 걷기와 같은 적절한 운동도 생활양식의 한 부분으로서 잘 통합되기만 한다면, 관상동맥성 심장질환의 발달 위험성을 줄인다는 것을 발견하였다(Blumenthal et al., 2005; Borjesson & Dahlof, 2005; Meyers, 2007).

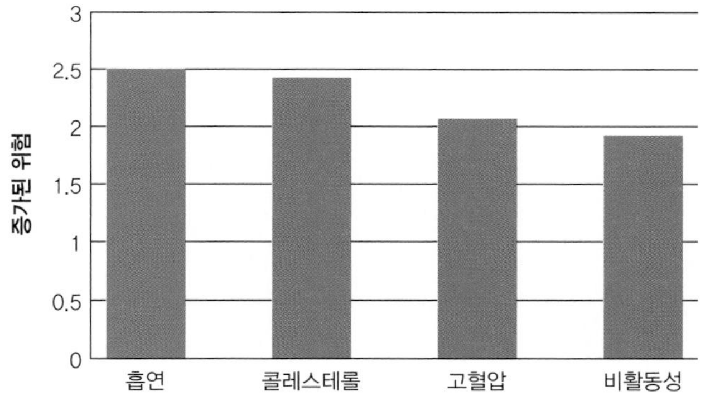

그림 4.9

관상동맥성 심장질환의 위험 요인들 여기서 우리는 흡연, 콜레스테롤, 고혈압, 비활동성 등의 주요 위험 요인들의 추가적 위험성을 살펴볼 수 있다. 예를 들어 흡연자들은 비흡연자들보다 관상동맥성 심장질환을 발달시킬 가능성이 2.5배 높다.

전체적으로, 우리는 관상동맥성 심장질환에 걸릴 위험성을 줄이기 위해 할 수 있는 많은 것들이 있다. 심지어 심장질환을 이미 가진 사람들도 금연, 규칙적인 운동, 건강한 식단 등의 생활양식을 만들어냄으로써 심장마비의 위험성을 낮출 수 있다. 그러나 이미 말했던 것처럼, 여전히 많은 경우 고칠 수 있는 위험 요인들이 통제되지 않고 있다. 심리학자들과 건강 전문가들은 사람들이 좀 더 심장을 건강하게 할 행동변화를 만들 수 있도록 효과적인 방법을 찾아야 할 필요가 있다. (규칙적인 운동을 행동습관으로 통합하기 위한 제언을 보고자 한다면 제5장 참조.)

자기 평가 : 당신의 심장은 현명한가?

다음 질문들을 답하여 당신의 심장질환 IQ를 테스트해보라. 그리고 이 장의 끝에서 답을 확인해보라.

예	아니요	
______	______	1. 심장마비는 심장이 뛰지 않을 때 일어난다.
______	______	2. 당신은 심장질환 없이도 심잡음을 가질 수 있다.
______	______	3. 심혈관 질환은 40대 이전에 시작되지 않는다.
______	______	4. 사람들은 일반적으로 혈압이 올라갔는지 말할 수 있다.
______	______	5. 과체중자들은 정상 체중자들보다 고혈압을 가지지 않는 경향이 있다.
______	______	6. 심혈관 질환을 가진 사람들은 신체적 운동을 피해야 한다.
______	______	7. 심장 박동은 심장 근육에 의해 통제된다.
______	______	8. 백인들은 아프리카계 미국인만큼 관상동맥성 심장질환으로 사망하는 경향이 있다.
______	______	9. 심장마비에 걸릴 위험은 당신이 가족력이 있느냐 없느냐에 달려 있다.
______	______	10. 콜레스테롤의 모든 형태는 심장에 해롭다.

암 : 정상적인 삶에서 벗어나기

매년 대략 150만 명의 미국인들이 암으로 진단받으며, 50만 명 이상이 암으로 사망한다(Heron, 2010; National Cancer Institute, 2010a). 암은 우리 신체의 혈액, 뼈, 소화기관, 폐, 생식기 등과 같은 곳에 비정상적 또는 돌연변이 세포가 뿌리를 내리는 질환이다. 만약 이러한 세포가 퍼지는 것을 초기에 통제하지 못한다면, 암세포들은 **전이된다** — 이는 신체의 어느 곳에서라도 암세포 덩어리를 만들어 퍼지게 된다. 면역계가 암세포를 파괴함에도 불구하고 발병하는 암은 암과 싸우는 신체의 능력을 압도할 수 있다. 〈표 4.4〉는 다양한 종류의 암으로 진단될 상대적인 평생 위험을 보여준다.

A 유형 행동 수정하기

A 유형 행동은 시간에 대한 조급함과 적대감과 같은 특징들로 정의된다. A 유형 개념의 창시자 중 한 명인 심장병 전문의 마이어 프리드먼(Meyer Friedman)과 다이앤 울머(Diane Ulmer)는 1984년 샌프란시스코 관상동맥성 심장질환 재발예방 프로젝트(RCPP)의 결과 중 일부를 내놓았다. RCPP는 A 유형 행동으로 인해 심장마비를 경험한 희생자들이 추후의 심장마비를 피할 수 있도록 행동을 수정하는 것을 돕기 위해 고안되었다. 3년이 지난 후 A 유형 행동패턴들을 줄이는 것을 학습한 피험자들은 통제집단에 비해 1/3가량의 심장마비 재발률을 보였다. RCPP 가이드라인 두 가지는 피험자들의 시간에 대한 조급함과 그들의 적대감을 강조하였다.

시간에 대한 조급함 줄이기

스스로를 재촉하는 것을 멈춰라 — 나가서 일단 걸어라! 우리는 매우 종종 거슬리는 알람소리를 듣고 침대에서 박차고 나와 샤워를 하고, 통근 시 수많은 인파를 헤치고 나와 여유 시간 없이 교실 또는 직장에 도착한다. 그런 다음, 우리는 정신없이 빡빡한 하루에 얽매이기 시작한다. A 유형의 사람들의 경우, 하루는 급박하게 시작되고 절대 여유를 주지 않는다. 이렇게 시간에 대한 조급함에 대처하는 첫 번째 단계는 그것을 지지하는 신념을 대체하거나 부딪치는 것이다. 프리드먼과 울머(Friedman & Ulmer, 1984)는 A 유형의 사람들이 다음과 같은 믿음을 가지는 경향이 있다고 말한다.

▮ "시간에 대한 조급함은 나로 하여금 사회적, 경제적인 성공을 가져다주었다"(p.179). 프리드먼과 울머에 따르면, 참을성 부족과 짜증이 성공에 기여한다는 것은 이해되지 않는다.

▮ "난 그것에 대해서 아무것도 할 수 없다"(p.182). 물론 우리 스스로를 바꿀 수 없다는 믿음은 고통으로 가는 앨리스의 통로 중 하나이다(제3장 참조). 하지만 프리드먼과 울머는 심지어 노년기에서도 오래된 습관을 버리고, 새로운 습관을 만들 수 있다고 말한다.

다음은 시간에 대한 조급함에 맞서 싸울 수 있는 몇 가지 제안들이다(Friedman & Ulmer, 1984).

1. 친구들, 가족들과 어울리는 시간을 더 가져라.
2. 매일 예전 삶의 경험들에 대해서 생각할 수 있는 시간을 잠시 가져라. 친구들과 가족의 옛날 사진을 보아라.
3. 즐길 수 있는 여가활동을 만들어라. 책의 경우, 즐거움을 위해 읽되 비즈니스와 관련된 책은 피하라.
4. 문화활동에 몰입하라. 박물관과 미술관을 방문하라. 예술적 감각을 계발하라.
5. 스스로를 좀 풀어주어라. 스스로에게 불가능한 스케줄을 부과하지 마라. 한 번에 너무 많은 것을 하려고 하지 마라.
6. 식사 시간을 즐겨라. 식사 시간을 밥 먹는 시간이 아니라 대화할 수 있는 시간으로 만들어라.
7. 천천히 하라. 이웃 주변을 매일 걸어 다니되, 휴대전화는 집에 두어라.

심리학자 리처드 쉰(Suinn, 1995)은 다음과 같은 제안을 하였다.

1. 듣기 좋은 알람소리가 나는 알람시계를 이용해라!
2. 일어났을 때 천천히 움직여라. 기지개를 펴라.
3. 천천히 운전하라. 제한속도는 최저속도가 아닌 법으로 지정된 최대속도임을 명심하라.
4. 점심을 급하게 먹지 말라. 밖에 나가라. 이를 지속적으로 하라.
5. 말을 함부로 내뱉지 마라. 말을 천천히 하라. 말할 때 덜 간섭하라.
6. 일찍 일어나서 앉아 쉬어라. 차 한 잔과 함께 아침뉴스를 보거나 명상을 하라. 이는 일찍 잠자리에 드는 것을 뜻할 수 있다.
7. 집을 일찍 떠나라. 그리고 경치를 볼 수 있는 길로 학교나 직장에 가라. 혼잡한 시간대를 피하라.
8. 늦은 시간에 급히 가는 사람들과 차를 함께 타고 가지 마라. 일찍 출발하는 그룹과 운전해서 가거나 대중교통을 활용하라.
9. '하루'가 시작하기 전에 간식을 먹거나 학교, 일에서 편히 쉬어라.
10. 한 번에 두 가지 일을 하지 마라. 너무 많은 수업을 계획하거나 약속을 잡지 마라.
11. 책을 읽고 운동하거나 명상할 수 있는 쉬는 시간을 활용하라. 카페인과 같은 자극적인 것의 섭취를 제한하라. 카페인이 없는 커피를 마셔라.
12. 일을 분산하라. 차를 수리하고, 일하고, 장을 보고, 공항에 친구를 데려다주는 모든 일을 왜 하루에 다 하려고 하는가?
13. 급하다면, 중요하지 않은 일을 다음 날로 미뤄라. 프리드먼과 울머는 다음과 같이 덧붙였다. "당신 스스로에게 그렇게 하도록 압박해야 한다면, 굳이 모든 것을 저녁 5시까지 끝내려고 하지 마라"(Suinn, 1982, p.200).
14. 어느 정도의 시간을 당신 스스로를 위해 활용하라 : 음악을 듣거나 뜨거운 목욕을 하거나, 운동을 하거나 쉬는 것 등. (당신의 삶이 이런 것들마저 허용하지 않는다면 차라리 다른 삶을 살아라.)

적대감 통제하기

시간에 대한 조급함처럼 적대감도 많은 비합리적 신념에 의해 유지된다. 우리는 우리의 비합리적 신념을 인식하고 그것들을 대체함으로써 새로 시작할 필요가 있다. 적대감을 부추기는 신념들에는 다음과 같은 것들이 포함된다.

▮ "내가 앞서 나가기 위해서는 어느 정도의 적대감은 필요하다"(Friedman & Ulmer, p.222). 쉽게 짜증 내거나, 화내거나, 분노하는 것은 앞서 나가는 데 그다지 도움이 되지 않는다.

▮ "나는 내 적대감에 대해서 아무것도 할 수 없다"(p.222). 이에 대한 조언이 필요한가?

▮ "다른 사람들은 무식하고 서툰 경향이 있다"(p.223). 맞다, 몇몇은 그렇다. 하지만 세상은 세상 있는 그대로이다. 앨리스가 말한 대로, 우리는 종종 다른 사람들로 하여금 그들이 아닌 무언가가 되라고 요구함으로써 우리 스스로를 더 좋지 않은 상황에 놓이게 한다.

▮ "내가 의구심과 불확실성에 대해 마음 편히 느낄 것이라고 믿지 않는다"(p.225). 삶에는 모호한 것들이 있다. 어떤 것들은 여전히 예측불가능하다. 짜증 나고 기분 나빠하는 것은 그것들을 더 확실한 것으로 만들어주지 않는다.

▮ "사랑을 주고받는 것은 약하다는 징후이다"(p.228). 이러한 믿음은 극단주의로 갈 수 있는 거침없는 개인주의다. 이는 우리를 사회적 지지로부터 고립시킬 수 있다.

프리드먼과 울머는 비합리적 신념을 대체하는 것 외에 다음을 제안하였다.

1. 당신과 상대가 서로 다양하고 부딪힐 만한 의견을 낼 것이라고 알고 있는 주제에 대해서는 토론하지 말라.
2. 다른 사람들이 당신의 기대에 못 미치는 일을 했을 때, 교육수준 또는 문화적 배경과 같은 그들의 행동을 설명할 만한 상황적 요인을 고려하라. 그들이 당신을 의도적으로 화나게 하려고 했다고 섣불리 판단하지 말라.
3. 아름다움과 즐거움을 찾으라.
4. 저주하는 것을 멈추라.
5. 다른 사람의 도움과 격려에 대해 고마움을 표시하라.
6. 지기 위해 경기하라, 적어도 몇 번은.
7. 즐거운 마음으로 "좋은 아침입니다"라고 말하라.
8. 하루 내내 거울 속 당신의 얼굴을 보라. 화가 나 있는 모습을 찾고, 당신에게 그렇게 보일 필요가 있는지를 스스로에게 물어보라.

표 4.4 주요 신체 부위별 암으로 진단될 평생 위험

부위	남성	여성
모든 부위	2명 중 1명	3명 중 1명
전립선	6명 중 1명	***
유방	909명 중 1명	7명 중 1명
폐와 기관지	13명 중 1명	18명 중 1명
결장/직장	17명 중 1명	18명 중 1명
흑색종	53명 중 1명	78명 중 1명
방광	28명 중 1명	88명 중 1명
비호지킨 림프종	46명 중 1명	56명 중 1명
백혈병	68명 중 1명	96명 중 1명
콩팥과 신우	68명 중 1명	114명 중 1명
자궁경관	***	125명 중 1명
난소	***	58명 중 1명
췌장	80명 중 1명	80명 중 1명
구강과 인두	71명 중 1명	147명 중 1명

주 : 위에 제시된 비율은 퍼센트에서 반올림한 것임. 이러한 위험들은 일반 인구에 바탕을 둔 것임. 개인적 위험은 가족력이나 생활양식 등 개인적 위험 요인에 따라 상이할 수 있다.

출처 : Fay, M. P. *Estimating Age-Conditional Probability of Developing Cancer Using a Piecewise Mid-Age Jointpoint Model to the Rates.* Statistical Research and Applications Branch, NCI, Technical Report # 2003-03, 2004.

위험 요인

발암성의 : 신체에서 암의 변화를 일으키는 동인과 관련된

암의 원인은 유전, 발암화학물질에 대한 노출, 바이러스 등이 있다(Chen, Odenike, & Rowley, 2010; Lynch et al., 2004; T. Walsh et al., 2006). 다른 많은 장애처럼, 사람들은 유방암, 전립선암, 직장암(결장 또는 직장)과 같은 어떤 종류의 암을 발달시키는 기질을 물려받을 수 있다. **발암성의**(carcinogenic) 유전자들은 세포의 증가를 가져오는 세포분열을 제어하지 못하게 한다. 또는 발암성의 유전자들은 돌연변이 세포들이 검열되지 않고 축적되도록 할 수 있다. 하지만 사람들은 암의 발달에 있어서 건강에 해로운 행동들이 중요한 역할을 한다는 점을 자주 깨닫지 못한다. 건강 전문가들은 생활양식에서 좀 더 건강한 변화—특히 금연, 건강한 식단, 적정 체중 유지, 태양에 지나친 노출 피하기, 규칙적인 운동—를 만든다면, 미국에서 많은 사망과 대부분의 암으로 인한 사망이 예방될 수 있다는 점을 알고 있다(Lobb et al., 2004; Stolzenberg-Solomon et al., 2008).

폐암 사망자 10명 중 거의 9명은 직접적으로 흡연의 영향을 받는다. 그러나 방광암이나 직장암(직장과 결장)을 포함한 다른 종류의 많은 암도 흡연과 관련이 있다는 사실을 알고 있는가? 당신은 여성들이 유방암보다 폐암으로 인해 더 많이 사망한다는 사실을 알면 놀랄 것이다(그림 4.10 참조). 폐암은 또한 남성 사망의 주요한 원인이다.

뒤에 제시된 자기 평가를 통해 당신에게 암이 발달할 만한 상대적 위험을 평가할 수 있다.

DNA : 디옥시리보핵산의 줄임말. 유전자들과 염색체들을 구성하고, 유전정보를 세대에서 세대로 운반한다.

스트레스와 암 활발한 연구 분야 중 하나는 스트레스와 암의 관계성을 탐구하는 것이다. 또한 많은 연구자들은 그들의 관심사를 **DNA**에 대한 스트레스의 효과와 암 발달의 시사점에 두고 있다. DNA(디옥시리보핵산의 줄임말)의 꼬인 두 가닥은 유전자를 만든다(그림 4.11 참조). 스트레스와 암의 관계성은 활발하게 지속적으로 연구되고 있다. 우리는 아직 스트레스

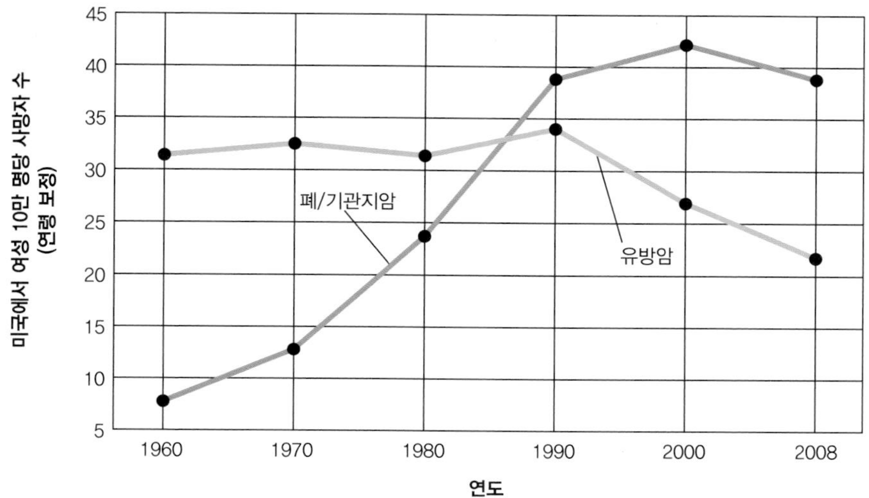

그림 4.10

여성의 폐암과 유방암으로 인한 사망률 폐암은 미국 여성 사망의 주요 원인으로, 유방암으로 인한 사망자 수를 초과하였다. 무엇이 이러한 변화를 설명할 것인가?

출처 : National Center for Health Statistics. (2012). *Health, United States, 2011: With special feature on socioeconomic status and health*. Hyattsville, MD.

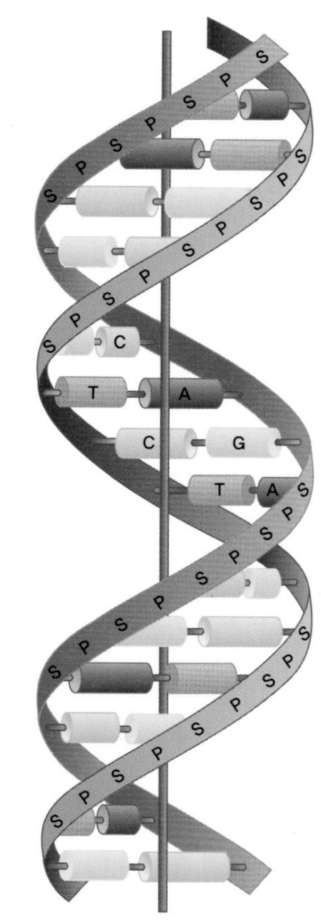

그림 4.11

DNA의 꼬인 가닥들 DNA의 부분들은 키, 눈 색깔 등의 신체적 특성을 결정하는 유전자들로 구성된 이중 나선 구조를 형성한다. 유전자들은 또한 심리적 특성과 다양한 질병에의 취약성을 결정하기도 한다.

가 암 발달에 무슨 역할을 하는지 명확한 답을 모른다(S. Cohen, Janicki-Deverts, & Miller, 2007; Michael et al., 2009). 그러므로 여전히 우리 삶에서 스트레스 수준을 통제하는 합리적인 단계를 밟아 가는 것이 암으로부터 안전할 수 있어 보인다. 우리는 또한 암의 초기 위험 신호를 인지해야만 한다. 그래야 가장 빠르고 가장 잘 치료할 수 있는 시기에 암을 발견할 수 있다.

암 환자의 심리적 치료

암 환자들은 질병의 신체적 효과에만 대처해서는 안 된다. 그들은 불안과 우울, 치료의 부작용들, 유방 또는 고환을 제거하고 난 후의 신체 이미지 변화, 가족문제 등을 포함한 다른 도전과제들에도 대처해야 한다. 건강 전문가들은 암 환자들이 대처기술과 자원을 개발할 수 있도록 지지, 격려, 조력해주는 집단 지지프로그램 같은 심리적 개입으로부터 도움을 받을 수 있다고 본다. 환자들이 그들의 질병에 대처하고 스트레스를 관리하는 기술들을 개발하도록 돕는 심리적 개입들이 많은 암 환자들이 직면하는 우울감과 무망감에 대항하여 싸울 수 있게 한다는 증거가 있다(Foley et al., 2010; Hopko et al., 2007; Manne et al., 2010). 유방암 여성 환자들의 연구에 기반한 최근 결과는 이러한 심리적 개입들이 생존율을 높일 수 있다고 제안한다.

암의 예방과 암에의 대처

암은 정말 무서운 질병이지만, 좋게 생각하면 우리가 이러한 질병에 대해 무기력한 것만은 아니다. 우리는 암이 발달할 위험을 줄이고 가장 빠르고 치료가능한 단계에서 암을 발견하기 위해 다음의 단계를 밟아 갈 수 있다.

나의 생활

나의 마음

자기 평가 : 당신이 암에 걸릴 위험 평가하기

암은 누구에게나 닥칠 수 있다. 우리 중 아무도 암에 면역되어 있지 않다. 그러나 우리 중 일부는 다른 사람들보다 더 큰 위험에 처해 있다. 암에 걸릴 상대적 위험성은 많은 요인－특히 가족력과 생활양식 등－에 달려 있다. 위험 요인에 대한 프로파일 검토는 당신이 바꿀 수 있는 위험 요인들을 확인하는 데 도움을 줄 것이다.

다음 질문에 "예"라고 답한 것들은 암에 걸릴 위험을 높인다.

______ 1. 직계가족 중에 기저피부암과 편평상피암을 제외하고 다른 암으로부터 고통받았거나 고통받는 사람이 있습니까?
______ 2. 직계가족 중에 전암 상태가 발전된 병력을 가진 사람이 있습니까?
______ 3. 당신의 나이는 45살 이상입니까?
______ 4. 당신은 현재 담배를 피우거나 무연 담배 또는 코담배를 사용합니까? 또는 당신은 적어도 1년 이상 정기적으로 담배를 피운 흡연자입니까?
______ 5. 당신은 과체중입니까?
______ 6. 당신은 매일 두 잔 이상의 술을 마십니까?
______ 7. 당신은 어릴 때에 태양으로부터 심한 화상을 입은 병력이 있습니까? 당신은 일광욕을 즐기고, 자외선 차단제로 당신의 피부를 적절히 보호하지 않습니까?

다음 질문들에 "예"라고 대답한 것들은 암에 걸릴 위험을 낮춘다.

______ 1. 당신은 전체 칼로리 섭취의 30% 이상이 식이지방의 형태가 되지 않도록 지방섭취를 눈여겨봅니까?
______ 2. 당신은 과일, 채소, 식이섬유가 풍부한 식단을 먹습니까?
______ 3. 당신은 일반적으로 소금에 절인 음식을 피합니까?
______ 4. 당신은 매일 두 잔보다 더 적게 술을 마십니까?
______ 5. 당신은 밖에서 몇 분 이상 햇빛에 노출될 때 자외선 차단제를 바릅니까? (SPF지수 15 이상)
______ 6. 당신은 피부를 보호할 수 있는 옷을 입고 나감으로써 피부가 태양에 지나치게 노출되지 않도록 합니까?
______ 7. 당신은 모든 담배 상품을 피합니까?
______ 8. 당신은 규칙적으로 운동하고 일반적으로 당신의 건강에 잘 신경 씁니까?
______ 9. 당신은 정기적으로 건강검진을 받고, 당신의 나이와 가족력을 고려하여 자궁경부암 검사, 전립선암 검사, 임상유방 검사, 유방조영술, 직장 검사 등과 같이 추천된 암 스크리닝 가이드라인을 따릅니까?
______ 10. 여성이라면, 정기적으로 유방의 혹을 점검합니까? 남성이라면, 정기적으로 고환의 혹을 검사합니까?
______ 11. 당신은 석면, 방사선, 독성 화학물질과 같은 환경 위험물질에의 노출을 피합니까?
______ 12. 당신은 태닝샵과 집에서 태양등을 피합니까?
______ 13. 당신의 식단은 필수 비타민과 무기질이 풍부합니까?

특정한 점수가 정확한 위험을 알려주는 것은 아니다. 첫 번째 세트에서 "예"라는 대답이 많고, 두 번째 세트에서 "예"라는 대답이 더 적을수록 암에 걸릴 위험성은 더 커질 것이다. 위에 제시된 위험 요소들을 주의 깊게 살펴보라. 그리고 어떤 위험 요인들을 바꾸는 것이 당신을 건강하고 암으로부터 자유롭게 할 수 있을지 스스로 질문해보라.

- 담배를 끊고 지나친 술을 자제하라.
- 포화지방 섭취를 줄이고 과일과 채소의 섭취를 늘리는 방향으로 식단을 수정하라. 채식에는 암 예방 효과를 지닌 많은 자연적 화학물질이 있다(American Cancer Society, 2005b). (그렇다, 우리 할머니들이 항상 말씀하시던 것이 맞았다.)
- 규칙적으로 운동하라. 정기적인 운동은 유방암과 결장암 등의 암에 걸릴 위험을 낮춰준다는 연구 결과가 늘어나고 있다(National Cancer Institute, 2005b; Willett, 2005).
- 정기적인 건강검진을 통해 암을 빨리 발견할 수 있도록 하라.
- 과도한 스트레스에 노출되는 것을 최소화하고, 피할 수 없는 스트레스를 효율적으로 관리하는 법을 배우라.
- 당신이 암에 걸렸다면, 희망과 전투정신을 가지고 건강을 관리하는 데 적극적으로 임하라.

우리는 이 책의 독자들을 위해 한 가지 좋은 소식과 함께 이번 모듈을 마치려고 한다. 더 잘 교육받은 사람들 — 바로 당신 — 은 건강에 해로운 행동 패턴을 바꾸고, 그 변화의 이득을 더 잘 취하는 경향이 있다. 대학은 당신이 더 좋은 직장을 다니도록 준비시켜주는 것만은 아니다 — 당신의 삶을 구할 수도 있다.

이번 장에서 우리는 심리적 요인과 건강의 관계에 대해서 알아보았다. 다음 장에서 영양, 운동, 수면, 약물을 포함한 건강 관련 이슈에 초점을 맞출 것이다.

모듈 복습

복습하기

(19) 가장 흔한 두통은 ______ 긴장성 두통이다.
(20) ______ 두통은 갑작스럽게 시작되고 머리 한 부분에 지끈거리는 통증이 나타난다.
(21) 월경 전 며칠 동안 겪는 통증과 불쾌감을 ______ 증후군이라고 한다.
(22) 월경전 증후군은 ______과/와 같은 신경전달물질의 불균형과 관련되어 있는 것으로 나타났다.
(23) 관상동맥성 심장질환의 위험 요인은 가족력, 비만, 고혈압, 높은 수준의 혈청 콜레스테롤, 과음, 흡연, 적대감, 그리고 ______에서의 긴장이 있다.

생각해보기

심장병, 암과 같은 살인적 질환들을 치료 또는 예방하는 데 심리학이 제공할 만한 것이 그다지 많지 않다는 주장에 대해서 당신은 어떻게 반박할 것인가?

의료 서비스의 적극적인 소비자 되기

모듈 4.4

긍정심리학

오늘날 의료 서비스는 예전보다 더 복잡해졌다. 개인 의사가 가족 주치의로 있던 전통은 의학과 거대한 비즈니스가 혼합된 형태로 대체되었다. 우리는 관리의료(managed care)의 시대에 살고 있다 — 관리의료는 한 손에는 청진기를, 다른 손에는 수첩을 들고 있는 시스템이다. 오늘날 다양한 의료제도들 속에서 대다수의 사람들이 충분한 정보 없이 의료 서비스를 선택한다는 것은 놀랄 만한 일이 아니다. 현대에 주요한 도전 중의 하나는 의료 서비스에 대한 적극적 소비자가 되는 것을 배우는 것이다. 당신의 건강을 관리하기 위해 적극적인 역할을 취하는 것은 당신에게 필요한 양질의 서비스를 받을 수 있도록 도울 것이다.

그러나 의료 서비스에 대한 적극적 소비자가 된다는 것은 무엇을 의미하는가? 건강을 관리하는 데 있어 적극적인 역할을 취한다는 것은, 당신이 가지고 있는 의료 서비스의 선택권에 대해 스스로 공부하고, 의료 서비스의 제공 기관을 현명하게 선택하고, 치료의 여러 대안들을 주의 깊게 비교해보는 것을 말한다.

반면 의료 서비스에 대한 수동적 소비자는 무엇을 의미하는가? 수동적인 소비자는 아프고 나서야 의료 서비스를 찾으려 하고, 의료 서비스 선택권들을 배우려 한다. 그들은 보험카드를 가지고 다니지만, 그 보험제도가 보장해주는 의료 서비스의 범위에 대해서는 거의 모른다. 수동적 소비자들은 가능한 최상의 의료 서비스를 받지 않는다. 그들은 심각하고 치료하기에도 비싼 질병의 발달을 예방하거나 질병의 심각성을 경감시킬 수 있는 정기적인 신체검사와 같은 서비스를 이용하지 않는다. 따라서 그들은 간접적으로 의료 서비스에 대한 높은 비용을 지불하게 된다.

수동적인 소비자들은 의료 서비스 시스템이 너무 복잡하다고 생각한다. 다음에 제시된 그들의 태도와 신념은 의료 서비스를 받고자 하는 그들의 동기를 꺾어버린다. "내 질병은 내 의사에게 맞길 거야", "나는 정말 비용을 신경 쓰지 않아. 어쨌든 내 보험이 알아서 처리해 줄 거야", "기본적으로 모든 의료 서비스 제공기관이 훌륭하기 때문에 다 좋을 것이라고 믿어."

반면에 의료 서비스에 대해 적극적 태도를 취하는 사람들은 양질의 의료 서비스를 받고, 치료의 대안들을 이해할 수 있는 질문 — 많은 질문들 — 을 한다. 의료 서비스 제공기관과 보험업자들이 아닌, 그들 스스로가 그들의 의료 서비스를 관리하는 책임이 있다고 믿는다. 그들은 잘못된 의료 서비스로부터 스스로를 보호하기 위해 노력한다.

그렇다면 당신은 어떠한가? 당신은 의료 서비스에 대한 적극적 또는 소극적 소비자인가? 당신은 다음의 자기 평가 검사지를 통하여 이 문제에 대한 통찰을 얻을 수 있다. 그리고 의료 서비스를 최대한 활용하기 위해 당신이 바꿀 수 있는 태도와 행동에 대해 스스로 질문해 보라.

당신의 주치의와 이야기하기 : 직접 보고 이야기하기

"지금 의사가 당신을 보고자 한다"라는 말은 단순히 얼굴을 보기 위한 초대만은 아니다. 이는 당신의 이야기를 듣기 위해 초대한 것이기도 하다. 의료 서비스를 활용하는 데 적극적인 사람들은 의사에게 무엇이 그들을 고통스럽게 하는지 알리고, 치료에 관하여 올바른 결정을 내리기 위해 많은 정보를 모은다. 많은 사람들은 의사가 그들의 불만과 걱정을 이야기할 수 있는 시간을 주지 않는다고 느낀다. 의사의 시간은 소중하지만(당신의 시간만큼), 당신은 의사에게 당신의 이야기를 잘 들어주고, 이해할 수 있는 언어로 의학적 상태와 추천 치료를 설명해줄 것을 부탁할 권리가 있다. 당신의 의사에게 이야기할 때는 다음과 같이 하라.

1. **당신의 증상과 불만에 대해서 가능한 명확하고 자세하게 설명하라.** 당신의 증상을 말하는 데 주저하거나 포장하거나 왜곡하지 마라. 결국 당신의 건강이 위태롭게 된다. 그러나 그렇다고 당신의 증상을 너무 꾸미거나 스스로에게 반복해서 말하지 마라. 만약 의사가 이야기를 방해한다면, 다음과 같이 이야기하라. "의사 선생님, 제

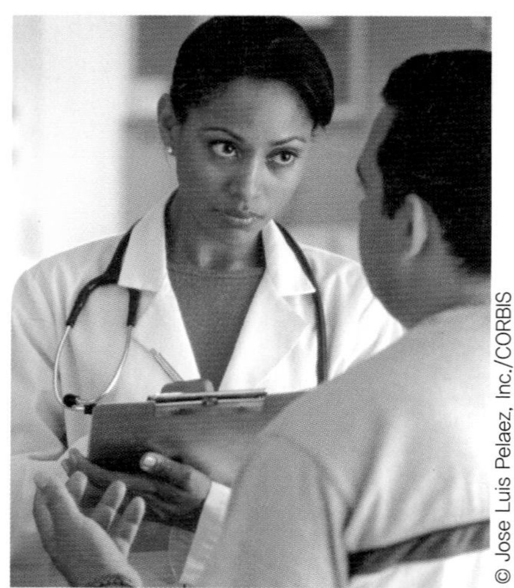
© Jose Luis Pelaez, Inc./CORBIS

당신의 의사에게 이야기하기 의사에게 이야기할 때 직접 보고 이야기하라. 당신은 당신의 의료 서비스에 대한 책임이 있다. 당신의 의사와 건강 이슈들에 대해 소통할 수 있는 시간을 가질 수 있도록 하고, 의사들로 하여금 해석과 제안을 분명한 언어로 이야기해달라고 하라. 만약 당신이 설명을 이해할 수 없다면, 그렇게 이야기하라. 의사에게 당신이 이해할 수 있는 방식으로 바꾸어 말해달라고 부탁하라. 당신이 의사, 진단, 제안된 치료과정에 대해서 좋지 않은 감정이 있다면 두 번째 선택권을 취하라. 만약 당신이 의사를 볼 수 없다면 변호사를 찾아가라. 당신이 변호사를 찾아갈 만한 재정적 여력이 없다면, 전화안내원에게 지역사회에 있는 법률 지원 서비스의 리스트를 알려달라고 하라.

얘기를 끝내도 될까요. 저는 선생님이 제 증상에 대해 큰 그림을 가지셨으면 합니다." 만약 의사가 당신의 이야기를 듣는 것보다 문밖으로 보내는 데 더 관심이 있는 것 같아 보인다면, 다른 의사를 찾아라.

2. **당신이 원하지 않는 치료 권고는 받아들이지 말라.** 치료 계획에 대한 의사의 논리가 당신을 혼란스럽게 한다면 다른 선택을 하라. 당신에게 맞지 않는 치료 계획을 억지로 받아들이려고 하지 마라.
3. **분명한 언어로 설명해달라고 부탁하라.** 많은 환자들은 의사가 명확하게 설명해주지 않는 것에 대해서 불평한다. 치료의 여러 계획에 대해서 이해하지 못한다면 당신은 제대로 된 선택을 내릴 수 없을 것이다.
4. **당신의 문제가 "모두 당신의 손에 달려 있다"라고 주장하는 의사에게 휘둘리지 말라.** 의사들은 특히 피곤함처럼 증상이 모호하다면, 신체검사나 실험실 검사에서 이상이 없을 때 당신의 불만을 그다지 심각하게 받아들이지 않는다. 당신의 의사가 미숙하다면 다른 의사를 찾아가라.

잘못된 관리의료 예방하기

성공적인 관리의료에는 두 가지 책임이 있다. 관리의료 단체는 질적으로 우수한 의료 서비스를 제공해야 하고, 서비스와 관리의료의 제한점을 보완할 인센티브를 제시해야 한다. 반면에 소비자들은 관리의료가 잘 이루질 수 있도록 건강한 생활양식을 이끌어 가고자 하고, 현명하게 의료자원들을 활용하며, 개인적 계획을 실천하는 데 그 책임이 있다. 의료 서비스를 활용하는 데 적극적인 역할을 하는 소비자들은 잘못된 관리의료 — 관리의료 제도의 관리를 포함하여 — 에 대해 스스로를 보호할 수 있는 다음 몇 가지 단계를 밟을 수 있다.

1. **건강 유지 단체(health maintenance organization, HMO) 또는 다른 관리의료 제도에 가입하기 전에 그것이 당신에게 적절한지 확인하라**(표 4.5 참조).
2. **입원 보장에 대해 논의하라.** 만약 큰 수술을 계획하고 있다면, 당신의 관리의료 제공회사가 얼마의 비용을 보장해줄 것인지, 그리고 얼마 동안 입원을 허용하는지 미리 알아보라. 당신이 받을 수술에 보장이 합리적인지 의사와 논의하라.
3. **전문가를 볼 수 있는 당신의 권리를 주장하라.** 만약 당신의 상태가 전문가를 만나야 하는 것이라고 느낀다면, 그리고 만약 관리의료 제도에 제시된 것과는 달리 만날 수 있는 전문가가 없다면 요구하라. 당신의 보험 범위를 벗어나 전문가의 서비스를 받아야 한다면, 전문가에게 이러한 서비스를 받아야 할 필요를 증명할 수 있는 진료결과를 첨부해달라고 하라. 그리고 보험 보장 거부에 항의하기 위해 이 문서를 활용하라.
4. **비상시 무엇을 해야 하는지 알아두라.** 응급상황에 처하게 되면, 당신의 첫 번째 관심사는 관리의료 회사와 가격을 흥정하는 것이 아니라 적절한 치료를 받는 것이다. 그러므로 응급상황이 생기기 전에 당신의 보험으로부터 응급 상황 시 받을 수 있는 여러 혜택들을 미리 알아두어야 한다. 대부분의 보험은 당신이 먼저 의사에게 연락을 해야 하고, 그래야만 의사가 보험에 제시된 것처럼 응급실로 당신을 인도할 것이라고 말한다. 그러나 많은 HMO들은 환자들의 상태가 굳이 응급 서비스를 필요로 하지 않았다고 판단하면, 응급 서비스에 대한 지불을 거부한다. 의사가 환자에게 가까운 응급실로 가라고 조언했다 할지라도 그것은 그다지 중요하지 않다. 그때는 병원이 환자에게 병원비를 지불하도록 할 것이다.
5. **만약 보험 보장이 거부된다면.** 만약 당신의 보험에 의해 처리되지 않는 의료 서비스를 받음으로써 보험처리가 거부되었다면, 상소하라(상소과정은 일반적으로 보험 수첩에 설명되어 있다). 서비스를

표 4.5 ▮ HMO의 제시안들을 자세히 들여다보기

위치와 비용에 대해서 물어보는 것을 제외하고, 관리의료 보험에 대해 알아볼 때 고려해야 할 몇 가지 체크리스트들이 있다.

- 보험에 명시된 의사들의 몇 퍼센트가 면허를 소지하고 있는가? 그리고 몇 퍼센트가 매년 떠나는가?
- 이 보험이 품질 보장 위원회 또는 다른 단체의 임원들로부터 감사를 받은 적이 있는가? 그렇다면 그와 관련된 보고서를 당신이 검토할 수 있는가?
- 계약상에 샘플이 될 만한 혜택은 무엇인가?
- 보험 관련하여 주 보험부서에 의해 얼마나 많은 불만이 청구되었는가?
- 1차 진료 담당 의사들은 전공 의사들에게 위탁하기 전에 HMO로부터 승인을 받는가? 여성의 경우, 부인과 의사를 포함하는가?
- 진료가 거부되었을 때, 얼마나 쉽게 상소할 수 있는가?
- 보험료 중에 얼마만큼이 의료 서비스에 사용되는가?
- 의료 서비스 가격을 낮춤으로써 의사들이 받는 재정적 인센티브는 무엇인가?
- 예방주사와 같이 어떤 종류의 예방치료가 보험에서 제공되는가?
- 입원을 위해서 어떤 사전 승인절차가 필요한가?
- 당신이 정기적으로 처방받은 약물은 보험에 명시된 약물 리스트에서 지불하도록 승인받은 것인가?

받아야 할 필요를 문서화하라. 당신을 다른 의사에게로 위탁한 의사 또는 당신에게 서비스를 제공한 의사로부터 받은 서류들을 포함하라. 만약 관리의료 회사가 여전히 지불을 거부한다면, 상소하라. 만약 상소가 성공하지 않는다면, 당신의 고용주의 보상관리자가 대신 탄원할 수 있다. 또한 주 보험부서에 공식적인 불만을 청구할 수 있고, 이들이 당신의 사례를 지지하는 서류를 만들어줄 수도 있다. 마지막 시도로는 변호사에게 자문을 구하는 것이 있다.

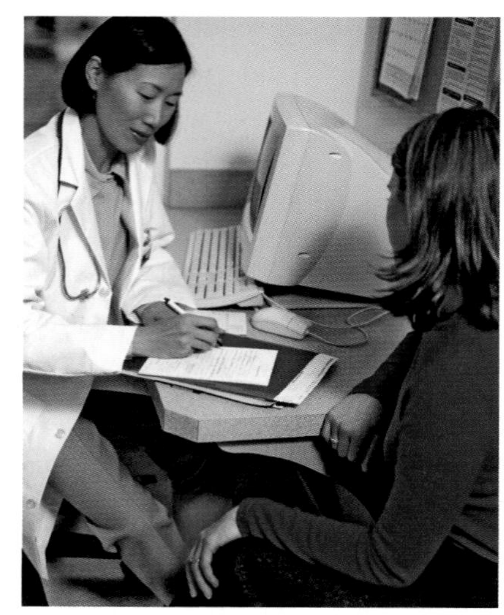

Photodisc Red/Getty Images, Inc.

당신의 의료 서비스 관리하기 의료 서비스를 관리하는 데 있어 적극적인 태도를 취하는 것은 의료보험 또는 HMO에 가입하기 전에 여러 안들을 '꼼꼼히 살펴보는' 것을 포함한다. 양질의 의료 서비스를 받기 위해 당신은 어떠한 절차를 밟아야 하는가?

나의 생활 나의 마음

자기 평가 : 당신은 의료 서비스에 대한 적극적인 또는 소극적인 소비자인가?

당신은 당신의 건강을 적극적으로 책임지고 있는가, 아니면 뒤로 물러서서 무슨 일이 일어나기를 기다리고만 있는가? 당신에게 최선인 것을 하고 있는가? 당신의 건강과 관련하여 당신의 신념과 태도를 가장 잘 대변해주는 문장에 동그라미를 하라. 그런 다음, 이 장의 뒷부분에서 정답을 확인하고 해석해보라.

내가 의료 서비스를 필요로 할 때까지 의료 서비스에 대해 생각하는 것을 꺼린다.	또는	나는 의료 서비스의 필요성과 보험에 대해서 미리 생각하려고 노력한다.
나는 내 지역에서 개인 주치의와 다른 의료인들을 어떻게 만나야 할지 모른다.	또는	나는 치과의사, 안과 전문의, (여성이라면) 부인과 의사 등 1차 의료 서비스 제공자뿐만 아니라 다른 의료인들과 관계를 가지고 있다.
나는 내 지역의 주요 병원, 클리닉, 그리고 다른 의료시설들에 대해서 알지 못한다. 또는 알고 있다 할지라도 그것들이 무슨 서비스를 제공하는지 모른다.	또는	나는 내 지역의 주요 의료시설 위치를 알고 있을 뿐만 아니라 그들이 어떤 서비스를 제공하는지 알고, 응급상황 때 어떻게 그곳에 갈 수 있는지 알고 있다.
내가 필요할 때 전화할 수 있는 병원과 의사들의 번호를 가지고 있지 않다.	또는	나는 응급상황 또는 다른 필요시에 누구에게 전화해야 할지 알고 있으며, 전화번호도 가지고 있다.
나는 대체로 정기적인 건강검진을 받지 않는다. 왜냐하면 그럴 만한 시간이 없거나 검진을 받으려면 어떻게 해야 하는지 모르기 때문이다.	또는	나는 정기적으로 건강검진을 받으며, 내 건강기록을 알고 있는 1차 의료 서비스 제공자와 관계를 맺고 있다.
나는 의료 서비스를 필요로 할 때 의료 서비스 비용을 지불할 만한 수단이 없어 약속을 잡지 않는다.	또는	나는 의료보험을 가지고 있다.
솔직히 말하자면, 나는 내 증상이 사라지길 바라면서 가능한 오랫동안 그 증상을 무시하는 경향이 있다.	또는	나는 내 신체의 어떤 변화에도 주의를 기울이고, 어떠한 증상 또는 걱정들에 대해서도 1차 의료 서비스 제공자에게 이야기한다.

나는 구급차, 경찰차, 긴급출동대 등의 응급 서비스가 필요하지 않을 때에 가끔 그것들을 이용한다.	또는	나는 내가 의료 서비스가 필요할 때 항상 나의 1차보건의료 제공자와 이야기한다.
나는 솔직히 응급 시 어디를 가야 하는지 잘 모른다.	또는	나는 응급상황 시 어떻게 대처해야 하는지 알고 있다. 누구에게 전화하고 어디로 가야 하는지 알고 있다.
나는 가끔 또는 종종 의료 약속시간을 지키지 않거나 약속시간에 늦게 도착한다.	또는	나는 의료 약속시간을 지킨다.
나는 가끔 또는 종종 의료 약속을 취소하기 위해 미리 전화하지 않는다.	또는	나는 필요하다면 약속을 취소하기 위해 항상 전화한다.
나는 가끔 내 주치의에게 정보를 제공하는 것을 망설이거나, 내가 굳이 이야기하지 않아도 나를 힘들게 하는 것이 무엇인지 의사들이 알아야 한다고 믿는다.	또는	나는 내 1차 의료 서비스 제공자에게 쉽게 정보를 제공하고 내 증상을 가능한 명확하게 설명한다.
나는 가끔 또는 종종 수치심, 망각이나 무관심으로 인해 내 병력을 부정확하게 이야기한다.	또는	나는 나의 모든 정보를 제공하고, 나의 건강과 관련된 정보를 말하는데 주저하거나 꾸미거나 왜곡하지 않는다.
나는 가끔 또는 종종 의사의 설명에 주의를 기울이지 않는다.	또는	나는 내 상태에 대한 의사의 설명을 주의 깊게 듣고, 노트 필기를 하며, 이에 관한 설명을 부탁한다.
나는 일반적으로 이해하지 못한 의학적 용어를 의사에게 설명해달라고 부탁하지 않는다.	또는	나는 항상 이해하지 못한 용어를 의사에게 설명해달라고 부탁한다.
나는 일반적으로 의사가 말하는 모든 것을 별다른 질문 없이 받아들인다.	또는	나는 내가 치료 계획에 대해서 이해하지 못하거나 동의하지 않을 때 단호하게 질문을 한다.
나는 가끔 또는 종종 따르기로 동의한 의사의 지시를 따르지 않는다. 예를 들면 약을 조제하지 않거나, 스케줄에 따라 약을 먹지 않는다.	또는	내가 동의한 의사의 지시를 주의 깊게 따른다. 만약 내가 이러한 지시에 대해 확신하지 못한다면, 나는 의사(또는 약사)에게 전화를 하여 확실히 할 수 있도록 한다.
나는 가끔 또는 종종 의사와의 추후 약속을 지키지 않거나 의사에게 나의 상태를 알리기 위해 전화하지 않는다.	또는	나는 의사와의 추후약속을 지키고 나의 상태를 알릴 필요가 있을 때 의사에게 전화를 한다.
나는 문제가 되는 결과를 보이거나 효과가 없는 치료를 멈춘다. 그리고 이에 대해 내 의사에게 말하는 것을 서슴지 않는다.	또는	만약 치료 효과가 없거나 부정적인 효과를 보인다면, 나는 치료계획을 바꾸기 전에 자문을 얻기 위해 의사에게 전화한다.
나는 주의 깊게 의료비 청구서를 살펴보지 않는다. 특히 의료보험회사에서 지불한 내역들은 보지 않는다.	또는	나는 주의 깊게 의료비 청구서에 오류 또는 반복청구된 것은 없는지 확인하고, 문제가 있다면 의사에게 가져가서 보여준다.
나는 의료 서비스로 인한 요금에 대해서 그것이 과하거나 부적절하다고 해도 질문하지 않는다.	또는	나는 과하거나 부적절한 것으로 보이는 요금에 대해서는 의사에게 질문한다.
나는 일반적으로 보험금청구서를 작성하는 데 게으르다.	또는	나는 신속히 보험청구서를 작성하고, 가능한 빨리 편지를 보낸다.
나는 일반적으로 치료 기록과 보험청구서 기록을 가지고 있지 않다.	또는	나는 의사방문 기록과 보험청구서 사본을 가지고 있다.

제4장 복습 암송하기/암송하기/암송하기

학습 비결 : 이 질문에 대한 답을 암송하면 보다 효과적으로 학습을 할 수 있을 것이다. 우선 질문에 대한 답을 혼자 소리 내어 답해보거나 공책이나 컴퓨터에 써보라. 그리고 자신의 답을 아래의 정답 예시와 비교해 보라.

1. 건강심리학이란 무엇인가?
건강심리학은 심리적 요인(예 : 행동, 정서, 스트레스, 믿음, 태도)과 신체건강 문제에 대한 예방 및 치료 간의 관계를 연구하는 학문분야이다.

2. 일반 적응 증후군이란 무엇인가?
일반 적응 증후군은 스트레스원에 의해 촉발되는 신체적 변화의 집합체이다. 일반 적응 증후군은 세 단계로 구성되어 있다 : 경고, 저항, 그리고 소진단계. 신체적 반응에는 내분비계(호르몬)와 자율신경계를 포함한다. 코르티코스테로이드는 염증과 알러지 반응을 통해 스트레스에 저항하도록 돕는다. 아드레날린은 자율신경계의 교감신경계를 활성화시킴으로써 신체를 각성시키는데, 이러한 교감신경계는 일반 적응 증후군의 경고와 저항단계에서 가장 활성화된다. 교감신경계의 활동은 빠른 심장박동과 호흡률, 저장된 당의 분비, 근육의 긴장, 신체의 에너지 공급을 고갈시키는 다른 반응들로 특징지어진다. 자율신경계의 부교감신경계는 일반 적응 증후군의 소진단계에서 작동한다.

3. 스트레스의 정서적, 인지적 효과는 무엇인가?
불안은 위협적인 스트레스원에 반응하여 나타나는 경향이 있고 분노는 불만과 사회적 도발과 같은 스트레스원에 반응하여 나타난다. 우울은 상실, 실패, 지속되는 스트레스에 반응하여 나타난다. 높은 수준의 스트레스는 높은 각성상태와 연결되는데, 부적응적 인지와 행동패턴을 일으키고, 문제해결능력을 손상시킨다.

4. 면역계는 어떻게 작동하고, 스트레스가 어떻게 이에 영향을 주는가?
루커사이트(백혈구)는 병원균, 쓸모없는 신체세포, 암세포를 잡아먹고 죽인다. 면역계는 혈액에 항체를 생산해냄으로써 항원과 싸우는 방법을 '기억한다.' 또한 염증을 유발하여 백혈구 수를 늘린 다음 이들을 손상된 지역으로 보낸다. 지속되거나 강렬한 스트레스는 이러한 면역계의 기능을 억제시키는데, 이는 부분적으로 스트레스가 코르티코스테로이드의 분비를 자극하기 때문이다. 이러한 스테로이드는 염증에 대응하고 항체의 형성을 방해한다.

5. 건강에 대한 다요인적 접근은 무엇인가?
생물학적, 심리적, 사회문화적, 환경적 요인 등 많은 요인들이 우리의 건강에 영향을 미친다는 관점을 말한다.

6. 인종, 성별, 사회경제적 지위는 신체건강과 어떻게 연관되어 있는가?
아프리카계 미국인들은 유럽계 미국인들보다 7년 정도 더 적게 사는데, 이는 의료 서비스에 대한 접근성이 덜하고, 고지방을 함유한 음식 섭취, 흡연, 건강치 못한 동네에서 사는 것과 관련된 사회문화적, 경제적 요인 때문이다. 여성은 남성보다 성인 초기와 중기에 심장마비에 걸릴 확률이 덜한데, 이는 에스트로겐의 보호 효과 때문이다. 여성은 평균적으로 남성보다 5년 정도 더 산다. 이에 대한 첫 번째 이유는 여성이 남성보다 건강전문가들에게 자신의 건강 문제에 대해서 더 자문을 구하기 때문이다.

7. 두통을 이해하고 치료하는 데 심리학이 어떻게 공헌해 왔는가?
심리학자들은 스트레스가 어떻게 근긴장성 두통과 편두통에 영향을 미치는지 연구하였다. 심리학자들은 스트레스나 신체의 혈류 변화와 관련된 신체적 긴장상태에 대응하기 위해 바이오피드백 훈련과 같은 심리적 기법을 활용하여 이러한 종류의 두통을 경감시키고자 하였다.

8. 월경 문제를 이해하고 치료하는 데 심리학이 어떻게 공헌해 왔는가?
심리학자들은 월경으로 인한 불쾌감, 심리적 요인들(예 : 월경에 대한 불안, 우울, 짜증, 태도), 신체적 증상(예 : 부어오름, 경련), 그리고 호르몬과 신경전달물질 수준의 변화 간의 관계를 탐색하는 연구에 참여해 왔다. 월경전 증후군은 월경 전 며칠 동안 많은 여성들을 고통스럽게 한다. 여성이 이러한 월경 또는 월경 전 불쾌감에 적응하도록 돕는 대처전략에는 스스로 비난하지 않기, 즐거운 활동에 참여하기, 건강한 식단 유지하기, 운동하기, 그리고 필요할 때 의료적 지원 찾기 등이 있다.

9. 관상동맥성 심장질환을 이해하고 치료하는 데 심리학이 어떻게 공헌해 왔는가?
심리학자들은 관상동맥성 심장질환의 위험 요인에 가족력, 고혈압이나 높은 수준의 혈청 콜레스테롤과 같은 생리적 상태, 과음이나 흡연 또는 지방이 많은 음식섭취와 같은 행동패턴, 과도한 업무, 만성적 긴장과 피곤, 그리고 신체적 비활동성 등이 있다는 것을 보여주는 연구에 참여해 왔다. 그들은 사람들이 담배 끊기, 체중 조절하기, 고혈압 낮추기, 저밀도 지단백질 수준 낮추기, A 유형 행동 바꾸기, 적대감 줄이기, 운동하기 등을 통해서 더 건강한 심혈관계를 가지도록 돕는다.

10. 암을 이해하고 치료하는 데 심리학이 어떻게 공헌해 왔는가?
심리학자들은 암을 유발하는 위험 요인에 가족력, 흡연, 과음, 동물 지방 섭취, 일광욕, 스트레스 등이 있다는 것을 보여주는 연구에 참여해 왔다. 행동에 건강한 변화를 가져오는 것은 암 위험을 감소시킬 수 있다. 이에는 금연, 규칙적인 건강검진, 알코올 섭취 조절, 건강한 식단 채택, 일광욕 피하기 등이 있다. 심리학자들은 암 환자들과 가족들이 질병에 대처하고 '병과 싸우는 정신'을 유지하도록 돕는다.

나의 생활 나의 마음

개인적 글쓰기 숙고하기/숙고하기/숙고하기

학습 비결 : 이 장에 나온 개념들을 자신의 경험과 관련시켜 음미하면 보다 심층 처리가 가능하다. 그렇게 되면 내용에 보다 더 개인적인 의미를 부여하게 되며 더 효과적인 학습이 가능해진다. 답을 쓸 공간이 더 필요하면 추가 페이지를 이용해도 좋다.

1. 당신의 직계가족 중에 관상동맥성 심장질환, 암 등 생명에 위협적인 질병에 걸린 사람이 있는가? 이 장을 읽고 난 뒤 그러한 질병의 발병 위험을 줄이기 위해 당신이 할 수 있는 절차는 무엇인가? (이는 당신이 먼 미래가 아닌 현재에 밟을 수 있는 절차를 말한다. 먼 미래에는 이미 심각한 질병을 피하기에 너무 늦을 수 있다.)

2. 이 장을 읽고 난 뒤 당신 스스로 의료 서비스에 대한 적극적인 소비자라고 생각하는가? 만약 그렇다면 어떤 부분에서 그러한가? 만약 그렇지 않다면 당신의 의료 서비스를 관리하기 위해 당신이 적극적으로 참여해볼 수 있는 절차는 무엇인가?

모듈 복습의 답

모듈 4.1
1. 건강
2. 저항
3. 투쟁-도피
4. 배려-친교
5. 코르티코스테로이드
6. 노르아드레날린
7. 두려움
8. 상태
9. 교감신경계의
10. 손상시킨다
11. 루커사이트/백
12. 항체
13. 면역
14. 변화

모듈 4.2
15. 다요인 모델
16. 낮은
17. 더
18. 짧다

모듈 4.3
19. 근(육)
20. 편
21. 월경전
22. 세로토닌
23. 업무

"당신의 심장은 현명한가?" 퀴즈의 답

1. 거짓. 심장은 심장마비 시에도 계속 뛴다. 그러나 심각한 심장마비는 심장 리듬을 조절하는 전기시스템이 중단되도록 하거나 심부전증으로 이어진다.
2. 진실. 건강한 심장을 가진 몇몇 사람들은 심잡음(비정상적인 심장소리)으로부터 고통받는다. 의사는 심잡음이 심장질환의 징후인지 아닌지 결정할 수 있다.
3. 거짓. 심혈관계 질환은 심지어 아동기에도 시작된다.
4. 거짓. 고긴장(고혈압)이 있는 대부분의 사람들은 증상을 숨길 수 있다. 당신이 고혈압이 있는지 알 수 있는 유일한 방법은 의사에게 검사를 받는 것이다.
5. 거짓. 과체중인 사람들은 관상동맥성 심장질환의 주요 위험 요인인 고혈압이 생길 위험이 더 높다.
6. 거짓. 운동은 심장에 좋은데 심지어 심혈관계 질환을 가진 사람들에게도 좋다. 운동은 심장을 강하게 하도록 돕는다. 그러나 이미 심장질환을 가진 사람들은 어떤 종류의 운동 프로그램이 그들에게 적절하고 안전한지 의사에게 자문을 받을 필요는 있다.
7. 거짓. 신체의 전기(신경) 시스템은 심장의 펌프작용을 조절한다.
8. 거짓. 아프리카계 미국인들은 관상동맥성 심장질환으로 더 고통받고, 사망하는 경향이 있다.
9. 거짓. 심장질환에 걸릴 위험에 있어서 유전이 부분적으로 영향을 미치지만, 식단, 담배 피하기, 규칙적 운동 등 수정할 수 있는 생활양식 요인들도 이러한 위험을 줄이는 데 중요한 역할을 한다.
10. 거짓. 저밀도 지단백질(LDL)이라 불리는 콜레스테롤은 동맥내벽에 지방퇴적이 쌓이도록 함으로써 심장마비를 불러일으킬 수 있으므로 심장에 해롭다. 하지만 고밀도 지단백질(HDL)이라 불리는 또 다른 종류의 콜레스테롤은 지방퇴적물 또는 플라크를 청소하기 때문에 심장에 유익하다.

"당신은 의료 서비스에 대한 적극적인 또는 소극적인 소비자인가?"에 대한 자기 평가의 평가 기준

156~157쪽의 왼쪽 열에 제시된 문장들은 의료 서비스 관리에 대한 소극적인 접근을 반영한다. 오른쪽 열에 제시된 문장들은 적극적인 접근을 말해준다. 당신이 오른쪽 열의 문장들에 동그라미를 더 칠수록 당신의 건강관리에 있어 적극적인 태도를 보인다고 볼 수 있다. 왼쪽 열에 동그라미를 친 문장들에 대해서는 당신이 어떻게 하면 소극적 소비자보다 적극적인 소비자가 되기 위해 당신의 행동을 바꿀 수 있을지 생각해보라.

CHAPTER 5

건강 행동의 개발

개요

- 다음을 알고 있나요?
- 모듈 5.1 : 영양 : 삶의 재료
- 모듈 5.2 : 체력 : 당신의 삶을 위해 달려라(최소한 걸어라)
- 모듈 5.3 : 수면 : 재충전을 위한 시간
- 모듈 5.4 : 약물 남용과 의존 : 약물 사용이 해를 입힐 때
- 모듈 5.5 :  나의 생활, 나의 마음 해로운 약물에 대한 건강한 대안 찾기

복습 암송하기/암송하기/암송하기

 나의 생활, 나의 마음 개인적 글쓰기 숙고하기/숙고하기/숙고하기

다음을 알고 있나요?

- 오늘날 미국인의 1/3이 과체중이며, 1/4이 비만이다.(166쪽)
- 다이어트가 미국 여성들에게 일상적인 식습관이 되었다.(172쪽)
- 운동은 우울감과 싸우는 것을 돕는다.(182쪽)
- 1/3의 미국 성인들이 자주 자정 이후에 잠자리에 든다.(대부분의 사람들이 피로를 느끼는 것은 당연한 일이다.)(185쪽)
- 알코올이 캠퍼스에서 사용되는 가장 흔한 약물이다.(192쪽)
- 음주 이후 정신을 잃은 사람들에게 신속한 의료 조치를 취하지 않는다면 회복되지 않을 수도 있다.(195쪽)
- 미국에서 흡연 관련 질병으로 인한 사망자 수가 자동차 사고, 알코올 및 약물의 남용, 자살, 살인, 에이즈 관련 사망사고자 수보다 많다.(198쪽)
- 코카콜라가 한때 흥분제인 코카인을 원료로 사용하여 '활력을 불어넣었다.'(202쪽)

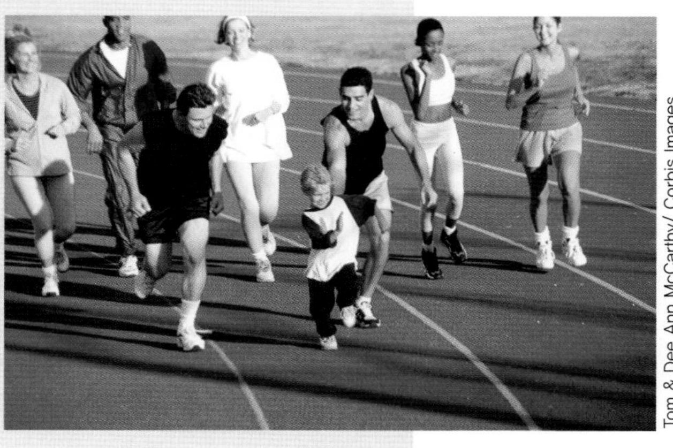
Tom & Dee Ann McCarthy/ Corbis Images

마크 트웨인은 흡연을 포기하는 것이 얼마나 쉬운지를 재치 있게 표현하였다 ─ 그는 12번 금연을 했다. 이 책의 저자들은 관상동맥성 심장질환과 폐, 췌장, 방광, 후두, 식도 등에서의 암 발병률을 낮추기 위해서 금연하고 있다. 나를 포함한 저자들의 금연횟수를 모두 합하면 12번이나 된다. 저자들은 35년 이상 담배 없이 살아오고 있다. 최근 들어 운동의 이익과 다양한 약물의 위험성에 대한 지식이 쏟아져 나오고 있다. 건강 식품점은 대부분의 쇼핑몰에 입점해 있다. 건강에 대한 열풍은 이제 우리 주변에서 쉽게 찾아볼 수 있다. 많은 사람들이 운동을 하며, 신체적 안녕과 매력을 향상시키기 위해서 식습관을 조절하는 것을 어렵지 않게 볼 수 있다. 그중 일부는 자신만의 식이요법을 실시하기도 한다.

이번 장에서는 영양, 운동, 수면, 향정신성 약물의 남용 등 우리의 건강에 영향을 미치는 행동들에 대해 살펴볼 것이다. 먼저 영양 섭취의 유형에 대해 살펴보고, 우리의 건강을 더욱 유익하게 만드는 다양한 방법들에 대해서 알아볼 것이다.

영양 : 삶의 재료

모듈 5.1

- 건강한 식단을 위해 반드시 필요한 영양소는 무엇인가?
- 비만은 과연 의지부족의 문제인가?
- 섭식장애의 대표적인 유형은 무엇인가?
- 우리는 섭식장애의 원인에 대해서 무엇을 아는가?

우리의 몸은 우리가 먹는 것을 통해 형성된다. 우리의 몸은 우리가 먹는 것을 뼈, 근육, 신경, 신체 조직으로 전환한다. 그리고 우리가 섭취하는 음식물은 우리의 건강에 매우 중요한 역할을 한다. 곧 살펴보겠지만, 건강학자들은 건강한 영양 섭취가 심혈관계 질환, 여러 암 등의 심각한 만성 질환과 강력히 연결되어 있음을 밝혔다. 암으로 인한 사망의 1/3과 심장질환, 비만, 혹은 뇌졸중으로 인한 사망은 나쁜 영양 섭취, 특히 고칼로리와 고지방 음식의 섭취와 관련되어 있다. 그러나 많은 이들이 우리가 먹는 음식에 대해서는 관심을 기울이지 않고 있다. 눈에서 멀어지면 마음에서도 멀어지듯이 일부 바쁜 대학생들은 식사를 자주 거른다, 특히 아침식사. 많은 학생들은 어떻게 해서든 먹기만 하면 된다는 식으로 매우 급하게 식사를 한다. 혹은 어떤 대학생들은 카페테리아에 길게 세워진 병들과 다양한 색깔의 접시에 담긴 음식들의 노예가 되기도 한다. 카페테리아의 식권은 최소한 한 가지 이상의 음식을 먹을 수 있게 해주어 학생들은 맹렬하게 음식을 먹는다. 어떤 이들은 공부하는 동안 감자칩과 여러 봉지의 땅콩을 먹기도 한다. 혹은 배고프지도 않은데 피자를 먹으러 나가자는 전화에 쉽게 응하기도 한다.

많은 대학생들에게 영양학적 고려는 우선순위가 낮은 문제이다. 그러나 건강한 영양 습관의 문제는 대학생들만의 문제가 아니다. 미국인들은 고칼로리의 고기, 감자튀김, 감자칩, 치즈 등과 같이 지방 함량이 높은 인스턴트 식품을 너무 많이 먹어 왔다. 그리고 생선이나 닭고기를 주문하면서 건강한 음식을 먹는 것이라고 스스로 착각하지만, 그중 많은 음식들은 기름에 튀겨져 있거나 버터나 각종 소스와 함께 구워져 있다.

"이상한 나라의 앨리스"에 나온 시 구절처럼 '바다코끼리가 말하기를, 이제 때가 도래하였다. 많은 것들에 대해서 이야기할 때.' 불행하게도 많은 이들이 영양에 대해서는 이상한 나라에 살고 있다. 이제 영양에 대해서 이야기하고 생각할 시간이 도래했다. "영양?" 영양에 대해서 이야기하자. 무엇을 먹어야 하고 먹으면 안 되는지에 대한 설교를 하고자 하는 것은 아니다. 오히려 많은 사람들이 그들의 식습관에서 좋은 선택을 할 수 있는 정보를 제공하기 위한 이야기를 해보자.

영양소 : 건강한 음식의 성분

▌**영양** : 동물이나 식물이 음식물을 섭취하고 이용하는 과정

▌**영양소** : 에너지를 공급하거나 근육, 뼈를 비롯한 다양한 조직을 만드는 필수 음식요소. 단백질, 탄수화물, 지방, 비타민, 미네랄

영양(nutrition, 라틴어 nutria에서 유래하며, 뜻은 '먹이다')은 유기체가 음식을 섭취하고 이용하는 과정을 말한다. 음식은 **영양소**(nutrient)를 제공한다. 영양소는 에너지와 근육, 뼈, 그리고 다른 신체 조직을 만드는 데 활용된다. 필수 영양소에는 단백질, 탄수화물, 지방, 비타민, 미네랄 등이 있다.

단백질

▌**단백질** : 신체 조직의 기본 구성 요소로 이뤄지는 유기적 분자

▌**아미노산** : 신체가 단백질을 만들면서 나오는 유기 화합물

단백질(protein)은 근육, 피, 뼈, 손톱, 그리고 모발을 만드는 **아미노산**(amino acid)이다. 단백질은 또한 효소, 호르몬, 항체를 만드는 데 사용된다. 어떤 유형의 단백질은 반드시 음식으로부터 섭취해야 하며, 몇몇은 우리 스스로 생산해낸다. 가장 흔한 단백질 섭취 음식은 고기, 가금류, 달걀, 생선, 우유나 치즈와 같은 유제품이다. 콩과 식물(콩, 편두, 완두)과 곡류들 또한 역시 좋은 단백질 공급원이다. 미국인들은 필요량보다 많은 양을 섭취하는 편이다. 미국, 캐나다와 같이 잘 먹는 사회에서는 단백질 부족이 매우 드물다. 과도하게 섭취된 모든 단백질은 지방으로 변환된다.

탄수화물

▌**탄수화물** : 식물의 구조적 부분을 형성하는 유기화합물로서, 동물이나 인간에게 중요한 영양의 원천이다.

탄수화물(carbohydrate)은 우리가 먹는 음식 중에서 가장 주요한 에너지원이다. 탄수화물은 크게 두 가지로 나뉜다 : 단순당질과 복합당질. 복합당질에는 녹말과 식이섬유가 있다. 복합

당질은 비타민, 미네랄뿐만 아니라 에너지의 지속적인 공급원이다. 이와 반대로 단순당질은 다양한 유형의 당으로 구성되어 있는데, 약간의 에너지의 분출을 제공할 뿐이다. 많은 영양학자들은 녹말이 일일 칼로리 섭취의 50~60% 정도를 차지해야 한다고 권장하고 있다. 복합당질이 풍부한 음식은 미정제곡물이나 씨리얼, 감귤류의 과일, 브로콜리나 양배추 또는 꽃양배추와 같은 십자화과 식물, 푸른 잎 채소, 레귐과 같은 콩과 식물, 파스타(단백질이 높고 지방이 낮은), 감자나 참마 같은 뿌리식물, 당근이나 호박과 같은 황색계열 식물 등이다. 그리고 많은 녹말류들은 **식이섬유**(dietary fiber)가 풍부하게 함유되어 있는데, 식이섬유는 소화를 도울 뿐만 아니라 심장질환으로부터 우리를 보호하는 등의 건강 이익이 있다(Pereira et al., 2004). 건강 전문가들은 매일 20~35그램의 식이섬유 섭취를 권장하고 있다(일부는 최소 25그램 이상 필요하다고 주장하기도 한다). 그러나 미국인의 절반만이 하루에 10그램 이상의 식이섬유를 섭취한다.

▮ **식이섬유** : 복합당질로서, 인간의 소화효소에 의해 분해되지 않는 섬유소나 펙틴과 같은 식물의 구조적 부분을 형성한다.

최근에는 체중조절을 위해 많은 사람들이 고칼로리, 저탄수화물 음식을 섭취하고 있다. 미국심장학회 등의 건강 관련 단체에서는 이러한 식습관(Atkins 식이요법과 같은)에 문제가 있다고 주장하였다(American Heart Association, 2005). 그들은 영양적 균형 부족에 주목하였고, 심장질환을 유발할 수 있는 고지방의 단백질 식품(고기, 달걀, 치즈 등)의 위험성을 강조하였다. 이러한 식품들은 단시간 내에 체중을 줄이는 데 도움을 주지만, 대부분의 체중감량은 탄수화물을 줄인 결과로서 나타나는 수분(체액)의 손실 형태를 띨 수 있다. 우리는 이러한 식품들이 장기적으로 효과적이고 안전하다는 어떠한 증거가 부족하다.

지방

지방(fat)은 스테미너를 제공하고, 극단적인 기온으로부터 우리를 보호하고, 피부에 영양분을 공급하고, 비타민 A, D, E, K를 저장한다. 하지만 대부분의 미국인, 특히 패스트푸드를 좋아하는 사람은 필요 이상의 지방을 섭취하고 있다. 고기, 유제품 등 동물성 원천을 통해 섭취되는 포화 지방은 건강에 좋지 않은 혈액 콜레스테롤의 수치를 매우 높인다. 올리브 오일, 카놀라 오일 등의 특정한 식물성 오일에서 발견되는 단일 및 고도 불포화 지방(식품 라벨을 확인해보라)은 더 건강한 형태의 지방이다.

▮ **지방** : 동물이나 인간의 지방 조직의 기초가 되는 유기 화합물. 일부 식물에서도 나타나기도 한다.

정부의 건강 관련 부서에서는 성인의 하루 총 지방 섭취량을 총 칼로리 섭취의 20~35% 정도로 제한할 것을 권장하고 있다. 특히 포화 지방은 총 칼로리에서 10% 미만으로 제한해야 한다. 〈표 5.1〉은 일일 지방 권장 섭취량을 제시하고 있다. 〈표 5.2〉는 심장 건강에 좋지 않은 고지방 식품류들을 알기 쉽게 표시해두었다. 대학교에서 건강한 음식을 먹는 것은 꽤 어려운 일일 수 있다. 165쪽의 "나의 생활, 나의 마음"에서는 건강한 식품선택을 위한 제안을 제시하였다.

표 5.1 ▮ 특정 칼로리 수준에서 권장되는 일일 총 지방 섭취량

일일 섭취 칼로리	30%의 칼로리를 제공하는 지방의 양(그램)
1,500	33~58
2,000	44~78
2,500	56~97
3,000	67~117

출처 : U.S. Department of Agriculture, Dietary Guidelines for Americans 2005.
주 : 지방 1그램당 9칼로리

표 5.2 ▮ 지방을 찾아보자(접시 위의 16가지 심장마비)

만약 식당메뉴에서 음식을 고른다면, 듣기 좋아 보이는 외국용어로 기술된 다음의 내용을 알고 있어야 한다. 그것들은 굉장히 고지방이다 — 일종의 접시 위의 심장마비.

Alfredo 크림소스에 담아	**basted** 육즙을 친 고지방의
au gratin 치즈소스에 담아	**buttered** 버터를 바른 고지방의
au fromage 치즈를 뿌려	**casserole** 고지방
au lait 우유를 추가한	**creamed** 고지방
à la mode 아이스크림을 추가한	**crispy** 튀긴
escalloped 크림소스에 담아	**pan-fried** 기름에 튀긴 고지방의
hollandaise 크림소스에 담아	**sautéed** 기름에 재빨리 튀긴 고지방의
bisque 크림스프	**hash** 고지방의 식품을 다진

만약 메뉴에서 이러한 용어를 보았다면, 음식을 조금 더 건강한 방식으로 요리해달라고 말할 수 있을 것이다. 예를 들어 버터에 넣고 요리하는 대신 소량의 올리브 오일로 요리해달라고 할 수 있을 것이다. 튀긴 음식 대신에 굽거나 졸이는 방식을 요구할 수도 있을 것이다.

비타민과 미네랄

▮ **비타민** : 필수적인 신체 활동을 위해 체내에서 소량이 요구되는 유기물질

▮ **활성산소** : 신진대사를 통해 나온 폐기물로서 세포막과 유전형질에 손상을 입힐 수 있다.

▮ **골다공증** : 뼈의 질환으로, 특히 나이가 많은 사람들이 많이 발병한다. 뼈에 구멍이 생기거나 잘 부러지게 되고 골절을 입기 쉬워진다.

비타민(vitamin)은 규칙적으로 섭취되어야 할 필수 유기 화합물이다. 비타민 A는 당근, 고구마 등의 오렌지색 농산물과 짙은 녹색채소류에 많이 포함되어 있다. 이러한 비타민은 간에 풍부하지만, 간 등의 '내장육'은 콜레스테롤 함유가 극도로 높다(건강에 더 좋은 것을 찾아라). 비타민 A, D는 영양가를 높인 유제품에 많이 있다. 비타민 B는 콩과류 식물, 야채, 견과류, 미정제곡류 등에 풍부하다. 과일과 야채는 비타민 C가 풍부하다. 비타민 A, C, E는 항산화제이다. 즉 암을 유발하기도 하는 '**활성산소**(free radical)'라고 불리는 물질을 무력화시킨다. (라디칼이 절대 활성화되지 않도록 해야 한다.) 〈표 5.3〉은 비타민과 건강에 대한 신화와 미신의 정체를 밝히고 있다.

우리는 또한 칼슘(신경충동을 지휘하며, 치아와 뼈를 만드는), 철분, 칼륨, 나트륨과 같은 미네랄을 필요로 한다. 칼슘과 비타민 D는 뼈의 건강을 유지하는 데 도움을 주며 노년의 **골다공증**(osteoporosis)(골절에 더욱 취약하게 만드는 뼈의 깨지기 쉬운 상태로 특징지어지는 뼈의 질병)의 위험을 줄여준다(NIH Consensus Development Panel, 2001). 독자들은 미네랄과 비타민의 일일 권장량에 대해서 의사, 약사, 식품영양사들과 상담해보길 바란다. 과다복용은 해를 끼칠 수 있다. 많이 복용하는 것이 좋다고 생각하거나 아무 생각 없이 복합비타민제를 복용하지 말라.

제1장에서 토의했던 비판적 사고 기술을 적용해보는 것도 건강에 더 좋은 음식 선택에 도움을 준다. 우리는 텔레비전 광고나 상품의 포장지, 혹은 제품 포장재를 통해 매일 건강과 관련된 다양한 주장을 접한다. 아무 슈퍼마켓이나 건강상품에서 상품박스에 있는 건강 관련 주장들을 살펴보라.

비판적 사고자는 광고나 제품의 설명에 대해 건강한 회의론을 유지한다. 그들은 조심스럽게 여러 주장들의 출처를 고려하며, 타당성을 지지하는 증거를 요구한다. 예를 들어 '면역계를 증진할 수 있다'라는 제품 광고가 '면역계를 증진한다'라는 말과 같지 않음을 인식한다. 그리고 음식이나 보충제가 '면역계를 향상시킨다'거나 '심장마비를 예방한다'라는 것은 과학적 증거가 아닌, 단순히 광고작가의 상상에 근거한다고 주장한다. 〈표 5.3〉에서와 같이 비판적

적응과 현대인의 삶

대학에서 올바르게 먹기

대학에서 실천할 수 있는 건강한 음식을 고르기 위한 제안을 소개하겠다. 당신의 집중력을 높이고 두통이나 극심한 배고픔을 피할 수 있도록 틈틈이 음식을 먹을 수 있도록 계획하라.

1. 아침으로 통밀 식빵, 고섬유질 시리얼, 그래놀라 바, 신선한 과일, 통밀 크래커, 저지방 우유나 우유 대체품(두유) 등을 선택하고, 머핀이나 도넛, 정제밀(흰 식빵이나 롤 등)은 피하라.
2. 점심이나 저녁으로 구운 생선, 닭가슴살, 살코기, 고기를 안 쓴 버거, 채소 샌드위치, 샐러드 바, 스시, 칠면조가슴살을 얹은 통밀빵, 생선, 콩(그러나 삶아서 튀겨나온 콩은 제외), 현미, 토핑을 뺀 통감자 구이, 후머스(병아리콩을 으깬 중동음식), 저지방 요거트, 저지방 우유, 우유 대체품(두유), 야채 혹은 살코기 및 살사토핑을 넣은 통밀 피타 샌드위치 등을 선택하고, 튀긴 앙트레, 버거, 프라이 등 고지방 음식, 파스타 소스가 많은 음식, 백미, 감자튀김, 거품크림, 시럽, 설탕과 소금을 첨가한 음식, 저급한 음식, 고지방 드레싱, 대용량 음식은 피하라.
3. 간식으로는 건강에 좋은 스낵 바, 저칼로리 스낵, 그래놀라 바, 땅콩버터 크래커, 믹스스낵, 과일, 채소류, 견과류, 통밀 크래커 등을 선택하고, 캔디바, 감자칩, 쿠키, 염장한 프레첼 등은 피하라.

출처 : From Nevid/Rathus. *HLTH*, © 2013 Brooks/Cole, a part of Cengage Learning, Inc. Reproduced by permission.

사고는 사실과 잘못된 믿음을 구분하게 한다.

영양 패턴과 건강과의 관계는 최근 들어 명백해지고 있다. 예를 들어 많은 심장질환과 암의 많은 사례가 잘못된 식습관과 연관되어 있다(제4장 참조). 반면 비타민, 칼슘, 야채와 채소들은 특정 암의 위험을 감소시킬 수 있다. 또한 포화 지방 및 트랜스 지방이 낮고, 과일, 야채, 생선, 비정제 곡물이 풍부한 식단을 따르는 것은 심혈관계(심장과 혈관) 질환의 위험을 낮춘다(Mente et al., 2009; Rimm & Stampfer, 2005).

현재와 같이 풍족한 사회에서는 비교적 적은 사람들이 영양부족의 문제를 지니고 있다. 대조적으로, 우리가 직면하고 있는 대부분의 영양적 불균형은 과잉 섭취로 인한 것이다. 칼로리

Vincent Ricardel/Photonica/Getty Images, Inc.

영양 서둘러서 먹거나 먹는 것에 관심을 기울이지 않기 때문에 오늘날 많은 사람들의 식단은 빈약하다. 청소년기를 지난 초기성인들은 빈곤한 식단의 효과에 취약하지 않다고 생각한다. 혹은 그들은 나중에 신경 써서 먹을 것이라고 말한다. 당신의 식단은 어떠한가? 이 글을 읽고 난 후, 당신이 먹는 것에 변화를 줄 필요가 있다고 생각하는가?

표 5.3 ▮ 비타민에 대한 미신과 사실

미신	사실
비타민제를 다량 복용하는 것은 부족한 식단을 보충해줄 것이다.	비타민제는 부족한 식단을 보충해주지 못한다. 복합비타민제는 필수적인 비타민을 공급해줄 수는 있으나, 당신의 건강에 필요한 다른 영양소를 제공해주지는 못한다.
비타민을 더 많이 섭취할수록 좋다.	일부 비타민의 초과 복용은 해로울 수 있다. 예를 들어 추천양의 5배의 비타민 D를 규칙적으로 섭취하는 것은 심각한 간 손상을 초래할 수 있다. 니아신(비타민 B3)을 다량 복용하는 것 또한 간 손상을 초래할 수 있다. 비타민 보충제나 다른 영양소를 섭취하기 전에 의료 서비스 제공자와 상의하라.
비타민 보충제는 운동 능력을 향상시킨다.	비타민은 당신의 게임이나 스포츠의 운동 능력을 향상시키지 않는다.
'스트레스 비타민'을 섭취하는 것은 정서적 문제에 더 잘 대처하도록 돕는다.	스트레스 비타민은 온도 변화와 같은 신체적 스트레스의 효과에 대응할 수 있도록 돕는다. 비타민이 정서적 스트레스에 대처하도록 돕는다는 증거는 없다.
'자연' 비타민은 합성 비타민보다 좋다.	당신의 신체가 자연 비타민과 합성 비타민을 구분할 수 있다는 증거는 없다.

Max Blain/iStockphoto

지방을 줄이기? 매일 섭취하는 지방을 줄이는 방법을 생각해낼 수 있는가?

—음식 에너지—의 초과 섭취는 영양과 관련된 가장 큰 문제인 비만으로 이어지게 된다.

비만 — 우리는 비만과의 싸움에서 지고 있는가?

그 어느 시대보다 더 많은 미국인들이 과체중이거나 비만이다. 거의 3명 중 2명의 미국 성인이 과체중이며, 3명 중 1명 이상이 비만이다(CDC, 2010b; Flegal et al., 2010, 2012; Gorman, 2012). 건강 전문가들은 만약 현재의 추세가 지속된다면, 부모세대에 비하여 오늘날 자녀세대의 기대 수명이 비만으로 인해 2~5년 정도 줄어들 것이라고 말한다. 비만은 전염병처럼 전세계적인 문제가 되고 있는데, 1980년대보다 전체적인 비만율이 2배 증가하였다(Danaei et al., 2011; Farzadfar et al., 2011; Finucane et al., 2011).

왜 비만이 이렇게 문제가 되는가? 이유는 간단하다. 비만이 주요한 건강 위험이기 때문이다. 비만이 심각하고 잠재적으로 삶을 위협하는 굉장히 많은 종류의 의료 문제—심혈관계 질환, 뇌졸중, 당뇨병, 담낭질환, 통풍질환, 심호흡기 질환, 관절염 및 다양한 종류의 암—와 매우 강하게 연관되어 있다는 증거들이 나오고 있다(예 : CDC, 2009; Gorman, 2012; Snowden, 2009; Taubes, 2012). 비만은 매년 미국에서 10만 명 이상의 사망 원인이며, 평균적인 사람의 기대 수명을 6~7년 정도 감소시키는 것으로 알려져 있다(Berrington de Gonzalez et al., 2010; Flegal et al., 2007; Freedman, 2011).

왜 미국인들의 허리둘레가 증가하는 것일까? 전문가들은 답은 명확하다고 말한다. 너무 많은 칼로리를 섭취하고 있으나, 활발한 활동은 거의 없기 때문이다. 많은 사람들이 '컴퓨터 폐인'이나 '오랫동안 TV만 보는 사람'이 되어버려서 살찌는 음식을 많이 먹으면서 오래 앉아 있고, 운동은 거의 하지 않는다. 미연방정부에 따르면, 오늘날 미국인들은 20년 전보다 평균적으로 매일 12%의 칼로리를 더 많이 섭취한다고 한다(Martin, 2007). 좋은 소식도 있다. 미국 성인의 비만 비율이 높은 수준을 유지하고 있지만, 최근에는 비만 비율 수준이 낮아지기 시작했다(Ogden et al., 2006).

비활동성도 비만을 높인다. 혹시 교외에서 거주하는 것이 비만 위험의 증가와 연관된다는 것을 알고 있었는가? 건강 전문가들은 교외 거주자들이 도시 거주자들에 비해 자동차를 과도하게 많이 사용하고 신체활동과 걷는 양이 적은 것이 원인이라고 믿는다(Warner, 2004).

신체질량지수(BMI) : 폭넓게 사용되는, 사람의 신장을 고려한 체중지수

칼로리 : 음식에너지. 과학적으로, 체온을 올리거나 신체의 열을 내는 능력을 표현하는 단위

체중은 기본적으로 칼로리의 섭취와 신체활동과 신체 과정의 유지를 위한 칼로리 소비 간의 균형 조절이다. 만약 칼로리 섭취가 소비보다 많아지면 체중은 증가한다. 체중을 줄이기 위해서는 칼로리 섭취를 줄이거나 칼로리 소비를 늘려야 한다. 일정한 체중 유지는 칼로리 섭취와 칼로리 사용 간의 균형을 통해 이루어진다.

당신은 어떠한가? 과체중인가? 비만인가? 건강 당국은 **신체질량지수**(body mass index, BMI)라는 도구를 이용하여 과체중과 비만을 측정한다. 신체질량지수는 신장을 고려한 체중지수를 의미한다(그림 5.2 참조). 미국 국립건강의료원에 따르면, 신체질량지수가 25~29인 사람들은 과체중이며, 30 이상은 비만으로 분류된다.

비만의 근본적 원인에 대해 생각해보도록 하자. 비만은 생물학적, 심리사회적 요인이 모두 포함된 복잡한 의학적 상태이다.

그림 5.1

체중 : 균형 잡기 체중은 칼로리 섭취(음식 에너지)와 칼로리 소비 간 균형에 의해 결정된다.

출처 : Physical Activity and Weight Control, National Institutes of Diabetes and Digestive and Kidney Diseases (NIDDK), http://win.niddk.nih.gov/publications/physical.htm

생물학적 요인

비만에 기여하는 생물학적 원인은 유전, 지방 조직, 그리고 신체 신진대사[신체가 **칼로리**

BMI

신장(인치)	19	20	21	22	23	24	25	26	27	28	29	30	31	32	33	34
58	91	96	100	105	110	115	119	124	129	134	138	143	148	153	158	162
59	94	99	104	109	114	119	124	128	133	138	143	148	153	158	163	168
60	97	102	107	112	118	123	128	133	138	143	148	153	158	163	168	174
61	100	106	111	116	122	127	132	137	143	148	153	158	164	169	174	180
62	104	109	115	120	126	131	136	142	147	153	158	164	169	175	180	186
63	107	113	118	124	130	135	141	146	152	158	163	169	175	180	186	191
64	110	116	122	128	134	140	145	151	157	163	169	174	180	186	192	197
65	114	120	126	132	138	144	150	156	162	168	174	180	186	192	198	204
66	118	124	130	136	142	148	155	161	167	173	179	186	192	198	204	210
67	121	127	134	140	146	153	159	166	172	178	185	191	198	204	211	217
68	125	131	138	144	151	158	164	171	177	184	190	197	203	210	216	223
69	128	135	142	149	155	162	169	176	182	189	196	203	209	216	223	230
70	132	139	146	153	160	167	174	181	188	195	202	209	216	222	229	236
71	136	143	150	157	165	172	179	186	193	200	208	215	222	229	236	243
71	140	147	154	162	169	177	184	191	199	206	213	221	228	235	242	250
73	144	151	159	166	174	182	189	197	204	212	219	227	235	242	250	257
74	148	155	163	171	179	186	194	202	210	218	225	233	241	249	256	264
75	152	160	168	176	184	192	200	208	216	224	232	240	248	256	264	272
76	156	164	172	180	189	197	205	213	221	230	238	246	254	263	271	279

체중(파운드)

그림 5.2

신체질량지수(BMI) 신체질량지수는 신장을 고려한 체중지수를 의미한다. 신체질량지수를 계산하기 위해서는 첫째, 당신의 신장을 찾고, 둘째, 손가락으로 표를 따라가서 당신의 체중에 해당하는 값을 찾아라. 그 열의 맨 윗부분에 있는 숫자가 당신의 신체질량지수이다. 건강 당국은 신체질량지수 25~29는 과체중, 30 이상은 비만으로 분류한다.

(calories)를 에너지로 변환시키는 비율] 등을 포함한다. 최근 과학자들은 유전이 비만에 중요한 역할을 한다고 판단하고 있다(Couzin, 2006, 2007; Silventoinen et al., 2007; Unger et al., 2007).

날씬한 몸매를 가지고 싶어 하는 비만인 사람들의 노력은 신체 안에 있는 삶의 미세 단위인 **지방세포**(fat cell)에 의해 방해받을 수 있다. 그러나 지방세포가 비만세포는 아니다. 지방세포는 지방 조직이거나 지방을 축적하는 세포이다. 식사 후에 시간이 흐르면 혈당은 떨어지게 된다. 지방은 그때야 비로소 영양분을 공급하기 위해 지방세포에서 떨어져 나온다. 뇌의 시상하부는 지방 부족을 감지하고, 배고픔 욕구를 촉발한다. 비만인 사람들은 보통 사람들에 비해 지방세포가 수십억 개 더 많다(Underwood & Adler, 2004).

‖ **지방세포** : 지방을 포함하는 세포, 지방 조직

지방 조직(지방세포)이 많은 사람들은 체중이 동일한 사람들보다 배고픔을 더 일찍 느낀다. 이는 아마도 지방 부족 신호가 더 많이 뇌에 전달되기 때문일 것이다. 불행하게도 체중이 감소하더라도, 지방세포가 없어지는 것은 아니다(잠시 오그라들 뿐이다). 그래서 체중이 감소한 사람들이 정상 체중을 유지하려고 노력할 때 언제나 배고프다고 불평하게 된다.

또한 근육에 비해서 지방 조직은 음식을 더 천천히 신진대사한다('태운다'). 이러한 이유 때문에, 근육 대비 지방의 비율이 높은 사람은 같은 체중의 근육 대비 지방의 비율이 낮은 사람에 비해 더 천천히 음식을 신진대사한다. 즉 체중이 동일한 두 사람은 신체에서의 근육과 지방 비율에 따라 다른 비율로 음식을 신진대사한다. 그러므로 비만인 사람들은 체중을 감량하

모든 원인이 가족 내에 있다? 유전이 비만의 발생에 중요한 역할을 하지만, 정적인 생활양식과 같은 심리적 요인, 고지방 식단과 많이 먹는 소비 성향 등이 비만 발생에 확실한 기여를 한다.

는 데에 있어서 이중으로 열세에 있다 — 초과 체중뿐만 아니라 신체 대부분이 지방 조직으로 구성되어 있기 때문이다. 역설적이게도, 식단 조절이 추가적인 체중 감량을 점차적으로 더 어렵게 만들 수 있다. 이것은 다이어트를 하는 사람들과 이미 많은 양의 체중을 감량한 사람들이 더 적은 칼로리를 소비하기 때문이다. 즉 신진대사율이 많이 떨어졌기 때문이다(Major et al., 2007).

우리의 몸은 축적된 예비 에너지(신체 지방)를 보존하게끔 만들어져 있다(Underwood & Adler, 2004). 이러한 지방 저장 기제는 오랜 시간의 기근을 참아야만 했던 선조들에게는 매우 적응적이었을 것이다. 그러나 체중을 줄이고 이를 유지하고자 하는 현대인에게는 골칫거리이다. 체중은 마치 줄어드는 것을 거부하는 것처럼 보인다. 그것이 우리가 초과 체중을 줄이는 노력을 하지 말아야 한다는 것을 의미하는 것은 아니다. 그러나 우리가 하고자 하는 것에 반대되는 현상에 대해서 이해해야만 한다.

심리사회적 요인

환경적인 요인과 심리적 요인도 비만에 중요한 역할을 한다(Hill et al., 2003). 미국의 성인과 어린이들은 고지방 메뉴를 선택하도록 하는 패스트푸드점 광고와 같은 다양한 식품 관련 환경 단서에 노출되어 있다. 이러한 종류의 환경 자극들은 충분히 배가 부른 상태에서도 배고픔을 불러일으킬 수 있다. 건강한 체중을 유지하고자 하는 노력들은 또한 우울, 분노와 같이 폭식이나 폭음을 유발할 수 있는 부정적 정서에 의해 방해받을 수 있다.

요즘 음식점들은 더 큰 접시에 음식을 쌓아놓고 있으며, 피자가게에서도 더 큰 사이즈를 제공하고 있고, 패스트푸드 음식점들은 1.9리터 컵에 믿기 어려운 800칼로리의 탄산음료를 제공한다! 최근 패스트푸드점에 대한 접근성 증가와 1인분 양의 증가(이 책을 읽는 독자 중에 혹시 슈퍼사이즈로 주문한 사람은 없는가?)는 비만의 증가에 영향을 미쳤을 것이다. 그리고 이것을 고려해보라. 어린이들 사이에서 맥도날드의 캐릭터 로널드 맥도날드는 산타클로스 다음으로 가장 잘 알려져 있다(Parloff, 2003). 1인분의 크기는 다른 요인이다. 최근의 한 실험은 더 큰 접시에 음식이 담겨져 있을 때 사람들이 일반적으로 더 많이 먹는다는 점을 밝혔다(Geier, Rozin, & Doros, 2006; Martin, 2007). 한 연구자가 설명한 것처럼, 만약 더 많은 양의 음식이 자연스럽게 제공된다면 사람들은 음식이 이전보다 더 많은 양이라고 인식하지 못하고 모두 먹을 것이다(Martin, 2007, p. 9에서 인용).

비만이 사회 관계망의 영향을 받는가? 비만은 친구, 이웃, 배우자, 가족구성원 등의 사회 관계망 속에서 사람들 간에 공유되는 경향이 있다는 증거가 있다(Christakis & Fowler, 2007). 우리의 사회 관계망 속에 있는 사람들은 우리가 무엇을 얼마나 먹는지에 영향을 미치며, 비만 용인성에 대한 우리의 판단에 영향을 미친다. 연구자들은 이러한 사회 관계망이 유전보다 더 강력한 비만 결정인자일 수 있다고 의심하고 있다(Barabási, 2007).

건강한 체중을 유지하기 위한 요점은 무엇인가? 건강 전문가들은 잠깐 하는 다이어트나 체중을 빼는 약은 장기간 체중 관리에 대한 해답이 아니라고 말한다(Mann et al., 2007). 건강 전문가들에 의하면, 답은 규칙적인 생활방식으로 건강한 식습관과 운동 습관을 만드는 것이다(Lamberg, 2006; Powell et al., 2007; Wadden et al., 2005). 심리학자들은 건강한 식습관을 개발하기 위한 유용한 제안을 내놓고 있다. 다음의 "나의 생활, 나의 마음"에서 이러한 제안들을 볼 수 있다.

체중을 줄이고 유지하라

체중 관리는 금식, 탄수화물 제거, 과일과 쌀 섭취의 급격한 감소 등의 급진적이고 위험한 유행적인 다이어트를 필요로 하지 않는다. 오히려 효과적인 체중 관리를 위해서는 식습관을 점검하고, 건강한 행동변화를 만드는 것이 더 효과적이다. 이러한 방법에는 합리적인 목표 세우기, 영양 지식의 향상, 칼로리 섭취의 감소, 운동, 행동 수정, 진행과정의 추적 등이 있다(Manson et al., 2004; Underwood & Adler, 2004).

칼로리 목표 세우기

예를 들어 다이어트 이후의 합리적인 체중 목표를 선택하라. 〈그림 5.2〉의 신체질량지수 정보를 이용할 수 있다. 그러나 이상적인 체중은 근육 양에도 달려 있다(근육이 지방보다 무게가 많이 나간다). 주치의는 피지후 측정기를 이용하여(아프지 않다!) 당신이 얼마만큼의 지방을 가지고 있는지를 알려줄 수 있다.

점진적인 체중 감소는 일반적으로 무리한 다이어트에 비해 효과적이다. 1주에 0.5~1kg을 감소한다고 가정해보라. 그리고 장기적인 외형에 집중하라. 적은 양의 칼로리를 섭취하는 것이 체중감소에서 가장 중요하기 때문에 영양 지식이 필요하다. 체중의 0.5kg은 대략 3,500칼로리와 맞먹는다. 경험 법칙에 따르면, 적정 체중을 유지하기 위해 신체가 요구하는 것보다 3,500칼로리를 더 먹는다면, 당신의 체중은 0.5kg 정도 증가할 것이다. 만약 당신이 소비하는 것보다 3,500칼로리를 적게 먹는다면, 0.5kg 정도를 뺄 수 있을 것이다. 당신은 얼마나 많은 양의 칼로리를 하루에 소비하는가? 당신의 칼로리 소비는 활동 수준과 체중의 함수이다. 성별과 나이도 관계가 있지만, 그렇게 많지는 않다.

〈표 5.4〉의 가이드라인은 추정치에 도달하는 데 도움이 된다. 주로 앉아서 근무하는 회사원 폴의 하루를 따라가보자. 그의 체중은 68kg이다. 먼저 그는 하루에 8시간 잠을 잔다. 〈표 5.5〉에서 보듯이, 이것은 8×60으로, 480칼로리이다. 그는 하루 6시간 정도를 책상에서 보내며, 900칼로리를 소비한다. 그는 1시간 동안 식사하고(120칼로리), 1시간 동안 운전한다(143칼로리). 그는 5시간 정도 조용히 앉아 있거나 TV 시청, 독서를 한다(525칼로리). 그는 하루에 1시간 정도 빨리 걷는 운동 프로그램을 시작했다 — 이 활동은 300칼로리이다. 그는 1, 2시간 정도 집 책상에 앉아서 우표수집이나 다른 취미활동을 한다(300칼로리). 이러한 일상적인 일과에서, 폴은 2,768칼로리를 소비한다. 만약 폴보다 당신의 체중이 적게 나가고 더 활동적이지 않다면, 칼로리 소비는 아마 폴보다 적을 것이다.

〈표 5.4〉에 제시된 정보는 당신이 매일 소비하는 칼로리를 추정할 수 있도록 돕는다. 체중 감소를 위해 당신은 칼로리 섭취를 낮추거나, 활발한 신체활동을 통해 더 많은 칼로리를 소비하거나, 또는 이를 병행해야 할 필요성이 있다.

칼로리 섭취를 줄이기 위해서 칼로리 책을 보거나 주치의와 상의하라. 칼로리 책은 칼로리 섭취를 체크할 수 있는 정보를 제공할 것이다. 주치의는 당신의 건강상태에 따라 얼마만큼 안전하게 칼로리 섭취를 줄일 수 있는지 알려줄 것이다. 하루 칼로리 섭취 목표 등의 특정한 체중 감소계획을 세우라. 만약 매일의 목표가 매우 어렵게 느껴진다면 — 지금 먹는 칼로리보다 500칼로리 적게 먹는 것 등 —, 차근차근 목표에 다가갈 수 있다. 예를 들어 며칠 또는 1주일 동안 매일의 섭취량을 100칼로리씩 줄이고, 다음에는 200칼로리로 늘리는 식이다.

체중 감량 전에 당신의 칼로리 섭취 기저선을 결정하고 싶을 것이다. 아래의 것들을 적고 하루 동안 당신이 얼마나 많은 칼로리를 섭취하는지 체크해보라.

- 당신이 먹고 마시는 것(당신의 입을 통과한 모든 것)
- 추정된 칼로리 양(칼로리에 관한 책을 보라)
- 하루의 시간, 장소, 활동

당신의 기록은 당신이 줄이거나 먹지 말아야 할 음식, 피해야 할 장소, 원치 않게 스낵을 먹게 되는 활동들(전화나 TV 시청 등), 오후 중 또는 늦은 밤 등 당신이 특히 스낵에 취약한 시간을 알려줄 것이다. 당신은 이러한 시간에

표 5.4 ▮ 활동과 체중에 따라 1시간 동안 소비되는 칼로리의 양

	체중				
활동	45kg	57kg	68kg	79kg	91kg
수면	40	50	60	70	80
조용히 앉아 있기	60	75	90	105	120
조용히 서 있기	70	88	105	123	140
먹기	80	100	120	140	160
운전하기, 집안일	95	119	143	166	190
천천히 걷기	133	167	200	233	267
빨리 걷기	200	250	300	350	400
수영	320	400	480	560	640
달리기	400	500	600	700	800

표 5.5 | 폴(68kg 기준)이 평범한 일과에서 소비하는 칼로리의 대략적인 양

활동	시간/일			칼로리/시간 소계	
수면	8	×	60	=	480
책상 작업	6	×	150	=	900
운전	1	×	143	=	143
먹기	1	×	120	=	120
조용히 앉아 있기	5	×	105	=	525
취미	2	×	150	=	300
빠르게 걷기	1	×	300	=	300
합	24				2,768

칼로리가 낮은 스낵(혹은 주의를 다른 곳으로 돌리는 활동들)을 먹을 계획을 세워서 공복감으로 인해 폭식하는 일이 없도록 할 것이다.

일단 당신의 기저선을 정하였다면, 체중 감소프로그램 동안 매일 섭취하는 칼로리량에 대한 기록을 유지하라. 당신은 정기적으로 체중을 측정할 수 있다(1주일에 1번 측정하는 것을 권장한다). 그러나 체중이 아닌 칼로리를 사용하라.

당신의 칼로리 감소 목표가 달성되었다면, 결국 체중도 감소할 것이다.

당신의 식습관을 통제하기 위한 ABC 바꾸기

〈표 5.6〉에 설명된 행동 기법들은 당신이 A(행동을 일으키는 선행단서나 자극들), B(문제행동들), C(문제행동들의 결과)에 대해 더 나은 통제력을 획득할 수 있도록 설계되었다. 당신에게도 적용될 수 있는 이러한 조언들을 이용하고, 당신만의 전략을 개발하기 위해 당신의 창의력을 이용하라.

표 5.6 | 식습관의 ABC를 바꾸기

과식의 A를 바꾸기 — 문제가 되는 식습관을 촉발하는 자극		
	전략	전략 사용의 예
the Celery Stalk "과식을 촉발하는 단서에 노출되는 것을 제한하라."	**외적 자극 통제하기**	▮ 과식을 촉발하는 환경을 피하라. (초콜릿이 아닌 야채를 먹어라.) ▮ 당신을 유혹하는 것을 집에 두지 마라. ▮ 음식은 작은 접시에 담아서 먹어라. 저녁식사용 접시보다는 점심식사용 접시를 사용하라. ▮ 후식을 식탁 위에 두지 마라. ▮ 계획된 양만 식사하라. 음식이 들어 있는 냄비의 뚜껑을 열어놓은 채로 식탁에 두지 마라. ▮ 남은 음식은 바로 냉동하라. 가스레인지 위에 따뜻한 채로 두지 마라. ▮ 가능한 한 주방에 있는 것을 피하라. ▮ TV 시청, 전화, 독서 등 음식을 먹게 하는 자극을 멀리하라. ▮ 집 안에 음식이 없는 구역을 설정하라. 침실 입구에 음식이 들어가지 못하게 하는 장벽이 있다고 상상하라.
"과식보다는 더 건설적인 방식으로 짜증 나는 감정에 대처하는 법을 배워라."	**내적 자극 통제하기**	▮ 쿠키나 아이스크림 상자를 보았을 때 아쉬움을 가지지 말라. ▮ 공복감을 칼로리 소비 신호로 생각하라. 스스로에게 이렇게 말하도록 노력하라. "배고픔을 느끼는 건 괜찮아. 죽거나 의식을 잃는 걸 의미하지는 않아. 먹는 걸 1분 늦추면, 더 많은 칼로리가 소비되는 거야." ▮ 음식으로 달려가지 않아 신경이 날카로워질 때 이완이나 명상을 하라.

과식의 B를 바꾸기		
	전략	전략 사용의 예
"당신의 뇌가 위를 따라잡을 수 있도록 한 입 먹은 후에는 포크를 내려놓아라."	**식사속도 줄이기**	▮ 입안에서 음식을 먹을 때에는 포크와 수저를 식탁에 놓아라. ▮ 한 번에 조금씩 베어 물어라. ▮ 완전히 씹어라. ▮ 씹을 때마다 음미하라. 다음에 들어올 음식을 위한 공간을 마련하기 위해서 천천히 먹도록 하라. ▮ 식사 중간에 쉬는 시간을 가져라. 수저와 포크를 내려놓고 가족이나 손님과 잠시 대화하라. (증가하는 혈당량 수준이 뇌에 신호를 보낼 수 있는 기회를 주어라.) ▮ 다시 식사를 시작할 때, 모든 음식을 다 먹어야 하는지 스스로 물어보라. 남은 음식은 버리거나 나중에 먹어라.
"식료품점에 가기 전에 살 목록을 미리 준비하라."	**쇼핑행동 수정하기**	▮ 쇼핑 리스트를 만들어 쇼핑하라. 슈퍼마켓을 여기저기 훑어보지 마라. ▮ 빨리 쇼핑하라. 쇼핑을 하루 중 가장 중요한 행사로 만들지 마라. ▮ 슈퍼마켓을 적군지역으로 생각하라. 정크 푸드와 스낵 통로는 피하라. 그 통로를 지날 때는 아무것도 보이지 않는 것처럼 생각하고, 앞만 보고 걸어라. ▮ 배고플 때 쇼핑하지 마라. 식사 전이 아닌, 후에 쇼핑하라.
"음식 활동을 음식이 없는 활동으로 대체하라."	**경쟁반응**	▮ 음식 관련 활동을 음식과 관계없는 활동으로 대체하라. 과식 충동이 일어나면, 집을 떠나거나 샤워를 하거나 강아지를 산책시키거나 친구에게 전화를 하거나 가까운 곳에 산책을 하러 나가라. ▮ 고칼로리 음식을 저칼로리 음식으로 대체하라. 상추, 셀러리, 당근 등을 냉장고 중앙에 두어 간식이 생각날 때 쉽게 찾을 수 있도록 하라. ▮ 남는 시간은 음식과 관련 없는 활동으로 채워라. 지역 병원에서 자원봉사를 하거나 골프나 테니스를 치거나 운동모임에 참여하거나 오랜 시간 산책을 하거나 도서관에서 책을 읽어라.
"스낵 먹는 것을 늦추기 위해 부엌 알람시계를 설정하라."	**연쇄행동 깨기**	▮ 과식하게 되는 연쇄행동의 시간을 늘려라. 무엇을 먹기 전에 10분을 기다려라. 다음에는 15분을 기다려라. ▮ 음식을 먹게 되는 연쇄행동의 가장 약한 중간지점을 차단하라. 빵집에 들러 주문을 하는 순간 자기통제력을 시험하기보다는 집으로 가는 길을 바꾸어 빵집을 건너뛰도록 하는 것이 연쇄를 깨기 쉽다.

(계속)

표 5.6 ‖ (계속)

과식의 C를 바꾸기	
전략	전략 사용의 예
칼로리 감소 목표 달성에 대해 스스로 보상하기	0.5kg의 체중은 3,500칼로리와 맞먹는다. 현재 당신의 체중이 일정하다고 가정하였을 때, 0.5kg을 1주일 동안 줄이기 위해서는 당신의 일상적인 칼로리 섭취량으로부터 3,500칼로리를 1주일 동안 줄이거나, 500칼로리를 매일 줄여야 한다. 주간 칼로리 목표 달성에 대해 스스로 보상하라. 특별한 공연 티켓이나 캐시미어 스웨터와 같이 특별한 경우가 아니면 구입할 수 없는 좋은 보상을 스스로에게 하라. 매주 이러한 보상프로그램을 지속해보자. 목표를 달성하지 못하더라도 실망하지 말자. 다음 주에 다시 도전하라.

출처 : Nevid, Rathus, & Greene (2003), p.360, Prentice Hall, Inc.의 허락하에 게재.

섭식장애

당신은 오늘날 미국의 젊은 여성들에게 다이어트가 보편적인 패턴으로 자리 잡은 것을 알고 있는가? 오늘날의 젊은 여성들은 마른 몸매(특히 여성)를 가져야 한다는 강박관념이 있는 문화의 시대에 살고 있다. 섭식장애는 정상이 아니다. 많은 경우 이러한 사례들은 지나친 다이어트나 비정상적인 마른 몸매의 기준 추구에 기초한 왜곡된 식습관으로부터 발생한다. 섭식장애의 대표적인 유형은 **신경성 식욕부진증**(anorexia nervosa)과 **신경성 폭식증**(bulimia nervosa)이 있다.

‖ **신경성 식욕부진증** : 비정상적으로 적은 체중의 유지, 체중 증가에 대한 극도의 두려움, 왜곡된 신체 이미지, 여성의 경우 월경의 중단 등의 특징이 있는 섭식장애

‖ **신경성 폭식증** : 폭식 후 그 음식을 제거하는 행동을 반복하는 삽화, 체형과 체중에 대한 지속적인 과도한 염려 등이 특징인 섭식장애

대체로 섭식장애는 비정상적으로 마른 몸매에의 동조에 대한 사회적 압력이 절정에 이르렀을 때, 사춘기 여성이나 초기 성인기의 여성에게서 많이 나타난다. 최근의 추정치에 의하면, 신경성 식욕부진증의 유병률은 전체 여성의 1%보다 약간 낮으며, 신경성 폭식증은 전체 성인 여성의 1~2% 정도이다(Hudson et al., 2006; Wilson, Grilo, & Vitousek, 2007). 섭식장애 여성 수는 남성에 비해 6배 정도 많다(Goode, 2000). 최근 신경성 식욕부진증과 폭식증의 발생률은 현저하게 증가하고 있다. 섭식장애는 그 자체로 충격적이고 위험하며, 종종 임상적 우울증을 불러일으키기도 한다(Stice et al., 2006b).

신경성 식욕부진증

큰 부자가 되거나 엄청 마른 몸매의 소유자가 되는 것은 어렵다는 말이 있다. 우리는 당신이 큰 부자가 될 수 있는지 여부에 대해서는 말할 수 없지만, 캐런의 사례처럼 당신이 매우 마르게 될 수 있다는 점은 분명하게 말할 수 있다.

캐런은 저명한 영문학 교수의 딸로 22살이었다. 그녀는 17살에 많은 기대와 희망을 품고 대학생활을 시작하였다. 그러나 2년 전 어떤 '사회적 문제'가 발생한 후, 그녀는 부모님 집으로 돌아왔고, 지방 대학에서 부담이 덜한 수업을 계속 들었다. 그녀는 한 번도 과체중인 적이 없었으나, 1년 전 그녀의 어머니는 그녀가 점점 뼈만 남아 가는 모습으로 변하고 있음을 발견하였다.

캐런은 매일 슈퍼마켓, 정육점, 빵집, 고급식료품점에서 부모님과 동생들을 위해 물건을 사는 데 몇 시간씩을 소비하였다. 그녀의 생활방식과 식사습관에 대한 집안에서의 의견은 두 가지로 나뉘었다. 아버지를 중심으로 한쪽은 인내를 가지자는 것이었다. 어머니를 중심으로 한 다른 쪽은 직면을 요구했다. 그녀의 어머

니는 캐런을 보호하는 것이 결국은 캐런을 죽음으로 몰아갈 것이라고 걱정하였다. 그리고 캐런을 위해서 그녀를 정신병원에 입원시키기를 원했다. 결국 아버지와 어머니는 외래환자로 진찰을 받도록 하자고 타협하였다.

키가 152cm 정도밖에 되지 않는 캐런은 마치 사춘기 이전의 11살 먹은 소녀처럼 보였다. 그녀의 코와 광대뼈는 마치 젊고 멋있는 패션모델처럼 삐죽 돌출되어 있었다. 그녀의 입술은 빨간 립스틱으로 칠했지만, 마치 장례식에서 시체에게 하는 부자연스러운 화장을 생각나게 만들었다. 캐런은 35kg밖에 나가지 않았지만, 그녀는 멋스러운 실크 블라우스에, 스카프, 배기팬츠를 입어서 신체의 어떤 부분도 노출되지 않도록 하였다. 그녀의 빨간 입술보다 더욱 충격적인 것은 볼연지였다. 그녀가 너무 많은 화장을 하였는지, 혹은 최소한의 화장이 화장을 하지 않은 부분과 굉장한 대조를 만들었는지는 명확하지 않다. 캐런은 매우 격렬하게 자신이 문제가 있다는 것을 부인하였다. 그녀의 모습은 '단지 그녀가 원하는 모습일 뿐'이었고, 그녀는 매일 에어로빅 수업에 열심히 참가하였다. 캐런이 더 이상 살을 빼지 않고 최소한 41kg이 될 때까지 계속 체중을 증가시킨다면 외래 진료를 시도하기로 하였다. 이러한 치료에는 병원에서 하루 동안 집단치료를 받는 것과 하루에 2끼를 먹는 것이 포함되어 있다. 그러나 캐런은 음식을 먹지 않고, 잘라내고, 살짝 입만 대고, 버려버린다는 소식이 들려왔다. 3주 후, 캐런은 500g이 더 빠졌다. 그때서야 부모는 그녀를 설득하여 무엇을 먹는지 세심하게 관찰되는 입원치료 프로그램에 들어가게 할 수 있었다(저자의 파일에서 발췌).

굶어서 죽다 브라질의 패션모델인 아나 캐롤리나 레스톤은 식욕부진증으로 인한 합병증으로 21살에 사망했다. 불행하게도 패션모델 사이에서 식욕부진증과 다른 섭식장애의 문제는 굉장히 만연해 있다. 왜냐하면 그들에게는 비정상적으로 마른 몸매의 기준을 가져야 한다는 사회적 압력이 지속적으로 가해지기 때문이다.

Landov

캐런은 신경성 식욕부진증으로 진단되었다. 이는 건강한 체중 유지의 거부, 과체중에 대한 극도의 두려움과 왜곡된 신체 이미지, 그리고 여성의 경우 월경의 감소 등이 특징이며, 잠재적으로 생명을 위협하는 심리적 장애이다(Striegel-Moore & Bulik, 2007).

식욕부진증이 있는 여성들은 1년 동안 25% 혹은 그 이상의 체중 감소를 보일 수 있다. 슬프게도 그들은 매우 수척해져서 브라질 모델 아나 캐롤리나 레스톤처럼 질병에 굴복하게 된다. 그녀는 21세에 식욕부진증으로 인한 합병증으로 사망했다. 사망 당시 그녀의 키는 174cm 정도였는데 체중은 40kg밖에 되지 않았다.

전형적인 식욕부진증 패턴에 의하면, 여성들은 초경 이후 얼마 정도의 체중 증가를 인지하게 되고, 이를 감량하기로 마음먹는다. 하지만 다이어트 — 그리고 종종 운동 — 는 극에 달하게 된다. 그들은 정상 체중에 도달한 이후에도 계속 다이어트를 하며, 심지어는 가족이나 다른 사람들이 체중을 너무 많이 줄였다고 말한 이후에도 계속된다. 식욕부진증이 있는 소녀들은 대부분 그녀가 쇠약해졌다는 사실을 단호하게 인정하지 않는다. 그들은 오히려 무리하게 계획된 운동 프로그램을 건강의 증거로 내세운다. 그러나 그들의 신체 이미지는 왜곡되어 있다. 많은 사람들이 그들을 뼈와 가죽만 남은 사람으로 생각한다. 그러나 그들은 거울 앞에서 자신을 볼 때 아직도 보기 흉한 지방이 남아 있다고 생각한다.

식욕부진증이 있는 많은 사람들은 음식에 강박적으로 집착하게 된다. 요리책에 몰두하거나, 가족을 위해 장을 보거나, 다른 사람들을 위해 매우 근사한 저녁을 준비한다.

신경성 폭식증

니콜의 사례는 신경성 폭식증으로 진단받은 젊은 여성의 생생한 이야기이다.

니콜은 그녀의 어둡고 차가운 방에서 깨어났지만, 빨리 저녁이 되어 다시 잠자리에 들기를 원한다. 최근에 그래 왔던 것처럼, 그녀는 오늘 하루를 어떻게 보낼지 두렵기만 하다. 그녀는 매일 스스로에게 다음과 같은 질문을 한다. "오늘 음식에 집착하지 않고 하루를 잘 보낼 수 있을까? 아니면 이전처럼 또 폭식으로 하루를 망쳐버리게 될까?" 그녀는 오늘부터 새로운 삶을 시작하고, 정상적인 사람처럼 살기 시작할 것이라고 스스로에게 이야기한다. 그러나 그녀는 자신이 원하는 대로 될 것이라는 점을 전혀 확신하지 못한다. 오늘 니콜

폭식을 할 때 심리적 장애인 신경성 폭식증은 폭식을 한 후 스스로 토하는 것과 같이 극적인 방법으로 음식을 제거하는 행동이 반복되는 특징을 지니고 있다. 폭식한 이후에는 엄격한 다이어트를 하며, 폭식증의 문제가 있는 사람들 — 거의 젊은 여성들 — 은 그들의 체형과 체중에 대해 완벽주의적인 경향이 있다.

❙ **사춘기 전기** : 사춘기 직전의 시기

은 계란과 토스트를 먹으면서 하루를 시작한다. 그리고 쿠키, 도너츠, 버터와 크림치즈와 젤리를 두껍게 바른 베이글, 그래놀라, 캔디바, 그리고 여러 컵의 씨리얼과 우유를 45분 만에 모두 먹어 치운다. 그녀가 더 이상 음식을 먹지 못하게 되자 배를 비우는 데 몰두하기 시작한다. 그녀는 화장실로 가서 머리를 묶고 샤워기를 틀어 그녀가 만들어내는 소리가 들리지 않게 하였다. 물 한 잔을 먹고 토하기 시작한다. 그 후 다시 '내일이 시작되면 나는 달라질 거야'라고 기도한다. 그러나 그녀는 내일도 아마 똑같은 일을 할 것이라는 것을 안다(Boskind-White & White, 1983, p. 29에서 발췌).

니콜의 문제인 신경성 폭식증은 폭식을 한 후 극적인 방법으로 음식을 토해내는 반복적인 행동을 하는 특징이 있다. 폭식 이후에는 종종 음식 박탈이 뒤따른다 — 예를 들어 심각한 다이어트. 음식을 몸에서 비우는 행동에는 스스로 토하기, 단식 또는 엄격한 다이어트, 설사약의 복용이나 활동적인 운동 등이 있다. 식욕부진증에 걸린 젊은 여성처럼 폭식증인 사람들도 그들의 신체 이미지와 체중에 대한 완벽주의적인 관점을 유지하며, 그들의 체형에 대해 행복하지 않다고 표현하는 경향이 있다. 그러나 식욕부진증의 여성들과는 달리, 일반적으로 폭식증의 여성들은 상대적으로 정상적인 체중을 유지한다.

섭식장애의 원인

섭식장애의 근본적인 원인들은 매우 복잡하며, 다양한 요인을 동반하고 있다. 이러한 요인들은 비현실적으로 마른 몸매의 환상을 갖게 하는 사회적 압박과 밀접한 관련이 있는 신체에 대한 불만족(자신의 몸을 싫어함)을 포함하고 있다(Brannan & Petrie, 2011; Chernyak & Lowe, 2010; Grabe, Ward, & Hyde, 2008). 몇몇 정신역동이론가들은 식욕부진증이 **사춘기 전기**(prepubescence)로 돌아가려는 여성들의 노력을 대표한다고 제안하였다. 이러한 시각에서 보면 신경성 식욕부진증은 그녀가 성장하는 것을 피하도록 하고, 그들의 가족들로부터의 독립, 그리고 성인으로서의 책임감 등을 회피하는 것을 가능하게 해준다. 지방 조직의 손실 때문에 여성의 가슴이나 엉덩이는 작아진다. 아마 그녀의 환상 속에서 식욕부진증을 가진 여인은 언제나 성적으로 분화되지 않은 아이로 남는다.

청소년기의 소녀들은 부모에 대항하는 무기로 음식을 거부할 수 있다. 많은 경우에 가족 내의 불안감을 주는 관계가 원인이라는 증거가 있다. 예를 들어 섭식장애를 가진 청소년의 부모들은 그들의 가족 기능에 대해 상대적으로 행복해 하지 않으며, 그들 스스로가 음식과 다이어트에의 문제점을 가지고 있으며, 그들의 딸이 체중을 줄여야 한다고 생각하며, 매력적이지 않다고 생각하는 경향이 있다(Baker, Whisman, & Brownell, 2000). 청소년들은 가족 내에서 경험하는 외로움과 소외에 대처하기 위한 방법으로 섭식장애를 발달시켰을 수 있다. 폭식은 부모의 애정 어린 돌봄과 배려를 얻기 위한 노력으로 상징화될 수 있을까? 음식을 토하는 행위는 상징적으로 가족들을 향한 부정적인 감정을 제거하는 것일까?

사회인지이론가들은 식욕부진증을 가진 젊은 여성들이 스스로에게 완벽함 — 그들의 마음에 있는 것은 '완벽한 몸매'이다 — 을 추구하도록 불합리한 요구를 한다고 제안한다(Cockell et al., 2002; Deas et al., 2011). 그러나 이상적인 이미지에 부합하도록 하는 사회적 압력 때문에 섭식장애가 발병할 확률이 높은 패션모델조차도 '완벽함'은 불가능한 목표이다.

연구자들은 섭식장애를 가진 많은 젊은 여성들이 완벽주의뿐만 아니라 통제의 이슈도 가지고 있음을 발견하였다. 이러한 여성들은 삶에서 그들이 통제할 수 있는 유일한 것은 먹는 행위뿐이라고 느낀다(Merwin, 2011; Shafran & Mansell, 2001). 또한 사회문화적 맥락을 고려해보자. 미국의 전형적인 롤 모델인 미스 아메리카는 매년 점점 몸이 야위어지고 있다는 연구 결과가 있다. 1922년에 미인선발대회가 시작된 이래로, 우승자들의 신장은 2%가 늘었으나, 체중은 5.4kg 정도가 줄었다. 1920년대의 미인대회 우승자의 신장을 고려한 체중은 현재의 '정상' 범주에 포함된다 : 즉 세계보건기구가 제시한 신체질량지수 20~25범위. 세계보건기구는 신체질량지수가 18.5 이하이면 영양이 결핍된 상태라고 보는데, 현재 미인대회의 우승자들의 신체질량지수는 대략 17이다(Rubinstein & Caballero, 2000). 미스 아메리카는 또 다른 영양결핍 롤 모델이 되고 있다.

바비인형이 되기 바비인형은 가슴은 풍만하지만 마른(불가능하게 마른!) 여성 몸매를 오랫동안 대표해 왔다. 여성의 신체는 바비인형과 같은 비율인가? 바비인형의 비율은 오른쪽 그림에 나타난 여성과 같다. 그러나 이러한 비율은 왼쪽에 보이는 평균적인 젊은 여성보다 키는 30cm 더 크고, 허리는 5인치 적고, 가슴은 4인치 크다. 당신은 바비인형의 이상적인 이미지가 젊은 여성들의 자기 이미지와 식습관에 영향을 미쳐 왔다고 생각하는가? 왜 그런가 또는 왜 아닌가?

문화적으로 이상적 모습이 호리호리해짐에 따라, 평균이거나 평균보다 체중이 많이 나가는 사람들은 날씬해지는 것에 대한 압박을 더욱 많이 느끼게 된다. 연구자들은 8살 어린이들조차 불균형적으로 많은 여자아이들이 남자아이들에 비해 자신의 신체에 대해 불만족한다는 것을 발견하였다(Ricciardelli & McCabe, 2001). 연구자들은 바비인형 사진에 노출된 어린 여자아이들이 현실적인 몸매의 인형에 노출된 여자아이들보다 자신의 몸매가 나쁘다고 느꼈으며, 날씬한 체형에 대한 욕구가 더 높았음을 발견하였다(Dittmar, Halliwell, & Ive, 2006).

이러한 체중 인식에 있어서의 성차는 대학생들 사이에서도 나타난다. 많은 여대생들은 남학생들에 비해 그들이 약간 또는 매우 과체중이라고 믿는다(American College Health Association, 2005)(표 5.7 참조). 젊은 여성들에게 놓인 비현실적인 압력에 대해서 더 이야기하자면, 약 7명 중 1명의 여대생들은 상점에서 초콜릿바 하나 사는 것조차 곤란하다고 말한다(Rozin, Bauer, & Catanese, 2003).

일부 남성도 섭식장애를 발달시킨다는 사실을 잊지 말자(Greenberg & Schoen, 2008). 섭식장애가 있는 남자들은 댄싱, 레슬링, 모델 등의 스포츠 업계에서 일하는 경우가 많다(여자 발레리나도 이러한 섭식장애가 발달할 수 있는 특별한 위험에 놓여 있다). 남성은 여성에 비해서 격렬한 운동을 통해 그들의 체중을 더 잘 통제하는 경향이 있다. 여성처럼 남성도 이상적인 신체 이미지 — 상체를 발달시키고 복부를 줄이라는 — 에 맞추려는 사회적 압력을 받는다. 특히 동성애자는 이성애자에 비해 그들의 체형에 더욱 관심을 갖는 경향이 있으며, 이로 인해 섭식장애에 더 취약하다(Strong et al., 2000).

섭식장애는 대개 굉장히 날씬한 여성상을 고취하는 이미지에 반복적으로 노출된 서구문화, 특히 미국 문화에 속해 있는 젊은 여성들에게 영향을 미친다는 점은 매우 주목할 필요가 있다(Bell & Dittmar, 2011). 그러나 미국 사회 속에서도 흑인여성과 소수민족의 여성에게는

표 5.7 ▮ 학생들의 체중에 대한 자기묘사

	총합		여성		남성	
서술구	*n*	%	*n*	%	*n*	%
매우 표준체중 이하	170	0.6	73	<0.1	91	1.0
약간 표준체중 이하	2,562	9.3	1,324	7.0	1,215	14.0
적당한 체중	15,015	54.3	9,956	54.0	4,897	55.0
약간 표준체중 이상	8,506	30.8	5,928	32.0	2,472	28.0
매우 표준체중 이상	1,384	5.0	1,065	6.0	296	3.0

주 : 질문 "당신의 체중을 어떻게 묘사합니까?" 참조. 무응답치나 버려진 데이터 때문에 성별의 합은 총합과 다를 수 있다.
출처 : *American College Health Association-National College Health Assessment II-Reference Group Data Report, Fall 2011.* Hanover, MD : American College Health Association, 2012. The American College Health Association의 허락하에 재인쇄.

섭식장애가 덜 일반적인데, 이는 그들의 신체 이미지가 유럽계 미국 여성만큼 그들의 체중과 그리 밀접하게 연관되어 있지 않기 때문일 것이다(Overstreet, Quinn, & Agocha, 2010; A. Roberts et al., 2006; Wonderlich et al., 2007). 그리고 신체에 대한 불만족은 여성에게만 국한된 것은 아니다. 이러한 현상은 남성에게도 나타나는데, 특히 마르면서 근육질인 몸매의 이상적인 기준을 획득하는 것과 연결될 때 그렇다(Hargreaves & Tiggemann, 2009; Hobza & Rochlen, 2009).

유전적인 영향이나 배고픔이나 배부름의 감정을 통제하는 두뇌의 기제 등과 같은 유전적인 요인은 섭식장애에 중요한 역할을 담당한다(Bulik et al., 2006; Klump & Culbert, 2007). 예를 들어 폭식욕구를 감소시키는 화학물질의 분비를 증가시키는 항우울제 종류의 약이 폭식의 억제를 돕는다는 증거에 부분적으로 근거하여, 뇌가 신경전달물질인 세로토닌을 비일관적인 방식으로 사용하는 것이 폭식증과 관련 있다는 주장이 있었다(Hildebrandt et al., 2010). 세로토닌과의 연관성은 놀라운 일이 아니다. 왜냐하면 신경전달물질은 충동적 행동을 억제하는데 있어서 행동적 안전벨트와 같은 기능을 하기 때문이다 — 폭식은 확실히 충동적 행동으로 간주된다(Crockett et al., 2008). 또한 우울, 불안과 같은 부정적인 정서는 폭식을 촉발할 수 있다(Reas & Grilo, 2007).

비록 섭식장애가 치료하기 어렵고 재발이 쉽지만, 심리치료, 항우울제와 같은 정신과적 약물을 사용에 대한 희망적인 결과가 보고되고 있다(예 : Byrne et al., 2011; Kaye, 2009; Lampard et al., 2011; Masheb, Grilo, & Rolls, 2011).

모듈 복습

복습하기

(1) ______은/는 근육, 피, 뼈, 손톱, 모발을 만드는 아미노산이다.
(2) ______은/는 신체에 에너지를 공급한다.
(3) ______은/는 스테미너를 제공하고, 극단적인 기온으로부터 우리를 보호하고, 피부에 영양분을 공급하며, 비타민을 저장한다.
(4) (지방, 근육?)은 음식을 더 빠르게 신진대사한다.
(5) 신경성 식욕부진증은 과체중에 대한 극도의 두려움과 왜곡된 ______ 이미지, 그리고 여성의 경우 월경의 감소 등의 특징이 있다.
(6) 신경성 폭식증은 ______ 을/를 한 후 극적인 방법으로 음식을 토해내는 반복적인 행동으로 정의된다.

생각해보기

왜 여성이 남성에 비해서 섭식장애가 발달할 가능성이 높은가?

모듈 5.2 체력 : 당신의 삶을 위해 달려라(최소한 걸어라)

- 운동의 가장 대표적인 두 가지 유형은 무엇인가?
- 운동을 통한 신체적 이익은 무엇인가?
- 운동을 통한 심리적 이익은 무엇인가?

체력(fitness)은 힘이 있다거나 8분 이내에 1.6km를 달릴 수 있는가 등의 문제만은 아니다. 체력은 과도한 피로감 없이 적당한 수준으로부터 활발한 수준의 신체적 활동에 참여할 수 있는 능력이다.

나쁜 소식은 미국인 3/4은 적절한 체력을 유지하기 위해 필요한 신체활동조차도 하지 않는다는 것이다(CDC, 2001). 겨우 50% 미만의 성인 미국인들이 규칙적인 신체활동에 참여하고 있다(그림 5.3 참조). 1/3 이상(37%)의 성인은 신체적으로 전혀 활동적이지 않다(대통령 자문위원회, 2010). 특히 10대 소녀들의 비활동성은 많은 이들이 아예 움직이는 것조차 하지 않는 상태까지 도달하였다! 만약 주차장에서 사무실이나 교실까지 이동할 때나 단지 몇 층의 계단을 오를 때 숨이 차오르거나 피로감을 느낀다면, 스스로 건강하지 않다고 생각해야 할 것이다.

체력이 중요한가? 물론 일부 사람들은 마라톤을 뛰거나 올림픽에서 경쟁할 의도로 체력을 기른다. 그럼에도 불구하고 체력은 우리 모두에게 중요한데, 체력이 심혈관 질환(심장과 혈관)의 낮은 발병과 관계가 있기 때문이다(Wessel et al., 2004). 좋은 소식은 체력적인 문제는 개선될 소지가 있다는 점이다. 또는 당신이 운동을 통한 이익을 얻기 위해 고통을 참아야만 하는 것도 아니다.

대부분의 사람의 경우 활발하게 걷기, 수영, 심지어 낙엽 쓸기 등의 적당한 활동을 30분가량 주 5회 이상 실시하는 것을 시작함으로써 운동의 이익을 얻을 수 있다. 혹은 10분 단위로 3번 운동을 실시할 수도 있다. 그러나 초기 성인인 18~24세 중 40%만이 신체적으로 활발하다고 한다(그림 5.3 참조). 나이가 들수록 그 비율은 더 낮다.

따라서 대부분의 독자들은 운동을 생활방식의 일부로 만듦으로써 체력을 향상시킬 수 있다. 만약 천식이나 고혈압과 같은 특별한 건강상의 문제가 있다면, 격렬한 운동 프로그램을 실시하기 전에 주치의와 상담해야만 한다. 주치의가 당신의 건강에 좋은 운동 프로그램을 처방해줄 수 있다.

우리는 다양한 운동 유형, 운동의 생리적 효과, 운동의 건강 이익(그리고 위험!), 그리고 운동의 심리적 효과에 대해 다룰 것이다. 시작하기 전에 '체력과 스포츠에 대한 대통령 자문위

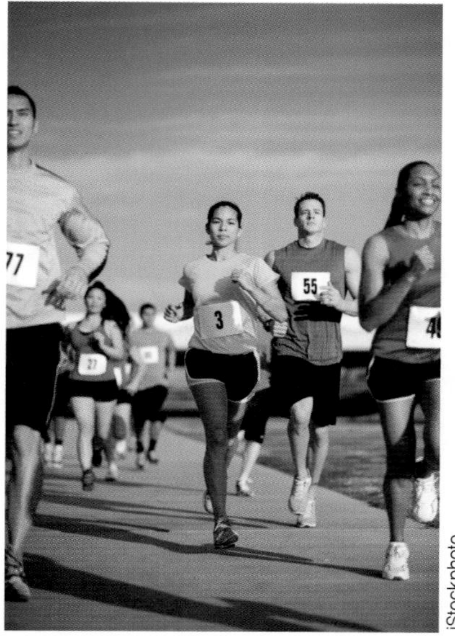

삶을 위해 달리다 수많은 미국인들이 체력을 유지하기 위해 장거리 달리기를 한다. 그러나 운동의 건강 이익을 얻기 위해 당신이 마라톤선수가 될 필요는 없다. 다양한 종류의 규칙적인 신체활동을 통해 체력과 건강을 향상시킬 수 있다.

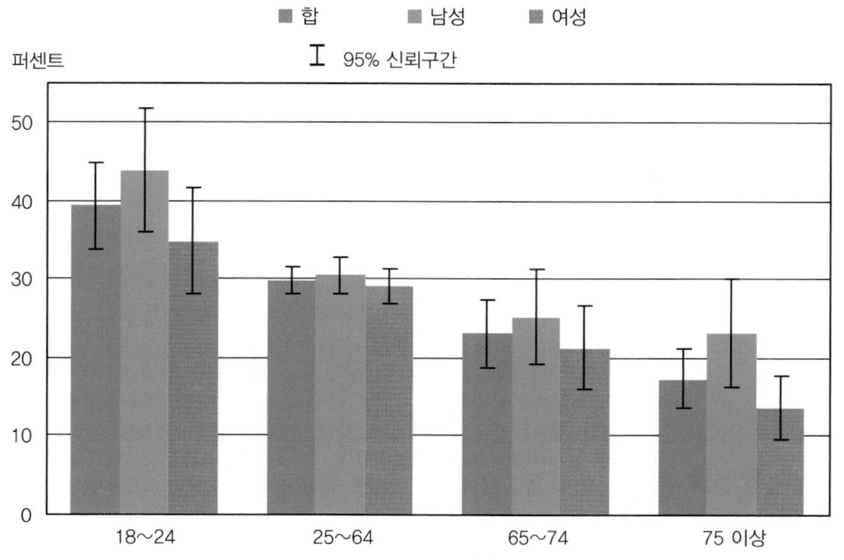

그림 5.3

미국이여, 다 함께 움직이자 도표에서 우리는 모든 연령대에서 50% 미만의 성인이 여가시간 동안 규칙적인 신체활동에 참가하는 것을 볼 수 있다(즉 최소한 1주일에 3번 30분 정도의 가볍거나 적당한 신체활동, 또는 최소한 1주일에 3번 이상 20분 이상의 활발한 신체활동). 추가적으로, 이러한 여가시간에서의 규칙적인 신체활동을 하는 성인의 비율은 나이가 많아질수록 감소한다.

출처 : Centers for Disease Control (September 2008), *Leisure time physical activity.* http://www.cdc.gov/nchs/data/nhis/earlyrelease/200809_07.pdf

표 5.8 ▮ '체력과 스포츠에 대한 대통령 자문위원회'에서 발표한 신체활동과 관련된 건강 상식

- 18세 이상의 성인이 건강하기 위해서는 1주일에 5일 이상 30분 정도의 신체활동이 필요하다. 어린이와 10대의 경우 1일 60분의 활동이 필요하다.
- 적당한 양의 신체활동을 할 경우 유의미한 건강 이익을 얻을 수 있다(예를 들어 30분 정도 활발하게 걷기, 낙엽 쓸기, 15분 정도의 달리기, 45분 정도의 배구). 더 많은 양의 신체활동을 할 경우 추가적인 건강 이익을 얻을 수 있다.
- 10~15분 단위로 쪼개어 하루에 30~60분 정도의 신체활동을 하는 것은 유의미한 건강 이익을 가져다준다.
- 매일의 적당한 신체활동은 심혈관계 질환, 2형 당뇨병, 그리고 대장암과 같은 일부 암의 발병을 실질적으로 줄일 수 있다. 매일의 신체활동은 혈압, 콜레스테롤을 낮추고, 골다공증을 예방하거나 발병을 지연시키며, 비만, 우울과 불안의 증상, 관절염 증상을 완화한다.
- 비활동적인 사람은 규칙적으로 활동하는 사람에 비해 심장의 관상동맥경화증을 일으킬 가능성이 2배 높다. 신체적으로 비활동적인 사람들의 건강 위험은 흡연, 고혈압, 높은 콜레스테롤로 인한 위험 요인에 의한 건강 위험만큼 높다.

출처 : "Physical Activity Fact Sheet," The President's Council on Physical Fitness and Sports, Department of Human Services, as updated March 2005에서 발췌. Thomson Custom Publishing의 허락하에 Nevid & Rathus, 2007에서 재인쇄.

원회'에서 발표한 신체활동에 관한 중요한 건강 상식을 다루고 있는 〈표 5.8〉을 살펴보도록 하자.

운동의 유형

▮ **유산소 운동** : 지속적인 산소 소비의 증가가 필요한 운동으로서, 조깅, 수영, 자전거타기 등이 있다.

▮ **무산소 운동** : 역도와 같이 지속적인 산소 소비의 증가가 필요 없는 운동이다.

운동은 크게 **유산소 운동**(aerobic exercise)과 **무산소 운동**(anaerobic exercise)으로 나뉜다. 유산소 운동은 신체의 산소 소비의 지속적인 증가를 요구하며, 심혈관계의 건강이 증진된다. 유산소 운동의 예로는 런닝, 조깅, 제자리뛰기, 걷기(여유롭게 걷는 속도 이상으로), 에어로빅 댄싱, 줄넘기, 수영, 자전거타기, 농구, 라켓볼, 크로스 컨츄리 스키 등이 있다(그림 5.4 참조). 반대로 무산소 운동은 짧은 시간 동안 근육의 활동을 폭발적으로 쓰는 것이다. 예로는 웨이트 트레이닝, 미용체조(calisthenics, 운동 중간에 휴지기를 두는 것), 야구와 같이 매우 격렬한 활동이 산발적으로 발생하는 스포츠 등이 있다. 무산소 운동은 근육을 강화하며, 유연성을 증가시킨다. 〈그림 5.4〉는 다양한 종류의 운동의 장단점을 보여주고 있다. 〈표 5.4〉는 이러한 각각의 신체활동을 통하여 소비하게 되는 칼로리의 양을 소개하고 있다.

운동의 효과

▮ **체력** : (1) 과도한 피로감 없이 신체적으로 요구되는 임무를 수행할 수 있는 능력, (2) 심혈관계의 체력은 스트레스 상황에서 심장과 폐의 능력이 기능하는 것을 의미한다.

유산소 운동의 주요한 생리학적 이익은 **체력**(fitness)이다. 체력은 당신이 얼마나 힘이 있는지 혹은 1.6km를 8분 이내에 뛸 수 있는지 등의 문제는 아니다. 오히려 계단을 오르거나 짐을 옮기는 등의 적당한 수준의 스트레스와 압력을 과도한 피로감 없이 견딜 수 있는 능력을 의미한다. 체력의 다양한 측면은 근력, 지구력, 근육유연성, 그리고 심폐지구력 등이 포함된다.

근력은 근육을 수축시키고 이후 점차적으로 원래의 상태로 회복하는 것에 의해 증가된다. 웨이트 트레이닝과 팔굽혀펴기, 턱걸이 운동 등의 미용체조는 저항력을 제공하면서 근육의 발달을 촉진시킨다. 유연성은 천천히, 지속적인 스트레칭 운동을 통하여 증가된다. 유연성은

실내 운동			
운동	장점	단점	조언
운동기구를 이용한 운동  (예 : 스키머신, 러닝머신, 고정 자전거, 계단식 에어로빅, 웨이트 트레이닝, 노젓기 연습기구, 층계 오르기식 운동기구 등)	웨이트 트레이닝은 근육을 강화하며 뼈를 튼튼하게 한다. 러닝머신, 층계 오르기식 운동기구, 스키머신, 노젓기 연습기구 등의 유산소 운동 기구들은 심혈관계의 지구력을 높여주고, 체중을 감소시키며, 선택된 근육들을 강화하고, 탄력 있게 만든다(즉 노젓기 연습기구는 이두박근, 대퇴사두근, 등위쪽 근육, 복근, 다리근육에 매우 좋다). 대부분 최신식 장비들은 전자식 측정기기가 있어 강도, 칼로리 소비량, 운동시간 등의 정보를 제공해준다.	집에서 사용하기 위해 구매하기에는 매우 비싸다, 특히 전동화된 러닝머신. 헬스클럽 회원도 비용이 많이 들며, 사람이 많이 몰리는 시간대에는 사용하고자 할 때 필요한 기구를 쓰지 못할 수도 있다. 많은 사람들이 처음에는 운동 장비에 유혹을 느끼지만(어떤 사람은 운동기구가 운동을 시켜줄 것이라는 잘못된 믿음을 가지고 있다), 운동이 단순하고 지루하여 쉽게 흥미를 잃을 수 있다. 운동기구를 너무 힘들고 빠르게 사용하면 다칠 수 있다.	절대 무리하지 말라. 강도와 지속시간을 천천히 늘려라. 당신의 신체가 증가된 요구에 적응할 수 있도록 하라. 기구를 교대로 사용하여 다양성을 증가시키고, 지루함을 없애도록 하라. 그리고 TV를 시청하거나 책을 보거나(가능하다면), 음악을 들음으로써 지루함과 싸우고 시간이 더 빨리 가도록 하라. 가장 중요한 점 : 처음에는 전문가의 지도를 받으라.
운동비디오를 이용한 운동 	이는 에어로빅 클럽이나 헬스클럽을 가는 수고를 덜고 비용 없이도 에어로빅 운동을 할 수 있는 좋은 방법이다. 비디오를 구매할 때에만 돈이 필요하기 때문이다.	동기부여를 해주는 누군가가 옆에 존재하지 않는다면, 당신은 동일한 반복에 지루해질 수 있고, 동기를 잃을 수도 있다.	적절한 기술과 스타일을 배우기 위해 먼저 에어로빅 클럽의 운동 프로그램으로 시작하라. 강사에게 당신의 요구와 스타일에 맞는 적절한 비디오를 추천받아라. 지루함을 막기 위해 몇 종류의 비디오를 구비하여 돌려 가면서 연습하라. 친구를 불러서 같이 연습하라.
왕복 수영 	수영은 심혈관계의 지구력을 증가시킨다. 또한 살을 빼는 데에도 좋고 근육을 탄력 있게 만든다. 부담이 적은 운동으로, 부상의 위험이 적다. 심적인 이완에도 도움을 준다.	수영장이 복잡하거나 편리하지 않을 수 있다. 수영장 사용에 비싼 회원 요금이 들 수 있다.	천천히 시작하고 점차적으로 증가시키라. 당신 스스로를 극단적으로 몰지 말라. 왕복 횟수와 속도를 점차적으로 늘려라. 당신의 스케줄과 맞는 수영장을 찾도록 하라.
에어로빅 교실 	에어로빅 교실은 심혈관계의 지구력을 증진시키고, 초과 체중을 감소시키는 좋은 방법이다. 가끔 누군가가 밀어붙여야 운동을 하는 유형이라면, 당신을 채찍질하는 강사를 두는 것이 능력을 최대한으로 이끌어내는 데 도움이 될 것이다. 또한 강사는 기술을 알려줄 수 있고, 당신의 능력과 지구력 수준에 맞는 운동 방식을 만들어줄 수 있다.	에어로빅 교실의 비용이 비쌀 수 있으며, 편리한 시간이나 장소에서 제공되지 않을 수도 있다. 몇몇의 사람들은 다른 사람들 앞에서 운동하는 것에 겁을 먹거나 남의 시선을 의식할 수 있다. 강사에 따라 어떤 교실들은 너무 요구가 많을 수 있다. 반복적인 운동방식은 지루해질 수 있다.	당신의 개인적 능력과 요구를 알아내려고 노력하는, 당신에게 가장 적당한 강사를 선택하라. 초보자 교실부터 시작하여 점점 더 어려운 난이도의 교실로 올라가라. 친구와 함께 가라. 만약 다른 사람이 당신에게 의존하고 있다는 생각이 들면, 당신은 그 교실을 떠나지 않고 충실할 가능성이 더 높다.

그림 5.4
신체활동의 유형

(계속)

실외 운동			
운동	장점	단점	조언
경쟁적 스포츠(야구, 농구, 핸드볼, 라켓볼, 테니스, 골프 등) 	농구, 테니스 등 지속적인 노력을 요구하는 스포츠는 심혈관계의 건강을 향상시킨다. 야구, 소프트볼 등 단기간의 근육 폭발이 덜한 운동도 칼로리를 소비하며, 매일 30분 정도의 적절한 신체활동의 목표를 달성하게 한다. 또한 카트 대신 골프가방을 직접 메고 다닌다면 좋은 운동이 될 수 있다.	경쟁은 개인의 최고역량을 끌어낼 수 있지만, 그 반대일 수도 있다. 만약 자기 가치를 게임의 승패에 연결시킨다면, 자존감을 감소시킬 수 있다. 팀 스포츠는 여러 사람의 바쁜 일정을 조율하기 어려울 수 있다. 코트 및 운동장에 대한 접근성이 제한적일 수 있다. 날씨에 의해 영향을 많이 받기도 한다.	당신이 즐길 수 있으며, 관련 기술을 조금이라도 지니고 있는 운동을 선택하라. 상대방을 이기려고 하기보다는 즐거움을 위해서 운동하라. 단지 게임이라는 것을 잊지 말라.
활발하게 걷기 	페이스에 따라서 심혈관계의 지구력(8km/h 이상)이나 일반적인 체력(5～7km/h)을 증진시키는 데 도움이 될 수 있다. 좋은 신발 외에 다른 특별한 장비가 필요하지 않다. 자연에서 오랫동안 걸을 경우 좋은 경치를 감상할 수 있다.	단점이 그리 많지 않은데, 이는 걷기가 7천만 명 이상의 미국인들이 즐기고 있는 가장 대중적인 체력 활동이 된 이유일 것이다. 그러나 몇몇 잠재적인 단점이 있다. 좋지 못한 날씨에서는 산책이 불쾌하거나 어려울 수 있다. 매일 똑같은 길을 걷는다면 지루할 수 있다. 준비운동을 올바르게 하지 않거나, 적절하지 않은 운동화를 신거나, 고르지 못한 표면에서 발을 잘못 내딛거나, 너무 힘들게 빨리 걸을 경우 부상을 입을 수 있다.	편안하고 잘 맞는 산책용 운동화를 신어라. 활발하게 걷기를 포함하여 운동을 할 때에는 스트레칭 등의 준비운동으로 시작해야 한다는 점을 기억하라. 이는 멍이 들거나 삐는 등의 부상을 방지할 수 있다. 5～7분 정도 낮은 속도로 산책하여 몸을 식힌 후 스트레칭으로 마치도록 하라. 10～15분 정도의 가볍고 제한된 속도로 시작하라. 그 후 30분 정도 5～7km/h 정도의 속도로 점차 늘리라(Poppy, 1995).
달리기 	달리기는 심혈관계의 건강과 체중 감소에 매우 좋은 유산소 운동이다. 달리기는 러닝화와 같은 최소한의 장비만을 필요로 한다.	달리는 동안의 큰 충격, 특히 딱딱한 곳에서 달릴 때 다리와 발목에 부상이 자주 발생한다. 지나친 달리기는 몸에 무리를 주고, 면역계의 기능을 손상시킬 수 있다.	매우 힘든 운동을 지속적으로 실시하기 전에는 반드시 의사의 승인을 받도록 하라. 몸풀기와 정리운동 시 스트레칭은 필수이다. 안전을 위해 두 명 이상 달려라, 특히 야간. 다른 운동과 마찬가지로 처음에는 천천히 뛰고 점차 속도와 지구력을 늘려라. 지속적인 통증이 있다면 의료진을 찾아라.
자전거 타기 	당신은 적절하거나 매우 높은 활동의 페이스를 조절할 수 있다. 자전거 타기는 높은 속도에서 심혈관계의 건강을 향상시킨다. 달리기에 비해 다리와 발목에 비교적 적은 충격을 주며, 부상의 위험이 적다. 아름다운 풍경을 즐길 수 있다.	낙상에 의한 잠재적인 부상 가능성이 있다. 안전을 위해서 품질이 좋은 자전거와 안전성이 확인된 헬멧 등의 안전 용품들이 반드시 필요하다. 경사지와 도시의 도로에서 위험할 수 있다. 날씨가 좋지 못할 때는 적절하지 않다.	절대 안전헬멧 없이 자전거를 타지 말라. 다른 운동과 마찬가지로 속도와 거리를 서서히 높이고, 먼저 의사와 상의하라. 평지와 경사지를 번갈아 가며 타라. 오작동에 대비하여 정기적으로 점검하라. 복잡한 도시 거리에서는 자전거를 타지 마라.

실외 운동			
운동	장점	단점	조언
인라인 스케이트 	1990년대에 유행하였으며, 일부 도시의 공원에서는 자전거를 타는 사람들보다 인라인 스케이트를 타는 사람들의 숫자가 훨씬 많았다. 페이스에 따라 인라인 스케이트는 적절하거나 활발한 운동이 될 수 있으며, 달리기나 빨리 걷기보다 다리에 충격이 덜하다.	낙상으로 손목, 무릎, 발목에 부상을 당할 가능성이 크다. 인라인이나 자전거를 타는 다른 사람과 엉키게 되면 특히 위험하다. 인라인 스케이트와 안전장구류 구매에 따른 초기 비용이 많이 든다.	시작하기 전에 적절한 기술을 배워야 하며, 신체적 제한사항이 없는지 의사와 먼저 상의하라. 안전헬멧, 팔꿈치 및 무릎 보호대 등의 적절한 안전 장비와 발목을 잘 보호하는 품질 좋은 인라인 스케이트를 사용하라. 복잡한 곳을 피하고 자동차 도로에서는 절대 타지 마라.
크로스 컨츄리 스키 	크로스 컨츄리 스키는 우수한 유산소 운동이며, 달리기와 관련된 다리에 전해지는 충격이 없다. 겨울에 자연의 아름다움을 즐겨라. 일반적인 스키에 비해 저렴하며, 공공 지역이나 공원에서는 무료로 즐길 수 있다.	스키는 겨울과 추운 지역에만 할 수 있는 운동이다. 스키와 부츠, 스키의류를 구입해야 한다. 낙상으로 인한 하지의 부상이나 발목, 무릎의 심한 뒤틀림 등의 위험이 있다. 또한 동상의 위험도 있다.	매우 힘든 운동을 지속적으로 실시하기 전에는 반드시 의사의 승인을 받아라. 시작하기 전에 전문가로부터 적절한 기술을 배우도록 하라. 쉽게 벗을 수 있는 여러 겹의 옷을 따뜻하게 입어라. 방수되는 겉옷은 필수이다. 점차 운동 강도를 높여라.

그림 5.4 (계속)

그 자체로도 바람직하지만, 다른 형태의 운동을 하면서 발생할 수 있는 부상을 예방하는 데 도움을 준다. 이것이 달리기 전에 스트레칭을 하는 이유이다. 스트레칭 운동은 유산소 운동 프로그램의 준비운동과 정리운동 단계로 이루어져 있다.

심폐지구력 혹은 '상태'는 활발한 활동 시에 신체가 더 많은 양의 산소를 사용하며, 심장박동과 함께 더 많은 혈액을 보낼 수 있다는 것을 의미한다.

훈련된 선수는 심장이 박동할 때마다 더 많은 혈액을 보내기 때문에 맥박수는 더 낮다. 즉 분당 심장박동수가 더 낮다. 그러나 유산소 운동 중에 사람은 보통 휴지기 심장박동수의 2, 3배를 보인다. 운동은 신진대사율을 높이고, 앉아서 하는 활동에 비해 더 많은 칼로리를 소비한다.

운동과 신체건강

오랫동안 가만히 앉아 텔레비전만 보는 사람도 신체적으로 더 활발해지는 것만으로도 심혈관계 질환의 위험을 감소시킬 수 있다. 규칙적인 활기찬 운동은 고혈압의 감소, 심장마비와 뇌졸중의 위험 감소, 동맥벽에 축적된 지방을 분해하는 좋은 콜레스테롤인 **고밀도 지단백질**(high-density lipoprotein, HDL) 수준의 상승 등 심장과 순환계에 많은 건강 효과를 제공한다(Borjesson & Dahlof, 2005). 그러나 활발하게 걷기 등의 적절한 운동도 심장질환의 발병 위험성을 줄일 수 있다(Alford, 2010; Manson et al., 2002). 또한 운동은 근육의 긴장을 유지하도록 돕고, 비만이나 골다공증의 위험을 감소시킨다. 활동량이 적은 사람보다 운동을 주기적으로 하는 사람이 더 오래 사는 경향이 있다는 것은 놀랍지 않다(Gregg et al., 2003).

고밀도 지단백질(HDL) : 흔히 말하는 좋은 콜레스테롤이다. 고밀도 지단백질은 콜레스테롤 축적물을 혈관내벽에서 씻어내어 배출시키고, 이를 통해 심혈관 질환의 발병률을 떨어뜨린다.

규칙적인 운동은 체중감량을 돕고, 더 중요한 점은 이를 유지하도록 한다. 운동은 칼로리를 소비하는 것 이외의 방식으로도 체중감량을 촉진한다. 신체는 종종 신진대사율을 늦춤으로써 음식섭취의 감소를 상쇄하지만, 규칙적인 유산소 운동은 신진대사율을 하루 종일 높여준다. 건강 연구자들은 체중을 줄이고 이를 유지하기 위해 다이어트와 운동을 병행하는 것이 다이어트만 하는 것보다 일반적으로 더 효과적임을 밝혔다(Jeffery, Epstein et al., 2000; Jeffery, Hennrikus et al., 2000).

운동과 정신건강

유산소 운동은 우울증 등의 부정적인 정서 상태와 관련된 신경전달물질 수준을 정상화하는 데 도움이 된다. 운동은 그 자체로 즐길만하고 일상사의 긴장으로부터 휴식을 제공하기도 하는데, 이러한 점도 우울증을 극복하는 데 도움이 된다. 운동이 기분을 고양시키며, 다른 치료와 결합하여 우울증을 완화하는 데 도움을 줄 수 있다는 증거들이 있다(Mata et al., 2011; Weir, 2011). 대체로 규칙적인 운동, 특히 활발한 유산소 운동은 우리의 신체건강뿐만 아니라 정신건강을 유지하는 데 도움을 줄 수 있다.

신체활동을 생활방식의 일부분으로 만들기

이 책에서 운동 대신 신체활동이라는 용어를 사용한 것에 주목하라. 규칙적인 운동은 몸매를 가꾸는 데 우수한 방법이지만, 매일 필요한 신체활동의 추천 지침(표 5.9 참조)을 충족하기 위해 동네 헬스클럽의 러닝머신을 계속 이용할 필요는 없다. 다음과 같은 많은 일상적인 활동들이 요구를 충족시킨다.

- 엘리베이터 대신 계단으로 오르내리기
- 낙엽 쓸기
- 사무실에서 집에 오거나 이웃집에 가는 길에 활발하게 걷기
- 실내용 자전거를 타거나 TV 보면서 간단한 운동 하기
- 잔디 깎는 기계를 밀기(동력으로 움직이는 것 제외)
- 테니스 단식게임을 하거나 왕복 수영 하기
- 노력을 요하는 집 주변의 잡무 처리하기

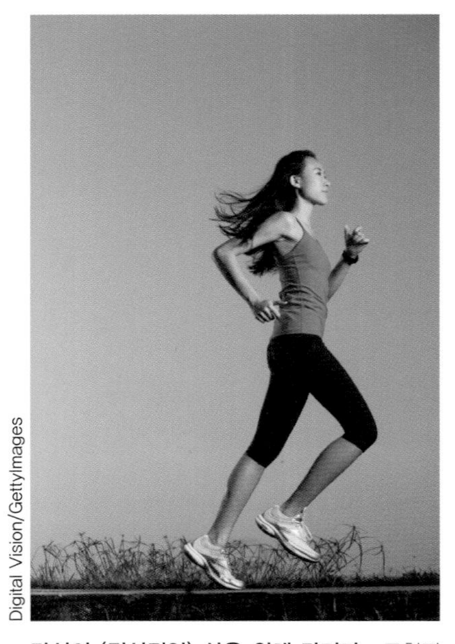

Digital Vision/GettyImages

당신의 (정신적인) 삶을 위해 달려라 규칙적 운동이 기분을 향상시키고, 우울증을 다루는 데 도움이 될 수 있다는 것을 알고 있었는가?

대부분의 사람들은 하루에 약 30분 정도의 적당한 신체활동을 목표로 하여야 한다. 좋은 소식은 당신이 30분을 한 번에 하거나 오직 한 가지 활동만 할 필요는 없다는 점이다. 당신은 하루 중의 짧은 활동들을 합하여 30분을 채울 수 있다. 만약 구조화된 운동 프로그램과 규칙적인 신체활동을 결합한다면 당신은 더 많은 건강 이익을 얻을 수 있을 것이다. 그러나 운동 프로그램을 시작하기 전에 당신은 다음의 사항들을 숙지하고 있어야 한다.

1. **만약 당신이 최근 지속적이고 활동적인 운동에 참여한 적이 없다면, 의료전문가의 조언을 구하라.** 당신이 흡연을 하거나 심혈관계 질환의 가족력이 있거나 과체중이거나 40세 이상이라면, 스트레스 테스트를 받도록 하라.
2. **초보자 운동교실에 참여하는 것을 고려해보라.** 그룹 리더들은 아마 생리학의 전문가는 아니지만, 최소한 '단계를 알고 있다.' 당신은 또한 초보자들 중 하나일 것이고, 사회적 지지

표 5.9 | 신체활동을 위한 추천 지침

- 건강, 심리적 안녕, 건강한 체중을 위해 규칙적인 신체활동에 참여하고, 정적인 활동을 감소하라.
- 성인기 만성질환의 위험을 감소시키라. 일주일 중 거의 매일 직장이나 가정에서 최소한 30분 이상 적절한 강도 이상의 신체활동을 하라.
- 대부분의 사람들은 더 활동적인 강도나 오랜 시간 동안의 신체활동에 참여하는 것을 통해 더 많은 건강 이익을 얻을 수 있다.
- 성인기의 체중을 조절하고, 점차적이며 건강에 좋지 않은 체중 증가를 예방하라. 칼로리 섭취 권장량을 초과하지 않는 범위 내에서 일주일 중 거의 매일 60분 정도의 적절하거나 활동적인 강도의 활동에 참여하라.
- 성인기의 체중 감소를 유지하라. 칼로리 섭취 권장량을 초과하지 않는 범위 내에서 하루에 최소한 60~90분 정도의 적절한 강도의 신체활동에 참여하라. 일부 사람들은 이러한 강도의 신체활동에 참여하기 전에 건강 전문가와 상의할 필요가 있다.
- 심혈관계의 훈련, 유연성을 위한 스트레칭 운동, 근력과 지구력을 위한 저항운동 또는 미용 체조 등을 통해 신체적 체력을 달성하라.

출처 : *2005 Dietary Guidelines for Americans, Key Recommendations for the General Population,* USDA, January 12, 2005.
주 : 이러한 지침은 일반적인 사람에게 적용된다. 특별한 건강 요구가 있는 사람은 건강 전문가와 상의해야 한다.

의 이익을 얻을 수 있을 것이다.

3. 운동효과를 향상시키고 부상을 피하기 위해 적절한 장비를 구비하라.
4. 당신이 고려하고 있는 활동에 대해 공부하라.
5. 당신의 생활방식 안에서 통합시킬 수 있는 활동들을 선택하라. 스스로 즐겨라. 그리고 당신의 힘과 지구력은 매일 발전할 것이다. 만약 당신이 하는 활동을 즐기지 못한다면, 당신은 그러한 행동을 지속하기 어려울 것이다.

나의 생활

나의 마음

자기 평가 : 자신의 신체활동과 심장질환 IQ를 확인하라.

신체활동이 심장에 미치는 영향에 대해서 당신이 얼마나 알고 있는지 테스트해보자. 각각의 질문에 대해 예 혹은 아니요에 표시하라. 이 장의 마지막에서 정답을 확인하라.

예	아니요	1. 규칙적인 신체활동은 심장질환의 발병 위험을 감소시킨다.
예	아니요	2. 대부분의 사람들은 일상에서 충분한 신체활동을 실시한다.
예	아니요	3. 신체적으로 더 건강해지기 위해 마라톤선수처럼 훈련할 필요는 없다.
예	아니요	4. 운동 프로그램이 효과적이기 위해서는 많은 시간을 필요로 하지 않는다.
예	아니요	5. 체중감량이 필요한 사람들만이 규칙적인 신체활동으로부터 이익을 얻는다.
예	아니요	6. 모든 운동은 당신에게 똑같은 이익을 준다.
예	아니요	7. 나이가 들수록 덜 활동적일 필요가 있다.
예	아니요	8. 신체적으로 건강해지기 위해 값비싼 장비가 필요한 것은 아니다.
예	아니요	9. 운동으로 인해 많은 위험과 부상이 발생할 수 있다.
예	아니요	10. 신체활동 프로그램을 시작하기 전에는 언제나 의사와 상의해야만 한다.
예	아니요	11. 심장마비를 경험한 사람은 어떠한 신체활동 프로그램도 시작해서는 안 된다.
예	아니요	12. 신체적으로 능동적이기 위해 다양한 종류의 활동에 참여하라.

6. 일기를 쓰거나 당신의 진행과정을 기록하라. 만약 달리기를 한다면, 당신이 달린 경로, 달린 거리, 날씨 상태, 그리고 기억해야 할 중요한 세부사항들을 기록하라. 더 즐겁게 달릴 수 있도록 때때로 노트를 체크하라.
7. 만약 심각한 통증을 느끼고 있다면, 계속 운동하지 않도록 하라. 초보자들은 아픈 것을 지나치기도 한다(물론 숙련자들도 때때로 그렇다). 그러나 심각하거나 지속적인 통증은 비정상적인 것이며, 무엇인가 잘못되었다는 징후이다.

모듈 복습

복습하기

(7) 질병통제본부에 따르면, ______%의 미국 성인은 적절한 체력을 유지하기에 충분한 신체활동에 참여하지 않는다.
(8) '체력과 스포츠에 대한 대통령 자문위원회'에 따르면, 성인들은 건강을 유지하기 위해서 1주일에 5일 이상 ______분 정도의 신체활동이 필요하다.
(9) ______ 운동은 산소 소비의 지속적인 증가가 요구된다.
(10) ______ 운동은 짧은 시간 동안 근육 활동을 폭발적으로 사용하는데, 웨이트 트레이닝과 야구 등의 스포츠가 이에 해당된다.
(11) 규칙적인 운동은 신진대사율을 (높인다, 낮춘다?).

생각해보기

왜 운동이 심장마비나 뇌졸중의 위험을 감소시키는가?

모듈 5.3 수면 : 재충전을 위한 시간

- 우리는 왜 수면을 취하는가?
- 불면증의 원인은 무엇인가?

여기 놀라운 사실이 있다(아닐 수도 있다). 미국인들은 충분한 수면을 취하지 못한다. 대부분의 사람들은 충분히 쉬었다고 느끼며 최대한의 능력을 발휘하기 위해서는 7~9시간 정도의 수면을 필요로 하다. 그러나 약 20%의 성인들은 저녁에 6시간 정도의 수면을 취하며, 거의 1/10(약 8%)은 6시간 이하의 수면을 취한다(CDC, 2008; Winerman, 2004). 성인의 1/4은 수면 부족으로 인하여 낮 시간 동안 제대로 기능할 수 있는 능력에 방해를 받는다고 말한다(National Sleep Foundation, 2005). 더욱 나쁜 징조는 설문을 실시한 1/5 이상이 지난 1년간 운전 중 잠든 적이 있다고 응답하였다는 점이다.

대학생들은 어떨까? 평균적으로 저녁에 몇 시간 정도 수면을 취하는가? 대학생들을 대상으로 한 조사에 따르면, 대학생들은 야간에 평균적으로 6~6.9시간 수면을 취하는데, 이는 권장 수준보다 적은 것이며, 많은 대학생들이 왜 주간의 수업시간이나 학교를 돌아다닐 때 꾸벅꾸벅 졸거나 나른해하는지를 설명해준다(Markel, 2003). 오직 15% 정도의 미국 고등학생들만이 권장되는 8.5시간 정도의 수면을 취한다(Kantrowitz & Springen, 2003; Song, 2006).

미국이 잠꾸러기 나라가 된 한 이유는 많은 미국인들이 너무 늦게 잠자리에 들기 때문이다.

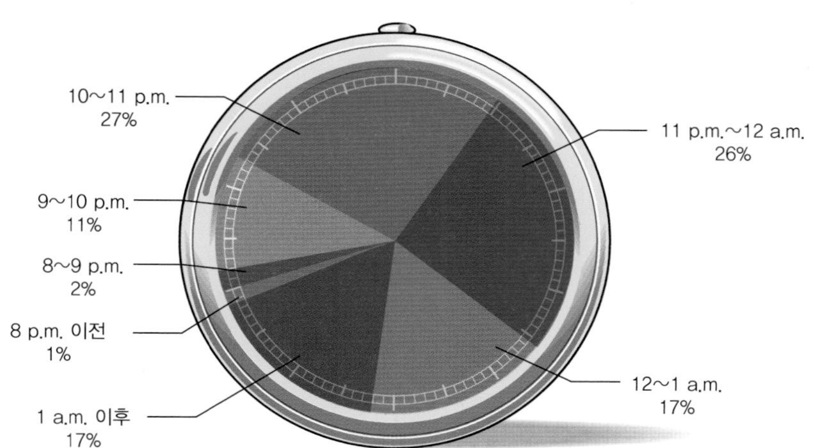

그림 5.5

당신은 언제 잠자리에 드는가? 많은 미국인들은 너무 늦게 잠자리에 들어 그들에게 필요한 7~9시간의 수면을 취하지 못한다.

출처 : Sleepless in America, a survey conducted by the AC Nielsen Company, April 2005에서 발췌. http://us.acnielsen.com/news/ 20050404.shmtl에서 검색.

주 : 비율은 반올림되었음.

우리는 점점 더 쉼 없는 세상에 살고 있는데, 새벽 2시에 피자를 주문하고, 24시간 방영하는 뉴스채널을 시청하는 것이 가능하다. 최근에 실시한 설문 결과에 따르면, 미국 성인의 1/3 이상(34%)이 자정 이후에 잠자리에 든다(그림 5.5 참조). 많은 사람들이 우리에게 필요한 7~9시간의 수면을 취하지 못한다는 것은 놀라운 일이 아니다(그림 5.6 참조). 혹시 당신도 이러한 올빼미 클럽의 멤버인가?

우리는 최상의 기능을 발휘하기 위해서는 충분한 양의 수면을 취해야 한다는 것을 알고 있다. 그러나 우리는 왜 잠을 자야 하는가? 수면은 어떤 기능을 할까?

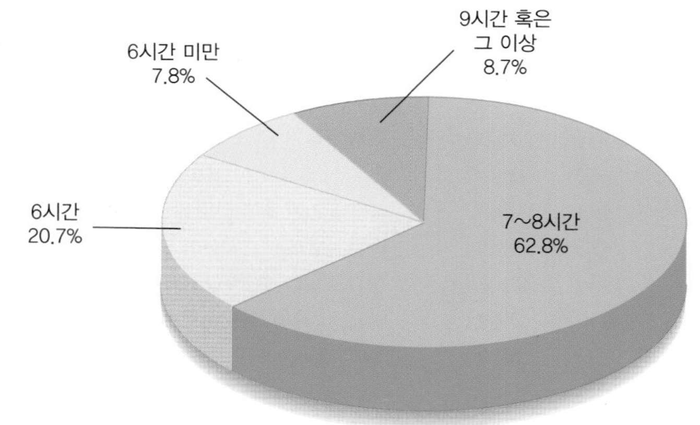

그림 5.6

우리는 얼마나 오랫동안 취침하는가? 약 6/10의 미국인이 야간에 권장 수면 시간인 7~9시간의 수면을 취한다. 그러나 거의 1/3은 야간에 6시간 이하로 수면한다고 보고한다.

출처 : CDC, 2008.

수면의 기능

연구자들은 우리가 잠을 자는 이유를 모두 알지 못한다고 인정한다. 그러나 그들은 수면이 여러 가지 기능을 담당한다고 추측한다. 그중 하나는 회복 기능이다. 지친 신체가 원기를 회복하도록 돕는다. 또한 수면은 마음을 상쾌하게 하고, 새롭게 형성된 기억들을 강화하여 더 오래 기억될 수 있도록 한다(Hu, Stylos-Allan, & Walker, 2006; Rasch et al., 2007). 수면은 또한 생존 기능을 담당한다 — 사람과 수면동물들이 수면을 취함으로써 어둠 속에서 포식자들이 잠복하고 있을 때 어슬렁거리며 돌아다니지 못하도록 한다.

만약 당신이 몇 시간밖에 수면을 취하지 못하거나 밤샘을 한 경험이 있다면, 매우 지치는 느낌을 받지만 다음 날 그럭저럭 하루의 일과를 해 나갈 수 있었을 것이다. 그러나 만약 충분한 수면을 지속적으로 박탈당한다면, 직장이나 학교생활의 성공에 반드시 필요한 주의집중, 학습, 기억 등의 인지 능력에 큰 피해를 입을 수 있다(Lim & Dinges, 2010; Stickgold & Wehrwein, 2009). 추가적으로, 수면 박탈은 매년 10만 건의 차량 충돌사고, 1,500명의 차량사고 사망자와 연관되어 있다(National Sleep Foundation, 2000b). 교대 근무자와 같이 만성적인 수면 박탈에 시달리는 사람들은 심혈관계 질환뿐만 아니라 정신질환, 정신적 각성과 집중 문제 등의 심각한 건강 문제를 발병시킬 가능성이 더 높다(Hampton, 2008; Latta & Van Cauter, 2003; Motivala & Irwin, 2007).

또한 사람들은 이직, 업무량 증가, 우울증 삽화 등의 스트레스가 심한 시기에 더 많은 잠을

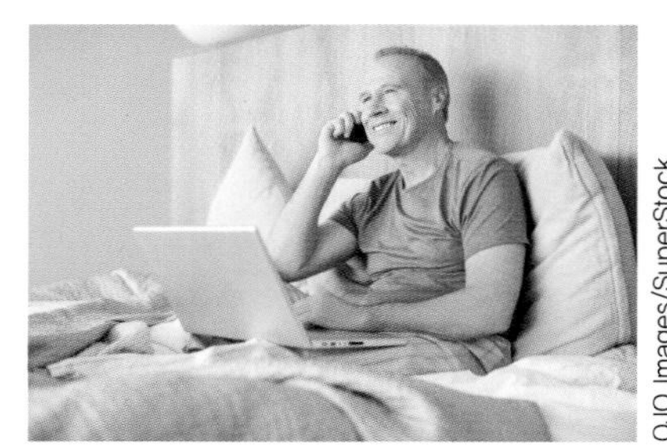

OJO Images/SuperStock

이 사진의 문제는 무엇인가? 불면증에 시달리는 사람들은 종종 나쁜 수면습관을 지니고 있다. 예를 들어 식사, 독서, 업무, 전화통화 등 잠자리에서 일상적인 활동을 한다. 침대는 어떤 활동을 하는 장소가 아닌, 오직 몸을 편히 누이는 장소로 만들어라.

나의 생활

나의 마음

자기 평가 : 당신은 충분히 잠을 자고 있는가?

대부분은 아닐지라도, 많은 학생들이 충분한 양의 수면을 취하지 못한다고 불평한다. 당신은 어떠한가? 아래의 질문지는 당신이 충분한 수면을 취하는지 여부를 결정하는 데 도움을 줄 것이다. 만약 당신이 몇 개의 문항에 긍정적이었다면, 당신은 수면에 어려움을 겪거나 불면증으로 고통스러워할 가능성이 있다. 만약 그렇다면 187쪽 "나의 생활, 나의 마음"에서 제시하는 방안이 도움이 될 것이다. 만약 문제가 지속된다면 의료 서비스 제공자와 상담하는 것이 바람직하다.

지시 : 다음의 문항을 읽고 당신에게 해당하는지 여부를 체크하라. 최대한 신속하게 읽고, 모든 문항에 답하라.

그렇다	아니다	저녁에 무언가를 할 때 나는 깨어 있기가 힘들다.
그렇다	아니다	나는 현재 자는 것보다 더 많이 자곤 하였다.
그렇다	아니다	나는 몇 분을 더 자기 위해 자명종의 알람 버튼을 여러 번 누른다.
그렇다	아니다	나는 종종 아침에 침대에서 일어나기 위해 사투를 벌인다.
그렇다	아니다	따뜻한 방에 있으면 나는 곧바로 잠에 빠지게 된다.
그렇다	아니다	교실이나 직장에서 존다.
그렇다	아니다	나는 누군가가 나에게 한 말을 듣지 못했다는 것을 갑자기 깨닫는다.
그렇다	아니다	내가 운전할 때에 가끔씩 눈꺼풀이 너무 무거울 경우가 있다.
그렇다	아니다	한두 잔 술을 마신 이후에 곧바로 잠드는 경우가 가끔 있다.
그렇다	아니다	나는 눕기만 하면 곧바로 잠드는 사람들 중의 한 명이다.
그렇다	아니다	나는 눈밑에 다크서클이 있다.
그렇다	아니다	정시에 일어나기 위해서 나는 알람 시계의 소리를 크게 설정해놓아야 한다.
그렇다	아니다	낮에는 시간이 충분하지 않다.
그렇다	아니다	낮에 나는 신경질적이고 녹초가 된다.
그렇다	아니다	어떤 일을 할 때 나의 눈은 약간 게슴츠레해진다.
그렇다	아니다	나는 아침을 시작하기 위해 커피나 차가 필요하다.
그렇다	아니다	문제 해결과 같은 어떤 생각을 할 때 갑자기 정신이 나가기도 한다.
그렇다	아니다	식사를 많이 하고 나면 잠이 쏟아진다.
그렇다	아니다	주말에 부족한 잠을 보충하려고 하지만 그렇게 한 적은 없다.

필요로 한다. 수면은 우리가 스트레스로부터 회복되도록 도와준다. 새로 태어난 신생아의 경우 하루에 16시간을 자기도 하며, 10대 청소년들은 24시간 내내 자기도 한다. 대체로 고령자들이 젊은 성인들보다 잠을 더 적게 잔다고 믿어져 왔다. 그러나 고령자들의 수면은 신체적 불편감이나 화장실에 갈 필요 등에 의해 종종 방해받는다. 그래서 고령자들은 밤에 부족한 수면을 보충하기 위해 낮잠을 더 자곤 한다.

많은 사람들이 잠들거나, 계속 잠을 자거나, 한밤중에 한 번 잠에서 깬 후 다시 잠을 청하는데 어려움을 겪는다. 그들은 만성적인 불면증으로 고통받는데, 이는 많은 사람들에게 한 번 이상, 때때로 수년간 영향을 미치는 중요한 건강 문제이다.

불면증 : "우리가 잠을 이루지 못할 때"

불면증 : 잠자리에 들거나 계속 잠을 자는 것에 대한 지속적인 어려움을 특징으로 하는 장애

아마도 모든 사람들은 때때로 잠자리에 드는 데 어려움을 겪은 경우가 있을 것이다. 그러나 1/10의 미국인은 지속적이거나 만성적인 **불면증**(insomnia)에 시달리고 있으며, 이는 가장 일

표 5.10 ▮ 수면을 방해하는 것으로 보고된 요인의 성차

요인	요인을 보고한 여성의 비율	요인을 보고한 남성의 비율
스트레스 : 전체 성인의 22%	26	20
통증 : 전체 성인의 20%	25	13
자녀 : 전체 성인의 17%	21	12
배우자의 코 고는 소리 : 전체 성인의 16%	22	7
배우자의 숨소리가 잠시 멈추는 것 : 전체 성인의 8%	11	2

출처 : National Sleep Foundation(2000b)이 보고한 자료 사용.

반적인 형태의 수면장애이다(Smith & Perlis, 2006). 불면증은 많은 청소년과 초기 성인기의 성인에게서 일반적이며 지속적인 불만이다(Roberts, 2008).

만성적인 불면증을 가진 사람들은 잠을 이루는 것, 계속 잠을 자는 것, 한밤중에 수면 도중 깨어나 다시 잠을 이루는 것의 어려움에 대하여 불평한다(Harvey & Tang, 2012; Morphy et al., 2007). 불면증의 다양한 원인은 통증이나 신체장애, 불안이나 기분장애 등의 정신장애, 혹은 약물 남용 등이 있다. 불면증에 기여할 것으로 추측되는 다른 요인은 자녀들의 방해, 소음 · 빛 · 기온과 같은 환경적 요인, 배우자의 코 고는 소리 등이 있다. 불면증은 많은 사람들에게 고통을 주는데, 특히 스트레스를 받는 동안 증가한다. 〈표 5.10〉은 수면을 방해하는 요인들에 대한 성차를 보여주고 있다.

모듈 복습

복습하기

(12) 수면은 회복 기능이 있는 것으로 (알려져 있다, 알려져 있지 않다?).

(13) 수면은 우리가 어둠 속에서 어슬렁거리며 돌아다니지 못하도록 하여 포식자들부터 우리를 보호하는 ______ 기능도 수행한다.

(14) 수면 ______은/는 주의집중, 학습, 기억의 기능을 손상시킬 수 있다.

(15) 잠자리에 들거나 밤 동안 계속 잠을 자는 것에 대한 어려움을 ______(이)라고 부른다.

생각해보기

당신이 잠을 자도록 강제하는 노력이 왜 좋은 생각이 아닌지에 대해서 설명하라.

나의 생활 나의 마음

잠들기 위해, 어쩌면 꿈꾸기 위해

미국에서 불면증과 싸우는 가장 흔한 의학적 방법은 수면제 복용이다. 수면제는 효능을 발휘할 것이다 – 일정 시간 동안. 수면제는 보통 각성을 감소시키는데, 이를 통해 뇌가 수면을 더 잘 수용하도록 만든다. 수면에 대한 성공의 긍정적 기대(일명 위약효과) 역시 수면제의 효과에 영향을 미칠 수 있다. 그러나 수면제에는 여러 문제점이 있다. 첫째, 만약 당신이 더 쉽게 잠자리에 들게 된다면, 수면 성공을 당신 자신이 아닌 수면제에 귀인하는 경향이 있다. 그래서 당신은 수면제 복용에 의존하게 될 수 있다. 둘째, 여러 종류의 수면제에 대한 내성이 커진다. 정기적으로 수면제를 사용하게 되면, 같은 효과를 얻기 위해 더 많은 양을 복용해야 한다. 셋째, 이러한 화학물질의 대량 투여는 위험할 수 있다. 특히 알코올과 함께 복용하면 더욱 그렇다.

넷째, 수면제는 불면증을 다루는 기술을 향상시키지 못한다. 그래서 수면제의 복용을 멈추었을 때 불면증이 다시 생기는 경향이 있다. 다섯째, 수면제의 정기적인 복용은 신체적 또는 심리적 의존성을 유도할 수 있다. 당신이 이러한 수면제를 복용하고자 한다면, 단기간, 길어야 몇 주 동안만 복용하고, 오직 의사의 감독하에서만 복용해야 한다.

행동주의적 기법과 인지주의적 기법에 기반을 둔 심리적 방법들이 가장 효과적인 불면증 치료로 등장하고 있다. 심지어는 수면제보다 더 효과적이다(예 : Buysse et al., 2011; Dolan et al., 2010; Harris et al., 2012; Perlis et al., 2008). 비록 수면제가 빠른 효과를 보이지만, 행동 변화를 만드는 것이 더 오래 지속되는 결과를 보인다. 결국 수면제 복용이 사람들에게 더 적응적인 수면습관을 배우도록 돕는 것은 아니다. 인지행동 치료자들은 불면증을 극복하는 것을 돕기 위해 다음과 같은 기법들을 혼합하여 사용한다.

1. *긴장을 풀라.* 취침 시간에 따뜻한 목욕을 하고, 명상을 시도해보라. 근육의 긴장을 풀어주는 것은 잠드는 데 필요한 시간과 한밤중에 깨는 것을 감소시킬 수 있다.
2. *과장된 분노에 맞서라.* 지금 당장 잠들지 않는다면 내일을 망칠 것이라는 생각이 잠자리의 긴장을 높인다는 것을 깨닫기 위해 수면 전문가가 될 필요는 없다. 그러나 똑똑하고 유식한 사람들은 만약 밤에 충분히 휴식을 취하지 못한다면 문제가 생길 것이라고 종종 과장한다. 잠을 충분히 잘 자는 것이 반드시 필요하다는 생각은 수면을 어렵게 만드는 불안감을 증가시킬 수 있다(Sánchez-Ortuño & Edinger, 2010). 〈표 5.11〉에는 잠자리의 긴장을 증가시키는 믿음과 이에 대한 대안이 소개되어 있다.
3. *잠자리에서 심사숙고하지 말라.* 일상사에 대한 걱정이나 심사숙고는 수면을 방해하는데, 부분적으로 이러한 것들이 신체의 각성을 증가시킬 위험이 있기 때문이다(Thomsen et al., 2003). 침대에 누워서 내일을 계획하거나 걱정하지 마라. 잠자리에 누워서 몇 분간 하루에 대한 생각을 정리할 수 있으나, 그다음에는 긴장을 풀거나 마음의 여행이나 공상을 즐기도록 하라. 만약 중요한 생각이 떠오른다면 수첩에 기록해두어 잊지 않도록 하라. 그러나 생각이 지속된다면 일어나서 다른 곳에서 그것을 하라. 당신의 침대를 휴식과 수면 공간으로 만들라. 또 다른 사무실이 아니다. 침대는 생각하는 장소가 아니다.
4. *규칙적인 일상을 만들라.* 늦게 자는 것은 신체의 자연스러운 기상-수면 주기를 바꾸어 문제를 악화시킬 수 있다. 당신이 얼마나 잤든 간에 상관없이 알람을 매일 아침 똑같은 시간에 일어나도록 하라. 일정한 시간에 일어나면 일정한 수면-기상 패턴을 가지게 할 것이다.
5. *약간의 공상을 시도하라.* 공상이나 백일몽은 거의 보편적이며, 잠자는 동안 자연스럽게 발생한다. 잠자는 동안 일어나는 공상을 받아들이거나 밤마다 특정한 공상을 계획할 수도 있다. 잔잔한 파도가 이는 햇살이 드리운 해변이나 여름날 목초지를 걷는 데 집중하여 쉽게 잠자리에 들 수 있다. 당신만의 '마음 여행'을 만들고 자세한 내용을 그릴 수도 있다. 이러한 마음의 여행을 통해서 연료를 절약하고 공항에 늦게 도착하는 것을 피할 수 있다.

무엇보다도 오늘 밤에 충분히 숙면하지 못했다고 해서 세상이 끝나는 것은 아니라는 생각을 받아들여라. 당신은 살아남을 것이다. (그럴 것이라는 것을 당신은 알고 있다.) 사실 당신은 잘 해나갈 것이다.

표 5.11 ▌ 밤의 긴장을 증가시키는 믿음과 진정시키는 대안

밤의 긴장을 증가시키는 믿음	진정시키는 대안
만약 잠자리에 들지 않으면 내일은 엉망진창이 될 것이라고 느낀다.	반드시 그렇지는 않다. 만약 피곤하면 내일 밤에 일찍 잠잘 수 있다.
잠을 더 자지 않은 것이 내 건강에 좋지 않다.	반드시 그렇지는 않다. 어떤 사람들은 몇 시간만 자더라도 잘 지낸다.
지금 당장 잠들지 않는다면 이번 주 내내 수면계획을 망칠 것이다.	전혀 그렇지 않다. 만약 피곤하다면 조금 일찍 잠자리에 들 것이다. 아무 문제 없이 같은 시간에 일어날 것이다.
만약 잠자리에 들지 않으면 내일 중요한 시험이나 회의에 집중하지 못할 것이다.	가능성이 있다. 그러나 두려움이 과장된 것일 수 있다. 긴장을 풀거나, 일어나서 잠시 동안 즐길 만한 어떤 일을 하는 편이 낫다.

모듈 5.4 약물 남용과 의존 : 약물 사용이 해를 입힐 때

- 약물 남용과 약물 의존은 무엇인가?
- 약물 남용과 약물 의존의 원인은 무엇인가?
- 알코올의 효과는 무엇인가?
- 아편의 효과는 무엇인가?
- 바르비투르의 효과는 무엇인가?

- ▮ 니코틴의 효과는 무엇인가?
- ▮ 암페타민의 효과는 무엇인가?
- ▮ 코카인의 효과는 무엇인가?
- ▮ LSD와 환각성 약물의 효과는 무엇인가?
- ▮ 마리화나의 효과는 무엇인가?

이 세상은 약물의 슈퍼마켓이다. 미국에는 지각을 왜곡하거나 기분을 변화시키는 약물이 범람한다. 이러한 약물은 기분 좋게 혹은 가라앉게 만들기도 하고, 도시를 이리저리 돌아다니도록 만들기도 한다. 어떤 이들은 친구들의 약물 사용이나 부모의 제지 때문에 약물을 사용한다. 어떤 이들은 의사의 처방전, 커피, 혹은 첫 아스피린과 함께 시작하기도 한다. 어떤 이들은 쾌락을 위해서, 고통 경감을 위해서, 내적 진실을 위해서 약물을 복용한다.

좋든 싫든 약물은 미국에서 삶의 일부분이다. 12세 이상 미국인의 약 1/10(8.7%)은 현재 불법 약물을 사용한다고 보고하였다(CDC, 2010a; SAMHSA, 2010b). 대부분의 고등학교 졸업반 학생들은 삶의 어느 시점에서 불법 약물을 사용하였음을 보고하였다. 마리화나는 성인이건 청소년이건 가장 광범위하게 사용하는 불법 약물이다. 약 6%의 미국 성인이 지금도 마리화나를 사용하며, 40% 이상은 마리화나를 사용해본 경험이 있다(SAMHSA, 2006). 10대들 사이의 마리화나 사용은 증가하고 있는데, 2007년에 약 20%였던 8학년과 12학년의 마리화나 사용 비율이 2011년에는 약 25%로 증가한 것으로 보고되고 있다(O'Connor, 2011).

약물과의 전쟁에서 새로운 유행은 많은 고등학교와 대학캠퍼스에서 진정제와 수면제 등과 같은 처방 약물의 불법적 사용이 증가하고 있다는 점이다. 미국 10대들 사이에서 불법 적 약물의 사용이 전반적인 감소세임에도 불구하고, 진통제인 바이코딘(Vicodin)과 옥시콘틴(OxyContin) 등과 같은 처방 약물의 사용은 증가하고 있다(Friedman, 2006). 그러나 대학가에서 가장 오랫동안 선호되어 온 약물은 알코올과 담배이다. 담배는 순하지만 매우 중독성이 있는 흥분제인 니코틴을 함유한다.

대학생 가운데 21%는 흡연을 하고 있으며, 2/3 이상(69%)은 지난달에 알코올을 마셨다고 보고하였다(그림 5.7 참조). 약 1/6(16.5%)은 마리화나를 사용한다고 대답하였다. 전체적으로 약 40%의 대학생들이 마리화나를 적어도 한 번 이상 사용해본 적이 있다고 보고하였다(American College Health Association, 2005). 그러나 마리화나를 처음 피는 사람이 1명이라면, 그들의 첫 번째 담배에 불을 붙이고 있는 사람은 250명이다(Stout, 2000).

향정신성 약물(psychoactive drug)의 주요 유형에 대해서 더 자세히 알아보도록 하자. 그러나 우선 향정신성 약물의 심리적/신체적 효과, 심리적/신체적 의존의 잠재력, 건강에 미치는 주요한 위험에 대해 요약한 〈표 5.12〉를 살펴보도록 하자.

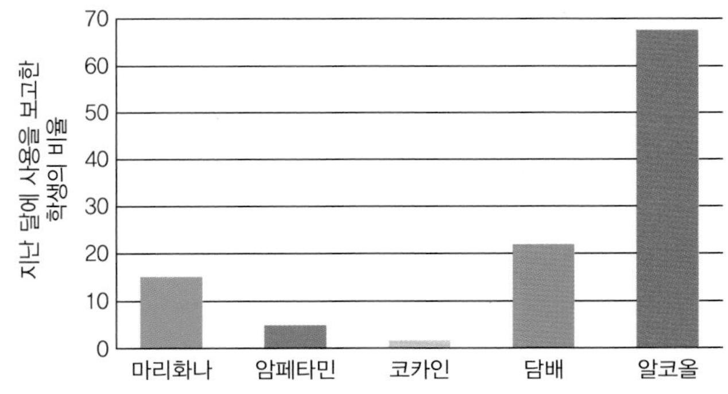

그림 5.7

대학에서의 약물 사용 알코올과 담배는 대학에서 가장 많이 사용되는 향정신성 물질이다.

출처 : American College Health Association, 2005.

약물 남용과 약물 의존 : 선을 넘기

미국정신의학협회(2000)는 **약물 남용**(substance abuse)이란 약물이 사회적, 직업적, 심리적, 신체적 문제를 야기하거나 악화시킨다는 사실에도 불구하고 약물을 지속적으로 사용하는 것으로 정의하였다. 만약 술에 취하였거나 잠들어버려서 학교나 회사에 가지 않았다면, 당신은

▮ **약물 남용** : 지속적인 약물의 사용이 위험하다거나 사회적, 직업적, 심리적, 신체적 문제와 연관되어 있다는 것을 알면서도 지속적으로 약물을 사용하는 것

표 5.12 | 향정신성 약물의 주요 종류

종류	약물	신체적/정신적 의존 가능성	주요 심리적 효과	주요 위험
억제제	알코올	있음/있음	이완, 가벼운 행복감, 중독을 유도한다. 불안을 감소한다. 정신적 각성과 억제를 감소한다. 집중, 판단, 조화, 균형을 손상시킨다.	다량 사용할 경우, 간 기능 장애와 다른 신체적 문제를 일으킨다. 과다 섭취 시 의식불명이나 사망의 원인이 될 수 있다.
	바르비투르와 진정제	있음/있음	정신적 각성을 감소시킨다. 이완과 평온함을 일으킨다. 쾌락의 쇄도를 가져올 수 있다(바르비투르).	높은 중독 가능성. 과다 복용과 알코올, 다른 약물과 함께 사용 시 위험하다.
	아편제	있음/있음	이완과 행복감의 쇄도를 일으킨다. 일시적으로 개인적 문제에 대한 인식을 차단한다.	높은 중독 가능성. 과다 복용 시 급사의 원인이 될 수 있다.
흥분제	암페타민	있음/있음	정신적 각성을 높인다. 수면 욕구를 감소시킨다. 쾌락의 쇄도를 일으킨다. 식욕 상실을 일으킨다.	많이 사용하면, 정신병적 증상과 의식불명이나 사망에 이르게 할 수 있는 심혈관계의 불규칙성을 일으킬 수 있다.
	코카인	있음/있음	암페타민과 비슷한 효과를 일으키나, 지속시간이 짧다.	높은 중독 가능성. 과다 복용 시 급사의 위험성. 많은 양 복용 시 정신병적 효과가 있다. 코로 흡입 시 코 기능의 결함 가능성
	MDMA ('엑스터시')	있음/있음	가벼운 행복감과 환각 효과	많이 복용하면 치명적일 수 있다. 우울증이나 다른 심리적 효과를 야기할 수 있다. 학습, 주의집중, 기억에 손상을 줄 수 있다.
	니코틴	있음/있음	정신적 각성을 증가시킨다. 가벼운 쇄도를 일으키지만, 역설적으로 이완과 진정 효과가 있을 수 있다.	강력한 중독 가능성. 다양한 암, 심혈관계 질환, 다른 신체 장애의 원인이 될 수 있다.
	카페인	있음/있음	정신적 각성과 잠들지 못하도록 각성을 증가시킨다.	많이 섭취하면 신경과민과 불면을 일으킬 수 있다. 임신 중 유산의 위험성을 증가시킬 수 있다. 스트레스 호르몬의 분비를 자극한다.
환각제	LSD	있음/없음	환각과 다른 감각의 왜곡을 일으킨다.	'나쁜 여행'과 관련된 강렬한 불안, 공황, 또는 정신병적 반응. 플래시백
	마리화나	있음/개연성 있음	이완, 가벼운 행복감을 야기한다. 환각을 일으킬 수 있다.	많이 사용하면 메스꺼움, 구토, 지남력 상실, 공황, 편집증을 일으킬 수 있다. 정기적으로 사용하면 건강 위험을 일으킬 수 있다.

출처 : From Nevid /Rathus, *HLTH*, ⓒ 2013 Brooks/Cole, a part of Cengage Learning, Inc. 허락하에 전재.

알코올을 남용하는 것이다. 당신이 마신 양보다는 사용 패턴이 삶을 망친다는 사실이 더 중요하다.

약물 의존 : 약물 의존은 약물을 줄이고자 하는 노력, 뚜렷한 내성, 금단 증상에도 불구하고 지속적으로 약물을 사용하는 등의 징후가 보인다.

약물 의존(substance dependence, 일반적으로 중독으로 불림)은 약물 남용보다 더 심각하다. 약물 의존은 행동적 측면과 생물학적 측면이 있다. 행동적인 측면에서 의존은 종종 약물 사용에 관한 통제력을 상실하는 특징이 있다. 약물에 의존적인 사람들은 그들의 삶을 약물을 얻고 사용하는 방향으로 조직화할 것이다. 생물학적 또는 생리적 의존은 내성과 금단 증상이 대표적이다.

내성(tolerance)은 약물에 대한 신체의 습관화를 의미하는데, 규칙적으로 사용하게 되면 비슷한 효과를 얻기 위해 더 많은 양의 사용이 요구되는 것을 말한다. 중독 약물은 사용 수준을 갑자기 낮추면 특징적인 금단 증상이 나타나게 된다. **알코올 중독**(alcoholism)으로 고생하는 사람들이 직면하는 금단 증상(금욕 증상이라고도 함)은 **진전섬망**(delirium tremens)과 관련 있을 것이다. 진전섬망은 심한 발한, 차분하지 못함, **지남력 상실**(disorientation), 그리고 무시무시한 환각(보통 기어 다니는 징그러운 동물)이 특징이다.

▮ **내성** : 신체가 약물의 사용에 습관화된 것. 규칙적인 약물 사용 시, 이전과 유사한 효과를 얻기 위해 점점 더 많은 양의 약물이 필요하게 된다.

▮ **알코올 중독** : 알코올 의존을 설명하는 용어. 알코올의 사용에 대한 통제력 손상과 알코올에 대한 생리학적 의존의 발달이 특징적이다.

▮ **진전섬망** : 발한, 차분하지 못함, 지남력 상실, 환각으로 특징되는 상태

▮ **지남력 상실** : 육안으로 보이는 혼란. 시간, 장소, 자신의 정체감에 대한 감각 상실

약물 남용과 의존의 요인

약물 남용과 의존은 보통 청소년기에 시험 삼아 사용해보는 것으로부터 시작된다. 왜 그럴까? 이유는 다양하다 : 호기심, 또래 압력에 대한 동조, 부모의 약물사용에 의한 모델링, 반항심, 지루함이나 개인적 문제나 부정적 정서의 압박에 대한 일시적인 탈출, 그리고 쾌락이나 개인적 해탈 상태의 추구 등(Engels et al., 2006).

우리는 청소년기에 형성된 약물 사용 패턴이 미래의 약물 남용 문제의 전조가 됨을 인식해야 한다. 예를 들어 초기 청소년기의 음주는 성인기의 알코올 남용에 대한 위험 요인이다. 다음으로 약물 남용, 약물 의존과 관련된 요인에 대해서 자세히 살펴보도록 하자.

심리적 요인 사회인지이론가들은 약물 효과에 대한 기대는 약물 사용의 강력한 예언자라고 제안한다. 한 연구에서 연구자들은 스트레스 일기, 알코올에 대한 기대, 그리고 음주를 연구하였다(Armeli et al., 2000). 연구자들은 알코올이 스트레스를 줄여줄 것이라는 기대를 한 사람이 스트레스가 많은 날 더 음주하는 경향이 있음을 발견하였다. 그러나 알코올이 그들의 대처 능력을 손상시킬 것으로 예상한 사람들은 스트레스가 많은 날 술을 덜 마셨다.

약물의 사용은 또래친구들, 기분에 대한 약물의 긍정적 효과, 그리고 불안, 공포, 긴장 등 유쾌하지 않은 감각의 감소에 의해 강화될 수 있다. 생리학적으로 의존적인 사람들에게 금단 증상의 회피 또한 약물 사용을 강화한다.

약물을 사용하는 부모는 자녀에게 약물 사용 행동의 모델링이 될 것이다. 사실상 부모들은 긴장 감소, 원활한 사회적 상호작용을 위해 알코올을 마시는 등 자녀들에게 언제, 어디서 이러한 약물을 사용하는지를 보여주고 있는 것이다.

생물학적 관점 알코올 중독, 아편 중독 및 흡연 등을 포함한 다양한 종류의 약물 중독과 의존에 있어서 유전적 요소가 중요하다는 점이 시사되고 있다(예 : Chen et al., 2008; Ducci et al., 2011; Frahm et al., 2011; Kendler et al., 2008; Uhl et al., 2008). 그런데 무엇이 유전되는 성분일까?

이 질문은 아직 연구 중이지만, 몇 가지 단서가 나오고 있다(Edenberg et al., 2005; Radel et al., 2005). 연구자들은 사람들이 알코올과 같은 약물로부터 더 많은 쾌락을 얻을 뿐만 아니라 지나친 약물 사용의 부정적인 효과(예를 들어 구토, 어지럼증, 두통 등)에 대해서는 덜 민감하도록 하는 경향성이 유전된다고 의심하고 있다. 사실상 사람들은 술을 더 잘 마실 수 있는 경향성을 유전할 것이고, 결과적으로 이는 음주 문제 발전의 위험성이 더 증가하는 결과를 초래한다. 하지만 지나친 음주를 더 손쉽게 제어하는 신체를 가진 사람들은 음주를 잘 조절하여 음주 문제를 발달시킬 가능성이 낮을 것이다. 향정신성 약물의 주요 종류는 억제제, 흥분제, 환각제가 있다. 이제부터 이러한 향정신성 약물의 효과에 대해서 알아보자.

억제제 : 당신을 둔화시키는 약물

▮ **억제제** : 중추신경계의 활동률을 감소시키는 약물

▮ **중추신경계(CNS)** : 뇌와 척수로 구성된 신경계의 일부

억제제(depressant)는 우울을 유발하는 약물은 아니다. 오히려 이러한 약물들은 **중추신경계**(central nervous system, CNS)의 활동을 억제하거나 늦추는 작용을 한다. 이 중추신경계는 뇌와 척수로 이루어진 신경계의 일부이다. 대량 투여 시 이러한 약물들은 중추신경계를 둔화시킬 수 있으며, 호흡정지나 심혈관계의 붕괴로 인해 사망에 이르게 할 수 있다. 심리학적으로 이러한 약물들은 이완과 진정 효과를 가지고 있으며, 행복감을 유도할 수 있다. 여기에서는 억제제의 주요 유형에 대해 초점을 둘 것이다 : 알코올, 바르비투르, 아편제.

알코올 — 향정신성 약물의 '스위스 군용 칼'

Andrew Lichtenstein/The Image Works

캠퍼스에서의 약물 대학생들은 여러 종류의 약물을 사용하지만, '캠퍼스에서 가장 많이 사용되는 약물'은 알코올이다.

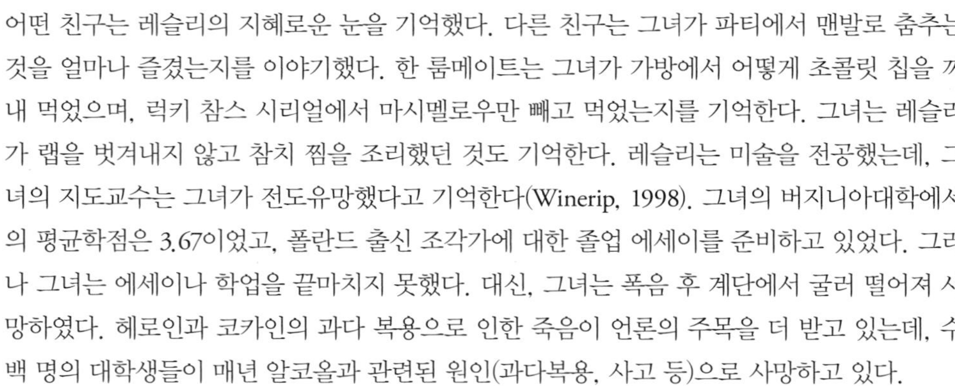

어떤 친구는 레슬리의 지혜로운 눈을 기억했다. 다른 친구는 그녀가 파티에서 맨발로 춤추는 것을 얼마나 즐겼는지를 이야기했다. 한 룸메이트는 그녀가 가방에서 어떻게 초콜릿 칩을 꺼내 먹었으며, 럭키 참스 시리얼에서 마시멜로우만 빼고 먹었는지를 기억한다. 그녀는 레슬리가 랩을 벗겨내지 않고 참치 찜을 조리했던 것도 기억한다. 레슬리는 미술을 전공했는데, 그녀의 지도교수는 그녀가 전도유망했다고 기억한다(Winerip, 1998). 그녀의 버지니아대학에서의 평균학점은 3.67이었고, 폴란드 출신 조각가에 대한 졸업 에세이를 준비하고 있었다. 그러나 그녀는 에세이나 학업을 끝마치지 못했다. 대신, 그녀는 폭음 후 계단에서 굴러 떨어져 사망하였다. 헤로인과 코카인의 과다 복용으로 인한 죽음이 언론의 주목을 더 받고 있는데, 수백 명의 대학생들이 매년 알코올과 관련된 원인(과다복용, 사고 등)으로 사망하고 있다.

그렇다면 학생들은 왜 알코올을 마시려 하는 걸까? 아마도 그 어떤 약물도 알코올만큼 그렇게 많은 것을 의미하지 않기 때문이다. 알코올은 우리 저녁식사의 이완제이고, 취침시간의 진정제이며, 칵테일파티에서의 사회적 촉진제이다. 우리는 성스러운 날을 기념하고, 성과를 축하하며, 기분 좋은 소망들을 표현하기 위해 알코올을 사용한다.

사람들은 알코올을 마치 스위스 군용 칼처럼 사용한다 : 못하는 것이 없다. 알코올은 처방전 없이 살 수 있는 만병통치약이다. 어떤 사람들은 불안, 우울, 외로움과 같은 부정적인 감정을 억누르기 위해 자기 치료의 형태로 알코올을 사용한다(Tomlinson et al., 2006). 그러나 대부분의 사람들이 알코올을 사용하는 이유는 알코올이 만들어내는 쾌락과 이완 효과 등의 긍정적 강화 효과 때문이거나 즐거운 사회적 행사와 관련 있기 때문이다.

그러나 스위스 군용 칼에는 날이 있다. 다른 어떤 약물도 알코올만큼 남용되지 않는다는 점 또한 사실이다. 정기적으로 헤로인이나 코카인을 사용하는 미국인보다 알코올로 인해 고통 받는 미국인이 10배 이상이다. 대체로 1~2천만 명의 미국인이 알코올 중독이나 알코올 의존으로 고통받고 있다. 과도한 음주는 낮은 생산성, 실직, 사회적 지위의 하락 등 많은 부정적인 사회적, 경제적, 건강상의 결과와 연관되어 있다.

그리고 알코올 관련 사고는 17~24세의 젊은 미국인 사이에서 제1의 사망원인이다(Ham & Hope, 2003). 이러한 죽음의 대부분은 도로에서 발생한다. 이제까지 매년 대략 1,400여 명의 미국 대학생들이 알코올 관련 자동차 사고로 인해 목숨을 잃었다(Sink, 2004; 표 5.13 참조). 더구나 알코올의 사용은 가정폭력부터 살인, 강간에 이르는 많은 유형의 폭력 범죄와 연루되어 있음을 보여준다(예 : Fals-Stewart, 2003; Giancola & Corman, 2007).

알코올의 효과 알코올은 심신에 많은 영향을 미치는데, 이는 복용량이나 복용기간에 따라 변

표 5.13 ▮ 캠퍼스에서의 음주 : 연간 희생자 수

600,000	신체적 폭력
500,000	부상
70,000	성범죄
1,400	과다복용과 사고로 인한 사망

출처 : Hingson et al., 2002.
주 : 이 표는 18~24세의 미국 대학생들 사이에서 매년 추정되는 알코올 관련 신체적 폭력, 부상, 성범죄 및 사망사고의 수를 나타낸다.

화한다. 알코올이 억제제이기는 하지만, 적은 양을 마실 때에는 가벼운 흥분의 효과를 가질 수 있다. 그러나 많은 양을 마실 때에는 이완이나 진정 효과를 가진다. 알코올은 사람들을 이완하며, 가벼운 통증을 줄여준다. 알코올은 인지 기능을 손상시키고, 말이 불분명해지며, 운동 협응력을 떨어뜨린다. 전반적으로 알코올은 미국에서 치명적인 자동차 사고의 절반 정도와 연관되어 있다.

알코올은 억제력을 떨어뜨리고, 행동의 결과를 따져보는 능력을 손상시킨다. 결과적으로 술을 마시게 되면, 나중에 후회할 만한 일이나 말을 하거나, 위험한 행동을 감수하게 되고, 생각 없이 충동적으로 행동하게 된다(Donohue et al., 2007).

당신은 아마 에이즈의 위험을 알리기 위한 공공 건강 캠페인의 슬로건을 기억할 것이다. "먼저 당신이 음주를 한다. 그리고 바보가 된다. 그러면 당신은 에이즈에 걸린다." 사람들은 술을 마시게 되면, 그들의 행동의 결과를 예측할 수 없게 될 것이고, 그들의 도덕적 신념을 덜 상기하게 될 것이다.

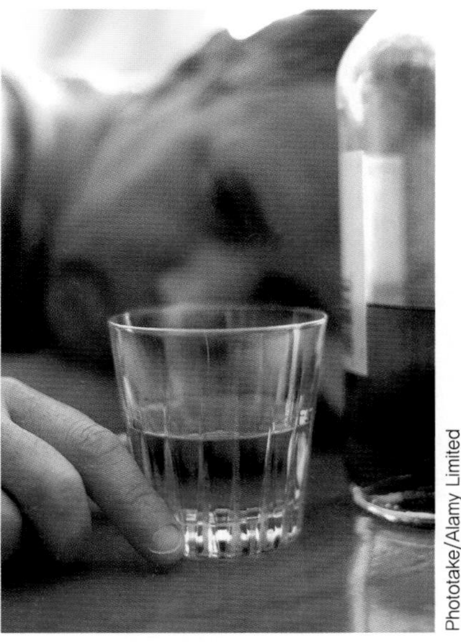

Phototake/Alamy Limited

자기 치료 형태로서 알코올의 사용 많은 사람들이 우울, 불안 등의 불안감을 주는 감정에 대처하기 위해 알코올이나 다른 약물에 의지한다. 자기 치료의 형태로 알코올에 의지하는 것은 문제 해결에 도움을 주는 것이 아니라 음주 문제의 장을 만들어 상태를 악화시킬 수 있다.

알코올의 효과에 대한 긍정적인 기대는 알코올 섭취의 주요 결정 요인이다. 특히 젊은이들에게 그렇다(Doran, Schweizer, & Myers, 2011; Morawska & Oei, 2005). 사람들은 알코올이 그들을 더 인기 있게 만들거나 주변을 재미있게 만들 것이라고 기대하기 때문에 알코올을 사용할 것이다. 또한 알코올은 자기회의감을 떨쳐버릴 수 있는 고양감과 행복감을 유도할 수 있다. 그리고 문화 내의 사회적 역할로부터 해방되는 것과 관련이 있다. 그리고 음주자들은 자신들이 음주를 선택했음에도 불구하고 알코올에 비난을 돌릴 수 있다("그것은 내가 아닌, 술 때문이야").

어떻게 또는 왜 음주를 시작했는지에 관계없이 정기적인 음주는 생리적 의존을 야기할 수 있다. 일단 의존이 진행되면 음주자들은 금단 증상을 피하기 위해 알코올 섭취를 유지한다. 그러나 알코올 중독자들이 완전히 금주를 하여도 많은 중독자들은 다시 술을 찾는다. 아마도 그들은 스트레스에 대처하거나 스트레스로부터 도망치기 위해서 여전히 알코올을 찾는다.

알코올 중독, 성, 그리고 인종 남성은 여성보다 알코올 중독이 더 발달하는 경향이 있다. 문화적 설명에 따르면, 일반적으로 음주에 대한 사회적 규제가 여성에게 더 엄격하다. 생물학적 설명에 따르면, 알코올은 여성에게 더 큰 타격을 입힌다. 예를 들어 남성보다 여성의 뇌에 알코올이 더 빨리 전달된다는 인상을 받았다면, 아마도 당신이 옳다. 여성은 남성보다 내장에서의 알코올 분해가 느리기 때문에, 알코올의 영향을 더 많이 받는 것으로 보인다. 그래서 더 많은 알코올이 상대적으로 온전하게 여성의 혈류와 뇌에 도달하고, 이에 따라 과음에 대한 브레이크를 걸 것이다(여성은 남성보다 위에서 알코올을 대사작용하는 효소가 적다). 여성들이 적은 양의 알코올에도 더 큰 반응을 보임에도 불구하고 과음을 하는 여성들은 명백하게

적응과 현대인의 삶

대학에서의 폭음

많은 대학교 관계자들은 폭음 – 코카인이나 엑스터시, 혹은 마리화나가 아닌 – 을 캠퍼스에서의 주요 약물 문제로 간주하고 있다. 마리화나가 널리 사용되고 있음에도 불구하고, 알코올은 대학생 및 청소년들이 가장 많이 사용하는 약물이 되었다. 〈표 5.14〉는 오늘날 대학생들의 음주에 대한 현실을 잘 보여주고 있다.

폭음은 대학 캠퍼스에서 하나의 사회적 유행과 심각한 문제의 원인이 되고 있다. 폭음 – 보통 한 모임에서 남성은 5잔 이상, 여성은 4잔 이상을 마시는 경우로 정의된다 – 을 하는 대학생들은 공격적인 행동, 낮은 성적, 안전하지 않은 난잡한 성관계(그리고 성병), 차량 사고, 약물 남용이나 의존의 발달의 비율이 증가함을 보여준다(Birch, Stewart, & Brown, 2007; Brewer & Swahn, 2005; Keller et al., 2007). 전반적으로, 약 4/10의 미국 대학생들이 이러한 폭음을 하는 것으로 알려져 있다.

폭음은 심지어 법적 음주 가능 연령인 21세가 되는 축하행사로 의례화되고 있다. 미주리주립대학의 최근 연구에 의하면, 약 1/3의 남자 대학생과 1/4의 여자 대학생들이 그들의 21번째 생일날에 최소 21잔 이상의 술을 마셨던 것으로 조사되었다(Rutledge, Park, & Sher, 2008). 이러한 수준의 음주는 심각하게 취한 상태를 유도하며, 의식불명이나 사망과 같은 심각한 건강의 위험을 초래할 수 있다.

과도한 음주나 미성년자의 음주는 많은 대학교의 사교클럽에서도 오랫동안 문제가 되어 왔다(Park, Sher, & Krull, 2006). 이러한 우려로 인하여 많은 사교클럽들이 구성원들에게 적당한 음주를 권고하고 있고, 일부는 맥주를 포함한 모든 종류의 알코올을 완전히 금지하고 있다(Denizel-Lewis, 2005).

과도한 음주로 인한 즉각적인 위험을 고려하라. 폭음과 술 마시기 게임(예 : 단숨에 들이키기, 여러 잔 계속 마시기)과 같은 다른 형태의 과도한 음주는 음주자들로 하여금 의식불명이나 심지어는 사망사고의 즉각적인 위험에 놓이게 할 수 있다(Zernicke, 2005).

이러한 불필요한 죽음의 상당수는 자신의 구토물에 질식되어 발생한다. 과도한 음주는 구토를 유발할 수 있는데, 약물의 억제작용은 정상적인 구토 반응을 억제할 수 있다. 결과적으로 구토물이 기도에 축적되고, 이는 질식과 사망에 이르게 할 수 있다. 불행하게도 술 마시기 게임을 하는 사람들은 그들이 너무 많이 마시거나 아프기 전까지 음주를 멈추지 않을 것이다. 알코올의 과다 복용은 즉각적인 치료를 요하는 심각한 의료적 상황이다. 당신의 친구가 "잠을 자고 나면 가뿐해지겠지"라고 가정하지 말라. 어떤 친구들은 절대 일어나지 못한다.

만약 친구가 음주로 인하여 정신을 잃었다면 무엇을 해야 하는가? 친구는 단지 잠을 자고나면 가뿐해지는가? 그저 친구가 잠을 자도록 내버려두어야 하는가? 당신은 어떤 이가 너무 많이 마셨다고 이야기할 수 있는가? 술을 그만 마시거나 경찰이나 구급대원을 불러야 하는가? 당신이 무엇을 할 것인가? 당신은 무슨 말을 해야 하는가?

누군가가 과도한 음주를 하였을 때, 당신이 할 수 있는 몇 가지 제안사항이 아래에 제시되어 있다. 먼저 다음과 같은 과음의 징후를 찾아라.

표 5.14 ❙ 대학생들의 음주 실태

그들이 법적 최소 음주 가능 연령보다 어린지 혹은 그들이 스스로 음주하기로 선택했는지 여부에 관계없이, 과도한 음주와 미성년자에 의한 음주의 결과는 실질적으로 모든 캠퍼스, 대학 사회, 대학생에게 영향을 미친다.

- **알코올 소비** 모든 대학생들의 약 4/5가 음주를 하며, 이 중 거의 60%는 18~20세 사이이다.
- **폭음** 모든 연령대의 대학생 중 대략 2/5–40% 이상–가 지난 2주 동안 적어도 1회 이상의 폭음 경험이 있다고 답하였다.
- **사망** 매년 18~24세 사이인 1,000명 이상의 대학생이 교통사고를 포함한 의도치 않은 알코올 관련 피해로 인하여 사망하고 있다(이 중 21세 이하가 절반을 차지).
- **부상** 매년 18~24세 사이인 약 60만 명의 대학생이 알코올의 효과에 의해 의도치 않은 부상을 입는다(이 중 21세 이하가 절반을 차지).
- **폭력** 매년 18~24세 사이인 696,000명 이상의 학생이 술을 마신 다른 학생들로부터 폭력을 당한 것으로 추정된다(이 중 43만 명은 21세 이하의 학생들).
- **성적 학대** 매년 18~24세 사이인 97,000명 이상의 학생이 알코올 관련 성폭행이나 데이트 강간의 피해자가 된다(이 중 21세 이하가 절반을 차지).
- **안전하지 못한 성행위** 18~24세 사이인 40만 명 이상의 학생이 음주의 결과로 무방비의 성행위를 하였으며, 매년 18~24세 사이인 10만 명 이상의 학생이 너무 취하여 성행위의 동의 여부에 대해 기억하지 못한다고 보고한다.
- **학업 문제** 약 25%의 대학생들은 결석하거나, 수업을 따라가지 못하거나, 시험이나 과제를 망치거나, 낮은 학점을 받는 등의 음주에 따른 학업 문제를 보고한다.
- **공공기물의 파손** 약 11%의 대학생 음주자들은 알코올의 효과하에서 기물을 파손한 적이 있다고 보고한다.

출처 : From Nevid/Rathus. *HLTH*, © 2013 Brooks/Cole, a part of Cengage Learning, Inc. 허락하에 게재.

- 누군가가 말을 하거나 소리를 지를 때 반응하지 못한다.
- 손가락으로 꼬집거나, 흔들거나, 찔러도 반응하지 못한다.
- 스스로 서 있지 못한다.
- 깨어나지 못한다.
- 자주 빛이나 축축한 느낌의 피부
- 빠른 맥박 또는 고르지 못한 심장 박동, 낮은 혈압, 또는 호흡 곤란

반응하지 못하거나 의식이 없는 사람을 절대로 혼자 두지 마라. 이러한 상황을 즉각적인 치료가 필요한 의료적 비상상황으로 간주하라. 그들이 "잠을 자고 나면 가뿐해지겠지"라고 단순하게 가정하지 말라. 치료를 받을 수 있게 되기 전에는 당신이나 다른 사람이 같이 있어주라. 의식이 없는 사람을 옆에 두도록 하고, 가능하다면 고개를 푹 숙이더라도 똑바로 앉을 수 있도록 하라. 그 사람에게는 더 이상의 음식이나 술을 주지 말라. 구토를 하게 하지 말라. 술에 취한 사람이 반응을 할 수 있다면, 그(녀)가 다른 약물을 복용하였는지, 알코올과 상호작용할 수 있는 다른 의약품을 복용한 것은 아닌지, 혹은 간질이나 당뇨와 같이 문제를 일으킬 수 있는 다른 질환이 있는지 알아보라. 만약 구토를 한다면, (조심스럽게) 음주자의 입 안에 손을 넣어보고 기도를 확보해 주라. 필요하다면 인공호흡이나 심폐소생술을 실시하라. 가장 중요한 것은 의사나 가까운 응급센터에 즉시 전화하고 도움을 요청하라.

이러한 상황으로부터 물러나서 그 사람이 '잠을 자고 나서 가뿐해지게' 두는 것은 쉬울 수 있다. 당신이 이러한 상황에 간섭할 권리가 없다고 생각할 수 있다. 그러나 당신 스스로에게 물어보라. 만약 당신이 알코올의 과다 복용의 징후를 보이는 사람이라면, 당신의 친구 중 한 명이 당신의 생명을 구하기 위해 개입하기를 원하지 않겠는가?

Image Source Black/SuperStock

위험한 게임 과도한 음주와 술 마시기 게임은 위험한, 심지어는 치명적인 결과를 유도할 수 있다. 만약 친구가 음주의 결과로 의식을 잃는다면, 당신은 무엇을 해야만 할까?

남성들처럼 알코올 중독을 발달시킬 것이다.

알코올 중독 치료 알코올 중독으로 고통받는 사람들을 돕기 위한 다양한 치료법이 있다. 가장 널리 쓰이는 프로그램은 '익명의 알코올 중독자들(Alcoholics Anonymous, AA)'인데, 이는 온전한 정신을 지향하는 12개의 지정된 단계에 따라 개개인들이 상호 지지를 제공하는 자조(自助) 프로그램이다. 그러나 익명의 알코올 중독자들은 종교적인 초점이 매우 강해서 모든 사람들에게 적절하지 않을 수도 있다. 다양한 접근법이 익명의 알코올 중독자들만큼 효과적일 수 있다는 증거를 보여주고 있다.

알코올 남용과 알코올 중독 국립연구소(The National Institute on Alcohol Abuse and Alcoholism)는 대규모의 연구를 지원하였는데, 1,700명 이상의 음주자들이 익명의 알코올 중독자들의 12단계 프로그램, 인지행동 치료, '동기증진 치료'에 무선할당되었다(Ouimette, Finney, & Moos, 1997). 인지행동 치료는 음주자들에게 음주의 유혹에 어떻게 대처하는지와 음주 제의를 어떻게 거절하는지를 가르쳤다. 동기증진 치료는 스스로를 돕고자 하는 음주자들의 욕구를 향상시키기 위해 고안되었다. 이러한 치료들은 일부 예외는 있었지만, 대부분의 사람들에게 잘 적용되었다. 예를 들어 심리적인 문제가 있던 사람들은 인지행동 치료가 조금 더 성공적이었다. '익명의 알코올 중독자들' 참가자들은 그들이 금주에 관여하고, 알코올 사용 위험이 높은 상황을 피하고자 하는 강력한 의지를 가지고 있으며, 프로그램에 더 오래 참가하였을 때 전형적으로 더 효과가 좋았다(McKellar, Stewart, & Humphreys, 2003; Moos & Moos, 2004).

역설적으로 치료 목적의 약물이 약물 남용과 약물 의존 문제를 가진 사람들을 치료하는 데 쓰일 수 있다. 하나의 약물은 다른 약물 사용의 파괴적인 패턴을 없애는 데 쓰이기도 한다.

Courtesy Sam Spady Foundation

알코올에 의한 사망 불행하게도 알코올의 과다 복용으로 인하여 매년 많은 미국 대학생들이 사망하고 있다. 비극의 한 예는 콜로라도주립대의 19살 대학생인 사만다 스페이디인데, 그녀는 친구들과 밤에 폭음한 이후 사망하였다.

DreamPictures/GettyImages

알코올은 남성보다 여성의 뇌에 더 빨리 전달되는가? 한마디로 그렇다. 한동안 여성들이 체중이 덜 나가기 때문에 그렇다는 속설도 있었다. 그러나 연구자들에 의하면, 여성이 알코올의 효과에 더 민감한데, 그 이유는 여성의 내장에서 알코올을 소화할 수 있는 능력이 적기 때문이다.

예를 들어 니코틴 패치는 신체에 지속적으로 니코틴을 제공하여 니코틴에 의존적인 사람들로 하여금 담배에 대한 의존을 끊도록 도와줄 수 있다(Strasser et al., 2005). 뇌에서 세로토닌의 가용성을 증가시키는 항우울 약물(프로작이 그 예이다)은 세로토닌의 활동을 정상화시키며, 이를 통하여 코카인이나 다른 약물에 대한 갈망을 통제하는 것을 도울 수 있다(Johnson et al., 2000; Kranzler, 2000). 신경전달물질인 세로토닌의 부족은 약물에 대한 갈망을 높일 수 있다.

또 다른 약물인 날트렉손(naltrexone, 상표명은 ReVia)은 알코올로부터 정상적으로 얻어지는 고양감을 막는데, 이는 한 번의 음주가 다른 음주를 부르는 강한 욕망을 만들어 알코올 의존적인 사람이 폭음하도록 하는 나쁜 연쇄과정을 끊도록 도울 수 있다(Anton, 2008; Myrick et al., 2008). 그러나 연구자들은, 알코올과 다른 약물 문제가 있는 사람들이 약물 없이 사는 법과 그들의 문제에 더 효과적으로 대처하는 법을 배울 수 있도록 돕기 위해서 약물치료법과 심리적 접근법이 병행되어야 할 필요가 있다는 점을 인식하고 있다(예 : Carroll & Onken, 2005).

아편제

아편제 : 양귀비에서 추출되거나 비슷한 화학적 구조를 가진 억제제들. 보통 고통을 감소시키는 데 사용하나 행복감의 쇄도를 가져올 수도 있다.

마취제 : 헤로인과 같이 고통을 감소시키고 수면을 유도하는 성질이 있는 약물로, 강력한 중독 잠재력이 있다.

아편제(opioids)는 일종의 **마취제**(narcotic, '잠을 유도하는')인데, 모르핀, 헤로인 등 양귀비에서 추출되는 자연적인 아편제와 데메롤(Demerol)과 퍼코댄(Percodan) 등 아편과 같은 효과를 만들어내도록 합성된 화학적으로 유사한 약물 등이 있다. 다른 억제제와 마찬가지로, 아편제는 중추신경계의 활동을 둔화시킨다. 아편제는 합법적으로 의료용으로 쓰이며, 특히 고통을 경감시킨다. 그러나 아편제는 길거리 약물로 널리 남용되기도 한다. 아편제인 옥시콘틴과 같

나의 생활

나의 마음

자기 평가 : 당신이 음주에 빠져 있는지를 어떻게 아는가?

음주가 당신에게 문제가 되었는가? 당신이 음주에 빠져 있다는 것을 어떻게 아는가? 다음에 제시된 척도를 완성하여 이러한 중요한 질문에 대한 지침을 얻을 수 있다. 이 척도에는 알코올 중독 국가 위원회의 자기 진단에서 발췌된 문항들이 들어 있다. 각 문항에 대해 예 혹은 아니요에 체크하라. 그리고 추가적인 제안을 위해 이 장의 마지막에 있는 평가 기준을 참고하라.

		예	아니요
1.	당신은 때때로 폭음을 하는가?	____	____
2.	음주할 때 당신은 가족이나 친구로부터 멀리 떨어져 있곤 하는가?	____	____
3.	가족이나 친구가 당신의 음주에 대해 이야기하면 당신은 짜증을 내는가?	____	____
4.	때때로 당신의 음주에 대해 죄책감을 느끼는가?	____	____
5.	당신이 음주할 때 이야기하거나 행동한 것에 대해 자주 후회하는가?	____	____
6.	음주를 조절하거나 줄이는 위한 스스로의 약속을 지키지 못한 적이 있는가?	____	____
7.	음주할 때 식사를 불규칙적으로 하거나 전혀 먹지 않는가?	____	____
8.	음주 이후 무기력해지는가?	____	____
9.	음주 때문에 종종 업무나 약속을 놓치는가?	____	____
10.	취하거나 고양감을 느끼기 위해 점점 더 많이 마시는가?	____	____

출처 : *Newsweek*, February 20, 1989, p.52에서 발췌.

이 처방을 통해 얻을 수 있는 진통제의 불법적 사용이 미국의 중요한 약물 남용 문제로 떠오르고 있다(Friedman, 2006).

모르핀(Morphine)은 미국에는 남북전쟁의 시기인 1860년대에, 유럽에는 보불전쟁(1870~1871) 중에 유입되었다. 모르핀은 부상으로 인한 고통을 줄이기 위해 광범위하게 쓰였다. 이로 인해 모르핀에 대한 생리적 의존은 '군인의 질병'으로 알려지게 되었다. 헤로인(Heroin)이라는 명칭은 이것이 사람들을 '영웅적으로' 느끼게 만들기 때문에 붙여진 이름이다. 또한 이 약물은 모르핀에 대한 생리적 의존을 치료하는 '영웅(hero)'으로 묘사되기도 한다. 그러나 헤로인도 모르핀처럼 중독성이 강하다는 것이 증명되었다.

헤로인은 강력한 행복감의 '쇄도'를 가져올 수 있다. 헤로인 사용자들은 헤로인이 너무 기분을 좋게 만들어 음식이나 성행위 욕구조차도 없애버릴 수 있다고 하였다. 지속적인 사용자는 헤로인에 대한 내성을 키우게 되고, 이는 그들이 헤로인을 더 많이 사용하게 하여 잠재적으로 삶을 위협하는 남용의 원인이 될 수 있다.

헤로인은 불법이다. 이 약물의 소지 및 판매에 대한 형벌은 무거우며, 헤로인은 비싸다. 이 때문에 많은 생리적 의존자들은 거래(헤로인의 판매), 매춘, 혹은 훔친 물건을 팔아서 헤로인을 꾸준히 복용한다. 아편제 중독자들은 극도로 불쾌한 금단 증상에 직면한다. 이러한 금단 증상은 먼저 감기와 같은 증상으로 시작되며, 떨림, 경련, 오한과 발한의 교대, 맥박수의 증가, 고혈압, 불면증, 구토, 설사 등으로 발전한다. 그러나 이러한 금단 증상은 사람마다 다르며, 의학적으로 통제가 가능하다.

합성 아편제인 메타돈(Methadone)은 헤로인 중독 치료에 광범위하게 쓰이는데, 헤로인의 사용을 중단했을 때 발생하는 매우 불쾌한 금단 증상을 막아주기 때문이다. 메타돈은 헤로인과 관련된 약물의 상태나 감정의 '쇄도'를 만들지 않기 때문에 메타돈을 계속 사용하는 중독자들은 직업을 유지하고, 원래의 삶으로 돌아갈 수 있게 된다. 그러나 메타돈 프로그램은 주의 깊게 관리될 필요가 있는데, 과다 복용 시 치명적이며, 메타돈이 길거리 약물로 남용될 수 있기 때문이다(Belluck, 2003).

메타돈 치료는 종종 심리 상담이나 다른 형태의 약물재활과 병행된다. 결국 메탄돈을 계속 사용하는 사람들은 점진적으로 약물로부터 벗어날 수 있다. 메타돈 치료 프로그램은 많은 아편제 중독자들의 삶을 구하는데 명백하게 도움이 되었지만(Krantz & Mehler, 2004), 이러한 치료가 모든 경우에 효과적이지는 않다 : 어떤 사람들은 다시 헤로인을 사용하며, 어떤 이들은 메타돈의 사용을 중지하였을 때, 금단 증상을 참을 수 없었다(Dyer et al., 2001; Goode, 2001).

바르비투르

바르비투르(barbiturates)는 진정 효과와 이완제의 성질을 가지고 있는 진정 약물의 한 종류이다. 바르비투르의 일반적인 예는 아모바비탈(amobarbital), 펜토바르비탈(pentobarbital), 페노바르비탈(phenobarbital), 세코바르비탈(secobarbital) 등이다. 이러한 약물들은 고통의 경감, 간질의 치료 등 합법적인 의료 목적으로 쓰이기도 한다. 그러나 바르비투르의 사용은 빠르게 생리적, 심리적 의존을 유도할 수 있다. 바르비투르는 길거리 약물로 인기 있는데, 이완 효과뿐만 아니라 가벼운 행복감의 상태를 만들기 때문이다. 바르비투르의 다량 복용은 졸림, 운동능력의 손상, 불분명한 언어, 과민성, 판단력의 부족을 가져오기도 한다. 갑자기 바르비투르를 끊은 생리적 의존자는 사망을 일으킬 수도 있는 심한 경련을 경험할 수 있다. 그러므로

바르비투르 : 불안을 없애거나 수면을 유도하는 중독적인 억제제

약물 사용의 중지는 세심하게 관리되는 것이 중요하다. 바르비투르는 다른 약물과 함께 사용될 경우 중독 효과를 가지는데, 알코올이나 다른 억제제와 혼합하여 사용하는 것은 특히 위험하다.

흥분제 : 당신을 자극하는 약물

흥분제 : 중추신경계의 활동을 증가시키는 약물

이제 중추신경계에 억제제와 반대의 영향을 미치는 약물들에 대해서 살펴보자. **흥분제**(stimulants)는 중추신경계의 활동을 촉진시키는데, 이는 신체의 각성과 정신적 기민함의 상태를 고조시킨다. 그러나 암페타민, 코카인 등의 흥분제는 또한 강력한 희열감을 유도할 수 있으며, 이는 흥분제의 강력한 매력과 남용에 대한 잠재력의 원인을 설명한다. 우리는 니코틴부터 알아볼 것이다. 니코틴은 순한 흥분제이지만, 흡연을 통해서 체내에 유입되기 때문에 우리의 건강과 웰빙에 중대한 위협을 가한다.

니코틴

니코틴 : 담배에서 발견되는 순하지만 중독성이 강한 흥분제

니코틴(nicotine)은 담배, 여송연, 씹는 담배 등 담배제품에서 발견되는 강력한 중독성의 흥분제이다(Nonnemaker & Homsi, 2007).

흡연은 습관만 나쁜 것이 아니다. 지속적으로 흡연하게 되면, 흡연자들이 혈류에 일정 수준의 니코틴을 유지하기 위해 흡연을 조절하게 되어 중독이 된다. 중독(화학적 의존)은 처음 몇 주간의 흡연으로 빠르게 발달한다.

의존이 일어나면, 흡연자들은 갑자기 금연하고자 할 때 금단 증상을 경험한다. 이러한 금단 현상은 신경과민, 졸림, 에너지의 상실, 두통, 불규칙적 대장운동, 어지러움, 불면증, 현기증, 경련, 심계항진, 떨림, 발한 등이 있다. 니코틴 의존적인 흡연자들은 종종 이러한 금단 증상을 통제하기 위해 다시 흡연한다. 흡연자들은 금연하고 나면, 다시 금단 증상으로 고통받고, 또 다시 흡연을 시작한다 — 이러한 악순환의 형태가 반복해서 일어날 것이다.

흥분제인 니코틴은 심장박동이나 신진대사율 등의 신체 과정을 촉진시키고, 식욕을 억제하며, 집중, 기민함, 각성을 증가시킨다. 일부 사람들은 체중을 조절하기 위해 담배를 피운다. 어떤 이들은 금연하면 더 많이 먹는 경향이 있어서 다시 흡연을 하게 되기도 한다. 또한 니코틴은 가벼운 희열감(행복감)을 불러일으키기도 하며, 역설적으로 정신적 안정감과 이완을 가져다주기도 한다. 결과적으로, 흡연자들은 그들의 마음을 고양하거나 안정시키기 위해서 니코틴에 의존하게 될 수 있다.

Nick Gunderson/GettyImages

대형 여객기 매일 2대의 대형 여객기가 미국 상공에서 충돌하는 악몽을 상상해보라. 정부가 모든 비행기를 이륙하지 못하게 할까? 계속 비행하도록 할까? 아직도 많은 미국인들이 매일 흡연으로 사망하고 있다. 각 개인이 금연하도록 하고, 젊은이들의 흡연을 예방하기 위해서 무엇을 할 수 있을까?

담배의 위험 당신은 흡연이 건강에 좋지 않다는 것을 알고 있다. 그러나 어떻게 위험하다는 것인가? 매우 위험하다. 사실상 너무 위험하기 때문에 미국에서 주요한 예방의 대상이 되는 사망원인이다. 매년 거의 45만 명이 흡연 관련 질병으로 사망한다(CDC, 2009; "Tobacco Use", 2010)(그림 5.8 참조). 이는 매일 2대의 대형 여객기가 상공에서 충돌하여 모든 승객이 사망하는 숫자와 맞먹는다. 자동차 사고, 알코올과 약물 남용, 자살, 살인, 에이즈를 합친 것보다 더 많은 미국인들이 매년 흡연 관련 질병으로 사망한다. 결과적으로, 미국의 전체 사망자 중 1/5 정도가 흡연과 연관되어 있다(Benowitz, 2010).

흡연과 관련하여 좋은 소식은, 미국 성인의 흡연율이 지난 40~50년간 절반 이상 감소했다는 점이다. 흡연율은 1966년 42% 이상이었으나, 지금은 1/5에 지나지 않는다("Tobacco

Use", 2010). 그러나 이는 약 20%의 미국인이 여전히 흡연하고 있다는 의미이다.

담배 한 개비는 수명을 7분 정도 앗아 간다. 니코틴은 담배연기에서 가장 위험한 성분은 아니다. 가장 위험한 성분은 일산화탄소와 타르 등이다. 담배연기에 있는 일산화탄소는 혈액의 산소 운반 능력에 손상을 입히며, 숨이 차게 하고, 심혈관계를 위태롭게 한다. 담배연기에 있는 탄화수소('타르')는 폐암의 원인으로 지목되고 있다. 폐암의 거의 9/10는 흡연으로 인한 것이다.

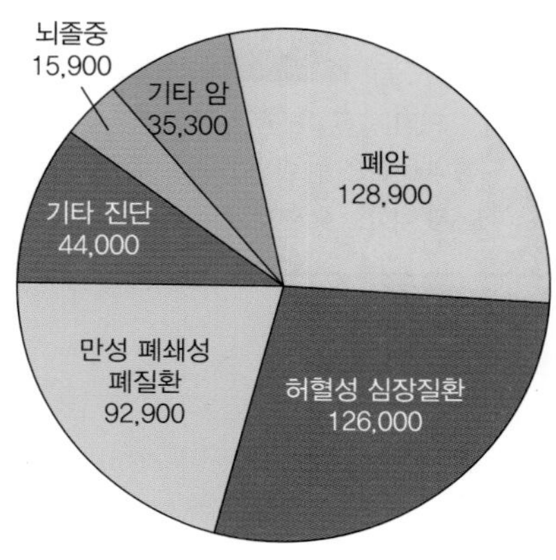

* 연평균 사망자 수, 2000~2004.
출처 : MMWR 2008;57(45) : 1226~1228.

그림 5.8
흡연으로 인한 사망 흡연은 미국을 비롯하여 전 세계적으로 주요한 예방 가능한 사망원인이다.

당신은 흡연이 폐암을 유발한다는 것을 알고 있을 것이다. 그러나 미 연방정부 의무감은 최근 보고서에서 흡연은 거의 모든 신체기관과 계에 해를 준다고 지적하였다. 흡연은 심혈관계 질환(심장과 동맥 질환), 폐기종과 다른 만성적인 폐 질환, 췌장암 · 신장암 · 위암 · 자궁암 등의 암의 주요 원인이다(U.S. Surgeon General, 2010). 추가적으로, 여성 흡연자들은 골 밀도가 감소하고, 엉덩이와 다른 뼈들의 골절 위험이 증가하는 것으로 나타났다. 임신한 여성의 흡연은 유산, 조산, 미숙아, 사산 등의 위험성이 매우 높다.

시가(cigar) 흡연자들은 담배를 피우는 사람보다 담배 연기를 덜 흡입할 가능성이 있는데, 이러한 이유로 시가 흡연자들은 시가 흡연이 상대적으로 안전하다는 잘못된 생각을 가지고 있다. 미국암학회와 질병관리본부의 연구자들은 비흡연자에 비해 시가 흡연자들이 담배 연기를 흡입하지 않을 때조차 폐암 발병률이 5배 정도 높다고 보고하였다("Cigars Increase", 2000). 만약 담배 연기를 흡입한다면, 여송연 흡연자들은 비흡연자에 비해 폐암의 위험이 11배에 달한다. 또한 여송연 흡연자들은 구강암, 인후암, 식도암의 위험을 안고 있다.

간접 흡연(passive smoking)은 호흡기 질환, 천식, 그리고 다른 건강 문제들과 연관되어 있다. 아동기에 가정에서 담배연기에 장기 노출되는 것은 폐암의 위험 요인이다. 2차 흡연의 해로운 효과 때문에 흡연은 항공기, 식당, 엘리베이터 등의 많은 공공장소에서 금지되고 있다.

▮ **간접 흡연** : 다른 사람의 흡연으로 인해 담배 연기를 흡입하는 것. 2차 흡연이라고도 불림

그렇다면 사람들은 왜 담배를 피우는 것일까? 지적으로 보이거나(하지만 요즈음은 흡연자들은 지적이기보다는 바보로 평가되는 경향이 있다), 신경과민을 가라앉히거나, 손으로 무언가를 하거나, 그리고 니코틴의 흡수를 조절하려는 욕망 등 여러 가지 이유가 있다.

암페타민

암페타민(amphetamines)은 일군의 흥분제인데, 야간 동안 기민한 상태를 유지하도록 하기 위해 제2차 세계대전에서 군인들에 의해 처음 사용되었다. 트럭 운전사들은 밤에 잠을 자지 않기 위해, 학생들은 벼락치기 밤샘 공부를 하기 위해, 그리고 다이어트를 하는 사람은 공복감을 가라앉히기 위해 사용하곤 한다. 이러한 약물들은 입으로, 흡연을 통해, 코로, 혹은 주사로 흡수가 가능하다.

▮ **암페타민** : 기민한 상태를 증가시키고 희열감을 유도하는 메스암페타민과 같은 흥분제의 일종

스피드(speed), 어퍼스(uppers), 베니스[bennies, 특히 벤제드린(Benzedrine)], 덱시스[dexies, 특히 덱세드린(Dexedrine)] 등으로 불리는 이러한 약물들은 종종 행복감의 '쇄도'를 위해 사용되었는데, 대량 투여 시에 특히 그러하다. 정기적인 사용자는 하루 종일 깨어 있거나 기분 좋은 상태로 있을 수 있다. 그러나 이러한 기분 좋은 상태는 끝나게 마련이다. 장기간 기분 좋은 상태를 경험한 사람들은 때때로 '붕괴'되거나, 깊은 잠이나 우울감에 빠지게 된다. 내성 때문에 이들 중 많은 이들이 실험실 동물을 죽일 정도의 양을 섭취한다.

사람들은 심리적으로 암페타민에 의존하게 될 수 있는데, 그들이 스트레스나 우울증에 대처하기 위해 일상적으로 사용될 때 특히 그러하다. 내성은 급격하게 발달한다. 최근 연구에서 암페타민의 일종인 강력한 메스암페타민의 정기적인 복용은 생리적 의존이나 중독을 유발

나의 생활

자기 평가 : 당신은 왜 담배를 피우는가?

다음의 문장은 무엇이 흡연을 하게 하는지를 묘사하기 위해 사람들이 서술한 것들이다. 만약 당신이 흡연한다면, 당신이 얼마나 자주 문장에 묘사된 방식을 느끼는지 적절한 숫자에 표시하도록 하자. 그리고 당신의 응답을 해석하기 위해 이 장의 마지막에 있는 평가 기준을 확인하라.

중요 : 모든 문항에 답하시오.

1=절대 그렇지 않다
2=거의 그렇지 않다
3=가끔 그렇다
4=자주 그렇다
5=항상 그렇다

A. 나는 느긋해지지 않기 위하여 흡연한다.	1	2	3	4	5
B. 담배를 만지는 것 자체가 흡연의 즐거움 중의 일부이다.	1	2	3	4	5
C. 흡연은 즐겁고, 마음을 이완시켜준다.	1	2	3	4	5
D. 나는 무엇인가에 화를 느낄 때 흡연한다.	1	2	3	4	5
E. 담배가 떨어졌을 때 다시 구입하기 전까지 나는 거의 참을 수 없다.	1	2	3	4	5
F. 나는 인지하지 못한 채 자동적으로 흡연한다.	1	2	3	4	5
G. 나는 나 자신을 자극하고, 기운을 차리기 위해서 흡연한다.	1	2	3	4	5
H. 담배에 불을 붙이는 것은 흡연의 즐거움 중의 일부이다.	1	2	3	4	5
I. 나는 담배가 즐거움을 준다는 것을 안다.	1	2	3	4	5
J. 나는 무엇인가에 불편하거나 속상할 때 담배에 불을 붙인다.	1	2	3	4	5
K. 흡연을 하지 않을 때 나는 이 사실을 매우 잘 인지하고 있다.	1	2	3	4	5
L. 한 개비의 담배가 이미 재떨이에 타고 있다는 것을 잊은 채 담배에 불을 붙인다.	1	2	3	4	5
M. 나는 내 기분을 고양하기 위해 담배를 피운다.	1	2	3	4	5
N. 흡연할 때 즐거움 중의 일부는 내가 내뿜는 연기를 바라보는 것이다.	1	2	3	4	5
O. 내가 편안하고 이완되어 있을 때 담배가 제일 피우고 싶다.	1	2	3	4	5
P. 우울하거나 걱정과 근심으로부터 벗어나고 싶을 때 나는 흡연한다.	1	2	3	4	5
Q. 한동안 흡연하지 않으면 담배에 대한 진짜 극심한 굶주림을 갖는다.	1	2	3	4	5
R. 나는 담배를 물고 있을 때 언제 물었는지 기억하지 못한다.	1	2	3	4	5

할 수 있다는 증거가 제시되었다(Jonkman, 2006). 암페타민의 대량 투여는 초조, 불면증, 식욕 감퇴, 짜증의 원인이 될 수 있다. 또한 암페타민의 사용은 편집형(망상형) 조현병처럼 보이는 환각과 망상의 특징을 가진 정신병('현실과의 단절')의 형태를 유발할 수 있다.

메스암페타민은 가장 많이 남용되는 암페타민류인데, 150만 명 이상의 미국인이 이 약물을 정기적으로 사용한다고 보고되고 있다(Jefferson, 2005). 메스, 분필, 아이스, 크리스탈, 유리 등으로도 알려진 메스암페타민의 과도한 사용은 신경 손상뿐만 아니라 인지적, 정서적 문제와도 연관이 되어 있다. 뇌 영상 연구에서는 메스암페타민의 사용이 뇌를 손상시킬 수 있는데, 학습, 기억, 다른 인지기능의 문제를 일으킨다는 점을 보여주고 있다(Thompson et al., 2004; Toomey et al., 2003).

암페타민, 코카인과 같은 약물의 사용은 뇌 경로에서 희열감을 생성하는 신경전달물질인 도파민 수준을 증가시킨다(Flagel et al., 2011; Pierce & Kumaresan, 2006). 시간이 지남에 따라 메스암페타민의 과다 사용은 뇌의 도파민 생성을 감소시킨다. 결과적으로, 메스암페타민(또는 코카인)의 상습 복용자들은 삶의 희열을 경험하기 위해서 약물에 의존하게 된다.

또 다른 흥분제인 메틸페니데이트[methylphenidate, 리탈린(Ritalin)]는 아동의 주의력 결핍 및 과잉행동 장애(ADHD) 치료에 합법적으로 임상 활용된다. 그러나 흥분 효과를 위해 청소년이나 성인에 의해 사용된다면 리탈린 역시 남용 약물이 될 수 있다.

© AP/Wide World Photos

엑스터시 엑스터시는 황홀감을 유도하기보다는 불쾌한 정서적 반응, 손상된 기억 기능, 심지어 대량 투여 시 사망을 불러일으킬 수 있다.

엑스터시 : 위험한 '광란의 파티?'

엑스터시(ecstasy)는 실험실에서 제조된 합성 약물인데, 가벼운 행복감과 환각 효과를 만들어 낸다(Lamers et al., 2006). 공식 명칭은 MDMA(3,4-methylenedioxymethamphetamine)이다. 암페타민과 화학적으로 유사하며, 1990년대와 2000년대 초기에 미국의 나이트클럽이나 파티에서 거점을 확보하였다.

▮ **엑스터시** : 암페타민과 비슷한 약물로, 가벼운 행복감과 환각 효과가 있다.

많은 사용자들, 특히 10대들은 엑스터시가 상대적으로 안전하다고 믿지만, 보건당국은 엑스터시가 심각한 신체적, 심리적 위험성을 내포한다고 경고한다. 엑스터시는 혈압과 심장박동수를 상승시킨다. 이는 심혈관계에 문제가 있는 사람에게는 위험할 수 있는 신체적 반응이다. 또한 엑스터시는 긴장하거나 말을 많이 하게 만들고, 대량 투여는 치명적일 수 있다. 심리적으로 우울증, 불안, 불면증과 같은 불쾌한 증상과 심지어는 극단적인 편집증과 같은 정신병적 특징을 불러일으키기도 한다. 이 약물의 과다 사용은 학습, 기억, 주의력 등에 문제를 발생시키기도 하며, 심지어는 뇌 손상을 일으킬 수도 있다(Di Iorio et al., 2011). 만약 영리하게 명명된 이 약이 황홀감을 줄 것이라고 생각한다면, 다시 생각하라. 좋은 소식은 이 약의 새로운 사용자 수가 감소하기 시작했다는 점이다. 그러나 여전히 1,000만 명 이상의 미국인이 최소한 한 번은 이 약을 사용하였다고 보고한다(SAMHSA, 2005).

코카인

코카인은 강력한 흥분제이다. 코카인은 행복감을 만들어주며, 배고픔을 억제하고, 고통을 줄이고, 자신감을 증가시킬 수 있다. 코카인은 코카 잎으로부터 '차'로 우려내기도 하며, 가루 형태로 코를 통해 흡입되거나, 액체 형태로 주사될 수 있다. 코로 반복 흡입하는 것은 코의 혈관을 수축시키며, 피부를 건조하게 만들며, 때때로 연골이 드러나고, 비중격에 구멍을 내기도 한다. 이러한 문제는 성형수술을 필요로 한다. 크랙(crack)이라고 불리는 코카인의 경화된 형태는 청소년들이 구입할 수 있는 소량의 흡연 가능한 양으로 팔리기 때문에, 많은 청소년들이 급속도로 정기적인 사용자가 되었다.

© Jan Halaska/Photo Researchers, Inc.

코카인을 코로 흡입하기 1세기 전 흥분제인 코카인은 코카콜라의 성분이었다. 프로이트는 우울증 치료에 코카인을 사용하였다. 그러나 코카인은 혈압의 갑작스러운 상승에 박차를 가하며, 관상동맥을 수축시키며, 심장박동을 증가시킨다 — 심지어는 건강한 운동선수에게 가끔 호흡기와 심혈관계의 붕괴를 촉발하는 사건. 과다 복용은 초조, 불면증, 심한 떨림, 두통, 메스꺼움, 경련, 환각이나 망상 등의 정신 증상을 야기한다.

코카인은 매우 중독성이 강한 약물로서, 코카인에 대한 강렬한 갈망, 우울한 기분, 일상사의 평범한 기분 좋은 경험으로부터 얻어지는 즐거움의 경험 실패 등으로 특징지을 수 있는 금단 증상을 일으킨다. 또한 사용자들은 심리적으로 코카인에 의존하게 되며, 삶의 스트레스를 다루기 위해 강박적으로 코카인을 사용한다.

그리고 코카인은 굉장히 위험한 약물이다. 코카인은 혈압의 갑작스러운 상승을 자극하며, 관상동맥을 수축하고 혈액을 진하게 만들고(이 두 가지는 심장에 산소 공급을 감소한다), 심장박동을 빠르게 만든다. 과다 복용은 호흡기와 심혈관계의 붕괴를 초래하고, 이는 어떤 경우에는 갑자기 사망을 초래한다. 시간이 흐름에 따라 코카인의 사용은 즐거운 감정을 조절하는 두뇌 회로를 손상시킨다. 이는 코카인 남용자들이 코카인 사용을 중단했을 때 종종 우울해지고 일상적인 삶의 경험으로부터 즐거움을 얻지 못한다는 사실을 설명할 수 있을 것이다.

대중적인 음료인 코카콜라('코크')는 원래 코카인의 추출물을 끓여서 만들었으며 그 당시에는 '두뇌 강장제'로 판매되었다. 그러나 코카콜라 회사가 흥분제인 코카인의 사용을 중단함에 따라, 1906년 이후 코카콜라는 '진짜'가 아니게 되었다. 코카인은 코카 잎에서 추출되는데, 코카콜라라는 명칭은 이 식물의 이름을 딴 것이다.

환각제 : 현실을 왜곡하는 약물

▮ **싸이케델릭** : 환각과 망상을 유발하거나 지각을 고조시키는 약물

▮ **환각** : 실제와 혼돈되는, 감각 부재 상태에서의 지각

▮ **LSD** : 환각제로, lysergic acid diethylamide의 약어

▮ **플래시백** : LSD 경험과 유사하지만, 사용 후 오랜 시간이 지난 후에 발생하는 왜곡된 지각이나 환각

▮ **하시시** : 마리화나 식물의 송진에서 추출한 강력한 약물

환각제[환각성의 약물 또는 **싸이케델릭**(psychedelics)이라고도 불림]는 감각의 왜곡과 **환각**(hallucination)을 불러일으키는 약물이다. 가장 널리 사용되는 환각제는 LSD['산(acid)']이다. 그리고 우리는 마리화나에 대해서도 알아볼 것인데, 마리화나가 종종 가벼운 환각제로 분류되기 때문이다.

LSD와 기타 환각제

LSD는 lysergic acid diethylamide의 줄임말로, 합성된 환각 약물이다. 50만 명 이상의 미국인이 LSD를 사용한다고 보고한다(NIDA Notes, 2004). 어떤 이들은 LSD가 의식을 확장하며 새로운 세상을 열어준다고 주장한다. 때때로 사람들은 LSD를 사용하는 동안 큰 통찰을 얻는다고 믿지만, 약물의 작용이 끝나면 이러한 발견을 적용할 수 없거나 기억조차 못하는 것처럼 보인다. 강력한 환각제로서, LSD는 생생하고 다채로운 환각을 만든다. 일부 LSD 사용자들은 **플래시백**(flashback) 현상을 경험하기도 한다. 플래시백은 LSD의 '여행'과 비슷하지만, LSD를 사용한 후 며칠, 몇 주, 혹은 그 이상의 시간이 지난 후에 나타나게 되는 왜곡된 지각이나 환각을 의미한다.

다른 환각제로는 메스칼린(mescaline, 페요테 선인장으로부터 추출)과 펜시클리딘(phencyclidine, PCP) 등이 있다. 환각제의 정기적인 사용은 내성과 심리적 의존을 유발할 수 있다. 그러나 환각제는 생리적 의존을 유발하지는 않는 것으로 알려져 있다. 과다 복용은 무서운 환각, 협응 능력의 손상, 판단력의 감퇴, 기분의 변화, 편집증적 망상을 유발할 수 있다.

A. Rousseau/The Image Works

환상적인 삶의 여행 LSD는 강력한 환각제이며, 생생하고 다채로운 환각(감각 부재 상태에서의 지각)을 유발한다. 일부 LSD 사용자들은 LSD가 '의식을 확장시키며' 새로운 세상을 열어준다고 주장하지만, 일단 '여행'이 끝나면 그들의 통찰과 소통하거나 이용할 수 없는 듯하다. 과다 복용은 무서운 환각, 협응 능력의 손상, 판단력의 감퇴, 기분의 변화, 편집증적 망상을 유발할 수 있다.

마리화나

마리화나는 대마로부터 추출되는데, 전 세계적으로 야생에서 재배된다. 마리화나는 여러 효과가 있다. 이완감을 유발하며, 기분을 고양시키고, 가벼운 환각을 일으킬 수 있다. 마리화나의 향정신성 물질은 delta-9-tetrahydrocannabinol(THC)이다. THC는 식물의 가지와 잎에서 발견되지만, 끈적끈적한 송진에 매우 농축되어 있다. **하시시**(hashish, 'hash')는 이러한 송진에서 추출된 것으로서 마리화나보다 더 강력하다.

마리화나는 미국에서 가장 널리 사용되는 불법적 약물로, 최근 발표에 따르면 현재 약 6%의 성인이 마리화나를 사용하고 있다고 보고하였다(NIDA Notes, 2004). 마리화나는 19세기에는 오늘날 두통이나 가벼운 통증에 사용되는 아스피린처럼 사용되었다. 약국에서 처방전 없이 살 수 있었다.

마리화나는 일부 합법적 의료 목적으로 사용된다. 녹내장 환자의 안압을 떨어뜨리거나, 암 환자가 화학치료를 받은 후에 나타나는 메스꺼움이나 구토를 치료하기 위해 쓰이기도 한다. 그러나 많은 전문가들은 마리화나의 잠재적인 의학적 사용을 완전하게 평가하기 위해서는

더 많은 연구가 필요하다고 믿는다. 마리화나의 사용은 심장박동수를 늘리고, 일부 사람에게는 혈압을 높이기도 한다. 심장이나 혈액순환에 대한 이러한 더 높은 부담은 고혈압과 심혈관계 질환자들에게 위협이 된다.

알코올과 마찬가지로, 마리화나는 운동지각의 협응 능력에 영향을 미치며, 운전 능력을 손상시킨다. 과다 사용은 뇌 조직, 기억 기능, 학습 능력을 손상시킬 수 있다(Puighermanal et al., 2009; Yücel et al., 2008). 비록 많은 사용자들이 긍정적인 기분의 변화를 보고함에도 불구하고, 다른 사람들은 불안이나 혼란감을 경험하고, 때때로 불안, 혼란, 심지어 편집증의 고양된 상태 등의 정신병적 반응을 경험한다. 신체 감각의 고양된 지각은 마리화나 사용자로 하여금 그들의 심장이 '날아갈' 것 같은 두려움을 유발할 수 있다. 일부 마리화나 사용자들은 종종 무섭거나 위협적으로 나타나는 지남력 장애를 경험한다. 그리고 마리화나를 피우는 것은 발암물질을 체내로 유입한다.

사람들은 심리적으로 마리화나에 의존하게 될 수 있으나, 마리화나는 식별 가능한 금단 증상과 명백하게 연결되어 있지 않기 때문에 중독 약물로 분류되지는 않는다. 그러나 최근 연구는, 정기적인 마리화나 사용자들이 내성(반복 사용함에 따라 필요량이 늘어나는 현상)과 갑작스런 사용 중단으로 인한 일부 금단 증상과 같은 생리적 의존의 징후를 경험할 수 있다는 점을 시사한다(Budney et al., 2007).

모듈 복습

복습하기

(16) 사회적, 직업적, 심리적, 신체적 문제를 야기하거나 악화시킬 때 약물의 사용은 ______ 되었다고 한다.
(17) 약물 ______은/는 약물에 관한 통제력을 상실하는 특징이 있다.
(18) 약물 사용 중단 시 내성이나 금단 증상은 ______ 의존의 증거가 된다.
(19) 일부 사람들은 어떤 약물에 대한 생리적 의존에 있어서 ______ 소인을 가지고 있다.
(20) 알코올은 생리적 의존성을 (유발하는, 유발하지 않는?) 중독성의 진정제이다.
(21) 여성은 남성보다 알코올에 (더 많이, 더 적게?) 영향을 받는 것처럼 보인다.
(22) ______은/는 억제제로서 통증을 경감하기 위해 의료 목적으로 사용되지만, 행복감의 쇄도를 가져오기 때문에 '길거리에서' 거래가 되기도 한다.
(23) 합성 아편제인 ______은/는 종종 헤로인 의존을 치료하기 위해 쓰이기도 한다.
(24) 흥분제인 ______은/는 담배 제품에서 발견된다.
(25) 코카인은 ______(으)로서 기민함과 자신감을 고양하지만, 과다 복용에는 초조, 불면증, 정신병적 반응을 유발할 수 있다.
(26) 과다 복용 시에 ______은/는 행복감을 만들지만, 과다 복용은 초조, 불면증, 정신병적 증상과 금단 증상을 유발할 수도 있다.
(27) ______은/는 아동의 ADHD를 치료하는 데 널리 사용된다.
(28) LSD의 사용 후 오랜 시간이 흐른 뒤에 ______을/를 초래할 수 있다.

생각해보기

왜 사람들은 다양한 약물을 사용하는 것일까? 이러한 약물의 위험성을 깨달은 사람들조차 약물을 지속적으로 사용하도록 만드는 요인은 무엇인가?

적응과 현대인의 삶

인터넷 중독

인터넷은 전 세계 어느 곳에서라도 멀리 떨어진 곳의 뉴스, 이메일, 개인 메시지, SNS 사이트 등의 정보에 접근할 수 있는 놀라운 도구이다. 그러나 인터넷의 과도한 사용은 '인터넷 중독'이라 불리는 강박적 형태의 행동을 나타낼 수 있다(Aboujaoude, 2010; Christakis, 2010). 당신이 인터넷에 중독될 위험에 놓여 있는가? 여기 찾아보아야 할 몇 가지 신호가 있다.

- 당신에게 기회가 있을 때마다 인터넷을 체크해야만 한다고 느끼는가?
- 몇 분 단위로 당신의 이메일이나 페이스북 페이지를 체크하는가?
- 당신은 하루에 3, 4시간 이상을 대화방이나 가상 커뮤니티에 참여하는가?
- 이러한 행동들이 당신 자신과 실제 세상 간의 간격을 만드는가? 인터넷이 학교, 가정, 직장에서의 기능 또는 관계에 방해가 되는가?
- 당신은 하루 종일 인터넷에 접속하지 않는 것을 상상할 수 있는가? 만약 이것이 너무 고통스러워 생각조차 할 수 없다면 3, 4시간 정도는 어떠한가?

강박적 도박과 강박적 쇼핑 등 다른 형태의 강박적 행동들과 마찬가지로, 강박적인 인터넷 사용은 비화학적 형태의 중독을 대표한다(Block, 2008). 약물 중독과 같이 이러한 문제 행동은 개인적 또는 사회적 기능을 방해하고, 금단 증상(화, 긴장, 우울)을 유발할 수 있을 정도까지 행동 수행에 대한 집착을 하게 한다.

인터넷에 중독된 사람들은 공부나 업무, 실제의(가상이 아닌) 사회생활을 도외시할 수 있다. 대학 캠퍼스에서의 인터넷 중독 유병률의 추정치는 1~10% 사이이다(Christakis, 2010). 인터넷 중독은 다른 형태로 나타나기도 한다. 일부 과도한 인터넷 사용자는 지나친 게임과 경쟁에 빠지는 반면, 다른 사람들은 인터넷 포르노물에 심취한다. 어떤 이들은 가상 커뮤니티에 강박적으로 빠지는 경우도 있는데, 그들의 자아존중감은 아바타 형태의 가상적인 자산을 얻는 데 달려 있다. 변형된 자아인 아바타는 실제보다 키가 커 보이거나 더 매력적으로 보이는 등 그들의 지각된 결점을 보완할 수 있다. 또한 어떤 이들은 정서적 욕구를 만족시키거나 현실의 외로움이나 지루함과 싸우기 위해 강박적으로 소셜 네트워크와 대화방을 이용한다. 병리적인 도박과 강박적인 쇼핑 등의 다른 강박적 행동과 유사하게 인터넷 중독은 불안, 우울, 충동성, 심지어 약물중독 등의 정서적 문제와 연관되어 있다. 〈표 5.15〉는 인터넷 중독에 대항하기 위한 시사점들을 제시한다. 그러나 다른 형태의 중독과 마찬가지로 만약 문제가 지속된다면 전문적인 상담을 구하는 것이 유익할 것이다.

표 5.15 ▮ 인터넷 중독에 대항하기

일부 학생들은 인터넷을 너무 자주 또는 너무 오래 이용하거나 온라인에 접속하고자 하는 욕구가 너무 강한 것에 대해 우려한다. 만약 인터넷에 중독되어 가는 것을 우려한다면, 당신이 사용할 수 있는 시사점들이 아래에 제시되어 있다.

- **오락 목적으로 허락된 온라인 사용시간의 양을 스스로 엄격하게 제한하라.** 제한을 잘 지킨 것에 대해 당신이 진짜 원하는 것을 살 수 있도록 스스로 보상하라.
- **정해진 시간을 모두 사용했거나 합당한 목적이 종료된 후에는 컴퓨터를 끄라.**
- **경쟁적인 활동에 참여하라.** 책을 읽거나, 산책을 하거나, 업무를 확인하거나, 친구와 대화(온라인이 아닌)를 하라.
- **인터넷을 공공장소에서만 사용하도록 제한하라.** 예를 들어 도서관, 학생회관, 학생식당을 활용하라.
- **실제 세상에서의 관계를 발전시키라.** 동아리, 캠퍼스 단체에 참여하고, 가상의 관계를 대체하기보다는 교우관계를 확장하라.

출처 : From Nevid/Rathus. *HLTH*, © 2013 Brooks/Cole, a part of Cengage Learning, Inc. 허락하에 전재.

해로운 약물에 대한 건강한 대안 찾기

모듈 5.5

긍정심리학

우리 대부분은 다양한 방식으로 향정신성 약물을 사용한다. 우리는 한 잔의 커피나 차(이는 가벼운 흥분제인 카페인을 함유한다)로 하루를 시작하고, '밤 술 한 잔'(이는 알코올을 함유한다)으로 하루를 마친다. 혹은 우리는 흡연을 하거나 불법 약물

표 5.16 | 약물 남용의 ABC를 수정하기 위한 자기 통제 전략

약물 남용의 A(선행사건 단서, Antecedent cues)를 변화시키기

향정신성 약물에 대한 갈망을 촉발하는 자극을 통제하는 방법을 배우기

- 알코올 음료, 맥주잔, 포도주병, 재떨이, 성냥, 담뱃갑, 라이터 등 음주와 흡연 도구들을 가정에서 제거하기
- 음주와 흡연이 허용되도록 하는 자극 환경을 제한하기. 창고, 화장실, 지하실 등 집에서 자극을 주지 않는 공간에서만 약물을 사용하도록 제한하라. TV, 읽을거리, 라디오, 전화기 등 약물의 사용과 연관될 수 있는 다른 모든 자극을 제거하라. 이러한 방법을 통하여 약물 남용이 촉발자극으로부터 분리된다.
- 약물 남용의 문제가 있는 사람과는 어울리지 말고, 주점, 길거리, 볼링장 등 약물의 사용과 관련된 상황을 피하기
- 유해한 약물을 하지 않는 사람들과 사귀기
- 강의, 콘서트, 체육관, 박물관 등 약물이 없는 곳에 자주 다니기. 또는 저녁 강좌를 수강하거나 음주가 허용되지 않는 식당에서 식사하기
- 자기이완이나 명상을 연습하기, 스트레스나 긴장 상태를 덜기 위해 약물을 사용하지 않기, 분노감을 글로 표현하기, 장기화된 우울감을 극복하기 위해 알코올, 약, 담배에 의지하기보다는 상담받기 등과 같은 방법으로 약물 남용의 내적 촉발자를 관리하기

약물 남용의 B(행동, Behaviors)를 변화시키기

약물 남용과 관련된 행동을 예방하거나 중단시키는 방법을 배우기

- 알코올을 집으로, 담배를 사무실로 가져가지 않기 등 물리적으로 남용 습관이 생기는 것을 예방하거나 더 어렵게 만들어서 남용 습관 깨뜨리기
- 약물 사용에 대한 유혹에 빠질 때 경쟁 반응을 사용하기. 민트나 무설탕껌 등 적절한 도구를 이용하여 약물과 관련된 상황을 다뤄라. 약물 사용을 방해하는 다른 경쟁 반응은 목욕이나 샤워하기, 개를 산책시키기, 간단한 산책하기, 운전하기, 친구에게 전화하기, 약물과 관계없는 환경에서 시간 보내기, 명상, 이완, 운동을 연습하기 등이 있다.

한 번에 맥주 1캔씩만 사기, 성냥 · 재떨이 · 담배를 멀리 떨어뜨려 놓기, 흡연을 더 귀찮게 만들기 위해 담배를 포일에 싸서 두기, 음주 · 흡연 · 기타 약물 사용에 대한 욕구에 사로잡힐 때 10분간 멈추기, 그리고 "내가 정말 이게 필요해?"라고 자문하기 등 약물 남용을 더 어렵거나 더 많은 노력이 필요하도록 만들기

약물 남용의 C(결과, Consequences)를 변화시키기

향정신성 약물 사용의 결과를 통제하는 방법을 배우기

- 당신이 좋아하지 않는 상표의 맥주나 담배로 바꾸기
- 점진적 약물 감소 계획을 세우고, 이를 잘 지키면 스스로를 보상하기
- 약물 감소 목표에 도달하지 못했을 때 스스로를 벌주기. 예를 들어 어길 때마다 벌금을 정하고, 매형의 생일 선물과 같이 내키지 않는 일에 이 돈을 기부할 수 있다.
- 유혹이 생길 때마다 볼 수 있는 쪽지에 적어놓은 동기를 유발하는 생각이나 자기 진술문을 암송하기

  이러한 문구의 예 :
  - 하루 흡연하지 않으면, 나의 인생이 하루 더 연장된다.
  - 금연은 내가 다시 깊게 숨을 쉴 수 있도록 만들어줄 것이다.
  - 금연을 하면, 음식의 향기와 맛이 더 좋아질 것이다.
  - 내가 흡연하지 않는 날에는 폐가 더욱 깨끗해질 것이다.
- 흡연자들은 이러한 문구들을 20~25개씩 가지고 다니면서 하루 종일 여러 번 읽을 수 있다. 이러한 것들이 그들의 목표를 항상 기억하게 해주는 일상의 일부가 될 수 있다.

출처 : Nevid, Rathus, & Greene, 2006에서 발췌, Prentice-Hall, Inc.의 허락하에 재인쇄.

그림 5.9
금연의 건강 이익
출처 : New York City Health Department, 2010.

당신이 금연한 이후…

20분	⇒	심장박동 수가 떨어진다.
12시간	⇒	혈액 내의 일산화탄소 수준이 정상으로 떨어진다.
2일	⇒	냄새를 맡고, 맛을 보는 능력이 향상된다.
2~3주	⇒	심장마비 위험이 낮아지기 시작하고, 폐기능이 향상되며, 걷기가 쉬워진다.
1달	⇒	기침과 숨가쁨이 감소한다.
1년	⇒	심장질환의 위험이 반으로 줄어든다.
5년	⇒	뇌졸중의 위험이 비흡연자의 수준으로 감소한다.
10년	⇒	폐암으로 사망할 위험이 흡연자에 비해 반으로 줄어든다.
15년	⇒	관상동맥 심장질환의 위험이 전혀 흡연하지 않은 사람의 수준으로 돌아온다.

을 사용할지도 모른다. 이 토의는 담배와 불법 약물, 과도하거나 부적절한 알코올의 사용 등 해를 끼칠 수 있는 약물들을 피하는 것에 초점을 둔다.

인지행동 심리학자들은 약물 남용의 패턴을 바꾸는 데 있어서 중요한 단계는 우리가 스스로와 타인에게 우리의 행동에 대해서 무엇을 이야기하는지에 대한 인식을 고취하는 데 있음을 주목한다. 예를 들어 금연할 예정이라면, 당신이 금연한다는 것을 가족과 친구들에게 말하는 것은 어떤가? 공개적인 약속을 통해 당신은 당신의 결심을 강화한다. 또한 휴가나 흡연하는 일상적인 환경에서 동떨어진 날 등 금연을 위한 목표 날짜를 계획하라. 당신은 목표한 날 이전에 담배를 줄이고 적은 담배로도(그리고 궁극적으로는 담배 없이) 살아갈 수 있다는 것을 스스로에게 증명하기 위해 금연패치와 같은 니코틴 대체물을 이용할 수 있다. 흡연 욕구가 생길 때 당신 스스로에게 이야기할 특별한 무언가를 계획할 수 있다 : 당신이 얼마나 강해질 것인지, 암의 공포로부터 자유로울지, 마라톤을 할 준비가 되어 있는지 등. 일단 금연한 이상, 처음 며칠이 가장 힘들다는 점을 계속해서 상기할 수 있다. 그 후 금단 증상이 급격하게 약화된다. 그리고 문자 그대로 구세주가 될 수 있는 무언가를 이루었다는 점을 상기하면서 스스로 칭찬하는 것을 겁내지 말라. 약물 사용 행동의 ABC를 변화시키기 위한 제언들이 〈표 5.16〉에 나와 있다. 〈그림 5.9〉는 금연의 건강 이익을 나타낸다. 이러한 이익은 마지막 담배를 피운 이후에 누적되기 시작한다.

때때로 우리는 모두 우울, 긴장, 또는 그저 지겨움을 느낀다. 많은 사람들은 우리의 내적 자아의 여전히 어두운 부분을 탐험할 수 있다는 가능성에 흥미를 느낀다. 때때로 우리는 대학 생활의 도전에 직면하는 것을 부적절하다고 느낄 수 있다. 우리 중 일부는 우리 앞에 오직 광활한 황야나 사막을 상상하면서 우리의 미래를 암울하고 보상이 없는 것으로 바라본다.

우리 모두는 가끔 이러한 느낌을 가지고 있다. 마술 같은 해답을 얻기 위해 약물에 의지할까? 아니면 약물에 의존하지 않는 건강한 대안을 찾을까? 만약 약물이 유일한 해답처럼 보인다면 아마도 우리는 다시 생각해야 할 것이다. 여기 약물로부터 자유로운 대안들이 제시되어 있다.

만약 당신이…

- 긴장감이나 불안감이 있다면, 자기 이완이나 명상 또는 운동을 하거나 편안한 음악을 들어라.
- 지루함을 느낀다면, 새로운 활동이나 흥미 있는 일을 찾아라. 운동프로그램을 시작하거나 운동경기에 참가하라. 취미를 가져라. 정치캠페인이나 사회 조직에 참여해보라.
- 화가 난다면, 당신의 감정을 적어보거나 분노를 건설적인 목적으로 돌려보라.
- 무가치하거나 희망이 없거나 우울하다고 느끼거나 자신을 비하한다면, 친구나 사랑하는 사람의 도움을 구하라. 당신의 결점이 아닌, 능력과 업적에 집중하라. 이러한 것들이 도움이 되지 않는다면, 대학 상담센터나 건강센터를 방문하라. 당신은 치료가능한 단계의 우울증에 시달리고 있을 수도 있다.
- 당신의 의식의 내적 깊이를 탐구하고 싶다면, 명상이나 요가를 시도해보라. 혹은 상담자, 신부, 목사, 랍비의 조언을 구하라.
- 친구들로부터 약물 사용 압력을 받고 있다면, 정중하지만 확고하게 거절할 수 있는 방법을 배워라. 거절을 표현하는 데 도움을 받고 싶다면, 자기주장에 관한 자조서를 읽거나 대학 상담센터에 가서 조언을 구하라. 필요하다면 새로운 친구를 사귀도록 하라(진정한 친구는 약물 사용을 포함하여 당신을 불편하게 만드는 어떠한 일도 강요하지 않을 것이다).
- 감각을 고조시키고자 한다면, 춤, 조깅, 낙하산 타기, 스노보드, 인라인 스케이트, 등산을 시도해보라. 화학적 흥분제에 의지하지 않고도 아드레날린을 분비하도록 할 수 있는 다양한 방법이 있다.
- 더 이상 받아들일 수 없을 정도로 큰 스트레스를 받고 있다고 느낀다면, 당신을 힘들게 하는 압박감을 이해하기 위해 앉아라. 우선순위를 정해보라. 지금 당장 해야 하는 것은 무엇인가? 기다릴 수 있는 것은 무엇인가? 만약 이러한 접근 방법이 실패한다면, 지도교수를 찾아가거나 대학 상담센터나 건강센터를 방문하라. 시간이 가용하다면, 하루 이틀 정도 휴가를 낼 수 있다. 가끔 핵심은 당신 스

스로 더 합리적인 기대를 설정하는 것이다. 어떠한 약물도 이에 도움이 되지 않는다.

- 인간 문제에 대한 새로운 통찰을 발견하기를 원한다면, 철학과 신학 수업이나 워크숍에 참여하라. 특출한 사상가의 강의를 들어라. 위대한 문학 작품들을 읽어라. 위대한 예술 작품들에 대해서 깊이 생각해보라. 심포니에 참여해보라. 박물관을 방문해보라. 당신의 마음을 과거와 현재의 위대한 지성들과 연결하도록 하라.
- 더 깊은 인생의 의미를 찾고자 한다면, 영적인 활동에 참여해보라. 병원이나 자선단체에서 자원봉사를 해보라. 당신이 믿고 있는 대의명분이 있는 일을 해보라. 당신의 내적 자아를 찾기 위한 개인 상담을 해보라(당신에게 중요한 사람이 있을 것이다. 그 사람을 알아가라).

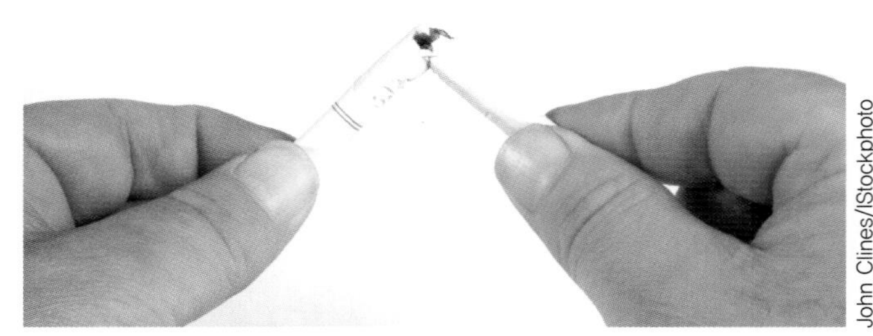
John Clines/iStockphoto

스스로를 동기부여하기 당신 스스로에게 "하루 흡연하지 않으면, 나의 인생이 하루 더 연장된다."라고 말하는 것과 같이, 동기를 부여해주는 자기 진술문을 실천하는 것은 더 건강한 습관을 발전시키는 데 도움을 줄 수 있다.

제5장 복습 암송하기/암송하기/암송하기

학습 비결 : 이 질문에 대한 답을 암송하면 보다 효과적으로 학습을 할 수 있을 것이다. 우선 질문에 대한 답을 혼자 소리 내어 답해보거나 공책이나 컴퓨터에 써보라. 그리고 자신의 답을 아래의 정답 예시와 비교해보라.

1. 건강한 식단을 위해 반드시 필요한 영양소는 무엇인가?

사람들은 충분한 양의 단백질, 탄수화물, 지방, 비타민, 미네랄을 제공하는 균형 잡힌 식사를 할 필요가 있다. 그러나 우리는 너무 많은 단백질과 지방을 소비하는 경향이 있다. 복합당질(전분류)은 단순당질(당류)에 비해서 더 좋은 영양공급원이다. 비만인 사람들이 높은 수준의 식이성 콜레스테롤과 포화지방을 먹는 것은 심혈관계 질환의 위험을 높인다.

2. 비만은 과연 의지부족의 문제인가?

아니다. 비만은 유전, 지방 조직(신체 지방)의 양, 신진대사율(칼로리를 에너지로 전환하는 비율) 등의 생물학적 요인들뿐만 아니라 스트레스, 부정적 정서를 완화하기 위해 음식을 먹는 등의 심리적 요인이 포함되는 복합적인 건강 문제이다.

3. 섭식장애의 대표적인 유형은 무엇인가?

주요 섭식장애는 신경성 식욕부진증과 신경성 폭식증이다. 식욕부진증은 음식을 거부하고 건강하지 못한 저체중을 유지하는 특징이 있다. 폭식증은 폭식하고 토해내는 것을 반복하는 특징이 있다. 여성은 남성보다 이러한 섭식장애를 더 발전시키는 경향이 있다.

4. 우리는 섭식장애의 원인에 대해서 무엇을 아는가?

정신역동이론가들은 섹슈얼리티와 여성성의 발달에 있어서 갈등을 경험하는 젊은 여성들은 어린아이와 같은 외모를 유지하기 위해 음식을 먹는 것을 거부할 수 있다고 제안하였다. 그러나 다른 이론가들은 날씬한 여성이라는 문화적 이상화 — 그리고 그러한 이상화가 젊은 여성에게 부과하는 압력 — 의 역할을 중요한 기여 요인으로 강조한다. 통제와 완벽주의에 대한 요구 또한 영향을 미친다.

5. 운동의 가장 대표적인 두 가지 유형은 무엇인가?

유산소 운동은 산소 소비가 지속적으로 증가하는 활동인데, 러닝머신에서 뛰거나 조깅하기 등이 해당된다. 반대로 무산소 운동은 짧은 시간 동안 폭발적인 근육활동이 일어나는 운동으로, 웨이트 트레이닝 등이 해당된다. 이러한 두 가지 운동 모두 건강상의 이익이 있다.

6. 운동을 통한 신체적 이익은 무엇인가?

규칙적인 운동은 직접적으로 칼로리를 소비하고 근육량(근육 조직은 지방보다 더 많은 칼로리를 소비한다)을 증가시켜 건강한 체중을 유지하는 데 도움을 준다. 또한 규칙적인 운동은 심혈관계 질환과 골다공증의 위험을 감소시킨다.

7. 운동을 통한 심리적 이익은 무엇인가?

운동은 우울증을 완화하며, 불안과 적대감을 줄이고, 자아존중감을 높여줄 수 있다는 증거가 있다.

8. 우리는 왜 수면을 취하는가?

수면은 명백하게 회복 기능, 기억 강화 기능, 생존 기능을 제공한다.

9. 불면증의 원인은 무엇인가?

불면증은 스트레스, 신체장애와 정신장애, 불안이나 신체의 긴장 상태와 관련이 있다. 또한 우리는 잠들 수 있는지, 충분한 잠을 잘 수 있는지, 또는 내일의 일상적 책무를 잘 해낼 수 있는지 여부를 걱정하여 불면증이 생길 수 있다.

10. 약물 남용과 약물 의존은 무엇인가?

약물 남용은 사회적, 직업적 기능이나 일반적인 건강을 손상시킴에도 불구하고 약물을 지속적으로 사용하는 것이다. 약물 의존은 행동적 측면과 생리적 측면이 있다. 약물 의존은 약물의 사용에 대한 통제력의 결여와 내성, 금단 증상, 또는 이 둘의 발달로 특징지을 수 있다.

11. 약물 남용과 약물 의존의 원인은 무엇인가?

사람들은 보통 호기심이나 또래집단의 압력 때문에 약물을 사용하지만, 약물의 사용은 불안 감소나 행복감, 또는 다른 바람직한 효과에 의해 직접적으로 강화된다. 일단 신체적으로 약물에 의존하게 되면, 사람들은 불쾌한 금단 증상의 발달을 피하기 위해 계속 약물을 사용하게 된다. 사람들은 생리적으로 특정 약물에 의존하게 되는 유전적 소인을 가지고 있을 수 있다.

12. 알코올의 효과는 무엇인가?

알코올은 중추신경계의 활동을 느리게 하여 이완 상태를 유발하는 억제제이다. 알코올은 생리적 의존을 유발할 수 있고, 과다 복용 시 사망에 이르게 할 수 있다. 알코올은 억제력을 떨어뜨리고, 행동의 결과를 따져보는 것을 어렵게 만들며, 실패나 바람직하지 않은 행동의 구실을 제공한다. 과도한 음주는 간 손상과 다른 건강 문제와 관련되어 있다.

13. 아편제의 효과는 무엇인가?

아편제, 모르핀, 헤로인은 고통을 완화하는 억제제인데, 행복감의 '쇄도'를 가져오기 때문에 길거리에서 쉽게 구할 수 있다. 아편제의 사용은 생리적 의존을 유발할 수 있다.

14. 바르비투르의 효과는 무엇인가?

바르비투르는 합법적인 의료 목적에 쓰이는 진정제이지만, 바르비투르는 급격하게 생리적·심리적 의존을 유발할 수 있으며, 길거리 약물로 남용될 수 있다.

15. 니코틴의 효과는 무엇인가?

니코틴은 담배에 있는 중독성의 흥분제인데, 역설적으로 사람들이 이완하도록 만들기도 한다. 흡연은 심장질환, 암, 다른 건강 문제의 주요 원인이다.

16. 암페타민의 효과는 무엇인가?

흥분제는 중추신경계의 활동을 증가시키는 물질이다. 암페타민은 대량 투여 시 행복감을 느끼게 해주는 흥분제이다. 그러나 대량 투여는 초조, 불면증, 정신병적 증상, 금단 증상을 불러일으킬 수 있다. 관련 흥분제인 리탈린은 과활동성의 아동을 치료하는 데 흔히 사용된다.

17. 코카인의 효과는 무엇인가?

심리적인 측면에서 흥분제인 코카인은 행복감을 주며, 자신감을 고양시킨다. 생리적으로, 코카인은 갑작스런 혈압 상승의 원인이 되며, 혈관을 수축시킨다. 과다 복용은 초조, 불면증, 정신병적 반응과 심폐기능의 붕괴를 초래할 수 있다.

18. LSD와 환각성 약물의 효과는 무엇인가?

LSD는 생생한 환각을 만들어내는 환각제이다. 일부 LSD 사용자들은 이전의 경험에 대한 플래시백을 겪는다.

19. 마리화나의 효과는 무엇인가?

THC 등 마리화나의 활성 성분은 종종 이완, 고양되고 왜곡된 지각, 공감, 새로운 통찰을 만들어낸다. 가벼운 환각이 나타날 수 있다. 마리화나의 사용은 심장박동을 빠르게 하며, 운동지각 기술을 손상시키고, 뇌를 손상시킬 수 있다. 또한 마리화나의 연기는 암을 유발하는 화합물을 몸에 유입시킨다.

나의 생활 나의 마음

개인적 글쓰기 숙고하기/숙고하기/숙고하기

학습 비결 : 이 장에 나온 개념들을 자신의 경험과 관련시켜 음미하면 보다 심층 처리가 가능하다. 그렇게 되면 내용에 보다 더 개인적인 의미를 부여하게 되며 더 효과적인 학습이 가능해진다. 답을 쓸 공간이 더 필요하면 추가 페이지를 이용해도 좋다.

1. 이 장에서 당신이 이전에 알지 못했던 기본 영양소(단백질, 탄수화물, 지방, 비타민, 미네랄)에 대해서 무엇을 배웠는가? 만약에 있다면, 어떤 면에서 당신의 식습관에 대한 관심을 높였는가?

2. 이 책에서 읽은 내용을 바탕으로, 술에 취해 의식을 잃은 사람이 '한 숨 자고 나면 가뿐해지기' 때문에 내버려두어야 한다고 가정하지 않는 것이 왜 중요한가? 이 장의 내용이 알코올 과다 복용의 위험성에 대한 당신의 관심을 높였는가? 이것이 만약 당신이 알코올의 위험 하에 있는 누군가를 접했을 때 이에 관여하도록 당신의 행동이나 의지를 변화시켰는가?

모듈 복습에 대한 답

모듈 5.1

1. 단백질
2. 탄수화물
3. 지방
4. 근육
5. 신체
6. 폭식

모듈 5.2

7. 75
8. 30
9. 유산소
10. 무산소
11. 높인다

모듈 5.3

12. 알려져 있다
13. 회복
14. 박탈
15. 불면증

모듈 5.4

16. 남용
17. 의존
18. 생리적
19. 유전적
20. 유발하는
21. 더 많이
22. 아편제
23. 메타돈
24. 니코틴
25. 흥분제
26. 암페타민
27. 리탈린
28. 플래시백

"자신의 신체활동과 심장질환 IQ를 확인하라"에 대한 자기 평가의 평가 기준

1. **예.** 심장질환은 비활동적인 사람에게 발달할 가능성이 거의 2배 정도 높다. 흡연, 고혈압, 높은 콜레스테롤, 과체중과 더불어 신체적 비활동성은 심장질환의 위험 요인이다. 당신이 더 많은 위험 요인을 가지고 있을수록 심장질환에 걸릴 가능성도 높아진다. 규칙적인 신체활동(가볍거나 적당한 운동조차)은 이러한 위험을 낮출 수 있다.
2. **아니요.** 대부분의 미국인들은 매우 바쁘지만, 매우 활동적이지 않다. 모든 미국 성인들은 매일 30분 정도 약한 정도에서 적절한 정도의 신체활동을 하는 습관을 길러야 한다. 이러한 신체활동에는 산책, 정원 가꾸기, 계단 오르내리기 등이 있다. 만약 당신이 지금 비활동적이라면, 매일 몇 분간 신체활동을 하는 것을 시작하라. 만약 당신이 어떤 활동을 가끔 한다면, 매일 규칙적으로 하도록 노력하라.
3. **예.** 즐거운 산책, 계단 오르내리기, 정원 일, 적절하거나 힘든 집안일, 춤 추기, 집 안에서의 운동 등 약한 정도에서 적절한 강도의 활동은 장·단기적 이익 모두를 가질 수 있다. 만약 당신이 비활동적이라면, 핵심은 시작하는 것이다. 한 가지 좋은 방법은 점심식사 시간에 10~15분 정도 걷거나 매일 개와 함께 산책하는 것이다. 매일 최소한 30분의 신체활동은 당신의 심장 건강을 향상시키고 심장질환의 위험을 낮추는데 도움이 될 수 있다.
4. **예.** 신체적으로 활동적인 사람이 되기 위해서는 단지 하루에 몇 분만 투자하면 된다. 당신의 스케줄에서 운동을 하기 위해 30분을 내지 못한다면, 2개의 15분이나 3개의 10분 정도의 시간을 찾으려고 노력하라. 일단 이러한 운동 시간이 얼마나 즐거운지 알게 된다면, 당신의 삶 속에서 없어서는 안 될 습관이 될 것이다.
5. **아니요.** 규칙적인 신체활동을 하는 사람들은 긍정적인 이익을 많이 경험한다. 규칙적인 신체활동은 당신에게 더 많은 에너지를 주며, 스트레스를 줄이며, 이완하도록 돕고, 더 잘 잘 수 있도록 도와준다. 그리고 고혈압을 낮추고, 콜레스테롤 수준을 향상시키는 데 도움이 된다. 신체활동은 근육을 탄력 있게 하며, 칼로리를 소비하게 하여 체중을 감소하거나 원하는 체중을 유지하도록 하고, 당신의 식욕을 통제할 수 있도록 도와준다. 또한 근력을 증가시키며, 심장과 폐가 효과적으로 작동하도록 도와주고, 당신의 삶을 더 즐길 수 있도록 해준다.
6. **아니요.** 낮은 강도의 활동 — 만약 매일 실시한다면 — 은 장기적인 건강 이익을 줄 수 있고, 심장질환의 위험을 낮출 수 있다. 매주 4일 이상 최소 30분 정도 활발하게 걷기, 수영, 조깅 등의 규칙적이고 활발하며 지속적인 운동을 하는 것은 심장과 폐의 효율성을 향상시키고 추가적인 칼로리를 소비하는 데 필수적이다. 이러한 종류의 운동을 유산소 운동이라고 한다 — 신체가 활동에 필요한 에너지를 생산하기 위해 산소를 사용하는 것을 의미한다. 다른 활동들은 활동의 유형에 따라 유연성이나 근력의 증가 등의 다른 이익을 줄 수 있다.
7. **아니요.** 나이가 들면서 점점 활동성이 떨어짐에도 불구하고 여전히 신체활동은 중요하다. 사실 노년의 규칙적인 신체활동은 매일 활동할 수 있는 능력을 증가시킨다. 일반적으로 중년 혹은 노년기의 사람들은 젊은이들처럼 규칙적인 신체활동을 통해 이익을 얻는다. 중요한 점은 나이에 상관없이 당신의 체력 수준에 맞게 신체활동 프로그램을 조정하는 것이다.
8. **예.** 많은 활동들은 거의 또는 전혀 장비를 필요로 하지 않는다. 예를 들어 활발하게 걷기는 편안한 워킹화만 있으면 된다. 또한 많은 지역 공동체는 무료 혹은 적은 비용으로 체육시설과 신체활동 교실을 제공한다. 쇼핑몰을 체크하라. 혼자, 어둠 속에서, 나쁜 날씨에 걷기를 원하지 않는 사람들을 위해 많은 쇼핑몰이 일찍 그리고 늦게까지 문을 열고 있다.
9. **아니요.** 운동을 하면서 겪게 되는 가장 흔한 위험은 관절과 근육의 부상이다. 이러한 부상은 너무 오랫동안 너무 힘들게 운동할 경우 흔히 발생하는데, 특히 오랫동안 비활동적이었던 사람에게 발생하기 쉽다. 부상을 피하기 위해서는 활동 수준을 점차적으로 증가시키고, 초기 경고 통증을 보내는 당신의 신체에 주목하며, 심장 문제의 가능성이 있는 징후를 인식하고(운동 중이나 끝난 직후 가슴의 왼쪽이나 중앙 부분, 왼쪽 목, 어깨, 혹은 팔의 통증이나 압박, 혹은 갑작스러운 어지러움, 식은 땀, 창백함, 기절 등), 특수한 날씨 상태에 대비하도록 노력하라.
10. **예.** 만약 당신이 고혈압 등의 의학적 상태에 있거나, 가슴이나 어깨의 통증이나 압박이 있거나, 어지러움이나 현기증을 느끼는 경향이 있거나, 가벼운 운동 후에 매우 숨이 차거나, 중년 이상의 나이이면서 오랫동안 신체적으로 활

동적이지 않았거나, 또는 너무 힘든 운동 프로그램을 계획하고 있다면, 신체 활동을 시작(또는 매우 증가)하기 전에 주치의의 조언을 구해야 한다. 만약 이러한 예 중에서 해당되는 것이 없다면, 천천히 시작하고 나아가라.

11. **아니요.** 규칙적인 신체활동은 심장마비의 위험을 감소시키는 데 도움이 될 수 있다. 심장마비 후에 규칙적인 신체활동을 하는 사람들은 생존 가능성이 높아지며, 그들이 느끼고 보는 관점이 향상될 수 있다. 만약 심장마비를 경험해본 적이 있다면, 지나친 운동으로 인한 심장의 통증과 추가적인 손상을 예방하는 데 도움이 되는 안전하고 효과적인 운동 프로그램을 따르고 있는지를 확인하기 위해 의사와 상의하도록 하라.
12. **예.** 당신이 하고 싶은 몇 가지 다른 종류의 활동을 고르도록 하라. 왜냐하면 이러한 활동을 계속하게 될 가능성이 높아지기 때문이다. 단기적 목표뿐만 아니라 장기적 목표도 계획하라. 당신의 진척 사항에 대한 기록을 유지하고, 당신이 달성한 진척 사항을 확인하기 위해 정기적으로 이 기록을 체크하라. 당신의 가족과 친구를 참여시켜라. 그들은 당신이 계속 이러한 활동을 할 수 있도록 도움을 줄 수 있다.

"당신이 음주에 빠져 있는지를 어떻게 아는가?"에 대한 자기 평가의 평가 기준

"예"라고 답한 문항은 알코올 관련 문제가 발생할 가능성이 있음을 나타낼 수 있다. 만약 당신이 어떤 문항에 대해 동의하였다면, 음주가 당신에게 어떤 의미가 있는지를 심각하게 검토해보아야 한다. 그리고 당신은 이러한 문제에 대해 전문가와 상의하기를 희망할 수 있는데, 전문가는 당신이 음주 문제가 있는지 또는 문제를 발생시킬 위험이 있는지 여부를 평가하는 데 도움을 줄 수 있다.

"당신은 왜 담배를 피우는가?"에 대한 자기 평가의 평가 기준

1. 각각의 질문에 대해 동그라미했던 숫자를 우측 상단의 빈칸에 기입하라. A 문항에 동그라미한 숫자는 A 라인 위에 기입하고, B문항에 대해서는 B 라인 위에 기입하는 방식이다.
2. 각 라인의 3개 숫자를 합하여 '합계'란에 적어라. 예를 들어 A, G, M의 합은 '자극' 위의 공란에 쓰도록 하고, B, H, N은 '다루기' 위의 공란에 쓰는 식이다.

						합계
A	+	G	+	M	=	자극
B	+	H	+	N	=	다루기
C	+	I	+	O	=	즐거운 이완
D	+	J	+	P	=	의지 : 긴장 감소
E	+	K	+	Q	=	갈망 : 심리적 중독
F	+	L	+	R	=	습관

점수는 3~15점까지 가능하다. 11점 이상은 높은 점수이고, 7점 이하는 낮은 점수이다.

당신은 어떤 종류의 흡연자인가? 당신이 흡연으로부터 알아낸 것은 무엇인가? 이 검사는 흡연과 관련된 6개 요인 각각에 대한 점수를 제공한다. 당신의 흡연은 6개 요인 중 오직 하나이거나 2개 이상의 요인의 조합으로 특징지을 수 있을 것이다. 어쨌든 이 검사는 당신이 무엇 때문에 담배를 피우는지와 당신이 흡연을 통해 어떤 만족을 얻는다고 생각하는지를 확인하도록 도울 것이다.

이 검사의 6개 요인은 어떤 종류의 감정을 경험하거나 다루는 데 있어서의 다양한 방식을 묘사한다. 3개의 감정 상태는 흡연을 통하여 얻을 수 있는 긍정적인 감정을 의미한다 : 에너지나 자극이 증가했다는 느낌, 무언가를 다루거나 조작하는 것의 만족, 웰빙 상태에 동반하여 즐거운 감정의 향상. 4번째 요인은 불안, 화, 수치와 같은 부정적인 감정 상태의 감소와 관련이 있다. 5번째 요인은 담배를 찾는 '갈망'의 증가 혹은 감소의 복잡한 패턴인데, 흡연에 대한 심리적 중독을 의미한다. 6번째 요인은 습관적 흡연인데, 느낌과 상관없이 발생한다 – 순수하게 자동적인 흡연.

11점 이상의 요인은 당신에게 중요한 만족의 원천임을 의미한다. 점수가 높을수록(15점이 만점임) 당신의 흡연에 더 중요한 요인이며, 당신의 금연 노력에서 유용하게 토의되어야 할 요인이다.

CHAPTER

6

사회 안에서의 자기

개요

다음을 알고 있나요?

- 아프리카계 미국인이 전반적으로 다른 인종보다 자존감이 미국에서 제일 높다.(215쪽)
- 높은 자존감과 대학교에서 우수한 성적은 서로 연관이 있다.(224쪽)
- 정체성 위기가 좋은 것이 될 수도 있다.(225쪽)
- 예비 고용주는 당신이 면접장에 들어오기도 전에 당신에 대한 첫인상을 형성할 수 있다.(231쪽)
- 잔돈을 거슬러줄 때 고객을 터치하는 웨이트리스가 더 많은 팁을 받는 경향이 있다.(233쪽)
- 실험에서 상대방의 눈을 2분 동안 바라본 남녀는 이후 상대방에게 매우 호감이 있다고 말한다.(233쪽)
- 다른 인종과 한 팀을 이루어 경기를 하는 것은 편견을 없애는 데 도움이 된다.(238쪽)
- 남성은 여성보다 상대방의 미소나 친절함을 자신에 대한 유혹으로 생각하기 쉽다.(241쪽)
- 미국이나 캐나다 같은 서방 국가의 사람들보다 일본이나 중국 같은 동방 국가의 사람들이 실패에 대해 자신을 탓하는 경향이 더 강하다.(241쪽)

iStockphoto

이곳저곳을 여행하면서 고생이 많았다고 말하고 싶은가? 공항에서 줄을 서서 기다렸다거나 고속도로의 수많은 차들 사이에서 꼼짝도 못하고 서 있었다고 불평하는가? 물론 그런 것들도 고생이긴 하지만, 그리스 신화에 따르면 일부 고대 여행자들은 더 심한 고생을 했던 것으로 보인다. 그들은 프로크루스테스라는 노상강도를 만났던 것이다.

프로크루스테스에게는 특이한 습관이 있었다. 그는 여행자들의 지갑뿐 아니라 키에도 관심이 있었다. 그에게는 사람들의 키에 대해 인지심리학자들이 **도식**(schema)이라고 부르는 고정관념이 있었다. 만일 사람들의 키가 그의 도식에 맞지 않을 때는 재앙을 피할 수 없었다. 프로크루스테스에게는 '프로크루스테스의 침대'라는 아주 유명한 침대가 있었다. 그는 일단 사람들을 침대에 눕혔다. 만약 침대보다 키가 작다면 그들의 키를 침대 길이만큼 늘였다. 만일 키가 더 크다면, 키를 줄이는 다리 수술을 했다고 한다. 운 나쁜 많은 여행자들이 살아남지 못했다.

도식 : 무엇인가에 대한 일련의 믿음과 감정들. 예로는 고정관념, 편견, 일반화가 있다.

프로크루스테스의 이야기는 터무니없지만 우리에 대한 별난 진실을 반영하기도 한다. 우리 모두는 세상을 보는 나만의 방식, 즉 마음속 프로크루스테스의 침대를 항상 지니고 다닌다. 그리고 사람들을 비롯해 모든 것을 그 잣대에 맞추려고 한다. 우리 중 많은 이들이 **역할 도식**(role schema)의 한 예라고 할 수 있는 성역할 고정관념의 프로크루스테스 침대를 가지고 있어 남자와 여자를 그에 끼워 맞추려고 한다. 예를 들면, 직장 여성이 남성 우월주의자의 역할 도식에 어긋나는 일을 하게 되면 비유적으로라도 다리를 잘리게 되는 것이다.

역할 도식 : 특정 역할(상사, 부인, 교사 등)에 있는 사람들이 어떻게 행동해야 하는지에 대한 도식

우리는 그 외에도 다양한 도식을 가지고 있으며, 그 도식은 우리의 적응 및 개인적 성장에 영향을 미친다. 타인에 대한 첫인상은 향후 그 사람의 언행을 어떻게 볼 것인지에 대한 마음속 틀이라고 할 수 있는 **인물 도식**(person schema)을 형성한다. 예를 들어, 누군가를 '머저리'라고 초기 도식을 형성하게 되면, 그 사람이 이후 머저리 같은 행동을 하지 않아도 우리 마음

인물 도식 : 특정 인물이 어떻게 행동해야 하는지에 대한 도식

속에는 이 인상이 계속 남아 있기 쉽다.

어떤 도식은 신체 언어를 '읽는' 방식과 관련이 있다. 행동을 통해 성격 특성을 추론해내는 것이다. 어떤 도식은 특정 인종이나 민족에 대한 편견과 같이 집단과 관련이 있다. 이런 편견의 근원에 대해 설명하고 이런 편견을 없애기 위한 제안도 앞으로 몇 가지 할 것이다. 그러나 그보다 먼저 우리의 심리적 세계의 핵심, 즉 우리 자신에 대한 이야기부터 시작하고자 한다. 우리에게는 자신에 대해 느끼는 감정과 행동에 영향을 미치는 **자기 도식**(self-schema)이 있다는 것을 살펴볼 것이다. 자기라는 것에는 신체적, 사회적, 개인적 자기가 모두 포함되어 있다. 자기 개념, 이상적 자기, 자기 정체성, 자존감 등 자기와 관련된 핵심 이슈들에 대해 알아볼 것이다. 마지막으로, 자신과 타인의 잘난 점과 부족한 점을 해석하는 방식에 영향을 주는 도식도 있다는 것을 살펴볼 것이다. 이러한 도식은 귀인(attribution)이라고 불리며, 우리가 타인과 맺는 관계에 중요한 영향을 미친다.

▮ **자기 도식** : 우리 자신에 대해 가지고 있는 일련의 믿음, 감정, 일반화된 공식들

이 장을 읽다 보면 우리는 자신이나 다른 사람들을 직접적으로 지각하지 않는다는 것을 파악하게 될 것이다. 대신 우리는 기존에 가지고 있던 도식을 통해 자신과 남들에 대한 정보를 처리한다. 마치 유리를 통해 보듯, 때로는 더 어둡게 우리 자신과 남들을 보는 것이다. 만일 다른 사람들이 우리의 도식에 잘 들어맞지 않을 때는 마음속으로 그들을 늘이거나 다리를 자르기도 한다. 이런 식의 인지적 가지치기는 우리 자신에게도 똑같이 적용된다.

모듈 6.1 자기 : 심리적 존재의 핵심

- 자기란 무엇인가?
- 자기에는 어떤 측면들이 있는가?
- 이름에는 어떤 의미가 있는가?
- 우리가 가진 가치의 중요성은 무엇인가?

▮ **자기** : 우리가 세상에서 의식적이고 지속적으로 존재하게끔 하는 생각과 감정의 총체

많은 심리학자들이 **자기**(self)에 대해 말한다. 정신역동적 이론가인 칼 융(Carl Jung)과 알프레드 아들러(Alfred Adler)는 성격에 대한 잣대가 되는 자기에 대해 이야기했다. 에릭 에릭슨(Erik Erikson)과 칼 로저스(Carl Rogers)는 우리 자신을, 어느 정도까지는, 의식적으로 만들어 가는 방법들에 대해 이야기했다. 자기란, 나는 누구이며 무엇인가, 왜 어떻게 환경에 반응하는가, 그리고 가장 중요하게는, 어떻게 행동하기로 결정하는가에 대한 진행형 상태의 나에 대한 인식이다. 로저스는 자기 의식이 가지고 태어나는 것, 즉 이미 주어진 것이라고 보았다. 세상 속에서 인간으로 살아간다는 것의 본질적인 부분이며, 성격 구조와 행동의 이면에 있는 원칙인 것이다.

이제 신체적 자기, 사회적 자기, 그리고 개인적 자기 등 자기의 측면들에 대해 알아보기로 하자.

신체적 자기 : 나의 몸, 나 자신

▮ **신체적 자기** : 키, 몸무게, 머리카락 색, 인종, 신체적 기능 등 신체적 속성에 대한 심리적 인식

거울 속에 비치는 모습은 당신의 일부분이다. **신체적 자기**(physical self)는 자기 개념에서 중요한 역할을 한다. 말 그대로 사람들을 내려다보거나 올려다볼 수 있다. 신체적 외모 때문에 다른 사람들이 웃으며 당신 눈에 띄려고 노력할 수도 있고, 반대로 당신이 없는 것처럼 행동할

PhotoDisc/SuperStock

신체적 자기 당신을 언제나 따라다니는 신체적 자기는 자기 개념에 지대한 영향을 미친다. 말 그대로, 다른 사람들을 내려다보거나 올려다봐야 할 수 있다. 당신의 외모 때문에 다른 사람들이 미소를 지을 수도 있고, 반대로 당신을 없는 사람처럼 취급할 수도 있다. 키, 성, 인종 등 우리의 신체적 특성에 대한 적응은 자기 수용과 자존감과 연결되어 있다.

수도 있다. 건강과 현재 신체 컨디션도 신체적 자기의 또 다른 측면이다. 당신의 신체적 자기는 철인삼종경기를 하기에 충분할 수도 있고, 그저 남들이 경기하는 것을 지켜보는 것으로 만족해야 할 수준일 수도 있다. 자기 개념 역시 신체적 구조와 밀접하게 얽혀 있다. 어떤 생식기를 가지고 있느냐에 따라 우리 자신을 남자 또는 여자로 생각하게 된다. 우리의 몸이 우리의 기대에 얼마나 부응하느냐에 따라 자신에 대해 긍정적 또는 부정적으로 생각하게 되기도 한다. 머리카락 길이나 몸무게와 같은 부분은 성장하면서 변하기도 하지만, 성과 인종은 신체적 정체성의 영구적인 속성이다.

대부분의 경우 키, 성, 인종과 같은 특성에 적응하는 것은 자기 수용(self-acceptance)과 자존감(self-esteem)과 밀접한 관련이 있다. 몸무게, 운동을 얼마나 잘하는가, 헤어 스타일 같은 신체적 특성들은 변할 수 있다. 자기의 이런 측면에는 유전보다는 동기나 행동, 우리가 하는 선택 등이 더욱 큰 영향을 줄 수 있다.

대다수의 미국인들, 특히 미국 여성들은 자신의 외모에 만족하지 못한다. 깡마른 여성의 몸매가 이상적인 것으로 비춰지는 현대 미국 사회에서 많은 여성들이 더 마르기를 원하는 것은 당연한 일인지도 모른다(제5장 참조).

인종 편견이 여전함에도 불구하고 미국 여대생 연합(the American Association of University Women, 1992)의 설문 조사에 따르면 아프리카계 미국인 여학생들이 유럽계 미국 여학생들보다 자신의 외모에 더 만족하는 것으로 나타났다. 왜 이런 차이가 나타나는 것일까?

아프리카계 미국인 여학생들의 부모는 설령 외모가 미국의 이상형에 들어맞지 않더라도 아무런 문제가 없으며, 세상이 그들을 차별하는 것은 편견 때문이라고 딸들을 가르치는 것으로 보인다(Williams, 1992). 유럽계 미국인 여학생들은 불가능할 정도로 이상적인 몸매를 못 가지는 것은 자기 탓이라고 생각하는 경향이 있다. 따라서 아프리카계 미국인 여학생보다 유럽계 미국인 여학생들에게서 섭식장애가 더 흔하게 나타난다는 연구 결과에 별로 놀랄 필요가 없는 것이다(Lamberg, 2003; Striegel-Moore et al., 2003). 또한 섭식장애는 바디 이미지와 몸무게를 묶어 생각하지 않는 소수민족들보다 둘을 동일시하는 비라틴아메리카계 백인 여성들에게서 더 흔히 볼 수 있기도 하다. 그렇지만 주류문화에 더욱 동화되고 주류 사회의 깡마른 미인상에 더 많이 노출될수록 유색 인종의 여성이라도 섭식장애에 걸릴 위험이 증가한다는 사실 또한 간과할 수 없다(Gilbert, 2003).

마지막으로, 유럽계 미국인들보다 아프리카계 미국인들의 자존감이 대체로 더 높다는 연구 결과를 볼 때, 신체 만족도에 대한 인종 간 차이는 자존감에 대한 일반적인 차이를 반영하는 것일 수도 있다(Hafdahl & Gray-Little, 2002; Zeigler-Hill & Wallace, 2011). 게다가 유럽계 미국인들보다 아프리카계 또는 라틴아메리카계 미국인들의 경우 민족 정체성이 자존감을 더 잘 예측한다(Pierre & Mahalik, 2005; Umaña-Taylor, 2004). 강한 민족 정체성과 자부심은 소수민족들에게 인종차별의 완충제 역할을 할 뿐 아니라(Tynes et al., 2012), 유사한 배경을 가진 다른 이들과 사회적 연결 고리를 강하게 하고 공동체 의식을 형성할 수도 있다(Rivas-Drake, 2012).

사회적 자기 : 다른 사람들에게 보여주는 자기

사회적 자기 : 학생, 근로자, 남편, 부인, 어머니, 아버지, 시민, 지도자, 추종자 등 여러 사회적 역할들의 집합체. 역할과 가면은 사회적 상황의 요구에 부응할 수 있도록 도와준다.

사회적 자기(social self)는 학생, 근로자, 남편, 부인, 어머니, 아버지, 시민, 지도자, 추종자 등 우리가 쓰는 사회적 가면, 우리가 행하는 사회적 역할을 말한다. 심리학자들은 심리적 정체성 또는 자기 개념을 개인 정체성과 집단 정체성이라는 두 종류로 분류한다(Ellemers, Spears, & Doosje, 2002; Verkuyten & De Wolf, 2007). 따라서 우리의 정체성은 한 개인으로서 어떤 사람인가와 사회적 집단의 한 구성원으로서 맡는 역할 두 가지 모두를 포함한다.

역할과 가면은 사회에 대한 적응적 반응이다. 취업을 위한 면접에서 당신은 열정적이고 자신감 넘치는 모습, 그리고 무엇이든 열심히 하겠다는 태도는 보여주고, 자기 회의나 회사에 대한 의문은 감추려고 할 것이다. 살면서 마주치게 되는 다양한 상황에 맞게 역할 역시 여러 가지를 준비하고 있었을지도 모른다.

Blend Images/SuperStock

민족 정체성 민족 정체성은 유럽계 미국인들보다 아프리카계와 라틴계 미국인들 사이에서 자존감과 더 밀접한 관련이 있다고 한다. 민족 정체성이 당신의 자기 개념에는 얼마나 중요한가?

사회적 역할이나 가면을 속임수나 거짓말로 생각하는 것은 옳지 않다. 예를 들어, 대학교에 입학할 즈음에는 학생이라는 역할을 당신의 행동 목록에 잘 통합했으리라고 기대한다. 주의 집중하고 앉아 있거나, 질문을 하기 전에 먼저 손을 드는 등 교실에서는 어떤 행동을 해야 하는지 알고 있다. 기대되는 사회적 역할에 맞추어 처신하는 행동이 남을 속이는 일인가? 그렇지 않다. 친구들과 함께 있을 때는 평소처럼 편하게 행동하지만 직장이나 학교에서는 다르게 행동할 수 있다. 예를 들어, 취업 면접에서는 장점은 강조하되 단점은 은근슬쩍 넘어갈 수 있다. 당신 스스로를 반항아라고 생각하더라도 고속도로에서 차를 세우는 경찰에게는 공손하게 대할 것이다. 이러한 행동들은 부정 행위가 아니라 상황의 요구에 부응하고자 하는 노력이다. 존중이 어떤 것인지 이해하지 못하거나 예의 바르게 행동하는 사회성 기술이 없다면 필요할 때에도 해당 역할을 하지 못할 것이다.

그러나 삶 전체를 가면을 쓴 채로 살아간다면 진정한 내면의 자기를 발견하기가 어려울 것이다. 성숙한 연인 관계에서는 서로 진실된 모습을 보여줄 것이다. 그들을 보호하기도 하고 갈라놓기도 하는 가면을 벗는 것이다. 진실된 감정 표현이 없는 삶은 끊임없이 가면을 주고받는 것밖에 되지 않는다.

개인적 자기 — 당신의 내면

개인적 자기 : 세상 속의 자기에 대한 개인적이고 지속적인 인식

마크 트웨인의 고전적 소설 "왕자와 거지"는 **개인적 자기**(personal self)에 대한 통찰을 제공한다. 소설 속에서 젊은 왕자는 왕위를 노리는 적들에 의해 곤경에 처하게 된다. 그는 자기와 똑같이 생긴 거지 톰 캔티와 역할을 바꿈으로써 왕국을 구하고자 한다. 이로 인해 둘 다 많은 것을 배우게 된다. 거지는 사교적 예의와 강자가 어떤 아첨과 칭송을 받는지를 배우고, 왕자는 왕족이라는 지위가 아닌 개인의 노력으로 성공하고 추락하는 것이 어떤 것인지를 배운다.

이야기의 마지막 부분에 가면 분쟁이 일어난다. 누가 왕자이고 누가 톰 캔티란 말인가? 두

청년은 외모나 행동은 물론 이제는 경험까지 유사하다. 구별해내는 것이 중요하기는 한가? 아마 둘 중 누구라도 왕국을 잘 이끌어 나갈 것이다. 그러나 집행관들은 개인적 자기, 즉 내면의 정체성이 왕자인 사람을 원한다. 이야기는 행복하게 끝난다. 왕자는 왕위를 되찾고, 톰은 왕실의 영원한 보호를 얻는다.

당신의 개인적 자기는 당신만이 볼 수 있다. 당신만이 입장권을 소유하고 있어서 당신만이 볼 수 있는 장면, 생각, 느낌들로 이루어진, 당신이라는 존재로 살아가는 하루하루의 경험인 것이다.

개인적 자기에는 다른 측면도 있다. 이름이나 가치관도 자기 정체성의 중요한 측면이다. 자기 개념, 즉 자신을 어떻게 생각하는지 또한 자기 가치감이나 자존감의 주요 결정 요인이다.

이름에는 어떤 의미가 있는가?

앨리스 : 이름이 의미를 가져야 해?

험프티 덤프티 : 당연하지… 내 이름은 내 생김새를 뜻해… 네 이름이라면 넌 거의 뭐든지 될 수 있어.

–루이스 캐롤, "거울나라의 앨리스"

이름에는 무엇이 담겨 있는가? 꽤 많은 것들이 담겨 있다. 뒤에 나올 "적응과 현대인의 삶"에서 살펴보듯이, 이름은 공적 정체성 또는 직업 선택에 대한 의미를 내포할 수도 있다.

이름은 신체적 매력에 대한 지각에도 영향을 줄 수 있다. 유사하게 매력적인 것으로 평가된 여성들의 사진에 무작위로 여러 이름을 붙인 실험이 있었다(Garwood et al., 1980). 이렇게 이름이 붙여진 여성들의 사진을 새로운 실험 참가자들이 평가했는데, 제니퍼(Jennifer), 케시(Kathy), 크리스틴(Christine)과 같은 이름이 붙여진 여성들이 거트루드(Gertrude), 에델(Ethel), 해리엇(Harriet) 같은 이름을 가진 여성들보다 훨씬 더 매력적인 것으로 평가되었다. 이 실험이 주는 메시지는 두 가지인데, 첫째는 이름은 아름다움의 지표가 되지 못한다는 것이다. 둘째, 만일 당신의 이름이 불쾌감을 준다면, 좀 더 사회적으로 매력적인 별명을 사용하는 것도 나쁘지 않겠다.[1]

우리의 이름과 별명은 자기 자신에 대한 태도 또한 반영할 수 있다. 법적으로는 하나의 이름만 가지고 있겠지만, 우리가 선택하는 별명이나 변형된 이름은 우리의 자기 도식에 대해 알려주는 것이 있다. 예를 들어, 당신은 밥(Bob)인가, 바비(Bobby)인가, 아니면 로버트(Robert)인가? 혹은 엘리자베스(Elizabeth)인가, 베티(Betty)인가, 아니면 리즈(Liz)인가? 장미를 다른 이름으로 부른다 하더라도 향기는 여전히 좋겠지만, 스컹크풀(skunkweed)과 같은 이름을 가지게 된다면 우리는 그 냄새를 악취로 여길지도 모른다고 셰익스피어는 말했다. 이름은 사회적 지각에 영향을 준다.

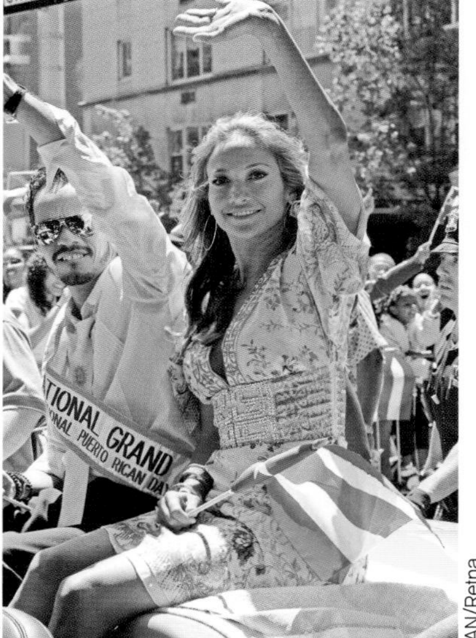

LAN/Retna

제니퍼 로페즈 또는 J. Lo? 제니퍼 로페즈는 이미 스타가 되고 난 이후 자신의 이름을 J. Lo로 바꾸겠다고 선언했다. 그녀의 전 남자친구인 숀('퍼피' 또는 '퍼프 대디') 콤스는 총기 소지 및 발포 혐의로 받은 재판에서 무죄선고를 받은 이후 P. Diddy로 이름을 바꾸고 새 출발을 하고 싶다고 했다. 이름에는 무엇이 담겨 있는가? 장미가 다른 이름으로 불린다면 여전히 향기로울까? 당신의 생각은 어떤가?

정신과 의사 에릭 번(Berne, 1976)에 의하면 부모님이 지어주는 이름이나 호칭은 우리가 무엇이 될지에 대한 부모님의 기대를 반영한다고 한다. 찰스(Charles)나 프레더릭(Frederick)은 왕이나 황제였다. 어머니가 항상 찰스나 프레더릭이라고 불러주고, 동료들에게도 그렇게 불러달라고 고집하는 아이는 흔히 척(Chuck)이나 프레드(Fred)라고 불리는 사람과는 다른 삶을 산다. 찰리(Charlie)나 프레디(Freddie) 역시 다른 삶을 살기 쉽다.

번은 직업 선택에 영향을 미친 것으로 보이는 두 사람의 이름을 소개했다. 그들의 이름은

1 그렇다. 우리는 여기서 비일관적인 이야기를 하고 있다. 랄프 왈도 에머슨이 "어리석은 일관성은 속 좁은 사람들의 장난질이다"라고 말한 것을 기억하라.

헤드(H. Head)와 브레인(W. R. Brain)이었는데 둘 다 신경과 의사였다.

특이하고 별난 이름을 가진 학생들은 좀 더 평범한 이름을 가진 급우들보다 인기가 적은 경향이 있다(Tierney, 2008). 학교에서 마이클이나 마리아는 레기스나 드리미니라는 이름을 가진 아이들보다 더 쉽게 친구를 사귄다. 그러나 연구자들은 평범한 이름을 가진 학생들의 성격이나 중성적인 이름(로니 또는 레슬리) 또는 반대 성의 이름(메리언이나 로빈이라는 이름을 가진 남학생)을 가진 학생들의 성격에는 차이가 없다고 한다. 그러나 자신의 남성적인 이름(딘이나 랜디)을 실제 사용하는 여대생은 남성적인 이름을 가졌지만 실제로는 여성적인 별명을 사용하는 여대생보다 덜 불안하고, 문화적으로 좀 더 세련되었으며, 리더의 자질이 더 많다는 연구도 있다(Ellington, Marsh, & Critelli, 1980). 남성적인 이름을 사용하는 여성들에게서 부적응의 징후는 찾아볼 수 없었다. 남성적인 이름을 사용하는 여성들은 남성을 위해 내조나 하는 고정관념에 맞춰 살지는 않겠다는 주장을 하고 있는지도 모르겠다.

무엇에 가치를 두는가?

가치관은 우리가 어떤 것을 얼마나 중요하게 여기는지 내포한다. 더위를 느끼고 있다면, 피자보다는 에어컨을 더 중요하게 여길 것이다. 돈보다는 사랑을, 또는 사랑보다는 돈을 더 가치 있게 여길 수도 있다. 가치관이 친구, 배우자, 직장 상사와 딱 들어맞지 않아 갈등을 경험하는 사람들이 얼마나 많은가?

가치관은 개인적 목표 설정에 영향을 미치고, 목표 달성을 위해 어떤 방법까지 사용할 것인가에 대해 한계를 설정하기도 한다. 목표 달성을 위해 사용하는 방법이 가치관과 맞지 않을 경우 죄책감을 느낄 수도 있다.

▮ **윤리** : 행동의 기준, 행동의 기준을 마련하는 신념 체계

우리는 각자 독특한 가치관을 가지고 있는데, 아마도 가치관이 비슷한 사람들과 가장 잘 지낼 것이다. 가치관은 주로 부모님이나 종교로부터 전수받는다. 그러나 선과 악의 기준에 대한 논리적 분석을 통해 가치나 **윤리**(ethics), 행동의 기준을 얻기도 한다. 심리학자 로렌스 콜버그(Kohlberg, 1981)는 가장 높은 수준의 도덕적 추론은 우리 자신의 도덕적 기준을 반영하는 이슈들에 대해 어떤 원칙을 발달시키는지를 포함한다고 하였다. 명확한 가치관을 발달시키는 것은 자기 발달의 매우 중요한 측면이다. 가치관이 없다면 우리의 행동은 의미나 목적이 없는 것처럼 여겨질 것이다. 인생의 일정 시기, 특히 청소년기에는 가치관이 유동적일 수 있다. 대부분의 사람들은 이를 불편해하며, 일관되고 의미 있는 신념을 가지고 싶어 한다. 그렇게 될 때까지는 자신을 인정할 수 있는 안정적인 내적 기준을 확립하지 못했기 때문에 사회적 인정을 받지 못할까 우려되어 다른 사람들의 변덕과 의견에 좌지우지될 수도 있다.

모듈 복습

복습하기

(1) 성 역할에 대한 고정관념은 (역할 도식, 인물 도식?)의 예이다.
(2) 당신의 건강과 현재 신체 컨디션은 당신의 ______ 자기(self)의 두 가지 측면이다.
(3) 아프리카계 미국인 여학생들은 유럽계 미국인 여학생들보다 자신에 대해 만족한 확률이 (높다, 낮다?)는 연구 결과들이 있다.
(4) 성과 인종은 ______ 자기(self)의 영구적인 특성이다.
(5) ______ 자기(self)는 우리가 행하는 사회적 역할과 사회적 가면을 지칭한다.
(6) 오직 당신 자신에게만 보이는 자기의 측면을 ______ 자기(self)라고 한다.

적응과 현대인의 삶

미스 로즈는 이름을 바꾸어도 여전히 꽃집아가씨일 것이다

딜립 닥터(Dilip Doctor)의 직업은 무엇일까? (힌트 : 그의 직장에 전화를 걸면 닥터의 사무실이라고 전화를 받는다.)

"예전 인도에 살 때는 Z로 시작하는 성을 가지고 있었는데 출석을 부를 때 저는 항상 맨 마지막에 불리곤 했어요"라고 퀸즈 지역의 비뇨기과 전문의 닥터 박사는 회상했다. "어느 날 선생님에게 불평했더니 말씀하시기를, 부모님이 모두 의사이니 닥터로 성을 바꾸는 것은 어떠냐고 하시더군요. 그게 벌써 40년 전 일이죠. 그런 다음에는 어차피 사람들이 나를 닥터라고 부를 거라면 아예 의사가 되어버리자고 생각했어요."

그리고 야구 선수 세실 필더(Cecil Fielder)와 프린스 필더(Prince Fielder), 언론사 간부인 빌 헤드라인(Bill Headline), 시인 윌리엄 워즈워스(William Wordsworth), 병리학자 (부인과 전문의가 아닌) 졸턴 오버리(Zoltan Ovary), 소설가 프란신 프로즈(Francine Prose), 포커 챔피언 크리스 머니메이커(Chris Moneymaker), 음악가 폴 호른(Paul Horn)과 믹키 베이스(Mickey Bass), 영국의 신경과 전문의 로드 브레인(Lord Brain) 같은 사람들도 있다.

그 외에도, 소설 속에서는 물론 실제 의사 중에 페인(Payne)이라는 이름을 가진 사람들, 마취과 의사 블랭크(Blank), 수영 코치 크램프(Kramp), 소화기 내과 전문의 블레크먼(Blechman), 패션 디자이너 페어클로스(Faircloth), 교회 대변인 구드니스(Goodness), 살인범 슬로터(Slaughter), 장의사 에이미곤(Amigone)도 있다. "예전에 고어(Gore)라는 이름의 의사한테 다닌 적이 있어요"라고 남편 저스틴 카플란(Justin Kaplan)과 함께 *The Language of Names*를 쓴 앤 버네이즈(Anne Bernays)는 회상했다.

오래전에는 직업을 따서 성을 만들었던 적이 있었다[미국에서 가장 흔한 성은 스미스(Smith)라는 성으로, 실제 대장장이(blacksmith) 수보다 훨씬 더 많은 백만 명 이상이 이 성을 쓰고 있다]. 한편 크왁 박사(Dr. Kwak), 로우리스(Lawless) 판사, 또는 미 연방통상위원회의 위원인 오손 스윈들(Orson Swindle)처럼 직업과 상반되는 이름에도 불구하고 자신의 직업에서 성공한 사람들도 있다. 사람들은 아먼드 해머(Armand Hammer)가 베이킹 소다 회사 암앤해머(Arm & Hammer)를 사기 오래전부터도 그가 그 회사의 주인이라고 생각했다.

로드아일랜드의 수의사 닥터 머레디스 버드(Dr. Meredith Bird)는 "어떤 사람들은 내가 새 전문가라고 생각하지만, 그렇지 않아요"라고 말하며, 자신의 이름이 직업 선택에 영향을 끼친 것 같지는 않다고 덧붙였다. "나는 아주 어릴 때부터 동물들을 좋아했어요. 그렇지만 우리 엄마가 나를 로빈(Robin)이라고 이름 짓지 않은 것에 대해서는 정말 고맙죠."

어떤 사람들은 이름이 운명이라고 믿는다. 연구자들은 "이름과 '삶의 각본'은 우연이 아니라 상당한 인과관계가 있다"고 말한다.

웨인주립대학교 법대의 랄프 슬로벤코(Ralph Slovenko) 교수는 "노던 버지니아정신건강연구소의 소장 닥터 로버트 스트레인지(Dr. Robert E. Strange)는 정신과 의사가 될 수밖에 없었다고 사람들에게 말합니다"라고 했다.

워싱턴 주 벨뷰에 변호사 사무실을 가지고 있는 데이비드 로이어(David J. Lawyer)는 말했다. "보통은 제가 왜 변호사가 되었는지 저도 모른다고 말합니다. 그렇지만 이름에서 영감을 얻은 사람들을 알아요. 나무 의사라 할 수 있는 수목관리전문가를 변호한 적이 있는데, 자신의 이름이 그린포레스트(Greenforest)라고 했어요. 그래서 '내 이름 때문에 웃는 사람들이 많은데 당신도 그러시겠네요'라고 했더니 그가 '그래서 이 직업을 택한 거예요'라고 하더군요. 그리고 생선을 가득 실은 배가 고장 난 어부에게서 전화를 받은 적이 있습니다. 배에 물이 차기 시작하자 그 어부는 공중전화를 찾아갔는데 업종별 전화번호부에 변호사 페이지가 다 찢어져 없었던 거예요. 그래서 그 어부는 인명 전화번호부에서 저를 찾은 겁니다."

로이어 씨는 작은아버지가 두 분이나 변호사이지만, 자식들 셋은 같은 길을 걷지는 않을 것 같다고 말했다. "전부 변호사는 절대 되지 않을 거라고 했습니다"라고 덧붙였다. 네브래스카 주의 벨뷰대학교에 있는 심리학자 클리블랜드 켄트 에반스(Cleveland Kent Evans)는 "이름이 특정 관심사나 직업과 관련이 있을 때 해당 직업을 가질 확률이 더 높아질 가능성은 충분히 있습니다. 그러나 본인들은 의식하지 못하거나 의식적으로 인정하고 싶지 않을 수 있습니다."라고 말했다.

브라운대학의 명예 심리학 교수 루이스 립시트(Lewis P. Lipsitt)는 이름이 의식하지 못하는 사이에 종종 영향을 미친다는 데 동의한다. "사람들이 이름 때문에 특정 직업을 선택했다고 확신하기를 기대하기는 어렵습니다. 그러나 이름이 특정 직업이나 생각으로 사람을 이끄는 것은 분명한 것 같습니다. 예전에 강의하면서 우연의 일치가 생길 수 있기 때문에 유의해야 한다고 학생들에게 이야기한 적이 있는데요. 이름이 특정 직업을 선택하도록 한다고 믿게끔 할 수도 있을 거라고 했습니다. 동문들에 대한 기록을 맡고 있는 레코드 부인(Mrs. Record), 음대의 피들러(Fiddler) 교수, 해양학 연구소의 닥터 피시(Dr. Fish) 등을 거론했죠. 점점 제 머리 속에서 인과관계가 있을 수 있다고 생각하기 시작했습니다. 그때 한 학생이 '립시트 교수님도 그중 한 사람입니다, 교수님은 아기들의 빨기 행동에 대해 연구하시잖아요'라고 하더군요. 저는 그 전에는 전혀 그런 생각을 못했어요."

출처 : Roberts, 2005에서 발췌.

(7) 이름은 신체적 매력에 대한 지각에 영향을 (준다, 주지 않는다?).
(8) ______(이)라는 용어는 우리가 부여하는 중요성을 의미한다.

생각해보기

당신의 자기(self) 중 고정되어 있거나 이미 정해져 있는 것은 무엇인가? 바뀔 수 있는 측면은 어떤 것인가?

나의 생활

자기 평가 : 가치관 규명 – 당신에게는 무엇이 중요한가?

자유, 명예, 미, 영원한 구원, 전쟁이 없는 세계 – 무엇이 가장 중요하게 여겨지는가? 쾌락을 우선시하는 사람들은 구원이나 지혜, 성취를 우선시하는 사람들과는 다르게 행동하는가? 밀턴 로키치(Milton Rokeach)는 상대적 중요성에 따라 인생 목표의 순위를 정하게 하는 여러 가치에 대한 설문을 만들었다. 당신은 어떤 가치를 중요하게 여기는가?

지시 : 알파벳 순서에 따라 18개의 가치가 아래에 적혀 있다. 당신이 가장 중요하게 생각하는 가치를 골라 바로 옆에 1을 적는다. 그다음에는 두 번째로 중요한 가치를 골라 옆에 2를 적는다. 18개 가치의 서열을 다 정할 때까지 이런 방식으로 계속한다. 이 장의 마지막에 미국에 사는 성인들을 대상으로 한 설문 결과가 나와 있으니 비교해볼 수도 있다.

이번에는 간단한 실험을 해보는 것은 어떤가? 오래된 친한 친구나 친척과 같이 당신과 아주 가까운 사람은 18개 가치의 서열을 어떻게 정할지 한번 상상해 보자. 그 사람의 가치 서열을 두 번째 열에 적는다. 그다음에는 여러 번 다툰 적이 있는 사람이나 삶의 방식이 당신과 많이 다른 사람을 생각해보자. 그 사람이 된 셈 치고 가치들의 서열을 매겨 세 번째 열 빈칸에 적어보자. 그다음에는 당신과 친구, 그리고 적의 가치 서열들을 한번 비교해보자. 당신의 가치 서열은 두 번째 칸에 적힌 것과 비슷한가, 아니면 세 번째 칸에 적힌 것과 비슷한가? 혹시 당신과 당신의 친한 친구나 친척이 유사한 가치를 가지고 있지는 않은가? 혹시 세 번째 칸의 사람과는 가치가 달라서 잘 지내지 못하는 것은 아닐까?

수업을 같이 듣는 친구들과 비교해보거나 반 전체 평균을 내서 비교해볼 수도 있다. 수업을 같이 듣는 친구들과 가치를 공유하는가? 특정 가치관에 따라 여러 집단으로 분류할 수 있는가? 다른 행동은 가치에서의 차이를 반영하는가?

가치	I	II	III
편안한 삶 풍족한 삶	______	______	______
신나는 삶 활기차고 활동적인 삶	______	______	______
성취감 지속적 공헌	______	______	______
세계 평화 전쟁과 갈등의 부재	______	______	______
미의 세계 자연과 예술의 아름다움	______	______	______
평등 형제애, 평등한 기회	______	______	______
가족의 안전 사랑하는 사람들의 보호	______	______	______
자유 독립, 선택의 자유	______	______	______
행복 만족	______	______	______
내적 조화 내적 갈등의 부재	______	______	______
성숙한 사랑 성적, 영적 친밀감	______	______	______
국가의 안전 공격으로부터 보호	______	______	______
즐거움 즐겁고 여유로운 생활	______	______	______
구원 영원한 삶	______	______	______
자기 존중 자존감	______	______	______
사회적 인정 존경, 칭찬	______	______	______
진정한 우정 친밀한 교제	______	______	______
지혜 삶에 대한 성숙한 이해	______	______	______

자기 개념, 자존감, 자기 정체성

모듈 6.2

- 자기 개념이란 무엇인가?
- 자존감의 근원은 무엇인가?
- 이상적 자기는 무엇인가?
- 자기 정체성은 무엇인가?
- 정체성 상태에는 어떤 것들이 있는가?
- 민족성, 성과 같은 사회문화적 요인과 정체성 간에는 어떤 연관이 있는가?

자기 개념(self-concept)은 자신에 대해 가지는 인상이나 개념이다. 자기 개념은 공평함, 유능함, 사교성 등 자신이 가지고 있다고 생각하는 성격 특성들을 반영한다. 자기 개념은 자신에 대한 근본적인 태도인 자기 존중감에 큰 영향을 미친다. 당신의 자기 존중감은 사회적 인정, 역량, 그리고 당신이 보는 자신과 이상적 자기와의 차이 등과 같은 여러 가지 요인에 영향을 받는다.

▮ **자기 개념** : 개인의 특성이나 이런 특성들에 대한 평가를 포함, 자기 자신에 대한 인식. 자기 개념은 자기 존중감과 이상적 자기를 포함한다.

뒤의 "나의 생활, 나의 마음"에서는 당신의 자기 개념을 여러 각도에서 평가해보고, 당신의 자기 개념이 이상적 자기 개념에 얼마나 근접해 있는지 살펴볼 수 있다. 만일 자기 개념이 이상적 자기에 미치지 못한다고 해서 포기하지는 말라. 이 장의 마지막에 있는 "나의 생활, 나의 마음" 모듈에는 자기 존중감을 향상시킬 수 있는 방법들이 제시되어 있다.

온라인상에서 다른 사람이 될 수 있다는 것은 윤리적, 도덕적, 그리고 심지어는 법적 문제를 야기할 수 있다. 온라인 데이트 서비스에 가입할 때 많은 사람들이 자신의 성취는 부풀리고 나이는 줄여 적는 것은 놀라운 일이 아니다. 성범죄자들은 순진한 희생자들을 찾아 인터넷을 돌아다닐 때 허구의 인물을 만들어낸다. 사이버 인물을 만드는 것은 여러 문제를 야기할 수 있다.

- 온라인에서 개인 정보를 얼마나 노출해야 하는가?
- 온라인 채팅 룸에서 다른 사람인 척하는 것은 나쁜 일, 또는 비도덕적인 일인가?
- 인터넷상에서 만들어낸 인물 중 어떤 부분을 실제 자기로 융합할 수 있는가(융합해야 하는가)?

Blend Images/SuperStock

당신은 누구인가? 당신의 자기 개념은 어떤 것인가? 당신의 자기 존중감은 얼마나 높은가? 실제 자신에 대해서는 무엇이라고 말할 것인가? 당신의 실제 모습은 이상적 자기에 가까운가, 아니면 멀리 떨어져 있는가?

자존감

뒤의 "나의 생활, 나의 마음"에서 제시하는 것처럼, **자존감**(self-esteem)은 자신에 대한 인상이 나는 이래야 한다고 생각하는 **이상적 자기**(ideal self, 자기 이상)와 얼마나 일치하는지에 달려 있을 수도 있다. 그런데 자존감의 결정 요인은 무엇인가? 자존감은 어린 시절 부모의 사랑과 인정과 함께 다른 사람들이 우리를 어떻게 보는지를 반영하는 것부터 시작한다. 부모가 귀하게 여기는 아이들은 대체로 자신이 충분히 사랑받을 자격이 있다고 여기게 된다. 이들은 자신을 사랑하고 받아들이는 것을 배울 확률이 높다.

▮ **자존감** : 자기 인정, 자신에 대한 우호적 견해나 자기 존중

▮ **이상적 자기** : 자신이 어떤 사람이고 어떤 행동을 해야 하는지에 대한 생각, 자기 이상이라고도 불린다.

저명한 연구 중에서 쿠퍼스미스(Coopersmith, 1967)는 5학년과 6학년 남자 아이들의 자존감을 연구하여 높은 자존감을 가진 남자 아이들은 엄격하지만 가혹하지는 않은 부모가 있는 가정에서 자랐을 확률이 높다는 것을 밝혀냈다. 이들 부모는 아들의 활동에 깊이 관여했다. 자존감이 낮은 아이들의 부모는 좀 더 허용적인 반면 일단 훈육을 할 때는 가혹한 경향이 있

나의 생활 나의 마음

자기 개념 점검하기

아래에서 자기 개념에 대해 점검해볼 수 있다. 먼저, 아래 나와 있는 각 측면에 대해 자신을 평가하라. 자신에게 중요하다고 생각되는 다른 측면을 추가할 수 있는 공간도 마련되어 있다. 아래 척도를 사용하여 각 측면마다 자신에게 해당된다고 생각하는 숫자에 표시하라.

1=매우 그렇다
2=대체로 그렇다
3=조금 그렇다
4=양쪽이 비슷하다. 잘 모르겠다
5=조금 그렇다
6=대체로 그런 편이다
7=매우 그렇다

	1	2	3	4	5	6	7	
공정하다	_____	_____	_____	_____	_____	_____	_____	공정하지 않다
독립적이다	_____	_____	_____	_____	_____	_____	_____	의존적이다
종교적이다	_____	_____	_____	_____	_____	_____	_____	종교적이지 않다
이기적이지 않다	_____	_____	_____	_____	_____	_____	_____	이기적이다
자신감이 있다	_____	_____	_____	_____	_____	_____	_____	자신감이 없다
유능하다	_____	_____	_____	_____	_____	_____	_____	무능하다
중요하다	_____	_____	_____	_____	_____	_____	_____	중요하지 않다
매력적이다	_____	_____	_____	_____	_____	_____	_____	매력적이지 않다
교양 있다	_____	_____	_____	_____	_____	_____	_____	교양 없다
사교적이다	_____	_____	_____	_____	_____	_____	_____	비사교적이다
친절하다	_____	_____	_____	_____	_____	_____	_____	잔인하다
현명하다	_____	_____	_____	_____	_____	_____	_____	어리석다
품위가 있다	_____	_____	_____	_____	_____	_____	_____	품위가 없다
똑똑하다	_____	_____	_____	_____	_____	_____	_____	똑똑하지 않다
예술적이다	_____	_____	_____	_____	_____	_____	_____	예술적이지 않다
키가 크다	_____	_____	_____	_____	_____	_____	_____	키가 작다
뚱뚱하다	_____	_____	_____	_____	_____	_____	_____	말랐다

당신에게 중요한 측면을 추가하라.

	1	2	3	4	5	6	7	
_____	_____	_____	_____	_____	_____	_____	_____	_____
_____	_____	_____	_____	_____	_____	_____	_____	_____

이제 스스로 평가한 것을 살펴보자. 자신에 대해 긍정적인 측면에 가깝게 평가했는가, 아니면 부정적인 측면에 가깝게 평가했는가? 자기 존중감이 높은 사람들은 낮은 사람들보다 자신을 더 긍정적으로 평가하는 경향이 있다. '현명하다-어리석다'와 같은 일부 차원들은 다른 차원들보다 자기 존중감에 더 큰 영향을 미치고 있을 수도 있다. 자기 평가의 일반적 패턴을 살펴보면 당신의 자기 개념과 그것이 자기 존중감에 어떻게 영향을 미치고 있는지 알 수 있다.

자, 이제 다른 색깔의 펜으로 다시 실시해보자. 아니면 이미 한 것과는 다른 식으로 표기를 해도 좋다. 어쨌든 이번에는 각 차원마다 자신은 이래야 한다고 생각하는 부분에 표시를 해보자. 먼저 한 평가에는 신경 쓰지 말자(일부 차원에 대한 평가는 동일할 수도 있는데, 이는 당신의 자기 개념이 이상적 자기와 일치한다는 것을 나타낸다).

이번에는 현재 자신에 대한 평가와 이상적인 자기에 대한 평가 사이의 차이에 대해 살펴보자. 특히 자신이 중요하다고 생각하는 차원에 주의를 집중해 보자. 현실의 자기와 이상적 자기 사이의 차이가 클수록 자기 존중감이 낮을 가능성이 크다. 자기 인식이 이상적 자기에 가까울수록 자기 존중감이 높을 확률이 크다.

가장 큰 차이를 보이는 것은 성격의 어떤 측면인가? 바꾼다면 당신의 어떤 면을 가장 바꾸고 싶은가? 이상적인 자기의 모습으로 더 가까이 가는 것이 가능할까? 어떻게 하면 그렇게 될까? 당신이나 다른 사람들과 관계를 맺는 방식을 바꾸려면 무엇이 필요할까?

적응과 현대인의 삶

사이버공간에서의 당신 : 어떤 자기인가?

얼마 전까지만 해도 어떤 사람의 공적 아이덴티티는 이름과 성에 의해 대변되었다. 오늘날에는 사이버공간에서 우리를 대변할 수 있는 다수의 아이덴티티를 만들어야 한다.

이메일 이름, 닉네임, 사용자 이름 등 이름이 너무 많아 웹을 떠돌아다니다 보면 내가 누구인지 조차 잊어버릴 지경이다. (내 유저 네임이 뭐였더라?) 인터넷의 익명성은 대체 신원이나 가짜 신원을 만들어내는 것을 가능하게 한다. 심리학자 존 슐러(Suler, 2002)는 사이버공간은 아이덴티티를 가지고 맘대로 할 수 있도록 허락해주고, 심지어는 여러 개의 대체 인물을 시험해보는 것도 가능케 한다고 하였다.

> 인터넷이 흥미로운 것 중 하나는 사람들이 자신을 매우 다양한 방식으로 나타낼 수 있는 기회를 제공한다는 것이다. 자신의 스타일을 아주 살짝 바꿀 수도 있고, 또는 나이, 역사, 성격, 외모, 심지어는 성까지도 멋대로 바꾸는 실험에 푹 빠져들 수도 있다. 당신이 선택하는 유저 네임, 당신에 관해 알려주거나 알려주지 않는 세부 정보, 개인 웹페이지에 나와 있는 정보, 온라인 커뮤니티상에서 당신이 선택하는 페르소나나 아바타 — 이 모든 것들이 사이버스페이스상에서 사람들이 자신의 아이덴티티를 어떻게 관리하는지 보여주는 중요한 측면들이다.

인터넷은 우리 개인의 아이덴티티를 만들어 가는 측면에서 양날의 칼이라 할 수 있다. 긍정적인 측면에서는, 또 다른 사이버 아이덴티티를 만들 수 있는 능력은 우리가 실제 생활에서는 쉽게 표현하지 못하는 측면을 드러낼 자유를 줄 수 있다. 여느 때 같으면 남들 또는 우리 자신들에게까지 숨겼을 감정이나 욕구 등을 시험해볼 수 있다. 반면, 상대적으로 안전한 사이버 스페이스상에서만 드러내는 부분들을 어떻게 통합할 것인가? 더 나아가서, 다른 사람들을 호도하는 것은 옳은 일일까? 자신이 아닌 다른 사람인 척하는 것은? 우리의 사이버 친구들은 어떠한가? 그들은 우리를 호도하고 있는가? 그게 문제가 되는가?

만일 우리가 사이버공간은 판타지가 만나는 곳이지 실제 사람들이 서로 상호작용(또는 서로 의지)하는 곳이 아니라고 인식한다면 문제가 되지 않을 수도 있다. 사이버 아이덴티티의 출현은 더욱 근원적인 질문을 가져온다.

우리의 진정한 아이덴티티는 무엇인가? 일상 생활에서 남들에게 보여주는 사회적 페르소나인가? 아니면 온라인상에서 보여주는 대체 아이덴티티(들)인가? 혹은 그 둘의 어떤 조합인가? 사이버상에서의 아이덴티티 중 실제 우리의 모습에 통합할 수 있는 부분들이 있을까? 어떤 결정적인 답을 제공하기 위해서 이런 질문을 하는 것이 아니라, 사이버공간에 들어갈 때 어떻게 아이덴티티를 설정할지 독자들이 생각해보도록 격려하는 차원에서 이런 질문들을 던져본다.

"인터넷에서는 아무도 네가 개라는 걸 몰라"

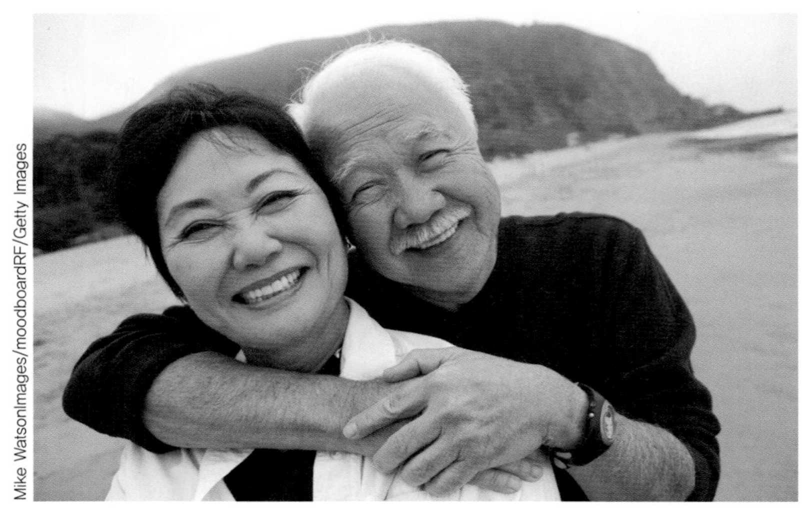
Mike WatsonImages/moodboardRF/Getty Images

성인기 대부분의 기간 동안 자존감은 상승한다 청년들보다 중년들이 높은 자존감을 가지는 경향이 있다는 것을 알고 있는가? 왜 그렇다고 생각하는가?

었다. 부모가 자녀에게 가지는 기대가 높을수록 자녀도 더 많은 성취를 했으며, 성취는 자존감과 연결되어 있었다. 자존감이 높은 남자 아이들의 부모들은 자녀에게 바라는 것도 많았지만 동시에 아이들의 생활에 밀접하게 관여하고 있었다. 관여는 가치감과 연관 있는 관심과 염려를 표현해준다.

자존감은 대체로 기복 없이 유지되는 경향이 있지만, 고정되거나 불변의 것도 아니다. 〈그림 6.1〉에 나와 있듯이, 일반적으로 사람들의 자존감은 청소년기에 하락하지만, 성인기에 접어들면서 안정되고 점차 올라가다가, 노년기(70세 이상)에 이르면 다시 하락하는 경향이 있다(Erol & Orth, 2011; Orth et al., 2010; Shaw, Liang, & Krause, 2010). 자존감은 외부 사건과 그에 대한 감정적 반응에 따라 올라가고 내려갈 수 있다. 예를 들어, 시험 점수를 못 받는다든지, 해고를 당하는 것은 단지 성적표상 점수나 재정 상황에만 영향을 주는 것이 아니라 자존감도 감소시킨다. 그러나 그 사건 자체만이 우리의 자존감에 영향을 주는 것은 아니다. 제8장에서 보게 되겠지만, 인지론자들은 삶에서 일어나는 사건에 대한 우리의 판단이나 해석이 우리의 감정에 영향을 준다는 것에 대해 이야기하고 있다. 자존감이 어떤 식으로 형성되든지, 연구 결과들은 모두 자존감의 중요성을 강조한다. 예를 들어, 자존감은 더 나은 신체적 건강과 심리적 안녕(DuBois & Flay, 2004), 더 높은 대학교 성적(Di Paula & Campbell, 2002; S. E. Taylor et al., 2003), 대학 생활 적응과 관련된 스트레스를 견뎌내는 능력(Paul & Brier, 2001)과 연관이 있다는 것을 밝힌 연구들이 있다.

그림 6.1

일생에 걸친 자존감 일생에 걸친 남녀 자존감의 평균 수준이 나와 있다. 여기서 청소년기에 자존감이 하락하다가 후기 성인기에 다시 점차 상승하고, 이후 급격히 하락하는 것을 볼 수 있다.

출처 : Robins & Trzesniewski, 2005.

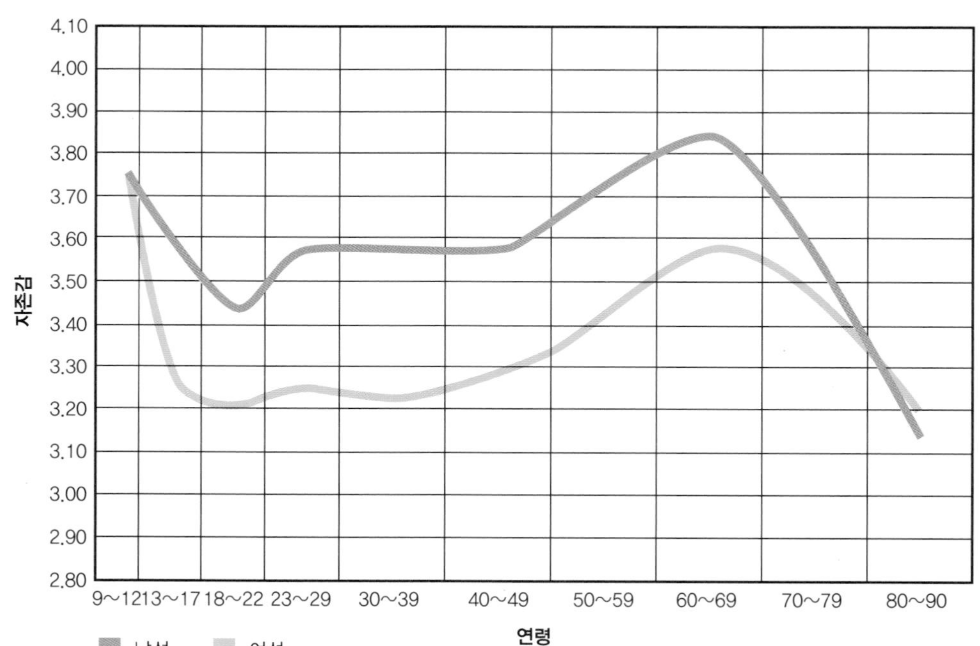

자기 정체성과 정체성 위기

우리는 위기라는 단어를 부정적으로 생각하는 경향이 있다. 그러나 **정체성 위기**(identity crisis)라는 용어를 만들어낸 심리학자 에릭 에릭슨은, 자기 정체성의 위기는 성장 과정의 정상적인 한 부분이며, 삶에 있어서 명확하고 일관된 믿음과 방향과 역할의 형성으로 이어지는 성장 경험이 될 수 있다고 믿었다. 더 나아가 에릭슨은 청소년기의 가장 근본적인 당면과제는 자기 자신만의 성인기 자기 정체성을 만드는 것이라고 믿었다. 당신의 자기 정체성은 당신이 누구인지, 무엇을 중요하게 생각하는지에 대한 자기 인식을 말한다. 에릭슨은 정체감 획득에 있어서 결정적인 요인은 직업적 또는 삶의 역할에 대한 선택과 그것에 충실하게 임하는 것이라고 믿었다. 그러나 모두가 정체감 위기를 경험하는 것은 아니다. 모든 사람이 삶의 역할(들)에 전념하게 되는 것도 아니다.

에릭 에릭슨 에릭 에릭슨은 사람들이 자신의 정체성 – 자신이 누구인지, 무엇을 믿는지, 그리고 삶에 있어서 어디를 향하고 있는지 – 을 어떻게 받아들이는지에 대해 연구하였다.

▮ **정체성 위기** : 자신의 가치와 삶의 방향에 대해 심각하게 자기 점검과 질문을 하는 시기

정체성 상태

심리학자 제임스 마르샤(Marcia, 1991)는 자기 정체성(또는 자아 정체성)의 과정에 대해 연구하여 위기와 전념의 존재 여부에 따른 분류 체계를 제안하였다. 그는 정체성 성취, 정체성 속단, 정체성 유예, 정체성 혼미라는 네 가지 정체성의 상태를 제시하였다(표 6.1 참조).

정체성 성취(identity achievement)는 어떤 영역에서 정체성 위기를 경험한 후 비교적 안정적인 믿음이나 행동 노선을 결정하고 일관되게 따르기로 함으로써 그 위기를 해결한 사람들을 일컫는다(Kroger, 2000; Marcia, 1991). 예를 들면, 어떤 사람이 법학이나 의학을 전공하는 '가족 전통'을 따르라는 압력을 받는 개인적 위기를 경험한 후 영문학을 전공하기로 결심하는 것이다. 어린 시절 양육 방침과는 반대로 교회에 정기적으로 나가기로 하거나 또는 나가지 않기로 결심하는 것을 의미할 수도 있다. 어떤 이들의 경우에는 가족 전통과 자기 자신의 믿음과 선호도가 일치하는지, 대안은 무엇인지 고려한 다음에 가족 전통을 따르기로 결심하는 것을 의미할 수도 있다. 가족이나 사회의 압력과 같은 외적 힘은 정체성 성취를 도와줄 수도 있지만 정체성 형성에 장애물이 될 수도 있는데, 특히 개인의 가치와 선호도에 대치하는 경우에 장애가 된다(Danielsen, Lorem, & Kroger, 2000; Yoder, 2000). 개인적 특성 측면에서는, 정

▮ **정체성 성취** : 정체성 위기를 해결하고 비교적 안정적인 믿음과 행동 노선을 결정하고 따르기로 한 사람들의 상태를 일컫는다.

표 6.1 ▮ 자아 정체성 상태의 네 가지 형태

	위기의 경험	위기의 부재
전념하기로 함	정체성 성취 : 정체성 위기를 거쳐 감으로써 정체감(자신이 누구인지, 무엇을 중요하게 생각하는지에 대한 확고한 의식)을 획득한 사람들	정체성 속단 : 정체성이 있기는 하지만, 부모나 사회의 가치를 무조건적으로 받아들여 정체성이 형성된 사람들
전념의 부재	정체성 유예 : 현재 정체성 위기를 경험하고 있으며, 적극적으로 가치관을 정립하고 정체성을 성취하려고 하는 사람들	정체성 혼미 : 정체성이 없으나 현재 그에 대해 별로 염려하지 않는 사람들

나의 생활

자기 평가 : 당신은 자기 자신을 얼마나 좋아하는가?

아래에 자기 수용과 자기 가치에 대한 당신의 인식을 반영하는 문장들이 있다. 각 문장을 읽고 다음 척도에 따라 솔직하게 표시해보자. 채점 방식은 이 장의 마지막에 나와 있다.

1=매우 그렇다
2=대체로 그렇다
3=반반이다
4=대체로 그렇지 않다
5=전혀 그렇지 않다

_____ 1. 내 개인적인 문제들을 어떻게 해결해야 하는지 말해주는 사람이 있었으면 좋겠다.
_____ 2. 다른 사람들이 내 가치를 의심한다고 생각되더라도, 나는 나 자신의 가치에 대해 의문을 가지지 않는다.
_____ 3. 사람들이 나에 대해 좋은 말을 하면 진심이라고 믿기 힘들다. 나를 놀리는 것이거나 그냥 하는 말이라는 생각이 든다.
_____ 4. 만일 나에 대해 비난을 하거나 무엇이든 나에 대해 말을 하면 받아들이기 힘들다.
_____ 5. 사람들이 나를 비난하거나 내가 말을 잘못하면 사람들이 웃을까 봐 두려워서 사람들이 있는 자리에서 별로 말을 하지 않는다.
_____ 6. 별로 효율적으로 살고 있지 않다는 것은 알지만, 내 에너지를 더 나은 방식으로 쓸 수 있을 것 같지 않다.
_____ 7. 내가 다른 사람들에 대해 가지는 대부분의 감정과 충동이 매우 자연스럽고 수용 가능하다고 본다.
_____ 8. 내 안의 무엇인가가 내가 어떤 일을 하든지 만족하지 못하게 한다 — 만일 일이 잘 풀리면 그 일이 하찮은 일이었고, 그런 일에 만족해서는 안 되며, 공정한 테스트가 아니었다는 우쭐한 느낌이 든다.
_____ 9. 나는 다른 사람들과 다르다고 느껴진다. 내가 다른 사람들과 별다른 것이 없다는 것을 아는 데서 오는 안전감을 느끼고 싶다.
_____ 10. 내가 좋아하는 사람들이 내가 실제 어떤 사람인지 알면 나에게 실망하게 될까 두렵다.
_____ 11. 나는 열등감 때문에 자주 괴롭다.
_____ 12. 다른 사람들 때문에 내가 당연히 할 수 있을 만큼 성취하지 못했다.
_____ 13. 사람들과 함께 있을 때 매우 쑥스럽고 남의 시선을 의식한다.
_____ 14. 다른 사람들과 잘 어울리고 호감을 얻기 위해, 나는 무엇보다 사람들이 내게 기대하는 대로 행동하려는 경향이 있다.
_____ 15. 나는 일 처리에 있어 진정한 내공이 있는 듯하다. 나는 기반이 매우 탄탄하고, 그래서 나 자신에 대해 상당한 확신이 있다.
_____ 16. 일터나 학교에서 나보다 우위에 있는 사람들과 함께 있을 때 남의 시선을 매우 의식한다.
_____ 17. 나는 신경질적이다.
_____ 18. 다른 사람들이 나를 좋아하지 않을 거라는 생각에 사람들과 친하게 지내려고 하지 않는 경우가 매우 흔하다.
_____ 19. 나는 다른 사람들과 동등한 위치에 있는 가치 있는 사람이라고 느낀다.
_____ 20. 내가 아는 어떤 사람들에 대한 나의 감정에 대해 죄책감이 느껴지는 것을 피할 수 없다.
_____ 21. 새로운 사람들을 만나는 것이 두렵지 않다. 나는 가치 있는 사람이라고 느끼며, 그들이 나를 싫어할 이유는 없다.
_____ 22. 나 자신을 반쯤만 믿는다.
_____ 23. 나는 매우 예민하다. 사람들이 말을 하면 그게 어떤 식으로든 나를 비난하거나 모욕하는 것이라고 생각하는 경향이 있으나, 나중에 생각해보면 전혀 그런 뜻이 아니었던 것 같다.
_____ 24. 나에게는 어떤 능력들이 있으며, 다른 사람들도 그렇다고 이야기한다. 내가 그런 능력들을 너무 경시하는 것은 아닌지 의문이 든다.
_____ 25. 미래에 생길 수 있는 문제들을 해결할 수 있을 것이라는 자신감이 있다.
_____ 26. 다른 사람들을 감동시키기 위해 내가 쇼를 하는 것 같다. 내가 실제로는 그런 사람이 아니라는 것을 나는 안다.
_____ 27. 다른 사람들이 나를 좋지 않게 평가하더라도 걱정하거나 나 자신을 비난하지 않는다.
_____ 28. 내가 정상이라고 느껴지지 않지만, 정상적으로 느끼고 싶다.
_____ 29. 사람들과 있을 때 잘못 이야기를 할지도 모른다는 두려움에 별로 이야기를 하지 않는다.
_____ 30. 나는 내 문제를 회피하는 경향이 있다.
_____ 31. 사람들이 나에 대해 좋게 생각할 때에도 그들을 속이는 것 같아 다소 죄책감이 든다. 즉 정말 나 자신을 드러낸다면 나에 대해 좋게 생각하지 않을 것이다.

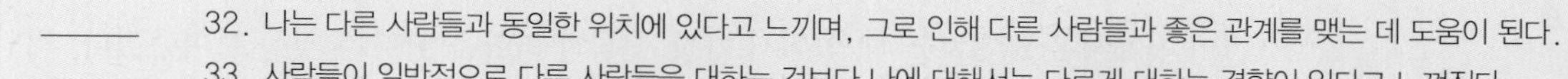

_____ 32. 나는 다른 사람들과 동일한 위치에 있다고 느끼며, 그로 인해 다른 사람들과 좋은 관계를 맺는 데 도움이 된다.
_____ 33. 사람들이 일반적으로 다른 사람들을 대하는 것보다 나에 대해서는 다르게 대하는 경향이 있다고 느껴진다.
_____ 34. 나는 지나치게 다른 사람들의 기준에 맞추어 산다.
_____ 35. 사람들 앞에서 이야기할 때 남의 시선을 의식하고 말을 잘하기가 어렵다.
_____ 36. 만일 매번 그렇게 운이 나쁘지 않았다면, 지금보다는 훨씬 더 많은 것을 성취했을 것이다.

출처 : a measure originally developed by Emanuel M. Berger of the University of Minnesota, Minneapolis에 근거

체성 성취에 도달하는 사람들은 감정적으로 안정적이고 자신이 추구하는 바를 성실히 이행하는 사람들일 확률이 높다(Clancy & Dollinger, 1993).

정체성 속단(identity foreclosure)은 정체성 위기를 거치지 않고 일련의 믿음이나 행동 노선에 대해 전념하기로 한 사람들을 일컫는다. 흔히 이들은 심각한 검증 과정 없이 부모나 다른 롤 모델의 시각을 받아들인다(Kroger, 2000; Schwartz et al., 2000).

▮ **정체성 속단** : 정체성 위기를 거치지 않고 일련의 믿음이나 행동 노선에 대해 전념하기로 한 사람들의 정체성 상태를 일컫는다

예를 들어, 대부분의 사람들이 부모와 같은 종교를 가지지만, 어떤 사람들은 개인적인 검증 과정을 거친 후 선택하고, 어떤 사람들은 별 생각 없이 따른다. 정체성 속단은 주로 단일 민족 국가나 "모두가 그렇게 한다"라는 식의 고립된 하위 문화에서 흔히 일어난다(Danielsen et al., 2000; Yoder, 2000). 성격적 특성 측면에서는, 자신의 독창성을 발전시킬 기회를 미리 차단하는 사람들은 새로운 경험에도 마음이 닫혀 있을 수 있다. 뒤의 "심층 탐구"에서 볼 수 있듯이, 심리학자 칼 로저스의 아버지는 자녀들이 개인적 윤리나 종교적 믿음을 스스로 선택할 수 없도록 사회로부터 격리시키려고 했다. 그러나 로저스는 여기에 반항하였고, 그 과정에서 상당한 심적 고통을 겪었다. 혼란 속에서도 그는 굴복하지 않았고, 종국에 가서는 정체성 성취에 다다랐다.

정체성 유예(identity moratorium)는 정체성 위기의 한가운데에 있는 사람들의 상태를 말한다. 여러 선택안들을 치열하게 살펴보는 기간이다. 그 선택안들은 직업 선택이 될 수도 있고, 성관계를 가지기 시작할 것인지(그리고 누구와 가질 것인지), 자녀를 가질 것인지, 교회에 다니기 시작하거나 종교를 바꿀 것인지, 또는 정당에 가입할 것인지 등 여러 가지가 될 수 있다. 결단을 내리기 위해 이 정체성 상태에 있는 사람들은 자신의 가치관, 태도, 감정, 가능성 등을 신중하게 평가한다.

▮ **정체성 유예** : 여러 정체성 대안들에 대해 치열한 점검을 하고 있는 사람들의 정체성 상태를 일컫는다.

마지막으로, **정체성 혼미**(identity diffusion)는 자신이 누구인지, 무엇을 위해 사는지 등에 관해 전념할 수 있는 상태에 도달하지도 않았고, 정체성 위기도 경험하지 않은 사람들을 말한다. 지속적인 믿음이나 일관된 행동 노선을 결정하지 않은 상태이다. 그리고 그렇게 하려는 노력도 하지 않는다. 이런 사람들은 변덕스러운 행동을 하거나 남의 말에 쉽게 흔들리기 쉽다.

▮ **정체성 혼미** : 자신이 누구인지, 그리고 무엇을 중요하게 생각하는지에 대한 결단에 도달하지도 않고, 위기를 경험하지도 않은 사람들의 정체성 상태를 일컫는다.

이 책을 쓴 저자와 동료 캐롤라인 워터맨(Waterman & Nevid, 1977)은 올버니대학교 1학년과 2학년에 재학 중인 70명의 남자 대학생과 70명의 여자 대학생에게 직업적 선택, 종교적 견해와 정치적 견해, 성적 행동(주로 혼전 성관계)에 관해 일련의 개인적 신념을 굳혔는지 물어본 적이 있다. 우리는 이 신념들이 에릭슨이 정체성 위기라고 말한, 여러 선택안들을 심각하게 고민하는 기간 중에 나온 것인지 살펴보았다. 응답자들의 반응을 삶의 각 영역에서 4개의 정체성 상태 — 정체성 성취, 정체성 속단, 정체성 유예, 정체성 혼미 — 로 각각 분류하였

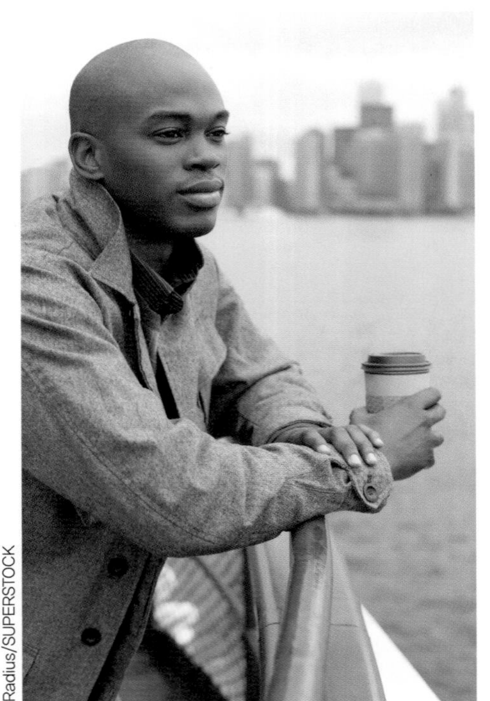

나는 누구인가? 삶에서 당면하는 주요 심리적 과제 중 하나는 나는 누구인지, 무엇을 믿는지, 인생에서 어디로 나아가고 있는지 등과 관련하여 개인적 정체성을 만들어 가는 것이다.

다. 연구 결과는 직업적 선택이 아니라 성적 도덕성에 대한 확고한 신념의 발달이 개인의 정체성을 해결하는 데 있어서 가장 중심적 역할을 한다는 것을 보여주었다. 직업적 선택은 어느 정도 미룰 수 있지만, 성적 행동에 관한 결정은 대학생들이 매주, 또는 매 주말마다 직면해야 하는 문제이다. 〈표 6.2〉는 정체성 혼미가 성적 도덕성과 관련하여 가장 적게 나타나고, 정치적 이념에 관해서 가장 높게 나타난다는 것을 보여준다. 대학생들은 직업, 종교, 특히 정치적 영역에 관해서는 결단을 미룰 수 있을지 몰라도, 대부분 성적 허용성에 대해서는 대학교에 입학할 즈음이나 또는 대학 생활 초기에 결정한다.

직업 정체성 상태에 대해서는 결단의 정도에 성 차이가 없었으나, 성 문제와 관련해서는 성 차이가 뚜렷했다. 남성의 경우 성에 관해 속단한 사람들이 대부분(64%)인 반면, 여성들은 정체성 성취와 속단 사이에서 절반(39%와 39%)으로 나뉘었고, 나머지 16%는 정체성 유예 상태, 즉 아직 성적 활동에 대해 결정을 내리지 못한 상태였다. 대부분의 남자들은 "혼전 성관계는 아무 문제가 없다. 서로 동의하에 즐긴다면 문제 없다"라는 태도를 보였다. 그러나 이들 대부분은 성적 허용성과 관련된 신념에 대해 심각하게 고민해본 적이 없었다. 이들은 남자들에게 혼전 성관계를 더욱 관대하게 허용하는 이중적 잣대를 그저 생각 없이 받아들였다("남자들은 어쩔 수 없다"). 이는 여성들이 금욕주의적이라는 말은 아니다. 대부분의 여성들도 혼전 성관계에 찬성했으나, 깊게 사귀는 사이라는 전제를 두는 경우가 많았다. 이런 견해에 도달하는 과정 중 여성들은 부모의 엄격한 가치관을 거부하는 정체성 위기를 거치는 경우가 많았다. 청소년기 여성의 경우 자제를 요구하는 부모의 압력과 "다 하니까 너도 해"를 요구하는 또래들의 압력 사이에서 난감해하는 경우가 빈번했다. 성적 문제와 관련하여 정체성을 발전시키기 위해서는 위기를 거쳐야 했다.

인간 다양성과 정체성 형성

제3장에서 소개했던 작가 던 테리(Terry, 2000)는 어린 시절 잠자리에 드는 것을 늦추기 위해서는 어떤 일도 마다하지 않았다. 그가 잘 쓰던 방법 중의 하나는 그날의 주요 주제, 예를 들면 하느님은 어느 야구팀을 응원했는지에 대해 그날 오후 이웃집 뒷마당에서 친구와 열띤 토

표 6.2 ∎ 워터맨과 네비드 연구에 따른 학생들의 정체성 상태 분류

	직업적 선택	종교적 가치관	정치적 신념	성적 가치관
여성				
정체성 성취	17%	23%	9%	39%
정체성 유예	24	17	14	16
정체성 속단	20	20	13	39
정체성 혼미	39	40	64	7
남성				
정체성 성취	17	23	20	21
정체성 유예	23	13	6	6
정체성 속단	21	36	10	64
정체성 혼미	39	29	64	9

론을 벌였던 것 등에 관해 어머니와 토론하는 것이었다. 그러던 어느 날 오랫동안 궁금해하던 것에 대해 어머니에게 질문했다. "엄마, 나는 뭐예요?" 어머니는 "너는 사랑하는 내 아들이지"라고 대답했다. "그건 아는데요, 그것 말고 나는 뭐예요?" "너는 훗날 멋지고 잘생긴 남자로 변할 소중한 소년이지." "내 말은, 엄마는 백인이고, 아빠는 흑인인데, 그럼 나는 뭐예요?" "아, 그것 말이구나." 어머니는 대답했다. "음, 넌 반은 흑인이고 반은 백인이지, 그러니까 너는 양쪽에서 모두 최고인 거야."

그 다음 날 그는 친구들에게 자신은 '흑인'도 아니고 '백인'도 아니라고 말했다. 그는 "나는 양쪽에서 모두 최고야"라고 자랑스럽게 공표했다. 그러자 친구 중 하나가 "야, 너 미쳤구나"라고 대꾸했다. "넌 네 가족 중에서도 최고가 아니야. 최고는 네 여동생이야. 걔는 정말 괜찮은 애야."

인생의 대부분 동안 그는 어머니가 한 말을 믿으려고 노력했다. 백인과 흑인이 섞인 가족에서 자란 그는 다른 사람들보다 인종에 대해 더 명확하게 안다고 오랫동안 믿었다. 그럴 수 있는 사람이 드문데, 그는 양쪽 세계 모두에 가까울 수 있다는 것에 감사했다. 그것은 마치 남들은 모르는 비밀을 알고 있는 것과 같았다.

그렇지만 동시에 그는 어릴 때부터 현실은 어머니가 이야기하는 것보다 더 복잡하다는 것도 알고 있었다. 애초부터 미국은 인종에 대해 강박관념이 있었다. 유럽계 미국인인지, 아프리카계 미국인인지, 아니면 둘 다인지가 정체성의 일부이다. 남자인지 여자인지, 기독교인인지 이슬람교도인지 유태인인지도 그러했다.

정체성 발달에 관한 에릭 에릭슨의 견해는 원래 남성에게 해당되는 것이었다. 에릭슨의 이론에서 정체성 발달의 단계는 인생관을 받아들이는 것과 선택한 직업에 대한 전념을 포함한다. 여성의 경우 정체성이 아내나 어머니라는 역할과 더 밀접하게 연결되어 있기 때문에, 직업적 이슈나 이념적 이슈보다는 인간 관계의 발달이 여성에게는 더 중요하다고 에릭슨은 믿었다. 남성의 정체성은 남편이나 아버지라는 역할에 달려 있지 않았다. 에릭슨의 이론은 어린 자녀가 있는 대부분의 여성들이 집 밖에서 일하지 않을 때 만들어졌다. 오늘날에는 학령기 이전 자녀가 있는 어머니들을 포함, 대부분의 어머니들이 직장에서 일한다.

오늘날 젊은 미국 여성들이 직업에 대한 포부를 품고 자라 온 것을 반영하여, 여성들의 정체성은 직업적 이슈와 강하게 연결되어 있다. 따라서 오늘날의 청년기 소녀는 남성들과 마찬가지로 직업 계획에 대해 높은 관심을 표현한다. 그러나 동시에 여자 아이들은 삶에서 직업과 가정의 균형을 유지하는 것에 대해 우려를 표현한다. 대부분의 여성들이 풀 타임으로 일하더라도 여전히 자녀 양육과 살림에 대해 일차적 책임을 지는 경우가 흔하다.

심층 탐구

칼 로저스 – 정체성 성취에 관한 사례 연구

칼 로저스는 어린 시절을 시카고의 부유한 동네에서 보내며 유명한 건축가 프랭크 로이드 라이트의 자녀들과 함께 학교를 다녔다. 6남매를 둔 로저스의 가정은 종교적이었고 서로 매우 가까웠다. 로저스의 아버지는 흡연, 음주, 도박, 영화감상 등의 활동을 달갑지 않게 여겼다. 남들의 그런 행동을 참아주기는 해도, 그런 행동을 하는 사람들과 어울리지는 않도록 가르쳤다. 로저스가 12살 무렵, 아버지가 보기에 불건전하다고 생각되는 것들로부터 아이들을 보호하기 위해 가족은 도시에서 먼 농장으로 이사를 했다. 로저스(1902~1987)는 독서에서 유일한 낙을 찾았고, 과학에 재미를 붙여 갔다. 그가 처음 선택한 대학 전공은 건축학이었다. 1922년 학생시절 중국을 방문했을 때, 로저스는 생애 처음으로 다른 민족을 접하게 되었다. 로저스는 이 기간 중에 부모들의 보수적 방침으로부터 독립하겠다는 편지를 썼다. 바로 얼마 뒤, 로저스는 궤양이 생겨 병원에 입원해야 했다. 아버지에 대한 반란과 궤양 발병의 인과관계는 불분명하지만, 그 우연의 일치가 꽤 의미심장하다. 이후 로저스는 목회자가 되기 위해 뉴욕의 유니언 신학교에 다녔다. 로저스는 그와 동시에 길 건너 콜럼비아대학교에서 심리학과 교육학 수업도 수강하였다. 몇 년간의 개인적 정체성 탐색 이후, 사람들이 자신의 감정을 깨닫고 유일무이한 개인으로 성장하는 데 도움을 주는 방법으로는 심리학이 더 낫다고 로저스는 믿게 되었다. 그래서 로저스는 콜럼비아대학으로 편입하였다. 아마도 다른 방식으로 생각하는 것으로부터 '보호'하려는 부모의 노력이 로저스로 하여금 내담자 중심 심리치료라는, 사람들이 진정한 자신의 감정을 깨닫고 다른 사람들의 인정과는 상관없이 자기 자신의 관심사를 추구하도록 도와주는 것을 목표로 하는 심리치료이론을 발전시킨 것으로 보인다. 로저스는 인간 본성에 대해 낙관적인 시각을 가지고 있었고, 사람들이 그들 고유의 것을 찾고 성장시키도록 도와준다고 해서 그들이 이기적으로 될 것이라고 믿지 않았다. 그는 사람들의 본성이 반사회적이 아니라 사회적이며, 성공적으로 성장한다면 더욱 관대해지고 사랑을 베푸는 존재가 될 것이라고 생각했다. 로저스는 타인이 인정해주지 않음으로 인해 개인적 성장이 좌절될 경우에만 사람들의 행동이 나빠진다고 믿었다.

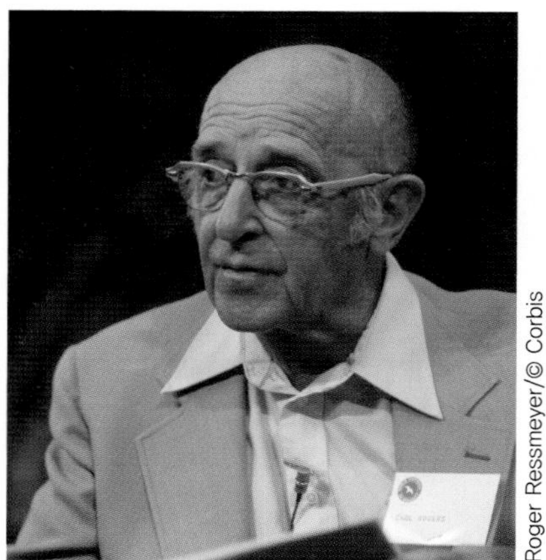

Roger Ressmeyer/© Corbis

칼 로저스 자기 자신을 실현하기 위해 로저스는 고지식한 아버지의 영향을 극복하고 아버지에게 인정받지 못하는 것을 감수해야 했다. 개인적 경험 덕분에 로저스는 우리가 각자의 방식대로 발전하도록 허용되어야 한다고 믿게 되었다.

정체성 형성은 소수민족 청소년에게는 더 복잡한 문제이다(Collins, 2000). 이들 청소년들은 자신이 속한 문화의 가치관과 주류문화라는 두 종류의 문화적 가치관에 당면할지도 모른다(Phinney, 2000; Phinney & Devich Navarro, 1997). 이 두 가치관이 충돌할 때 소수민족 청소년은 그 차이를 해결해야 하고, 흔히 어느 쪽을 택할 것인가 결정하게 된다. 한 이슬람계 미국인 청소년은 왜 자신이 고등학교 졸업 파티에 가지 않았는지에 대해 이렇게 설명했다. "졸업 파티 때 슬프기는 했지만, 내가 아는 거의 모든 애들이 그날 밤에 성관계를 가졌고, 저는 그게 나쁘다고 생각해요. 이젠 가지 않은 것이 잘한 일이었다고 말할 수 있어요. 가지 않는 것이 멋진 일이었기 때문에 가지 않은 거예요"("Muslim Women," 1993, p. B9).

서로 종교가 다른 부모를 둔 혼혈 청소년은 자신의 문화적 유산이 어떤 것인지에 대해 또 다른 씨름을 해야 한다. 다른 민족적 배경을 가진 부모는 인생을 함께 살아가기로 결정했더라도, 이들의 가치관이 자녀들의 마음에서는 조화롭게 자리 잡지 못할 수도 있다.

모듈 복습

복습하기

(9) 자신에 대해 가지는 인상이나 개념을 ______(이)라고 한다.
(10) ______은/는 부모의 사랑과 인정으로 시작되는 것으로 보인다.
(11) 쿠퍼스미스는 높은 자존감을 가진 중학생 소년의 부모는 (엄격한, 허용적인?) 경향이 있다고 밝혔다.
(12) 높은 자존감은 대학 생활에 잘 적응하도록 (도와준다, 도와주지 않는다?).
(13) 자존감은 우리 스스로 자신에 대해 생각하는 것과 ______ 자기의 차이에 기반한다.
(14) ______은/는 당신이 누구이며 무엇을 중요하게 생각하는지에 대한 인식이다.
(15) 네 종류의 정체성 상태는 정체성 성취, 정체성 ______, 정체성 ______, 정체성 혼미이다.
(16) 각 정체성 상태는 ______과/와 위기의 존재 여부로 구분할 수 있다.
(17) 다른 사람의 견해를 진지한 고민 없이 받아들이는 사람들은 정체성 ______의 상태에 있다고 할 수 있다.
(18) 정체성을 형성하는 데 있어 소수민족 청소년들은 본래 문화의 가치관과 ______ 문화의 가치관 사이에서 고민할 수 있다.

생각해보기

자존감은 어떻게 발달하는가? 부모가 된 지 얼마 안 되는 사람들에게 자녀들이 자존감을 획득하도록 도와주는 방법에 대해 어떤 조언을 해줄 수 있을까?

모듈 6.3 타인에 대한 지각

- 사회적 지각은 무엇인가?
- 첫인상은 왜 중요한가?
- 왜 사람들의 신체 언어에 주의를 기울여야 하는가?

▮ **사회적 지각**: 우리가 받는 정보나 다른 사람들이 어떻게 행동하는지 관찰한 것을 바탕으로, 사회 속에서 타인에 대한 이해를 형성해 가는 과정

이제까지는 우리가 자신을 어떻게 지각하는지에 대해 알아보았다. 이제는 사회 속에서 타인을 어떻게 지각하는가와 관련된 **사회적 지각**(social perception)으로 화제를 돌려보자. 먼저 첫인상은 나중에 바뀌기 어려운 도식의 발달을 촉발한다는 것에 대해 살펴볼 것이다. 그다음에

는 신체 언어, 편견과 관련된 도식에 대해 이야기해볼 것이다.

첫인상의 중요성

첫인상은 대체로 바뀌지 않는다. 첫인상이 지속되는 이유는 **초두 효과**(primacy effect) 때문이다. 즉 우리는 누구를 처음 만나면 그 사람의 특성에 관해 빠르게 인상을 형성하는 경향이 있다. 우리는 그 사람의 행동, 옷차림, 또는 일반적인 습관 등으로 그 사람의 특성을 추론한다. 그런 다음에는 그 인상을 그 사람의 행동을 해석할 때 정신적 틀, 또는 인물 도식으로 사용한다. 따라서 처음 만났을 때 레기가 속물처럼 행동했다면, 다음에 만났을 때도 속물처럼 행동하리라 예상한다. 이후 그의 행동이 처음에 형성한 도식과 일치하지 않을 경우에도, 상황이나 외적 요인으로 인한 예외적 행동으로 해석하기 쉽다. 만일 반대 증거들이 충분히 나온다면 나중에 가서는 인상을 바꿀 수도 있겠으나, 첫인상은 대체로 쉽게 바뀌지 않는다.

초두 효과 : 첫인상으로 타인을 평가하는 경향

어떻게 하면 보다 최근의 인상에 더 주의를 기울일 수 있을까? 한 가지 방법은 사람들을 만날 때 성급한 판단을 피하는 것이다. 좀 더 잘 알 수 있을 때까지 판단을 보류하는 것이다. 또, 그 사람의 최근 행동에 더 밀접하게 주의를 기울일 수도 있다. 가장 최근의 인상이 그 사람에 대한 도식 형성을 주도하는 현상을 **최신 효과**(recency effect)라고 한다.

최신 효과 : 가장 최근 인상으로 타인을 평가하는 경향

첫인상이 지속되는 경향이 있는 것은 사실이나, 그렇다고 절대불변은 아니다. 새로운 정보 또는 모든 증거에 주의를 기울이라는 충고로 변화가 올 수 있다.

첫인상 관리

첫인상이 절대불변은 아닐지라도, 다른 사람들이 우리를 어떻게 지각하는지에 영향을 준다. 다른 사람들이 당신을 더 좋게 지각하도록 첫인상을 관리할 수 있는 방법들이 몇 가지 있다.

가장 먼저, 당신이 타인에게 어떤 첫인상을 주는지 파악하라. 사람들을 처음 만나는 자리에서 그들이 당신에 대한 도식을 형성하고 있다는 것을 기억하라. 일단 형성이 되면 도식은 쉽게 바뀌지 않는다.

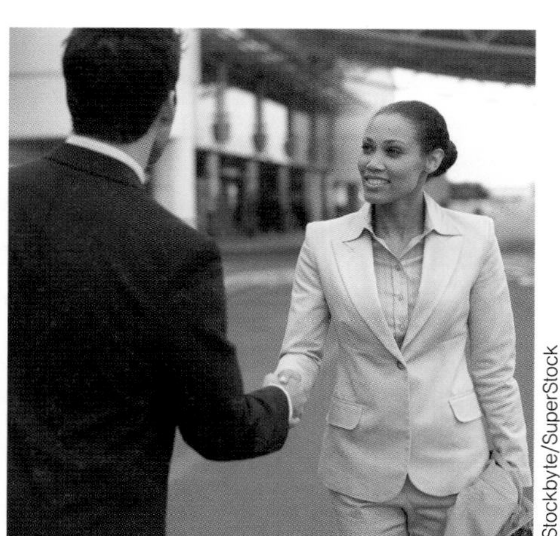
Stockbyte/SuperStock

첫인상 첫인상을 줄 기회는 한 번밖에 없다. 첫인상에 영향을 주는 요인들은 무엇인가? 당신에 대해 타인이 가지는 첫인상을 최대한 활용하는 방법은 무엇인가?

입사 지원을 하는 경우라면 당신의 '첫인상'은 당신이 면접장에 나타나기도 전에 지원하는 회사의 고용주에게 전달될 수도 있다. 이력서를 통해 당신의 첫인상이 전달되는 것이다. 깔끔한 이력서를 작성하고, 중요한 성과를 앞쪽에 넣어라.

데이트나 채용 면접에 나가서 대화를 어떻게 시작할 것인지 한번 계획을 세워보고 연습해보는 것은 어떤가? 상황을 상상해보고, 채용 면접의 경우 예상 질문도 한번 생각해보라. 자연스러운 대화 내용을 준비하고, 여기에 호감 가는 미소를 더한다면, 사회성이 좋다는 인상을 주어 좋은 결과를 가져올 확률이 높아질 것이다.

미소를 지어라. 미소를 지을 때 더 매력적이고 더 친근해 보인다.

채용 면접, 입학 면접, 첫 데이트, 또는 중요한 회의에서 보여지는 당신의 옷차림이나 신체적 버릇에 대해 파악하라. 말하려고 입을 열기도 전에 당신의 옷차림, 버릇 등의 특성을 바탕으로 사람들은 당신에 대한 인상을 만들어 간다. 따라서 당신의 신체 언어와 옷차림이 당신에 대해 무엇을 말해주는지에 대해 좀 더 면밀히 파악하라. 이런 상황에는 어떤 옷차림이 어울릴까? 어떻게 하면 긍정적인 첫인상을 심어줄 수 있을까? 등의 질문을 자신에게 던져보자.

에세이 질문에 답을 할 때는 글씨체에 주의를 기울여라. 당신의 에세이가 읽힐 때 가장 먼저 눈에 띄는 것이다. 필요하다면 프린트하라. 답을 쓸 때는, 첫 문장이나 첫 문단에 당신이 알고 있는 관련 지식을 제시하거나, "이 에세이에서 나는 …을 보여줄 것이다"처럼 질문을 다시 한번 명확하게 적어라.

수업 시간에는 강의자와 눈을 맞추어라. 수업에 대한 관심을 표시하라. 그렇게 하면 퀴즈에서 몇 번 좋지 않은 점수를 받더라도 강사는 당신을 '공부도 못하고 수업에 관심도 없는 능력 없는 학생'이라고 보기보다는 "원래 수업 시간에 집중한 좋은 학생인데 몇 개의 실수를 했다"고 생각할 것이다. (강의자에게 이 책에서 그렇게 읽었다고 말하지 않기 바란다. 눈치채지 못할 수도 있다.) 강의자에게 말할 때는 과목에 흥미를 보이기 바란다. 흥미가 없으면 무엇이라도 흥밋거리를 찾아내라. 자, 이제 반대 입장에서 생각해보자. 벗어날 수 없는 첫인상에 누군가를 가두기 전에 스스로에게 다음과 같은 질문을 던져보자.

상대방에게 공정하게 대하고 있는가? 데이트 상대의 부모님이 첫 대면에서 좀 차갑게 대한다면, 그건 당신을 잘 모르고 자녀의 안녕이 염려가 되기 때문일지 모른다. 당신이 그분들의 자녀에게 올바른 대우를 한다는 것을 보여주면 그들의 마음도 열릴 것이다. 원래 뚱한 사람들이라고 단정 짓지 말라.

내가 가지는 첫인상은 '본모습'을 포착하는가, 아니면 그 사람의 일시적 행동만 본 것인가? 다른 사람들에게 한 번 더 기회를 주도록 하라, 그러면 무엇인가 얻을 것이 있을지도 모른다. 당신이라도 자신이 한 모든 말과 모든 행동에 일일이 책임을 지고 싶겠는가? 시간이 지나감에 따라 당신도 더 나아지지 않았는가? 더 교양 있어지고 더 박식해지지 않았는가? 사람들은 항상 최고의 모습일 수는 없다. 한 번의 대면을 바탕으로 누군가에 대해 절대불변의 도식을 만들지는 말자.

신체 언어

신체 언어는 인물 도식 형성에 중요한 역할을 한다. 신체 언어를 제대로 읽을 수만 있다면 누군가의 생각, 태도, 감정에 대해 중요한 단서들을 얻을 수 있다.

예를 들어, 사람들의 평상시 자세는 그들의 감정과 행동 패턴에 대해 단서를 제공한다. 사람들은 '초조'할 때 흔히 몸이 경직되고 등은 꼿꼿이 세우고 있다. 편안히 있는 사람들은 흔히 말 그대로 '늘어져' 있다. 눈맞춤 형태, 자세, 사람들 사이의 거리 등은 상대방에 대한 기분이나 감정에 대한 단서를 제공한다.

Ron Chapple/Getty Images, Inc.

인상 관리 채용 면접에 좋은 옷을 입고 최선의 행동을 하는 이유는 무엇인가? 왜 변호사는 재판을 앞둔 의뢰인에게 머리를 다듬고, 면도를 하고, 옷을 잘 갖춰 입으라고 할까? 첫인상은 중요하다. 초기의 인상은 사람들을 보는 방식과 어떤 행동을 기대할지에 영향을 미친다.

누군가 우리를 마주 보고 몸을 가깝게 기울이면, 우리는 그가 우리를 좋아하거나 관심이 있다고 가정할 수 있다. 한 커플이 대화할 때 여자는 남자 쪽으로 몸이 기울어져 있지만 남자는 몸을 뒤로 젖히고 머리카락으로 장난을 치고 있다면, 남자는 별로 관심이 없거나 여자가 하는 말을 잘 듣고 있지 않다고 추론할 수 있을 것이다. 신체적 접촉도 많은 것을 알려준다. 남성보다 여성은 대화할 때 상대방을 터치할 확률이 높다(Stier & Hall, 1984). 신체적 접촉에 관한 초기 실험에서 클라인케(Kleinke, 1977)는 어려움에 처한 사람이 도움을 줄 수 있는 사람과 신체적 접촉을 할 때 도움을 얻기가 쉽다는 것을 보여주었다. 전화를 걸기 위해 동전이 필요할 때 상대방의 팔을 터치하는 여성이 좀 더 많은 동전을 받을 수 있었다. 이와 유사하게, 손님의 팔을 터치한 웨이트리스가 더 많은 팁을 받았다. 신체적 접촉은 종종 긍정적 행동을 유도한다. 말로 하는 언어와 마찬가지로 신체 언어는 문화마다 다르다. 문화에 따라 같은 몸짓이라도 다른 의미를 가질 수 있다. 예를 들어 불가리아 사람들은 반대의 뜻을 표시하기 위해 고개를 아래위로 끄덕인다(Laroche, 2003). 숫자 8을 손가락으로 표시할 때, 중국인들은 엄지와 검지를 펼친다. 같은 손 모양이 북미에서는 권총을 표시하는 것으로 해석된다.

상대방의 눈을 똑바로 쳐다보는 것은 서구권 문화가 아닌 비서구권 문화에서는 별로 좋지 않게 받아들여질 수도 있다. 문화적 차이는 사람들 간의 거리에도 영향을 미친다. 일부 아프리카 문화의 사람들은 90cm 이상이나 서로 떨어져 서는 경향이 있다(Thiederman, 2002). 그러나 중동 문화권의 사람들은 45cm보다도 더 가까이 서기도 한다. 상대방과의 정확한 거리는 사회적 관계에도 달려 있다. 관계가 가까울수록 사람들은 서로에게 가까이 서는 경향이 있다. 이런 실험들에서 사용한 신체적 접촉은 강압적이지 않았다. 부드럽고 간결했으며, 익숙한 공적 장소에서 행해졌다. 그러나 신체적 접촉이 상대방이 원하는 것보다 더 친밀할 때는 부정적이거나 성희롱의 한 형태로 비쳐질 수 있다.

Bavaria/Getty Images, Inc.

몸으로 하는 대화 신체 언어는 누군가에 대한 인상을 형성하는 데 중요한 역할을 한다. 이 사람들의 신체 언어는 무엇을 알려주는가?

눈맞춤에서도 여러 가지를 배울 수 있다. 다른 사람들이 '우리 눈을 똑바로 쳐다볼 때' 우리는 그들이 자기 주장을 펼치고 있거나 솔직하게 우리를 대한다고 가정할 수 있다. 시선을 회피하는 것은 속임수나 우울을 의미할 수 있다. 응시는 호감이나 친근함의 표시로 해석된다. 한 예리한 연구에서는 남성과 여성이 2분간 서로의 눈을 응시하도록 했다(Kellerman, Lewis, & Laird, 1989). 그러자 이후 이들은 서로에 대해 뜨거운 마음을 가지게 되었다고 보고하였다. (조심하라!)

응시라는 것은 당연히 누군가를 '뚫어지게' 노려보는 것과는 다르다. 뚫어지게 쳐다보는 것은 도발이나 분노의 신호로 해석될 수 있다. 이 책의 제2저자가 고등학교에 다닐 때, 남학생들은 우월성을 나타내기 위해 '노려보기 대회'를 열기도 했다. 먼저 시선을 회피하는 사람이 '지는 것이었다.'

유명한 일련의 현장 실험에서 엘스워스, 칼스미스, 헨슨(Ellsworth, Carlsmith & Henson, 1972)은 모터 스쿠터 운전자들에게 빨간불에 선 운전자들을 뚫어지게 노려보도록 했다. 신호가 바뀌자 모터 스쿠터 운전자들이 노려봤던 자동차 운전자들은 다른 운전자들보다 더 빠른 속도로 교차로를 통과했다. 그린바움과 로젠펠드(Greenbaum & Rosenfeld, 1978)의 실험에서도 교차로 근처에 서 있는 사람이 노려봤던 운전자는 파란불로 바뀌자 역시 더 빠른 속도로 교차로를 통과한다는 것을 발견했다.

사회적 관계를 향상시키고 적응을 돕기 위해 신체 언어 사용하기

사회적 관계를 향상시키기 위해 신체 언어를 어떻게 사용할지에 대한 몇 가지 제안을 살펴보자.

다른 사람들이 신체 언어로 당신에게 무엇을 말하고 있는지 파악하라. 당신이 무언가를 말하고 있을 때 다른 곳을 본다면, 당신 이야기가 좀 '지루한' 것일지도 모른다. 만일 몸을 당신 쪽으로 기울이거나, 고개를 끄덕이거나, 당신과 눈을 맞춘다면, 아마도 당신 의견에 동의하고 있을 것이다. 당신에 대한 태도와 감정을 이해하기 위해 그들이 하는 반응을 눈여겨보고 기억하라.

다른 사람들에게 바람직한 인상을 주기 위해 당신 자신의 신체 언어에도 신경을 써라. 거절하고 싶은데 눈을 맞추면서 긍정적으로 고개를 끄덕이는가? 그렇다면 당신 자신에게도 별로 만족스럽지 못할 것이다. 본심은 긍정적인 인상을 주고 싶은데 표정은 항상 찌푸린 얼굴인가? 그렇다면 의도치 않게 다른 사람들을 내치고 있을지도 모른다.

자신의 감정을 잘 알아차리고, 자신에 대해 배워 가기 위해 자신의 신체 언어에 주의를 기울이자. 상대방의 말에 동의를 하면서도 등을 꼿꼿이 세운 채 몸을 반대로 기울인다면, 정말 자신이 동의하고 있는지 다시 한 번 생각해보자. 또는 상대방을 바라본다고 스스로 생각하지만, 실제로는 상대방을 노려보고 있을지도 모른다. 어떤 일에 생각했던 것보다 더 화가 나 있는 것은 아닐까?

모듈 복습

복습하기

(19) 첫인상은 ______ 효과 때문에 중요하다.
(20) 가장 최근에 받은 인상이 전체 인상을 좌지우지하는 현상을 ______ 효과라고 부른다.
(21) 사람들은 '초조'할 때 몸이 흔히 ______되고 ______ 있다.
(22) 사람들이 우리에게서 몸을 (멀리, 가깝게?) 한다면, 우리에게 관심이 있는 거라고 짐작할 수 있다.
(23) 고객의 팔을 터치하는 웨이트리스는 (높은, 낮은?) 팁을 받는 경향이 있다.
(24) 남자와 여자가 서로의 눈을 한동안 바라보면 (호감, 반감?)을 느끼기 쉽다.

생각해보기

우리가 사회 환경에 어떻게 적응하는지 이해하는 데 있어 신체 언어가 왜 중요한가?

모듈 6.4 편견과 차별

- 편견은 무엇인가?
- 차별은 무엇인가?
- 고정관념은 무엇인가?
- 편견과 차별의 근원은 무엇인가?

> 우리는 흔히 흑인에게만 인종이 있고, 동성애자에게만 성적 취향이 있고, 여성에게만 성이 있는 것으로 생각한다. 이들 중 어느 것에도 속하지 않는다면, 걱정할 것이 없다고 생각하는 것이다.
>
> —헨리 루이스 게이츠 주니어

> 자신들이 가진 적개심에 사람들이 그렇게 고집스럽게 매달리는 이유 중 하나는 적개심이 사라진다면 고통과 마주할 수밖에 없다는 것을 감지하기 때문이다.
>
> —제임스 볼드윈 주니어

어떤 사람들은 한 번 만나보지도 않았고, 이름도 모르는 수천만 명의 사람들을 비난한다. 바로 편견 때문이다.

편견 : 인종, 민족, 성적 특징이나 다른 특징 때문에 누군가가 부정적인 면을 가지고 있다거나 일을 잘하지 못할 것이라는 믿음

편견(prejudice)은 어떤 집단이나 사람에 대해 미리 예상하여 가지고 있는 태도이다. 사실이나 증거의 비판적 평가 없이, 그리고 흔히 해당 집단이나 사람에 대한 직접적 지식 없이 형성된다. 편견은 일반적으로 타인에 대한 부정적 평가를 말한다. (어떤 경우에는 우리 자신이 속한 민족이나 문화 집단처럼 특정 집단에 대해 우호적인 편견을 형성하기도 한다.) 편견은 대상 집단이 학교나 직장에서 잘하지 못할 것이라는 예상, 또는 범죄와 같이 바람직하지 못한

행동을 할 것이라는 예상과 연결되어 있다. 감정 측면에서는, 편견은 미움이나 증오와 같은 부정적 감정과 관련이 있다. 행동적으로는, 편견은 대상 집단을 회피하는 것(거리 유지), 그들에 대한 직접적 공격, 또는 그들에 대한 차별 등으로 표현된다.

인종차별은 특정 집단의 구성원에 대한 부정적인 편견이나 선입관이다. 그러나 인종차별이 편견의 유일한 형태는 아니다. 성차별은 여성에 대한 부정적 태도, 예를 들어 여성은 관리자나 기업 임원이 될 수 없다는 믿음 등을 포함한다. 최근 우리는 또 다른 형태의 편견에 민감하게 되었는데 바로 연령차별이다. '연령차별주의자'들은 나이 많은 사람들은 업무 수행 능력이 떨어진다거나 쉽게 짜증을 내거나 '까다롭다'고 생각한다. 많은 연령차별주의자들은 나이 많은 사람은 성적 활동을 할 수 없다(또는 해서는 안 된다)고 생각한다(Rathus, Nevid, & Fichner-Rathus, 2011). 이들 도식 중 어떤 것도 진실이 아니다. 그러나 나이 많은 사람들조차도 이런 편견을 받아들여 생산적인 일이나 친밀한 관계를 가질 수 있는 기회를 스스로 차단해 버리기도 한다.

편견은 특정 집단이나 사람들에 대해 가지는 태도이다. 편견은 해당 집단의 구성원들에 대한 부정적인 행동, 또는 **차별**(discrimination)의 바탕이 된다. 차별은 여러 형태로 이루어지는데, 직업, 거주지, 투표권, 클럽 회원권, 심지어는 식당에서 자리를 내주지 않는 행태가 포함된다. 미국 내 많은 집단들, 여성, 게이 남성과 레즈비언, 노인, 아프리카계 미국인이나 아시아계 미국인, 남미계 미국인, 아일랜드계 미국인, 유대계 미국인, 인디언 원주민 등이 차별을 경험하였다.

▮ **차별** : 편견을 바탕으로 어떤 사람이나 집단에 대한 권리를 부정하는 것

차별은 **고정관념**(stereotypes)과도 연관이 있다. 고정관념은 특정 집단의 구성원에 대한 고정적이고 관습적인 믿음이다. 예를 들어, 여성은 감정적이라고 믿는가? 유대인들은 교활하다고 믿는가? 아프리카계 미국인들은 미신을 믿는다고 생각하는가? 아시아인들은 신비하다고 생각하는가? 장애인들은 일을 하지 못할 것이라고 생각하는가? 당신이 가지고 있는 그런 생각들이 바로 고정관념이다. 이들 중 당신이 믿는 고정관념은 몇 개나 되는가? 그것들에 대한 증거가 있는가? 만일 이들 중 하나에 속한다면, 당신이 속한 집단에 대한 고정관념을 읽었을 때 어떤 기분이 드는가? 당신이 속한 그룹보다 다른 그룹에 대한 고정관념을 더 많이 믿는가? 그렇다면 왜 그런가?

▮ **고정관념** : 대상 집단 구성원에 대한 정보를 왜곡된 방식으로 해석하게끔 하는 고정적이고 관습적인 생각

어떤 고정관념에는 진실이 섞여 있기도 하다(예를 들어, 프랑스 사람들은 와인을 좋아하는 경향이 있다)(McCrae & Terracciano, 2005). 그러나 아주 조금은 사실이 포함되어 있다 하더라도, 고정관념은 과도한 일반화를 통해 개인차를 무시한다(와인이나 기타 알코올 음료를 마시지 않는 프랑스인들도 일부 있다). 부정적인 고정관념은 집단 간 관계를 해치고, 사회적 불평등을 정당화하는 데 이용된다. 예를 들어, 아프리카인들은 스스로 정치를 할 능력이 없다고 믿었던 유럽 식민지 시대 지배층의 고정관념은 식민지배 유지에 대한 변명으로 오랫동안 쓰여졌다. 뚱뚱한 사람들은 게으르고 자제력이 부족하다는 고정관념은 우리로 하여금 이들에게 승진의 기회를 주지 않거나 힘든 직업에는 채용하지 않도록 할 수도 있다.

편견과 차별의 근원

편견과 차별은 인간 본성의 가장 악한 측면을 드러나게 한다. 편견과 차별의 근원은 〈표 6.3〉에 나와 있는 것과 같이 복잡 다양하다. 이들에 대해 좀 더 깊이 살펴보자.

표 6.3 ▮ 편견의 근원

비유사성	사람들은 유사한 태도를 가진 사람들과 어울리기를 선호한다. 다른 종교를 가지거나 다른 인종의 사람들은 배경이 다른 경우가 흔하고, 그래서 태도 또한 다를 확률이 높다. 또한 사람들은 다른 인종 사람들은 실제로는 같더라도 다른 태도를 가지고 있을 것이라 가정하는 경향이 있다.
사회적 갈등	사회경제적 갈등이 편견을 조장하기도 한다. 다른 인종이나 다른 종교를 가진 사람들이 직업을 놓고 경쟁할 때 흔히 편견이 생긴다.
사회적 학습	아이들은 다른 사람들, 특히 부모를 관찰함으로써 그들의 태도도 함께 배운다. 부모는 편견을 포함, 자신과 같은 태도를 나타내는 행동을 아이가 할 때 칭찬하여 그런 행동을 강화한다.
정보 처리	편견은 인지적 도식 또는 사회를 지각하는 필터로 작용한다. 편견과 일치하지 않는 행동은 정신적 범주의 재구성을 필요로 하므로, 편견과 일치하는 행동이 기억하기에 더 쉽다.
사회적 범주화	사람들은 사회를 '우리'와 '그들'로 양분한다. 사람들은 자신과 같은 그룹에 속한 '내집단'을 그렇지 않은 '외집단'보다 더 좋게 본다.

- 비유사성 : 우리는 유사한 태도를 가진 사람들을 좋아하는 경향이 있다. 그러나 다른 종교를 가진 사람들이나 다른 인종, 민족 사람들은 흔히 배경이 달라 태도 또한 다르게 된다.
- 사회적 갈등 : 오랜 역사에 걸쳐 다른 배경을 가진 사람들 간에는 사회적, 경제적 갈등이 있었다. 경제가 나빠 직업이 많지 않을 때 벌이는 경쟁은 같은 직업을 놓고 경쟁하는 다른 인종이나 민족 구성원에 대한 증오를 유발할 수 있다.
- 사회적 학습 : 아이들은 다른 사람들, 특히 부모로부터 태도를 학습한다. 편견을 가진 부모는 자녀에게 그런 방식의 생각을 전파하게 되는데, 특히 자녀가 편견에 찬 믿음을 표현할 때 이를 칭찬함으로써 그렇게 된다("그래, 내 아들, 네 말이 맞다. 그 사람들은 절대 믿어서는 안 될 사람들이야."). 대중 매체 역시 이런 고정관념을 지속시키기도 한다. 오늘날까지도 TV 광고는 유럽계 미국인들, 특히 유럽계 미국인 남자들을 아프리카계 미국인들보다 좀 더 우수하고 권위가 있는 것으로 자주 묘사한다(Coltraine & Messineo, 2000).
- 정보 처리 : 인지적 관점에서 편견은 사회를 바라볼 때 사용하는 필터의 한 종류로 생각할 수 있다. 우리의 개념을 재구성하기보다는 우리가 가진 편견에 부합되는 행동(정신적 필터 또는 도식)에 주의를 기울이거나 기억하는 것이 더 쉽다(Kashima, 2000). 유대인들이 인색하다고 믿는다면, 유대인이 사회에 기부하는 것보다 홍정하는 것을 기억해내기가 더 쉽다. 캘리포니아에 사는 사람들이 멍청하다고 믿는다면, 캘리포니아공과대학이나 버클리대학에서 열리는 과학 컨퍼런스보다 서핑하는 TV 이미지를 떠올리기가 더 쉬울 것이다.
- 사회적 범주화 : 사람들은 사회를 '우리'와 '그들'로 나누는 경향이 있다. '내집단'이라는 우리 자신이 속한 집단의 사람들을 '외집단'인 다른 집단 사람들보다 더 호의적으로 보는 경향이 있다(Culotta, 2012; Olson, Crawford, & Devlin, 2009). 더구나 우리는 내집단 사람들은 '각기 다른 개성을 가진' 사람들로 보는 반면, 외집단 사람들은 태도와 행동이 모두 유사한 집단으로 가정해버리는 경향이 있다(Nelson, 2002). 외집단 사람들과 접촉하지 않으면 그런 고정관념이 더 쉽게 유지된다.

편견과 차별에 맞서기

편견은 인류 역사상 계속 존재해 왔으며, 이를 완전히 근절할 수 있는 '기적의 묘약'이 있다고는 생각하지 않는다. 그러나 앞으로 살펴보는 바와 같이, 몇 가지 방법은 어느 정도 성공을 거두었다. 많은 경우, 편견의 행동화라 할 수 있는 차별을 다루는 것이 쉽다. 예를 들어, 인종, 종교, 장애, 또는 다른 관련된 요인들을 근거로 직업, 거주지, 또는 다른 사회적 필수품에 대한 접근을 막는 것은 이제 법으로 금지되어 있다. 편견을 방지하는 몇 가지 방법에 대해 알아보자.

역할 바꾸기 : 면역 요법?

와이너와 라이트(Weiner & Wright, 1973)의 유명한 실험에서는 3학년 백인 학생들을 무작위로 '녹색' 또는 '주황색' 그룹으로 나누고 팔에 완장을 둘러 구별하였다. 먼저 '녹색' 그룹에 속하는 사람들을 열등하다고 칭하고 사회적 특권들을 주지 않았다. 며칠 뒤에는 그룹을 바꾸어 시행했다. 다른 반의 아이들은 이런 '녹색-주황색 대우'를 받지 않고 대조군 역할을 하였다.

이런 절차를 거친 뒤 두 반 학생들 모두에게 혹시 다른 학교에 다니는 아프리카계 미국인 학생들과 피크닉을 가고 싶은지 물었다. 그 결과 '녹색-주황색' 그룹의 96%가 피크닉에 가고 싶다고 한 반면, 대조군에서는 62%만이 피크닉을 함께 가고 싶다고 답했다. 편견과 차별을 경험한 것이 '녹색-주황색' 아이들로 하여금 색깔을 이유로 차별하는 것은 옳지 않다고 생각하게 만든 것으로 보인다. 차별을 당하는 경험이 외집단 구성원의 감정과 기분에 대해 배려하도록 만들었을지 모른다. 타인에 대한 우리 자신의 태도를 적극적으로 점검하지 않는다면, 우리는 이전에 형성된 생각에 자동적으로 의존할 수 있고, 이 생각들은 편견일 경우가 빈번하다.

집단 간 접촉

집단 간 접촉은 고정관념을 무너뜨리고 편견의 감소를 도모할 수 있다. 그러나 심리학자 고든 올포트(Allport, 1954)가 지적했듯이, 집단 간 접촉 자체로는 충분치 않다. 실상은, 특정 형태의 집단 간 접촉은 오히려 집단 간 차이를 더욱 부각시켜 부정적 태도를 증가시킬 수도 있다.

올포트는 집단 간 접촉이 편견과 집단 간 긴장상태를 감소시키기 위해서는 네 가지 조건이 필요하다고 밝혔다. 그러나 오늘날 사회에서는 이 조건들이 실제 실현 가능한 것이라기보다 이상적 조건이라 할 수 있겠다(Dixon et al., 2005, 2010).

1. **사회적 그리고 제도적 지원** : 권력이나 책임 있는 지위에 있는 사람들이 집단들을 갈라놓기보다 하나로 묶으려는 노력을 지원해주어야 한다.
2. **친분 가능성** : 다른 집단 사람들이 만나 서로를 알아 갈 수 있는 기회가 있어야 한다. 서로 직접 대면하는 접촉이 많아지면 다른 그룹 구성원들과 공통분모를 찾고, 서로 공감하고 신뢰할 수 있다(Hodson, 2011). 직접적 접촉은 다른 그룹들이 서로에 대해 가지고 있는 부정적 고정관념을 뒤집을 수 있다.
3. **동등한 지위** : 서로 만났을 때 모두 동등한 지위에 있어야 한다. 동등한 자격으로 만날 때는 편견을 유지하기가 힘들다.
4. **집단 간 협동** : 공동 목표를 달성하기 위해 다른 그룹 멤버와 협업하는 것은 편견을 감소시킬 수 있다(Dixon, Durrheim, & Tredoux, 2007; Pettigrew & Tropp, 2006). 같은 팀

ColorBlindImages/Getty Images, Inc.

집단 간 접촉 집단 간 접촉은 편견을 감소시킬 수 있는데, 특히 공동 목표를 향해 함께 일할 때 그러하다. 집단 간 접촉은 민족 내 구성원이 다 같지 않다는 자각을 증진시키며, 이 깨달음은 고정관념적 생각을 버릴 수 있도록 이끌어준다.

Image Source/GettyImages

으로 경기를 하거나, 교육 프로젝트를 위해 함께 일하거나, 연감을 함께 만드는 것 등이 그 예이다. 마지막으로, 짧은 접촉보다 긴 시간 동안 이루어지는 접촉이 더 효과적이라는 것도 알아두자.

법 준수하기

개인적으로는, 인종, 종교, 장애, 민족성으로 인해 차별을 받았다면 법적 조정을 요청하는 것이 적절하다. "도덕성을 법제화할 수는 없다"고 하지만, 불법적 행동은 시정하도록 만들 수 있다.

자기 점검

모든 편견과 고정관념을 배제시킬 수는 없더라도, 그것에 도전하고 교정하려는 결정을 의식적으로 내릴 수 있으며, 최소한 그대로 행동하지 않을 수 있다. 개인적으로는, 편견적인 사고를 바로잡으려는 시도를 할 수 있다. 그러나 편견적인 사고를 하지 말자고 그저 말만 하는 것은 편견을 오히려 의식 수준으로 활성화시킴으로써 편견을 더욱 강화시키는 역효과를 낳을 수도 있다. 그렇지만 편견적인 태도를 바꾸는 것이 가능하다는 증거들이 있다(Livingston & Drwecki, 2007).

사회심리학자들은 편견적 사고를 바로잡는 몇 가지 방법을 제시한다. 여기 그중 몇 가지를 소개한다(예 : Kunda & Spencer, 2003; Nelson, 2002; Turner, Hewstone, & Voci, 2007).

- 편견과 고정관념적 사고가 생길 때마다 거부하는 것 연습하기
- 다른 집단 사람들 중 긍정적 본보기를 마음에 그리기
- 다른 배경을 가진 사람들과 함께 일할 수 있는 활동에 참여하기
- 편견과 집단 간 갈등에 대한 워크숍 또는 세미나 같은 다양성 교육에 참여하기

관대한 아이들로 양육하기

편견을 줄이는 것은 아이들이 좀 더 관대한 태도를 가지도록 돕는 것에서 시작한다. 다른 집단 구성원에 대해 관대하고 긍정적인 태도를 가지는 것을 보여주는 것이 그 방법이다.

우리 자신의 편견을 줄여 아이들에게 좋은 본보기가 되는 것으로 시작할 수 있다. 예를 들어, 편견이 생길 때마다 이를 거부하고, 다른 집단 사람들에게 대해 긍정적인 이미지를 마음에 그려보고, 다양성 교육 프로그램과 다양한 집단이 모이는 활동에 참여하는 것이다.

모듈 복습

복습하기

(25) ______은/는 특정 집단 사람들을 부정적으로 평가하게 만드는 태도이다.
(26) 특정 집단에 속한다는 것만으로 권리나 혜택을 가지지 못하게 하는 것을 ______(이)라고 한다.
(27) ______은/는 특정 집단에 대한 고정되고 관습적인 생각이다.
(28) 편견의 원인 중 하나는 (유사한, 다른?) 태도를 가지고 있다는 가정이다.
(29) 편견과 차별에 저항하는 방법들에는 역할 바꾸기에 참여, 집단 간 접촉 지향, 법 준수, 태도의 ______, 그리고 관대한 아이 양육 등이 있다.
(30) 아이들이 좀 더 ______ 태도를 가지도록 도와주면 편견이 생기는 것을 막을 수 있다.

생각해보기

캠퍼스 내에서 편견을 줄이고 관용을 도모하는 방법에 대해 대학교 측에 건의를 한다면 어떤 조치들을 제안하겠는가?

귀인 이론과 개인의 적응

모듈 6.5

- 귀인 과정은 무엇인가?
- 귀인의 두 가지 주요 유형은 무엇인가?
- 귀인 편향에는 어떤 것들이 있는가?

피자 배달원이 30분 늦게 도착했다. 배달원이 게으르거나 훈련이 제대로 안 되어 있기 때문에 늦은 것이라고 생각하는가? 아니면 교통 체증 때문이거나 배달해야 할 다른 피자가 늦게 나왔기 때문이라고 생각하는가? 둘 다 행동의 원인이 무엇인지 개인적으로 설명하는 **귀인**(attribution)의 예이다. 이 모듈에서는 행동에 영향을 주는 요인이 무엇인지 결정하는 절차인 **귀인 과정**(attribution process)에 대해 알아보기로 한다. 귀인은 우리가 다른 사람들과 우리 자신을 의도적인 행위자로 볼 것인지, 아니면 상황의 피해자로 볼 것인지를 결정하기 때문에 귀인 과정은 적응에 중요하다.

▮ **귀인** : 사람들이 왜 특정 방식으로 행동하는지에 대한 믿음

▮ **귀인 과정** : 타인이나 자신의 동기와 특성에 대해 추론하는 과정

사회심리학자들은 **성향 귀인**(dispositional attribution)과 **상황 귀인**(situational attribution)이라는 두 종류의 일반적 귀인 유형에 대해 이야기한다. 성향 귀인을 할 때 우리는 행동의 원인이 성격 특성과 자유 의지와 같은 내적 요인에 있다고 본다. 상황 귀인은 행동의 원인이 사회적 영향이나 사회화와 같은 외적 요인에 있다고 보는 것이다. 피자 배달원에 대해 다시 생각해보자. 만일 배달원이 늦게 오는 이유가 게으름 때문이라고 생각한다면 이것은 어떤 유형의 귀인인가? 차가 막혀서 늦는다고 생각한다면 어떤 귀인을 하는 것인가?

▮ **성향 귀인** : 개인적 태도나 목표와 같은 내적 원인에 의해 행동이 결정된다는 가정

▮ **상황 귀인** : 사회적 압력과 같은 외적 상황에 의해 행동이 결정된다는 가정

기본적 귀인 오류

개인을 독립적인 존재로 보는 문화에서는 타인의 행동이 기본적으로 성격, 태도, 개인적 선택과 같은 내적 요인에 의해 결정된다고 보는 경향이 있다(Kitayama et al., 2003). 귀인 과정에서의 이런 편향을 **기본적 귀인 오류**(fundamental attribution error)라고 한다. 그런 개인주의적 사회에서는 사람들이 행동을 둘러싼 상황보다는 행동에 집중하는 경향이 있다. 예를 들어, 10대 청소년이 범법 행위로 인해 문제를 일으킨다면, 개인주의적 사회에서는 청소년이 처한 사회적 환경보다는 그 청소년을 탓할 확률이 높다.

▮ **기본적 귀인 오류** : 상황의 중요성에 대한 증거가 있음에도 불구하고 타인은 선택이나 의지에 의해 행동한다고 가정하는 경향

피자가 차갑게 식은 상태로 배달이 된 이유에 대해서도, 교통 체증보다는 피자 배달원을 탓할 확률이 높다. 만일 까다로운 협상을 하게 된다면, 협상이 힘든 원인이 협상 과정 자체의 성격보다는 협상 상대의 성격 때문이라고 하기 쉽다. 기본적 귀인 오류가 생기는 원인 중 하나는 행동에서 특성을 추론하는 경향 때문이다. 그러나 아시아 문화와 같이 상호의존을 강조하는 문화에서는 타인의 행동을 그 사람의 사회적 역할이나 의무에 귀인하기 쉽다. 예를 들어, 사업하는 사람의 극단적으로 경쟁적인 성향에 대해 일본인들은 개인적인 성격보다는 '비즈니스 문화'에 귀인할 확률이 높다.

기본적 귀인 오류는 귀인 과정의 또 다른 편향인 행위자-관찰자 효과와도 연관이 있다.

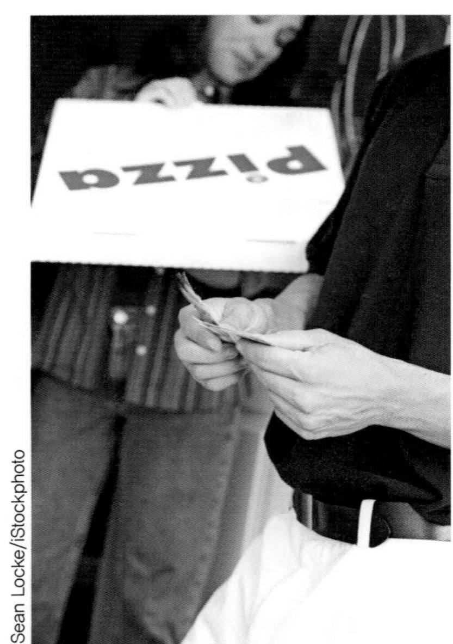

Sean Locke/iStockphoto

차갑게 식은 피자 피자 배달원이 늦게 도착하는 원인에 대해 생각할 때 기본적 귀인 오류는 어떻게 작용하는가?

행위자-관찰자 효과 : 자신의 행동은 외적 · 상황적 요인에서 비롯되었다 생각하지만, 타인의 행동은 선택이나 자유의지와 같은 내적 · 성격적 요인에서 비롯되었다 생각하는 경향

행위자-관찰자 효과

같은 예를 반복해서 사용해서 미안하긴 하지만 지각을 예로 볼 때, 왜 우리는 타인이 늦었을 때와는 달리 우리 자신이 늦었을 때는 자신을 탓할 확률이 낮은가? 그 답은 **행위자-관찰자 효과**(actor-observer effect)로 설명할 수 있다(Pronin, Gilovich, & Ross, 2004). 우리는 사람들을(우리 자신을 포함해서) 볼 때, 타인은 자신의 의지로 움직이는 행위자로 보는 반면, 우리 자신은 상황의 피해자로 보는 경향이 있다. 타인의 행동은 성격적 요인에서 비롯되고 우리 자신의 행동은 상황적 영향에서 비롯된다고 생각하는 경향을 행위자-관찰자 효과라고 한다.

예를 한번 들어보자. 부모와 자녀는 종종 자녀의 친구나 데이트 상대에 대해 언쟁을 한다. 그런 상황에서 부모는 행동에서 성격적 특성을 추론하여 자녀가 고집을 부리며 저항하는 것으로 보는 경향이 있다. 자녀 역시 행동에서 성격적 특성을 추론한다. 따라서 자녀들은 자신의 부모를 그들 마음대로 자신을 조종하려는 사람들로 볼 수 있다. 즉 부모와 자녀 모두 서로의 행동이 성격적 특성 때문에 비롯되었다고 생각한다.

부모와 자녀는 각자 자신들은 어떻게 볼까? 부모는 아마도 자녀가 어리석은 행동을 하기 때문에 어쩔 수 없이 악역을 맡는다고 생각할 것이다. 만일 부모가 의견을 굽히지 않는다면, 이것은 자녀가 고집이 센 것에 대한 반응일 뿐이다. 자녀는 아마도 '또래들과 비슷한 행동을 하라는' 사회적 압력과, 아마도 자신의 내부에서 생겼지만 외적 압력같이 느껴지는 성적 충동에 자신이 반응하는 것이라고 생각할 것이다.

부모와 자녀 모두 자신의 행동은 외적 압력에 의한 것으로 보기 쉽다. 즉 자신의 행동에 대해서는 상황적 귀인을 하는 것이다. 행위자-관찰자 효과는 내집단(우리가 동질감을 느끼는 그룹)과 외집단(다른 그룹)에 대한 우리의 지각에까지 확장된다. 나라 간의 갈등을 예로 들어보자. 양쪽 다 잔인한 폭력을 행사할 수 있다. 대체로 서로 상대방이 계산적이고, 융통성도 없고, 사악하다고 생각한다. 또한 각자 자국민은 상황의 피해자이며, 자신들의 폭력적 행위는 상황상 정당하고 불가피한 것이라고 본다. 결론적으로 상대방이 잘못했다고 여기지만, 상대방도 거기에 동의를 하겠는가?[2]

자기 위주 편향 : 성공은 내적 요인 덕분이고 실패는 외적 요인 때문이라고 보는 경향

자기 위주 편향

다니엘은 자신이 역사에서는 A학점을 땄지만 화학 과목 교수는 그에게 D학점을 주었다고 친구에게 말했다. (A학점은) '땄고' (D학점은) '받았다'고 하는 다니엘의 설명상의 차이를 어떻게 이해할 수 있을까?

이런 형태의 사고를 설명하기 위해 심리학자들은 흔하게 일어나는 **자기 위주 편향**(self-serving bias)이라는 귀인 편향을 이야기한다(Roese & Olson, 2007). 자기 위주 편향은 자신이 성공한 것은 자신 내부의 요인(내적 또는 성격적 요인)으로 설명하지만, 실패는 외부 요인(외적 또는 상황적 영향)으로 설명하는 경향을 말한다(Mezulis et al., 2004). 예를 들어, 성적을 잘 받았다거나 데이트 상대를 감동시켰을 때 우리는 우리 자신이 똑똑하거나 매력적이었기 때문이라고 생각한다. 그러나 실패하면, 운이 없었다거나, 교수가 공정하지 못했다거나, 데이트 상대가 기분이 좋지 않았기 때문이라는 등 외적 요인 탓을 하기 쉽다. 이런 방식으로

2 상대 국가에 행하는 잔인한 행동에 대해 모든 나라가 책임이 있다거나 또는 책임이 없다고 이야기하는 것이 아니다. 다만 자신이 한 바람직하지 못한 행동에 대해서는 어쩔 수 없었다고 여기는 경향을 지적하는 것이다. 이에 반해 상대 국가는 의도적으로 부정적인 행동을 한 것이라고 여기는 경향이 있다.

자기 위주 편향은 우리의 자존감을 북돋우는 역할을 한다.

자기 위주 편향에 예외도 있다. 편향대로 집단으로 일할 때 집단의 성공에 대해서는 자신에게 공을 돌리고 실패에 대해서는 다른 사람을 탓하는 경향이 있다. 그러나 만일 다른 그룹의 멤버와 친구일 때는 다른데, 그런 경우 성공했을 때는 공을 함께 나누고, 실패했을 때는 함께 비난을 감수하는 경향이 있다(Campbell et al., 2000). 또 다른 예로, 우울한 사람들은 그렇지 않은 사람들에 비해 실패했을 때 원인이 외적 요인에 대부분 있더라도 내적 요인 때문이라고 생각하기 쉽다.

우호적 행동에 대한 귀인에서 뚜렷한 성 차이가 있음을 짚고 넘어가자. 여성에 비해 남성은 이성이 자신에게 미소 짓거나 친절할 때 이를 자신을 유혹하는 것이라고 해석하기 쉽다(Buss, 2000). 이로 인해 남성들은 실제보다 더 여성들이 자신에게 관심이 있다고 착각하기 쉽다.

Doug Murray/Icon SMI/NewsCom

"우리가 최고야!" 사람들이 이기는 팀을 응원하고, 지는 팀에게는 거리를 두는 것을 눈치챘는가? 좋아하는 팀이 이겼을 때는 "우리가 최고야!"라고 말하지만, 그 팀이 졌을 때는 "그들은 별로야"라고 말한다. 우리가 응원하는 팀이 이겼을 때는 이로 인해 고양된 자존감에 흠뻑 젖고, 졌을 때는 거리를 둠으로써 우리의 자존감을 보호하는 것이다.

귀인 편향에서의 문화적 차이

두 사람이 함께 시험을 쳤다가 떨어졌다고 하자. 한 사람은 중국 국적이고 다른 한 사람은 미국이나 캐나다에서 왔다고 하자. 한 사람이 "다 내 탓이야, 다음에는 더 잘하도록 노력해야지"라고 말했다. 다른 한 사람은 "시험이 불공평했어. 내 실력을 제대로 보여주기 위해 다시 한 번 시험 칠 기회를 줘"라고 말했다.

중국 국적의 사람은 어떤 말을 했고, 북미에서 온 사람은 어떤 말을 했을지 추측할 수 있는가? 첫 번째 말은 중국인이 했을 확률이 높고, 두 번째 말은 북미인이 했을 확률이 높다. 관건은 '왜' 그런가이다.

자기 위주 편향(SSB)은 일본, 중국, 타이완 같은 동아시아 문화보다 미국이나 캐나다 같은 서구 문화에서 더 만연하다(Chang & Asakawa, 2003; Mezulis et al., 2004). 따라서 중국인들은 실패는 능력 부족 때문이고 성공은 운이 좋았다고 여기기 쉬운 반면, 북미인들은 반대 유형을 나타내기 쉽다. 제2장에서 논의되었던 집단주의 문화를 기억해보자. 집단주의 문화는 사회적 연결고리와 사람들 간의 의무를 중심으로 구성되어 있다(Oyserman, Coon, & Kemmelmeier, 2002). 자신의 성취에 대해 자랑스러워하는 사람에게는 눈살을 찌푸린다. 실패했을 때 적절한 겸손함과 자기 비판을 하고, 더 잘하기 위해 노력할 필요를 인정하는 것이 훌륭한 일이라 여겨진다(Nisbett, 2003). 서구 문화권 사람들은 개인적 성취에 대해 자랑하고, 성공에 대해서는 마땅히 칭찬받아야 한다고 믿는 경향이 있다. 그러나 자존감 또한 중요시하기 때문에, 실패하거나 실망할 경우 자기 위주 편향에 의지하여 자존감을 지탱한다.

모듈 복습

복습하기

(31) 타인의 행동에 대한 관찰을 바탕으로 동기와 성격적 특성을 추론하는 것을 ______ 과정이라고 한다.

(32) ______ 귀인은 행동이 내적 요인에서 비롯된다고 하는 것이고, ______ 귀인은 행동이 사회적 영향과 같은 외적 요인에서 비롯된다고 하는 것이다.

(33) 타인의 행동을 성격, 태도, 자유 의지와 같은 내적 요인에 귀인하는 경향을 ______ 오류라고 한다.
(34) 타인의 행동은 성격적 요인에 귀인하고 우리 자신의 행동은 상황적 영향에 귀인하는 것을 ______효과라고 한다.
(35) 실패할 경우 중국인들은 서구 문화권의 사람들보다 그 원인을 능력 부족에서 찾는 경향이 (적다, 많다?).

생각해보기

왜 우리는 타인의 잘못된 행동에 대해서는 책임을 따지고, 우리 자신의 잘못된 행동에 대해서는 관대한지 설명해보라.

나의 생활 나의 마음

자존감 높이기

모듈 6.6

긍정심리학

당신의 동의 없이는 어느 누구도 당신이 열등하게 느끼도록 만들지 못한다.

―엘러노어 루즈벨트

이번 장에서는 신체적, 자기, 사회적 자기, 개인적 자기 등 자기(self)와 관련된 이론과 연구들에 대해 살펴보았다. 자존감은 개인적 자기의 중요한 부분이며, 낮은 자존감은 심리적 고통의 주요 원인이다. 비교문화 연구 결과들은 인간에게는 자신에 대해 긍정적으로 느끼고자 하는 욕구가 있다는 것을 보여준다(DuBois & Flay, 2004; Sheldon, 2004).

높은 자존감은 좋은 성적, 목표를 향한 꾸준한 노력, 정서적 안정 또는 행복 등을 포함한 여러 긍정적 결과와 연관이 있다(Di Paula & Campbell, 2002; Trzesniewski et al., 2006). 자존감은 평생에 걸쳐 상대적으로 일정한 경향이 있지만, 향상될 수도 있다. 이 모듈에서는 자존감을 향상시키는 방법에 대해 알아보도록 한다.

당신의 역량을 강화하라

서점에는 좋은 정원사 되기부터 성공을 위한 패션에 이르기까지 자기계발서들로 넘쳐나고 있다. 당신은 자신을 개발하기 위해 무엇을 할 수 있는가? 어떤 기술을 향상시키거나 새로 배울 수 있는가? 나이가 20이든 50이든지 관계없이 새로운 기술과 흥미를 발전시킬 수 있다. 제1저자는 스키 강사에게 얼마나 오래 스키를 탔는지 물어봤던 기억이 난다. 그는 "18개월"이라고 답했다. "52세에 처음 스키를 시작했어요." 당신이 흥미를 느끼는 일들도 있다. 당신은 영화 애호가인가? 영화의 역사에 대해 읽어보는 것은 어떤가? 댄스를 좋아하는데 조금 과체중인가? 집 근처 댄스 스튜디오에 가보면 당신과 비슷한 체형의 사람들이 딱 붙는 타이츠를 입고 있는 것을 보게 될 것이다. 핵심은 당신이 관심 있는 것을 처음부터 완벽하게 잘할 필요는 없다는 것이다. 자기 개발을 하면 자존감도 향상되고 다른 사람들과 대화할 거리가 더 많이 생기게 될 것이다.

"당연히 그래야 한다"와 "꼭 해야 한다"의 압제에 저항하라

"당연히 그래야 한다"와 "꼭 해야 한다"는 절대 만족시킬 수 없는 과도한 완벽주의적 기준을 만들어 좌절감을 경험하게 만들 수 있다. 스스로의 완벽주의적 요구에 대응하는 한 가지 방법은 이에 저항하고, 괜찮다면 이를 수정하는 것이다. 때때로 달성하는 데 어려움이 있더라도, 가치 있고 현실적인 목표를 아주 없애버리는 것은 해로울 수 있다. 그러나 철저하게 조사해보면 우리 목표나 가치 중 일부는 그다지 유효하지 않을 수 있으며, 객관적으로 이들을 검증해보는 것은 언제든지 건강한 일이다.

〈표 6.4〉에는 우리의 자존감을 해칠 수 있는 여러 가지 생각들과 자존감을 향상시킬 수 있는 대안들이 나와 있다. 우리 생각을 좀 더 생산적으로 만드는 방법에 특별한 비밀은 없다. 인지행동 심리학자들은 우리를 불행하게 만드는 생각들을 직접적으로 바꿀 수 있다고 한다. 먼저 표 왼쪽 열에 있는 생각들을 읽어보고, 혹시 우리가 그런, 또는 비슷한 생각들을 하면서 우리 스스로를 괴롭히고 있는 것은 아닌지 생각해보자. 그런 다음에 오른쪽 열에 있는 대안을 읽어보자. 제시된 대안들이 마음에 들 수도 있고, 아닐 수도 있다. 혹시 제시된 대안들이 당신에게 잘 맞지 않는다고 해서 부정적인 측면에만 매달려 전부 버리지는 말라. 대신, 어떤 종류의 생각들이 자신의 성격과 상황에 더 잘 맞을지 스스로에게 질문해보자. 그리고 그 생각들로 당신을 불행하게 만드는 생각들을 대체하라. 리스트를 한번 읽어보자.

당신에게 해당되는 내용이 나오면 대안을 살펴보자. 스스로 문제를 악화시키는 생각을 하고 있다는 것을 알아차릴 때는 그 생각들에 도전하고 대안을 생각하자. 쉽게 찾아볼 수 있도록 당분간 이 페이지를 표시해놓는 것은 어떨까? (손해 볼 것은 없다.)

완벽주의와 사회적 인정에 대한 강력한 욕구와 관련된 두 번째와

표 6.4 ▮ 자존감을 저해하는 생각과 자존감을 향상시키는 대안

자존감을 저해하는 비합리적 생각	자존감을 향상시키는 합리적 생각
나 자신에 대해 긍정적으로 느끼기 위해 내가 할 수 있는 것은 아무것도 없다.	지금 당장은 생각이 나지 않지만 나 자신에 대해 긍정적으로 느끼기 위해 할 수 있는 것들이 있다. 포기하지 말고 좀 더 생각해보자.
나는 모든 일에 완벽해야 한다.	모든 일에 완벽한 사람은 없다. 내가 잘할 수 있는 한 가지 또는 몇 가지만 선택해 개발하는 것이 더 낫다.
________가 나를 인정하지 않는 것은 끔찍하다.	________의 인정을 받고 싶지만, 없어도 사는 데 지장이 없다. 그리고 ________의 인정을 받기 위해서는 내 생각에 옳지 않다고 느껴지는 일들을 해야 할 수도 있다.
내 몸은 실패작이다.	내 몸이 완벽하지 않은 것은 사실이지만, 정말 '실패작'인가, 아니면 비현실적으로 완벽한 기준으로 나를 판단하는 것인가? 설사 결점이 있다 하더라도 나 자신을 실패작으로 생각해서 무엇을 얻을 수 있는가? 대신, 더 나아지기 위해 바꾸어야 하는 것은 무엇인지, 그리고 합리적인 스케줄에 맞춰 어떻게 하면 바꿀 수 있는지 생각해보자. 변화에는 시간이 필요하고, 노력하고 개선할 시간을 나 스스로에게 주어야 한다. 바꿀 수 없는 것들은 그대로 받아들인다. 일단 바뀌고 나면 그것들 때문에 나 자신에 대해 나쁘게 생각할 필요가 없다.
내 개인적 문제들을 어떻게 해야 할지 모르겠다.	그래, 지금 당장은 어떻게 해야 할지 모르겠다. 만일 해결책을 못 찾는다면 도움을 요청하는 것은 어떨까? 누구에게 도움을 요청할까? 어떻게 도움을 요청하면 될까?
누가 나를 비판하면 정말 상처받는다.	비판을 받으면 누구든지 기분이 좋지 않다. 만일 비판이 정당하다면, 내가 노력해야 하는 부분일 수도 있다. 그렇지 않다면, 내 문제가 아니라 그 사람의 문제이다.
나는 다른 사람들과 다르다.	아무도 똑같지 않고, 그건 좋은 것이다. 다른 점을 어떻게 개발하고 최대한 활용할 수 있을까?
사람들이 진짜 나의 모습을 안다면, 나를 경멸할 것이다.	완벽한 사람은 없다. 혼자 있고 싶다는 욕구와 남과 어울리지 않는 것이 더 낫다는 생각은 누구나 다 가지고 있다. 그러나 나한테도 변화되어야 하는 면이 있지는 않을까? 있다면, 어떻게 변화하면 좋을까?
나는 다른 사람들이 원하는 사람이 되어야 한다.	아니다. 다른 사람들이 원하는 사람이 되기 위해 노력한다면, 나 자신이 할 수 있는 것과 좋아하는 것이 무엇인지 알 수 있는 기회를 미리 포기하는 것이다. 내가 누구인지 파악하기 위해 무엇을 할 수 있는가? 나라는 사람을 발전시키기 위해 무엇을 할 수 있는가?
내 문제에 대해서는 그냥 생각을 하지 않으려고 한다.	너무 괴롭지 않거나 당장 해야 할 다른 일이 있다면 문제를 보류해두는 것이 나쁜 생각은 아니다. 그러나 혹시 내가 그냥 문제가 없는 척하는 것은 아닌가? 만일 그렇다면, 문제가 더 악화될 것인가, 아니면 저절로 없어질 것인가? 문제를 마음에서 지우기 전에 생각도 하고 결정도 해야 한다.
어차피 거부당할 것이기 때문에 대화를 피해야 한다.	거부당할지도 모르지만, 나에 대한 나 자신의 생각은 그 정도 거부쯤은 견디어낼 수 있다. 어떤 사람들과는 잘 맞고, 또 어떤 사람들과는 잘 맞지 않을 수도 있다 — 그게 현실이다. 그런데 혹시 내가 대화 기술을 좀 개선할 필요는 없을까? 필요가 있다면 어떻게 하면 될까?
나도 다른 사람들처럼 되면 좋겠다.	주의! 나는 나이지, 다른 사람이 아니다. 나는 누구인가? 내 진정한 감정은 무엇인가? 나 스스로 결정을 내리기 위해서, 내 잠재적 능력을 최대화하기 위해 할 수 있는 것은 무엇인가? 축구 경기에서 골은 절대 넣지 못하더라도 좋은 글을 쓸 수는 있을 것 같다. 세상에서 제일 매력적인 유명인은 되지 못하더라도, 남들에게 이야기할 가치가 있는 경험과 취미를 가져 나 자신을 좀 더 흥미롭게 만들 수는 있다.
우리 가족들이 나한테 얼마나 못되게 굴었는지 생각한다면, 내가 나 자신을 나쁘게 생각하는 걸 비난하지 못할 것이다.	가족들이 내 자존감을 해치는 일들을 했을지는 몰라도, 나는 이제 다 컸고, 내 감정과 내 행동에 책임을 져야 한다. 이제는 가족들이 나한테 기대하는 것이 아니라 나 스스로 내가 가진 잠재적 능력을 최대화하고 세상 밖으로 나가야 할 때이다.

세 번째 생각은, 우리를 반드시, 그리고 지속적으로 불행하게 만드는 생각이라고 심리학자 앨버트 앨리스가 이야기한 것이다. 이 책 전반에 걸쳐 여기에 대해 언급할 것이다. 그런 생각들을 지워버려라. 전혀 도움이 되지 않는다.

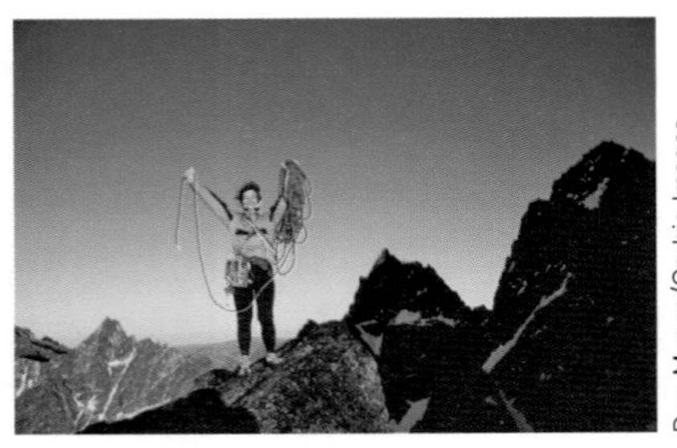

자존감 키우기 자존감은 건강한 성격의 징표이다. 목표 달성에 도움이 되는 기술과 능력을 발전시키고, 현실적이고 실현 가능한 목표를 향해 노력하고, 완벽하지 못하더라도 자신을 받아들임으로써 자존감을 향상시킬 수 있다.

위기를 가져라 (정말? 그럴 수도 있다)

이상적 자기에 대한 당신의 개념은 어쩌면 당신이 되고 싶은 '당신'이 아닐 수도 있다. 풀어서 이야기해보자. 당신 자신의 생각이 아니라 당신이 어때야 한다는 제3자의 생각에 매달리고 있을 수도 있다는 것이다. 그것은 당신에게 어울리지 않고, 올바르게 느껴지지도 않을 것이다. 남의 생각이 아니라 당신이 정말 되고 싶은 사람은 어떤 사람인지 용기와 시간을 가지고 생각해보라. 어쩌면 다른 사람의 가치와 목표를 수용하느라 진정한 자신을 개발할 기회를 그냥 흘려버렸을 수도 있다.

위기는 좋은 것일 수 있다. (진실로.) 아직 정체성 위기를 경험하지 못했다면, 즉 당신의 가치관과 삶의 방향에 대해 평가하고, 당신이 누구인지, 무엇을 중요하게 생각하는지 깊이 생각해보지 않았다면, 바로 지금 또는 최대한 빨리 그런 기회를 가져야 할 것이다. 중요한 시험이나 비슷한 것을 준비하고 있다면, 시험이 끝난 뒤 또는 주말에 차분히 앉아 심사숙고를 해보도록 '스스로와 예약'을 하는 것은 어떨까? 의사나 상담가와 만나려고 해도 예약을 해야 하지 않는가? 당신이 누구인지, 의미는 무엇인지를 생각해볼 수 있도록 스스로와 예약하는 것은 어쩌면 삶에서 가장 중요한 '미팅'이 될 수도 있다.

실현 불가능한 목표는 현실적이고 실현 가능한 목표로 대체하라

원하는 만큼 예술적이 되거나, 키가 크거나, 우아해지는 것은 불가능할지도 모른다. 그림 그리는 기술을 연습할 수는 있겠지만, 미켈란젤로가 되는 것은 불가능하다는 것이 명확해진다면, 그냥 그림 그리는 것 자체를 즐기고 다른 곳에서 만족을 찾을 수 있다. (키높이 구두나 하이힐을 신는 것 외에는) 더 이상 키를 크게 만들 수는 없더라도, 몸무게를 조금 줄이거나, 달리기 속도를 몇 초 빠르게 할 수는 있다. 또는 맛있는 닭고기 요리를 만드는 법을 배울 수도 있다.

자기효능감에 대한 기대 키우기

목표를 달성할 수 있다는 자신감, 즉 자기효능감에 대한 기대는 기꺼이 도전을 받아들이고 정진하는 데 중요한 결정적 역할을 한다. 자기효능감에 대한 기대는 노력으로 좋은 결과를 가져올 수 있다는 것을 어느 정도 믿을지를 결정한다. 우리 자신의 흥미와 능력에 맞는 과제들을 선택하고 이를 열심히 함으로써 자기효능감에 대한 기대를 향상시킬 수 있다. 우리의 관심사와 능력을 파악하는 데 도움이 되는 여러 검사들이 있다. 대학 내 상담센터에 가면 대체로 구비되어 있다. 그러나 자기효능감에 대한 기대는 운동과 취미를 열심히 하는 것으로도 향상시킬 수 있다.

현실적인 자기 평가, 현실적인 목표, 그리고 개선에 대한 현실적인 스케줄이 자기효능감에 대한 기대의 핵심이라는 것을 기억하자. 1마일을 4분에 달리지는 못하더라도, 좋은 전문 트레이너와 수개월간 집중적인 훈련을 하면, 1마일당 10분 정도의 속도로 여러 마일을 연달아 달릴 수 있을지도 모른다. 심지어 그걸 즐길 수도 있다!

제6장 복습 암송하기/암송하기/암송하기

학습 비결 : 이 질문에 대한 답을 암송하면 보다 효과적으로 학습을 할 수 있을 것이다. 우선 질문에 대한 답을 혼자 소리 내어 답해보거나 공책이나 컴퓨터에 써보라. 그리고 자신의 답을 아래의 정답 예시와 비교해보라.

1. 자기란 무엇인가?

자기는 심리적 존재로서의 당신의 핵심 또는 중심이다. 자신을 '나'라는 독특한 존재로 지각하는 조직화되고 일관된 방법이다. 자기는 세상과 관계를 맺는 방법에 대한 당신의 지각도 포함한다.

2. 자기에는 어떤 측면들이 있는가?

자기에는 신체적, 사회적, 개인적 측면이 있다. 사회적 자기는 상황에서 요구되는 것을 충족시키기 위해 우리가 사용하는 가면과 사회적 역할들이다. 개인적 자기는 개인적인 내면의 정체성이다.

3. 이름에는 어떤 의미가 있는가?

이름은 부모와 사회 전체의 기대와 연결되어 있다. 평범한 이름을 가진 사람들은 대체로 좋은 평가를 받지만, 독특한 이름을 가진 사람들이 보다 더 많은 성취를 이루는 경향이 있다. 정식 이름이 있기는 하지만, 별명과 같이 우리가 스스로 선택하는 명칭은 우리가 자신을 어떻게 생각하는지에 대해 더 많은 것을 알려준다.

4. 우리가 가진 가치의 중요성은 무엇인가?

우리는 가치관을 바탕으로 목표를 세우고, 목표 달성을 위해 어떤 방법까지 동원할 것인지에 대한 한계도 설정한다. 자신의 가치관이 없거나, 가치관이 흔들릴 때 사회적 영향을 더욱 쉽게 받게 된다.

5. 자기 개념이란 무엇인가?

자기 개념은 자신에 대한 인상이나 개념이다. 당신이 가지고 있는 특성(공정함, 능력, 친화력 등)과 당신 자신을 정의하는 데 있어 이런 특성들이 얼마나 중요하다고 생각하는지에 대한 당신의 지각을 포함한다.

6. 자존감의 근원은 무엇인가?

자존감은 우리 삶에서 중요한 인물들, 특히 부모가 우리를 어떻게 평가하는지를 반영하면서 발달하기 시작한다. 부모가 소중하게 여기고 인정과 지지를 제공해주는 아이들은 자신이 사랑받을 가치가 있다고 생각하게 된다. 연구 결과에 따르면 엄격한 부모를 둔 아이가 수용적인 부모를 둔 아이보다 자존감이 높을 확률이 많다고 한다. 자존감은 상대적으로 안정적인 성격 요인이지만, 성적이나 타인의 인정 같은 외적 사건과 이에 대한 감정적 반응에 따라 변하기도 한다.

7. 이상적 자기는 무엇인가?

우리가 무엇이 되어야 하는지에 대한 개념이 이상적 자기이다. 자신에 대해 스스로 생각하는 것이 이상적 자기에 가까울수록 자존감이 높아질 확률이 많다.

8. 자기 정체성은 무엇인가?

자기 정체성은 당신이 누구이며, 무엇을 중요하게 여기는지에 대한 당신의 인식이다.

9. 정체성 상태에는 어떤 것들이 있는가?

정체성 상태는 한 개인의 자기 정체성 단계를 설명하는 범주이다. 심리학자 제임스 마르샤는 정체성 성취, 정체성 속단, 정체성 유예, 정체성 혼미라는 네 가지 정체성 상태에 대해 이야기하였다. 정체성 성취 상태는 정체성 위기를 해결하고 상대적으로 안정적인 신념이나 행동 양식에 대해 마음을 정한 상태를 말한다. 정체성 속단은 정체성 위기를 거치지 않고 일련의 신념이나 행동 양식에 대해 마음을 정한 상태를 말한다. 정체성 유예는 현재 정체성 위기에 대해 놓여 있으며 여러 대안들 사이에서 진지한 고민을 하고 있는 상태를 이야기한다. 정체성 혼미는 자신이 누구이며 무엇을 중요하게 생각하는지에 대해 마음을 정하지도 않았고 위기를 경험하지도 않은 상태를 말한다.

10. 민족성, 성과 같은 사회문화적 요인과 정체성 간에는 어떤 연관이 있는가?

소수민족 집단의 사람들은 종종 고유의 민족적 배경과 미국 주류(중산층 유럽계 미국인) 문화라는 상충되는 가치관 사이에서 타협을 해야 한다. 정체성 발달에 대한 에릭슨의 이론은 원래는 남성들에게만 적용되는 것이었는데, 이는 그의 이론이 대부분의 여성들이 전업주부로 남아 있던 시대에 삶에 대한 철학과 직업에 대한 헌신에 초점을 맞추었기 때문이다. 그러나 오늘날 우리 사회에서는 직업적 측면에서의 정체성 성취는 남성 못지 않게 여성에게도 중요하다.

11. 사회적 지각은 무엇인가?

사회적 지각의 과정을 통해 타인에 대한 인상을 형성하며 타인과 사회적 이슈들에 대한 태도를 발달시킨다.

12. 첫인상은 왜 중요한가?

첫인상은 초두 효과 때문에 중요하다. 즉 우리는 행동에서 특성을 추론하는 경향이 있다. 만일 처음 만났을 때 누가 사려 깊게 행동한다면 그는 사려 깊은 사람으로 개념화되고, 이후 그의 행동은 이런 시각에 맞추어 해석된다.

13. 왜 사람들의 신체 언어에 주의를 기울여야 하는가?

사람들의 신체 언어는 그들의 생각과 감정에 대해 중요한 정보를 제공하며, 사회적 상황에서 우리가 어떻게 대응할 것인지 결정하는 데 도움이 된다. 예를 들어, 누군가 우리를 향해 몸을 기울인다면 대체로 우리에게 관심을 표현하는 것이다.

14. 편견은 무엇인가?

편견은 특정 집단의 구성원을 부정적으로 평가하게 만드는 선입견이다.

15. 차별은 무엇인가?

차별은 편견에서 유래되는 부정적 행동이다. 직업을 못 가지도록 하거나 거주시설을 이용하지 못하도록 하는 것이 포함된다.

16. 고정관념은 무엇인가?

고정관념은 이태리계 미국인은 성격이 급하고 중국계 미국인은 공손하다는 고정관념과 같이 어떤 집단의 사람들에 대해 잘 변하지 않는 관습적인 생각이다.

17. 편견과 차별의 근원은 무엇인가?

편견의 근원은 비유사성(또는 비유사성에 대한 가정), 사회적 갈등, 사회적 학습, 고정관념에 따른 정보 처리의 편의성, 사회적 범주화('우리' 대 '그들') 등을 포함한다.

18. 귀인 과정은 무엇인가?

귀인 과정은 자기 자신과 다른 사람들의 동기와 특성을 추론해내는 과정을 말한다.

19. 귀인의 두 가지 주요 유형은 무엇인가?

성향 귀인은 사람들의 행동이 성격적 특성이나 개인의 결정과 같은 내적 요인에서 비롯된다고 보는 것이다. 상황 귀인은 외적 상황이나 압력이 행동을 유발한다고 보는 것이다.

20. 귀인 편향에는 어떤 것들이 있는가?

행위자-관찰자 효과에 따르면, 우리는 타인의 행동은 내적, 성향 요인에 의해 유발된다고 보는 경향이 있다. 그러나 우리 자신의 행동은 외적, 상황 요인에 의해 유발된다고 보는 경향이 있다. 기본적 귀인 오류는 타인의 행동을 지나치게 성향 요인에 귀인하는 경향을 말한다. 자기 위주 편향은 우리 자신의 성공은 우리의 안정적인 내적 요인에서 비롯된다고 보고, 실패는 그때그때 다른 외적 요인 때문에 생긴다고 보는 경향을 말한다.

나의 생활 나의 마음

개인적 글쓰기 숙고하기/숙고하기/숙고하기

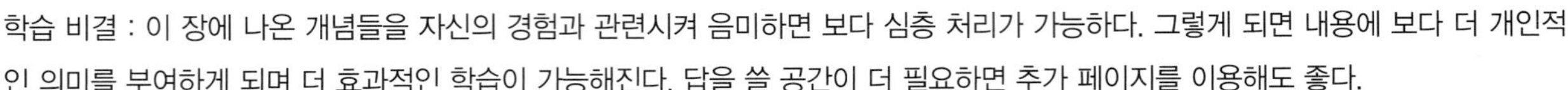

학습 비결 : 이 장에 나온 개념들을 자신의 경험과 관련시켜 음미하면 보다 심층 처리가 가능하다. 그렇게 되면 내용에 보다 더 개인적인 의미를 부여하게 되며 더 효과적인 학습이 가능해진다. 답을 쓸 공간이 더 필요하면 추가 페이지를 이용해도 좋다.

1. 타인에게 보여주는 당신의 사회적 자기는 가족, 지역사회, 민족적 유산으로부터 어떤 영향을 받았는가? 예를 들어, 당신에게서 기대되는 사회적 역할은 어떤 것들인가?

---

2. 당신의 개인적 자기 또는 내적 자기의 한 측면은 개인적 가치관의 발달이다. 이 책을 읽고 생각했을 때 당신에게는 어떤 가치들이 가장 중요한가?

모듈 복습에 대한 답

모듈 6.1
1. 역할 도식
2. 신체적
3. 높다
4. 신체적
5. 사회적
6. 개인적
7. 준다
8. 가치관

모듈 6.2
9. 자기 개념
10. 자존감
11. 엄격한
12. 도와준다
13. 이상적
14. 자기 정체성
15. 속단/유예
16. 전념
17. 속단
18. 주류

모듈 6.3
19. 초두
20. 최신
21. 경직/등은 꼿꼿이 세우고
22. 가깝게
23. 높은
24. 호감

모듈 6.4
25. 편견
26. 차별
27. 고정관념
28. 다른
29. 자기 점검
30. 관대한

모듈 6.5
31. 귀인
32. 성향/상황
33. 기본적 귀인
34. 행위자-관찰자
35. 많다

가치과 규명 설문에 대한 전국 표본 조사 결과

아래 나오는 표는 최근 전국 성인 표본 조사에 따른 가치의 순위이다. 안전, 평화, 자유가 우선순위에 있는 것을 볼 수 있다. 미의 세계, 즐거움, 사회적 인정은 순위의 아래에 있으며, 성취와 신체적 편안함은 중간 정도에 위치해 있다. 이 조사 결과에 따르면 우리는 육체적 즐거움보다 열심히 일하는 것을 더 중요시하는 이상적인 사람들이다. 이 순위에는 몇 가지 흥미로운 반응패턴이 있다. 첫째로, 순위에서 2위와 3위를 차지하고 있는 평화와 자유는 11위를 차지하고 있는 국가의 안전과는 별 연관이 없는 것으로 인식되고 있는 것으로 보인다. 우정 또한 사랑보다 더 가치가 있는 것으로 나와 있다.

전국 표본 조사에 따른 가치 순위

가족의 안전	1	진정한 우정	10
세계 평화	2	국가의 안전	11
자유	3	평등	12
자기 존중	4	내적 조화	13
행복	5	성숙한 사랑	14
지혜	6	신나는 삶	15
성취감	7	미의 세계	16
안락한 삶	8	즐거움	17
구원	9	사회적 인정	18

자기 수용 척도 채점

채점을 위해 먼저 2, 7, 15, 19, 21, 25, 27, 32번에 대한 당신의 답안을 다음과 같이 각각 변환하라.

a. 1은 5로 변환
b. 2는 4로 변환
c. 3은 그대로 둔다
d. 4는 2로 변환
e. 5는 1로 변환

이제 각 문항에 할당된 숫자를 모두 더해 총점을 여기에 적어라 : _______.

점수 해석

총점의 범위는 36~180점 사이이다.

낮은 점수(36~110) : 이 범위에 속하는 점수는 자기 수용이 별로 없음을 나타낸다. 점수가 낮을수록 자기 수용도 낮다. 낮은 자기 수용은 자신이 무엇인가 잘못되었다는 느낌, 전반적인 자신감 부족, 수줍음이나 사회적 기회가 생기면 피하는 것과 관련이 있다. 낮은 자기 수용은 여러 요인들과 연관이 있지만, 그중 하나는 사회성 기술이 부족하다는 것이다. 혹시 자기 수용 부족과 사회적 상호작용 때문에 스트레스를 받고 있다면, 개인적으로 문제 해결을 도모하거나 전문적 상담을 구하는 것이 도움이 될 수 있다.

평균 점수(111~150) : 우리 대부분이 여기에 속한다. 우리 대부분은 어떤 부분에서는 더 자기 수용적이고 또 다른 부분에서는 그렇지 않고, 어떤 영역에서는 더 자신감이 있고 또 다른 영역에서는 자신감이 낮고, 어떤 사람들과는 다른 사람들보다 더 편안하게 느낀다. 자기 수용은 불합리한 목표나 자신에 대한 기대를 수정함으로써 일부 향상되기도 한다. 또는 직업적, 개인적, 대인 관계 기술을 향상시키는 것도 도움이 될 수 있다.

높은 점수(151~180) : 이 범위에 속하는 점수는 높은 자기 수용과 자신감을 나타낸다. 자신의 가치에 대한 일관된 인식은 새로운 사람들을 만나거나 새로운 도전에 임할 때 도움이 된다.

CHAPTER

7

사회적 영향 : 타인에 영향 받고 영향 주기

개요

- 다음을 알고 있나요?
- 모듈 7.1 : 설득 : 강하게 밀어붙이는 설득, 부드럽게 누르는 설득, 그리고 당신
- 모듈 7.2 : 집단 영향 : 복종, 동조, 군중 행동에서의 집단 영향
- 모듈 7.3 : 이타심과 도움 행동 : 사회 조직의 와해 막기
- 모듈 7.4 : 나의 생활, 나의 마음 자기 주장적인 사람 되기(존경을 얻으면서 사람들에게 영향을 주기)

복습 암송하기/암송하기/암송하기

나의 생활, 나의 마음 개인적 글쓰기 숙고하기/숙고하기/숙고하기

다음을 알고 있나요?

- 누군가를 설득하려 할 때, 양측의 논점을 제시하는 것은 도움이 된다.(252쪽)
- 광고에서 성은 효과가 있으나 단지 일부의 상황에서만 그러하다.(253쪽)
- 실험자에 의해 무엇인가를 지시받을 때 획기적이지만 논란이 많았던 연구에서 참가자들 대부분은 고통스러울 것임을 앎에도 전기 자극을 다른 참가자에게 주었다.(256~261쪽)
- 보라색으로 머리를 염색하거나 코걸이를 하는 것이 사회 규준에 동조하는 방법이 되기도 한다.(261쪽)
- 또 다른 유명 연구에서 집단의 신념이 명백히 틀림에도 네 사람 중 세 사람이 다른 집단원의 신념을 표현하였다.(263쪽)
- 사람들은 개인으로는 절대 하지 않을 일을 군중의 일원으로는 하는 경향이 있다.(264쪽)
- 사람들은 기분이 좋은 상태에서 남을 돕기 위해 돈을 기부할 가능성이 더 크다.(267쪽)
- 애틀랜타의 여성들은 시애틀이나 콜럼버스의 여성들보다 동전을 길에 떨어뜨렸을 때 도움을 받을 확률이 더 크다. 특히 남성들로부터 도움을 받을 확률이 더 크다.(267쪽)

Keren Su/Stone/Getty Images, Inc.

우리 중 대부분은 청바지 차림으로 장례식에 참석하거나 벌거벗고 도심을 활보하거나 나체주의자 마을에서 착의 상태로 있기를 원하지 않을 것이다. 사람들과 집단들은 우리를 그들의 방식대로 행동하게 하거나 집단의 규준대로 행동하게 하도록 막대한 압력을 행사할 수 있다. 사회심리학자들은 이러한 종류의 압력을 **사회적 영향**(social influence)이라 부른다. 사회적 영향은 사회심리학의 한 영역으로, 타인의 생각과 감정, 행동을 변화시키는 사람들의 방식에 대해 연구한다. 시민으로서 그리고 적응심리를 공부하는 학생으로서 사회적 압력에 관해 여러분이 기억해야 할 핵심사항은 사회적 영향을 인식하고, 사회적 영향이 적절하다면 그 영향을 평가할 수 있어야 하며, 필요하다면 사회적 영향에 저항할 수 있어야 한다는 것이다.

사회적 영향 : 타인의 생각, 감정, 행동에 영향을 주는 사람들의 방식에 대해 연구하는 사회심리학의 한 영역

이 장에서 우리는 우리의 감정과 행동에 영향을 주는 타인의 영향력에 대해 상술할 것이다. 이 과정에서 우리는 몇 가지 흥미로운 주제들을 다룰 것이다. 예를 들어 우리로 하여금 상품을 구매하도록 만드는 TV광고의 힘이나 우리 전부는 아니지만 대부분에게 불쾌한 일을 하도록 만드는 영향력과 같은 주제를 다룰 것이다.

하지만 이 장은 '경고' 이상의 것을 제공한다. 우리는 여러분이 타인으로부터 영향을 받지 않을 방법들을 제안할 것이다. 즉 자기 주장적 행동을 채택하도록 할 것이다. 주장적 행동은 당신으로 하여금 당신의 순수한 감정을 표시하게 하고 비합리적인 요구에 '아니요'라고 대답하게 한다. 주장적 행동은 타인의 요구에 저항하도록 당신을 도울 뿐 아니라 감사, 선호, 사랑의 긍정적 감정을 표현하도록 돕는다.

이제 사회적 영향의 심리학에서 다룰 첫 번째 주제인 설득으로 이동해보자. 다음으로 권위에 대한 복종(이것은 항상 좋은 것만은 아니지만), 집단 행동, 동조, 그리고 이타심과 도움 행동(그렇게 자주 발생하는 것은 아니지만)을 살펴볼 것이다.

모듈 7.1

설득 : 강하게 밀어붙이는 설득, 부드럽게 누르는 설득, 그리고 당신

- 설득적 호소가 태도 변화를 이끄는 두 가지 경로는 무엇인가?
- 어떤 요소들이 설득을 높이는가?
- 문 안에 발 들이기 기법이란 무엇인가?
- 낮은 공이란 무엇인가?
- 미끼 놓고 전환하기 기법이란 무엇인가?

우리에게 영향력을 행사하려는 타인의 시도가 한나절 동안 얼마나 자주 발생하는지 생각해보자. TV를 시청할 때 광고들은 제품을 구입하라고 우리를 설득한다. 교사, 의사, 종교지도자, 정치가, 부모, 심지어 독서 중인 책의 저자까지도 우리로 하여금 특정 방식으로 생각하거나 행동하도록 영향력을 행사하려 한다. 하지만 정말로 이런 것들이 사람들을 변화시킬 수 있는 것인가? 분명히 그렇다. 사업가들은 자기 돈이 효율적으로 사용되고 있다는 확신 없이 엄청난 돈을 광고에 투자하려 들지 않을 것이다. 또한 비록 동의하지 않는 경우도 있겠지만, 선생님, 부모님과 같은 분들은 적어도 어떤 때는 당신이 사물을 그들 방식대로 보도록 설득하는 데 성공하고 있다.

설득의 요인

이번 모듈에선 특정 메시지의 전달과 관련된 요인들을 살펴볼 것이다. 메시지 자체의 내용과 관련된 요인들, 메시지의 출처나 메시지 발신자와 관련된 요인들, 그리고 메시지 수신자와 관련된 요인들이다(그림 7.1 참조). 또한 고객들의 동조를 얻기 위해 자주 사용되는 판매 전략인 문 안에 발 들이기, 낮은 공(역주 : 고의로 싼값을 붙인 뒤, 나중에 여러 명목으로 값을 올리는 판매 기술), 미끼 놓고 전환하기(유인 상술)에 대해 살펴볼 것이다. 우선 설득의 최신 모델인 정교화 가능성 모델부터 시작해보자. 정교화 가능성 모델은 설득적 호소를 태도변화로 이끄는 2개의 채널 혹은 경로를 제안하고 있다.

설득의 새로운 모델 : 내가 상위길을 택할 테니 너는 하위길을 택해라

정교화 가능성 모델 : 내용에 대한 신중한 평가(정교화)를 포함하는 중심 경로와 내용이 아닌 그 주변적 단서에 주의를 집중하는 주변 경로라는 두 가지 경로를 통해 설득이 이루어진다는 관점

설득의 **정교화 가능성 모델**(elaboration likelihood model, ELM)은 설득이 작동하는 2개의 경로에 초점을 둔다(Petty & Brinol, 2008). 중심 경로라 불리는 첫 번째 경로는 논점(설득적 메시지)의 가치와 증거에 대한 신중한 고찰을 포함한다. 주변 경로라 불리는 두 번째 경로는 설득적 메시지와 메시지 내용 혹은 의미의 주변적 혹은 '겉' 단서들과의 연합을 통한 설득을 포함한다.

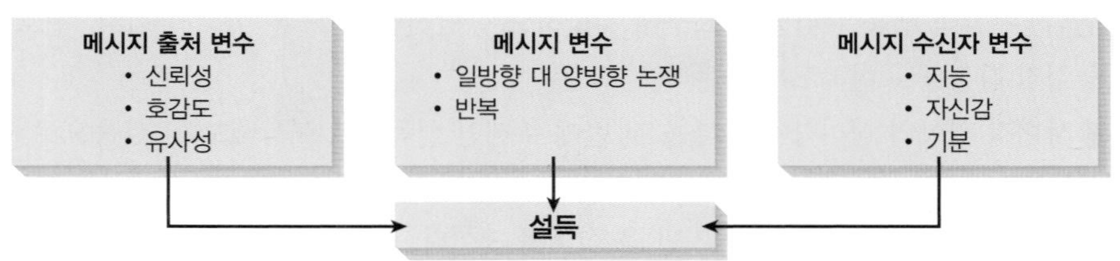

그림 7.1
메시지 전달과 관련된 요인 설득적 호소의 효과성은 메시지 출처의 특성, 메시지 그 자체의 특성, 그리고 메시지 수신자의 특성에 의존한다.

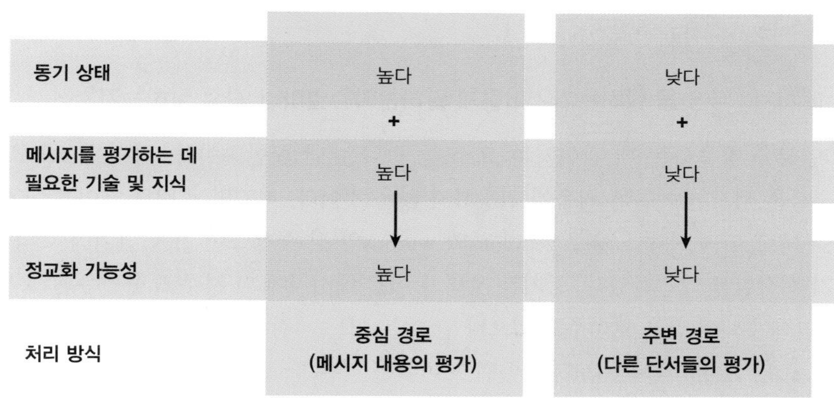

그림 7.2
정교화 가능성 모델

정교화 가능성 모델은 설득이 인지 처리의 중심 경로 혹은 주변 경로를 통해 발생한다고 주장한다. 정교화 가능성이 높을 때는 설득은 메시지의 내용을 신중하게 평가하는 중심 경로를 통해 발생할 가능성이 높다. 하지만 메시지에 대한 관심이 없거나 메시지에 집중하기 어려울 정도로 피로해 있을 때와 같이 정교화 가능성이 낮을 때는 설득은 메시지 내용과 관련 없는 단서들의 처리를 포함하는 주변 경로를 통해 발생할 가능성이 높다.

예를 들어, 운동선수가 어떤 제품을 홍보하는 것을 보았을 때, 사업가는 주변 단서인 운동선수의 호소가 제품에 대한 긍정적인 인상을 남길 것이라 기대한다. 우리는 제품의 가치를 신중하게 찾아봐서가 아니라 '누구누구가' 특정 제품을 홍보해서 그 제품을 사게 될 수 있다. 주변적 단서들은 의사전달자의 매력이나 신뢰성과 같은 요인들을 포함하고 있다. 정교화 가능성 모델은 동기 상태가 높고(곧 어떤 메시지가 개인적으로 의미 있거나 중요할 때) 정보를 평가할 만한 지식과 능력을 갖추었을 때 사람들은 설득적 메시지를 신중히 평가할('정교화할') 가능성이 높다고 주장한다(그림 7.2 참조).

광고는 설득의 중심적 혹은 주변적 경로에 의지할 수 있다. 어떤 광고들은 제품의 질에 초점을 둔다(중심 경로). 하지만 상당수의 다른 광고들은 제품을 호소력 있는 이미지와 관련시키려 노력한다(주변 경로). 영양상의 혜택을 강조하는 건강 시리얼 광고들은 중심적 경로를 통해 우리를 설득하려 한다. 그러나 미식축구 선수들이 디즈니월드로 향하거나 맥주 상표를 고르는 광고들은 설득의 주변적 수준에서 작동한다. 중심 경로가 보다 정교한 인지 처리에 의존하기 때문에 우리는 설득의 중심 경로를 '상위길(high road)'이라 생각할 수 있다. 설득의 주변 경로 혹은 '하위길(low road)'은 메시지의 내용과 직접적으로 관련되지 않은 단서들에 의존한다.

설득적 메시지 평가에 있어 사람들이 어떤 길을 택할 것인지 설명하기 위해 정교화 가능성 모델을 사용해보자. 정치 논쟁을 하는 상황을 상상해보자. 만약 시청자들이 사안에 대해 잘 알고 있고 관심이 있다면, 이들은 각 정치 후보자의 논점을 신중하게 평가할 가능성이 높다. 즉 설득은 중심 경로에 의해 이루어질 것이다(높은 정교화). 하지만 시청자들이 주의가 딴 데가 있거나 사안에 무관심하다거나 후보자의 논점의 가치를 가늠할 만한 기술이 부족하다면, 정교화 가능성은 낮을 것이고 최고의 미소를 가진 후보자가 승리를 거둘 수 있다. 즉 설득은 후보자의 관점의 심각성보다는 후보자의 겉모습에 의해 이루어지는, 주변 경로에 의해 이루어질 것이다. 〈그림 7.2〉는 정교화 가능성 결정에 관여하는 요인들을 보여주고 있다. 다시 말해, 태도 변화가 중심 경로를 통해 이루어질 것인가 아니면 주변 경로를 통해 이루어질 것인가에 관여하는 요인들을 보여주고 있다.

설득적 메시지 : 무엇을 말하는가? 어떻게 말하는가? 얼마나 자주 말하는가?

긍정적 인상을 창출하는 데 관여하는 요소 중 하나는 단순 반복이다. 당신은 'zebulons'와 'worbus' 같은 생소한 이름에 처음엔 열광하지 않을 것이다. 하지만 로버트 제이욘스(Zajonc, 1968)는 사람들이 반복적 노출로 zebulons와 worbus와 같은 생소한 가짜 단어에 호의적으로 반응하기 시작함을 발견하였다. 증거는 우리가 어떤 메시지에 더 자주 노출될수록 그 메시지에 더 호의적이 되어 감을 보여주고 있으나 단 이는 어느 시점에까지만 유효한 것으로 나타났다(Petty et al., 2003). 같은 광고를 열 번 보여주는 것은 한 번 보여주는 것보다 시청자들로 하여금 긍정적 인상을 갖도록 만드는 데 더 효과적이다. 하지만 같은 광고를 100번 보여주면 사람들은 피로하게 되고 따라서 광고된 상품에 덜 호의적이 된다.

누군가를 설득하려 할 때, 반대 입장의 논점을 미리 알려주는 것은 도움이 된다. 양방향 논쟁에서 의사소통자는 반대자의 논점을 반박하기 위해 반대자의 논점을 언급한다. 유사하게, 신학자와 정치가들도 반대자들의 논점을 추종자들에게 미리 알려주고 그다음으로 이를 반박하곤 한다. 양방향 상품 광고(광고인이 자기 상품의 약점을 인정하는 동시에 강점을 강조하는 상품 광고)는 가장 믿을 만하다고 평가되곤 한다. 예를 들어, 한 모텔 체인의 광고에서 모텔은 자신의 모텔이 수영장서비스와 룸서비스를 제공하고 있지 않으나 그 때문에 비용이 저렴하다고 광고했다.

정서적 호소 : 사안에 대한 이성적 분석에 기반하여 행동에 영향을 주려 하기보다는 사안으로 인해 유발된 감정에 기반하여 행동에 영향을 주려는 설득적 의사소통의 한 형태

공포심에 호소하는 것과 같은 **정서적 호소**(emotional appeals)는 가끔 강력한 설득적 효과를 갖는다. 대표적인 연구에서 유방암 검진이 이루어지지 않았을 때 건강에 나타날 치명적 위험을 경고받은 여성들은 유방 엑스선 촬영의 이득만을 홍보받은 여성들보다 유방 엑스선 촬영을 더 많이 받았다(Banks et al., 1995). 하지만 공포심에 대한 호소는 개인적으로 중요하고 의미가 있는 역효과의 견지에서 이루어질 필요가 있다. 또 다른 초기 연구에서, 태양 노출의 위험성을 경고하는 건강 광고에 외모에 주는 위험성(노화, 주름, 피부 상처)을 포함시킨 경우가 건강에 주는 위험성(피부암의 위험 증가)을 포함시킨 경우보다 학생들의 행동 변화 유도에 더 효과적이었다(Jones & Leary, 1994). 왜 주름의 두려움이 암의 두려움보다 건강행동을 동기화시키는 데 더 효과적이었을까? 대답은 외모가 학생들의 당면 문제에 더 중요했기 때문이었을 수 있다. 암에 대한 두려움은 '50세가 될 때까지는 열어서는 안 될' 정신적 상자로 격하되어 있었을 수 있다. 또한 청중들은 의사소통자의 이득에 반하는 논점을 더 신뢰하는 경향이 있다. 만약 포드나 제너럴 모터스의 회장이 토요타나 혼다가 더 낫다고 말한다면, 당신은 우리가 이 말을 경계하며 들을 것이라(곧이 곧대로 믿지 않을 것이라) 장담할 것이다. 하지만 R. J. 레이놀즈 담배회사의 상속자가 미국 의회에서 흡연이 건강에 미치는 심각한 결과에 대해 증언했을 때 사람들은 경청하였다.

설득적 의사소통자 : 누구를 믿을 것인가?

당신은 절도죄 판결을 받은 사람으로부터 중고차를 구입하겠는가? 당신은 못생긴 모델들이 나오는 패션 잡지를 보겠는가? 아마도 아닐 것이다. 설득적인 의사소통자는 언행일치, 호감, 신용, 매력, 청중과의 유사성과 같은 특성들로 특징지어진다. 팬들의 흠모 덕분으로 데릭 지터(뉴욕 양키스 소속 야구선수)와 같은 스포츠 선수들은 제품 광고인으로서의 자리를 굳건히 할 수 있었다.

건강 전문가들은 우리 사회에서 높은 지위를 향유하고 있고 전문가로 간주되고 있다. 치약 광고에서 자사 제품이 미국치과의사회에서 승인받았다고 자랑하는 것은 단지 우연만은 아니다.

겉을 보고 속을 판단하지 말라고 배우고 있기는 하지만, 우리는 여전히 매력적인 사람이 더 설득적이라 믿는 경향이 있다. 기업들은 매력 없는 배우가 자사 상품을 홍보하도록 수백만 달러를 쓰지 않는다. 몇몇 광고인들은 매력과 청중들이 동일시할 만한 서민성 간의 완벽한 결합을 찾으려 노력한다. 그렇다면 성적 호소는 어떠한가? 성이 팔릴까? 젊은 남성용 상품의 광고에 젊고 어여쁜 여성이 흔히 모델로 기용되고 있으나, 연구자들은 매력적인 모델의 기용이 모든 상황에서 효과를 내고 있는 것은 아님을 발견하고 있다(van Doorn & Stapel, 2011). 몇몇 예에서 시청자들은 요염한 모델에 집중한 나머지 그녀가 홍보하는 제품을 잊어버리곤 하였다.

Avon/Splash News/NewsCom

당신은 스타 야구 선수 데릭 지터가 홍보하는 제품을 구입할 것인가? 광고 메시지의 설득력에 기여하는 요소는 무엇인가? 어떤 광고가 설득적 메시지에 의존하고 있고 어떤 광고가 광고모델의 인지도와 같은 주변적 단서에 의존하고 있는가?

메시지가 전달되는 맥락 : 사람들을 기분 좋게 만들어라

당신의 경우는 너무 영리하여 타인의 사탕발림에 넘어가지 않는다 해도 당신이 알고 있는 그 누군가는 와인 한 잔, 치즈 한 입, 혹은 진심 어린 찬사 한마디에 영향을 받을 수 있다. 음악과 같은 즉시적 환경 안에 존재하는 요소들은 설득의 가능성을 높여준다. 또한 사람들은 기분이 좋은 상태에서 설득적 호소에 더욱 수용적이 되곤 한다(Park & Banaji, 2000). 사람들은 기분이 좋은 상태에서 남을 돕거나 가치 있는 일에 돈을 기부할 가능성이 높아진다(Baron, Branscombe, & Byrne, 2009; Batson, Daniel, & Powell, 2003). 아마도 사람들은 기분이 좋은 상태에서 세상을 더 긍정적으로 보는 것 같다. 하지만 설득적 호소가 뒤따를 것이라는 사전 경고는 사람들을 저항하게 만들 수 있는데, 설득적 호소가 뒤따를 것이라는 사전 경고를 받은 사람들이 불시에 설득당한 사람들보다 설득이 덜 되는 양상을 보여주었다(Wood & Quinn, 2003).

설득당하는 청중들 : 당신은 아니라고 말할 수 있는 사람인가?

왜 어떤 사람은 판매에 대해 거부의사를 표시하는 반면, 어떤 사람은 통신판매자나 방문판매자의 삶을 윤택하게 만들어주고 있는가? 일단 높은 자아존중감을 가진 사람들은 낮은 자아존중감을 가진 사람들보다 사회적 압력에 더 잘 저항하는 것 같다. 더불어 타인과의 상호작용에서 불안을 느끼는 사람들은 자신에 대해 확신을 가지고 있는 사람들보다 더 쉽게 설득당하는 것 같다.

한 고전적 연구에서 슈워츠와 가트먼(Schwartz & Gottman, 1976)은 사람들의 요구에 거절을 힘들게 만드는 사회 불안과 관련한 사고 패턴을 확인하였다. 불합리한 요구에 보다 쉽게 순응하는 사람들은 다음과 같은 사고를 보고할 가능성이 높다.

- "거절을 했을 때 다른 사람들이 날 어떻게 생각할지 걱정이 된다."
- "자기중심적이 되기보다는 남을 돕는 편이 더 낫다."
- "거절을 하면 상대방이 상처를 받거나 모욕감을 느낄 것이다."

그러나 불합리한 요구를 거절했던 사람들은 다음과 같은 사고를 보고하였다.

- "남이 나를 어떻게 생각할지는 중요하지 않다."

RichardBaker/AlamyLimited

- "난 '아니요'라고 자유롭게 말할 수 있다."
- "이 요구는 불합리하다."

여기서의 교훈은 불합리한 요구에 대항해 자기주장을 펼칠 수 있는 능력은 이들 상황에서 자신이 자신에게 하는 생각이나 말인 내적 대화에 의해 크게 영향받고 있다는 사실이다.

판매 책략 : 설득적 판매 전략에 대해 아니라고 말하기

당신은 판매원이 아주 좋은 거래라 확신시키는 바람에 의도보다 더 높은 가격으로 상품을 구매한 적이 있는가? 판매원이 당신에게 미끼 놓고 전환하기(bait-and-switch) 상술을 사용한 적은 없는가? 우리 사회에서의 효과적인 적응은 설득적 판매 책략에 적절히 대응하는 방법을 익혀 여러분의 지갑과 은행계좌를 수호하는 데 있다.

문 안에 발 들이기 기법

방문 기부 요청자들에게 돈을 기부하는 것으로 당신은 곤경에서 탈출하였다고 상상할 수 있다. 이들은 아마 현금을 받아 간 후 당분간은 당신을 그냥 놔둘 것이다. 하지만 실상은 그 반대다. 다음번에 이들은 더 큰 운동을 펼칠 것이고 자신들을 대신하여 여러분이 가가호호를 방문하도록 만들 것이다. 단체들은 그들이 의존할 수 있는 사람들의 명단을 가지고 있다. 이들은 '문 안에 발 들이기'가 효과가 있음을 알고 있다. 그렇다면 **문 안에 발 들이기 기법**(foot-in-the-door technique)이란 무엇인가? 이후 더 큰 요구에 고객이 승복하도록 하기 위해 고객에게 먼저 사소한 요구를 받아들이도록 만드는 책략을 말한다. 오늘날의 통신판매원들은 사람들에게 전화를 걸어 아주 짧게 걸리는 '몇 개의' 설문 문항에 응답해달라고 요청하곤 한다. 하지만 설문이 끝나면 판매 권유가 시작되고 통신판매원은 여러분의 문 안에 발을 들여놓게 된다.

문 안에 발 들이기 기법 : 작은 요구를 한 뒤 더 큰 요구를 하는 방식으로 동조를 유도해내는 방법

낮은 공 : 고객으로부터 상품을 사겠다는 확약을 받기 위해 아주 매력적인 조건을 제시한 후 고객이 좋다고 말하면 조건을 판매자에게 유리한 방향으로 변경하는 상품 판매 전략

우리는 작은 요구에 순응한 사람들이 더 큰 요구에 순응하게 되는 여러 이유를 댈 수 있다. 예를 들어 일관적이고자 하는 욕구(한 번 동의했으면 또 동의해야 함)나 나는 이런 방식으로 도움을 주는 친절한 사람이라는 자기 지각 등이 여기에 포함된다. 문 안에 발 들이기 기법이 어떤 방식으로 효과를 내든, 만약 당신이 아니라고 말하고 싶다면 첫 번째 요구가 이루어지는 시점에서 아니라고 말하는 것이 더 쉬울 수 있다. 이후에는 이것이 더 어려워질 것이고, 준비하는 것은 절반은 승리하는 것이 되는 셈이다.

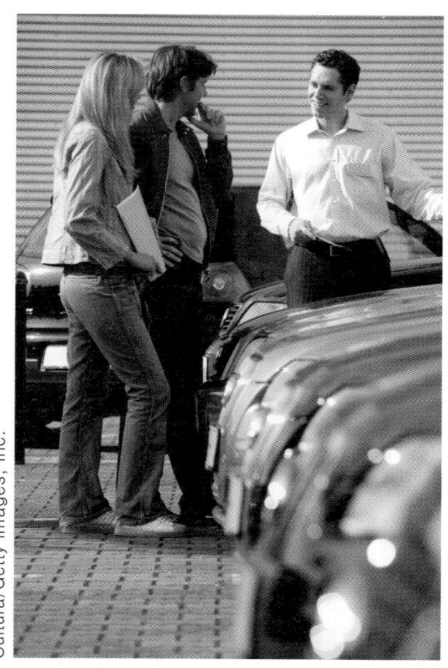

Cultura/Getty Images, Inc.

낮은 공으로 유인되고 있는가? 낮은 공, 미끼 놓고 전환하기, 문 안에 발 들이기와 같은 상술을 경험해본 적이 있는가? 이러한 사회적 영향 전략들을 다루는 데 있어 당신은 얼마나 준비되어 있는가?

낮은 공

당신은 처음에는 낮은 가격을 약속했다가 구매를 승낙하면 가격을 잘못 알아 왔다거나 매니저가 그 가격에는 안 된다고 한다는 판매원을 만난 적이 있는가? 그때 여러분은 주문을 취소하였는가 아니면 그냥 사겠다고 결정하였는가? 이런 상황에 놓인 적이 있다면 여러분은 **낮은 공**(low-balling)의 피해자였다고 말할 수 있다.

낮은 공은 '낮은 공을 던진다'라고도 표현되는 판매 전략이다. 여기서 여러분은 매력적인 가격에 상품을 구매하도록 설득된다. 하지만 거래가 끝나 갈 무렵 매력적인 가격은 갑자기 철회되고 덜 매력적인 가격이 제안된다. 일정 가격으로 자동차를 구매하기로 동의한 경우를 생각해보자. 판매원은 판매를 최종 결정짓기 전 매니저와 상의해봐야 한다고 이야기한다.

판매원이 돌아오고 그는 당신의 구형차 교환가치가 예상보다 낮아졌다는 이야기를 하기 시작한다. 그러면서 당신이 선택한 차를 구매하기 위해서는 1,000달러를 더 지불해야 한다는 말도 덧붙인다. 이 경우 당신은 낮은 공에 당했다고 말할 수 있다. 좀 더 호의적인 제안을 받기 위한 당신의 헌신이 이어지는 덜 호의적인 제안에 동의하도록 당신을 취약하게 만들 수 있다.

그렇다면 어떻게 하면 이 같은 낮은 공으로부터 당신을 보호할 수 있겠는가? 하나는 협상 권한이 판매원에게 있는지 판매원에게 먼저 물어보고, 만약 있다고 말하면 이들에게 계약 조건을 문서화하여 서명하도록 하게 하는 방법이다. 불행히도, 판매원은 나중에 협상할 '권한'이라는 의미를 자신이 잘못 이해했다는 식으로 핑계를 댈지 모른다. 낮은 공에 대처하는 더 좋은 방법은 아마도 판매원이 딴소리를 하면 언제든 다른 가게로 갈 태세를 갖추는 것일 것이다.

미끼 놓고 전환하기

고객의 순종을 얻어내기 위해 흔히 사용되는 또 다른 판매 전략은 **미끼 놓고 전환하기**(bait-and-switch)이다. 이 방법에서 판매원은 상품에 아주 낮은 가격을 제안한다. 낮은 가격에 이끌려 물건을 살피게 된 지 얼마 되지 않아 당신은 물건에 예상한 기능이 빠져 있거나 물건의 질이 조잡함을 발견하게 된다. 그러면 전환하기 수법이 등장하게 되는데, 판매원은 이전의 물건을 대신하는 좀 더 고급 아이템 그러나 가격이 더 비싼 아이템을 추천하게 된다. 판매원은 초반 당신이 보여준 상품에 대한 관심으로 인해 당신이 좀 더 비싼 아이템이라도 그 물건을 구입할 의도가 있음을 안다. 여러분은 이런 종류의 판매 술책에 대응할 준비가 되어 있는가? 256쪽의 "나의 생활, 나의 마음"에서 당신은 이런 판매 술책에 직면하여 어떻게 말할지 미리 생각해보는 기회를 가질 것이다.

미끼 놓고 전환하기 : 저가의 품질이 낮은 상품으로 고객을 유인한 후 고가의 고객이 살 만한 품질의 상품으로 전환하는 상품 판매 전략

모듈 복습

복습하기

(1) ______ 모델에 따르면, 설득으로 가기 위한 경로로 중심 경로와 주변 경로가 있다.
(2) 반복적으로 전달되는 메시지는 한 번 전달된 메시지보다 (더, 덜?) 효과적인 경향이 있다.
(3) 건강 전문가들과 연예인들은 오늘날 우리 사회에서 효과적인 판매원이 (되고 있다, 되고 있지 않다?).
(4) ______ 효과에 따르면, 사람들은 작은 요구에 동의한 후 큰 요구에 동의할 가능성이 더 높아지게 된다.
(5) ______ 기법에서 고객은 호의적인 계약 조건에 헌신하도록 설득되고 이후 판매원은 그 조건을 다시 고려해봐야 한다고 주장한다.

생각해보기

만약 당신이 광고업에 종사하길 희망하고 있다고 하자. 설득적인 광고를 만들어내기 위해 당신은 이 절의 정보를 어떻게 이용하겠는가?

나의 생활 나의 마음

조작적인 판매 책략에 맞서기

새 차 구입을 위해 시장에 나와 있다고 상상해보자. 판매원이 당신에게 당신이 원하는 모델을 보여줬고 잠깐 동안의 흥정 결과 괜찮은 가격으로 안착하게 되었다. 그런 다음 판매원은 매니저한테 승인을 받은 후 곧 돌아오겠다고 말한다. 앞서 기술된 여러 영향의 전략들로부터 당신은 당신 자신을 어떻게 방어할 것인가?

다음 각각의 예에 대해 제시된 자리에 당신의 반응을 써넣으시오. 샘플 답안은 이 장의 마지막에 제시되어 있다.

전략의 종류	판매원의 말	당신은 무엇이라 말할 것인가?
낮은 공	"죄송해요. 매니저가 이 값으로는 할 수가 없대요. 당신하고는 무관해요. 단지 매니저도 사장님으로부터 압박을 받고 있어서요. 손님과 제가 200이나 300달러 정도를 더 쳐서 계약조건을 가져간다면 아마 매니저도 오케이할 거예요."	
미끼 놓고 전환하기	"현재 이 모델로 주문을 넣기가 힘들다고 매니저가 말하네요. 오사카 쪽에서 파업이 있다나. 하지만 LX 버전은 확실히 저희가 확보할 수 있어요. 더군다나 이 모델은 몇 가지 더 나은 특징들도 가지고 있고요."	
문 안에 발 들이기	"좋아요. 이 차를 준비해드리지요." 몇몇 서류를 완성한 후 판매원은 다음의 말을 흘린다. "저 손님. 공장에서 설치하는 이 안전 시스템을 정말 생각해보셔야 할 거예요. 아시다시피 요즘은 아무리 해도 안전하다 말할 수 없어서요."	

출처 : Nevid(2007), p.645. Houghton Mifflin Company의 허락하에 재인쇄.

모듈 7.2 집단 영향 : 복종, 동조, 군중 행동에서의 집단 영향

- 비윤리적 행동을 수행하라 명령받았을 때 왜 사람들은 기꺼이 그 명령에 복종하는가?(왜 그들은 이를 거부하지 않는가?)
- 동조란 무엇인가?
- 어떤 것이 동조성을 높이는가?
- 몰개성화란 무엇이며 이를 조장하는 것은 무엇인가?

당신은 "그 어떤 남자도 혼자서는 살 수 없다"라는 16세기 영국 시인 존 던의 유명한 말을 기억할 것이다. 오늘날 우리는 이를 "어떤 이도 혼자서는 살 수 없다"는 성 중립적 용어로 개서할 수 있다. 던은 우리 중 누구도 사회적 진공 상태에서 살 수 없음을 인지하고 있었다. 우리는 사회적 존재이며 매일의 삶 속에서 우리와 상호작용하는 집단들에 의해 영향을 받는 존재이다. 이 장에서 우리는 몇 가지 형태의 집단 영향을 살펴볼 것이다. 권위자의 독재에 순종하는 경향, 사회적 기대에 동조하는 경향, 그리고 군중의 일부가 됨으로써 우리 자신의 개별성을 잃는 경향이 그것이다.

권위에의 복종 : 힘이 옳음을 만드는가?

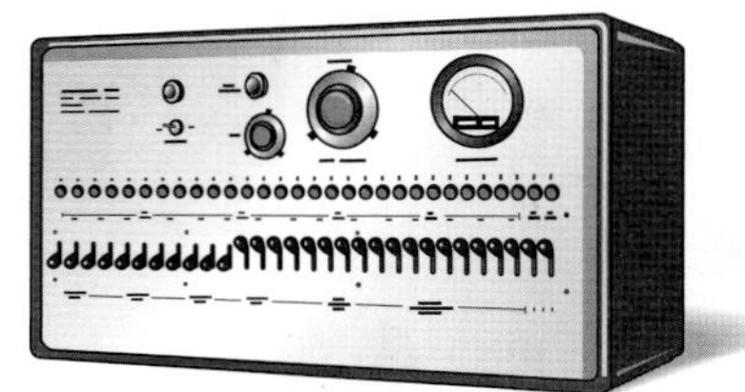

그림 7.3
'공격 기기' 밀그램의 연구에서 '공격 기기'의 레버를 누르는 것이 공격성에 대한 조작적 정의가 된다.

오랜 역사를 거쳐 병사들은 명령에 복종해 왔다. 심지어 죄가 없는 양민을 학살하라는 명령조차도 복종해 왔다. 우리는 이러한 범죄에 충격을 받았다고 말할 수 있으나 왜 이들이 이러한 범죄 행위를 수행하게 되었는지는 상상할 수 없다. 우리 중 얼마나 많은 이가 권위적 인물에 의해 하달된 명령을 거부할 수 있을 것인가?

잔학행위의 희생자들은 흔히 선동가들의 선전에 의해 범죄자 혹은 인간 이하의 사람으로 비하되고, 이는 잔학행위의 정당화 수단으로 이용된다. 또한 잔학행위들은 자신의 도덕성보다는 상급자의 승인을 염려하는 사람들의 순응을 통해 가능해진다. 심리학자들은 오랫동안 맹목적 순종의 본질을 이해하는 데 관심을 가져왔다. 이들은 다음의 질문에 대한 해답을 추구해 왔다. 왜 많은 사람들이 인간성에 반하는 범죄를 저지르도록 명령받았을 때 이러한 범죄를 기꺼이 저지르는가? (왜 이들은 이러한 명령을 거부하지 않는가?)

밀그램의 연구 : 예일대학에서의 충격적 사건

심리학자인 스탠리 밀그램(Stanley Milgram)도 얼마나 많은 사람들이 권위적 인물의 비윤리적 요구에 저항할 것인가의 문제에 관심을 가졌다. 이를 알아내기 위해 밀그램은 예일대학에서 일련의 고전적 실험을 수행하였고, 그 결과는 아직도 많은 관찰자들을 놀라게 하고 있다. 초기 실험에서 밀그램(Milgram, 1963)은 코네티컷 뉴헤이븐 신문에 학습과 기억 현상 탐색을 위한 연구 참가지원자를 모집한다는 광고를 냈다. 20~50세 연령 범위에 있는 남성 40명이 지원했다. 이들 지원자들은 교사, 엔지니어, 노동자, 판매원, 초등학교도 졸업 못한 남성, 대학원 학위가 있는 남성 등 다양한 직업, 신분, 학벌을 소유하고 있었다.

그럼 이제 당신이 이 광고에 응답했다고 상상해보자. 과학의 발전을 위해 그리고 당신의 개인적 호기심 만족을 위해 7.50달러(1960년대의 7.50달러)의 참가비를 받고 예일대학에 나타났다고 생각해보자. 예일대학은 여러분이 알다시피 뉴헤이븐 아니 미국 전체에서 명망 높은 권위 있는 대학이다. 당신은 우아한 대학 실험실에 감명을 받지 않을 수 없다. 거기서 여러분은 흰색 실험실 가운을 입은 유명한 행동주의 과학자와 당신과 같은 또 한 명의 연구 참가자를 만나게 된다. 과학자는 실험의 목적이 처벌이 학습에 미치는 영향을 연구하기 위함이라고 설명한다. 실험은 '교수자'와 '학습자'를 요구한다. 우연히 당신은 교수자로 지명되었고 다른 참가자는 학습자가 되었다.

당신, 과학자, 그리고 학습자는 끈이 매달린 다소 위협적인 모양새의 의자가 있는 실험실로 들어간다. 과학자는 학습자의 협조를 다시 구하고 의자에 연결된 끈을 학습자에게 부착한다. 학습자는 약간의 염려를 표시하나 이 또한 종국에는 과학의 발전을 위함이다. 또한 여기는 예일대학이다, 그렇지 않은가? 예일에서 과연 무슨 일이 일어나겠는가?

당신은 과학자를 따라 옆방으로 간다. 그 방에서 당신은 학습자에게 학습을 시킬 것이다. 학습은 효과적일 것이라 약속되었다. 당신은 무시무시해 보이는 콘솔 위 15볼트에서부터 450볼트라 표시되어 있는 레버를 누름으로써 학습자의 실수를 처벌할 것이다(그림 7.3 참조). '약간의 전기충격'에서 '위험 : 극심한 전기충격'에 이르기까지 30개의 레버 중 28개 레버에 라벨이 붙어 있다. 마지막 2개의 레버는 '17세 미만에는 부적합'이라는 영화 상영 등급을 본뜬 것처럼 'XXX'라고 단순히 표기되어 있다. 혹시 당신이 전기 충격의 느낌을 알지 못할 경우를 대비하여, 과학자가 당신에게 45볼트짜리 전기충격을 예시로 제공했다. 따갑게 느껴졌다. 이

그림 7.4

밀그램 연구에서의 실험 안배 '학습자'가 실수를 하면 연구자는 '교수자'가 고통스러운 전기 충격을 '학습자'에게 주도록 한다.

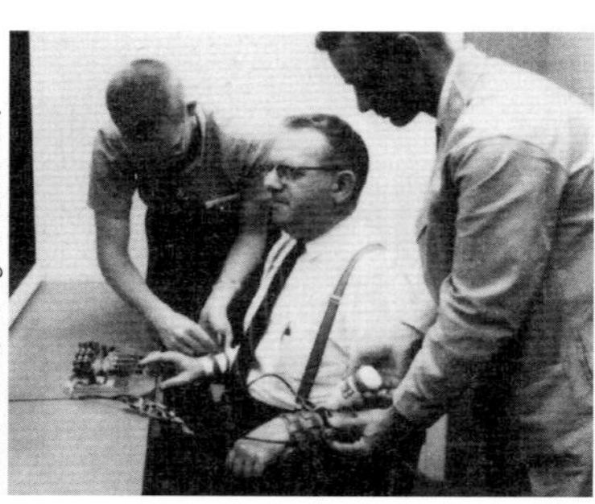

그림 7.5

밀그램의 권위에 대한 복종 연구에서 '학습자' 사진 속 학습자는 상당한 충격 상태에 있어 보인다.

보다 더 큰 전기 충격을 받을 이가 불쌍하게 느껴졌다.

당신의 학습자는 단어 쌍들을 배우기로 되어 있다. 단어 목록에 있는 단어 쌍들이 들려질 것이다. 목록을 한 번 들은 뒤 학습자는 자극 단어와 짝 지어졌던 단어들을 말해야 하는데, 4개의 선택 항목 중 해당 단어를 포함하는 항목의 스위치를 누르는 방식으로 응답한다. 그 스위치는 당신 방에 있는 4개의 패널 중 1개의 패널에 불이 들어오도록 할 것이다(그림 7.4 참조). 정답 패널에 불이 들어온다면 당신은 다음 자극 단어로 넘어갈 것이고, 그렇지 않다면 당신은 학습자에게 전기 충격을 가할 것이다. 오답이 거듭될수록 당신은 전기 충격의 전압을 높일 것이다.

당신은 약간의 불안감을 가질 수 있다. 전극이 학습자의 팔목에 부착되었고(그림 7.5 참조), 과학자는 학습자의 '물집, 화상 발생 방지를 위해' 전극연고를 학습자의 팔목에 발라주었다. 전기 충격이 극히 고통스러울 수 있겠지만 '영구 피부 조직 손상'을 초래하지는 않을 거란 말도 들었다. 학습자는 여전히 계속했고 어찌됐든 여기는 예일이다.

학습자는 몇 문제들을 맞힌 뒤 실수를 연발했다. 가벼운 근심을 느끼며 당신은 전기 충격 전압을 45볼트로 올렸다. 당신도 이 정도의 충격은 견뎌냈다. 그 후 더 많은 실수들이 이어졌다. 당신은 60볼트와 75볼트 레버를 연달아 눌렀다. 학습자는 다시 한 번 실수를 했다. 당신은 잠시 머뭇거렸고 과학자를 바라보았다. 그러자 과학자는 "충격이 고통스러워도 영구적인 피부 조직 손상은 없을 테니 계속하세요"라고 안심시켰다. 계속해서 실수들이 나왔고 당신은 어느새 300볼트의 충격을 가하고 있었다. 그러자 반대편에 있던 학습자가 벽을 치기 시작했다! 가슴이 답답해지고 땀이 흐르기 시작한다. '망할 놈의 과학, 망할 놈의 7.50달러!'라고 생각한다. 망설이는 당신에게 연구자는 "계속하세요"라고 말했다. 다음 자극 단어를 전달하자 학습자로부터 아무런 대답이 없었다. 이런 상황에서 무엇을 해야 할 것인가? "5~10초 동안 기다리세요, 그러고도 대답이 없으면 오답으로 간주하세요"라고 과학자가 지시했다. 다음 전기 충격 이후, 다시 한 번 벽을 치는 소리가 들렸다. 이제 당신의 심장은 달리기 시작했고 내가 극심한 고통과 불쾌감을 만들어냈구나 하는 확신이 들기 시작했다. 어떠한 지속적인 손상도 나타나지 않는다는 것이 과연 가능한 일일까? 이 실험이 그렇게 중요한 것인가? 무엇을 해야 할까? 당신은 다시 망설였다. "계속하셔야 합니다"라고 과학자는 말했다. 과학자의 목소리는 매우 단호했다. "다른 대안이 없습니다. 계속하셔야 합니다"라고 말했다. 당신은 좀처럼 논리적으로 생각할 수 없었고, 설명할 수 없는 무언가 때문에 목청에서 웃음이 올라오는 것 같았다. 손가락은 레버 위에서 떨고 있었다. 무엇을 해야 할 것인가?

예일에서의 진실

실망스럽게도, 밀그램(Milgram, 1963, 1974)은 대부분의 사람들이 했을 법한 행동을 발견하였다. 학습자에게 고통스러울 수 있고 잠재적으로 위험할 수 있는 전기 충격을 가하라는 명령에 순종하지 않은 참가자도 일부 있었으나, 참가자의 대부분은 연구자의 명령에 따랐다(Packer, 2008). 참가자 3명 중 2명꼴(65%)로 연구자의 지시를 끝까지 따랐는데, 이들은 450볼트, XXX 등급의 전기 충격까지 전 단계의 전기 충격을 학습자에게 가하는 행동을 보였다.

신문을 통한 참가자의 모집은 냉정한 것이었던가? 전혀 그렇지 않다. 밀그램은 참가자들이 보였던 스트레스의 증후들에 감명을 받았다. 참가자들은 몸을 떨었고, 말을 더듬었으며, 입술을 악물었다. 신음을 했고, 땀을 흘렸으며, 손톱으로 살을 찌르기도 하였다. 갑자기 부적절한 웃음을 터뜨리기도 하였다. 한 판매원 참가자는 강박적인 웃음 때문에 실험을 계속해 나갈 수 없었다.

남성보다 덜 공격적인 것으로 생각되는 여성들의 경우는 어떠했을까? 밀그램은 이후 여성들을 대상으로 같은 실험을 반복하였고, 남성들을 대상으로 한 실험 결과와 유사한 결과를 얻었다. 밀그램은 독립적 생각을 가진 대학생들의 경우 더 많은 반항을 보일 것인지에 대해 궁금해했다. 하지만 예일대학 학부생들을 대상으로 한 반복연구는 유사한 결과물을 내놓았다. 이 모든 결과가 독립과 개인의 자유의지를 중히 여기는 나라에서 관찰되었다.

예일에서의 속임수

당신은 아마 밀그램의 연구에서 '교수자'들이 정말로 '학습자'들에게 전기 충격을 가했을까 궁금해할 것이다. 하지만 그들은 그러지 않았다. 실험에서의 진짜 전기 충격은 교수자들에게 샘플로 가해진 45볼트의 전기 충격뿐이었다. 그것도 참가자가 실험 절차를 믿게 하기 위한 전략에 불과했다.

이 실험에서 학습자들은 사실상 연구자들과 한패였다. 그들은 신문 광고를 보고 참가한 것이 아니라 처음부터 실험의 진실을 알고 있었다. 교수자들만이 진정한 피험자들이었다. 교수자 역할에 할당된 피험자들은 자신들이 무작위로 뽑힌 것으로 알고 있지만, 사실 역할 선정도 모든 참가자들이 교수자로 뽑히도록 조작된 것이었다.

밀그램의 연구는 40년도 더 됐다. 권위자의 명령을 맹목적으로 따르도록 요구하는 상황이 오늘날의 사람들에게도 같은 잘못을 유발할 것인지 궁금하지 않을 수 없다. 하지만 최근 연구 윤리는 참가자 스트레스가 예견되는 상황에서의 속임수의 사용을 금하고 있어, 현재까지 밀그램 연구의 완전 재현은 이루어지지 못하고 있다(Burger, 2009; Elms, 2009). 최근 한 연구가 밀그램 연구를 부분 재현하였는데(연구 참가자들에게 과도한 스트레스를 주지 않기 위해 원래의 연구와는 달리 가장 높은 강도의 전기 충격을 사용하지 않았음), 연구는 참가자들의 명령 순종 비율이 밀그램 원조 연구에서의 명령 순종 비율과 유사함을 발견하였다(Burger, 2009). 하지만 몇몇 심리학자들이 부분 재현 절차의 타당성에 대해 문제를 제기하고 있어(Elms, 2009; Miller, 2009; Twenge, 2009), 오늘날 사람들이 밀그램 시대 사람들만큼 비도덕적인 명령에 복종적일지의 여부는 아직 결론 내려지지 않고 있다.

중요한 질문 : 왜? 앞서 우리는 비도덕적인 일을 강요받았을 때조차 많은 사람들이 명령에 따르고 있음을 보여주었다. 하지만 우리는 가장 긴급한 질문에는 답을 하지 않았다 : 왜? 왜 제3제국시기의 독일 군사들은 명령을 따르며 잔학한 일들을 저질렀을까? 왜 밀그램의 연구에서 '교수자'들은 연구자의 명령에 따른 것인가? 우리는 이 모든 질문에 대한 답을 가지고 있지는 않지만 여러 가설을 제안할 수는 있다(표 7.1 참조).

1. 선전. 선전은 타 집단의 인간성을 말살시키기 위해 사용된다. 예를 들어, 나치의 선전에서 유대인과 집시는 인간 이하의 인종으로 주장된다 — 사람이라기보다는 해충으로 간주된다. 따라서 이들을 학살하는 것은 해충을 박멸하는 것과 같았다.
2. 사회화. 미국인들이 독립성을 매우 강조하고 있음에도 불구하고, 미국인들도 매우 이른 시기부터 부모 혹은 교사와 같은 권위적 인물에 순종하도록 사회화되고 있다. 비도덕적인 지시에 대한 복종은 사회적으로 바람직하다 여겨지는 권위자들에 대한 존경의 못난 형제일 수 있다.
3. 사회적 비교의 부족. 밀그램의 실험 환경에서 연구자들은 상황에 대한 지휘권을 가졌었다.

표 7.1 맹목적 복종을 조장하는 요인

선전	피해자들은 흔히 범법자나 인간 이하의 존재로 강등된다.
사회화	사람들은 초기 아동기부터 부모나 교사와 같은 권위적 인물에 복종하도록 사회화되고 있다.
사회적 비교의 부족	혼자로서 피험자들('교수자들')은 자신의 감정을 그 상황에 있는 다른 사람들의 감정들과 비교할 기회를 가지지 못했다.
적법한 권위의 지각	밀그램의 연구가 예일대학교에서 진행되었을 때, 피험자들은 학교 명성과 권위에 의해 영향받았을 수 있다. 예일대학의 권위 있는 연구자는 적법한 권위자로 보여졌을 수 있다.
문 안에 발 들이기 기법	교수자들이 학습자들에게 전기 충격을 가하기 시작하면, 이들은 점점 더 이 상황에서 빠져나오기 힘듦을 발견할 수 있다.
가치관에 대한 비접근성	태도가 가용 가능하게 되면 사람들은 자신의 태도에 일치하는 행동을 취할 가능성이 높다. 대부분의 사람들은 죄가 없는 사람에게 해를 끼치는 행위는 옳지 않은 행위라 믿는다. 하지만 감정이 강렬해지면 이는 명료한 사고를 방해한다. 밀그램 연구에서 피험자들의 흥분이 증가함에 따라 이들은 자신의 태도에 접근하기 더 어려워졌다.
완충제	완충제는 학습자의 고통이 피험자('교수자')에 미치는 영향을 감소시켰을 수 있다. 한 예로, 학습자는 교수자와 같은 공간이 아닌 다른 방에 있었다.

하지만 교수자(피험자)들은 연구자 영역에 홀로 떨어져 자신의 생각과 느낌을 다른 사람들의 생각과 느낌과 비교할 기회를 가지지 못하였다.

4. 적법한 권위의 지각. 밀그램의 연구 중 한 단계는 예일대학교의 신성한 전당에서 진행되었다. 피험자들은 이러한 환경의 명성과 권위에 압도되었을 가능성이 높다. 예일대학의 연구자는 마치 국가 공무원이나 군대 고위 상관처럼 매우 적법한 권위자로 보였을 수 있다. 하지만 이후 연구는 예일대학이라는 장소가 순응에 영향을 미치기는 했으나 이것이 전부는 아님을 보여주었다. 밀그램(Milgram, 1974)이 도시 근처 한 우중충한 가게에서 연구를 되풀이한 결과, 연구자의 명령을 따르는 피험자의 비율은 65%에서 48%로 떨어졌다.

   언뜻 보기에 이 결과는 고무적이다. 그러나 밀그램 연구의 핵심은 대부분의 사람들이 적법해 보이는 권위적 인물의 명령을 따라 도덕적으로 부끄러운 행동까지도 할 의향이 있음을 보여주었다는 데 있다. 히틀러와 그의 부하들은 나치 독일에서 권위적 인물이었다. 슬로보단 밀로셰비치는 1990년대 세르비아에서 권위적 인물이었다. '과학'과 예일대학교는 밀그램 연구의 연구자들의 권위를 합당하게 만들었다. 권위적 인물에의 복종은 여전히 문제로 남아 있다.

5. 문 안에 발 들이기 기법. 문 안에 발 들이기 기법 또한 교수자들의 복종에 기여했을 수 있다. 일단 교수자들이 학습자들에게 전기 충격을 가하기 시작하면, 이들은 점점 더 상황에서 빠져나오기 힘듦을 발견하게 될 것이다. 마찬가지로 군인은 먼저 복장, 훈련과 같은 중요하지 않은 문제들에 의문을 갖지 않고 복종할 것을 배우게 된다. 목숨을 바칠 것이 명령될 즈음이면, 이들은 깔끔하게 경례하고 긴 의문을 갖지 않은 채 명령에 따르게 될 것이다.

6. 가치관에 대한 비접근성. 태도가 쉽게 의식화되면 사람들은 그 태도에 맞게 행동할 가능성이 높다. 많은 사람들은 죄 없는 사람에게 해를 끼치는 것이 옳지 않다고 생각한다. 하지만 강렬한 감정들은 명확한 사고를 방해하곤 한다. 밀그램 실험의 교수자들은 흥분해

감에 따라 자기의 태도를 의식화하는 데 더 큰 어려움을 경험했을 수 있다. 결과적으로, 확고한 믿음과 태도를 반영하는 방식으로 행동하기가 어렵게 되었을 것이다.

7. **완충제.** 다수의 완충제가 학습자의 고통이 교수자에게 미치는 영향을 감소시켰다. 한 예로, 학습자들(사실상 연구자의 공모자들)은 다른 방에 있었다. 학습자들이 교수자들과 같은 방에 있었을 때 — 즉 교수자들이 피해자들을 다 볼 수 있었을 때 — 명령 복종 정도가 65%에서 40%로 하락했다. 게다가 교수자들이 전기 충격대 위에 놓인 학습자들의 손을 잡았을 때 명령 복종 정도는 30%로 떨어졌다. 현대의 전쟁에서는 대립하는 군대가 서로 멀리 떨어져 있다. 레이다 스크린에 표시된 영상에 불과하다. 먼 곳에 있는 군사 수송기나 산등선으로 미사일 발사 버튼을 누르거나 발포 버튼을 누르는 행동은 피해자의 목에 총을 겨누는 것과는 완전히 다른 이야기이다.

복종에 대한 가능한 설명들이 이처럼 많다. 밀그램의 연구는 우리로 하여금 위험이 무엇인지 깨닫도록 경고했다. 대부분은 아닐지라도 많은 사람들이 자신의 도덕적 가치에 반할지라도 권위적 인물의 명령에 복종하는 경향이 있다는 점 말이다. 이는 과거에도 발생했고 현재도 발생하고 있다. 이를 막기 위해 당신을 무엇을 할 것인가?

동조 : 다수가 옳음을 만드는가?

당신이 잠옷을 입고 직장에 출근할지라도 경찰은 당신을 교도소로 보내지 않을 것이다(물론 '패션 경찰'들은 잡아갈지 모른다). 그래도 누군가는 비웃으며 집에 가서 옷을 갈아입고 오라고 말할 것이다. 또한 독특한 패션이라는 말을 들을 수도 있고 새로운 유행을 창출했다는 말을 들을 수도 있다(어쩌면 아닐 수도 있겠지만). 하지만 어떤 경우라도 우리는 **사회적 규준**(social norms)에 맞게 우리의 행동을 **동조**(conform)해 가기를 기대받는다. 사회적 규준이란 널리 채택된 행동 기준으로 사회적 행동을 지배하는 행동 기준을 말한다. 외현적 사회적 규준은 보통 도서관에서 정숙해야 한다, 학교 주변에서는 서행 운전해야 한다는 식의 규칙이나 법으로 만들어진다. 또한 특정 사회적 행사에 어울리는 옷차림은 무엇인가, 승강기에서는 앞을 향해 서 있어야 한다는 것과 같은 쓰여지지 않은 암묵적 사회적 규준도 있다. 그런데 만약 승강기에서 사람들이 뒤를 향해 서 있다면 어떤 일이 벌어질까? 당신도 동조하여 그들과 같이 뒤를 향해 서 있을 것인가? 민망할 수 있는 상황에서 사람들의 반응을 몰래 촬영하는 캔디드 카메라 TV 쇼 프로그램의 한 일화를 살펴보자. 일화에서 의심이 없는 피험자가 승강기에 탑승했고 앞을 향해 섰다. 그 뒤로 세 사람이 차례로 탑승했고 이들은 승강기 문의 뒤를 바라보며 섰다. 피험자는 이 세 사람이 사실 배우이며 쇼 제작진과 작당했다는 사실을 몰랐다. 세 번째 사람이 승강기에 탑승했을 무렵 순진한 피험자는 이미 사람들에 동조하여 뒤를 향해 서 있었다.

‖ **사회적 규준** : 사회적 기대를 반영하고 사회적 상황에서 사람들의 행동을 지배하는 외현적, 암묵적 규칙

‖ **동조** : 사회 규준에 맞게 개인의 태도나 행동을 변화시키는 것

행동을 사회적 규준에 맞추려는 경향은 우리가 보이는 사회적 행동의 여러 측면에 영향을 주고 있다. 기침을 할 때 입을 가리는 행동에서부터 대학 선택에 새치기를 하지 않는 행동("너도 너의 형처럼 '주립'대학에 갈 거지. 그렇지?")에 이르기까지 우리의 사회적 행동은 규준에 맞추려는 동조 경향에 의해 영향을 받는다. 머리를 보라색으로 염색하고 코걸이를 함으로써 당신은 자신이 사회 규준의 비동조자라 생각할지 모른다. 하지만 당신의 행동도 결국은 보라색 머리 염색과 코걸이를 하는 또래들의 행동과 발맞추어 가고 있는 셈이다.

심층 탐구

스탠리 밀그램 : 세상을 놀라게 한 사람

스탠리 밀그램은 1933년 동부 유럽 유태인 이민자들의 아들로 뉴욕 브롱크스에서 태어났다. 우수한 학생으로 IQ 점수가 고교 친구들 중 가장 높은 점수인 158점을 얻을 정도로 똑똑한 학생이었다. 하버드대학에 진학하였는데 거기서 성격 이론가로 유명한 고든 올포트(Gordon Allport)와 당시 교환교수였던 사회심리학자 솔로몬 애쉬(Solomon Asch)와 함께 공부하였다. 애쉬의 동조성에 대한 연구는(이 장 후반에 이야기되겠지만) 젊은 밀그램에게 큰 영향을 끼쳤는데, 이런 이유로 밀그램은 박사 논문으로 노르웨이와 프랑스 국적 사람들의 동조성에서의 차이를 연구하게 된다. 하지만 1960년대 초 대학원을 졸업하고 교수생활을 시작하게 되자, 그는 자신만의 중요하고 구별되는 연구 프로그램을 발전시킬 필요성을 느끼게 된다. 복종에 대한 연구 결심은 자신의 유태인으로서의 혈통과 홀로코스트와 같은 잔학행위에 대한 이해가 필요하겠다는 결심으로부터 비롯됐다. 밀그램은 이후 다음과 같이 쓰고 있다.

> 내 실험 패러다임은 권위에 대한 일반적 근심, 내 세대 구성원들에게 강요된 근심, 특히 제2차 세계대전의 잔학행위로부터 야기된 나와 같은 유태인에게 부여된 근심에 대한 과학적 표현이었다. 홀로코스트가 내 정신에 미친 영향은 복종에 대한 나의 관심을 북돋아주었고 이를 탐색할 수 있는 특별한 형식을 만들어냈다(Blass, 2004, p.62에서 인용).

밀그램은 연구 패러다임을 개발하였는데, 여기서 보통사람들은 연구자에 의해 자극되어 고통스러울 거라 생각되는 전기 충격을 타인에게 가하게 된다. 밀그램의 기본 의문은 개인이 연구자의 명령으로 인해 얼마나 멀리까지 갈 것인가의 사안이었다(Blass, 2004, p.62).

출처 : Thomas Blass(Basic Books 2004)의 *The Man Who Shocked the World*에서 발췌. Houghton Mifflin Company의 허락하에 Nevid, 2007, p.647에서 재인쇄.

사회적 규준에 동조하는 경향은 많은 경우 좋은 결과를 낼 수 있다. 기침을 할 때 사람들이 입을 가린다면 우리는 이들에게 감사해야 할 것이다. 하지만 집단 규준은 비적응적 행동을 조장하기도 한다. "남들이 다 하니까"라는 생각으로 위험한 행동을 시도하는 경우에서처럼 집단 규준은 비적응적 행동을 조장하기도 한다.

사람들이 모든 상황에서 동조를 하는 것은 아니다. 때때로 우리는 군중과 다르게 행동하기도 한다. 하지만 1950년대 초반 이루어진 심리학자 솔로몬 애쉬의 고전적 연구는 우리가 생각하는 것보다 우리가 더 많이 동조하고 있음을 보여주었다.

7명의 판단이 모두 틀릴 리가 없겠지, 그렇지? 애쉬의 연구

남들이 상황을 다르게 본다고 해도 당신은 당신의 눈을 믿고 마음을 바꾸지 않을 자신이 있는가? 당신이 애쉬(Asch, 1956) 연구의 피험자였으면 그렇지 못했을 것이다. 다음과 같은 상황을 상상해보자.

시각 변별 실험이라고 알려진 실험에 참가하기 위해 당신은 지금 다른 7명의 피험자들과 함께 실험실에 들어간다. 실험실 선두에 선이 그려져 있는 카드를 들고 있는 한 남성이 서 있다.

8명의 피험자들은 일렬로 앉아 있다. 당신은 앞에서 일곱 번째 자리에 앉혀진다. 그다지 중요하지 않은 문제이다. 실험실 선두의 남성이 과제에 대해 설명해준다. 왼편 카드에 선이 하나 그려져 있다. 오른편 카드에는 길이가 다른 3개의 선이 그려져 있다. 3개의 선 중 하나만이 왼쪽 카드의 선과 일치한다. 당신을 포함한 피험자들이 할 일은 한 번에 한 사람씩 1, 2, 3번 선 중 왼편 카드의 선과 그 길이가 일치하는 선의 번호를 소리 내어 말하는 것이다. 아주 간단한 일이다.

당신의 오른쪽에 있는 피험자들이 순서대로 외친다 : "3", "3", "3", "3", "3", "3". 이제 당신 차례가 왔다. 여기서는 3번 선이 명백하게 정답이므로 당신도 "3"이라고 말한다. 그다음 사람도 동참하여 "3"이라고 말한다. 그저 그뿐이다. 이제 새로운 카드가 실험실 선두에 설치된다(그림 7.6 참조). 이번에는 2번 선이 명백한 정답이다.

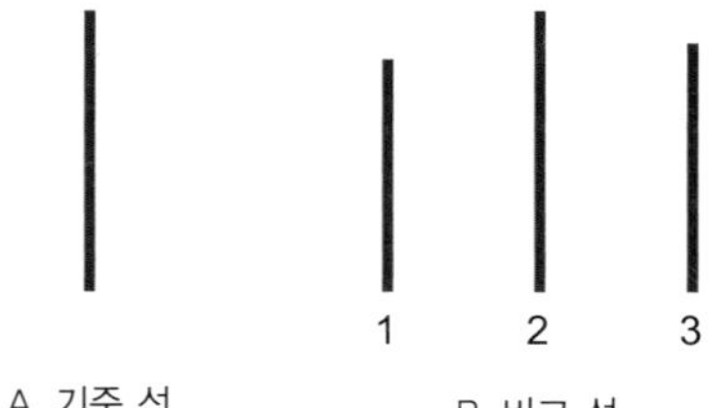

그림 7.6

애쉬의 동조 연구에서 사용된 자극들 카드 B의 선 1, 2, 3 중 카드 A의 선과 같은 길이의 선은? 선 2가 맞는가? 하지만 당신이 집단의 일원이고 다른 6명이 1번 선이라고 답을 한다면 당신은 과연 2번 선이라 답할 수 있겠는가? 확실한가?

당신의 우측에 있는 6명이 차례대로 답한다 : "1", "1...", 잠시만! "...1", "1". 저녁밥에 대한 생각은 뒤로하고 카드에 있는 선들을 살펴본다. 아니, 1번 선은 0.5인치 정도의 차이로 짧다. 그러나 다음 두 참가자들이 "1"이라 말하고 어느새 당신 차례가 되었다. 손에 땀이 나고 목이 메어 옴을 느낀다. 당신은 솔직히 "2"라고 말하고 싶으나 이게 정답일까? 이제 시간은 없고 이미 눈에 띌 정도로 머뭇거렸다. 당신은 "1"이라고 말한다, 그리고 — 당연히 — 다음 참가자도 당신과 같은 답변을 한다.

이제 당신의 관심은 과제에 머무른다. 대부분의 경우 당신은 다른 7명의 판단자들의 판단에 동의한다. 하지만 어떤 때는 이들의 판단에 동의하지 않는다. 그리고 당신이 이해할 수 없는 몇몇 이유로 이들은 답이 틀림에도 불구하고(당신의 눈이 정확하다는 가정하에) 완전한 의견 일치 상태에 있다. 실험은 불편한 경험이 되고 당신은 당신의 판단에 의문을 갖기 시작한다.

애쉬 연구에서의 불편감은 동조 압력에 의해 발생하였다. 실제로 다른 7명의 참가자들은 연구자와 공모한 사람들이었다. 이들은 사전에 여러 오반응들을 미리 협의했었다. 연구의 유일한 목적은 당신이 잘못된 집단의 판단에 동조할 것인가 그렇지 않을 것인가를 확인하는 데 있다.

애쉬의 연구에서 얼마나 많은 사람들이 자신의 판단을 버리고 집단의 판단에 굴복하였는가? 얼마나 많은 사람들이 자신이 옳다고 믿는 대답을 하는 대신 군중의 판단에 편승하였는가? 75%, 즉 4명 중 3명이 적어도 한 번은 다수의 잘못된 대답에 동조하였다. 애쉬 자신도 이러한 결과에 놀랐는데, 이는 이처럼 많은 사람들이 동조의 압력에 굴복하여 명백히 틀린 반응을 정답으로 내놓을 거라 기대하지 않았기 때문이었다.

왜 참가자들은 집단의 압력에 동조하였을까? 사회심리학자들은 몇 가지 설명을 내놓고 있다. (1) 참가자들은 다수가 옳을 것이라 가정했을 수 있다, (2) 참가자들은 옳은 답을 내는 것보다 집단에 의해 호의적으로 평가받는 것에 더 신경을 썼을 수 있다, (3) 참가자들은 자신의 입장을 고수하여 남들의 웃음거리가 되는 것보다 남들을 따라가는 것을 더 편하게 느꼈을 수 있다(Cialdini & Trost, 1998; Nowak, Vallacher, & Miller, 2003).

동조에 영향을 주는 요인

우리 모두는 일부 상황에서 동조 압력에 굴복한다. 하지만 우리 중 일부는 다른 이들보다 더 동조적인 경향이 있다. 심리학자들은 아래 열거된 것들을 포함한 동조에 영향을 주는 개인적, 상황적 요인에 초점을 두고 있다(Cialdini et al., 1999; Horry et al., 2012).

- 개인주의 사회보다는 집단주의 사회의 구성원이 되는 것
- 집단의 다른 구성원들로부터 호의적으로 받아들여지길 바라는 정도(남들이 좋아해주길 바라는 것보다 내가 옳은 것에 더 큰 가치를 두는 경우 동조의 경향이 낮아짐)
- 낮은 자아존중감
- 사회적 수줍음
- 과제 친숙도 결여

동조에 영향을 주는 다른 요인들은 집단의 크기와 사회적 지지를 포함한다. 잘못된 집단 판단에 대한 동조 가능성은 집단 크기가 4명 혹은 5명으로 늘어 감에 따라 급격히 증가하다가 그다음에는 인원이 증가해도 변동이 없어진다. 하지만 당신의 소수 의견을 지지해주는 사람이 한 명이라도 존재한다면, 이는 당신으로 하여금 의견을 굽히지 않도록 용기를 주는 데 충분하다(Morris, Miller, & Spangenberg, 1977).

동조 군대에서는 기계처럼 움직이도록 그리고 집단에 동조하도록 교육받는다. 당신은 어떤 동조 압력을 경험해보았는가? 당신은 이런 압력에 굴복하였는가? 굴복하였다면 왜 그랬고 굴복하지 않았다면 왜 그러지 않았는가?

폭도에게 습격당하다 : '여러 개의 머리'를 가진 야수를 주의하라

인종 폭동과 린치(폭행의 일종)와 같은 군중 행동은 앞으로 살펴볼 사람들의 심리에 따라 작동하는 것 같다.

Stuart Franklin/Bongarts/Getty Images

인간 파도 군중의 비합리적 행동은 '여러 개의 머리'를 가진 야수로 비유된다. 경찰들은 폭동과 몰개성화가 퍼지기 전 초반에 군중을 해산시키는 것이 최선이라는 것을 알고 있다. 하지만 경기장에서 인간 파도에 동참하기 위해 자기를 잃는 식의 일부 형태의 몰개성화는 사람들에게 무해하다.

아서 스티븐스에 대한 린치 사회학습과 모방(*Social Learning and Imitation*)이라는 고전적 책에서 심리학자 닐 밀러와 존 덜라드(Miller & Dollard, 1941)는 미국 남부 지역에서 일어난 한 린치 사건을 생생하게 묘사하고 있다. 흑인인 아서 스티븐스는 연인인 백인 여성을 살해한 혐의로 기소되었다. 스티븐스는 체포되었고 범죄 사실을 실토하였다. 보안관은 폭력 사태가 발생할까 두려워 밤을 이용하여 스티븐스를 200마일 떨어진 도시로 이송시켰다. 하지만 그의 소재는 발각되었고 다음 날 100명에 육박하는 군중이 감옥을 습격, 스티븐스를 범행 장소로 끌어왔다.

폭동은 바실루스 전염병과 같이 사람에게서 사람으로 전파되었다. 노동자, 전문인, 청소년, 경찰관도 감염되었다. 스티븐스는 고문을 당했고 살해되었다. 군중은 그의 시신을 차에 매달아 끌고 다녔다. 군중은 미친 듯 날뛰었고 다른 흑인들을 쫓아 폭행하였다. 폭동은 군부대가 법과 질서를 회복하기 위해 파견되었을 때에야 잠잠해졌다.

몰개성화 개인으로 행동할 경우, 행동 결과에 대한 두려움과 자기 평가는 사람들이 반사회적 행동을 하는 것을 막곤 한다. 반면 군중 속에서는 개인은 몰개성화를 경험한다. **몰개성화**(deindividuation)란 감소된 자기의식화 상태 혹은 사회적 평가에 대한 낮은 염려 상태를 말한다. 많은 요인들이 사람들을 몰개성화 상태로 만드는데(Cialdini & Goldstein, 2004; Nowak et al., 2003), 익명성(자신의 정체를 숨기기 위해 복면을 쓴 상태와 같은), **책임감의 분산**(diffusion of responsibility)(타인의 존재는 개인적 책임감을 분산시킨다), 소음과 밀집으로 인한 각성, 자신의 가치관보다 집단 규준에 주의를 보이고 동조하는 경향성이 여기에 포함된다. 이런 환경에서 군중은 개별적으로 행동할 때보다 더욱 공격적이 된다. 하지만 개인으로 집단 행동에 휘말릴 때 우리는 우리 자신에게 잠시 멈추고 생각하라는 단서를 줌으로써 몰개성화에 저항할 수 있다. 집단이 우리 개인의 가치관에 벗어나는 행동을 보일 때 우리는 이들 집단으로부터 우리 자신을 분리해낼 수 있고 이를 통해 나중에 후회할 만한 행동을 하는 것을 피할 수 있다.

몰개성화 : 집단 구성원이 자기 평가를 멈추고 집단의 규준이나 태도를 취하게 되는 과정

책임감의 분산 : 집단원들이 일괄 행동할 때 행동에 대한 개별적 책임감이 약화되거나 사라지게 되는 현상

모듈 복습

복습하기

(6) 밀그램의 연구는 요구가 비윤리적일 때조차 많은 사람들이 권위적인 인물의 요구에 (동조함, 동조하지 않음?)을 시사하고 있다.

(7) 예일대학 학생들을 대상으로 연구를 반복했을 때, 밀그램은 (더 적은 비율의, 비슷한 비율의?) 참가자들이 학습자에게 전기 충격을 주었음을 발견하였다.

(8) 여성을 대상으로 연구를 반복했을 때, 밀그램은 (더 적은 비율의, 비슷한 비율의?) 참가자들이 학습자에게 전기 충격을 주었음을 발견하였다.

(9) 다음의 요인들이 복종에 기여한다 : 사회화, 사회적 ______의 부족, 연구자를 적법한 권위자로 지각하는 경향, 가치관에 대한 비접근성.

(10) (집단주의, 개인주의?) 사회의 구성원들이 집단 규준에 동조할 가능성이 더 높다.

(11) 애쉬의 동조 연구에서 ______%의 피험자들은 적어도 한 번은 부정확한 다수의 판단에 동의하였다.

(12) 집단 규준에 동조하길 거부하는 사람들은 자신감이 (높은, 낮은?) 경향이 있다.

(13) *Social Learning and Imitation*에서 밀러와 덜라드는 군중의 행동을 기술함에 있어 ______을/를 예로 사용하였다.

(14) 사람들이 군중의 일원이 되었을 경우 이들은 _______을/를 경험할 수 있는데, 이는 감소된 자기의식화 상태 혹은 사회적 평가에 대한 낮은 염려 상태를 지칭한다.

(15) 몰개성화로 이끄는 요인에는 익명성, _______의 분산, 각성과 집단 규준이 있다.

생각해보기

〈표 7.1〉에 기술된 요인들을 이용하여, 군인들이 왜 자신의 도덕관에 반하여 잔학 행위를 하게 되는지 이유를 설명해보라.

이타심과 도움 행동 : 사회 조직의 와해 막기

모듈 7.3

- 이타심이란 무엇인가?
- 무엇이 도움 행동을 조장하는가?
- 사람들이 가끔씩 위험에 처한 사람들을 무시하는 이유는 무엇인가?

우리는 방대한 사회 네트워크(학교, 기업, 종교집단, 지역사회, 그리고 큰 사회)에 속해 있다. 각자 목표를 가지고 있지만 어떤 방법으로든 우리의 적응과 개인적 발달은 서로 관련을 맺고 있다. 우리는 어느 정도 서로에게 의지하며 산다. 한 사람이 생산한 것을 다른 사람이 소비한다. 지구 반대편에서부터 오는 것들도 있듯이 상품은 누군가가 배송하였기 때문에 가게에서 구입할 수 있는 것이다. 보스턴에서의 의학적 발견이 대만에서 한 생명을 살리기도 하며, 디트로이트에서의 자동차 조립라인의 문제가 플로리다의 병원에 교통사고 입원 환자를 만들기도 한다.

이타심 : 타인의 안위에 대한 사심 없는 걱정

이타심(altruism)이란, 타인의 복지에 혜택을 제공하는 행동이다(Warneken & Tomasello, 2006). 나눔, 협력, 위로, 동정심의 표현, 도움 주기가 모두 이타 행동의 형태라 할 수 있다. 이타심은 도움이 필요한 가정에게 도움을 주는 것, 자선 목표를 가진 걷기 운동에 참여하는 것, 골수나 혈액을 기부하는 것과 같이 여러 형태로 나타날 수 있다. 이타심은 또한 자기희생적 행동의 형태를 취할 수 있다. 인간은 자식 혹은 전우의 생존을 위하여 자신을 희생할 수 있는 존재라고 알려져 있다. 그러나 도움을 청하는 피해자의 외침이 무시되는 경우도 있다. 그렇다면 옆에서 누군가가 죽어 가고 있는데 아무것도 하지 않은 사람들은 무정한 사람들이라 말할 수 있는 것인가?

Shannon Stapleton/Landov LLC

이타심 이타적 행동의 표현은 도움을 필요로 하는 친구를 돕는 행동으로부터 9/11 사태 때 국제무역센터 건물에 갇힌 사람들을 구하기 위해 불길을 헤쳐 올라가던 소방관과 경찰관과 같은 자기희생의 영웅적 행동에 이르기까지 다양하다. 하지만 키티 제노비스가 잔인하게 공격당하고 있을 때 사람들은 방관만 하고 아무 행동도 취하지 않았다. 어떻게 이런 일이 발생할 수 있었는가? 사람들은 왜 도움을 주지 못하였는가?

방관자 효과 : 누군가가 죽어 가고 있을 때 누군가는 지켜보고 있다

사람들은 1964년 발생한 28살 키티 제노비스의 사망사건에 대해 어떻게 이 사건이 발생하게 되었는지 물을 수 있다. 40년도 더 전에 뉴욕 시에서 발생한 사건이었으나 사건이 불러일으킨 문화 충격은 시대를 거듭하여 공명하고 있다. 제노비스의 살인자가 그녀를 한 시간 반 동안 스토킹하고 흉기로 여러 차례 찔렀을 때 그녀는 비명을 지르며 필사적으로 도움을 요청했다. (정확히 몇 명인지는 모르겠지만) 많은 지역 주민들이 이 소란을 들었다. 하지만 아무도 그녀를 도와주지 않았다. 경찰에 신고한 사람은 단 한 명뿐이었고 그것도 첫 번째 습격이 끝난 이후에 이루어졌다(Manning, Levine, & Collins, 2007). 왜 아무도 도와주지 않았을까?

방관자 효과 : 도움을 필요로 하는 사람을 돕지 않는 방관자 경향

누군가가 도움을 요청할 때 곁에 서서 아무것도 하지 않는 행동 경향성을 보이는 것을 **방관자 효과**(bystander effect)라 부른다. 목격자들은 왜 키티 제노비스를 거리 위에서 홀로 죽게 내버려둔 것인가? 2001년 9/11 테러 사건 발생 당시 불타고 있는 건물로 돌진해 들어가는 소방관, 경찰관, 일반 시민들이 보여준 영웅적 행동들에서 유추할 수 있듯, 사람들은 자신의 목숨을 걸고라도 타인을 돕곤 한다. 결과적으로, 우리는 도움 행동 기저에 깔린 요인들을 더 잘 이해할 필요가 있다. 과연 사람들은 어떤 조건하에서 사람을 도와주고 어떤 조건하에서 그냥 지나치고 아무것도 하지 않는 것인가?

방관자 개입 : 도와줄까 말까의 결정

심리학자인 빕 라타네와 존 달리(Latané & Darley, 1970)는 왜 어떤 방관자들은 고통에 놓인 사람들을 돕는 반면 왜 어떤 방관자들은 그냥 지나쳐 가는지를 설명하는 의사결정 모델을 발전시켰다. 모델은 도움 행동이 발생하기 위해 방관자가 5번의 의사결정을 해야 함을 제안하고 있다. 의사결정의 어느 한 단계에서라도 아니요라는 대답이 나오면 도움 행동은 발생하지 않게 된다(그림 7.7 참조).

단계 1 인식한다 (도움의 요구가 있는지) — "아니요"라면 → 돕는 데 실패
"예"라면 ↓
단계 2 해석한다 (상황을 명백한 응급상황으로) — "아니요"라면 → 돕는 데 실패
"예"라면 ↓
단계 3 가정한다 (개인적 책임을) — "아니요"라면 → 돕는 데 실패
"예"라면 ↓
단계 4 선택한다 (도울 방법을) — "아니요"라면 → 돕는 데 실패
"예"라면 ↓
단계 5 실행한다 (결정을) — "아니요"라면 → 돕는 데 실패
"예"라면 ↓
다른 도움

그림 7.7

도움 행동의 의사결정 모델 심리학자인 빕 라타네와 존 달리는 도움 행동의 5단계 모델을 개발하였다. 모델은 방관자들이 도움이 필요한 누군가를 돕기 전 일련의 결정을 해야 할 필요가 있음을 제안하고 있다.

1. 방관자는 도움의 요구가 있음을 인식해야 한다. 도움을 주기 위해선 먼저 상대에게 도움의 요구가 있다고 인식해야 한다. 도움이 필요한가 아니면 저 사람 혼자 처리할 수 있겠는가?
2. 방관자는 상황이 긴급 상황이라 결정해야 한다(Baron, Branscombe, & Byrne, 2009). 키티 제노비스의 도움 요청을 들은 사람들 중 일부는 무슨 일이 벌어지고 있는지에 대해 이해하지 못하고 있었다. 이들은 자신이 들은 바에 대해 혼란스러워했으며, 상황이 정말 긴급 상황인지 확신할 수 없었다. 다른 방관자들은 개입하길 원하지 않았다고 인정하였다.
3. 방관자는 행동의 책임을 느껴야 한다(Fischer et al., 2011). 개인보다 집단이 키티 제노비스를 도우러 올 가능성이 높았다는 가설은 타당해 보인다. 결국 집단이 키티 제노비스의 공격자를 제압하는 데 더 효과적일 수 있기 때문이다. 그러나 라타네와 달리(Latané & Darley, 1968)의 연구는 개인이 제노비스를 도우려 시도했을 가능성이 더 높았음을 시사하고 있다. 고전적 실험에서 단칸방에 있던 남성 참가자들은 간질발작을 명백히 시사하는 녹음소리를 들었을 때 의미 없는 과제들을 수행하고 있었다. 도움 가능 인력으로 다른 4명의 남성들이 있다고 생각한 참가자들은 단지 31%만이 희생자를 도우려 했다. 반면 자신 이외엔 도움을 줄 수 있는 사람이 아무도 없다고 생각한 참가자들은 85%가 도움을 주려고 노력했다. 다시 말해, 타인의 존재가 도움 행동의 개인적 책임감을 분산시킬 수 있다는 것이다(Garcia et al., 2002). 즉 사람들은 집단과 함께일 때는 조지(또는 조제트)가 그 일을 하도록 두는 경향이 있는 반면 조지가 주변에 없을 때는 자신이 그 책임을 맡으려 한다. (키티 제노비스의 비명을 들은 사람들 중 몇몇은 "남들도 다 들을 수 있는데 왜 굳이 내가 도우러 가야 하지?"라고 생각했을 수 있다.)
4. 방관자는 도울 방법을 선택해야 한다(Baron, Branscombe, & Byrne, 2009). 물에 빠진 아이를 구하기 위해 무작정 물에 들어갔다가 오히려 자기가 익사하는 사람들의 사례를 우리는 종종 듣게 된다. 하지만 대부분의 사람들은 정확히 어떻게 행동해야 할지 알고 스스로가 도움을 줄 수 있다고 믿고 있을 때가 아니면 선불리 도우려 시도하지 않는다. 상황을 책임질 수 있다고 확신하지 않는다면 방관자는 사회적 실수를 저지르거나 조롱당할 것이 두려워 사이드라인에 머물 것이다. 혹은 이들은 다칠 것이 두려워 사이드라인에 머

묻 것이다. (키티 제노비스의 비명을 들은 사람들 중 몇몇은 "도우려 하다가 내가 죽을 수도 있겠구나 혹은 도우려 하다가 내가 웃음거리가 될 수도 있겠구나"라고 생각했을 수 있다.)

5. **방관자는 계획을 실행해야 한다.** 도움 줄 방법을 선택한다는 것은 반드시 그 계획을 행동으로 실천한다는 결정을 수반해야 한다.

도움을 주는 자 : 누가 돕는가?

기분 상태나 공감을 포함한 많은 요인들이 도움 행동에 영향을 준다(Batson et al., 2009; Batson & Powell, 2003; Penner et al., 2005). 우선 목격자들은 기분이 좋을 때 더 많이 남을 돕는 것 같다(Batson & Powell, 2003). 기분 좋은 상태는 상황을 잘 다룰 수 있다는 느낌인 효능감을 개인에게 줄 수 있다. 또한 타인에 대한 공감 능력이 뛰어난 사람들도 도움을 줄 가능성이 더 크다(Darley, 1993). 공감적인 사람들은 타인의 고통을 느끼고, 타인의 염려를 이해하며, 도움이 필요하다는 것이 무엇인지를 상상할 수 있다. 여성은 남성보다 더 공감적이고 따라서 도움이 필요한 사람을 도울 가능성이 더 크다(Trobst, Collins, & Embree, 1994).

피해자 : 누가 도움을 받는가?

사람들은 자신이 아는 사람을 돕는 경향이 있다(Suedfeld, 2000). 자택과 같은 사적인 공간에서 편지로 요청을 받았을 때보다 사무실과 같은 노출된 공간에서 직장동료나 상사로부터 직접적으로 요청을 받았을 때 우리는 더 잘 기부하지 않는가?

진화론적 견지에서 볼 때, 이타심은 인간의 유전적 특성의 일부로 여겨진다. 이타심은 이타심의 유전적 코드를 가진 인류가 거칠고 험한 환경에서 살아남을 수 있도록 돕기 때문이다. 집단의 이익을 위해 개인의 이익을 희생하는 것은 유사한 유전자를 가진 친척이나 친족의 생존을 높일 수 있다. 이처럼 자기희생은 자신의 유전적 코드와 유사한 유전적 코드를 영속화시키는 데 기여할 수 있기 때문에 유전적, 진화론적 견지에서 적응적 속성으로 간주되고 있다. 이타심과 관련한 유전적, 진화론적 관점에서의 설명은 이타심이 낯선 사람에게보다 친척에게 더 크게 발휘될 수 있음도 시사한다. 실제 이러한 가설은 사람들이 비친족보다 친족 혹은 아는 사람을 더 많이 도왔던 연구에 의해 지지되고 있다(Fischer et al., 2011; Gaulin & McBurney, 2001).

사람들은 또한 자신과 유사한 사람이나 자신이 동일시하는 사람을 도울 가능성이 더 크다(Batson et al., 2009; Penner et al., 2005). 자신과 다르게 옷을 입는 사람보다 자신과 유사하게 옷을 입는 사람을 더 많이 도왔던 연구에서도 알 수 있듯, 유사성은 옷차림의 차원으로까지 확대될 수 있다(Cialdini & Trost, 1998).

고속도로에서 차가 고장 났을 때 혹은 길에서 히치하이킹을 할 때, 여성은 남성보다 도움을 받을 가능성이 더 크다. 이러한 결과가 여성에 대한 용기의 발현으로 인한 것인가 아니면 이타심 내 성적 특성이 내재되어 있기 때문인가? 아마도 성적 특성이 내재되어 있기 때문인 것 같다. 왜냐하면 매력적이고 홀로 있는 여성이 남성에 의해 도움을 받을 확률이 더 높기 때문이다.

비록 여성이 남성보다 어려움에 처한 사람들을 도울 확률이 더 높긴 하지만, 남성이 여성을 돕는 것이 더 일상적이다. 특히 미국 남부에서는 더 그렇다. 시애틀이나 콜럼버스(북부 도시들)에서보다 애틀랜타(남부 도시)에서 동전을 떨어뜨렸을 때, 여성은 남성보다, 특히 남성들

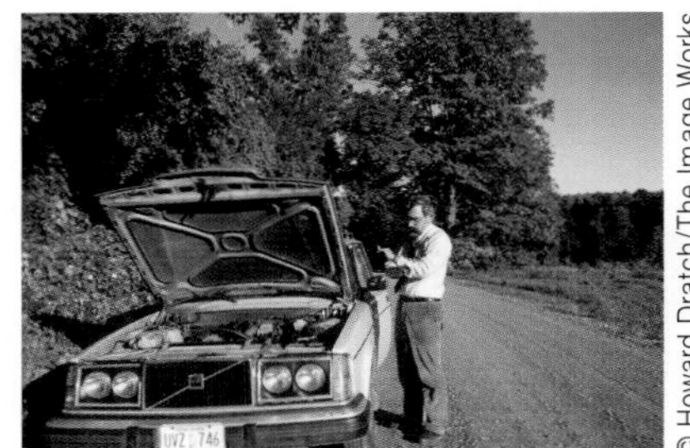

© Howard Dratch/The Image Works

당신은 차가 고장 난 사람을 돕겠는가? 도움이 필요한 사람을 돕도록 만드는 요인은 무엇일까? 차가 고장 난 사람이 여성이라면 상황은 달라질까? 그렇다면 왜 그렇고 그렇지 않다면 왜 그렇지 않을까?

로부터 도움을 받을 가능성이 더 컸다(Latané & Dabbs, 1975). 왜 그랬을까? 연구자들은 전통적인 성 역할이 북부에서보다 남부에서 더 강하게 존속하기 때문이라 제안하고 있다.

아이처럼 생긴 사람들은 성숙해 보이는 사람들보다 도움을 받을 가능성이 높다(Keating et al., 2003). 아마도 동안인 사람들은 자립 능력이 더 적은 것으로 비춰져서 그랬을 수 있다.

다음으로 피해자의 인종이나 민족성이 도움 행동에 영향을 줄 수 있다. 최근 증거는 도움이 많은 시간을 요하는 경우, 도움이 큰 위험이나 노력을 포함하는 경우, 어려움에 처한 사람이 멀리 있을 경우와 같은 특정 상황에서 흑인이 백인보다 도움을 받을 확률이 더 낮았음을 보여주고 있다(Saucier, Miller, & Doucet, 2005). 사람들은 이것이 인종 편견 때문이었다고 순순히 인정하는 대신 앞서 열거한 도움 상황들의 특수성 때문이었다고 합리화하곤 한다.

만약 당신이 길을 가다 누가 봐도 도움이 필요한 그 누군가를 보게 된다면 당신은 어떻게 할 것인가? 전 세계 수백만의 사람들이 HIV에 감염되었다고 상상해보자. 그리고 이 중 많은 사례가 아프리카나 아시아에 있는 개발도상국들에서 발생했다고 상상해보자. 우리나라와 같은 선진국으로부터 치료제를 공급받지 못한다면 이들 대부분은 극심한 고통 속에서 종국에는 죽음을 맞이할 것이다. 이런 경우, 우리는 도울 것인가 방관할 것인가?

모듈 복습

복습하기

(16) 타인의 복지에 대한 이기심 없는 염려를 _______(이)라 부른다.

(17) 이타심은 _______(으)로 특징지어진다.

(18) 누군가가 도움을 요청할 때 곁에 서서 아무것도 하지 않는 행동 경향성을 보이는 것을 _______ 효과라 부른다.

(19) 사람들이 다른 사람들과 함께일 때 남을 덜 돕게 되는 것은 _______의 분산 때문이다.

(20) 사람들은 자신과 (유사한, 유사하지 않은?) 사람들을 더 돕는 경향이 있다.

생각해보기

많은 진화론적 심리학자들이 이타심을 인간 본성의 자연스런 부분이라 믿고 있다. 왜 그러한가?

자기 주장적인 사람 되기 (존경을 얻으면서 사람들에게 영향을 주기)

모듈 7.4

무인도에서 혼자 살거나 숲 속 외딴 오두막에서 혼자 살 경우를 제외하고 우리는 모두 사회적 영향으로부터 자유로울 수 없다. 개성을 잃지 않은 채 그리고 자신의 요구와 관심을 억압하지 않은 채 사회적 압력에 대처해야 하는 문제는 주장성이란 쟁점으로 우리를 인도한다. 주장적인 행동은 많은 것을 포함하고 있다. 내 진실한 감정을 표현해야 하고, 내 권리를 주장해야 하며, 부당한 요구에 대항해야 한다. 주장적 행동은 과도한 사회적 영향에 맞서야 하고, 권위적 인물의 전횡에 불순종해야 하며, 제멋대로의 집단 기준에 동조하지 않아야 함을 의미한다. 사랑이나 존경과 같은 감정은 긍정적이므로 주장 행동은 긍정적 감정을 표시해야 함을 의미하기도 한다("대단하군요! 멋져요!").

주장적인 사람은 원하는 목적을 이루기 위해 사회적 영향이란 힘을 사용한다. 말하자면, 이들은 사람들이 가치 있는 사회적, 정치적 활동에 동참하도록 영향을 미친다. 이들은 정치 캠페인, 소비자 그룹, 보수 단체나 자기 명분을 위한 집단 활동에 참여한다.

주장적 행동의 대체되는 행동으로는 순종적/비주장적 행동과 공격

나의 생활

자기 평가 : Rathus 자기주장척도 : 당신은 자신의 생각을 말하는 편인가 아니면 마음속에 품는 편인가?

당신은 어떤 사람인가? 당신은 텔레마케터의 지갑을 채워주는 사람인가 아니면 '아니요'라고 말하는 사람인가? 당신은 자신의 권리를 수호하는 사람인가 아니면 남이 당신의 권리를 침해하도록 내버려두는 사람인가? 당신은 자신의 감정을 말하는 사람인가 아니면 남들이 원하는 말만 하는 사람인가? 당신은 매력적인 사람과 가까워지기 위해 먼저 접근하는 사람인가 아니면 부끄러워 접근을 꺼리는 사람인가? 주장성 수준을 알아보기 위한 방법으로 Rathus 자기주장척도(Rathus Assertiveness Schedule) 검사를 받아보는 방법이 있다. 검사를 끝마친 후, 점수 확인을 위해 이 장의 끝으로 가보라. 표를 발견할 것인데, 표를 통해 당신은 미국 전역 35개 대학의 대학생 표본 1,400명의 주장성과 당신의 주장성을 비교할 수 있을 것이다. 만약 평소 당신의 주장성이 충분히 높다고 생각지 않는다면 여기 자기주장성 검사를 해보라. 당신은 더 이상 동네북으로 지낼 필요가 없다.

지시 : 각 문항이 당신을 얼마나 잘 기술하고 있는지 다음의 평정 방법을 사용하여 평정하시오.

3=나와 너무 같다	−1=약간 나와 같지 않다
2=나와 같은 편이다	−2=나와 같지 않은 편이다
1=약간 나와 같다	−3=나와 전혀 같지 않다

_____ 1. 대부분의 사람들이 나보다 더 공격적이고 더 주장적인 것 같다.*
_____ 2. 나는 수줍음 때문에 데이트 신청을 하거나 데이트 신청을 수락하는 것을 망설인 적이 있다.*
_____ 3. 음식점 음식이 만족스럽지 못했을 때 나는 웨이터에게 음식에 대해 불평한다.
_____ 4. 나는 내가 상처를 받을 때조차 남의 감정을 상하게 하지 않으려고 조심한다.*
_____ 5. 적절치 않은 물품을 보여주는 수고를 마다않는 판매원에게 나는 '싫어요'라고 대답하기 어렵다.*
_____ 6. 무엇인가를 하도록 요구받았을 때 나는 그 이유가 무엇인지 설명해주길 요구한다.
_____ 7. 좋은 논쟁, 격렬한 논쟁을 찾아다닌 적이 있다.
_____ 8. 내 지위에 있는 대부분의 사람들처럼 나는 앞서 나가기 위해 노력한다.
_____ 9. 솔직히 사람들은 자주 나를 이용해 먹는다.*
_____ 10. 나는 초면의 사람이나 낯선 사람과 대화를 시작하길 즐긴다.
_____ 11. 내게 성적 매력을 느끼고 있는 사람에게 어떤 말을 해야 할지 모른 적이 자주 있었다.*
_____ 12. 나는 물품 업체나 서비스 업체에 전화하기를 주저하는 경향이 있다.*
_____ 13. 나는 직장이나 대학에 개인 인터뷰를 통해 지원하는 방법보다 편지를 써서 지원하는 방법을 택할 것이다.*
_____ 14. 나는 상품을 반품하는 것이 창피하다.*
_____ 15. 친하고 존경받는 친척이 나를 짜증 나게 했을 때 나는 짜증을 표현하는 것보다 차라리 내 감정을 억누를 것이다.*
_____ 16. 나는 바보같이 보일까 봐 두려워 질문하기를 피한 적이 있다.*
_____ 17. 논쟁 동안 너무 화가 나 온몸을 떨까 봐 나는 때때로 두려워한다.*
_____ 18. 존경받는 유명 교수가 내 생각에 정확치 않은 발언을 했다면 나는 교수뿐 아니라 청중들에게도 내 관점이 무엇인지 알도록 할 것이다.
_____ 19. 나는 점원이나 판매원과 가격을 가지고 논쟁을 하는 것을 피한다.*
_____ 20. 무엇인가 중요하거나 가치 있는 일을 해냈을 때 나는 이를 다른 사람들에게 알리려고 노력한다.
_____ 21. 나는 내 감정에 개방적이고 솔직하다.
_____ 22. 누군가 나에 대한 잘못되고 나쁜 이야기를 퍼뜨린다면 나는 가능한 빨리 그(그녀)를 만나 이에 대해 이야기한다.
_____ 23. 나는 종종 "아니요"라고 말하는 데 어려움을 겪는다.*
_____ 24. 나는 소란을 일으키기보다는 내 감정을 억누르는 경향이 있다.*
_____ 25. 나는 음식점이나 기타 장소에서 부족한 서비스에 대해 불평한다.
_____ 26. 찬사를 받았을 때 무슨 말을 해야 할지 모를 때가 때때로 있다.*
_____ 27. 극장이나 교실에서 내 근처 커플이 다소 큰 소리로 이야기하고 있다면 나는 조용히 해달라고 요청하거나 다른 곳에 가서 이야기해달라고 요청할 것이다.
_____ 28. 누군가가 줄을 새치기하려 하면 나는 이에 대해 문제제기를 한다.
_____ 29. 나는 내 의견 표현에 빠르다.
_____ 30. 어떤 말도 할 수 없을 때가 있다.*

출처 : Behavior Therapy, Vol. 4, Spencer A. Rathus, A 30-item schedule for assessing assertive behavior, pp. 398-406, May 1973, Elsevier의 허락하에 재인쇄.

적 행동이 있다. 순종적이 될 경우, 우리의 자아 존중감은 급락한다.

감정이 표현되지 않으면 이는 분노가 되고, 분노는 부적절한 행동 폭발로 이어진다. 공격적 행동은 신체적/언어적 공격, 위협, 모독 등을 포함한다. 때때로 우리는 공격 행동을 통해 원하는 바를 얻지만 이런 행동은 타인의 비난을 산다. 또한 무감정이 아닌 이상, 우리는 남을 괴롭힌 데 대해 자신을 비난하게 될 것이다.

이 장을 더 나아가기 전, 당신은 당신의 주장성 수준에 대한 통찰을 얻기 위해 자가 평가를 해보길 원할 것이다. 아마도 당신은 하루아침에 완전히 주장적인 사람으로 변모할 수는 없을 것이다. 하지만 적어도 '내가 충분히 오랫동안 비주장적인 사람이었고 이제는 변해야 할 시점'이라는 통찰은 얻을 것이다. 그리고 "그만둘래", "이전의 비주장적인 나로 돌아갈래"라고 원할 시점도 생길 것이다.

진실한 나의 믿음의 표현이 항상 좋은 결과를 가져오는 것은 아니다. 즉각적인 사회적 비난에 직면할 수도 있다. 그리고 당신이 이런 상황에 놓임으로써 누군가가 손해를 볼 수도 있고, 당신이 맞서야 할 대상이 당신과 친한 사람들(부모, 배우자, 직장 상사, 친구)일 수도 있다. 그럼에도 불구하고 계속 나아가길 원한다면, 당신은 다음의 네 가지 방법을 써볼 수 있다 : (1) 자기 감찰, (2) 비합리적 신념에 대한 도전, (3) 모델링, (4) 행동 예행연습.

자기 감찰 : 자신의 행보를 되돌아보기

사회적 상호작용에 대한 자기 감찰은 문제 영역을 확인하고 주장적 행동의 동기를 높이는 데 도움이 될 수 있다. 한 주 동안의 행적을 기록해보라. 불안이나 우울, 분노와 같은 부정적 감정을 야기한 사람들과의 접촉이 있었다면 이를 간략하게 적어보라. 각각의 접촉에 대해 다음의 사항을 기록해보라.

- 상황
- 어떻게 느꼈고, 무엇을 말했으며, 어떻게 행동하였는가?
- 남들은 당신의 행동에 어떻게 반응하였는가?
- 당신이 취한 행동에 대해 당신은 어떻게 느꼈는가?

여기에 자기 감찰과 관련한 몇 가지 예가 있다. 회사원(킴), 교사(마이클), 미술과 고고학과 교수인 남편을 둔 한 의대생(레슬리)의 예가 제시되어 있는데, 이들은 모두 20대이다.

킴 : 4월 6일 월요일

오전 9 : 00 : 복도에서 아티와 마주쳤다. 그를 무시했다. 그는 아무 말도 하지 않았다. 난 나 자신에 대해 혐오감을 느꼈다.

오후 12 : 00 : 페트와 캐시가 점심을 같이 먹자고 제안했다. 속이 떨렸고, 아직 할 일이 남았다는 거짓말을 했다. 그들은 괜찮다고 말했지만 사실 그들은 나에 대해 염증을 느꼈을 것이다. 난 뱃속까지 비참함을 느꼈다.

오후 7 : 30 : 캐시가 옷을 사러 가자고 연락했다. 기분이 우울해 바쁘다고 말했다. 그녀는 아쉽다고 말했으나 난 그녀가 아쉬워한다고 생각지 않는다. 그녀는 내가 거짓말을 했다는 것을 알고 있는 듯하다. 나 자신이 너무 싫다. 기분이 정말 안 좋다.

킴의 기록은 사회적 관계에서 그녀가 느끼는 무능력에 대한 두려움과 그 결과 나타나는 사람들에 대한 회피 양상을 보여주고 있다. 사회적 회피는 킴이 가진 사회적 불안의 즉각적 효과를 경감시키는 데 한 번 정도는 도움이 된 듯하다. 하지만 이는 궁극에는 그녀로 하여금 공허와 우울의 감정을 갖도록 만들었다. 킴의 방어적 회피 행동은 자기혐오로 인해 이제 더 이상 그녀를 돕는 것 같지 않다.

마이클 : 12월 17일 수요일

오전 8시 30분 : 조회 시간에 아이들이 떠들었다. 난 매우 화가 났고 아이들에게 소리를 질렀다. 아이들은 조용해졌고 "선생님 미친 거 아니야?" 하는 눈치를 교환했다. 난 얼굴이 상기됨을 느꼈고 배 속이 꼬였다. "내가 지금 뭐하고 있지?"라는 생각을 했다.

오후 4시 : 학교에서 집으로 운전해 가고 있다. 어떤 놈이 내 앞을 끼어들었다. 운전대에 바싹 기대어 그가 차에서 내리지 않길 기도하며 나는 두 구역을 밀착하여 쫓아갔다. 운전자는 내리지 않았다. 난 아주 끔찍이 떨었고 "언젠간 내가 날 죽이겠구나" 하는 생각을 했다. 차를 길가에 대고 이 떨림이 가시기를 기다렸다.

오후 8시 : 내일 수업을 위해 학습계획서를 쓰고 있는 중이다. 어머니가 방에 뛰어 들어오셨고 울기 시작하셨다. 아버지가 술을 마시기 위해 또 나가셨다는 것이다. 난 이건 어머니 문제라고 소리쳤다. 아버

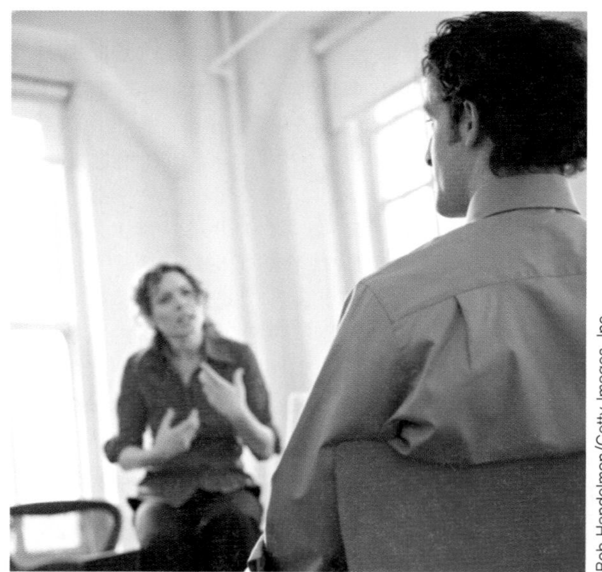

주장 행동 심리학자들은 주장 행동, 비주장(순종적) 행동, 공격적 행동을 구분하고 있다. 주장 행동은 개인의 진실한 감정을 표현하고, 개인의 적법한 권리를 찾으며, 비합리적 요구에 저항하는 것을 포함한다. 하지만 주장 행동은 이 외에도 사랑이나 숭배의 감정을 표현하는 것과 같은 긍정적 측면을 포함하고 있다.

지가 술을 마시지 않길 원한다면 어머니는 내가 아닌 아버지와 직면해야 하거나 이혼이라도 해야 할 것이다. 어머니는 더 크게 우셨고 방을 뛰쳐나가셨다. 가슴 통증을 느꼈다. 힘이 빠지는 느낌이 들었고 무망감이 들었다.

마이클의 기록은 그가 주장적인 사람이 아닌 공격적인 사람임을 보여준다. 기록은 고혈압, 고통스러운 신체 감각을 야기한 사건의 유형과 반응이 무엇인지에 대해 마이클에게 알려주고 있다. 또한 기록은 마이클로 하여금 스스로 결정하고(예 : 어디서 살아야 할 것인가?) 주장적으로 행동하며 살아왔다기보다는 계속되는 좌절 속에서 고통받으며 살아왔음을 깨닫도록 도와주고 있다.

레슬리 : 10월 5일 화요일

오전 10시 : 학우와 함께 앞으로의 전공 분야에 대해 이야기하고 있다. 난 외과에 관심이 있다고 말했다. 폴은 웃으며 "너는 소아과나 가정의학과 쪽으로 가야 하는 것 아니야?"라고 말했다. 그를 무시하려는 의도로 아무 말도 안 했으나 토할 것 같았다. 만약 슈퍼바이저도 내가 압박이 덜한 과나 여성스러운 과로 가야고 한다고 생각한다면 내가 과연 외과에서 살아남을 수 있을까?

10월 7일 목요일

오후 7시 30분 : 공부할 것이 있으나, 난 보통 때처럼 저녁 설거지를 하고 있다. 톰은 논문을 읽고 있다. 단지 여자이기 때문에 내가 설거지를 해야 한다는 것은 이유가 될 수 없다고 톰에게 소리치고 싶었다. 오늘 난 톰보다 더 많은 일을 했다. 내 일도 그의 일만큼 중요하고 오늘 저녁 난 해야 할 공부가 있다. 하지만 난 아무 말도 하지 않았다. 불안인지 분노인지 알 수 없는 감정이 느껴졌다. 얼굴이 달아올랐고 상기되었다. 심장이 빨리 뛴다. 땀이 흐른다.

비록 레슬리가 의과대학을 성공적으로 끝마쳤음에도 불구하고, 남자들은 그녀의 성취를 자신들의 성취만큼 중요하게 보는 것 같지 않다. 톰에게 있어, 아내가 설거지를 하는 동안 아내를 도와야 한다거나 집안일을 교대로 해야 한다거나 하는 생각은 들지 않은 것 같다. 레슬리는 이제 자기 주장을 하는 법을 배워야 한다고 결심했다. 남학생들이 자신을 놀리지 못하게 하고 남편이 집안일을 돕도록 하기 위해 이젠 내 목소리를 내야 한다고 결심했다.

비합리적 신념 직면하기 : 당신의 신념이 비주장적 행동이나 공격적 행동을 촉발하고 있는가?

행동의 자기감찰 동안, 당신을 비주장적으로 만들거나 공격적으로 만든 비합리적 신념이 있었는지 관찰해보라. 너무도 순식간에 지나가고 너무도 오랫동안 습관처럼 굳어 있어 당신은 이들 신념에 더 이상 주의를 기울이고 있지 않을 수 있다. 하지만 이들 신념을 무시함으로써 여러분은 신념을 평가할 기회를 놓칠 수도 있고 신념이 비합리적인 경우 이를 변화시킬 기회도 놓칠 수 있다.

킴은 사회적 무능감을 두려워했다. 몇몇 비합리적 신념들이 그녀의 염려를 증가시켰다. 예를 들어, 킴은 "사회적 상호작용에서는 아주 유능해야 한다. 그렇지 않으면 아예 이를 피해야 한다"고 믿었다.

킴은 사람들 앞에서 허둥대거나 비록 순간이라 할지라도 누군가가 자신에게 불만을 표시하면 이는 끔찍한 일이라는 신념을 가지고 있었다. 또한 그녀는 자신이 태생적으로 수줍음이 많다고 믿고 있었고, 유전적 소양과 초기 환경이 수줍음을 만들었기 때문에 변화가 불가능하다고 믿고 있었다. 더불어 킴은 자신이 무위, 독서나 TV시청과 같은 사회적 활동이 아닌 다른 활동에서 삶의 즐거움을 찾을 수 있다고 믿고 있었다. 즉 사회적 회피 문제에 직면하지 않아도 삶에서 만족을 얻을 수 있다고 믿고 있었다. 앨버트 앨리스의 10가지 비합리적 신념 목록을 보여주었을 때(제3장 참조), 킴조차도 자신이 이들 신념 대부분을 채택하고 있었음을 인정해야 했다.

마이클의 좌절 대부분은 인생이 그에게만 부당한 대우를 하고 있다는 신념에서 기인하였다. 어떻게 감히 사람들이 그를 함부로 대할 수 있는가? 세상은 변화해야만 한다. 세상이 부당하고 불공평하다면, 왜 좌절의 원인을 자기에게서 찾아 이에 대처해야 한단 말인가? 예를 들어, 마이클은 자신의 불행을 외적 압박에 귀인하였고 자신이 이를 무시한다면 불행은 사라져버릴 것이라 기대하고 있었다. 알코올 중독의 아버지와 나약한 어머니를 둔 상태에서, 마이클은 어떻게 적절하게 행동해야 할 것인가에 대해 자문하고 있었다.

수줍음은 비주장성을 만드는 또 하나의 요인이다. 이어지는 "적응과 현대인의 삶"에서 수줍음 문제 전문가인 버나도 카두치(Bernardo Carducci)는 성공적으로 수줍어지는 과정에 대해 기술하고 있다.

여성과 주장적 행동 : 초기 사회화 메시지에 의해 야기된 문제

앞서의 레슬리는 여성은 '지나치게 밀어붙여서'는 안 되고, 전통적인 남성 영역에서 여성이 경쟁하면 분노를 야기할 수 있다는 신념을 품고 있었기 때문에 자신의 감정을 표현하지 못하였다. 레슬리는 남편인 톰이 자신을 돕지 않은 이유가 집안일은 여성의 일이라 생각하는 가족 분위기 속에서 성장했기 때문이라고 믿었다. 그녀는 소란을 일으키거나 톰에게 태도를 수정하라 요구하는 대신 이 문제에 침묵하였다. 그리고 그녀는 이것이 그녀에게 있어 더 쉬운 선택이라고 정당화하였다.

많은 여성들은 초기 사회화 과정에서 성인기 자신들의 비합리적 신념에 토대가 될 만한 메시지들을 전달받는다. 이들 메시지는 다음의 메시지들을 포함한다. "나보다 더 강한 누군가(남자)에게 의지할 필요가 있다", "큰돈의 관리나 큰 사안의 결정은 남자들이 해야 한다", "남의 마음을 다치게 하는 것은 나쁘다", "여자는 자신의 의견을 말하지 않는다", "여자는 남편과 아이들의 욕구를 자신의 욕구보다 앞에 두어야 한다." 성적 행동 영역에서 여성들은 다음과 같은 초기 사회화 메시지들을 전달받는다. 성적 만족을 얻기 위해서는 남자들의

적응과 현대인의 삶

'성공적으로 수줍어지기' : 버나도 카두치의 글

지난 25년간 수줍음 영역을 연구한 연구자로서 나는 "수줍음을 치유하기 위해 무엇을 할 수 있습니까?"라는 질문을 자주 받아 왔다. 무엇보다 수줍음은 치유되어야 할 질병, 정신장애, 기질적 흠, 성격 결함이 아니다. 수줍음에 효과적으로 대처하기 위해서는 수줍음의 본질에 대해 이해해야 할 필요가 있다. 수줍음은 새로운 사람들과의 만남과 대화를 어려워하는 것 이외에도 지나친 자의식과 자기몰입을 포함하고 있다. 따라서 수줍음 통제에 있어서의 핵심은 다른 사람들한테 집중하도록 만드는 데 있다(Carducci, 2000a). 자기초점적 경향과 타인과 연계하는 데 어려움을 상쇄시키기 위한 내가 아는 최선의 방법 중 하나는 자원자가 되어 타인의 삶에 더 많이 관여하는 방법이다(Carducci, 2000b). 자원은 다음의 혜택을 제공함으로써 수줍음 많은 사람들의 여러 어려움 극복을 돕는다.

1. *자의식 감소시키기 : 당신은 완벽할 필요가 없다.* 자원자로서, 수행에 대한 당신의 기대가 완화될 수 있다. 당신은 전문가가 될 필요가 없고 단지 도움을 주길 원하는 누군가가 되면 된다. 결과적으로, 수줍음이 많은 사람들은 덜 자기 의식적이 되고 덜 자기 비판적이 될 수 있다. 또한 보다 쉽게 자기 자신이 될 수 있으며, 현재의 과업인 남을 돕는 행위에 보다 더 집중할 수 있다.
2. *사회적 압력을 완화시키기 : 안전 지역을 확장시키기.* 자원은 수줍음이 많은 사람들이 사회적 상황에서 전형적으로 경험되는 수행에 대한 압력 없이 새로운 상황을 경험하도록 허용한다. 더 많은 곳에 자원할수록 당신은 다양한 사회적 관계 맥락에서 더 편안함을 느낄 수 있다.
3. *무엇인가 말할 것을 만들어내기 : 만들어진 대화 주제.* 수줍음이 많은 사람들은 전형적으로 대화를 시작하고 이어 나가는 데 어려움을 가지고 있기 때문에, 이들은 자신의 이전 자원 경험을 다른 자원자와의 대화에 이용할 수 있다. 대화 주제는 자원 동기, 자원 기관의 서비스, 자원 기관과 관련한 뉴스나 사건(예 : 보호소에 새로 온 다소 덜 손상된 가족), 자원자로서의 이전 경험이나 부수적 경험을 포함할 수 있다. 또한 수줍음이 많은 사람들은 사람들과의 성공적 대화를 위해 자신의 자원 경험을 활용할 수도 있다(Carducci, 1999). 즉 자기소개(예 : "난 수진이야. 난 심리학을 전공하고 동물 보호소에서 자원 활동을 하고 있어"), 대화의 시작(예 : "어제 동물 보호소에서 고양이가 이상한 행동을 하는 것을 봤어"), 지속될 만한 대화주제의 생성(예 : "지난주 노인들을 위한 애완동물 치료를 다룬 괜찮은 다큐멘터리를 봤어")에 현재의 자원 경험을 활용할 수 있다.
4. *사회망 확장시키기 : 다른 자원자들이 친구가 될 수 있다.* 수줍음이 많은 사람들은 자원 활동에서 만나는 사람들을 친구로 만들 수 있다. 자원 노력을 통해 이미 이들과 관계를 형성했기 때문에 이들을 친구로 사귀는 일은 보다 쉬울 수 있다. 예를 들어, 수줍음이 많은 사람들은 동료 자원자에게 커피를 마시자고 제안할 수도 있고 미술관이나 영화, 스포츠 경기를 보러 가자고 제안할 수 있다.
5. *모든 이가 득을 보기 : 모두가 이기는 윈윈 상황.* 자원활동으로 자원서비스 제공자인 수줍음이 많은 사람들뿐만 아니라 자원활동의 수혜자도 이득을 얻는다. 따라서 자원활동은 서로가 모두 승리하는 윈윈 상황을 만든다고 하겠다.

나는 수줍음을 극복하는 새로운 해결책인 '성공적으로 수줍어지기'를 제안한다(Carducci, 2000b). 성공적으로 수줍은 사람들은 자신을 변화시킬 필요가 없다. 명심하라. 수줍음은 잘못된 것이 아니다. 성공적으로 수줍은 사람들은 생각하는 방식이나 행동하는 방식을 변화시킨다. 이들은 자신에 대해 보다 덜 생각하고 남들에 대해 더 많이 생각한다. 그리고 이들은 보다 더 타인 초점적인 그리고 덜 자기 초점적인 행동을 취한다. 이들은 수줍음을 결핍이라 생각지 않는다. 대신, 이들은 수줍음을 자신을 정의하는 기질적 특성, 경멸해야 할 그 무언가가 아닌 참작해야 할 필요가 있는 성격적 요소로 생각한다. 성공적으로 수줍어지기의 핵심은 자신의 수줍음을 수용하고 수줍음이 당신을 통제하게 허용하는 대신 당신이 수줍음을 통제하기 위해 주도적으로 반응하도록 하는 데 있다. 수줍음이 많던 청소년으로서 그리고 성공적으로 수줍은 성인으로서 버나도 카두치 박사는 지난 25년간 수줍음을 연구하였고, 현재 인디애나대학교 Southeast Shyness Research Institute의 기관장이자 *Shyness : A Bold New Approach*(Carducci, 2000a)의 저자로서 활동하고 있다.

만약 당신이나 당신이 아는 이가 직접 수줍음을 통제하길 원한다면, 이들은 카두치 박사의 2005년도 책 *The Shyness Workbook : 30 Days to Dealing Effectively with Shyness*(Research Press에서 간행)에서 도움을 얻을 수 있을 것이다.

Courtesy Dr. Bernardo J. Carducci

인도에 따를 필요가 있다. 남성만이 성적 행동을 주도해야 한다. 성적으로 주장적인 여성들은 단정치 못하거나 난잡하다. 여성은 매력적이 되기 위해 화장이나 향수와 같은 인공적 수단을 사용해야 한다. 이와 같은 신념들은 고정관념적인 여성의 성역할과 의존성, 소극성, 양육(어떤 희생을 치르더라도)과 같은 고정관념적인 여성의 속성들을 지지한다. 간단히 말해, 이들 신념은 여성의 선택을 인정하고 있지 않다.

비합리적인 신념 변화시키기

킴, 마이클, 레슬리의 비합리적 신념들 중 어느 하나라도 당신에게 적용되는 것이 있는가? 이들 신념이 주장적으로 행동하려는 당신의 노력을 방해하고 있는가? 밖으로 나가 사람들과 만나려는 당신의 노력을 방해하고 있는가? 진실된 감정을 표현하려는 당신의 노력을 방해하고 있는가? 적법한 권리를 요구하려는 당신의 노력을 방해하고 있는가?

신념이 때때로 주장적 행동보다 공격적 행동을 촉발하는가? 그렇다면 당신은 당신의 비합리적 신념에 도전할 결심을 해야 할 것이다. 자신에게 다음의 질문을 해보자. 논리적이고 제대로 된 근거를 가진 신념인가 아니면 단순한 습관적 생각인가? 신념이 당신의 주장적 행동을 돕는가 아니면 당신의 감정과 욕구를 억압하는가? 새로운 무언가를 시도하려 할 때 무슨 일이 벌어질 것인가? 만약 새로운 행동이 당신을 힘들게 한다면? 만약 누군가 당신을 탐탁지 않아 한다면, 굴복할 것인가? 행동의 결과가 당신이 기대한 것만큼 심각할 것인가? 과장된 부정적 결과에 대한 기대가 당신을 망설이게 할 것인가?

모델링 : 새로운(글쎄, 거의 새로운) 당신을 만들기

우리의 많은 행동들은 우리가 존경하고 경외하는 사람들이나 역경 상황을 유능하게 대처하는 사람들의 행동을 모델링한 것이다. 이곳저곳에서 우리는 특성, 제스처, 어구, 목소리 톤, 눈짓, 웃음 형태 등을 모델링한다.

내담자가 주장적이 될 수 있도록 돕고 있는 치료자들은 모델링을 광범위하게 사용하고 있다. 치료자들은 내담자가 어떤 말을 해야 할지 구체적 예를 제공한다. 다른 사람들과 상호작용할 때, 눈을 맞추고 자세를 세우며 적정 거리를 유지하는 우리의 능력은 말의 내용과 더불어 강한 메시지를 전달한다. 한 예로 직접적인 눈맞춤은 화자의 주장성과 정직성을 보여준다. 이런 이유로 치료자들은 내담자들의 비언어적 행동을 만들어 간다. 상대방에게 몸을 기울여야 할지 말아야 할지, 손은 어떻게 모아야 할지, 얼마나 멀리 떨어져 서 있어야 할지 등등을 말이다. 그러면 내담자는 이를 시도해본다. 그리고 치료자는 내담자가 이를 얼마나 잘 수행했는지 피드백을 제공해준다.

행동 예행연습 : 연습이 완벽을 만들어낸다

초반에는 새로운 주장 행동을 비위협적 상황에서 연습해보는 것이 좋다. 거울 앞에서나 친한 친구 앞에서 주장 행동을 연습해보는 것이 좋을 수 있다. 이러한 연습을 행동 예행연습이라 부른다. 행동 예행연습은 여러분을 주장적 말소리에 익숙하게 만드는데, 이는 말소리가 여러분의 성대에서 나온 것이기 때문이다. 치료자는 개인 혹은 집단 회기에서 내담자가 주장적 반응을 예행연습해보도록 요구한다. 또한 치료자는 역할극을 활용하기도 하는데, 이들은 역할극에서 자신이 내담자의 상대 역할을 수행하기도 하고 내담자나 다른 집단원이 내담자 인생의 중요한 타인 역할을 수행하도록 제안하기도 한다. 치료자는 여러분이 자세를 바르게 하고, 목소리 톤을 적당히 조정하며, 눈맞춤을 지속시킬 필요가 있음을 상기시킨다.

조안은 20대 여성으로 최근에 이혼을 했다. 그녀는 부모님과 함께 살기 위해 집으로 돌아왔고, 집에 돌아온 지 6개월 만에 아버지가 돌아가셨다. 50대 어머니는 남편의 사망으로 몇 달간 슬픔에 빠졌고, 조안은 그런 어머니에게 여러 지지를 제공하였다. 하지만 시간이 지남에 따라 조안은 어머니가 지나치게 자신에게 의존적이 되어 감을 깨닫게 되었다. 어머니는 더 이상 혼자 어디를 운전해 가거나 외출을 하려 하질 않았다. 조안은 어머니와 자신 모두를 위해 어머니에게 독립성을 찾을 것을 촉구할 필요가 있다고 생각하게 되었다. 조안은 주장 기술을 향상시키기 위한 특수한 형태의 집단치료인 자기 주장 훈련 집단에서 자신의 문제를 설명하였다. 치료자와 집단 구성원들은 조안이 어머니에게 할 수 있는 말들을 제안하였다. 집단원 중 한 명이 조안의 어머니 역할을 하였고 조안은 어머니의 의존적 요구에 반응하는 것을 시연하였다.

조안의 목표는 자신의 좋은 의도(어머니의 안위에 관심이 있음)를 어머니가 알도록 하면서 동시에 어머니에게 독립성을 갖도록 촉구하는 것이었다. 조안은 먼저 어머니의 감정을 다른 말로 표현해줌으로써 자신이 어머니를 이해하고 있다는 메시지를 전달하였다. 하지만 조안은, 아래의 대화에서처럼, 자신의 입장을 되풀이하는 고장 난 음반 기법(broken-record technique)을 통해 어머니가 독립적이 될 것을 촉구하는 자신의 입장을 고수하였다.

엄마역할 : 시장까지 날 좀 태워다줄래?

조안 : 미안해요 엄마. 오늘은 좀 피곤하네요. 엄마가 직접 운전해 가시면 안 될까요?

엄마역할 : 얘, 너도 알다시피, 아버지가 돌아가신 이후론 내가 쭉 운전을 못 해 왔잖니?

조안 : 저도 엄마가 다시 시작하는 것이 힘들다는 것 알아요. (바꾸어 표현하기) 하지만 오늘은 저도 정말 힘든 날이었고, (고장 난 음반) 또 언젠가는 엄마도 다시 운전을 해야 한다고 생각해요.

엄마역할 : 내가 직접 할 수만 있다면 내가 할 거라는 것 너도 알잖니.

조안 : 저도 엄마가 그럴 거라는 것 알아요. (바꾸어 표현하

기) 하지만 제가 대신 운전해주는 것이 엄마한테 도움이 된다고 생각하지 않아요. 운전을 다시 시작하셔야 해요. (고장 난 음반)

엄마역할 : 넌 지금 내 심정을 모르고 있는 것 같구나. (운다)

조안 : 엄마는 그렇게 말씀하셔도, 전 제가 엄마의 심정 — 엄마가 이 현실을 얼마나 힘들어하고 싫게 느끼는지 — 을 잘 이해하고 있다고 생각해요. 하지만 전 제 행복보다 엄마의 행복을 생각하고 있고 그래서 제가 대신 운전해드리는 게 엄마를 위한 일이 아니라 생각하고 있어요. (고장 난 음반)

엄마역할 : 그렇지만 우린 필요한 게 있어.

조안 : 전 엄마를 대신하여 운전해드리진 않을 거예요. (고장 난 음반)

엄마역할 : 도와주지 않겠다고 결심한 거니?

조안 : 계속 엄마 대신 운전해드리는 것으로 엄마를 도와드리진 않겠다고 말하고 있는 거예요. 저 자신과 엄마의 행복을 생각해서 드리는 말이에요. 그리고 엄마도 언젠가는 운전을 다시 하셔야 해요. (고장 난 음반)

조안의 과제는 힘들었으나, 그녀는 집요하게 자신의 입장을 지켜나갔다. 조안과 엄마는 실행 가능한 타협점에 도달했다. 초반에는 엄마가 운전을 하는 동안 조안이 동승하는 것으로 하다가 일정 시간이 지나면 엄마 혼자 운전하는 것으로 타협하였다. 우리는 친구들, 사업상 지인, 텔레비전, 영화, 책 속 인물을 주의 깊게 관찰함으로써 그리고 이들이 사회 행동에서 얼마나 효과적인지를 주목함으로써 우리 스스로 모델링을 활용할 수 있다. 이들의 제스처와 말이 특정 상황에서 효과적이고 믿을 만한 것으로 보였다면 우리는 이를 시도해볼 수 있다. 남들의 언어적/비언어적 의사소통 방식을 조금만 다듬는다면 내게 맞을 수도 있다. 여러 명의 행동 패턴을 조금씩 짜 지어보고 내 몸에 맞는지 입어보자. 시간이 지나면서 고쳐야 될 것이 더 발견될 수도 있다. 하지만 자신의 몸에 맞춰진 상태에서 오랫동안 입게 되면 평생 동안 입은 듯한 느낌이 들 수 있다.

제7장 복습 암송하기/암송하기/암송하기

학습 비결 : 이 질문에 대한 답을 암송하면 보다 효과적으로 학습을 할 수 있을 것이다. 우선 질문에 대한 답을 혼자 소리 내어 답해보거나 공책이나 컴퓨터에 써보라. 그리고 자신의 답을 아래의 정답 예시와 비교해 보라.

1. **설득적 호소가 태도 변화를 이끄는 두 가지 경로는 무엇인가?**
   중심 경로는 메시지의 내용에 대한 신중한 평가를 포함한다. 주변 경로는 메시지 내용에 주변적인 단서들을 통한 설득을 포함한다.
2. **어떤 요소들이 설득을 높이는가?**
   논리적 설명보다 감정적 호소가 대부분의 사람들에게 더 효과가 크다. 반복 제시된 메시지는 한 번 제시된 메시지보다 보통 더 효과가 크다. 사람들은 연예인, 전문가, 자신과 유사해 보이는 사람들에게 설득당하는 경향이 있다. 사람들은 기분이 좋은 상태에서 설득당할 가능성이 더 크다. 구매저항력이 낮은 사람들은 자존감이 낮고, 제안을 거절했을 때 사람들에게 줄 인상에 대해 걱정하는 경향이 있다.
3. **문 안에 발 들이기 기법이란 무엇인가?**
   판매원들은 문 안에 발 들이기 기법을 사용하여 고객을 설득하고 있는데, 이 방법에서 판매원은 고객의 이후 더 큰 판매 요구에의 동의를 이끌어내기 위해 먼저 고객에게 사소한 요구에 응할 것을 격려한다.
4. **낮은 공이란 무엇인가?**
   낮은 공은 판매 전략의 일종으로, 여기서 판매원은 고객에게 괜찮은 조건을 제시하고 고객이 이를 수락하여 구매 의도를 밝히면 계약 조건을 수정하자고 말을 바꾼다.
5. **미끼 놓고 전환하기 기법이란 무엇인가?**
   고객의 순종을 얻어내기 위해 흔히 사용되는 또 다른 판매 전략으로, 이 방법에서 판매원은 상품에 아주 낮은 가격을 제안한다. 낮은 가격에 이끌려 물건을 살피게 된 지 얼마 되지 않아 고객은 물건이 저질이거나 있어야 할 기능이 빠져 있음을 발견하게 된다. 그러면 전환하기 수법이 등장하게 되는데, 판매원은 이전의 물건을 대신하는 고질의 아이템 그러나 가격이 더 비싼 아이템을 제안하게 된다.
6. **비윤리적 행동을 수행하라 명령받았을 때 왜 사람들은 기꺼이 그 명령에 복종하는가?(왜 그들은 이를 거부하지 않는가?)**
   밀그램은 자신의 연구 참가자 대부분이 연구자에 의해 지시받았을 때 죄 없는 사람들에게 지시받은 강한 전기 충격을 주었음을 알아내었다. 왜 사람들이 잔학행위에 가담하는가에 대한 가능한 이유로 (피해자들을 비하하는) 선전, 사회화, 사회 비교의 부족, 권위적 인물로서의 적법성 지각, 개인적 가치관에의 접근 어려움, 완충제의 부족이 있다.
7. **동조란 무엇인가?**
   동조란 사회가 정한 규준에 맞게 개인의 행동을 변화시키는 것을 말한다. 승강기에서는 앞을 보며 서 있어야 한다. 사람들은 '같은 부류의 사람들이' 입는 옷을 입어야 한다는 것 등이 사회적 규준에 속한다.

8. 어떤 것이 동조성을 높이는가?
동조의 가능성을 높이는 요인에는 집단주의 문화에 속하는 것, 남들이 좋아해주기를 원하는 욕망, 낮은 자아존중감, 수줍음, 그리고 상황에 대한 전문 지식의 부족 등이 있다.

9. 몰개성화란 무엇이며 이를 조장하는 것은 무엇인가?
몰개성화란 자의식과 사회적 평가에 대한 염려가 낮아진 상태를 의미한다. 몰개성화를 조장하는 요인에는 익명성, 책임감의 분산, 높은 각성상태, 개인 가치관보다 집단 규준에 집중하는 태도가 포함된다. 많은 사람들은 혼자서는 용인하지 못할 행동들을 군중의 일원으로서는 용인하고 수행한다.

10. 이타심이란 무엇인가?
이타심이란 타인의 행복에 대한 이기심 없는(사심 없는) 관심으로, 남을 돕는 것으로 특징지어진다.

11. 무엇이 도움 행동을 조장하는가?
사람들은 기분이 좋을 때, 공감이 될 때, 비상사태라고 믿을 때, 행동을 취해야 할 책임을 느낄 때, 무엇을 해야 할지 알고 있을 때, 그리고 도움을 요하는 사람을 알고 있을 때 남을 도울 가능성이 더 크다.

12. 사람들이 가끔씩 위험에 처한 사람들을 무시하는 이유는 무엇인가?
집단 또는 군중에 속해 있을 때 우리는 책임감의 분산으로 위험에 처한 사람을 무시할 수 있다. 우리는 나 말고도 도움을 제공할 다른 사람이 존재한다고 믿을 때, 명백히 도움이 필요한 상황이라 지각할 수 없을 때, 도움을 줄 자신의 능력을 낮게 평가할 때, 또는 내가 다칠 것이 두려울 때 남을 덜 도울 수 있다.

개인적 글쓰기 숙고하기/숙고하기/숙고하기

학습 비결 : 이 장에 나온 개념들을 자신의 경험과 관련시켜 음미하면 보다 심층 처리가 가능하다. 그렇게 되면 내용에 보다 더 개인적인 의미를 부여하게 되며 더 효과적인 학습이 가능해진다. 답을 쓸 공간이 더 필요하면 추가 페이지를 이용해도 좋다.

1. 당신이 밀그램의 피험자 중 한 사람이라 상상해보라. 당신이라면 전기 충격 레버를 당기라는 연구자의 명령에 복종하겠는가? 만약 아니라면 왜 그런가? 당신은 이런 종류의 상황에서 얼마나 자신 있게 난 어떻게 행동할 거라고 예측할 수 있는가?

---

2. 당신이 키티 제노비스의 비명을 들은 사람들 중 하나라면 당신은 그녀를 도울 것인가? 확신할 수 있는가? 본문에서 기술된 요인들 중 어떤 요인이 도움이 필요한 사람에 대한 당신의 도움 행동 가능성을 높일 것이라 생각하는가? 어떤 요인이 당신이 그 상황에 개입하는 것을 막을 것이라 보는가?

모듈 복습에 대한 답

모듈 7.1
1. 정교화 가능성
2. 더
3. 되고 있다
4. 문 안에 발 들이기
5. 낮은 공

모듈 7.2
6. 동조함
7. 비슷한 비율의
8. 비슷한 비율의
9. 비교
10. 집단주의
11. 75
12. 높은
13. 린치
14. 몰개성화
15. 책임감

모듈 7.3
16. 이타주의
17. 도움 행동
18. 방관자
19. 책임감
20. 유사한

Rathus 자기주장척도의 채점

다음의 방법으로 점수를 산출하시오. *표시된 문항에 대해 문항분호를 +는 −로, −는 +로 바꾼다. 예를 들어, *된 문항의 반응이 2라면 2 앞에 '−' 부호를 붙인다. 만약 *된 문항의 반응이 −3이라면 +3으로 바꾼다. 이렇게 전환한 후 30개 문항의 점수를 모두 합친다. 자기주장척도 점수는 −90~+90에 놓일 것이다. 표는 당신의 점수가 미국 전역 35개 대학의 764명의 여자 대학생과 637명의 남자 대학생들의 점수와 비교해 어디에 위치해 있는지 보여줄 것이다. 예를 들어, 당신이 여자이고 당신 점수가 26점이면 당신의 점수는 여성 표본의 80%에 해당하는 점수를 넘어서는 점수이다. 남성의 점수가 15점이라면 이는 남성 표본의 55%에 해당하는 사람의 점수를 넘어서는 점수이다.

고객을 우롱하는 판매원의 책략에 대응하는 대답의 예시

1. **낮은 공 기법.** "미안해요. 이것이 제 최선의 오퍼예요. 그 가격으로 하기로 이미 합의 봤고 그래서 당신이 이 가격을 고수할 거라 기대하고 있어요."라고 말하기.
2. **미끼 놓고 전환하기 기법.** "전 LX 모델을 원한다고 말씀드렸고 또 명백히 그 모델을 부탁드렸어요. 당신 편에서 이 차 모델을 구하는 데 문제가 생겼다면 이건 당신들 문제라 생각해요. 그럼 어떻게 해주실 생각이신가요?"라고 말하기.
3. **문 안에 발 들이기 기법.** "가격을 다운시켜주실 의향이 있으시면 한번 생각해 보겠어요. 하지만 이전 제가 드린 가격이 제가 쓸 수 있는 최대가라는 것은 기억해주세요."라고 말하기

RAS(Rathus Assertiveness Schedule) 점수의 백분위

여자 점수	백분위	여자 점수	백분위	남자 점수	백분위	남자 점수	백분위
55	99	6	45	65	99	8	45
48	97	2	40	54	97	6	40
45	95	−1	35	48	95	3	35
37	90	−4	30	40	90	1	30
31	85	−8	25	33	85	−3	25
26	80	−13	20	30	80	−7	20
23	75	−17	15	26	75	−11	15
19	70	−24	10	24	70	−15	10
17	65	−34	5	19	65	−24	5
14	60	−39	3	17	60	−30	3
11	55	−48	1	15	55	−41	1
8	50			11	50		

출처 : Nevid and Rathus (1978).

CHAPTER

8

심리장애

개요

다음을 알고 있나요?

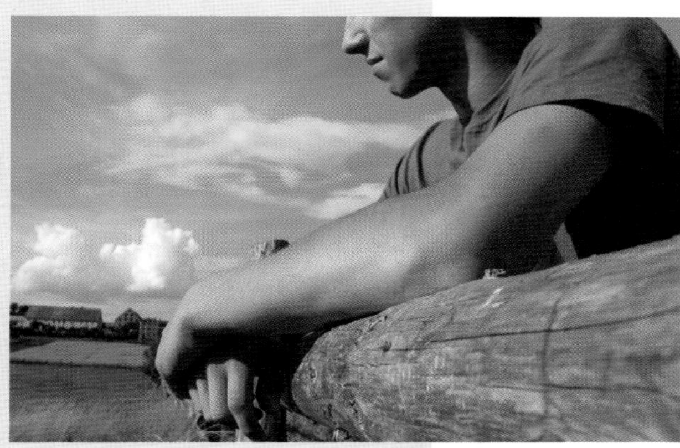

- 성인 인구의 절반 정도가 심리장애를 가지고 있다.(279쪽)
- 최근 연인과의 결별이 학업 집중의 어려움으로 이어졌다면, 당신은 진단 가능한 심리장애를 가졌다 말할 수 있다.(283쪽)
- 어떤 이는 '예고 없이 갑작스럽게' 발생한 것으로 보이는 공포감과 공황감으로 범람하게 된다.(287쪽)
- "이브의 세 얼굴"이란 고전 영화에서 이브라고 알려진 여성은 실제로는 셋이 아닌 스물이 넘는 구분되는 인격들을 나타내었다.(293쪽)
- 어떤 이는 하나 이상의 인격을 가지고 있으며, 이 인격들은 다른 알레르기 반응을 보이거나 심지어는 다른 안경 도수도 가지고 있을 수 있다.(293쪽)
- 주요우울장애로 고통받는 사람들 중 전문적인 도움을 찾는 사람들은 1/3도 채 되지 않는다.(298쪽)
- 기분이 '들뜨는' 것은 항상 좋은 것이 아니다.(298쪽)
- 여성이 남성보다 우울증에 걸릴 확률이 더 높다(합당한 이유를 가지고 많은 이들이 이런 주장을 펼친다).(300쪽)
- 남성보다 여성이 자살을 더 많이 시도하지만, 자살의 '성공'은 여성보다 남성에게서 더 높다.(313쪽)

이번 장은 많은 학생들이 책에서 가장 먼저 펼치는 장이다. 아마도 학생들은 길에서 혼자 중얼거리며 말하는 기이한 사람에 대해 궁금증을 가지고 있을 수 있다. 아마도 학생들은 우울증이나 조현병 같은 정신건강 문제로 고통을 겪고 있는 친구나 친척이 있어 이러한 상태에 대해 알기를 원할 수도 있다. 아마도 학생들은 자기 자신이 심리장애를 가지고 있거나 심리장애를 가질지도 모른다는 두려움을 가지고 있을 수 있다. 만약 그렇다면 이들은 확실히 혼자가 아니다. 의학 전문가들이 **정신장애** 혹은 **정신병**이라 부르는 심리장애는 사람들이 생각하는 것보다 더 흔하다.

당신이나 당신과 가까운 누군가가 진단 가능한 심리장애를 생애 어느 한 시점에서 가질 확률은 높다. 미국에서 행해진 국가적 연구는 미국 성인의 거의 절반이 생애 어느 한 시점에서 심리장애를 갖는다는 것을 보여주었다(Kessler, Berglund et al., 2005). 대체로 심리장애는 개인적 고통의 주요 원천이 되고 있으며, 크게는 사회의 주된 경제적 부담이 되고 있다. 심리장애를 가진 사람들, 그들의 가족들, 그리고 정신건강 문제를 가진 사람들을 돌보는 데 드는 경제적 비용을 모두 고려할 때 우리 중 거의 모든 이가 심리장애에 영향을 받는다 해도 과언은 아니다.

심리장애로 고통받는 사람들을 돕기 위한 많은 효과적인 치료가 있다. 심리치료와 다양한 종류의 정신과적 약물이 여기에 포함된다. 이용 가능한 여러 치료들이 있음에도 불구하고, 정신건강 문제로 고통받는 많은 사람들은 정신건강을 위한 적절한 돌봄을 받지 못하고 있다(González et al., 2010; Wang et al., 2005).

이번 장에서 우리는 심리장애의 주요 유형을 살펴볼 것이다. 우리는 이들 장애의 증상과 특징, 그리고 이들 장애의 원인에 대한 최신의 이해를 다룰 것이다. 장애를 학습함으로써 우리는 당신 혹은 당신이 알고 있는 그 누군가가 접할 수 있는 심리 문제의 유형에 대한 자각을 높일 수 있을 것이다. 하지만 이 장은 여러분을 진단자로 만들려고 의도되진 않았다. 만약 본 장에서 논의된 것이 당신에게 들어맞는다면, 당신의 걱정을 정신건강 전문가와 상의해보는 것이 옳을 것이다.

모듈 8.1 심리장애란 무엇인가?

- 심리장애를 어떻게 정의할 것인가?
- 심리장애는 어떻게 범주화 혹은 분류되는가?
- 적응장애란 무엇인가?

제1장에서 이야기했듯이, 심리학은 행동과 정신 과정을 연구하는 학문이다. 심리장애는 다양한 종류의 고통 혹은 손상된 기능 상태와 연결된 행동 혹은 정신 과정들이다. 하지만 이들은 특정 사건에 대한 기대된 반응들은 아니다. 예를 들어, 몇몇 심리장애들은 불안으로 특징지어지지만, 많은 사람들은 장애라 간주되지 않은 상태에서도 때때로 불안을 경험한다. 중요한 날이나 중간고사 전날에 불안을 느끼는 것은 당연한 일이다. 그렇다면 언제 불안과 같은 감정이 이상 혹은 심리장애의 징후로 취급되는가? 우선, 불안은 그것이 상황에 적합하지 않을 때 장애를 시사한다. 승강기를 탈 때 혹은 40층 건물에서 밖을 볼 때 불안을 느끼는 것은 적절하지 않다. 문제의 강도 또한 장애를 시사할 수 있다. 취업 인터뷰 전에 불안을 느끼는 것은 당연하다. 하지만 이 상황에서 심장이 터져 나올 만큼 강한 심장 고동을 느껴 인터뷰를 회피한다면, 이는 당연한 것은 아닐 것이다.

이상 행동을 결정하는 준거

환각 : 감각적 자극이 부재한 상태에서 나타나는 현실과 혼동이 되는 지각

피해망상 : 개인이 괴롭힘을 당하거나 박해를 당하고 있다는 잘못된 믿음

정신건강 전문의들은 이상 혹은 장애 행동을 결정하기 위해 많은 준거를 적용하고 있다. 준거는 다음과 같다.

1. **특이함(이례적임).** 심리장애와 관련된 행동들은 특이할 수 있다. 그러나 흔하지 않은 행동 혹은 정신 과정 자체가 비정상적인 것은 아니다. 달리기와 수영에서 최고 기록을 보유한 사람은 오직 한 명뿐이다. 그 사람은 당신 혹은 나와 다르지만, 그렇다고 비정상적이라고 할 수 없다. 수학 천재라는 사람들은 몇 안 되지만, 그들이 수학 천재라고 해서 심리장애의 징후는 아니다. 희소성 혹은 통계적 일탈은 비정상이라 칭하는 행동 혹은 정신 과정을 위한 충분조건은 아니다. 대부분의 사람들은 없는 것을 보거나 듣지 않지만, 만약 없는 것을 보거나 듣는다면 이는 비정상이라 여겨질 수 있다. 비정상의 판단에 있어 우리는 또한 상황을 고려해야 한다. 학기말 페이퍼나 리포트의 마감일이 내일임을 깨달았을 때 사람들은 겁에 질릴 수 있지만 그렇다고 갑작스런 공황 발작이나 극심한 공포의 삽화를 경험하지는 않는다.

Brian Ekart/ZUMAPress/NewsCom

이상 행동인가? 전문가들이 이상 행동을 규정하는 데 사용하는 준거들 중 하나는 사회적 일탈 혹은 사회적 수용가능성이다. 사진 속 사람들의 복장은 축구경기라는 맥락 안에서는 일탈이 아닌 것으로 간주될 수 있으나 직장 혹은 학교 상황에서는 이상이라 간주될 수 있다.

2. **현실에 대한 잘못된 지각 및 해석.** 우리 사회는 종교적 믿음으로 영감을 얻는 것은 정상으로 간주하지만 신이 말 그대로 나에게 말씀하셨다고 믿는 것은 비정상으로 간주한다. 없는 것을 보거나 없는 것을 듣는 것은 **환각**(hallucinations)으로 간주된다. 마찬가지로, 마피아나 FBI가 당신을 쫓고 있다고 믿는 것과 같은 **피해망상**

(ideas of persecution)은 장애의 징후로 판단된다(물론 이들이 정말 당신을 쫓고 있다면 이는 전혀 다른 이야기이다).

3. **심각한 개인적 고통.** 불안, 공포, 우울, 그리고 기타 심리적 상태는 개인적 고통의 원천이며, 개인의 인생 상황에 비추어 그 상황에서 기대되는 것 이상의 개인적 고통을 경험하고 있다면 이는 비정상으로 간주될 수 있다.
4. **자멸적 행동.** 행복과 성취로 이끌기보다 개인적 고통으로 이끄는 행동 혹은 정신 과정은 심리장애로 간주될 수 있다. 개인의 건강, 직장생활, 가족생활을 손상시키는 만성적 음주 혹은 다른 종류의 약물 남용은 비정상으로 간주될 수 있다.
5. **위험성.** 자신과 타인에게 해를 끼치는 행동 혹은 정신 과정은 심리장애로 간주될 수 있다. 남을 협박하거나 공격하는 사람만큼이나 자살하겠다고 협박하거나 자살을 시도하는 사람들은 비정상으로 간주될 수 있다. 그러나 우리는 상황을 고려해야 한다. 범죄 행위는 타인(혹은 자신)에게 위험을 주는 행위이지 심리장애의 결과물이 아니다. 스포츠에서의 통제된 공격 행동은 금전적으로 보상을 받을 수 있는 행동이지, 심리장애라는 진단으로 보상받는 행위는 아니다.
6. **해당 문화에서의 사회적 비수용성.** 정신건강 전문가들은 특정 행동 유형이 정상인지 이상인지 판단함에 있어 문화적 맥락을 고려한다. 한 문화에서 수용되는 행동이 다른 문화에서는 비정상으로 간주되기도 한다. 예로, 북미 몇몇 인디언 종족에서는 사랑하는 사람들이 사후 하늘로 승천하는 와중에 자신에게 이야기하는 것을 듣는 것이 정상으로 간주되고 있다. 하지만 이러한 경험은 현대의 미국 사회에서는 정신병의 징후로 간주되고 있다.

심리장애를 분류하기

가장 널리 사용되는 심리장애의 분류 전략은 미국정신의학회(APA, 2000)의 **진단통계편람**(Diagnostic and Statistical Manual, DSM)이다. DSM의 가장 최신판은 DSM-IV-TR(Fouth Edition-Text Revision)이다. DSM의 다음 판인 DSM-5는 현재 개발 중이며 2013년에 편찬되어 나올 예정이다(역주 : 실제로 2013년 5월에 출간되어 나왔다).

DSM은 '다축' 평가 체계를 사용하고 있다(역주 : DSM-5에서는 다축 체계를 더 이상 사용하고 있지 않다). 이 체계는 단지 진단명뿐만 아니라 개인의 전반적인 기능 상태에 대한 정보도 제공하고 있다. 다축 평가의 축은 〈표 8.1〉에 제시되어 있다. 사람들은 축 I(임상 증후군)이나 축 II(성격장애와 정신지체) 진단 혹은 이 둘 모두를 받을 수 있다.

축 III은 일반적 건강 상태로, 여기에는 개인의 기능상태나 심리 혹은 약물치료에 대한 반응에 영향을 주는 신체적 장애/문제를 기입한다. 축 IV는 심리사회적/환경적 문제로, 진단, 치료, 심리장애의 결과에 영향을 줄 수 있는 어려움들을 포함한다(표 8.2 참조). 축 V는 일반적 기능상태의 평가로, 임상가로 하여금 내담자의 현재 기능 수준과 심리장애 발병 전 내담자가 보였던 최고의 기능 수준을 평정하도록 하고 있다. 이러한 평정의 목적은 치료를 통해 내담자가 어느 정도까지 기능이 회복될 것인가의 판단에 도움을 주기 위함이다.

심리장애에 의해 영향을 받는 사람들은 과연 얼마나 될 것인가? 앞서 말했듯이, 미국 성인의 절반 정도가 살면서 어느 시점에 심리장애로 고통을 받는다. 주어진 한 해, 성인 4명 중 1명이 진단가능한 심리장애를 갖는다고 한다(Kessler, Chiu, et al., 2005). 심리장애의 주요

표 8.1 ▮ DSM 다축 분류 체계

축	정보의 종류	코멘트
축 I	임상 증후군	개인의 기능을 손상시키고 개인에게 스트레스를 주는 심리장애들을 포함한다(물질 관련 장애, 불안장애, 기분장애, 조현병, 신체형장애, 해리장애와 같은 넓은 범위의 진단군들을 포함한다).
축 II	성격장애(정신지체를 입력하는 데도 사용됨)	성격장애는 오랫동안 그 개인에게 배어 있는 부적응적 방식의 관계 양상과 개인이나 주변 타인에게 스트레스를 주는 행동을 말한다.
축 III	일반적 의학적 상태	개인의 기능 상태와 치료에 영향을 주는 만성/급성 질환, 부상, 알레르기 등을 포함한다.
축 IV	심리사회적/환경적 문제	새로운 정신장애의 발달, 이전 장애의 재발, 혹은 기존 장애의 악화에 기여하는 지난 한 해 동안 발생한 스트레스원을 찾아 적는다.
축 V	전반적 기능 상태 평가	심리적, 사회적, 직업적 준거에 입각하여 현재의 기능 수준과 지난해의 최고의 기능 수준을 1~100 척도를 이용하여 평정한 결과이다. 예를 들어, 51~60의 중간 평정은 보통 수준의 증상들(예 : 이따금의 공황 발작) 혹은 중간정도의 사회, 직업, 학업적 측면에서의 어려움(예 : 친구가 거의 없거나 직장동료들과의 갈등)을 시사한다.

표 8.2 ▮ DSM 체계 내 심리사회적/환경적 문제

문제 범주	심리사회적/환경적 문제
주요 지지 집단과의 문제	가족구성원의 죽음, 가족구성원의 건강 문제, 별거·이혼·반목의 형태를 띤 부부 문제, 가족 내 신체적/성적 학대, 형제자매의 출산
사회적 환경과 관련한 문제	친구의 죽음, 독거 혹은 사회적 고립, 새로운 문화에의 적응 문제(문화적응), 차별, 은퇴와 같은 인생 전환기에서의 적응 문제
교육적 문제	학업 문제, 문맹, 또래 혹은 교사와의 문제, 빈곤한 학교 환경 혹은 부적당한 학교 환경
직업적 문제	직장 상사나 직장 동료와의 문제, 과도한 업무량, 실업, 새 직장에의 적응, 직장 불만족, 성추행, 차별과 같은 직장 관련 문제
주거 문제	노숙 또는 부적당한 주거, 집주인/이웃과의 문제, 위험한 이웃
경제적 문제	재정적 곤란이나 가난, 부족한 공공 지원
건강관리에의 접근성과 관련한 문제	건강보험의 부족, 불충분한 의료 복지 서비스, 의료 서비스기관 이용을 위한 교통수단 확보의 문제
법체계 혹은 형사사법체계와 관련한 문제	범죄 피해, 소송/재판에의 연루, 체포, 투옥
다른 심리사회적/환경적 문제	자연재해/기술재해, 전쟁, 사회 서비스의 부족

범주들의 유병률이 〈그림 8.1〉에 제시되어 있다.[1]

정신병, 정신장애와 같은 비정상 행동 양상의 개념화를 둘러싸고 비판이 있어 왔다. 정신과 의사인 토머스 사스(Szasz, 2011)는 DSM에서 기술된 범주들이 '병'이나 '장애'라기보다는 '삶에서의 문제'라고 주장한다. 적어도 DSM에서 기술하고 있는 범주들은 심장질환, 암, 독감을 진짜 병으로 보는 체계에서는 병이라 볼 수 없는 것들이다. 사스는 삶에서의 문제를 가진 사람들을 "아프다"라고 명명하는 것은 사회 규준으로부터 일탈하는 행동들을 폄하하기 위한

1 정확히 말하면 조사는 전국조사라 할 수 없는데, 이는 표본이 미국 본토 48개 주에 거주하는 사람들로 제한되었기 때문이다.

사회가 사용하는 하나의 방법에 지나지 않는다고 주장하고 있다. 하지만 많은 정신건강 전문가들은 사스와 같은 비평가들이 너무 많이 갔다고 믿는다. 즉 정신병을 일탈 행동자들에 대한 낙인 딱지로만 취급하는 것은 지나친 주장이라 믿고 있다.

우리는 또한 이상 행동의 개념이 장소에 따라 다르다는 것에 주목할 필요가 있다(한 문화에서 정상으로 간주되는 것이 다른 문화에서 이상으로 간주될 수 있다). 이 외에도 이상 행동의 개념은 시대에 따라 다를 수 있다. 동성애는 한 때 진단가능한 정신과적 장애로 인식되었다. 하지만 미국정신의학회는 1973년 동성애를 진단가능한 DSM 장애 목록에서 제외시켰다. 정신건강 전문가들은 이제 동성애를 심리장애나 정신장애가 아닌 인간 성생활의 한 변형으로 보고 있다.

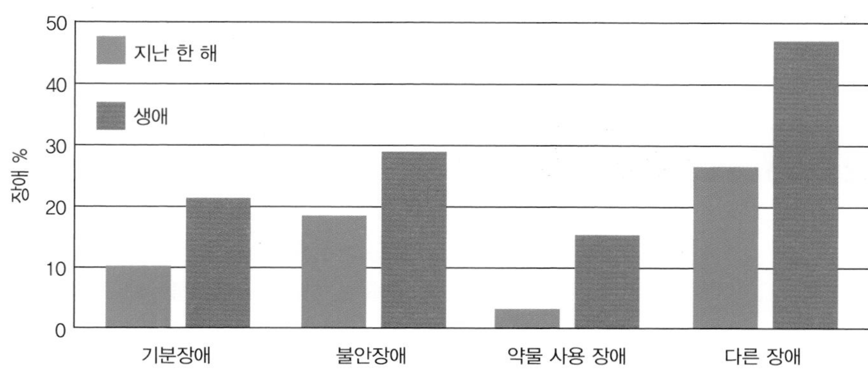

그림 8.1

심리장애의 유병률 15~49세 미국 대표 성인 표본으로부터 얻은 자료는 거의 절반에 이르는 사람들이 진단 가능한 심리장애로 고통을 받고 있음을 보여주고 있다. 지난 한 해 동안 4명 중 1명이 심리장애를 가지고 있었다.

출처 : Kessler, Berglund, et al., 2005; Kessler, Chiu, et al., 2005 based on data from National Comorbidity Survey Replication (NCS-R).

심리장애의 유형

심리장애는 비교적 경한 장애에서부터 조현병이나 양극성장애와 같은 더 심각하고 만성적인 장애에 이르기까지 다양하다. 가장 경한 심리장애로 **적응장애**(adjustment disorder)가 있다. 적응장애는 확인된 스트레스원에 대한 부적응적 반응이며, 이러한 스트레스원으로부터 통상적으로 기대되는 것 이상의 학업, 직업, 사회상의 문제로 특징지어진다. 부적응적 반응은 개인이 스트레스에 대처하는 방법을 배우거나 스트레스원이 제거되었을 때 해결될 수 있다. 만약 당신이 연애에 실패하고 그 후 학업에 집중할 수 없다고 한다면 당신은 적응장애 진단을 만족할 수 있다. 적응장애 진단은 '숙제를 끝낼 수 없음'이라는 용어보다 더 공식적인 용어처럼 들린다. 하지만 이것은 유사한 종류의 문제를 넌지시 암시한다. 만약 파블로 삼촌이 숙모인 소냐와 이혼한 후부터 기분이 다운되고 비관적이 되었다면 삼촌도 적응장애를 가졌다고 진단될지 모른다. 만약 여자친구와의 결별 후부터 사촌 릭키가 수업에 빠지고 학교 벽에 욕을 쓰고 다닌다면 그 또한 적응장애를 가졌다고 진단될지 모른다.

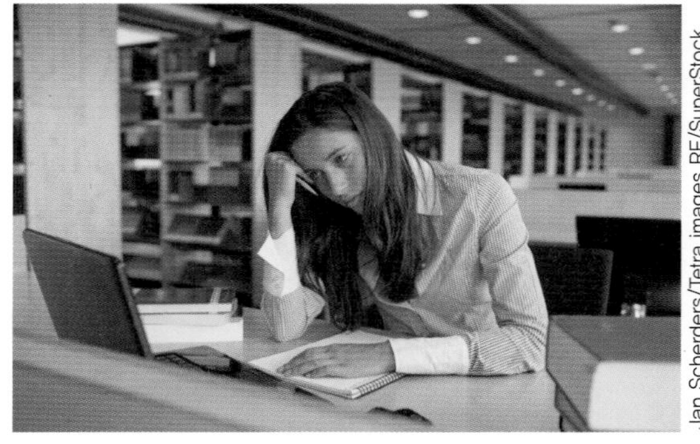

Jan Scherders/Tetra images RF/SuperStock

과제에 집중할 수 없는 것인가 아니면 적응장애인가? 적응장애는 비록 다른 심리장애에 비해 문제가 경미하다 할 수 있으나 개인적으로는 고통스러운 장애이다. 적응장애는 애인과의 결별과 같은 확인가능한 스트레스원에 대한 부적응적 반응으로 정의되고 있다. 관계 결별로 인해 일에 집중할 수 없을 때 적응장애의 진단 자격이 된다. 심리장애로서의 적응문제를 고려할 때 중요하게 부각되는 쟁점은 어디까지를 정상 행동으로 보고 어디서부터를 장애가 되는 행동으로 볼 것인가의 문제이다.

'적응장애'를 심리 혹은 정신장애로 간주하는 것은 정상 행동이 어디에서 끝나고 비정상 행동이 어디에서부터 시작되는지의 문제로 우리의 관심을 이끈다. 중요한 일이 잘되어 가고 있지 않을 때 이에 대해 낙담하고 실망하는 것은 당연하다. 사업상 위기가 발생했을 때, 폭력 범죄의 피해자가 되었을 때, 지진이나 홍수가 발생했을 때, 불안과 우울은 이해할 만한 반응이다. 오히려 이들 상황에서 부적응적으로 반응하지 않는 것이 비정상적일 수 있다. 대학 진학을 위해 집을 떠나야 하는 것은 확인가능한 스트레스원이다. 가족, 친구와의 분리로, 학과 숙제를 끝내지 못한 불안으로, 새로운 친구를 사귀지 못한 불안으로 일시적인 외로움과 경한 우울을 느끼는 것은 이들 스트레스원에 대한 정상적 적응일 수 있다. 하지만 정서적 불편감의 호소가 예상된 수준을 넘거나 기능에서 유의한 손상을 보인다면, 적응장애의 진단이 요구된다. 예를 들어, 앞서 소개한 학생이 대학에서 사회적 관계를 회피하고 침대에서 일어나길 힘들어하고 수업 출석에 어려움을 나타낸다면, 학생의 반응은 지나치다 판단되며 따라서 적

‖ **적응장애** : 하나 이상의 확인가능한 스트레스원에 대한 부적응적 반응으로, 이들 스트레스원에 노출된 직후 발생하며 기능의 손상이나 정상적으로 예상되는 정도 이상의 개인적 고통을 유발한다.

응장애 진단이 요구될 수 있다. 하지만 기대된 반응과 적응장애를 구분 짓는 명확한 경계선은 없다.

모듈 복습

복습하기

(1) 행동이 특이하고, 사회적으로 수용되지 않고, 현실에 대한 잘못된 ______(환각과 같은)을/를 포함하며, 위험하고, 자멸적이고, 고통이 되는 경우 이러한 행동은 이상이라 지칭된다.
(2) DSM은 평가의 ______ 체계를 포함하고 있다.
(3) 이 체계에서 일반적 의학적 상태는 축 ______에 기입한다.
(4) ______장애는 스트레스원에 대한 부적응적 반응이다.
(5) 적응장애를 심리장애로 명명하는 것은 정상 행동이 어디에서 끝나고 ______행동이 어디에서부터 시작되는지의 문제로 우리의 관심을 이끈다.

생각해보기

당신은 정상적 적응 과정과 적응장애 사이 어디에 선을 그을 것인가?

모듈 8.2 불안장애

- 불안장애의 유형에는 어떤 것들이 있는가?
- 불안장애의 근원에 대해 무엇이 알려져 있는가?

불안은 주관적, 행동적, 신체적 특징을 수반하는 정서적 상태이다. 주관적 상태는 걱정, 최악의 일이 발생할지도 모른다는 두려움, 통제를 잃을지도 모른다는 두려움, 신경과민, 긴장이완의 어려움을 포함한다. 신체적 특징은 자율신경계의 교감 체계가 각성됨을 의미한다. 특징은 떨림, 발한, 심장 뛰, 상승된 혈압(상기된 얼굴), 현기증을 포함한다. 불안의 행동적 특징은 불안의 원천과 관련된 상황이나 단서에 대한 회피로 나타난다. 예를 들면, 치과 불안은 치과 검사나 치료를 회피하거나 미루는 행동과 관련되어 있다. 특정 상황에서 경험되는 불안 혹은 특정 사물(곤충 혹은 큰 동물)이나 상황에 대한 불안을 공포라 부른다. 지나치거나 부적절한 공포는 **공포증**(phobia)이라 분류된다.

불안이 실제 위협이 있을 때 발생하였다면 이것은 적절한 반응이다. 하지만 불안이 지나치거나 불안이 그 원천 없이 발생하였다면(말하자면 사건이 불안을 일으킬 만한 것으로 보여지지 않는데 불안이 발생하였다면), 이것은 비정상적이라 할 수 있다. 여러 불안장애 유형이 있는데, 이들 유형은 모두 지나치거나 부적절한 불안으로 특징지어진다. 불안장애는 상당히 흔한데, 미국 성인의 5명 중 1명이 그리고 4,000만의 미국인이 불안장애를 가지고 있다(Torpy, Burke, & Golub, 2011).

불안장애 유형

불안장애는 공포증, 공황장애, 범불안장애, 강박장애, 외상 스트레스 장애로 분류된다.

표 8.3 ▮ 불안장애의 개관

장애 유형*	평생 유병률	장애 특징	관련 특징
특정공포증	9%	특정 대상이나 상황에 대한 과도한 공포	두려워하는 자극이나 상황에 대한 회피. 예로서 고소공포증, 폐쇄공포증, 피 · 작은 동물 · 곤충에 대한 공포
외상후스트레스장애(역주 : DSM-5에서는 외상 및 스트레스 관련 장애로 분류된다)	8%	충격적 사건에 대한 장기적인 부적응 반응	외상 사건의 재경험, 외상과 관련 있는 단서나 자극에 대한 회피, 일반적 혹은 정서적 마비, 과잉각성, 정서적 고통, 손상된 기능상태
공황장애	전체적으로는 5.1% (a) 광장공포증을 동반하는 경우는 1.1% (b) 광장공포증을 동반하지 않는 경우는 4%	반복되는 공황발작(강한 생리적 증상, 임박한 위험 혹은 종말에 대한 생각, 도망치고자 하는 충동을 동반하는 극심한 공포 삽화)	발작과 관련한 장소를 회피하거나 도움을 받지 못할 것 같은 장소를 회피. 발작은 갑작스럽게 시작되나 경우에 따라선 특정 단서나 특정 장소와 관련될 수도 있음. 광장공포증을 동반하거나 공공 상황에 대한 일반적 회피를 동반할 수 있음
사회공포증	5%	사회적 상호작용에 대한 과도한 공포	사회적 상황에서 거절, 굴욕, 창피를 당할까 봐 두려워함
범불안장애	4%	특정 상황에 한정되지 않는 지속적 불안	과도한 염려, 증가된 신체적 흥분 상태, 긴장, '안절부절'못함
강박장애(역주 : DSM-5에서는 강박 및 관련 장애로 분류된다)	2~3%	반복되는 강박사고(반복되는 침습적 사고) 그리고/또는 강박행동(꼭 해야만 될 것으로 느껴지는 반복적 행동)	강박적 의례의 수행으로 적어도 부분적으로는 완화될 수 있는 불안
광장공포증(공황장애가 없는)	0.17%	열린 공공 장소에 대한 공포와 회피	죽음, 분리, 이혼으로 사회적 지지 대상을 잃고 난 후에 발병할 수 있음
급성스트레스장애(역주 : DSM-5에서는 외상 및 스트레스 관련 장애로 분류된다)	알려지지 않음	외상 사건 후 며칠 혹은 몇 주 동안 일어나는 급성 부적응 반응	PTSD와 비슷한 특징을 가지고 있지만, 해리 혹은 자신/환경과의 분리감으로 더 특징지어지는 장애(멍한 상태)

출처 : APA, 2000; Conway et al., 2006; Grant et al., 2005; Grant et al., 2006a, 2006b; Kessler, Berglund et al., 2005; Ozer & Weiss, 2004. Pearson Education 허락하에 Nevid, J.S., Rathus, S. A., & Greene, B. (2011). *Abnormal Psychology in a Changing World* (8th ed.). Upper Saddle River, NJ: Pearson Education에서 재인쇄.
* 장애는 유병률이 높은 것에서 낮은 것 순으로 제시하였음.

〈표 8.3〉은 이들 불안장애의 유병률을 보여주며 장애 관련 주요 증상과 특징을 설명해주고 있다.

공포증

공포증에는 특정공포증, 사회공포증, 광장공포증 등 다양한 종류가 있다. **특정공포증**(specific phobia)은 특정 대상이나 상황에 과도하고 비합리적인 공포를 느끼는 것을 말한다. 뱀공포증이나 고소공포증이 여기에 속한다. 승강기에 대한 공포도 특정공포증에 해당한다. 승강기 공포증을 가진 사람들은 계단을 걸어 올라가야 하는 고역에도 불구하고 승강기를 타지 않는다(6층 이상을 걸어 올라가야 하는 상황이 발생해도 승강기를 타지 않는다). 물론 승강기 케이블이 끊어지거나 환풍기가 고장 나는 상황이 발생할 수도 있다. 승강기 수리를 기다리며 공중에 떠 있어야 할 경우도 발생할 수 있다. 하지만 이런 상황은 흔치 않다. 더구나 승강기를

▮ **특정공포증** : 특정 대상이나 상황에 대한 지속적 공포

표 8.4 ▌ 다양한 종류의 특정공포증의 전형적 발병 연령

	사례 수	평균 발병 연령
동물공포증	50	7
피공포증	40	9
주사공포증	59	8
치과공포증	60	12
사회공포증	80	16
폐쇄공포증	40	20
광장공포증	100	28

피하기 위해 높은 계단을 오른다는 것은 일반인에게는 이해가 가지 않는 일이다. 마찬가지로, 피하 주사침에 공포를 가진 사람들은 심한 질병 치료를 위한 경우라도 주사 맞기를 피할 것이다. 주사 맞기는 매우 고통스러운 일이지만, 피하주사침에 공포가 있는 사람들은 주사를 피하고 이보다 더한 고통을 동반하는 질병 치료 방법을 선호할 것이다. 이 외의 특정공포증에는 **폐쇄공포증**(claustrophobia)(좁거나 닫힌 공간에 대한 공포), **고소공포증**(acrophobia)(높은 곳에 대한 공포), 쥐와 뱀 같은 기어 다니는 것들에 대한 공포증 등이 있다. 동물과 상상 속의 괴물에 대한 공포는 아이들에게 흔한 공포증이다. 〈표 8.4〉는 다양한 특정공포증이 발생하는 연령을 보여준다.

▌ **폐쇄공포증** : 꽉 막히고 협소한 장소에 대한 공포

▌ **고소공포증** : 높은 곳이나 장소에 대한 공포

▌ **사회공포증** : 사람들의 예의주시에 대한 비합리적이고 지나친 공포

사회공포증(social phobia)(사회불안장애라고 불리기도 한다)이란 남들에게 예의주시되거나 부정적으로 평가받을 수 있는 사회적 상호작용에 대해 지속적으로 공포를 느끼는 것을 말한다. 사회공포증은 발달 초기에 발병하는 경향이 있는데, 보통 15세를 전후하여 발병한다(Stein & Stein, 2008). 사회공포증을 가지고 있는 사람들은 굴욕적이거나 창피한 행동을 할까 봐 끊임없이 두려워한다. 발표에 대한 공포는 사회공포증의 대표적인 형태이다. 사회공포증은 개인이 일상생활에서 기능하는 데 심각한 영향을 줄 수 있는데, 타인과의 어울림을 회피하게 하거나 사람들과의 가까운 접촉을 요구하는 직업 혹은 승진 자리를 수락하지 않도록 만든다.

▌ **광장공포증** : 열리고 밀집된 공간에 대한 공포

광장공포증(agoraphobia)은 넓은 장소나 밀집된 장소에 대한 공포를 말한다. 'Agoraphobia'라는 용어는 '시장에 대한 공포' 혹은 '넓고 복잡한 공간에 대한 공포'를 의미하는 희랍어에서 왔다. 광장공포증을 가진 사람들은 탈출이 어려울 것 같은 장소 혹은 공황 증상 경험 시 도움을 얻기 어려울 것 같은 장소에 있기를 두려워한다. 광장공포증 진단을 받는 사람들은 집 밖을 나가기 꺼리는데, 특히 혼자서 집 밖을 나가기 꺼린다. 그들은 일자리를 유지하거나 평범한 사회생활을 유지하기가 어렵다.

헬렌의 사례

59세 과부 헬렌은 3년 전 남편의 죽음 이후 광장공포증 증세를 발전시켰다. 치료를 받으러 올 당시 그녀는 집 밖 출입을 못하는 상태였고, 32세의 딸 메리가 강하게 촉구하고 동행을 해줄 경우에만 집 밖을 나올 수 있었다. 딸 메리와 36세 아들 페트는 헬렌을 대신하여 장을 봐주었고 이 외에도 그들이 할 수 있는 한 최선을 다해 헬렌의 요구를 들어주었다. 그러나 자신들의 일에 더해 어머니까지 돌보아야 하는 부담은 더 이상은 견디기 힘든 상태에 이르렀고, 이에 이들은 엄마에게 치료를 받아볼 것을 제안하였다. 헬렌은 마지못해 자식들의 요구에 따랐다.

헬렌은 메리를 동행하고 평가회기에 왔다. 헬렌은 매우 허약해 보이는 여자였다. 그녀는 딸의 부축을 받

으며 평가실로 들어왔고 인터뷰 동안 딸이 그녀 곁에 머물도록 요구했다. 헬렌은 남편과 어머니를 3개월 간격으로 잃었다고 보고하였다. 아버지는 이미 20년 전에 돌아가셨다고 한다. 공황발작을 경험해본 적은 없었으나 평생 자신을 불안정하고 두려움이 많은 사람이라 생각한다고 말했고, 그럼에도 불구하고 남편과 어머니의 죽음으로 유기감과 고독감을 느끼기 전까지는 가족의 필요를 충족시키는 데 문제가 없었다고 덧붙였다. 하지만 지금 그녀는 '거의 모든 것'에 대해 두려움을 느끼게 되었고 무슨 일이 일어날 때 대처를 하지 못할까 봐 혼자 있는 것을 몹시 무서워하였다. 집에 있을 때마저 그녀는 메리와 페트를 잃을까 봐 걱정했다. 그녀는 메리와 페트마저도 그녀를 버릴까 봐 걱정하였고 따라서 자신을 버리지 않을 거란 사실을 끊임없이 자식들로부터 확인받았다(저자의 파일에서 가져옴. Prentice Hall, Inc.의 허락하에 Nevid, Rathus, & Greene, 2006에서 재인쇄).

Martin Barraud/Getty Images, Inc.

광장공포증 광장공포증은 열린 혹은 밀집된 장소에 가는 것에 대한 지나친 두려움으로 정의된다. 보통 백화점, 혼잡한 거리, 공공 교통수단에 가는 것을 두려워하며 심한 경우에는 집이라는 안전 공간을 벗어나길 두려워하여 바깥출입을 못하는 경우도 있다.

공황장애

차 안에서 교통신호가 바뀌길 기다리던 중에 일어난 일입니다. 심장이 마치 터질 것만 같이 빠르게 뛰었습니다. 아무런 촉발 요인도 없이 말입니다. 전 빠르게 숨을 쉬어보았지만 충분한 공기를 얻을 수 없었습니다. 질식할 것만 같았고 차가 날 조여 오는 것만 같았습니다. 죽을 것만 같았습니다. 몸이 떨렸고 심하게 땀이 났습니다. 차에서 내려 도망가고만 싶었습니다. 간신히 차를 곁길에 세웠고, 모든 게 빨리 지나가기만을 기다렸습니다. "죽을 것 같으면 진짜 죽는 거다"라는 생각이 들었습니다. 도움을 받을 때까지 과연 살아남을 수는 있을는지 확신이 서지 않았습니다. 어떻게 그렇게 되었는지는 모르겠으나 순간은 지나갔고, 전 방금 일어난 일에 대해 생각하며 오랫동안 그 자리를 뜨지 않았습니다(저자의 파일에서 가져옴).

공황장애(panic disorder)를 겪는 사람들은 공황발작이라는 갑작스럽고 극심한 불안 혹은 극심한 공포를 경험한다. 처음에는 '허공에서 나타나는' 것처럼 자발적으로 발작이 나타난다. 시간이 지나면 발작은 승강기 탑승 혹은 비행기 탑승과 같이 이전 공황발작이 발생했던 상황 단서들과 연합된다. 공황발작은 숨 가쁨, 땀 흘림, 떨림, 빠른 심장박동과 같은 강한 불안 관련 신체적 증상들을 동반한다. 공황발작자가 심장발작 중이라 오인하는 경우도 많다. 발작 중에는 침 속 코르티솔(스트레스 호르몬의 일종) 수준이 높아진다(Bandelow et al., 2000). 많은 공황발작자들은 숨쉬기 어려움을 경험하고 있으며 질식할 것 같다는 호소도 한다. 또한 메스꺼움, 저림과 얼얼함, 상기됨과 오한, 미칠 것에 대한 두려움 혹은 통제를 잃을 것에 대한 두려움을 경험할 가능성도 있다. 공황발작은 주로 몇 분간 지속되지만 때에 따라서는 몇 시간 동안 지속될 수도 있다. 발작이 끝나면 개인은 흔히 녹초가 된다.

공황장애 : 불안을 유발할 만한 외부적 자극이 없는 상태에서 극도의 불안 발작을 반복적으로 경험하는 장애

공황발작을 겪는 몇몇 사람들은 공공장소에서 발작이 일어날 것이 두려워 집에서 나오지 않는다. 이런 사람들은 광장공포증을 동반한 공황장애를 가졌다고 진단된다. 일반 대중의 5% 정도가 살면서 한 번쯤은 공황장애로 고통을 받는다.

범불안장애

지속적인 걱정이나 염려의 형태로 표현되는 일반적 불안 상태가 **범불안장애**(generalized anxiety disorder, GAD)를 정의하는 대표적 특징이다. 여기서의 불안은 공포 대상, 상황, 활동 때문이 아니다. 이보다는 오히려 '유동하는(자유롭게 떠다니는)' 특징을 지닌 것으로 보여진다. 범불안장애의 증상으로는 운동긴장(불안정함, 긴장 이완의 어려움, 이마의 주름, 안절부절못함), 자율신경계의 과각성(땀 흘림, 입 건조함, 빠른 심장박동, 어지럼증, 잦은 배뇨, 설사), 두려움과 불길함의 느낌, 과도한 걱정 및 경계가 있다. GAD를 가진 사람들은 어느 하나를 걱정하기보다는 거의 모든 사소한 일들을 걱정하는 것으로 보인다. 일반 대중의 4% 정

범불안장애 : 신체 긴장과 고조된 각성을 동반하는 만성 걱정감을 특징으로 하는 심리장애

도가 GAD를 가진다.

강박장애

강박장애(obsessive-compulsive disorder, OCD)에서 사람들은 반복적이고 골칫거리가 되는 강박사고를 보이거나, 강박행동을 보이거나, 혹은 이 둘 모두를 보인다. 강박사고나 강박행동은 개인에게 고통을 야기하거나 기능의 문제를 야기한다(Parmet, Lynm, & Golub, 2011). **강박사고**(obsession)는 반복되는 불안유발 사고나 이미지로, 비합리적이며 개인의 통제를 넘어선 것으로 지각된다. 강박사고는 저항이 어렵고 반복 발생하기 때문에 개인의 일상생활을 방해한다. 대문은 닫았는지, 창문은 닫았는지에 대한 반복적인 의심, 아이들이 차에 치이는 반복적인 이미지 등이 여기에 포함된다. 또 다른 사례에서 한 여성은 자기 손이 변기 세정지에 의해 오염되었고 이 오염이 자기가 만지는 모든 것에 전파되고 있다는 강박사고를 발전시켰다.

▮ **강박사고** : 개인의 통제를 벗어난 것으로 보이는 반복적으로 발생하는 사고나 이미지

강박행동(compulsion)은 특정 행동을 반복적으로 수행해야 하는 저항할 수 없는 충동으로 정의된다. 화장실 사용 후 꼼꼼히 손을 씻어야만 하는 저항할 수 없는 충동이 여기에 포함된다. 충동은 반복 발생하고, 매우 강하며, 매일의 생활을 방해한다. 변기 세정지에 의해 오염되었다고 느끼는 여성은 매일 3~4시간을 손 씻는 데 보냈고 "손이 가재 손 같다"고 불평하였다. 강박행동은 일시적으로는 강박사고와 관련한 불안을 감소시킬 수 있으나, 강박사고는 흔히 다시 돌아온다. 이처럼 강박행동은 강박사고 후 강박행동 그리고 더 큰 강박사고와 이에 뒤따르는 강박행동이라는 악순환으로 이어지곤 한다. 미국 성인의 2~3%가 인생 어느 한 시점에서 강박장애를 갖는 것으로 보고되고 있다(American Psychiatric Association, 2000).

▮ **강박행동** : 손 씻기와 같은 의례적 행동을 반복해야만 하는 혹은 그런 행동을 수행해야만 할 것 같은 저항할 수 없는 충동

잭의 사례

성공적인 화학공학자 잭은 약사 부인 메리의 권고로 그의 '작은 행동 버릇(behavioral quirk)'을 고치기 위해 도움을 구하게 되었다. 잭은 강박적인 확인쟁이였고, 아내는 이런 남편의 행동이 매우 거슬리고 짜증 났다. 아파트를 나올 때, 그는 몇 번이고 전등은 꺼져 있는지, 가스밸브는 잠겨 있는지, 냉장고 문은 닫혀 있는지 다시 확인하러 들어가야만 했다. 어떤 때는 승강기에 미안하다고 하면서 내려 의례(체크)를 위해 아파트로 다시 돌아가기도 했다. 체크해야 하는 강박행동은 차고에서도 나타났다. 아내에게 시동을 걸게 하고 자신은 체크를 위해 집으로 돌아가곤 했다. 여행을 가는 것이 특히 잭에게 어려운 일이었다. 여행을 떠나는 날 아침은 강박행동으로 바빴다. 수많은 체크 후에도 그는 의심으로 가득 차 있었다.

메리는 밤중에 일어나 현관문과 창문이 닫혀 있는지 확인하는 잭의 습관에 맞추려고 노력하기도 했다. 그러나 그녀의 인내심은 바닥이 나고 말았다. 잭은 자신의 행동이 부부 관계를 해침은 물론 자신에게도 큰 괴로움을 주고 있음을 깨닫게 되었다. 그러나 잭은 치료를 꺼렸다. 그는 말로만 강박적 습관을 떨쳐내고 싶다고 했다. 그는 강박행동을 버리면 자신이 불안을 방어하지 못하고 무력하게 될까 봐 두려워했다(저자의 파일에서 가져옴. Prentice-Hall, Inc.의 허락하에 Nevid, Rathus, & Greene, 2006에서 재인쇄).

외상후스트레스장애와 급성스트레스장애

신체적 공격, 전투, 의료적 비상사태, 죽음이나 죽음에 가까운 사건의 목격, 사고, 테러 공격과 같은 외상들에 대한 노출은 **외상후스트레스장애**(posttraumatic stress disorder, PTSD)라고 불리는 부적응적 스트레스 반응을 발달시킬 수 있다. PTSD는 외상 노출 후 몇 달 혹은 몇 년이 지나도 나타나지 않을 수 있지만, 발병 후 몇 년 혹은 몇십 년 동안 지속되기도 한다.

▮ **외상후스트레스장애(PTSD)** : 강한 두려움, 사건과 관련된 자극의 회피, 사건의 재경험을 특징으로 하는 외상사건에 대한 지속적인 부적응적 반응

PTSD는 다양한 불안 관련 증상들로 특징지어진다. 외상 경험으로 인해 야기된 빠른 심장

박동, 불안감, 무력감 등이 대표적이다. PTSD는 흔히 전투에 참가했던 퇴역군인, 자연재해로 삶의 터전을 잃은 사람들, 유독성 위험 물질에 노출된 사람들, 성폭행 혹은 아동 성학대 피해자들, 그리고 9/11 사건과 같은 테러 공격에 직접적으로 노출된 사람들에게 영향을 준다.

4,000명이 넘는 여성들을 대상으로 한 전국 범위의 연구는 범죄 피해 경험이 있는 여성 4명 중 1명 정도가 PTSD를 경험함을 발견하였다(Resnick et al., 1993; 그림 8.2 참조). 강간과 같은 폭력 범죄는 허리케인이나 토네이도와 같은 자연재해보다 PTSD로 이어질 가능성이 더 높다(Gray & Acierno, 2002; Norris et al., 2003). 그러나 PTSD와 보다 더 빈번히 연결되는 외상 사건은 전투나 폭력 범죄가 아니라 교통사고이다(Blanchard & Hickling, 2004). PTSD에서 외상 사건들은 침습적 기억, 반복되는 꿈, 플래시백(사건이 현재 다시 일어나고 있는 것 같은 갑작스런 느낌)의 형태로 다시 찾아온다. PTSD를 가진 사람들은 외상 사건과 관련된 생각이나 활동을 피하는 경향이 있다. 또한 그들은 인생을 즐기는 것이 힘들다고 느낄 수 있으며, 수면 문제, 분노 조절의 어려움, 집중력 문제, 극도의 경계, 그리고 갑작스런 소리에 대한 과장된 '놀람' 반응을 가질 수 있다.

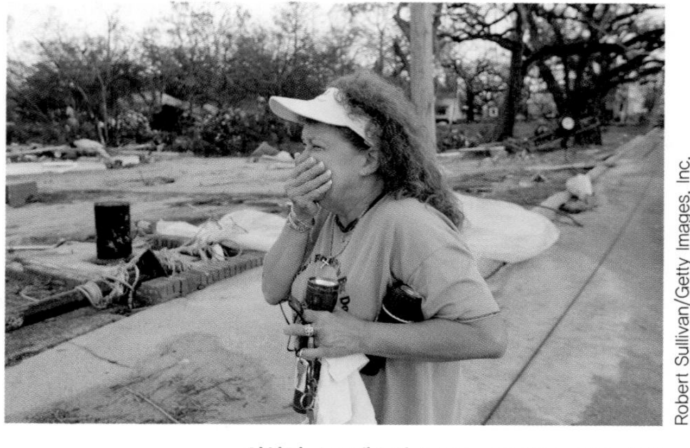

Robert Sullivan/Getty Images, Inc.

외상적 스트레스와 PTSD PTSD는 많은 외상적 경험으로부터 야기될 수 있다. 예를 들면, 전쟁, 화재, 강도, 총격전, 자살, 의료적 응급상황, 사고, 폭발, 허리케인이나 지진과 같은 자연재해의 경험이 PTSD를 낳을 수 있다. 비록 사람들은 전쟁 외상을 PTSD와 가장 강하게 연관시키고 있기는 하나 PTSD와 가장 빈번히 연관되는 외상 사건은 교통사고이다.

마가렛의 사례

54세 마가렛은 남편 트래비스와 허드슨강 동쪽에 있는 언덕 마을에서 살았다. 재작년 겨울, 한밤중에 오일 트럭 하나가 마을 광장으로 향하는 빙판 길에서 미끄러졌다. 그 위치에서 두 블록 너머에 살고 있었던 마가렛은 트럭이 잡화점과 충돌했을 때 일어난 폭발로 잠에서 깼다("세상이 끝나는 줄 알았어요. 남편은 러시아에서 H폭탄을 떨어뜨린 것 아니냐고 말했어요."). 잡화점과 그 위 아파트는 불길에 휩싸였다. 불길은 옆 교회에까지 번졌다. 상황에 대한 마가렛의 처음 그리고 계속해서 생각나는 시각적 인상은 섬뜩한 발레에서 하늘로 올라가는 붉은색과 검은색의 파편과 같은 인상이었다. 파편들은 내려오면서 교회 묘지의 몇백 년 된 묘비들을 섬뜩한 빛으로 덮었다. 12명이 목숨을 잃었다. 대부분은 잡화점 윗편과 뒷편에 살던 사람들이었다. 교회 경비원과 트럭 운전기사도 목숨을 잃었다.

마가렛은 마을의 상실을 함께했고, 일시적으로 집을 잃은 이들에게 자신의 집을 개방하였으며, 마땅히

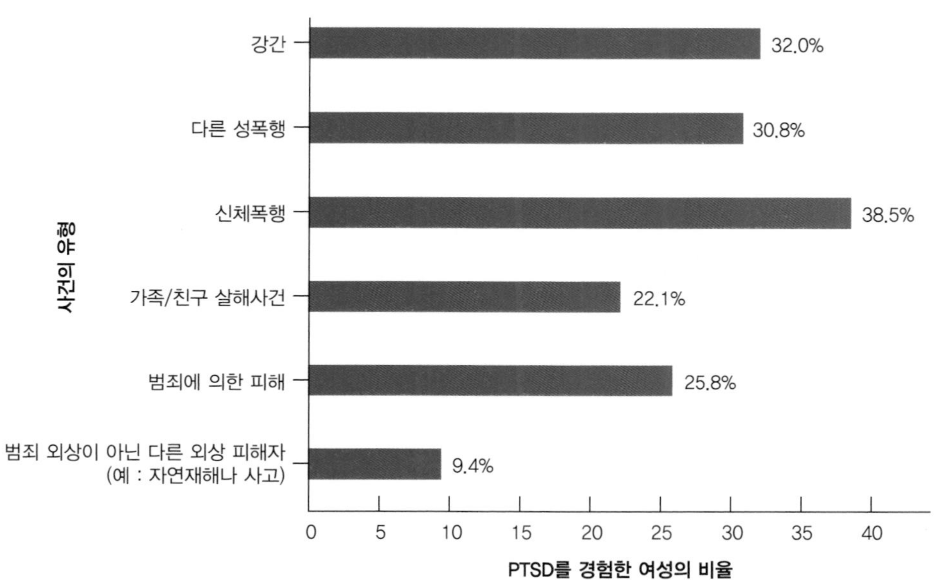

그림 8.2

여성 범죄 피해자와 그 외 다른 여성 가운데서 외상후스트레스장애 레스닉과 동료들의 연구는 범죄피해를 당한 여성 4명 중 1명꼴(25.8%)로 외상 사건 이후 어느 시점에서 PTSD 진단을 받을 수 있음을 보여주었다. 반면, 범죄 피해를 당하지 않은 여성에서는 10명 중 1명이 채 못 되는 수(9.4%)가 PTSD를 경험하였다.

출처 : Resnick et al., 1994에서 발췌.

해야 할 이웃으로서의 의무를 다했다. 몇 달이 지나고 잡화점이 철거되어 추모공원으로 만들어지고 교회가 복원되어 갈 때쯤, 마가렛은 자신의 삶이 점점 이상해지고 있음을 깨닫게 되었다. 그녀는 주변 세상이 현실같이 느껴지지 않음을 느꼈다. 그녀는 지인들과의 만남을 회피하기 시작했고, 머릿속엔 온통 그날 밤의 장면들로 가득 찼다. 종종 그날의 일을 꿈꾸기도 했다. 그녀의 의사는 수면제를 처방해주었지만 "꿈에서 깰 수 없었다"라는 이유로 약 복용을 중단했다. 의사는 마가렛의 불안 증상에 도움을 주고자 항불안제인 발륨을 처방하였다. 약은 한동안은 도움이 되었다. 하지만 '복용하다 보니 더 많은 양이 필요했고 평생 약을 먹으며 지낼 수는 없다는 생각에 약 복용을 그만두었다.'

향후 1년 반 동안 마가렛은 그 참사를 머릿속에서 밀어내려 많은 노력을 했다. 하지만 침습적인 기억 및 꿈들은 제멋대로 나타나고 사라졌다. 마가렛이 심리치료를 찾았을 때 그녀는 거의 두 달 동안 수면장애로 고통을 받고 있었고 사건에 대한 기억들은 어느 때보다 더 생생했다(저자의 파일에서 가져옴. Prentice-Hall, Inc.의 허락하에 Nevid, Rathus, & Greene, 2006에서 재인쇄).

외상에 노출되었다고 해서 모든 사람에게서 PTSD가 생기는 것은 아니다. 다행히도 소수의 사람들만이 PTSD를 발달시킨다. PTSD에 대한 취약성은 많은 요인에 의해 영향을 받는데, 발생할 가능성은 외상의 노출 정도, 인지된 삶의 위험, 아동기 성학대 피해 경험, 스트레스를 다루는 적극적 대처 반응의 부족, 수치심, 사회적 지지의 부족으로 인해 증가한다(예 : Ehlers et al., 2003). 미국 성인의 절반 정도가 살면서 외상 사건들을 경험하지만 이들의 8% 정도만이 PTSD를 발전시킨다(Ozer & Weiss, 2004).

급성스트레스장애 : 사건 발생 한 달 이내에 발생하며 강한 불안과 무기력감을 특징으로 하는 외상 사건에 대한 부적응적 반응

급성스트레스장애(acute stress disorder, ASD)는 외상 사건을 겪은 후 첫 한 달 동안 느끼는 무력감과 극심한 불안으로 특징지어진다. 대조적으로, PTSD는 사건 이후 몇 달 혹은 몇 년에 나타날 수 있으며, 몇 년 혹은 몇십 년 동안 지속될 수 있다. 하지만 ASD를 겪은 경우, 이는 보다 오래 지속되는 PTSD로 이어질 수 있다.

원인적 요인

심리장애의 원인에 대한 논의의 서막으로, 먼저 심리장애라는 것이 간단히 설명되지 않는 복잡한 문제라는 점을 강조하고자 한다. 장애 이해에 있어 많은 중요한 진보가 이루어졌음에도 불구하고 심리장애의 원인에 대한 이해는 아직도 많은 진보를 이루지 못했다. 여기서 불안장애의 기원에 대한 가장 유명한 이론들에 대해 살펴보도록 하자. 먼저 심리학적 관점부터 살펴보자.

심리학적 관점

몇몇 공포증은 고전적 조건화에 의해 학습된다. 예를 들어, 몇 시간 동안 승강기 속에 갇혀 있었던 사람은 승강기 타기를 두려워할 수 있다. 이 경우, 이전 중립적인 자극들(승강기와 관련된 단서들)은 조건화된 반응 혹은 학습된 공포를 유발하는 조건화된 자극이 되었다. 어떤 공포증은 어린 시절 습득된 조건화된 공포들이다. 관찰 학습과 같은 다른 학습 요인들도 공포증 행동의 발달에 기여한다. 만약 부모가 쥐, 곤충, 피를 보고 움찔거리고 찡그리고 몸서리친다면, 아이들은 이런 자극들이 위협적이라 판단할 것이고 부모 행동을 따라 하는 것을 배울 것이다. 어떤 경우라도, 공포 자극 혹은 두려움 대상 혹은 상황에 대한 회피는 불안을 감소시켜 회피 행동을 강화하게 된다.

정신역동이론가들은 공포증이 아동기에 기원하는 무의식적 갈등을 상징한다고 믿는다. 예

를 들어, 칼에 대한 공포는 분노의 표현으로 칼을 쓸까 두려워하는 칼 사용에 대한 공포를 대변한다. 항문기 고착은 강박장애와 관련된 지나친 청결 속성의 발달과 관련된 것으로 설명되고 있다. 그러나 이런 이론적 추측을 지지하는 증거는 아직 많이 부족하다.

인지이론가들은 불안이 위협적인 상황의 결과를 과장하거나 침소봉대하는 경향으로 인해 발생한다고 믿는다. 즉 시험 치르기, 새로운 사람 만나기, 비행기 타기와 같은 사건들이 낮은 자기효능감 및 위협이나 불안을 효과적으로 다루지 못할 것이라는 생각과 결합하게 되면 불안 문제로 발전하게 된다는 것이다(Armfield, 2006; Schultz & Heimberg, 2008).

또한 인지이론가들은 신체 감각이나 증상의 변화에 대한 잘못된 해석이 공황발작으로 이어지는 일련의 사건을 촉발한다고 주장하고 있다. 현기증, 빠른 심장박동, 어지럼증 같은 신체 감각들은 재앙화되어 내게 큰 위협을 주는 신호로 과대 해석된다(Teachman, Marker, & Clerkin, 2010). "심장마비를 일으킬 것 같아!", "여기서 빠져나오지 못하면 난 아마 죽을 거야", "심장이 터져버릴 것 같아"라고 누군가는 생각할 수 있다. 불안을 이끄는 생각은 관련 신체 증상을 고조시키며, 이는 더 큰 불안을 야기하는 파국적 생각을 유발한다. 이런 순환적 구조는 결국 공황 발작으로 빠르게 이어질 수 있다.

생물학적 관점

불안장애의 발달에 있어 생물학적 요인은 중요한 역할을 한다. 유전적 요인은 공포증, 공황장애, 범불안장애, 강박장애와 같은 불안장애의 발달에 책임이 있다(예 : Koenen et al., 2008; Menzies Smoller et al., 2008; Taylor & Jang, 2011; Spatola et al., 2011; Taylor, Jang, & Asmundson, 2010).

연구진들이 믿는 것처럼 유전적 요인이 불안장애 발달에 있어 중요한 역할을 한다면 그 역할은 과연 어떻게 표현되는 것일까? 과학자들이 그 기저의 기제를 이해하려 노력하고 있는 중이지만, 몇 가지 설득력 있는 병인 모델을 소개하면 다음과 같다. 인기를 얻고 있는 모델 중 하나는 유전 요인이 공포 자극에 대한 우리 몸의 반응을 책임지는 뇌의 기제를 예민하게 만들 수 있다는 주장이다(Hariri et al., 2002). 특정 유전자를 소유한 사람들은 공포 자극이 제시되었을 때 공포 자극 반응 시 활성화되는 뇌 부위에서 더 큰 신경체계 활동을 보였다.

다른 연구자들은 OCD, PTSD, 사회공포증과 같은 불안장애를 겪고 있는 사람들이 걱정, 불안과 연계된 뇌 부위의 활동 수준에서 예상된 활동 수준보다 더 높은 활동 수준을 보이고 있다는 것을 발견하였다(Stein & Stein, 2008; Szeszko et al., 2004). OCD를 갖고 있는 사람들은 뇌에서 무언가 크게 잘못되었고 따라서 즉각적인 관심이 요구된다는 메시지를 반복적으로 보내고 있을지 모른다. 이런 메시지는 OCD 환자들에게 나타나는 강박적 사고를 만들 수 있다. 유전적 요소가 이런 형태의 과도한 활동을 설명하는지는 아직 더 연구될 필요가 있다.

우리는 또한 유전 요인들이 신경전달물질의 생산과 규제, 그리고 신경전달물질이 결합하는 다양한 수용기 세포의 수에도 영향을 줌을 알고 있다. 유전적 요인은 뇌에서 신경전달물질인 세로토닌과 노르에피네프린의 수준을 잘못 규제할 수 있다. 이는 특정한 위협에 대해 아주 높은 수준의 불안을 야기할 수 있다. 또 다른 가능성은 뇌의 수용기 위치가 신경전달물질인 **감마-아미노뷰티르산**(gamma-aminobutyric acid, GABA)의 수용에 충분히 민감하지 못할 수 있다는 것이다. 이는 신경계에서 신경계 활동을 진정시키는 방향으로 작용한다. 불안을 감소시키는 약물의 하나인 **벤조디아제핀**(benzodiazepines)은 GABA에 대한 수용기 위치의 민감성을 증가시킴으로써 항불안 효과를 만들어내는 것으로 보인다.

감마-아미노뷰티르산(GABA) : 불안 반응과 관련된 억제성 신경전달물질

벤조디아제핀 : 불안을 감소시키는 약물 부류

이상의 고찰은 우리를 좀 더 일반적인 결론으로 이끈다. 비록 유전적 요인들이 많은 심리장애에 관여하고는 있으나, 유전자가 이 모든 것을 설명해주지는 않는다는 사실이다. 유전적으로 전해지는 일부 신체장애들과는 달리 심리장애는 유전자들만으로 혹은 특정 유전자 하나만으로 설명되는 것이 아니다. 유전이 역할을 하는 경우에 있어서도, 많은 유전자들은 장애가 특정 상황에서 더 잘 발달되도록 돕는 소인이나 경향만을 만들 뿐이지 장애 자체를 만들지는 않을 수 있다. 유전적 취약성은 유전적 불가피성(피할 수 없음)을 의미하는 것은 아니다. 개인이 심리장애를 발달시킬지 아닐지는 유전자만이 아닌 다른 많은 요인들에 달려 있다. 따뜻하고 사랑이 넘치는 가정, 낮은 스트레스 수준, 대처 자원의 가용 가능성과 같은 긍정적 조건에서는 유전적 경향이 있음에도 이것이 발현되지 않을 수 있다. 이처럼 유전자와 환경은 복잡한 방식으로 서로 상호작용하여 이상 행동 양상을 만들어내고 있다(Haeffel et al., 2008; Levine & Schmelkin, 2006).

모듈 복습

복습하기

(6) ______공포증은 특정 대상이나 상황에 대한 지나친 두려움을 의미한다.
(7) ______장애는 갑작스런 발작으로 특징지어지는데, 발작 중 개인은 죽을까 봐 혹은 미칠까 봐 두려워한다.
(8) ______장애에서 사람들은 침습적인 사고나 어떤 행동을 반복하고자 하는 충동으로 고통받는다.
(9) ______장애는 외상경험으로 야기되며, 침투적 기억, 반복적 꿈, 플래시백 형태의 외상 재경험이 특징이다.
(10) ______이론은 강박 특성을 항문기 심리성적 발달 단계의 고착과 관련시킨다.
(11) 학습이론가들은 공포증을 ______공포로 간주한다.
(12) 유전적 요인들은 특정 심리장애에 대한 ______을/를 만드는 데 그 책임이 있다.

생각해보기

불안은 정상인가? 불안장애는 어떻게 하여 비정상인가? 공포의 유전가능성에 대해 진화심리학자들은 무어라 말하는가?

모듈 8.3 해리장애와 신체형장애

- 해리장애의 주요 유형은 무엇인가?
- 해리장애의 근원에 대해 무엇이 알려져 있는가?
- 신체형장애의 주요 유형은 무엇인가?
- 신체형장애의 근원에 대해 무엇이 알려져 있는가?

해리장애 : 의식이나 자기정체감에서의 변화를 포함하는 심리장애 종류

해리성 정체감 장애 : 한 개인이 둘 혹은 그 이상의 구별되는 정체감 혹은 성격을 나타내는 장애로, 이러한 구별되는 정체감 혹은 성격은 번갈아 가며 개인을 장악한다.

해리장애(dissociative disorders)에서 사고, 감정, 정체감, 기억, 또는 의식과 같은 정신 과정들(인간으로 하여금 완전하다는 느낌을 주는 과정들)은 분리(분열)를 나타낸다. 해리장애는 상대적으로 드물거나 거의 없다. **해리성 정체감 장애**(dissociative identity disorder)(이전에는 다중성격장애로 알려져 있는)가 하나의 구분되는 장애인지 아니면 일종의 정교한 역할 놀이인지에

관해 전문가들 사이에서 의견이 분분하다.

신체형장애(somatoform disorders)를 가진 사람들은 신체 마비, 저림, 의학적 설명을 거부하는 신비한 고통 같은 신체적 문제를 호소하거나 의학적 증거가 부족함에도 불구하고 자신들이 심각한 병을 가졌다는 지속적 믿음을 나타낸다(Creed & Barsky, 2004; Rief & Sharpe, 2004). 해리장애와 신체형장애는 전통적인 정신역동 관점 때문에 함께 묶이곤 한다. 전통적 정신역동 관점은 이들 장애가 모두 자기를 불안으로부터 방어하려는 심리적 방어를 대변한다고 주장하고 있다. 여기서 해리장애와 신체형장애의 주요 종류와 원인에 대해 살펴보자.

신체형장애 : 의학적으로 설명되지 않는 신체적 문제를 가지거나 반대되는 증거가 있음에도 자신의 신체적 문제를 심각한 원인으로 돌리는 것을 특징으로 하는 심리장애 종류

해리장애의 유형

DSM은 해리성 기억상실증, 해리성 둔주, 해리성 정체감 장애, 그리고 이인성 장애라는 네 가지 종류의 해리장애를 등재하고 있다(역주 : DSM-5에서 해리장애는 해리성 정체감 장애, 해리성 기억상실, 이인성/비현실감 장애로 구분된다).

해리성 기억상실증

해리성 기억상실증(dissociative amnesia)은 해리장애의 가장 흔한 형태이다(Maldonado, Butler, & Spiegel, 1998). 해리성 기억상실증을 가진 사람은 과거 경험 또는 자신의 이름과 같은 중요한 개인적 정보를 갑자기 기억하지 못한다. 기억의 상실은 머리에 타격 혹은 알코올 중독 같은 기질적 문제의 탓으로 돌릴 수 없다. 이것은 즉 기질적인 장애가 아니라 심리적인 장애인 것이다. 기억상실증의 가장 흔한 형태로, 개인은 전쟁이나 사고와 같은 스트레스 사건 후 사건들에 대한 기억을 상당 기간 떠올리지 못한다. 전반적 기억상실증에서 개인은 자신의 삶 전체에 대한 기억을 상실한다. 기억상실증은 몇 시간 혹은 몇 년 동안 지속될 수 있다.

해리성 기억상실증 : 개인적 기억이나 자기정체감의 상실을 특징으로 하는 해리성 장애로, 기술이나 일반적 지식은 흔히 잃지 않고 유지된다.

해리성 둔주

해리성 둔주(dissociative fugue)를 가진 사람들은 갑자기 살던 집이나 일하던 직장을 떠나 자신과 관련한 모든 기억을 잃은 채 다른 곳으로 이동한다. 새로운 장소에서 개인은 자신의 과거에 대해 생각하지 않으며 살거나 혹은 창조된 기억으로 가득한 과거를 보고하면서 산다. 새로운 인격은 원래의 인격보다 보통 더 외향적이고 덜 억제적인 성향을 띤다. 회복 후, 둔주 상태에서 일어난 일은 기억하지 못한다.

해리성 둔주 : 기억상실증을 경험하고 새로운 지역으로 달아나는 특징을 가진 해리성 장애

해리성 정체감 장애

해리성 정체감 장애(dissociative identity disorder, DID)에서는 각각 구분되는 특질이나 기억을 가진 둘 혹은 그 이상의 정체감 및 성격이 한 사람을 장악한다. 각각의 정체감은 다른 정체감의 존재를 의식하고 있을 수도 있고 의식하지 못할 수도 있다(Dorahy, 2001; Huntjens et al., 2005). 해리성 정체감 장애를 가진 사람들의 대체 성격들은 서로 매우 다르다. 일부 연구자들은 대체 성격들이 서로 다른 알레르기 반응, 서로 다른 약물 반응, 심지어는 서로 다른 안경 처방(다른 도수의 안경)까지도 가지고 있음을 보고한다(Birnbaum, Martin, & Thomann, 1996; Braun, 1988).

해리성 정체감 장애(DID) : 같은 개인 안에 둘 이상의 뚜렷이 구분되는 성격이 나타나는 것을 특징으로 하는 해리성 장애(더 흔하게는 '다중성격' 혹은 '분리된 성격'이라고 불린다)

해리성 정체감 장애의 몇몇 유명 사례들이 대중매체에서 소개되고 있다. 이 중 하나가 "이브의 세 얼굴"이라는 영화의 주제가 되었다. 소심한 가정주부인 이브 화이트는 2개의 서로

Denver Police Department/MCT/NewsCom

"누가 내 이름을 압니까?" 40세 제프리 잉그램은 자신의 정체를 아는 이가 있는지 물으며 덴버의 거리를 헤매었다. 지역 병원에 입원되고 해리성 기억상실증 진단을 받고서야 그는 TV 뉴스 보도를 통해 그를 알아본 가족으로부터 신원이 확인되었다. 잉그램의 어머니는 과거에도 그가 비슷한 기억상실 사건으로 고생을 했었다는 말을 하며 그에 대한 의문을 풀어줬다. 잉그램은 결국 완전한 기억 회복은 이루지 못하였다.

이인성 장애 : 이인성 장애에서 개인은 자신이 자신의 경험이나 몸으로부터 분리되는 듯한 느낌을 반복적으로 그리고 지속적으로 경험한다.

다른 정체감을 소유하고 있었다. 하나는 성적으로 공격적이며 반사회적 성향을 가진 이브 블랙이었다. 또 다른 하나는 자신의 원초적 충동을 수용하고 있으면서도 동시에 사회적으로 적절히 처신하는 제인이었다. 결국 세 얼굴은 하나로 융합되었는데, 그것이 제인이었다. 모순되게도 이후 제인(실제 삶에서는 크리스 시즈모어)은 22개의 서로 다른 정체감으로 분리되었다. 잘 알려진 또 다른 (그러나 최근에 논란을 사고 있는) 사례는 시빌의 사례로, 시빌은 "시빌(역주 : 한국에서는 악몽이라는 제목으로 소개됨)"이라는 영화에서 샐리 필드에 의해 16개의 서로 다른 정체감을 가진 것으로 묘사되었다.

일부 심리학자들은 해리성 정체감 장애가 하나의 구분되는 장애라는 주장에 반론을 제기하고 있다. 이들은 다중성격을 가진 사람들이 와해된 행동을 보이고 있다는 지적을 부인하지는 않는다. 하지만 이들은 다중성격을 가진 사람들의 행동이 일종의 관심 끌기 역할 놀이라고 생각한다(Lilienfeld et al., 1999; Spanos, 1994). 이들 이론가들은 해리성 정체감 장애를 가진 사람들이 자신이 경험하고 있는 혼란스러운 그리고 상충된 감정들을 쏟아내기 위해 대체 성격들을 만들어냈다고 주장한다. 시간이 지나면서 이러한 역할들은 이들의 성격 속에 깊이 배어 들어가 그 나름의 분리된 성격처럼 자리하게 되었다.

이인성 장애

이인성 장애(depersonalization disorder)는 개인이 자기 몸에서 분리되는 듯한 느낌을 받는 것으로, 이러한 느낌은 지속되고 반복되는 특징이 있다. 이인성 장애를 가진 사람들은 개인이 마치 외부에서 자신의 사고 과정을 관찰하는 듯한 혹은 안개 속을 걷는 듯한 느낌을 경험한다. 이인성 장애를 가진 사람들은 주의, 지각에서의 변화를 경험하는데, 이러한 변화는 이들이 사건에 집중하는 것을 어렵게 만든다(Guralnik, Schmeidler, & Simeon, 2000). 그 결과, 이들은 자신이 마치 자동 운전되거나 혹은 꿈속에 있는 듯 느낀다.

리치의 사례는 이인화의 일시적 삽화를 보여주고 있다.

방과 후 우리는 아이들을 픽업해 올랜도로 갔다. 최근 난 나를 너무 혹사시켰고 이젠 휴식을 취할 때다. 디즈니 월드에서 우리는 신나는 3일을 보냈고, 막판에는 디즈니 캐릭터가 그려진 옷을 입고 디즈니 노래를 부르기도 했다. 디즈니 월드에서의 셋째 날, 불현듯 난 비현실적 감각을 느끼게 되었고, 중산층 가정의 10대들이 신데렐라 성 앞에서 춤 추며 노래하는 모습이 불편해지기 시작했다. 더위는 수그러지고 있었으나 난 땀을 흘리고 있었다. 몸이 떨리고 어지러워, 난 아무 말 없이 네 살배기의 유모차 옆 시멘트 바닥에 주저앉았다. 유모차, 아이들, 성인의 다리들이 주변에서 아른거렸고, 이해할 수 없는 이유로 바닥에 흩뿌려진 팝콘 알맹이들에 시선이 고정되었다. 갑자기 내 주변의 사람들이 모두 우스꽝스러운 기계처럼 보이기 시작했다. 마치 "It's a Small World"라는 노래의 인형들 혹은 "Jungle Cruise"의 동물들 같이 보였다. 대마초를 피울 때 사람들이 경험하는 것처럼 모든 것이 느려지는 것 같았고, 나와 남 사이에 보이지 않는 벽이 놓여진 것 같았다.

콘서트가 끝났고 아내는 내게 "무슨 일이에요?"라고 물었다. 전등 퍼레이드(전등으로 화려하게 치장한 마차나 캐릭터가 가두행진을 하는)와 불꽃놀이를 보려고 주저앉았던 것인가 아니면 그냥 몸이 좋지 않아 주저앉았던 것인가? 이제 난 내가 미쳐 가고 있는 것은 아닌지 의심되기 시작했다. 난 몸이 안 좋았다고 대답했고, 아내는 날 부축해서 모텔로 데려다주었어야 했다. 어쩌다 보니 우린 다시 모노레일을 타고 있었고 유모차를 반납하고 있었다. 역 내 사람들 속에서 난 마치 죽은 사람마냥 기다리고 있었다. 지루한 눈으로 나는 미키마우스 장식과 미키마우스 풍선을 들고 있는 아이들을 바라보았다. 모노레일의 기계 소리가 날 불안하게 했다. 나는 매직 킹덤으로 다시 돌아갈 것을 거부하였고, 대신 가족과 함께 씨월드로 갔다. 다음 날 난 아내와 아이들만 매직 킹덤에 놔두고 저녁에서야 이들을 데리러 갔다. 아내는 내가 농땡이를 피우는 줄 알았

Ed Pritchard/Stone/Getty Images, Inc.

이인증(depersonalization) 이인성 장애를 가지고 있는 사람들은 자신이 자신의 몸에서 분리되는 느낌이나 외부에서 자신이 자신의 사고를 관찰하는 듯한 느낌을 경험한다. 자신과 세계가 사실이 아닌 것 같은 느낌을 갖는다. 스트레스가 이들로 하여금 꿈속에 있다거나 자동 조종되어 움직이는 듯한 느낌을 갖도록 만들 수 있다.

고 그래서 우리는 크게 말다툼을 했다. 하지만 우리에게는 돌아갈 삶이 있었고, 그러기 위해선 내 정신 상태가 온전해야만 했다(저자의 파일에서 가져옴).

해리장애의 원인적 요인

해리장애는 심리장애 중에서도 특이한 장애이다. 해리장애를 설명하는 심리 이론들을 논하기 전, 우리는 먼저 이 장애의 존재 여부에 대해 회의적 입장이 존재함을 주목해야 한다. 해리성 기억상실증 혹은 해리성 정체감 장애를 진단받은 사람들 중 어떤 이는 자신의 증상을 거짓으로 꾸몄을 수 있다. 다른 이들은 여러 성격의 역할(치료사나 타인으로부터 무심코 암시되었거나 강화받았던 역할)을 채택했을 수도 있다. 역할을 연기한다는 것은 남들을 일부러 속이려 함을 의미하지는 않는다. 우리는 모두 사회생활에서 학생, 일꾼, 친구와 같은 역할을 채택하고 있다. 하지만 일부 해리성 정체감 장애를 가진 사람의 경우에 있어서는 다중성격의 역할이 연습을 통해 자기 성격으로 녹아 들어가 자신의 일부가 되었다.

우리는 얼마나 많은 사례들이 완전 조작이나 역할 연기에 의한 것인지 모른다. 그러나 우리는 해리성 정체감 장애를 가진 사람들의 상당수가 어린 시절(주로 5세 이전 보호자나 친척 밑에서) 끔찍한 성적 혹은 신체적 학대를 겪었다는 사실은 알고 있다(Dale et al., 2009; Foote et al., 2005; Spiegel, 2006). 그리고 많은 사람들이 신체적 학대와 성적 학대 모두를 받았다고 보고한다. 다중성격을 발달시키는 아이들은 생애 초반부터 대체 자기로 도망침으로써 학대로부터 자신을 심리적으로 격리시키는 방법을 배웠을 가능성이 있다. 해리 증상은 견딜 수 없는 상황으로부터 빠져나오는 하나의 수단을 대변하는 것일 수 있다.

다른 이론적 접근도 해리성 정체감 장애와 다른 해리성 장애들의 근원에 대한 가설을 제기하고 있다. 예를 들어, 정신역동이론에 따르면 해리장애를 가진 사람들은 부적절한 충동이 인지되거나 좋지 않은 사건들이 기억되는 것을 막기 위해 자신에게 거대한 억압을 가한다(Vaillant, 1994). 해리성 기억상실증과 해리성 둔주에서는 사람들은 극심한 충격적 사건이나 충동을 단순히 망각하거나 기억에서 지워버린다. 해리성 정체감 장애에서는 사람들은 용납될 수 없는 충동을 대체 성격을 통해 표현한다. 이인화 장애에서는 사람들은 안의 혼란으로부터 떨어져 밖에 서 있는다. 한편 학습이론가들에 따르면, 해리성 장애를 가진 사람들은 불안, 죄책, 수치감을 피하기 위해 자신들의 생각을 골치 아픈 기억이나 충동으로부터 전향하는 법을 배웠다. 정신역동이론과 학습이론은 모두 해리장애가 충격적 기억과 생각을 마음으로부터 몰아내는 데 도움을 준다고 주장한다.

우리는 평소 주의를 보이고 있는 사건들에 대해 이를 의식하지 못하도록 우리 자신의 의식을 분산시킬 수 있다. 해리장애는 인간 정체감 및 기억의 본질에 관한 많은 의문을 불러일으키고 있다. 주의가 분산될 수 있다는 것은 그리 놀랄 만한 사실이 아니다. 정말 놀라운 사실은 인간의 의식이란 것이 여러 혼돈된 경험을 의미 있는 전체에 통합하고 있다는 점이다.

신체형장애의 유형

신체형장애에는 전환장애와 건강염려증이 있다(역주 : DSM-5의 신체증상 및 관련 장애에는 신체증상장애, 질병불안장애, 전환장애 등이 있다).

전환장애

▎**전환장애** : 불안이나 무의식적 갈등이 신체적 증상으로 '전환'되는 장애로, 발현된 신체적 증상은 그 개인의 불안이나 갈등 대처를 돕는 효과를 가진다.

전환장애(conversion disorder)란 시력상실, 마비, 사지 무감각과 같은 신체 기능의 변화 및 상실을 특징으로 하는 희귀한 장애이다(Sar et al., 2004). 하지만 전환장애에서는 증상으로 나타난 기능 상실을 설명할 만한 의학적 원인이 존재하지 않으며 증상 또한 의도적으로 만들어지지 않았다. 즉 개인은 의식적으로 거짓된 행동을 꾸미지 않았다. 전환장애는 스트레스나 불안의 근원을 신체적 문제로 '전환'하는 과정을 포함한 것으로 보이기 때문에 '전환장애'라고 불리고 있다.

만약 당신이 밤 시각을 잃었다고 하자. 혹은 다리의 감각을 잃었다고 하자. 이 경우 당신은 이를 걱정할 것이고 이는 당연한 걱정일 수 있다. 하지만 전환장애를 가진 사람들은 이들 증상에 대해 무관심한 태도를 보이고, 이는 **증상 무관심증**(la belle indifférence)이라 불린다. 제2차 세계대전 중 폭격기 조종사들의 일부가 야맹증을 발달시켰다. 이들은 시신경 손상의 문제를 보이지 않은 상태에서 야맹증 증상을 경험했고, 야맹증 때문에 야간 임무를 수행할 수 없었다. 드문 사례로, 대가족을 가진 여성들에게서 다리 마비가 보고되고 있다. 앞서 경우와 마찬가지로 의학적 원인을 찾을 수 없었다. 보다 최근에는 잔학 행위를 목격한 여성이 그 결과로 시력을 잃은 일도 있었다.

▎**증상 무관심증** : 프랑스 말로 전환장애를 가진 사람들이 때때로 보이는 자기 증상에 대한 걱정 부족 상태를 일컫는 말이다.

건강염려증

▎**건강염려증** : 의학적 발견의 부족에도 불구하고 자신이 심각한 의학적 질병에 걸렸다고 지속적으로 믿는 심리장애

더 일반적인 신체형장애의 종류로 **건강염려증**(hypochondriasis)이 있다. 건강염려증은 일반 인구의 약 1~5%에서, 의학적 치료를 구하는 환자 집단의 약 5%에서 발견되고 있다(Abramowitz & Braddock, 2011; APA, 2000; Barsky & Ahern, 2004). 이 장애를 가진 사람들은 이를 뒷받침할 만한 의학적 근거가 없음에도 자신의 신체적 문제가 심각한 병 때문이라 주장한다. 이들은 자신이 아프다고 진심으로 믿으며, 병이 없다는 의학적 증거에도 불구하고 병에 대한 공포에서 벗어나지 못한다. 건강염려증을 가진 사람들은 스스로 증상을 만들어내지는 않는다. 오히려 이들은 자신이 주장하는 그 무시무시한 원인으로부터 온 것으로 보이는 누그러지지 않는 신체적 문제를 경험한다. 이들은 의사가 자신에게 잘못 알려줬거나 의사가 뭔가를 놓쳤다고 생각하며 한 의사에서 다른 의사로 의사 쇼핑을 하는 특성을 보인다.

신체형장애가 과연 여성들만의 고유 장애인가?

*Hysterical*이라는 단어는 본래 그리스어 *hystera,* 즉 '자궁'을 뜻하는 말에서 유래되었다. *Hysteria*의 사용은 고대인의 믿음으로부터 출발했는데, 히스테리아는 돌아다니는 자궁으로부터 야기된 일종의 여성 질환이라는 인식이 고대에 있었다. 즉 자궁이 한곳에 고정되어 있지 않고 몸속을 방랑할 수 있고, 자궁이 돌아다님에 따라 이는 몸 곳곳에 고통과 이상한 느낌을 야기할 수 있다고 고대인들은 믿었다. 그리스인들은 또한 임신이 자궁을 고정시키고 따라서 히스테릭한 신체적 불편도 종식시킬 수 있을 것이라 믿었다. 20세기 초반에도 몸의 이상한 느낌과 의학적 근거가 없는 불편감이 여성들만의 고유한 장애라는 믿음이 있었다. 하지만 증거는 히스테리 증상이 여성만의 장애가 아님을 보여주었다. 앞서도 언급하였듯, 제2차 세계대전 중 많은 폭격기 조종사들이 야간 시력상실 증상을 발달시켰다, 이로 인해 이들은 위험한 전쟁 임무를 피할 수 있었고, 폭격 당시 근처에 있을 수도 있는 민간인을 살해하는 죄책감으로부터 자신을 보호할 수 있었다. 이처럼 조종사들의 야맹증은 전환장애가 과거 한때 히

스테리라 불렸든 아니었든 간에 여성만의 고유한 장애가 아니라는 사실을 우리에게 알려주고 있다.

신체형장애의 원인적 요인

신체형장애는 이 신비로운 장애의 원인을 탐색하려는 심리 이론가들에 의해 꽤 파헤쳐졌다. 그러나 이들의 설명은 단순한 사색 수준에 머물러 있고, 이 장애의 이해를 돕기 위한 경험적 증거는 상당히 부족한 상태이다.

프로이트로부터 출발한 정신분석이론의 이론가들은 히스테리 증상이 기저한 심리적 갈등을 상징한다고 주장한다. 예를 들어, 아무런 의학적 이유도 없이 팔의 기능을 상실한 사람은 그 내부에 팔을 용납할 수 없는 충동(남이나 자신을 해치려는 충동)의 표현에 사용하려는 무의식적 욕망을 가지고 있을 수 있다. 자아는 절충적 해결책을 만들어냈는데, 절충적 해결책은 팔의 마비라는 증상을 만들어냄으로써 내면에 존재하는 공격적 충동을 억압하는 것이다. 팔이 마비되면 팔로 남을 해치거나 자신을 해치는 행동은 할 수 없기 때문이다. 이 견해가 옳다면, 이는 전환장애자들의(물론 모두가 그런 것은 아니겠지만) 마치 증상이 어떤 목적에 도움이 되는 양 증상에 무감해하는 행동도 설명해줄 수 있다.

학습이론의 관점에서 보면, 전환장애는 고통스런 상황의 회피 혹은 불안 유발 상황에의 회피에 의해 강화받은 학습된 반응을 대변한다. 예를 들어, 전환장애를 가진 사람은 타인으로부터 동정을 받을 수 있으며, 부담이나 책임을 면제받을 수 있다.

증거는 왜곡된 사고 패턴과 같은 인지적 요소가 신체형장애의 원인이 될 수 있음을 시사하기도 한다. 예를 들어, 연구자들은 건강염려증을 가진 사람들이 '침소봉대'하는 경향이 있음을 발견하였다(Barsky et al., 2003; Cororve & Gleaves, 2001). 건강염려증 환자가 보이는 신체적 질병의 심각성을 과장하는 경향 이면에는 인지적 편향이 존재하고 있을 수 있다.

모듈 복습

복습하기

(13) _______은/는 개인적 정보에 대한 망각을 포함한다.
(14) _______에서 개인은 여러 개의 서로 구분되는 성격이 그 개인을 장악한 것 마냥 행동한다.
(15) _______에서 사람들은 마치 자기가 자기 몸과 분리된 듯이 느낀다.
(16) 정신역동과 학습이론 모두 _______ 장애가 혼란스러운 기억이나 생각을 마음으로부터 몰아내는 데 도움을 준다고 주장한다.
(17) 해리장애를 가진 많은 이들은 신체적 혹은 성적 _______ 경험을 가지고 있다.
(18) _______에서 사람들은 기질적 근원이 없는 신체적 기능에서의 주된 변화나 신체 기능 상실을 나타낸다.
(19) _______에서 사람들은 의학적 검사를 통해 문제가 없음을 확인받았음에도 불구하고 자신이 큰 병을 가졌다고 계속해서 믿는다.

생각해보기

자신을 괴롭히는 기억이나 불안의 원천을 다루기 위한 부적응적 방식으로서의 해리장애와 신체형장애를 당신은 어떻게 설명할 것인가?

모듈 8.4

기분장애

- 기분장애의 종류에는 무엇이 있는가?
- 여성이 남성보다 우울증에 걸릴 확률이 더 높은 이유는 무엇인가?
- 기분장애의 근원에 대해 무엇이 알려져 있는가?

기분장애 : 기분에 심각한 장해를 특징으로 하는 심리장애 종류

기분장애(mood disorders)는 극심한 혹은 지속되는 기분의 문제로 특징지어진다. 혼란된 기분은 우울증이나 기분고조의 형태로 나타난다. 우리 모두는 기분 변동을 경험한다. 운이 잘 따르면 기쁨을 느낄 것이고 실패나 낙심을 경험하면 기가 꺾일 것이다. 중요한 시험을 망쳤다거나 투기적 사업에서 돈을 잃었거나, 가장 친한 친구가 아프다면 슬픔을 느끼는 것이 당연하다고 볼 수 있다. 이런 역경을 겪고도 영향을 받지 않으면 오히려 이상하게 보일 수 있다. 하지만 기분장애에서는 기분의 혼란이 극단적이거나, 지속되거나, 개인이 경험한 사건들과 동떨어진 특징을 보인다.

기분장애의 유형

여기서는 주요우울증과 양극성장애라는 기분장애의 두 가지 주요 유형을 다룰 것이다(역주 : DSM-IV의 기분장애를 DSM-5에서는 우울장애와 양극성 및 관련 장애로 구분하고 있다).

주요우울증 : 침체된 기분, 식욕과 수면패턴에서의 변화, 흥미나 즐거움의 부족을 특징으로 하는 기분장애

정신증적 : 망상적 사고나 환각 등과 같은 현실감의 상실과 관련된 것을 지칭하는 단어

양극성장애 : 기분이 고양과 우울이라는 두 양극단을 오가는 기분장애

조증 : 극도로 고양된 기분과 지나친 흥분의 삽화와 관련된 것을 지칭하는 단어

주요우울증

주요우울장애(major depressive disorder, MDD)라고도 불리는 **주요우울증**(major depression)은 심리문제의 '감기'라고 묘사되고 있으며, 일반 성인의 17%가 살면서 한 번쯤 이 문제를 가진다고 한다(Conway et al., 2006; Forgeard et al., 2011). 현재 미국 성인 12명 중 1명이 주요우울증을 앓고 있다(National Center for Health Statistics, 2012). 하지만 불행하게도 전문적 치료 도움을 받는 이는 전체의 1/3도 채 되지 않는다(Pratt & Brody, 2008).

주요우울증을 가진 사람들은 우울감을 경험하며 문제가 없었다면 즐겼을 활동에 대한 관심과 재미를 잃는다. 이들은 '의기소침함'과 무망감을 호소한다. 어떤 일에 집중하는 데 어려움을 겪거나 침대에서 일어나 무언가를 할 만한 힘 자체를 모으는 데 어려움을 겪기도 한다. 식욕의 변화(너무 많이 먹거나 너무 적게 먹음)나 수면의 변화(너무 많이 자거나, 너무 적게 자거나, 잠에서 깬 후 다시 잠을 청하는 데 어려움을 겪기도 함)를 경험하기도 한다. 울음을 터뜨리기 일쑤이며, 더 나아가 자살을 생각하거나 시도하기도 한다. 극단적인 경우에는 환각이나 망상(예 : 몸이 썩고 있다고 믿는 식의)과 같은 **정신증적**(psychotic) 증상을 경험하기도 한다.

별이 빛나고 빛나는 밤 이 자화상에서 유명 화가인 빈센트 반 고흐는 우울감에 젖은 포즈를 취하고 있다. 이 포즈는 그가 견디어 온 깊은 절망감을 드러내주고 있다. 여러 차례의 깊은 우울감을 경험한 후 반 고흐는 37살의 나이로 권총 자살을 했다.

양극성장애

이전에 조울증(manic-depression)이라 알려진 **양극성장애**(bipolar disorder)를 앓는 이들은 의기양양에서 깊은 우울을 오가는 커다란 감정 기복을 경험한다. 이러한 감정 전환은 외부 사건들과는 무관한 것으로 보인다. 기분이 고양된 **조증**(manic) 상태에서는 과한 흥분이나 바보같음(도가 지나치게 농담을 하는 등)을 보인다. 조증 상태의 개인은 지나치게 논쟁적이 되기도

한다. 재산을 파괴하거나 감당하기 힘든 큰돈을 기부하거나 귀중품을 사람들에게 나누어 주는 등 판단력이 떨어진 행동을 보이기도 한다. 사람들은 이런 조증 상태의 개인에게 짜증을 느끼며 이들을 피한다. 이들은 지나친 성욕을 보이거나, 너무나 불안하여 가만히 자거나 앉아 있지 못한다. 말을 굉장히 빠르게 하며('강압된 언어'를 보이며), 한 화제에서 다음 화제로 빠르게 화제를 바꾼다[빠른 **사고의 비약**(flight of ideas)을 보이며]. 그 결과 말을 끼어들기 어렵게 된다. 전체 인구의 0.5% 정도(200명 중 1명꼴)가 살면서 한 번은 양극성장애를 가진다(Merikangas et al., 2011).

▮ **사고의 비약** : 한 화제에서 다른 화제로 빠르게 화제를 옮겨 가는 것으로 조증 삽화 동안에 보이는 특징적인 사고 흐름

우울증은 동전의 또 다른 한 면이다. 우울 단계에서 양극성장애를 가진 사람들은 하강하는 기분을 경험하며, 평소보다 잠을 더 자고, 무기력하고 느려지는 감각을 느낀다. 이들은 사회적 철회를 보이기도 하고 신경질적이 되기도 한다. 양극성장애를 가진 사람들의 일부는 고양 상태에서 우울 상태로 기분이 바뀔 때 자살을 시도하기도 한다(Jamison, 2002). 이들은 우울에서 벗어나기 위해서라면 무엇이든 할 각오가 되어 있다. 양극성장애 연구의 권위자인 심리학자 케이 레드필드 재미슨(Kay Redfield Jamison)도 양극성장애를 앓고 있다. 그녀의 양극성장애는 10대에 처음 발병했지만, 다른 많은 환자들처럼 몇 년이 지난 28세가 되어서야 진단되었다(Ballie, 2002). 재미슨(Jamison, 1995)은 자신의 회고록 평온치 못한 마음(*An Unquiet Mind*)에서 초기 조증 삽화 동안의 경험을 도취 상태로 묘사하였다. 그녀는 조증 삽화 동안 "큰 즐거움과 엄청난 속도의 사고 흐름, 지치지 않는 에너지"를 경험했고(p.5), 이 상태에서 새로운 아이디어를 논문이나 프로젝트로 발전시킬 수 있었다고 보고하였다.

Steve Granitz/WireImage/Getty Images

캐서린 제타 존스 양극성장애 문제에 대한 대중의 관심을 모으기 위해 영화배우 캐서린 제타 존스는 자신이 양극성장애로 고통을 겪었음을 털어놓았다.

> … 밤이 낮을 뒤따르듯, 내 기분은 추락했고 정신은 멈춰 섰다. 방황하면서 혹은 공상에 잠기면서 난 학업과 친구, 독서에 대한 모든 관심을 잃었다. 내게 무슨 일이 일어나고 있는지 알지 못했으며, 또 다른 하루를 버텨야 한다는 엄청난 두려움을 가지고 잠자리에서 일어나곤 했다. 나는 학부 도서관에서 몇 시간이고 앉아 있기만 했다. 수업에 들어갈 힘조차 추스르지 못하고 말이다. 창밖을 바라보고, 책을 응시하고, 책을 정리하고, 다시 이것들을 옮기고, 책장을 열지도 않고, 그러면서 학교를 그만둘 생각을 했다… 난 무슨 일이 벌어지고 있는지 알지 못했고, 죽음만이 이 압도하는 부적절감과 절망감으로부터 날 해방시켜줄 거라 생각했다(Jamison, 1995).

천재성과 광기 사이의 경계는 얇은 것인가?

"천재성과 광기 사이에 얇은 선이 존재한다"라는 표현을 들어본 적이 있을 것이다. 어쩌면 문제의 '광기'가 조현병을 의미할지도 모른다. 왜냐하면 천재들에게서 나타나는 상상의 비약이 조현병에서도 관찰되기 때문이다. 오스카상을 받은 영화 "뷰티풀 마인드"를 떠올려보자. 이 영화에서 배우 러셀 크로우는 노벨 수학상 수상자이자 **조현병**(schizophrenia)으로 진단받은 존 내쉬라는 인물을 연기했었다. 하지만 내쉬의 노벨상 수상은 그의 병이 입원을 요구할 만큼 악화되기 전에 이룬 업적 때문에 가능한 것이었다.

▮ **조현병** : 현실감의 상실, 사고의 혼란, 와해된 행동과 정서반응을 특징으로 보이는 심각한 만성 심리장애

연구자들은 창의적 천재성과 우울증, 양극성장애와 같은 기분장애 사이에 존재하는 관련성을 발견한다(McDermott, 2001; Nettle, 2001). 많은 예술가들은 영감을 찾기 위해 절망의 깊이를 들여다보는 것 같다. 하지만 그로 인해 놀라울 정도로 많은 작가들(버지니아 울프, 실비아 플라스, 어니스트 헤밍웨이를 포함)이 스스로 목숨을 끊게 되었다. 빈센트 반 고흐가 우울 삽화 동안 자기 귀에 저지른 일을 여러분은 알 것이다.

심리학자 재미슨(Jamison, 1997)이 지적하였듯, 예술가들은 일반 인구에 비해 자살할 확률이 18배나 더 크다. 우울증을 가질 확률은 8~10배 더 크고, 양극성장애를 가질 확률은

적응과 현대인의 삶

여성이 더 우울한 이유는 무엇인가?

여성은 남성보다 우울증 진단을 받을 확률이 2배 정도 더 높다. 남성의 12%와 여성의 21%가 우울증으로 진단받는다(Conway et al., 2006; Hyde, Mezulis, & Abramson, 2008). 우울증 위험에서의 성차는 청소년기에 나타나기 시작한다. 그러면 무엇이 이러한 성차를 설명할 것인가?

생리 주기나 출산에 관여하는 호르몬의 작용과 같은 생물학적 요인이 여성에서의 더 큰 우울증 발병에 기여하는 것은 사실이지만, 우리는 이에 더해 여성이 가진 스트레스도 고려해야만 한다(Harkness et al., 2010; Plaisier et al., 2008). 여성은 종종 불공평할 정도로 높은 스트레스에 직면한다. 직장과 육아, 살림으로 인해 받는 스트레스의 정도가 남성보다 상대적으로 더 크다. 또한 신체적 · 성적 학대, 빈곤, 싱글맘, 성차별과 같은 스트레스를 경험할 확률도 더 크다. 더구나 여성은 남성보다 스트레스에 있는 사람들을 돕거나 아프고 장애를 가진 가족 구성원을 돌보는 책임을 맡을 가능성이 더 크다.

우울증에서의 성차는 서로 다른 사회적 기대와 압력을 반영한 것이기도 하다. 예를 들어, 우리 문화에서는 남성이 여성보다 우울증을 인정하거나 치료를 구할 확률이 더 낮다. 의사인 한 남성은 "전 존 웨인의 세대예요. 우울은 얕은 상처에 불과해요. 이것이 제가 우울을 다루는 방식입니다. 우울증은 나약함이라 전 생각해요. 불명예스러운 거라 할까요. 진정한 남자라면 그냥 이겨내야 한다고 봅니다"라고 말했다(Wartik, 2000에서 인용).

대처 방식에서의 차이도 우울증에서의 남녀 성차를 설명하는 데 한 역할을 한다. 심리학자 수잔 놀렌 혹시마(Nolen-Hoeksema, 2006)는 남성은 주의를 감정으로부터 분산시킴으로써 우울에 대처하는 경향이 있는 반면 여성은 문제를 반추함으로써 우울에 대처하는 경향이 있다고 믿는다. 주의분산은 문제를 마음으로부터 몰아내는 데 도움을 주지만 반추는 비참함의 감정을 더할 뿐이다(Gilbert, 2004). 한편 남성은 술에 의지함으로써 주의를 분산시키기도 한다. 이는 남성이나 그 가족들에게 새로운 문젯거리를 제공한다. 반추는 여성에게만 국한된 특성이 아니다. 남성과 여성 모두에게서 문제를 반추하고 곱씹는 경향은 우울과 관련되었다(Joormann, Levens, & Gotlib, 2011; Koster et al., 2011; Lo, Ho, & Hollon, 2008).

우리 사회에서 여성이 남성보다 더 적은 특권을 가지고 있고, 사회적 불평등은 심리치료를 필요로 하는 많은 문제를 낳는다는 점도 주목해야 한다. 여성(특히 미혼모)이 남성보다 사회경제적 지위가 낮으며, 우울증 및 기타 심리장애는 빈곤층에서 더 흔하게 나타난다. 능력 있고 열심히 일하는 여성들조차도 사회가 이들의 기회를 제한하면 우울감을 느낄 수 있다. 여성 우울증 치료의 한 부분은 여성에게 부과된 과도한 요구를 조정하는 것이다. 고통은 개인에게 있겠지만 원인은 보통 사회 안에 있다.

Dave Anthony/Taxi/Getty Images, Inc.

왜 여성이 남성보다 우울증으로 더 많이 진단되는가? 너무나 많은 가능성들이 있다. 우선 여성이 남성보다 우울의 감정을 인정할 가능성이 더 크다. 생리 주기에 동반되는 호르몬의 변화도 한 요인으로 작용할 수 있다. 직장에 다니는 여성들(오늘날의 여성들 대부분이 여기에 속한다)은 일에 더해 살림이나 육아라는 큰 책임을 여전히 지고 있다. 이에 더해 여성은 성차별로 인해 많은 경우 이류 시민으로 대우받곤 한다. 전 미국심리학회 회장인 보니 스트릭랜드(Bonnie Strickland)는 여성이 견뎌야 할 그 많은 부담에도 불구하고 우울증에 빠지지 않은 여성이 우울증에 빠진 여성보다 더 많았다는 사실에 놀라움을 표시했다.

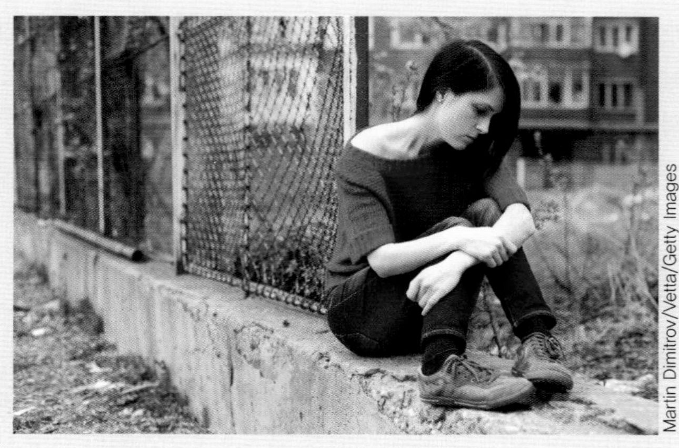

Martin Dimitrov/Vetta/Getty Images

"내 머릿속에서 그것을 떨쳐낼 수 없어" 심리학자들은 반추 혹은 문제 곱씹기를 증가된 우울증 위험과 연결시킨다. 여성들은 문제에 대해 반추하려는 경향이 있는데, 이는 이들의 우울증 유병률을 증가시키는 데 기여한다.

10~20배나 더 크다. 또한 시인 알프레드 테니슨과 작곡가 로베르트 슈만을 포함한 많은 작가들과 화가들, 작곡가들은 조증 상태에서 가장 생산적이었다. 그러나 다른 한편으로는 모든 연구가 다 창의성과 심리장애 간 연결고리를 찾은 것은 아니다(Johnson et al., 2011). 아마 둘 사이 관계의 본질과 그 의미에 대한 판단은 유보해야 할 필요가 있다. 하지만 몇몇 창의적 예술가들이 조증 상태에서의 끝없는 에너지 공급과 빠른 생각들을 예술 작품의 탄생을 위한 방향으로 돌렸으리란 것은 상상 가능하다.

원인적 요인

기분장애의 근원에 대해 무엇이 알려져 있는가? 비록 기분장애가 개인의 처리 특성과 관련됨에도 불구하고 많은 종류의 스트레스적 환경이 우울증과 관련됨을 먼저 강조하고 싶다(Kendler & Gardner, 2010; Liu & Alloy, 2010). 사랑하는 이의 죽음, 부부 갈등, 질병, 낮은 임금, 장기화된 실업, 일과 관련한 압력을 포함한 많은 스트레스원들이 우울증의 위험을 높이는 것으로 보고되고 있다(Kõlves, Ide, & DeLeo, 2010; Monroe & Reid, 2009; Muscatell et al., 2009). 확실히 기분장애의 원인은 복잡하며, 심리적 및 생물학적 요인과 인생 스트레스 간의 상호작용에 의존한다.

Anthony Potter Collection/Hulton Archive/Getty Images, Inc.

천재성과 광기 사이 사진 속 어니스트 헤밍웨이를 포함한 많은 예술가들의 삶(그리고 자살)은 정서적 고/저로 가득 차 있다. 심리학자 케이 레드필드 재미슨은 창조적 예술가들은 일반인들보다 우울증이나 양극성장애 진단을 받고 자살을 저지를 가능성이 몇 배나 더 높다고 지적하였다. 창조적 천재성과 광기 사이에는 아주 얇은 선이 있는 것인가?

심리학적 요인

지그문트 프로이트는 우울증을 내부로 향한 분노로 개념화하였다. 남의 감정을 상하게 할까 봐 혹은 남들로부터 인정을 받지 못할까 봐 과도하게 걱정하는 사람들은 분노의 감정을 밖으로 표현하기보다는 안에 담아두는 경향이 있다. 또한 이들은 사망한 사랑하는 대상에 대해 양가적 감정(사랑하는 동시에 미워하는)을 가지는 경향이 있다. 이들은 사망한 이에게 직접적으로 분노를 표출하기보다는 상실 후 자신의 성격 내부로 병합된 이들에 대한 내적 표상에 분노를 표출한다. 즉 분노는 안으로 향하고 이는 고통과 자기혐오로 경험된다. 정신역동적 관점에서 보면, 양극성장애는 자아와 초자아가 번갈아 나타나는 상태로 보인다. 먼저 성격이 초자아에 의해 지배되고 다음으로 자아에 의해 지배된다. 양극성장애의 우울증 단계에서는 초자아가 지배하고 초자아의 지배는 잘못에 대한 과장된 사고와 죄책감, 무가치감을 낳는다. 얼마 후 지배권은 자아에게로 가며, 이는 조증 단계에서 관찰되는 기분의 고양과 자신감을 만들어낸다. 지나친 자아의 표현에 대한 반응으로, 이후 죄책감이 돌아오고 개인은 다시 우울증의 나락으로 빠진다.

많은 학습이론가들은 우울한 사람들이 삶에서 기분과 행동 유지에 필요한 충분한 만큼의 강화를 얻고 있지 못하다고 제안한다. 사회인지이론가들은 우울증을 가진 많은 사람들이 외적 통제 소재를 가지고 있다고 지적한다. 즉 이들은 강화를 쟁취할 만한 사건에 대한 통제력이 자신에게 없다고 믿는다. 또한 학습이론가들에 의해 수행된 연구는 우울증과 **학습된 무기력**(learned helplessness) 간 관계성을 발견하였다. 고전적 연구에서 심리학자 마틴 셀리그만과 그의 동료들(Overmier & Seligman, 1967; Seligman & Maier, 1967)은 도피할 수 없는 전기 충격에 개를 노출시켰다. 개들은 자기들이 전기 충격에서 탈출하는 데 무기력하다는 것을 학습하였다.

학습된 무기력: 우울 행동의 습득 모델로서, 혐오 상황에서의 유기체 반응을 토대로 만들어졌다. 혐오 상황에서 자신의 반응이 강화를 받지 못함을 알게 되면 유기체는 비활성 행동을 보이는 법을 학습하게 된다.

후에 안전 지역으로 가는 장벽이 제거되었고 이로써 개들은 도피할 길이 열리게 되었다. 하지만 전기 충격이 다시 가해졌을 때, 개들은 도망가려는 노력조차 하지 않았다. 개들의 무기력이 이들의 도피 시도를 막은 듯 보였다. 개들이 보여준 무기력과 동기 부족은 우울한 사람들에게서 관찰되는 그것과 같았다. 인간에 있어서 노력에도 불구하고 강화를 얻는 데 실패하는 것(계속해서 시도하였으나 실패하는 것)은 셀리그만이 개들에게서 관찰한 무기력과 무력감을 만들어낼 수 있다. 계속적인 노력에도 불구하고 강화가 주어지지 않는다면, 우리는 강화를 쟁취하기 위한 노력을 포기하기 시작할 것이고, 자신이 강화에 대한 통제력을 가지지 못한 것으로 체념하기 시작할 것이다.

아론 벡(Aaron Beck)이나 앨버트 앨리스(Albert Ellis)와 같은 인지이론가들은 부정적 인생사건을 해석하는 방식이 우울증과 같은 정서장애로 이어질 수 있다고 믿는다. 예를 들어 벡(Beck et al., 1979; DeRubeis, Tang, & Beck, 2001)은 우울증에 취약한 사람들은 세상을 어두운 정신적 필터를 통해 바라보거나 인생 경험에 대해 편향된 해석을 하는 경향이 있다고 주장한다. 시험에서 저조한 성적을 받는 것과 같은 사소한 실망은 부풀려져 해석될 가능성이 있다. 최악의 경우를 예상하게 되며 사건의 부정적인 측면에만 신경을 쓰게 된다는 것이다. 벡은 이런 잘못된 사고 패턴을 '인지왜곡(cognitive distortions)'이라 불렀다. 또한 이러한 인지

나의 생활 나의 마음

자기 평가 : 당신의 생각이 당신을 우울하게 만드는가?

인지이론가들은 우리의 부정적 생각이 우리를 우울하게 만들 수 있다고 제안한다. 다음 목록은 우울증과 관련된 대표적인 부정적 생각들을 포함하고 있다.

지시 : 아래의 평정 방식을 사용하여 당신이 얼마나 자주 아래의 생각들을 경험하고 있는지 표시하시오. 당신의 생각과 믿음이 당신이 처한 상황에 적절하고 정확했는지 그리고 이들 생각과 믿음이 당신의 기분에 얼마나 영향을 미쳤는지 생각해보자. 만약 당신이 이런 형태의 생각을 경험하고 있고 이것이 자주 발생한다면 당신은 상담자나 치료자와 상의해보는 것이 좋을 수 있다.

1=결코 아니다
2=가끔 그렇다
3=자주 그렇다
4=매우 자주 그렇다

1. ______ 난 실패자야.
2. ______ 사람들을 만나는 것보다 집에 머무르는 게 더 나아.
3. ______ 일이 잘못될 것이라 기대한다.
4. ______ 일이 잘못됐을 때 날 비난한다.
5. ______ 자신감이 더 있었으면 하고 바란다.
6. ______ 내가 가진 단점 때문에 나 자신을 비평한다.
7. ______ 포기하고 싶은 때가 있다.
8. ______ 난 가치가 없다고 느낀다.
9. ______ 패배자라고 느낀다.
10. ______ 내가 아는 다른 사람들처럼 성공했으면 좋겠다.
11. ______ 난 나를 별로 좋아하지 않는다.
12. ______ 내가 한 일에 대한 후회가 많다.
13. ______ 미래에 대해 희망이 없다.
14. ______ 나 자신에 대해 실망한다.
15. ______ 과거 실수에 대해 계속 생각한다.

왜곡이 부정적 인생 사건에 직면하여 우울증으로의 길을 낸다고 믿는다. 〈표 8.5〉는 우울증과 관련된 인지왜곡의 예를 나열하고 있다.

크리스티의 사례는 우울증에서 보이는 수많은 인지적 요인들을 보여주고 있다.

크리스티는 33세의 부동산 중개업자로 빈번한 우울 삽화로 고생을 하고 있었다. 거래가 성사되지 못할 때마다 그녀는 자책을 했다. "조금 더 열심히 일했더라면… 협상을 더 잘했었더라면… 더 설득력 있게 말했더라면… 거래가 성사됐을 텐데." 여러 번의 실망이 잇따른 후(매번 자기 질책으로 끝나는) 그녀는 모든 것을 포기하고 싶은 생각이 들었다. 머리는 부정적 생각으로 가득 찼다. 이런 생각들은 그녀를 더 우울하게 만들고 자신감도 떨어뜨렸다. "나는 패배자야… 절대 성공 못할 거야… 모든 게 내 잘못이야… 난 잘하는 것도 없고 뭘 해도 성공 못할 거야."

크리스티의 사고방식은 다음과 같은 인지적 오류들을 포함하고 있었다 : (1) 잘못된 책임 소재(자기 자신을 부정적 사건들의 유일한 원인으로 생각하는 것), (2) 부정적 이름 붙이기(자신을 '있으나 마나 한 존재'라 생각하는 것), (3) 불행 예언하기(현재의 실망을 토대로 음울한 미래를 예측하는 것), 그리고 (4) 부정적 초점(현재의 하나의 실망을 가지고 내 성격 전체를 판단하는 것). 치료를 통해 크리스티는 사건들을 더욱 현실적으로 바라보도록, 거래가 완료되지 못했을 때 이것이 자신 때문이라는 성급한 결론을 내리지 않도록, 실망과 지각된 자기 안의 결함을 가지고 자신의 성격 전체를 판단하지 않도록 도움을 받았다. 이런 자멸적인 사고방식을 대신하여 그녀는 실망스러운 일이 벌어졌을 때 좀 더 현실적으로 생각하기 시작했다. "맞아, 난 실망했어. 난 좌절했어. 난 지금 엉망이야. 그래서 뭐? 그리고 이것은 내가 결코 성공하지 못한다는 것을 의미하는 것은 아니야. 잘못된 것을 찾아 다음에 고치면 돼. 과거 실수에 연연하지 말고 난 좀 더 먼 미래를 내다봐야 해"라고 그녀는 스스로에게 말했다(저자의 파일에서 가져옴. Prentice Hall, Inc.의 허락하에 Nevid, Rathus, & Greene, 2006에서 재인쇄).

셀리그만의 학습된 무기력에 대한 초반 개념화는 대폭적인 수정을 거쳐 **재구성된 무기력 이론**(reformulated helplessness theory)의 형태로 바뀌었다(Abramson, Seligman, & Teasdale, 1978). 수정된 이론은 강화에 대한 통제력 부족의 지각만이 우울증의 지속과 심각성을 설명할 수 없다고 주장한다. 사건 원인에 대한 사람들의 귀인(즉 자신의 실패와 실망을 자기 자신에게 어떻게 설명하는지의 문제)과 같은 인지적 요인들을 고려하는 것이 필요하다. 귀인의 예를 살펴보자. 일이 잘 풀리지 않았을 때 우리는 그 원인을 세 가지 차원에서 해석한다. 내적 혹은 외적, 안정적 혹은 불안정적, 전반적 혹은 구체적의 세 가지 **귀인 양식**(attributional style)으로 해석할 수 있다. 데이트가 잘 되지 않았던 사례를 통해 좀 더 자세히 살펴보자. 내적 귀인은 자기비난을 포함한다("내가 망쳐버렸어"의 경우에서처럼). 반대로 외적 귀인은 비난을 다른 곳에 둔다("서로 안 맞을 수도 있어" 또는 "그녀는 나한테 안 좋아"의 경우에서처럼). 안정적 귀인("내 성격 때문이야")은 문제가 고칠 수 없는 성격의 것이라고 제안한다. 불안정적 귀인("감기 때문에 그랬어")은 문제가 일시적인 상태라고 제안한다. 실패에 대한 전반적 귀인("남들과 있을 때 도대체 뭘 해야 할지 모르겠어")은 문제가 아주 크다고 제안한다. 구체적 귀인("난 처음 만나 담소를 시작하는 데 어려움이 있어")은 문제를 관리할 만한 크기로 잘라놓는다.

▌**귀인 양식** : 자신의 행동을 내적 혹은 외적 요인, 안정적 혹은 불안정적 요인, 전반적 혹은 구체적 요인으로 귀인하는 경향

연구에 따르면 우울한 사람들은 자신의 실패를 내적, 안정적, 전반적 요인－즉 개인이 고치기 상대적으로 어려운 요인－에 귀인하는 경향이 크다고 한다(Lewinsohn, Rohde, et al., 2000; Riso et al., 2003). 벡의 인지이론과 일관되게, 증거는 부정적이고 왜곡된 사고가 우울증으로 이어짐을 보여주고 있다(예 : Beevers, Wells, & Miller, 2007; Riso et al., 2003). 그렇지만 심리학자들은 지금도 귀인 양식이나 왜곡된 사고방식이 우울증의 원인으로 작용하고

표 8.5 우울증과 관련된 인지왜곡

인지왜곡의 종류	설명	예시
전무율식 사고	사건을 흑백의 논리로 보는 것(완전 좋거나 완전 나쁘다)	▮ 연인과의 헤어짐을 완전 실패로 보는가? 아니면 조금이라도 이득이 있었다고 보는가? ▮ 완벽보다 약간 떨어진 성취를 실패로 보는가? ▮ 완벽보다 약간 못한 성적을 받은 것에 대해 자신을 질책하는가?
잘못 향해진 비난	외부적 상황을 무시한 채 실망과 차질의 원인을 자기에게 두고 자기를 비판하는 경향	▮ 일이 계획대로 되어 가고 있지 않을 때 자동적으로 자신 때문이라고 생각하는가? ▮ 너무 자학한다 혹은 자신에게 너무 많은 것을 바란다라는 말을 남들이 당신에게 한 적이 있는가?
불행 예언하기	하나의 실망이 또 다른 실망으로 이어진다고 생각하는 경향	▮ 당신이 지원한 직장에서 불합격 통지서가 왔을 때, 당신이 보낸 다른 지원서들도 모두 같은 운명을 가질 것이라고 생각하는가?
부정적 초점	경험의 부정적인 측면에만 집중하는 것	▮ 부정적 측면을 계속 지껄이고 긍정적 측면을 간과하는가? ▮ 직무 평가를 받았을 때 칭찬을 간과하고 비평에만 집중하는가?
긍정적 측면 묵살하기	자신의 성취를 하찮게 보거나 부정함으로써 승리로부터 패배를 색출하는 것. 자신의 강점이나 자산을 축소시키는 것	▮ 칭찬을 받았을 때 "별거 아니야"나 "누구나 할 수 있었는데 뭘"과 같은 말로 칭찬을 묵살해버리는가? ▮ 자신의 능력에 대한 평가를 내릴 때 능력을 대수롭지 않게 여기는가?
성급하게 결론 내리기	근거 없이 결론 내리는 것	▮ 항상 최악을 기대하는가? ▮ 새로운 사람을 만났을 때 그 사람이 당신을 좋아할 수 없다고 자연스럽게 생각하는가? ▮ 가슴이 조이는 느낌이 든다면, 이를 심장 문제의 증후라 추정하는가?
파국화	부정적인 사건이나 개인적 결함의 중요도를 지나치게 과장하는 것(두더지가 파놓은 흙두둑으로 산을 만든다)	▮ 실망스러운 시험 결과에 대해 인생을 망친 것처럼 반응하는가? ▮ 마음이 자동적으로 가장 최악의 경우를 생각하는가?
정서에 기반한 추론	주어진 증거에 대한 냉철한 평가에 기반한 추론이 아닌 개인의 감정에 기반한 추론	▮ 단지 그렇게 느껴지는 것 때문에 인생이 정말로 희망이 없다고 생각하는가? ▮ 자신에 대해 좋지 않게 느껴지면 이는 당신이 무엇인가를 정말로 잘못했기 때문에 그런 것이라 믿는가?
'해야만 한다' 식의 사고	특정 과제를 성취해야만 한다 혹은 특정 목표를 달성해야만 한다 식으로 자신에게 비현실적으로 높은 요구를 하는 것	▮ 이 과목에서 만점을 받아야만 하고 만약 그렇지 못하면 패배자라 생각되는가? ▮ 지금보다 인생에서 더 나아가야만 한다고 생각하는가? ▮ 이 과목을 만점 받아야 한다고 생각하는가?(물론 만점을 받으면 좋지만 꼭 받아야만 하는 건가? 자신에게 must와 should를 계속 도입시킨다면 정신적 행복과 자존감에 어떠한 결과를 낳을지 생각해보라.)
부정적 이름 붙이기	자신이나 타인의 행동을 설명하기 위한 방법으로 자신이나 타인에게 부정적 딱지를 붙이기	▮ 사람들이 이기적이라서 당신의 욕구를 만족시키지 못한다고 생각하는가? ▮ 목표를 달성하지 못했을 때 자신을 게으르거나 멍청하다고 생각하는가?
잘못된 책임소재	타인의 문제의 원인이 자신이라고 추정하는 것	▮ 자신이 말하거나 행한 그 무엇 때문에(혹은 말하지 않거나 행하지 않은 무엇 때문에) 파트너가 우울해하거나 화가 났다고 자동적으로 가정하는가?

출처 : Nevid, 2003. Houghton Mifflin Co.의 허락하에 재인쇄. Burns, 1980에서 발췌.

있는 것인지 아니면 단순히 우울증의 결과물로 나타난 것인지 논의하고 있다(Otto et al., 2007). 이러한 논의가 진행됨에 따라 우리는 인과관계가 양쪽 모두에 적용됨을 발견할 수도 있을 것이다. 다시 말해, 부정적이거나 왜곡된 사고 패턴이 우리의 기분에 영향을 끼치고 우리의 기분은 또다시 우리가 생각하는 방식에 영향을 끼치는 그런 관계 말이다.

Panorama Media/Getty Images

왜 난 언제나 일을 망칠까? 인지이론가들은 삶의 부정적 사건을 해석하고 설명하는 우리의 방식이 실망스러운 삶의 경험에 직면했을 때 우리의 우울 취약성에 기여한다고 주장한다.

생물학적 요인

경험적 증거는 주요우울증에 있어 유전이 중요한 역할을 함을 보여주고 있으며 특히 양극성장애에 있어서는 더욱 그러함을 보여주고 있다(Duric et al., 2010; Hyman, 2011; Lau & Eley, 2010; Malhotra et al., 2011). 예를 들어, 유전적으로 100% 동일한 일란성 쌍생아는 유전적으로 50% 동일한 이란성 쌍생아보다 양극성장애를 함께 가질 가능성이 더 크다.

우울증 연구는 뇌의 신경전달 물질인 세로토닌(쾌락 상태를 조절하고 정서적 자극을 처리하는 데 관여하는 뇌의 화학물질)의 사용이 뇌에서 불규칙함을 발견하였다(Carver, Johnson, & Joormann, 2008; Oquendo et al., 2007). 중증 우울증을 가진 사람들은 종종 뇌의 세로토닌의 가용성을 높이는 약물인 프로작, 졸로프트, 세렉사에 반응한다(Richardson-Jones et al., 2010). 게다가 뇌의 이상은 몇몇 우울증 사례에서 우울증 발생에 영향을 주는 것으로 의심되고 있다(van Tol et al., 2010).

기분장애와 생물학적 요인 간의 관계는 매우 복잡하며, 현재 이 문제는 집중적으로 연구되고 있다. 비록 사람들이 우울증에 취약한 생물학적 특성을 가졌다 하더라도, 인지적 요인, 스트레스성 인생 사건에의 노출, 강화 가용성 등의 요인은 이런 경향성의 발현에 중요한 역할을 한다(Kendler, Gardner, & Prescott, 2002; Leonardo & Hen, 2006). 종합해보면, 기분장애란 여러 요인 그리고 이 요인들의 상호작용이 만들어내는 복잡한 심리문제라 하겠다(Belmaker & Agam, 2008; Haeffel et al., 2008).

모듈 복습

복습하기

(20) 두 가지 주요 기분장애 종류는 주요우울증과 ______장애이다.
(21) (남성, 여성?)이 주요우울증으로 고통받을 가능성이 더 크다.
(22) 양극성장애에서는 ______과/와 우울증을 오가는 기분 변화가 있다.
(23) 조증 상태에 있는 개인은 과대하고 망상적인 계획을 수립할 수 있으며 빠른 사고의 ______을/를 보일 수 있다.
(24) 셀리그만과 그의 동료들은 우울증과 학습된 ______ 간의 관련성을 탐색하였다.
(25) 우울한 사람들은 다른 사람들보다 실패에 대해 (내적, 외적?), 안정적, 그리고 전반적 귀인을 하는 경향이 있다.
(26) 양극성장애의 발달에 있어 (일란성, 이란성?) 쌍생아 형제 사이에 더 큰 일치가 있다.
(27) 신경전달물질인 ______의 사용에서의 불규칙성은 우울증 발달과 관련이 있다.

생각해보기

언제 우울이 심리장애로 고려되는가? 양극성장애는 일상적인 삶의 '고저(ups and downs)'와 어떻게 다른가?

모듈 8.5

조현병

- 조현병은 무엇인가?
- 조현병의 종류에는 무엇이 있는가?
- 조현병의 근원에 대해 무엇이 알려져 있는가?

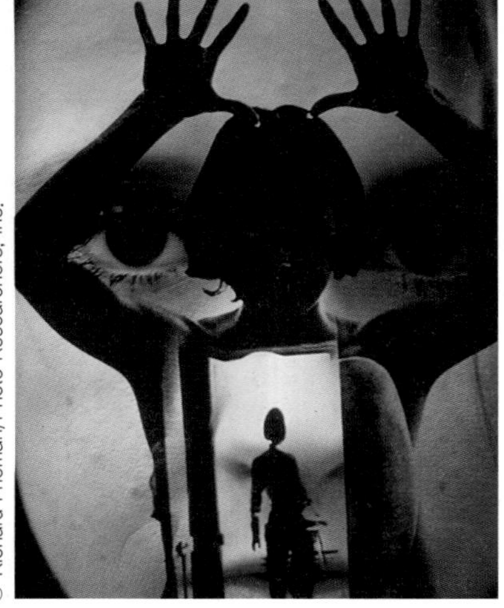

© Richard Frieman/Photo Researchers, Inc.

망상형 조현병 망상형 조현병을 가진 사람들은 종종 과대망상과 피해망상을 가지고 있다. 또한 질투망상을 가지고 있을 수도 있다. 이들은 누군가가 자신에게 말하는 소리를 듣는 것과 같은 환각을 자주 경험한다. 이들은 뉴스에서의 이야기가 암호화된 자신 관련 이야기라 믿는다. 이러한 지각적 왜곡에도 불구하고 이들의 인지적 기능은 혼란형 조현병이나 긴장형 조현병을 가진 사람들과 비교해볼 때 상대적으로 손상되지 않은 상태에 있다.

제니퍼는 19살이었다. 칼로 손목을 그은 제니퍼를 남편 데이비드가 응급실로 데려왔다. 면담 동안 제니퍼의 주의는 배회하는 듯 보였다. 환시를 보거나 환청을 듣는 것처럼 정신이 산만했다. 마치 무슨 투명한 이어폰을 낀 것 같았다.

제니퍼는 '헬스맨(hellsmen)'이 시켜서 손목을 그엇다고 말했다. 그러고는 겁에 질려 했다. 제니퍼는 헬스맨이 그들의 정체를 누설하면 안 된다는 경고도 했음을 알려주었다. 그녀는 정체를 밝힌 데 대해 헬스맨이 처벌을 할 것을 두려워하고 있었다.

데이비드와 제니퍼는 결혼한 지 1년이 되었다. 처음엔 도시 작은 아파트에서 살았다. 그러나 제니퍼는 사람들 곁에서 살고 싶지 않았고, 남편을 설득해 시골로 내려와 단층집 하나를 빌려 살게 되었다. 거기서 제니퍼는 낮 동안 도깨비와 괴물 그림을 그렸다. 그녀는 가끔씩 불안해 보였고, 보이지 않는 무엇인가에 지시받는 것처럼 행동했다.

제니퍼의 문제는 다음의 순서에 따라 진행되는 것 같았다. "나는 나쁜 사람이야", "나는 나쁜 사람이야" 혼잣말을 한다. 말이 뒤죽박죽되기 시작한다. 이럴 때면 남편은 병원에 갈 것을 권유하고 제니퍼는 이를 거부한다. 그런 다음 제니퍼의 손목 긋기가 시작된다. 남편은 집에서 모든 칼날을 치우면 안전하리라 생각하지만, 그녀는 항상 무엇인가를 찾아낸다. 병원에 실려 오고, 몇 바늘 꿰매고, 집중 감시와 항정신성 약물 투약이 시작된다. 제니퍼는 이 상황이 헬스맨의 명령 때문이었노라고 설명한다. 헬스맨이 자신에게 넌 나쁜 년이고 따라서 죽어야 한다고 말했다고 한다. 며칠 후 제니퍼는 더 이상 헬스맨의 소리가 들리지 않는다며 퇴원할 것을 주장한다. 안정을 되찾으면 퇴원이 허락되고, 퇴원 후에는 다시 같은 패턴이 반복된다(저자의 파일에서 가져옴).

응급실 스태프들이 제니퍼의 손목을 조사하고 '헬스맨'에 대해 들었을 때, 이들은 제니퍼가 개인의 삶 전 영역에 영향을 미치는 심각하고 만성적인 심리장애인 조현병을 앓고 있다고 의심했다. 조현병은 사고와 언어, 지각과 주의, 운동활동, 정서 상태, 대인관계 기능에서의 장애로 특징지어진다.

조현병은 일생 동안 지속되는 만성 장애이며, 유사한 대중적 개념으로는 '광기(madness)' 혹은 '정신이상(insanity)'이 있다. 현실 검증력의 문제로 정의되는데, 이 문제는 **환각**(hallucination)(존재하지 않은 무엇인가를 보거나 듣는 것), **망상**(delusion)(확고부동한 잘못된 믿음), 그리고 기이하고 비합리적인 행동으로 나타난다. 장애는 전형적으로 사람들이 세상으로 나아갈 시점인 후기 청소년기나 초기 성인기에 발병한다(Tandon, Nasrallah, & Keshavan, 2009; Walker et al., 2010).

환각 : 존재하지 않는 소리를 듣고 사물을 보는 것과 같이 외부적 자극이 부재한 상태에서 감각적 경험을 하는 것을 뜻한다.

망상 : 잘못되었으나 흔들리지 않는 확고부동한 믿음

조현병은 일반 인구의 1%(미국 인구의 250만 명)에서 나타나는데, 미국 인구의 250만 명이 이 장애로 고통받고 있다(International Schizophrenia Consortium et al., 2009). 여성보다는

남성에서 흔하며, 남성에게서 더 일찍 그리고 더 심각한 형태로 나타난다(Tandon, Keshavan, & Nasralla, 2008).

조현병을 가진 사람들은 기억, 주의, 의사소통에서 문제를 보인다. 이들의 사고는 풀려 있다. 일반인의 경우, 사고란 배회하게 일부러 놔두지 않는 한 보통 서로 잘 연결되어 있다. 한 시점에서 시작해도 머릿속에 떠오르는 생각들은 논리적으로 연결된 것들이다. 하지만 조현병을 가진 사람들의 경우 사고는 비논리적이다. 조현병을 가진 사람들의 말은 뒤죽박죽일 경우가 많다. 단어들을 섞어 새로운 단어를 만들기도 하고 의미 없는 운을 만들기도 한다. 유용한 정보를 전달하지 못한 채 한 화제에서 다른 화제로 화제를 금방 바꾸기도 한다. 이들은 보통 자신들의 사고와 행동이 이상하다는 것을 인식하지 못한다.

조현병을 가진 사람들의 다수는 과대망상, 피해망상, 관계망상과 같은 망상을 가지고 있다. 과대망상의 사례에서 개인은 자신이 예수나 특별한 소임을 띤 누군가와 같은 유명 역사적 인물이라 믿을 수 있다. 이들은 세상을 구할 웅대하고 비논리적인 계획을 가지고 있을 수도 있다. 이들의 생각이 사실이 아니라는 명백한 증거 앞에서도 이들은 망상을 버리지 않는다. 피해망상에 빠져 있는 사람들은 자신이 마피아, CIA, FBI, 혹은 그 외 단체들에 의해 쫓기고 있다고 믿는다. 관계망상에 빠진 한 여성은 뉴스가 자신에 대한 암호화된 정보를 보도하고 있다고 말했다. 관계망상증을 보이는 남성은 이웃들이 자기 집 벽을 '라디오'로 '도청'했다고 말했다. 다른 조현병 환자들은 자신들이 용서받을 수 없는 죄를 저질렀거나, 질병으로 인해 썩어가고 있다거나, 또는 자신 혹은 세상이 존재하지 않는다는 망상을 가지고 있었다.

제니퍼는 '헬스맨'의 환각을 느낀 것으로 보인다. 환각을 경험한 다른 사람들은 공중에서 여러 색채를 보거나 공중에서 음란 단어들의 철자가 쏟아져 나오는 것을 보기도 한다. 하지만 조현병의 경우에서는 환청이 가장 흔하다. 조현병을 가진 사람들의 운동 활동은 거칠거나 혹은 너무 느려 **혼미**(stupor)상태로 들어가기도 한다. 이들은 이상한 제스처나 얼굴 표정을 지을 수 있다. 조현병을 가진 사람의 정서적 반응은 밋밋할 수도 있고 둔화됐을 수도 있고 부적절할 수도 있다. 슬픈 뉴스에 히죽거리며 웃는 식으로 말이다. 조현병을 가진 사람들은 타인의 감정 이해에 문제를 가지고 있으며, 사회적 접촉을 피하는 경향이 있으며, 자신만의 생각과 환상에 싸여 있다.

▮ **혼미** : 감각이나 사고 과정이 무디어진 상태

조현병의 유형

조현병에는 세 가지 종류가 있다. 망상형 조현병, 혼란형 조현병, 긴장형 조현병이 그것이다.

망상형

망상형 조현병(paranoid schizophrenia)을 가진 사람들은 체계화된 망상과 흔히 이와 관계가 있는 환청을 보인다. 보통 과대망상이나 피해망상이 주를 이루지만 질투망상을 가지고 있는 경우도 있다. 질투망상에서 이들은 배우자나 애인이 바람을 피우고 있다고 믿는다. 이들은 또한 초조, 혼란, 공포를 보이기도 하고, 망상과 일관된 생생한 환각을 경험하기도 한다. 망상형 조현병을 가진 사람들은 범법행위나 학대의 주제를 포함하는 복잡하고 체계화된 망상을 구성하기도 한다.

▮ **망상형 조현병** : 주로 망상(보통 피해망상)과 생생한 환각을 특징으로 보이는 조현병의 일종

혼란형

혼란형 조현병 : 비일관적 말, 혼란되거나 단편적인 망상, 밋밋하거나 부적절한 정서적 반응을 특징으로 하는 조현병의 일종

혼란형 조현병(disorganized schizophrenia)은 앞뒤가 안 맞는 비일관적인 말, 연상의 이완, 와해된 행동, 단편적인 망상이나 환각, 밋밋하거나 아주 부적절한 정서적 반응으로 특징지어진다. 극도의 사회적 손상이 흔하다. 혼란형 조현병을 가진 사람들은 바보 같음, 기분의 경박함, 낄낄거림, 부조리한 말을 보이기도 한다. 또한 외모관리와 개인위생에 소홀하며, 방광과 장운동 조절에 문제를 보인다.

긴장형

긴장형 조현병 : 운동 활동에 현저한 손상을 특징으로 하는 조현병의 일종

긴장형 조현병(catatonic schizophrenia)을 가진 사람들은 와해된 운동(움직임) 활동을 보인다. 혼미의 상태로까지 운동 속도를 늦추다가 갑자기 안절부절 상태로 상태를 바꾼다. 긴장형 조현병을 가진 사람들은 특이하고 어려운 자세를 몇 시간이고 유지하는 모습을 보여주기도 한다. 관절이 붓고 굳어져도 이들은 계속 같은 자세를 유지한다. 이 상태와 관련한 놀랄 만한 특징은 **납굴증**(waxy flexibility)이라는 것인데, 납굴증은 남이 조작한 자세를 그대로 유지하는 것을 말한다. 긴장형 조현병을 가진 사람들은 또한 **무언증**(mutism)을 보이기도 하는데, 이들은 무언증 동안 말은 못하나 남들이 하는 이야기는 듣는 것으로 보인다.

납굴증 : 긴장형 조현병의 특징으로, 이 특징을 가진 개인들은 남이 만들어놓은 자세를 그대로 유지한다.

무언증 : 말을 하지 못하는 상태

원인적 요인

조현병의 원인에 대해서는 아직도 확실히 규명되지 않았다. 하지만 많은 연구자들은 조현병이 유전, 비정상적 뇌 발달, 스트레스적 삶의 경험과 같은 여러 요인들의 결합으로 야기된 뇌 장애라고 믿는다. 이제부터 조현병이라는 심각하고 사람을 무력화시키는 상태에 대해 우리가 지금까지 발견한 것들과 발견해야 할 것들을 살펴보도록 하자.

유전적 요인

유전은 조현병의 위험을 결정하는 데 중요한 역할을 한다(예 : Bassett et al., 2010; Grant et al., 2012; Hyman, 2011; Keshavan, Nasrallah, & Tandon, 2011). 두 사람이 유전적으로 더 가까우면 가까울수록 이 둘은 조현병을 공유할 확률이 더 높다. 과학자들은 단일 유전자가 조현병 발달에 관여하기보다는 여러 유전자가 조현병 발달에 관여한다고 믿는다(Walker et al., 2010). 전 세계 수많은 연구팀들이 조현병의 취약성을 높이는 특정 유전자를 찾으려 고군분투 중이다(예 : Boot et al., 2012; Girgenti, LoTurco, & Maher, 2012; Vacic et al., 2011).

유전이 조현병의 취약성을 결정하는 데 주된 역할을 하고 있음에도 불구하고, 유전이 조현병의 유일한 위험요인은 아니다. 일란성 쌍생아의 경우를 보면 알 수 있다. 우리는 당연히 일란성 쌍생아 형제 간 100%의 조현병 **공존율**(concordance rate)(일치율)을 기대하겠지만, 사실상 우리가 발견한 것은 40~50% 정도의 공존율이다(Carpenter & Buchanan, 1994). 즉 유전적 요인 외에 다른 요인들이 조현병 발달에 관여한다는 것을 알 수 있다.

공존율 : 쌍생아가 다른 쌍생아 형제와 특정 장애를 공유하는 비율과 같이 특정 장애가 함께 나타나는 비율

이 중 일부는 생물학적 기원을 가졌다. 조현병 환자들의 뇌 구조 이상을 시사하는 증거는 많고 또 증가 중이다. 대표적으로 조현병을 가진 사람들은 커다란 뇌실 구조를 발달시키고 있는 것으로 발견되었는데, 이는 뇌 조직(회백질)의 손실을 시사한다(예 : Arango et al., 2012; Kempton et al., 2010). 그러나 우리는 유전이 뇌 구조 발달에 영향을 줄 수 있음을 인

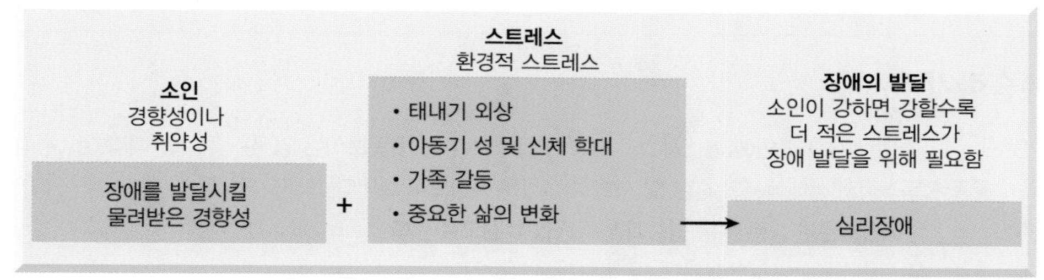

그림 8.3

조현병의 소인-스트레스 모델 소인-스트레스 모델에 의하면, 물려받은 경향성 혹은 소인이 스트레스와 상호작용하여 조현병 발병을 낳는다고 한다.

식해야 하고, 따라서 유전 요인은 뇌의 비정상적 발달과도 뒤섞여 있다고 하겠다.

요약하면, 축적되고 있는 경험적 증거는 조현병이 뇌의 장애라는 점을 알려주고 있다. 장애와 관련된 뇌 부위는 사고를 조직하게 하고, 행동을 계획하게 하며, 계획된 행동을 실행하도록 하고, 정서적 경험을 처리하게 하며, 주의를 유지하게 하는 뇌 부위이다(예 : Dobbs, 2010; Ellison-Wright & Bullmore, 2010; Gold et al., 2012; Schultz et al., 2010). 이들 기능은 조현병 환자들이 손상을 보이는 기능들이다. 조현병에서 관찰되는 뇌 이상은 뇌가 형성되고 있는 태내기, 출생 직후, 혹은 뇌가 여전히 성숙하는 초기 아동기 동안 발달할 수 있다.

신경계의 문제는 뇌 구조뿐 아니라 뇌 화학에도 관여한다. 이 계통 연구는 조현병의 도파민 이론을 낳았다.

조현병의 도파민 이론

조현병의 도파민 이론은 조현병을 가진 사람들이 신경전달물질인 도파민을 과다 활용하고 있다고 주장한다(즉 이들은 다른 사람들보다 도파민을 더 많이 사용하고 있다고 한다) (Abbott, 2010; Nasrallah et al., 2009). 그렇다고 이들의 뇌가 도파민을 과잉 생산하고 있다는 것은 아니다. 대신 이들의 뇌는 지나치게 많은 수의 도파민 수용기를 가지고 있거나 혹은 도파민 수용기가 도파민에 지나치게 민감하게 반응한다(Grace, 2010; Valenti et al., 2011).

도파민 수용기의 과잉반응성 혹은 도파민 수용기의 과다는 환각, 망상과 같은 일부 조현병 증상을 설명할 수 있다. 도파민 이론의 설명은 항정신성 약물의 뇌에서의 작용을 연구한 연구 결과에 의해 지지되고 있는데, 연구는 환각, 망상 증상 조절에 도움을 주는 항정신성 약물이 도파민 수용기를 차단함으로써 도파민의 활동을 줄이는 작용을 하고 있었음을 발견하였다. 비록 항정신성 약물이 조현병 증상 완화에 도움을 주기는 하나 이는 조현병의 치료제는 아니다.

어떻게 하면 조현병에 기저한 여러 요인들을 통합할 수 있을까? 비록 조현병 발달을 설명하는 하나의 완전한 모형이 결정되지는 않았지만, 오늘날 대부분의 연구자들은 다요인 모델을 선호한다. 다요인 모델은 유전적 요인이 조현병에 대한 경향성 혹은 **소인**(diathesis)을 만든다고 주장한다(그림 8.3 참조)(Pruessner et al., 2011). 장애에 대한 유전적 취약성(소인)이 임신기 합병증, 출산 합병증, 인생 변화, 부적절한 부모로부터의 양육과 같은 스트레스와 상호작용하여 조현병 발달로 이끈다.

소인 : 특정 장애에 대한 경향성 혹은 취약성

모듈 복습

복습하기

(28) ______은/는 사고와 언어(예 : 사고의 연결이 풀렸거나 망상을 보이는 경우), 주의와 지각(예 : 환각), 운동 활동, 정서 상태에서의 혼란 및 사회적 철회를 특징으로 보인다.
(29) ______ 조현병은 손상된 운동 활동과 납굴증을 특징으로 한다.
(30) 조현병은 가족 사이에서 (유전된다, 유전되지 않는다?).
(31) 증거는 조현병을 가진 사람들의 뇌에 (큰, 작은?) 빈 공간이 있음을 보여준다.
(32) 조현병을 가진 사람들의 뇌는 다른 사람들의 뇌보다 신경전달물질인 ______을/를 더 많이 활용하고 있다.

생각해보기

조현병은 다요인 관점에서 가장 잘 이해된다는 말은 무슨 뜻인가?

모듈 8.6 성격장애

- 성격장애의 종류에는 무엇이 있는가?
- 성격장애의 근원에 대해 무엇이 알려져 있는가?

성격장애 : 개인이나 타인에게 고통이 되는 만성적 형태의 부적응 행동

성격 특성과 유사하게, **성격장애**(personality disorder)는 지속되는 행동 패턴으로 특징지어진다. 하지만 성격장애에서 보여지는 행동 패턴은 경직되고 부적응적인 양상을 띠어 개인의 사회적, 개인적, 직업적 기능 수행에 어려움을 야기한다. 또한 경직된 행동 패턴은 성격장애자 개인 혹은 다른 사람들에게 고통을 야기하기도 한다.

성격장애의 유형

DSM 체계는 성격장애 범주에 10개 장애를 포함시키고 있다. 이들 장애는 그 보편적 행동 특성에 따라 3개의 군집으로 묶인다.

A군 : 괴상하고 별난 행동을 특징으로 보임. 편집형, 조현성, 조현형 성격장애를 포함
B군 : 지나치게 극적, 감정적, 변덕스러운 행동을 특징으로 보임. 반사회적, 경계선, 연극성, 자기애성 성격장애를 포함
C군 : 불안하고 두려운 행동을 특징으로 보임. 회피성, 의존성, 강박성 성격장애를 포함

편집형 성격장애 : 타인에 대한 계속되는 의심을 특징으로 하는 성격장애로, 망상형 조현병에서의 와해는 포함하지 않는다.

편집형 성격장애(paranoid personality disorder)의 주된 특성은 타인의 동기와 의도에 대한 의심과 타인의 행동을 위협적으로 해석하는 경향이다. 하지만 이 장애를 가진 사람들은 망상형 조현병에서의 극도의 와해된 사고는 보이지 않는다. 편집형 성격장애자들은 남을 의심하는 경향이 있으며, 사회관계는 이로 인해 고통을 받는다. 직장동료와 상사를 의심하기도 하지만 이들의 행동은 직장 생활을 유지할 만큼은 조직화되어 있다.

조현성 성격장애 : 사회적 분리나 사회적 고립을 특징으로 하는 성격장애

조현성 성격장애(schizoid personality disorder)는 사회적 고립과 사회관계에 대한 관심 부족으로 특징지어진다. 이 장애를 가진 사람들은 "외톨이"로 불린다. 이들은 남에 대해 따뜻하

고 부드러운 감정을 발전시키지 않는다. 친구가 많지 않고, 결혼할 가능성이 낮으며, 밋밋하거나 둔화된 감정을 표현한다(즉 분노, 즐거움, 슬픔과 같은 강렬한 감정들을 거의 경험하지 않는다).

조현형 성격장애(schizotypal personality disorder)는 타인과 밀접한 관계를 형성하는 것에 대한 어려움, 사고, 지각, 행동에서의 기이함(지나친 환상과 의심), 비현실감, 단어의 기이한 사용 등으로 특징지어진다. 조현형 성격장애자들은 이상한 신념을 가지고 있거나 기이한 행동을 보인다(예를 들어 미래를 예언할 수 있다고 믿는 것). 하지만 이들의 사고와 행동은 조현병 환자들의 사고와 행동만큼 와해되지 않았다.

▌**조현형 성격장애** : 사고나 행동의 특이함을 특징으로 하나 조현병과 관련된 기이한 행동은 포함하지 않는다.

경계선 성격장애(borderline personality disorder)는 불안정한 기분과 격렬한 인간관계를 가지며, 안정적 자아상과 인생의 방향감을 발달시키지 못한다(Gratz et al., 2010; Kernberg & Michels, 2009; Selby & Joiner, 2009). 또한 자해 행동과 같은 충동적이고 폭발적인 행동을 취하는 경향이 있다(Ferraz et al., 2009; Gunderson, 2011).

▌**경계선 성격장애** : 안정적 자아상을 발달시키지 못하고, 불안정한 기분과 격렬한 인간관계를 가지며, 충동적 행동의 통제에 어려움을 경험하는 성격장애

연극성 성격장애(histrionic personality disorder)는 지나치게 극적이고 감정적인 행동을 보이는 사람, 사람들 관심의 중심에 서기를 지나치게 갈망하는 사람으로 특징지어진다. 이들은 확인, 찬사, 인정에 대한 강하고 충족되지 않은 욕구를 가지고 있다.

▌**연극성 성격장애** : 지나치게 극적이고 감정적인 행동, 관심의 중심이 되고자 하는 지나친 욕구, 확인, 찬사, 인정에 대한 계속되는 요구를 특징으로 하는 성격장애

자기애성 성격장애(narcissistic personality disorder)를 가진 사람들은 고양되고 과장된 자아상을 가지고 있다. 이들은 자신이 특별한 재능 혹은 미모를 가지고 있다고 보며, 끊임없는 존경과 찬사를 필요로 한다. 그렇지 않으면 이들의 자아존중감은 급락하곤 한다.

▌**자기애성 성격장애** : 지나치게 고양되고 과장된 자기상과 끊임없는 주변의 존경과 찬사에 대한 요구를 특징으로 하는 성격장애

반사회적 성격장애(antisocial personality disorder)를 가진 사람들은 타인의 관심사, 욕구, 감정뿐 아니라 일상의 사회 관습 및 규칙에 노골적 무시를 표시한다. 이들의 반사회적 행동은 법과의 갈등을 빚어낼 수 있지만 이들은 피상적 매력과 적어도 평균 수준의 지능을 보이고 있다. 이들은 자신의 잘못된 행동에 대한 후회나 잠재적 처벌에 대한 불안감을 거의 나타내지 않는다(Goldstein et al., 2006; Kiehl, 2006). 반사회적 성격장애는 더 위험성이 많은 범죄 행위와 관련되어 있지만, 이 장애를 가진 사람들 모두가 범죄자는 아니며 모든 범죄자들이 반사회적 인격을 가지고 있는 것도 아니다(Kosson, Lorenz, & Newman, 2006; Mahmut, Homewood, & Stevenson, 2008). 이 장애는 남성에게서 더 많이 나타난다. 3~6%의 남성이 장애를 가지는 것에 비해 여성의 1%만이 이 장애를 가진다(American Psychiatric Association, 2000; Cale & Lilienfeld, 2002).

▌**반사회적 성격장애** : 반사회적이고 무책임한 행동, 타인의 관심사와 감정에 대한 노골적 무시, 잘못에 대한 후회의 부족을 특징으로 하는 성격장애

▌**회피성 성격장애** : 거부와 비판에 대한 극도의 두려움으로 확신이 없으면 관계에 들어가지 않으려 하는 성격장애

▌**의존성 성격장애** : 타인에 대한 지나친 의존과 독립적 결정의 어려움을 특징으로 하는 성격장애

▌**강박성 성격장애** : 세부적인 것에 대한 관심, 질서정연, 완벽주의에 대한 과도한 요구가 있고 지나치게 경직된 방식으로 남들과 관계하는 특징을 보이는 성격장애

회피성 성격장애(avoidant personality disorder)를 가진 사람들은 남에게 거절당하는 것을 두려워해 타인과 관계를 맺을 때 확실한 믿음이 없으면 관계를 맺는 것 자체를 꺼린다. 결과적으로 직계 가족 이외에 친한 관계를 거의 가지고 있지 않다. 그러나 조현성 성격장애와 달리 회피성 성격장애를 가진 사람들은 타인에 대한 따뜻한 감정을 형성할 수 있다. **의존성 성격장애**(dependent personality disorder)를 가진 사람들은 타인에게 지나치게 의존적이며, 어떤 옷을 사야 할지, 누구와 데이트를 나갈지, 어디서 살아야 할지와 같은 사안들에 대한 독립적 결정을 내리는 데 어려움을 나타낸다. **강박성 성격장애**(obsessive-compulsive personality disorder)를 가진 사람들은 질서정연, 세부적인 것에 대한 관심, 완벽주의에 대한 과도한 요구의 특성을 보이며, 지나치게 경직된 방식으로 남들과 관계한다.

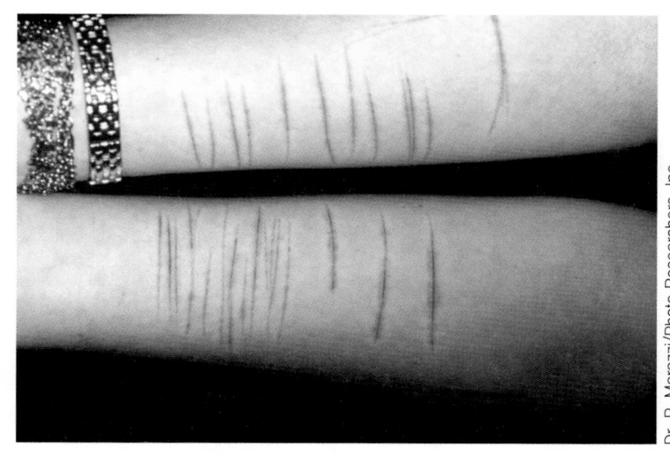

Dr. P. Marazzi/Photo Researchers, Inc.

손목 긋기 손목 긋기는 충동적인 자해 행동의 한 형태로 경계선 성격장애자들에게서 흔히 관찰된다.

Pam Francis/Getty Images, Inc.

반사회적 성격장애 연쇄살인범이자 떠돌이이며 전문적 폭력범죄자인 앙리 리 루카스는 반사회적 성격의 많은 특징들을 나타내었다. 1998년 텍사스 주지사인 조지 부시는 루카스의 사형선고를 무기징역으로 감형했다. 루카스는 2001년 감옥에서 심부전으로 사망했다. 루카스의 경우는 반사회적 성격의 전형에 맞아떨어지고 있으나 모든 반사회적 성격이 법에 저촉되는 것은 아니다.

대체로 성격장애와 관련된 성격 특성은 많은 사람들에게서 관찰되지만, 성격장애를 가진 사람들에게서는 이런 특성이 과도하게 나타나는 경향이 있다.

원인적 요인

성격장애에 대한 많은 이론적 설명은 정신역동모델에서 왔다. 전통적 프로이트 이론은 오이디푸스 콤플렉스를 성격장애를 포함한 많은 심리장애의 원인으로 상정하고 있다. 오이디푸스 콤플렉스의 잘못된 해결은 반사회적 성격장애로 이어질 수 있는데, 이는 도덕적 양심 혹은 초자아가 오이디푸스 콤플렉스의 적절한 해결에 의존하고 있다고 믿어지기 때문이다.

학습이론가들은 아동기 경험이 성인기 타인과 관계 맺는 부적응적 방식인 성격장애에 기여할 수 있다고 제안한다. 인지심리학자들은 반사회적 청소년들이 사회적 정보를 자신의 비행 행동을 지지하는 방식으로 해석한다고 믿는다. 예를 들어, 반사회적 청소년들은 타인의 행동이 사실상 위협적이지 않음에도 불구하고 위협적으로 받아들이는 경향이 있다(Dodge et al., 2002). 따라서 인지이론가들은 반사회적 청소년들과의 작업에서 이들이 사회적 도발을 자신들에 대한 위협으로 해석하기보다는 해결해야 할 문제로 해석하도록 돕고 있다.

우리는 험악하고 무정한 가정환경에서 자란 아이들이 타인에 대한 공감과 타인의 안위에 대한 관심을 발전시키지 못한다는 사실에 주목해야 한다. 이들은 자신의 행동을 안내해줄 도덕적 나침반이 부족한 것이다. 도덕적 나침반의 부족은 어떻게 이들이 죄책감과 회한도 없이 타인에게 그렇게 냉담하게 행동할 수 있는지를 설명한다. 반사회적 성격장애의 유전학은 정서 반응을 담당하는 뇌 영역인 전전두엽의 이상을 포함할 수 있다. 증거는 반사회적 성격장애 및 경계선 성격장애를 감정 조절과 충동적 행동(특히 공격적 행동) 억제에 관여하는 뇌 부위의 이상과 연결시키고 있다(Calzada-Reyes et al., 2012; Gunderson, 2011; Siegle, 2008). 많은 이상 행동 형태에서와 마찬가지로, 유전적 요인은 성격장애 발달에 한 역할을 하는 것으로 보인다(Meier et al., 2011; Raine, 2008).

모듈 복습

복습하기

(33) ______은/는 개인적 혹은 사회적 기능을 손상시키는 비융통적인 부적응적 행동이며, 개인과 타인에게 고통을 야기한다.
(34) 편집형 성격장애의 대표적 특성은 과도한 ______이다.
(35) 사회적 고립은 ______ 성격의 대표적 특성이다.
(36) ______성격장애를 가진 사람들은 타인의 권리를 침해하며, 자신의 잘못된 행동에 대한 죄책감이 거의 또는 전혀 없으며 처벌에 의해 저지되지 않는다.
(37) 연구는 ______성격을 가진 사람들은 보통 부모 애정이 부족한 가정에서 옴을 시사하고 있다.

생각해보기

개인이 나쁜 성격을 가졌다는 말과 개인이 성격장애를 가졌다는 말 사이의 차이점은 무엇인가?

위기에 처한 친구 돕기

모듈 8.7

오늘날 대학생의 사망 원인 중 교통사고 다음으로 큰 원인은 무엇이라고 생각하는가? 살인? 에이즈? 마약? 정답은 자살이다(Rawe & Kingsbury, 2006). 1,000명 이상의 미국인 대학생이 그리고 전체로는 36,000명 정도의 미국인이 매년 자살을 한다(Centers for Disease Control and Prevention, 2011). 〈표 8.6〉은 U.S. Surgeon General의 최근 보고를 바탕으로 하여 자살로 인한 국가적 비용 결과를 보여주고 있다.

자살의 요인

많은 자살은 주요우울증과 양극성장애와 같은 기분장애와 연관되어 있으며 특히 이들 장애에 동반되는 깊은 절망감과 연관되어 있다(Holma et al., 2010; Johnson et al., 2011; Witte et al., 2009). 우울증 환자의 2~15%는 자신의 삶이 절망적이고 이를 변화시킬 수 없다 느끼는 시점에 자살을 한다(Friedman & Leon, 2007). 자살을 야기하는 다른 요인들로는 음주, 물질남용, 지속적인 육체적 고통, 심각한 만성 질환, 관계 문제, 재정 문제가 포함된다(Logan, Hall, & Karch, 2011). 또한 자살한 사람에의 노출은 청소년들의 자살 위험을 높일 수 있다. 모방 자살은 청소년들의 소위 군집효과(cluster effect)에 기여한다.

자살 시도는 스트레스를 유발하는 일을 겪고 난 후에 더 흔하게 나타난다. 특히 사회적 지지가 되어주었던 누군가(배우자, 친구, 혹은 친척)를 잃었을 때 자주 발생한다. 스트레스를 받아서 자살을 고려하는 사람들은 그들이 마주하는 문제들(특히 타인과의 갈등에서 나타나는 문제들)을 해결하는 데에 어려움이 있을 수 있다. 스스로 목숨을 끊는 것 외에 해결할 수 있는 방법이 없다고 본다.

생물학적 요인도 자살과 관련된다. 우울증과 마찬가지로, 자살도 뇌 신경전달물질의 불규칙성과 유전적 요인(신경전달물질의 기능을 조절하는 데 관여하는 유전자)을 포함한다(Jokinen et al., 2008; Must et al., 2009). 뇌에서의 세로토닌 가용성 감소는 우울증과 관련을 가지는 것으로 보고되고 있는데, 이 둘 간의 관계로 볼 때 자살과 세로토닌 간 관계 또한 놀랍지 않다. 하지만 자해 충동을 포함한 충동적 행동에 대한 세로토닌의 억제 작용이 자살과 세로토닌 간 관계를 설명하는 더 직접적 요인이 될 수도 있다.

누가 더 위험한가?

우리 사회의 어떤 집단은 다른 집단보다 자살 위험성이 더 크다. 자살과 관련한 다음의 사실을 고려해보자.

- 청소년들은 암, 심장병, 에이즈, 선천적 장애, 뇌졸중, 폐렴과 인플루엔자, 그리고 만성 폐병보다 자살로 인해 더 많이 사망한다.
- 대학을 다니지 않는 사람들보다 동일 연령대의 대학을 다니는 사람들 사이에서 자살이 더 흔하다. 매년 약 1만 명의 대학생들이 자살을 시도한다. 그렇다고 하더라도 자살률은 나이가 많을수록 증가하기 때문에 65세 이상의 성인(특히 백인 남성)의 자살률이 가장 높다(Pearson & Brown, 2000).
- 남성보다 여성이 자살을 더 많이 시도하지만 자살을 성공하는 비율은 남성이 여성보다 4배는 더 높다(Cochran & Rabinowitz, 2003; Houry, 2004; Miller, Azrael, & Hemenway, 2004).
- 자살 시도 방법으로 남성들은 총기를 사용하거나 목을 매는 것을 선호하는 반면 여성들은 수면제를 선호한다. 남성들이 더 빠르고 치명적인 수단을 사용하는 경향이 있다.
- 유럽계 미국인과 아메리카 원주민은 다른 민족적, 인종적 집단보다 자살률이 더 높다(Garlow, Purselle, & Heninger, 2005; Joe et al., 2006). 젊은 아메리카 원주민의 자살률은 국가 평균 집단의 자살률의 3배 이상이라고 한다(Meyers, 2007). 절망감과 주류 사회로부터의 소외감이 많은 젊은 아메리카 원주민들의 음주와 약물남용을 촉발하였고 우울증과 자살로 이어지는 배경이 되었다.
- 나이가 많은 사람들 중에서 별거를 하거나 이혼을 한 사람들이 현재 결혼 상태에 있는 사람들보다 자살률이 2배나 더 높다(CDC, 2000c).

자살에 대한 미신

자살을 할 거라 위협하는 사람은 단지 관심을 받고 싶어 하는 것이고 정말로 진지하게 자살을 고려하는 사람은 "경고 없이 그냥 한다"라는 말을 들어보았을 것이다. 그러나 자살을 위협하는 사람들이 관심만을 추구한다는 말은 사실이 아니다. 자살을 하는 대부분의 사람들은 사람들에게 자신의 의도를 미리 경고하거나 의료서비스 제공자와 상담을 한다(Luoma, Martin, & Pearson, 2002).

자살한 사람들의 상당수에서 자살 시도가 이전에 있었음을 인식해야 한다. 사실상 최근 연구는 자살을 시도하였고 응급실에서 치료를 받았던 청소년들이 일반 청소년들보다 여성에서는 10배, 남성에서는 20배 이상 자살률이 높았음을 보여주었다(Olfson et al., 2005). 또한 통념과는 다르게, 자살에 대해 이야기하는 것은 우울한 사람들로 하여금 자살을 시도하도록 만들지 않았다. 자살을 시도하기 전 도움 인력에게 전화하거나 도움 인력을 방문하겠다는 약속을 받아내는 것은 실제 몇몇 경우에서 자살을 예방하는 데 도움을 줄 수 있다.

몇몇 사람들은 '미친' 사람들만이 스스로 목숨을 끊는다고 생각한

표 8.6 ▮ 자살에 관한 U.S. Surgeon General의 보고 : 국가적 비용

- 매 17분마다 누군가는 자살로 목숨을 잃는다. 매일 86명의 미국인들이 자살을 하고 1,500명 이상이 자살을 시도한다.
- 자살은 미국에서 사망 원인 8위에 위치해 있다.
- 미국에서 2명의 살인 피해자가 생길 때마다 3명의 자살 사망자가 발생한다.
- 자살로 사망하는 사람들이 HIV나 에이즈로 사망하는 사람의 2배이다.
- 자살을 한 노인들의 75%는 그 전달 의사를 만났다고 한다.
- 전체 자살의 절반 이상이 25~65세 성인 남성에서 발생한다.
- 자살을 시도한 사람들 중 다수가 자살 시도 직후 전문적 도움을 구하지 않았다.
- 남성은 여성보다 자살을 시도할 확률이 4배나 높다.
- 10대나 젊은 성인들은 암, 심장병, 에이즈, 선천적 장애, 뇌졸중, 폐렴과 인플루엔자, 그리고 만성 폐병을 합친 것으로 사망하는 수보다 자살로 사망하는 수가 더 많다.
- 매년 3만 명 이상의 미국인이 자살로 목숨을 잃는다.

출처 : Center for Mental Health Services, 2001; from Nevid, J. S., Rathus, S. A., & Greene, B. (2008). *Abnormal psychology in a changing world.* (7th ed.). Upper Saddle River, NJ: Prentice-Hall. Pearson Education의 허락하에 재인쇄.

다. 그러나 자살 생각은 개인이 가진 장애를 드러내는 징후가 아니다. 대신, 사람들은 선택의 여지가 없을 때 자살을 고려한다.

자살에 대한 미신과는 상관없이, 누군가가 당신에게 자살을 심각하게 고려 중이라고 털어놓았을 때 당신이 할 수 있는 몇 가지 일이 있다.

이제 무슨 말을 해야 하나? 이제 무엇을 해야 하나?

당신의 가장 친한 친구 중 한 명인 제이미와 마음을 터놓는 대화를 하고 있다고 상상해보자. 요즘 일이 잘 풀리지 않는다. 한 달 전 제이미 할머니가 돌아가셨다. 그것 때문에 제이미는 공부에 크게 지장을 받았고, 사귀는 사람과도 잘되고 있지 않았다. 그러나 제이미가 당신의 눈을 바라보며 "며칠 동안 생각해봤는데, 자살밖에는 방법이 없는 것 같아"라고 말할 때 당신은 준비가 되어 있지 않다.

누군가가 당신에게 자살을 고려하고 있다고 말한다면 아마도 당신은 무섭고 당황스럽고 엄청난 부담을 느낄 것이다. 맞는 말이다. 이런 경우 당신의 목표는 최대한 빨리 그 친구가 의료인을 만나보도록 하거나 당신 자신이 의료인을 만나보는 것일 것이다. 그러나 그 친구가 전문가와 이야기하길 거부하거나 당신이 상담을 위해 시간을 내기 어렵다면 여기 몇 가지 당신이 해볼 만한 일들이 있다.

1. **대화를 계속하라.** 당신 혹은 믿을 만한 다른 사람과 대화를 할 것을 권장해라. "무슨 일 있어?", "어디가 아파?", "어떻게 됐으면 해?" 같은 질문들을 하면서 대화를 유도하라. 이런 질문들은 좌절된 욕구를 표출하게 만들어 상대방에게 약간의 안심을 줄 수 있다. 이는 당신에게도 생각할 시간을 준다.
2. **경청자가 되라.** 자살 생각, 우울감, 무망감, 무가치감을 표현하는 사람들을 지지하라. 이들은 자신의 상태가 가망이 없고 좋아질 수 없다고 생각할 수 있다. 이들에게 당신이 곁에 있을 것이며 도움을 얻을 수 있도록 도울 것임을 알려주라. 당신이 이들의 심정을 얼마나 잘 이해하고 있는지 보여주라. "멍청하게 굴지 마"라는 말은 하지 말라.
3. **지금 당장은 보이지 않아도, 자살 이외에 다른 해결책이 있음을 제안하라.** 자살 생각을 하는 사람들은 두 가지 해결책밖에 보지 못하는 경우가 많다. 죽음이나 문제에 대한 마법 같은 해결이다. 치료자들은 잠재적 자살자들의 '정신적 눈가리개'를 벗겨내려고 노력한다.
4. **자살이 당신과 주변 사람들에게 얼마나 큰 타격을 줄 수 있는지 가능한 구체적으로 강조하라.**
5. **어떻게 자살을 할 것인지 물어보라.** 구체적인 계획과 무기를 가진 사람들은 자살의 위험성이 더 크다. 당신이 얼마 동안 그 무기(자살 수단)를 보관해주어도 괜찮겠는지 물어보라. 허락해주는 경우도 있다.
6. **자살을 위협하는 사람들에게 바보 같고 미쳤다고 말하지 말라.** 또한 부모 혹은 배우자와 같은 특정인에게 연락을 하라고 강요해서도 안 된다. 이들과의 갈등이 애초에 자살 생각을 불러일으켰을 가능성이 있기 때문이다.
7. **당신과 함께 전문가의 도움을 받으러 갈 것을 제안하라.** 지역 응급실, 자살 핫라인, 대학 상담센터, 양호실, 지역 경찰서, 혹은 119에 연락해서 도움을 구하라. 친구가 자살을 위협하고 있어서 즉시 도움이 필요하다고 말해라. 그리고 친구와 전문가나 시설에 같이 갈 것을 제안하라. 전문가에게 데려가기 전 자살을 고려하는 사람과 연락을 할 수 없다면, 그 사람과 헤어지고 나서 바로 전문적 도움을 구하라.

또한 다음의 도움 자원들을 확인해볼 수 있다.

- The national suicide hotline : 1-800-SUICIDE (1-800-784-2433).
- American Association of Suicidology의 웹사이트(www.suicidology.org)는 자살 예방법 관련 정보를 제공한다. 여기서 위기 센터 목록을 찾을 수도 있다.
- American Foundation of Suicide Prevention의 웹사이트(www.afsp.org)는 자살과 관련한 정보와 자살 및 정신건강 사이트 링크를 제공한다.
- American Psychological Association(APA)의 웹사이트(www.apa.org)는 자살의 위험요인, 경고사인, 예방에 대한 정보를 제공한다.
- National Institutes of Mental Health(NIMH)의 웹사이트(www.nimh.nih.gov)는 우울 및 다른 정신장애에 대한 정보를 포함하고 있다.
- Suicide Awareness—Voices of Education(SA/VE)의 웹사이트(www.save.org)는 자살과 우울에 관한 교육적이고 실질적인 정보를 제공한다. 웹사이트는 자살을 생각하는 가족과 친구를 돕는 방법을 소개하고 있다. Suicide Information & Education Centre(SIEC) 웹사이트(www.siec.ca)는 자살 특수 도서관을 제공하고 있다.

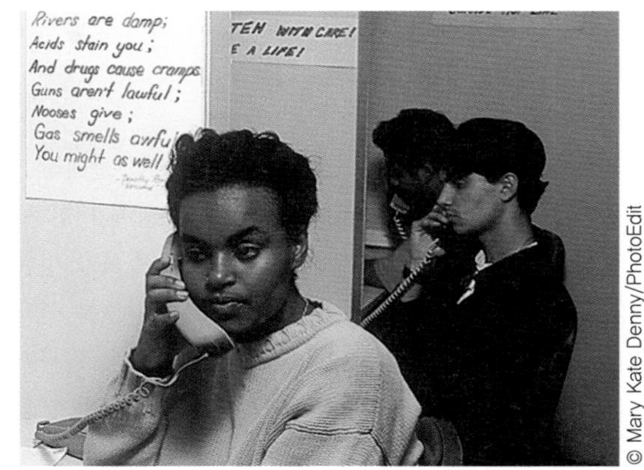

자살예방 3만 명 이상의 미국인들이 매년 자살을 하고 있다. 통념과는 달리 다수가 다른 사람들에게 자신의 자살 의도를 미리 알린다. 이들은 과거 자살을 시도하여 실패한 경험이 있을 수 있다. 자살 전문가인 에드윈 슈나이드먼(Shneidman, 1999)은 '마음의 병(psychache)'의 결과물로서 자살을 이야기하고 있다. 개인은 참을 수 없는 이 심리적 고통을 끝내야 한다고 결정한다.

제8장 복습 암송하기/암송하기/암송하기

학습 비결 : 이 질문에 대한 답을 암송하면 보다 효과적으로 학습을 할 수 있을 것이다. 우선 질문에 대한 답을 혼자 소리 내어 답해보거나 공책이나 컴퓨터에 써보라. 그리고 자신의 답을 아래의 정답 예시와 비교해 보라.

1. **심리장애를 어떻게 정의할 것인가?**
   심리장애는 기이한 행동, 사회적으로 수용되지 않는 행동, 현실에 대한 잘못된 자각, 개인적 고통, 위험한 행동, 또는 자멸적 행동과 같은 준거들로 특징지어진다.
2. **심리장애는 어떻게 범주화 혹은 분류되는가?**
   가장 널리 사용되는 분류 방식은 미국정신의학회(APA)의 진단통계 편람(DSM)에서 찾을 수 있다.
3. **적응장애란 무엇인가?**
   적응장애는 스트레스 요인의 노출 후 바로 나타나고 일상적으로 예상되는 것 이상의 기능 손상이나 고통의 징후를 야기하는 하나 혹은 그 이상의 확인된 스트레스원에 대한 부적응적 반응이다. 적응장애는 스트레스원이 없어지거나 개인이 스트레스에 대한 대처 방법을 배웠을 때 흔히 해결된다.
4. **불안장애의 유형에는 어떤 것들이 있는가?**
   비합리적이고 지나친 공포와 관련된 공포증, 갑작스러운 공황발작과 공황발작 중 통제감의 상실 · 미침 · 심장발작에 대한 두려움을 나타내는 공황장애, 일반화된 걱정 및 불안 행동과 상승된 신체 각성을 특징으로 보이는 범불안장애, 침투적 사고 그리고/혹은 특정 행동 의례를 반복해야 하는 충동을 특징으로 보이는 강박증, 외상 사건에 대한 부적응적 반응을 포함하는 외상후스트레스장애와 급성스트레스장애.
5. **불안장애의 근원에 대해 무엇이 알려져 있는가?**
   정신역동이론은 불안장애를 기저한 심리적 갈등의 견지에서 개념화하고 있다. 학습이론가들은 공포증을 조건화된 공포라고 본다. 인지이론가들은 사람들이 위협을 해석하는 방식에 집중한다. 어떤 사람들은 유전적으로 특정 공포를 획득할 소인을 가지고 있을 수 있다. 생화학적 요인은(이는 유전될 수도 있다) 불안장애의 소인을 만들어낼 수 있다.
6. **해리장애의 주요 유형은 무엇인가?**
   해리장애는 의식이나 자기정체감에서의 갑작스럽고 일시적인 변화로 정의된다. 개인적 기억을 망각하는 해리성 기억상실증, 망각에 더해 이동과 새로운 정체감의 채택을 포함하는 해리성 둔주, 하나 이상의 성격이 개인의 몸을 장악하는 해리성 정체감 장애(다중성격장애), 그리고 자신이 실제 존재하는 것 같지 않거나 유체이탈된 것같이 느껴지는 이인성 장애가 해리장애에 속한다.
7. **해리장애의 근원에 대해 무엇이 알려져 있는가?**
   많은 심리학자들은 해리장애가 마음에서 충격적 기억과 생각을 막아준다고 주장한다. 아동기 학대나 외상이 해리장애를 가진 사람들의 개인력에서 발견된다.

8. 신체형장애의 주요 유형은 무엇인가?

전환장애에서 사람들은 아무런 의학적 원인 없이 신체적 기능을 잃는다. 증상 무관심증(la belle indifférence, 증상에 대한 무관심)을 보일 수 있으며, 이것은 증상이 숨겨진 심리적 목표 성취에 도움이 되고 있음을 시사한다. 건강염려증에서 사람들은 신체적 문제의 심각성에 대한 과장된 두려움을 가지고 있으며, 의사가 그들의 두려움이 근거 없다 반복적으로 알려줘도 이로부터 안심을 얻지 못한다.

9. 신체형장애의 근원에 대해 무엇이 알려져 있는가?

여전히 의문에 싸여 있지만, 신체형장애는 기저에 있는 심리적 갈등에 대처하는 방법이거나 고통 및 불안 유발 상황을 회피하는 방법일 수 있다. 왜곡된 인지(생각)들도 역할을 한다.

10. 기분장애의 종류에는 무엇이 있는가?

주요우울장애는 지속되는 슬픔과 흥미의 상실, 무가치감 혹은 죄책감, 주의집중의 문제, 식사와 수면 조절의 어려움을 포함하는 신체적 증상들로 특징지어진다. 환각과 망상도 나타날 수 있다. 양극성 장애는 의기양양감과 우울감을 오가는 극적인 기분 변화로 특징지어진다. 조증 삽화들은 강압된 언어와 빠른 사고의 비약을 포함할 수 있다.

11. 여성이 남성보다 우울증에 걸릴 확률이 더 높은 이유는 무엇인가?

성적 차이의 일부는 생물학적 영향을 반영한 것일 수도 있지만, 우리 사회의 여성은 남성보다 전형적으로 더 큰 스트레스를 경험한다. 여성은 남성보다 더 큰 가사와 육아 책임을 맡고 있다.

12. 기분장애의 근원에 대해 무엇이 알려져 있는가?

연구는 우울증에서 학습된 무기력, 귀인 양식, 세로토닌의 불충분한 활용의 역할을 강조하고 있다. 우울증을 가진 사람들은 다른 사람들보다 실패에 대해 내적, 안정적, 전반적 귀인을 할 가능성이 크다. 신경전달물질의 조절과 관련된 유전적 요인들도 기분장애 발생과 관련된다.

13. 조현병은 무엇인가?

조현병은 사고와 언어(사고의 연결이 풀려 있고 망상을 보임), 지각과 주의(환각을 보임), 운동 활동(혼미한 혹은 흥분된 행동을 보임), 기분(밋밋하고, 둔화되고, 부적절한 정서 반응을 보임), 그리고 사회적 상호작용(사회적 철회를 보임)에서의 장해로 특징지어진다.

14. 조현병의 종류에는 무엇이 있는가?

조현병의 주요 종류에는 망상형, 혼란형, 긴장형 조현병이 있다. 망상형 조현병은 체계화된 망상을 특징으로 하고, 혼란형 조현병은 지리멸렬을 특징으로 하며, 긴장형 조현병은 운동 장해를 특징으로 한다.

15. 조현병의 근원에 대해 무엇이 알려져 있는가?

다요인 모델은 조현병에 대한 유전적 취약성이 스트레스, 임신 및 출산 합병증, 양육의 질과 같은 요인들과 상호작용하여 조현병을 만든다고 주장한다. 조현병의 도파민 이론은 조현병을 가진 사람들의 뇌가 일반인의 뇌보다 신경전달물질인 도파민을 더 많이 사용하고 있다고 주장한다. 도파민의 과도한 사용은 도파민 수용기의 과잉반응성 때문일 수도 있고 도파민 수용기의 과다 존재 때문일 수도 있다.

16. 성격장애의 종류에는 무엇이 있는가?

편집형 성격장애의 결정적 특징은 의심이다. 조현형 성격장애를 가진 사람들은 사고, 지각, 행동에서 기이함을 보인다. 사회적 철회는 조현성 성격장애의 주요 특징이다. 반사회적 성격장애를 가진 사람들은 지속적으로 타인의 권리를 침해하며 법과 반목하고 있다. 이들은 자신의 비행에 대해 죄책감이나 수치심을 거의 혹은 전혀 보이지 않으며, 처벌로 제지되지 않는다. 회피성 성격장애를 보이는 사람들은 거부와 비판의 두려움 때문에 사회적 관계에 들어가기를 회피한다.

17. 성격장애의 근원에 대해 무엇이 알려져 있는가?

정신역동이론은 많은 성격장애를 오이디푸스 문제와 연관시키고 있다. 유전적 요인은 일부 성격장애의 발달에 관여한다. 반사회적 성격장애는 여러 요인의 조합으로 발달하는 것으로 가정되고 있는데, 유전적 취약성과 아동기 가혹한 부모 양육 혹은 방임적 부모 양육과 같은 요인들이 장애 발달에 기여하는 것으로 보인다.

나의 생활 나의 마음

개인적 글쓰기 숙고하기/숙고하기/숙고하기

학습 비결 : 이 장에 나온 개념들을 자신의 경험과 관련시켜 음미하면 보다 심층 처리가 가능하다. 그렇게 되면 내용에 보다 더 개인적인 의미를 부여하게 되며 더 효과적인 학습이 가능해진다. 답을 쓸 공간이 더 필요하면 추가 페이지를 이용해도 좋다.

1. 당신은 행동이 이상하고 기이한 누군가를 알고 있는가? 이 사람이 심리장애 혹은 정신장애를 앓고 있다고 믿는가? 이러한 판단에 기초가 된 준거는 무엇인가? 당신이 사용한 준거가 교과서에서 기술된 준거와 얼마나 일치하는가?

---

2. 당신의 신념은 어떤 방식으로 당신의 감정에 영향을 주는가? 벡이 인지적 왜곡이라 묘사한 사고방식을 당신은 사용한 적이 있는가? 예를 들어, 목표에 미치지 못했다고 자신을 무자비하게 비판한 적이 있었는가? 불행을 미리 예언하거나 긍정적 증거를 무시하거나 불행한 사건을 파국화시킨 적이 있었는가? 설명하시오.

모듈 복습에 대한 답

모듈 8.1
1. 지각
2. 다축
3. III
4. 적응
5. 비정상

모듈 8.2
6. 특정
7. 공황
8. 강박
9. 외상후 스트레스
10. 정신역동
11. 조건화된
12. 소인(경향)

모듈 8.3
13. 해리성 기억상실증
14. 해리성 정체감 장애
15. 이인성 장애
16. 해리
17. 학대
18. 전환장애
19. 건강염려증

모듈 8.4
20. 양극성
21. 여성
22. 조증
23. 비약
24. 무기력
25. 내적
26. 일란성
27. 세로토닌

모듈 8.5
28. 조현병
29. 긴장형
30. 유전된다
31. 큰
32. 도파민

모듈 8.6
33. 성격장애
34. 의심
35. 조현성
36. 반사회적
37. 반사회적

CHAPTER

9

치료 : 도움을 주는 방법

개요

- 다음을 알고 있나요?
- 모듈 9.1 : 정신역동치료 : 안을 깊이 파다
- 모듈 9.2 : 인본주의-실존주의 치료 : 나 자신이 되다
- 모듈 9.3 : 행동치료 : 적응은 당신이 하는 행동에 있다
- 모듈 9.4 : 인지치료 : 적응은 당신이 생각하는 방식에 있다
- 모듈 9.5 : 집단, 커플, 그리고 가족 치료 : 치료가 개인을 넘어설 때
- 모듈 9.6 : 심리치료의 효과
- 모듈 9.7 : 심리치료와 인간의 다양성
- 모듈 9.8 : 생의학적 치료
- 모듈 9.9 : 나의 생활, 나의 마음 스트레스에 대한 정서 반응(불안, 분노, 우울)에 대처하기

복습 암송하기/암송하기/암송하기

나의 생활, 나의 마음 개인적 글쓰기 숙고하기/숙고하기/숙고하기

다음을 알고 있나요?

- 심리치료의 주요 형태는 그 순간 마음속에 떠오르는 것들을 이야기할 수 있도록 내담자를 격려하는 것이다.(321쪽)
- 지그문트 프로이트는 내담자들이 부모 및 기타 주요 인물들과 가졌던 아동기 갈등들을 치료자와의 관계에서 재연한다고 믿었다.(322쪽)
- 인지치료자들은 실망에 대한 정서적 반응이 사건 자체에 의해 결정되는 것이 아니라 사건에 대한 우리의 믿음에 의해 결정되는 것이라 믿는다.(336쪽)
- 오늘날 우리는 음악을 다운로드하거나 이메일을 확인하기 위해서뿐만 아니라 온라인으로 치료자와 상담하기 위해서 인터넷을 사용할 수 있다.(340쪽)
- 심리치료를 받는 4명 중 3명 정도가 치료 6개월 안에 유의한 긍정적 변화를 보인다.(341쪽)
- 양극성장애를 가진 사람들은 주로 간질 치료에 흔히 사용되는 항경련제에 잘 반응한다.(349쪽)
- 폭력성을 줄이는 외과적 수술기법의 개발자는 환자 중 한 명이 자신을 총으로 쐈을 때 이 기술이 항상 성공하는 것만은 아니라는 사실을 알게 되었다.(350쪽)
- 중증 우울증에 빠진 사람들은 뇌에 전류를 통과시키는 치료로 이득을 볼 수 있다.(349쪽)

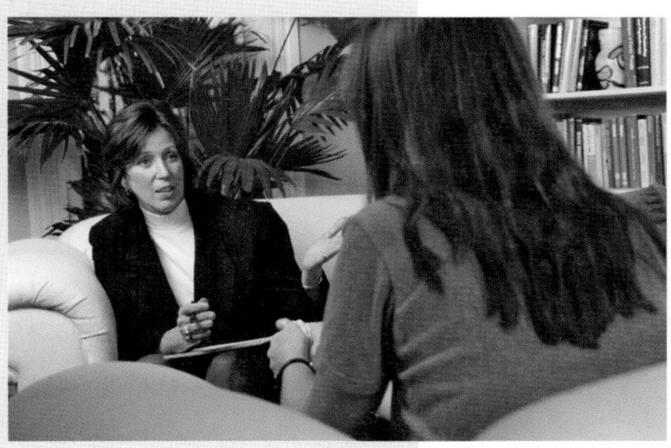
Getty Images, Inc.

쟈스민은 19살 대학 2학년생이다. 그녀는 며칠 동안 거의 쉬지 않고 울었다. 인생이 산산 조각난 듯 느껴졌다. 대학에 대한 꿈도 사라졌다. 가족에게 수치심을 안겨준 것 같았다. 자살 생각이 들었다. 아침에 침대에서 나오는 것조차 힘들었다. 친구들을 피했다. 스트레스를 안겨준 몇 가지 원인을 지적할 수 있다. 나쁜 성적, 남자친구와의 싸움, 룸메이트와의 불화. 불행이 어디선지 모르게 그녀에게 내려온 것 같았다.

쟈스민은 우울하다. 너무 우울해서 가족과 친구들이 그녀에게 전문적 도움을 받으라고 설득했다. 그녀는 만나는 치료자에 따라 다음의 것을 할지 모른다.

1. 소파에 누워 마음에 떠오르는 것을 말하고 무의식에의 접근을 위해 꿈을 탐색하기
2. 쟈스민을 있는 그대로 받아들이고 그녀 또한 자신에게 똑같이 하도록 격려하는 따뜻하고 상냥한 치료자와 얼굴을 맞대고 앉아 있기
3. 쟈스민의 생각하는 방식이 어떻게 그녀의 우울을 만들고 사고방식을 바꾸는 것이 어떻게 그녀의 우울 극복을 가능하게 할 것인지 설명하는 솔직하고 직설적인 치료자의 말을 듣기
4. 우울을 완화시키는 약을 복용하기
5. 위의 조합을 받기

다리가 부러졌다면, 전문가의 치료는 상당히 표준적인 방법을 따랐을 것이다. 신체적 문제의 치료와는 달리 우울증 같은 심리적 문제의 치료는 다양한 관점에서 접근할 수 있다. 이 장에서는 심리문제를 위한 심리적 접근 및 생물학적 접근을 포함하는 다양한 도움의 방법을 검토할 것이다. "**심리치료**(psychotherapy)는 무엇인가?"라는 질문으로부터 시작하자.

심리치료 : 치료자와 내담자 간 체계적 상호작용으로, 치료자는 내담자가 이상행동을 극복하고 생활문제에 적응할 수 있도록 내담자의 사고, 감정, 행동에 영향을 주는 심리학적 원칙들을 적용한다.

다양한 심리치료 접근법이 있지만, 이들은 어떤 측면에서 공통적이다. 먼저 심리치료를 정

의하면, 심리치료란 치료자와 내담자 사이의 체계적인 상호작용을 말한다. 이 과정에서 치료자는 내담자가 심리장애를 극복하고 생활문제에 적응하며 한 개인으로서 성장하도록 돕기 위해 내담자의 사고, 감정, 행동에 영향을 주는 심리학적 원칙들을 적용한다. 꽤나 길다고 느끼는가? 맞다. 하지만 필수적인 것에 주목해보자.

1. 체계적인 상호작용. 심리치료는 치료자와 내담자 사이의 체계적 상호작용이다. 치료자는 치료 과정을 구조화하기 위해 이론과 내담자의 문화적, 사회적 배경에 대한 이해를 적용한다.
2. 심리학적 원칙. 심리치료는 이론과 성격, 학습, 동기, 정서, 이상행동 영역의 연구를 기초로 한다.
3. 사고, 감정, 그리고 행동. 심리치료는 내담자의 사고, 감정, 행동에 영향을 끼친다. 심리치료는 이들의 일부 혹은 이들 모두를 치료의 목표로 삼는다.
4. 심리장애, 적응 문제, 그리고 개인 성장. 심리치료는 심리장애를 가진 사람들에게 자주 사용된다. 또 다른 사람들은 수줍음, 체중 문제, 배우자의 죽음과 같은 문제들에 적응하기 위해 도움을 구한다. 또 다른 사람들은 자신에 대해 더 잘 알기 위해 혹은 개인, 부모, 예술가로서 자신의 최대의 잠재력에 이르기 위해 심리치료를 이용한다.

위에 기술된 심리치료의 공통 기반을 염두에 두고, 오늘날 치료의 주요 학파의 구분되는 특징을 살펴보도록 하자.

모듈 9.1 정신역동치료 : 안을 깊이 파다

- 프로이트의 전통적 정신분석이란 무엇인가?
- 현대적 정신역동 접근은 전통적 정신분석과 어떻게 다른가?

정신역동치료는 정신역동이론의 창시자인 지그문트 프로이트(Sigmund Freud)의 생각에 기초하고 있다. 프로이트는 사람들이 자신이 생각하는 만큼 자신에 대해 잘 알지 못하며, 행동은 의식 밖의 힘에 의해 이끌어진다고 믿었다. 프로이트는 힘이 원초아(id), 자아(ego), 초자아(superego)라는 3개의 정신구조 혹은 정신상태 사이의 갈등을 포함한다고 가정하였다(제2장 참고). 이러한 갈등은 아동기로 그 기원을 거슬러 올라가고, 원초적인 성적·공격적 추동을 사회적 수용 요구와 타협시키는 데 있어서의 어려움과 관련된다. 심리적 문제는 오랜 기간 동안 감춰진(억압된) 성적·공격적 충동이 자아의 방어를 뚫고 의식화하려 할 때 혹은 초자아가 우리를 엄청난 죄책감으로 덮칠 때 발생한다. **정신분석**(psychoanalysis)이라 불리는 프로이트의 치료 방식은 최초의 정신역동적 치료이다. 정신분석은 내담자로 하여금 정신상태들 사이의 역동적 투쟁에 대한 통찰(자아의식)을 갖도록 돕는 것을 목적으로 한다. 프로이트의 관점에서 보았을 때 불안과 우울과 같은 심리문제의 뿌리에는 갈등이 있다. 일단 이러한 갈등이 의식화되고 치료를 통해 훈습되면 내담자는 심리증상으로부터 자유로워지고 좀 더 적응적인 행동을 추구할 수 있다.

정신분석 : 프로이트의 심리치료 방법

전통적 정신분석 : "원초아가 있는 곳에 자아도 있을 것이다"

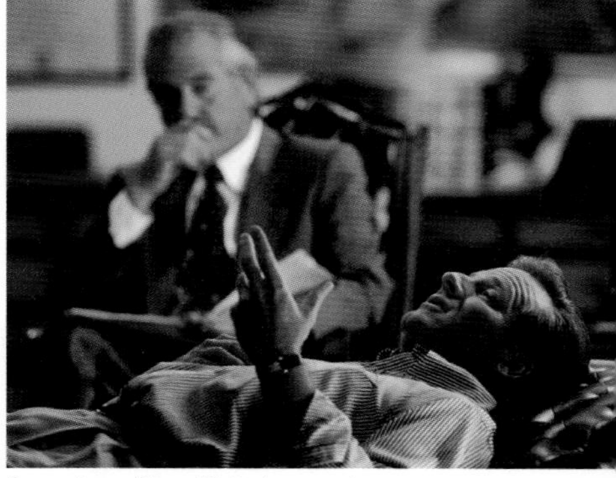

Bruce Ayres/Stone/Getty Images, Inc.

전통적 정신분석 전통적인 정신분석에서 내담자는 편안한 자세가 취해진 후 마음속에 떠오르는 어떤 주제라도 이야기하도록 요구받는다. 사고가 없다는 것은 사고가 검열된 것이다.

만약 당신이 전통적 프로이트 정신분석가와 상담을 한다면, 당신은 약간 어두운 조명의 방에서 소파에 눕도록 요구되었을 것이다. 당신은 치료자 뒤에 앉아서 아무리 사소하고 개인적인 것이라도 마음에 떠오른 것을 말하도록 요구될 것이다. 자기탐색을 방해하지 않기 위해 분석가는 매 회기 거의 말을 하지 않을 것이다. 분석 과정은 몇 년이고 지속될 수 있다.

프로이트가 발전시킨 정신분석은 문제의 원천인 갈등에 대한 통찰을 제공하는 것을 목표로 한다. 프로이트는 "원초아가 있는 곳에 자아도 있을 것이다"라는 말을 하길 좋아했다. 아마도 프로이트는 정신분석을 통해 갈등의 주 무대인 무의식적 마음에 자아의 빛을 비추려 했던 것 같다. 그는 또한 충동적이고 방어적인 행동을 대처 행동으로 바꾸려 했다. 칼 공포증을 가진 남자는 정신분석을 통해 자신이 자신을 이용한 사람들을 해치려는 충동을 억제하고 있었음을 깨닫게 될 수 있다. 칼 공포증이라는 명백한 증상은 방어적 행동으로 볼 수 있는데, 이는 칼 공포증이 파괴적 충동의 표현인 칼의 사용을 막는 데 도움을 주었기 때문이다. 그는 자신의 무의식에 내재되어 있는 파괴적 충동을 인식하고 있지 못하는 것 같았다. 그러나 치료를 통해 그는 자신의 무의식적 충동들을 인식할 수 있었고, 사회적 비난이나 자해, 타해를 초래할 수 있는 분노를 보다 안전하게 표출하는 방법도 배우게 되었다. 예를 들어, 상대방과 언어적으로 대면하는 방법 말이다.

무의식은 쉽게 자신의 비밀을 털어놓지 않는다. 무의식의 내용은 수수께끼에 가려져 있으며 일반적인 주의력이나 집중으로 접근되지 않는다. 따라서 프로이트는 무의식을 의식화하는 자유연상, 전이의 분석, 꿈의 분석과 같은 몇 가지 기법을 개발하였다.

자유연상

치료자로서 활동하던 초기, 프로이트는 최면이 내담자들의 억제된 갈등에의 집중과 자기개방을 가능하게 함을 발견하였다. 최면으로 유도된 이완된 '가수(trance) 상태'는 내담자들로 하여금 평소에 인식하지 못할 주제들을 훈습할 수 있도록 돕는 것 같았다. 하지만 프로이트는 내담자들이 최면에서 풀리는 순간 자신들이 기억해낸 내용들의 정확성을 부정하는 것을 발견하였다. 다른 내담자들은 자기개방이 감정적으로 고통스러움을 발견하였다. 이런 이유로 프로이트는 무의식적 과정에 대한 통찰을 막는 내담자의 방어를 뚫기 위해 좀 더 점진적인 방법인 자유연상에 의지하게 되었다.

▮ **자유연상** : 정신분석에서 마음속에 떠오른 검열되지 않는 모든 사고의 표현들

자유연상(free association)에서 내담자는 편안한 상태에서(예 : 편한 소파에 누움) 마음에 떠오르는 화제를 이야기하도록 요구된다. 어떠한 생각도 검열하지 않는 것이 원칙이다. 정신분석가들은 내담자들이 이 화제에서 저 화제로 자유롭게 배회하도록 요청한다. 하지만 분석가들은 내담자 안에서 일어나는 과정이 완전히 자유롭다고는 믿지 않는다. 억제된 충동들은 해방을 요구하며 내담자의 언어적 배회는 종국에는 내부의 핵심을 건드리게 된다. 자아는 이런 수용할 수 없는 충동과 위협적 갈등을 억압할 것을 끈질기게 요구한다. 결과적으로 내담자는 위협적인 생각을 떠올리거나 이야기하는 것에 **저항**(resistance)을 보인다. 이런 생각을 떠올리려는 내담자는 "머릿속이 백지다"라고 말한다. 내담자는 분석가를 지나치게 요구적이고 배려심 없는 사람이라고 책망할 수 있다. 위협적인 소재가 표면화되려 하면 내담자는 다음 진료를 '의도적'으로 까먹기도 한다.

▮ **저항** : 충동과 원초적 생각의 자유로운 표현을 막으려는 경향, 억압이라는 방어기제의 표현

아마도 분석가는 섬세한 방법을 사용하여 무의식적 소재를 언어화하는 쪽으로 정세를 변

▌**해석** : 정신분석이론에서 나오는 개념으로 개인 내부에 잠재해 있는 감정이나 갈등에 대해 설명을 제공하는 것을 의미

▌**전이** : 개인이 부모와 같은 사람에게 반응하던 방식대로 배우자나 정신분석가와 같은 사람에게 반응하는 것

화시킨다. 때때로 분석가는 내담자의 발언과 저항에 **해석**(interpretation)을 제공한다. 해석을 통해 분석가는 내담자의 발언과 저항이 이들 내 깊게 자리한 감정과 갈등을 얼마나 잘 드러내 보이는지 설명해준다. 점진적인 자아발견과 자기통찰의 과정이 뒤를 잇는다.

전이

프로이트는 내담자가 치료자에게 한 개인으로서 반응할 뿐만 아니라 살아가면서 다른 사람들에게 보였던 태도와 감정을 반영하는 방식으로 반응한다고 믿었다. 그는 이 과정을 **전이**(transference)라 명명했다. 예를 들면, 한 젊은 여성이 프로이트를 아버지로 생각하고 반응할 수 있다. 그녀는 아버지를 향한 감정을 프로이트에게 전위시켜 애정과 지혜를 갈구할 수 있다. 한편 한 젊은 남성은 프로이트를 아버지 존재로 생각하지만 애정을 구하는 대신 프로이트를 경쟁자로 간주하고 오이디푸스적 경쟁자로서 반응할 수 있다.

전이를 분석하고 훈습하는 과정은 정신분석에서 중요한 부분이다. 이는 하루아침에 이루어지는 일이 아니며, 완전한 훈습에 이르기까지 보통 수년이 소요된다. 프로이트는 내담자들이 아동기 부모 혹은 주요 인물들과 가졌던 갈등을 치료 과정에서 재연한다고 생각했다. 그들은 그들 부모에게 느꼈던 분노, 사랑, 질투의 감정을 분석가에게 전이시킬 수 있다. 어린 시절의 갈등은 흔히 미해결된 사랑, 분노, 거절의 감정을 수반한다. 내담자는 치료자의 제안을 비난으로 해석해 엄청난 일격으로 받아들일 수 있다. 이는 내담자가 어린 시절 부모의 거부로 억제해 온 자기혐오의 감정을 치료자에게 전이시킨 것이다. 전이는 또한 내담자가 타인과 맺고 있는 관계(배우자 혹은 고용주와의 관계)를 왜곡할 수 있다. 아래의 치료적 대화는 분석가가 아내에게 자신의 요구를 전달하지 못하는 내담자의 무능력함을 전이의 표현으로서 해석하는 방식을 보여주고 있다. 치료 목적은 현재 아내와의 관계가 얼마나 과거 어머니와의 관계에 의해 영향을 받았는지 내담자인 아리안즈 씨로 하여금 통찰할 수 있도록 돕는 것이었다.

아리안즈 : 맞아요, 선생님. 정확히 짚으신 것 같아요. 저희는 소통을 안 하고 있었어요. 저는 아내한테 뭐가 문제인지, 그녀에게 무엇을 원하는지 말하지 않았어요. 아마도 전 말을 안 해도 아내가 절 이해해주길 기대한 것 같아요.

치료사 : 마치 아이가 엄마에게 거는 기대처럼요.

아리안즈 : 제 엄만 아니에요!

치료사 : 네?

아리안즈 : 아니에요, 제 엄마는 당신 문제로 제게 신경을 써주지 않았다고 생각해요. 한번은 제가 자전거를 타다 다쳐서 피투성이인 채로 엄마에게 갔었어요. 엄마는 저를 보고 화를 내시며 안 그래도 아버지와 문제가 많았는데 골칫거리를 더 만든다고 소릴 질렀어요.

치료사 : 그때 기분이 어땠는지 기억나나요?

아리안즈 : 기억은 잘 안 나지만, 그 일 이후로는 어머니 앞에서 다시는 제 문제를 꺼내지 않았어요.

치료사 : 그때가 몇 살이었나요?

아리안즈 : 아홉 살이었어요. 그때 생일선물로 자전거를 받았던 기억이 나요. 그때 자전거가 조금 커서 타다 다쳤던 것 같아요.

치료사 : 그때의 그 태도를 현재 결혼 생활에 그대로 가져온 것 같지는 않나요?

아리안즈 : 무슨 태도요?

치료사 : 부인도 어머니와 똑같이 당신의 어려움에 매정하게 대할 것 같은 기분이요. 신경을 못 써줄 만큼 다른 것에 너무 사로잡히거나 바빠서 당신의 경험을 얘기해봤자 아무런 의미가 없을 것 같은 그런 느낌을 말하는 겁니다.

아리안즈 : 하지만 아내는 제 어머니랑 너무 달라요. 아내는 제게 가장 중요한 존재예요.

치료사 : 어떤 면에서는 그렇게 생각할 수 있어요. 하지만 더욱 깊은 수준에서는 사람들 — 여성 혹은 당신과 가까운 여성 — 은 모두 똑같으며 그들에게 과거처럼 거절을 당할 것이란 두려움이 있어요.

아리안즈 : 선생님 말씀이 맞을 수도 있어요. 하지만 그 일은 너무 오래전 일이고 이젠 극복해야만 해요.

치료사 : 사람의 마음은 그렇게 작동하는 것이 아니에요. 충격이나 실망이 너무 강렬하면 자기 자신에 대한 모습이나 세상에 대한 기대가 영구적으로 고정되어버릴 수 있어요. 그 외의 부분은 성장을 해요. 즉 우리는 스스로의 경험을 통해 배우고 타인의 경험을 보고, 듣고, 읽어서 배우게 되지만, 우리가 상처를 받은 그 부분만큼은 변하지 않아요. 당신이 결혼 생활에 당신의 과거 태도를 가지고 간다고 했던 제 말의 의미는 당신이 이해받고 싶고 상처나 학대에 대해 위로받고 싶을 때 당신은 아직도 그때 그 9살 아이처럼 퇴짜 맞고 희망도 없는 것처럼 느낀다는 그런 의미예요.

출처 : Basch(1980), pp. 29-30.

현대 정신역동 심리치료 고전적인 정신분석자들과는 달리 많은 현대 정신역동 심리치료자들은 좀 더 짧고 내담자와의 직접적 얼굴대면을 포함하는 보다 더 직접적인 형태의 치료를 사용하고 있다. 이들은 전통적 분석자들보다 내담자 방어와 전이관계의 직접적 탐색에 더 큰 초점을 두고 있다.

꿈 분석

프로이트는 자주 내담자들에게 치료 때 논의할 수 있게 잠에서 깨자마자 자신이 꿨던 꿈을 적어 오라고 요청했다. 그는 꿈을 '무의식으로의 왕도'라 생각했다. 그는 꿈의 내용이 무의식적인 과정과 낮에 일어난 사건들에 의해 결정된다고 믿었다. 무의식적 충동은 주로 꿈에서 **소원 성취**(wish fulfillment)의 형태로 표현된다.

소원 성취 : 개인 내부에 기저한 소망, 욕망, 충동을 꿈이나 공상을 통해 만족시키는 것

그러나 수용할 수 없는 성적, 공격적 충동은 내담자가 살고 있는 시대와 문화를 반영한 물건이나 상황으로 대체될 가능성이 높다. 이 물건들은 무의식적 소원의 상징이 된다. 예를 들자면, 길고 가는 꿈의 물건은 **남근 상징**(phallic symbol)이 될 수 있지만, 그 상징이 창, 소총, 변속 레버, 혹은 우주선 모양을 갖는 것은 꿈꾸는 사람의 문화적 배경을 부분적으로 반영한다.

남근 상징 : 남성 성기를 대변하는 신호들

프로이트의 이론은 꿈의 지각된 내용을 외현적 혹은 **명시적 내용**(manifest content)이라 부른다. 그리고 그것의 숨겨진 혹은 상징적인 내용을 **잠재적 내용**(latent content)이라 부른다. 어느 한 남자가 하늘을 나는 꿈을 꿨다고 하면, 나는 행위는 꿈의 명시적 내용이 된다. 프로이트는 보통 나는 행위를 발기의 상징으로 해석했으며, 따라서 이 경우 정력에 대한 걱정이 꿈의 잠재적 내용을 구성한다 하겠다. 프로이트는 같은 내용의 꿈을 꾸더라도 사람마다 의미하는 바가 다를 수 있으므로 분석가는 각 내담자마다 특정 꿈이 어떠한 의미를 가지는지 탐색할 필요가 있다고 주장하였다(Lear, 2000).

명시적 내용 : 정신역동이론에서 꿈의 보고된 내용

잠재적 내용 : 정신역동이론에서 꿈의 상징화된 혹은 숨겨진 내용

현대적 정신역동적 접근

몇몇 정신분석가들은 프로이트의 기법을 충실히 고수한다. 그러나 최근에는 더욱 현대적인

정신역동치료 형태들이 고안되었다. 현대적 정신역동치료는 기존보다 더 간결하고 덜 강렬하여 장기간 치료를 받을 수 없는 형편의 내담자들에게도 활용 가능하다. 결과적으로 현대 분석가들은 기저하는 방어와 전이가 어떻게 내담자에게 관계 문제를 일으키는지 직접적으로 검토함으로써('양파를 까는 것'에 비유할 수 있는 과정) 전통적 분석가들보다 더 직접적인 접근을 취하고 있다(Gothold, 2009). 또 다른 차이점은 내담자와 치료자가 얼굴을 맞대고 앉으며(내담자는 소파에 눕지 않는다) 내담자가 자유롭게 연상하는 대신 분석가가 내담자에게 직접적인 질문을 한다는 데 있다. 마지막으로, 현대적 방법은 성격의 '집행자'인 자아에 더 큰 초점을 두며, 성적 문제와 원초아의 활동을 덜 강조하는 특징을 보인다(Knoblauch, 2009). 이 이유로 많은 현대 정신역동 치료자들은 자신들을 **자아 분석가**(ego analysts)로 간주하고 있다. 증가하는 증거들은 정신역동치료의 현대적 형태들이 주요우울증, 경계선적 성격장애, 신경성 폭식증 같은 심리장애의 치료에 효과적임을 보여주고 있다(예 : Bateman & Fonagy, 2009; Driessen et al., 2010; Lampard et al., 2011; Leichsenring & Rabung, 2008; Paris, 2008; Rieger et al., 2010; Shedler, 2010).

자아 분석가 : 원초아의 가설화된 무의식적 기능보다는 자아의 의식적, 대응적 행동에 초점을 두는 정신역동적 향성을 가진 치료자들

칼 융, 알프레드 아들러부터 카렌 호나이, 에릭 에릭슨에 이르는 프로이트의 추종자이자 '2세대' 정신분석가들은 프로이트가 성적 충동과 공격적 충동을 너무 강조했고 자아의 역할을 과소평가했다고 믿고 있다. 예를 들어, 에릭슨은 가치관과 염려에 대해 내담자와 직접적으로 이야기했고, 내담자가 원하는 행동 양식을 발달시킬 수 있도록 격려하였다. 프로이트의 딸이자 정신분석가인 안나 프로이트(Anna Freud, 1895~1982)조차도 무의식적 힘과 갈등보다 자아에 더 큰 관심을 보였다.

모듈 복습

복습하기

(1) 지그문트 프로이트에 의해 개발된 정신분석치료에서 치료자는 내담자 문제의 근원에 있다고 간주되는 _______ 갈등을 조명하려 했다.

(2) 정신분석은 기저하는 갈등에 대한 _______을/를 발달시킬 수 있도록 내담자를 돕는 데 집중한다.

(3) 전통적 정신분석의 기법으로 자유연상, _______의 분석과 훈습, 그리고 꿈의 분석이 있다.

(4) 프로이트는 _______을/를 '무의식으로의 왕도'라 생각했다.

(5) 프로이트는 꿈의 내용을 두 종류로 구분하였다. _______ 내용과 _______ 내용이 그것이다.

생각해보기

'현대의' 정신분석 접근은 프로이트의 전통적 방법과 어떻게 구분되는가? 이들은 왜 다른가?

모듈 9.2 인본주의-실존주의 치료 : 나 자신이 되다

- 칼 로저스의 내담자 중심 치료의 방법은 무엇인가?
- 프리츠 펄스의 게슈탈트 치료의 방법은 무엇인가?

정신역동치료는 내적 갈등과 무의식적 과정에 초점을 둔다. 반면 인본주의-실존주의 치료는 내담자의 주관적, 의식적 경험의 질에 초점을 둔다. 전통적 정신분석은 초기 아동기에 초점

을 둔다. 인본주의-실존주의 치료는 내담자가 '지금-여기에서' 경험하는 것들에 초점을 둔다. 인본주의-실존주의 전통에 있는 치료자들은 개인의 선택, 삶의 의미와 목적을 강조하는 현대 철학 사조인 실존주의의 가르침에 영향을 받았다.

인본주의-실존주의 치료자들은 과거의 중요성을 묵살하지 않았다. 과거는 현재의 생각, 감정, 행동에 영향을 끼치기 때문이다. **내담자 중심 치료**(client-centered therapy)의 창시자인 칼 로저스와 **게슈탈트 치료**(Gestalt therapy)의 창시자인 프리츠 펄스는 어려서 타인의 가치관과 기대를 받아들이는 것이 이후 내담자 자신의 성격 일부분을 부인하게 만든다는 점을 인식하였다.

내담자 중심 치료 : 칼 로저스의 심리치료 방법으로, 내담자가 자유롭게 자기를 탐색하고 표현할 수 있도록 하기 위해 따뜻하고 치료적인 분위기를 만들 것을 강조한다.

게슈탈트 치료 : 프리츠 펄스가 주창한 심리치료 형태로, 내담자의 전체적 자기 지각을 돕도록 고안된 직접적 방법을 사용하여 성격의 갈등적 부분들을 통합하고자 시도한다.

내담자 중심 치료 : 자기실현을 막는 장애물을 제거하다

칼 로저스(Carl Rogers, 1902~1987)는 내담자 중심 치료라는 치료 형태를 발전시켰다. 내담자 중심 치료는 개인이 자신의 가치관과 준거틀에 의존할 것을 장려한다(Raskin, Rogers, & Witty, 2008). 그의 방식은 사람들이 자신의 진정한 감정과 접촉하고 다른 사람들의 희망과 상관없이 자신만의 관심사를 추구하도록 돕는 것을 목적으로 한다.

로저스는 과거의 짐에도 불구하고 인간은 인간의 운명을 선택하고 통제할 자유가 있다고 믿었다. 그는 또한 인간은 건강, 성장, 성취를 지향하는 자연스런 성향이 있다고 믿었다. 심리적 문제들은 자기실현(로저스는 개인의 잠재력을 실현시키기 위해 노력하는 선천적 경향성을 자기실현 경향성으로 봄)으로 향하는 길에 놓인 장애물로 인해 나타난다. 어려서 사람들이 원하는 방식대로 행동했을 때에만 인정을 받았다면, 우리는 그들이 반대하는 우리 자신의 일부를 우리의 것으로 인정하지 못할 것이다. 우리는 인정을 받기 위해 스스로에게 낯선 사람으로 보일 정도로 사회적 가면을 쓸지도 모른다. 우리는 보이는 방법을 배울 수는 있으나 들리는 방법을 배울 순 없다. 결과적으로 우리는 우리의 진정한 감정들이 표현되려 하면 불안을 경험하게 된다.

내담자 중심 치료는 우리가 부정한 우리 일부에 대한 통찰을 제공한다. 이를 통해 우리는 우리를 하나의 완전체로 느끼게 된다. 치료는 따뜻하고 치료적인 분위기를 조성하여 내담자의 자기탐색과 자기표현을 고무한다. 치료자의 내담자에 대한 수용은 내담자의 자기수용과 자아존중감 신장을 위해 의도되었다. 자기수용은 자신의 고유한 잠재력을 개발하는 선택들을 하도록 내담자를 해방시킨다.

내담자 중심 치료는 비지시적이다. 내담자가 주도권을 가지고 있으며, 내담자 스스로 문제를 말하고 탐색한다. 효과적인 내담자 중심 치료자는 다음의 자질을 가지고 있다.

1. **무조건적 긍정적 존중**(unconditional positive regard) : 내담자가 무슨 행동을 하든 이들을 고유한 가치관과 가치를 지닌 인간으로서 무조건적으로 존중함
2. **공감적 이해**(empathic understanding) : 내담자의 경험과 감정에 대한 정확한 인지를 말함. 치료자들은 자신의 가치관을 버리고 내담자의 말을 경청함으로써 세상을 내담자의 준거틀을 통해 바라보려고 노력함
3. **진실성**(genuineness) : 내담자가 본받도록 하기 위해 회기 중 치료자는 자신의 감정을 진실되고 진솔하게 표현함

다음의 치료 내용 발췌는 칼 로저스가 어떻게 내담자에게 자신의 공감적 이해를 전달하고

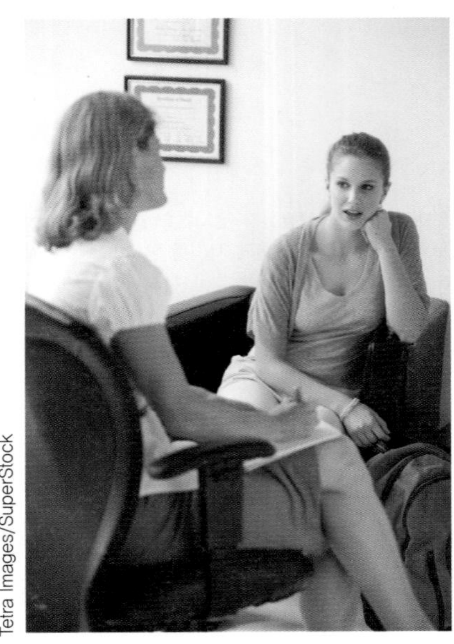
Tetra Images/SuperStock

내담자 중심 치료 내담자 중심 치료의 치료자들은 내담자가 치료 방향을 스스로 제시하도록 돕고 있으며, 무조건적 긍정적 존중, 공감적 이해, 진실성이라는 치료적 요소들을 실천하고 있다. 이런 방식으로 치료자들은 내담자가 자유롭게 자신의 진솔한 감정을 탐색할 수 있는 분위기를 만들고 있다.

내담자(질)의 감정을 정리하고 반영하는지를 보여준다. 그의 목표는 그녀가 부분적으로 자기 것이라 인정하지 않는 감정들을 인식하도록 돕는 것이다.

질 : 요즘 딸을 다루는 데 있어 많은 문제를 경험하고 있어요. 딸은 20살이고 대학에 가는데, 그 애를 보내는 게 너무 어려워요… 또 딸에게 죄책감이 많아요. 그 애를 붙잡아야 할 분명한 이유가 있어요.

로저스 : 딸에게 느끼는 죄책감을 만회하기 위한 것도 딸을 붙잡는 이유에 포함되나요?

질 : 그게 아주 커요… 또 그 애는 저에게 진정한 친구가 되어주었고 제 삶을 채워줬어요… 그래서 너무 어려워요… 딸이 없으니까 빈 곳이 너무 많아요.

로저스 : 딸이 없으니까 마치 오래된 청소기 같은 느낌이네요.

질 : 맞아요, 맞아요. 그리고 저는 딸에게 "가서 좋은 인생을 살아라"라고 말해줄 수 있는 강한 엄마가 되고 싶은데, 그건 저한테 너무 어려운 일 같아요.

로저스 : 삶에서 너무나도 소중했던 것을 포기하는 것은 매우 어려운 일이에요. 또 당신이 죄책감을 언급했을 때 제 느낌에 무엇인가가 당신에게 고통을 안겨준 것으로 보이는데요.

질 : 맞아요. 제가 원하는 것을 딸이 주지 않아 전 딸에게 분노를 가지고 있었어요. 저는 충족되지 않은 욕구를 가지고 있어요. 전 이런 욕구들에 대한 권리가 제게 있다고는 생각지 않지만. 아시다시피 걔는 딸이지 제 엄마는 아니잖아요. 그래도 가끔씩은 그 애가 내 엄마였으면 하는 생각은 하지만… 그런 것을 요구하고 그런 것에 대한 권한을 갖기는 너무 어려워요.

로저스 : 그래서, 부당할 수도 있지만, 그래도, 그 애가 당신의 욕구를 충족시키지 못했을 때 당신은 화가 나는 거네요.

질 : 맞아요, 매우 화가 나요. 매우.

로저스 : (말을 잠시 멈춘다) 그럼 지금 이 상황에서 당신은 아마도 긴장감을 느끼실 것 같네요.

질 : 맞아요, 맞아요. 갈등을 많이 느껴요… (로저스 : 음~) 많이 아파요.

로저스 : 많이 아프군요. 거기에 대해 더 말씀하시고 싶은 것이 있나요?

출처 : Farber et al. (1996), pp. 74-75.

내담자 중심 치료는 학생들의 불안, 우울 문제 대처를 돕기 위해서뿐만 아니라 이들의 중요한 인생 문제 결정을 돕기 위해 2년제 및 4년제 대학 상담센터에서 널리 실행되고 있다. 많은 대학생들이 미래 직업에 대해 결정을 내리지 못하고 있고, 친밀한 관계에 관여를 할지 불만족스러운 관계를 끝내야 할지에 대해 결정을 내리지 못하고 있다. 내담자 중심 치료자들은 내담자들에게 무엇을 하라고 말하지 않는다. 대신 이들은 내담자들이 스스로 결정에 도달할 수 있도록 도와준다.

게슈탈트 치료 : 잘라 맞추기

게슈탈트 치료는 프리츠 펄스(Fritz Perls, 1893~1970)에 의해 창시되었다. 펄스는 정신분석가로 훈련을 받았지만 전통적 분석이 내담자의 현재 주관적 경험에 관심을 보이지 않음을 개탄하였다. 내담자 중심 치료와 마찬가지로 게슈탈트 치료는 사회적으로 승인되지 않는 혹은 거부되는 자신의 일부를 자기 것으로 인정하지 않는 경향이 사람들에게 있다고 가정한다. 치료는 따라서 내담자가 인정하지 않는 자신의 부분을 자신의 것으로 흡수시키고 조화시키도록 내담자를 돕는 데 있다. 펄스는 게슈탈트 심리학파에서 **게슈탈트**(Gestalt)라는 용어를 가져왔다. 이 심리학의 초기 분파는 사람들이 세상을 어떻게 지각하는가에 관심을 두었는데, 이들은 사람들이 세상을 단절된 감각 정보의 단편들로 지각하기보다는 조직화된 완전체나 패턴으로 지각한다고 주장하였다. 인격 내 대립되는 부분들을 통합된 형태 혹은 모양으로 만드는 것이 펄스의 주된 관심사였기 때문에 펄스는 이런 자신의 관심사를 반영하기 위해 게슈탈트라는 용어를 사용하였다. 그는 내담자들이 자신의 내적 갈등을 인식하고, 갈등을 부정하거나 억누르기보다는 인정하며, 불안과 두려움에도 불구하고 생산적 선택을 하게 만들고자 했다. 갈등에 있는 사람들은 선택에 어려움을 보이기 때문에 펄스는 내담자들로 하여금 선택을 하도록 격려(강요라는 용어가 더 잘 어울릴 것 같다)하려 했다.

‖ **게슈탈트** : '조직화된 형태' 혹은 '패턴'이라는 독일어에서 파생된 말

갈등 상태에 있는 성격 요소들에 대한 펄스의 생각은 정신역동이론으로부터 영향을 받았지만, 그의 이론은 정신분석이론과는 달리 현재-여기에 초점을 둔다. 게슈탈트 치료에서 내담자는 과거를 탐색하기보다는 현재 자신의 감정과 행동에 대한 의식을 높이는 활동들을 수행한다. 펄스는, 로저스처럼, 사람들은 선택할 자유와 성장을 이끌 자유를 가지고 있다고 믿었다. 하지만 카리스마가 넘치고 단호한 펄스는 부드럽고 수용적인 로저스와는 기질적으로 달랐다. 따라서 게슈탈트 치료는 내담자 중심 치료와는 다르게 대단히 지시적이다. 게슈탈트는 다양한 활동과 게임을 활용하고 있는데, 몇 가지를 소개하면 다음과 같다(Greenberg & Malcolm, 2002; Wagner-Moore, 2004).

- 대화. 이 게임에서 내담자들은 내적 갈등에 대한 의식을 높이기 위해 대립하는 소망과 생각들 간의 대결을 언어로 표현한다. 충돌하는 성격 요소들의 예로 '강자(top dog)'와 '약자(underdog)'가 있다. 강자는 보수적 입장에서 "위험한 짓을 하지 마라. 가지고 있는 것을 지키지 않으면 모두를 잃을 수 있다"고 제안한다. 한편 좌절한 약자는 일어나 "넌 아무것도 시도해보지 않았잖아. 새로운 시도를 하지 않는다면 어떻게 타성에서 벗어나겠니?"라고 주장한다. 갈등 요소에 대한 높아진 의식은 아마도 타협을 통해 문제 해결의 길을 열 것이다.
- 책임은 내가 진다. 내담자들은 자신에 대한 진술을 "그리고 그것에 대한 책임은 내가 진다"라는 말을 추가해서 끝맺음한다.
- 빈 의자. 내담자들은 이전에 좋지 않은 관계를 맺었던 그 누군가(어머니, 아버지, 배우자 혹은 직장 상사)가 자신의 옆 빈 의자에 앉아 있는 것을 상상하도록 요구받는다. 그런 다음 이 옆 사람에게 자신의 감정을 표현하도록 요구받는다. 이런 방식으로 내담자들은 갈등을 빚었던 사람들과의 미해결된 과제를 해결해 나가고 타인의 비판에 대한 두려움 없이 자신 내부에 깊숙이 자리한 감정과 충족되지 못한 욕구를 탐색할 수 있게 된다.

몸짓 언어도 대립 감정들에 대한 통찰을 제공한다. 사람들은 근심을 언급할 때마다 눈썹을 찡그리고 안면근육을 긴장시키는 경향이 있는데, 내담자들은 이런 자신의 반응에 주목하도록 지시받을 수 있다. 이런 방식으로 내담자들은 구두 언어가 표현하지 못한 감정들을 몸짓 언어가 표현하고 있음을 발견하게 된다.

아래의 맥스라는 내담자와의 치료 회기는 펄스가 어떻게 내담자에게 자신이 경험하고 있는

것에 대한 책임을 지게 하는지 보여준다. 그의 기법 중 하나는 하고 있는 그 무언가를('동사') 저 밖에 존재하는 통제할 수 없는 그 무언가('명사')처럼 다루는 내담자의 특성을 조명하기 위한 것이다.

맥스 : 위와 손에 긴장감이 느껴져요.
펄스 : 그 긴장감. 명사를 하나 찾았네요. 긴장감은 명사예요. 자, 이제 그 명사를 동사로 한번 바꿔보세요.
맥스 : 저는 긴장해요. 제 손이 긴장해요.
펄스 : 당신이 아니라 당신의 손이 긴장한 거예요. 당신과는 상관없습니다.
맥스 : 제가 긴장해요.
펄스 : 당신은 긴장해요. 어떻게 긴장했어요? 지금 무엇을 하고 있나요?
맥스 : 제가 절 긴장하게 만들고 있어요.
펄스 : 맞아요. 바로 그거예요.

출처 : Perls(1971), p. 115.

스스로가 스스로를 긴장하게 만들었음을 이해하고 그 행동에 대해 책임을 지게 되었을 때, 맥스는 자신을 긴장시키는 것을 멈추기로 선택할 수 있었다. 긴장은 더 이상 저 멀리 존재하는 자신을 괴롭히는 그 무엇이 아니게 되었다. 긴장은 자신이 스스로 통제할 수 있는 그 무엇이 된 것이다.

펄스는 꿈의 내용들이 의절한 자신의 성격 일부분을 대변한다고 믿었다. 그는 의절한 성격 부분들과 접촉할 수 있도록 내담자에게 꿈의 요소를 재연해보라고 자주 요청하였다.

모듈 복습

복습하기

(6) 정신분석치료와 대조적으로, _______-실존주의 치료는 내담자의 주관적이고 의식적인 경험에 초점을 둔다.
(7) 내담자 중심 치료는 내담자에게 수용적인 분위기를 제공하여 내담자 스스로 _______ 실현의 길에 놓인 방해물을 극복하도록 돕는 (지시적, 비지시적?) 치료 방법이다.
(8) 내담자 중심 치료자는 (조건적, 무조건적?) 긍정적 존중, 공감적 이해, 그리고 _______을/를 보인다.
(9) 게슈탈트 치료는 책임을 인정하고 성격의 갈등적 부분을 통합하도록 내담자를 돕고자 고안된 (지시적, 비지시적?) 치료 방법이다.

생각해보기

로저스의 인본주의-실존주의 치료와 펄스의 인본주의-실존주의 치료가 가진 공통점은 무엇인가? 이들은 서로 어떻게 다른가?

행동치료 : 적응은 당신이 하는 행동에 있다

모듈 9.3

- 행동치료는 무엇인가?
- 공포를 감소시키기 위한 행동치료 방법에는 어떤 것들이 있는가?
- 행동치료자는 나쁜 습관을 깨기 위한 방법으로 혐오 조건형성을 어떻게 사용하는가?
- 행동치료자는 조작적 조건형성 원칙을 어떻게 적용하는가?

정신역동치료와 인본주의-실존주의 치료는 사람들이 생각하고 느끼는 것에 초점을 둔다. 행동치료자들은 사람들이 하는 것에 초점을 둔다. 행동수정이라고도 불리는 **행동치료**(behavior therapy)는 희망하는 행동 변화를 이끌기 위해 학습 원리를 이용한다.

▌**행동치료** : 내담자 문제 행동의 직접적 수정을 위해 학습 원리를 체계적으로 적용하는 치료

행동치료자들은 고전적 조건형성과 조작적 조건형성의 원리뿐 아니라 관찰 학습의 원리도 이용한다(제2장에서 논의했음). 행동치료자들은 공포증, 과식이나 흡연 같은 자멸적 행동, 불안이나 우울과 같은 힘든 감정 문제를 극복하도록 돕기 위해 내담자와 작업한다. 이들은 또한 내담자들이 적응적 행동 패턴(예 : 사회적 관계를 시작하고 유지하는 데 필요한 혹은 귀찮은 판매원에게 아니라고 대답하는 데 필요한 사회적 기술)을 습득할 수 있도록 돕는다.

인본주의-실존주의 치료자들과 유사하게, 행동치료자들은 현재(지금-여기)에 머무르며 현재를 강조한다. 이들은 과거가 현재의 서막이라는 것을 이해하고 있다. 하지만 행동치료자들은 우리가 오직 현재의 행동을 바꿀 수 있다고 주장한다. 행동치료자들은 다른 치료자들과 마찬가지로 내담자와 따뜻하고 치료적인 관계를 형성하기를 추구한다. 하지만 이들은 기법의 효과성이 치료적 관계에서 나오기보다는 특정 학습기반 절차에서 나온다고 믿는다. 행동치료자들은 자신들의 방식이 통제된 연구와 측정 가능한 행동으로 측정된 결과물을 통해 검증받을 것을 주장한다. 행동치료자들은 다양한 학습기반 기법을 사용하고 있으며, 이는 여기서 소개될 것이다.

공포감소 방법

많은 사람들은 일상적 기능 수행을 방해하는 공포나 공포증을 치료하기 위해 행동치료자들을 찾는다. 행동치료자들은 이런 문제들을 극복하는 데 도움을 주기 위해 홍수법, 점진적 노출, 체계적 둔감화, 역조건화, 모델링과 같은 다양한 방법을 사용한다.

홍수법

홍수법(flooding)은 소거(extinction)라는 학습 원리에 기반하고 있다(제2장 참조). 이 방법에서 개인은 공포가 사라질 때까지 공포를 유발하나 해는 없는 자극에 긴 시간 노출된다. 예를 들어, 고소공포증을 가진 사람은 높은 곳에서 가능한 한 오래 머물 것이 시도되는데, 적어도 공포가 줄어들 때까지 머무르도록 요구된다. 홍수법은 높은 수준의 불안을 유발하기 때문에 치료자나 다른 도움 인력이 노출 동안 내담자를 돕기 위해 곁에 머무른다.

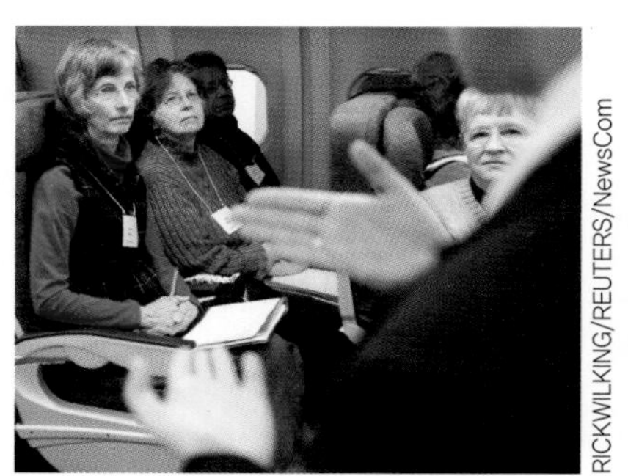
RICKWILKING/REUTERS/NewsCom

점진적 노출 점점 더 두려운 자극이나 상황에 점진적으로 노출됨으로써 사람들은 자신의 두려움에 대면하고 이를 극복하는 법을 배우게 된다.

점진적 노출

점진적 노출(gradual exposure)은 내담자가 공포를 유발하는 자극에 노출된다는 점에서 홍수법과 유사하다. 하지만 홍수법과는 달리, 개인은 처음에는 낮은 수준의 공포 자극에 노출되

적응과 현대인의 삶

도움 찾기

미국과 캐나다 대부분의 지역은 수많은 치료소의 이름과 의료종사자의 이름을 전화번호부에 기재하고 있다. 많은 이가 도움을 구하기 위해 누구에게 전화를 걸어야 할지 모르고 있다. 어디로 가야 하고 누구를 만나야 할지 모른다면, 적절한 도움을 받기 위해 당신은 아래의 절차를 취할 수 있다.

1. *가족주치의, 수업 강사, 성직자, 대학 건강 서비스와 같은 믿을 만한 정보원으로부터 자문을 얻어라.*
2. *지역 의료 센터나 지역사회 정신건강 센터로부터 의뢰를 받아라.* 문의를 할 때, 이용 가능한 서비스나 지역 내 자격을 갖춘 치료자에게 의뢰받을 수 있는 기회에 대해 문의하라.
3. *대학 상담센터나 건강 서비스 센터에서 상담을 받아라.* 많은 2년제 혹은 4년제 대학들은 학생들에게 무료로 심리적 지원을 제공하고 있다.
4. *자문을 받으려면 전문 단체에 연락하라.* 많은 지역 혹은 전국 단체들은 관할 지역 내 자격을 갖춘 치료 전문가들의 의뢰 명단을 가지고 있다. 만약 심리학자와 상담을 하고 싶다면, 워싱턴 DC에 있는 미국심리학회(APA)에 연락해서(전화번호 202-336-5650, 웹페이지 주소 www.apa.org) 당신이 살고 있는 지역 의뢰지에 대해 문의하라. 또 다른 방법으로 미국에 있는 지역 혹은 주 심리학회에 연락을 하거나 캐나다에 있는 지방 혹은 지역 심리학회에 연락하라.
5. *손가락에 맡겨라–그러나 조심해야 된다!* 온라인 디렉터리나 전화번호부에서 "심리학자", "의사", "사회복지사" 혹은 "사회복지 사업" 항목을 찾아라. 그러나 여러 다른 문제 영역을 치료하는 대문짝만 한 광고 속 전문가는 주의할 필요가 있다.
6. 치료자가 공인된 정신건강 직종(심리학, 약학, 상담, 혹은 사회복지 등)의 면허가 있는 회원인지 확인하라. 많은 주에서 아무나 '치료자' 심지어 '심리치료자'로 개업할 수 있다. 이런 타이틀은 법에 의해 허가받은 임상가들에게만 제한되어 부여되는 것이 아니다. 허가받은 전문가들은 자신들의 자격증을 사무실에 잘 보이는 곳에 전시한다. 만약에 치료자의 자격 지위에 대해 질문이 있다면, 당신이 살고 있는 주(또는 지방 또는 지역)의 자격위원회에 연락하라.
7. *제공되는 치료의 종류에 대해 질문하라(예를 들어 정신분석, 가족치료, 행동치료).* 치료자가 사용하는 특정 치료법이 당신의 문제 치료에 적합한지를 설명해달라고 부탁하라.
8. *치료자의 전문적 배경에 대해 문의하라.* 그 사람의 교육 배경, 슈퍼비전 경험, 자격에 대해 물어봐라. 윤리적인 임상가는 이런 정보를 주저 없이 제공해줄 것이다.
9. *비슷한 문제를 가진 다른 사람들을 치료한 경험이 있는지 질문하라.* 치료 결과와 어떻게 결과가 측정되었는지 질문하라.
10. *만약 치료자가 당신의 문제를 정식으로 평가할 기회를 가졌다면, 치료에 들어가기 전에 먼저 진단과 치료 계획에 대해 논의하라.*
11. *비용과 보험 적용 범위에 대해 질문하라.* 치료자가 인정하는 보험들이 어떤 것들인지 그리고 이용자가 지불해야 하는 비용이 있는지 질문하라. 또한 치료자가 당신의 수입과 가족상황을 고려해서 비용을 조정할 수 있는지도 질문하라. 만약 당신이 메디케이드나 메디케어 자격이 있다면, 치료자가 이를 받는지도 문의하라. 대학생은 부모의 의료 보험이나 대학에서 제공하는 보험을 적용받을 수 있다. 당신이 속해 있는 건강관리 기관에 치료자가 참가하고 있는지 알아보라.
12. *치료 회기에 빠지거나 취소하는 것에 대한 치료자 방침이 있는지 알아보라.*
13. *약물을 처방받는 경우, 약물이 효과를 나타내는 데 얼마의 시간이 걸리는지 문의하라.* 또한 발생할 수 있는 약물 부작용에는 어떤 것이 있는지 그리고 이 중 어떤 부작용이 나타났을 때 의사에게 즉각적으로 연락을 해야 하는지 문의하라. 약물치료를 받기 전 다른 의사에게 이차 의견을 구하는 것을 두려워하지 마라.
14. *치료 권고가 이상하다 생각되면, 당신의 걱정을 솔직하게 치료자와 상의하라.* 윤리적인 치료자는 모욕이라 생각하기보다는 당신의 걱정을 다루려 할 것이다.
15. *그래도 의심이 남는다면, 다른 치료자에게 이차 의견을 구하라.* 윤리적인 치료자는 다른 의사의 의견을 구하려는 당신의 노력에 도움을 줄 것이다. 치료자에게 다른 전문가의 추천을 부탁해보거나 직접 전문가를 선택하라.
16. *온라인 치료 서비스에 대해 알고 있어라.* 이 장 후반부에서 살펴볼 것이지만, 최근 온라인 상담과 온라인 치료 서비스를 이용하는 비율이 증가하고 있다. 심리학자들과 다른 정신건강 치료자들의 경고에도 불구하고 그 이용률이 상당히 높은 상태다. 온라인 치료자들의 자격과 면허를 확인할 체제가 없는 관계로 자격이 안 되는 치료자들이 조심성 없는 소비자들을 이용할 위험이 있다. 제대로 된 안전장치와 치료효과에 대한 명확한 증거가 없는 한 온라인 치료 서비스에 대해 주의하는 것이 신중한 태도라 하겠다.

고 이후 점차적으로 공포 위계에서 더 높은 수준에 있는 공포 자극에 노출된다. 점진적 노출은 고소공포증부터 사회적 관계에 대한 공포에 이르기까지 다양한 공포 유형의 치료에 사용되고 있다(예 : Choy, Fyer, & Lipsitz, 2007; Gloster et al., 2011; Hofmann, 2008; McEvoy, 2008). 예를 들어, 승강기 공포증을 가진 사람을 대상으로 먼저 승강기 밖에 서 있는 것에서 시작하여, 승강기 문을 열어둔 채로 승강기에 탑승하는 것, 문을 닫은 상태에서 승강기에 탑승하는 것, 승강기를 타고 한 층을 내려가는 것, 승강기를 타고 한 층을 올라가는 것, 승강기를 타고 두 층을 내려가는 것 등등의 순서로 노출을 진행할 수 있다. 불안이 없고 편안함을 느껴야만 개인은 다음 단계로 진행할 수 있다. 이 절차는 개인이 승강기를 타고 편안하게 맨 위층과 맨 아래층을 오갈 수 있을 때까지 계속된다.

체계적 둔감화

체계적 둔감화에서 노출은 공포를 유발하는 자극과의 가상적 대면의 형태를 지닌다.

> 아담은 주사공포증이 있다. 행동치료자는 그를 편안한 등받이 의자에 앉혀 치료한다. 깊은 근육 이완상태에서 아담은 스크린에 투사된 슬라이드를 본다. 주삿바늘을 들고 있는 간호사의 모습이 담긴 슬라이드가 아담에게 세 번, 각 30초간 제시된다. 각 제시에 아담은 불안 증세를 보이지 않는다. 그래 이제는 조금 더 불편한 슬라이드가 제시된다. 간호사가 주삿바늘을 사람의 팔에 겨누고 있는 장면이 담긴 슬라이드다. 15초 후, 아담은 불편한 짜릿한 통증을 느꼈고 이를 전달하기 위해 손가락 하나를 들었다(말을 하게 되면 그의 이완상태가 방해될 수 있기 때문). 프로젝터 조작자는 불을 끄고, 아담은 2분간 '안전 장면'을 상상한다. 열대 태양 아래 해변에 누워 있는 장면을 상상한다. 그리고 슬라이드가 다시 나타났다. 이번에는 아담이 30초 동안 버티다가 불안 증세를 보였다.

아담은 공포증 반응을 감소시키기 위한 **체계적 둔감화**(systematic desensitization) 절차를 거치고 있다. 체계적 둔감화는 자극에 대한 불안이 **역조건화된**(counterconditioned) 상태에서 불편한 자극을 내담자에게 노출시키는 절차로, 내담자는 점진적 단계를 통해 불편한 자극에 대처하는 법을 배우게 된다. 약 10~20개의 자극들이 불안을 유발하는 정도 또는 **불안 위계**(hierarchy)에 따라 순서대로 배열된다. 상상을 통해 혹은 사진을 통해 내담자는 불안 위계를 따라 점진적으로 올라가 종국에는 목표 행동으로 올라간다. 아담의 경우, 목표 행동은 불안을 느끼지 않은 상태에서 주사를 맞는 것이다.

체계적 둔감화는 다른 행동들과 마찬가지로 불안 반응이 학습되었고 역조건화 혹은 소거를 통해 탈학습될 수 있다는 가정에 기반하고 있다. 역조건형성에서 불안과 양립불가능한 반응이 불안 상황에서 나타날 수 있도록 안배된다. 결과적으로, 공포를 유발하는 단서와 공포 반응 간의 결합은 약화되게 된다. 근육 이완은 불안과 양립할 수 없다. 이런 이유로 아담의 치료자는 불안을 유발하는 주사기 슬라이드가 존재한 상태에서 아담이 근육을 이완하도록 가르친다.

공포 형상으로부터 도망가지 않고 머무는 것은 자기효능감(두려움 없이 상황을 대처할 수 있다는 자기 능력에 대한 믿음)을 향상시킬 수 있다. 제2장에서 배웠다시피, 자기효능감 기대는 어떤 과업을 수행할 수 있는 우리의 능력에 대해 우리가 가진 믿음이다. 공포스럽고 위협적인 자극에 대처할 수 있다는 믿음이 있다면, 능력에 대해 의심을 했을 때보다 과제를 완수하려 노력할 가능성이 더 높을 것이다.

체계적 둔감화 : 공포 유발 자극의 위계를 깊은 근육 이완과 연합시킴으로써 공포를 감소시키는 행동치료 방법

역조건화된 : 긴장이완과 같은 불안과 양립불가능한 반응을 불안을 유발하는 상황과 연합시키는 치료 방법으로 역조건형성을 지칭함

불안 위계 : 불안 유발 정도에 따라 자극을 순서적으로 배열한 것

모델링

모델링(modeling)은 관찰 학습에 의존한다. 이 방법에서 내담자는 사람들이 두려워하는 물건이나 상황에 접근하고 대처하는 것을 관찰하고, 그런 다음 이를 모방한다. 반두라, 블랜차드, 리터(Bandura, Blanchard, & Ritter, 1969)는 모델링이 뱀에 대한 공포를 감소시키는 데 체계

적 둔감화만큼이나 효과가 있음을 알아냈고, 특히 뱀 공포를 더 빨리 감소시킴을 알아냈다. 체계적 둔감화처럼 모델링도 두려워하는 자극에 대처하는 자기효능감 기대치를 높일 수 있다.

혐오 조건형성

혐오 조건형성 : 행동치료기법의 하나로, 이 기법에서는 바람직하지 않은 반응과 연합된 자극이 유해한 자극과 함께 짝 지어짐으로써 혐오적이 된다.

빠른 흡연 : 금연을 위한 혐오 조건형성의 방법으로, 이 방법에서 흡연자는 6초마다 한 번씩 연기를 들이마심으로써 한때 좋았던 담배 연기가 혐오적으로 경험된다.

행동치료자들은 흡연이나 음주 문제와 같은 자멸적인 행동 양식의 극복을 돕기 위해 **혐오 조건형성**(aversive conditioning)을 사용한다. 혐오 조건형성에서 고통스럽고 혐오적인 자극은 흡연과 같은 원치 않는 반응들과 짝 지어지게 되며, 이를 통해 자극(담배)은 덜 매력적인 것이 된다. 음주 문제가 있는 사람들의 경우, 여러 다른 종류의 술맛은 약물로 유발된 메스꺼움과 구토 혹은 전기 충격과 짝 지어진다. 흡연자에게 6초마다 담배 연기를 빨아들이도록 하는 **빠른 흡연**(rapid smoking) 절차가 사용되기도 한다. 빠른 흡연은 메스꺼움을 유발하고 이는 담배 연기에 대해 조건화된 혐오를 만들어낼 수 있다. 그러나 혐오 조건형성의 효과성은 아직 명확하지 않다. 혐오 조건형성의 효과가 치료 환경 밖으로 전이되지 않을 수 있다는 점이 그 한 이유가 될 수 있다. 하지만 혐오 조건형성의 방법은 좀 더 큰 치료 프로그램의 일부분으로 사용되고 있다.

조작적 조건형성 절차

우리는 보통 우리를 무시하는 사람들보다 우리를 보고 웃어주는 사람들과 함께하기를 선호한다. 또한 우리는 잘 못하는 수업보다 잘하는 수업을 수강하길 선호한다. 다시 말해, 우리는 강화된 행동을 반복한다. 강화되지 않은 행동은 소멸될 가능성이 크다. 행동치료자들은 이 같은 조작적 조건형성의 원리를 다양한 문제 행동에 적용한다. 아동에게서 바람직한 행동이 더 많이 나타나게 하기 위해 행동치료자들은 부모를 훈련시켜 부모가 강화 프로그램을 집에서 적용하도록 만든다. 또한 정신병 입원 환자들의 적응적 행동을 조장하기 위해 행동치료자들은 병원 의료진과 협력하여 이들이 행동변화 프로그램을 병원에서 시행받도록 만든다.

토큰 경제

토큰 경제 : 바람직한 행동들이 토큰(포커의 칩 같은)으로 강화되는 통제된 환경으로, 토큰은 나중에 특권으로 교환될 수 있다.

토큰 경제(token economy)는 행동변화 프로그램으로, 토큰 경제 체계에서 시설에 수용된 환자들은 적절한 행동을 보였을 때 포커칩과 같은 토큰을 얻는다(Dickerson, Tenhula, & Green-Paden, 2005). 토큰은 구내식당 추가 이용권이나 특권과 같은 원하는 보상을 사는 데 사용될 수 있다. 토큰은 침대 정리, 양치질, 사교와 같은 생산적인 행동을 취했을 때 이들 행동에 대한 강화물로 제공된다.

사회 기술 훈련

행동치료자들은 사회 기술 훈련(social skills training)을 통해 사회적 불안을 낮추고 사회 기술을 발달시키도록 사람들을 돕는다. 사회 기술 훈련에서 참가자들은 집단 상황에서 사회 행동을 시연하고 치료자와 다른 참가자들로부터 피드백과 격려를 받는다. 훈련에 초점이 되는 행동은 데이트 기술, 대화 기술, 갈등 해결 기술일 수 있다. 집단원은 다른 집단원의 삶에서 중요한 인물(예 : 부모, 배우자, 데이트 상대)을 연기할 수 있다. 참가자들은 효과적인 사회 기술을 보여준 대가로 집단 리더나 다른 집단원들로부터 사회적 강화(칭찬)를 받는다. 사회 기술 훈련은 정신병원 입원력이 환자들의 지역사회 적응에 필요한 사회 기술 및 직장 관련 기술의 발달을 돕기 위해 사용되기도 한다. 예를 들어 환자들은 면접 기술과 대화를 시작하고 유지하는 기술을 배운다.

바이오피드백 훈련

치료자들은 **바이오피드백 훈련**(biofeedback training, BFT)을 통해 내담자들의 신체 기능(예 : 심박동수, 혈압, 근긴장도, 체온, 뇌파 패턴)의 인식과 통제를 도와준다(예 : Dalen et al., 2009; Moser, Franklin, & Handler, 2007; Nestoriuc & Martin, 2007). 바이오피드백 훈련에서 내담자들은 심박이나 근긴장도와 같은 신체 기능을 측정하는 생리반응 기록 장치에 연결된다. '삐' 소리나 다른 전자 신호들이 희망하는 방향으로의 변화(예 : 느려진 심박)를 알려주기 위해 사용된다. 바이오피드백 훈련에서는 결과를 아는 것이 강력한 강화물이 된다. 근전도계(electromyograph, EMG)라는 기계는 근긴장도를 측정한다. 이 장치는 이마를 포함한 여러 몸 부위의 근긴장도를 통제하는 데 도움을 준다. 이러한 통제는 긴장, 불안, 두통을 완화시키는 데 도움을 준다.

▌**바이오피드백 훈련** : 유기체의 몸 상태와 관련한 정보를 체계적으로 제공해 줌으로써 유기체가 자기 몸에 대한 통제력을 갖도록 돕는 훈련

BFT는 직접적인 의식적 통제에서 벗어난 것으로 생각되던 기능들(예 : 심박, 혈압)의 수의적 조절에도 도움을 준다. 고혈압을 가진 내담자들은 혈압 통제를 위해 혈압계 밴드와 전기 신호를 이용한다. 뇌파전위기록장치(electroencephalograph, EEG)는 뇌파를 감찰하고, 사람들에게 휴식과 관련된 뇌파 패턴을 생산하는 법을 가르쳐준다. BFT는 수면과 관련된 뇌파 패턴을 생산하는 방법을 가르쳐 불면증을 극복하는 데에 도움을 준다(Cortoos et al., 2010). BFT는 두통과 요통을 줄이는 데도 사용되고 있다(Linde et al., 2005; Nestoriuc, Rief, & Martin, 2008).

모듈 복습

복습하기

(10) 행동치료는 바람직한 행동 변화를 이끌기 위해 _______ 원리를 체계적으로 적용하고 있다.
(11) 공포 감소를 위한 행동치료방법에는 홍수법, _______ 노출, 체계적 둔감화, 모델링이 포함된다.
(12) _______ 조건형성은 원하지 않는 행동의 빈도를 감소시키기 위해 원하지 않는 행동과 고통스러운 자극을 연합한다.
(13) _______ 조건형성 방법은 바람직한 반응을 강화하고 비바람직한 반응을 소거한다.

생각해보기

행동치료가 기반으로 하는 학습 원리에는 어떤 것들이 있는가?

인지치료 : 적응은 당신이 생각하는 방식에 있다

모듈 9.4

▌ 아론 벡의 인지치료 방식은 어떤 것인가?
▌ 앨버트 앨리스의 합리적 정서행동치료(REBT) 방식은 어떤 것인가?

> 원래부터 좋거나 나쁜 것은 없다. 생각이 그렇게 만들 뿐이다.
>
> – 셰익스피어, "햄릿"

> 만약 누군가가 그것이 중요하다고 생각한다면 그것은 중요한 것이다.
>
> – 윌리엄 제임스

셰익스피어는 위 "햄릿" 구절을 통해 상처가 아프지 않다 혹은 불행이 대처하기 쉽다라는 말을 하려 하지 않았다. 그는 오히려 이 구절을 통해 불상사에 대한 우리의 평가가 불편감을 높이고 대처 능력을 손상시킬 수 있음을 말하려 했다. 이런 방식으로 셰익스피어는 인지치료자들에게 일종의 좌우명 같은 것을 제공해주었다.

인지치료자들은 심리문제에 기저한다고 가정되는 신념, 태도, 자동적 사고를 수정하도록 사람들을 돕는다(Beck & Weishaar, 2008; Ellis, 2008). 인지치료자들은 정신역동치료자들과 인본주의-실존주의 치료자들처럼 내담자가 자기통찰을 발달시킬 수 있도록 돕는다. 하지만 이들은, 정신역동과 인본주의-실존주의 치료자들과는 다르게, 내담자가 현재 사고방식과 과거 경험 모두에 대해 통찰을 발달시키도록 돕는다. 이들은 또한 왜곡되고 부적절한 생각을 건설적이고 적응적인 생각으로 변화시킬 수 있도록 내담자를 돕는다.

오늘날 대부분의 행동치료자들은 인지적 방법을 자신의 치료적 접근에 포함시키고 있다. 이렇게 확장된 형태의 행동치료가 인지행동치료(cognitive-behavioral therapy, CBT)이다. 인지행동치료는 인지(사고와 신념)가 행동에 영향을 미치고 인지의 변화가 행동의 바람직한 방향으로의 변화를 가능하게 한다고 가정한다. 인지행동치료가 우울장애, 불안장애를 포함한 다양한 심리장애 치료에 효과적임을 지지하는 증거는 강력하다(예 : Ehlers et al., 2010; Gloster et al., 2011; Gunter & Whittal, 2010; Henslee & Coffey, 2010; Newman et al., 2011; Roy-Byrne et al., 2010; Tolin, 2010).

이제부터 인지치료의 두 선구자인 아론 벡과 앨버트 앨리스의 치료접근법에 대해 살펴보도록 하겠다.

▌**인지치료** : 내담자의 인지(기대, 태도, 신념 등)가 고통에 연결되는 방식에 초점을 두는 심리치료 형태로, 개인의 고통 경감과 적응 행동 증진을 위해 인지를 수정하려 한다.

인지치료 : 사고의 오류 수정하기

인지치료(cognitive therapy)는 정신과 의사인 아론 벡(Aaron Beck)에 의해 개발되었다(Beck, 2005; Beck & Alfrod, 2009; Beck & Weishaar, 2008). 인지치료자들은 내담자로 하여금 자신의 왜곡된 사고를 확인하고 이를 적응적 사고나 신념으로 대체하도록 돕는다. 왜곡되거나 잘못된 생각들은 마치 일상생활에 대한 사람의 인식을 어둡게 만드는 색유리처럼 작용한다(Smith, 2009).

Clem Murray/Philadelphia Inquirer/MCT/NewsCom

아론 벡

벡은 질문을 통해 사람들이 자신의 비합리적 사고 패턴을 볼 수 있도록 도왔다. 예를 들어, 벡은 우울증을 가진 사람들과 작업하여 이들이 자신의 성취를 최소화하고 일이 최악으로 갈 거라 성급하게 결론 내리는 경향이 있음을 볼 수 있게 만들었다. 왜곡된 생각은 쏜살같이 지나가고 의식적 노력 없이도 자동적으로 발생한다. 그렇기 때문에 이런 생각들을 감지하기란 쉽지 않다(Persons, Davidson, & Tompkins, 2001). 벡은 내담자들에게 고통스런 생각과 그것이 유발하는 부정적 감정을 기록해보도록 격려했다. 그런 다음 그는 이런 생각들의 타당성을 의심하고 도전하였으며, 이를 좀 더 합리적인 대안적 사고로 교체하도록 도왔다.

벡은 정신과 의사가 되기 전부터 자기 자신한테 인지적 혹은 행동적 기법을 사용했었다. 그가 의대에 간 이유 중 하나는 자신의 피 공포증을 치료하기 위해서였다. 그는 어렸을 때 수차례 수술을 받았고, 그때 이후로 피를 보면 기절할 것 같은 느낌을 갖게 되었다. 의과대학 1학년 때 그는 일부러 수술을 지켜보는 일을 자원했다. 2학년 때는 외과의의 조수가 되었다. 공포 상황에 직접 대면함으로써 그는 자신의 공포가 점진적으로 사라짐을 목격하였다. 이후 그는 터널 공포증도 극복하였다. 그는 "위험하다는 내 믿음은 아무런 근거도 없어"라는 사실을 반복적으로 자신에게 지적함으로써 터널 공포증을 극복하였다.

정신과 의사로서 벡은 먼저 정신분석 치료활동을 했다. 그러나 그는 정신분석적 믿음을 뒷받침해줄 만한 과학적 증거를 찾지 못했다. 정신분석이론은 우울증을 내부로 향한 분노라 설명하고 있다. 하지만 벡은 자신의 임상경험을 통해 우울한 사람들이 인지적 왜곡을 경험하고 있을 가능성이 높음을 발견하였다. 이들은 자신("난 쓸모없어"), 사회 전반("세상은 끔찍한 곳이야"), 미래("좋은 일은 절대 일어나지 않을 거야")에 대한 부정적 신념인 '인지삼재(cognitive triad)'를 경험할 가능성이 더 높은 것으로 보여졌다. 벡의 치료 방식은 적극적이다. 그는 내담자들에게 뒷받침되지 않은 믿음에 도전할 것을 장려한다. 벡은 제8장에서 소개한 몇 가지 특수한 형태의 인지적 오류에 주목한다(표 8.5 참조).

오류를 찾아내고 수정한다는 개념은 중증 우울증으로 인지치료를 받았던 아래의 53세 공학자의 사례를 통해 더 명확해질 수 있다. 공학자는 직장을 떠났고 소극적으로 변했다. 벡과 그의 동료들이 보고한 대로, 치료의 첫 번째 목적은 신체 활동을 증진시키는 것이었다(낙엽을 긁거나 저녁을 준비하는 활동도 포함되었음). 활동성과 우울증은 양립할 수 없기 때문에 신체 활동의 증가는 우울을 감소시키는 효과를 가져올 수 있다.

> [공학자의] 인지 왜곡은 과거 그의 활동에 대한 아내의 평가와 자신의 평가를 비교하는 과정에서 확인되었다. 그런 다음 경험을 해석하는 대안적인 방법들이 고려되었다.
>
> 아내의 보고와 비교해 나가면서 그는 자신이 (1) 자신의 과거 성취들을 언급하지 않는 방법으로 자신의 능력을 저평가하고 있었고, (2) 실패를 자신의 탓으로 귀인하고 있었으며, (3) 특정 목표를 달성하지 못했다는 이유로 자신을 가치 없는 인간이라 평가하고 있었음을 깨닫게 되었다. 자신과 아내의 시각이 대조되었을 때, 그는 자신이 저지른 많은 인지적 왜곡들을 찾아낼 수 있었다. 이후 회기들에서도 아내는 계속 객관화를 위한 자료제공자로 활약하였다.
>
> 치료 중기, 그는 지금까지의 치료로부터 얻은 새로운 태도들의 목록을 작성하였다. 목록은 다음의 태도들을 포함한다.
>
> 1. "현재 난 직장에서 잘 기능하고 있지 못하지만 계속 노력한다면 좋아질 것이다."
> 2. "아침에 마음먹고 시작하면 하루 종일 일이 잘 풀릴 것이다."
> 3. "난 모든 것을 한 번에 성취할 수 없다."
> 4. "오르내림이 있지만 결국에는 좋아질 것이다."
> 5. "난 나의 직장과 삶에 대한 기대를 현실적인 수준으로 조정해야 할 필요가 있다."
> 6. "회피(예를 들어, 직장과 사회적 상호작용으로부터 도망가는 것)에 굴복하는 것은 절대로 도움이 안 되며 더 많은 회피로 이어진다.
>
> 그는 위의 목록을 몇 주간 반복해서 읽도록 지시받았다. 비록 이들 내용을 다 알고 있어도 반복해서 읽도록 지시받았다(Rush, Khatami, & Beck, 1975에서 발췌).

위의 공학자는 점진적으로 덜 우울해졌고, 직장과 적극적인 사회생활로 복귀했다. 그는 부적절한 자기비난, 완벽주의적 기대, 실패의 과장, 과거 실패로부터 미래를 과잉 일반화(예 :

과거에 실패했다는 것은 미래에 결코 성공할 수 없다는 것을 의미한다)하는 것에 대항하도록 훈련되었다.

합리적 정서행동치료 : 'Musts'와 'Shoulds'를 극복하는 것

인간 본성의 가장 깊은 원칙은 인정을 갈구하는 것이다

—윌리엄 제임스

합리적 정서행동치료(REBT) : 앨버트 앨리스가 발전시킨 심리치료로, 내담자로 하여금 자신의 비합리적 기대와 부적응적 행동을 도전하고 수정하도록 격려하는 심리치료

합리적 정서행동치료(rational-emotive behavior therapy, REBT)의 개발자인 심리학자 앨버트 앨리스(Albert Ellis, 2007년에 93세로 사망)는 사건 자체보다 사건에 대한 우리의 믿음이 우리의 정서적 반응을 결정한다고 지적했다(Ellis, 2001, 2008; Ellis & Ellis, 2011). 제3장에서 언급했듯이, 많은 사람들은 문제를 야기하거나 문제의 충격을 키우는 비합리적인 믿음을 가지고 있다. 비합리적인 믿음의 두 가지 예로는 우리는 우리가 중요하게 생각하는 모든 이들의 사랑과 인정을 받아야 한다와 자기가치를 느끼기 위해 모든 일에 유능해야 한다가 있다.

벡과 마찬가지로 앨리스도 정신분석가로 시작하였다. 하지만 그는 분석가의 수동적 역할과 느린 속도의 치료 과정을 버렸다. 대신 앨리스는 REBT라는 적극적이고 지시적인 치료 방법을 고안하였다. 그는 전통적인 정신분석가처럼 느긋이 의자에 앉아 가끔씩 해석을 제공하는 역할을 버렸다. 대신 그는 내담자가 비합리적인 신념을 표현할 때마다 이를 내담자에게 지적하였고, 이들 신념을 고수했을 때 나타날 정서적 결과물을 보여주었으며, 또한 어떻게 하면 이 비합리적인 신념들을 변화시킬 수 있는지 가르쳐주었다.

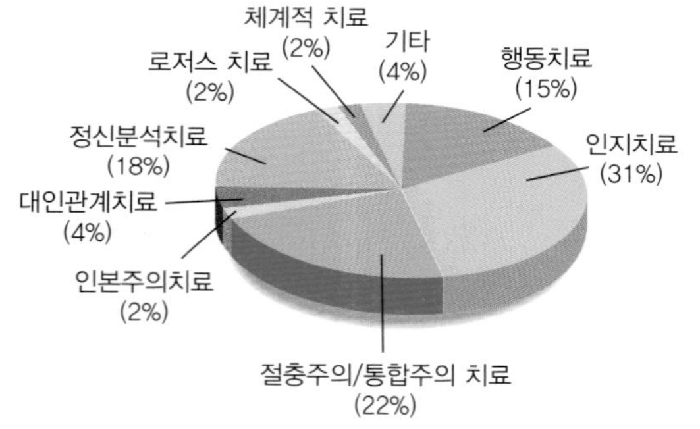

그림 9.1

임상심리학자들의 치료적 향성 그래프에서 볼 수 있듯이, 임상심리학자들 사이에 가장 많은 이론적 향성은 인지치료(31%)이며, 다음은 절충주의/통합주의 치료(22%)이다.

출처 : Norcross & Karpiak(2012)에서 발췌.

앨리스는 행동치료와 인지치료를 병행했다. 그는 원래 자신의 치료 방식을 합리적 정서치료라 불렀다. 비합리적 신념이라는 인지와 이를 변화시키는 방법에 중점을 두었기 때문이다. 하지만 그는 인지적 변화를 강화하고 적응적 행동을 발달시킴에 있어 행동을 변화시키는 것이 중요하다는 사실도 이해하고 있었다. 이 같은 그의 넓은 철학을 포괄하기 위해 그는 후에 합리적 정서치료라는 이름을 합리적 정서행동치료 혹은 REBT로 개명했다. 벡의 인지치료도 많은 행동적 원칙을 포함하고 있는데, 벡의 치료는 새로운 행동을 시도해보고 신념의 타당성을 검증하기 위해 증거를 모아 오도록 숙제를 내는 식의 행동적 요소를 포함하고 있다. 벡과 앨리스의 덕택으로 우리는 인지행동치료라는 포괄적 용어로 분류되는 행동치료와 인지치료의 수렴된 형태를 볼 수 있게 되었다.

나의 생활

자기 평가 : 당신은 스스로를 비참하게 만들고 있는가? 비합리적 신념 설문지

당신은 당신 스스로를 비참하게 만들고 있는가? 당신의 태도와 신념이 당신을 괴롭게 만들고 있는가? 당신은 다른 사람들이 당신의 욕구를 제1순위로 놓을 것이라 기대하는가? 자신에게 너무 많은 것을 기대하여 결국에는 실패를 겪고 있는가? 노력하기보다는 그냥 포기함으로써 당신은 행복해질 수 있다고 생각하는가? 남이 인정해주지 않을 때 자신에 대해 먼지같이 하찮게 느껴지는가? 다음의 자기 퀴즈는 당신에게 신념 패턴에 대한 통찰을 가져다줄 것이다.

지시 : 아래에 몇 가지 비합리적 신념이 있다. 이는 앨리스의 비합리적 신념과 같은 것이다. 자신에 해당되는 것이 있다면 왼쪽에 체크 표시하시오. (의심이 든다면 체크 표시한다. 표시가 많다고 뭐라 할 사람은 없다. 질문지는 당신에게 생각할 무엇인가를 가져다줄 것이다!) 이것은 정식 시험이 아니기 때문에 특별한 규준이 없다. 그러나 비합리적 신념의 인식은 이의 수정을 가능하게 한다. 자기이해를 향상시키고 작업할 무엇인가를 가져다줄 것이다.

_____ 1. 부모님이 내 데이트 상대를 인정하지 않기 때문에 그/그녀를 포기해야 된다.
_____ 2. 데이트 상대가 내 부모님을 인정하지 않기 때문에 내 부모님을 포기해야 된다.
_____ 3. 선생님이 날 보고 웃어주지 않는다면, 끔찍할 것이다.
_____ 4. 상사가 복도에서 아무 말도 않고 지나친다면 끔찍할 것이다.
_____ 5. 자녀가 나에게 화를 낸다면 난 끔찍한 부모이다.
_____ 6. 판매원이 실망할 것을 알면서 어떻게 청소기 구입을 거절할 수 있겠는가?
_____ 7. 8km 이상 달릴 시간이 없으면 난 운동을 나가지 않는다.
_____ 8. 난 모든 쪽지시험과 시험에서 A를 받아야 한다. 어쩌다 B를 맞는 것은 재앙이다.
_____ 9. 내 코(입, 눈, 턱 등)는 더 (예뻐야 된다/잘생겨야 된다), 그렇지 않으면 내 얼굴은 완전 엉망이다.
_____ 10. 7kg 정도 과체중이기 때문에 난 완전 구제 불능이며 자신이 역겹다.
_____ 11. 벤츠를 살 수 없는데 어떻게 현대를 즐길 수 있겠는가?
_____ 12. 매 성 경험마다 거대한 오르가즘을 느껴야 한다.
_____ 13. 난 테니스 코트에 나가 단순히 공을 몇 번 주고받을 수만은 없다. 서브와 리턴, 발리를 완벽하게 해야 한다.
_____ 14. 나보다 재능도 없고 노력도 적게 하는 사람들이 나보다 돈을 더 많이 번다면 난 매일을 행복하게 살 수 없다.
_____ 15. 응원단장이나 쿼터백과 데이트를 할 것이 아니라면 무엇하러 데이트하러 나갈 것인가?
_____ 16. 직장 동료가 승진했고 난 하지 않았기 때문에 내 상사는 끔찍한 사람이다.
_____ 17. 백인들은 백인들과 주로 관계를 맺기 때문에 끔찍한 사람들이다.
_____ 18. 흑인들은 흑인들과 주로 관계를 맺기 때문에 끔찍한 사람들이다.
_____ 19. 핵전쟁의 가능성이 있기 때문에 매 순간마다 그것을 걱정해야 한다. 그리고 물론 공부도 할 필요가 없다.
_____ 20. 월급 인상을 못 받았는데 어떻게 내가 최선을 다해 일할 거라 기대할 수 있는가?
_____ 21. 내가 가진 모든 문제를 보고도 어떻게 선생님은 내가 공부할 거라 기대할 수 있는가?
_____ 22. 쪽지 시험이 어려운데 왜 공부를 해야 하는가?
_____ 23. 어떻게 내 배우자는 직장에서 힘든 하루를 보낸 내가 그/그녀에게 잘해줄 거라 기대할 수 있는가?
_____ 24. 내 배우자(남자친구, 여자친구 등)는 내 문제에 대해 알아야 되며 뭐라도 행동을 취해야 한다.
_____ 25. 시험 전 벼락치기를 해도 A를 받을 수 있다.
_____ 26. 능력을 가지고 있다면 굳이 노력해야 할 필요가 있겠는가?(즉 선생님/상사는 성과가 아닌 재능에 근거하여 날 평가해야 된다.)
_____ 27. 며칠만 다이어트해도 체중을 줄일 수 있을 것이다.
_____ 28. 다른 사람들은 나에게 더 친절해야 한다.
_____ 29. 강사가 지루하기 짝이 없는데 어떻게 내가 그 주제를 배울 거라 기대할 수 있는가?(참고 : 이 책에서는 절대로 적용될 수 없다.)
_____ 30. 배우자(남자친구, 여자친구, 엄마, 아빠 등)가 당신을 비참하게 만든다. 그/그녀가 바뀌지 않는 한 상황을 바꿀 수는 없다.
_____ 31. 승진을 못했는데 어떻게 기쁠 수 있겠는가?
_____ 32. 대학 공부가 쉬워지지 않는 한 어떻게 휴식을 취할 수 있겠는가?
_____ 33. 대학 공부가 어렵기 때문에 이를 위해 몇 년을 쓰기보다는 자퇴하는 편이 더 낫다.
_____ 34. 배경이 가난한데 어떻게 성공할 수 있겠는가?
_____ 35. 아버지가 날 형편없이 대우했는데 어떻게 내가 남자를 믿을 수 있겠는가?
_____ 36. 어머니가 날 형편없이 대우했는데 어떻게 내가 여자를 믿을 수 있겠는가?
_____ 37. 불우한 아동기를 겪었는데 어떻게 내가 감정적으로 잘 적응할 수 있겠는가?
_____ 38. 어렸을 때 학대받았기 때문에 나도 내 자녀를 학대할 것이다.
_____ 39. 길거리 출신인데, 어떻게 나쁜 버릇을 고치고 매 단어마다 욕을 하지 않을 수 있는가?
_____ 40. 대학이나 직장을 고민하기보다는 인생을 즐기는 것이 더 큰 성취감을 준다.
_____ 41. 의미 있는 몇몇 관계에 집중하기보다는 많은 사람들과 사귀는 것이 더 행복할 수 있다.

절충적 치료 : 이것도 조금, 저것도 조금

행동치료와 인지치료만이 수렴되고 있는 것은 아니다. 오늘날 수많은 치료자들은 자신을 절충주의자라 칭하고 있다. 절충적 치료자들은 다양한 치료 접근의 원칙과 기법에 의존한다. 예를 들어, 치료자는 프로이트의 전이 개념에 의존하면서 동시에 점진적 노출과 같은 행동적 방법을 사용할 수 있다. 임상심리학자들을 대상으로 한 최근 설문에서, 절충주의를 자신의 치료적 향성이라 밝힌 임상심리학자들의 수가 두 번째로 많았다(Norcross & Karpiak, 2012)(그림 9.1 참조). 흥미롭게도, 절충적 치료자들은 다른 치료자들보다 나이가 더 많고 임상경험이 더 많은 경향이 있었다(Beitman, Goldfried, & Norcross, 1989). 이는 절충적 치료자들이 경험을 통해 치료에 있어 다른 접근을 활용하는 것의 가치를 배웠기 때문으로 볼 수 있다.

모듈 복습

복습하기

(14) 인지치료는 ______(사고와 신념)의 변화가 바람직한 행동적, 정서적 변화를 가져올 수 있다고 가정한다.
(15) 벡이 의사가 된 이유 중 하나는 자신의 ______에 대한 공포를 극복하기 위해서였다.
(16) 앨리스의 REBT는 내담자로 하여금 불안이나 우울문제를 야기하는 ______ 신념에 직면하도록 한다.

생각해보기

인지치료자들은 정서장애 발달에서 인지의 역할을 어떻게 개념화하고 있는가?

모듈 9.5 집단, 커플, 가족 치료 : 치료가 개인을 넘어설 때

- 집단치료의 장점과 단점은 무엇인가?
- 커플치료는 무엇인가?
- 가족치료는 무엇인가?

치료의 몇 가지 형태는 한 번에 한 명 이상의 내담자에 초점을 둔다. 집단치료에서는 서로 관련이 없는 사람들이 동시에 치료받는다. 가족치료에서의 내담자는 한 개인이 아니라 가족 전체이다.

집단치료 : 우리 모두 한 배를 탄 거야

심리치료자가 비슷한 문제(불안, 우울, 이혼에 대한 적응, 사회 기술 부족)의 내담자들을 가지고 있을 때, 이들을 개인 회기보다 집단으로 치료하는 것이 합리적일 수 있다. 집단의 방법과 특징은 구성원의 요구와 지도자의 이론적 향성을 반영한다. 집단 정신분석에서 내담자들은 서로의 꿈을 해석할 수 있다. 내담자 중심 집단에서 내담자들은 자기 탐구를 수용하는 분위기를 제공할 수 있다. 행동치료 집단의 구성원들은 함께 불안 유발 자극에 둔감화되거나 사회 기술을 함께 연습할 수 있다.

집단치료는 다음과 같은 장점을 가진다(Davison, 2000; Dugas et al., 2003).

- 경제적이다. 치료자들이 여러 명의 내담자들과 동시에 작업할 수 있기 때문에 개인치료보다 일반적으로 더 저렴하다.
- 일대일 치료와 비교하여 집단치료는 내담자들이 의존할 수 있는 정보와 인생 경험을 더 많이 제공한다.
- 적절한 행동은 집단의 지지를 받는다. 내담자들은 보통 동료의 인정을 고마워한다.
- 문제에 당면했을 때 다른 사람들과 다르거나 다른 사람보다 열등하다고 생각하기 쉽다. 비슷한 문제를 가진 사람들과의 제휴는 안심을 제공한다.
- 개선을 보이는 집단 구성원들은 다른 구성원들에게 희망을 준다.
- 많은 사람들은 타인과의 관계 문제로 치료를 구한다.

Richard T.Nowitz/Photo Researchers, Inc.

집단치료 집단치료는 개인치료보다 경제적인 측면에서만 유리한 것(비용이 더 싼 것만)이 아니다. 집단원들은 다른 집단원의 경험과 정서적 지지로부터 얻는 것이 있다.

비록 다른 이유로 치료를 찾더라도 이들은 사회적으로 위축되었을 가능성이 크다. 집단 구성원들은 비교적 위협적이지 않은 환경에서 사회 기술을 연습할 수 있는 기회를 가진다. 연령이 다른 남녀들로 구성된 집단에서 구성원들은 서로의 고용주, 직원, 배우자, 부모, 자녀, 친구의 역할을 연기할 수 있다. 구성원들은 서로에게 데이트를 요청하고, 승낙하거나 거절하는 등의 연기를 할 수 있다.

그러나 집단치료는 모든 사람에게 적합한 것은 아니다. 어떤 내담자들에게는 개인치료가 더 낫다. 많은 이들은 자신의 문제를 집단에게 밝히는 것을 선호하지 않는다. 이들은 지나치게 수줍음이 많거나 개인적 관심을 원할 수 있다. 집단원의 자기개방이 기밀로 유지되도록 주장하고, 지지적 분위기를 형성하며, 집단원이 원하는 만큼의 관심을 받도록 보장하는 것은 치료자의 책임이다.

커플치료 : 집단이 커플일 때

커플치료(couple therapy)는 의사소통과 문제 해결 능력을 호전시키고 갈등의 효과적 관리를 도움으로써 커플의 관계 향상을 돕는다(Christensen et al., 2010). 커플치료(커플이 결혼한 상태일 때는 **부부 치료**라고 불린다)는 관계 안에서의 힘의 불균형 상태를 고친다. 이를 통해 파트너는 서로의 요구를 존중하는 대안적인 관계 방식을 탐색할 수 있게 된다. 역설적이게도, 가정 폭력으로 망가진 커플에서 상대적으로 적은 힘을 가진 파트너가 폭력을 행사한 파트너일 경우가 많다. 폭력은 관계의 다른 측면에서 힘을 공유할 능력이 없음에 대한 보완 방법으로 사용되기도 한다.

▮ **커플치료** : 고통에 빠진 커플들의 갈등 해결과 의사소통 기술 증진을 돕는 심리치료 형태

커플치료의 선두적인 현대적 접근은 인지행동적 원칙에 기반하고 있다(Rathus & Sanderson, 1999). 치료는 커플에게 의사소통을 하는 방법(예 : 경청하는 방법이나 감정을 표현하는 방법), 우울이나 분노와 같은 감정을 다루는 방법, 그리고 문제를 해결하는 방법을 가르친다.

가족치료 : 집단이 가족일 때

가족치료(family therapy)는 집단치료의 한 형태로, 하나 이상의 가족이 집단을 구성한다. 가족치료는 다양한 이론적 관점에 기반하여 진행될 수 있다. 그 하나는 **체계적 접근**인데, 여기서 가족은 하나의 상호작용 체계로 개념화된다. 가족치료자는 가족이 구성원 각자의 성장 및 가족 전체의 성장을 가능하게 하는 방향으로 작동할 수 있도록 가족 상호작용 체계 변화를 모색한다(Gehar, 2009).

▮ **가족치료** : 가족 단위가 내담자로서 치료받는 심리치료 형태

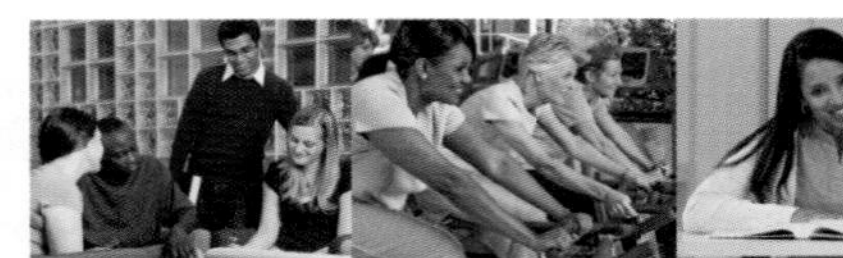

적응과 현대인의 삶

인터넷 상담 : 심리적 도움은 클릭 몇 번이면 된다

콘서트 티켓 예매부터 음악이나 책 다운로드에 이르기까지 당신은 요즘 인터넷을 통해 무엇이든 할 수 있다. 당신은 또한 온라인 치료자로부터 상담이나 치료 서비스를 받을 수 있다. 하지만 온라인 상담 서비스가 증가함에 따라 많은 전문가들은 온라인 상담과 관련해 나타날 수 있는 임상적, 윤리적, 법적 문제를 걱정한다.

문제 중 하나는 인터넷을 통한 치료에서 치료 서비스가 치료자 면허 허용범위(주나 국가)를 넘어 제공되고 있다는 점이다. 심리학자나 정신건강 전문가들이 법적으로 면허받은 주 이외의 주민에게 온라인 서비스를 제공할 수 있는지의 여부는 아직도 불분명하다. 직접 만나본 적 없는 내담자들에게 서비스를 제공하는 것도 윤리적, 법적 문제를 야기할 수 있다(Baker & Bufka, 2011; Harris & Younggren, 2011). 또한 치료자들은 컴퓨터를 통한 내담자와의 상호작용이 내담자의 비언어적 단서나 몸짓에 대한 치료자의 평가를 막을 수 있다고 염려한다. 내담자의 비언어적 단서나 몸짓은 언어적 말이나 키보드로 친 문자보다 내담자의 고통을 더 잘 드러낼 수 있는데 컴퓨터를 이용한 소통은 이러한 단서나 몸짓의 파악을 어렵게 할 수 있다.

또 다른 문제는 온라인 치료자가 원거리에 사는 내담자들에게 정서적 위기 시 필요한 집중적 서비스를 제공하지 못할 수도 있다는 문제이다. 또한 전문가들은 순진한 내담자들이 자격이 없는 치료자('돌팔이 의사'라고도 부르며) 때문에 피해를 볼 수 있다는 우려를 표명한다. 우리는 현재 온라인 치료자들이 허가를 받았고 자격이 있는 실무치료자라는 것을 보장해주는 시스템을 가지고 있지 않다.

이런 결점들에도 불구하고, 증거들은 온라인 자문이나 온라인 상담 서비스가 불안장애와 불면증, 금연, 알코올 섭취, 스트레스 관리, 심지어 대학생들의 21번째 생일 때 과하게 음주하는 것과 같은 문제를 다루는 데에 적합하다고 말한다(Andersson et al., 2012; Beard et al., 2011; Blankers, Koeter, & Schippers, 2011; Choi et al., 2012; Eonta et al., 2011; Hadjistavropoulos et al., 2011; Neighbors et al., 2009; Orbach, Lindsay, & Grey, 2007; Wagner, Schulz, & Knaevelsrud, 2011).

온라인 치료 서비스의 잠재적인 장점도 있다. 우선 접근이 쉬운 온라인 상담은 수줍거나 창피해서 전문적인 도움을 구하지 못하는 사람들에게 치료를 받을 것을 격려할 수 있다. 또한 온라인 상담은 도움을 받는 것을 더욱 편안하게 할 수 있으며 실제로 치료자를 만나기 위한 첫 단계가 될 수 있다. 게다가 온라인 치료는 떨어진 곳에 사는 사람들(치료자를 구하기가 힘들거나 이동을 하지 못하는 사람들)에게 그렇지 않았으면 받지 못했을 서비스를 제공한다(McCord et al., 2011).

인터넷 상담과 관련하여 미국심리학회 전문가 활동분야 대표이사인 러스 뉴먼은 새롭게 등장하는 기술을 감찰하고 평가할 필요성을 제기한다(Lauerman, 2000에서 인용). 심리학자들은 소위 e-치료라 불리는 치료를 격하하려는 입장이 아닌 e-치료의 확산적 사용의 지지에 있어 신중함을 유지하자는 입장을 취하고 있다(Mora, Nevid, & Chaplin, 2008).

출처 : Nevid, Rathus, & Greene(2011)에서 발췌.

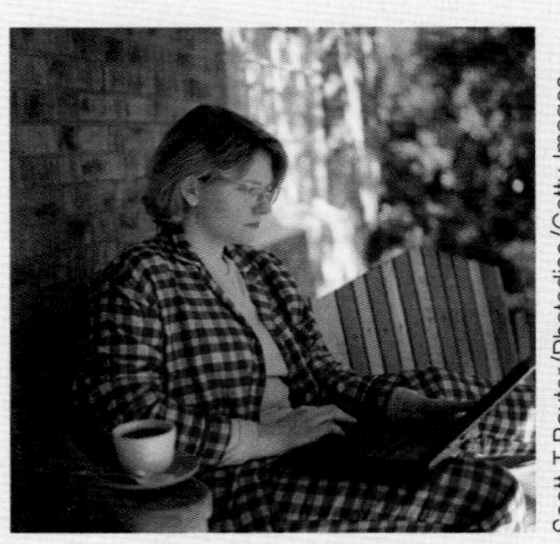
Scott T.Baxter/Photodisc/Getty Images

온라인 상담 온라인 상담 서비스는 지금 웹 이곳저곳에서 등장하고 있다. 비록 심리학자들이 이런 종류의 서비스의 잠재적 가치를 평가절하하고 있지는 않으나 이들은 온라인 상담 서비스 이용과 관련하여 제기될 수 있는 잠재적인 임상적, 윤리적, 법적 문제를 걱정하고 있다.

낮은 자존감을 가진 가족 구성원은 다른 가족 구성원의 다양한 태도와 행동을 용인하지 못하는 경우가 많다. 가족 내 잘못된 의사소통도 문제를 야기한다. 게다가 가족이 '확인된 환자'(문제와 곤란의 원인이 되는 가족 구성원)를 제시하는 경우도 드물지 않다. 그러나 가족 치료자들은 이 확인된 환자들이 가족 내 다른 문제를 위한 희생양일 거라 가정하고 있다. "상한 사과(확인된 환자)를 교체하라. 그러면 사과 통(가족)은 다시 기능적이 될 것이다"라는 말은 근거 없는 믿음이다.

가족치료자(이 분야의 전문가)는 가족이 효과적으로 의사소통하도록 가르치며, 각 구성원이 성장을 이루고 자율성을 가지도록 격려한다.

모듈 복습

복습하기

(17) 집단치료는 개인치료보다 (더, 덜?) 경제적인 경향이 있다.
(18) _______치료는 두 사람 관계에서의 힘의 불균형을 수정할 수 있다.
(19) _______치료의 _______ 접근에서 가족 상호작용은 가족 구성원 및 가족 전체의 성장을 증진시키기 위해 수정된다.

생각해보기

당신은 아는 이에게 언제 개인치료보다 집단치료에 가보라 추천하겠는가?

심리치료의 효과

모듈 9.6

- 심리치료는 효과가 있는가?
- 심리치료에 관한 연구를 시행할 때 연구자들이 직면하게 되는 문제들에는 어떤 것이 있는가?

심리치료는 효과가 있는가? 우리는 심리치료가 다양한 방법과 개인치료 및 집단치료와 같은 다양한 양식으로 실시되는 것을 보았다. 하지만 심리치료가 정말로 효과가 있는가? 효과가 있다고 하면 누구에게 효과가 있는가? 메타 분석이라는 통계적 종합 방법을 사용하는 연구자들은 심리치료가 효과가 있음을 강하게 시사하고 있다.

치료는 효과적인가?

간단히 말하면, 치료는 효과적이다. 특정 치료집단과 통제집단 사이의 차이의 정도를 결정하기 위해 가장 널리 활용되는 통계적 기법이 **메타분석**(meta-analysis)이라 불리는 기법이다. 심리치료의 효과성을 검토하기 위해 많은 메타분석들이 시행되었는데, 이들 연구는 심리치료가 효과적임을 강력히 지지하는 증거들을 내놓았다(Butler et al., 2006; McLeod & Weisz, 2004; Wampold, 2007).

메타분석 : 개별 연구들의 결과를 결합하고 평균 내는 통계적 방법

메타분석은 다양한 형태의 심리치료들이 통제집단보다 더 큰 효과를 냄을 보여준다. 스미스, 글라스, 밀러(Smith, Glass, & Miller, 1980)는 심리치료집단(정신역동치료, 행동주의치료, 인본주의치료 등)과 통제집단을 비교한 400개의 통제된 연구들에 대해 메타분석을 시행하였는데, 이 고전적 연구에서 심리치료를 받은 집단의 평균적 사람은 대기자 통제집단의 80%의 사람들보다 더 나은 결과를 나타내었다(그림 9.2 참조).

일반적으로 말하면, 치료는 많이 받으면 받을수록 더 좋은 효과를 나타낸다. 심리치료를 받은 환자들의 절반 정도가 치료 시작 3~4개월 이내에 임상적으로 의미 있는 변화를 나타낸다. 6개월 정도 되면, 이 수치는 75% 정도로 상승한다(Anderson & Lambert, 2001). 메타분석은 또한 부부, 가족, 집단치료를 포함한 다른 형태의 치료도 효과적임을 보여주고 있다(Butler et al., 2006; McLeod & Weisz, 2004; Shadish & Baldwin, 2005).

그림 9.2
심리치료 효과성 연구의 메타분석 결과

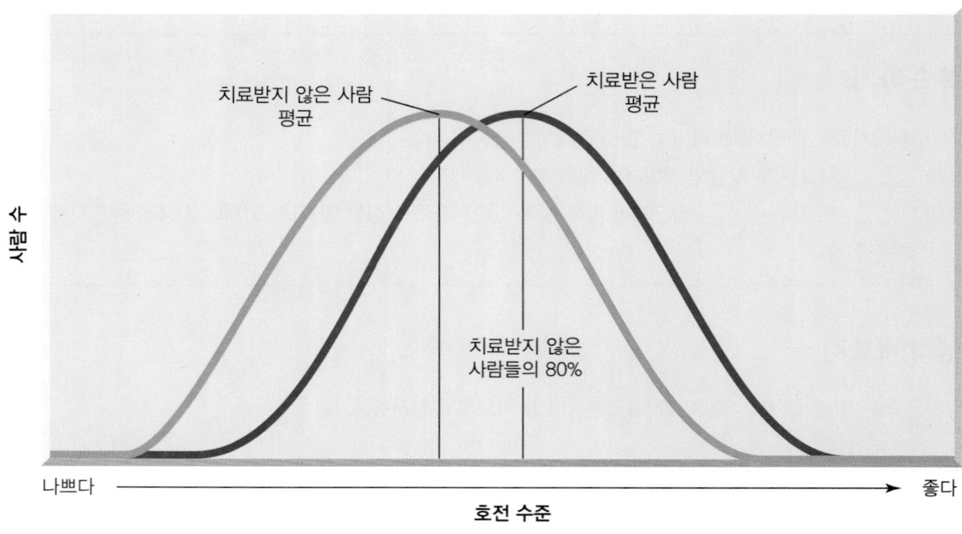

치료의 효과는 특정 방법 때문인가 아니면 비특정적 요인 때문인가?

▌**비특정적 요인** : 치료에 대한 희망 주입과 같은 여러 형태의 치료에 공통적으로 적용될 수 있는 치료의 일반적 요인

▌**치료적 동맹** : 내담자와 치료자 사이의 밀접한 협력적 관계

치료 이득 중 어디까지가 치료자가 사용하는 특정 기법보다 치료 관계의 질로 인해 발생했다 할 수 있겠는가? 연구자들은 여러 치료에 공통적인 치료적 관계가 특정 치료기법과는 별개의 치료 효과를 가지고 있음을 인식하게 되었다. 이러한 치료의 보다 일반적 특징을 **비특정적 요인**(nonspecific factors)이라 부르며, 여기에는 따뜻함, 염려, 관심, 희망고취, 긍정적 결과에 대한 기대가 포함된다. 증거는 강한 **치료적 동맹**(therapeutic alliance)이나 내담자-치료자 협력 관계 구축이 치료 효과를 결정하는 데 중요한 요소임을 보여주고 있다(Prochaska & Norcross, 2010; Smith, Msetfi, & Golding, 2010). 그럼에도 불구하고 연구자들은 여전히 특정 기법이 비특정적 요인보다 2배 정도로 많은 치료적 변화를 설명한다고 생각한다(Stevens, Hynan, & Allen, 2000).

특정 치료 형태의 효과에 대해 말하자면, 우리는 어떤 형태의 치료가 어떤 종류의 문제에 가장 적합한지 대답해야 된다. 또한 특정 치료 형태의 장점과 한계점에 대해 알 필요가 있다. 다시 말해, 메타분석은 치료를 찾게 만드는 문제의 종류와 이에 적합한 치료 형태를 짝짓는 더 많은 증거들로 보충되어야 한다. 이것은 경험적으로 지지되는 치료(empirically supported treatments, ESTs)의 탐색으로 이어진다.

경험적으로 지지되는 치료(ESTs)

특정 형태의 치료가 특정 형태의 문제 치료에 얼마나 효과적인가? 오늘날의 건강관리 환경은 효과성이 입증된 치료법의 사용이라는 치료자 책임을 점점 더 강조하고 있다(Weisz, Jensen-Doss, & Hawley, 2006). 여러 전문가 집단들 중 심리학자들은 잘 통제된 연구들에 기초해 특정 문제의 치료에 효과성이 입증된 특정 형태의 치료를 확인하였다(APA Presidential Task Force on Evidence-Based Practice, 2006; McHugh & Barlow, 2010; Weisz, Jensen-Doss, & Hawley, 2006). 〈표 9.1〉은 경험적으로 지지되는 치료 혹은 ESTs라 불리는 치료들의 목록 일부를 포함하고 있다. 다른 치료들도 효과성을 뒷받침해주는 증거가 축적되면 추가될 수 있다.

특정 치료가 포함되었다 해서 그 치료가 모든 상황에서 효과적임을 혹은 그 치료가 특정

표 9.1 ▮ 경험적으로 지지되는 치료(ESTs)의 예시

치료	치료가 효과를 나타내는 문제 유형
인지치료	우울증
행동수정 혹은 행동치료	우울증 발달장애를 가진 사람 두통 야뇨증(침대 적시기) 광장공포증과 다른 특정 공포증 강박장애
인지행동치료	공황장애 범불안장애 신경성 식욕부진증 금연
대인관계치료(대인관계에 초점을 둔 비교적 단기의 정신역동치료)	우울증
부모 훈련 프로그램	적대적 행동을 보이는 아동

출처 : Chambless et al., 1998; Chambless & Ollendick, 2001; Deegear & Lawson, 2003에서 발췌.

장애 치료에 충분함을 의미하는 것은 아니다. 어떤 경우에는 치료의 조합(예 : 절충적 치료의 형태나 심리치료와 약물치료의 조합)이 더 효과적이다. ESTs의 구축은 건강 서비스 제공자의 치료 효과성 입증이 중요하게 대두되는 시기에 이루어지곤 한다. 경험적으로 지지되는 치료 특별 위원회 회원 중 한 사람인 윌리엄 샌더슨(William Sanderson)은 이 쟁점에 대해 다음과 같이 언급하고 있다. "치료가 약물치료이건, 수술이건, 심리치료이건 간에 사회는 치료 시행 전 치료의 효과성에 대한 증거를 원한다."

다음 절에서도 다룰 테지만, 우리는 치료 효과를 위해 내담자의 사회문화적 특성을 고려해야만 한다. 이것의 실패는 치료로부터 이득을 얻을 많은 사람들을 방치하는 결과를 낳게 된다.

모듈 복습

복습하기

(20) _______ 분석 방법은 심리치료의 효과성을 살피는 수많은 연구들로부터의 결과를 평가하는 데 사용된다.
(21) 연구는 심리치료가 적응문제 치료에 (효과적임, 효과적이지 않음?)을 보여준다.
(22) _______ 지지되는 치료는 특정 문제나 장애 치료에서의 이득을 보여준다.

생각해보기

여러 형태의 치료를 서로 직접 비교할 때 마주하게 될 문제들은 무엇인가?

모듈 9.7

심리치료와 인간의 다양성

▌ 다양성의 쟁점이 치료에서 어떻게 작용하는가?

우리는 다음의 질문을 잊어서는 안 된다. 심리치료는 누구에게 도움이 되는가? 미국과 캐나다의 인구 비율이 계속 변화하고 있는 상황에서 이 질문은 어느 때보다 중요하다. 아프리카계 미국인, 아시아계 미국인, 그리고 라틴계 미국인들의 수가 급증하고 있지만, 대부분의 치료 형태들은 유럽계 미국인 내담자들을 대상으로 개발되었다.

소수민족 집단에 속한 사람들은 유럽계 미국인들보다 치료를 찾을 가능성이 더 낮다. 그 이유로는 치료가 도움이 될 거란 인식의 부족, 전문 서비스 관련 정보의 부족, 비용 지불 능력의 부족(USDHHS, 2001), 전문가에 대한 불신, 특히 유럽계 미국인 전문가나 남성 전문가(여성 내담자의 경우)에 대한 불신, 언어 장벽 등이 있다. U.S. Surgeon General의 최근 보고서는 정신건강 서비스 내 민족적, 인종적 불균형이 존재함을 강조했다(표 9.2 참조).

이러한 불균형은 보험에 가입해 있지 않거나 보험 커버가 적은 소수민족원의 수가 불균형적으로 많다는 데서 그 이유를 찾을 수 있다. 결과적으로, 이들 중 많은 이가 정신건강 치료를 받을 수 없게 되며 우울증을 포함한 진단되지 않고 치료되지 않은 심리적 문제로 고통을 겪게 된다.

심리치료와 소수민족 집단

치료자는 내담자의 문화유산, 언어, 가치관을 이해하고 이에 대한 민감성을 키워야 된다(Hansen et al., 2006; Sue, 2003; Wong et al., 2003). 치료자는 다양한 배경에서 온 내담자들의 문화적, 사회적 현실에 맞춰 치료를 조율해야 한다(Awad & Ladhani, 2007; Hwang, 2006). 말하자면, 치료자는 문화적 유능성을 길러야 하며, 다양한 배경의 내담자들의 문화적 · 사회적 현실에 맞춰 치료적 접근을 조정해야 된다. 치료자는 또한 다른 문화 집단에서 온 내담자에 대한 고정관념을 형성하지 않기 위해 자기의 문화적 편견을 의식할 필요가 있다(Stuart, 2004). 점점 더 많은 치료자들이 아프리카계 미국인, 아시아계 미국인, 라틴계 미국인, 아메리카 원주민들과의 심리치료를 진행하고 있으므로 여기서 잠시 치료자의 문화적 편

표 9.2 ▌ 정신건강관리에서의 불균형 : Surgeon General 보고의 주된 발견점

- 정신건강 문제로 관리를 받는 아프리카계 미국인의 비율은 비라틴계 백인의 절반 수준이다. 아프리카계 미국인은 백인보다 정신건강관리에 대한 접근성이 낮다. 이는 부분적으로 아프리카계 미국인이 건강 보험에 적게 가입하고 있기 때문이다.
- 미국 전체 인종 집단들 중 히스패닉계 미국인들이 건강보험에 가입해 있을 가능성이 가장 낮다. 게다가 스페인어를 구사하는 정신건강 전문가들의 수가 한정되어 있기 때문에, 영어를 못하거나 거의 못하는 히스패닉계 미국인들은 히스패닉어 가능 치료 제공자로부터 관리를 받을 기회가 부족하게 된다.
- 정신질환과 관련한 사라지지 않는 낙인과 수치로 인해 아시아계 미국인/태평양섬 주민들은 문제가 심각해지지 않는 한 도움을 구하지 않는다. 게다가 적절한 언어능력을 갖춘 치료사들의 부족으로 치료에 대한 접근성도 한정되어 있다.
- 아메리카 원주민/알래스카 원주민들은 국가 평균보다 50% 더 높은 자살률을 보이고 있다. 하지만 이 중 얼마나 많은 이가 필요한 관리를 받고 있는지는 알려져 있지 않다. 또한 아메리카 원주민들은 고립된 지방에 사는 경우가 많은데, 이는 정신건강 서비스 이용에 상당한 제약을 가하고 있다.

출처 : Stenson, 2001; USDHHS, 2001에서 발췌, Nevid et al., 2006에서 재인쇄.

견과 관련한 쟁점을 다루어보자.

문화적으로 민감한 치료 치료자들은 문화적 차이와 문화적 차이가 치료 과정에 주는 영향에 대해 민감해야 한다. 또한 치료자들은 자신이 치료하는 내담자의 문화적 배경 차이를 존중해야 할 필요가 있다.

아프리카계 미국인

치료자는 치료 장면에서 아프리카계 미국인 내담자의 심리적 문제뿐만 아니라 이들이 직면하는 편견과 차별을 다룰 필요가 있다. 심리학자 베벌리 그린(Greene, 1993)은 아프리카계 미국인들이 부정적인 고정관념을 내면화하기 때문에 낮은 자존감을 발달시킬 가능성이 높다고 언급했다.

아프리카계 미국인들은 자기 문제는 자기가 해결해야 한다는 문화적 가정과 정신건강 체계에 대한 문화적 불신으로 인해 심리적 도움을 구하길 꺼리곤 한다. 아프리카계 미국인은 오랜 기간 수많은 인종 편견과 차별을 경험하여 왔고, 우리는 이러한 역사적 맥락에서 아프리카계 미국인들의 정신건강 치료에 대한 불신과 회피를 이해하여야 한다(Greene, 2009). 치료자들에 대한 의심으로 인해 많은 아프리카계 미국인 내담자들은 치료자(특히 유럽계 미국인 치료자)에게 개인적 정보를 개방하지 않는 경향이 있다.

아시아계 미국인

전통적 아시아 문화는 정서를 표현하지 않고 자신과 자신의 감정에 대해 이야기하지 않는 것에 큰 가치를 둔다. 또한 아시아 문화에서는 감정 문제의 인정과 관련한 낙인이 크다. 결과적으로, 아시아계 미국인들은 감정 문제를 가지고 있음을 부인할 가능성이 있으며 감정 문제로 도움을 받는 것을 거절할 가능성이 크다(Sue, 1991). 아시아계 미국인, 특히 최근 이민한 아시아계 미국인들은 심리치료에 대한 서구적 접근을 이해하지도 그리고 믿지도 않는다. 예를 들어, 서구 심리치료는 사람들의 솔직한 감정 표현을 장려한다. 이런 치료자 행동은 공개 석상에서의 자제를 강조하는 동양적 가치관과 충돌할 수 있다. 많은 동양인들은 전형적인 서구식 심리치료보다는 직접적이고 구체적인 충고를 받기를 선호한다. 하지만 미국 문화에 대한 적응 수준이 높은 아시아계 미국인들은 서구식 심리 서비스를 더 잘 활용하는 경향이 있다(Hayes, Muto, & Masuda, 2011).

고통스러운 생각과 감정을 외면하는 문화적 경향 때문에 많은 동양인들은 우울과 같은 심리적 문제를 신체적 증상으로 경험한다(Hinton et al., 2009; Zane & Sue, 1991). 불안하다고 생각하기보다 이들은 심장 두근거림이나 발한과 같은 불안의 신체 특성에 주목할 수 있다. 우울하다고 생각하기보다 이들은 자신의 피로와 낮은 에너지 수준에 주목할 수 있다.

라틴계 미국인

치료자들은 가족 간 상호의존성을 강조하는 라틴계 미국인의 신념과 독립성 및 자립을 강조하는 유럽계 미국인들의 신념 사이에 잠재적 갈등이 존재함을 의식할 필요가 있다(De la Cancela & Guzman, 1991). 또한 치료자들은 히스패닉 문화의 존경과 위엄에 대한 가치와 사회·가족적 유대에 대한 강조를 인식할 필요가 있다(Calzada, Fernandez, & Cortes, 2010). 치료자들은 주류 문화의 가치관을 강요하기보다는 문화 가치관에서의 차이를 존중할 필요가 있다. 치료자들은 내담자의 가치관과 문화적응 수준에 맞는 치료 방법을 사용하거나 내담자의 언어적 선호를 고려함으로써(치료를 내담자의 모국어로 진행하는 식으로) 자신이 내담자 문화를 존중하고 있음을 보여줄 수 있다.

심층 탐구

베벌리 그린 : 그녀가 직접 이야기하다

우리의 동료이자 세인트존스대학교의 교수인 베벌리 그린(Beverly A. Greene)은 심리치료의 다양성과 관련한 연구로 이 영역 지식 구축에 공헌했다. 그녀는 *Women of Color : Integrating Ethnic and Gender Identities in Psychotherapy*의 공동편집자이며 *Ethnic and Cultural Diversity Among Lesbians and Gay Men*의 편집자이다. 그린은 자신에 대해 다음과 같이 썼다.

나는 아프리카계 미국인과 아메리카 원주민의 혈통을 이어받은 아프리카계 미국인이다. 나는 북동쪽 뉴저지에 있는 도시에서 자랐다. 부모님은 1920년대 후반과 1940년대 초반에 미시시피에서 태어나 조지아에서 자라셨으며, 미국의 아파르트헤이트(인종차별정책)와 린치 무리에서 살아남으셨다. 조부모님들은 조지아, 캐롤라이나, 테네시의 노예와 체로키 인디언들의 자손이셨다.

내 어린 시절의 기억은 인종분리 징후가 가시적이고 강경한 남부와 인종분리의 징후가 미묘하고 은밀한 북부의 이미지들을 포함한다. 어릴 적 남부 방문은 100세 되신 외증조할머니와 시간을 보내는 것을 의미하였다. 영국령 서인도 제도에서 시작한 할머니의 여정은 할머니를 엘리스 섬(역주 : 미국 이민자들의 입국 여부를 심사하던 곳)의 해방구로 이끌지 못하였다. 대신 할머니를 남북전쟁 직후 경매대로 끌고 갔다. 엘리스 섬의 문은 원치 않은 미국 이민자들에게 열리지 않았다. 그들은 후문을 통해 미국으로 들어갔다.

난, 내 세대 다른 이들과 함께, 자랑스러운 동시에 착취된 집단의 구성원이라는 날카로운 집단의식을 가지고 투쟁과 생존의 장에서 부상했다. 난 부모님의 말씀과 행동으로부터 외부 세계가 우리에게 부여한 이미지를 무조건적으로 받아들이지 말고 그들의 왜곡된 잣대로 우리의 잠재력을 규정짓지 말라는 가르침을 받았다. 나는 또한 지배적 문화가 우리에 대해 말하는 것을 너무 쉽게 받아들이지 말라는 경고도 받았다. 다수는 소수 집단의 특징을 왜곡하는 경향이 있다. 지적 호기심, 성취감, 글에 대한 사랑은 많은 종류의 책 구입을 통해 키워졌다. 책을 통해 나는 우리가 항상 공평한 대우를 받는 것은 아니지만 공평한 대우를 요구할 권리를 가짐을 알 수 있었다. 공평과 평등의 기독교 원칙이 계속적으로 위반되는 사회 속에서 난 인간 행동에 대한 궁금증을 키워갔다. 외부인이 되도록 강요받았던 그리고 권력자의 행태를 직접 목격했던 사람으로서 이는 어찌 보면 당연한 결과인지도 모른다. 이렇게 오랜 기간 형성된 내 안의 기술들이 이후의 내 삶을 도왔다.

Courtesy of Beverly A.Greene

심리학자 베벌리 그린 그린의 초기 기억들은 100세 되신 증조모를 방문한 기억을 포함하고 있다. 증조모의 영국령 서인도 제도로부터 시작된 여정은 증조모를 엘리스 섬의 해방구로 이끄는 대신 경매대로 이끌었다.

아메리카 원주민

아메리카 원주민의 심리장애는 전통 문화의 붕괴와 관련되어 있다(LaFramboise, 1994). 문화정체감의 상실과 사회 해체는 알코올 중독, 약물 남용, 우울 등의 문제를 촉발했다. 또한 아메리카 원주민은 서구 주요 기관에의 접근이 거부되었다. 다른 민족·문화 집단과의 치료에서와 마찬가지로, 치료자들은 아메리카 원주민의 관습, 문화, 가치관에 민감한 맥락 안에서 서비스를 제공할 필요가 있다(Gone & Trimble, 2012; LaFramboise, 1994). 아메리카 원주민의 심리장애 예방을 위한 노력은 아메리카 원주민의 문화정체감, 자부심, 결속력을 강화시키는 데 초점을 두어야 한다.

치료자들의 일부는 아메리카 원주민의 문화·종교적 전통을 반영하는 의례뿐 아니라 부족의 전통 의식과 관습을 반영하는 의례를 활용하기도 한다(Csordas, Storck, & Strauss, 2008; Rabasca, 2000a,b). 예를 들어, 아메리카 원주민 문화에서 발견되는 정화 의례들이 치료 과정에 도입되기도 한다.

여성주의 심리치료

여성주의(feminist) 심리치료는 특정 심리치료 방식이 아니다. 여성주의 심리치료는 여성주의 정치이론과 철학에 입각하여 치료를 진행하는 치료 접근 방식이다. 여성주의는 성역할 고정관념과 남성 지배 전통에 반기를 든다(Greene, 1993).

여성주의 치료는 의료직과 의료기관에서의 남성 지배 현상에 대한 반동으로 나타났다. 정신건강 기관들은 여성의 성역할 도전에 역할 순응을 독려함으로써 남녀 불평등을 유지시켰다. 여성주의 치료자들은 여성이 사회에서 이등 시민으로 취급당한 결과 우울이나 기타 심리 문제를 경험한다고 설명하고 있으며, 따라서 심리 문제 완화를 위해 개별 여성보다 사회가 변화해야 한다고 주장하고 있다.

모듈 복습

복습하기

(23) 아프리카계 미국인으로 하여금 치료받기를 꺼리게 만드는 주요 요인 중 하나는 유럽계 미국인 전문가에 대한 문화적 ______ 때문이다.

(24) 라틴인 혹은 라틴계 미국인의 가족 간 ______에 대한 신념은 유럽계 미국인의 독립성에 대한 신념과 갈등을 보인다.

(25) ______ 심리치료사들은 성역할 고정관념 및 전통적 남성 지배 역할의 타당성에 이의를 제기하고 있다.

생각해보기

심리치료가 가치관에 영향을 받지 않는다고 가정하는 것은 옳은가? 그렇다면 왜 그런지, 아니라면 왜 그렇지 않은지 설명하라.

생의학적 치료

모듈 9.8

- 어떤 종류의 약물치료가 심리장애 치료에 활용되는가?
- 전기충격치료(ECT)란 무엇인가?
- 정신외과란 무엇인가? 정신외과는 어떻게 심리장애를 치료하는가?
- 생의학적 치료의 효과성에 대해 우리는 무엇을 알고 있는가?

이 장에서 여태까지 논의한 치료들은 본질적으로 심리적이다. 즉 심리치료의 형태들이다. 심리치료들은 심리학적 원칙들을 치료에 적용하고 있는데, 이러한 심리학적 원칙들은 성격, 학습, 동기 이론에 뿌리를 둔다. 하지만 심리 문제를 가진 많은 이들은 심리치료보다 생의학적 치료에 의존하는 경향이 있다.

이번 모듈에서는 심리장애의 생의학적 치료 세 가지 형태를 살펴볼 것이다. 그 한 형태인 약물치료는 널리 사용되고 있다. 또 다른 치료 형태인 전기충격치료(ECT)는 약물치료보다 한정되어 사용되고 있다. 세 번째 형태인 정신외과는 거의 사용되고 있지 않다.

심리치료 약물과 ECT를 포함한 생의학적 치료는 정신과 의사와 같은 의사에 의해 시행되고 있다. 정신과 의사들은 정신장애 진단과 치료를 전문으로 하는 의사들이다. 하지만 최근에는 심리학자의 약물 처방 권한이 논의되고 있으며, 이는 심리학 내에서뿐만 아니라 심리학자와 정신과 의사 사이에서도 격렬하게 논의되고 있다(예 : Bradshaw, 2008; Brehm, 2008). 많은 심리학자들은 적절한 훈련이 동반된다면 심리학자들도 심리치료 약물 처방 권한이 주어져야 한다고 믿는다. 사실상 몇몇 심리학자들은 특화된 프로그램에서 약물치료 시행 훈련을 받았고 현재 안전하고 효과적으로 약물치료를 실시하고 있다. 현재 미국 2개 주(뉴멕시코와 루이지애나)는 특수하게 훈련받은 심리학자들에게 정신과 약물 처방을 할 수 있게 하는 법안을 통과시켰다. 심리학자들의 약물 처방권이 더 확산될지 여부는 좀 더 살펴봐야 한다(Meyers, 2007).

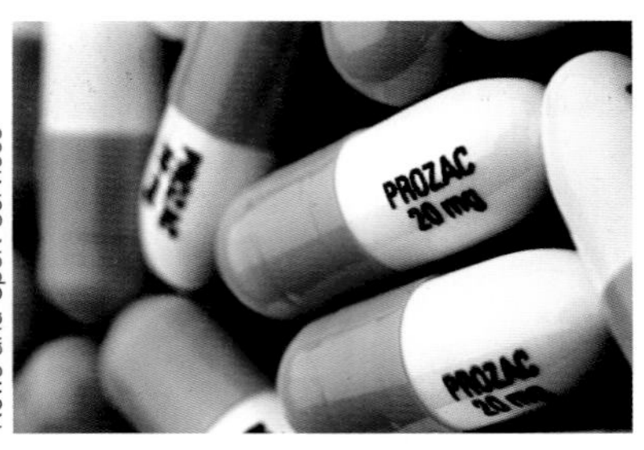

© Paul S. Howell /Getty Images News and Sport Services

약물치료? 약물치료의 이득은 무엇인가? 약물치료의 제한점은? 왜 심리학자들은 큰 시험, 첫 데이트, 직장 인터뷰에 동반되는 불안의 대처를 위해 내담자가 다른 방법을 배우도록 돕는 것을 더 선호하고 있는가?

약물치료 : 마법의 알약을 찾고 있는가?

향정신성 약물(psychotropic drug)(심리치료 약물로도 불리는)은 처방 약물로, 불안이나 우울과 같은 혼란스런 감정 상태를 완화시키거나 조현병이나 양극성장애와 같은 심각한 만성 장애 증상을 통제하기 위해 사용된다. 심리장애를 치료하는 데 사용되는 향정신성 약물의 세 가지 주요 계열인 항불안제, 항정신병 약, 항우울제를 살펴보도록 하자.

향정신성 약물 : 불안장애, 우울장애, 조현병과 같은 정신장애와 관련된 증상들을 통제하는 데 사용되는 약물

항불안제

대부분의 항불안제(약 진정제 혹은 약 신경안정제라고도 불림)는 벤조디아제핀(benzodiazepine) 화학물질 계열에 속한다. 이 계열에 속하는 약물로는 디아제팜(바리움), 클로르디아제폭시드(리브리움), 옥사제팜(세락스), 알프라졸람(자낙스)이 있다. 이름에서도 알 수 있듯, 항불안제는 불안 증상의 완화와 평온감의 유도에 도움을 준다. 항불안제는 심박률과 호흡률을 늦추며 불안 각성감을 완화시키는 등 중추신경계 활동을 늦춘다. 많은 사람들은 재빨리 항불안제에 대한 내성을 발달시킨다. 내성이 일어나면 약물의 계속적 효과를 위해 복용량을 증가시켜야 한다. 진정(sedation, 피로와 졸림의 느낌)이 항불안제의 가장 흔한 부작용이다. 항불안제의 중지는 **반동불안**(rebound anxiety)이라는 상태를 유발한다. 즉 기존에 항불안제를 정기적으로 복용했던 사람이 갑자기 약물을 끊으면 처음 복용했을 때보다 더 큰 불안을 경험할 수 있다. 또한 항불안제 복용을 갑작스럽게 중지하면 떨림, 발한, 불면증, 빠른 심장박동과 같은 금단 증상을 발전시키게 되는데, 이는 항불안제가 신체적 의존을 만들어냈음을 의미한다. 항불안제는 처방대로 사용하면 대체로 안전하지만, 남용하거나 술 혹은 다른 약물과 함께 복용하면 위험하고 심지어는 치명적일 수 있다.

반동불안 : 신경안정제 사용 정지 시 나타날 수 있는 강한 불안

항정신병 약

조현병과 같은 정신증적 장애를 가진 사람들은 흔히 **항정신병 약**(antipsychotic drugs)(강력 진정제, 강력 신경안정제 혹은 신경이완제라고도 불림)으로 치료된다. 이 약물은 망상, 환각, 불안정하고 와해된 행동과 같은 조현병의 악명 높은 증상들을 통제한다(Abbott, 2010; Crespo-Facorro et al., 2011). 페노티아진 계열의 약물(예 : 소라진과 멜라릴)과 클로자핀(클로자릴), 리스페리돈(리스페달), 올란자핀(자이프렉사)과 같은 비전형적 항정신병 약이라 불리는 새로운 세대의 약물을 포함한 많은 항정신병 약은 뇌의 도파민 수용기를 차단함으로써 효과를 내는 것으로 알려져 있다(Nasrallah et al., 2009). 이 계열 연구는 조현병이 뇌에서의 도파민 수용기 과활동성과 관련되었다는 도파민 이론을 지지한다.

항정신병 약 : 정신증적 증상 완화에 도움을 주는 약물

항우울제

항우울제(antidepressants)는 우울 증상의 완화를 돕는 약물 그룹이다. 흥미롭게도, 몇 개의 항우울제는 신경성 폭식증, 범불안장애, 공황장애, 외상후스트레스장애(PTSD), 사회불안, 강박장애를 포함한 다양한 심리장애 치료에 사용된다(예 : Davidson, 2009; Katon, 2006; Pampaloni et al., 2009; Walsh et al., 2004).

항우울제 : 우울 완화에 도움을 주는 약물

항우울제의 사용이 증가하고 있다. 오늘날 12세 이상의 미국인 10명 중 1명이 항우울제를 사용하고 있으며, 이는 1980년대 후반 항우울제 사용 인구의 약 4배에 달하는 수이다(Hendrick, 2011; Kuehn, 2011). 항우울제는 감정 상태와 식욕을 조절하는 뇌 체계의 신경전

달물질 활동에 영향을 끼친다. 구체적으로 말하자면, 항불안제는 뇌의 특정 신경전달물질의 이용 가능성을 증가시킨다. 특히 뇌에서 신호를 전달하는 화학 전달자인 세로토닌과 노르에피네프린의 이용 가능성을 증가시킨다. 세 가지 계열의 항우울제들이 오늘날 사용되고 있다.

나딜과 파네이트와 같은 **모노아민산화효소(MAO) 억제제**[Monoamine oxidase(MAO) inhibitors]는 뉴런(신경세포) 사이의 간격인 시냅스에서 노르아드레날린과 세로토닌의 분해 효소의 활동을 막는다. 이렇게 하면 시냅스에서 이 신경전달물질들이 더 많이 이용될 수 있게 된다. 토프라닐과 엘라빌과 같은 **삼환성 항우울제**(tricyclic antidepressants)는 전달 뉴런의 노르에피네프린과 세로토닌의 재흡수를 막는다. 프로작과 졸로프트와 같은 **선택적 세로토닌 재흡수 억제제**(selective serotonin reuptake inhibitors, SSRIs)도 전달 뉴런의 세로토닌 재흡수를 막지만, 이들 약물은 세로토닌에 대해 좀 더 구체적인 활동을 한다. SSRIs와 구세대 항우울제인 삼환성 항우울제는 그 효과성에서 큰 차이가 없는 것으로 보고되고 있지만, 프로작과 졸로프트와 같은 SSRIs는 부작용이 덜하고 과다 복용 시의 위험성이 덜하기 때문에 더 많이 선호되고 있다(Gartlehner et al., 2008; Qaseem et al., 2008).

▌ **모노아민산화효소(MAO) 억제제** : 노르아드레날린과 세로토닌 분해 효소의 활동을 차단함으로써 작동하는 항우울제

▌ **삼환성 항우울제** : 송신 뉴런의 노르아드레날린과 세로토닌 재흡수를 방해함으로써 작동하는 항우울제

▌ **선택적 세로토닌 재흡수 억제제(SSRIs)** : 송신 뉴런의 세로토닌 재흡수를 차단함으로써 작동하는 항우울제

항우울제는 보통 몇 주가 지나야 치료 효과를 나타낸다. 항우울제는 구갈, 두통, 불안, 불면, 성 욕구 및 성 각성 감퇴, 지연된 오르가즘과 같은 다양한 부작용을 야기할 수 있다.

리튬

고대 그리스인과 로마인은 리튬 금속을 향정신성 약물로 사용한 최초의 사람들이었다. 이들은 양극성장애를 가진 사람들에게 리튬이 들어 있는 광천수를 처방했다. 이들은 이 치료가 왜 도움이 됐는지 알지 못했다. 정제 형태로 된 리튬 금속염인 탄산리튬은 양극성장애(조울증)를 가진 사람들의 기분을 안정시키는 데 도움을 준다(The BALANCE Investigators, 2010; Lichta, 2010).

우리는 아직도 리튬이 어떻게 작용하는지 정확히는 모르지만, 과학자들은 리튬이 뇌의 신경전달물질의 기능을 정상화시켜준다고 생각하고 있다. 양극성장애를 가진 사람들은 무기한으로 리튬을 사용해야 한다. 당뇨병을 가진 사람들이 병을 통제하기 위해 인슐린을 무기한으로 사용하듯이 말이다. 하지만 리튬 처방을 받은 사람의 적어도 30~40%는 리튬에 반응하지 않거나 부작용 때문에 리튬을 감내하지 못한다.

가장 흔한 부작용으로는 수전증, 기억장애, 지나친 갈증, 과도한 소변이 있다. 사람들이 리튬 복용을 끊는 가장 흔한 이유는 기억 문제 때문이다. 일부 양극성장애 환자들은 리튬의 대안으로 간질 치료에 흔히 사용되는 항경련제를 사용함으로써 좋은 결과를 얻고 있다(Frye, 2011; Yatham, 2011). 디발프로엑스(브랜드 이름은 데파코트)가 그중 하나이다(이것은 특정 용도의 약물이 다른 용도로도 사용될 수 있음을 보여주는 예이다).

전기충격치료

어쩌면 야만적으로 들릴 수 있다. 경련을 일으키기 위해 뇌에 전기 충격을 준다. 그러나 증거는 **전기충격치료**(electroconvulsive therapy, ECT)가 다른 치료에 반응을 보이지 않는 중증 우울증 환자의 우울 증상 완화에 도움을 줄 수 있음을 보여주고 있다(Bailine et al., 2010; Faedda et al., 2010; Kennedy et al., 2009). 미국인의 대략 10만 명 정도가 매년 중증 우울증 증상 완화를 위해 ECT를 시행받고 있다(Wilson, 2011).

▌ **전기충격치료(ECT)** : 머리에 전류를 통과시킴으로써 주요우울증과 같은 장애들을 치료하는 방법

ECT 치료를 받는 사람들은 보통 몇 주에 걸쳐 6~12번에 이르는 치료를 받는다. 전극이 관자놀이에 연결되고, 경련을 일으키기에 충분한 강도의 전기 충격이 가해진다. 환자는 시술 중 수면 상태 유지를 위해 짧게 작용하는 전신 마취약을 투여받고, 부상을 일으킬 만한 몸의 움직임을 막기 위해 근육 이완제를 투여받는다.

ECT는 많은 이유에서 논란이 되고 있다. 예를 들어, 많은 전문가들은 경련을 유도하기 위해 환자의 머리에 전기 충격을 가하는 것을 불편해한다. 부작용도 이유가 될 수 있는데, 치료 무렵에 일어난 일에 대한 기억상실이 부작용의 대표적 예이다. 그러나 또 하나의 문제는 치료 후 나타나는 높은 재발률이다(Prudic et al., 2004). 대체로 많은 전문가들은 ECT를 다른 치료 방법들이 실패했을 때 사용하는 최후의 수단으로 본다.

정신외과

정신외과 : 심리적 변화를 촉진하고 장애가 있는 행동을 완화시킬 목적으로 시행하는 수술

전전두엽 절제술 : 뇌 전두엽의 일부를 절제하거나 파괴하는 수술

우리는 **정신외과**(psychosurgery)를 생의학적 치료의 각주로 포함시킨다. 사실상 쓰이지 않기 때문이다. 일탈적 행동을 수정하기 위한 수술 절차인 정신외과의 사용은 포르투갈의 신경학자 안토니오 에가스 모니스(Antonio Egas Moniz)에 의해 개척되었고, 미국에는 1930년대에 유입되었다. **전전두엽 절제술**(prefrontal lobotomy)이라 불리는 모니스의 절차는 전전두엽을 시상으로 연결하는 신경 통로를 절단한다. 수술의 치료적 원리는 매우 모호하고 잘못된 것이었으며, 모니스의 수술 성공 보고서도 사실상 과장된 것이었다. 그럼에도 불구하고 전전두엽 절제술은 1950년까지 폭력적이고 불안정한 행동을 완화시키기 위해 1,000명 이상의 사람들에게 시행되었다. 이 방법의 신뢰할 수 없는 결과가 다음의 일화에서 나타난다. 모니스 박사의 한 '실패작'이 박사를 총으로 쐈다. 총알은 그의 척추를 꿰뚫었고 다리를 마비시켰다.

전전두엽 절제술은 수많은 부작용을 야기하는데, 과활동성, 주의산만, 손상된 학습능력, 과식, 무관심과 철회, 간질성 발작, 창의성 감소, 그리고 때로는 사망을 포함한다. 전전두엽 절제술은 이제 더 이상 시술되지 않는다. 오늘날에는 중증 강박장애, 양극성장애, 주요우울증의 최후의 치료 수단으로 ECT를 한정하고 있다(Carey, 2009; Dubovsky, 2008; Shields et al., 2008). ECT를 사용할 때조차도 이 절차의 잠재적 장기 합병증들은 염려로 남아 있다(Carey, 2011; Lipsman, Neimat, & Lozano, 2007).

생의학적 치료 평가

공황장애부터 우울증, 신경성 폭식증, 조현병에 이르기까지 약물치료가 심리장애를 가진 사람들의 고통을 경감시켜준 것은 의심의 여지가 없다. 항정신병 약의 도입은 수백 수천 명의 정신병원 환자들을 집과 지역사회로 돌려보냈고, 거기서 이들은 지지적 치료를 계속해서 받을 수 있었다.

그러나 정신과 약물은 만병통치약이 아니다. 예를 들어 항정신병 약은 부분적으로만 효과가 있으며, 신진대사 이상과 만발성 운동장애(tardive dyskinesia, 불수의적 씹기, 빨기, 입맛 다심, 팔과 다리나 전신의 갑작스러운 움직임과 관련된 신체 장애)라는 불가역적 운동장애를 포함한 심각한 부작용을 낳을 수 있다. 항우울제는 아동과 청소년의 자살 사고 위험성을 높일 수 있다(Roy-Byrne, 2010). 바리움과 같은 몇몇 정신과 약물들은 일정 기간 이상 정기적으로 복용하면 심리적, 신체적 의존(중독)을 낳는다.

우리는 항우울제가 우울 환자의 1/3 혹은 그 이하에게만 완전한 증상 경감을 가능케 하고, 경도에서 중중도 우울의 치료에는 위약보다 더 나은 치료적 혜택을 거의 주지 못하고 있음을

주목해야 한다(DeRubeis, Fournier, & Fawcett, 2010; Fournier et al., 2010). 게다가 정신과 약물은 약물 사용 중단 후 재발률이 통상적으로 높다(Tang et al., 2007; Yager, 2006).

또한 우리는 경험적 증거가 거의 모든 형태의 우울증 치료에서 인지치료가 적어도 항우울제만큼 혹은 항우울제보다 더 효과가 있음을 보여주고 있다는 사실을 인지해야 한다(예 : Beck, 2005; DeRubeis et al., 2005). 게다가 심리치료의 경우, 치료 동안 이루어진 학습이 치료 이후에도 지속되기 때문에 재발률이 낮을 수 있다.

요약하면, 정신과 약물은 환자들에게 불안이나 우울의 일시적 경감을 가져다줄 수 있을 뿐 이들에게 새로운 기술이나 어려움 대처법을 가르쳐주지 않는다. 인지치료와 정신과 약물의 조합은 우울이나 불안의 치료에서 각 치료의 단독 사용보다 더 나은 효과를 가져다줄 수 있다(예 : Blanco et al., 2010; Cuijpers, Muñoz et al., 2009; Cuijpers, van Straten et al., 2010). 어떤 치료적 접근도 그 하나로 모든 상황에 효과적인 것은 아니다. 어떤 이는 심리치료에 더 반응적이고, 어떤 이는 약물치료에 더 반응적이며, 또 어떤 이는 이들의 조합에 더 잘 반응한다.

모듈 복습

복습하기

(26) 정신증적 증상을 진정시키는 데 사용되는 약물들은 신경전달물질인 ______의 활동을 차단함으로써 효과를 내는 것으로 믿어지고 있다.
(27) 항우울제는 노르에피네프린과 ______ 신경전달물질의 활동을 증진시킨다.
(28) ECT는 ______의 중증 사례를 치료하기 위해 주로 사용된다.
(29) 유명한 그러나 더 이상 시행되고 있지 않은 정신외과적 기법이 ______절제술이다.

생각해보기

정신건강 문제 치료에 있어 심리치료와 약물치료가 주는 상대적 이득을 비교하라.

스트레스에 대한 정서 반응(불안, 분노, 우울)에 대처하기

모듈 9.9

현대의 삶은 스트레스와 중압감으로 가득 차 있다. 이 장은 우리의 삶을 상황과 감정 반응에 휩쓸리게 놔두는 것이 아닌 스스로 책임지게 하는 데 그 목적이 있다. 이번 모듈에서는 공포를 감소시키고, 분노를 조절하며, 기분을 상승시키는 인지행동적 전략에 대해 논할 것이다. 매번 성공하지는 못할지라도 당신은 적어도 이런 상황에서 할 무엇인가를 가질 것이다. 그러나 감정 반응이 강하고 혼자서 관리가 잘 안 된다면 교수와 이야기해보거나, 대학 상담센터를 방문해보거나, 심리학자나 다른 전문가들에게 연락을 취해보라. 많은 경우 우리는 우리의 문제를 스스로 해결할 수 있으나 그래도 우리를 도울 혹은 돕기를 원하는 누군가가 있음을 안다면 큰 위로가 될 것이다.

불안과 공포에 대처하다

적응은 두려워하는 물체나 상황에 접근하거나 두려워하는 물체나 상황을 통제할 것을 요구한다. 건강의 유지는 의사가 우리에게 말할지도 모르는 것들에 대한 공포를 극복해야 함을 의미한다. 학교나 기업에서의 성공을 위해서는 집단 앞에서 이야기할 수 있어야 한다. 따라서 우리 중 일부는 사회불안의 가장 흔한 형태인 발표불안에 대처할 필요가 있다.

두려워하는 대상이나 상황에 점진적으로 접근하거나 직면함으로써 우리는 공포를 감소시킬 수 있다. 비록 처음에는 이런 위협적 상황(하지만 신체적으로는 무해한 상황)으로부터 도망가고 싶을 수 있으나,

상황에 직접 대면함으로써 우리는 이들 상황에 더 잘 대응하는 자신을 발견하게 될 것이다.

우선, 공포 대상이나 상황을 목표로 설정하라. 예를 들면, 승강기 공포, 고소공포, 큰 개와 같은 특정 대상에 대한 공포와 같이 공포 대상이나 상황을 목표로 설정하라.

다음으로 목표에 대한 점진적 접근에 해당하는 특정 행동들을 열거하라. 공포를 유발하는 자극의 위계를 공포자극 위계라 부른다. 자신과 목표 사이의 거리를 점진적으로 좁히는 것이 전략에 해당된다. 처음에는 친구가 동행한 상태에서 목표물에 접근하고, 다음에는 혼자서 목표물에 접근하고, 그 다음에는 목표물과 접촉하는 시간을 점진적으로 늘린다. 10~20개의 색인카드에 난이도에 따른 행동 절차를 써볼 수 있다. 그런 다음, 위계가 설정되도록 계속해서 순서를 짓고 또 짓는 과정을 반복한다. 단계 사이가 너무 멀다고 생각하면 1~2개의 중간 단계를 추가할 수 있다.

고소공포증으로 고통받고 있다고 가정해보자. 지역사회나 동네에서 높은 곳의 위계를 만들어보라. 그리고 가장 낮은 위협 상황으로부터 시작하여 점진적 노출을 실시해보라. 공포가 감소될 때까지 그 상황에 머물러라. 다음 단계로 넘어가기 전 그 상황을 2~3번 반복하여 경험해보라. 특정 단계에서 어려움이 생길 수 있는데 그래도 괜찮다. 도전하고 또 도전하라. 그래도 극복할 수 없다고 생각된다면, 직전 성공 단계와 그다음 단계 사이의 중간 단계를 활용하라. 매 노출 시 자신에게 차분하게 그리고 이성적으로 말하고 최악의 상황으로 재앙화하지 말라. 여기 대학교 2학년생인 캐시의 사례가 있다.

캐시는 운전에 대한 공포를 가지고 있었다. 그래서 직장에 가거나 쇼핑, 레크리에이션에 갈 때 언니 마리안과 친구들에게 의존할 수밖에 없었다. 30마일 걸리는 직장까지 차를 운전해 왕복하는 것을 치료목표로 삼았다. 캐시는 다음과 같은 공포 자극 위계를 만들었다.

1. 이해심이 있는 친구가 동석한 상태에서 운전석에 앉는 것
2. 혼자 운전석에 앉는 것
3. 친구와 함께 한 구역을 운전해 도는 것
4. 혼자서 한 구역을 운전해 도는 것
5. 친구가 동석한 상태에서 몇 마일을 왕복해 운전하는 것
6. 혼자서 몇 마일을 왕복해 운전하는 것
7. 친구가 동석한 상태에서 쉬는 날 직장을 왕복해 운전하는 것
8. 혼자서 쉬는 날 직장을 왕복해 운전하는 것
9. 친구가 동석한 상태에서 일하는 날 직장을 왕복해 운전하는 것
10. 혼자서 일하는 날 직장을 왕복해 운전하는 것

캐시는 불편함이 없어질 때까지 각 단계를 반복했다. 절차가 진행될수록, 그녀는 운전에 대한 자신의 인지적 평가가 자신의 운전에 대한 공포를 만들었다는 사실을 인식하게 되었다. 이후 그녀는 어떻게 인지적 재평가가 자신의 대처 노력에 긍정적 변화를 야기했는지도 깨닫게 되었다. 처음 캐시는 최악을 생각했다. "난 정말 아이 같아! 내 어리석음으로 이해심 많은 마리안의 하루를 망치고 있어."

전문가와 이런 자기패배적 생각에 대해 이야기한 후, 캐시는 불완전한 수행을 하는 자신을 격려하는 법을 배우게 되었다. 그녀는 자기효능감이 점차적으로 증가함을 느끼게 되었고 이런 꾸준한 호전에 대해 자신을 보상하게도 되었다. 시간이 지나면서 캐시는 다음과 같은 방법으로 자신을 고무시켰다. "난 내 공포가 싫어. 하지만 내가 일부러 만들어낸 것도 아니고 그리고 현재 공포 극복을 위해 열심히 노력하고 있어. 마리안에게 고맙지만 그렇다고 그녀에게 죄책감을 갖지는 않아. 결국에는 이런 노력이 그녀에게도 좋은 결과를 가져다줄 테니까. 그리고 현재 상황이 그렇게 나쁜 것도 아니다. 정신줄을 놓지 않고 운전석에 앉아 있는 나에게 등을 두드려 잘했다고 칭찬을 해줘야겠다. 상황에 대한 통제력을 서서히 얻어 가고 있는 것 같아. 조금씩 이 상황을 내 통제하에 두고 있어."

분노를 조절하다

분노는 좌절과 같은 부정적 감정이나 모욕이나 위협과 같은 사회적 도발에 직면하여 개인이 보이는 정서적 반응이다. 분노가 장애물 극복과 공격자로부터의 자기 방어를 동기화할 때는 적응적이라 할 수 있다. 하지만 과도한 각성과 자멸적 공격성으로 이어질 때 분노는 문제가 될 수 있다. 계속된 생리적 각성은 스트레스를 유발하며 고혈압과 같은 고질적 질병으로 이어질 수 있다. 남을 모욕하고 위협하며 공격하는 것은 직장에서의 해고, 학교에서의 퇴학, 기타 법적 문제 등을 야기하고 아끼는 그 누군가를 다치게 할 수도 있다.

인지적 관점에서 보면, 스스로에게 하는 어떤 말로 인해 우리는 분노하게 된다. 보이기에는 화가 나는 사건을 경험했기 때문에 분노하는 것 같다. 예를 들어, 불공정 대우를 받거나 이용당하는 사건을 경험했기 때문에 분노하는 것 같다. 하지만 동일한 분노 상황을 경험했다 하더라도 한 사람은 평정심을 유지한 데 반해 다른 한 사람은 화를 낼 수 있다. 인지이론가들은 이 두 사람 간 차이가 상황 그 자체가 아닌 상황에 대한 이들의 반응 때문이라고 주장한다.

내가 얼마나 불공평한 대우를 받고 있으며 내가 이 상황을 얼마나 참을 수 없는지 혼잣말할 때 우리는 분노할 수 있다. 다른 사람의 행동을 'musts'와 'shoulds'로 규정할 때(예 : "사람들은 나를 항상 공정하게 대해야 해", "사람들은 항상 나의 욕구를 자기들 욕구보다 우선시해야 해"), 우리는 이런 생각으로 인해 분노를 나타내게 된다. 사람들 서로가 서로의 욕구와 감정을 존중하는 그런 세상에서 사는 것은 이상적일 수 있다. 하지만 세상이 이런 이상적 기대에 부응해야 한다는 믿음은 좌절과 분노를 만들어낼 수 있다.

분노를 촉발하는 생각들은 우리의 노력 없이 자동적으로 떠오를 수 있다. 많은 자동적 사고들은(표 9.3 참조) 비합리적이며 그냥 머릿속에 떠오른다. 그러므로 이런 생각들을 주의 깊게 살펴야 된다. 그러고

나서 이들 비합리적 생각들을 이성적이고 차분한 생각들로 대체해야 된다. 다시 말해, 분노를 자극하는 생각들을 확인하고 고쳐 나감으로써 우리는 분노 관리에 적극적 역할을 수행할 필요가 있다.

경험적 증거는 분노 관리 문제를 가진 사람들이 분노 관리 훈련을 통해 이득을 볼 수 있음을 보여주고 있다(예 : Del Vecchio & O'Leary, 2004; DiGiuseppe & Tafrate, 2003; Holloway, 2003). 여기서 치료자들이 내담자 분노 관리 기술 발달에 도움을 주기 위해 사용하는 인지행동적 전략들에 대해 살펴보자.

- **분노 상황에서 자신의 반응을 모니터링하라.** 화가 났을 때 자기를 의식하라. 이 의식을 신호로 사용해서 감정을 추스르고 생각을 다시 살펴라. 잠시 시간을 갖고 생각을 검토하고 분노를 유발하는 생각들을 차분하고 이성적인 생각들로 대체하라.
- **멈추고 생각하라.** 이성을 잃으려 하는가? 상대방이 내게 해를 주려 한다고 성급하게 결론 내리려 하는가? 이 외에 머릿속에 어떤 일들이 일어나고 있는가? 사건들을 너무 개인적으로 받아들이고 있는 것은 아닌가?
- **대립하는 반응들과 대립하는 생각들을 찾아 연습하라.** 마음의 눈으로 평화로운 장면을 떠올림으로써 분노 반응을 방해하라. 아니면 동네를 한 바퀴 산책하라. 아니면 10까지 숫자를 세라. 도움이 되지 않는다면 마크 트웨인이 추천한 대로 100까지 세어라.
- **분노감을 높이는 자기 진술 대신 대처하는 생각들을 생성하는 연습을 하라.** "화를 내봤자 좋을 게 없어. 차분해지고 이 상황에서 내가 무엇을 말하고 할 수 있을지 생각해보자"라고 스스로에게 말하라.
- **긴장을 완화시키라.** 화가 난다면, 숨을 크게 들이마신 후 스스로에게 차분해지라고 말하며 숨을 내쉬어라. 완화된 신체 감각이 분노의 감정을 대체하도록 하라.
- **타인에게 비현실적 기대를 갖지 말라.** 사람들은 때때로 남에게 상처를 주고 바보 같은 짓을 하기도 한다. 당신의 요구를 이들이 항상 만족시키는 것은 아니며, 또 당신 생각만큼 빨리 이들이 당신 요구를 만족시키지도 않는다. 이럴 경우, 당신은 세상을 욕할 수도 있고, 당신 나름의 방법으로 이들을 받아들일 수도 있다. 누군가가

표 9.3 ▮ 분노감을 강화시키는 비합리적 생각과 이를 대체할 수 있는 합리적 생각

유발 사건	비합리적 생각	합리적 대체
"재밌는 영화를 봤니?"라고 엄마가 물었다.	"왜 엄마는 항상 내게 이런 것을 묻는 것일까?" "이건 엄마가 상관할 일이 아니야!"	"엄마는 단지 내가 좋은 시간을 보냈는지 알고 싶을 뿐이야." "엄마는 캐묻는 게 아니라 내 즐거움을 공유하고 나랑 대화를 하고 싶은 거야."
교통 체증으로 움직일 수 없게 되었다.	"자기들이 뭔데 나를 붙잡아놔?"(노상 분노 경계 수준) "목적지에 제시간에 도착 못할 거야! 일이 엉망진창이 될 거야!"	"저들이 일부러 그런 것은 아니잖아. 저들도 아마 나만큼 짜증이 나 있을 거야." "그래 늦었어. 그렇다고 이렇게 된 것이 내 잘못도 아니고 그리고 이 상황에서 내가 딱히 할 수 있는 일도 없잖아."
"이번엔 애가 유난히 심하게 우는 것 같아."라고 남편이 말했다.	"애 우는 것이 나 때문이라 생각하는 거야?" "그럼 뭐라도 좀 해봐!"	"성급한 결론을 내리지 말자. 단지 사실을 말한 것뿐이잖아." "잠시 멈추고 생각하자. 이번에는 남편에게 해결해달라고 부탁하면 어떨까?"
"과제물은 잘되어 가니?"라고 룸메이트가 물었다.	"재는 정말 할 일이 없구나?" "내가 망치면 잰 아마 좋아 죽을 거야."	"과제가 조금 힘들지만 룸메이트 때문은 아니잖아." "룸메이트의 생각을 내가 읽을 수 있다고 가정해선 안 돼." "진심 어린 질문일 수도 있어. 그리고 만약 그게 아니라도 뭣 때문에 내가 재에게 내 기분을 좌우할 권한을 주어야 겠어?"
"회의는 어떻게 됐어?"라고 상사가 물었다.	"회의는 나 혼자서도 잘 관리할 수 있다고!" "저 사람은 항상 나를 확인하고 있구나!" "제길, 나도 성인이라고!"	"진정해! 흥분을 가라앉히라고. 당연히 혼자서 관리할 수 있지. 내가 화를 낼 이유가 뭐가 있어?" "그냥 궁금해서 물었을 거야. 그리고 체크하는 것이 그의 일인 걸. 모든 것이 다 잘됐다구." "당연하지, 나는 성인이야. 내가 화낼 이유가 뭐가 있어?"
"오늘 저녁 함께한 시간이 좋았어?"라고 약혼자가 물었다.	"약혼녀는 항상 날 시험하고 있어!" "그녀는 좋은 시간을 보냈다고 생각하지 않는 걸까?"	"멈추고 생각해보자! 악의 없는 질문일 수도 있잖아. 그리고 그녀가 정말 확인한 거라면 그건 그녀가 내 기분을 중요하게 배려하기 때문일 거야." "기분 나빠야 할 이유를 굳이 찾아내지 마. 그녀는 단지 내가 좋은 시간을 보냈는지 물어본 것일 뿐이잖아. 질문에나 대답해."

표 9.4 ▮ 유발 사건에 대한 주장적 반응

유발 사건	주장적 반응
교통 체증으로 움직일 수 없게 되었다.	"짜증이 난다"라고 스스로 인정한다. 그러나 '그래도 비극은 아니잖아. 상황이 날 통제하도록 두는 대신 내가 상황을 통제할 거야. 침착하자. 어깨 근육을 풀자. 도착하면 단계별로 정직하게 노력할 거야. 일이 잘 풀린다면 다행이지. 만약 안 풀려도 그것에 대해 화를 내는 것은 좋을 게 없어'라고 생각한다.
"과제물은 잘되어 가니?"라고 룸메이트가 물었다.	"과제물은 정말 골칫덩이야! 완전 싫어! 빨리 끝냈으면 좋겠다. 시간이 남는다고 자랑하지 마. 그런 말이 날 기분 상하게 만드니까."라고 말한다.

당신을 불공평하게 대우한다면, 그 사람을 머저리 같다 혼자 생각할 수 있다. 하지만 화난다고 이들에게 직접 화를 낼 필요는 없다.

- **분노를 공감으로 대체하라.** 공감은 분노를 분산시킨다. 상대방의 입장에서 상황을 이해하려고 노력하라. 상대방을 이런 방식으로 행동하게 만든 감정이 무엇인지 생각해본 적이 있는가? "네가 ~라는 것을 이해해. 하지만 나는 네가 지금 ~을 해주었으면 좋겠어"식으로 주장적으로 말하되 상대방에게 당신이 이들의 감정을 이해하고 있음을 보여주라.
- **상황을 몰개성화하라.** 상대방을 욕하는 대신, "그(그녀)는 이렇게 행동할 정도로 문제가 있어. 그러나 이것은 나의 문제는 아니야"라고 스스로에게 말해라.
- **목소리를 낮추라.** 소리를 지르거나 욕하는 것을 자제하라. 남들이 이성을 잃을 때조차도 당신은 냉정을 잃어선 안 된다.
- **공격적이기보다는 주장적으로 행동하라.** 주장적으로 행동한다 함은 상대방을 깎아내리지 않은 상태에서 자신의 진실한 감정을 표현하고 자신의 권리를 수호하는 것을 말한다. 주장적 행동은 모욕, 위협, 공격 등을 포함하지 않는다. 타인의 행동에 대해 강한 불만을 표시하고 그(그녀)에게 공손하게 행동을 바꾸어줄 것을 요구하는 것은 공격적 행동이 아닌 주장적 행동에 속한다.
- **긍정적 감정을 표출하라.** 타인에게 당신이 그(그녀)를 얼마나 소중하게 생각하는지 말해주어라. 상대방도 유사하게 화답할 것이다.
- **감정을 조절했을 때 스스로를 칭찬하라.** 스트레스 상황을 분노나 공격성 없이 잘 대처했을 때 자신에게 상을 주라.

〈표 9.4〉에는 앞서 언급되었던 상황들이 다시 제시되어 있다. 하지만 여기서는 도발 사건에 대한 공격적 반응의 대체로 주장적 반응을 제안하고 있다. 〈표 9.5〉에는 몇몇 새로운 상황들에 대한 공격적 반응과 주장적 반응이 제시되어 있으며 이들 반응들이 비교되고 있다.

비합리적, 분노적 생각을 합리적 대체 생각으로 대체함으로써 우리는 불필요한 분노와 공격적 폭발을 피할 수 있다.

표 9.5 ▮ 도발적인 유발 사건에 대한 공격적 대 주장적 반응의 비교

도발(유발 사건)	공격적 반응	주장적 반응
"나였으면 다르게 대처했을 거야." 라고 상사가 말했다.	"그래 그게 내가 한 방식이야. 내 방식이 마음에 들지 않으면 날 해고해."	"무슨 생각을 하는 거야?" 상사가 시비를 걸면, "전 ~했기 때문에 적절하게 대처했다고 생각합니다."라고 말해. 만약 네가 잘못했다고 생각하면 정직하게 인정해. (잘못된 행동을 안다면 이를 정직하게 표현하는 것이 자기주장적인 거야.)
"넌 바보야."라고 동료가 말했다.	"나가 죽어라."	"정말 듣기 좋지 않은 말이다. 정말 맘을 상하게 하는 말이다. 만약 네가 나와의 관계를 계속 유지할 생각이 조금이라도 있다면 나한테 사과할 것을 권하고 싶어."
"그래서 뭐 어쩔 건데?"라고 선동가가 말했다.	선동가를 밀치거나 때린다.	"잘 있어."라고 말하며 떠난다.
룸메이트가 방 청소를 아직 하지 않았다.	"야 이 돼지야. 너랑 사는 것은 돼지우리에서 사는 것과 똑같아!"	"이번엔 네가 방 청소를 할 차례야. 방 청소 계획에 네가 동의했기 때문에 난 네가 그 일을 할 것이라 믿어. 저녁 먹기 전까지 해줬으면 좋겠어."(협의를 상기시키고 상대방에게 따를 것을 요구하는 것이 자기주장적인 행동이다.)

기분을 좋아지게 만들기(의기소침한 당신을 구제하기)

> 삶에 대해 두려워하지 말라. 사는 것이 가치가 있다고 믿으면 당신의 믿음이 현실이 될 것이다.
>
> – 윌리엄 제임스

우울증은 무기력, 슬픔의 감정, 인지적 왜곡으로 특징지어진다. 만약 당신의 감정이 주요우울 삽화나 양극성장애에 해당하는 것으로 의심되면, 강사와 이야기해보거나 대학 상담 혹은 건강센터에 가보는 것이 좋다. 그러나 그 외에도 아래와 같이 기분을 상승시키고 경한 우울감에 대처하기 위해 스스로 할 수 있는 것들이 있다.

- 즐거운 활동 수행하기
- 합리적으로 생각하기
- 운동하기

즐거운 활동 수행하기

행동은 우리가 느끼는 바에 영향을 준다. 기분 유지는 강화 수준 유지에 달려 있다. 그러나 즐거운 활동으로부터 멀어지면 강화의 부족분이 생겨 우리의 기분과 동기 수준은 꺾일 수 있다. 즐거운 활동의 수준을 높임으로써 당신은 당신의 기분을 상승시킬 수 있다.

1. 〈표 9.6〉은 많이 사용되는 즐거운 활동의 체크리스트다. 개인적으로 마음에 드는 것들이 있으면 표시하라.
2. 표시된 즐거운 활동들 중 적어도 3개를 매일 해보라.
3. 일기장에 당신이 행한 활동들을 기록하라. 비록 계획되지 않았다 하더라도 당신에게 즐거움을 줄 수 있는 활동들이 있으면 이를 추가하여도 좋다.
4. 하루가 끝날 즈음, 다음의 척도를 활용하여 각 활동에 대한 당신의 반응을 평정하라.
   3=훌륭하다
   2=매우 좋다
   1=약간 괜찮다
   0=특별한 반응이 없다
   −1=약간 실망스럽다
   −2=매우 실망스럽다
   −3=최악이다
5. 일주일 후, 긍정적 점수를 받은 활동들을 표시하라.
6. 성공적인 활동들은 반복하고, 새로운 활동들도 한번 시도해보라.

분노는 도로에서의 공격적 행동을 촉발할 수도 있다. 이는 노상 분노의 형태로 나타나기도 하는데, 노상 분노는 자동차를 무기로 사용하거나 다른 차량의 운전자에게 총기를 난사하는 등 범법행위로 발달할 수 있다. 불행하게도, 많은 노상 분노 사건들은 비극적인 결과로

개와 놀기, 우울증과 맞서 싸우기, 또는 둘 다? 즐거운 일에 참여하는 것은 우울증과 맞서 싸우는 방법 중 하나다. 개인적인 차이 때문에 즐거운 일에 대한 목록 같은 자기 평가 기술들은 우리가 활용할 수 있는 것들에 집중할 수 있게 도와준다.

이어지고 있다. 〈표 9.7〉은 노상에서의 화를 통제하는 몇몇 방법들을 제공하고 있다.

합리적으로 생각하기

> 여론은 우리의 사견과 비교하면 나약한 폭군에 불과하다. 자신에 대해 생각하는 그것이 자신의 운명을 결정한다.
>
> – 헨리 데이비드 소로, "월든"

우울한 사람들은 자기 잘못이 아닌데도 실패와 문제를 자기 탓으로 돌린다. 책임을 내면화하고 자신의 문제를 안정적이고(지속되는) 전반적인(만연하는) 문제로 생각한다. 즉 변화시키기 거의 불가능하다고 생각한다. 또한 우울한 사람들은 문제를 파국화하고 성취를 최소화하는 인지적 오류를 범한다.

〈표 9.8〉의 첫 번째 행은 여러 비합리적, 우울 유발적 생각들을 보여준다. 당신은 이 중 몇 개나 가져본 적이 있는가? 두 번째 행은 인지적 오류(예 : 내면화 혹은 파국화)의 종류를 보여주고, 세 번째 열은 합리적 대체의 예를 보여준다.

기분이 침체되어 있을 때 어떤 생각을 하는지 확인함으로써 당신은 당신이 가진 비합리적, 우울 관련 사고들을 찾아낼 수 있다. 기분 변화를 촉발할 수 있는 쏜살같이 지나가는 사고들을 확인해보라. 이를 적어보는 것도 도움이 된다. 그리고 이들 사고의 정확성을 따져보라. 당신은 어려운 상황들을 불가능하고 절망적인 것으로 규정하는가? 당신은 자신에게 너무 많은 것을 바라고 자신의 성취는 최소화하는가? 실수에 대해 자신을 지나치게 탓하고 있는가?

당신의 인지적 오류 종류를 분류하기 위해 당신은 〈표 9.8〉을 사용할 수 있다. 인지적 오류의 종류는 제8장의 〈표 8.5〉에서 이미 기술한 바 있다. 그리고 이런 왜곡된 생각들을 대신할 합리적 대체들을 써보라. 각 왜곡된 생각 옆에 합리적 대체를 적어라. 그리고 가끔씩 이를 다시 살펴보라. 혼자 있을 때 왜곡된 생각들을 크게 낭독할 수 있다.

표 9.6 | 즐거운 일의 목록

1. 시골에 가기
2. 고급 혹은 격식 차린 옷 입기
3. 종교, 자선, 혹은 정치 단체에 기부하기
4. 스포츠와 관련한 담소 나누기
5. 새로운 사람과 만나기
6. 록 콘서트에 가기
7. 야구, 소프트볼, 미식축구, 혹은 농구 하기
8. 여행이나 휴가 계획하기
9. 자신을 위해 무엇인가를 사기
10. 해변에서 놀기
11. 예술활동하기(그림 그리기, 조각하기, 뎃생하기, 영화제작하기 등)
12. 암벽 등반 혹은 등산하기
13. 성경 혹은 경전 읽기
14. 골프 치기
15. 방이나 실내 새로 장식하기
16. 나체가 되기
17. 스포츠 경기 관람하기
18. 경주 보러 가기
19. 소설, 수필, 시, 희곡, 잡지, 신문 읽기
20. 술집, 바, 클럽 가기
21. 강의나 회담 참관하기
22. 노래나 음악 만들기
23. 보트 타기
24. 골동품 복원하거나 가구 손질하기
25. 텔레비전이나 라디오 시청하기
26. 캠핑하기
27. 정치적 활동하기
28. 기계 조작하거나 손보기(자동차, 오토바이, 라디오, 텔레비전)
29. 카드나 보드게임하기
30. 퍼즐을 맞추거나 수학 게임하기
31. 친구나 동료와 점심 먹기
32. 테니스 치기
33. 장거리 운전하기
34. 목공이나 목수 일 하기
35. 소설, 수필, 시, 희곡, 사설 쓰기
36. 동물과 시간 보내기
37. 비행기 타기
38. 탐험하기(알려진 경로에서 벗어나기, 동굴 탐험 등)
39. 노래하기
40. 파티에 가기
41. 교회 행사에 참가하기
42. 악기 연주하기
43. 스키나 스케이트 타기
44. 정장에서 벗어나 편한 복장하기
45. 연기하기
46. 도시 중심가 가기
47. 느긋하고 따뜻한 목욕하기
48. 당구 치기
49. 볼링 치기
50. 야생 동물 보기
51. 조경하거나 화단 꾸미기
52. 새 옷 입기
53. 춤 추기
54. 따뜻한 햇살 밑에서 앉거나 누워 있기
55. 오토바이 타기
56. 그냥 앉아서 생각하기
57. 축제, 카니발, 서커스, 동물원, 놀이공원 가기
58. 철학이나 종교에 대해 이야기하기
59. 돈내기 포커나 고스톱하기
60. 자연의 소리 듣기
61. 데이트하거나 구혼하기
62. 친구를 집으로 초대하기
63. 친구 만나러 나가기
64. 선물하기
65. 전신, 경락, 등 마사지 받기
66. 사진 찍기
67. 우표, 동전, 돌 수집하기
68. 아름다운 풍경 감상하기
69. 맛있는 음식 먹기
70. 건강 챙기기(치아 교정, 식습관 바꾸기, 건강검진받기 등)
71. 레슬링 또는 복싱하기
72. 낚시하기
73. 헬스나 사우나하기
74. 승마하기
75. 사회적, 정치적, 혹은 환경적 시위 참가하기
76. 영화 보기
77. 요리하기
78. 머리 감기
79. 레스토랑 가기
80. 향수 뿌리기
81. 아침 일찍 일어나기
82. 일기 쓰기
83. 남에게 마사지해주기
84. 명상이나 요가하기
85. 밖에서 에너지를 쓰는 힘든 일 하기
86. 설상차 운전이나 모래밭 주행용 차 운전하기
87. 신체 의식 훈련, 집단 감수성 훈련, 혹은 토론 그룹에 참가하기
88. 수영하기
89. 달리기 하거나 조깅하기
90. 맨발로 걷기
91. 프리스비나 캐치볼하기
92. 집안일, 빨래, 청소하기
93. 음악 듣기
94. 뜨개질하기
95. 성관계하기
96. 애무하거나 껴안기
97. 이발소나 미용실 가기
98. 사랑하는 이와 함께하기
99. 도서관 가기
100. 쇼핑하기
101. 새롭거나 특별한 요리 준비하기
102. 사람들 관찰하기
103. 자전거 타기
104. 편지, 카드, 혹은 쪽지 쓰기
105. 정치나 시사에 대해 이야기하기
106. 매력적인 여자나 남자 보기
107. 실내 화초 가꾸기
108. 친구와 커피, 차, 콜라 마시기
109. 부두에서 건달처럼 지내기
110. 경매, 창고 세일, 벼룩시장 가기
111. 수상 스키 타거나 서핑, 다이빙하기
112. 여행 가기
113. 오페라, 발레, 연극 관람하기
114. 별과 달 보기
115. 인터넷하기
116. 비디오 게임하기

표 9.7 | 노상 분노를 방지하기

교통 체증으로 인한 분노는 운전자들 사이의 폭력적 대립으로 이어질 수 있다. 좌절의 감내 수준이 낮은 운전자는 경적이나 추월과 같은 사소한 도발에도 폭발하고, 추격하고, 차선을 막고, 충격전을 하는 등 분노를 보인다. 노상 분노의 사례들은 경적을 울리는 것에서 시작하여 욕하기, 차량 바짝 따라가기, 심지어 차량 받기로까지 과열된다. 여기 노상 분노의 가해자나 피해자가 되는 것을 피하게 하는 몇 가지 팁이 있다.

- 절대로 차량을 무기나 위협을 위한 수단으로 사용하지 말라.
- 노려보지 않도록 주의하라. 다른 운전자를 노려보는 것이 야기할 잠재적 결과를 인식하라.
- 흥분하지 말라. 분노를 조절하라. 공격적이거나 배려심 없는 운전자에게 반응하지 말라. 그/그녀에게 교훈을 줘야지 하는 생각을 하지 말라.
- 차 간 거리를 유지하라. 앞 차량과의 안전거리를 유지하라.
- 공격적인 운전은 하지 말라. 공격적인 운전은 쉽게 위험한 대립으로 옮겨 갈 수 있다.
- 경적을 울리지 말라. 경적은 사고를 방지할 때만 사용하고 분노를 표출하기 위한 수단으로 사용하지 말라.
- 도발에 대해 반응하지 말라. 적대적인 운전자가 당신에게 도발을 한다면, 반응하지 말고 눈도 마주치지 말라. 그냥 지나가게 놔두라.
- 다른 운전자에게 손가락이나 말로 욕하지 말라.
- 침착하라. 상황이 당신 통제를 벗어나도록 놔두지 말라.
- 분노를 다스리는 법을 배우라. 분노로 이어 가기 전에 화나게 하는 생각들을 통제하는 법을 배우라.
- 목격자를 위한 지역 신고 번호가 있다면, 위험한 운전자를 신고하거나 911에 신고하라.

출처 : J. S. Nevid & S. A. Rathus, *HLTH, 2012*, Cengage Learning의 허락하에 재인쇄.

표 9.8 | 비합리적, 우울 유발적 생각과 이에 대한 합리적 대체

다음 표에 제시된 생각들과 같은 인지적 오류 때문에 많은 사람들은 우울을 느끼게 된다. 당신은 아래의 비합리적, 우울 유발적 생각을 가져본 적이 있는가? 당신은 이런 비합리적, 우울 유발적 생각에 도전할 마음이 있는가?

비합리적 생각	왜곡된 생각의 종류	합리적 대체
"내가 할 수 있는 게 아무것도 없어."	파국화, 성급한 결론 내리기	"지금 당장은 무엇을 해야 할지 모르지만, 열심히 생각하면 할 일을 찾을 수 있을 거야."
"난 쓸모가 없어."	잘못 향해진 비난, 부정적 이름 붙이기	"후회할 짓을 하긴 했지만, 그렇다고 내가 인간으로서 악하거나 무가치하다는 것을 의미하진 않아."
"정말 끔찍하다."	파국화	"상황이 안 좋지만 그렇다고 세상의 종말은 아니야."
"대학에 맞는 머리가 아닌가 봐."	부정적 이름 붙이기, 성급한 결론 내리기	"그 과목 기초부터 다시 공부해야 하겠어."
"내가 저렇게 역겨운 짓을 했다는 것이 믿기질 않아!"	파국화	"안 좋은 경험이었어. 다시는 반복해서는 안 되겠다."
"제대로 했다고 느낀 적을 생각해낼 수 없어."	성급한 결론 내리기	"고통스럽지만 한 단계 한 단계씩 노력하다 보면 분명히 길이 열릴 거야."
"다 내 잘못이야."	잘못 향해진 비난, 잘못된 책임 소재	"죄가 없는 건 아니지만 그래도 나만 관여한 게 아니야. 내 의견이긴 했지만 걔도 생각하고 판단하고 있었다고."
"제대로 할 수 있는 일이 없어."	부정적 초점, 전무율식 사고	"이번에는 망쳤지만 이전에 잘한 것들이 많았기 때문에 앞으로 다른 것들을 잘할 거야."
"나와 가까운 모든 이들에게 상처를 주는 것 같아."	잘못 향해진 비난, 잘못된 책임 소재	"죄가 없는 건 아니지만 내가 모두의 책임을 질 필요는 없잖아. 다른 사람들도 판단할 수 있는데 그들도 결과를 안고 살아야지."
"만약 사람들이 나의 진면목을 안다면 그들은 날 좋아하지 않을 거야."	긍정적 측면 묵살하기, 성급한 결론 내리기, 전무율식 사고	"난 완벽하지 않지만, 이 세상 그 누구도 완벽하진 않아. 난 부정적 특징과 더불어 긍정적 특징을 가지고 있어. 그리고 난 내 이익을 도모할 권리가 있어."

그런 다음에 "아니야, 그건 비합리적이야!"라고 확실하게 스스로에게 말하라. 그다음에는 합리적 대체를 두 번 힘차게 낭독해보라. 합리적 대체를 생각해보거나 낭독한 후에, "이제 말이 좀 되네! 그래, 이게 더 정확한 견해인 것 같아! 상황을 바르게 볼 수 있게 되니까 기분이 훨씬 좋아진 것 같아"라고 생각하라.

운동하기 : 운동을 통해 해답을 찾아라

제5장에서도 언급하였듯, 운동은 신체적 건강, 신체적 상태만을 증진시키는 것이 아니다. 운동은 심리적 안녕감을 증진시키고 우울에 대한 우리의 대처도 도울 수 있다. 우울증은 무기력과 무기력감으로 특징지어진다. 운동은 어떤 점에서 무기력과 반대가 된다. 연구는 운동이 우울과 맞서 싸우는 것을 도울 수 있다는 견해를 지지한다(Mata et al., 2011; Walsh, 2011). 제5장에서 소개한 운동 전략들을 사용하는 것이 어떠한가?

부정적 감정을 감찰하고 개선하는 작업을 할 때, 우리는 매 순간 몰아치는 감정에 수동적으로 휩쓸리기보다는 자신의 감정적 삶에 직접적 책임을 질 필요가 있다. 만약 전략이 도움이 되지 않는다면 교수와 이야기해보거나 대학 건강 혹은 상담센터를 방문하는 것도 방법이 될 수 있다.

제9장 복습 암송하기/암송하기/암송하기

학습 비결 : 이 질문에 대한 답을 암송하면 보다 효과적으로 학습을 할 수 있을 것이다. 우선 질문에 대한 답을 혼자 소리 내어 답해보거나 공책이나 컴퓨터에 써보라. 그리고 자신의 답을 아래의 정답 예시와 비교해보라.

1. 프로이트의 전통적 정신분석이란 무엇인가?

정신분석의 목표는 무의식적 갈등에 대한 자기 통찰을 제공하고 방어적 행동을 대처적 행동으로 바꾸는 데 있다. 주요 기술로는 자유연상, 꿈 분석, 전이의 해석이 있다. 예를 들어, 정신분석가들은 내담자들이 부모에 대한 감정을 현재 배우자나 분석가에게로 전이시키는 것에 대한 통찰을 내담자들에게 제공한다.

2. 현대적 정신역동 접근은 전통적 정신분석과 어떻게 다른가?

현대적 접근들은 더 간략하고 더 지시적이며, 치료자가 내담자와 얼굴을 마주보고 앉는다.

3. 칼 로저스의 내담자 중심 치료의 방법은 무엇인가?

내담자 중심 치료는 내담자들이 장애물을 극복하고 자기실현을 이룰 수 있도록 돕기 위해 비지시적 방법을 사용한다. 치료자는 무조건적 긍정적 존중, 공감적 이해, 진실성을 보여준다.

4. 프리츠 펄스의 게슈탈트 치료의 방법은 무엇인가?

펄스의 고도의 지시적인 방법은 사람들이 자신의 성격 내 갈등적 부분을 통합하도록 돕는 데 목표를 두고 있다. 그는 내담자가 갈등을 의식하고, 현실을 받아들이며, 두려움에도 불구하고 선택을 하도록 돕는다.

5. 행동치료는 무엇인가?

행동치료는 내담자가 적응적 행동패턴을 발달시키고 부적응적 행동패턴을 없애도록 돕기 위해 학습 원리들(예 : 조건형성과 관찰학습)을 활용한다.

6. 공포를 감소시키기 위한 행동치료 방법에는 어떤 것들이 있는가?

방법에는 홍수법, 점진적 노출, 체계적 둔감화, 모델링이 있다. 홍수법은 혐오적 결과를 제시하지 않은 상태에서 공포가 소멸할 때까지 개인을 높은 수준의 공포 유발 자극에 노출시킨다. 점진적 노출에서는 일련의 두려움 자극들에 내담자를 점진적으로 노출시킨다. 체계적 둔감화는 내담자의 두려움을 감소시키는 절차로, 내담자의 긴장을 이완시킨 상태에서 공포 유발 자극 위계 내 자극에 내담자를 점진적으로 노출시킨다. 모델링은 공포 유발 자극에 접근하는 다른 사람을 모방하도록 내담자를 격려한다.

7. 행동치료자는 나쁜 습관을 깨기 위한 방법으로 혐오 조건형성을 어떻게 사용하는가?

자기파괴적 목표(예 : 음주, 흡연)와 관련된 자극과 혐오적 자극을 함께 짝 지어 반복적으로 제시함으로써 원하지 않는 행동을 없애는 행동치료 방법이다. 두 자극의 연합을 통해 바람직하지 못한 자극은 혐오적 반응을 유발하게 된다.

8. 행동치료자는 조작적 조건형성 원칙을 어떻게 적용하는가?

조작적 조건형성은 강화의 원칙을 적용하여 적응적 행동을 조장하는 행동치료 방법이다. 예로는 토큰경제, 사회 기술 훈련, 바이오피드백 훈련이 있다.

9. 아론 벡의 인지치료 방식은 어떤 것인가?

아론 벡은 성취를 최소화하고 실패를 파국화하도록 이끄는 인지적 오류 때문에 내담자가 우울증과 같은 정서 문제를 발전시킨다고 주장한다. 벡은 우울한 사람들이 인지삼재와 같은 인지적 왜곡을 경험하고 있음을 발견하였다. 인지삼재는 자신, 세상, 미래에 대해 최악을 기대하는 것을 말한다. 벡은 내담자에게 인지적 오류를 반박하는 방법을 가르친다.

10. 앨버트 앨리스의 합리적 정서행동치료(REBT) 방식은 어떤 것인가?

앨버트 앨리스는 합리적 정서행동치료를 창시하였다. 이 치료적 접근은 사건 자체뿐 아니라 사건에 대한 사람들의 믿음이 사건에 대한 반응을 결정한다고 주장한다. 앨리스는 모든 사람들의 인정을 받아야만 한다와 같은 비합리적 신념이 문제를 악화시킬 수 있음을 지적하고 있다.

11. 집단치료의 장점과 단점은 무엇인가?

집단치료는 개인치료보다 더 경제적이다. 게다가 집단치료는 사회적 지지와 다른 구성원들의 경험으로부터 이득을 얻는다. 하지만 어떤 내담자들은 집단 환경에서 자신의 문제를 털어놓을 수 없거나 집단 거절의 위험을 감수할 수 없다. 이들은 개인적인 관심을 요구한다.

12. 커플치료는 무엇인가?

커플치료에서 커플은 함께 치료되는데, 그 이유는 이들의 의사소통 기술의 향상과 갈등의 효과적 관리를 돕기 위해서이다.

13. 가족치료는 무엇인가?

가족치료에서는 한 명 이상의 가족 구성원이 집단을 구성한다. 체계 접근의 견지에서 이루어지는 가족치료는 개별 가족 구성원의 성장과 가족 전체의 성장을 증진시키기 위해 가족 상호작용을 수정한다.

14. 심리치료는 효과가 있는가?

그렇다. 메타분석을 이용한 통계적 분석은 심리치료 효과성에 대한 인상적인 증거를 제공하고 있다. 통제된 연구 설계들로부터 온 증거들도 특정 장애를 위한 특정 치료 형태의 치료적 이득을 지지하고 있다.

15. 심리치료에 관한 연구를 시행할 때 연구자들이 직면하게 되는 문제들에는 어떤 것이 있는가?

연구자들은 다음의 문제들에 직면한다. 연구 참가자들을 여러 치료 방법에 무선 할당하는 데 있어서의 어려움, 치료 성과 측정에 있어서의 문제, 희망을 불어넣는 것과 같은 비특정적 치료 요인들의 효과와 특정 치료 방법으로 기인한 특정적 치료 요인들의 효과를 구분하는 데 있어서의 문제 등이 여기에 포함된다.

16. 다양성의 쟁점이 치료에서 어떻게 작용하는가?

치료자들은 문화적 차이에 민감해야 된다. 예를 들어, 치료자들은 억압과 편견의 피해자가 된 소수민족 집단에서 온 사람들이 유럽계 미국인 치료자들을 신뢰하지 못하는 것을 이해해야 한다. 치료 방식과 목표도 내담자의 문화적 가치관과 대립할 수 있다. 여성주의 치료는 여성 문제에 기여하고 남성 우월주의에 도전하는 사회문화적 쟁점들에 대한 인식을 높이려 노력한다.

17. 어떤 종류의 약물치료가 심리장애 치료에 활용되는가?

항불안제는 불안을 가라앉히지만 시간이 지나면 내성과 의존이 생긴다. 항정신병 약은 도파민 수용기의 활동을 차단함으로써 조현병을 가진 사람들을 돕는다. 항우울제는 뇌의 세로토닌 수준을 높이는 작용을 함으로써 중증 우울증을 가진 사람들을 돕곤 한다. 리튬과 몇몇 항경련제는 양극성장애를 가진 사람들의 기분 변화를 안정시키는 데 도움을 준다.

18. 전기충격치료(ECT)란 무엇인가?

ECT에서는 전류가 뇌를 통과한다. 이는 뇌에서 발작을 만들지만 종종 중증 우울증을 완화시키는 효과를 갖는다. ECT는 기억상실과 같은 부작용과 절차에서의 침습적 특성으로 인해 논란이 되고 있다.

19. 정신외과란 무엇인가? 정신외과는 어떻게 심리장애를 치료하는가?

정신외과는 극도로 와해된 행동을 뇌 수술을 통해 통제하기 때문에 비록 거의 시행되고 있진 않지만 훨씬 더 큰 논란을 불러일으키고 있다.

20. 생의학적 치료의 효과성에 대해 우리는 무엇을 알고 있는가?

심리치료나 약물치료가 불안이나 우울장애를 가진 사람들한테 사용되는 데 대한 논란이 있다. 약물은 사람들에게 문제를 해결하고 관계를 형성하는 방법을 가르치지 않는다. 그렇긴 해도 심리치료가 우울증을 가진 사람들을 돕지 못할 때 약물치료가 권장될 수 있다. 뿐만 아니라 ECT는 심리치료나 약물치료(항우울제)가 도움이 되지 않는 몇몇 중증 우울증 사례에 도움이 되는 것으로 보인다. 항정신병 약은 조현병의 고약한 증상들을 통제하는 데에 도움을 줄 수 있다. 정신외과는 그 효과성에 대한 의문과 심각한 부작용의 발생으로 사용이 중단되었다.

나의 생활 나의 마음

개인적 글쓰기 숙고하기/숙고하기/숙고하기

학습 비결 : 이 장에 나온 개념들을 자신의 경험과 관련시켜 음미하면 보다 심층 처리가 가능하다. 그렇게 되면 내용에 보다 더 개인적인 의미를 부여하게 되며 더 효과적인 학습이 가능해진다. 답을 쓸 공간이 더 필요하면 추가 페이지를 이용해도 좋다.

1. 이 장을 읽고 심리장애를 경험한다면 당신은 치료자의 도움을 구하겠는가 아니면 구하지 않을 것인가? 당신은 어떤 종류의 치료를 선호할 것인가? 그리고 왜 그 치료를 선호하는가?

2. 만약 당신이 불안장애나 기분장애로 고생을 하고 있다면 치료를 위해 항불안제나 항우울제 사용을 고려하겠는가? 왜 그럴 것인가? 아니면 왜 그렇지 않을 것인가? 이 장을 읽은 것이 당신의 견해를 바꾸었는가?

모듈 복습에 대한 답

모듈 9.1
1. 무의식적
2. 통찰
3. 전이
4. 꿈
5. 명시적/잠재적

모듈 9.2
6. 인본주의
7. 자기/비지시적
8. 무조건적/진실성
9. 지시적

모듈 9.3
10. 학습
11. 점진적
12. 혐오
13. 조작적

모듈 9.4
14. 인지
15. 피
16. 비합리적

모듈 9.5
17. 더
18. 커플
19. 가족/체계적

모듈 9.6
20. 메타
21. 효과적임
22. 경험적으로

모듈 9.7
23. 불신
24. 상호의존성
25. 여성주의

모듈 9.8
26. 도파민
27. 세로토닌
28. 우울증
29. 전전두엽

CHAPTER

10

대인관계의 매력 : 우정과 사랑

개요

- 다음을 알고 있나요?
- 모듈 10.1 : 매력 : 연결시키는 힘
- 모듈 10.2 : 우정 : "친구가 필요해"
- 모듈 10.3 : 사랑 : 가장 깊은 정서
- 모듈 10.4 :  나의 생활, 나의 마음 외로움에 대처하기

복습 암송하기/암송하기/암송하기

 **나의 생활, 나의 마음 개인적 글쓰기** 숙고하기/숙고하기/숙고하기

다음을 알고 있나요?

David Raymer/Corbis Images

- 초기 매력을 결정짓는 가장 주요한 요인은 신체적 매력이다.(364쪽)
- 키 큰 사람은 작은 사람에 비해서 돈을 더 많이 버는 경향이 있다.(365쪽)
- 온라인 데이트에서 여자는 남자에 비해서 상대의 신체적 매력보다는 소득에 대해서 더 강한 선호를 보인다.(368쪽)
- 대학생을 대상으로 한 최근의 연구에서 페이스북을 하는 사람은 하지 않는 사람에 비해서 더 낮은 성적을 받으며 공부를 덜 하는 것으로 나타났다.(370쪽)
- 최근 연구에 따르면 여자의 관심을 받기를 원하는 남자들은 페이스북에서 들이대는 것에 대해서 다시 생각해보아야 한다.(370쪽)
- 대인관계 매력의 차원에서도 유유상종은 일어난다.(371쪽)
- 사람들은 심지어는 자신의 성이나 이름이 비슷한 사람을 배우자로 선택하는 경향이 있다.(371쪽)
- 일반적으로 일란성 쌍둥이는 이란성 쌍둥이에 비해서 성적 지향 역시 공유하는 경향이 있다.(374쪽)
- 성적 지향은 선택의 문제가 아니다.(375쪽)
- 낭만적 사랑뿐 아니라 많은 종류의 사랑이 있다.(381쪽)
- 외로움은 단순히 심리적 문제가 아니며 고혈압이나 면역계 기능의 저하와도 관련되어 있다.(387쪽)

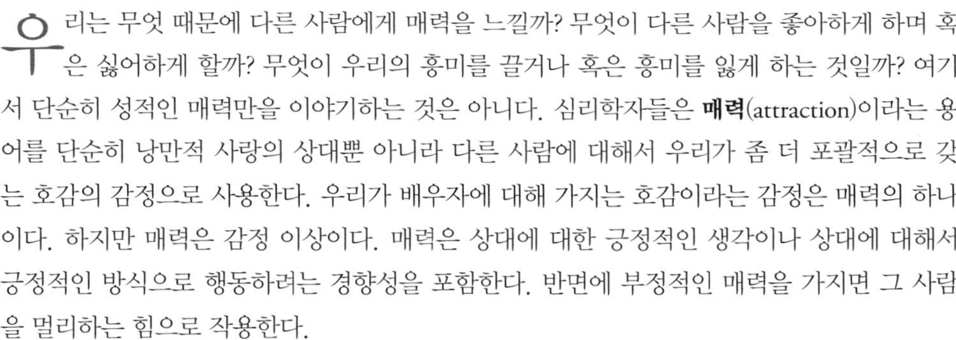

우리는 무엇 때문에 다른 사람에게 매력을 느낄까? 무엇이 다른 사람을 좋아하게 하며 혹은 싫어하게 할까? 무엇이 우리의 흥미를 끌거나 혹은 흥미를 잃게 하는 것일까? 여기서 단순히 성적인 매력만을 이야기하는 것은 아니다. 심리학자들은 **매력**(attraction)이라는 용어를 단순히 낭만적 사랑의 상대뿐 아니라 다른 사람에 대해서 우리가 좀 더 포괄적으로 갖는 호감의 감정으로 사용한다. 우리가 배우자에 대해 가지는 호감이라는 감정은 매력의 하나이다. 하지만 매력은 감정 이상이다. 매력은 상대에 대한 긍정적인 생각이나 상대에 대해서 긍정적인 방식으로 행동하려는 경향성을 포함한다. 반면에 부정적인 매력을 가지면 그 사람을 멀리하는 힘으로 작용한다.

매력 : 사람들을 함께 있게 만드는 힘

자연에서는 인력(attraction)이란 마치 자석의 양극과 같이 두 대상이나 실체가 서로를 끄는 힘이라고 일컬어진다. 유사하게 대인관계 영역에서 매력은 다른 사람을 배우자 혹은 여인과 같이 가까이하고픈 경향성이라고 할 수 있다. 이 장에서는 매력에 영향을 주는 요인들에 대해서 살펴볼 것이다. 또한 잠재적인 데이트 상대에게 거절당하는 것에 대한 두려움이나 다른 어려움 등에 어떻게 우리가 적응할 수 있는지에 대해서도 살펴볼 것이다.

우정과 사랑은 대인관계 매력의 두 형태이다. 그러나 사랑이란 무엇인가? 이 책의 두 번째 저자인 레서스(Rathus)가 10대일 때에는 "Five feet of heaven in a ponytail."이라고 불렸다(역주 : 1950년대 미국 그룹인 The Playmates의 "What is Love?"라는 노래의 가사 중 일부이다). 하지만 이 대답은 과학적으로는 충분하지 않다. 이 장에서 사랑이라는 불가사의한 개념에 대해서 정의를 내려볼 것이다.

매력과 사랑은 또한 우리가 제11장에서 다루고자 하는 친밀한 관계의 형태를 이끄는 하나의 방법이다. 그러나 모든 사람이 우정이나 사랑의 관계를 발전시키는 것은 아니다. 일부는 여전히 혼자이며 외로움을 느낀다. 외로움은 이 장에서 다룰 마지막 모듈의 주제이며, 여기에서 외로움을 극복할 수 있는 방법에 대해서 논의해볼 것이다.

모듈 10.1 매력 : 연결시키는 힘

- 우리 문화에서 어떤 요인들이 매력에 영향을 주는가?
- 매력적인 사람에 대한 고정관념은 무엇인가?
- 남성과 여성이 데이트 상대나 배우자에게서 동일한 요인을 매력적으로 느끼는가?
- 대응 가설이란 무엇인가?
- 성적 지향은 무엇인가?
- 성적 지향에 대해서 연구자들은 어떻게 설명하는가?
- 우리 사회에서 동성애자나 양성애자에 대해 어떻게 반응하는가?
- 게이와 레즈비언에 대한 사회의 일반적인 반응에서 동성애자들이 직면하는 적응의 문제는 무엇인가?

매력이라는 감정은 호감과 사랑 그리고 더 지속적인 관계를 이끌어낸다. 타인에 대한 매력은 외모나 태도와 같은 요인들에 의해 영향을 받는다. 대부분의 사람들은 이성애자이며, 이성인 사람에게 성적으로 매력을 느낀다. 그러나 일부 사람들은 게이 혹은 레즈비언의 성적 지향을 가지며, 이들은 자신과 같은 성의 사람들에게 성적으로 매력을 느낀다. 매력이라는 감정은 어떤 요인에 기인하는가? 이 모듈에서는 신체적 매력, 태도의 유사성, 근접성, 상호성 등이 포함된 낭만적 매력과 성적 지향의 결정 요인에 대해서 탐색해볼 것이다.

신체적 매력 : 좋은 외모가 얼마나 중요할까?

아마도 당신은 우리 모두가 현명하고 지적이어서, 외모라는 것이 데이트나 배우자를 찾는 데 민감성이나 따뜻함과 같은 것에 비해서 더 낮은 순위에 있기를 바라는지도 모르겠다. 그러나 연구들에서는 외모가 낭만적 매력을 결정짓는 주요 요인임을 보여준다(예 : Li & Kenrick, 2006; Wilson et al., 2005). 외모는 얼마나 중요한 것일까? 호주의 한 연구에 따르면 온라인 데이트에서 85%의 사람들은 사진을 공개하지 않은 사람과 절대로 만나지 않겠다고 하였다고 한다(Fiore et al., 2008).

신체적 매력의 점화 없이는 우리는 서로에 대해서 깊이 알 수 있는 기회를 갖지 않으며 관계가 지속되지도 않는다. 신체적 매력을 결정짓는 요인은 무엇인가? 우리의 기준은 주관적인가 아니면 어떤 공유점이란 것이 있을까?

XianPix Pictures Agency/NewsCom

"잘생김" 누가 잘생겼나? 많은 사람들에게 안젤리나 졸리나 브래드 피트와 같은 스타들이 현재의 미국 문화에서는 미의 기준처럼 상징된다. 신체적 매력이 데이트 상대나 배우자를 선택하는 데 얼마나 중요할까?

아름다움의 어떤 측면들은 횡문화적이다. 예를 들면 영국인과 일본인을 대상으로 한 연구에서 영국과 일본 남자 모두 큰 눈, 높은 광대뼈, 좁은 턱을 가진 여성을 아름답다고 인식한다는 것을 확인하였다(Perret, 1994). 그 연구에서 페레는 컴퓨터를 이용하여 여성 60명의 얼굴을 합성하였고, 그중 아름답다고 평정된 15명의 여성의 얼굴 역시 〈그림 10.1〉의 A에서 보는 것과 같이 합성하였다. 그러고 난 뒤 마찬가지로 컴퓨터를 이용하여 여성 60명의 합성된 얼굴과 아름다운 여성 15명의 합성된 얼굴의 차이를 과장하였다. 그 결과 〈그림 10.1〉의 B의 얼굴을 만들어냈으며, 이는 A보다 광대뼈는 더 높고 턱은 더 좁았으며, 이것이 가장 아름다운 이미지로 평정되었다. 고대 그리스와 이집트의 예술작품에서도 이와 비슷한 형태를 선호하였다.

우리 사회에서 키가 크면 말 그대로 돈을 더 번다. 남자건 여자건 키가 클수록 더 많은 소득을 가진다는 증거들이 있다(그 효과는 남자의 경우가 더 크긴 하다)(Dittmann, 2004; Judge & Cable, 2004). 왜 키와 소득 간의 관련성이 있을까? 연구자들은 키가 큰 근로자가 더 좋은 영업직이나 관리직으로 뽑힐 가능성이 높기 때문이라고 설명한다. 또 다른 가능성 하나는 키라는 것이 자존감과 자신감에 영향을 주며, 이것이 직장에서 더 나은 수행을 하게 만드는 것일 수 있다(Shea, 2007).

키가 크다는 것은 다른 차원에서 최소한 남성에게는 사회적인 자산이다(Pawlowski & Koziel, 2002). 남자들은 평균 키의 여성을 선호하는 경향이 있으나, 여자들은 일반적으로 키가 큰 남성을 선호한다(Kurzban & Weeden, 2005; Swami & Furnham, 2008). 그러나 키 큰 여자들은 덜 긍정적인 것으로 인식된다. 남자 대학생들은 일반적으로 자신보다 약 11.5cm 정도 작은 여성을 선호한다(Gillis & Avis, 1980). 또한 남자와 여자는 모두 웃을 때 더욱 매력적으로 인식된다(Reis et al., 1990). 그러므로 어떤 노래의 가사에도 나오는 것처럼 사람을 만날 때에나 데이트를 하려고 할 때 행복한 표정을 지을 필요가 있다.

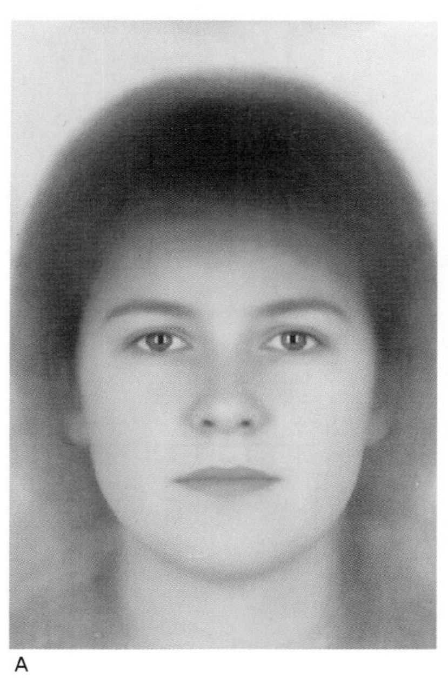
A

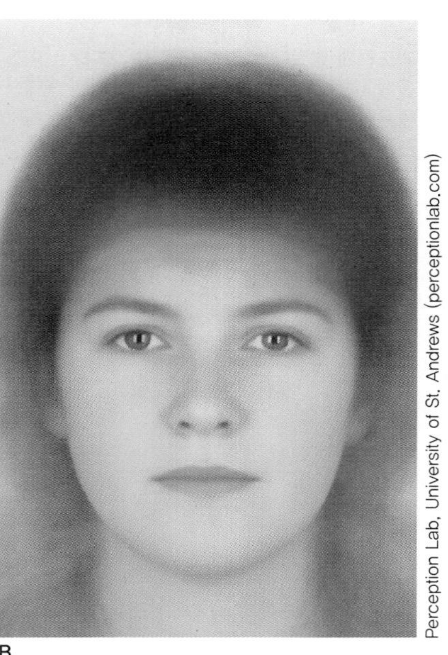
B

Perception Lab, University of St. Andrews (perceptionlab.com)

그림 10.1
어떤 특성이 얼굴의 매력에 영향을 주는가? 영국과 일본 모두에서 큰 눈, 높은 광대뼈와 좁은 턱과 같은 특성이 여성의 매력도를 지각하는 데 영향을 준다. A(좌측)는 60명 중에서 아름답다고 뽑힌 15명 얼굴의 합성이다. B(우측)는 이 15명의 특성을 과장한 것이다. 즉 전체 60명의 평균에서 아름답다고 뽑힌 15명 간의 차이를 더 극대화시킨 것이다.

미국에서 남자들과 여자들은 호리병 형태의 여성을 가장 아름답다고 판단하는 경향이 있다(Singh, 1994a, b). 하지만 조건이 있다. 최소한 여성에게 곡선미는 여성의 매력과 관련이 있지만, 그것은 마르고 엉덩이가 크지 않을 때에만 해당된다(Forestell, Humphrey, & Stewart, 2004). 남자들이 가슴이 큰 여성을 선호한다는 일반적인 생각은 다소 과장되었다. 한 연구에서 17~25세 사이의 젊은 남자와 여자들에게 가슴 크기가 다른 여자들의 사진과 가슴 크기가 다른 남자들의 사진을 보여주었다(Thompson & Tantleff, 1992). 그러고는 피험자

Photodisc /SUPERSTOCK

큰 키는 보답받는다.

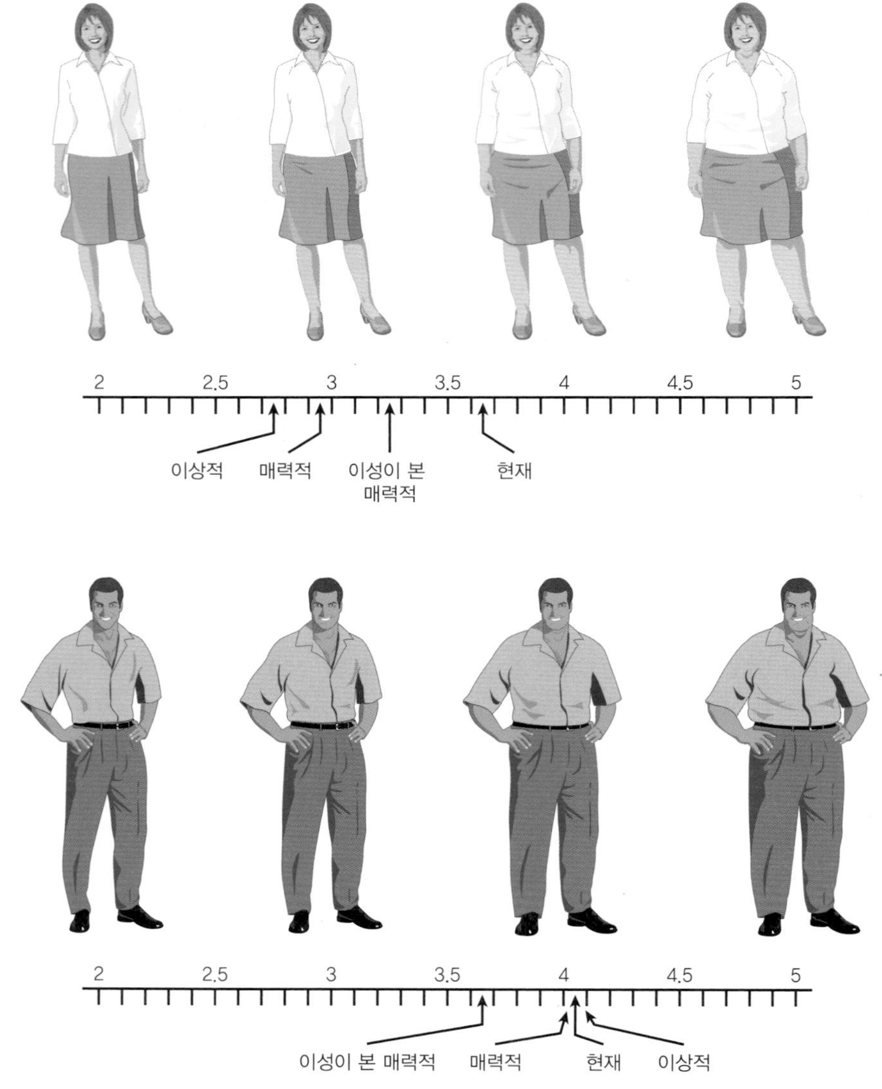

그림 10.2

과도하게 말랐다는 것이 있을 수 있나? 이 질문에 대한 대답은 그렇다이다. 대부분의 여대생들은 자신이 어떤 이상적인 것보다 더 뚱뚱하다고 생각한다. 그러나 남자들은 사실 여성들이 생각하는 것보다는 어느 정도 통통한 것을 더 선호한다. 신체적 매력을 별도로 하고 과도하게 마른 것은 신경성 식욕부진증의 일부 사례와 같이 죽음에 이를 수도 있다.

빨간 옷을 입은 여자 빨간색 옷을 입으면 더 매력적으로 보일까? 연구 결과는 빨간 옷을 입는 것은 성적으로 매력적으로 보인다는 점을 지지한다.

들에게 자기 성별에 이상적인 크기와 일반적으로 남자와 여자가 선호한다고 생각되는 크기를 선택하도록 하였다.

그 결과, 더 큰 것에 대한 선호의 고정관념이 남자와 여자 모두에게서 나타났다. 여자들이 인식하는 이상적인 여성 가슴 크기는 실제 평균적인 크기에 비해 더 컸다. 남자들은 가슴이 큰 여성을 좋아하였으나 남자들이 선소할 것이라고 여성들이 생각하는 정도까지는 아니었다. 남자들이 생각하기에 다른 남자들이 선호할 것이라고 생각하는 여성의 가슴 크기는 실제 다른 사람들이 선호하는 것에 비해서도 더 컸다. 사람들은 이성의 크고 넓은 가슴을 선호하는 것은 맞지만, 사람들은 실제 이성이 선호하는 것에 비해서 그 크기는 과장되게 생각하는 것 같다.

사람들은 평균보다는 큰 가슴을 선호하지만 가슴이 큰 여자들에 대해서는 부정적인 고정관념이 있다. 사람들은 가슴 큰 여자는 지적인 능력, 유능함, 도덕성 혹은 정숙함과 같은 영역에서 가슴이 작은 여자에 비해서 더 떨어진다고 생각한다(Kleinke & Staneski, 1980).

이런 것은 단순히 생김새뿐 아니라 무엇을 입었으며, 또 옷의 색깔과 같이 성적 매력에 영향을 주는 요인에 따라 다르다. 빨간색의 옷을 입은 남자들은 다른 색의 옷을 입은 남자들에 비해서 더 멋지고 성적으로 매력적이라고 여겨진다(Elliot et al., 2010). 빨간 옷을 입은 남자들이 매력적으로 보이는 현상은 진화적 요인에 의해서 설명될 수 있다. 다른 동물들에게서 빨간색은 흔히 높은 지위와 권력을 상징하며, 짝짓기를 할 좋은 수컷으로 인식된다. 그러나 대인관계의 지각에서 빨간색이 주는 미묘한 효과는 남자에게만 제한되지 않는다. 빨간색 옷을 입은 여성은 남자에게도 마찬가지로 성적으로 매력적으로 받아들여진다(Pazda & Elliot, 2012; Pazda, Elliot, & Greitemeyer, 2012).

체중과 신체형에 대한 선호는 문화적 요인에 의해서도 역시 영향을 받는다. 예를 들어 일부 문화에서는 통통함이 선호된다. 그러나 현대 서구 사회에서는 남자와 여자 모두에게 마른 체형에 대한 압력이 있으며, 특히 여성에게 그 압력은 더욱 강하다(Furnham, Petrides, & Constantinides, 2005; Wilson et al., 2005). 여자들은 일반적으로 벌어진 어깨와 좁은 허리의 V자 형태의 체형을 가진 남자를 선호한다.

한편 일반적으로 비만인 사람은 게으르고, 비생산적이며, 매력적이지 않다는 것과 같이 부정적으로 인식된다(Polinko & Popovich, 2001). 이런 부정적인 견해는 비만인 사람이 취업에 실패하고 승진을 하지 못하는 것과 같은 차별로 이어지기도 한다.

이성이 이상적이라고 인식할 것으로 기대하는 것과 비교하였을 때 자신의 신체에 대한 지각은 어떠할까? 선행 연구의 결과, 여대생들은 남자들이 가장 매력적이라고 여긴다고 여대생들이 생각하는 것(그림 10.2의 '이성이 본 매력적' 참고)에 비해서 일반적으로 자기 자신을 더 체중이 많이 나간다고 생각한다. 그리고 이상적이라고 생각하는 여성의 모습에 비해서도 여전히 더 체중이 많이 나간다고 여긴다(Fallon & Rozin, 1985). 반면에 남자 대학생들은 이상적인 남성의 체형과 여성들이 가장 매력적이라고 생각하는 체형(그림 10.2의 '이성이 본 매력적' 참고)이 실제 자신의 체형과 유사하다고 여긴다(Fallon & Rozin, 1985). 그러나 남자와 여자 모두 이성의 선호에 대한 추론에는 오류가 있다. 남자가 선호할 것이라고 여자들이 기대하는 것에 비해서 남자들은 더 체중이 나가는 여자를 선호하며, 그것은 평균적인 여성의 체형과 여자들이 매력적이라고 생각하는 것의 중간쯤 된다. 여자는 남자들이 추측하는 것보다는 좀 더 마른 체형의 남성을 선호한다.

매력 지각에서 성차

남자와 여자는 연인이나 배우자들의 동일한 특성에서 매력을 느낄까? 그에 대한 대답은 정확히 이야기하면 그렇기도 하고 아니기도 하다. 즉 남자와 여자는 유사한 면에 가치를 두는 경향이 있지만 강조점이 같지는 않다.

매력과 배우자의 선택에 대한 연구를 살펴보면, 여성은 남성에 비해서 직업적 지위, 잠재적인 소득, 표현성, 친절함, 배려심, 독립성, 어린아이에 대한 애정과 같은 특성에 대해서 상대적으로 더욱 강조한다. 남성은 여성에 비해서 데이트 상대나 배우자의 신체적인 매력과 함께 요리 실력("왜 남자들은 스스로 전자레인지를 사용하지 못할까?"), 검소함을 더욱 강조한다(Furnham, 2009; Nevid, 1984; Shackelford, Schmitt, & Buss, 2005).

많은 사람들을 대상으로 한 인상적인 연구에서 수잔 스프레처와 동료들(Sprecher et al., 1994)은 미국에 거주 중인 19세 이상의 영어 혹은 스페인어 사용자 13,017명을 대상으로 설문조사를 실시하였다. 설문지의 한 부분에서 연구자들은 나이가 들었거나, 어리거나, 다른 종교를 가졌거나 안정적인 직업이 없거나 외모가 별로인 조건의 사람과 결혼할 의향이 있는지

표 10.1 배우자 선호에서 성차

다음 조건의 사람과 결혼할 의향이 있나요?	남자	여자
외모가 별로인	3.41	4.42
당신보다 5년 이상 나이가 더 많은	4.15	5.29
당신보다 5년 이상 나이가 더 어린	4.54	2.80
안정적인 직업을 갖지 못한	2.73	1.62
당신보다 수입이 더 적은	4.60	3.76
당신보다 수입이 더 많은	5.19	5.93
당신보다 교육을 더 받은	5.22	5.82
당신보다 교육을 덜 받은	4.67	4.08
이전에 결혼한 적이 있는	3.35	3.44
이미 아이가 있는	2.84	3.11
다른 종교를 가진	4.24	4.31
다른 인종인	3.08	2.84

에 대해서 질문을 하였다. 각 문항에 1="전혀 아니다"에서 7="매우 그렇다"까지 7점 리커트 척도로 응답토록 하였다. 〈표 10.1〉에 나타나는 것처럼 여자들은 남자들에 비해 외모가 별로인 이성과도 결혼할 의향이 더 높았다. 반면에 여자들은 안정적인 직업을 갖지 못한 사람과의 결혼은 꺼렸다. 2010년에 있었던 온라인 데이트 선호 연구에서도 여자들은 남자들에 비해서 파트너의 신체적인 매력에 비해서 소득 전망에 대한 선호를 보인다는 점이 재확인되었다(Hitsch, HortaÇsu, & Ariely, 2010).

일부 사회과학자들은 남자와 여자가 이와 같은 배우자에 대한 선호를 갖는 것이 초기 인류에게 번식의 이득을 부여했었기 때문에 지금도 여전히 진화적 압력으로 선호되고 있다고 본다(Fisher, 2000). 여성의 '생체시계' 때문에 여성의 성적 매력은 번식력의 지표인 나이, 건강과 밀접하게 연결되어 있다. 그러나 번식자로서 남성의 가치는 나이와 같은 요인보다는 자녀 양육을 위한 안정적인 환경과 같은 요인이나 사회적 지위, 신뢰성과 같은 요인에 밀접하게 연관되어 있다. 배우자 선호는 유전자와 관련된 내재적 요인들을 반영하는 것 같다. 깔끔함, 좋은 안색, 깨끗한 눈, 깨끗한 치아나 머리카락, 근육, 걸음걸이와 같은 외모는 남녀 모두에게 보편적으로 매력적인 것으로 알려져 있다(Fink & Penton-Voak, 2002).

배우자 선호에서 나타나는 성차에 대한 진화적 관점은 여전히 추론에 근거하고, 과잉단순화된 것 같다. 한 예를 들자면, 사람들은 외모가 키이라 나이틀리나 올랜도 블룸 같은 사람들을 찾기보다는 자신과 닮은 사람을 찾는 경향이 있다. 또한 배우자 선호의 성차와 관련한 문화적 공통점은 내재적 기질보다는 문화적 영향으로 설명될 수 있는 것으로 보인다. 예를 들면, 여성이 경제적으로 남성에게 의존하고 있는 사회에서 남성의 매력은 상당 부분 남성의 경제적 자원에 의존한다.

매력적인 사람의 고정관념 : 겉이 좋으면 속도 좋은가?

대체로 우리는 아름다운 것이 좋기도 하다는 고정관념을 가지고 있다. 매력적인 아동이나 어른은 매력적이지 않은 사람들에 비해서 더 긍정적으로 판단되거나 다루어진다(Langlois et al., 2000; Little, Burt, & Perret, 2006; Olson & Marshuetz, 2005). 우리는 또한 매력적인 사람들을 균형 잡히고, 사회성 있으며, 인기 있고, 똑똑하고, 심리적으로 건강하고, 성취적이고, 설득력 있고, 직업과 결혼에서 성공적이라고 판단한다. 우리는 매력적인 사람이 명망 있는 직업을 가질 것이라고 기대한다. 또한 우리는 매력적인 사람들이 좋은 부모가 될 것이며, 결혼 생활도 안정적일 것이라고 기대하기도 한다. 이런 고정관념하에서 매력이 인기나 사회기술 혹은 성 경험과 관련되어 있다는 증거들은 놀랍지 않다(Feingold, 1992).

어른들은 한 살 이전에도 신체적으로 예쁜 아이들을 착하고, 똑똑하고, 예쁘며, 부모 속을 덜 썩일 것이라고 생각한다(Langlois et al., 2000). 부모, 교사와 다른 아이들도 매력적인 아이들이 학교에서 잘하고, 인기가 좋을 것이며, 착하게 행동하고, 능력이 있을 것이라고 본다. 자존감이라는 것이 타인의 평가를 반영하는 것이기 때문에 신체적으로 매력적인 사람들이 더 높은 자존감을 가지는 경향이 있다는 것은 놀랍지 않다.

문화와 매력 : 어떤 것이 좋은 외모인가?

매력에 대한 선호에서 문화 간 차이는 분명히 존재한다. 예를 들어 아프리카의 일부 원시 부족 사회에서는 이상적 여성상과 관련하여 통통함이 중요하며, 반면에 현대의 서구 문화권에서는 (비록 그것이 누구나 열망하는 건강한 이상형과는 다르지만) 마른 체형이 중요하다. 이런 문화적 차이에도 불구하고 연구자들은 문화권 간에 많은 유사성을 찾았다(Langlois et al., 2000). 예를 들면, 진화심리학자들은 얼굴의 좌우대칭이나 깔끔한 안색과 같은 외모의 특성이 범문화적으로 선호된다는 것을 보고하였다(Fink & Penton-Voak, 2002; Little et al., 2006).

각기 다른 문화권의 사람들이 비슷한 방식으로 외모의 아름다움을 평정하는 경향이 있다. 한 연구에서는 유럽계 미국 대학생과 이제 막 이주한 아시아계와 히스패닉계 학생들에게 아시아계, 히스패닉계, 흑인, 백인의 여성 사진을 보여주고 그 여성들의 매력도를 평정하도록 하였다(Cunningham et al., 1995). 그 평정에서는 각기 다른 인종의 평정자 간에 상당히 높은 수준의 일관성을 보였다. 대체로 여성적인 매력과 관련된 부분은 다음과 같았다.

- 높은 광대뼈와 눈썹
- 큰 눈
- 작은 코
- 갸름한 뺨
- 활짝 웃음
- 도톰한 아랫입술
- 작은 턱
- 풍성한 머리 스타일

남성과 여성은 모두 같은 얼굴을 매력적이라고 판단하는 경향이 있었다. 남녀 모두 남성적이기보다는 여성스런 모습의 여자 얼굴을 더 선호하는 경향이 있었다는 것은 놀랍지 않다

(예 : DeBruine et al., 2010). 그러나 남녀 모두 일반적으로 여성스런 모습의 남성 얼굴을 더욱 매력적이라고 선호하였다는 것은 좀 놀라운 일이다. 남녀 모두 아놀드 슈왈제네거와 같이 남성스럽고 강인하게 생긴 얼굴보다는 레오나르도 디카프리오나 조니 뎁과 같이 세련되고 섬세한 형태의 얼굴을 더욱 선호하였다(Angier, 1998).

대응 가설 : 누가 당신에게 잘 맞을까?

▮ **대응 가설** : 사람들은 일반적으로 매력이나 태도와 같은 요인들이 자신과 비슷한 사람들과 관계를 발전시키려 한다고 보는 관점

거절당할까 봐 아주 매력적인 사람에게 데이트를 신청하지 못한 적이 있나? 약간 덜 매력적이어서 누군가에게 다가가기가 편한 느낌을 가진 적이 있나? 만약 그런 경험이 있다면 그것이 대응 가설을 지지하는 증거라고 할 수 있다. **대응 가설**(matching hypothesis)에 따르면 우리는 저스틴 팀버레이크나 토니 브랙스톤같이 생긴 사람보다 신체적 매력이 우리하고 비슷한 사람에게 데이트를 신청할 가능성이 크다.

연구자들은 데이트를 하는 상대나 결혼한 커플들의 매력도 간에 매우 강한 관련성이 있음을 발견하였다(Lee et al., 2008). 최근 연구에서 연구자들은 멤버들의 신체적 매력을 서로 평정하는 웹사이트(HotorNot.com)의 멤버들 간의 데이트 양상을 관찰하였다(Lee et al., 2008). 매력적인 멤버들은 매력적인 파트너와의 데이트를 선호하였다. 결혼한 커플들은 신체적인 매

적응과 현대인의 삶

페이스북 아래 하나의 국가

2009년까지 페이스북 창립자인 마크 주커버그는 페이스북 사용자 수가 2억 명에 달했다고 보고하였으며, 이는 2004년에서야 개발되기 시작했다는 점을 감안하면 매우 놀라운 것이다(Zuckerberg, 2009). 2010년까지는 사용자가 미국 전체 인구를 넘어서는 3억 5천만 명에 달하며, 1억 7,500만 명이 매일 사용한다("175 Million People," 2010). 2011년까지는 전 세계적으로 7억 5천만 명까지 성장할 것으로 보았다. 이 책을 보고 있는 지금 이 순간 그 숫자는 10억 명을 넘어설 것이다(역주 : 2014년 7월 1일 기준으로 약 13억 2천만 명이 페이스북을 최근 한 달에 한 번 이상 사용 중인 것으로 알려져 있다).

페이스북은 단순히 친구와 연결되는 것뿐 아니라 잠재적인 연애 관계와 같이 사회적 관계를 확장하기 위해서 사용된다. 최근 한 연구에서 상호성의 원리(이후 372쪽에서 다룰 것이다)를 검증하기 위해서 페이스북을 활용하였다. 연구자들은 여대생들에게 남자 대학생들이 페이스북 프로파일에 근거하여서 그들의 호감 정도를 평정하였다고 이야기하였다(Whitchurch, Wilson, & Gilbert, 2011). 일부 여대생에게 남자들이 (다른 여성들과 비교했을 때) 그녀들을 최고라고 평정했고, 일부 여대생에게는 평균 정도로 평정했다고 알려주었다. 또 일부에게는 모호한 정보를 주었다. 남자들이 그들에 대해서 어떻게 생각했는지를 알려주지는 않았으며, 단지 남자들이 그들을 최고로 생각하거나 혹은 평균으로 생각했다고만 알려주었다. 그 여대생들은 페이스북 프로파일에 근거하여 남자들에 대해서 평정을 하였다. 여대생들은 그 남자 대학생들이 사실은 가짜였으며, 연구자들이 그 평정을 만들어냈다는 것을 인지하지는 못했다. 어떤 여대생 집단이 남자들에게 최고점을 주었을까? 결과는 부분적으로 상호성의 원리를 지지하였다. 남자들이 자신에 대해서 최고라고 평가를 하였다고 한 집단의 여자들은 평균 정도라고 평가를 받았던 여자들에 비해서 남자들에 대해서 더 높은 평가를 하였다. 그러나 뜻밖의 결과가 다음과 같이 나타났다. 불확실성의 조건에 있던 여대생들이 남자들에게 최고의 평점을 주었다. 이 결과는 만약 다른 사람들이 당신을 좋아하게 하거나 당신에 대해서 조금 더 알게 하기를 원한다면 당신이 그 사람들을 얼마나 좋아하는지를 계속해서 추론하도록 하는 것이 좋을 것이라는 점을 시사한다. 만약 다른 여자의 주목을 받기를 원하는 남자라면 페이스북에서 그 여자에게 들이대는 것에 대해서 다시 생각해보기를 권한다(Cloud, 2011).

페이스북은 친구들을 연결하고 친구들의 네트워크를 확장시키는 놀라운 전자도구일 것이다. 페이스북을 사용하는 것이 학생들의 학업 성취에는 손실을 줄까? 최근 연구에서 페이스북을 사용하는 학생들은 사용하지 않는 학생들에 비해서 성적이 더 낮고 학습시간이 더 적음을 확인하였다(Kirschner & Karpinski, 2010). 페이스북을 사용하는 시간이 학습시간을 얼마나 줄이는지는 명확하지 않지만, 많은 학생들이 공부를 하기보다 페이스북을 하는 것 같다는 증거는 있다. 조지타운대학의 학부생 92명을 대상으로 한 연구에서 평균적으로 학생들은 하루 약 30분 정도 페이스북을 하고 있다는 것이 확인되었다(Pempek, Yermolayeva, & Calvert, 2009). 학생들은 과연 과목별로 하루에 30분 이상을 공부할까? 어떻게 생각하는가?

력뿐 아니라 체중까지도 서로 대응하였다. 이런 대응은 신체적인 특징뿐 아니라 다른 영역으로 더욱 확대된다. 예를 들어, 파트너의 성격이 이상적인 배우자의 성격과 잘 대응하는 것이 그 관계가 성공적인지 여부를 강하게 예측하였다(Zenter, 2005).

대응 가설에 예외는 있다. 때때로 우리는 아름다운 여성이 평범하거나 못생긴 남자와 결혼하는 경우(혹은 그 반대의 경우)를 본다. 이것은 어떻게 설명할 수 있을까? 매력도에서 어울리지 않는 조합을 볼 때 덜 매력적인 파트너의 재산이나 사회적 지위가 보통 그것을 보상한다(Berscheid & Reis, 1998). 보이지 않는 요인이 파트너들 간의 신체적 매력 차이의 균형을 맞춘다. 어떤 어울리지 않는 커플들의 경우에는 태도나 성격의 유사성이 그들의 신체적 차이에 균형을 맞추기도 한다. 대응의 추구는 신체적 매력을 넘어서까지 확장된다. 결혼이나 성적 파트너는 인종, 연령, 교육 수준이나 종교에서도 우리와 유사한 경향이 있다.

왜 대부분의 사람들이 비슷한 배경을 가진 사람들을 파트너로 할까? 이는 아마도 결혼은 현실이기 때문일 것이다. 우리는 비슷한 배경의 사람들과 사는 경향이 있으며, 그러므로 다른 배경의 사람들보다는 더욱 자주 그런 사람들을 만나게 된다. 다른 이유는 그 사람의 태도가 우리와 비슷하기 때문일 것이다. 비슷한 배경의 사람들은 유사한 태도를 갖기 마련이다.

Allison Michael Orenstein/Photodisc/Getty Images

같은 무리의 사람? 태도의 유상성은 연인의 매력에 중요한 요인이다. 그러나 같은 색 스웨터를 선호하는 유사성은 좀 과장이다.

매력과 유사성 : 유유상종

여기는 표현의 자유가 있는 곳이다. 그래서 우리는 우리와 다른 의견을 표현하는 다른 사람들의 권리를 용인하는가? 아마도 그럴 것이다. 그러나 유사 이래로 우리는 우리에게 동의하는 사람을 좋아하는 경향이 있었다. 태도와 취향에서 유사성은 초기 매력, 우정, 사랑의 관계와 배우자의 선택에서 주요한 요인이다. 사람들은 태도, 종교에 대한 시각, 가치, 심지어는 체중과 같이 많은 영역에서 유사한 사람을 배우자로 선택하는 경향이 있다(예 : Luo & Klohnen, 2005; Rushton & Bons, 2005). 사람들은 심지어는 성이나 이름이 유사한 사람들을 자신의 배우자로 선택하곤 한다(Jones et al., 2004). 호감이나 매력과 관련해서 유유상종하는 경향이 분명히 있다(Buston & Emlen, 2003). 또한 연구자들은 데이트 파트너들이 시간이 지남에 따라서 그들의 태도가 더욱 수렴한다는 것을 발견하였다(Davis & Rusbult, 2001).

성차에 대해서 살펴보자. 여성은 남성에 비해 매력의 결정 요인으로 태도의 유사성을 더욱 강조하는 것으로 밝혀졌다(Feingold, 1992). 그렇다고 모든 태도가 반드시 동등한 것은 아니다. 이 영역의 초기 연구에서 네바다대학의 남학생들은 컴퓨터로 연결하는 미팅에서 종교와 관련된 태도보다는 성과 관련한 태도의 유사성에 더욱 많은 영향을 받았다(Touhey, 1972). 하지만 여학생들은 종교관이 자신과 유사한 남성에 대해서 더욱 매력을 느꼈다. 아마도 여자들은 육체적 관계에 대해서 상대적으로 덜 관심을 갖고 가족을 결합시키는 가치에 더욱 많은 관심을 기울이는 것 같다. 우리에게 선호, 관심, 취향이나 의견의 차이가 있더라도, 신체적 매력은 이런 차이가 존재하지 않거나 별로 문제 되지 않는 것처럼 만들기도 한다. 태도나 배경의 상이함을 다루는 다른 방법이 있다. 상대에게 자신의 관점이나 태도를 용인하도록 설득할 수 있고 또한 상대의 종교를 자신과 같은 것으로 바꿀 수도 있다. 또는 자신의 태도를 재평가하고 이를 바꿀 수 있는 가능성을 탐색해볼 수도 있다. 아니면 관계를 끝낼 수도 있다. 하지만 의미 있는 관계를 만들기 위해서 둘이 완전히 똑같을 필요가 없다는 것을 인식할 수도 있을 것이다. 공통의 기반을 갖는 것이 관계의 닻을 내릴 때 필요하기는 하지만, 모든 관계에서 이를 지속하기 위해 타협, 조정, 이해를 필요로 한 것은 아니다. 우리는 음악에 대한 취향이나 정치적 의견과 같이 어떤 것에 대해서 같은 의견을 갖지 않는 것에 동의할 수도 있는 것이다.

근접성 : 자주 보면 좋아진다

근접성 : 가까움

아마도 도시의 반대편에 사는 사람보다는 바로 건너편에 사는 사람과 친밀한 관계를 형성하기가 훨씬 더 쉬울 것이다. 당신은 자라면서, 멀리 사는 사람보다는 가까이 사는 이웃에 더 많은 친구를 두었을 것이다. 왜? **근접성**(proximity)은 매력이 발전할 수 있도록 더 많이 접촉할 가능성을 만들어준다.

또한 우리는 소냐 디트리히(Sonya Deitrich)가 학교 친구 중 레이첼 윈터스틴(Rachel Wintersteen)보다는 카르멘 크루즈(Carmen Cruz), 니야 딜라드(Nya Dillard)와 더욱 친구가 될 것이라고 기대한다. 이유는? 보통 학교에서 자리를 정할 때 알파벳 순서대로 앉으며, 그래서 성이 알파벳으로 자신의 성과 가까운 사람과 근처에 앉게 될 가능성이 높아지기 때문이다.

어떻게 근접성이 매력에 영향을 줄 수 있을까? 하나의 이유는 근접성이 상호작용의 가능성을 늘린다는 것이다. 상호작용의 가능성이 높아질수록 서로 간의 매력이 상승할 가능성이 있다. 또 다른 요인은 단순노출이다. 반복적으로 누군가를 만나는 것은 매력의 감정을 증가시킬 수 있다. 다시 말해서 더 많이 볼수록 더 좋아진다.

또 다른 요인은 유사성이다. 서로 가까이 사는 사람들은 멀리 사는 사람들에 비해 일반적으로 태도에서 유사성이 더 클 수 있다. 그러나 근접성이 항상 긍정적 매력을 만드는 것은 아니다. 싫어하는 사람을 자주 만나게 되면 이미 가지고 있는 부정적인 감정이 더 커질 수 있다.

상호성 : 당신이 나를 좋아한다면 당신 판단력은 아주 좋은 것이다

상호성 : 우리에게 표현되는 감정과 태도를 되돌려주는 경향성

상호성(reciprocity)은 매력에서 강력한 결정 요인이다(Baron, Branscombe, & Byrne, 2009). 우리는 서로 존경의 감정을 나누는 경향이 있다. 누군가가 우리를 칭찬하거나 호의를 베풀 때 우리는 친절로 응하는 경향이 있다. 우리에게 호의적인 낯선 이와 상호작용할 때 우리는 상대에게 더욱 개방적이며 따뜻하고 도움을 주는 경향을 보인다. 상호성은 식당에서 팁을 줄 때에도 영향을 준다(Cialdini & Goldstein, 2004). 한 실험에서 종업원이 영수증에 따뜻한 말 한마디를 쓰거나 혹은 영수증을 가지고 갈 때 감사의 표시로 초콜릿을 건넬 때에 더욱 많은 팁을 받는 경향이 관찰되었다(Rind & Strohmetz, 1999; Strohmetz et al., 2002).

성적 지향 : 성적 매력의 방향성

이성애 : 자신과 다른 성의 사람에 대해서 성적으로 각성되고 낭만적 관계를 맺고 싶어 하는 사람

동성애 : 자신과 같은 성의 사람에 대해서 성적으로 각성되고 낭만적 관계를 맺고 싶어 하는 사람

양성애 : 양쪽 성의 사람에 대해서 성적으로 각성되고 낭만적 관계를 맺고 싶어 하는 사람

성적 지향과 관련된 주제는 애초 성 행동과 관련한 장에 포함시키려 했다. 그러나 저자들은 중요한 지점을 강조하고자 이런 관습을 깼다. 성적 지향은 성적, 혹은 성애적인(erotic) 매력이지 성 행동과 관련된 것이 아니다. 성적 지향은 한 개인의 성애적 관심의 방향이다. **이성애**(heterosexual)적 지향을 갖고 있는 사람은 다른 성의 사람에게 성적으로 매력을 느끼며, 그들과 낭만적 관계를 맺고자 한다. **동성애**(homosexual)적 지향을 가진 사람은 동성인 사람에게 성적으로 매력을 느끼며, 그들과 낭만적 관계를 맺고 싶어 한다. 동성애 남자는 게이, 동성애 여자는 레즈비언이라고 불린다. **양성애**(bisexual)적 지향을 가진 사람은 남성과 여성 모두에게 성적으로 매력을 느끼고 또 이들과 낭만적 관계를 맺고자 한다. 사람들은 성적인 활동을 하기 이전에 이미 동성애자인지 이성애자인지를 인식하는 것 같다.

성적 지향의 스펙트럼 저명한 성 연구자인 알프레드 킨지는 성적 지향이란 극단적 이성애라는 한 측면에서 극단적 동성애라는 또 다른 한 측면의 연속선 혹은 스펙트럼의 관점으로 잘 드러난다고 믿었다.

얼마나 많은 사람들이 스스로를 동성애자라고 여길까? 설문 결과가 다양하긴 하지만, 최근 미국의 전국적인 조사를 보면 18~44세인 남성의 2.3%가 스스로를 동성애라고 여기며, 1.8%는 양성애자라고 보고하였다(Mosher, Chandra, & Jones, 2005). 같은 나이대의 여성의 경우 1.3%가 동성애, 2.8%가 양성애라고 스스로를 규정하고 있었다.

동성 간의 성적 접촉은 자기 스스로 게이라거나 동성애라고 여기는 것에 비해서는 더 일반적이다. 최근 미국의 전국적인 대규모 조사 결과, 4~5%의 남성이 지난 한 해 동안 다른 남성과 항문 성교를 경험하였다고 보고하였다(NSSHB, 2010). 20~24세의 젊은 여성의 경우 9%가 작년 1년간 다른 여성과 구강 성교를 경험하였다고 하였다. 60세 이하의 남성 중에서는 5~8%가 작년 한 해 동안 다른 남성과 구강 성교를 경험하였다고 보고하였다.

성적 지향 : 무지개 색 같은

성 연구의 선구자인 킨지(Kinsey)와 그의 동료들은 1930년대와 40년대에 성적 지향에 대한 많은 정보를 더했다. 그들은 동성애와 이성애가 상호 배타적인 범주라는 일반적인 생각에 도전하였다. 수천 명을 대상으로 한 조사에 근거하여, 동성애와 이성애라는 차원의 양극단에 성적 관심과 활동의 영역이 있음을 확인하였다. 많은 사람들이 주로 동성애이거나 이성애인 것이지 완전히 그런 것은 아니라고 보고하였다. 킨지와 동료들이 기술하였듯이 "세상은 양과 염소로 딱 구별되는 것이 아니다… 단지 인간 정신이 범주를 만들었고, 현실을 분리된 두 개로 구별하려고 할 뿐이다. 실제 세상은 각 측면의 연속선상에 있다"(1948, p.639). 현재 학자들은 성적 지향이 많은 단계를 가진 연속성 이상이며, 무지개의 스펙트럼을 구성하는 색채와 유사한 것이라는 데에 동의한다(DeAngelis, 2001).

우리는 또한 성적 지향이 성 행동과 같은 것이 아님을 지적해야 하겠다. 성적 지향은 자신의 성과 같거나 다른 사람에게 매력을 느끼거나 혹은 성적 관심을 갖는지에 대한 것이다. 이런 매력은 실제 행동으로 표현될 수도 그렇지 않을 수도 있다. 성적 경험을 하지 않더라도 스스로를 동성애, 이성애 혹은 양성애자라고 규정할 수 있다. 성적 지향을 규정하는 데 행동이 필수적인 것은 아니다. 교도소에 있는 남성이 이성애 지향을 가지고 있더라도 성적 욕구의 배출구로 서로에게 의지할 수 있으나, 석방되면 이성애 행위를 다시 할 수도 있다.

게이와 레즈비언이 그들의 성적 정체성을 선택한다는 관점을 더 이상 연구에서는 지지하지 않는다(American Psychological Association, 1998). 게이인 사람이 동성에게 매력을 느끼기 때문에 다른 성이 되고 싶다는 생각을 한다는 것 역시 또 다른 잘못된 생각이다. **트랜스젠더인 사람**(해부학적 성과는 다르게 자신을 다른 성이라고 생각하는 사람들)과는 다르게 동성애자와 같이 게이인 사람은 그들의 해부학적인 성과 일치하는 성적 정체감을 가진다. 게이인 남자는 자신을 남자라고 생각하고 레즈비언인 여자는 자신을 여자라고 생각한다.

성적 지향의 원인

성적 지향의 원인은 무엇일까? 간단히 말하면 우리는 잘 모른다. 성적 지향을 이해하고자 심리학적, 생물학적 관점에서 접근해 왔지만 선구적인 연구자들은 성적 지향에 대해서 아직 모르는 부분이 많다는 것을 인정한다(Gooren & Kruijver, 2002).

프로이트주의자 또는 정신역동론에서는 성적 지향을 반대 성의 부모에 대한 과잉동일시, 즉 남아가 자신의 어머니에게 과도하게 동일시를 하거나 여아가 자신의 아버지에게 과도한 동일시를 하는 것에 근거하여 설명하려고 노력하였다. 남성의 경우 이와 같이 역전된 동일시는 '과잉 구속하는' 어머니와 '분리된 적대적인' 아버지에게서 양육된 '전형적 양상'에 기인한다. 이런 가정 환경에서 양육된 남아들은 아버지가 아니라 어머니와 동일시하게 된다. 그래서 게이인 남성은 여성스런 행동이 발달하게 될 것으로 기대된다. 레즈비언의 경우에는 반대로 어머니보다는 아버지와 동일시한 결과로 말괄량이 같고 남성스런 행동을 할 것으로 기대된다. 그러나 많은 게이인 남성이나 레즈비언에게 반대 성적 행동이 나타나지 않으며, 그들의 부모들과 좋은 관계를 유지하였다는 점에서 이런 전통적인 관점은 비판을 받는다. 또한 많은 이성애자들의 아동기들도 그 '전형적 양상'을 경험하기도 한다.

최근 들어 성적 지향을 설명하고자 하는 노력은 주로 유전적 증거를 포함한 생물학적 영향에 초점을 맞춘다(Kohl, 2007; Sefcek et al., 2007). 예를 들어 일란성 쌍둥이는 일반적으로 이란성 쌍둥이에 비해서 성적 지향을 더 많이 공유하는 것으로 보고되고 있다(Bailey, 2003; Hyde, 2005b). 일란성 쌍둥이는 일반적으로 유전자를 100% 공유하며 이란성 쌍둥이(또는 다른 형제자매)는 50%를 공유한다는 점을 기억해보라. 일란성 쌍둥이에게서 성적 지향이 더 많이 유사하다는 것은 결국 유전적 원인이 있음을 의미한다. 비록 유전적 요인이 성적 지향을 부분적으로 결정한다고 하지만, 그것이 유일한 결정 요인인 것은 아니다. 만약 유전적 요인이 성적 지향을 완전히 결정한다면, 연구자들이 밝힌 것처럼 일란성 쌍둥이의 절반 정도는 다른 성적 지향을 가지는 사례는 발생하지 못할 것이다(Bailey & Pillard, 1991). 환경적 영향과 생애의 경험 또한 성적 지향을 결정하는 데 영향을 준다고 연구자들은 생각한다(Långström et al., 2010). 또한 유전자는 여자보다 남자에게 성적 지향을 결정하는 데 더 강력하게 작용한다는 증거도 있다(LeVay, 2003).

성 호르몬이 성적 지향에 미치는 영향은 어떠한가? 인간의 성적 지향은 남성 혹은 여성 호르몬의 수준과 크게 관련이 없는 것으로 알려져 있다(LeVay, 2003). 다시 말해서 게이와 레즈비언은 이성애자들에 비해서 각각 남성 또는 여성 호르몬의 수준이 낮은 것은 아니다. 그러나 다른 종의 경우와 마찬가지로 인간 태아 발달의 시기에 성 호르몬의 노출이 뇌 발달에 조직화 효과를 주는 것으로 의심하고 있다(Lalumiére, Blanchard, & Zucker, 2000; LeVay, 2003). 성 호르몬은 성 행동에 대한 **조직화 효과**(organizing effect)와 **활성화 효과**(activating effect)를 가지고 있다. 태내기 성 호르몬은 실험실 동물들의 뇌를 남성화 혹은 여성화시킬 수 있는 것으로 알려져 있다. 즉 이것들은 하등동물을 남성화 혹은 여성화된 짝짓기 양상의 성향을 갖게 만들 수 있으며 이것이 지향성(directional) 혹은 조직화 효과이다(Crews, 1994). 이것들은 또한 성욕에 영향을 주고 성 반응을 증가시킬 수도 있는데, 이것이 활성화 효과이다. 연구자들은 최소한 일부 게이와 레즈비언의 뇌는 출생 이전에 각각 여성화 혹은 남성화되었을 것으로 의심한다(Collaer & Hines, 1995; Ellis & Hellberg, 2005). 그러나 이 이론이 여전히 추정적인 것임은 주의하여야 할 것이다. 성 호르몬이 성적 지향 발달에 역할을 한다는 직접적 증거는 아직 없다.

조직화 효과 : 성 호르몬의 지향성 효과. 예를 들어 전통적인 남성 또는 여성의 경계를 따르는 것

활성화 효과 : 성 행동의 가능성을 증가시키는 성 호르몬의 각성-산출 효과

요약하자면 성적 지향은 유전과 아마도 호르몬이 환경적 영향, 생애 경험과 상호작용한 요인들의 복합적 결과물이라고 설명하는 것이 최선일 것이다. 같은 목적지까지 가는 길이 각기 다르듯이 다른 사람들이 각각의 성적 지향을 어떻게 발달시키는지를 설명하는 데에는 다양한 경로가 있을 것이다(Garnets, 2002).

동성애자에 대한 태도

서양 문화에서 동성과 성적 행동은 광범위하게 비난받아 왔다. 오랜 역사에서 보았을 때 남

성 간 혹은 여성 간의 성 행위는 죄악이나 범죄, 신이나 인륜에 어긋나는 행위로 보았다. 유대-그리스도교의 전통에서 남성간의 성적 행동은 죄악이라고 여겨져서 어느 누구도 감히 이야기할 수 없을 정도로 용납될 수 없었다.

대부분의 미국인들은 동성애자인 사람에게 동등한 취업의 기회가 주어져야 한다고 생각한다(Eggers, 2000). 하지만 일부 사람들은 교사나 이와 관련된 직업의 경우 동성애자들에게 금지되어야 한다고 생각한다. 이는 그들이 생각하기에는 동성애자들이 아이들에게 우연이라도 동성애의 생활 태도에 유혹되게 하거나 혹은 그런 태도를 갖게 만들 수 있다고 염려하기 때문이다. 이런 믿음들로 인해 동성애 커플들이 입양을 하여 부모가 되거나 혹은 이혼 후에 자신의 아이들을 돌보거나 접견하는 권리를 부정하도록 해 왔다. 동성애자들이 아이들과 상호작용을 하는 것을 반대하는 일부 사람들은 아이들이 성적으로 괴롭힘을 당할 것을 두려워한다. 그러나 아동에 대한 성적인 괴롭힘의 90% 이상은 이성애 남성들이 가해자이다(Rathus et al., 2002). 최근 연구는 여성 동성애 부모의 아동들은 잘 적응하고 그들의 어머니들과 긍정적인 관계를 맺고 있다는 것을 보여준다(Golombok et al., 2003).

일반 대중에게 성적 지향과 관련한 많은 신화들이 있다. 〈표 10.2〉에서는 흔한 잘못된 개념들을 보여준다.

'커밍 아웃'

사회적 비난과 차별 때문에 우리 문화에서 동성애자들은 자신의 성적 지향을 인정하는 데 어려움을 겪는다(Meyer, 2003). 동성애자들이 경험하는 적응을 위한 첫 도전은 '커밍 아웃(coming out)'과 관련이 있다. 동성애자들이 자기 자신과 타인에게 드러내는 것이다. 많은 동성애자들은 자신에게 드러내는 것에 어려움을 갖는다. 자신에게 드러낸다는 것은 적대적인 사회에서 자신의 성적 지향을 인식하고 인정하는 것과 관련이 있다. 자기 수용의 문제 때문에

표 10.2 ▮ 성적 지향에 대한 미신과 사실

미신	사실
한 개인의 성적 지향은 선택의 문제이다.	성적 지향은 선택의 문제는 아니다. 사람들이 이성애를 선택할 수 없는 것처럼 동성애를 선택할 수 없다.
동성애인 부모가 키운 아동들은 잘 적응하지 못하거나 동성애자가 된다.	동성애 커플들이 키운 아이들도 다른 아동들처럼 잘 적응한다. 동성애자들이 키운 아이들이 다른 아이들에 비해 동성애자가 더 많이 된다는 증거는 없다.
사람들은 완전히 동성애이거나 혹은 완벽하게 이성애 둘 중 하나이다.	킨지 이래로 연구자들은 극단적인 동성애와 극단적인 이성애의 연속선상에서 성적 지향을 분류해 왔다.
최근에 동성애의 비율은 급격히 증가하고 있다.	동성애가 최근에 더욱 개방적으로 논의되어 왔지만, 동성애의 비율이 유의하게 변화했다는 증거는 없다.
남아를 대상으로 한 성폭력은 대부분 남자 동성애자들에 의해 이루어진다.	사실이 아니다. 남아와 여아를 대상으로 한 성폭력범의 대부분은 이성애자인 남성들이다.
동성애자들은 자신과 다른 성을 갖고 싶어 한다.	그렇지 않다. 동성애자들은 자신의 해부학적 성과 일관된 성 정체감을 가지고 있다.
동성애는 대부분 성 행위에 대한 것이다.	그렇지는 않다. 이성애처럼 동성애도 성적 매력의 양상에 관한 것이며, 얼마나 자주 성관계가 이루어지나는 관련이 없다.

출처 : Nevid/Rathus, *HLTH*, ⓒ 2013 Brooks/Cole, a part of Cengage Learning, Inc. 허락하에 게재.

일부 동성애자들은 자살을 고려하고 또 시도하기도 한다.

자신에 대한 정의의 부분으로서 동성애의 성적 지향을 인식하는 것은 성 정체감 형성 과정의 첫 단계이다. 일부 동성애자들은 그들의 성적 지향이 타인에 의해서 알려지기도 한다. 다른 경우에는 가족이 아닌 친구와 같은 소수의 사람들에게 알리기도 한다. 많은 동성애자들은 자신의 성적 지향을 누군가에게 알리는 것을 머뭇거리는 상태로 남아 있다. 공개하는 것은 직장이나 우정, 사회적 지위를 잃을 위험에 가득 차 있다.

흔히 동성애자들은 가족에게 알릴 경우 그들로부터 부정, 분노, 거부와 같은 부정적인 반응을 받을 것으로 예측한다. 가족들과 사랑하는 사람들이 그 이야기를 들었다는 것을 거부하거나 현실을 인정하지 않을 수도 있다. 마사 배런 바렛(Martha Barron Barrett)은 미국에서 여자 동성애자들의 삶의 일대기를 적은 *Invisible Lives*라는 책에서 이에 대해 적어놓았다.

> 레즈비언의 부모, 자녀, 이웃과 친구들은 여성 자신들의 방식으로 지식을 가지고 부정하고 분류하거나 혹은 싸운다. "우리 부모님은 내가 파트너와 6년간 살아왔다는 것을 아세요. 그녀는 나와 함께 집에 가기도 했어요. 우리는 그곳에서 한 이불에서 자기도 했고요. 레즈비언이라는 단어는 전혀 언급되지 않았지요." "전 엄마에게 이야기하였어요. 엄마는 '음, 그 얘긴 끝났다. 다시 그 얘기를 할 필요는 없어.' 그러고는 10년간 전혀 이야기하지 않았어요. 난 엄마가 아빠에게 이 얘기를 했는지 잘 모르겠어요." 남편은 이를 '한때'라고 치부하였고, 남자친구는 성적인 장난으로 해석하였으며, 이성애자인 여성은 "남자를 만나지 못해서 하는 이야기야"라고 믿었다.
>
> "조용히 있어라"라는 것이 메시지였다. 많은 레즈비언들은 보이지 않는 것처럼 이를 행했다. 그녀들은 레즈비언이라는 페르소나는 집에 두고 월요일 아침에는 직장에 나갔다. 금요일에는 다시 그것을 행했다(Barrett, 1990, p. 52).

어떤 가족들은 더 허용적이다. 그들은 이런 뉴스를 예상하고 이를 준비하기도 한다. 또한 많은 가족들은 처음에는 거부하였다가도 점차로 최소한 가족 구성원이 동성애임을 인정하기도 한다.

동성애자들의 적응

많은 동성애자들이 자신들의 성적 지향을 인식하는 청소년기에 스트레스를 받는다는 것에 대해서는 의문의 여지가 없다. 최근 연구에 따르면 동성애자들은 이성애자들에 비해서 불안이나 우울의 감정을 더 많이 경험하며, 자살 사고와 시도를 더 많이 하는 것으로 알려져 있다(Balsam et al., 2005; Skegg et al., 2003).

심리학자인 마이클 베일리(Bailey, 1999)는 동성애자들의 적응 문제에 대해서 주의 깊게 검토하였다. 그는 이런 문제를 사회적 억압의 영향에 의한 것처럼 다른 대안적 관점으로 설명하고자 하였다. 베일리는 "동성애자들을 업신여기고 조롱하며 이들에 대해서 슬퍼하고 두려워하는 세상에서 청소년들이 자신의 동성애에 대해서 이해하는 것이 어렵다는 것은 분명하다."고 밝혔다. 특히 청소년으로서 자신의 동성애라는 성적 지향을 세상에 알리는 것은 어려우며, 친구들을 갖지 못하고 상당한 혐오와 비난에 처하게 될 가능성이 크다. 하지만 베일리는 태아기 성 호르몬의 비전형적인 수준은 이후 발달에 영향을 줄 수 있으며 혹은 생활 양식에서의 차이는 다른 요인들과도 관련될 수 있다고 보았다. 후자와 관련하여 그는 동성애자인 남성은 이성애자 남성에 비해 섭식장애에 더 잘 걸리며, "동성애 남성의 문화에서는 마치 이성애 문화에서 여성의 외모의 매력과 마른 체형을 강조하듯이 외모의 매력과 마른 체형을 강조

적응과 현대인의 삶

민족과 성적 지향 : 소속의 문제

동성애자들은 자주 폭력적인 사회로부터 고통을 받는다. 사회적인 편견 때문에 많은 젊은 사람들은 동성애라는 성적 지향을 받아들이기가 힘들다. 편견과 차별에 종속된 사람들, 미국의 경우 특히 소수민족 집단의 경우, 동성애의 성적 지향에 대해 좀 더 허용적일 것이라고 가정해볼 수 있을 것이다. 그러나 미국의 소수민족 사람들은 유럽계 미국인들에 비해 동성애에 대해서 덜 허용적이다(Greene, 2005; Herek & Gonzalez-Rivera, 2006).

베벌리 그린(Greene, 2005)은 소수민족의 동성애자들의 경험을 언급한 바 있다. 그녀는 미국에서 민족 집단에 대해서는 일반화하기가 어렵다고 하였다. 예를 들어, 아프리카계 미국인들은 자신의 문화적 배경의 기원을 서부 아프리카의 부족으로 보고 있으나 동시에 기독교와 북미 지역 도시들의 하위 문화의 영향을 받았다. 아메리카 원주민들은 수백의 부족과 언어 및 문화가 있다. 그러나 전반적으로 미국의 소수민족 집단들은 일반적으로 동성애의 성적 지향에 수용적이지 않다. 이들 공동체의 많은 동성애자들은 자신의 성적 지향을 숨기거나 이들에 대해 더욱 허용적인 공동체로 이동한다. 전통적인 라틴계 문화에서 가족은 일차적인 사회적 단위이다. 남성은 가족을 부양하고 보호하며, 여성은 남성에게 순종적이고 존경을 표하며 공손할 것으로 기대된다. 여성은 결혼 전까지는 순결을 지켜야 할 것으로 기대되기에 남성들은 때로는 자신을 동성애자라고 인식하지 않더라도 남성 간 성 행동을 행하기도 한다(Barrett et al., 2005). 라틴계 미국 문화에서는 여성의 성은 종종 무시된다. 그러므로 레즈비언으로 자신을 규정하는 여성들은 그들이 레즈비언이기 때문뿐만 아니라 그들이 성적으로 타인을 대한다고 의심받기 때문에 비난을 받는다. 레즈비언은 남성으로부터 독립적이기에 라틴계 미국인 이성애자들은 라틴계 미국인인 레즈비언을 남성 중심적인 전통에 대해 위협적이라고 인식한다(Barrett et al., 2005).

아시아계 미국 문화에서는 연장자를 공경하고, 부모에게 복종적이며, 성 역할의 구분을 강조한다(Kumashiro, 2004). 성이라는 주제는 일반적으로 가족 내에서 금기시된다. 많은 아시아계 미국인들은 라틴계 미국인들처럼 성이 여성에게는 중요하지 않다는 전통적인 믿음을 지지한다. 여성은 또한 남성에 비해 덜 중요하다고 여겨진다. 동성애의 성적 지향에 대한 공개적 승인은 전통적인 문화적 역할의 거부와 혈통의 연속성에 대한 위협처럼 받아들여진다. 이런 모든 이유들 때문에 아시아계 미국 대학생들은 유럽계에 비해서 동성애에 대해서 더욱 혐오적인 태도를 보이는 것이 놀라운 것은 아니다.

아프리카계 미국 남성들은 직장을 갖기 어려운 탓에 아프리카계 미국인들 사이의 성 역할은 유럽계 미국인이나 대부분의 다른 소수민족들에 비해서 더욱 유연하다(Greene, 2000). 그럼에도 불구하고 아프리카계 미국인 공동체에서는 동성애자들에 대해 거부적이며, 그들에게 성적 지향에 대해서는 침묵을 지킬 것을 강요한다. 그린(Greene, 2000)은 아프리카계 미국인들이 동성애자들에 대해 공격적인 것에 영향을 주는 몇 가지 요인들에 대해서 가정하였다. 그중 하나는 기독교에 독실하며 성경에 근본주의적인 태도이다. 다른 하나는 아프리카계 미국인을 과도하게 성적인 존재로 보는 지배적인 문화적 고정관념의 내면화이다. 다시 말해서 많은 아프리카계 미국인들은 자신들이 성적으로 정상임을 주장해야 할 필요를 느끼기 때문이라는 것이다.

유럽의 식민지가 되기 이전에 미국 원주민들 사이에 성이 공개적으로 논의되지는 않았으나, 성은 일반적으로 삶의 자연스런 부분으로 받아들여졌었다. 전통적인 여성과 남성의 모습을 동시에 보이는 개인들은 일반적으로 수용되었으며, 존경의 대상이었다. 그러나 주류문화의 종교적 가치의 영향으로 인해 아메리카 원주민들의 공동체 내에서 동성애자들은 점차로 거부되었고, 이로 인해 동성애자인 아메리카 원주민들은 그들 공동체에서 큰 대도시로 떠나게 되었다(Adams & Phillips, 2006; Balsam et al., 2004). 그러므로 아메리카 원주민인 동성애자들은 아시아계 미국인 동성애자들처럼 종종 그들의 가족으로부터 이중으로 버려졌다고 생각한다.

만약 일반화를 할 수 있다면, 동성애자들은 그들의 전통적인 문화 내에서보다 동성애 공동체에서 더욱 큰 소속감을 가질 수 있다는 것이 아닐까 싶다.

출처 : Rathus, Nevid, & Fichner-Rathus, 2005. Pearson Education의 허락하에 재인쇄.

한다"고 언급하였다. (동성애 남성들 사이에서 섭식장애 발병률은 또한 태아기 호르몬의 비전형적 수준과 관련이 있다.)

베일리는 동성애자들이 왜 더 적응에 어려움을 갖게 되는지에 대해 판단을 내리기 전에 더 많은 증거들을 가져야 한다고 주장한다. 그럼에도 불구하고 동성애자들이 사회적 억압과 거부로 인해 더 많은 스트레스를 경험하고 있으며, 그들 적응의 문제는 그들의 성적 지향과 관련한 갈등과 연결되어 있다는 점은 명백하다(Simonsen, Blazina, & Watkins, 2000).

연구자들은 동성애자의 생활과 적응의 문제는 이성애자의 생활과 적응의 문제와 동질적으로 관련이 있음을 확인하였다. 일반적으로 말해서 동성애자 커플들을 이성애자 커플들과 비교할 때 차이보다는 유사성이 더 많다(Kurdek, 2005). 예를 들어 동성애 커플들은 이성애 커플들과 동일한 이슈, 예를 들어 재정, 감정, 성, 과도한 비난 등에 대해서 다투는 경향이 있다. 전반적으로는 동성애자들은 이성애 커플들에 비해서 그들의 관계에 대해서 더 만족스러움을 표현한다(Kurdek, 2005; Means-Christensen, Snyder, & Negy, 2003). 무엇보다도 적응의 차이는 관계 질의 반영이지 개인의 성적 지향의 반영인 것은 아니다.

모듈 복습

복습하기

(1) 낭만적 관계에서 매력을 결정짓는 주요한 요인은 ______(이)다.
(2) (남성, 여성?)은 결혼을 할 때 상대의 직업 상태, 친절함, 아이를 좋아하는지를 더 살펴보는 경향이 있다.
(3) 외모가 (매력적인, 매력적이지 않은?) 사람들이 더욱 긍정적으로 평가되는 경향이 있다.
(4) ______ 가설에 따르면 우리는 우리와 매력도에서 비슷한 사람에게 데이트를 신청하는 경향이 있다.
(5) ______은/는 존경의 감정을 되돌려주는 경향이다.
(6) ______은/는 낭만적 또는 에로틱 흥미의 방향을 뜻한다.
(7) 성 호르몬은 _____와/과 활성화 효과를 가진다.
(8) ______의 과정은 성적 지향을 인식하고 드러내는 것을 의미한다.
(9) 동성애자들은 이성애자들에 비해서 (더, 덜?) 불안하고 우울하며 자살을 하는 경향이 있다.

생각해보기

남성과 여성이 매력적이라고 한 요인들이 어떻게 인간으로 하여금 진화적 이득을 가지게 했는가? 설명해보라.

모듈 10.2

우정 : "친구가 필요해"

- 우리 삶에서 친구는 어떤 역할을 하는가?
- 친구에게 가장 중요한 것은 무엇인가?

긍정심리학

친구는 우리의 삶에서 어렸을 때부터 후기 성인기까지 가장 중요한 역할을 한다. 초등학교 어린이에게 우정은 근접성에 기반을 두고 있어, 옆집에 살거나 옆에 앉는 것이 중요하다. '친구'는 급우이고, 뭔가 함께하며, 즐거움을 나누는 사람이다. 중학생에게는 흥미의 유사성이 중요해진다. 우정은 '완벽한 어울림'으로 접근해 가기 시작한다. 사춘기에 사람들은 자신과 친밀한 감정을 나눌 수 있는 사람을 원한다. 우리는 소문이 퍼질 걱정 없이 친구에게 '모든 것'을 털어놓을 수 있기를 원한다. 소녀들은 소년들에 비해서 친밀감이 더욱 중요하며 더 가깝게 우정을 형성하는 경향이 있다(Berndt, 1982).

소집단 : 신뢰하는 가까운 친구들의 소규모 집단

무리 : 활동을 공유하는 느슨한 친구들의 모임

고등학교와 대학에서 우리는 **소집단**(cliques)이나 **무리**(crowds)에 소속되는 경향이 있다. 소집단은 서로 신뢰하는 가까운 소규모 친구들의 모임이다. 무리는 좀 더 크고 활동을 공유하는 친구들의 성긴 모임이다. 무리는 함께 풋볼 게임이나 파티에 가기도 한다. 그러나 파티에서 사람들에 대한 내면 깊숙한 감정은 소집단끼리 나누는 경향이 있다. 친구들은 후기 성인기에도 중요한 역할을 한다. 우정의 질은 노인들의 심리적 안녕과 관련이 있다(Holmen, Ericsson, & Winblad, 2000; McAuley et al., 2000). 절친한 친구가 있는 사람들은 일반적으로 덜 우울하고 덜 고독하다. 절친한 친구가 있다는 것은 또한 심각한 질병이나 배우자의 죽음과 같이 비극적인 사건에 직면했을 때에 의욕을 고양시킨다.

오늘날 성인들은 직접 대화를 나누기보다는 페이스북이나 문자를 통해서 다른 사람들과 정보를 나누는 정보통신의 사회적 세계에 살고 있다. 그리고 손편지와 같은 것은 슬프게도 이제는 타인에게 다가가는 예전의 방법 중 하나로 박물관에서나 찾아볼 수 있게 되었다. 그러나 온라인을 통해 다른 사람에게 다가가는 것은 자신의 사적 정보를 공공에 노출하게 될 위험을 갖고 있다(380쪽에 있는 "나의 생활, 나의 마음"을 보라).

Jean-Louis Bellurget/Getty Images

우정 당신의 삶에서 친구는 얼마나 중요한가? 우정이 어떤 심리적 욕구를 제공해주는가?

어떤 요인들이 좋은 친구들을 만드는 것일까? 4만 명의 독자를 가진 *Psychology Today*라는 잡지에서 1970년대에 행해진 설문조사에서 몇 가지 요인을 강조하였으며, 이는 오늘날에도 그리고 40년 전에도 동일하게 중요한 것들이다. 신뢰와 의리를 지키는 것이 친구에게서 가장 인기 있는 요인이었다(Parlee, 1979). 전체적으로 친구에게 중요한 요인은 다음과 같다.

- 신뢰를 지키는 것(89%의 응답자)
- 의리(88%)
- 따뜻함과 애정(82%)
- 지지적임(75%)
- 정직과 솔직함(73%)
- 유머(72%)
- 나를 위해 시간을 내주는 것(62%)
- 독립심(61%)
- 의사소통 기술(59%)
- 지적 능력(58%)
- 사회적 양심(49%)

이 설문의 결과는 의리(신뢰를 유지하는 것은 의리의 한 측면이다)가 우정의 가장 필수적인 것임을 시사한다. 또한 관계에서 지지적인 측면이 중요하다는 것을 보여준다(따뜻함, 유머, 나를 위해 시간을 내주는 것이 이에 포함된다). 일반적으로 긍정적인 성향(정직, 독립심, 지적 능력 등) 역시 이에 들어간다.

우리가 사랑이 다양한 형태로 존재하는 것이라고 고려해볼 때 진정한 친구가 아닐지라도 사랑에 빠지는 것 역시 가능할 것이라 생각할 수 있다. 달리 말하면 우정과 사랑이 서로 한정 짓는 것은 아니다. 그러나 우리는 변함없는 사랑은 이 둘을 결합하는 경향이 있음을 보게 될 것이다.

모듈 복습

복습하기

(10) (남아, 여아?)가 우정에서 친밀감을 더욱 중시 여기며 더 가까운 우정을 형성하는 경향이 있다.

(11) *Psychology Today*의 설문에 응답한 사람들은 신뢰와 ______을/를 친구에게서 가장 인기 있는 요인으로 꼽았다.

(12) 소셜 네트워크의 검색 설정의 두 가지 범주는 내부와 ______ 검색 목록이다.

적응과 현대인의 삶

대학에서 안전하게 소셜 네트워킹하기

대부분의 대학생들은 지인들과 이메일, 문자 메시지뿐 아니라 온라인을 통해서 지인들의 사진과 친구들을 확인한다. 소셜 네트워크 사이트를 통해 학생들은 사회적 상호작용의 기회를 넓혀 왔지만, 동시에 어떤 위험성에 노출되었다. 여기에서는 안전하게 소셜 네트워크를 즐기면서 그 위험을 회피할 수 있게 하는 몇 가지 대비책을 기술하였다.

1. *비공개 설정을 하는 방법에 대해서 안다.* 소셜 네트워크 사이트에서는 누구나 스스로 비공개 설정을 할 수 있도록 하게 되어 있으며, 비공개 설정을 해야 한다. 가장 안전한 옵션은 당신의 사진이나 상태를 비공개로 하고 친구들만 볼 수 있게 하는 것이다. 검색 설정도 역시 중요하고 이것은 내부 검색과 공개 검색 목록(당신의 프로파일을 공개하는 것)의 두 범주로 되어 있다. 이 둘 모두를 제한할 수 있고 혹은 검색을 통해 당신을 찾는 사람에 제한을 할 수도 있다. 당신의 친구 목록에 있는 사람에게만 정보를 공개하도록 하는 것을 잊지 마라.
2. *누가 상대인지를 안다.* 대학생이라면 이것은 매우 중요한 조언이 될 것이다. 누구를 당신의 친구 목록으로 등록하였는지 - 가족인지 동료, 상사 아니면 어떤 집단들인지 - 를 염두에 두는 것은 매우 중요하다. 만약 당신이 그들을 추가하는 것이 괜찮다면 당신이 어떤 것들을 포스팅할 때 그들이 보게 될 것이라는 것을 인식하고 있어야 한다. 포스트나 사진들은 가족 내 갈등이나 직장 혹은 학교에서 문제가 될 수도 있다. "사라 네 집에서 공부하고 있음"과 같은 단순한 포스트도 당신이 집에 있지 않다거나 혹은 당신 혼자 집에 있음을 잠재적으로 위험한 사람들에게 알리는 것임을 잊지 말아야 한다.
3. *당신의 페이지를 전문성 있게 유지한다.* 재밌는 술자리나 선생님에 대해 화가 난 것에 대해서 포스팅하고 싶은 유혹이 들지 모르지만 이런 것들은 나중에 당신을 괴롭힐 수도 있다. 예전에 이런 사건이 있었다. 킴벌리 스완은 그녀의 페이스북에 "일이 지겹네"와 같이 간단한 코멘트를 올렸고, 이로 인해서 직장을 그만두는 일과 같이 비극적인 일을 경험하였다. 기업이나 의과대학 입학처, 사용자들은 소셜 네트워크 사이트에서 당신의 이름을 검색해보고 당신에 대한 배경 정보를 얻고자 한다. 인터넷에 올리는 사진들은 당신이 삭제하더라도 수년간 계속 나타날 수 있음을 잊지 말아야 한다. 만약 친구들이 그것을 다운로드하고 태그를 한다면 사용자나 입학처에서는 이를 발견할 수 있다.
4. *개인 정보를 비공개로 유지하고 이것을 알리지 않는다.* 페이스북에 주소나 전화번호는 절대 공개하지 말라. 만약 사람들이 당신의 번호나 주소가 필요하다면 그것을 인터넷에 올리지 말고 메시지를 보내거나 전화를 하라.

또 다른 조언은 페이스북을 하거나 소셜 네트워크 사이트를 사용할 때 시간 조절을 잘하라는 것이다. 실생활에서 공부하고 친구들을 만나 상호작용할 시간을 충분히 만들어라.

출처 : E. Hinrichsen, "Dangres and Guidelines for Social Networking in College"에서 발췌. Accessed November 2010, http://www.brighthub.com/education/college/articles/86893.aspx. J. S. Nevid & S. A. Rathus, *HLTH*, 2013, p. 296, Cengage Learning의 허락하에 재인쇄.

Sean Murphy/Getty Images

온라인에 포스팅하는 것에 주의할 것 사용자나 전문대학원 입학처에서는 소셜 네트워크 사이트에서 당신의 이름을 확인할 수 있다. 대학 방학 때의 당신 사진은 당신보다 더 오래 남아 있을 수 있다. 즉 당신이 지우더라도 그 사진들은 태그되고 친구들 페이지에서 회람될 수 있다.

생각해보기

사랑과 우정을 어떻게 구별할 것인가? 설명해보라.

모듈 10.3 사랑 : 가장 깊은 정서

- 사랑은 무엇인가?
- 스턴버그의 이론에 따르면 사랑의 구성 요인은 무엇인가?
- 이 구성 요인들은 사랑의 각기 다른 유형과 어떻게 관련이 있는가?

긍정심리학

▌**사랑** : 애정이란 감정과, 함께 있고 싶은 욕구, 타인을 도와주고 싶은 것과 관련된 강렬한 긍정적인 감정

세상을 움직이게 만드는 것은 무엇일까? 물론 **사랑**(love)이다. 하지만 사랑이란 무엇인가? 사랑은 가장 우리 마음을 깊숙이 휘젓는 정서로, 큰 희생을 요구하며, 그리스 서사시인 "일리아드"에서는 수천의 배를 띄운 정서이다. 수천 년 동안 시인들은 사랑을 글로 표현하려 노력해 왔다. 17세기 시인은 그의 사랑이란 "붉디붉은 장미"와 같다고 표현하였다. 싱클레어 루이스의 소설 "엘머 갠트리"에서는 사랑은 "아침과 저녁의 별"이라고 하였다. 사랑은 아름다우며 정의하기 어렵다. 사랑은 황홀하고 성스럽게 빛난다. 열정적인 사랑은 또한 일정한 성적 욕망이 개입하여 세속적이며 섹시하다.

열정(passionate) 혹은 낭만적(romantic) 사랑은 새로운 사랑을 만났을 때 느껴지는 들뜸부터 질투심이나 거부에 대한 두려움과 같은 다양한 정서를 일으킨다. 사실 우리는 사랑에 빠지면 들떠서 붕 뜬 기분에서 관계가 끝날 때 느껴지는 추락처럼 롤러코스터와 같은 극단적인 감정의 변화를 경험한다고 현대 학자들은 생각한다(Fisher, 2000).

사랑의 유형

심리학자들은 사랑이 정서, 인지, 동기와 같은 다양한 경험의 영역과 관련된 복잡한 개념이라는 것을 발견하였다(Sternberg, 1988). 심리학자들은 또한 각기 다른 종류와 다른 스타일의 사랑에 대해서 이야기한다. 예를 들어 클라이드와 수잔 헨드릭(Clyde & Hendrick, 1986)은 사랑 태도 척도를 개발하였고 대학생들 사이에 여섯 가지 사랑의 스타일이 존재한다고 제안하였다. 아래에 그 검사에 있는 것과 유사한 스타일과 문항을 제시하였다.

- 에로스(Eros) 혹은 낭만적 사랑. "내 애인은 내 이상형이다." "애인과 나는 서로 쉽게 끌렸다." 에로스는 열정이라는 개념과 그 의미가 유사하다. 에로스는 그리스 신화에 나오는 한 캐릭터로서(로마 신화에서는 쿠피도로 번역되었고 현재는 큐피드라고 불린다) 사랑의 화살을 누군가에게 쏴서 그때 가장 가까이에 있는 사람에게 미친 듯이 사랑을 느끼게 만든다. 에로틱한 사랑은 "한눈에 반하다"나 "사랑에 푹 빠지다"와 같이 즉각적인 열정적 욕망을 포함한다. 나이 어린 대학생은 나이 든 (그리고 현명한?) 대학생에 비해 한눈에 사랑에 빠질 것이며 사랑이 모든 것을 이길 것이라는 믿음을 갖고 있다(Knox et al., 1999).

  열정은 매우 매혹적이어서 누군가는 삶을 완전히 바꿔놓을 수 있다고 확신하기도 한다. 이탈리아 시인인 단테 알리기에리(1265~1321)는 급작스런 변화의 느낌을 그의 사랑인 베아트리체를 보고 *Incipit vita nuova*("내 삶이 새롭게 시작됐다.")라는 외침으로 표현하기도 하였다. 사실 성적인 각성과 욕구는 열정적 혹은 낭만적 사랑의 가장 강력한 요인이라고 할 수 있다. 낭만적 사랑은 강력한 신체적 매력 또는 열정의 감정에서 시작하며 강력한 생리적 각성과 관련이 있다.
- 루두스(Ludus) 혹은 유희적 사랑. "난 내 애인에게 헌신할지에 대해 확실치 않다." "난 쉽게 연애 관계를 갖는다."
- 스토르게(Storge) 혹은 우정 같은 사랑. "최고의 사랑은 오래 지속된 우정에서 나온다." 스토르게는 애착, 깊은 우정이나 성적이지 않은 애정이다. 이것은 친구, 부모와 자녀를 묶어주는 정서이다.
- 프라그마(Pragma) 혹은 실용적, 논리적 사랑. "난 사귀기 전에 연인의 잠재력을 고려한다." "난 내 연인이 좋은 부모가 될지 여부를 고려한다."

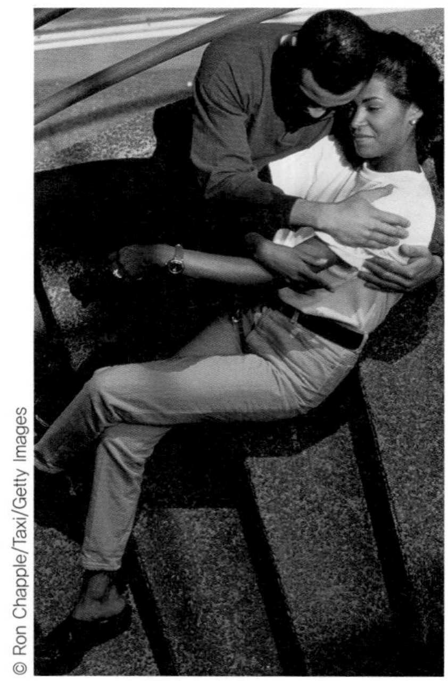
© Ron Chapple/Taxi/Getty Images

사랑, 로맨스, 열정 심리학자들은 사랑을 어떻게 정의할까? 사랑에는 어떤 유형과 종류가 있을까?

- 마니아(Mania) 혹은 소유적 사랑. "난 잠들 수 없을 정도로 내 사랑에 대해 흥분되어 있다." "내 연인이 나를 무시하면 난 너무 마음이 아프다."
- 아가페(Agape) 혹은 이타적 사랑. "내 연인을 위해서라면 뭐든지 할 수 있다." "내 연인의 필요와 소망은 나 자신의 것들보다 소중하다." 아가페는 박애 정신을 의미하며, 익명의 기부 같은 것이 그 전형이다. 관계의 측면에서 이타적인 기부가 그 특징이다.

사랑을 하는 대부분의 사람들은 이런 스타일들이 합쳐져 있다. 사랑의 여섯 스타일에 대한 인상적인 초기 연구에서 헨드릭과 헨드릭(Hendrick & Hendrick, 1986)은 흥미로운 성차를 발견하였다. 남자 대학생들은 여성들에 비해 더 유희적(ludic)이었다. 여대생들은 남자들에 비해 더 우정 같은(storgic), 실용적인(pragmatic, 장기 지향적인) 그리고 소유적(manic)이었다. 열정(eros)이나 이타적인(agape) 사랑에서는 유의한 성차는 없었다.

현대 서구 문화에서 낭만적 사랑

서구 문화에서 사람들이 사랑에 빠지는 것에 대해서 이야기할 때 낭만적 사랑을 이야기하는 것이지, 부모와 자녀 간의 결합과 같은 애착과 같은 것을 이야기하는 것은 아니다. 이는 또한 야한 이야기나 잡지의 야한 사진을 볼 때 경험하는 성적 각성을 의미하는 것도 아니다. 애착이나 성적 각성과는 다르게 **낭만적 사랑**(romantic love)을 경험하기 위해서는 이 개념을 이상화하는 문화에 노출되어야 할 것이다. 서구 문화에서 낭만적 사랑은 잠자는 미녀, 신데렐라, 백설공주와 그녀들의 '매력적인 왕자'라는 동화로 꽃을 피운다. 이는 낭만적 소설, TV 이야기와 영화 그리고 친구와 친척들의 다채로운 이야기들과 함께 성숙되어 간다.

낭만적 사랑 : 친밀함에 대한 욕구와 함께 누군가에 대한 강한 성애적 애정을 포함한 사랑의 열정적 형태

낭만적 사랑이라는 개념이 서구 문화에만 제한적이라고 생각해서는 안 된다. 166개의 다른 문화권에 대한 횡문화 연구에서 조사 대상인 166개 중 147개, 특히 문자를 사용하지 않은 문화권에서조차 낭만적 사랑이라는 개념이 있었다(Jankowiak & Fischer, 1992). 낭만적 사랑이라는 개념이 나타나지 않은 19개의 문화권에서도 아마도 그 개념은 있지만 연구방법이 제한적이었을 것이라고 연구자들은 의심하였다. 낭만적 사랑이 세상을 널리 퍼지게 하지는 않았겠지만, 낭만적 사랑이 세상에 널리 퍼져 있는 것 같기는 하다.

사랑 삼각형 — 사랑의 삼각형 모형

심리학자인 로버트 스턴버그(Sternberg, 1988)에 따르면 사랑은 친밀감, 열정, 헌신이라는 세 요인으로 이루어졌다.

1. 친밀감은 사랑의 정서적 요인이다. 이는 친밀한 (매우 개인적인) 정보들을 나누고 상호 수용이라는 느낌을 발전시키는 것과 관련이 있다.
2. 열정은 사랑 너머의 동기적인 힘이다. 이것은 성적 매력과 성적인 친밀감의 욕구와 관련되어 있다. 열정은 열병(infatuation)과 사랑하는 대상에 대한 몰두를 일으킨다. 열정은 특히 청소년기에는 급속하게 각성되지만 또한 빠르게 잦아든다.
3. 헌신은 사랑의 인지적 혹은 결심과 관련된 요인이다. 처음에는 우리는 누군가와 사랑을 하기로 결심한다. 그러나 시간이 경과하면서 처음의 결심은 상대와 관계에 대한 지속적인 헌신이 되어 간다.

사랑의 요인의 다른 조합은 각기 다른 사랑의 종류를 낳는다(그림 10.3과 표 10.3 참조). 낭만적 사랑은 열정과 친밀감과 관련되지만 헌신과는 아니다. 낭만적 사랑은 연인들이 자신의 이익을 희생하더라도 사랑하는 사람의 이익을 지키도록 한다. 대학생들은 사랑하는 사람을 돕거나 돌보는 것을 낭만적 사랑이라는 개념의 핵심이라고 본다(Steck et al., 1982).

청소년기에는 원하는 대상에 대한 이상화된 이미지와 함께 강한 성적 각성을 사랑이라고 칭한다. 우리는 어떤 헌신적 관계가 없는 성적 욕망은 흉하고 비도덕적인 것이라고 보기 때문에 '욕정'보다는 '사랑'을 언급하도록 학습되었다. 사랑을 한다고 하면 매력과 성적 각성이 사회와 우리 자신에게 고상해 보인다. 욕정이라는 것과는 달리 사랑은 저녁식사 자리에서도 이야기할 수 있다. 만약 누군가 생각하기에 우리가 실제를 경험하기에 너무 어리다고 한다면, 우리 느낌을 풋사랑이라거나 풋내기의 열정이라고 이야기할 수도 있을 것이다. 서구 사회에서는 섹슈얼리티(sexuality)에 대한 이중의 기준이 지속되고 있다. 그러므로 사람들은 여성의 경우에는 누군가를 사랑하는 것과 관련지어 성적 경험을 정당화할 것을 기대한다. 젊은 남성의 경우에는 일반적으로 성적 충동을 사랑에 귀인할 필요가 없고, 그래서 남자들은 사랑을 감상적인 개념이라고 간주하는 경향이 있다. 미국인 대다수는 그럼에도 불구하고 낭만적 사랑을 결혼의 필요조건이라고 본다.

낭만적 연인들은 서로를 이상화하고 긍정적 요인들을 극대화하며, 결점을 무시한다. 낭만적 사랑은 밝게 타오르고 꺼져 간다. 만약 헌신이 발전하면 낭만적 사랑은 사랑의 세 요인이 모두 꽃을 피운 **완전한 사랑**(consummate love)으로 진화한다. 완전한 사랑은 많은 서구인들이 원하는 이상적인 것이다. **공허한 사랑**(empty love)은 헌신만이 있는 것이 특징이다. 친밀함이라는 따뜻한 정서적 포옹도 열정의 불타오름도 없다. 공허한 사랑의 경우에는 흔히 상대가 의무감을 갖지 않는 것을 참는다. 첫눈에 반하는 사랑이 가능할까? 그렇다. 스턴버그 모형에서 첫눈에 반하는 사랑은 **얼빠진 사랑**(fatuous 또는 foolish love)이다. 사람들은 열정에 압도되어 진정한 친밀감이 싹트기 전에도 미성숙한 헌신을 약속하기도 한다. 얼빠진 사랑은 광풍처

Masterfile

사랑 아니면 열병? 사랑과 열병을 우리는 어떻게 구별할 수 있을까? 스턴버그의 모형에서 사랑의 다른 유형은 무엇인가? 그것들이 어떻게 다른가?

▮ **완전한 사랑** : 스턴버그 모형에서 사랑의 세 요인인 친밀감, 열정, 헌신이 모두 결합된 사랑의 형태

▮ **공허한 사랑** : 스턴버그 모형에서 열정이나 친밀감 없이 헌신만이 있는 사랑의 형태

▮ **얼빠진 사랑** : 진정한 친밀함 없이 헌신과 열정이 결합된 형태의 사랑

표 10.3 ▮ 스턴버그의 삼각형 모형에 따른 사랑의 유형

사랑의 유형	기술
1. 사랑이 아님(nonlove)	사랑의 세 요인이 모두 없는 관계. 대부분 우리의 개인적 관계 — 일상적인 관계나 특별히 사랑의 요인을 가지지 않는 아는 사람과의 관계 — 는 이와 같다.
2. 좋아함(liking)	친밀감은 있지만, 열정이나 헌신은 부족한 우정이나 이와 유사한 사랑의 경험
3. 반함(infatuation)	친밀감이나 헌신은 부족한 상태에서 상대에 대한 열정적인 욕구는 가진, 첫눈에 반한 것과 같은 종류
4. 공허한 사랑(empty love)	열정이나 친밀감 없이 관계를 지속하는 헌신만을 특징으로 하는 사랑의 종류. 한때는 정서적 친밀감이나 신체적 매력과 같은 특징을 가졌으나 이제는 더 이상 이들과 관련이 없는 침체된 관계가 이런 종류라고 하겠다.
5. 낭만적 사랑(romantic love)	열정과 친밀감은 있으나 헌신은 부족한 것을 특징으로 하는 사랑의 경험
6. 우애적 사랑(companionate love)	친밀감과 헌신의 조합을 특징으로 하는 사랑의 종류. 이런 사랑의 종류는 서로에 대한 열정적 매력이 수그러들고 헌신의 우정이 이를 대신한 결혼생활에서 흔히 나타난다.
7. 얼빠진 사랑(fatuous love)	열정과 헌신은 있으나 친밀함은 없는 광풍 같은 로맨스와 속전속결의 결혼과 관련된 사랑의 종류
8. 완전한 사랑(consummate love)	열정, 친밀함과 헌신이 조화된 완벽한 사랑. 우리들 대부분은 이런 종류의 사랑을 얻고자 노력을 한다. 종종 이것을 유지하는 것은 성취하는 것보다 더 어렵다.

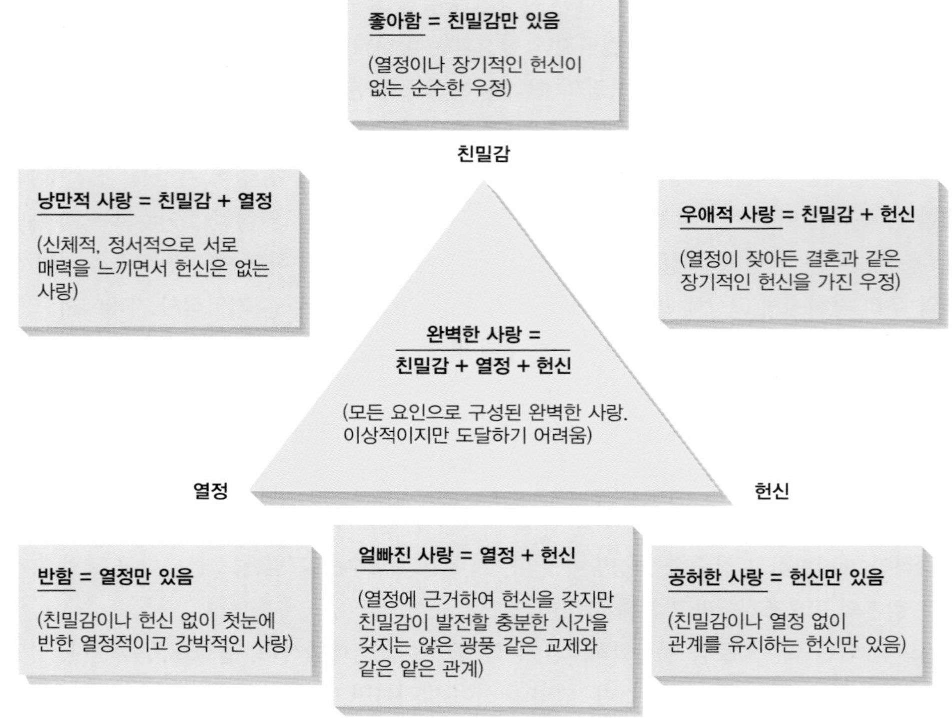

그림 10.3

사랑의 삼각형 모형 심리학자인 로버트 스턴버그에 따르면 사랑은 이 삼각형의 꼭짓점에 보이는 것처럼 세 요인으로 구성되어 있다. 다양한 종류의 사랑은 이 요인들이 각기 다르게 조합하면서 구성된다. 예를 들어 낭만적 사랑은 열정과 친밀감으로 구성되어 있다. 서구 사회에서 이상화하는 상태인 완벽한 사랑은 이 구성 요인 모두로 구성되었다.

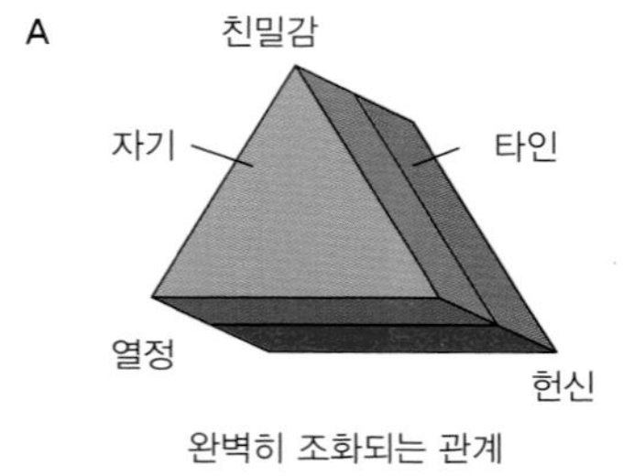

완벽히 조화되는 관계

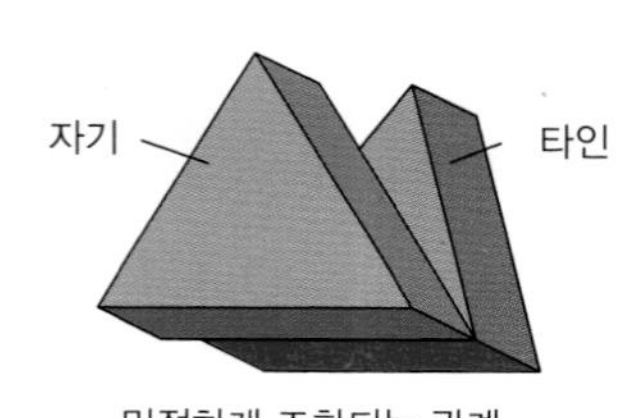

밀접하게 조화되는 관계

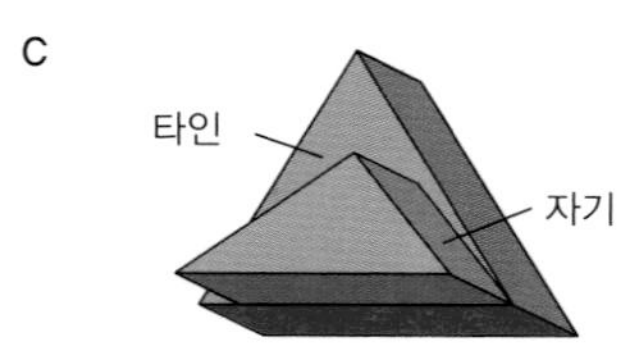

심각하게 조화되지 않는 관계

그림 10.4

사랑의 삼각형 모형에 따른 적합과 부적합 스턴버그의 사랑 모형에서 적합도는 이런 '사랑의 삼각형'으로 개념화될 수 있다. A는 완벽한 삼각형이 일치하는 완벽한 조화이다. B는 좋은 조화를 보이며, 요인들의 수준은 전체적으로 겹친다. C는 불일치를 보여주며, 서로 사랑의 요인들에서 대부분 차이가 있다.

럼 교제를 하고 결혼을 하지만 어느 날 아침에 일어나 둘이 잘 맞지 않고 서로 반한 기간이 끝났음을 알고 나서는 헤어지곤 한다.

시간이 갈수록 반하는 것과 지속적인 낭만적 사랑이 구별되는 징후들이 나타난다. 서로를 더욱 현실적으로 보기 시작하고 그들의 관계가 지속될지 여부를 결정한다.

스턴버그 모형에 따르면 커플들이 서로 열정, 친밀감과 헌신을 비슷한 수준으로 가질 때 잘 어울린다. 커플의 적합성은 사랑의 삼각형이 얼마나 잘 맞는지로 표시될 수 있다. 〈그림 10.4A〉는 삼각형이 일치하고 완벽한 맞춤을 보여준다. 〈그림 10.4B〉는 세 요인에서 파트너와 비슷한 수준으로 좋은 맞춤을 보여준다. 〈그림 10.4C〉는 불일치를 보여준다. 서로 간에 세 요인에서 큰 차이를 보이고 있다. 서로 간에 전반적인 불일치가 일어나면 관계는 어려움을 겪는다. 한 명이 열정을 과도하게 많이 보이거나 혹은 한 사람이 지속적인 헌신을 원하고 다른 사람은 하룻밤의 헌신을 요구하는 경우에는 관계는 조화로운 음을 내기보다는 파열음을 낸다.

낭만적 사랑 대 우애적 사랑 : 낭만적 사랑이 결혼의 기본인가?

미국인의 이상에 따르면 사람들이 나이가 들면서 완벽한 상대를 찾고, 사랑에 빠지며, 결혼해서 행복하게 잘 살기를 바란다. 다음 장에서 우리는 높은 이혼율로 이런 환상에 의문이 제기되는 것을 보게 될 것이다. 그러나 그 전에 낭만적 사랑이 결혼을 위한 적절한 기준이 되는지를 살펴보도록 하자.

이에 대해서는 회의적일 수 있는 이유가 있다. 낭만적 사랑은 순식간에 자주 우리에게 맹렬히 다가온다. 그리고 사랑하는 상대에 대해 아는 것이 많아지면서 낭만적 사랑은 사라진다. 일부 철학자들과 사상가들은 낭만적 사랑이란 '일시적인 환상'일 뿐이라고 주장하기도 하나의 생활  나의 마음

자기 평가 : 큐피드가 당신의 심장에 화살을 쐈나요? 스턴버그의 삼각형 사랑 척도

당신의 사랑 관계에서 어떤 요인이 가장 강력한가? 친밀감? 열정? 헌신? 이 세 요인 모두? 이들 중 둘?

아래 평정 척도를 보고 빈칸에는 당신이 사랑하거나 깊이 애정을 가진 사람의 이름을 적으라. 그리고 각 문항에 대해서 9점 척도(1=전혀 아니다, 5=보통이다, 9=매우 그렇다)를 이용하여서 얼마나 동의하는지를 평정하라. 다 마친 후에는 이 장 뒷부분에 있는 점수 표를 참고하라.

친밀감 요인

_____ 1. 나는 _____의 안녕을 위해 적극적으로 지지적이다.
_____ 2. 나는 _____과/와 따뜻한 관계를 가진다.
_____ 3. 나는 필요할 때 _____에게 의지할 수 있다.
_____ 4. _____은/는 필요할 때 나에게 의지할 수 있다.
_____ 5. 나는 나 자신과 나의 것을 _____과/와 나눌 용의가 있다.
_____ 6. 나는 _____(으)로부터 상당한 정서적 지지를 받는다.
_____ 7. 나는 _____에게 상당한 정서적 지지를 해준다.
_____ 8. 나는 _____과/와 소통을 잘한다.
_____ 9. 나는 내 삶에서 _____을/를 중요하게 가치를 둔다.
_____ 10. 나는 _____과/와 가깝다고 느낀다.
_____ 11. 나는 _____과/와의 관계가 편안하다고 느낀다.
_____ 12. 나는 _____을/를 잘 이해한다고 느낀다.
_____ 13. 나는 _____이/가 나를 진실로 이해하고 있다고 느낀다.
_____ 14. 나는 정말로 _____을/를 믿을 수 있다고 느낀다.
_____ 15. 나는 나에 대한 속 깊은 개인적인 이야기들을 _____과/와 나눈다.

열정 요인

_____ 1. _____을/를 보고만 있어도 나는 짜릿하다.
_____ 2. 하루 중 자주 _____에 대해서 생각하는 나를 발견한다.
_____ 3. _____과/와의 관계는 매우 로맨틱하다.
_____ 4. 난 _____이/가 개인적으로 매우 매력적이라고 본다.
_____ 5. 나는 _____을/를 이상화한다.
_____ 6. 나는 _____이/가 나를 행복하게 하는 것만큼 다른 누군가가 그럴 것이라고 상상하기 어렵다.
_____ 7. 나는 다른 누구보다도 _____과/와 함께하고 싶다.
_____ 8. _____과/와의 관계보다 더 중요한 것은 나에게 없다.
_____ 9. 난 특히 _____과/와 신체적인 접촉을 하는 것이 좋다.
_____ 10. _____과/와 나의 관계는 거의 뭔가 마법 같다.
_____ 11. 난 _____을/를 흠모한다.
_____ 12. 난 _____ 없는 삶을 상상할 수 없다.
_____ 13. _____과/와 나의 관계는 열정적이다.
_____ 14. 로맨틱 영화를 보거나 로맨틱 소설을 읽을 때 난 _____을/를 생각한다.
_____ 15. 난 _____에 대한 환상이 있다.

헌신 요인

_____ 1. 나는 내가 _____을/를 돌보는 것을 안다.
_____ 2. 나는 _____과/와의 관계유지를 위해 헌신한다.
_____ 3. _____에 대한 나의 헌신 때문에 다른 사람이 우리 사이에 끼어들지 못한다.

______ 4. 나는 ______과/와 나의 관계가 지속될 것이라 확신한다.
______ 5. 나는 ______에 대한 나의 헌신에 어떠한 것도 방해가 되게 할 수 없다.
______ 6. 나는 ______에 대한 나의 사랑이 내 남은 삶 동안 지속될 것이라고 기대한다.
______ 7. 나는 항상 ______에 대한 강한 책임감을 느낄 것이다.
______ 8. 나는 ______에 대한 나의 헌신이 공고하다고 본다.
______ 9. 나는 ______과/와 내 관계가 종결되는 것을 상상할 수 없다.
______ 10. 나는 ______에 대한 나의 사랑을 확신한다.
______ 11. 나는 ______과/와 나의 관계가 영구적일 것이라 본다.
______ 12. 나는 ______과/와의 관계가 훌륭한 결정이었다고 본다.
______ 13. 나는 ______에 대한 책임감을 느낀다.
______ 14. 나는 ______과/와 관계를 지속할 계획을 갖는다.
______ 15. ______을/를 상대하기 어려울 때에도 나는 우리의 관계에 헌신할 것이다.

출처 : Sternberg (1988), Basic Books, Inc., New York의 허락하에 재인쇄.

였다. 결혼은 자녀를 양육하고 위 세대에서 아래 세대로 재산을 물려주는 법적인 제도임은 분명하다. 그래서 결혼을 낭만적 사랑의 기초로 한다는 것은 현명하지 않은 것이다. 이런 조망에서 보면 결혼은 사회적 안정성을 위한 냉정한 제도이며, 사랑은 사랑일 뿐이다. 서구 역사의 많은 사례에서 남편들은 정부를 뒀고 또 매춘부를 찾아다녔다. 소수의 사례, 특히 귀족과 같은 상위 계층에서만 부인들이 연인을 두곤 했다. 사람들은 만약 그들이 **우애적 사랑**(companionate love)을 발전시켜 왔다면 로맨스가 희미해지기 시작해도 그들의 관계를 지속하려는 경향을 보인다. 우애적 사랑은 신뢰와 의리, 감정을 나눔, 상호 간의 존중과 감사, 불완전함에 대한 수용과 희생의 의지 등을 요구한다. 우애적 사랑은 타인을 이상화하는 것이 아니라 진정한 정보에 근거한다.

우애적 사랑 : 스턴버그의 모형에서 강한 열정의 요인 없이 친밀감과 헌신이 관여된 사랑의 형태

만약 우애적 사랑이 일어나면 열정이 사라져도 그 관계는 지속될 수 있다. 이 점에서 서로의 우애적, 성적 욕구를 만족시키기 위해 서로 노력할 수 있다.

무엇보다 이것은 우정처럼 들린다.

이 장에서 우리는 사회적 접촉을 시작하는 동력인 대인 간 매력에 대해서 논의하였다. 다음 장에서는 이런 사회적 접촉이 친밀한 관계, 특히 결혼이나 다른 대안적인 생활 양식으로 발전하는 것에 대해서 함께 살펴볼 것이다.

모듈 복습

복습하기

(13) 사랑의 우정과 같은 형태를 ______(이)라고 부른다.
(14) 사랑의 삼각형 모형에 따르면 사랑은 ______, 열정, 헌신의 조합이다.
(15) ______ 사랑은 열정과 친밀감의 조합과 관련된다.
(16) 친밀함, 열정, 헌신이 함께 있는 사랑의 형태를 ______ 사랑이라고 부른다.

생각해보기

19세기 시인인 엘리자베스 브라우닝(1806~1861)은 "내가 당신을 어떻게 사랑하냐고요? 헤아려볼게요"라고 썼다. 현대 심리학에서 사랑에 대해 개념화한 것을 근거로 브라우닝이 언급한 것을 어떻게 해석할 수 있을까?

외로움에 대처하기

모듈 10.4

"Eleanor Rigby"라는 고전적인 노래에서 비틀즈는 모든 외로운 사람들이 어디에서 오는지를 궁금해하였다. 외로워하는 것은 홀로 있는 것과는 다르다. 외로움은 우리가 고통스럽게 고립되어 있거나 다른 사람들로부터 관계가 끊긴 감정의 상태이다. 홀로 있는 것은 물리적 사실이다. 친구들이 많은 사람도 때로는 공부나 일 혹은 세상에 존재하는 것에 대한 자신의 감정을 성찰하기 위해서 혼자 있는 것을 선택한다(van Baarsen et al., 2001).

외로운 사람은, 그렇지 않은 사람과 비교할 때 아래와 같은 행동 특성을 보이는 경향이 있다. 혼자 더 많은 시간을 보낸다. 저녁을 혼자 먹고 주말을 혼자 보내는 경향이 있다. 더 자기 비판적이다. 데이트를 덜 한다(예 : Wiseman, Mayseless, & Sharabany, 2006). 외로운 사람이 그렇지 않은 사람만큼 많은 친구들이 있다고 보고하기도 하지만, 얼마나 가까운지를 확인해보면 그 우정은 상대적으로 피상적이다. 예를 들어, 친구들과 비밀을 나누지 않는 경향이 있다. 때로는 소위 친구들은 자신을 친구라고 여기고 있다는 것을 알고는 놀라기도 한다.

대부분의 사람들이 부모와의 밀접한 관계를 친구들과의 관계로 대체하기 시작하는 청소년기에 외로움은 최고조에 이르는 경향이 있다. 외로움은 또한 자녀들이 다른 곳에 살고 배우자가 죽는 노년기의 주요한 문제이기도 하다(van Baarsen et al., 2001). 외로움이 우울증과 관련이 있다는 것은 놀랍지 않다(Segrin et al., 2003). 90명의 대학생들을 대상으로 한 연구에서 외로움의 감정은 낮은 자기 확신, 내향성, 불행함, 정서적 불안정성과 관련되었다(Cheng & Furnham, 2002).

외로움은 또한 고혈압이나 면역 체계 기능의 저하와 같은 신체적인 건강 문제와도 연결된다(Hawkley et al., 2003; Pressman et al., 2005). 외로운 사람은 더 잘 아픈 것 같다! 사회적으로 고립된 사람은 암이나 심장병과 같은 심각한 질병의 발병에 더 높은 위험성을 보인다(Hawkley & Cacioppo, 2003). 인과적 관계는 분명치 않지만 스트레스는 외로움과 신체적 질병을 연결하는 경로인 듯 보인다. 스트레스는 우리의 면역 체계와 일반적인 건강을 손상시키고, 외로운 사람은 일반적으로 지지적인 사회적 네트워크를 가진 사람들에 비해서 그 영향에 대처하는 것에 더 큰 어려움을 겪는다(Cacioppo, Hawkley, & Bernston, 2003).

외로움의 원인

배우자를 잃는 것, 움직임을 어렵게 하는 신체적 장애, 또는 사회적 관계망의 손실과 같은 다양한 요인들이 외로움에 영향을 준다. 수줍음 또한 외로움에 영향을 주는 주요한 요인이다. 수줍음 때문에 사람들은 사회적 접촉을 거부하며 고립된 삶으로 이어진다. 연구자들은 아래와 같은 외로운 사람들과 연관된 여러 심리적 특성들을 발견하였다(예 : Cramer, 2003; Prezza et al., 2001; Rokach & Bacanli, 2001).

1. 사회 기술의 부족. 그들은 타인의 감정에 둔감하거나 친구를 사귀는 법을 모르고 의견이 다를 때 이에 대처하는 방법을 모르기도 한다.
2. 타인에 대한 관심의 부족
3. 공감의 부족
4. 사회적 상호작용에 대해 자기 비판적이며, 타인과 함께할 때 실패할 것에 대한 염려
5. 거절에 대한 두려움
6. 친구가 될 수 있는 사람들에게 자신을 드러내지 않음
7. 인간 본성에 대한 냉소(예 : 사람들이 자신의 이익을 위해 타인들과 어울린다고 지각하는 것)
8. 너무 많은 것을 너무 급하게 요구하여 관계가 진행되는 초기 단계에서 다른 사람들을 차갑고 비호의적이라고 잘못 지각하는 것
9. 일반적인 비관적 태도
10. 통제 소재가 외부에 있다고 여겨 자신의 운명이 그들의 통제 밖에 있다고 믿는 것
11. 새롭게 대학생활을 시작하는 대학생이나 가족, 친구, 절친이 죽거나 멀어진 노인들과 같은 사람들 사이에서 공동체란 의식의 부족

무엇을 할까

인지행동치료의 방법은 사람들이 외로움을 극복할 수 있도록 도와줄 수 있다. 외로움에 대한 인지치료에서는 사회적 실패에 대한 두려움이나 인간 본성에 대한 비관주의나 냉소주의와 맞서 싸운다("그래, 많은 사람들은 이기적이고 알 필요도 없어. 그러나 만약 모든 사람들이 이와 같다고 가정하면 우리가 어떻게 관계를 이룰 수가 있을까?").

자기 주장 훈련이나 사회 기술 훈련과 같은 행동적 방법은 외로운 사람들이 대화를 시작하거나 전화로 이야기하는 법, 칭찬을 주고받는 법, 의견 일치가 되지 않을 때 복종적이거나 공격적이지 않게 그것을 다루는 법 등에 대해서 발전시킨다. 자기 주장 훈련과 관련해서는 제7장을 복습하면 좋겠다. 다음 장에서는 데이트 기술을 증진시키는 방법에 대해서 이야기할 것이다. 친구를 만들고 외로움에 맞서는 방법에 대해서 다음에 기술했으니 이를 참고해보라.

1. 자주 사회적 접촉을 하라. 학생회 활동에 참여해보라. 교내 운동에도 참여하라. 심리학 학회, 스키 동아리나 사진 동호회와 같은 동

외로움 왜 많은 사람들이 외로울까? 사회적 기술이 부족해서일까? 너무나 열망하여서 관계 맺기가 두려운 것일까? 거절을 두려워하는 것일까? 이 모든 것이 적용된다. 인지행동적 접근의 심리학자들은 본문에서 보는 것처럼 외로움을 극복할 수 있는 많은 방법들을 개발하여 왔다.

아리 활동을 하라. 학교 신문 발간에 참여해보라.

2. 수줍음에 맞서라. 수줍음과 관련된 권위자인 인디애나대학의 베르나르도 카두치는 제7장에 제시된 것과 같이 수줍음을 다루는 법에 대한 지침을 제안하였다.
3. 자기 주장을 해라. 의견을 표현하라. 웃으며 관심이 있는 사람에게 인사를 하라. 식당에서는 구석 자리에 앉지 말고 사람들 옆에 앉아라.
4. 사람들의 이야기를 잘 들어라. 사람들에게 인사를 하고 수업이나 그날 하루가 어땠는지를 물어봐라. 그러고는 잘 들어라. 각기 다른 사람들이 완전히 똑같을 수는 없기에 다양한 의견에 대해서 포용해라. 눈맞춤을 하고 친근한 표정을 지어라.
5. 사람들이 너를 알도록 해라. 의견을 나누고 당신의 관심사에 대해서 이야기해봐라. 물론 우리도 그러듯이 어떤 사람들은 당신에게 관심을 표하지 않겠지만, 그건 누구나 경험하는 일반적인 것이다.
6. 적절하게 싸워라. 때때로 친구가 당신을 실망시킬 것이고 당신은 그것을 그 친구에게 이야기하고 싶어 할 것이다. 하지만 그것은 적절해야 할 것이다. 친구에게 어떤 것에 대해서 솔직하게 이야기해도 괜찮은지를 먼저 물어라. 그러고는 "네가 ~한 것에 대해서 내 기분이 좋지 않아"라고 이야기해보라. 그 친구의 행동이 내 기분을 상하게 했던 것을 알고 있었는지를 물어봐라. 이런 일이 반복되지 않기 위한 방법을 함께 찾아봐라. 그러고는 함께 문제를 해결한 것에 대해서 친구에게 고마움을 표현하라.
7. 스스로에게 친구의 가치가 있음을 이야기하라. 우리 모두는 완벽하지 않다. 각기 독특한 성향과 시각을 갖고 있으며 당신이 기대하는 것보다 더 많은 사람들과 만나게 될 것이다. 그들에게 기회를 주라.
8. 교내에서 아르바이트를 찾아봐라. 다른 사람과 함께 일을 하면서 다른 학생들이나 학교 교직원이나 교수들과 사회적 연결망을 가질 수도 있다.
9. 학생 상담소를 이용하라. 수많은 학생들이 외로워하며, 무엇을 할지 잘 모른다. 어떤 사람은 무엇을 해야 할지를 알지만 그럴 용기를 갖지 못한다. 학생 상담소는 이런 문제에 익숙하고 좋은 자원을 가지고 있다.

제10장 복습 암송하기/암송하기/암송하기

학습 비결 : 이 질문에 대한 답을 암송하면 보다 효과적으로 학습을 할 수 있을 것이다. 우선 질문에 대한 답을 혼자 소리 내어 답해보거나 공책이나 컴퓨터에 써보라. 그리고 자신의 답을 아래의 정답 예시와 비교해보라.

1. 우리 문화에서 어떤 요인들이 매력에 영향을 주는가?

신체적 매력이 주요한 요인인 것으로 보인다. 우리 문화에서 날씬한 체형은 특히 여자에게 매력적이라고 여겨지며, 남자에게는 큰 키가 가치 있게 여겨진다. 여성은 문화적인 이상형보다 스스로를 더 뚱뚱하다고 보는 경향이 있다. 태도와 사회문화적 요인(민족, 교육 등)에서의 유사성, 접근성과 상호 존중의 상호성도 모두 매력에 영향을 준다.

2. 매력적인 사람에 대한 고정관념은 무엇인가?

겉모습이 좋으면 그 속도 좋을 것이라는 가정이 있다. 신체적으로 매력적인 사람은 더 성공적이고 사교적이며 인기 있고 똑똑하고 성취적일 것이라는 긍정적인 성향을 가졌을 것이라고 추정한다.

3. 남성과 여성이 데이트 상대나 배우자에게서 동일한 요인을 매력적으로 느끼는가?

남자와 여자 모두 외모와 개인적 요인들의 중요성을 강조한다. 그러나 남자들은 신체적 매력을 조금 더 강조하는 경향이 있고, 여자들은 상대적으로 직업, 잠재적인 수입, 배려, 독립성, 아이들을 좋아하는 것과 같은 성향을 더욱 강조하는 경향이 있다.

4. 대응 가설이란 무엇인가?

대응 가설은 우리가 매력도에서 우리와 비슷한 사람들과 사귀고 결혼하는 경향성이 있다는 것을 시사하며, 이것은 많은 경우 거절에 대한 두려움 때문이다.

5. 성적 지향은 무엇인가?

성적 지향은 성적인 욕구의 방향성과 관련된 것이다. 이성애적 지향을 가진 사람은 반대되는 성에게 성적으로 끌린다. 동성애적 성적 지향을 가진 게이나 레즈비언의 경우에는 자신과 같은 성을 가진 사람들에게 끌린다. 양성애 지향을 가진 사람들은 남자와 여자 모두에게 끌린다.

6. 성적 지향에 대해서 연구자들은 어떻게 설명하는가?
성적 지향에 대한 유전적 증거들은 누적되어 왔다. 성 호르몬은 조직화와 활성화 효과를 하는 것으로 알려져 있다. 성 호르몬은 성적 지향에 영향을 주는 태내 발달 과정에서 뇌의 발달에 영향을 줄 수 있다.

7. 우리 사회에서 동성애자나 양성애자에 대해 어떻게 반응하는가?
동성애자들은 일반적으로 강하고 때로는 폭력적인 사회적 반응을 접한다. 오늘날 미국 대부분의 사람들은 동성애자들에게 동등하게 취업할 수 있게 하는 것에 대해서는 호의적이다. 그러나 여전히 많은 사람들이 교육과 같은 활동에는 제한을 가해야 한다고 보며, 이는 그들의 성적 지향이 아동들의 성적 지향에 영향을 줄 것이라는 (잘못된) 두려움 때문이다.

8. 게이와 레즈비언에 대한 사회의 일반적인 반응에서 동성애자들이 직면하는 적응의 문제는 무엇인가?
동성애자들은 그들 스스로, 그리고 타인에게 커밍 아웃을 하는 것과 관련한 갈등을 자주 겪는다. 그들은 흔히 자신의 성적 지향을 인지하고 개인적으로 수용하는 것, 그리고 다른 사람들에게 자신의 성적 지향을 밝힐지 여부를 결심하는 것에 대해 어려움을 겪는다. 동성애자들은 이성애자들에 비해서 더 불안하고 우울하며 자살에 취약한 경향이 있다. 그들 적응의 문제는 그들에 대한 사회의 부정적 시선과 관련이 있는 것 같다.

9. 우리 삶에서 친구는 어떤 역할을 하는가?
우리는 친구들과 활동이나 흥미, 신뢰를 나눈다.

10. 친구에게 가장 중요한 것은 무엇인가?
우리가 찾는 주요 요인은 신뢰와 의리를 지키고, 사회적 지지와 솔직함이나 지적인 것과 같은 일반적인 긍정적 성향들이다.

11. 사랑은 무엇인가?
사랑은 좋아함, 애착과 같은 강한 감정, 그리고 낭만적 사랑의 경우에는 매력과 성적 각성을 특징으로 하는 강렬한 긍정적 정서이다.

12. 스턴버그의 이론에 따르면 사랑의 구성 요인은 무엇인가?
스턴버그의 사랑의 요인은 친밀감, 열정, 헌신이다.

13. 이 구성 요인들은 사랑의 각기 다른 유형과 어떻게 관련이 있는가?
낭만적 사랑은 친밀감과 열정을, 얼빠진 사랑은 열정과 헌신을, 우애적 사랑은 친밀감과 헌신을, 많은 사람들에게 이상적이라고 생각되는 완전한 사랑은 이 모든 세 요인을 특징으로 한다.

나의 생활 나의 마음

개인적 글쓰기 숙고하기/숙고하기/숙고하기

학습 비결 : 이 장에 나온 개념들을 자신의 경험과 관련시켜 음미하면 보다 심층 처리가 가능하다. 그렇게 되면 내용에 보다 더 개인적인 의미를 부여하게 되며 더 효과적인 학습이 가능해진다. 답을 쓸 공간이 더 필요하면 추가 페이지를 이용해도 좋다.

1. 데이트할 상대나 결혼할 상대를 결정할 때 외모가 당신에게 얼마나 중요한가? 데이트와 결혼 상대자로서의 선호에 차이가 있는가? 설명해 보라.

2. 성적 지향의 원인에 대해서 읽은 것이 어떤 방식으로든 당신의 시각을 변화시켰는가? 어떻게?

모듈 복습에 대한 답

모듈 10.1

1. 신체적 매력
2. 여성
3. 매력적인
4. 대응
5. 상호성
6. 성적 지향
7. 조직화
8. '커밍 아웃'
9. 더

모듈 10.2

10. 여아
11. 의리
12. 공개

모듈 10.3

13. 스토르게
14. 친밀감
15. 낭만적
16. 완벽한

스턴버그의 삼각형 사랑 척도 채점 방법

먼저 친밀감, 열정, 헌신의 세 요인별로 각 문항의 점수를 더하고, 각 총점을 15로 나눈다. 이 과정을 통해 각 하위 요인별 문항의 평균 점수를 얻게 될 것이다. 각 하위요인별로 평균 5점은 그 요인이 의미하는 요인의 중간 정도임을 의미한다. 점수가 높을수록 그 경향성이 강한 것이며, 낮을수록 그 경향성이 약한 것이다. 각 요인에서 보이는 점수를 통해서 사랑의 세 요인 중 당신에게 주요한 것이 무엇인지를 알려줄 것이다. 예를 들어, 열정이 헌신보다 더 높다면, 강렬한 낭만적 관계의 초기에서 흔한 형태이다. 몇 달이나 몇 년 후에 이 설문을 다시 해볼 수 있으며, 그러면 당신의 관계에 대한 느낌이 어떻게 변화했는지를 확인할 수 있다. 또한 당신의 상대에게도 이 척도를 하도록 하면 서로의 점수를 비교해볼 수도 있다. 상대와의 비교를 통해서 둘이 그 관계를 얼마나 유사하게 느끼고 있는지를 알 수도 있을 것이다.

CHAPTER 11

관계와 소통

개요

- 다음을 알고 있나요?
- 모듈 11.1 : 관계의 ABC(DE)
- 모듈 11.2 : 결혼
- 모듈 11.3 : 독신으로 살기
- 모듈 11.4 :  나의 생활, 나의 마음 관계를 잘되게 하기

복습 암송하기/암송하기/암송하기

 나의 생활, 나의 마음 개인적 글쓰기 숙고하기/숙고하기/숙고하기

다음을 알고 있나요?

- 애인을 찾는 많은 사람들이 파트너를 직접 만나기 전에 문자나 웹캠을 이용한 데이트를 한다.(395쪽)
- 자신의 파트너와 행복한 영화를 본 사람들은 슬픈 영화를 본 사람들에 비해서 파트너에 대해 더욱 긍정적인 감정을 갖는다.(396쪽)
- 새로운 파트너가 우리에게 나타났을 때 현재 관계에서의 문제를 해결하려는 노력을 덜 하는 경향이 있다.(404쪽)
- 결혼은 이웃에서 이루어지지 하늘에서 맺어주는 것은 아니다.(407쪽)
- 이혼 후 재혼을 하는 사람들은 초혼인 사람들에 비해서 덜 잘 지내는 것 같다.(417쪽)
- 미국 성인의 거의 절반쯤은 한 번 이상 동거를 경험한다.(420쪽)
- 의견이 다른 것이 관계에 해로운 것은 아니다.(423쪽)

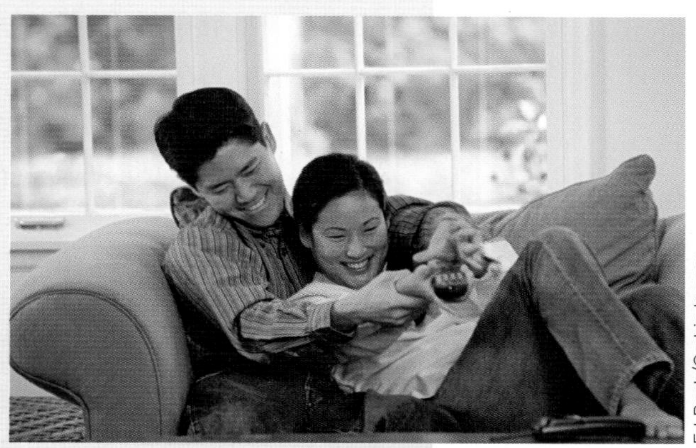
Ed Bock/Corbis Images

관계를 시작하는 것에는 몇 가지 사회 기술이 필요하다. 처음 몇 마디 대화의 단계가 가장 큰 것이다. 이 장에서는 먼저 **친밀한 관계**(intimate relationship) 발달의 단계에 대해서 살펴볼 것이다. 그러고는 여전히 대부분 미국인들에게 목표로 남아 있는 결혼이라는 제도에 대해서 논의할 것이다. 최종적으로 의사소통 기술의 향상과 같이 친밀한 관계를 증진시키는 방법에 대해서 살펴볼 것이다.

친밀한 관계 : 내면의 감정을 나눌 수 있는 관계. 신체적 친밀감이라는 용어는 성적인 관계를 의미한다.

마치 인간 발달처럼 관계도 발달 단계를 거치는 것으로 생각해볼 수 있다. **사회교환이론가**(social-exchange theorists)는 관계 발달의 단계를 사회적 교환의 전개 과정으로 보며, 여기에는 관계를 중단하지 않고 지속할 때의 보상과 비용이 관련된다. 각 단계에서 긍정적인 요소들은 그 관계를 지속하고 증진시키게 한다. 부정적인 요소는 그 관계를 악화시키고 중단하게 한다. 이 장의 첫 번째 모듈에서는 시간이 지남에 따라 관계가 어떻게 변화하는지와 그 관계가 어떻게 공고히 되거나 어려움을 겪는지 그리고 약화되고 악화되는지에 대해서 초점을 맞출 것이다.

사회교환이론 : 관계 지속의 보상과 비용과 관련된 사회적 교환의 전개에서 발달 단계를 바라보는 시각

관계의 ABC(DE)

모듈 11.1

- 사회과학자들은 관계의 발달 단계를 어떻게 보는가?
- 레빙거의 관계 발달의 5단계는 무엇인가?
- 어떤 단계로 사람들은 관계를 만들어 나가는가?
- 어떤 요소들이 관계의 진행과 악화에 기여하는가?

개인처럼 관계도 각기 다른 발달 단계를 거친다(Dindia & Timmerman, 2003). 사회학자인 조지 레빙거(Levinger, 1980, 1983)는 관계 변화의 개념적 모형을 제시하였다. **ABCDE 모형**(ABCDE model)이라고 불리는 이 모형에서는 매력(attraction), 형성(building), 진행(continuation), 악화(deterioration), 종결(ending)의 다섯 단계로 낭만적 사랑의 주기를 묘사

ABCDE 모형 : 관계의 발달에 대한 레빙거의 이론. 매력, 형성, 진행, 악화, 종결

하였다. 각 단계 동안 사람들은 긍정적 요소들로 인해 관계를 형성하거나 지속하고, 반면에 부정적 요소들로 인해 그 관계를 해체한다. 이 요소들에 대해서 학습함으로써 우리는 관계를 종결에 이르게 하기보다는 강화시킬 준비를 할 수 있을 것이다. 레빙거의 모형 틀을 가지고 여기서 관계를 강화시키거나 약화시키는 데 기여하는 요소들을 탐색해보도록 한다.

A는 매력(Attraction)

일단은 서로에 대해서 알고 있어야 초기에 매력을 느끼는 것이 가능하다. 하지만 관계는 어떻게 시작될까? 어떻게 전혀 접촉이 없는 것에서 초기 매력으로 나아갈 수 있을까? 복잡한 식당에서 새로운 사람이 눈에 띄었을 때, 수업 시간에 처음 보는 학생을 봤을 때, 사무실 근처에서 누군가가 일자리를 구하였을 때 등과 같이 다양한 상황에서 관계는 시작될 수 있다. 또한 컴퓨터가 짝 지어줘서, 소개팅, 아니면 아주 짧은 만남을 통해서도 우리는 서로 매력을 느낄 수 있다. 대부분은 우연히 상대를 만난다. 이런 우연을 가장 증가시키는 요소는 공간적 가까움이나 근접성이다. 우리는 근처에 사는 사람과 친구가 되는 것이 일반적이며, 이들과 같은 학교를 다니고 같은 사무실이나 회사에서 일을 한다. 1990년대 대부분의 사람들은 서로 아는 친구의 소개를 통해서 자신의 배우자를 만났거나(35%), 누군가의 소개 없이 자신이 직접 배우자를 만나게 되었다고(32%) 보고하였다(Michael et al., 1994)(그림 11.1 참조). 하지만 시대는 변한다.

"적응과 현대인의 삶"에서 볼 수 있듯이 오늘날 많은 사람들은 온라인을 통해 만난다. 온라인 데이트 서비스를 통해서 만날 뿐만 아니라 젊은이들은 페이스북과 같은 소셜 네트워크 사이트를 통해서 서로 상호작용한다.

소속 욕구 : 친구를 사귀고 집단에 소속되고 싶은 욕구

사람들은 왜 페이스북을 쓸까? 페이스북 사용자가 밝힌 주요 이유는 친구들과 계속해서 연락을 하기 위해서라고 한다(Wilson, Gosling, & Graham, 2012). 학생들은 이미 관계가 형성된 친구들이나 지인들과 페이스북을 통해서 주로 상호작용한다. 대학생들은 자신에 대한 정보를 포스팅하기보다는 다른 사람의 페이스북 페이지를 보는 데 더 많은 시간을 사용한다고 보고되고 있다(Pempek, Yermolayeva, & Calvert, 2009).

페이스북과 이와 유사한 소셜 네트워크 사이트는 정보를 나누는 것뿐 아니라 사용자 프로필의 형태를 통해 자신의 정체성을 표현하는 매체로 활용되고 있다. 그러나 사회 비교 효과는 주의할 필요가 있다. 페이스북 사용자가 다른 아름다운 사용자의 프로필 사진을 보았을 때 덜 매력적인 프로필 사진을 본 사람들에 비해서 자신에 대해 더 부정적인 이미지를 갖는다는 증거가 있다(Haferkamp & Krämer, 2011).

신체적 매력, 태도의 유사성, 접근성과 호혜성과 같이 많은 요인들이 초기 매력에 영향을 준다. 고려해보아야 할 다른 요인은 **소속 욕구**(need for affiliation)와 긍정 정서의 역할이다. 소속과 우정에 대한 강한 욕구를 가진 사람은 관계를 가질 다른 사람들을 찾는 경향이 있다.

남자들은 잘 들어보라. 여자들의 시선을 사로잡기를 원하는가?

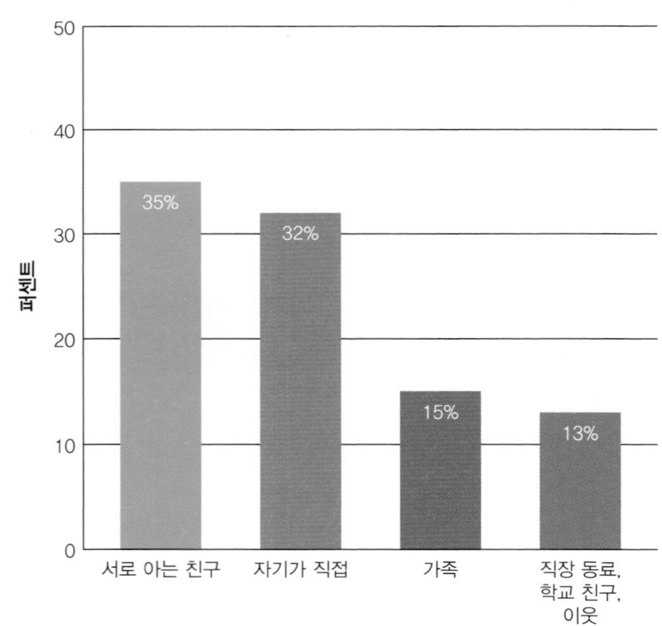

그림 11.1
결혼한 사람은 어떻게 배우자를 만났을까? 결혼한 사람 3명 중 2명은 서로 아는 친구를 통해서 혹은 누군가의 소개 없이 자기가 찾았다.

적응과 현대인의 삶

21세기 데이트 : (사이버) 하늘에서 짝 점지해주기

데이트 상대를 찾는가? 결혼 상대? 수백만의 미국 성인들이 데이트나 결혼 상대를 찾는 곳은 전통적인 만남의 장소였던 술집이나 나이트클럽에서 컴퓨터를 이용한 웹이나 휴대전화의 앱으로 변화했다(표 11.1 참조).

온라인 데이트는 '루저들이나 접속하는 것'이라는 이미지를 버렸다. 이런 온라인 짝 맺음과 관련하여 전반적으로 새로운 용어가 필요한 것인지도 모르겠다. "누군가를 만났나요?"라는 질문에 대한 요즘 시대의 적절한 대답은 "아니요. 우린 여전히 문자로 연락하고 있어요. 이제 화상 채팅으로 데이트를 시작했으면 해요"라는 것일 수 있다. 인터넷 데이트 현상을 본 한 관찰자는 "사람을 위한 구글"이라는 별명을 붙이기도 하였다. Match.com, eHarmony.com, OkCupid와 같은 인터넷 데이트 서비스들은 최근에 급성장하였으며, 이제 수백만의 회원을 보유하였다. 오늘날 미국인 5명 중 1명은 온라인 데이트 서비스를 통해서 짝을 찾고 있다("Looking for Love", 2012).

각 웹사이트에는 각기 다른 짝 맺기의 규칙들이 있다. 어떤 경우에는 사용자들이 적절한 짝을 찾기 위한 리스트를 훑어볼 수 있다. 그들의 흥미를 끄는 누군가를 찾았을 때 돈을 내고 등록을 할 수 있고 온라인으로 그 사람과 대화를 할 수 있다. 어떤 사이트들은 관심사나 심리적 프로파일을 이용하여 사용자들이 자신의 짝을 찾는 데 도움을 줄 수 있도록 하였다. 등록된 사용자들은 사진을 포함한 자신의 프로필을 올리고 사용자 이름이나 '데이트 아이디'를 선택할 수 있다. 그 프로필에는 일반적으로 관심사나 신체적 특징, 종교, 라이프 스타일, 나이, 사는 지역 등과 같은 자세한 정보가 포함된다. 사용자들이 자신이 누군지를 드러내지 않는 한 실명이 아닌 익명성이 보장된다. 그들은 원하는 지역, 나이, 종교, 성적 지향이나 심지어는 우편번호에 근거하여 미래의 데이트나 결혼 상대자를 찾을 수 있다.

i love images/SuperStock

잠재적인 데이트 상대의 프로필을 살펴볼 수 있게 하는 새로운 앱 덕분에 사랑이 바로 당신 주변에 있을 수도 있다.

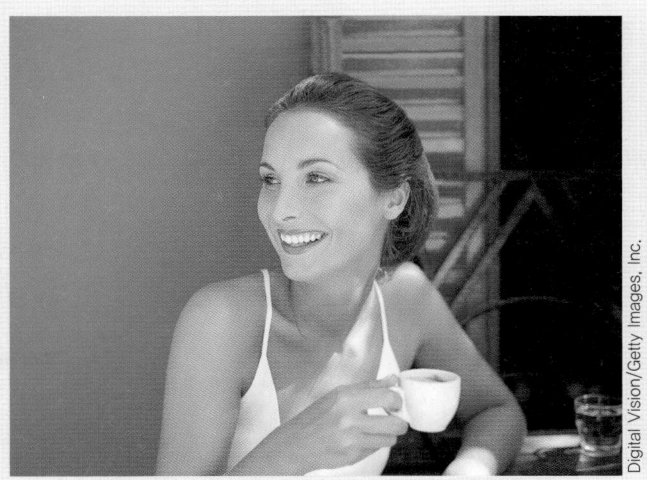

Digital Vision/Getty Images, Inc.

탱고를 사랑하는… 파트너를 찾음
나이 : 20대 중반
지역 : 텍사스 주 샌안토니오
취미 : 새벽까지 춤 추기, 아웃도어 스포츠, 멕시코 음식
꿈꾸는 휴가 : 마우이의 해변

오늘날 데이트나 결혼 상대를 찾도록 도와주는 휴대전화 앱이 개발되었다. 사랑은 바로 당신 주변에 있을 수 있으며, 당신에게 필요한 것은 이를 찾을 수 있는 휴대전화의 앱이다. 즉석 만남을 원하는가? 당신에게 필요한 것은 비슷한 관심을 가진 상대의 프로필을 훑어볼 수 있는 휴대전화이다. 장소에 기반한 새로운 앱에서는 사용자들이 자신의 프로필을 올리고, 가까이에 있는 상대 사용자의 프로필을 볼 수 있도록 하였다(Staver, 2011). 서로 관심이 있으면 그 두 사람은 근처에서 만남을 조정할 수 있다. 온라인 데이트 사이트인 OkCupid 내의 지역 OkCupid에서는 2011년에 25만 명의 회원이 모바일 앱을 활용하였다고 보고하였다. 일부 사람들은 하룻밤의 만남을 위해 이것을 사용하였지만, 다른 사람들은 자신과 취향이나 관심사가 비슷한 이웃과의 만남을 시작할 수 있는 편리한 방법이라고 이야기하기도 한다. 당신은 어떤가? 새로운 사람을 만날 수 있는 이와 같은 서비스를 사용해볼 것인가? 그 이유는 무엇인가?

애인을 찾기 위해서 온라인이나 스마트폰을 쓰기로 결정하였다면, "나의 생활, 나의 마음"에 나온 좀 더 안전한 사이버 데이트와 관련한 지침을 고려해 볼 만한 가치가 있을 것이다.

표 11.1 ▮ 온라인 데이트 현황

미국에서 주요 데이트 사이트 접속 수	약 5억 9,300만
온라인에서 낭만적 관계를 시작한 비율	이성애 커플 : 21% 동성애 커플 : 61%
포스팅을 할 때 평균적으로 체중을 줄이는 정도	여성 : 약 3.5kg 남성 : 약 1kg
포스팅하는 사진의 평균 기간	여성 : 1.5년 남성 : 6개월

출처 : Rosenbloom, S. (2011, November 13). Love, lies, and what they learned. *The New York Times*, ST1, ST8에서 발췌.

그렇다면 아마도 웃음은 버려두어야 할 것이다. 브리티시콜럼비아대학의 연구자들은 1,000명 이상의 이성애자인 남자와 여자들로 하여금 상대 성의 사람들의 사진을 보고 성적 매력에 대해서 평정을 하도록 하였다(Dahl, 2011; Tracy & Beall, 2011). 남자들은 웃고 행복한 여자들을 더 높게 평정하였지만, 여자들은 웃고 행복한 남자들을 덜 성적으로 매력적이라고 평정하였다. 이 연구에서는 성적 매력의 평정에 한정 지었을 뿐이지, 어떤 관계를 맺고자 하는 것은 아니었다. 하지만 첫인상은 중요할 수 있다. 웃고 있는 남자를 여자들이 싫어할 수 있는 성적 관심이나 아마도 가식의 신호처럼 받아들였을 것으로 가정해볼 수 있다. 하지만 대화가 시작된 후에 미소는 다른 사람이 이야기하는 것에 대한 관심이나 서로에 대해서 더 알고자 하는 욕구를 의미할 수 있다.

긍정 정서는 초기 매력에서 또한 기폭제가 될 수 있다. 레빙거와 동료들은 128명의 남녀에게 행복하거나 슬픈 영화를 보여줬다(Forgas, Levinger, & Moylan, 1994). 행복한 영화를 본 사람들은 자신의 상대와 관계에 대해서 더욱 긍정적인 느낌을 보고하였다. (그러니 데이트를 할 때 슬픈 영화를 보러 가는 것에 대해서는 다시 생각해봐라.) 부정적인 요인들은 물리적 거리(접근성이 떨어짐), 부정적 정서와 소속되고 싶은 욕구가 낮은 것이다.

첫인상은 지속되는 경향이 있기 때문에 첫인상을 좋게 만드는 것은 중요하다. 인간의 뇌는 첫인상을 잘 기억하지만 이 인상을 없애는 것은 그다지 잘하지 못하는 것으로 밝혀졌다

안전한 사이버 데이트를 위한 지침

누군가 특별한 사람을 찾기 위해 사이버 공간에 들어가기 전에 당신의 안전을 보장해줄 수 있는 아래의 제안들을 고려하라.

- 이름, 주소, 전화번호를 채팅방이건 인터넷 데이트 서비스이건 사이버 공간에서 만난 사람에게 알리지 마라.
- 만약 누군가를 실제 만나고 싶다면 공공장소를 선택하라. 그 사람에게 주소나 이름을 알리지 마라.
- 다른 누군가에게 네가 누구를 만나고, 어디에 있을지를 알려라. 만나는 중간에 그 사람에게 전화를 하거나 그 사람이 당신에게 전화를 하도록 하라.
- 어떤 위험 신호건 그것을 인지하라. 그 사람이 자신의 삶에 대한 과장이나 빈틈, 비일관성이 있는가? 그 사람이 자기 생활에 대한 이야기들이 때에 따라 변하지는 않는가?
- 당신의 느낌에 민감해라. 그 사람이 화난 톤으로 하는 이야기나 당신에게 하는 강요로 인해 불편함을 느끼지 않는가? 이런 징후들을 느끼면 그 자리에서 그 사람을 만나는 것을 그만두라.
- 그 사람의 이야기를 말 그대로 받아들이지 마라. 인터넷에서 당신이 만나는 사람은 그 사람이 이야기하는 바로 그 사람이 아닐 수 있다.
- 의심이 들 때는 벗어나라. 미안한 것보다 안전한 것이 낫다. 그 사람에 대해서 뭔가 의심쩍으면 피하라.
- 즐기되 조심하라.

(Gawronski et al., 2010). 그래서 만약 당신이 약간 차갑고 서먹서먹한 누군가를 파티에서 만나고 이후에 그 사람과 만날 때, 그 사람이 친근하고 사교적이라면 당신은 첫인상을 빠르게 유지하고 그것과 다른 이후의 증거들은 예외라고 치부해버릴 가능성이 높다.

첫인상은 얼마나 빨리 형성될까? 심리학자들은 첫인상이 한 마디도 하기 전인 1초 이내에 형성되기 시작한다는 것을 발견했다(Bar, Neta, & Linz, 2006; Willis & Todorov, 2006). 첫 데이트에서 누군가를 만날 때 혹은 취업을 위한 면접을 할 때, 당신에게 인사한 상대는 한눈에 당신을 판단하기 시작한다(Wargo, 2006). 첫인상은 상대가 당신을 좀 더 알게 되면서 바뀔 수 있지만, 첫인상을 만드는 두 번째 기회란 없다. 첫인상을 당신에게 유리하게 만드는 것이 최선이다.

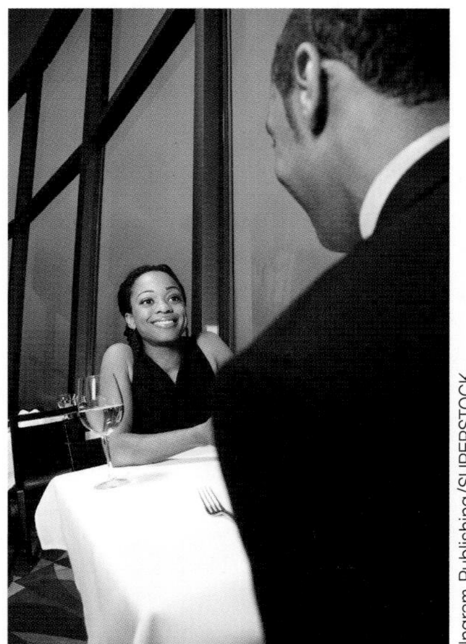

Ingram Publishing/SUPERSTOCK

첫인상을 만들 수 있는 두 번째 기회는 없다
첫인상은 눈을 힐끗 쳐다보면서 시작된다. 첫인상을 좋게 만들도록 노력하라.

B는 형성(Building)

초기 매력의 단계 후에는 형성의 단계가 따른다. 신체적 매력의 대응(제10장의 대응 가설에 대한 논의 참조), 태도의 유사성, 서로에 대한 긍정적 평가는 관계 형성에 긍정적 영향을 준다. 관계를 종결하게 만들기도 하는 부정적 요인에는 신체적 매력의 큰 차이, 태도의 불일치나 서로에 대한 부정적 평가가 있다.

안면 트기 : 어떻게 관계가 시작될 수 있을까?

가볍게 이야기를 건네는 한 가지 유형은 인사를 하는 것이다. 눈맞춤 이후에 인사를 한다. 서로 눈맞춤을 한다는 것은 상대가 접근할 의향이 있음을 의미한다. 눈맞춤을 피하는 것은 상대가 의향이 없다거나 혹은 수줍음의 표현일 수 있다. 만약 초기 매력에서 표면적인 접촉으로의 진척을 원한다면 미소를 띠고 눈맞춤을 하라. 서로 눈맞춤이 이루어졌다면 말을 터라.

다음은 인사나 말을 트는 방법이다.

- "안녕하십니까?"라고 이야기하는 것과 같이 정중하게 말 트기
- "어떻게 지내세요?"나 "잘 지내요?"와 같은 개인적인 질문
- "신발… 옷… 안경 등등이 참 멋지시네요."와 같은 칭찬
- "저 그림은 어떠세요?"나 "참 집이 좋네요, 그렇죠?"와 같이 주변 환경에 대한 언급
- "혼자 앉아 계셨네요."라거나 "매주 일요일 아침마다 여기서 뵈었어요."라는 것과 같이 상대 행동에 대한 언급
- "안녕하세요. 전 존 스미스예요."라는 것과 같이 자신의 행동이나 자신에 대한 언급
- 단순히 "안녕하세요."라고 하는 것도 괜찮다. 활기차게 인사한 후에 친근하게 쳐다보고 나면, 상대도 당신에게 매력을 느끼는 것인지에 대한 어떤 정보를 얻을 수 있다. 만약 상대가 미소를 띠고 눈을 맞추며 "예. 안녕하세요."라고 대답한다면, 주변 환경이나 상대의 행동 혹은 당신의 이름을 이야기하는 것으로 이어 나가라.

'호구조사하기'

서로 안면을 트면서 관계가 시작된 후에는 **표면적인 접촉**(surface contact)을 통해 탐색을 하여, 태도의 유사성, 흥미의 공통성과 같은 공통의 지점을 찾는다. 초기에 나누는 주제는 보통 이름, 직업, 결혼 상태나 고향과 같은 것들이다. 이런 상호작용은 '호구조사하기'라고 이야

▮ **표면적인 접촉** : 레빙거에 따르면, 서로 공통의 지점을 찾고 상호 매력을 점검하는 관계의 시기

Julian Stratenschulte/dpa/NewsCom

온라인 프로필에 무엇을 적는가? 젊은 사람들은 페이스북에 개인적인 생활을 더 공개하는 경향이 있다. 당신은 어떤 정보를 포스팅하는가? 어떤 것을 숨기는가?

기한다. 각자는 대화를 이어 갈 수 있는 단서가 될 만한 공통의 지점을 찾고자 상대 프로필을 탐색한다.

이때 "나 자신에 대해서 어떤 정보를 주면, 상대에 대한 동일한 수준의 정보를 나눈다" 혹은 "네가 고향을 알려주면 나도 알려준다"는 것과 같은 암묵적인 규칙이 있다(Knapp, 1984, p. 170). 만약 누군가 이 규칙을 따르지 않는다면 이것은 그 사람이 흥미가 없다는 의미일 수 있다. 하지만 그 사람이 '이 규칙들을 모른다'거나 당신이 상대에게 흥미를 잃게 만든 것일 수 있다. 잡담은 뭔가 진실되지 않은 것으로 보이지만 미숙하게 자신의 정보를 개방하는 것도 상대에게 받아들여지지 않을 수 있다.

페이스북 사용자들을 대상으로 한 최근 연구에 따르면 나이가 어릴수록 자신에 대해 더 개인적인 정보를 공개하고 나이가 들수록 자신에 대한 개인 정보를 공개하는 데 더 신중한 경향이 있었다(Nosko, Wood, & Molema, 2010). 관계를 찾아 나선 사용자들은 또한 개인 정보와 잠재적으로 오명을 쓸 수 있는 정보를 더 많이 공개하였다. 다른 사람과의 관계가 좀 더 믿을만해지기 전까지는 자기 정보의 공개는 최소한으로 하는 것이 좋을 것이라는 점을 기억할 필요가 있겠다.

가볍지만은 않은 이야기 : 사랑을 위한 오디션

우리는 매력의 느낌을 확인한다. 관계를 진행할 것인가의 여부는 가벼운 이야기에 근거하여 결정되는 것일지 모른다. 칵테일 파티에서 사람들은 이 사람 저 사람 **가벼운 대화**(small talk)를 나누지만 때로는 공통의 관심사를 발견하고는 둘씩으로 나뉜다.

가벼운 대화 : 그 관계를 계속하고 싶은지를 결정하기 위해서 어떤 공통점을 찾는 피상적인 형태의 대화. 이런 대화에서는 깊이 있는 논의보다는 좀 더 폭넓은 주제를 강조한다.

이 상황에서 어떤 미묘한 단서들로 인해 이 사람이 이 오디션을 통과하는지가 결정된다. 최근에는 배경 음악이 중요한 역할을 한다는 연구도 있었다. 젊은 여자 참가자가 마케팅 연구에 참여하기 위해 기다리고 있는 동안 연구자는 배경 음악으로 여러 노래를 들려주었다(Guéguen, Jacob, & Lamy, 2010). 여성 참가자들은 남성인 연구보조자와 상호작용하였다. 그러고는 휴식 시간 동안 다음에 데이트를 했으면 한다고 하면서 전화번호를 달라고 부탁하였다. 어떤 일이 있었을 것 같은가? 로맨틱한 음악에 노출되었던 여자들(52%)이 일반적인 노래에 노출되었던 여자들(28%)에 비해서 거의 2배에 가깝게 자신의 번호를 상대에게 건넸다("Love Ballad", 2010).

연구보조자 : 연구자와 공모하여서 실험에서 피험자인 척 하는 사람

자기 개방 : 나한테 이야기하면 나도 이야기할게요… 조심스럽게

공개하거나 자기를 드러내는 것은 친밀한 관계를 형성하는 데 중요하다. 그러나 어떤 누군가를 처음 만났을 때 얼마나 안전하게 자기를 드러낼 수 있을까? 만약 완전히 드러내지 않는다면, 관심이 없는 것이거나 뭔가를 숨기려는 것으로 보일 것이다. 만약 새로 만나는 사람에게 당신의 치질에 대한 이야기를 한다면 그것은 아마 너무 급한 것처럼 보일 것이다.

한 연구에서는 어떤 종류의 정보를 드러내는 것은 과도하게 빠를 수 있다는 점을 보여주었다(Punyanunt-Carter, 2006). 이 연구에서 실험의 **연구보조자**(confederate)는 피험자들과 10분의 대화 시간을 가졌다. 어떤 보조자는 빠르게 자기 개방을 하였다. 대화의 초반에 개인적 정보를 공개하였다. 반면에 느리게 자기 개방을 한 사람들은 같은 정보를 대화의 말미에 드러냈다. 피험자들은 빠르게 개방을 한 사람을 느리게 개방한 사람에 비해 덜 성숙하고 덜 안전하며 덜 적응적이고 더 허풍을 떠는 것으로 평가하였다. 피험자들은 빨리 공개하는 사람보다는 느리게 공개하는 사람들과 관계를 더 이어 가기를 원했다. 일반적으로 잘 적응하고 정신

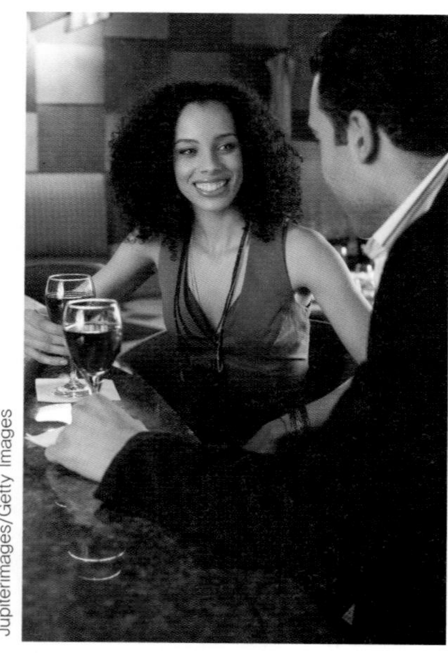

Jupiterimages/Getty Images

그들이 우리 노래를 부르고 있어요 낭만적 관심을 불러일으키길 원하는가? 최근 심리학 연구의 결과에 따르면 낭만적 음악은 분위기를 조성한다.

적으로 건강한 사람들이 자신에 대해서 더 공개하지만 자신에게 해가 되거나 미성숙한 공개가 될 수 있는 정보는 잘 억제하는 경향이 있다.

만약 가벼운 이야기와 초기 자기 개방에서의 피상적 접촉이 서로에게 득이 되었다면, 그 관계는 서로에 대한 호감을 갖는 상태로 깊어질 수 있다(Abell et al., 2006). 상대가 서로 비밀과 친밀한 느낌을 나눌 수 있을 만큼 충분할 정도로 믿음을 갖게 되면 자기 개방은 점차로 더욱 진행된다.

여기에 중요한 성차는 있다. 여자들은 흔히 남자가 자기 감정을 잘 드러내려 하지 않는다고 자주 불평한다. 제12장에서 보게 되겠지만, 여자는 남자에 비해서 자신의 감정을 더욱 드러내는 경향이 있다(LaFrance, Hecht, & Paluck, 2003). 남자들이 드러내지 않으려 한다는 것은 부분적으로는 '강하고 과묵한' 남성의 전통적인 전형적 모습에 대한 집착을 반영하는 것이다. 그러나 자기 개방에서 성차는 크지 않다. 그러므로 남자들이 항상 더욱 과묵하다는 결론에 도달할 때에는 주의해야 할 필요가 있다.

여성이 상대에게 기꺼이 사랑을 먼저 표현한다는 것과 같이 널리 퍼져 있는 믿음과 같은 어떤 고정관념에 대해서 의심을 가질 필요가 있다. 최근 연구들에 따르면 실제는 그것과는 정반대이다. 남자들이 "사랑한다"는 표현을 먼저 하는 경향이 있음이 밝혀졌다(Ackerman, Griskevicius, & Li, 2011).

C는 지속(Continuation)

관계가 형성되고 나면 지속의 단계로 들어간다. 관계의 지속에 영향을 주는 요인들에는 다양성을 증진시키고 관심, 신뢰, 돌봄, 헌신과 계속해서 긍정적 평가의 증거를 보여주는 것(예 : 밸런타인데이 카드), 서로 공평하다는 지각(예 : 가사, 아이 양육, 생계비의 공평한 배분) 및 서로에 대한 전반적인 만족이 지속되는 것이 포함된다.

상호 순환 성장 : 관계에서 헌신과 신뢰가 발달하는 과정. 이 시각에 따르면 파트너를 원하는 것이 관계에 긍정적인 무언가를 하게 하며, 이를 파트너가 인식하고 이는 파트너 역시 헌신과 신뢰를 증진하도록 한다.

신뢰

관계에 신뢰가 있을 때 상대는 친밀한 감정을 드러내도 놀림이나 어떤 다른 피해를 받지 않을 것이라는 안정감을 느낀다. 상대가 비밀을 나눠도 안전할 것이라는 것을 알게 되면서 신뢰는 점진적으로 형성된다. 상대를 위해 희생하는 것과 같이 관계에 대한 진실한 헌신(예 : 가족들에게 승인을 받지 못함, 공부를 하기보다는 상대를 어느 곳에 데려다줌)을 보일 때 상대에 대한 신뢰가 형성된다는 것을 연구에서는 보여주었다(Wieselquist et al., 1999). 관계에서 헌신과 신뢰는 **상호 순환 성장**(mutual cyclical growth) 모형에 따라 발달하는 것으로 볼 수 있다. 이 시각에 따르면,

1. 상대, 그리고 그와의 관계를 원한다는 느낌은 관계에 헌신하고 의존하고자 하는 강한 감정을 증진시킨다.
2. 관계에 대한 헌신은 관계 속에 있는 사람들에게 그 관계에 득이 될 만한 것을 하도록 한다.
3. 그 사람은 자신의 상대가 관계를 위해서 어떤 긍정적 행동을 했다는 것을 알아차린다.
4. 그런 관계-긍정적 행동을 인식하면 상대와 그와의 관계에 대한 신뢰는 증진된다.
5. 신뢰의 느낌은 서로의 상대와 그와의 관계가 필요하다는 감정이 상대에게 증가되도록

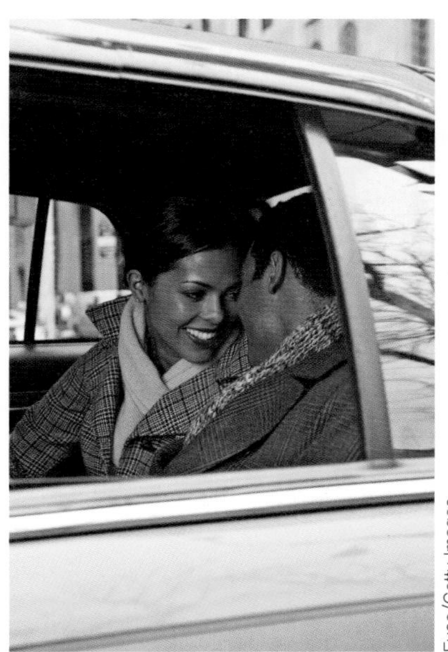
Fuse/Getty Images

짧은 세 글자 연구에 따르면 남성이 "사랑해"라는 말을 먼저 하는 경향이 있다는 것이 놀라운가?

한다.

6. 이것이 진행되면서 더욱 성장한다.

돌봄

돌봄(caring)은 친밀감이 발달하도록 하는 정서적인 결합이다. 돌봄의 관계에서 서로는 상대의 요구와 관심을 만족시키도록 노력한다. 돌봄은 상대를 위해 희생하고자 하는 의지 또한 포함한다.

상호성 : '내'가 아닌 '우리'가 그것을 가질 때

상호성 : 레빙거에 따르면 두 사람이 서로를 '우리'라고 생각하는 관계의 단계

관계에 헌신할수록 두 독립적인 개인인 '내'가 '우리'로 인식되기 시작하는 인지적 변화가 발생한다(Deci et al., 2006; Neff & Harter, 2003). 사람들은 더 이상 동시에 같은 장소에서 서로 다른 두 '나'로 있게 되지 않는다. 그들은 레빙거가 **상호성**(mutuality)이라고 언급한 것을 얻게 된다. 상호성은 관계가 지속될 뿐 아니라 깊어질 수 있도록 돕는다.

헌신

사람들이 비행기나 기차에서 자신들 옆에 앉아 있지만 솔직하게 대화를 하기는 어려운 낯선 사람들과 친해지는 것을 본 적이 있는가? 친밀한 관계는 낯선 사람에게 솔직하게 자기를 공개하는 행동 이상의 것과 관련되어 있다. 진정으로 친밀한 관계는 시종일관 관계를 지속하고자 노력하거나 헌신하는 것을 특징으로 한다. 비행기에서 낯선 사람과 친해질 때 우리는 그 사람을 다시는 만나지 못할 것이라는 점을 안다.

헌신한다는 것은 어떤 문제가 드러났을 때 그 관계에서 벗어나려고 노력하기보다는 그 관계 내에서 문제를 해결하려고 노력하려는 의무를 포함한다. 둘 간의 관계에서 서로 헌신을 보일 때에는 그 관계는 지속되는 경향이 있다. 만약 둘 중 하나만이 사랑을 맹세하지만 다른 사람이 떠나려고 마음을 먹은 상태라면 그 관계에 미래가 있기는 쉽지 않다. 지속 단계에서 관계를 악순환에 밀어넣는 요인들에는 헌신의 부족, 지겨움(예 : 틀에 박힌 것처럼 하기), 부정적 평가(예 : 언쟁하기, 기념일 잊기, 상대를 없는 사람 취급하기), 관계에서의 불공평함(예 : 서로의 자유 시간을 어떻게 쓸지를 결정하는 것과 같은 것), 질투심과 같은 것이 있다.

질투

> 오, 주인님. 질투를 조심하시옵소서! 그 초록 눈의 괴물…
>
> —윌리엄 셰익스피어, "오셀로"

셰익스피어의 희곡, "오셀로"에서 오셀로는 질투에 대해서 경고를 받는다. 그렇지만 오셀로는 그의 감정을 조절하지 못하고 그의 사랑하는 아내, 데스데모나를 결국에는 죽였다. 영국의 시인인 존 드라이든은 질투에 "마음의 폭군"이라는 이름을 붙였다.

성적 질투는 친밀한 관계가 경쟁 상대에게 위협받았다는 의심이 들 때 불거진다. 다른 누군가가 자신의 파트너에게 성적인 관심을 보이거나 자신의 파트너가 다른 사람에게 관심을 보이면(그것이 우연한 것이거나 성적이지 않은 관심이더라도) 연인은 질투하게 된다. 질투로 인해 애정은 사라지고, 불안정감이나 거부의 감정을 느끼며, 불안과 함께 자존감이 저하되고, 파트너와 잠재적인 경쟁 상대에 대한 불신을 가지게 되며, 종국에는 관계가 끝날 것이

나의 생활 나의 마음

데이트하기!

좋다. 이제 누군가가 마음에 들었다면? 그럼 이제 무엇을 할까? 어떻게 하면 그 사람과 데이트를 할 수 있을까? 심리학자들은 점근법(successive approximations)을 통해서 데이트 신청 기술과 같은 사회 기술을 증진시킬 수 있는 방법을 알게 되었다. 각 단계를 통해 우리 기술을 조정하고 자신감을 가질 수 있을 것이다. 자기 주장 훈련(제7장 참조)에서 언급된 것처럼 친구와 함께 연습하면서 기술들을 증진시킬 수 있을 것이다. 친구는 당신이 데이트 신청을 하려 하는 사람의 역할을 맡아 연기해줄 수 있고, 솔직한 피드백을 해줄 수 있다. 아래는 데이트 기술을 스스로 연습할 수 있도록 단계적인 과제를 제시하였다.

쉬운 연습 단계

친해지고 싶지만 데이트를 할 파트너로서는 생각 없는 누군가 한 명을 선택하라. 날씨나 새로 개봉할 영화, TV 쇼, 콘서트, 박물관 전시회, 정치 이벤트, 개인적 취미 등과 같은 가벼운 이야기를 연습하라.

데이트를 하고 싶은 다른 누군가를 생각해보라. 직장이나 학교 혹은 다른 어떤 곳에서 지나칠 때 미소를 띠면서 인사해보라. 상대에게 인사하는 기술을 향상시키기 위해서 다른 사람들과 이 연습을 해보라.

행동 시연과 역할 연습을 이용하여 스스로 연습해보라. 데이트를 하고 싶은 상대 옆에 앉아 있다고 생각하고 식당에서 말을 건네보라. 활짝 웃으며 인사를 건네고 자신을 소개해보라. 그 미소가 매력적이고 진실되게 보이도록 연습해보라. 식당이나 사무실 아니면 또 다른 곳에서 음식이나 그 밖의 상황에 대해서 언급해보라.

당신의 미소, 목소리 톤, 자세나 단어 선택 등에 대해서 가족이나 다른 믿을 만한 사람에게 피드백을 받아라.

중간 정도의 연습 단계

데이트를 하고 싶은 사람 옆에 앉아서 가벼운 대화를 시작하라. 강의실에 있다면, 과제나 강의실 좌석, 강의자에 대해서 대화를 나눠라. 직장이라면 건물이나 최근에 근처에서 있었던 흥미로운 이벤트에 대해서 대화를 하라. 상대에게 기분이 어떤지를 물어보라. 홀로 자녀를 키우는 부모 모임과 같은 집단에서 만났다면 당신이 이 집단에 온 것이 처음이라고 이야기하고 사람들과 어떻게 관계를 맺으면 좋을지에 대해서 물어보라.

혼자서 혹은 가족들이나 믿을 만한 사람들 앞에서 데이트를 청하는 연습을 하라. '차 한 잔'을 같이 하자고 하거나 영화를 보러 가자고 이야기하고 싶어 할 수 있을 것이다. '사람들이 함께 모이게 되는' 어떤 모임에 같이 가자고 하는 것이 어느 정도는 덜 위협적일 수 있다. 또는 박물관의 전시나 콘서트와 같이 덜 위협적이고 '일종의' 데이트일 수 있는 문화 행사에 함께 가자고 이야기하는 연습을 할 수도 있을 것이다.

표적 행동 수준

데이트를 청해보자. 만약 그 사람이 선약이 있다거나 못할 것 같다고 한다면, "아쉽네요" 혹은 "안타깝네요"라고 이야기하고 "다음에 시간되면 같이 해요"라고 덧붙일 수 있다. 당신이 데이트를 청한 사람이 변명거리를 찾는 것인지 아니면 관심은 있는데 정말로 데이트 신청을 받아들이지 못하는 다른 이유가 있는 것인지에 대한 감을 가질 수 있을 것이다.

그 사람에게 다시 데이트를 청하기 전에, 당신이 자연스레 가벼운 말을 한두 번 건넸을 때 상대의 반응이 어땠는지를 주의 깊게 살펴보라. 그 사람이 웃어주고 당신과 눈맞춤이 있었다면 기회는 있을 것이다. 다른 사람이 당신을 초대할 수도 있을 것이다. 어떤 경우이건 두 번을 거절했다면 세 번째로 청하지는 마라. 그리고 그 거절에 대해서 과대해석하지 마라. 여전히 세상에 사람들은 많다. 단지 수업료를 낸 것일 뿐이다. 그리고 또 다른 누군가에게 당신이 가진 멋진 모습을 평가할 수 있는 기회를 줘라. 신뢰와 돌봄은 또한 상호 관계를 발전시키는 데 도움을 줄 것이다.

무엇 때문에 질투를 하게 될까? 어떤 경우에는 이전의 상대가 바람을 핀 경험이 있었기에 현재의 상대에 대해서 불신을 할 수 있다. 질투는 또한 낮은 자존감이나 자기 확신의 부족에서 나타날 수도 있다. 자존감이 낮은 사람들은 자신의 상대에게 과도하게 의지하기 때문에 성적 질투를 경험할 수 있다. 또한 만약 현재의 애인이 떠난다면 다른 사람을 찾을 수 없을 것이라는 두려움 때문일 수도 있다.

최근 연구에서는 질투에서 성차가 있음이 밝혀졌다. 남자들은 성적 불륜에 대해서 더욱 불안정하고 위협적이라고 느끼는 경향이 있고, 반면에 여자들은 정서적 불륜에 대해서 더욱 화를 내는 경향이 있었다(예 : Murphy et al., 2006; Shackelford, Schmitt, & Buss, 2005; Wiederman & Kendall, 1999). 즉 남자들은 자신의 파트너가 다른 누군가와 성적인 관계를 맺을 경우 더욱 불안정하고 분노를 표현한다. 여자들은 자신의 파트너가 다른 누군가와 정서적인 애착을 보일 때 더욱 불안정하고 분노를 표현한다.

© Dazzo/Masterfile

저기요… 별자리가 어떻게 되세요? 아마 당신은 이보다는 더 잘할 수 있을 것이다. 심리학자들은 데이트를 청하는 기술에 도움이 될 만한 점진적 단계들을 고안해냈다.

라는 느낌을 갖게 된다. 질투와 관련이 있는 소유욕은 그 관계에 또한 어려움을 부과한다. 극단의 경우에는 질투심은 우울을 낳고, 배우자에 대한 학대를 일으키며, 자살을 하거나, 오셀로가 그러했던 것처럼 살인으로 이어지기도 한다(Puente & Cohen, 2003; Sukru, Huner, & Yerlikaya, 2004; Tilley & Brackley, 2005). 그러나 약한 수준의 질투심은 반드시 그 관계를 망가뜨리는 것은 아니다. 때로는 서로에 대해서 얼마나 애정을 갖고 있는지를 드러내는 긍정적인 기능을 하기도 한다.

일부 학자들은 진화론의 틀에서 성차를 설명하곤 한다(Shackelford, Schmitt, & Buss, 2005). 아마도 남자들이 상대의 성적 불륜에 더욱 격렬하게 반응하며, 이는 여성이 누구의 아이를 가졌는지가 불분명하기 때문이라는 것이다. 반면에 여자들은 정서적 불륜에 대해 더욱 격렬해지는데, 이는 자신들이 자녀를 양육하는 데 필요한 자원을 박탈할 위험이 있기 때문이라는 것이다. 그러나 남자와 마찬가지로 여자도 성적 불륜에 대해서는 역시 격렬한 반응을 보인다.

대학생들을 포함하여 많은 연인들은 질투 게임을 한다. 사람들은 자신이 다른 사람이 자신에게 관심을 보인다는 것을 자신의 파트너가 알도록 한다. 사람들은 자신의 파트너가 자신에게 좀 더 신경을 쓰게 하고, 관계를 시험하고, 고통을 느끼게 하며, 상대의 배신에 대해 복수하고자 장난 삼아 연애를 하거나 그런 풍문을 만들어낸다.

공평함

공평함은 관계에서 내가 투자하는 것과 얻는 것이 동일하다는 느낌을 의미한다. 우리는 사랑하는 사람을 위해 큰 희생을 할 것이라고 생각하지만, 해가 지나고 관계가 지속되면서 '너무 많은 빚이 쌓이게 되면' 그 관계는 균형을 잃고 거추장스러워진다. 그 관계가 지속되더라도 성적 관계에 대한 흥미가 사라지면서 직간접적으로 적대감을 표현하게 된다. 서로가 공평하다고 생각할 때 데이트 관계나 결혼은 더욱 안정적이 된다.

D는 악화(Deterioration)

악화는 관계 발달의 네 번째 단계이며, 이것이 분명 바람직하다거나 반드시 필요한 것은 아니다. 악화가 발생하지 않도록 막는 긍정적인 요소들에는 관계에 시간과 노력을 투자하는 것, 관계 개선을 위해 노력하는 것, 인내를 가지는 것과 같이 관계 증진을 위해 시간을 들이는 것이 있다. 반면에 관계를 악화시키게 만드는 요소로는 관계를 위한 노력과 시간을 줄이는 것, 관계를 끝내기로 결심하는 것이나 관계가 악화되도록 그냥 놔두는 것 등이 있다. 두 사람 중 하나 혹은 두 사람 모두 그 둘 사이의 관계가 예전에 비해서 바람직하거나 가치가 없다고 인식하는 것에서부터 관계의 악화는 시작된다.

관계 악화에 대한 적극적, 소극적 반응

서로 그 관계가 악화되고 있다고 느낄 때 적극적 혹은 소극적인 방식으로 반응할 수 있다. 적극적인 방식의 반응은 관계를 개선할 수 있는 행동(예 : 소통 기술의 증진, 차이에 대한 타협, 전문적인 도움을 받음)을 취하거나 관계를 끝내기로 결심하는 것 등이 있다. 소극적 반응은 기다리거나 아무것도 하지 않는 것이 있으며, 이는 관계의 문제가 저절로 개선되거나 혹은 관계가 끝날 때까지 더 악화되기를 기다리는 것이다.

적응과 현대인의 삶

사랑을 너무 서두르지 말라고 하는데… 스피드 데이트는 어떤가?

다음은 케이블 뉴스 네트워크의 기자가 취재를 위해 스피드 데이트(speed dating)를 시도해본 것에 대한 짧은 이야기이다. 물론 만약 그들은 그 과정을 통해서 누군가 멋진 사람을 만날 수 있다면 나쁘지 않다고 생각하였다.

25세인 미국 중서부 지역의 신참내기 기자인 알리는 전문직이고, 자신보다 약간 나이가 많으며, 동물을 사랑하고, 여행을 즐기며, 단정한 외모에, 말솜씨가 좋고 외모는 나쁘지 않은 남자를 찾았다. 상대 남자가 다니엘 크레이그 같을 필요는 없지만, 자기 스스로를 돌볼 수 있을 정도는 되었으면 한다는 것이 알리의 이야기였다.

마이클은 델라웨어에 사는 24세 뉴스 에디터로 와인에 대해서 조예가 깊고, 연극과 책을 좋아하는, 예쁜 외모의 여자를 찾았다.

알리와 마이클은 스피드 데이트를 해보았고, 이에 대해서 기술하였다. 스피드 데이트는 시간적 여유가 많지는 않은 독신인 사람이 짧은 시간 동안 많은 사람을 만날 수 있는 기회를 제공한다. 맨하튼의 데이트 서비스인 HurryDate를 이용하여 알리와 마이클은 각 상대들과 4분 동안 대화를 나눴다.

이들은 HurryDate에 비용을 지불하고 이벤트 참여를 신청하였으며, HurryDate 웹사이트에 프로필을 올리고, 가까운 곳에 위치한 바(bar)의 이벤트에 참석하였다. 그곳에서 모든 사람들은 익명으로 임의의 번호를 부여받았다.

그리고 남자들은 매 4분마다 상대를 바꿨으며, 어떤 한 명을 찍을 수는 없었다. 그 바의 일부 공간에서 남자들은 여자들의 반대편에 앉아서 4분 동안 이야기를 나누었다. 그러고는 말 그대로 호각소리가 나면 남자들은 옆 의자로 옮겨서 다른 여자와 같은 절차를 반복하였다. 대화가 끝난 후에는 HurryDate에서 제공하는 용지에 간단히 메모를 하였다. 그 메모 가장자리에는 상대의 번호가 적혀 있어서 이후에 상대를 기억할 수 있도록 하였다.

그 이벤트가 끝나고 나면, 각 참가자들은 집으로 돌아가 HurryDate의 웹사이트에 접속하여 그 이벤트에서 만났던 사람들의 번호를 탐색할 수 있다. 그리고 '예'나 '아니요'를 눌러서 그 사람들과 계속 대화를 원하는지의 여부를 알릴 수 있다. 만약 서로 예를 눌렀다면, HurryDate를 통해서 서로 메시지를 주고받을 수 있다.

알리와 마이클에게는 어떤 일이 있었을까? 아래를 보라.

알리

기사 때문에 이것을 했고, 이것에 많은 기대를 하지는 않았다. 솔직히 말해서 아주 조금 내가 기대했던 것을 얻었다. 이게 재밌을 것이라고 생각했었는데, 좀 소모적이었다. 만약 내가 거리를 두고 여기에 참석한 것이 아니었다면, 아마 기분이 좀 좋지 않았을 것 같다. 거기서 누군가 나에게 딱 맞는 사람을 만날 것이라고 생각하지는 않았다. 이걸 정말 진지하게 생각한다면, 한 시간 반 동안 20명의 사람을 만나는 것은 힘든 일인 것 같다.

나와 얘기했던 대부분의 남자들은 난 묻지도 않았는데 직업이 뭔지를 이야기했다. 아마도 그게 낯설었던 것 같다. 하지만 내가 그 사람들을 봤을 때, 아마 난 그것에 관심이 없는 것처럼 보였나 보다. 어떤 사람은 자산에 대해서 강조해서 이야기하기도 하였다. 대학교수는 아닌 교사도 한두 명 있었다. 의사는 없었고, 말 그대로 그냥 '세일즈'하는 것 같았다. 어떤 사람들은 맨해튼에 산다고, 그리고 그 정도 여유가 있다는 것을 강조하기도 하였다.

내 직업이 무엇인지를 물어봤는데, 그게 마치 집세나 대출금을 나눠 내야 하는 것과 관련이 있는 것처럼 느꼈다. 어디 사는지도 궁금해했고, 여가 시간에는 뭘 하는지도 궁금해했다. 난 여행이나 외국 영화를 보는 것을 좋아하는지를 물어봤다. 난 15명에게 "예"를 누르긴 했지만, 솔직히 말하면, 난 다른 방식으로 내 남자를 찾아볼 거다.

마이클

알리가 나에게 자기의 경험에 대해서 이야기해줬다. 솔직히 난 그녀보다는 조금 나을 것이라고 생각했다. 그녀는 외향적이었고, 그래서 남자들이 그녀에게 몰려들었던 것은 아니었을까 싶다. 나는 외향적이지만, 사람들이 알리에게 하는 것처럼 나에게는 하지 않았다. 그래서 한 시간 반에 20명의 사람을 만나는 경험은 그렇게 나쁘지는 않았다. 사실 그들 중 여섯 명은 "예"를 선택했고, 나와 더 연락해보고 싶어 했다. 그 여섯 중 둘은 어떻게든 충분히 매력적이었다. 확률이 낮다고 생각할지도 모른다. 열 중 하나이니까. 난 스무 명의 여자를 만났고 그 들 중 둘과는 뭔가 통했다. 하지만 아주 나쁜 것은 아니다. 친구와 주말에 바에 나가 앉아 있을 때, 여자와 이야기를 하고 나하고 다시 만날 기회를 갖는 확률은 아마 다섯 중 하나 정도나 될까?

난 4분 동안이라는 것에 대해서 이야기해보겠다. 이게 매우 짧은 것처럼 보이지만 생각보다는 길다. 당신이 무엇을 하는지, 어떤 사람인지, 뭐 이런 것을 이야기하고 상대가 당신에게 같은 것을 묻고, 한두 질문을 더 하며, 대답이 아주 짧다면 2분이면 충분하다. 또 이렇게 볼 수도 있겠다. 둘 다 좀 수줍고 장황하게 이야기하지 않는다면, 이야기할 거리가 아마 금방 없어질 것이다. 그게 내 문제였다. 서로 그냥 쳐다보고 다음에 무슨 이야기를 할 지를 몰랐었다.

어쨌든 나에게 "예"라고 이야기해준, 내가 가장 좋아했던 여자에게 어떻게 했는지 묻지 마라. 우린 그냥 길버트와 설리반에 대해, 그리고 서로의 문화적 관심에 대해서 이야기를 나눴다. 아마 그녀도 똑같았던 것 같다. 그녀를 꼭 다시 만나보고 싶다.

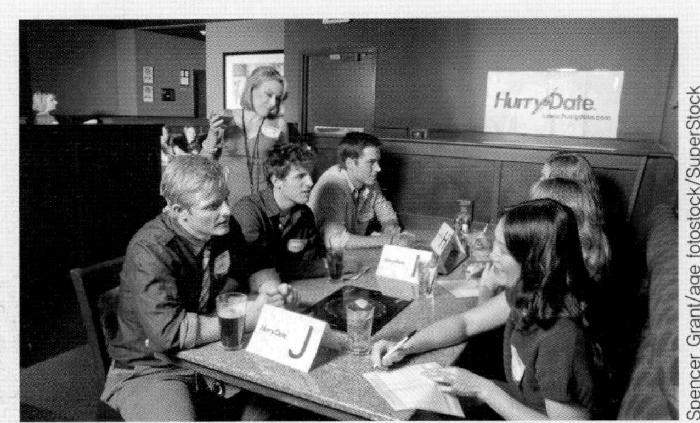

Spencer Grant/age fotostock/SuperStock

다른 스트레스원에 대해서 대처하는 것처럼 관계의 악화에 대해서도 적극적으로 대처해보는 것이 좋다. 즉 그냥 그런 문제들이 일어나게 두지는 말아라. 그 문제를 개선하기 위해 노력하고 만약 개선이 불가능하다면 관계를 종결지을 가능성에 대해서 고려해보라. 이상적인 관계란 뭔가 노력할 필요가 없는 것이라는 생각이 비합리적이고 관계에 해롭다는 것을 이 장의 후반부에 우리는 보게 될 것이다. 완벽하게 궁합이 맞는 두 사람은 없다. 둘 중 하나가 정말 목석이 아니라면 갈등은 발생한다. 갈등이 있어났을 때 그걸 그냥 두거나 마치 갈등이 없는 것처럼 행동하는 것보다는 그 문제를 해결하려고 노력하는 것이 도움이 된다.

E는 종결(Ending)

관계의 종결은 레빙거의 단계에서 다섯 번째이자 마지막 단계이다. 악화와 함께, 관계의 종결은 필수불가결한 것은 아니다. 다양한 요소들이 악화되는 관계로부터 관계의 종결을 막을 수 있다. 예를 들어, 어떤 만족을 찾으려고 끊임없이 노력하고, 그 관계를 지속하기 위해서 헌신하거나, 문제를 극복할 수 있을 것이라고 지속적으로 믿는 사람들은 관계의 붕괴를 위해 그들이 해야 하는 것에 더욱 노력하는 경향이 있다.

사회교환이론에 따르면 상대가 서로에 대해 만족감을 찾지 못할 때, 서로 관계로부터 떠나기 위한 장벽이 낮을 때(즉 사회적, 종교적, 재정적인 제한이 다룰 수 있는 수준일 때), 그리고 특히 또 다른 대안적인 상대가 있을 때와 같이 부정적인 힘들이 강해질 때, 관계는 종결에 가까워진다.

의사소통과 질투에서의 문제는 관계가 끝나는 가장 흔한 이유이다. 어떻게 관계는 끝날까? 미국 남동부 대형 대학의 대학생 중 일곱 중 여섯은 상대와 함께 관계에 대한 솔직한 이야기를 통해서 관계를 끝낸다는 보고가 있었다(Knox, Zusman, & Nieves, 1998). 솔직하게 되면 낭만적 관계가 끝나더라도 서로에 대한 친근한 느낌은 지속되는 데 도움이 된다.

관계의 종결이 항상 나쁜 것만은 아니다. 사람들이 분명히 화합이 되지 않고, 관계를 지키려는 진정한 노력이 실패한다면, 관계를 끝맺는 것이 서로에게 다른 사람과 행복한 관계를 갖는 기회를 제공할 수 있다. 관계 악화의 대처에 적극적으로 행동해보라고 제안하는 이유는 결혼 전이거나 혹은 서로가 여전히 어리고 아직 가족을 형성하지 않았을 때 그 관계가 쉽게 해체될 가능성이 있어서이다. 그 결과로 더 적은 사람들이 상처를 입을 가능성이 있으며, 각자는 서로에게 더 잘 맞는 상대를 만날 수 있다.

관계를 강화하거나 약화시키는 요소들에 대해서 잘 알면 그 관계가 결혼, 동거든 독신이든 상관없이 관계에 만족하고 이를 지속하는 데 도움이 된다. 이 정보는 결혼한 커플과 그렇지 않은 커플 모두에게 적용된다. 이 장의 다음 몇 모듈들에서 오늘날 미국에서의 주요한 생활양식, 예를 들어, 결혼, 독신, 동거 및 의붓부모에 대해서 논의해볼 것이다.

모듈 복습

복습하기

(1) 관계 지속의 보상과 비용은 _______ 교환이라고 부른다.

(2) 관계의 ABCDE 모형은 매력, 형성, _______, 악화, 종결이다.

(3) 친밀감은 자기 _______을/를 통해서 형성될 수 있다.

(4) 연구자들은 (남성, 여성?)이 성적 불륜에 대해 더욱 불편해하며, 반면에 (남성, 여성?)은 정서적 불륜에

대해 더욱 불편해함을 알아냈다.

(5) 이 책에서는 독자들이 관계의 ______에 대해서 적극적인 반응을 하라고 제안한다.

생각해보기

상호성은 무슨 의미인가? 상호성이 어떻게 관계 지속에 영향을 주는가?

결혼

모듈 11.2

- 오늘날 결혼의 역할은 무엇인가?
- 결혼 만족에 영향을 주는 요인은 무엇인가? 결혼한 사람이 독신보다 더 행복한가?
- 혼외정사에 대해 미국인들의 태도는 어떠한가?
- 불륜이 관계에 어떤 영향을 주는가?
- 가정 폭력은 얼마나 퍼져 있나? 무엇 때문에 그 문제가 생기나?
- 얼마나 이혼하나? 사람들은 왜 이혼하나?
- 이혼의 재정적, 정서적 영향은 무엇인가?

재산이 있는 미혼 남자가 아내를 꼭 필요로 한다는 건 누구나 인정하는 진리이다.

— 제인 오스틴

사람은 항상 사랑을 해야 한다. 이것이 결혼해서는 안 되는 이유이다.

— 오스카 와일드

모든 비극은 죽음으로 끝난다. 모든 희극은 결혼으로 끝난다.

— 로드 바이런

결혼은 위대한 제도이다. 하지만 난 아직 그 제도에 준비가 되지 않았다.

— 메이 웨스트

결혼에 대한 시각은 다를 수 있지만, 결혼이 우리의 가장 흔한 생활 양식이라는 것은 사실이다. 인도의 힌두와 같은 일부 문화에서 결혼은 99% 이상의 여성이 하게 되는 매우 보편적인 것이다. 미국인의 95% 이상은 60세 이전에 결혼을 한다. 하지만 시대는 변하고 있다. 1960년에 72%의 미국 성인이 결혼을 했던 것에 비해, 오늘날 미국 성인의 약 절반 이상(51%)만이 결혼을 한다(Huus, 2011; Pew Social Trends, 2010; Tavernise, 2011). 만약 이런 경향이 지속되면 몇 해 내로 결혼을 한 성인은 성인 미국인들 중 소수가 될 것이다. 그러나 이런 사회적 변화에도 불구하고, 많은 사회적 요구로 인해서 결혼은 유행에 뒤떨어진 것이 되지는 않을 것이다. 결혼해보지 않은 10명 중 6명의 성인(61%)은 언젠가 결혼하기를 희망한다(Huus, 2011). 〈표 11.2〉는 오늘날 결혼에 대한 모습을 보여준다.

결혼이란 많은 요구를 충족시킨다. 서양 역사를 통해 보면, 결혼은 사람들이 개인적·사회적 요구에 적응하는 데 도움을 줘 왔다. 결혼은 성적 관계를 조절하고, 정당화했다. 결혼은 구조화된 가족 생활과 재정적 지원 및 아이들의 사회화에 도움을 준다. 결혼은 또한 한 세대에서 다음 세대로 부의 이전의 구조를 제공한다.

낭만적 사랑, 평등, 남자도 여자와 같이 신의를 지켜야 한다는 급진적 생각과 같은 측면은

Uppercut/Hill Creek Pictures/Getty Images

새로운 소수 집단? 결혼한 성인이 미국에서 새로운 소수 집단이 되기 직전이다. 지난 40~50년간에 생활 양식이 어떻게 변화한 것인가?

표 11.2 ▮ 오늘날 미국에서 결혼에 대한 통계 수치들

많은 젊은 성인들이 결혼은 기다릴 수 있다고 말한다. 현재 결혼한 20대의 비율	26%, 1960년에는 68%
결혼은 여전히 우리의 가장 보편적인 성인의 생활모습이지만, 예전에 비해서는 그렇지 않다. 모든 성인 중 현재 결혼 중인 비율	51%, 1960년에는 72%
결혼에 대한 태도는 바뀌고 있다. 결혼은 시대에 뒤떨어지는 것이라는 성인의 비율 다양한 가족 형태를 보이는 것이 바람직하다는 비율	 39%, 1978년에는 28% 34%, 29%는 나쁜 것, 32%는 관련이 매우 적거나 없음
그러나 사랑해서 결혼하는 것은 여전히 유행이다.	93%가 결혼의 매우 중요한 이유는 사랑이라고 응답
자녀를 갖거나 재정적 안정성 때문에 결혼하는 경우는 적다.	59%가 자녀를 갖는 것이 매우 중요하다고 하였고, 31%가 재정적 안정성이 매우 중요하다고 응답
일생 동안 헌신을 하고 동반자를 갖는 것은 여전히 중요하다.	87%가 일생의 헌신, 81%는 동반자가 결혼을 하는 데 매우 중요한 이유라고 응답

출처 : Pew Research Center, Social Trends Staff, 2010, *The Decline of Marriage and Rise of New Families*; Huus, 2011의 자료.

최근에 와서야 결혼이라는 구조에 덧붙여졌다. 오늘날 수많은 사람들이 상호 애정을 갖고 있는 사람들 간의 성적 관계에 대해 허용적이고, 이를 고려해보면 성적 관계를 갖기 위한 욕구가 결혼의 이유가 될 가능성은 높지 않다. 하지만 결혼은 감정, 경험과 목표를 공유하는 삶의 동반자와 함께한다는 측면에서 정서적, 심리적 안정감을 제공한다. 대학생을 대상으로 한 2010년의 연구에서 여성은 남성에 비해 전통적인 결혼식과 다이아몬드 약혼 반지에 대한 강한 선호를 가진다는 점을 보여주듯이 오랫동안 지속되었던 결혼식에 대한 선호의 남녀 성차는 여전히 강하게 나타난다(Ogletree, 2010).

일반적으로 사람들은 결혼이 그들을 행복하게 만들 것이라 믿기에 결혼하기를 원한다. 여론조사 결과를 살펴보면, 결혼한 사람들은 대체로 혼자 사는 사람에 비해서 더 행복하다고 보고한다(Gallup Organization, 2005). 하지만 인과관계의 문제는 여전히 모호하다. 행복한 사람들이 더 결혼하고 또 그 상태를 유지하는 것일 수도 있다(Stein, 2005; Wallis, 2005). 더군다나 어떤 커플들은 결혼 직후에 빠르게 그들 행복이 올라간다고 보고할지라도 24,000명 이상을 대상으로 한 결과 삶의 만족도는 커플이 결혼하기 전 수준으로 점차 되돌아가는 경향이 있었다(Lucas et al., 2003). 개인의 행복은 결혼 상태보다는 그 사람의 개인적 특성이나 삶의 전반적인 태도의 문제인 것으로 보인다.

누구와 결혼을 할까? 하늘에서 맺어주는 걸까 아니면 이웃에서 이루어질까?

오늘날에는 더 이상 부모들이 자녀들의 결혼을 정하지는 않는다. 하지만 여전히 많은 사람들이 자녀들에게 종교가 독실하다거나 존경받을 만한 집단의 자녀들과 데이트하기를 권유한다. 우리는 매력을 느끼는 사람과 결혼하는 경향이 있다. 그들은 신체적인 매력에서 우리와 비슷하고 주요한 이슈들에 대해 비슷한 태도를 가진다. 그들은 또한 우리의 물질적, 성적, 심리적 욕구를 만족시키는 것 같다.

▮ **동류혼** : 비슷한 사람끼리 결혼하는 관행

미국에서 대부분의 결혼은 비슷한 사람끼리 결혼하는 **동류혼**(homogamy)에 기초한다. 미국인들은 일반적으로 인종, 사회경제적 지위, 종교에서 자신과 비슷한 사람들과 결혼한다. 하지만 미국 내 인종 간 혹은 혼혈 결혼의 숫자는 점차로 증가하고 있으며 현재는 일곱 쌍 중 한 쌍에 달한다(Saulny, 2011).

열 중 아홉 이상의 결혼은 동일한 종교를 가진 사람들 간에 이루어진다. 비슷한 배경을 가진 사람들 간의 결혼은 더 안정적인 경향이 있으며, 이는 가치와 태도를 공유하기 때문인 것으로 보인다(Willetts, 2006). 제12장에서 보게 될 것처럼 사람들은 그들의 배우자와 태도, 가치, 성격 특질뿐 아니라 체중이나 이름까지도 비슷한 경향이 있다.

Steve Kelly/The Times Picayune

일부의 경우에는 여자들은 자신보다 조금 더 나이가 있고 키가 더 크며 사회적 지위가 더 높은 남자와 결혼하는 경향성이 있다. 신랑은 유럽, 북미와 남미에서는 평균적으로 2~5세 정도 나이가 더 많은 경향이 있다(Buss, 1994). 재혼을 하거나 만혼을 하는 사람의 경우에는 나이 차이가 더 많이 나는 경향이 있다.

전반적으로 보아 우리는 상당히 예측 가능한 수준에서 우리 주변의 사람들에게 매력을 느끼고 결혼하는 것 같다. 앞서 언급했던 것처럼 결혼은 이웃에서 이루어지는 것이지 하늘에서 맺어주는 것은 아니다.

이성애 커플들처럼 많은 동성애 커플들은 장기적인 관계를 가진다. 또한 많은 동성애 커플들은 주에 따라서 법적으로 금지되어 있을지라도 결혼을 한다(역주 : 미국 연방 대법원은 2015년 6월 26일 동성 결혼이 합헌이라는 판결을 내렸으며 이에 따라 미국 전역에서 동성 결혼은 합법화되었다). 동성애 결혼에 대한 이슈는 현재 가장 첨예한 이슈 중 하나로 떠오르고 있다. 결혼이 남자와 여자 둘만의 결합만으로 제한해야 한다고 보는가? 아니면 결혼은 성적 지향이나 성별과는 상관없이 두 상대 간에도 허용된다고 보는가? 아니면 동성애 커플들에게 결혼의 법적 혜택은 주되 결혼은 금지하는 시민 결합(civil union)의 형태로 허용하여야 한다고 보는가? 동성애 결혼에 대해서는 어떤 입장인가?

결혼 계약 : 서로 기대를 명확히 하는 방법

결혼 계약(marriage contract)은 흔히 부자인 커플들이 이혼을 할 때 신문 1면을 장식하는 '혼전 계약(프리넙)'을 의미하는 것이 아니다. 이것은 비공식적으로 이루어지는 결혼 계약이며, 이는 앞으로 그 둘이 결합된 생활을 할 때 서로의 기대에 대해서 명확히 하고 이에 대해 소통하는 데 도움을 주는 것이다. 이런 결혼 계약은 법적으로 얽매이는 것은 아니다. 커플들이 깜깜히 아무것도 모르는 상태에서 결혼 생활을 시작하는 것을 방지하기 위한 것이다.

결혼 계약으로 인해 커플들은 결혼의 가치와 목표에 대해서 서로 이야기해볼 수 있을 것이다. 만약 그들이 남편은 밖에서 돈을 벌어 오고 아내는 요리하고 청소하며 아이들을 키우는 전통적인 결혼 생활을 원한다면 그렇게 구체화할 수 있다. 만약 그들 각자가 자신의 직장이나 개인적 생활에 대해서 동일한 권리를 갖는 결혼 생활을 원한다면 이것 역시도 그렇게 구체화할 수 있을 것이다. 결혼하기 전에 서로 누가 무엇을 할지 의논함으로써 커플들은 잠재적인 갈등의 문제에 대한 통찰을 얻을 수 있고, 이 문제들을 해결할 기회를 가지거나 결혼 생활을 지속하기 위한 계획에 대한 재평가가 가능해진다. 결혼 계약에는 다음과 같은 요소들을 넣을 수 있을 것이다.

Lisette Le Bon /Purestock/SuperStock

하늘이 점지하는 것? 결혼은 하늘에서 맺어주는 걸까 아니면 이웃에서 이루어질까? 어떤 요인이 배우자 선택을 설명하는 데 도움을 줄까?

1. 아내가 남편의 성을 따를 것인가 아니면 원가족의 성을 유지할 것인가, 그것도 아니면 그 둘을 성으로 쓸 것인가
2. 집안일은 어떻게 나눌 것인가, 누가 청소, 설거지, 요리, 잡다한 집안일 등을 할 것인가
3. 아이는 가질 것인가, 갖는다면 몇 명이나 언제쯤 가질 것인가
4. 피임은 어떻게 할 것인가
5. 자녀 양육은 어떻게 할 것이며, 누가 아이를 돌볼 것인가
6. 집은 빌릴 건인가 살 것인가. 어디에 살 것인가의 거주지 결정에서 남편과 아내의 직장 계획은 어떻게 고려할 것인가(예를 들어 아내가 더 좋은 직장을 갖기 위해서 남편이 다른 도시로 옮길 것인가)
7. 경제적인 생계 책임은 어떻게 나눌 것이고, 재정 관리는 누가 할 것이며, 경제적 결정은 어떻게 할 것인가
8. 본가와 처가, 시댁과 친정과의 관계는 어떻게 다룰 것인가, 휴가나 명절 중에는 친척들을 방문할 것인가
9. 각자의 여가 시간은 어떻게 할 것이며, 함께하는 여가 활동은 또 어떻게 할 것인가
10. 성적 관계는 어떻게 할 것인가
11. 결혼 생활을 하면서 결혼 계약의 부분들을 어떻게 수정할 것인가

무리한 요구처럼 보이는가? 그럴 것이다. 이제 막 결혼 생활을 시작하는 사람들에게 자신들이 가진 생각의 결과를 예측하는 것은 쉽지 않다고 일부 사람들은 비판을 하기도 한다. 계약의 세부 사항에 집착하는 것이 결혼 생활에 적응하는 것에 도움을 주기보다는 방해가 될 수도 있다. 또한 비판자들은 커플들이 어떤 이슈에 대한 생각을 자유롭게 바꿀 수 있어야 하며 성장해야 한다고 주장한다.

그것은 맞지만, 결혼 계약은 어떤 구속을 하는 것이 아니라 누군가가 언제 어떤 생각을 했는지에 대한 기록이다. 이런 계약은 왜 한 사람이 다른 사람에게 어떤 기대를 갖게 되었는지를 설명하는 데 활용될 수 있다. 누구도 잘못된 인식이나 비실용적인 주장으로 인해서 영원히 속박당하는 것을 원치는 않는다. 그러나 초기의 기대가 다른 사람에게 영향을 준다면 그것을 기록해놓는 것은 유용할 수 있다. 우리는 결혼하고 나면 상대의 행동을 바꿀 수 있을 것이라고 가정하는 경향성을 가지고 있음을 알아야 한다. 우리가 상대의 행동을 우리가 기대하는 방식으로 바꿨으면 하는 것을 요청해볼 수는 있지만, 그 변화는 실제로 상대가 결심을 해야 가능한 것이다.

긍정심리학

결혼 만족 : 모두 행복할까?

황홀경에서 깨어나면 세탁을 해야 하는 법.

–무명씨

우리는 결혼에 얼마나 잘 적응하는가? 결혼 만족에 영향을 주는 요소는 무엇일까? 관계에서의 친밀감, 내면의 가치나 힘, 감정을 나누는 것, 성적 만족, 일반적인 삶의 만족, 의사소통 능력과 같은 요소들은 더 큰 결혼 만족과 관련되어 있다(예 : Patrick et al., 2007; Perrone, Webb, & Jackson, 2007). 선행하는 획기적인 연구에 따르면 커플들이 서로 의사소통을 하는 방식이 결혼을 하고 나서 5년 반 이후의 결혼 만족도 수준을 예측하였다(Markman, 1981).

표 11.3 | 결혼 불만족에 영향을 주는 요소들과 그 측정 도구에서 사용되는 문항의 예

1. 전반적 스트레스. "여러 측면에서 결혼은 실망스럽다."
2. 애정 어린 의사소통. "배우자가 정말로 나를 사랑해 왔는지 확신이 없다."
3. 문제 해결적 의사소통. "배우자와 나는 때로는 서로의 차이를 조정하지 않고도 며칠이고 그냥 지낼 수 있는 것 같다."
4. 함께 시간 보내기. "배우자와 나는 함께 이야기할 거리가 많지 않다."
5. 재정에 대한 의견 불일치. "배우자는 나와 의논 없이 너무 많은 것을 산다."
6. 성적 불만족. "배우자는 때때로 성관계에 대해서 열정이 거의 없는 것 같다."
7. 역할 지향. "아내의 직장 일이 남편의 경력에 방해가 될 때 부인은 직장을 그만둘 필요는 없다."
8. 스트레스에 대한 가족력. "나는 어렸을 때 가족에서 떠나는 것에 매우 불안해했다."
9. 자녀에 대한 불만족. "자녀들은 내 기분에 대해서는 거의 신경 쓰지 않는 것 같다."
10. 자녀 양육에서의 갈등. "배우자는 자녀 양육의 부담을 공평하게 나누는 것에 대해서 고려하지 않는 것 같다."

결혼한 많은 커플들은 그들이 파트너와 소통을 잘하고 있다고 믿는다. 그러나 우정에 대한 최근 연구를 보면 때로는 친구들과의 대화가 낯선 사람과의 대화에 비해 더 잘 소통이 되는 것은 아니었다(Savitsky et al., 2011). 주 연구자였던 윌리엄스칼리지의 케네스 사비츠키(Kenneth Savitsky)는 "일부 커플들은 서로 생각이 같다고 여기지만, 실제는 생각만큼 그렇지 않은 경우들이 있다. 서두르고, 몰두하며, 타인의 관점에 서서 보지 않는다. 이것은 둘이 아주 가깝기 때문이다"라고 설명하였다(University of Chicago, 2011). 이 장의 후반부에 의사소통 능력을 기를 수 있는 방법에 대해서 기술할 것이다.

스나이더(Snyder, 1979)는 결혼 스트레스와 관련한 설문지를 구성하였고(표 11.3 참조), 네 가지 영역, 즉 애정과 이해의 표현, 문제 해결을 위한 의사소통 또는 논쟁을 해결하는 능력, 성적 불만족, 재정에 대한 의견 불일치 또는 돈 관리 문제로 인한 다툼이 전반적인 만족을 예측하였음을 확인하였다. 애정 표현과 문제 해결 능력은 자녀 양육이나 성적 관계에서의 문제에 비해 결혼 만족에 더욱 중요하였다. 정서 지능은 다음에 보게 될 결혼 만족의 또 다른 요소이다.

혼외정사 : 진실과 결과

> 여자들은 영혼의 친구(soulmate)를 찾지만, 남자는 놀이 친구(playmate)를 찾는다. 여자는 사랑하기 때문에 불륜을 행하지만, 남자는 사랑하기 때문은 아니다.
>
> —재니스 스프링

결혼한 거의 모든 사람들이 혼외정사를 하는 것 같은 시대다. TV 토크쇼 시청자는 모든 사람들이 바람을 핀다는 느낌을 가지고 있는지도 모르겠다. 하지만 설문조사 결과는 그와는 다르다. 결혼한 여성의 90% 이상과 남성의 75% 이상은 배우자에게 충실한 것으로 보고되고 있다(Laumann et al., 1994). 뉴욕타임즈의 설문 응답자의 압도적인 다수(86%)가 자신의 배우자가 바람을 피우지 않을 것이라고 확신하고 있었다(Eggers, 2000). 불륜에 대한 증거를 봤을 때 다음과 같은 일반적인 결론을 얻을 수는 있다. 첫째, 남자가 여자에 비해서 약 2배 정도 더 많은 불륜을 저지른다. 둘째, 결혼한 사람 중 바람을 피웠다고 인정하는 사람은 소수이다.

적응과 현대인의 삶

정서 지능 : 성공에 이르는 정서 경로

이론가들은 정서를 인식하고 다루는 능력을 지능 행동이라고 보고 **정서 지능**(emotional intelligence) 혹은 EI라고 이름을 붙였다(Mayer, Salovey, & Caruso, 2008). 정서 지능과 IQ는 상당 부분 서로 독립적이다. 당신은 아마 '똑똑한' 사람이지만 자신이나 다른 사람의 정서를 인지하고 이해하지 못하는 누군가를 알고 있을 것이다. 높은 지적 능력을 가지면 과학적 발견을 하거나 법적 문서를 작성하는 데 분명 도움이 되긴 하지만, 정서 지능은 당신이 로펌에서 성공적인 임원이나 법률가가 되는 데 더 중요할 것이다.

연구자들은 EI와 적응 간의 관련성을 꾸준히 탐색해 왔다. 그들은 EI와 긍정적 결과, 예를 들어 정서적 안녕, 삶의 만족도, 결혼의 행복도, 대학 학점, 환자와 효과적으로 관계를 맺고 소통을 하는 의사 능력 등과의 연관성이나 통계적 관계에 대해서 발견하였다(Gannon & Ranzijn, 2005; Gignac, 2006; Martins, Ramalho, & Morin, 2010; O'Boyle et al., 2010; Parker et al., 2005). 또한 배우자가 더 정확하게 정서를 인식, 표현, 조절하는 능력을 가질수록 그들의 결혼 생활은 더 만족스러웠다(Fitness, 2001).

그러나 정서 지능이란 무엇인가? 정확하게 그것을 정의하기는 어렵지만, 다섯 가지 주요한 특질은 다음과 같다.

1. *자신의 정서를 인식하는 것.* 자신의 진정한 정서를 인식할 수 있는 능력이 정서 지능의 주요한 특징이다.
2. *자신의 정서를 관리하는 것.* 정서 지능이 높은 사람들은 효과적으로 그 정서를 관리한다. 고난의 시기에 스스로를 진정시킬 수 있으며, 실패나 실망에서 빠르게 원상 회복을 한다.
3. *자신의 정서를 효과적으로 사용하는 것.* 정서 지능이 높은 사람들은 목표를 추구함에 있어서 그 정서를 동기로 사용한다. 추구하는 목표가 무엇이건 간에 열정이나 열의, 자신감을 가지며, 이것은 더 높은 생산성을 성취하는 데 도움이 된다. 그 정서를 이용하여 장기적인 목표를 달성하기 위해 충동과 즉각적인 만족은 조절할 수 있다.
4. *타인의 정서를 인식할 수 있는 것.* 정서 지능이 높은 사람은 자신의 정서뿐 아니라 타인의 정서도 조율할 수 있다. 타인의 정서를 정확하게 인식하고 공감할 수 있는 능력은 견고한 관계를 확립하는 것뿐 아니라 교육, 세일즈, 관리나 조력하는 직업과 같이 사람들과 밀접한 관련을 맺는 것이 필요한 직업에서의 성공에 도움이 된다.
5. *관계에서 정서를 다룰 수 있는 것.* 정서 지능은 친밀한 관계에서 정서적인 갈등을 다루거나 정서적으로 어려움을 겪는 타인을 도우는 능력에 의해서도 측정된다.

이를 당신에게 적용해보자. 정서 지능을 측정하는 타당화된 자기보고식 척도란 것이 부족하긴 하지만 다음의 질문들은 그 구인이 어떻게 측정되는지에 대한 통찰을 줄 수 있을 것이다. 여기에 하는 응답이 공개되는 것은 아니니 실제 자신의 모습(상상하거나 이상적인 모습이 아니라)에 맞게 솔직하게 응답해보라.

Digital Vision/Getty Images

당신의 정서 IQ는? 정서 지능은 성공적인 결혼과 직업에서 중요한 요소이다. 정서 지능이 높은 사람들은 자신의 정서뿐만 아니라 타인의 정서에 대해서도 조화시킬 수 있다.

1. 나는 (a) 일반적으로 내 정서에 대해 주의를 기울이지 않고 하루를 보낸다.
   (b) 일반적으로 내 감정에 주의를 기울인다.
2. 나는 (a) 내 정서는 뭉뚱그려져 있는 것 같다.
   (b) 내 정서가 무엇인지를 분명히 구별해낼 수 있다.
3. 나는 (a) 화나 두려움과 같은 부정적 정서를 거의 경험하지 않는 것 같다.
   (b) 부정적 정서를 느낄 때 그것을 인식할 수 있다.
4. 나는 (a) 사랑이나 즐거움과 같이 강한 긍정적 정서를 거의 느끼지 않는다.
   (b) 긍정적 정서가 나타나면 그 감정을 인식할 수 있다.
5. 나는 (a) 다른 사람의 정서를 인식할 수 있다.
   (b) 다른 사람의 정서를 읽는 것이 어렵다.
6. 나는 (a) 다른 사람의 감정이 무엇인지를 알려고 노력한다.
   (b) 감상적인 것들을 다루지 않는 편이 더 낫다.
7. 나는 (a) 다른 사람의 감정보다는 그 사람이 이야기하는 것에 초점을 맞추는 편이다.
   (b) 다른 사람의 감정과 이야기 모두에 초점을 맞추는 편이다.
8. 만약 다른 사람이 울거나 화를 내면, 나는
   (a) 그 장소를 떠나고 싶다.
   (b) 그 사람을 진정시키거나 편안하게 하려고 한다.
9. 가족과 논쟁을 하게 되면 나는
   (a) 조용히 하기 위해 논쟁을 멈추려고 노력한다.
   (b) 문제에 집중하고 이를 해결하려고 노력한다.
10. 만약 다른 사람이 고민스럽게 한다면 나는
   (a) 즉각 스스로를 방어하려고 노력한다.
   (b) 다른 사람의 관점에서 그 상황을 이해하려고 노력한다.

어떤 패턴을 찾았는가? 이 척도에서 (b) 문항이 정서 지능이 반영된 것들이다. 당신은 어떤가? 당신은 정서지능이 높은가 아니면 그렇지 않은가? 자신의 정서를 어떻게 다루는지와 타인의 정서에 어떻게 반응하는지를 바꿀 수 있다고 생각하는가? 어떻게 그렇게 할 수 있을까?

그러나 불륜의 실제 정도에 대해서는 여전히 잘 알지 못한다. 사람들은 설문조사를 할 때 익명으로 조사되더라도 실제로 불륜을 저질렀다고 드러내기를 꺼린다. 전반적으로 혼외정사의 정도는 과소보고되는 경향이 있는 것 같다.

사람들이 불륜을 하는 이유에 대해서는 몇 가지 더 이야기할 수 있겠다. 어떤 사람들은 다양성을 추구하고자 불륜을 저지른다(Lamanna & Riedman, 2005; Reynolds, Barlow, & Pedersen, 2006). 또 다른 사람들은 결혼이 주는 진부함을 깨뜨리기 위한 것이기도 하다. 다른 사람들은 성적인 이유가 아닌 다른 이유 때문에 불륜을 저지르기도 하며, 청소년이 때로는 이렇게 한다. 예를 들어 공격성의 표현(이 경우 부모가 아닌 배우자를 향한 것)이나 부당함에 대한 복수의 방식으로 말이다. 불륜을 저지른 사람들은 결혼 관계가 행복하지 않다고 보고하긴 하지만, 호기심이나 개인 성장을 위한 열망이 결혼의 불만족보다는 불륜의 더 흔한 이유로 언급된다. 중년의 사람들 중 일부는 자존감을 증진시키거나 그들이 여전히 매력적임을 증명하기 위해서 불륜을 저지르기도 한다.

성적 동기는 종종 정서적 친밀함에 대한 열망에 비해 덜 중요하기도 하다. 일부 여성들은 누군가 이야기하거나 의사소통을 할 사람을 찾는 것이라 이야기한다(Lamanna & Riedmann, 2005). 여기에 성차가 있다. *After the Affair*(불륜 이후 결혼을 지키고자 하는 사람들을 위한 자조서)의 저자인 재니스 스프링에 따르면 남자들은 불륜을 통해 성관계를 갖고자 한다(놀이 친구). 반면에 여자들은 '영혼의 친구'를 찾는다. 스프링(Spring, 1997)은 "여자는 사랑하기 때문에 불륜을 하지만, 남자는 사랑하기 때문이 아니다"라고 표현하였다. 〈그림 11.2〉에서 볼 수 있듯이, 불륜을 행한 77%의 여자들은 사랑 때문이었다고 하였으나, 남자의 경우는 43%에 불과했다(Townsend, 1995).

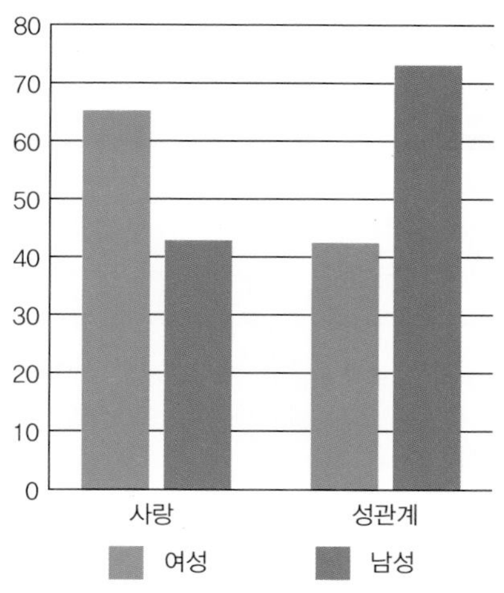

그림 11.2

왜 혼외정사를 가졌는가? 여자는 남자에 비해 사랑이라는 이유를 더 많이 보고했다. 남자는 여자에 비해서 성적 흥분이라는 경향이 더 많았다.

출처 : Glass & Wright, 1992; Townsend, 1995.

남자와 여자가 어떻게 다른지에 대해서 UCLA의 심리학자인 페플라우(Letitia Anne Peplau)는 남자는 사랑과 성관계를 구별하는 경향이 여자에 비해서 더 강하며, 반면에 여자는 성관계와 사랑이 밀접히 연결되었다고 보는 경향이 더 강하다고 언급한다(Peplau, 2003). 결과적으로 여자는 사랑은 성적 친밀감을 갖기 위한 선행 조건이라고 여긴다. 그러나 중요한 것은 이것이 일반적인 차이일 뿐이라는 것이다. 많은 남자들은 정서적, 성적 친밀감을 연결하기도 하며, 많은 여자들은 성관계를 추구하기도 한다.

최근 들어 나타난 성적 태도의 자유로움에도 불구하고 대부분의 커플들은 서로에 대한 충실함이 결혼의 토대라고 보는 것은 지속되고 있다(Silva, 2005; Smart, 2006). 미국인 4명 중 3명은 혼외 성관계는 "항상 나쁜 것"이라고 이야기한다(Berke, 1997). 또 다른 일곱 중 하나는 "거의 항상 나쁜 것"이라고 응답한다. 단지 1%만이 혼외정사가 "항상 나쁜 것은 아니다"라고 보고한다. 대부분 결혼한 커플들은 일부일처제의 가치를 결혼 관계의 핵심이라고 받아들인다.

그래서 오늘날 도시적인 젊은 사람조차 대부분은 즉각적인 성적 방종이 뭔가 잘못된 것이라고 본다. 성혁명이, 최소한 일차적인 관계를 가진 대다수의 사람들 사이에서는, 그 자체로 불륜으로까지는 확장되지 않았다. 성혁명은 혼전 성관계에 대한 태도를 자유롭게 했지만 결혼을 하면 그것을 지키도록 하고자 하는 것 같다.

불륜을 알게 되면 강한 정서적 반응을 일으킨다. 배우자(혹은 동거인)는 분노와 질투, 심지어는 수치심에 가득 찰 수 있다. 부적절감이나 자신의 매력과 바람직함에 대한 의심이 표면화된다. 배신당한 개인은 불륜을 믿음과 친밀감의 심각한 위반이라고 본다. 일차적 관계가 종결되지는 않더라도 손상된 형태로 남아 있게 된다.

자기 평가 : 당신이 생각하는 결혼의 역할은 전통적인가, 자유로운 것인가?

어떻게 생각하는가? 여자가 요리하고 청소를 해야 하는가 아니면 집안일은 분담되어야 하는가? 남자가 돈을 벌어 와야 하는가 아니면 각자가 자신의 역할을 규정할 수 있어야 하는가? 남자와 여자의 결혼 역할에 대한 당신의 시각은 전통적인가 아니면 비전통적인가?

지시 : 아래 항목은 결혼 생활에서 남자와 여자의 전통적인 역할에 대해서 당신이 생각하는 정도를 보여줄 것이다. 아래 주어진 것을 잘 읽고 자신에게 해당되는 것에 동그라미를 하라. 이 장의 뒷부분에 당신의 시각이 전통적인지 아니면 비전통적인지를 알려주는 채점표가 있을 것이다.

1=매우 동의한다.
2=약간 동의한다.
3=약간 동의하지 않는다.
4=전혀 동의하지 않는다.

1. 아내는 남편의 성적 요구에 대해서 자신이 원하지 않더라도 응해야 한다.

   1 2 3 4

2. 일반적으로 자녀를 키우는 데 있어서 어머니에 비해서 아버지가 더 권위를 가져야 한다.

   1 2 3 4

3. 아내가 직장을 가졌을 때에만 남편은 집안일을 도와야 한다.

   1 2 3 4

4. 남편과 아내는 가족의 재정적 문제를 계획하는데 동일한 권한을 가져야 한다.

   1 2 3 4

5. 결혼 생활에서 남편이 주요한 결정을 해야 한다.

   1 2 3 4

6. 남편과 아내 모두 성적 충실함이 중요하지 않다고 동의한다면, 둘 모두 그들이 원하는 혼외정사를 하지 말아야 할 이유는 없다.

   1 2 3 4

7. 만약 아이가 아프고 아내가 일을 한다면, 남편은 아내가 하는 것처럼 기꺼이 직장에서 집으로 돌아와 아이를 돌보아야 한다.

   1 2 3 4

8. 일반적으로 남자는 여자가 집안일을 하도록 둬야 한다.

   1 2 3 4

9. 결혼한 여자는 자기 돈을 가지고 원하는 대로 쓸 수 있어야 한다.

   1 2 3 4

10. 가족 내에서 부부는 중요한 문제에 대해서 동등한 발언권을 가져야 한다.

   1 2 3 4

출처 : Karen Oppenheim Mason, with the assistance of Daniel R. Denison and Anita J. Schacht. *Sex-role attitude items and scales from U.S. sample surveys*. Rockville, MD : National Institute of Mental Health, 1975, pp.16-19.

관계가 심각하게 손상되어서 불륜을 저지른 사람이라면 그 불륜은 그 문제를 촉진시키는 요인이 된다. 관계에 미치는 영향은 불륜의 속성에 달려 있다. 파트너가 단발적이고, 계획되지 않은 우연한 만남의 희생자라고 한다면 장기간에 걸친 것에 비해서는 이해가 쉬울 것이다. 어떤 경우에는 불륜을 알게 되는 것이 둘 사이의 관계를 긍정적으로 변화시키게 작용하기도 한다. 만약 혼외정사가 지속된다면, 물론 그 관계를 회복하려는 커플의 노력은 훼손된다. 혼외 관계는 종종 이혼으로 이어지며, 이에 대해서는 다음에서 다루도록 한다.

친밀한 파트너의 폭력

물리적 공격의 위험성과 관련하였을 때, 여성은 낯선 사람이나 다른 가해자들보다는 이전이나 현재의 파트너에 의해 강간, 폭력 및 살인을 당할 가능성이 훨씬 더 높다. 친밀한 파트너의 폭력은 우리 사회에서 사회적 비극이 되어 왔다. 미국에서 어림잡아 매해 150만~200만의 여성이 파트너에 의한 신체적인 폭력이나 강간 피해를 당한다(Bell & Naugle, 2008; Murphy, 2003). 또한 미국에서 비극적으로 2,000명의 여성이 매해 친밀한 파트너에 의해 살해된다.

가정 내 폭력에는 문화적 경계가 없는 것으로 알려져 있다. 전 세계적으로 3명 중 1명의 여성이 파트너의 물리적, 성적, 정서적 학대에 시달려 왔다(Murphy, 2003). 친밀한 관계에서 남성만큼 여성도 폭력적이라는 점은 우리를 놀라게 한다. 가정 폭력이 발생한 커플의 약 절반 정도에서 두 당사자 모두가 물리적 학대에 책임이 있다. 그러나 여성이 남성에 비해 골절이나 다른 내부 장기의 손상과 같은 물리적 상해가 더 큰 경향이 있다.

남성의 가정 내 폭력은 종종 실직이나 약물 남용과 같이 관계에서 전통적인 권위가 위협되는 요인에 기인한다. 여성이 행하는 폭력은 종종 학대하는 파트너에 대처하는 스트레스와 관련되어 있다(Magdol et al., 1997).

가정 폭력은 사회 내 모든 수준에서 발견되지만 특히 사회경제적 수준이 낮은 사람들에게서 더 일반적으로 보고된다. 이런 차이는 경제적으로 어려움을 겪고 있는 사람들이 경험하는 더 높은 수준의 스트레스를 반영한다. 많은 경우, 빈곤의 문제가 아니라 남자에 비해 여자가 더 많은 돈을 버는 것과 같은 소득에서의 불균형이 가정 폭력에 영향을 준다.

가정 폭력은 배우자의 비난, 거부나 남성이 옴짝달싹 못하거나 불안정하거나 혹은 위협받는다는 느낌을 갖게 되는 것과 같은 사건에 의해서 촉발된다. 술이나 다른 약물이 폭력 촉발의 요소로 작동하기도 한다(Bell & Naugle, 2008; Foran & O'Leary, 2008). 이에 더해 폭력을 행사하는 남자는 종종 낮은 자존감이나 개인적인 부적절감을 갖기도 한다. 그들은 정서적 지지를 위해 파트너에게 의존적이기도 하여, 만약 그들이 파트너가 더욱 독립적이게 되면 위협을 느낀다. 여성주의 이론가들은 가정 폭력을 우리 사회의 남성과 여성 사이에 존재하는 권력 관계의 산물이라고 간주한다. 남성은 권력의 역할을 하도록 사회화되며, 여성은 그들의 욕구에 복종하기를 기대한다. 남성이 남성적 권력을 공격적으로 표현하는 것이 사회적으로 용인되고 심지어는 운동과 같은 경우에는 미화된다는 것을 학습한다. 대인 간 폭력을 차이를 해결하는 적절한 수단으로 인정하고자 하는 의지와 더불어 이런 역할 기대

Michael Newman/PhotoEdit

가정 폭력 여성은 다른 가해자들보다 이전 혹은 현재 파트너에 의해 강간, 폭력 및 살인을 당할 가능성이 훨씬 더 높다. 미국에서 매년 약 8명의 여성 중 1명 정도는 파트너에게 폭력을 당한다. 가정 폭력으로 인해 매해 약 2,000명 정도가 죽는다.

로 인해 남성이 그의 지배력을 위협받거나 그의 욕구가 충족되지 못하는 경우 가정 폭력의 상황이 만들어진다. 폭력을 행하는 남자는 그 관계에서 권력을 덜 가지고 있으며, 폭력을 통해서 이를 보완하고자 한다.

많은 사회비평가들과 학자들은 우리 사회가 가정 폭력에 대해서 관대히 봐줌으로써 이를 지지한다고 주장한다. 아내를 때린 남편을 경찰이 체포하거나 기소하기보다는 따로 분리시켜두고 이야기를 할 뿐이다. 기소되고 유죄가 선고될지라도 그 형량은 낯선 사람을 공격했을 때에 비해 약해서 때로는 효과가 없을 정도로 가볍다.

이혼

내 아내와 나는 이혼을 고려하였지만, 변호사 비용을 보고는 그 대신에 새 차를 구매하기로 결정했었다.
—코미디언 헤니 영맨

남자와 데이트를 할 때마다 이 사람이 내 아이들과 주말을 함께 보내고 싶어 하는 사람인가를 생각한다.
—코미디언 리타 러드너

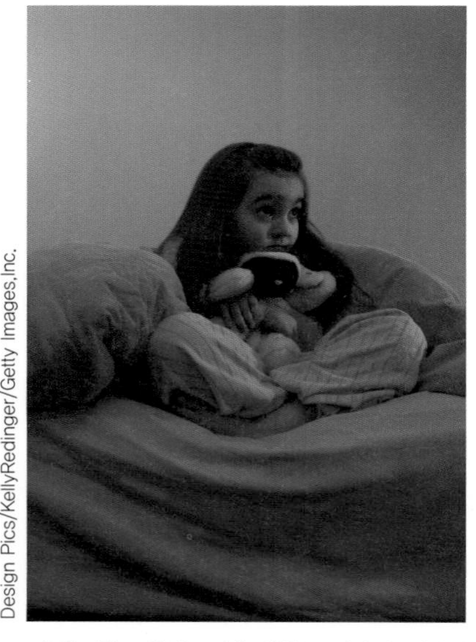

자녀는 듣고 있다 결혼 생활 중 언어적, 신체적 학대는 배우자뿐 아니라 자녀에게 영향을 줄 수 있다. 가정 폭력에 노출된 아이들은 행동 문제나 우울증과 같은 정서장애의 문제를 가질 수 있다.

미국에서 결혼한 10쌍 중 4쌍은 이혼한다(Sbarra, Law, & Portley, 2011). 그 재혼의 경우에는 65%에 달한다. 미국에서 결혼한 부모 밑에 태어난 유럽계 미국인 아동의 40%에 가깝게, 그리고 아프리카계 미국인 아동의 75% 정도는 이혼으로 인해서 한부모 가정에서 유년 시절 중 일부를 보낸다. 오늘날 18세 미만의 27%의 아동들은 한부모 가정에서 지내고 있다. 이혼한 여성의 숫자는 이혼한 남성에 비해서 더 많은데, 그 이유는 남성이 상대적으로 더 많이 재혼하기 때문이다.

이혼율은 1960년에서 1990년으로 넘어오면서 2배가 되었고 현재까지 그 수준을 유지하고 있다. 이른바 합의 이혼의 등장과 같은 이혼에 대한 법적 제한이 완화되면서 이혼이 훨씬 더 쉬워졌다. 1960년대 중반까지 뉴욕 주에서는 간통이 유일한 합법적인 이혼의 사유였다. 다른 주 역시 동일하게 엄격하였다. 그러나 현재 합의 이혼이 거의 모든 주에서 법제화되면서 결혼생활에 위배되는 행위가 없더라도 이혼은 허가되었다. 여성의 경제적 자립 증가 역시 이혼율을 높이게 되었다. 오늘날 더 많은 여성들이 갈등이 있는 혼인 상태를 그만둘 정도로 충분한 경제력을 가지게 되었다. 오늘날에는 더 많은 사람들이 이전 세대에 비해서 결혼을 선택사항이라고 여기고 있다.

오늘날 사람들은 그들의 부모 혹은 조부모 세대에 비해서 결혼에 대해서 더 높은 기대를 한다. 이들은 결혼을 아이 양육의 제도라는 전통적인 기대뿐 아니라 자기 성장의 토대라 기대한다. 많은 사람들이 결혼에서 행복해져야 한다는 권리를 요구한다. 오늘날 이혼을 하게 되는 가장 흔한 이유는 의사소통과 이해의 부족이라는 문제이다. 오늘날 이혼을 예측하는 가장 주요한 요인은 남편이 보내는 지지의 부족이 아니라 비난, 방어, 경멸과 담쌓기이다(Carrère et al., 2000).

이혼율이 올라간 이유에 대해서 미국인들은 어떻게 생각하고 있을까? 타임지와 CNN의 전국적 공동 조사에서는 "이혼이 증가한 주요한 이유는 무엇인가?"라고 질문을 하였다. 이에 대한 대답은 〈표 11.4〉에 있다. "이혼한 것이 그렇지 않은 것에 비해서 더 힘들까?"라는 질문에 대해서는 절반이 예라고 대답하였으며, 45%가 아니라고 대답하여 거의 비슷하였다.

표 11.4 ▮ 타임지/CNN 여론조사에서 나타난 미국에서 이혼이 늘어난 이유

이유	가장 중요한 이유라고 선택한 사람의 비율
커플들이 결혼을 심각하게 생각하지 않음	45%
사회가 이혼한 사람에 대해 더 허용적임	15%
과거에 비해 이혼하기가 쉬워짐	10%
이혼한 사람이 이기적임	9%
여성과 남성의 경제력이 변화함	7%
위의 것 모두	9%

이혼의 비용

가정이 분리되면 두 파트너 모두 이전에 살던 방식으로 삶을 지속할 만큼 자원이 충분치 않다(Donald et al., 2006; Lorenz et al., 2006). 여성과 자녀들은 이혼 이후에 일반적으로 삶의 조건들이 급격하게 하락하며 빈곤의 삶을 경험하기도 한다. 직장 일을 계속하지 않았던 이혼한 여성은 더 젊고 더 경험 많은 사람들과 일에서 경쟁해야 한다. 이혼한 남성은 부양비, 자녀 양육비와 새로운 가족을 위한 비용을 감내하기 쉽지 않을 수 있다.

이혼에 대한 적응은 배우자의 죽음에 대한 적응보다 더 어렵다. 배우자가 죽을 경우 법적 의무는 매우 적다. 하지만 이혼에는 법적 다툼, 대량의 서류 작업과 끝없는 기다림의 시간이 필요하다. [**이혼 중재**(divorce mediation)는 서로 적대감보다는 협력적 방식으로 이혼에서 필요한 결정을 할 수 있도록 돕는 과정이며, 이는 그 과정에서의 스트레스를 줄여주는 데 도움이 된다.] 누군가 죽었을 때 다른 가족들은 온전하게 존재한다. 이혼 후에는 자녀와 다른 사람들은 둘 중 하나를 선택하며, 비난하도록 요구받는다. 죽음 후에는 사람들은 직장에서 연민을 받으며 생산적이지 못한 것에 대해 인정해준다. 그러나 이혼 후에는 흔히 비난받는다. 죽음은 끝이지만 이혼한 사람들은 "만약 그러지 않았다면?"이라는 생각이 커지며, 감정의 동요를 경험한다.

▮ **이혼 중재** : 이혼을 하는 커플이 이성적, 합리적으로 타협적인 결정을 할 수 있도록 돕는 과정

별거나 이혼한 사람들은 전체 인구 중에서 가장 높은 적응 문제와 심리장애를 겪는다(Carrère et al., 2000). 결혼 생활 중 별거와 이혼을 겪는 사람들은 높은 수준의 스트레스와 자신의 삶에 대한 낮은 수준의 통제감을 경험하는 경향이 있다. 배우자나 부모로서 실패감, 외로움, 불확실성은 우울감을 촉진시킨다.

이혼의 가장 힘든 차원은 전배우자로부터 심리적으로 분리되는 것이다. 과거로부터 단절하고 다시 한 번 독립된 개인이 된다는 혹은 전통적인 태도를 가진 여성의 경우 처음으로 독립된 개인이 된다는 경험을 한다는 것은 가장 큰 도전이며, 또한 이혼에 적응하는 가장 건설적인 측면이기도 하다.

전세대(Generation EX) : 이혼의 자녀들 이혼은 부모뿐 아니라 자녀에게도 피해를 준다(Amato, 2006; Lansford, 2009). 이혼은 자녀들의 세상을 뒤죽박죽으로 만든다. 당연한 것으로 여겼던 간단한 것도 더 이상 그렇게 간단하지 않게 된다. 부모와 함께 여행 가고 식사를 하는 것, 부모 중 한 명과 함께 책을 읽거나 TV를 보는 것, 잠자리에 들기 전에 부모에게 인사를 하는 것은 더 이상 가능하지 않다. 이혼한 부부는 두 집 살림을 하여야 한다. 그래서 종종 이혼 부부의 자녀들은 사회경제적인 하락으로 인해 어려움을 경험한다. 만일 하락이 심하

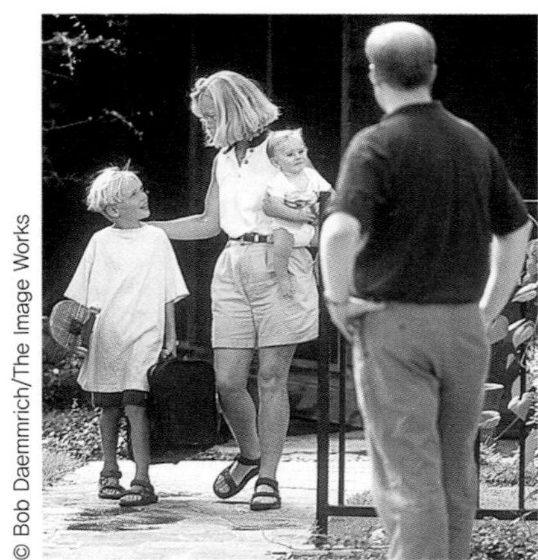

© Bob Daemmrich/The Image Works

이혼의 비용 이혼은 일반적으로 부부와 그들의 자녀에게 심각한 적응의 문제를 만든다. 전체 가족 구성원들 삶의 조건들은 흔히 하락한다. 가족 삶이 붕괴되면서 식사도 그냥 되는 대로 먹게 된다. 이혼은 높은 심리장애와 자살과도 연관된다. 이것은 서로 싸우는 커플이 이혼하면 안 된다는 것을 의미할까? 꼭 그렇지는 않다. 부모의 싸움이 자녀에게 평온함을 주지 못하며, 때로는 별거가 서로 안 맞는 커플들을 성장하게 하기도 한다. 선택은 쉽지 않으며, 어떤 선택이건 결과는 거의 항상 스트레스를 준다.

지 않다면 그것에의 적응은 작은 규모일 것이다. 그러나 아버지가 부재한 가족에 사는 많은 아이들은 최저 빈곤 수준에서 간신히 살아간다. 심각한 경우에는 그 하락의 정도가 개인 주택에서 좁디좁은 아파트로, 혹은 살기 좋은 동네에서 나쁜 동네로의 변화를 경험하게 된다. 어머니는 갑자기 직장을 잡아야 되며, 아이들은 낮 시간 동안에는 어린이집에 맡겨진다. 이런 여성들은 일반적으로 이혼의 다른 문제뿐 아니라 과도한 일의 스트레스로 고통스러워한다.

부모 간의 주요한 갈등 중 하나는 자녀 양육에서의 차이이다. 이혼한 부모의 자녀들은 아이들을 어떻게 키워야 할지에 대한 논쟁과 싸움을 자주 듣게 되며, 어린 자녀의 경우에는 잘못되게 그들 자신을 비난한다. 더 어린 아이들은 막연한 두려움을 갖는 경향이 있다. 청소년들은 그들에게 일어나는 것에 대해서 어떤 조정을 하고자 노력하기도 한다.

전남편, 전부인, 전가족과 같이 미국의 거의 절반의 아이들은 이런 '전세대(generation ex)'에 속해 있다. 이혼한 가정의 자녀들의 거의 대부분은 어머니와 산다. 이혼 후에 아버지들은 매달 규칙적으로 방문하기 시작하지만 시간이 지나면서 뜸해진다. 또한 많은 이혼한 아버지들은 자녀 양육비를 계속 지원하지 못하며, 이는 가족의 사회경제적 지위의 하락을 악화시킨다.

이혼한 사람들의 자녀들은 약물 남용과 같은 행동 문제를 더 많이 보이며, 학교에서 성적도 더 낮다는 연구 결과들이 보고되고 있다(Amato, 2006; O'Connor et al., 2000). 아이들의 문제는 이혼 후 첫해에 증가하는 경향이 있으나, 두 해 이후에는 균형을 잡는 경향이 있다. 남자 아이들이 부모의 갈등이나 이혼의 적응에 있어서의 문제들, 예를 들어 학교에서의 품행 문제와 불안과 의존성을 더 많이 갖는 경향이 있다. 여러 해 시간이 지나면서는 여자 아이들의 경우에는 일반적인 적응 면에서 보았을 때 전반적으로 이혼하지 않은 가족과 차이는 없다.

결혼에 문제가 있는 부부의 아이들은 이혼한 가정의 아이들과 비교했을 때 차이가 없거나 아니면 문제가 더 심각하다(Furstenberg & Kiernan, 2001; Troxel & Matthews, 2004). 그러나 이혼의 영향을 받은 아이들에게서 잠재적으로 '숨겨진 효과'가 있다는 것을 인지하여야 할 것이다. 부모의 이혼이라는 상황에 적응한 아이들은 이후에, 예를 들어 자신들이 친밀한 관계를 형성하게 될 때 문제가 발생할 수 있다(Wallerstein, Lewis, & Blakeslee, 2000). 예를 들어, 그들은 그들의 파트너가 지속적인 헌신을 할 것이라고 믿지 않을 수 있다.

아이들의 문제가 이혼 그 자체뿐 아니라 이혼에 따라 발생하는 자녀 양육자의 정서적인 긴장이나 양육 질의 저하와 관련이 있다고 연구자들은 설명한다(Hetherington, 2006; Hetherington & Kelly, 2003). 가족의 삶은 전체적으로 악화되는 경향이 있다. 가족 식사는 인스턴트 식품으로 바뀐다. 아이들은 제시간에 잠자리에 들지 않거나 학교에 가지 않는다. 어머니 혼자 아들의 행동을 조절하기는 더욱 어렵다. 능력 있고 잘 적응된 부모를 둔 가족 내의 아이들이 계속해서 싸우는 부모의 아이들에 비해서 더 잘 적응한다.

이혼이 자녀들에게 어려운 일일지라도, 심리학자들은 부모가 자녀들을 보호하고 아래와 같은 단계를 통해서 이혼의 영향을 최소화할 수 있다고 조언한다.

- 서로의 차이가 있을지라도 자녀를 다루는 방법에 대해서는 동의하려고 노력하라.
- 자녀의 삶에서 중요한 역할을 지속하도록 서로 도와라.
- 자녀 앞에서 서로 비난하거나 깔보지 마라.

적응과 현대인의 삶

다시 데이트하기?

"두 번째일 때 사랑은 더 사랑스럽다"라고 1950대 유명한 팝송에서 이야기하기도 했다. 사랑이 더 사랑스러울 수 있겠지만, 이혼이나 배우자의 사망 혹은 별거 이후 이제 막 다시 혼자가 된 많은 사람들에게 데이트를 다시 하는 것이 사랑스럽지만은 않다. "독신자들이 가는 술집에 가는 것이 실패자처럼 느껴져요. 내가 그런 곳에 가기 시작한 것은 거의 20년 전이었어요. 그리고 그때처럼 데이트를 다시 하는 것이 편하지 않아요. 그냥 내가 중고품처럼 느껴져요"라고 39세 이혼한 남자가 이야기한 것처럼 말이다. 남편과 사별한 42세 여성은 "둘러봤더니 전부 나보다 어린 여자들이 남자를 찾고 있더군요. 내가 그 사람들하고 경쟁이나 되겠어요? 내가 없어 보이나요?"라고 이야기하였다.

결혼한 사람의 거의 절반 정도가 이혼을 하는 미국 사회에서 예전 데이트를 하던 시기로 되돌아갔다고 느끼는 많은 사람들은 미혼인 사람들 사이에서 입맛을 다신다. 그러나 30세, 40세, 50세나 그 이상의 나이에서의 데이트는 처음 때와 다르다. 결혼 생활을 오래 지속한 사람들에게 또 다른 사람과 성적으로 친밀해진다는 것은 주요한 장애물이다. 40대인 한 여성은 "내가 성적인 것을 시작한다는 것이 결코 편하지 않아요. 난 평생 한 파트너를 가져야 한다고 생각하면서 컸어요. 지금 와서 다른 남자와 잠자리를 함께한다는 것이 좀 오싹해요"라고 이야기하였다. 사별한 사람들은 사별한 배우자를 배신하는 것처럼 느낄 수도 있다. 이제 막 혼자가 된 부모들은 새로운 파트너와 친밀한 관계를 맺는 것이 아이들에게 잘못된 메시지를 준다고 생각할 수도 있다. 새롭게 남자를 사귀어 친밀한 관계를 맺는 37세의 이혼한 여자는 "우린 아이들이 학교에 있는 낮 시간에 비밀리에 관계를 가져요. 이렇게 하는 게 바람을 피워서 부끄러운 것처럼 더러운 기분이에요. 하지만 아이들이 새아빠가 생겼다고 생각하기를 원치는 않아요"라고 이야기한다.

42세인 이혼한 남성도 비슷한 감정을 표현하였다. "점점 더 복합해져요. 아이들이 전처인 재니스와 내가 다시 합칠 것이라는 희망을 갖고 있는 걸 알아요. 애들에게 내가 만나고 있는 새 여자를 소개시킬 때 애들 얼굴에서 실망하는 빛을 볼 수 있었어요. 아이들이 행복할 것 같지 않아요. 그래서 내가 행복하면 죄책감이 들어요."

일부 이혼한 사람들이 혼자 살기를 바라지만, 대다수는 재혼하기를 바란다. 그러나 한편으로는 재혼은 초혼보다 이혼할 가능성이 더욱 높다(Lown & Dolan, 1988). 한 가지 이유는 초혼에서 이혼한 사람들이 결혼을 유지하고자 하는 사람들에 비해서 이혼에 대해서 수용적인 태도를 가졌기 때문일 것이다. 만약 애착에 다시 문제가 생기고 데이트를 다시 하고자 고민한다면, 아래의 충고를 참고하는 것이 도움이 될 것이다. 이것은 한부모 가족에게 도움이 될 만한 정보와 자원을 제공하는 웹사이트들에서 제공된 것이다.

1. *새로운 관계를 갖기 전에 치유 시간을 가져라.* 새로운 관계를 시작하는 것은 때로는 매혹적이다. 그러나 다른 관계를 서두르는 것은 종종 관계가 깨진 것의 고통을 회피하는 방법이기도 하다. 스스로 치유하고 자신의 삶을 되돌아볼 시간을 가져라.
2. *가족의 좋은 일상과 구조를 갖춰라.*
3. *자녀들이 일관되게 성장하도록 신경 써라.* 가족 내에서 예측가능한 구조를 갖추는 것이 새로운 사람을 소개하였을 때 불안정감을 낮출 수 있다.
4. *데이트 시간과 양육 시간을 분리하라.* (특히 양육권이 없는 부모의 경우)
5. *아이들과의 시간이 중요하다는 것을 자녀에게 알려라.* 만약 자녀들과의 특별한 시간을 침해받을 경우에는 아이들은 새로운 사람을 종종 비난한다.
6. *자녀들이 있을 때 새로운 사람이 집에서 자게 하지 마라.*
7. *장기적인 관계가 될 것으로 생각될 때에만 새로운 사람을 자녀들에게 소개시켜라.* 새로운 관계가 잘 진행되지 않는다면 자녀들에게 새로운 사람을 소개시키는 것은 기다려라. 많은 사람을 소개시키는 것은 자녀들에게 혼란과 불안정감을 일으킨다.
8. *새로운 사람을 친척이라고 소개하지 마라.*
9. *새로운 사람을 엄마, 아빠, 삼촌 등과 같이 부르게 하지 마라.* 특히 관계가 잘되지 않을 경우에 이것은 자녀들에게 혼란을 준다.
10. *천천히 진행하라.* 예를 들어 아이들과 함께하는 가족 활동을 하기 전에 먼저 아이들을 새로운 사람에게 소개시켜라. 당신의 삶에서 중요한 새로운 사람은 자녀들의 생활을 편히 해주려는 당신의 생각을 이해해줄 것이다.

출처 : 위 제안은 한부모 가족을 위한 정보와 자원을 제공하는 Single Parent Central, www.single-parentcentral.com에서 전재함.

의붓 부모 가족에서 적응하기

미국에서 세 아이 중 한 명 이상은 의붓 부모와 어린 시절의 일부를 보낸다(U.S. Bureau of the Census, 2005). 그래서 의붓 부모의 영향 또한 오늘날 미국의 가족에서 주요한 이슈이다.

혼합 가족(blended family)에서 자녀의 적응은 크게 의붓 부모와의 관계의 질에 달려 있다. 의붓아버지는 의붓아들에게, 그리고 의붓어머니는 의붓딸에게 긍정적인 영향을 줄 수 있다. 의붓 부모가 중학생에게 주는 초기 연구에서 의붓어머니와 의붓 자녀들 간의 긍정적 관계는 남녀의 아이들에게서 낮은 공격성과 여자 아이들의 높은 자존감과 관련이 있었다

Corbis/SuperStock

복합 가족 미국에서 세 아이 중 한 명 이상은 어린 시절의 일부를 복합 가족 내에서 보낸다. 이붓 부모-의붓 자녀 간 관계에 대해서 심리학 연구 결과는 무엇을 알려주고 있나? 이 관계에 대해 당신이 관찰한 것은 무엇인가?

(Clingempeel & Segal, 1986). 함께 살지 않는 생모의 잦은 방문은 의붓어머니와 의붓딸 간의 관계를 손상시켰다. 아마도 생모의 잦은 방문이 의붓딸이 의붓어머니와 관계를 형성하는 것에 저항하도록 한 것 같다. 반면에 의붓어머니와 의붓딸의 관계는 시간이 지날수록 호전되었다.

약 70~75%의, 이혼한 대부분의 사람들은 일반적으로 5년 이내에 재혼한다. 그렇다면 그들은 두 번째에는 제대로 짝을 찾아서 결혼을 하고 그것을 지속할까? 사실 재혼은 초혼에 비해 이혼할 확률이 더 높다. 그 이유는 아마도 이혼한 사람들은 결혼을 유지하는 사람에 비해 관계의 주요한 문제에 맞부딪혔을 때 그 관계에 덜 유지하고자 하기 때문인 것 같다. 의붓 자녀들에 대한 갈등은 재결합한 가족들에게 결혼 생활에 긴장을 주는 요인이다. 갈등은 흔히 둘 이상의 결혼에서 낳은 자녀들을 지원하는 데서 오는 재정적인 제한이나 자신의 생물학적 자녀들을 선호하는 것과 관련이 있다(Golish, 2003; Hofferth & Anderson, 2003).

부모 간의 차이에도 불구하고 둘이 함께 사는 것이 자녀들에게 더 좋을까? 여기의 대답은 윤리적인 것이 아니라 심리학적인 것이다. 독자들은 자신의 가치에 근거하여서 이혼과 관련한 윤리적인 문제에 대해 생각해봐야 할 것이다. 그러나 결혼 갈등과 이 언쟁이 지속되는 것은 이혼과 동일한 종류의 문제를 낳을 수 있으며, 아동이나 청소년에게 모두 심리적인 스트레스를 야기한다. 발달심리학자인 메비스 헤더링턴과 존 켈리(Hetherington & Kelly, 2003)는 이혼이 파괴적인 가족 기능에 대한 긍정적인 해결책일 수 있다고 주장하기도 하였다.

모듈 복습

복습하기

(6) _______은/는 우리의 가장 흔한 생활 양식이다.
(7) (결혼한, 독신인?) 사람이 더 행복하다고 보고되고 있다.
(8) 비슷한 사람끼리 결혼하는 것을 _______(이)라고 한다.
(9) 본문에서는 _______의 사용은 결혼에서 서로의 기대를 명확히 하고 소통하기 위한 것이라고 제안한다.
(10) 혼외정사를 하는 대부분의 남성은 성관계를 위한 것이지만, 이를 행하는 대부분의 여성은 _______을/를 위한 것이다.
(11) 미국인의 거의 대부분은 혼외정사를 (용인한다, 용인하지 않는다?).
(12) 오늘날 미국에서 _______ 결혼의 40~50%는 이혼한다.
(13) (남자 아이, 여자 아이?)는 부모의 이혼 이후 초기 몇 해에 더 심한 문제를 보인다.
(14) 미국에서 _______명 중 1명 이상의 아이들은 복합 가족에서 성장한다.
(15) (남성, 여성?)은 가정 폭력으로 더 부상을 입는 경향이 있다.

생각해보기

결혼이 우리에게 가장 흔한 생활 양식으로 남아 있다고 생각하는 이유는 무엇인가?

모듈 11.3 독신으로 살기

- 오늘날 독신으로 사는 것은 어떤 모습인가?
- 커플이 동거를 하는 이유는 무엇인가?
- 동거와 이후 결혼에서의 성공의 관계는 어떠한가?

오늘날 이전에 비해서는 많은 젊은이들이 혼자 산다. 사실 결혼을 하지 않은 독신은 전국적으로 20대 초중반의 사람들에게 가장 흔한 생활 양식이다. "결혼은 하늘에서 점지해준다"는 이야기가 있지만 미국의 많은 사람들은 하늘이 기다려줄 수 있다고 이야기한다.

독신으로 남아 있는 것이 사회적으로 더욱 받아들여지고 있다. 30세가 넘은 독신인 여성이 노처녀이거나 문란하고 독신인 남자는 노총각이라고 정형화되었던 적이 있었다. 오늘날 많은 젊은이들은 독신으로 남아 있는 것이 단순히 누군가 배우자로서 잘 맞는 사람을 기다리는 과정이라고 보지는 않는다. 많은 사람들은 독신을 자신의 개인적·직업적 요구에 맞춘 하나의 선택으로 본다. 사회적 규준 역시 변화되었다. 그래서 사람들은 결혼하지 않고 성적으로 친밀한 관계를 지속하거나, 배우자나 파트너 없이 아이를 양육하는 것에 대해 더욱 수용적이라고 느낀다. 더 많은 여자들이 직업을 가짐에 따라 더 이상 남성에게 경제적으로 의존하지 않으며, 그래서 많은 여성들이 결혼하지 않는 것을 선택한다. 미국에서 대부분의 사람들은 여전히 결혼을 하지만, 오늘날 15세 이상인 사람의 28%는 결혼하지 않았다. 결혼이 더 이상 유행이 아니며, 전통적인 가족의 형태(결혼한 커플이 18세 이하의 자녀와 함께 사는 것)는 덜 일반적이다. 전통적인 가족 형태는 1970년에 열 중 넷이었으나, 현재 미국 가정에서는 25%에 불과하다.

오늘날 독신 인구가 늘어난 것에는 많은 요인이 기여했다. 하나는 더 많은 사람들이 교육과 직업에서의 목표를 위해 결혼을 연기하는 것이다. 많은 젊은 사람들은 결혼을 하는 대신 최소한 잠시라도 동거를 선택한다. 사람들은 여전히 나이 들어 결혼을 한다. 초혼을 하는 평균 나이는 이전에 비해서 높아졌다. 1950년 미국에서 초혼 남성의 평균 나이가 22.8세였던 것에 비해 오늘날에는 28.7세로 그 어느 때보다 높아졌다(표 11.5 참조). 1950년 미국에서 초혼 여성의 평균 나이가 20.3세였던 것에 비해 오늘날에는 26.5세이다(U.S. Census Bureau, 2010). 물론 많은 독신인 사람들은 독신을 선택한 것은 아니다. 일부는 아직 적당한 상대를 찾지 못했기 때문에 독신인 상태이다.

George Doyle/Getty Images

독신으로 사는 모습? 사실 미국에서 독신으로 사는 단일한 모습은 없다. 물론 일부 사람들은 성적 참신함에 가치를 두고 파트너를 바꾸며 하룻밤을 즐기기도 한다. 다른 독신들은 전혀 성적 관계를 갖지 않거나 드물게 갖기도 하고 한 명하고만 관계를 갖기도 한다. 일부 사람은 독신으로 사는 것을 선호하는 삶의 방식이라고 본다. 다른 사람들에게는 지속적인 관계를 찾기 위한 과정에서의 정거장이기도 하다.

어머니 혼자 아이를 키우는 가족의 숫자는 지난 30년 동안 2배가 되었으며, 전체 가족의 25%를 넘어섰다(U.S. Census Bureau, 2005). 이 가족의 일부는 이혼에 의한 것일지라도 오늘날 많은 여성들은 미혼모로 가족을 시작한다.

독신으로 사는 단일한 모습은 없다. 독신으로 사는 것은 그 의도나 삶의 양식에서 다양하다. 일부의 경우는 바를 찾아다니며 하룻밤을 즐기기도 한다. 또한 독신을 위한 아파트에서 살고, 일부에서는 누드 일광욕이나 수영을 즐기기도 한다. 일부 독신들은 한 파트너에게 얽매이는 것을 원치 않기도 한다. 새로운 성적 자극을 위해 다양한 파트너를 갖기를 원하기도 하고, 많은 사람들을 만나면서 개인적 성장을 하기도 하며, 독립성을 유지하고자 한다. 그러나 많은 독신들은 잦은 자유로운 성적 관계에 환멸을 갖는다. 독신 바는 성 경험에 대한 기회뿐 아니라 신체적 성적 학대에 대한 불안이나 성관계를 통해 전염되는 병에 대한 공포 및 소외감을 불러일으킨다. 다른 독신인 사람들은 성관계를 친밀한 대상만으로 한정하기도 한다. 일부 독신들은 친구들과의 네트워크를 통해서 정서적 안정을 성취한다.

많은 독신인 사람들은 사람들이 생각하는 것처럼 독신이 항상 자유로운 것은 아니라고 한다. 일부는 고용주들과 동료들이 그들을 의심 어린 눈초리로 보고 그들에게 어떤 책임을 부여하는 것을 꺼린다고 불평한다. 가족들은 그들을 이기적이고 실패자이며 성적으로 멋대로인 사람이라고 본다. 많은 대학생들도 이런 부정적인 고정관념을 가지고 있다. 연구에 따르면 대학생들은 결혼한 사람들을 묘사할 때에 비해서 독신을 미숙하고 불안정하며 자기중심

표 11.5 | 초혼 연령의 중앙값의 변화

연도	남성	여성
2011	28.7	26.5
1990	26.1	23.9
1980	24.7	22.0
1970	23.2	20.8
1960	22.8	20.3
1950	22.8	20.3

출처 : U.S. Census Bureau, Ferility and Famliy Statistics Branch, 2011년 11월 발표.

적이라고 묘사하는 경향이 있었다(Morris, Sinclair, & DePaulo, 2006). 많은 독신인 여자들은 20대 중반에 들어서면 데이트의 끝 무렵에 "싫다"는 이야기들을 남자들이 잘 받아들이지 않는다고 불평한다. 그녀들은 더 이상 처녀가 아니고, 여자들이 싫다고 이야기하는 것이 일종의 게임을 하거나 결혼을 하고자 유혹하는 것이라고 남자들은 추정한다.

20대에는 굳건했던 목표와 가치가 30대에는 흔들리기도 한다. 독신으로 사는 것이 또한 싫증이 날 수 있다. 20대 후반이나 30대에는 많은 독신들이 결혼을 하고 아이를 갖기로 결심한다. 물론 여성에게는 '생물학적 시계'가 30대에 만기가 될 수 있다. 그러나 일부 남녀들은 평생 독신으로 남기를 선택한다. 독신으로 남은 사람 중 일부는 파트너와 산다. 이에 대해서는 다음에 다루기로 한다.

동거 : "당신이 나의 POSSLQ가 되어줄래요?"

만약 당신이 내 POSSLQ가 되어준다면, 내가 하지 못할 것은 없어요는 CBS 뉴스 진행자인 찰스 오스굿이 쓴 책의 제목이다. POSSLQ? 이것은 별로 낭만적이지 않은 'person of opposite sex sharing living quarters(주거지를 함께 공유하는 이성)'의 줄임말이며, 미국 인구조사국에서 사용하는 동거인에 대한 공식적인 용어이다.

동거 : 주거지를 함께 공유하는 이성(POSSLQ)과 결혼한 것처럼 함께 살지만 법적인 보호를 받지 못하는 친밀한 관계

동거(cohabitation)가 아직은 사회 주류에 완전히 수용되고 있는 것은 아니지만, 현대 사회에서는 이에 대해서 점차로 관대해졌다. 오늘날 동거를 예전과는 다르게 아주 부정적인 방식으로 부르지는 않는다. 대신에 사람들은 동거를 가치관이 개입되지 않는 중립적인 방식으로 부르는 경향이 있다. 미국인 중 절반 이하만이 최근의 설문조사에서 동거가 좋지 않은 생각이라는 의견을 밝혔다(Luscombe, 2010).

동거나 비전통적인 가정에 대해서 대중들이 더욱 수용적이 되어 가는 것은 동거하는 커플의 숫자가 증가하는 것에 대한 사회의 적응을 반영하는 것이라 할 수 있다. 또는 동거하는 커플의 숫자가 그것에 대한 용인의 결과일 수도 있다. 동거하는 가구의 숫자는 1960년 이래로 12배, 1990년 이래로 거의 2배 증가하여 현재는 600만 쌍에 이른다(Gregoire, 2010; Pew Social Trends, 2010; Wilcox, 2010). 동거의 비율은 유럽계 미국인에 비해서 아프리카계 미국인에서 약 2배에 달한다(Laumann, Mahay, & Youm, 2007). 전체적으로 결혼하지 않은 젊은 성인 여성(25~39세) 4명 중 1명은 남자 파트너와 함께 살고 있다. 30~49세인 성인의 절반 이상은 살면서 한 번 이상 동거해본 경험이 있다고 보고한다(Pew Social Trends, 2010). 오늘날 전체 결혼 중 절반은 동거 기간을 거친 후에 이루어졌다(Bramlett & Mosher, 2002).

누가 동거를 하나?

동거를 하는 대학생들에게 초점이 많이 맞춰져 있지만, 동거는 우리 사회의 모든 집단과 사회경제적 수준에 퍼져 있다. 미국에 사는 성인 대부분이 어느 한 시기에는 동거를 하는 시대에 우리는 매우 빠르게 접근하고 있는 것 같다. 자녀들은 동거 가족에서 사는 것이 흔하며, 오늘날 동거 커플의 40%는 가정에서 자녀들과 함께 산다(Pew Social Trends Staff, 2010).

동거는 다양한 성적 지향에도 퍼져 있다. 결혼하지 않은 동거 커플의 아홉 중 하나는 동성애 커플들이다(Simons & O'Connell, 2003). 동거 중인 동성애자들의 관계에서의 행복도는 동거 중인 이성애자 커플들과 유사하다는 연구 결과가 보고되었다(Means-Christensen, Snyder, & Negy, 2003).

왜 사람들은 동거를 하나?

결혼처럼 동거도 혼자 살 때 동반되는 외로움에 대한 대안이다. 동거도 결혼처럼 가정 생활을 만들어낸다. 낭만적 파트너는 서로에 대한 깊은 느낌을 가지지만 아직 결혼할 준비는 되어 있지 않을 수 있다. 일부 커플들은 동거를 선호하며, 이는 결혼에서와 같은 법적인 제한 없이 안정된 관계를 만들 수 있기 때문이다(Marquis, 2003).

동거를 하는 많은 사람들은 결혼한 사람들에 비해 그 관계에 대한 헌신은 덜 느낀다. 84세 여성인 루스는 85세인 그녀의 파트너와 4년간 살았다. "난 영혼이 자유로워요.", "난 내 공간이 필요해요. 때로는 결혼을 생각하곤 해요. 하지만 어딘가에 묶이고 싶다는 생각은 안 해요"라고 이야기하였다(Steinhauer, 1995, p. C7에서 인용).

루스의 언급은 흥미로운데, 왜냐하면 이것이 여성과 노인들에 대한 고정관념에 반대되기 때문이다. 그러나 앞으로 볼 마크의 예처럼 결혼에 대한 헌신을 원하지는 않는 것은 종종 남성이다. 44세의 컴퓨터 컨설턴트인 마크는 낸시와 7살 난 딸인 자넷과 함께 살고 있다. "우리는 커플이라기보다는 기본적으로 개인인 둘이 커플이 된 것이라고 느껴요. 그래서 조금은 거리를 둘 수 있지요. 남자들은 헌신하기를 원치 않아요. 그래서 이게 일종의 변명거리가 되지요"라고 마크는 이야기하였다(Steinhauer, 1995, p. C7에서 인용).

경제적 요소 역시 중요하게 작용한다. 정서적으로 헌신하는 커플은 주거 비용을 나누는 경제적 이득 때문에 동거를 결심하기도 한다. 동거를 하는 공적 지원(복지 혜택)을 받는 사람들이 결혼을 하면 그 지원을 잃을 위험이 생긴다. 일부 노인들은 자녀들의 반대 때문에 결혼을 하기보다는 동거를 하기도 한다. 일부 자녀들은 부모가 빈곤한 노인 파트너 때문에 희생당할까 봐 걱정한다. 일부는 그들의 유산에 문제가 생기는 것을 원치 않기도 한다. 젊은 커플들은 결혼을 하거나 동거하는 것이 공개되면 부모의 지원을 잃을 수도 있기 때문에 부모 지원을 계속 받기 위해서 비밀리에 동거를 하기도 한다.

동거 유형

사람들은 다양한 방식으로 동거를 하고 이는 각기 다른 동거 유형을 만든다(Shehan & Kammeyer, 1997).

1. 부분/제한적 동거. 이 스타일에서는 사람들은 데이트를 시작하고 한 사람이 다른 사람의 거주 공간에서 더 많은 시간을 보내기 시작한다. 관계가 깊어짐에 따라 자고 가는 시간이 잦아진다. 그 집에 오는 사람은 점차로 더 많은 옷과 물품을 가져온다. 그 커플은 동

거의 결정을 내리는 것과는 상관없이 결국에는 동거에 들어간다. 그들이 어떤 확고한 결정을 내리지 않았기에 비용의 분담이나 다른 사람과 데이트를 하는 것과 같은 문제들이 해결되지 않을 수 있다. 이런 스타일의 동거는 졸업과 같은 외부 여건에 의해서 종종 끝이 난다. 하지만 부분/제한적 동거는 결혼전 동거로 연결될 수도 있다.

2. 결혼전 동거. 결혼전 동거에서는 결혼을 하려고 하거나 혹은 결혼할 가능성이 있는 사람들이 그 전에 함께 사는 것이다. 결혼전 동거는 때로는 결혼 연습과 같은 형태를 띠어서 더 확실한 헌신을 하기 전에 서로의 관계를 확인하기도 한다.
3. 결혼의 대안. 이 스타일에서 커플은 결혼 없이 장기적인 헌신을 하며 함께 살기로 결심을 한다. 일부 사람들은 법적인 헌신에 대한 두려움에 대한 대안으로 여긴다. 예를 들어 이혼한 사람은 새로운 결혼에 들어가기를 꺼릴 수 있다. 어떤 사람은 종이 쪼가리인 결혼 증명서가 그들 관계를 증명하는 데 필요하지 않다고 믿을 수도 있다. 많은 가난한 사람들이나 배우자와 사별한 사람들은 결혼하기보다는 동거를 하는데, 이는 결혼을 하면 복지 혜택을 받을 수 있는 권리가 사라지기 때문이다.

동거와 이후 결혼 : 이득 혹은 위험?

앞서 언급했던 것처럼 오늘날 결혼의 절반 이상은 동거 이후에 한다. 그렇다면 동거는 커플이 관계에서 얽힌 문제를 해결하고 이혼의 위험을 줄이는 데 도움이 될까? 그 해답은 아니라는 것이다. 동거를 경험한 커플이 결혼을 하였을 때 결혼 전 동거를 하지 않았던 커플보다 이혼을 더 많이 하는 것으로 나타났다(Cohan & Kleinbaum, 2002; Rhoades, Stanley, & Markman, 2009).

동거 커플들이 결혼 전 동거를 경험하지 않은 커플에 비해서 이혼 위험성이 높은 이유는 무엇인가? 동거가 어느 정도 이혼의 원인이 된다고 추정하지는 마라. 상관 데이터에서 인과적 관계를 추론하는 것에는 주의해야 한다. 이 연구에서는 어떤 커플도 무작위로 동거와 비동거로 할당되었던 것은 아니다. 그러므로 선택 요인, 즉 어떤 커플이 동거를 선택하고 다른 커플은 동거하지 않기로 결정하게 만든 요인이 그 결과를 설명할 수 있을 것이다. 일반적으로 동거를 하는 사람들이 동거를 하지 않는 사람들에 비해서 결혼에 대한 덜 전통적인 태도를 가지고 있으며, 종교가 그들에게 중요한 정도는 상대적으로 더 낮다고 보고된다(Marquis, 2003). 무엇보다도 결혼 전에 동거를 하는 사람은 결혼이라는 제도와 관련된 전통적인 가치와 기대에 덜 충실한 경향이 있다. 동거 그 자체보다는 동거를 하는 사람들의 태도가 아마도 더 높은 이혼과 관련이 있을 것이다.

모듈 복습

복습하기

(16) 오늘날 독신으로 남아 있는 젊은 성인의 비율은 이전에 비해서 (높다, 낮다?).

(17) 직업을 가진 여성은 그녀들이 남성에게 (의존적, 독립적?)이기 때문에 독신으로 남아 있기를 선택할 수 있다.

(18) 오늘날 결혼한 절반 (이상, 이하?)이/가 결혼 이전에 동거 기간을 갖는다.

(19) 동거하는 사람들의 약 (20%, 40%?)는 자녀가 있다.

(20) 일부 커플들은 결혼이 ______ 구속 없이 지속적 관계를 유지할 수 있기 때문에 결혼보다는 동거를 선호한다.

(21) 결혼 전에 동거를 하는 커플들은 만약 결혼을 한다면 다른 커플들에 비해서 이혼할 위험을 (덜, 더?) 갖는다.

생각해보기

동거가 인기인 것에 대해서 어떻게 설명할 것인가? 동거와 관련된 위험은 무엇인가?

관계를 잘되게 하기

모듈 11.4

긍정심리학

동거를 하건 결혼을 하건 갈등을 피할 수 없다. 갈등은 돈, 의사소통, 개인적 관심사, 성관계, 친척과 배우자의 가족, 친구와 자녀들에 대해서 일어난다. 만약 커플들이 먼저 서로의 기대에 대해서 이야기하지 않는다면 누가 무엇을 할 것인가를 결정해야 하는 귀찮은 일에 직면하게 된다. 전통적인 결혼에서는 정형화된 성역할에 근거하여 책임이 할당되었다. 아내는 요리, 청소, 기저귀 가는 일을 한다. 남편은 돈을 벌고 집 안의 수선을 담당했다. 비전통적인 결혼에서 집안일은 특히 아내가 일을 할 경우에는 일반적으로 서로 나누고 논의한다. 비전통적인 여성이 전통적인 남성과 결혼을 할 때 균열이 생길 수 있다는 것은 놀랍지 않다.

아래 목록은 갈등이 형성되고 결혼의 안정성을 해치는 위험성의 예이다(Booth & Edwards, 1985; Kornblum, 2000).

- 반발심에서의 만남
- 원가족과 지나치게 가깝거나 혹은 지나치게 거리를 두고 사는 것
- 인종, 종교, 교육, 사회적 계급에서의 차이
- 돈, 집이나 정서적인 지지를 구하기 위해 원가족에게 의존하는 것
- 서로 알기 시작한 지 6개월이 되기 전에 결혼하거나 약혼 이후 오랜 시간 후에 결혼하는 것(결혼을 오랫동안 미루는 커플은 그 관계를 지속적으로 해칠 수 있는 불안과 갈등을 키울 수 있다)
- 원가족에서의 결혼 불안정
- 혼전 임신이나 결혼 1년 이내의 임신
- 상대의 성적 요구에 둔감한 것
- 남편이나 아내의 역할에 대한 불편함
- 일의 분담에 대한 논쟁

갈등 해소하기

결혼에서 피할 수 없는 갈등이 일어났을 때 아래의 제안이 도움이 될 수 있다.

비합리적 기대에 대한 도전

결혼 생활에서 스트레스를 많이 받는 사람들은 결혼이 만족스런 사람들에 비해서 비합리적인 신념을 더 많이 갖는 경향이 있다(Rathus & Sanderson, 1999). 예를 들어 거의 모든 커플이 이따금 의견의 불일치가 있을 수 있는 것이 사실임에도 불구하고 그들은 의견 불일치가 파괴적이라고 믿는다. 배우자의 가족, 자녀, 성적 행위에 대한 의견의 불일치는 서로 사랑하지 않는다거나 그들의 결혼이 암초에 걸렸다는 의미라고 추론한다. 또한 파트너가 자신의 생각을 읽을 수 있어야 하고 (그리고 무엇을 원하는지를 알아야 하며), 상대가 변해서는 안 되고, 자신은 완벽한 성적 파트너여야 하며, 남자와 여자는 성격과 요구에서 극적으로 다르다고 믿는다. 두 당사자가 모든 것에 항상 동의할 수 있는 것은 아니라는 것을 알고, 내 마음(그리고 삐친 얼굴)을 읽어주기보다는 자신의 요구를 표현할 수 있으며, (비록 변화가 느리더라도) 우리 모두는 바뀔 수 있다고 믿고, 성적인 실수나 욕구 불만에 대해서 관용을 보이며, 서로 동등하게 변화하려고 노력하는 것이 결혼을 위해 합리적이고 건강한 태도이다.

요약하자면 의견 불일치 그 자체가 결혼에 파괴적인 것은 아니다. 모든 결혼에서 그런 불일치는 나타난다. 중요한 문제는 파트너들이 그 불일치를 어떻게 잘 다루는가이다. 그러나 의견 불일치가 필수불가결하게 파괴적이라는 믿음은 결혼에서의 적응을 위태롭게 만들 수 있는 비합리적인 믿음이다. 거트맨과 크로코프(Gottman & Krokoff, 1989)는 의견의 불일치를 드러내고 분노감을 건설적으로 표현하는 것이 그 문제를 적절하게 다루는 한 종국에는 결혼에 대한 만족도에 도움이 된다는 것을 발견하였다. 결혼에서의 적응에 대한 그들의 연구에서 거트맨과 크로코프가 발견한 장기적으로 파괴적인 효과를 주는 것은 다음과 같다.

- 문제에 대한 책임을 수용하는 대신에 방어적이거나 변명을 하는 것
- 서로의 의견이 모두 어느 정도 타당하다는 것을 인정하지 않고 모든 비난에 반박하기
- 더 해야 할 것에 대해서가 아니라 하지 말아야 할 것에 대해서만 이야기하기
- 실제로 가지지도 않은 부정적 느낌, 생각이나 동기에 대해서 파트

너를 잘못 비난하고 그런 느낌, 생각이나 동기를 파트너의 탓으로 돌리기
- 완고하게 굴기. 타협을 인정하지 않고 차이에 대한 관용을 가지지 않기
- 경멸적인 표현이나 모욕을 퍼붓기
- 넋두리 늘어놓기

다른 측면에서 거트맨과 크로코프가 발견한 시간이 지남에 따라 결혼 만족도를 증가시키는 상호작용은 아래와 같다.

- 최소한 상대의 관점을 인정해주는 것
- 비난을 주의 깊게 경청하는 것
- 논쟁 중이더라도 상대의 감정을 이해해주는 것
- 화해하기
- 자신의 관점을 바꾸기

파트너가 더 나은 방향으로 바뀔 수 없을 것이라는 믿음은 결혼 문제의 안정 귀인의 한 형태이다. 문제에 대한 안정 귀인은 변화를 위해 노력하는 것을 무의미하게 하며, 우울 기분과도 또한 연결된다. 유사하게 포괄적인 귀인(예를 들어, "이게 내 파트너야"라는 것은 "이게 나를 힘들게 만드는 내 파트너가 하는 행동이야"와 같이 구체적인 것과 비교될 수 있음)은 문제의 심각성을 증대시킨다.

여기 결혼 스트레스를 증가시키는 비합리적인 믿음의 다른 예가 있다.

- "배우자가 나를 항상 지원하는 것이 아니라면 나를 사랑하지 않는 것이야."
- "서로 사랑하는 사람은 서로 목소리를 높이지 않아."
- "의견이 다른 것이 즉각 해결되지 않는 것은 끔찍해."
- "내 배우자가 정말로 내 불안/우울/궤양/시험을 신경 쓴다면, 저렇게 행동하지는 않을 거야."
- "내 배우자는 날 힘들게 하기 위해 저런 나쁜 습관을 가지고 있어."
- "정말 나를 사랑한다면, 그 사람은 내가 원하는 것을 알아야 해."

이런 비합리적인 믿음은 차이를 극대화하고 결혼에서의 스트레스를 낮추기보다는 높인다. 마지막 믿음은 매우 해롭다. 우리는 정말 우리를 사랑하는 사람이라면 우리가 말을 하지 않아도 내가 행복하거나 싫어하는 것이 무엇인지를 알 것이라고 추정한다. 하지만 다른 사람은 내 마음을 읽을 수 없으며, 따라서 내 감정이나 내가 좋아하는 것을 알리고 표현해야 한다.

차이에 대한 타협

집안일, 여가시간 활동 등에 대한 서로의 차이에 대해서 효과적으로 타협을 하기 위해서 당사자인 둘은 관계에서의 권력을 나누어 가져야 한다(Rathus & Sanderson, 1999). 만약 한 사람이 다른 사람을 지배하는 방식으로 잘못되어 있다면, 힘의 불균형으로 인해서 앞으로의 협상에 방해가 될 것이다. 불이익을 보는 배우자는 자신의 의견을 제대로 이야기하지 못하고, 분노가 쌓이며, 관계는 점차로 나빠질 수 있다. 동성애 커플은 이성애 커플에 비해 상대적으로 집안일을 좀 더 공평하게 나눈다는 보고가 있다(Kurdek, 2005). 그러나 커플의 성적 지향이 무엇이건 간에 일상적인 집안일의 책임에 대해 목록을 작성하는 것이 권력의 불균형을 바꾸는 데 도움이 되는 전략이다. 그러고는 부부가 자신들이 원하는 정도에 따라 집안일을 평정해볼 수 있다. 크리스와 다나는 〈표 11.6〉에 나온 것처럼 집안일을 5점 척도(1=매우 하기 싫음, 2=하기 싫음, 3=잘 모르겠음, 4=하고 싶음, 5=매우 하고 싶음)로 평정하여 보았다.

크리스는 설거지를 하고, 청구서를 처리하는 일을 하였다. 다나는 요리를 하고 차를 정리하였다. 청소와 화장실 정리하는 것은 번갈아 하기로 하고, 그 일정을 분명히 하여서 미루지 않고 "네 차례야!"라며 폭발하는 것을 방지하고자 하였다. 둘 모두 직장을 가지고 있어서 돈을 버는 것은 공평하게 나눴다.

표 11.6 ▮ 크리스와 다나의 가사 노동에 대한 순위

가사 노동	크리스의 평정	다나의 평정
설거지	3	1
요리	1	4
청소	2	3
화장실 청소	1	3
자동차 관리	3	5
청구서 처리	5	3

새로운 행동을 바꾸는 것에 대한 계약

교환에 대한 계약에서 당신과 당신의 파트너는 뭔가 바뀌었으면 하는 특정한 행동을 밝히고, 그에 상응하여 당신은 당신 자신의 행동을 변화할 것을 제안할 수 있다. 계약의 예는 다음과 같다.

크리스 : 주말에 내가 사업 보고서를 쓸 수 있는 것을 도와주면 TV 뉴스를 보기보다는 저녁식사를 하면서 당신과 더 많은 대화를 할게요.

다나 : 당신이 우리의 성적 행동을 당신 어머님과 의논하지 않으면 어머님에 대해서 모욕적인 얘기를 하지 않을게요.

즐거운 결혼 생활의 상호작용 늘리기

만족스런 커플은 서로에게 만족할 만한 행동의 비율이 높은 경향을 보인다. 배우자 중 한 명이 다른 상대가 만족할 행동을 보이면 이는 상호작용하는 경향이 있다(Rathus & Sanderson, 1999). 그래서 관계에서 서로를 만족시킬 수 있는 다음의 행동들을 증진시키는 것에 대해 고려해보라.

- 관심을 갖고, 이야기를 듣기
- 당신이 동의할 때에는 배우자에게 동의를 표현하기
- 배우자로 인해 즐거웠을 때에는 이에 대해서 표현하기
- 쓰다듬고 안는 것과 같이 긍정적인 신체적 상호작용을 하기
- 염려를 표현하기
- 유머를 표현하고 미소 짓고 웃기
- 서로의 불일치에 대해서 타협하기
- 합리적인 제안에 대해서 따르기

안타깝게도 문제를 경험하는 커플들은 배우자들이 보이는 즐거운 행동을 과소평가하는 경향이 있다. 잘 적응하지 못한 커플은 서로에 대해서 최악을 기대하며 변화를 위한 노력에 대해서 무시하거나 생각하지 않는 경향이 있기 때문이다. 당신의 파트너가 당신의 삶에 더 즐거움을 주려는 노력을 했다면, 어떤 감사의 표시가 있어야 할 것이다. 그리고 만약 당신이 당신 파트너에게 즐거움을 주려 노력했으나 그것에 대해서 그냥 넘어간다면, "나 좀 봐요! 당신에게 동의해요. 당신은 정말 똑똑한 것 같아요. 난 이렇게 웃잖아요!"처럼 감정이 상하지 않게 이야기할 수 있을 것이다. 이제부터는 관계에서 갈등을 해결할 최선의 방법 중 하나인 의사소통 기술의 향상에 대해서 이야기해보자.

의사소통 능력 증진시키기

당신 파트너의 요구를 어떻게 아는가? 파트너에게 당신의 요구가 무엇인지를 어떻게 알리는가? 당신이 사랑하는 상대를 어떻게 비판하는가? 어떻게 비판을 수용하고 자존감을 유지하는가? 안 된다는 이야기는 어떻게 하는가? 곤경은 어떻게 극복하는가?

이 모든 질문은 의사소통의 필요에 대해 초점을 맞춘다. 정서적이지 못하고 문제해결적이지 못한 의사소통은 결혼 만족에 방해가 되는 중요한 두 요인이다. 더더군다나 배우자에 대해 불만족스러워하는 사람들은 흔히 의사소통의 어려움이 주요한 장애라고 꼽는다.

일부 사람들은 다른 사람들에 비해서 의사소통이 더 낫기도 하며, 이는 아마도 다른 사람의 요구에 더 민감하거나 집 안에서 좋은 의사소통의 방식을 관찰해 왔기 때문일 것이다. 의사소통은 학습할 수 있는 기술이다. 학습에는 시간과 노력이 필요하며, 원한다면 아래의 제안이 도움이 될 것이다.

시작하는 방법

의사소통에서 가장 어려운 것 중 하나는 시작하는 것이다.

1. **이야기에 대해서 이야기하기.** 하나의 가능성은 이야기에 대해서 이야기로 시작하는 것이다. 말하자면, 파트너에게 갈등에 대해서 이야기하기가 어렵다는 것을 이야기하라. 아마도 예전에 당신이 어떤 갈등을 해결하려고 노력하였을 때의 일들에 대해서 이야기해볼 수 있을 것이다.
2. **주제에 대해서 허락받기.** 또한 어떤 주제를 가져오는 것에 대해서 허락을 요청할 수 있다. "어떤 생각이 드는데… 얘기해도 될까?"라고 이야기해볼 수 있다. 아니면 "내가 뭔가를 털어놓고 싶은데, 어떻게 시작하면 좋을지 모르겠어. 도와줄래?"라고 해 볼 수도 있다.

경청하는 방법

파트너의 이야기를 듣는 것은 의사소통의 필수적인 부분이다. 더군다나 좋은 청자가 됨으로써 파트너가 당신에게 더 귀 기울이게 할 수 있다. 먼저 "적극적으로 들어라." 파트너가 이야기하거나 기회를 제공할 때 TV를 쳐다보면서 마지못해서 "응응"거리며 허공을 쳐다보지 마라. 적극적인 경청에서는 파트너에게 눈맞춤을 유지한다. 얼굴 표정에 변화를 주어서 상대의 감정에 공감을 표현하도록 한다. 적절하게 고개를 끄덕이고, "그게 어떤 의미인지 예를 좀 들어줄래?"나 "그것에 대해서 어떤 기분이 들었니?"와 같이 적절한 질문을 던진다.

1. **바꿔 말하기를 사용하기.** 바꿔 말하는 것은 상대가 이야기한 것에 대해서 당신이 이해하고 있음을 알려주는 것이다. 예를 들어, 만일 상대가 "어제 밤에 내가 영화에 대해서 이야기하고 싶어 했는데 당신은 전화만 하고 있었던 것이 정말 힘들었어"라고 이야기하였다면, 당신은 "당신이 영화에 대해서 더 이야기하고 싶었던 것을 내가 더 알아줬으면 했구나"라거나 "내가 당신보다 다른 사람하고 더 많이 이야기를 했네"라고 이야기할 수 있을 것이다.
2. **의사소통에 대해서 상대를 강화해주기.** 상대가 이야기하는 것에 대해서 동의하지 않더라도 "당신이 그것에 대해서 느낀 것에 대해서 이야기해줘서 고마워"라거나 "당신에게 항상 동의할 수는 없더라도 난 당신에 대해서 신경을 쓰고 있으며, 당신이 생각하는 바를 나에게 이야기해줬으면 해"라고 진심으로 이야기할 수 있을 것이다.
3. **무조건적인 긍정적 존중하기.** 칼 로저스의 내담자 중심 치료자가 사용하는 무조건적인 긍정적 존중의 개념에 대해서 항시 염두에 두라. 상대에 대해 동의하지 않을 때 상대를 하나의 인간으로 가치를 두고 있음을 보여주라. 다시 이야기하면 "당신이 이러는 것은 역겨워"라기보다는 "당신을 많이 사랑해. 하지만 당신이 이럴 때에는 내가 힘들어"라고 이야기하라.

상대의 요구를 아는 방법

경청은 파트너의 요구에 대해서 아는 게 필수적이지만, 때로는 경청하는 것 이상이 필요하기도 하다.

1. **상대가 소통할 수 있도록 질문 던지기.** 질문은 대답을 제한할 수도 있으며, 제한하지 않을 수도 있다. 다음의 '예-아니요'의 질문은 특별한 대답을 요구한다.

- "당신은 내가 내 언니하고 전화 통화를 너무 많이 한다고 생각해요?"
- "설거지를 하기 전에 잠자리에 들 준비를 할 때까지 내가 기다리는 것이 당신을 힘들게 해요?"
- "차에 대한 당신의 의견을 내가 고려하지 않는다고 생각해요?"

예-아니요의 질문은 구체적인 정보를 제공한다. 그러나 열린 질문은 더 넓은 이슈에 대한 설명을 하도록 한다.

- "우리가 잠자리를 하는 방식 중 가장 좋은 것은 뭐예요?"
- "우리가 잠자리를 하는 방식에서 당신이 싫은 것은 뭐예요?"
- "우리가 사는 곳에 대한 당신의 느낌은 어때요?"
- "이것들을 우리가 어떻게 바꿨으면 좋겠어요?"
- "부모로서 나에 대해서는 어떻게 생각해요?"

파트너가 이런 질문이 지나치게 포괄적이라고 여긴다면, 예를 들어주거나 "우리가 이상적인 상황에서 살고 있는 것 같아요? 혹시 선호하는 것이 있다면 이것을 어떻게 바꿀까요?"라는 것처럼 이야기할 수 있다.

2. 자기개방 이용하기. 자신의 생각과 감정을 드러내는 것뿐 아니라 상대가 동일하게 상호작용할 수 있도록 자기개방을 활용하라. 예를 들어 당신의 파트너가 당신의 부모와의 관계에 대해서 염려하고 있는지를 알고자 한다면, "당신이 직장에서 친척과 통화를 자주 할 때 나는 좀 걱정돼. 당신이 나한테는 알리고 싶지 않은 뭔가가 있어서 당신 친척들하고만 얘기한다는 생각이 들어"라고 이야기할 수 있다.
3. 당신을 화나게 만들 수도 있는 것에 대해서 상대가 이야기할 수 있게 하기. 불편한 이슈에 대해서 상대가 이야기할 수 있게 하라. 뭔가에 대해서 이야기하는 것이 불편하지만 그것에 대해서 화를 내지 않고 들을 준비가 되어 있다고 이야기하라. 의사소통이 제한되면 소통하기가 더 어려워진다는 점을 고려하라. 전반적인 감정의 봇물이 터지면 하찮은 것에도 압도될 수 있다.

요청하는 방법

1. 당신에게 벌어진 일에 대해서 책임지기. 요청할 때 첫 단계는 내부적인 것이다. 즉 당신에게 일어난 일에 대한 책임을 지는 것이다. 만약 파트너가 행동을 바꾸기를 원한다면, 변화를 요구할 수 있다. 그리고 만약 그 변화를 거부한다면 그런 곤란에 대해 어떻게 대처할지는 당신이 책임을 져야 한다.
2. 구체적으로 이야기하기. "나에게 잘 좀 해"라고 이야기하는 것은 쓸모없을 수 있다. 왜냐하면 파트너가 어떤 행동이 거슬리는지를 모를 수 있으며, 당신이 의미하는 바가 무엇인지를 알기 어렵기 때문이다. "내가 얘기할 때에 말을 끊지 않았으면 좋겠어요"라거나 "좀 웃으면 안 돼!"라고 이야기하는 것이 좀 더 쓸모 있는 표현이다.
3. "나"를 주어로 이야기하기. 적절하게 '나'를 주어로 사용하는 것이 좋다. "오늘 저녁에는 분리수거를 해서 쓰레기를 버려주면 내가 감사하겠어요"라고 이야기하는 것이 "오늘 밤에는 분리수거를 하고 쓰레기를 버려야 하지 않나요?"라고 이야기하는 것보다 더 좋은 결과를 얻을 것이다. 비슷하게 "잠자리를 할 때 키스를 해주면 내가 좋을 것 같아요"라고 이야기하는 것이 "제이미가 신문기사에서 봤다는데, 키스가 성관계를 훨씬 더 좋게 만든다고 하네요"라고 이야기하는 것보다는 더 효과적이다.

비판을 이야기하는 방법

이 상황을 도저히 이해하기 어려울 것이다. 기다렸던 사업상 중요한 전화가 걸려왔다. 문제가 하나 있었다. 그때 당신은 밖에 있었고 파트너가 집에서 그 전화를 받았다. 근데 그 전화가 누구한테 걸려왔는지를 몰랐다. 파트너가 메시지를 잘 받아 적어서 당신에게 전해야 했는데 그렇지 않은 것이다.

이번에는 그냥 넘어갈 수 없다. 뭔가 이야기를 해야겠다. 근데 뭘 이야기할까?

비판을 이야기하는 것은 쉽지 않다. 당신의 목표는 상대가 분노감이나 죄책감을 느끼게 하지 않고 그 행동을 변화시키는 것이다. 다음의 제안을 참고하라.

1. 당신의 동기를 평가하기. 무엇보다도 자신의 동기에 대해 스스로 정직해져라. 행동을 바꾸고 싶은 것인가 아니면 상대를 벌하고 싶은 것인가? 상대를 벌하고 싶은 것이라면 거칠고 모욕적으로 해도 좋다. 하지만 갈등을 해결하고 싶은 것이라면 좀 더 현명한 방식으로 접근하라. 당신의 목표가 공포나 죄책감에 떨게 하는 것이 아니라 행동을 변화시키기 위한 것이어야 할 것이다.
2. 적절한 시간과 장소를 선택하기. 불평을 다른 이웃이나 친척, 자녀들 앞이 아니라 사적인 장소에서 이야기하라. 배우자에게는 당신이 사적인 생각이나 감정을 공공의 장소에서 표현할 때 화를 낼 권리가 있다. 당신이 사적인 생각을 공개적으로 할 때 상대로 하여금 분노를 일으키며 의사소통을 끊게 된다. 이것이 적절한 시간과 장소인지가 불분명할 때에는 허락을 구하라. "할 얘기가 있는데, 지금 해도 좋을까?"라고 물어보라.
3. 구체적으로 이야기하기. 요청을 할 때처럼 불평을 이야기할 때에도 구체적으로 이야기하라. 구체적으로 이야기함으로써 어떤 행동이 당신을 화나게 만들었는지에 대해서 소통할 수 있다. 파트너의 인격에 대해서 모욕하지 마라. "나를 위해서 메모를 남겨주세요"라고 이야기해야지, "어쩌면 그렇게 책임감이 전혀 없을 수 있어"라고 이야기해서는 안 된다. "속옷은 빨래 바구니에 넣어주세요"라고 이야기하고, "당신은 정말 게으름뱅이야"라고 이야기하지 마라. 성격 특성을 전체적으로 바꾸려 하는 것보다는

문제 행동을 바꾸는 것이 훨씬 쉽고 덜 위협적이다.

4. 당신의 감정에 근거하여 불만족을 표현하기. 다른 사람을 공격하기보다는 이것이 더 효과적이다. "뭔가 나에게 중요한 것을 잃거나 놓쳤어. 내가 화가 났어"라고 이야기하는 것이 "당신은 어쩜 당신밖에 모르고 다른 사람은 전혀 생각하지 않아"라는 것보다 낫다. "내가 이야기하는 것을 들어주지 않아서 내가 화가 나"라고 이야기하고, "당신은 항상 당신밖에 없지. 딴 사람은 전혀 신경 쓰지도 않고, 신경 쓸 생각도 없어"라고 하지 말아야 한다.

5. 현재 상황에 대한 고충을 이야기하기. "그건 정말 중요한 전화였어"라고 이야기하라. "지난 여름에 컴퓨터 회사에서 온 전화 메모를 남기지 않았었어. 그래서 내가 직장을 잡지 못했잖아"라고 이야기하는 것은 도움이 되지 않는다. 지난 여름에 당신의 배우자가 한 일 따위는 잊어라. "내가 어머니한테 전화하고 나면 늘 싸웠어"라고 얘기하는 것은 건설적이지 않다. 예전과 현재의 이슈를 뒤섞어서 가지고 오면 분노감만 상승시킬 수 있다.

6. 비판을 긍정적으로 표현하려 노력하기. 비판을 긍정적으로 표현하려고 노력하고 구체적인 요구와 함께 하라. "당신은 정말 항상 사려심이 깊어. 도움이 필요할 때 내가 편하게 부탁할 수 있었어. 전화를 받는 것에 대해서 부탁을 했으면 해. 전화가 올 때 메시지를 나에게 전해줄래?"라고 이야기해보라. 다른 상황에서는 "당신이 오늘 저녁 설거지를 대신 해서 당신의 그 마초 같은 이미지를 좀 바꾸면 어때?"보다는 "당신이 설거지를 해주면 내가 하는 일이 훨씬 쉬워져. 오늘 좀 부탁해도 될까?"라고 이야기하라.

비판을 받아들이는 방법

> 친척이든 친구든, 아는 사람이든 낯선 사람이든 정직한 비판은 받아들이기 어렵다.
>
> —프랭클린 존스

직장에서건 집에서건 비판을 받아들이는 것은 쉽지 않다. 당신은 완벽하지 않다는 것을 인식하고 가끔씩 있을 비판에 대비하는 것이 도움이 된다. 비판을 받아들이는 목적은 파트너가 염려하는 것을 알고, 의사소통의 통로를 열어놓으며, 문제가 될 수 있는 행동을 변화시키는 방법을 찾기 위한 것이어야 한다. 그러나 언어적 학대를 받아들여야 한다는 것은 아니다. 만약 비판이 받아들일 만한 수준을 넘어설 경우에는 그것에 대해서 이야기하여야 한다.

예를 들어 파트너가 "당신은 정말로 역겨워"라고 이야기한다면, "내가 당신을 화나게 만든 것에 대해서 얘기하는 게 어때요? 인격에 대해 얘기하지 말고요" 이런 방식으로 좀 더 구체적으로 이야기하기를 요구할 수 있다.

1. 명확하게 하는 질문하기. 파트너가 좀 더 구체적으로 이야기할 수 있도록 하는 또 다른 방법은 명확하게 하는 질문을 하는 것이다. 파트너가 당신의 부모와 지나치게 많은 시간을 보내는 것에 대해서 비판을 한다면 당신은 다음과 같이 질문할 수 있다. "내가 부모님과 너무 많은 시간을 보낸다는 것이야 아니면 그게 나에게 너무 많은 영향을 준다는 것이야?"라고 말이다.

2. 비판을 다시 이야기하기. 일반적으로 좋은 경청자가 된다는 것처럼 비판을 다시 이야기한다는 것은 당신이 그것을 이해한다는 것을 보여주는 것이다.

3. 비판을 인정하기. 비록 비판에 대해서 동의하지 않더라도 "알겠어요"라거나 "최근에 내가 일에 너무 시간을 많이 썼다는 것이 당신을 화가 나게 했다는 것을 알겠어요"라고 그 비판을 인정하라.

4. 실수를 하였을 경우 그 실수를 인정하기. 만약 당신이 그러하지 않았다고 생각한다면 '나'를 주어로 하여 가능한 구체적으로 당신의 진정한 느낌을 표현하라.

5. 차이에 대해서 타협하기. 만약 파트너가 완전히 잘못이라고 느끼는 것이 아니라면 아마도 둘의 차이를 타협할 방법을 찾을 수 있을 것이다. "만약 내가 ~하는 게 좋을까?"라고 이야기해보라.

곤경을 다루는 방법

우리의 의사소통 능력을 증진시키려고 할 때에는 사람들이 모두 서로 소통을 하려는 노력을 한다면 우리의 문제를 포함하여 세상의 모든 문제가 해결될 수 있을 것이라는 잘못된 생각을 가질 수 있다. 의사소통이 도움이 되겠지만, 그것이 전부를 해결할 수는 없다. 때로 사람들은 깊고 의미가 큰 차이를 가진다. 소통 능력이 좋다고 하더라도 사람들은 때때로 곤경에 빠진다. 당신과 파트너가 곤경에 빠졌을 때 다음의 제안들이 유용할 것이다.

1. 상대의 관점에서 상황을 보려고 노력하기. 아마도 다음과 같이 솔직하게 이야기할 수 있을 것이다. "당신에 동의할 수 없어요. 하지만 당신이 이야기한 것과 같이 볼 수는 있겠어요." 이런 경우에는 파트너의 감정을 정당화해주며, 둘 사이의 긴장을 낮출 수 있다.

2. 타당한 정보를 찾기. "노력하고 있어요. 그런데 솔직히는 그렇게 느끼는 이유가 잘 이해되지 않아요. 내가 이해할 수 있도록 도와줄래요?"라고 이야기할 수도 있다.

3. 휴지기를 갖기. 문제를 해결하려다 곤경에 빠질 때 문제를 품어보고 있는 것도 종종 도움이 된다(Rathus, 2002). 다른 사람의 관점을 품어보면 아마도 이후에 해결점이 둘 중 한 명에게서 나올 수 있다. 문제를 그냥 덮어둔 채로 넘어가지 않게 하기 위해서 그것에 대해서 서로 얘기할 시간을 정할 수도 있다.

4. 차이에 대해서 용인하기. 둘 모두 각기 개별적 존재이며, 모든 것에 동의할 수 있는 것은 아니라는 점을 인지하라. 가족은 서로의 차이에 대해서 인정할 때 더 기능을 잘한다. 대체로 각자가 자아

정체감을 확고히 갖고 있으면 서로에게서 나타나는 차이에 대해 더욱 용인할 수 있는 것 같다.

5. 의견의 차이에 대해서 동의하기. 어떤 갈등이 해결되지 않은 채로 남아 있을 때 우리는 각자가 개인으로서 그리고 파트너로서 살아간다는 점을 인식하라. 서로 불일치하는 것에 대해서 동의하고 자신과 타인에 대해서 존중을 계속할 수 있다.

제11장 복습 암송하기/암송하기/암송하기

학습 비결 : 이 질문에 대한 답을 암송하면 보다 효과적으로 학습을 할 수 있을 것이다. 우선 질문에 대한 답을 혼자 소리 내어 답해보거나 공책이나 컴퓨터에 써보라. 그리고 자신의 답을 아래의 정답 예시와 비교해 보라.

1. 사회과학자들은 관계의 발달 단계를 어떻게 보는가?

사회교환이론에 따르면 발달의 단계에는 관계 지속과 관련된 보상과 비용의 균형이라는 사회적 교환이 관여된다.

2. 레빙거의 관계 발달의 5단계는 무엇인가?

레빙거에 따르면 관계는 매력, 형성, 지속, 악화, 종결이라는 다섯 단계의 발달 과정을 거친다. 모든 관계가 이 단계를 반드시 거치는 것은 아니다.

3. 어떤 단계로 사람들은 관계를 만들어 나가는가?

사람들은 관계를 형성하기 위해 서로 안면을 트고, 편하게 이야기를 나누며, 자기 개방을 하게 된다. 가볍게 이야기를 나누는 것은 표면적인 관계 맺음을 넘어서 그 관계를 진행할 것인가를 결정 지을 때 중요한 근거가 되는 일종의 탐색이다. 자기 개방은 사적인 정보를 드러내는 것이다. 자기 개방으로 인해 상대도 유사한 개방을 하며, 이는 친밀감을 증진시킨다. 그러나 미성숙한 자기 개방은 부적응을 낳고 서로를 멀어지게 하기도 한다.

4. 어떤 요소들이 관계의 진행과 악화에 기여하는가?

관계의 지속에 영향을 주는 요소에는 지루함을 이길 다양성, 믿음, 돌봄, 헌신, 긍정적 평가가 지속된다는 증거(예 : 밸런타인데이 카드), 질투의 부재, 공평함에 대한 지각(예 : 가사일, 자녀 양육, 허드렛일 등에 대한 공평한 배분)과 서로에 대한 전반적 만족 등이 포함된다.

5. 오늘날 결혼의 역할은 무엇인가?

오늘날 결혼은 가정 생활을 제공해주고, 자녀를 키우며, 부를 물려주는 주요한 제도이다. 결혼은 매력과 사랑의 느낌에 기초하고 있으며, 정서적, 심리적 친밀감과 안정감을 제공해준다.

6. 결혼 만족에 영향을 주는 요인은 무엇인가? 결혼한 사람이 독신보다 더 행복한가?

결혼 만족감에 영향을 주는 요인은 좋은 정서적 소통, 좋은 문제 해결적 소통, 성적 만족과 재정 및 자녀 양육에서의 의견 일치 등이 있다. 결혼 계약은 서로의 가치와 목표를 명확히 하는 데 도움을 줄 수 있다. 예를 들어, 부인이 남편의 성을 따를 것인지, 어떤 집안일에 대해서 누가 책임을 질 것인지, 자녀 양육의 방법과 여가 활동은 어떻게 할 것인지 등에 대해서 기술해놓을 수 있다. 대체로 결혼한 사람은 독신인 사람에 비해서 그들 삶에 대해 더 행복해하는 경향이 있다.

7. 혼외정사에 대한 미국인들의 태도는 어떠한가?

혼외정사에 대해서 대부분의 미국인들은 부정적으로 본다. 혼전 성관계에 대해서는 더욱 허용적으로 변화해 왔지만, 혼외정사에 대해서는 대체로 여전히 반대한다.

8. 불륜이 관계에 어떤 영향을 주는가?

바람을 피우는 것을 알게 되면, 분노, 질투나 심지어는 수치감 같은 것이 나타난다. 바람을 피우는 것이 항상은 아니지만 대체로 결혼 생활에 해를 입힌다.

9. 가정 폭력은 얼마나 퍼져 있나? 무엇 때문에 그 문제가 생기나?

8명 중 1명의 여성이 매년 가정 폭력의 피해를 입는다. 남녀 모두 가정 폭력을 행하지만, 여성이 더욱 심각한 부상을 입는 경향이 있다. 가정 폭력은 흔히 그들 관계에서 남성의 지배력에 대한 위협과 관계되어 있다.

10. 얼마나 이혼하나? 사람들은 왜 이혼하나?

미국에서 절반의 결혼은 이혼으로 끝난다. 그 이유는 이혼에 대한 거부감이 느슨해진 것, 여성의 경제적 독립이 확대된 것과 역설적으로 결혼에 대해 긍정적 기대가 지속되는 것, 특히 결혼이 서로의 요구를 충족시켜야 하며, 행복하게 해야 한다는 기대와 관련이 있다.

11. 이혼의 재정적, 정서적 영향은 무엇인가?

이혼은 일반적으로 모든 관련자들의 전반적인 삶의 수준을 낮춘다. 커플과 자녀에게 모두 정서적인 문제를 낳는다. 이혼은 남성에게 자살의 가능성을 높이기도 한다. 이혼은 또한 가정의 해체로 이어지며, 이로 인해 자녀 양육을 더욱 힘들게 한다.

12. 오늘날 독신으로 사는 것은 어떤 모습인가?

오늘날 더 많은 사람들이 독신을 선택하며, 많은 사람들은 교육과 직업의 목표를 성취하기 위해 결혼을 미룬다. 일부 사람들은 적절한 상대를 만나지 못해서 독신으로 남아 있기도 한다. 일부는 성적인 다양성을 선호하고 헌신을 피하기 위해서이기도 하다.

13. 커플이 동거를 하는 이유는 무엇인가?

동거는 결혼하지 않은 상태에서 함께 사는 것이다. 일부는 동거를 서로에 대해 깊이 헌신하지 않은 상태에서 결혼이 주는 이득을 얻는, 결혼에 대한 대안으로 여긴다. 일부에게 동거는 결혼으로 가는 하나의 단계이기도 하다.

14. 동거와 이후 결혼에서의 성공의 관계는 어떠한가?

사실 결혼 전에 동거한 사람들은 더 이혼하는 경향이 있다. 그러나 결혼 전 동거가 이후 이혼의 원인이라고 추론해서는 안 된다.

개인적 글쓰기 숙고하기/숙고하기/숙고하기

학습 비결 : 이 장에 나온 개념들을 자신의 경험과 관련시켜 음미하면 보다 심층 처리가 가능하다. 그렇게 되면 내용에 보다 더 개인적인 의미를 부여하게 되며 더 효과적인 학습이 가능해진다. 답을 쓸 공간이 더 필요하면 추가 페이지를 이용해도 좋다.

1. 동류혼의 원리가 당신이 아는 사람의 결혼에서 어떻게 작용하였는가?

---

2. 동거가 결혼에 도움을 준다고 생각하는가 아니면 해를 준다고 생각하는가? 동거에 대한 연구 결과를 읽은 것이 당신의 생각에 어떤 방식으로든 영향을 줬는가?

모듈 복습에 대한 답

모듈 11.1

1. 사회적
2. 지속
3. 개방
4. 남성/여성
5. 악화

모듈 11.2

6. 결혼
7. 결혼한
8. 동류혼
9. 결혼 계약
10. 영혼의 친구
11. 용인하지 않는다
12. 첫
13. 남자 아이
14. 3
15. 여성

모듈 11.3

16. 높다
17. 독립적
18. 이상
19. 40%
20. 법적
21. 더

결혼 역할에 대한 생각이 전통적인지, 자유로운지를 확인하는 설문 채점 방법

4, 6, 7, 9, 10번의 문항은 역채점을 한다(1점은 4점으로, 2점은 3점으로, 3점은 2점으로, 4점은 1점으로). 그러고는 모든 문항의 점수를 합한다. 그러면 전체 점수의 범위는 10~40점이 된다. 10~20점은 결혼 역할에서 전통적인 관점이 중간에서 높은 수준을 의미한다. 30~40점이면 반대로 자유로운 관점이 중간에서 높은 수준임을 뜻한다. 20~30점은 중간쯤에 있음을 뜻한다.

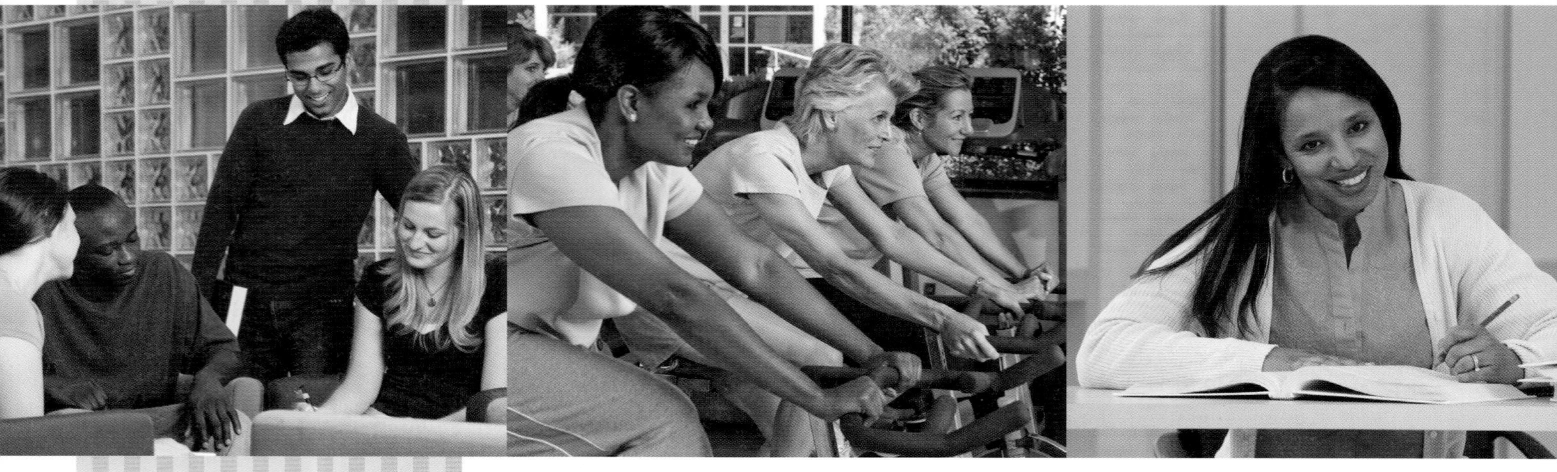

CHAPTER

12

성과 섹슈얼리티

개요

다음을 알고 있나요?

- IQ와 관련하여 한 성이 다른 성에 비해서 더 똑똑한 것은 아니다.(439쪽)
- 여성이 남성에 비해서 더 자주 웃는 경향이 있다.(441쪽)
- 어떤 측면에서는 여자 아이들이 남자 아이들에 비해서 더 공격적이다.(441쪽)
- 일부 사람들은 자연의 실수로 인해 반대 성의 신체에 갇혀 있다는 느낌을 갖는다.(443쪽)
- 여성에게만 성적 만족이 유일한 기능인 성 기관이 있다.(449쪽)
- 남성의 성호르몬인 테스토스테론은 남녀 모두에게 있다.(452쪽)
- 남성은 여성이 느낀 것보다 더 성관계 동안에 상대가 오르가슴을 느꼈다고 말하는 경향이 있다.(454쪽)
- 고대 이집인들은 악어 배설물을 피임 도구로 사용하였다.(454~455쪽)
- 사람들이 성적으로 흥분되었을 때 귓불은 부푼다.(459쪽)
- 비만은 발기장애의 위험을 높인다.(463쪽)
- 생식기 혹을 일으키는 바이러스는 또한 자궁경부암의 주요한 원인이다.(473쪽)

Galina Barskaya/iStockphoto

H. Armstrong Roberts/Corbis Images

제1장에서 성적 가치에 대해서 갈등하고 있는 19세의 대학 신입생인 마리아를 소개한 바 있다. 엄격한 멕시코계 미국인 가정에서 길러졌지만 더 자유로운 분위기인 미국 문화에 동화된 마리아는 좀 더 성적으로 친밀한 관계를 맺기를 원하는 마크를 만나 왔다. 하지만 마리아는 처녀성에 대한 것뿐 아니라 성관계를 매개로 하는 질병의 위험성에 대해서 염려하였다. 그녀는 마크가 어떤 성경험을 가져왔는지 모르고 이런 주제로 이야기를 꺼내는 것에 대해서 불편해한다고 이야기한다.

차냐와 재닛은 직장을 다니는 30대 여성으로 한 도시의 아파트에서 함께 살고 있으며, 가족들에게는 그들의 비밀스런 관계를 알리지 않고 있다. 둘 중 한 명의 부모가 방문할 경우에는 침대를 떨어뜨려 놓고 그냥 단순한 룸메이트인 척한다. 그 둘이 서로 연인이 아닌 척하는 것이 점점 어려워지고 있다.

여기 27세 대학원생인 스튜어트가 있다. 그는 농담처럼 "이건 좀 웃겨요. 정말 웃긴 건 아니고, 역설적으로 웃긴다는 거죠. 제가 이 나이(27세)에 경험할 것이라고 정말 예상하지 못했던 것이 발기가 되지 않는 것이었어요"라고 이야기한다. 스튜어트는 2년 전 이혼을 한 후에 독신이 되었고, 성행위하는 것에 문제를 갖게 되었다. 데이트를 하는 여성과 관계를 시도할 때 몇 차례 발기가 안 되었던 것이 매우 창피스러웠고 그래서 이후 포기했다. 최근의 관계에서는 성적 친밀감을 가지지 않았으면 좋겠다고 양해를 구하기는 했지만, 그의 설명이 좀 공허한 것처럼 보였다.

이 이야기들은 성적 가치나 성적 지향, 성 반응에서 갈등을 겪고 있는 젊은 세대들의 경험을 모아놓은 것이다. 성은 즐거움의 원천이지만 심리적 적응에서 많은 도전과 연결되어 있기도 하다. 성은 성적 요구를 표현하거나 친밀한 경험을 누군가와 나누는 방식 이상의 것을 포괄한다. 성은 우리가 성적 존재로서 어떻게 경험하는가를 포함한다. 이는 **성 정체성**(gender identity)의 문제(남성 또는 여성이라는 지각), **성적 지향**(sexual orientation)(성적 매력을 느끼는 대상)과 **성 역할 행동**(gender-role behaviors)의 수용, 즉 우리 사회에서 각자의 성 구성원으로서 적절하다고 생각하는 것을 얼마나 수용하는지와 관련이 있다. 이 장에서는 성 정체성과 성 역할에서 시작하여 성(gender)과 섹슈얼리티(sexuality)와 관련한 다양한 요소들에 대해 살펴볼 것이다.

또한 강간의 사회적 문제와 사회와 여성 자신이 성 폭력에 맞서 무엇을 할 수 있는지에 대해서 살펴볼 것이다. 또한 젊은이들이 책임 있는 성적 선택을 하기 위해 도움을 줄 수 있는 피임에 대해서도 논의해보려고 한다. 마지막으로는 성 행위를 통해서 전염되는 질병의 위협에서 우리 스스로와 파트너를 보호할 수 있는 것에 대해서 초점을 맞추고자 한다.

모듈 12.1

성 역할과 성 고정관념 : 남성성 혹은 여성성이라는 것은 어떤 의미인가?

- 고정관념이란 무엇인가?
- 일반적인 성 고정관념은 무엇인가?
- 심리적으로 양성성이란 무엇인가?
- 심리적 양성성이 적응과 어떻게 관련되는가?

"왜 여자는 좀 더 남자 같지 않을까?" 고전 뮤지컬 "마이 페어 레이디"에 나오는 노래이다. 극중 이 노래에서 헨리 히긴스 교수는 여자는 감정적이고 변덕스러우며, 반면에 남자는 논리적이고 독립적이라고 안타까워했다. 만약 히긴스 교수가 여성이었다면, 그녀가 왜 남자가 좀 더 여자 같지 않을지에 대해서 궁금해했을까 의심스럽다. 하지만 해부학적, 생식기의 명백한 차이를 제외하고 남녀가 어떤 면이 다를까? 예를 들어 지능이나 다른 인지적 능력에서 차이가 있을까? 성격이나 사회적 행동에서는? 그리고 만약 차이가 있다면, 그것은 생물학적인 것일까 아니면 문화적인 것일까? 과학자들이 밝혀낸 성차에 대해서 알아보기 전에 성이라는 개념이 문화 틀 내에 새겨진 것이라는 점을 알아야 한다.

성 역할 : 남성과 여성에게 기대되는 행동 방식

각 사회에는 확립되어 있는 기대나 성 역할이 존재한다. 그리고 이것은 남자와 여자가 하기에 바람직한 것으로 여겨지는 행동이 무엇인지를 지정한다. **성 역할**(gender role)은 남자와 여자가 어떻게 행동해야 하는지, 어떻게 옷을 입고, 어떤 종류의 일을 해야 하는지를 규정한다. 어떤 일은 '남자의 일' 그리고 다른 일은 '여자의 일'이라고 규정하는 것이 성 역할의 예이다. 서구 사회에서 전통적인 성 역할에 따르면 남자는 생계비를 벌고, 여자는 가사 일을 할 것을 기대한다.

이렇듯 층으로 분리되어 있는 성 역할이 사람들이 남성과 여성에 대해 가지고 있는 **성 고정관념**이다. 고정관념은 인종이나 민족, 종교 집단, 아니면 여기서처럼 성 범주(남성 혹은 여성)와 같이 특정 집단이나 부류에 속한 구성원의 속성, 특징이나 행동에 대한 고정되고 틀에 박

힌 생각이다. 성 고정관념은 남성과 여성이 어떻다는 것과 같은 일반화된 신념이다. 고정관념은 흔히 성차별주의나 인종주의와 같은 편견과 차별을 낳는다. 예를 들어 만약 여성은 관리 능력이 부족하다는 고정관념을 가진다면 관리직에 여성보다는 남성 지원자를 더 선호할 가능성이 있다. 구인 광고의 문구에서조차 성 편향의 미묘한 형태가 드러날 수 있으며, 이는 그 직장에 여성이 지원하는 것을 막을 수 있다. 경험적 연구에서 보여준 바에 따르면, 구인 광고에 여성적인 문구보다는 남성적인 문구가 포함되면(예를 들어, '지원, 이해, 상호 간에'라는 단어보다는 '리더, 경쟁적인, 지배적인'이라는 문구의 사용) 여자들은 그것에 흥미를 덜 두는 것으로 나타났다(Gaucher, Friesen, & Kay, 2011).

"여자는 수학을 못한다"나 "흑인은 IQ 검사 점수가 좋지 않다"와 같은 전통적인 고정관념과 관련된 단서들이 퍼지면 그것은 그 집단의 수행에 영향을 준다(Kaiser, Vick, & Major, 2006; Schmader, Johns, & Forbes, 2008; Steele & Ambady, 2006). 이런 단서들은 낙인찍히고 고정관념의 규정을 받는 집단에게 경계의 감정을 불러일으키며, 심리학자들이 **고정관념 위협**(stereotype threat)이라고 부르는 반응 경향성을 일으킨다. 예를 들어 "수학을 잘 못한다"는 고정관념에 초점이 맞춰지면 시험 그 자체에 집중하지 못하고 잘할 수 있을까 하는 걱정에 몰입하면서 여자들이 수학 시험에서 수행이 저하될 수 있다(Good, Aronson, & Harder, 2008; Kiefer & Sekaquaptewa, 2007; Krendl et al., 2008).

우리 문화에서 남성과 여성은 어떻게 다르게 보일까? 우리 문화에서 흔하게 퍼져 있는 여성에 대한 고정관념은 부드럽고, 의존적이고, 따뜻하며, 감정적이고, 친절하며, 도움을 주고, 인내심 많으며, 순종적이라는 것이다. 고정관념 중 일부(친절한, 도움을 주는)는 긍정적 특성이며, 반면에 일부(순종적, 의존적)는 부정적인 느낌을 담고 있다. 남성에 대한 고정관념은 독립적이고, 경쟁적이며, 거칠고, 논리적이고, 자주적이며, 지배적이고 방어적이라는 것이다.

횡문화 연구에서 성 역할 고정관념이 다양한 문화에서 넓게 퍼져 있음을 확인하였다(표 12.1 참조). 예를 들어 30개 국가에서 실시한 설문조사에서 존 윌리엄스와 데보라 베스트(Williams & Best, 1994)는 남성은 보다 활동적, 모험적, 공격적이고, 고집이 세며, 독재적인 것으로 판단되었다. 여성은 보다 두려움이 많고, 변덕스러우며, 어리석고, 경박하고, 까다로운 것으로 보였다.

고정관념은 다음에 소개할 "적응과 현대인의 삶"에 보이는 것처럼 또한 라틴계열의 사회에서는 남성과 여성에게 주어지는 기회의 정도에 영향을 주기도 한다.

적응과 심리적 양성성 : 특성이 높을수록 더 즐겁다?

남성성과 여성성은 연속선상의 양쪽 극단에 해당되는 것이라고 흔히 생각한다. 남성성이 높은 사람일수록 여성성은 낮으며, 그 역도 마찬가지일 것이라고 흔히 추론한다. 그래서 돌봄, 부드러움, 감정적이라는 여성적 특성을 가진 남자는 덜 남성적일 것이라고 여겨진다. 비즈니스에서 남성과 경쟁하는 여성은 다른 여성에 비해서 더욱 남성적일 뿐 아니라 덜 여성적이라고 보인다. 하지만 많은 심리학자들은 남성성과 여성성을 각기 독립적인 차원이라고 본다. 즉 남성성 특질을 측정하는 척도에서 높은 점수를 받는 사람이 반드시 여성성 특질에서 낮은 점수를 받는 것은 아니라는 것이다. 비즈니스 세계에서 능력을 보여주는 사람은 또한 따뜻하고 애정이 많을 수도 있다. 남성성과 여성성의 전형적인 특질을 모두 소유한 사람을 일컬어 **심리적 양성성**(psychological androgyny)을 보인다고 이야기한다. 전형적인 남성성과 여성성

심리적 양성성 : 남성성과 여성성의 특질 모두에서 높은 수준을 보임

표 12.1 | 세계에서 보이는 성 역할 고정관념

남성에 대한 고정관념		여성에 대한 고정관념	
활동적인	독단적인	다정한	긴장하는
모험적인	흥미추구적인	감사하는	참을성 있는
공격적인	정밀한	주의 깊은	즐거워하는
고집 센	빠른	변화무쌍한	새침한
독재적인	이성적인	투정 많은	민감한
능력 있는	현실적인	복잡한	예민한
난폭한	무모한	혼란스런	섹시한
자만하는	재치 있는	의존적인	수줍은
확신 있는	완고한	꿈 많은	상냥한
용기 있는	강건한	감정적인	세련된
잔인한	빈틈없는	흥분 잘하는	순종적인
단호한	과시하는	흠 잘 잡는	피암시성이 높은
무질서한	꾸준한	두려운	미신적인
진취적인	엄중한	변덕스런	수다스런
매정한	인색한	어리석은	겁 많은
개인적인	둔감한	용서하는	감정적인
창의적인	거친	천박한	야망 없는
뻔뻔한	파렴치한	까다로운	이해심 많은
추악한		온화한	불안정한
		상상력 풍부한	따뜻한
		친절한	약한
		부드러운	걱정 많은
		겸손한	

출처 : Data from Williams & Best (1994), p. 193, Table 1.

모두에서 낮은 특질을 보이는 사람은 남성성과 여성성의 차원에서 미분화되었다고 할 수 있다(그림 12.1 참조).

미분화된 사람들은 스트레스에 직면할 수 있다. 예를 들면 미분화된 여자는 여성적이거나 남성적인 여자들에 비해 친구에게조차 덜 긍정적으로 보인다(Baucom & Danker-Brown, 1983). 미분화된 여자는 결혼에 대해서도 덜 만족스러워하는 경향이 있다(Baucom & Aiken, 1984). 그러나 앞으로 보게 되겠지만 심리적으로 양성인 사람은 스트레스에 대해서 더 강한 경향성을 보인다.

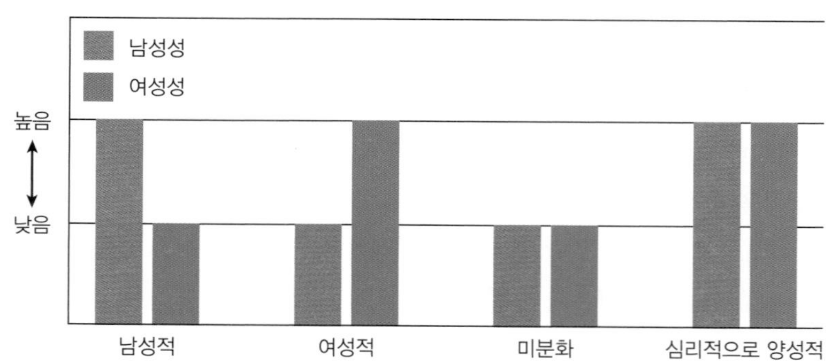

그림 12.1

심리적 양성성 오늘날 많은 심리학자들은 남성성과 여성성은 독립적인 차원이라고 생각하며, 따라서 한 사람에게 전통적인 남성성과 여성성 둘(심리적 양성성) 모두가 상승할 수 있고, 반대로 둘 모두가 하락할 수도 있다.

적응과 현대인의 삶

문화적응과 성 역할의 변화 – 라파엘 자비에의 글

문화적 차이는 성과 관련한 고정관념에 영향을 준다. 전통적인 히스패닉 문화에서 마치즈모/마리아니즈모 고정관념에 대해서 생각해보라. **마치즈모**(machismo)는 남성에 대한 이상적 관점이라는 차원에서 남성성에 대해서 정의된 문화적 고정관념이다. 마초(macho)가 되기 위해서는 강하고, 박력 있으며, 주도적이어야 한다. 하지만 라틴 계열의 문화권에서는 마치즈모의 의미에 대해 각기 독특한 문화적 의미를 가진다. 카리브해 지역과 중앙 아메리카의 스페인어 사용 문화권에서는 마쵸 코드는 남성들에게 감정을 억제하고 정서적인 거리를 유지하도록 한다. 그러나 아르헨티나와 다른 라틴 아메리카 국가들을 여행하면서 내가 봤을 때 예민하고 정서적으로 표현적이라는 것이 남성들의 마쵸 코드를 위태롭게 하는 것으로 여겨지지는 않는 것으로 보였다. 다양한 라틴 계열에서 마치즈모와 다른 성 역할들의 문화적 개념에 어떤 차이가 있는지를 확인하는 더 많은 연구가 필요할 것이다.

라틴 계열 사람들에게 마초의 이상적 모습 반대편에 여성성의 문화적 이상적 모습은 **마리아니즈모**(marianismo)에 내재되어 있다. 성모 마리아의 이름에서 나온 마리아니즈모라는 고정관념은 고결한 여성의 이상적 모습을 일컫는 말로, 남편과 아이들의 필요와 요구를 위해 여성 자신의 것들을 누르고 침묵 속에서 참고 사는 사람을 의미한다. 이런 마리아니즈모의 고정관념은 순교자로서 여성 역할의 이미지이며, 문화의 이상적 수준으로 발전되었다. 이런 문화적 고정관념에 따라 여자는 집에서 남편을 얌전히 기다리고, 낮이건 밤이건 남편이 집에 올 때를 위해 식사를 준비하며, 남편을 위해 슬리퍼를 준비해주는 등의 방식으로 자신의 사랑을 표현할 것으로 기대된다.

여성의 이상적 모습은 침묵 속에서 참고, 고통스러울지라도 즐거움을 제공해주는 사람이다. 스페인의 가부장적 전통에 강하게 영향을 받아, 마리아니즈모라는 고정관념은 역사적으로 여성이 남성에 종속된 지위가 지속되게끔 이용되었다.

Courtesy Rafael Javier

심리학자 라파엘 자비에(Rafael Javier)

마치즈모 : 강함, 박력, 주도성, 정서적 제한성으로 남성성을 정의 내리는 라틴 아메리카의 문화적 전형

문화적응(acculturation) – 이민자 집단이 주(host) 문화의 관습에 적응하는 과정 – 으로 인해 미국 내 라틴 아메리카 커플들 간에 결혼 역할의 전통적인 마치즈모/마리아니즈모 영역에 대한 도전이 이루어져 왔다. 내가 치료 과정에서 라틴 아메리카 커플들을 만날 때, 결혼 역할에 대한 전통과 현대적 기대의 차이에서 발생한 갈등이 증가하고 있음을 보아 왔다. 라틴계 미국 여성들이 일반적으로 가사 혹은 보육과 관련된 직장에 고용되는 숫자가 증가해 왔다. 하지만 그들이 퇴근하여 집으로 돌아왔을 때 그들은 여전히 자신의 아이들을 직접 돌보고, 가사일을 하며, 남편의 요구에 시중드는 것에 대해 책임질 것을 요구받는다. 많은 경우, 전통적인 역할에 반대되게 부인이 일을 하며 가족을 부양하는 반면에 남편은 직장을 찾지 못하거나 이를 유지하지 못해서 집에 있는 경우들이 발생한다. 결혼 내에서 더욱 유연하게 역할의 분담을 수용하는 것을 어려워하며, 전통적인 마치즈모/마리아니즈모의 성 역할 기대들에 얽매인 완고한 생각을 포기하지 못하는 사람이 바로 라틴계 미국인 남편이다.

일부 커플들은 변화된 조건 속에서 결혼 역할과 그들의 기대를 재구성하기도 하지만, 많은 관계들은 긴장 속에서 조여져 있으며 이혼으로 끝이 난다. 마치즈모나 마리아니즈모 고정관념 모두 완전히 사라지는 것을 기대하지는 않지만, 지속적인 문화적응으로 성 역할에 대한 기대가 좀 더 유연해질 수 있을 것이다.

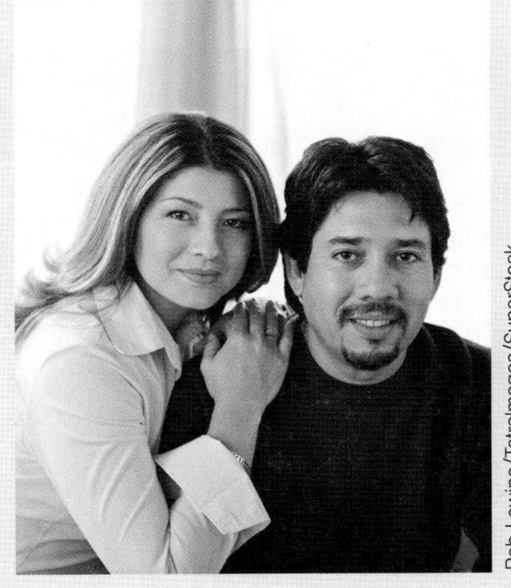
Rob Lewine/Tetraimages/SuperStock

라틴계 미국인 커플 많은 전통적인 라틴계 미국인의 문화에서 우리는 남성 중에서 마치즈모와 여성 중에서 마리아니즘의 전통을 관찰할 수 있다. 하지만 그 속에서 유의한 개인차가 있음과 대부분의 문화에서 그 단어는 다를지라도 '마초' 남성이라는 개념이 있음은 기억해야 할 것이다. 그리고 물론 세계의 대부분 문화에서는 전통적으로 여성을 남성에 종속되었다고 보아 왔다.

마리아니즈모 : 남편과 아이의 필요와 요구에 맞춰 여성 자신의 것을 그것에 종속시키며, 필요할 때 조용히 참는 것으로 여성적 이상형을 정의하는 라틴 아메리카의 문화적 전형

문화적응 : 주 문화의 관습에 적응하는 과정

심리적으로 양성적인 사람은 남성적이거나 여성적인 사람에 비해서 더 창의적인 경향을 보인다(Norlander, Erixon, & Archer, 2000). 심리적 양성성의 특성은 일반적으로 집단의 압력 하에서도 남성적인 독립성을 보이며, 아이들과 상호작용할 때에는 여성적인 돌봄 모두를 보일 수 있다. 양성적 특성을 가진 사람들은 못을 박을 때(남성적인 것)나 실 감기를 할 때(여성적인 것)와 같이 각기 다른 맥락하에서 폭넓은 활동을 수행할 때 더욱 편안함을 느낀다. 청소년기에는 비전통적인 직업에 대해 관심을 더욱 많이 보인다고 보고된다. 또한 더 높은 자존감을 보이며, 실패를 하였을 때에는 더 잘 회복하는 능력을 보인다. 또한 다른 사람이 필요로 할 때 더 잘 돕는 경향을 보이기도 한다. 양성이 섞여 있는 집단에서 남성적인 사람은 그 집단을 지배하려고 하고, 여성적인 사람은 뒤에 물러서 있는 것에 만족해한다. 하지만 양성적인 사람은 그 집단에서 리더십을 더 잘 공유하는 경향이 있다. 양성적인 여자는 여성적인 여자에 비해서 스트레스 사건을 덜 유해한 것으로 평가한다.

전통적으로 정의되는 여성성의 특성은 남성과 여성에게 모두 결혼 만족도와 관련이 있는 것으로 보인다. 초기 연구에서 앤틸(Antill, 1983)은 남편의 행복이 아내의 여성성과 정적으로 관련성이 있었을 뿐 아니라 아내의 행복은 남편의 여성성과도 정적으로 관련이 있었다. 심리적으로 양성적인 남편의 아내는 남편이 전통적인 남성적 성 역할을 고수하는 아내에 비해서 더 행복했다. 다른 연구의 결과, 양성적인 남성은 아내나 연인의 실수에 대해서 더욱 관대하였으며, 마초적인 남성에 비해서 사랑의 감정 표현이 더 많은 경향을 보였다(Coleman & Ganong, 1985). 남성과 마찬가지로 여성 역시도 동정심이 있고 따뜻하며 부드럽고 아이를 사랑하는 배우자에 대해 감사의 표시를 하였다. 다음에 제시되는 자기보고식 양성성 척도(ANDRO Scale)에서 자신의 성 역할 지향에 대해서 평가해볼 수 있을 것이다.

자기 평가 : 당신은 남성적인 남성 아니면 여성적인 여성인가? 양성성 척도

당신은 어떠한가? 엄격하고 전통적인 성 역할을 고집하는가? 당신은 남성적인 남성이나 여성적인 여성인가? 아니면 심리적으로 양성성(남성과 여성적 특성이 모두 표현됨)이 당신의 스타일인가?

지시 : 아래의 문항에 대해서 당신에게 대체로 해당되는지 아니면 아닌지를 확인하고 '예' 혹은 '아니요'에 동그라미하시오. 이 장 맨 뒤에 있는 표를 참고하여 당신의 점수를 다른 전국의 응답자들의 것과 비교해보시오. 그리고 주변의 다른 사람에게 이 검사를 실시해보시오.

예 아니요 1. 나는 나를 보호해주는 태도를 보이는 사람과 함께 있는 것이 좋다.
예 아니요 2. 나는 다른 사람이 나를 통제하게 하기보다는 내가 다른 사람을 통제하고자 한다.
예 아니요 3. 서핑보드를 타는 것은 나에게 위험하다.
예 아니요 4. 만약 나에게 문제가 생기면 나는 그것을 혼자 처리하는 것을 좋아한다.
예 아니요 5. 나는 다른 사람들을 기쁘게 하기 위해 뭔가 애쓰는 경우는 거의 없다.
예 아니요 6. 혼자서 하는 모험은 나에게는 약간 끔찍하다.
예 아니요 7. 다른 사람의 행동을 지시하는 데 나는 자신감을 갖는다.
예 아니요 8. 다른 사람들이 포기한 후에도 나는 문제에 대해 계속해서 작업한다.
예 아니요 9. 나는 방어적인 사람과 결혼하고 싶지 않다.
예 아니요 10. 나는 흔히 나를 도와줄 사람과 내 문제를 나누려고 노력한다.
예 아니요 11. 내 옷이 유행에 맞지 않더라도 내가 좋아하는 한 신경 쓰지 않는다.
예 아니요 12. 새로운 발명품을 보았을 때 난 그게 어떻게 작동되는지 알아보려고 노력한다.

예 아니요 13. 사람들은 나에게 그들의 어려움에 대해서 이야기하는데, 이는 내가 도울 수 있는 한 모든 일을 하려고 한다는 것을 그들이 알기 때문이다.
예 아니요 14. 때로는 나는 사람들이 나를 그들 마음대로 하도록 내버려 두어서, 그들이 우월감을 느끼게 한다.
예 아니요 15. 내가 가지고 있는 관점에 대해 적극적으로 논쟁할 필요가 있다고 느끼는 경우는 거의 없다.
예 아니요 16. 나는 나에게 항상 조언을 요청하는 사람을 싫어한다.
예 아니요 17. 나는 권위를 가진 자리를 찾는다.
예 아니요 18. 나는 친구들에게 많은 도움과 조언을 준다고 믿는다.
예 아니요 19. 나는 다른 사람에게 봉사하면서 만족감을 거의 느끼지 않는다.
예 아니요 20. 난 공공의 장소에 있을 때 부드럽게 이야기하려고 한다.
예 아니요 21. 나는 흔히 도움이 필요할 때 가장 먼저 도움을 주는 편이다.
예 아니요 22. 나는 멀리서 내가 아는 사람을 보았을 때 인사하기 위해 애쓰지는 않는다.
예 아니요 23. 아픈 아이를 돌보기 위해 간호사를 고용하기보다는 나 스스로 하는 편을 더 선호한다.
예 아니요 24. 난 다른 사람에게 도움을 청하고 의존하고 싶지는 않다.
예 아니요 25. 난 누군가와 함께 있을 때 내가 대부분의 의사 결정을 한다.
예 아니요 26. 난 튀는 것에 대해 염려치 않는다.
예 아니요 27. 난 재밌어 보이는 것을 단지 그것이 좀 위험하다는 이유 때문에 포기하지는 않는다.
예 아니요 28. 난 다른 사람 앞에서 어리석어 보여도 내가 싫어하는 사람을 보지 않는다.
예 아니요 29. 어떤 이슈에 대해서 누군가 나에게 반대할 때 난 처음보다 더 강한 입장을 취하곤 한다.
예 아니요 30. 두 사람이 논쟁 중일 때 난 흔히 그들의 논쟁을 중재한다.
예 아니요 31. 난 용인된 방식으로 행동하기 위해 애쓰지는 않을 것이다.
예 아니요 32. 난 내가 아는 사람들로부터 상당히 독립적이다.
예 아니요 33. 내가 만약 정치를 했다면 난 아마도 당에서 힘 있는 지도자 중 하나가 될 것이다.
예 아니요 34. 난 모험적인 삶보다는 조용하고 안정된 삶을 선호한다.
예 아니요 35. 난 나 스스로 나의 문제에 직면하는 것을 선호한다.
예 아니요 36. 난 내가 입은 옷에 대해서 다른 사람이 알아보게 하기 위해 노력한다.
예 아니요 37. 난 당황스러워하는 사람을 보면 흔히 어떤 도움이 필요한지를 묻는다.
예 아니요 38. 내가 일하는 분야에서 항상 최고가 되라고 주장하는 것은 나에게 비현실적이다.
예 아니요 39. 친구라는 것에 대한 최고의 생각은 좋은 삶을 사는 데 최고의 보상 중 하나라는 것이다.
예 아니요 40. 게임을 하고 있는 동안 피곤해지면 난 보통 게임을 중단한다.
예 아니요 41. 아이를 보면 난 종종 안아줄까를 물어본다.
예 아니요 42. 난 다른 사람들을 동조하게끔 하는 데 상당히 능숙하다.
예 아니요 43. 나보다 더 성숙하고 덜 의존적인 사람과 결혼하는 것이 최선이라고 나는 생각한다.
예 아니요 44. 난 가족들과 너무 많이 떨어져 있기를 원치 않는다.
예 아니요 45. 난 가끔 취해서 비틀거리는 것처럼 행동하기를 즐긴다.
예 아니요 46. 난 많은 상황을 다룰 수 없다고 느낀다.
예 아니요 47. 난 독립되어 있다는 느낌이 좋다.
예 아니요 48. 난 다른 사람에게 무엇을 할 것인가를 말하는 것을 싫어해서 나쁜 결정을 내린다.
예 아니요 49. 나이 든 사람이나 무력한 사람들을 보면 난 그들을 돌보고 싶다는 느낌이 든다.
예 아니요 50. 난 흔히 다른 사람의 의견을 듣지 않고 결정을 내린다.
예 아니요 51. 아이들이 체벌받는 것을 보는 것이 어떤 방식으로건 내 마음에 영향을 주지는 않는다.
예 아니요 52. 내 목표는 다른 사람이 이전에 했던 것에 비해 조금이라도 더 무언가를 하는 것이다.
예 아니요 53. 사랑을 하거나 사랑을 받는 것은 나에게 가장 중요한 것이다.
예 아니요 54. 난 위험성 때문에 어떤 취미나 스포츠 하기를 꺼린다.
예 아니요 55. 내가 최선을 다하게 만드는 것 중에 하나는 그 일을 통해서 칭찬을 받게 될 것인지를 아는 것이다.
예 아니요 56. 다른 사람이 눈물을 흘리면 나는 연민이 들기보다는 짜증이 난다.

출처 : Berzins, Welling, & Wetter (1977)에서 재인쇄.

양성성에 대한 도전

양성성에 대한 하나의 도전은 양성성이 아니라 남성성이 자존감의 더 많은 부분을 설명하고 있다는 것이다. 자존감은 심리적 안녕에 중요한 요소 중 하나이다. 그러나 남자와 여자 모두에게서 심리적 양성성과 자존감 간의 관계는 남성성과 여성성의 결합에 근거하기보다는 남성성 그 자체의 성향을 가지는 것과 관련이 있는 것 같다(Ward, 2000). 즉 독립성이나 자기주장성과 같은 성향이 남녀 모두에게서 높은 자존감에 기여한다는 것이다.

일부 여성주의자들은 여러 다양한 이유로 심리적 양성성이 가치 있는 목표라는 견해에 대해서 비판해 왔다. 심리적 양성성은 남성성과 여성성이라는 성격 특성 모두를 가지고 있음을 의미한다. 그러나 바로 이런 정의는 당연하다고 생각되는 남성성과 여성성의 성 역할 고정관념에 근거하고 있다. 여성주의자들은 전통적인 고정관념을 뛰어넘어서, 사람을 성별과는 상관없이 한 개인으로 다루어야 한다고 주장한다. 말하자면 많은 학자들은 심리적 양성성이라는 개념이 전통적으로 정의된 남성성과 여성성의 성격 특성을 겸비한 사람을 기술하는 데 가치를 가진다고 믿는다는 것이다(Arnett, 2004).

모듈 복습

복습하기

(1) ______는/은 어떤 집단에 대한 고정되고 관습적인 생각이다.
(2) 남성과 여성이 어떻게 행동하는지에 대한 우리의 기대를 ______ 고정관념이라고 부른다.
(3) 심리적 ______는/은 남성성과 여성성의 특성을 모두 보유한 사람을 의미한다.
(4) 심리적으로 양성적인 사람은 남성적이거나 여성적인 사람에 비해서 (높은, 낮은?) 창조성을 갖는다는 연구 보고가 있다.
(5) 심리적으로 양성적인 여성이 높은 자존감을 갖는 것은 양성성을 가져서라기보다는 전통적으로 (남성성, 여성성?)을 가진 것과 연결되어 있다.

생각해보기

최근에 성 역할 기대가 어떻게 변했는가? 어느 정도가 동일하게 유지되고 있는가?

모듈 12.2 성차 : 다른가 아니면 유사한가?

- 인지 능력에서 성차는 무엇인가?
- 사회적 행동에서 성차는 무엇인가?

프랑스어에는 Vive la différence라며 남성과 여성 간의 차이를 인정하는 표현이 있다. 그러나 현대 사회에서는 여성과 남성이 의미하는 바에 대한 우리의 개념이 도전받고 있다. 남성과 여성의 해부학적 차이와 관련된 번식의 생물학적 차원의 차이는 명백하다. 그러므로 성 차이를 기술하고 해석하는 데 생물학자들은 상대적으로 용이하다. 행동과 능력에서 성차를 검증하는 심리학의 차원에서는 좀 더 복잡하며, 이는 단순히 생물학적인 것뿐 아니라 사회적, 문화적, 심리학적 요소들과 연결되어 있기 때문이다.

이를 다른 방식으로 기술해보자. 번식의 문제에서 남성과 여성은 생물학적으로 다르다. 이에 역사적으로 여성과 남성이 가족과 사회에서 각기 다른 역할을 수행하기 위해서 심리적으로도 달라야만 한다고 가정해 왔다. 하지만 남성과 여성 간에 심리적 차이는 무엇인가? 다음과 같은 질문에서 시작해보자. 인지 능력에서 성차는 무엇인가?

인지 능력에서 성차

논의를 이런 질문에서 시작해보자. 남성과 여성 중 누가 더 똑똑한가? 세상 일에 대한 지식과, 과학과 산업에서 기술들을 남성이 더 많이 갖고 있기에 남성이 여성에 비해서 더 지적이라는 생각이 서구 사회에서 오랫동안 믿어져 왔다. 많은 경우 간과된 것은 여성이 세상 일, 과학, 산업에 참여하는 것이 구조적으로 배제되어 왔다는 것이다. 과학적 증거는 남성이 더 똑똑한 성별이라는 주장과 일치하지 않는다. 사실 지능 검사에서 전체 지능이나 인지 능력에서 성차는 나타나지 않는다(Halpern & LaMay, 2000). 미국심리학회의 전회장인 다이앤 헬펀(Halpern, 2004, p. 139)은 "한 성이 다른 성에 비해 더 똑똑하다는 증거는 없다"고 이야기하기도 하였다.

비록 남성과 여성이 일반 지능에서 유사할지라도 특정한 인지 능력에 성차가 있다는 증거는 있다. 예를 들어 여아는 언어 유창성이나 말하기와 글쓰기에서 남아에 비해 어느 정도 뛰어나다(Spelke, 2005). 여아는 남아에 비해서 어느 정도 더 빨리 언어를 획득하는 경향이 있다. 또한 미국에서 여아보다는 더 많은 남아들이 자신의 학년에 비해서 낮은 수준부터 심각한 장해의 수준까지 읽기의 문제를 보인다(Rutter et al., 2004). 그러나 대학에 간 남성을 보면 여성의 언어 능력을 따라잡는 것으로 보인다.

남아는 수학, 과학과 심지어는 지도 읽기에서 사용되는 어떤 시공간 능력에서 우위를 보인다(Cook & Saucier, 2010; Halpern et al., 2007; 그림 12.2 참조). 이와 같은 이득은 남성이

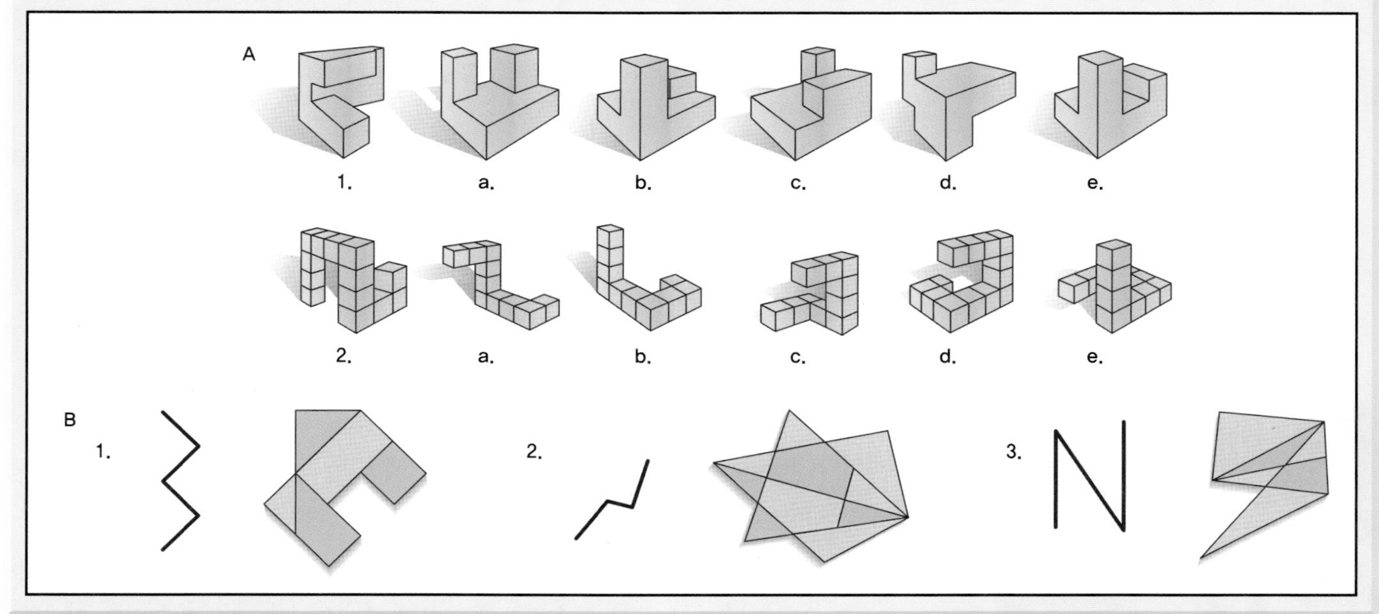

그림 12.2

공간 관련 기술 남성 집단은 여성에 비해서 여기에 보이는 것과 같은 공간 관련 능력에서 더 나은 수행을 보이는 경향이 있다. (A)는 공간에서 회전된 3차원 도형들 중 동일한 것을 찾는 것이며, (B)는 내부에 포함된 도형이나 모양을 찾는 것이다.

Commercial Eye/Iconica/Getty Images, Inc.

남성과 여성 중 누가 더 똑똑한가? 일반 지능에 대해서는 동일하다고 할 수 있다. 하지만 더 특수한 인지 능력에 대해서는 일부 성차가 존재한다.

체스나 지리적 문제를 해결하는 것과 같은 게임이나 과제에서 더 나은 모습을 보이는 경향을 설명할 수 있게 한다. 한 연구에서 대학생들을 대상으로 90명의 남성과 104명의 여성의 이동 전략을 비교하였다(Dabbs et al., 1998). 방향을 지시할 때 남성은 마일 단위의 거리와 동서남북의 방향을 더욱 많이 사용하였으며, 반면에 여성은 표지물이나 왼쪽, 오른쪽의 방향 전환("음, 여기 주유소 왼쪽이고 다음 오른편 정지 표시판이에요.")을 더 많이 사용하는 경향이 있었다. 남성은 공간 내 심적 회전 도형이나 큰 도안 속에서 도형을 찾는 것과 같은 공간 능력에서 강점을 보이는 경향이 있다(그림 12.2 참조)(Cook & Saucier, 2010; Halpern et al., 2007; Valla & Ceci, 2011).

남성은 표준화된 수학 검사에서 오랫동안 강점을 보여 왔다(Collaer & Hill, 2006; Halpern et al., 2007). 하지만 수학의 격차는 줄어들어 왔으며 오늘날에는 표준화된 수학 검사에서 남아와 여아 간 평균 점수에서 차이는 없다(Hyde et al., 2008; Lindberg et al., 2010). 대학생들 사이에서 남성과 여성은 수학에서 거의 동일한 능력을 보인다(Spelke, 2005).

비록 인지 능력에서 일부 성차가 있지만, 아래의 제한점에 대해서는 언급되어야 할 것이다.

1. 성차는 작다. 사실 동일 성 내의 차이가 성 간의 차이보다 훨씬 더 크다. 인지 능력에서 남녀의 유사성이 차이에 비해 더 크다(Hyde, 2005a; Spelke, 2005).
2. 성차는 집단 간 차이이다. 남성과 여성 간의 차이에 비해서 동일 집단 내 개인 간의 차이가 더 크다. 즉 남성과 여성 간의 차이보다는 여성 내 언어 능력의 차이가 더 클 수 있다는 것이다. 수많은 여성들이 수학과 공간 능력에서 평균적인 남성에 비해서 더 우수함을 보인다. 남성에서도 셰익스피어와 같은 문학가들이 나온다. 여성에서도 마리 퀴리 같은 과학자들이 나온다. 어떤 여성이나 여아들도 "여자는 수학(또는 과학)을 하지 마"와 같은 잘못된 안내로 인해 수학이나 과학에서 경력을 쌓는 것에 대해서 용기를 잃게 해서는 안 된다.
3. 차이는 생물학적 요소보다는 문화적인 것이 반영된 것 같다. 미국 문화에서 공간과 수학 능력은 남성적이라는 고정관념이 있으며, 그래서 남아는 여아에 비해 이런 것에 대해서 관심을 갖도록 더 많이 장려된다. 69개국을 대상으로 이루어진 횡문화적 연구에서 여아는 남아와 동일한 수준의 능력을 갖고 있을지라도 여아는 자신의 수학 능력에 대해서 덜 자신감을 갖는 경향이 있었다(Else-Quest, Hyde, & Linn, 2010). 이 연구에서 우리가 얻을 수 있는 교훈에 대해서 주 연구자인 심리학자 니콜 엘스퀘스트(Nicole Else-Quest)는 "여아들이 성취에 대해서 격려받으면, 남아만큼 수행을 하는 경향을 보였다"라고 이야기하였다("Few Gender Differences," 2010에서 인용). 훈련과 경험이 중요하다는 것이다(Kane & Mertz, 2011).

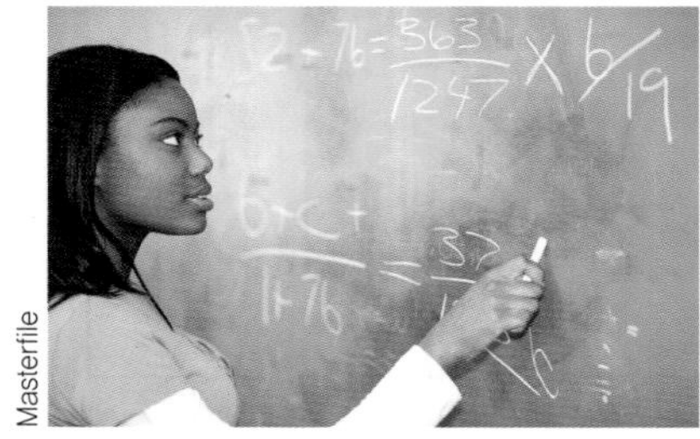

Masterfile

수학이 나다 수학≠나라는 잘못된 결론은 여아들이 수학과 과학에서 더 나은 훈련을 추구하는 것을 좌절시킬 수 있다.

연구자들은 여성이 10시간 정도 시각적인 비디오 게임을 연습하도록 한 후에는 일종의 공간 능력을 측정하는 것에서 남성 수행과의 격차가 줄어든다는 것을 발견하였다(Feng, Spence, & Pratt, 2007). 공간 능력은 수학, 엔지니어링, 과학과 같은 영역에서 중요하며, 따라서 이런 능력을 발달시킬 수 있는 특별한 훈련 경험을 제공하는 것이 이 영역에서 남성과 여성 간의 전통적인 불균형을 없애는 데 도움이 될 것이다.

성격과 사회적 행동에서 성차

성격과 사회적 행동에서 남성과 여성은 어떻게 다른가? 우리는 집단 차이를 개인의 사례에 과잉일반화하지 않으려고 노력해야만 하겠지만, 여성은 외향성, 따뜻함, 감정에 대한 개방성, 불안, 자애로움, 정서 표현을 더 보이는 경향이 있다는 증거들이 있다(Costa et al., 2002; Feingold, 1994; Ripley, 2005). 남성은 공격성, 과격함, 자존감의 측정에서 더 높은 점수를 보이는 경향이 있다. 사회적 행동의 영역에서 여성은 남성에 비해서 다른 사람들과 더 협력하는 경향이 있는 반면에 남성은 더 경쟁하는 경향이 있다(Bjorklund & Kipp, 1996).

누가 더 말이 많을까? 이 주제에 대해서 확증할 만큼 충분한 과학적 연구는 없으나, 최근 수백 명의 대학생들을 대상으로 며칠 동안 작은 마이크를 활용하여 대화를 녹음한 연구를 참고할 수 있겠다(Mehl et al., 2007). 이 연구 결과, 남성과 여성이 하루에 발화한 단어의 숫자는 전체적으로 약 16,000단어로 거의 유사하였다. 다른 관련된 연구들을 종합해보면(Leaper & Ayres, 2007), 여성이 남성에 비해서 더 말이 많다는 고정관념은 과학적 증거와는 맞지 않는다.

미국 문화에서 여성은 남성에 비해서 더 많이 웃고, 자신의 감정과 경험을 더 많이 표현한다(LaFrance, Hecht, & Paluck, 2003). 많은 사회에서 여성이 기쁨, 사랑, 두려움, 슬픔과 같은 정서를 표현하는 것에 대한 허용 정도가 더 높다(Ripley, 2005). 그러나 전통적으로 남성이 분노 정서를 표현하는 것에 대해서는 더 허용된다. 남성은 분노란 남성적인 정서이고 분노를 신체적 공격으로 드러내는 것이 남성답다고 지각되게끔 배운다. 테니시대학에 있는 분노 연구자인 산드라 토마스(Sandra Thomas)에 따르면 "그러나 여성에게는 그런 방식으로 행동화하는 것이 촉진되지 않는다. 여성은 일반적으로 분노는 불쾌하고 여성적이지 않은 것이라는 메시지는 받는다"(Dittmann, 2003에서 인용). 여성은 자신에게 상처를 준 그 사람에게 다시는 이야기하지 않겠다고 작정함으로써 그를 중요치 않은 사람으로 간주하는 것과 같이 다른 방식으로 분노를 표현하는 것을 배운다. 문화적 학습이 정서를 표현할지의 여부와 어떻게 표현할지를 결정하는 데 분명히 영향을 주지만, 정서의 경험과 정서의 표현에서 남성과 여성의 뇌는 각기 다른 방식으로 형성되어 있음 또한 인정해야 할 것이다(Canli et al., 2002).

Blend/SuperStock

수다스러운 남자 혹은 수다스러운 여자? 최근 연구 결과에 따르면, 하루 동안 이야기하는 단어의 숫자에서 남녀 간에 유의한 차이가 없음이 밝혀졌다.

성차는 또한 성 행동과 공격 행동에서도 나타난다. 여성은 성적 행동을 낭만적 관계와 결합하기를 더 원하는 경향이 있다(Fisher, 2000). 남성은 전통적으로 일회적 성관계와 다양한 대상과의 성관계에 더 많은 관심을 표현한다. 대부분의 문화에서 영광을 위해 전투와 전장으로 가는 사람은 바로 남성이다. 대부분의 문화와 대부분의 환경에서 남아와 남성이 여아와 여성에 비해서 더 공격적인 행동을 보인다(Baillargeon et al., 2007; Del Giudice, Booth, & Irwing, 2012). 이슈는 이런 성차가 타고난 것인가 아니면 사회문화적 요소를 반영하는가이다.

Peter Correz/Getty Images, Inc.

관계적 공격 남아가 일반적으로 여아에 비해 더 신체적으로 공격적일지라도 여아는 뒷소문을 내거나 따돌리는 등의 방식으로 공격성을 표현하는 관계적 폭력을 보인다.

과잉일반화의 위험은 공격성에도 또한 적용된다. 아동을 대상으로 한 연구에서 남아들이 더욱 신체적이고 드러나는 공격적 행동을 보인다는 것은 일관된 결과이다. 그러나 여아들도 종종 **관계적 공격**(relational aggression)을 보여, 타인에게 고통을 주는 수단으로 관계를 활용하는 공격적 방식을 쓴다(Godleski & Ostrov, 2010; Shoulberg, Sijtsema, & Murray-Close, 2011). 예를 들면 여아는 친구들의 집단에 껴주지 않거나 뒷소문을 내는 방식으로 공격성을 표현하는 경향이 있다.

관계적 공격 : 타인에 대해서 고통을 주는 수단으로 관계를 조종하는 것

하지만 문제는 여전히 남아 있다. 남성이 신체적으로 공격적인 것이 타고난 것인가 아니면 길러진 것인가? 이 문제에 대해서 다음 모듈에서 살펴보도록 하겠다.

모듈 복습

복습하기

(6) 연구에 따르면 일반 지능에서 남성과 여성은 (유사하다, 다르다?).
(7) (남아, 여아?)는 말하고 쓰기와 같은 언어 능력에서 더 낫지만 (남아, 여아?)는 어떤 시공간 능력에서 어느 정도 더 나은 경향이 있다.
(8) 방향을 가리킬 때 남성은 동서남북의 좌표를 쓰며, 여성은 ______를/을 더 사용한다.
(9) (남성, 여성?)은 더 주장적이며 강인한 경향이 있다.
(10) 여아는 ______ 공격을 더 자주 하는 경향이 있다.

생각해보기

어떻게 실제 성차가 전통적인 성 역할의 고정관념 양상과 잘 맞지 않을까?

모듈 12.3 성별화 : 남자 혹은 여자 되기

- 성별화의 생물학적 관점은 무엇인가?
- 성별화의 심리학적 관점은 무엇인가?

이전 모듈에서는 남성과 여성이 인지 능력과 사회적 행동의 여러 측면에서 차이가 있음을 봤다. 그러면 이런 차이의 원인은 무엇일까?

성별화 : 남성과 여성이 심리적 성 차이를 발달시켜 가는 과정

남성과 여성이 차이를 발달시키는 과정을 **성별화**(gender-typing)라고 부른다. 이 모듈에서는 성별화의 원인에 대한 여러 이론적인 관점을 살펴볼 것이다. 남성과 여성 간의 차이를 자연 질서의 일부로 보는 생물학적 관점에서 시작하도록 하자. 먼저 종종 혼동되는 몇 가지 용어에 대해서 명확히 해보자. **성 정체감**(gender identity)은 한 사람이 갖는 남성 또는 여성이라는 심리학적 의식을 의미한다. 자신에 대해서 갖는 남성 혹은 여성이라는 지각이 그 사람의 성 정체감이다.

성 정체감 : 자신에 대해서 남성 또는 여성이라는 지각

성적 지향 : 성적 매력에 대한 방향–동일 성인지, 다른 성인지, 아니면 두 성 모두인지

성 정체감은 **성적 지향**(sexual orientation)과는 같지 않다. 이 장의 후반부에서 더 논의하겠지만, 성적 지향은 한 개인이 갖는 성적 매력의 방향을 반영한다. 즉 한 사람이 자신과 동일한 성 혹은 다른 성의 사람, 그것도 아니면 두 성 모두에 매력을 느끼는지에 대한 것이다. 예를 들어 동성애자인 남성과 이성애자인 남성은 모두 남성이라는 성 정체감을 갖는다(둘 다 자신을 남성이라고 생각한다).

우리 대부분에게 우리의 성 정체감은 해부학적 혹은 생물학적 성과 일치한다. 하지만 **성 정체감 장애**(gender identity disorder, GID)를 가진 사람들은 자신의 생물학적 (염색체) 성과는 반대되는 성 정체감을 갖는다(Zucker, 2005a, b). 성 정체감 장애를 가진 성인은 때론 트랜스젠더라고 불린다. 그들은 자연의 실수라고 여겨지는 것을 제거하기 위해 성 전환 수술을 받기도 한다(Heath, 2006).

성 정체감 장애(GID) : 반대 성을 동일시하는 것을 특징으로 하는 심리적 장애

트랜스젠더 정체감을 가진 사람들은 남성성과 여성성에 대한 독특한 관점을 우리에게 제공한다. 사람들은 이들에게 어떤 성의 구성원으로 반응하지만 그들은 항상 그들의 외적 자기가 그들 자신의 실제 자기를 반영하지 못한다는 깊은 느낌을 마음속에 가지고 있다. 트랜스젠더 심리학자인 제인 토마스(Jayne Thomas)는 해부학적 성과 다른 성 정체감을 가진 것이 어떤 느낌인지를 다음과 같이 표현하였다.

> 대부분 삶에서 내가 나는 여자라고 느꼈을 때 나는 부적절하게 잘못된 성(남자라는 성)을 받았다는 강한 의심을 품었다. 그럼에도 (다른 대부분의 성 정체감 장애를 가진 사람들이 그러하듯이) 난 잘못된 것이라는 깊은 느낌을 가지고 오랫동안 싸움을 지속했다. 내가 학교에서 성공하였고, 전국 수영 대회에서 1등을 했으며, 대학에서 학위를 받았고, 두 번이나 결혼을 했고(두 번 다 아버지로서 아이를 키웠다), 유능하고 좋은 사람으로 직장 생활에서 평가를 받았다. 그러나 나의 삶에서 잘못된 것은 풀리지 않고 지속되었다. 40대에 들어서 진심으로 내 성적 문제들을 드러낼 수 있기 전까지는 말이다.

'제이' 토마스 박사는 성 전환을 거쳤고 공식적으로 1985년 11월에 '제인' 토마스 박사가 되었으나, 그에 뒤따라 상당한 역경을 경험하게 되었다.

> 선생으로서 우리는 교육을 한다고 칭하는 사람에게 지속적으로 교육을 받아 왔다. 학생들은 내 배경을 알고 있었으며(난 내가 적절하다고 생각되는 시점에 내가 어떤 사람인지를 알렸다), 많은 교수들이 그러지 않은 것과는 달리 많은 차원에서 나를 받아들였다. 나는 지속적으로 성적인 질문들을 받았고 이는 TV 토크쇼에서 질문하고 그에 대한 대답을 보면서 좋아하는 것과 같았다(몇 해 전 난 일부 TV 토크쇼에 나갔었다). 그러나 학생들은 선정성이나 피상성을 넘어서, 우리는 사회와 직장에서의 성차와 성 희롱, 관계에서 권력과 통제의 문제, 남성 혹은 여성이 의미하는 바가 무엇인지 등에 대해서 진지하게 토론할 수 있었다.

토마스 박사는 서던캘리포니아 미션칼리지 심리학과장을 맡았다. 안타깝게도 그녀는 2002년에 사망하였다. 그녀의 동료들과 심리학계에서는 트랜스젠더 정체성의 경험에 근거한 그녀의 선구자적인 노력에 대해서 안타까워하였다. 토마스 박사의 전문적, 개인적 관점에 대한 추가적인 내용들은 446쪽의 "심층 탐구"에서 찾아볼 수 있다.

성별화에 대한 생물학적 영향 : 자연스런 과정

진화심리학(evolutionary psychology)은 성별화 행동의 발달을 포함한 인간의 사회적 행동을 설명하기 위해 진화이론을 적용하는 심리학 내의 흐름이다. 진화심리학자들에 따르면 성차는 자연선택의 과정에 의해 적응된 것이며, 이는 인류 조상이 직면해 왔던 생존의 문제에 대한 반응이었다(예 : Buss, 2000). 가혹하고 냉엄한 상황에서 생존할 수 있는 신체적, 행동적 특성을 보유한 인류 조상은 자손들에게 그런 특성을 전달할 수 있었으며, 반면에 그런 특성을 받지 못한 존재들은 죽어 사라졌다. 시간이 지남에 따라 어떤 성과 관련된 차이를 포함한

진화심리학 : 진화의 원리를 인간 행동을 설명하는 데 적용한 심리학의 하위 분야

이런 적응적인 특성은 유전자의 경로를 따라 우리에게까지 전해진 것이다. 이와 같은 진화적 과정은 뇌에서 발견되는 남성과 여성 간의 구조적 차이나 혹은 내분비계에서 보이는 것처럼 신체의 화학적 차이에서 나타날 수 있다.

뇌 조직

진화심리학자들은 인류 조상의 사회는 엄격한 성 역할에 따라 조직화되었다고 추측한다. 이들 사회에서 남성은 사냥꾼이며 전사였고, 여성은 채집과 아이들을 돌보는 역할을 했을 것이다(Gaulin & McBurney, 2001; Kenrick, Li, & Butner, 2003; Maestripieri & Roney, 2006). 남성과 여성의 신체적 차이는 이와 같은 노동의 자연스런 구분을 지지하는 증거라고 이들은 주장한다. 예를 들어 남성의 상반신이 강한 것은 여성에 비해서 사냥꾼과 전사로 역할을 하기에 더 적합했다는 것이다. 그들의 신체적 힘 덕분에 그들은 도망가는 상대를 향해 창으로 찌르고 적을 압도할 수 있었다.

뇌영상 연구에서는 남성과 여성의 뇌가 조직화되어 있는 방식에서 구조적 차이가 있음을 보여준다(Riepe, 2000; Ritter, 2000). 예를 들어 남아와 남성의 뇌는 지도 읽기와 같이 특정한 시공간 기술에 더욱 적합하게 특수화된 것으로 나타나고 있다. 그렇다면 뇌는 어떻게 더욱 특수화되었을까?

신체 내 성 호르몬, 특히 남성 호르몬인 테스토스테론과 다른 화학적 요소들은 태아 발달 과정에서 성 기관들의 발달과 분화에 영향을 준다. 연구자들은 태아 발달 과정에서 신체 화학물들에 대한 호르몬의 영향이 또한 성 역할 행동과 밀접하게 결합된 남성적 혹은 여성적 뇌 발달에 작용한다고 생각한다(Collaer & Hines, 1995; Dennis, 2004).

성 정체감(남성 혹은 여성으로서의 지각) 또한 남성 성 호르몬인 테스토스테론의 영향하에 있는 태아 발달 과정에서 뇌의 성별 분화를 포함한 생물학적 요소에 의해서 영향을 받을 수 있다(Heath, 2006; Reiner & Gearhart, 2004). 태아에 대한 영향이 뇌의 성별 분화에 영향을 줄지라도 성 정체감은 태어날 때 자연적으로 새겨져 나타나는 것은 아니다. 예를 들어 선천적인 결함의 결과로 모호한 생식기를 가지고 태어난 아이들이 성 염색체 양상(여아의 경우 XX, 남아의 경우 XY)과는 상관없이 양육되는 과정에서의 성별과 일치하는 성 정체감을 갖게 된다는 연구 결과들이 있다(Slijper et al., 1998).

여성은 남성에 비해서 더 나은 언어 기술, 양육, 정서 표현성을 갖는 경향이 있으며, 이런 성향은 생물학적 토대를 가지고 있는 것 같다. 자연이 여성에게 아이와 다른 사람들의 요구에 더 민감할 수 있도록 특성을 제공한 것일까?

성별화 행동에서 생물학의 역할에 대해서 우리는 합리적으로 어떤 결론을 내릴 수 있을까? 확실한 결론을 내리기에는 부족하지만, 오늘날 많은 연구자들은 생물학과 환경적 요소가 성 정체감과 성 특정적 행동의 발달을 결정하는 데 상호작용을 한다고 생각한다(Berenbaum & Bailey, 2003; Bryant & Check, 2000). 생물학적 영향은 남아가 여아에 비해 무모한 놀이와 신체적으로 공격적인 행동을 하는 것과 같은 어떤 행동의 소질(predisposition) 또는 행동 경향성의 기반이 되는 것으로 보인다(Archer, 2004; Baillargeon et al., 2007; Feder et al., 2007). 그러나 생물학이 운명은 아니다. 성 역할 행동은 보편적이거나(사람은 서로 다르다) 고정된 것도 아니다. 아이들이 어떻게 길러지는가는 성 역할 행동을 포함한 그들의 행동에 중요한 영향을 준다. 이는 성별 행동에 대한 심리사회적 영향에 대해서 고려해야 할 필요성을 던져준다.

성별화에 대한 심리사회적 영향

오늘날 성별화에 대한 두 가지 주요한 심리사회적 관점은 사회인지이론과 성별 도식 이론이다. 그러나 역사적 이해와 함께 성별 행동의 심리학적 차원을 연구하는 틀을 세운 정신역동이론에서 논의를 시작하고자 한다.

정신역동이론

프로이트는 남아가 어떻게 남아처럼 행동하게 되고 여아가 어떻게 여아처럼 행동하게 되는지를 **동일시**(identification) 과정의 관점에서 설명하였다. 그는 5~6세 정도에 아이들이 오이디푸스 혹은 엘렉트라 콤플렉스를 해결하는 과정에서 성별화가 나타난다고 보았다. 콤플렉스의 해소는 남아가 자신의 아버지와 동일시를 하고(즉 남성적 성향을 발달시키고) 자신의 어머니를 성적으로 소유하고자 하는 욕망을 포기할 때 발생한다. 여아는 남근을 갖고자 하는 욕망을 포기하고 어머니와 아이를 낳고 기르는 역할을 동일시함으로써 콤플렉스를 해소한다.

▮ **동일시** : 정신역동이론에서는 타인을 성격 요소 내에 통합하는 과정. 사회인지이론에서는 관찰과 모방에 의해 학습되는 폭넓고 지속적인 과정

성별 행동의 발달에 대한 프로이트의 관점을 지지하는 증거는 부족하다. 오이디푸스가 성별화에 주는 영향은 말할 것도 없이 오이디푸스 콤플렉스의 존재조차도 의문시되어 왔다(Kupfersmid, 1995 참조). 또한 프로이트 이론에서 기대되는 것보다 더 이른 시기에 남아와 여아의 행동 양상과 장난감 및 활동에 대한 선호가 달라진다는 것이 밝혀졌다.

심지어는 생애 첫해 내에 남아는 더욱 탐색적이고 독립적이다. 여아는 상대적으로 조용하고 의존적이며 차분하다. 18~36개월까지 여아는 부드러운 장난감이나 인형 그리고 춤추는 것을 더 선호한다. 이 시기 남아들은 블록과 자동차, 트럭, 비행기와 같은 장난감을 더 선호하는 경향이 있다. 현대의 이론가들은 성별 행동이 어떻게 발달하는지에 대한 전통적인 프로이트의 관점에서는 벗어나 있다. 앞으로 보게 될 이론가들은 인지적 요소의 중요성을 강조한다.

두 주요한 인지이론, 즉 사회인지이론과 성별 도식 이론이 성별 행동을 설명하기 위해 출현하였다.

사회인지이론

사회인지이론가들에게 성별화는 (1) 초기 아동기에 성에 적절한 행동의 정신적 개념의 발달과 (2) 아동이 자신의 성에 적절하다고 여겨지는 행동에 대해 보상을 받거나 격려받은 학습 경험의 함수이다(Bandura & Bussey, 2004).

데이비드 페리와 케이 뷔시(Perry & Bussey, 1979)가 실시한 고전적 연구에서 제안한 바와 같이 아이는 남성성 또는 여성성이 무엇인지에 대해서 관찰 학습이나 모델링을 통해서 상당 부분 배운다. 이들의 연구에서 아이는 남성과 여성이 수행하는 것을 관찰함으로써 어떻게 행동들이 성별화되는지를 배웠다. 이들 연구에서 성인 역할을 하는 모델은 16개의 쌍, 예를 들어 오렌지와 사과, 소 장난감과 말 장난감 중 하나를 임의로 선택하였다. 그리고 아이들에게 둘 중 어떤 것을 선호하는지 하나를 선택하도록 하였다. 남아들은 남성 모델이 선호하였던 것을 평균적으로 16개 중 14개를 선택하였다. 여아들은 남성 모델의 선택과 같은 것을 16개 중 3개만 선택하였다. 다시 말하면 남아와 여아는 비록 그것이 완전히 임의적인 것일지라도 성별 선호를 학습한다는 것이다.

FancyCollection/SuperStock

아버지처럼, 아들처럼 모델링은 성별화된 행동의 발달에 중요한 영향을 갖는다.

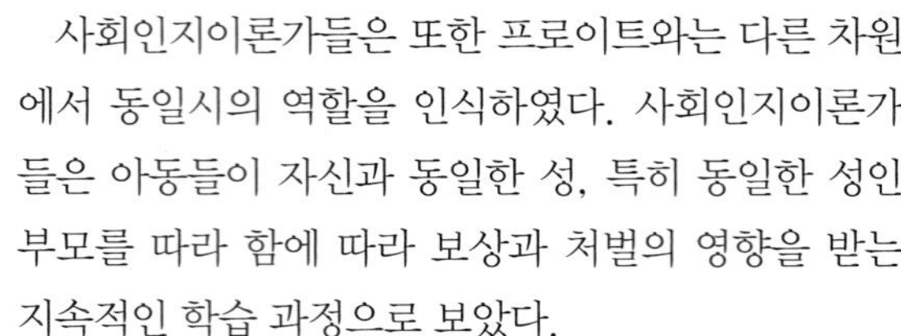

심층 탐구

제인 토마스 박사 : 자신의 이야기

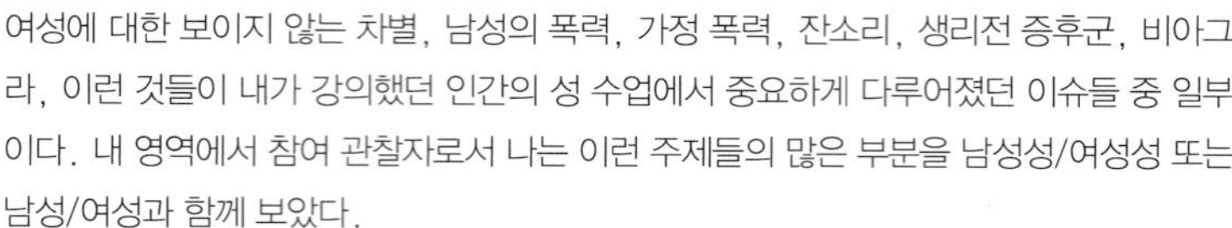

여성에 대한 보이지 않는 차별, 남성의 폭력, 가정 폭력, 잔소리, 생리전 증후군, 비아그라, 이런 것들이 내가 강의했던 인간의 성 수업에서 중요하게 다루어졌던 이슈들 중 일부이다. 내 영역에서 참여 관찰자로서 나는 이런 주제들의 많은 부분을 남성성/여성성 또는 남성/여성과 함께 보았다.

역설적이게도 나는 이런 구분들을 보기도 못 보기도 할 수 있었다. 확실히 여성은 직장 내에서 여성 진출의 이런 한계(즉 여성에 대한 보이지 않는 차별)에 대해 맞서도 보았고, 얼룩지기도 하였고, 일부 경우에는 다듬기도 하였다. 그리고 남성이라고 말하는 대부분은 분노한 여성들이 수 세기 동안 부당한 대우를 받은 것에 대한 대가로 고기를 뜯어내려고 맹공격을 하고 있고 자신들은 당하고 있다고 보았다.

이전에 언급한 바와 같이 남성성과 여성성에 대한 구분이 나에게는 선명치 않았다. 나는 인생에서 남성과 여성 모두로 살아왔기에 남성성과 여성성에 대한 독특한 관점을 제공한다는 점은 덧붙여 이야기해야 하겠다.

남성성과 여성성 개념에 대한 도전

나는 인습타파적으로 남성성과 여성성 모두에 도전하고자 한다. "난 여성인 당신이 모르고 앞으로 당신의 인생에서 알지 못할 것을 알아요." 나는 제인으로서 청중인 여성들에게 도발적으로 이야기할 수 있다. "나는 한때 남자로 살았고 평등하게 대접받았어요. 당신들은 이런 평등을 경험하지 못했고, 또 경험하게 되지도 못할 거예요." 혹은 남학생이 강의실에서 내 조교에게 다가와서 잘못된 비디오 재생 장치를 고치고는 마치 만족스런 남자만이 할 수 있는 식으로 호기롭게 걸어서 자리로 되돌아갈 때 난 근처 여학생에게 "나도 예전에는 저럴 수 있었어"라고 놀리듯 이야기할 수 있었다.

예전에는 남자로 살았고 지금은 여자로 살면서 나는 남성과 여성으로서 사회적, 심리적, 생물학적 존재는 엄청난 차이가 있다고 솔직하게 이야기할 수 있다. 나는 지금 남성보다는 여성으로 다루어지는 많은 것들을 경험하고 있다. 제이로서 나는 로스앤젤레스에 있는 큰 은행에서 컨설턴트로 일을 했고 성 전환 이후에도 그 일을 지속했다. 놀랍게도 세상은 다른 모습을 드러냈다. 제이로서 경영진에게 하는 프레젠테이션에서는 흔히 긍정적인 평가를 받았으며 내가 하는 일에서 충분한 인정을 받았다. 제인이 된 후에는 경영진에게 덜 신망을 받았으며, 자신의 노력에 대해서 덜 인정받았고, 미팅을 위해 준비하는 것이 남자일 때에 비해서 훨씬 더 어려웠다. 남성으로서 힘 있고 열정적인 프레젠테이션은 자산이었으나, 여성으로서 부채였다.

제인으로서 내가 중요하다고 생각하는 것에 대해서 내 의견을 열정적으로 주장하였지만 그것은 받아들여지지 않았고 난 실망감을 감추지 못했다(좌절감이 내 목소리에 배어 나왔다). 그때 옆에 있던 한 동료(남자)가 내 팔을 툭 치며 "좀 침착해. 잘될 거야"라고 안심의 한마디를 건넸다. 믿기 어렵겠지만 이런 일이 제이였을 때는 전혀 없었다. 또 한 번은 내가 경영진에게 정말 열심히 프레젠테이션을 하고 있었을 때였다. 그때 회사의 부사장은 내 제안보다는 내가 뿌린 향수 냄새에 더욱 관심을 보였다.

확실히 남자와 여자를 어떻게 대접하는지에 대해서는 분명한 차이가 있지만, 난 우리 두 성이 실제로 얼마나 유사한가에 대해서 지속적으로 감명받았다. 나는 내 생활에서 정말로 엄청난 변화를 경험했지만(여러 차원에서 정말로 그 차이는 거대하다), 난 여전히 동일한 인간이며, 동일한 감각 뉴런을 통해서 같은 세상을 지각하고 있다. 차이란 것은 내가 남성의 신체 내에서 여성으로 살았을 때에 비해서 지금 해부학적 성과 내가 느끼는 성이 동질성을 가졌고 나 스스로가 훨씬 더 편하고 평온하다는 것이다.

(계속)

사회인지이론가들은 또한 프로이트와는 다른 차원에서 동일시의 역할을 인식하였다. 사회인지이론가들은 아동들이 자신과 동일한 성, 특히 동일한 성인 부모를 따라 함에 따라 보상과 처벌의 영향을 받는 지속적인 학습 과정으로 보았다.

사회화(socialization) 또한 중요한 역할을 한다. 부모, 그리고 다른 성인이나 심지어는 다른 아동들은 성에 적절한 행동의 모델이고 아동들은 자신의 성에 적절하다고 간주되는 행동을 하도록 격려받는다.

부모는 자녀들의 성별화된 행동에 대해 보상을 주고, 부적절하다고 여겨지는 행동에 대해서 처벌을 주거나 강화를 주지 않는다. 예를 들어 여아들이 잠들 때에는 인형이 주어진다. 여아들은 인형을 이용하여 전통적인 여성 성인의 역할인 돌봄 행동을 연습한다.

아동들은 또한 TV나 영화, 책, 잡지와 같은 미디어에서 남성과 여성이 묘사되는 것을 통해서 전통적인 성 역할 기대의 모델에 노출된다. 지난 세대에서의 변화에도 불구하고 미디어는 지속적으로 남성과 여성을 고정관념에 근거하여 남성은 리더의 위치에서 강하고 독립적인 인물로, 그리고 여자는 종속된 역할로 묘사하고 있다.

"백설공주", "미녀와 야수", "왕자와 개구리"같이 영화와 관련된 상품에서 인기 있는 디즈니의 공주들은 전통적인 여성의 역할과 백마 탄 왕자에 대한 환상을 강화한다. 사실 디즈니의 공주 시리즈의 남자 캐릭터들은 공주들에 비해서는 보다 양성적인 행동을 드러낸다고 분석된다(England, Descartes, & Collier-Meek, 2011). 일부 사람들은 미디어는 사회의 거울과 같다고 주장하지만, 여성에 대한 지속적인 고정관념에 근거한 묘사는 그 고정관념을 지속시키며 강화한다는 점은 지적되어야 할 것이다. 사회인지이론은 모델링이나 동일시, 사회화의 과정을 통해 사회 학습이 성별화된 행동의 발달로 이어진다고 요약한다. 우리는 성별 도식 이론을 통해서 아동들이 자기 개념을 문화적 기대와 함께 어떻게 발달시키는지에 대해서 알아볼 것이다.

성별 도식 이론

"장밋빛 안경을 통해서 세상을 본다"는 표현을 들어 본 적이 있을 것이다. **성별 도식 이론**(gender-schema theory)의 창시자인 산드라 벰(Sandra Bem)에 따르면 사람들은 '성이라는 렌즈'인 성별 도식을 통해서 사회라는 세상을 본다. 성별 도식은 남성성과 여성성과 관련된 행동과 성격 특질의 정신적 이미지이다(S. L. Bem, 1993; Eddleston, Veiga, & Powell, 2006). 성별 도식을 획득하면 우리는 우리 행동을 그 도식 중심으로 조직화하기 시작하고 그것에서 벗어난 우리와 다른 사람의 행동은 배제하게 된다.

아동들의 자존감은 곧 자신의 성별 도식에 근거하여 평가되며 결론 내려지기 시작한다. 예를 들어 남아들은 스포츠에서 탁월하거나 여아들이 자신의 외모를 예쁘다고 지각하는 경우에는 자신에 대해서 긍정적인 견해를 가지기 시작한다. 아동들이 남아와 여아라는 꼬리표(label)를 이해하면서부터 아동들은 문화 내의 성별 도식을 자기 개념과 혼합시키는 토대를 가지게 된다. 다른 외부적 압력은 필요하지 않다. 보통 3세에 발생하는 남자 혹은 여자라는 감각이 개발된 아동들은 능동적으로 성별 도식에 대한 정보를 찾는다. 사회인지이론에서처럼 아동들은 그들에게 적절하다고 여겨지는 것이 무엇인지를 관찰하면서 배우게 된다.

양극화된 성별 도식은 우리 문화권 내에서 인지적 기준과 같은 것으로 작동한다. 초기의 중요한 연구에서 연구자들은 5~6세 남아와 여아들에게 각 성별과 일치하거나 성별과 불일치하는 행동을 하는 연기자 그림을 보여주었다(Martin & Halverson, 1983). 성별과 일치하는 그림은 남아가 기차를 가지고 놀거나 나무를 자르는 그림이었다. 여아는 요리나 청소를 하는 모습이었다. 성별과 불일치하는 그림은 연기자가 그 성별과 다른 행동을 하고 있는 것이었다. 각 아동들에게 무선적으로 각 활동 중 한 그림 세트만을 보여주었다. 1주일 후에 실험에 참가한 아동들에게 그 활동을 했던 사람이 남자였는지 여자였는지를 물어보았다. 남아와 여아 모두 성별과 불일치하는 그림을 보여줬을 때 더 많은 오답을 보였다. 즉 아동들은 자신이 본 것을 성별 도식에 맞춰서 왜곡한 것이었다.

행동을 결정하는 데 생물학과 환경, 본성과 양육의 역할을 연구함에 있어서 우리는 최종적인 결론을 내릴 수 없다. 행동에 대한 성차의 연구는 생물학적 · 사회적 요소들의 상호작용을 고려할 때 최선의 결론에 이를 수 있을 것이라고 오늘날 과학자들은 생각한다(Berenbaum & Bailey, 2003).

심리학자 제인 토마스 토마스 박사는 서던캘리포니아 미션칼리지의 심리학과장이었다. 그녀의 전문 분야는 성 심리학이었다.

성 전환에 대한 적응

성 전환이 성 정체감 장애를 가진 사람의 생활을 어렵게 만들까? 대부분은 그렇다고 이야기할 것이다. 이런 문제들 중 성 전환을 한 개인에게 가족과 친밀한 관계는 가장 풀기 어려운 것 중 하나이다.

한 개인이 성 전환을 하였을 때 이런 변화의 영향은 매우 넓다. 호수에 잔물결이 일듯이 성 전환은 성 정체감 장애를 가진 사람의 생활 전반에 영향을 준다. 내 부모님은 첫째 아들이 이와 같은 문제를 평생 동안 가지고 있었는지 전혀 알지 못하셨다. 그들이 이런 나의 문제의 심각성을 수용하고 정말로 이해하셨을까? 내가 보기에는 아닌 것 같다.

여성으로 살기 시작한 지 거의 15년이 지난 후에도 내 아버지는 나를 남자일 때의 이름으로 부르셨다. 난 부모님이나 내 자식들이 나에 대해 가진 사랑을 의심하지 않는다. 그러나 우리는 성 정체감의 중요성에 대해서 충분히 모르기에 완전한 이해는 아직까지는 멀다. 나는 종종 내담자들이 직장을 잃고, 가족과의 친밀함 그리고 자녀 접견의 권리를 잃으며, 사회적으로 따돌림을 받는 역할로 버림받게 되는 것을 많이 보아 왔다. "누구나 태어날 때에는 특별하지만 우리 대부분은 죽을 때에는 비슷한 존재이다"라고 누군가 이야기한 것처럼 내담자는 개인적인 정직함을 위해 많은 비용을 들이지만 사회가 그들에게 요구하는 방식으로 그들의 삶을 살지는 못한다.

동일한 생애에서 남자와 여자로 살아왔기에 나의 진실은 명백한 것 같다. 각 성별이 다른 성을 그들의 방식으로 바꾸려고 노력하기보다는 내가 종종 커플들이 약속하는 것처럼(여자는 좀 더 논리적일 필요가 있으며 남자는 그들의 정서를 더욱 나누어야 한다), 우리는 보다 생산적으로 우리 관계에서 함께하고 우리 각자 성의 독특함을 만들어야 할 것이다. 남자와 여자는 다른 관점을 가지며 이것은 삶의 이슈를 위해 성공적으로 활용될 수 있을 것이다.

▌**사회화** : 성별화된 행동에 적용시켜본다면, 아동들에게 정보를 제공하고 성별화된 행동을 하는 것을 격려하기 위해 보상과 처벌을 사용함으로써 성별화된 행동 양상을 조성하는 것

▌**성별 도식 이론** : 사회 내에서 성 도식을 갖는 것(남성과 여성에게 적절하다고 여겨지는 행동 양상의 구별)이 성별화된 선호와 행동 양상을 이끌어낸다는 관점

Tony Freeman/PhotoEdit

성별화 성별화에 대한 인지이론에 따르면 아동이 자신의 성을 인식하면, 그 성과 일치한다고 생각하는 방식으로 행동하고자 한다. 아동들은 자기 성별인 사람에게 어떤 행동이 적절한 것인지에 대한 정보를 적극적으로 찾는다.

표 12.2 | 성별화에 대한 영향

생물학적 영향	
뇌 조직화	뇌 반구는 특별히 여성에게보다는 남성에게서 더욱 특수화되어 있다. 그 결과, 여성은 읽기나 맞춤법과 같이 일종의 공간 조직화를 필요로 하는 언어 능력에서는 남성에 비해 낫다. 반면에 공간에서 대상을 시각화하는 것과 같은 공간 관련 과제에서는 남성이 여성에 비해서 더 낫다.
성 호르몬	태아기 성 호르몬은 남성이 활동 수준이 더 많다거나 신체적으로 더 공격적이라는 것과 같이 성 역할 고정관념과 일치하는 소질을 만듦으로써 뇌를 남성화시키거나 여성화시킨다.
심리사회적 영향	
정신역동이론	프로이트는 오이디푸스 콤플렉스와 엘렉트라 콤플렉스의 해결을 성별화와 연결시켰다. 그러나 연구 결과, 성별화는 이런 콤플렉스가 해결되는 나이 이전에 이미 발생한다.
사회인지이론	사회인지이론가들은 관찰 학습, 동일시(모방의 큰 형태), 사회화를 통해서 성별화를 설명한다.
성별 도식 이론	아동들은 성이라는 렌즈인 성별 도식을 통해서 사회 세계를 관찰한다. 우리 문화는 상호 배타적인 성 역할을 중심으로 사회적 삶을 조직함으로써 남성과 여성을 양극화시킨다. 아동들은 이를 인식하지 않고도 그 역할을 수용하고, 자신의 성에 적절한 성별 도식과 일치하는 정체성을 형성하기 위해 노력한다.

요약하자면 뇌 구조와 성 호르몬은 성별화된 행동의 경향성을 만들어내고, 언어 능력, 수학 능력과 공격성의 성별화된 차이 발달에서 역할을 한다. 사회인지이론은 아동들이 성별에 적절한 행동을 하도록 영향을 주는 환경적 요소를 강조한다. 성별 도식 이론은 어떻게 아동들이 자신의 정체성을 문화의 성별 도식에 혼합하는지에 초점을 맞춘다. 〈표 12.2〉에서는 성별화에 대한 다양한 관점을 요약해놓았다.

모듈 복습

복습하기

(11) _______ 심리학에서 성 차이는 _______ 선택의 결과로 본다.

(12) 뇌 영상 연구에 따르면 뇌 반구는 (남성, 여성?)에서 더욱 특수화되어 있다.

(13) _______ 이론가들에 따르면 아동들은 초기 사회 학습의 경험을 통해서 남성성 또는 여성성이 무엇인지를 학습한다.

(14) _______ 이론에 따르면 아동들은 성에 적절한 행동의 정신적 틀 또는 도식을 발달시킨다.

(15) 아동의 _______는/은 자신들이 발달시킨 성별 도식에 얼마나 잘 맞는가에 따라 결론 내려진다.

생각해보기

당신의 성별화된 행동 발달에 생물학, 문화적 배경, 학습 경험 혹은 이들의 종합 중 어떤 것이 가장 강력한 영향을 주었다고 생각하는가? 설명해보라.

성의 생물학적 기초

모듈 12.4

- 여성의 성 기관은 무엇인가?
- 남성의 성 기관은 무엇인가?
- 성 호르몬이 어떻게 생리주기를 조절하는가?
- 성 호르몬이 성 행동에 어떤 영향을 주는가?

우리는 성에 대해서 우리 스스로가 세련되었다고 생각하지만, 놀랍게도 많은 사람들은 성의 생물학적인 지식에 대해서는 잘 모른다. 여기에서는 여성과 남성의 성 해부학에 대해서 살펴볼 것이다. 그리고 성 반응 주기와 성 행동에서 성 호르몬의 역할에 대해서 살펴볼 것이다.

여성의 성 해부학

여성의 외부 성 기관은 **음부**(vulva)라고 불리며, 이는 라틴어의 '외피'에서 왔다. 음부는 **외음부**(pudendum)라고도 불리고, 이것은 라틴어의 '수치스러운 것'이라는 말에서 왔으며, 이는 고대 서양 문화의 성차별주의를 반영한다. 음부는 치구, 음핵, 대음순, 소음순, 질 입구(vaginal opening)와 같이 여러 부분으로 되어 있다(그림 12.3의 아래 부분 참조). 여성은 **요도구**(urethral opening)를 통해서 소변을 본다. **치구**(mons veneris)(라틴어로 '사랑의 언덕')는 치골(pubic bone)을 덮고 있는 지방질의 완충 기관으로 짧고 곱슬거리는 음모(pubic hair)로 덮여 있다. 치구와 음모는 성관계를 할 때 여성 골반에 충격을 완화한다.

음부 : 여성의 외부 생식기관

외음부 : 음부의 다른 명칭

요도구 : 요도와 관련 있는 것으로 소변을 신체 밖으로 내보내는 관이며, 남성의 경우에는 사정과도 관련이 있다.

치구 : 치골을 덮고 있는 지방질로 성관계 시 여성을 보호한다.

음핵(clitoris)(그리스어로 '언덕')은 여성의 성 기관 중 가장 예민한 부분으로 치구 아래와 요도구의 위쪽 사이에 있다. 음핵에 대해서 유일하게 알려진 기능은 쾌락 감각을 느끼고 전달하는 것이다. 반면에 남성에게는 성적 쾌락만을 목적으로 하는 기관은 없다. 남근(penis)은 정자를 이동시키고, 소변을 배출하며, 성적 자극을 제공하는 것과 같이 두세 가지 기능을 담당한다. 음핵은 여성에게 오르가슴의 반응을 불러일으키는 감각 입력을 주로 담당한다(Mah & Binik, 2001). 성관계 동안에도 음핵은 음핵 조직에 대한 남근의 전후 움직임에 의해 자극된다.

음핵 : 여성의 성 기관으로 성적 쾌감을 느끼고 전달하는 기능을 한다.

성적 각성 상태에서 음핵은 충혈되고 확장되며, 이는 남근이 발기될 때 팽창하는 것과 같다. 음핵은 몸통(shaft)과, 끝(tip) 또는 **귀두**(glans)로 구성되어 있다. 귀두는 둘 중에서 더욱 민감하며 전희(foreplay) 중에 빠르게 자극받거나 혹은 지속되는 자극에 의해 흥분될 수 있다.

귀두 : 끝부분(tip, head)

두 지방조직 층인 **대음순**(major lips)과 **소음순**(minor lips)은 질 입구에 있다. 대음순은 음모로 싸여 있고 부드럽고 핑크빛을 띠는 소음순에 비해서 만져져도 덜 민감하다.

대음순 : 음부 양측의 큰 피부(라틴어로는 labia majora)

소음순 : 대음순 안에 있는 피부로 요도구와 질 입구를 감싸고 있다(라틴어로는 labia minora).

지금까지는 여성의 외부 성 기관에 대해서 보았다. 여성의 내부 성과 생식 기관은 질, 자궁경부, 나팔관, 난소로 구성되어 있다(그림 12.3의 윗부분 참조). **질**(vagina)에는 성관계 중에 남근이 들어오게 된다. 다른 시기에는 질은 납작해진 튜브이며 길이는 7.5~12.5cm 정도 된다. 각성되면 길이는 늘어나고 지름은 5cm 정도로 팽창될 수 있다. 여성이 성적 쾌락을 느끼기 위해서 질을 꽉 채울 정도 크기의 남근이 필요하지는 않는다. 질은 필요한 만큼만 팽창한다. 질을 둘러싸고 있는 골반 근육은 성관계 중 수축되어 감각을 극대화한다. 질의 외측 1/3 지점까지만 자극에 민감하다.

질 : 여성의 성 기관인 관으로 성관계 시 남근이 들어오며 출산 시 아이가 나온다.

여성이 성적으로 각성되었을 때 질벽에서는 액체가 나오며, 이는 성관계 중에 윤활의 기능

그림 12.3

여성 성 해부학 위쪽 그림은 여성의 내부 생식기의 횡단면이다. 아래쪽 그림은 음부의 외부 그림이다.

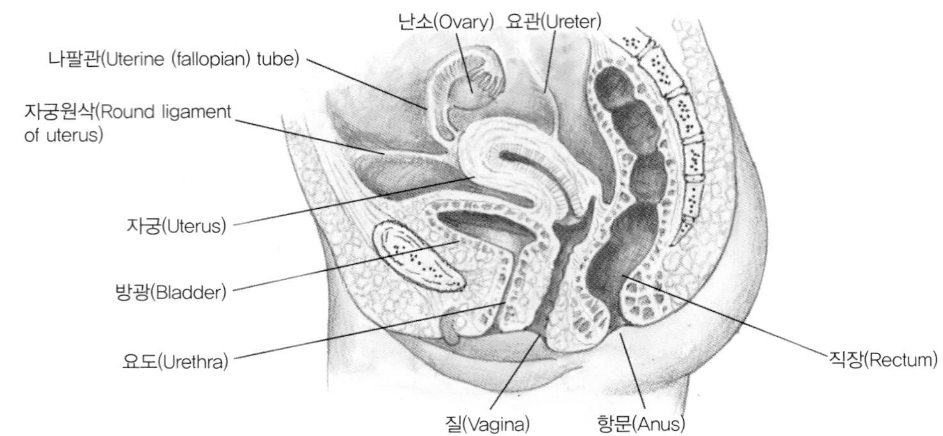

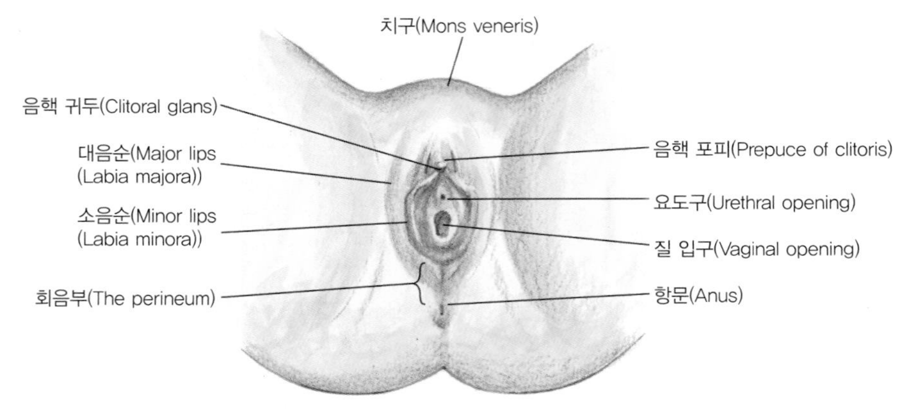

을 한다. 각성되지 않고 윤활액이 나오지 않은 상태에서 여성에게 성관계는 고통스러울 수 있다. 적절한 각성은 흔히 성적 매력과 사랑이라는 감정, 환상이나 전희 과정의 직접적인 자극에 의해서 이루어진다. 성이나 파트너에 대한 걱정은 남녀 모두의 성적 각성을 억제할 수 있다.

질 위쪽에는 **자궁경부**(cervix, 라틴어의 '목'이라는 단어에서 왔음)라고 불리는 조그만 입구가 있고 이것이 질과 **자궁**(uterus)을 연결한다. 빨대 같은 **나팔관**(fallopian tubes)은 자궁에서 복강(abdominal cavity)까지 이어진다. **난소**(ovary)는 난자와 에스트로겐(estrogen)과 프로게스테론(progesterone) 호르몬을 만드는 곳으로 자궁과 나팔관 근처에 있다. **난자**(ovum)가 난소에서 배출되면 근처에 있는 나팔관으로 이동하고 자궁으로 이동한다. 수정(conception)은 정상적으로는 나팔관에서 이루어지지만 태아는 자궁에 착상되어 성장하게 된다. 출산 중에는 자궁경부가 팽창하고 아이는 자궁경부와 팽창된 질을 통해서 나온다.

자궁경부 : 질로 연결되는 자궁의 아래 부분

자궁 : 서양배처럼 생긴 여성의 생식 기관으로 이곳에서 수정된 난자가 착상되어 출산까지 발달한다.

나팔관 : 빨대 같은 관으로 난자가 여기를 통해 난소에서 자궁으로 이동한다.

난소 : 난자와 에스트로겐, 프로게스테론을 생산하는 여성의 생식 기관

난자 : 난세포

남근 : 사정 중에는 정자를 배출하고 배설 중에는 소변을 배출하는 남성의 기관

고환 : 정자와 남성 호르몬을 만드는 남성의 생식 기관

음낭 : 고환을 둘러싸고 있는 느슨한 피부 조직

정자 : 남성의 생식세포(그리스어의 '씨앗'에서 유래함)

정액 : 정자를 운반하는 백색의 용액. 사정액(ejaculate)이라고도 한다.

남성의 성 해부학

주요한 남성 성 기관은 **남근**(penis, 라틴어의 '꼬리'에서 왔음), **고환**(testes 또는 testicles), **음낭**(scrotum)과 **정자**(sperm)를 저장하고 운반하며 **정액**(semen)을 생산하는 여러 관(ducts, canals)과 샘(glands)으로 구성되어 있다. 여성의 음부는 역사적으로 수치스러운 무언가로 인식된 반

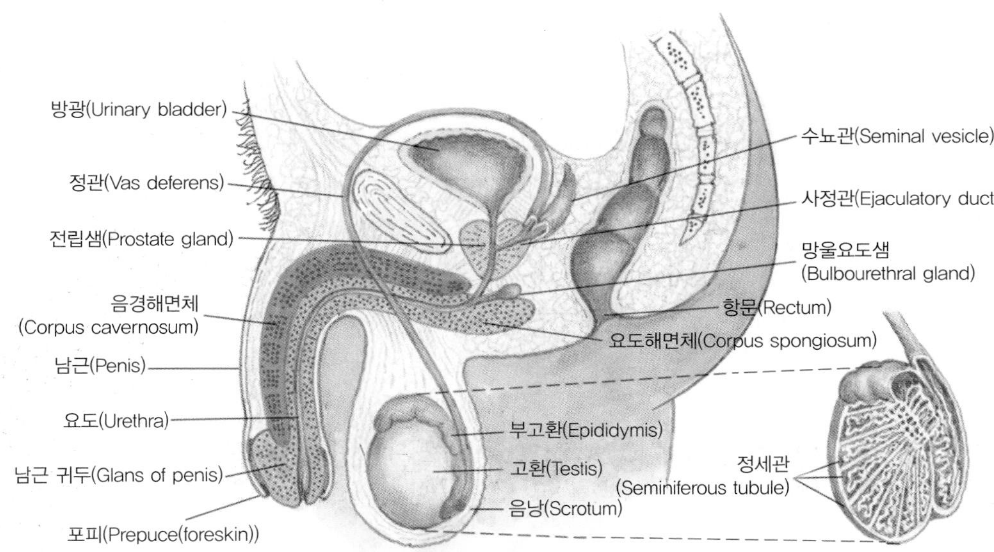

그림 12.4
남성 성 해부학 남성 내외부 생식기의 횡단면

면에 남성의 성 기관은 고대 그리스와 로마에서는 자랑스럽게 여겼다. 이때의 시민들은 남근처럼 생긴 장신구를 착용하였으며, 고대 그리스인들이 선서 증언을 할 때에는 지금 미국인들이 성경에 대고 선언하듯이 그들의 고환을 걸고 맹세하였다. 선서 증언(testimony)과 고환(testicle)이라는 단어는 모두 '증언(witness)'을 의미하는 그리스어인 testis라는 단어에서 왔다. 이와 같은 남성성에 대한 전통적인 자부심을 고려해본다면 여아가 남근 선망(penis envy)을 가지고 있다는 프로이트의 주장이 놀라운 것은 아니다. 이와 같은 뿌리 깊은 문화적 태도로 인해 많은 여성들이 자신의 성 기관에 대해서 당혹감을 느낀다.

고환은 정자와 남성 성 호르몬인 **테스토스테론**(testosterone)을 생산한다. 음낭은 고환이 신체 밖에 있도록 해준다(정자는 체온보다 낮은 온도를 요구한다). 정자는 방광 위쪽에 있는 관을 거쳐서 그 아래쪽에 있는 사정관(ejaculatory duct)을 통해서 이동한다(그림 12.4 참조). 여성의 경우에는 요도구와 정액 이동을 위한 곳이 다르다. 남성의 경우에는 그 둘이 하나이며 동일하다. 남성의 요도에서 소변과 정자 모두 이동하지만 사정하는 동안에는 방광의 밸브가 닫히게 된다. 그래서 정자와 소변은 섞이지 않는다. **전립**(prostate)을 포함한 여러 샘들은 정액을 생산한다. 정액은 정자를 이동시키고 활동시키며 영양을 공급하여서 난자까지 헤엄쳐 가고 수정시킬 수 있도록 도와준다. 남근은 주로 발기 조직(erectile tissue)으로 구성되어 있다. 음핵처럼 남근은 몸체(shaft)와, 끝(tip) 또는 귀두(glans)로 구성되어 있으며, 이것은 특히 밑바닥 쪽이 성적 자극에 매우 민감하다. 성적 자극이 주어진 후 몇 초 내에 음핵이 충혈되는 것과 마찬가지로 혈액이 반사적으로 남근 내 해면(caverns)으로 유입된다. 뼈가 아니라 혈액이 충만해지면서 발기가 이루어진다.

테스토스테론 : 남성 성 호르몬으로, 남성의 성적 특성 발달을 촉진하고 성적 각성에 활성화 기능을 한다.

전립 : 정액을 만드는 남성의 생식 기관

성 호르몬과 성 행동

성 호르몬은 여러 역할을 한다. 성 호르몬은 태아에서 남성과 여성의 성 기관 분화를 만들어낸다. 남성 성 호르몬인 테스토스테론의 영향하에 남성 태아는 남성 성 기관을 발달시킨다. 테스토스테론이 부족하면 여성 태아는 여성 성 호르몬을 발달시킨다. 이후 발달에서 성 호르몬은 여성의 생리주기를 조절하고 성 행동에 더욱 직접적인 영향을 미친다.

생리주기에 대한 호르몬 조절

에스트로겐 : 여성 성적 특성을 발달시키고 생리주기를 조절하는 여러 여성 호르몬

프로게스테론 : 여성의 성 기관을 발달시키고 임신을 유지하게 도우며 생리주기의 조절에 관여하는 여성 성 호르몬

월경 : 임신하지 않은 여성의 자궁 안쪽이 매달 떨어져 나가는 것

자궁내막 : 자궁 내를 형성하는 조직

배란 : 난자가 방출되는 것

난소는 **에스트로겐**(estrogen)과 **프로게스테론**(progesterone)을 생산한다. 에스트로겐은 여성의 번식 능력과 가슴, 엉덩이에 지방을 축적하는 것과 같은 이차 성징의 발달을 촉진한다. 프로게스테론 역시 다양한 기능을 가진다. 이것은 여성의 생식 기관의 성장을 자극하고 임신을 유지하도록 한다. **월경**(menstruation) — 매달 자궁의 안쪽 벽이 떨어져 나가는 것 — 후에는 에스트로겐 수준이 증가하며, 이는 난자의 성숙과 **자궁내막**(endometrium)의 성장을 이끈다. **배란**(ovulation), 즉 난자가 방출되는 것은 에스트로겐 수치가 최고조에 이르렀을 때인 생리주기의 중간쯤에 나타난다. 그러고는 수정되었을 때에는 그에 따라 태아를 지원하기 위해 프로게스테론의 분비를 통해 자궁 내막이 두터워진다. 만약 수정되지 않으면 에스트로겐과 프로게스테론의 수치는 급격히 하락하고 월경이 다시 일어나게 된다.

성 호르몬의 조직화와 활성화 효과

제10장에서 이야기한 바와 같이 성 호르몬은 조직화와 활성화 효과라는 두 가지 구별되는 행동에 대한 효과를 가진다. 성 호르몬은 동물들에게 수컷 혹은 암컷의 짝짓기 행동을 하도록 하며, 이것이 조직화 효과이다. 성 호르몬은 또한 성 욕구를 자극하고 성 반응을 촉진시키는데, 이것이 활성화 효과이다.

발정기 : 암컷인 포유류가 성적 흥분을 경험하는 시기이며 이때 수컷의 성적 접근을 받아들인다.

폐경 : 월경의 중단

인간의 성 행동은 다른 동물들처럼 성 호르몬의 변화에 따라 결정되는 것은 아니다. 예를 들어 암컷 쥐, 고양이, 개는 암컷 성 호르몬 증가의 영향하에서 성 욕구가 활성화되는 때인 **발정기**(estrus) 동안에만 수컷을 받아들인다. 그러나 여성은 월경 중이거나 호르몬 수치가 낮은 **폐경**(menopause) 이후에도 생리주기 어느 순간에서나 성적인 반응을 한다.

남성 성 호르몬인 테스토스테론은 남성과 여성 모두에게 성적 욕구를 증가시키고 활성화시키는 것과 같이 인간의 성에서 중요한 역할을 한다(Davis et al., 2005; Shifren & Ferrari, 2004). 테스토스테론은 여성에게는 난소와 다른 부신(adrenal glands)에서 생성되나 그 양은 남성에 비해서 매우 적다(Sweeney, 2005). (남성 역시 부신에서 소량의 호르몬을 생산한다.) 여성에게서 부신과 난소를 제거하면 성적인 흥미와 성적 반응의 능력은 점차로 줄어들 수 있다. 최근 연구에 따르면 남성 호르몬의 수치가 낮은 18~44세 여성은 성적 욕구와 반응이 낮은 것으로 보고되었다(Davis et al., 2005). 신체 내에서 테스토스테론이 생성되는 정도가 낮은 남성과 여성 모두에게서 테스토스테론을 주입하면 성적 흥미와 욕구가 증가하는 것 역시 확인되었다(Brown & Haaser, 2005; Davis et al., 2008).

그러나 성 호르몬이 인간의 성 행동에 영향을 주는 것일지라도 우리의 성 행동은 호르몬이라는 생물학적 요소에 좌우되는 것은 아니다. 성 호르몬은 성 기관에서 남성과 여성이라는 방향성의 분화를 증진시킨다. 성인에게도 건강한 성적 관심과 각성 양상을 지속하는 데에는 적은 양의 성 호르몬이 필요하다. 그러나 심리적 요소가 우리의 성 행동에 많은 영향을 준다. 인간의 성에서 생물학이 운명인 것은 아니다.

모듈 복습

복습하기

(16) 여성의 외부 생식기를 ______(이)라고 부른다.
(17) ______는/은 난자와 에스트로겐과 프로게스테론 호르몬을 만든다.
(18) 남성의 고환에서는 정자와 남성 성 호르몬인 ______를/을 생산한다.
(19) 성 호르몬은 태아에서 남성과 여성의 성 기관의 ______를/을 촉진한다.
(20) ______ 호르몬은 여성의 번식 능력과 이차 성징의 발달을 촉진한다.
(21) ______ 호르몬은 여성의 생식기의 성장과 임신 유지를 자극한다.
(22) 만약 난자가 수정되지 않으면 에스트로겐과 프로게스테론의 수준은 급격히 (증가하여, 감소하여?) 월경을 유발한다.
(23) 성 호르몬은 ______과/와 활성화 효과를 가진다.

생각해보기

인간의 성은 "생물학이 운명은 아니다"라고 이야기되었다. 이것이 당신에게는 어떤 의미인가?

성 행동과 반응

모듈 12.5

- 성 행위와 관습이 전 세계적으로 다양한 이유는 무엇인가?
- 피임법을 선택할 때 어떤 요소들을 고려해야 하는가?
- 성 반응 주기는 무엇인가?

우리 신체는 성적 자극에 강렬하게 민감하며, 여기에는 그럴 이유가 있다. 성적으로 반응할 능력이 없다면 우리 중 어느 누구도 우리 이야기를 여기서 할 수 없었을 것이다. 그러나 우리 신체가 성적으로 반응할 수 있는 능력이 우리의 성 행동을 결정하지는 않는다. 우리를 성적으로 어떻게 표현하느냐는 성 행위에서 즐거움을 얻을 수 있는 것뿐 아니라 더욱 중요하게는 가치관과 종교적, 문화적 전통 및 개인적 선택과 관련이 있다.

성적 표현의 다양성

미국에서 성 행동에 대한 설문조사를 보면 성 행위는 매우 다양하다. 이불 속에서 무엇을 하는지, 얼마나 자주 하는지는 커플들에 따라서 상이하다.

최근 미국 전역을 대표하는 미국 성인을 대상으로 한 대규모 설문 연구에 따르면 이전에 설문을 했던 세대와 비교할 때 오늘날 성 행위는 더욱 다양해졌다(Healy, 2010; Herbenick et al., 2010; Reece et al., 2010). 질을 통한 삽입이 여전히 커플들 간에 가장 흔한 성 행위이지만 다른 형태의 성 행동 빈도가 증가하였다. 여기에는 자신 혹은 파트너가 행하는 자위(masturbation), 구강 성관계(oral sex), 동성 간의 성적 실험이 포함된다. 18~49세 사이의 대부분 미국 성인은 구강 성관계를 한다고 보고하였다. 25~49세 사이의 남성과 20~39세 사이의 여성 5명 중 1명 이상은 작년에 항문 성관계를 했다고 보고하였다. 20~39세 사이의 대부분의 남성(63~69%)은 지난 한 달에 한 번 이상 자위를 했다고 보고하였으며, 동일 연령대의

그림 12.5
지난 한 해 동안 결혼한 커플이 보고한 성관계 빈도
출처 : Laumann et al.(1994)에서 발췌.

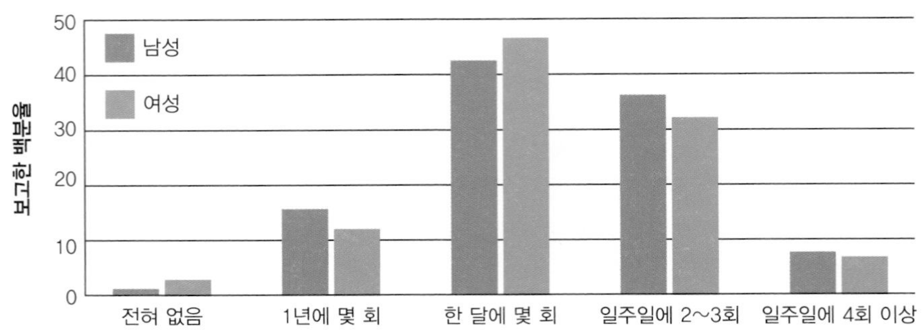

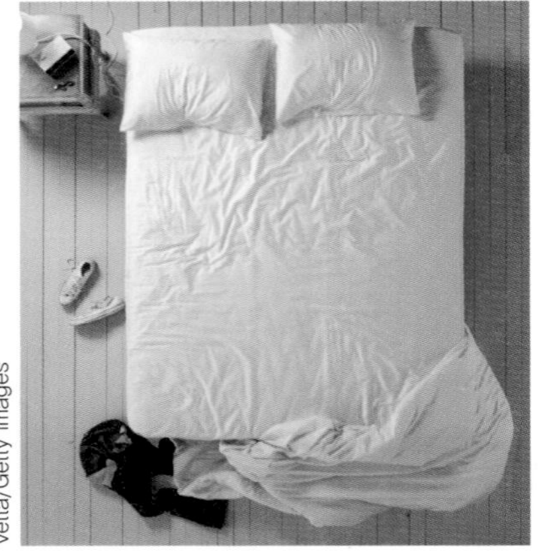
Vetta/Getty Images

더욱 다양함을 즐기는 플레이어들을 위한 무대 최근 전국 단위 설문에 따르면 이전 세대들에 비해 오늘날 커플들의 성적 행위는 더욱 다양하다.

여성도 상당수(39~44%)가 그렇다고 보고했다(NSSHB, 2010).

전국적인 성 관련 설문은 미국의 이불 속에서 잘못된 의사소통이 일어날 가능성 또한 지적하였다. 약 3명 중 2명의 여성(64%)이 지난 최근의 성관계에서 오르가슴을 느꼈다고 하였다. 그러나 지난 성관계에서 당신의 파트너가 오르가슴을 느꼈던 것 같았는지를 남성에게 물었을 때 85%가 그랬다고 주장하였다(Gardner, 2010).

성적 표현의 다양성은 또한 성관계의 빈도에서도 발견된다. 이전의 설문 연구에서는 10~20%의 성인이 1년에 몇 차례의 성관계를 한다고 응답하였으나, 약 30% 이상은 한 주에 2~3회를 한다고 보고하였다(그림 12.5 참조). 결혼한 커플은 평균적으로 약 1주일에 한 번을 조금 넘기는 정도의 성관계를 갖는다고 보고하였다(Deveny, 2003).

가치관과 성적 표현

우리의 가치관은 성 행동을 결정하는 데 중요한 요소이다. 우리는 성과 관련하여 다양한 문화적 태도와 가치관을 포용하는 다원적 사회에서 살고 있다. 우리 중 일부는 어떤 종교적 전통에 근거하고 있는 전통적이고 보수적인 가치관을 가지고 있다. 다른 사람들은 성과 관련하여서 허용적이고 자유로운 가치관을 갖고 있다. 오늘날 젊은 사람들의 성적 태도와 행동은 이전의 몇 세대들에 비해서 훨씬 더 자유로워졌다.

우리의 성적 가치관은 우리의 부모, 종교 지도자와 우리 삶에 중요한 영향을 미치는 사람들의 가치관을 반영한다. 그러나 성적 가치관은 우리가 가지는 확신의 신념을 반영한다. 이는 비록 그 신념이 우리가 키워진 문화적 전통에서 벗어날지라도 말이다. 어떤 상황에서건 우리의 가치관은 어떻게 (그리고 누구와) 성적으로 표현할 것인가를 결정짓는 데 역할을 한다. 예를 들어, 우리 가치관은 혼전 성관계 혹은 다양한 파트너와 성관계를 할 것인가를 결정한다.

이 교재를 통해서 우리는 자기 나름의 가치관을 세울 필요가 있다. 여기 성적 표현에서 매우 중요한 이슈인 원치 않는 임신으로부터 자신 혹은 파트너를 보호하는 것과 관련하여 가치관을 명확히 하는 것에 초점을 맞춰보자. 그러나 먼저 피임의 주요 방법들에 대해서 요약해보자.

피임의 방법

> 친밀함은 경멸감을 그리고 아이를 낳는다.
>
> —마크 트웨인

피임(임신 방지)의 역사는 흥미진진하다. 예를 들어 고대 이집트인들은 성관계 후에 와인과 마늘로 질을 세정하였다. 이들은 또한 발효된 우유에 혼합한 악어 분비물을 질에 넣기도 하였다. 분비물은 많은(전부는 아닌) 정자의 통과를 막았으며 정자를 흡수하였다. '사회적' 기제 또한 작동하였을 것이다. 아마도 악어 분비물은 열정적인 구애자를 낙담시키기도 했을 것이다.

어떤 경우이건 성적으로 적극적인 대학생들은 피임에 대해서 직면할 필요가 있으며, 오늘날의 피임 방법은 고대 이집트에 비해서 훨씬 더 신뢰롭다(더 재밌지는 않을지도 모른다). 〈표 12.3〉에 다양한 방법들이 성을 통해 매개하는 질병을 얼마나 막아줄 수 있는지, 그리고 그것의 신뢰성(reliability)과 가역성(reversibility)에 대해서 정리해놓았다. 신뢰성은 일반적으

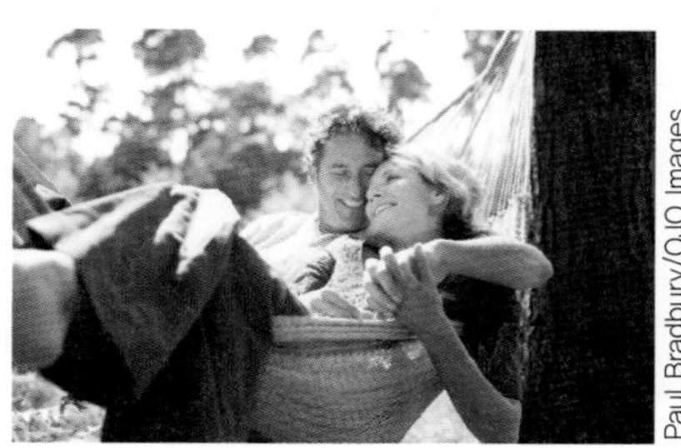
Paul Bradbury/OJO Images /Getty Images

친밀함은 거죽 한 꺼풀 이상이다 성 행위는 육체뿐 아니라 정서적 친밀감을 나누는 하나의 방법일 수 있다.

표 12.3 ▮ 피임 방법 : 신뢰성, 가역성, 성을 통해 매개되는 질병 예방 수준

방법	피임 방식	신뢰도 (나쁨~매우 좋음[a])	가역성(이 방법을 중단하면 여성이 임신 준비가 되는가?)	이 방법이 성을 매개로 한 질병(성병)을 방어할 수 있는가?
경구피임약 (Birth control pill)	배란을 억제하거나 수정된 난자의 착상을 막도록 하는 여성 성 호르몬 이용	매우 좋음	예	아니요
노어플란트 (Norplant)	팔 위쪽에 매립하여 여성 성 호르몬이 전달되도록 하는 방법	매우 좋음	예	아니요
데포-프로버라 (Depo-Provera)	배란을 억제하는 여성 성 호르몬인 프로게스테론을 주사약제로 투입하는 장기 효과의 형태	매우 좋음	예	아니요
자궁내 피임기구 (Intrauterine device, IUD)	자궁내 기구를 삽입해놓아서 수정과 착상을 막음	매우 좋음	예(감염에 의해서 손상되지 않는 한)	아니요
살정제와 피임용격막 (Diaphragm with spermicide)	자궁경부를 막아서 정자가 통과하지 못하도록 하고 살정제는 정자를 직접적으로 죽임	보통에서 좋음	예	어느 정도
살정제와 고무제피임구 (Cervical cap with spermicide)	자궁경부에 맞게 고무 또는 플라스틱 마개를 씌움. 작용기제는 피임용격막과 같음	보통에서 좋음	예	어느 정도
남성용 콘돔 (Male condom)	남근에 막을 씌워 정자의 통과를 막음	보통에서 좋음[b]	예	어느 정도
질외사정(Withdrawal, Coitus interruptus)	사정 전에 남근을 빼냄	나쁨에서 보통	예	아니요
주기 활용법 (Rhythm methods)	배란 주기의 활용. 여성이 임신 가능성이 높을 때에는 성관계를 피하는 방법	나쁨에서 보통	예	아니요
정관절제술(Vasectomy, male sterilization)	정자가 고환에서 남근으로 가는 관을 절단하여 정자가 사정되지 않도록 하는 외과적 처치	매우 좋음	일반적으로 아니요	아니요
나팔관묶기(Tubal ligation, female sterilization)	난자가 난소에서 자궁으로 가는 나팔관을 절단하고 묶는 외과적 처치	매우 좋음	일반적으로 아니요	아니요

a 매우 좋음 : 이 방법을 사용한 여성의 5% 이하가 1년 이내에 임신함.
b 파트너가 콘돔을 사용한 경우 여성의 10% 정도가 1년 이내에 임신함.

표 12.4 | 대학생이나 그 파트너가 가장 최근에 질을 통한 성관계를 가졌을 때 사용한 피임 방법

피임 방법	전체		여성		남성	
	수(명)	%	수(명)	%	수(명)	%
경구 피임약	8,857	60.4	5,960	59.0	2,813	63.0
콘돔(남성)	8,944	61.2	5,804	58.0	3,042	68.0
질외사정	3,909	27.1	2,720	28.0	1,147	26.0
살정제	625	4.3	354	4.0	262	6.0
주기 활용	835	5.8	617	6.0	207	5.0
피임용 격막 혹은 고무제 피임구	58	0.4	29	<0.1	24	1.0
자궁내 피임기구(IUD)	894	6.2	664	7.0	212	5.0
자궁경부 링(cervical ring)	619	4.3	450	5.0	160	4.0

주 : 결측 데이터와 불성실한 응답 때문에 성별 반응의 합이 항상 전체와 같지는 않다.
출처 : *American College Health Association-National College Health Assessment II-Reference Group Data Report, Fall 2011.* Hanover, MD: American College Health Associaion, 2012. The American College Health Assoication의 허락하에 재인쇄.

로 그 방법을 주의 깊게 사용하는 사람들에게 더욱 높다. 예를 들어 일부 여성은 경구 피임약의 복용을 잊고 남성용 콘돔은 찢어지거나 벗겨질 수 있다.

〈표 12.4〉는 대학생들이 가장 최근의 질 삽입을 통한 성관계에서 사용한 다양한 피임 방법의 횟수를 보여준다. 경구 피임약은 여성들 사이에서 가장 널리 사용되며, 반면에 콘돔은 남성들 사이에서 가장 널리 사용되는 방법이라고 보고되고 있다.

성 반응 주기

성 반응 주기 : 마스터스와 존슨의 성 반응 모형으로, 네 단계로 구성되어 있다.

우리는 문화적으로 성별 유사성보다는 차이점에 초점을 맞추도록 조율되어 왔지만, 마스터스와 존슨(Masters & Johnson, 1966)은 남성과 여성의 성적 자극에 대한 생물학적 반응, 즉 **성 반응 주기**(sexual response cycle)가 상당히 유사함을 발견하였다. 마스터스와 존슨은 성 반응 주기라는 용어를 이용하여 남성과 여성이 성적으로 각성되었을 때 신체적으로 발생하는 변화를 기술하였다. 그들은 성 반응 주기를 흥분(excitement), 고조(plateau), 오르가슴(orgasm)과 해소(resolution)의 네 단계로 나누었다. 〈그림 12.6〉에서는 각 단계에 해당하는 성적 각성의 수준을 보여준다.

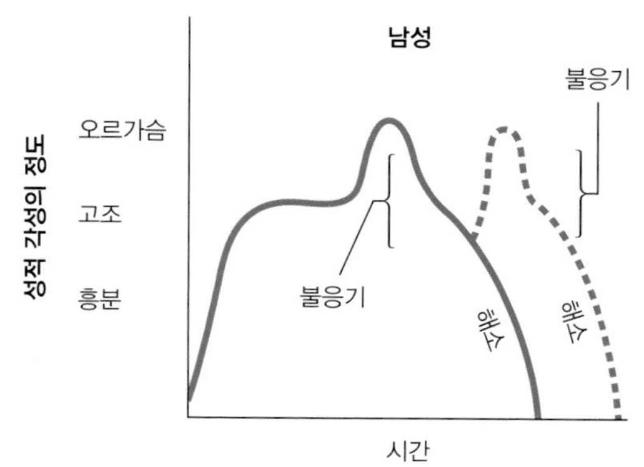

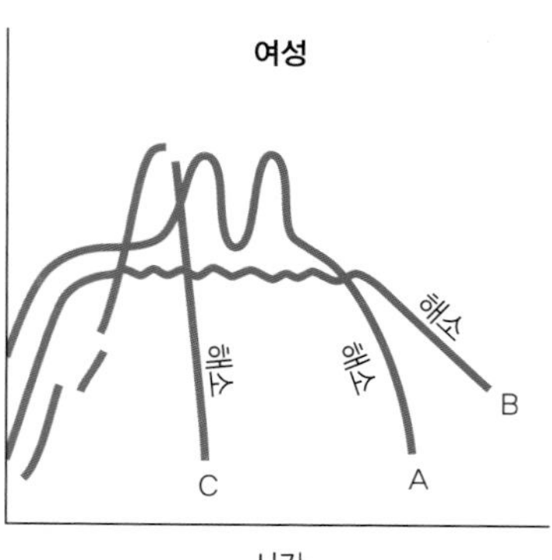

그림 12.6

성 반응 주기의 단계별 각성 수준 마스터스와 존슨은 성 반응 주기를 흥분, 고조, 오르가슴, 해소의 네 단계로 나눴다. 해소 단계에는 성적 각성의 수준은 각성되기 전 수준으로 되돌아온다. 남성은 오르가슴 후에 불응기가 있다. 그러나 그림에 점선으로 표시된 것처럼 남성은 불응기가 지나고 성적 각성의 수준이 고조기의 수준으로 되돌아오면 다시 오르가슴까지 재각성될 수 있다. 여성에게 A 유형은 다중 오르가슴을 가진 반응 주기를 보여준다. B 유형은 여성이 고조기에서 오르가슴 단계에 도달하지 못하고 각성이 해소되는 것을 보여준다. C 유형은 여성이 빠르게 고조기를 지나 매우 각성되어 오르가슴을 느낄 수 있음을 보여준다.

피임 방법의 선택

당신과 파트너가 피임을 하기로 결심하였다면 당신에게 어떤 방법이 적당한지를 어떻게 결정할 수 있을까? 하나의 답은 없을 것이다. 친구에게 적당한 것이 당신에게 적당할 수도, 적당하지 않을 수도 있다. 우리는 어떤 방법을 써야 한다고 이야기할 수 없으며, 다만 다음과 같은 부분을 고려해볼 필요가 있다고 얘기하고자 한다.

1. 편의성. 그 방법이 편리한가? 예를 들어 사전에 구매하여야 하는가? 만약 그렇다면 처방전이 필요한가? 필요할 때 즉각 사용가능한가? 아니면 구강 피임약처럼 효과가 극대화되는 데 시간이 필요한가?
2. 윤리적 수용성. 한 사람에게 수용적인 방법일지라도 그것이 다른 사람에게는 그렇지 않을 수 있다. 주기 활용법은 다양한 신념을 가지고 있는 사람에게 수용될 수 있으나, 이보다 침습적이고 적극적인 피임 방법은 그렇지 않을 수 있다. 예를 들어 어떤 경구 피임약은 수정을 막지만, 다른 것의 경우에는 수정은 되지만 자궁에 착상하는 것을 막는다. 후자의 것은 일종의 초기 낙태라고 이야기할 수 있으며, 이것은 윤리적 이유로 낙태에 반대하는 사람에게는 문제가 될 수 있다. 그러나 그 사람에게 수정을 막는 것은 도덕적인 문제가 되지 않을 수 있다.
3. 비용. 피임법은 비용 차원에서 다양하다. 어떤 경우의 것은 그 기구를 사야 되는 것뿐 아니라 의사를 만나야 한다.
4. 책임 나누기. 대부분의 피임은 여성에게 더 큰 책임의 짐이 주어진다. 여성은 경구 피임약을 사용하거나 다른 일부 처방전이 필요한 도구를 받기 위해서는 의사와 상담해야 한다. 여성은 피임약을 주기적으로 복용해야 하며, 자궁내 피임기구(IUD)가 제대로 되어 있는지를 확인해야 한다. 물론 남성은 여성이 병원을 방문할 때 함께 가거나 비용을 부담하는 방식으로 경구 피임약 복용에 대한 책임을 나눌 수 있다.
5. 안정성. 그 방법의 부작용은 무엇인가? 그것의 사용과 연결된 건강상의 위험은 무엇인가?
6. 가역성. 그 피임 방법을 그만두게 되면 피임의 효과가 전체적으로 혹은 쉽게 원래로 되돌아오는가? 얼마나 빠르게? 정관절제술이나 나팔관 묶기는 비록 되돌리려고 하면 성공적이기도 하지만, 대체로 비가역적이라는 것은 알고 있는 것이 좋겠다.
7. 성 매개 질병(STDs)에 대한 보호. 그 방법은 성병을 보호하는 데 도움이 되는가? 예를 들어 콘돔은 그렇지만 경구 피임약은 그렇지 않다.
8. 효과성. 특별한 방법의 효과성 정도는 어느 정도인가? 기술에 따라 실제 사용을 하는 데 그 효과성은 다르다(만약 의심된다면 의사나 건강 관련 전문가에게 문의하라). 어떤 것은 완벽하게 효과적이지만 다른 것은 상당히 애매하다.

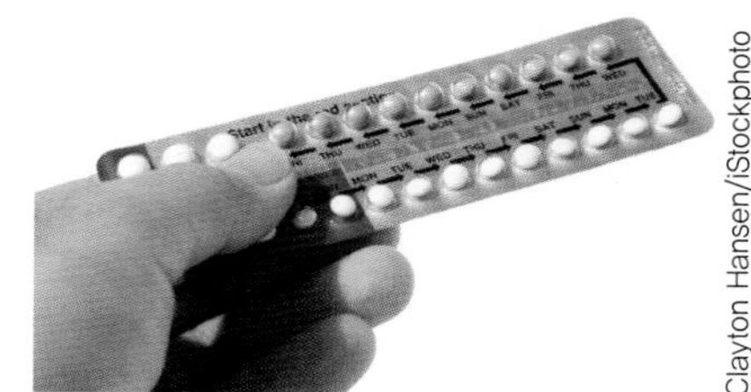

Clayton Hansen/iStockphoto

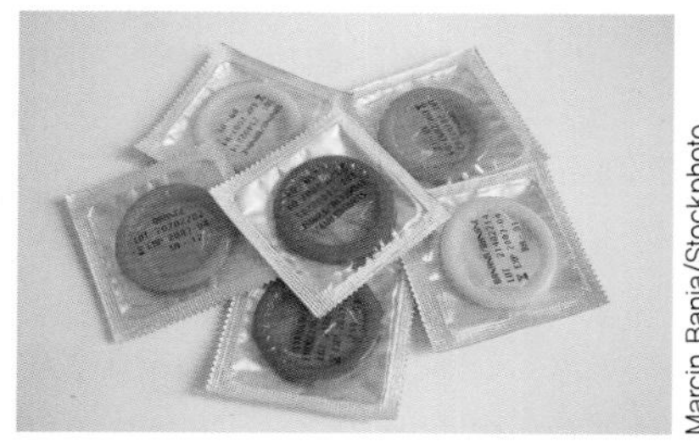

Marcin Bania/Stockphoto

피임 방법의 선택 오늘날 다양한 피임법 사용이 가능해졌다. 피임법을 선택할 때 고려해야 할 요소는 편의성, 효과성, 윤리적 수용성, 가역성과 비용이다. 사람들은 어떤 방법이 성병을 예방하는지, 그리고 어떤 방법이 파트너들 간에 책임감을 나눌 수 있는지에 대해서 고려하기를 원할 수도 있다.

무엇보다도 우리 사회에서 성적 표현은 다양하다. 이제부터는 저명한 성 연구자인 마스터스와 존슨이 밝힌 성 반응의 네 단계에 초점을 맞춰서 우리 신체가 성적 자극에 어떻게 반응하는지를 살펴보도록 하자. 그러나 먼저 오늘날 인터넷으로 연결된 세계에서 많은 사람들이 직면하고 있는 새로운 도전인 사이버섹스 중독에 대해서 잠깐 살펴보기를 원할 수 있을 것이다.

성 반응 주기는 **혈관충혈**(vasocongestion)과 **근긴장**(myotonia)으로 특징지어진다. 혈관충혈은 성기 조직이 혈액으로 채워지는 것이다. 이로 인해 남근이 발기하고 질 입구 주변의 영역

혈관충혈 : 혈관이 혈액으로 충혈되어서 성적 각성의 시기에 성기와 가슴이 부풀어 오르는 것

근긴장 : 근육의 긴장

적응과 현대인의 삶

'사이버섹스 중독' – 새로운 적응의 문제

2011년 미국 하원의원인 앤서니 위너가 연루된 섹스팅(sexting, 노골적인 사진이나 동영상을 휴대전화를 통해 주고받는 것을 일컫는 신조어) 스캔들을 통해 음란한 사진을 인터넷을 통해서 주고받는 행위의 문제가 대중에게 불거졌다. 그러나 섹스팅은 오늘날 수억 달러 산업이 된 포르노그래피 온라인 세계의 한 부분일 뿐이다. 사이버섹스를 하는 것이 많은 경우 상대적으로 덜 해를 끼칠지 모르지만 심리학자들은 인터넷 서핑의 낮은 비용이나 접근성, 익명성으로 인해 새로운 적응상의 문제인 사이버섹스 중독이 횡행할 수 있음을 우려하고 있다(Weiss & Samenow, 2010; Whitty & Fisher, 2008). 사이버섹스 중독은 시청, 다운로드나 온라인 포르노를 교환하는 것, 성인 성적 대화방의 참여나 성인용 온라인 방을 통한 성적 판타지의 역할 놀이와 같은 다양한 형태로 나타날 수 있다(Young, 2008).

섹스팅 새로운 단어가 일상 생활 속에 들어왔다 – 섹스팅. 미국 하원의원인 앤서니 위너는 자신의 음란 사진을 휴대전화를 통해 전송하는 등의 행위가 알려진 후 의원직에서 사퇴했다. 성적으로 부적절하거나 강박적인 인터넷 사용은 우리 사회의 새로운 문제가 되고 있다.

이 문제는 급격히 퍼지고 있으며 이 영향을 받는 사람들의 삶에 상당한 혼란을 가져다줄 수 있는 것으로 보인다(Weiss & Samenow, 2010). 캘리포니아 산타클라라에 있는 San Jose Marital and Sexuality Center에서 사이버공간 중독에 대한 심리학 전문가로 활동 중인 쿠퍼와 동료들(Cooper et al., 2000, 2004)은 다른 중독자들이 자신의 문제를 부정하는 것처럼 일주일에 수십 시간을 온라인의 성적 자극을 찾아다니는 많은 사람들이 자신에게 문제가 있다는 것을 부정한다고 보고하고 있다. 사이버섹스에 중독된 사람들은 결혼이나 직장 생활이 위험에 빠지거나 혹은 위너 하원의원과 같이 그들이 전송한 사진이 인터넷에 올라가게 되는 사례가 되기 전까지는 도움을 거부하는 것이 일반적이다. 그러나 온라인 섹스 중독을 가진 많은 사람들은 하루에도 몇 시간씩 포르노그래피를 보면서 자위행위를 하거나 채팅방이나 온라인 포럼을 통해서 섹스팅을 한다. 때로는 온라인을 통해서 만난 사람들과 실제로 혼외 정사를 하기도 한다. 뉴욕타임즈의 과학전문 기자인 제인 브로디와의 인터뷰(Brody, 2000)에서 성 치료자인 마크 슈워츠 박사는 "인터넷을 통한 섹스는 헤로인과 같아요. 이건 [사람들을] 낚아채고 그들의 삶을 가져가 버려요. 그리고 영향을 받는 사람들은 이것을 포기하고 싶어 하지 않기 때문에 치료하기가 매우 어렵죠"라고 이야기하였다.

쿠퍼와 그의 동료들(Cooper et al., 2010)은 인터넷을 "성적 강박의 코카인"이라고 비유하였다. 그들은 섹스를 위해 인터넷을 서핑해봤음을 인정하는 9,265명의 남성과 여성을 대상으로 한 온라인 조사를 실시하였고, 응답자 중 최소한 1%는 온라인 섹스에 심각하게 빠져 있음을 발견하였다. 그 조사에서 인터넷 사용자의 1/3은 성적인 웹사이트를 방문해보았다고 인정하였다. 남성 응답자 5명 중 1명, 그리고 여성 응답자 8명 중 1명은 직장에서 섹스에 대한 서핑을 해봤음을 인정하였다. 이런 수치를 전체 미국인에게 적용했을 경우 최소 수십만의 사람이 사이버섹스 중독임을 추정할 수 있다. 이 응답자들이 이 설문에 스스로 참여하였다는 점, 그리고 사람들은 자신의 행동을 통제하지 못했다는 것을 부정하는 경향이 있다는 점을 우리는 인식해야 할 것이다. 그러므로 1%라는 수치는 아마도 과소추정되었을 것이다. "이것은 공공 건강에 숨겨진 위험이고, 부분적으로는 이런 문제가 거의 알려져 있지 않고 이를 심각하게 다루지 않기 때문일 것이다"라고 쿠퍼는 기술하였다(Cooper et al., 2000).

쿠퍼는 사이버섹스 강박을 약물 중독과 비교하였다. 그들은 인터넷을 성적 행동화의 중요한 부분으로 활용하고 있으며, 이는 마치 마약 중독자가 선호 약물을 하며 직업과 사회적 삶에 심각한 문제를 가지게 되는 것과 같다고 쿠퍼는 언급하였다. 삶에서 성이 억제되고 제한된 사람이 성적 기회를 무한정 제공하는 곳을 갑자기 발견하게 되는 경우가 특별히 사이버섹스에 몰입하게 될 위험에 취약할 수 있다.

많은 향정신성 약물처럼 사이버섹스에도 강화가 있다. "자판을 두드리는 것과 같은 최소한의 투자에서 오는 강렬한 오르가슴은 강력한 강화이다. 사이버섹스는 쉽고 값싸게 무수한 이상적인 파트너에 접근 가능하게 한다"라고 슈워츠는 기술하였다(Cooper et al., 2000에서 인용).

때로는 사용자가 컴퓨터를 켜기 전에 컴퓨터가 사용자를 켠다. (이에 대해 설명할 것이다.) 쿠퍼의 논문에 대한 한 공저자는 일부 사이버섹스 중독자의 경우에는 그들이 컴퓨터를 켜기 전에 컴퓨터가 성적 자극을 일으키는 것과 같이 조건화된다고 언급하였다. 그는 그 사람들은 특별히 컴퓨터에 접근할 때마다 심지어는 직장에서조차도 섹스를 서핑하도록 특별히 강력하게 동기화된다고 보았다. 그러면서 업무에서는 어려움을 경험한다. 다른 중독을 가지는 것과 마찬가지로 사람들은 사이버섹스 자극에 내성을 가진다. 그러므로 초기 때의 희열을 얻기 위해 더 많은 위험을 감수할 필요가 있다. 일부는 배우자나 자녀가 주변에 있을 때에도 섹스 서핑을 한다. 일부는 직장에서도 그렇게 한다. 그리고 일부는 강박적으로 온라인에서, 그리고 그 결과로 실제에서도 섹스 파트너를 만나고자 한다. 직장에서 섹스를 서핑하는 것이 흔해져서 이제는 많은 회사에서 근로자의 온라인 행동을 관찰하고 있다. 섹스 사이트에 반복해서 방문하는 것으로 인해 직장을 잃을 수도 있다. 그리고 일부 사람들은 아동 포르노를 다운로드받아서 감옥에 가기도 한다. 아동 포르노를 소유하거나 배포하는 것은 미국에서 불법이다.

아동은 다른 방식으로 부모의 사이버섹스 중독의 피해자가 될 수도 있다. 아이들은 다운로드되었거나 혹은 모니터에 남아 있는 포르노에 우연이라도 노출될 수 있다. 부모가 온라인 섹스물을 시청하는 것을 볼 수도 있다. 다른 중독을 가진 경우와 마찬가지로 사이버섹스에 의존하게 되면 사람들은 그 자신과 타인을 위험에 노출시키고 다른 사람들이 정상적으로 하지 않는 것을 하게 된다.

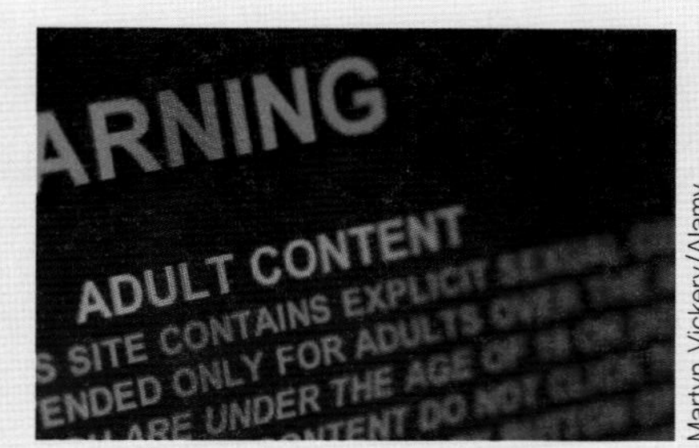

사이버섹스 중독 많은 사람들은 온라인 성적 자극을 찾기 위해 일주일에 수십 시간씩을 보낸다. 섹스를 위한 서핑을 하는 것이 직장이나 가정 생활에 방해가 될지라도 그들은 흔히 적응상의 문제를 가지고 있다는 것을 부정한다.

이 팽창하는 것이다. 고환, 유두와 심지어는 귓불까지도 그 부근의 혈관이 팽창되면서 부풀어 오른다. 근긴장은 근육의 긴장이다. 이로 인해서 얼굴이 찡그려지고 손과 발에 경련이 있으며 그러고는 오르가슴의 경련이 일어난다.

흥분기

흥분기(excitement phase) 동안에 혈관충혈로 인해 젊은 남성의 경우 성적 자극이 시작된 후 3~8초 이내에 발기가 가능해진다. 음낭 피부는 두꺼워지고 덜 늘어지게 된다. 고환은 크기가 커지며 점차로 올라간다.

▮ **흥분기** : 성 반응 주기의 첫 단계로, 남성의 경우 발기, 여성의 경우 질 윤활을 특징으로 한다. 근긴장과 심박률의 상승은 남녀 모두에게서 나타난다.

여성의 경우 질의 윤활 작용이 흥분의 특징이며, 이것은 성적 자극이 시작된 후 10~30초 이내에 시작된다. 혈관충혈은 음핵을 팽창시키고 음순을 팽팽하게 한다. 질 내부는 확장된다. 가슴은 커지고 표면 주위의 혈관은 더 선명해진다.

흥분기에 피부는 홍조를 띠기도 한다. 이런 경향은 여성에게 더욱 두드러진다. 남성과 여성 모두 유두는 꼿꼿해진다. 심박률과 혈압 또한 상승한다.

나의 생활

나의 마음

자기 평가 : 사이버섹스 중독의 경고 징후

- 인터넷에서 성과 관련된 사이트에서 보내는 시간이 증가하고 있는가?
- 인터넷에서 섹스 사이트를 방문하고자 하는 충동 경험이 있는가?
- 곤란을 경험할 수 있다는 것을 인식하면서도 직장, 학교에서 섹스 사이트를 클릭한 적이 있는가?
- 채팅방에서 다른 사람과 성적인 교환을 하는가?
- 방문했던 사이트들이 부끄러워서 배우자나 자녀들에게 당신이 인터넷 서핑하는 것을 숨기는가?
- 성적 만족을 위해 인터넷을 사용하는 것을 스스로 멈추기가 어려운가?
- 배우자나 연인과의 성적 관계를 하기보다는 인터넷에서 성적 경험을 찾는 것을 더 선호하는가?
- 폰 섹스 서비스나 성인 용품점 방문과 같이 인터넷의 사용이 현실의 일상생활로 이전되었는가?
- 당신의 성 행동이나 선호에 대한 염려가 있는가? 염려해야 하는가?

위 질문 중 어떤 것이라도 "예"라고 응답했다면 이런 것에 대해서 전문적인 상담자를 만나는 것이 좋겠다. 다른 중독 행동처럼 사이버섹스 중독은 잠재적으로 해로운 결과를 낳을 수 있다.

고조기

고조기 : 성 반응 주기의 두 번째 단계로, 오르가슴을 위한 준비로 혈관충혈과 근긴장, 심박률, 혈압의 상승을 특징으로 한다.

성적 각성의 수준은 **고조기**(plateau phase) 동안에는 어느 정도 안정된 상태로 유지된다. 혈관충혈로 인해 남성은 남근 위쪽 끝부분의 둘레가 커지며, 자줏빛이 된다. 고환은 사정을 위한 위치로 상승해 있고 각성되지 않은 상태에 비해서 1.5배 커지게 된다.

여성의 경우 혈관충혈로 인해 질의 외부는 팽창되며, 질 입구는 남근을 쥐기 위한 준비를 위해 수축된다. 질의 내부도 팽창된다. 음핵은 음핵 덮개 안쪽으로 수축되고 작아진다. 호흡은 헐떡거리는 것처럼 가빠진다. 심박률은 분당 100~160회까지 상승한다. 혈압은 계속해서 높아진다.

절정기

절정기 : 성 반응 주기의 세 번째 단계로, 골반의 수축과 이에 따른 강렬한 쾌감을 특징으로 한다.

남성의 **절정기**(orgasmic phase)는 근육 수축의 두 단계로 구성되어 있다. 첫 단계에서 정액은 남근의 맨 아래 부분에 모인다. 방광의 내부 괄약근은 정액과 소변이 섞이지 않도록 한다. 두 번째 단계에서 근육의 수축이 몸 밖으로 사정을 하게끔 추진한다. 쾌락의 감각은 수축의 정도 및 정액의 양과 관련되는 경향이 있다. 처음 서너 번의 수축이 일반적으로 가장 강렬하며 이는 0.8초의 간격으로 일어난다(매 4초마다 5번의 수축). 다른 2~4번의 수축은 조금 더 천천히 발생한다. 발생률과 양상은 사람마다 다를 수 있다. 여성에게서 오르가슴은 질 주변을 둘러싸고 있는 골반 근육의 3~15번의 수축으로 특징지어진다. 이후 약하고 느린 수축이 따라온다.

발기, 질 윤활과 오르가슴은 모두 반사 작용이다. 즉 적절한 성적 자극에 대한 반응이며 자동적으로 발생한다. 물론 키스, 서로를 애무하는 것 등과 같은 성적 관계를 할 것인가의 여부는 의지와 관련된 것이다. 혈압과 심박률은 최고조에 달하며 심박률은 1분에 180회까지 올라간다. 호흡은 분당 40회에 이른다.

해소기

해소기 : 성 반응 주기의 네 번째 단계로, 이 시기 동안 신체는 각성 전의 상태로 점차 되돌아간다.

오르가슴 이후에 신체는 각성되지 않았던 원래의 상태로 되돌아온다. 이를 **해소기**(resolution phase)라고 부른다. 사정 이후에 혈액은 집중되었던 영역에서 방출되며 이로 인해 발기가 사라진다. 고환은 원래의 크기로 되돌아온다.

여성의 경우에도 역시 오르가슴으로 인해 집중된 영역의 혈액이 방출된다. 유두는 원래의 크기로 되돌아온다. 음핵과 질은 점차적으로 원래의 크기로 수축된다. 혈압, 심박률 및 호흡도 각성되기 전 수준으로 되돌아온다. 두 파트너 모두 이완되고 만족감을 느낄 수 있다.

불응기 : 오르가슴 반응 이후에 나타나며, 이 시기 동안에는 성적 자극에 반응하지 않는다.

여성과는 다르게 남성의 경우에는 불응기에 들어가 이 순간 동안 또 다른 오르가슴이나 사정을 경험할 수 없다. 청소년기의 남성은 불응기가 몇 분밖에 되지 않으나 50세를 넘긴 남성의 경우에는 몇 분부터 며칠에 이를 수 있다. 여성은 **불응기**(refractory period)를 경험하지 않는다. 그래서 여성은 지속적인 성적 자극을 원하고 이를 받는다면 반복적인 (다중) 오르가슴의 순간으로 빠르게 재각성될 수 있다.

성적 자극의 상태에서 우리 신체의 변화는 〈표 12.5〉에 요약되어 있다.

표 12.5 ▮ 성 반응 주기 : 우리 신체가 성적 자극에 어떻게 반응하는가

남성	여성	모두
	흥분기	
혈관충혈로 발기가 일어난다.	혈관충혈로 질 조직, 음핵과 질 입구 주변 영역이 확장된다.	성기 조직의 혈관충혈이 일어난다.
고환은 상승한다.	질 윤활이 일어난다.	심박, 근긴장, 혈압이 상승한다.
음낭의 피부가 팽팽해지고 두꺼워진다.	질 안쪽의 2/3는 확장되고 질벽은 두꺼워지며 짙은 색깔을 띤다.	유두가 꼿꼿해진다.
	고조기	
남근의 끝은 짙은 자줏빛을 띤다.	질 안쪽의 2/3는 완전히 확장된다.	혈관충혈이 증가한다.
고환은 완전히 상승한다.	질의 바깥쪽 1/3은 두꺼워진다.	근긴장, 심박률, 혈압은 지속적으로 상승한다.
사정 전에 정액의 작은 방울이 남근에서 방출된다.	음핵은 덮개 안쪽으로 수축된다. 자궁은 상승하고 크기도 커진다.	
	절정기	
사정 반사 이전에 2~3초 동안 사정이 임박했다는 감각이 지속된다.	질 주변의 골반 근육이 수축한다.	오르가슴은 성적 긴장을 방출하고 강렬한 쾌감의 느낌을 만들어낸다.
오르가슴의 수축으로 인해 정액이 남근을 통해 신체 밖으로 분출된다.		근 경련이 신체를 통해 발생한다. 혈압, 심박률, 호흡률이 최고조에 달한다.
	해소기	
남성은 불응기라 불리는 시기 동안 생리적으로 다른 오르가슴이나 사정을 할 수 없게 된다.	만약 여성이 원하고 성적 각성이 지속된다면 다중 오르가슴이 나타날 수 있다.	지속적인 성적 자극이 없다면 근긴장과 혈관충혈은 줄어들고, 신체는 점차적으로 각성 전의 상태로 되돌아간다.

모듈 복습

복습하기

(24) 구강 성관계 행위는 젊은 성인 커플들 사이에서 점차로 _______가/이 되었다.
(25) 구강피임약은 (매우 좋은, 보통?)의 신뢰성을 가진다.
(26) 정관절제술이나 나팔관 묶기는 가역적인 피임법이라고 볼 수 (있다, 없다?).
(27) 마스터스와 존슨은 성 반응 주기를 흥분기, _______, 절정기, 해소기의 네 단계로 나누었다.
(28) 성 반응 주기의 흥분기는 일반적으로 _______과/와 _______를/을 특징으로 한다.
(29) 성적 흥분은 성 반응 주기의 _______ 시기에 최고조에 이른다.
(30) 남성만이 해소기에 _______를/을 경험한다.

생각해보기

남성과 여성의 성 반응이 유사점이 많다고 보는가 아니면 차이점이 많다고 보는가? 설명해보라.

모듈 12.6 성기능부전

▮ 성기능부전이란 무엇인가?
▮ 성기능부전의 주요 유형은 무엇인가
▮ 성기능부전의 원인은 무엇인가?
▮ 성기능부전은 어떻게 치료되는가?

▮ **성기능부전** : 성적으로 흥분하거나 오르가슴에 도달하는 데 지속적이고 반복되는 문제

수백만의 미국인이 **성기능부전**(sexual dysfunction) 혹은 지속적인 성적 흥미, 각성 또는 반응에서의 어려움을 경험한다. 미국 여성의 거의 절반(43%)에 가까운 사람과 1/3(31%) 정도의 미국 남성은 그들의 생애 중 어느 순간에는 성기능장애를 갖는다(Laumann, Paik, & Rosen, 1999; Rosen & Laumann, 2003). 그러나 성 문제를 가지고 있는 소수의 사람만이 전문적인 도움을 받는다(Nicolosi et al., 2006).

여기서 우리는 주요한 성기능부전인 성욕감퇴장애, 남성 성적 흥분장애, 여성 성적 흥분장애, 남성 발기장애, 극치감 장애, 조기사정에 대해서 살펴볼 것이다. 〈표 12.6〉에는 이 장애들에 대한 개요가 나와 있다.

성기능부전의 유형

▮ **성욕감퇴장애** : 성적 행동에 대한 흥미의 결핍을 특징으로 하는 성기능부전

임상 현장에서 가장 흔하게 볼 수 있는 문제는 발기나 오르가슴에 도달하기 어려운 문제와 같은 것이 아니다. 그보다 가장 흔한 문제는 성욕과 관련된 것이다(LoPiccolo, 2011). **성욕감퇴장애**(hypoactive sexual desire disorder)는 성욕과 성적 흥미 등이 부족하고 흔히 어떤 성적 판타지도 갖지 못한 사람에게 적용된다. 이 장애가 관계에서의 낮은 만족감과 낮은 성적 활동 수준과 관련이 있다는 것은 놀랍지 않다(Leiblum, 2010; Leiblum et al., 2006).

성적 흥분장애는 성적 반응에 결핍이 있는 것이다. 여성에게 성적 흥분은 남근의 삽입에 대비해 질을 준비시키는 질 윤활로 특징된다. 남성에게 성적 흥분은 발기로 특징지어진다. 거의 모든 여성은 때때로 윤활에 어려움을 겪는다. 거의 모든 남성은 때때로 발기와 성관계 중

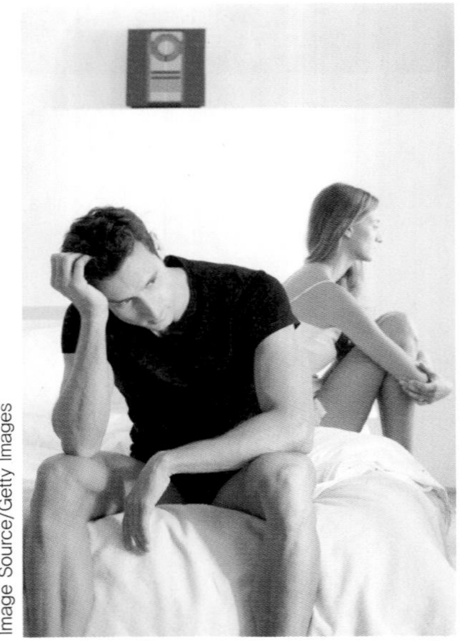

성기능부전 혹은 관계의 문제? 관계에서 문제가 성욕과 수행에 영향을 줄 수 있다. 성적 흥미의 결핍은 관계를 더욱 긴장되게 한다.

표 12.6 ▮ NHSLS 연구에 따른 현재의 성기능부전(지난 1년 동안에 문제가 있다고 응답한 사람들의 비율)

	남성	여성
성관계 중의 통증	3.0	14.14
성관계가 즐겁지 않음	8.1	21.2
오르가슴에 도달하지 못함(극치감장애)	8.3	24.1
성관계에 대한 흥미 부족(성욕감퇴장애)	11.8	33.4
수행에 대한 불안[a]	17.0	11.5
절정감에 너무 빨리 도달(남성의 조기사정)	28.5	12.3
발기를 유지할 수 없음(남성 발기장애)[b]	10.4	–
질 윤활에 문제를 가짐(여성 성적 흥분장애)	–	18.8

출처 : E. O. Laumann, J. H. Gagnon, R. T. Michael, and S. Michaels (1994). *The Social Organization of Sexuality: Sexual Practices in the United States*. Chicago: University of Chicago Press의 370쪽과 371쪽의 표 12.8A와 12.8B에서 발췌.
a 수행에 대한 불안은 그 자체로 성기능부전은 아니다. 그러나 성기능부전과 현저하게 관련이 있다.
b 다른 연구에서는 중년과 노년 남성의 절반 이상이 발기의 문제를 가지고 있거나 혹은 이 문제가 지속된다고 보고한다.

발기의 유지에 어려움을 겪는다. **여성 성적 흥분장애**(female sexual arousal disorder)와 **남성 발기장애**(male erectile disorder)라는 진단은 이 문제가 지속적이고 반복될 때에만 고려된다. **극치감 장애**(orgasmic disorder)는 성적으로 흥분되었을 때 남성이건 여성이건 지속적으로 오르가슴에 도달하지 못하거나 혹은 그것에 도달하는 것이 지연되는 것을 말한다. 극치감 장애와 낮은 성적 욕구는 남성보다는 여성에게 더욱 흔하다. 남성의 경우에는 오르가슴에 지나치게 빠르게 느끼는 문제가 더욱 흔하다. 이를 **조기사정**(premature ejaculation)이라고 하며, 최소의 성적 자극에도 사정을 하는 남성이 이에 해당된다. 어떤 경우에는 한 파트너와는 오르가슴을 경험하는 데 문제가 없지만 다른 파트너와는 이를 경험할 수도 있다.

▌**여성 성적 흥분장애** : 성적으로 관계에 만족할 수 있도록 흥분이 충분히 지속되거나 혹은 질 윤활과 같은 성적으로 흥분되는 것에 어려움을 갖는 것을 특징으로 하는 성기능부전

▌**남성 발기장애** : 발기를 하거나 이를 지속하는 것과 같이 성적으로 흥분하는 데 어려움이 반복되는 것을 특징으로 하는 성기능부전

▌**극치감 장애** : 성적으로 충분히 흥분되었더라도 오르가슴에 도달하는 데 어려움을 겪는 것을 특징으로 하는 성기능부전

▌**조기사정** : 최소의 성적 자극에 따른 빠른 사정

성기능부전의 원인

성기능부전의 원인은 생물학적인 것에서부터 심리학, 문화적인 것까지 전반적인 것일 수 있다.

생물학적 원인

성기능부전의 많은 경우는 생물학적 문제를 반영한다(Janssen, 2006; Taylor, Rudkin, & Hawton, 2005). 예를 들어 성욕의 결핍은 남성 성호르몬인 테스토스테론 수준의 부족과 관련이 있으며, 이 호르몬은 남녀 모두에게 성욕의 활성화에 중요한 역할을 한다. 당뇨는 남근에 혈액을 공급하는 혈관과 신경을 손상시킬 수 있고, 이것이 발기장애(발기하고 그것을 유지하는 것에 어려움이 있음)를 야기할 수 있다. 발기의 문제는 남근에 이르는 혈액의 흐름이나 발기와 연관된 신경의 손상과 관련된 의학적 문제와 관련될 수 있다.

비만은 심장병과 당뇨의 위험성뿐 아니라 발기부전의 문제를 증가시킨다(Khoo et al., 2011; Saigal et al., 2006). 그 연관성을 설명하는 기저 과정은 분명치 않으나 그 원인은 비만에 흔히 동반하는 높은 혈액 콜레스테롤 수준과 관련이 있는 것 같다. 콜레스테롤은 혈관 내에 지방질의 퇴적물을 만들며, 이것이 혈액이 심장에 가는 흐름을 막는 것처럼 남근으로의 유입을 막는 것으로 보인다. 좋은 소식은 비만한 남성에게 체중을 줄이고 활동을 늘리게 하는 것과 같은 건강 예방적 행위가 발기 기능 또한 호전시킨다는 것이다(Esposito et al., 2004; Khoo et al., 2011).

다른 신체적 원인, 예를 들어 피로나 알코올 혹은 다른 약물의 사용은 성 문제에 영향을 준다. 피로는 성욕을 감소시키고 오르가슴을 방해한다. 알코올, 마약(narcotics)과 신경안정제와 같은 억제제(depressants) 또한 성적 반응을 방해할 수 있다. 성욕이나 흥미의 결핍은 흔히 우울증과 같은 정신건강 문제와 연결되기도 한다. 건강 문제, 예를 들어 관상동맥심질환, 당뇨병, 다발경화증(multiple sclerosis), 척수(spinal-cord) 부상과 일부 외과적 처치(남성의 경우 전립샘의 제거)의 합병증, 호르몬의 문제, 고혈압이나 정신건강 문제 치료를 위한 약물의 사용 등과 같은 경우가 남녀 모두에서 오르가슴 기능에 영향을 줄 수 있다.

성욕의 점차적인 감소는 부분적으로는 최소한 남성들에게는 중년과 노년에서 발생하는 테스토스테론 수준의 저하로 설명될 수 있다. 테스토스테론의 주입은 성적 관심과 욕망의 증가에 도움이 되지만 호르몬 대체 치료의 위험에 대해서는 건강관리 전문가들과 충분히 의논을 해야 한다(Clay, 2009; Heiman, 2008). 신체적으로 건강한 대부분의 사람들은 이후의 삶에서 성적인 관계를 성공적으로 지속할 수 있다.

여성 성적 흥분장애도 남성 발기장애처럼 신체적인 원인이 있을 수 있다. 남성의 경우 비뇨

기과, 여성의 경우에는 부인과 전문의에게 충분히 평가를 받아볼 필요가 있다. 성적 자극에 대해 질이 윤활 혹은 확장하는 데 방해가 되는 신경, 혈관 혹은 호르몬의 문제는 여성 성적 흥분장애와 관련이 있을 수 있다. 예를 들어 당뇨병은 이로 인해 음핵 신경이 퇴화하고 혈관의 손상으로 여성에게 성적 흥분을 줄일 수 있다. 노화의 영향 중 하나인 에스트로겐 산출이 줄어드는 것도 질이 건조해지는 것의 원인이 될 수 있다.

심리학적 원인

▮ **수행 불안** : 적절하게 수행할 수 있을 것인가에 대한 공포

성기능부전의 기저 원인은 성적 트라우마, 파트너에 대한 해결되지 않은 분노감, 성적 유능감의 부족, **수행 불안**(performance anxiety)이라고 불리는 불안 혹은 성적으로 행위를 하지 못할 것이라는 공포 등과 같은 심리학적 이유들과 관련되어 있다(Firestone, Firestone, & Catlett, 2006; Moore & Heiman, 2006). 발기부전을 가진 한 남성은 데이트를 하고 성적인 관계로 이어지게 될 때 만약 성적으로 잘하지 못하면 그녀가 실망할 것이라고 계속해서 생각하게 된다고 이야기하였다. "잠자리를 같이 하게 되었을 때 난 불안해서 마비가 되었어요"라고 이야기하였다(Nevid, Rathus, & Greene, 2011에서 인용).

관계에서의 문제가 침실에 영향을 주지 않기가 쉽지 않다. 커플이 잠자리에 들었을 때 그들이 가진 분노감이나 원망감이 사라지는 것은 어려울 것이다. 어떤 경우에는 성적 트라우마가 관련될 수도 있다. 강간과 같이 신체적, 심리적으로 고통스런 성적 경험은 이후의 성적 반응을 막을 수 있다. 성적 학대 피해자들은 파트너에게 성적으로 반응하는 것에 어려움을 느끼며, 성적 자극을 쾌감보다는 혐오나 역겨움, 무력감, 분노감, 죄책감, 심지어는 플래시백(flashback)으로 반응할 수도 있다.

더군다나 성적 관계는 관계의 다른 차원들과 같은 경우가 일반적이다. 의사소통에서의 일반적인 어려움 또한 성욕의 표현을 방해한다.

다른 심리적 요인인 비합리적 신념도 성기능부전에 영향을 줄 수 있다. 만약 파트너인 연인의 인정을 항시적으로 요구할 경우, 한 번의 실망스런 성적인 에피소드는 파국으로 볼 수 있게 된다. 만약 성적인 사건이 항상 완벽하기를 바란다면 스스로가 실패라는 상태에 빠지게 될 것이다.

다른 유능감과 마찬가지로 성적 유능감(sexual competency)은 많은 경우 경험에서 파생된 지식과 기술에 기초한다. 성이라는 것이 자연적 기능이긴 하지만, 시행착오와 성에 대한 이야기와 학습 그리고 아마도 성적인 필름을 봄으로써 스스로와 타인을 즐겁게 할 수 있는 것이 무엇인지를 학습한다. 많은 사람들은 결혼을 했을지라도 지식과 경험의 부족으로 성적 유능감을 획득하지 못한다. 남성은 성적으로 무엇을 하는지를 어느 정도 안다거나 혹은 알아야 한다는 비합리적인 신념으로 인해 커플들은 많은 요구를 부여받는다. 한 예로 이런 신념으로 인해서 남성들은 자신의 파트너가 무엇을 좋아하는지에 대해서 (과학적) 정보를 얻거나 혹은 질문을 하지 않게 된다. 또한 이런 신념들로 인해 여성은 성적으로 각성되었을 때 파트너를 이끄는 데 주저하게 된다. 만약 여성이 리드하거나 성적으로 선호하는 것과 싫어하는 것을 표현하게 되면, 헤픈 여자로 보일 것이라고 생각한다. 그러나 자신의 연인이 자신의 마음을 읽어줄 것이라고 생각하는 것은 비합리적이다. 신체적, 언어적인 방식으로 알리는 것이 성적 관계를 더 만족시키는 방법이다.

수행 불안을 가진 사람들은 현재의 성적인 감각이나 판타지를 즐기지 못하고 이전의 실패와 재앙에 대한 기대에 초점을 맞춘다. 수행 불안으로 인해 남성은 발기에 어려움을 느끼거

나, 조기사정을 하기도 한다. 여성의 경우에는 적절히 윤활되거나 오르가슴에 도달하는 것이 방해받기도 한다. 수행 불안을 느끼면 실패에 대한 기대로 인해 불안이 높아지는 악순환으로 연결된다. 높은 불안 수준은 성적 수행을 방해하고 자신 혹은 커플의 공포를 확증하게 된다.

사회문화적 원인

문화적 신념 역시 성 반응과 성적 행동에 영향을 줄 수 있다. 예를 들어, 이전의 고정관념에서는 남성은 성적 쾌감을 느껴도 되지만 여성에게는 성관계가 의무라고 제안한다. 이런 해방된 시기에 여성이 성적 쾌감을 경험할 잠재력을 가지고 있다는 것을 미국인이 인식하지 못한다는 것을 상상하기가 어렵다. 그러나 미국은 큰 나라이다. 미국에는 말 그대로 수백의 하위문화가 있다. 여성(그리고 남성)은 다양한 하위문화에서 길러졌으며, 성에 대해서 상당히 다른 태도를 학습해 왔다. 대중 미디어와 성교육 프로그램을 통해서 성적인 잠재력이 있다는 것을 사람들이 알고 있을지라도, 사람들이 이것을 자신의 지식 혹은 표현과 연관시키기는 어려울 수 있다. 잘못된 정보와 성적 금기로 인해 남녀 모두 유사하게 성에 대해서 극도로 불안해한다. 이런 불안은 우리가 보게 될 것처럼 자기충족적 예언(self-fulfilling prophecy)을 낳을 수 있다.

성 치료

성기능부전은 성 치료를 통해 치료되며, 이것은 상대적으로 짧고 지시적인 방식의 심리치료로 일반적으로 인지행동치료의 요소로 구성되어 있다. 비록 많은 치료자들이 커플들의 성기능부전 문제를 개선하도록 중요한 기술들을 발전시켰다 하더라도 성 치료는 많은 부분 마스터와 존슨(Masters & Johnson, 1970)의 선구적인 작업에 빚지고 있다. 성 치료 기술은 일반적으로 아래의 목표를 공통으로 가지고 있다.

1. 수행 불안을 감소시키기. 치료자들은 종종 커플들에게 성관계나 절정감을 느끼도록 요구하지 않고 성기가 아닌 신체의 부분들을 서로 만지고, 마사지를 하며, 쓰다듬도록 한다. 이런 방식으로 수행 불안은 줄어들고, 이는 발기, 윤활이나 점차적으로 오르가슴과 같은 자연스런 반사 작용을 할 수 있도록 한다.
2. 자기패배적 태도와 기대를 바꾸기. 내담자에게 실패에 대한 기대가 불안 수준을 어떻게 늘리고 또 자기충족적 예언에 이르는지를 보여준다.
3. 성 기술을 가르치기. 내담자는 서로에게 적절한 성적 자극을 어떻게 제공하는지를 배운다. 조기사정의 경우 정지-시작법(stop-and-go, 남성이 극도로 흥분되면 멈추고 다시 시작하는 것을 반복하여 남성이 흥분의 정도나 사정 반사가 촉발되는 되돌릴 수 없는 시점을 잘 알 수 있도록 하는 방법)과 같은 방식으로 사정을 지연시킬 수 있는 방법을 알려준다.
4. 성 지식을 증진시키기. 일부 문제의 경우 생물학적, 성적 기능에 대한 무시와 잘못된 지식과 연관되어 있다.
5. 성적 소통을 향상시키기. 파트너들은 서로에게 그들이 무엇을 좋아하고 싫어하는지를 보여주는 방법을 배운다.

오늘날 성기능부전을 가진 사람들을 도와줄 수 있는 다양한 생물학적 치료 또한 활용 가능하다(Montorsi et al., 2010). 테스토스테론 치료는 일부 경우에 남녀 모두에게 성적 흥미와 욕구의 결핍을 조정하는 데 도움을 줄 수 있다(Basaria et al., 2010; Davis et al., 2008). 그러나 이런 호르몬 치료법의 안정성과 부작용은 여전히 심각한 문제로 남아 있다. 비아그라나 이와 유사한 약물 역시 발기장애의 어려움을 겪는 대부분의 남성에게 발기가 되도록 할 수 있다(Qaseem et al., 2009). 이런 약물은 남근의 근육을 이완시켜서 남근의 혈관 내에 혈류를 증대시킴으로써 발기가 가능하도록 한다. 이런 약물들을 여성 성기능부전에도 사용가능한지의 여부를 확인하고 있으나 남성에게와 같은 일관된 결과가 여성에게는 나오지 않고 있다(예 : Ishak et al., 2010; Portner, 2008). 무엇보다 성기능부전의 대부분의 사례는 생물학적 또는 심리학적 처치(혹은 이 둘의 조합)를 통해서 성공적으로 치료 가능하며, 이는 효과적인 치료방법이 없었던 이전의 세대들에 비해서 훨씬 더 나은 상황이다.

모듈 복습

복습하기

(31) 설문조사 결과 미국 여성의 ______과/와 미국 남성의 ______는/은 일생에서 어느 순간에 성기능부전을 경험한다.

(32) 여성 성적 ______ 장애를 가진 여성은 윤활에 어려움을 겪는다.

(33) 발기가 되지 않거나 유지에 지속적인 어려움을 갖는 남성은 남성 ______ 장애를 가졌다고 할 수 있다.

(34) 사정을 지나치게 빠르게 하는 남성은 ______(으)로 진단될 수 있다.

(35) ______는/은 일반적으로 수행 불안을 감소하고 자기패배적 태도를 바꾸며, 성 기술을 가르치고, 성 지식을 증진시키며, 의사소통을 개선하는 데 초점을 맞춘다.

생각해보기

성기능부전의 각기 다른 유형을 성 반응 주기의 다양한 단계와 연결시켜보라.

모듈 12.7 강간

- 어떤 동기가 강간의 기저에 있나?
- 강간에 대한 흔한 잘못된 믿음은 무엇인가?
- 어떻게 강간을 예방할 수 있는가?

연방수사국(FBI) 통계에 따르면 폭력적인 강간은 미국에서 한 해 약 9만 건이 보고되고 있다(U.S. Department of Justice, 2009). 다수의 강간과 강간 미수는 보고되지 않기에 실제 강간 숫자는 이보다 훨씬 더 많을 것이다. 2010년 미국의 전국적인 설문조사에 따르면 약 5명 중 1명의 여성이 생애 중 어느 순간에 강간(강압적인 성관계로 정의됨)이나 혹은 강간 미수를 경험하였다고 보고하였으며, 1%의 여성은 지난 1년간 강간의 피해자였다고 보고하였다(Rabin, 2011). 이런 통계치를 바탕으로 추정해보면, 약 130만의 미국 여성이 매해 강간 혹은 강간 미수의 피해자라고 추정된다. 여성 피해자 중 약 절반은 18세 이전에 강간을 당했다고 보고하였다.

강간 : 질, 항문 또는 입을 통한 원치 않는 성관계(미국에서 2012년 이전에는 법적으로 강간은 강압적인 성관계에 제한되어 있었음)

부모들은 딸들에게 낯선 사람과 강간범의 표적이 될 수 있는 낯선 곳을 주의하라고 가르친다. 확실히 낯선 사람에 의한 **강간**(rape)에 대한 위협은 분명 존재한다. 그러나 5건 중 4건 이

표 12.7 ▮ 캠퍼스 강간

대학 캠퍼스에서 강간이 일어난다는 것은 불행하지만 사실이다(Crisis Connection, 2011).

- 5명 중 3명의 남자 대학생은 어떤 상황에서는 여성에게 성관계를 강요할 수도 있다는 것을 인정한다. 5명 중 2명 이상의 남자 대학생은 여성의 거부를 무시하고 강압적으로 성관계를 할 수 있다는 것을 인정한다. 말 그대로 데이트 상대나 아는 사람을 강간하는 어떤 남자 대학생들도 자신이 한 행위가 강간이라고 생각하지 않는다(Burnett et al., 2009).
- 남학생 사교 클럽단체(fraternity)의 남학생들은 다른 개인들보다도 여성을 성관계로 끌어들이기 위한 방법으로 약물이나 술을 더 이용하는 경향이 있다.
- 강간 피해 여대생들의 대부분은 그들이 아는 사람에 의해서 당했다. 피해자 8명 중 7명은 강간범이 친구나 아는 사람 혹은 남자친구라고 하였다. 대학생을 대상으로 한 연구에서 대부분의 데이트 강간은 최근에 알게 된 사람이나 첫 만남을 가진 사람이 아니라 오랫동안 알았던 사람에 의해서 행해졌다고 보고되었다.
- 대학생을 대상으로 한 조사에서 4명 중 1명은 자신의 의지에 반해서 성적인 접촉이나 성적으로 의도적인 농담 등을 경험하였다(Schemo, 2006).
- 술은 데이트 강간의 위험을 증가시킨다(Cole, 2006; McCauley, Calhoun, & Gidycz, 2010; Scribner et al., 2010). 캠퍼스 강간 10건 중 9건은 음주와 관련이 있었다. 남성이 술을 마셨을 때에는 여성의 모호한 단서를 단순한 친밀함보다는 성적 흥미의 징후라고 해석하는 경향이 있다(Farris, Treat, & Viken, 2010). 더군다나 데이트에서 여성이 술을 먹는다는 것은 성관계를 갖기를 원한다는 표현이며, 따라서 술을 마신 여성에 대해 성관계를 강요하는 것은 받아들여지는 것이라고 많은 남성들은 미신을 가지고 있다.
- 캠퍼스 강간 피해자들의 거의 절반 정도는 폭력에 의한 신체적인 상해를 입는다.
- 강간을 당한 여대생 4명 중 1명만이 강간을 당한 것을 이야기하며, 10명 중 1명만이 당국에 신고한다. 많은 여성들은 아는 사람에게 당한 성폭력을 강간이라고 고려하지 않는다(Strebeigh, 2009).
- 여대생들은 1학년 또는 2학년의 첫째 주와 같이 캠퍼스 생활에 완전히 적응하기 전에 강간을 당하는 경향이 있다.

출처 : Nevid/Rathus, *HLTH*, ⓒ 2013 Brooks/Cole, a part of Cengage Learning, Inc. 허락하에 게재.

상의 강간은 데이트 상대, 가족, 배우자 또는 아는 사람과 같이 면식범에 의해서 이루어진다(U.S. Department of Justice, 2006). 최근 미국의 전국적인 조사에 따르면 약 7명 중 1명의 여성은 아는 사람에 의한 성폭력을 당한 바 있다(Moracco et al., 2007). 많은 기혼 여성들, 아마도 7명 중 1명은 남편에 의해 강간을 당한 바 있다(Martin, Taft, & Resick, 2007). 이에 더해 강간 피해자 중 약 10%는 남자였으며 이 중 전부는 아니지만 상당수는 감옥 내에서 이루어졌다(U.S. Department of Justice, 2006).

강간, 특히 데이트 강간은 대학과 고등학교 내에서 염려하는 부분이다(Fisher et al., 2003)(표 12.7 참조). 미국 대학생들을 상대로 한 전국적인 조사에 따르면 6.4%의 여대생과 2%의 남자 대학생이 지난 1년에 강간 미수 혹은 강간을 경험한 바 있었다(원치 않는 성관계. 표 12.8 참조)(American College Health Association, 2005).

저자들의 파일에 있는 데이트 강간에 대한 한 여성의 사례를 참고해보자.

> 난 그를 파티에서 처음 만났어요. 그는 정말 잘생겼고, 웃음이 매력적이었어요. 그를 만나고 싶었지만 어떻게 해야 할지를 몰랐어요. 너무 빨리 나가는 것처럼 보이긴 싫었어요. 그때 그가 나에게 다가와서 자기 소개를 했지요. 우린 같이 이야기를 하였고 서로 많은 점을 공유하고 있었어요. 난 진짜 그 사람이 좋았어요. 그가 자기 집에서 한잔하자고 이야기했을 때 괜찮다고 생각했어요. 그는 정말로 내 얘기를 잘 들어주었고 나 역시 그와 함께 다시 만나고 싶었어요.
>
> 우리가 그의 방으로 같이 갔을 때 방에 앉을 데라고는 침대밖에 없었어요. 난 그가 딴 생각을 가지지 않기를 바랐지만, 다른 방법이 없었어요. 잠깐 동안 이야기를 나눈 후엔 그가 본격적으로 행동하기 시작했어요. 난 깜짝 놀랐죠. 그가 키스를 하기 시작하였죠. 난 그가 좋았기에 키스가 매우 좋았다고 느꼈어요. 그러고는 나를 침대에 밀쳤어요. 일어나려고 했고 그에게 그러지 말라고 이야기를 했어요. 그의 몸집은 컸고 또

표 12.8 | 지난 12개월 동안 학생들이 경험했다고 보고한 성폭력 유형

성폭력 행동	전체		여성		남성	
	수(명)	%	수(명)	%	수(명)	%
동의 없는 성적인 접촉	1,558	5.6	1,244	7.0	276	3.0
동의 없는 성관계의 시도 (질, 항문, 구강)	696	2.5	587	3.0	88	1.0
의지에 반한 성관계 (질, 항문, 구강)	399	1.4	327	2.0	54	1.0

주 : "최근 12개월 중 당신은…?"이라는 질문에 대한 응답임. 결측치와 타당치 않은 데이터로 인해 성별 반응이 항상 전체 값과 동일하지는 않음.
출처 : *American College Health Association-National College Health Assessment II-Reference Group Data Report, Fall 2011.* Hanover, MD : American College Health Association, 2012. American College Health Association의 허락하에 재인쇄.

힘도 셌어요. 난 무서워서 울기 시작했어요. 난 완전히 얼어붙었고 그가 나를 강간했어요.

그건 몇 분밖에 안 됐지만 최악이었어요. 그는 정말 난폭했어요. 그 일이 끝이 났을 때 그가 도대체 뭐가 문제냐고 물었죠. 마치 정말로 모르는 것처럼 말이에요. 그는 나에게 강요를 했고 그게 괜찮다고 생각했었어요. 그는 나를 집까지 차로 데려다주었고 다시 만나면 좋겠다고 이야기를 했어요. 다시 그를 만나기가 무서워요. 이런 일이 나에게 생길 것이라곤 생각해본 적이 없어요.

강요하거나 강압적인 성관계가 강간이다. 여성이 어떤 옷을 입었건 혹은 이전에 어떤 성적인 행위에 동의를 했건, 성적인 행위에 대해 동의하지 않았을 때 혹은 아니라고 혹은 그만두라고 이야기할 때 그것은 원치 않는다는 뜻이다. **글쎄요**의 의미가 아니라 **원치 않는다**는 것이다.

왜 남성은 여성을 강간하는가?

강간은 성욕보다는 권력, 조종, 복수와 같은 동기들이 더욱 관련이 있다. 때로는 이것은 여성에 대한 잘못된 대우와 굴욕의 역사로 인해 남성이 여성을 조종하고 지배하거나, 혹은 복수를 위한 도구로 사용된다. 일부 강간범에게는 폭력이 성적인 흥분을 증진시키기도 한다. 그래서 성과 공격성이 복합된 것을 찾는다.

인류 선조의 경우, 남성은 이후 세대에게 자신의 유전자를 남기고자 더욱 성적으로 공격적이었다고 진화심리학자들은 주장한다(Fisher, 2000; Thornhill & Palmer, 2000). 그래서 남성은 여성에 비해 성적으로 더욱 공격적인 유전적 경향성을 가지고 있을 것이다. 그러나 진화심리학자들이 강간이나 성적 공격에 대해서 면죄부를 주는 것은 아니다. 인류는 공격적으로 행동할 것인가의 여부를 선택할 수 있다.

그러나 많은 사회비평가들은 미국 문화가 젊은 남성들 — 이웃의 괜찮은 남성을 포함하여 — 이 공격적이고 경쟁적인 행동이 강화됨으로써 성적으로 공격적인 역할을 하도록 사회화되었다고 주장한다(Davis & Liddell, 2002; Malamuth, Huppin, & Paul, 2005). 젊은 남성은 어린 시절부터 놀이의 공간에서 상대를 지배하고 압도하도록 기대된다. 불행스럽게도 이런 요소는 여성이 성적인 공격에 대해 저항하는 순간에 침실 안으로 이전된다. 많은 젊은 남성들은 데이트 상대의 저항을, 완력일지라도 어떤 필요한 수단을 이용해서라도 억눌러야 하는 것으로 본다. 술을 마신 경우에는 그 행동의 결과를 판단할 능력이 손상되어서 성적 공격성의 위험은 증가한다(Cole, 2006; Scribner et al., 2010).

우리는 또한 강간에 대한 인지적 기초에 대해서 고려할 필요가 있다. 남성은 여성의 저항을 수줍어하는 것으로 잘못 인식하고, “아니다”라는 의미를 “글쎄요”라고, 그리고 “글쎄요”라는 의미를 “좋다”는 의미로 생각한다. 남자 대학생들은 종종 여성의 미묘한 웃음이나 동작과 같은 여성의 친밀한 제안을 성적 관심의 징후로 잘못 해석한다. 이런 징후를 읽는 것과 관련하여 일반적으로 남성은 여성에 비해 더 모호하게 사회적 지각을 한다. 남성은 자신이 만나는 여성의 성적 관심을 과대추정하는 경향이 있다. 이는 실제와는 다르더라도 특별히 남성이 스스로 인기가 있다고 생각하거나 성적으로 매력적인 여성을 만났을 때 더욱 심해진다(Perilloux, Easton, & Buss, 2012). 반면에 여성은 남성의 성적 관심을 과소추정하는 경향이 있다.

인디애나대학교의 연구자인 코린 페리스(Coreen Farris)는 “젊은 남성들은 여성이 친절한 것과 그것 이상으로 관심을 가지고 있는 것을 구분하기 어려워한다”(Bryner, 2008에서 인용)는 점을 지적하였다. 그들은 여성이 정말로 원하는 것을 징후를 잘못 읽거나 잘못된 믿음을 가진다. 이런 예는 앞서 소개한 여성을 강간한 남성의 이야기에서 볼 수 있다.

> 난 그녀를 파티에서 처음 봤어요. 그녀는 정말 매력적이었고, 멋진 몸매를 드러내는 섹시한 옷을 입고 있었어요. 우리는 이야기를 하기 시작했죠. 그녀가 이야기를 할 때 계속해서 웃고 내 팔을 만지는 것을 보고 그녀가 나를 좋아한다는 것을 알 수 있었어요. 그녀가 확실히 편해 보이기에 나중에 내가 사는 곳에서 한잔하자고 이야기를 건넸죠. 그녀가 그러겠다고 이야기했을 때 내게 행운이 올 것이라고 생각했어요.
>
> 우리가 같이 내가 사는 곳으로 갔을 때 침대에 앉아서 키스를 했어요. 처음에는 모든 게 근사했죠. 그러다가 내가 침대에 그녀를 눕혔을 때 몸을 비틀면서 원치 않는다고 이야기를 했어요. 모든 여성이 너무 쉬워 보이고 싶어 하지 않지요. 그래서 난 그런 모습을 보이는 것이라고 생각했어요. 그녀가 저항하는 것을 멈추었을 때 우리가 하기 전에 그녀가 눈물을 흘렸다는 것을 알았어요.
>
> 그 이후에도 그녀는 매우 화를 냈지만 난 이해할 수 없어요. 그녀가 성관계를 갖고 싶지 않았다면 왜 나를 따라 방으로 들어왔겠어요? 그녀가 입은 옷이나 하는 행동을 보면 그녀가 처녀가 아님은 알 수 있어요. 그런데 왜 그녀는 그렇게 저항했어야 할까요? 난 잘 모르겠어요.

이제부터 강간에 대한 또 다른 인지적 요소인 강간에 대한 잘못된 고정관념에 대해서 살펴보자.

강간에 대한 미신

미국에는 강간 피해자를 비난하는 많은 미신이 있다(Bletzer & Koss, 2006)(표 12.9와 12.10 참조). 만약 여성이 도발적으로 옷을 입었다면 그 여성은 부분적으로 강간에 대한 책임이 있다는 것이 한 예이다. 또 다른 미신으로는 “여성은 원할 때 아니라고 대답한다”거나 “강간범은 성욕에 미쳐 있다”는 것들이 있다(Powell, 1996, p.139). 또 다른 미신으로는 여성은 내면 깊숙이는 강간을 원한다는 것 등이다. 이런 미신들은 폭력의 충격을 부정하고 비난을 피해자로 향하게 한다. 전통적이고 완고한 성 역할을 지지하는 남성은 강간 피해자들을 더욱 비난하는 경향이 있다(Raichle & Lambert, 2000). 강간에 대한 미신은 강간범에 대해서 지나치게 관대하고 피해자에 대해서는 동정적이지 않은 사회적 분위기를 만든다. 더군다나 이런 미신은 여성에 대한 혐오감을 일으키고 이에 따라 강간을 조장한다(Hall et al., 2000)(그림 12.7 참조).

MichaelPoehlman/Photographer'sChoice/Getty Images

이들이 연애를 걸고 있나? 아니면 이들이 친밀한 대화를 나누고 있나? 최근 연구에 따르면 실제는 그렇지 않음에도 불구하고 여성들이 성적 관심을 보이고 있다고 남성들이 사회적 단서를 잘못 해석하는 경향이 있다.

표 12.9 다음의 경우가 강간인지 아닌지를 분류해보라

		강간	강간이 아님
술을 많이 먹어서 만취한 여성과 남성이 성관계를 갖는다.	여성 남성	88% 77%	9% 17%
아내가 원치 않아도 남편이 아내와 성관계를 갖는다.	여성 남성	61% 56%	30% 38%
성관계를 갖기를 원치 않는 여성에게 성관계를 동의할 때까지 남성이 요구한다.	여성 남성	42% 33%	53% 59%
남성이 여성과 성관계를 갖기 위하여 물리적인 강압은 아니지만 정서적인 압력을 사용한다.	여성 남성	39% 33%	55% 59%
		예	아니요
일부 여성은 성관계를 갖도록 설득되는 것을 좋아한다고 믿는가?	여성 남성	54% 69%	33% 20%

표 12.10 다시 한 번, 다음의 경우가 강간인지 아닌지를 분류해보라

	나이(세)	강간	강간이 아님
여자가 알코올이나 약에 취해 있다.	18~34 35~49 50 이상	31% 35% 57%	66% 58% 36%
여자가 처음에 성관계를 갖자고 동의했으나 마음을 바꿨다.	18~34 35~49 50 이상	34% 43% 43%	60% 53% 46%
여자가 도발적으로 옷을 입었다.	18~34 35~49 50 이상	28% 31% 53%	70% 67% 42%
여자가 남자의 방이나 집으로 가는 것에 동의하였다.	18~34 35~49 50 이상	20% 29% 53%	76% 70% 41%
		예	아니요
당신이 남성에게 아니라고 이야기하였지만, 어찌됐건 성관계를 가졌던 상황이 있었는가?	여성에게만	18%	80%

만약 강간에 대해 당신이 흔한 미신을 가지고 있는지의 여부를 확인하고자 한다면 472쪽에 있는 자기 평가를 실시해보라.

강간에 대한 예방

낯선 남자를 받아들이지 말라. 그리고 모든 남자가 낯설다는 것을 기억하라.

—로빈 모건

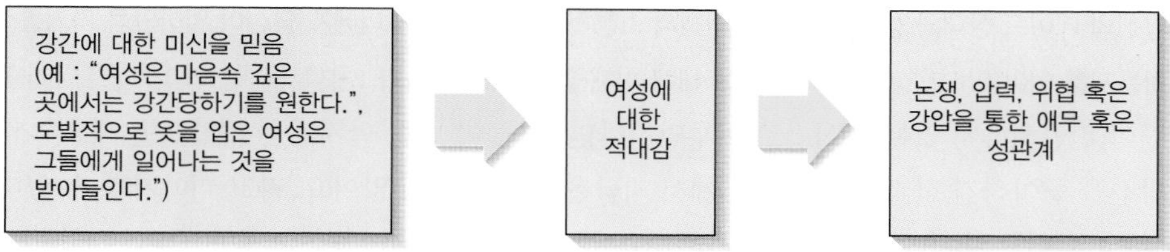

강간에 대한 미신을 믿음
(예 : "여성은 마음속 깊은 곳에서는 강간당하기를 원한다.", 도발적으로 옷을 입은 여성은 그들에게 일어나는 것을 받아들인다.")

→

여성에 대한 적대감

→

논쟁, 압력, 위협 혹은 강압을 통한 애무 혹은 성관계

그림 12.7

성적 공격성의 일반적 경로 경로분석이라는 통계적 기법을 통해 성적 공격성의 강력한 인지적 측면이 드러난다. 여성이 강간당하는 것을 원한다거나 도발적으로 옷을 입은 여성은 그들에게 일어나는 것을 받아들인다는 것과 같은 강간에 대한 미신은 여성에 대한 적대감을 증가시킨다. 여성에 대한 적대감은 다시 성적 공격성을 촉진시킨다.

강간의 결과는 신체적 상해, 불안, 우울, 성기능부전, 성을 매개로 한 질병, 혹은 임신 등이 포함된다. 사회적 관점에서 강간에 대한 예방을 위해 우리 모두가 성적 강압을 낳는 사회적 분위기와 같은 문화적 태도를 점검하고 또 이에 도전해야 할 것이다. 남성 지배와 남성적 공격성에 대한 보상이라는 전통은 여성에게는 일상의 대가를 요구한다. 우리가 할 수 있는 한 가지는 대학에서 학생들에게 성폭력 방지를 위한 교육과 세미나를 듣도록 하는 것이다. 이런 교육 프로그램은 여성에 대해 좀 더 정중한 태도를 갖게 한다(O'Donohue, Yeater, & Fanetti, 2003). 이 프로그램의 목적은 강간에 대한 미신을 없애고 남성으로 하여금 "아니다"라는 말이 "아니다"라는 의미임을 인식할 수 있도록 하는 것이다. 이 프로그램이 태도를 바꾸는 데 도움이 되긴 하지만 캠퍼스 내 성폭력 발생률을 줄였다는 확실한 증거는 부족하다(Breitenbecher, 2000). 그럼에도 불구하고 이런 프로그램은 캠퍼스 내 강간 문제에 많은 주의를 기울이도록 하였다. 사회적 수준에서 우리는 지역과 국가 지도자들이 이 문제에 좀 더 관심을 가지고 어떤 형태의 성적 강압이건 관용을 베풀지 않을 것이라는 분명하고 지속적인 메시지를 던지는 정책을 실행시키도록 해야 할 것이다.

개인적 수준에서 여성 스스로 자신을 보호할 수 있도록 할 만한 것들이 있다. 이 분야에서 고전적인 서적인 *The New Our Bodies, Ourselves*(Boston Women's Health Book Collective, 1993)에서는 낯선 사람의 강간을 예방하기 위해 다음과 같은 몇 가지 제안을 하고 있다.

- 아파트나 이웃에 다른 여성들과의 신호와 준비를 확립하라.
- 전화번호부나 우편함에는 이름의 머리글자만 등록하라.
- 걸쇠를 이용하라.
- 창문을 잠그고, 1층의 경우에는 창살을 이용하라.
- 입구와 통로의 조명은 밝게 하라.
- 현관이나 차의 열쇠는 미리 준비하라.
- 어두운 곳을 혼자 다니지 말라.
- 신분이 확인되지 않은 낯선 사람을 아파트나 집 안으로 들이지 말라.
- 창문을 닫고 문을 잠근 상태에서 차를 운전하라.
- 차를 타기 전에는 뒷좌석을 확인하라.
- 안전하지 않은 건물에서 거주하는 것을 피하라.
- (여성을 포함한) 히치하이커를 차에 태우지 말라.
- 길에서 낯선 남자와 대화를 나누지 말라.
- "강간이야!"보다는 "불이야!"를 외치라. 사람들은 화재 주변에는 모여들지만 폭력의 장면은 피한다.

다음은 데이트 강간을 예방하기 위한 몇 가지 제안이다(Powell, 1996).

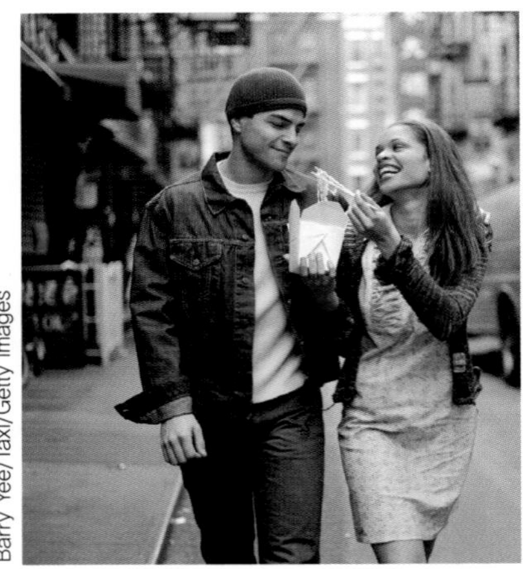
Barry Yee/Taxi/Getty Images

그렇다, 존중하는 것이 섹시하다 건강한 관계는 상호 존중과 개방된 소통에 근거한다.

- **당신의 데이트 상대와 성적인 한계에 대해서 소통하라.** 당신의 파트너에게 당신이 얼마만큼 가기를 원하는지를 이야기하고 상대가 그 한계에 대해 이해할 수 있도록 하라. 예를 들어, 만약 파트너가 당신이 편안해하지 않는 방식으로 어루만진다면 "당신이 나를 만지지는 않았으면 해요. 내가 당신을 좋아하긴 하지만 우리 관계에서 지금은 그러고 싶지 않아요"라고 이야기할 수 있다.
- **새로운 데이트 상대는 공개된 장소에서 만나고, 전에 만난 적이 없는 낯선 사람이나 낯선 사람들과는 함께 차를 타는 것을 피하라.** 새로운 데이트 상대를 만날 때 당신의 차로 이동하거나 공공의 장소에서 만나라. 다른 사람이 운전하는 차에 타거나 낯선 사람이나 낯선 사람들과 함께 차를 타지 마라. 데이트 강간의 어떤 경우에는 그 사람들이 사라진 후에 폭력이 이루어진다.
- **분명한 단어로 거부 의사를 밝히라.** 성적 제안에 대한 거부 의사를 명백히 하라. 파트너를 직접 쳐다보라. 당신이 명확해질수록 파트너가 당신이 원하는 바를 잘못 이해하기 않게 된다.
- **자신의 두려움을 인식하라.** 파트너를 화나게 할 것 같아서 당신의 주장을 억눌러야 할 것 같다는 두려움을 인식하라. 그러나 만약 파트너가 존중하지 않는다면, 그런 사실을 바르게 알아차린 것이 다행이며, 그 관계는 즉시 끝내는 것이 최선이다.

자기 평가 : 강간 조장의 분위기를 만드는 문화적인 미신

아래의 문장을 잘 읽고 이것이 사실인지 거짓인지에 대해 어떻게 생각하는지 예 혹은 아니요에 표시하라. 그러고는 당신의 생각을 평가하려면 그 아래의 문장을 읽어보라.

예 아니요 1. 공공의 장소에서 도발적으로 옷을 입는 여자는 그것을 요구하는 것이다.
예 아니요 2. 클럽이나 바에서 남자와 집으로 동행하는 여자는 어떤 일을 당해도 그럴 만하다.
예 아니요 3. 강간을 당했다고 주장하는 여성은 성관계를 가진 것에 대해서 변명거리를 찾는 것이다.
예 아니요 4. 신체적으로 건강한 여성은 그녀가 원치 않는다면 남성의 행위에 저항할 수 있다.
예 아니요 5. 만약 여성이 성적인 방식으로 남성이 만지는 것을 허락하였다면, 이것은 그 여성이 성관계를 원하는 것을 의미한다.
예 아니요 6. 강간을 당한 대부분의 여성은 남성이 그러하도록 뭔가를 유도하였다.
예 아니요 7. 만약 여성이 남성을 만지고 애무를 먼저 하였다면, 그 이상 나간 것에 대해서는 그 여성의 잘못이다.
예 아니요 8. 여성이 그것을 승인하지 않을지라도 여성은 남성에 의해 압도되기를 진심으로 바란다.
예 아니요 9. 만약 여성이 파티에서 술을 많이 먹었다면, 남성이 그녀를 범한 것은 그녀의 잘못이다.
예 아니요 10. 강간은 흔히 감당할 수 없게 된 오해이다.

각 문항은 강간에 대한 미신을 보여준다. 예를 들어 여성은 남성에 의해서 압도되기를 바란다고 믿는 강간범은 그녀가 진심으로 원하는 것을 그녀에게 해줬다고 생각할 수 있다. 하지만 이야기하지 않는다면 과연 우리가 그 사람이 원하는 것이 무엇인지를 어떻게 알 수 있을까? 이런 믿음은 받아들여질 수 없는 행동을 설명하기 위한 자기 정당화의 한 방편으로 사용된다. 이에 대해서 확실히 하자. 성관계와 관련해서 아니라는 것은 아니라는 의미이다. 글쎄요의 의미가 아니다. 조금만 있다가도 아니다.

단지 아니라는 의미이다. 또한 성적인 행위(만지고, 키스하고, 구강 성관계하는 것 등)에 동의하는 것이 다른 어떤 성적인 행위에 대한 동의를 의미하는 것은 아니다. 어느 누구건 언제든 아니라고 말하거나, 자신이 원하는 것에 대한 어떤 한계를 둘 권리가 있다. 만약 당신이 위 항목의 어떤 것에 대해서라도 지지하였다면 자신의 신념에 대해서 비판적 사고 기술을 활용하여 재점검할 필요가 있다.

강간과 관련한 미신으로 인해 다른 유형의 공격보다 성적인 공격에 대해서 더욱 관대해질 수 있다. 만약 당신이 강간 피해자들이 그들이 받을 만한 것을 받았다고 생각한다면 피해자보다는 가해자에 대해서 더욱 동정심을 가질 수도 있을 것이다.

제대로 보자. 성 범죄에 대한 책임은 다른 어떠한 범죄와 마찬가지로 전적으로 피해자가 아닌 가해자의 책임이다.

출처 : Burt, 1980에서 발췌.

- 당신의 감정에 주목하라. 당신의 직감을 믿으라. 아는 사람에게 강간을 당한 많은 피해자들은 상대에 대해서 뭔가 이상한 기분을 느꼈으나 그것을 무시했다고 진술하였다.
- 새롭게 대학에 갔거나 외국과 같은 낯선 상황에 있다면 특별히 주의하라. 새로운 환경, 다른 사람들, 다른 관습을 접하는 시기가 특별히 위험할 수 있다.
- 당신이 좋아하지 않거나 좋은 감정을 갖지 못해서 헤어진 사람을 당신의 공간으로 들이지 말라. 아는 사람에 의한 강간의 많은 경우는 이전 연인이나 이전 남자친구에 의해 행해진다.
- 술에 취하지 말고 당신의 데이트 상대가 어떤 행동을 하는지를 관찰하라. 술은 억제를 느슨하게 하고, 판단을 흐리게 하며, 동의되지 않은 성관계의 위험을 높인다.

모듈 복습

복습하기

(36) 대부분의 강간은 (낯선 사람, 아는 사람?)에 의해 행해진다.
(37) 많은 사회과학자들은 강간이 주로 (성관계, 권력?)과/와 관련이 있다고 주장한다.
(38) 전통적이고 고루한 성 역할을 지지하는 남성은 강간의 피해자를 (더, 덜?) 비난하는 경향이 있다.

생각해보기

문화적 학습이 강간에 대한 사회적 맥락을 만드는 데 어떤 역할을 하는가?

모듈 12.8 HIV/에이즈와 성 매개 질병 확산을 예방하기 위한 건강한 행동 실천하기

성을 매개로 한 질병은 우리 사회에서, 특히 미국에서 10대 이전과 10대에게 약 300만 사례에 이를 정도로 젊은 사람들 사이에 널리 퍼져 있다. 미디어에서는 HIV/에이즈에 주로 초점을 맞출지라도 다른 성병(혹은 **성 매개 감염**) 또한 더 널리 퍼져 있다. 예를 들어 거의 100만 명의 미국인이 HIV에 감염되어 있지만, 청소년과 성인 5명 중 1명에 해당하는 12세 이상의 약 4,500만 명의 미국인은 음부 헤르페스(genital herpes, HSV)에 감염되어 있다(National Women's Health Information Center, 2009). 성을 매개로 한 박테리아 감염의 하나인 **클라미디아**(chlamydia)는 매해 약 100만 사례가 보고되고 있다(CDC, 2010a).

인유두종 바이러스(human papillomavirus, HPV)는 성기 사마귀를 생기게 하고, 자궁경부암을 일으킬 수 있는 조직으로 미국인의 약 2,000만 명이 감염되었다. 대부분 성적으로 활동적인 사람들이 생애 중 어느 시점에 인유두종 바이러스에 걸릴 것으로 기대된다(CDC, 2010b). 다행히도 자궁경부암을 야기하는 인유두종 바이러스로부터 여성을 보호하는 효과적인 백신이 개발되었다(Barnack, Reddy, & Swain, 2010; CDC, 2010b; Drucker, 2010).

대부분의 대학생들은 HIV 전염과 에이즈에 대해서는 어느 정도 정보를 가지고 있으나 많은 사람이 클라미디아가 몇 해 동안 잠복해 있다는 것을 알지는 못한다. 더군다나 효과적으로 치료되지 않으면 이것은 여성 내부 생식기의 심각한 감염과 여성에게 염증성 질병 및 불임 그리고 남성에게 생식 능력의 감소로 이어질 수 있다. 클라미디아와 임질(gonorrhea), 그리고 다른 잠재적으로 심각한 성병에 대한 새로운 감염의 절반 이상은 진단되지 않으며, 이렇기 때문에 정기적인 의학적 선별이 강조된다(CDC, 2009). 많은 학생들은 또한 자궁경부암의 주요한 원인이며 잠재적인 사망원인인 인유두종 바이러스를 경시한다. 이들 중 어느 것도 **인체 면역 결핍 바이러스**(human immunodeficiency, HIV)에 의한 면역 체계의 질병인 에이즈의 위험성을 경시한다는 의미는 아니다.

여성은 남성에 비해서 성 매개 질병의 위험에 더 크다. 클라미디아나 임질 같은 성 매개 질병에 감염되기가 더 쉬우며, 만약 그 질병이 생식 계통을 통해서 퍼지면 불임이 될 수 있다. 생물학적 영향에 더해서 성 매개 질병으로 인해 정서적 피해가 발생하며 관계가 종결될 수 있다.

여기의 나머지 부분에서는 에이즈에 초점을 맞춘다. 그러나 반드시 인식하여야 할 다른 성 매개 질병(표 12.11 참조)이 있다. 더 많은 정

표 12.11 다양한 성 매개 질병의 원인, 전염 방법, 증상, 진단 및 치료

질병과 원인	전염 방법	증상	진단	치료
후천성 면역 결핍증(에이즈) 인체 면역 결핍 바이러스(HIV)	HIV는 성관계, 감염된 혈액의 주입 또는 출산 또는 모유 수유 과정을 통해 모자간 전이 등을 통해 전염된다.	감염된 사람은 어떤 증상도 보이지 않을 수 있다. 에이즈가 본격적으로 발병하기 전에 미약한 인플루엔자 같은 증상을 보이고 몇 해 동안 사라지기도 한다. 에이즈 발병의 증상은 열, 체중감소, 피로감, 카포시육종(Kaposi's sarcoma), 폐렴, 자궁경부암 같은 기회감염이다.	혈액, 침, 소변검사를 통해 혈액 내에 HIV 항체가 있는지를 검사한다. 웨스턴 블롯 혈액 검사를 통해 양성 결과를 확인해볼 수 있다.	HIV에 대한 안전하고 효과적인 백신은 없다. 항바이러스 약물의 혼합을 이용하여 HIV/에이즈를 만성질병으로 관리할 수 있다는 희망은 있다. 하지만 에이즈는 치명적인 상태로, 환자 자신과 그 파트너를 보호하기 위해 적절한 단계를 밟는 데 신중히 치료되어야 한다.
세균질증 *Gardnerella vaginalis* 박테리아와 기타	질 내 유기물의 과증식, 알레르기 반응 등에 의해서 나타남. 성 접촉에 의해 전염.	여성의 경우, 묽고 불쾌한 냄새가 나는 질 분비물. 성기 과민과 소변 볼 때의 약한 통증. 남성의 경우, 남근 포피와 귀두에 염증, 요도염과 방광염. 두 성 모두 증상이 없을 수 있음.	박테리아 배양과 검사.	메트로니다졸(metronidazole)의 경구투약.
칸디다증 *Candida albicans* 효모 같은 곰팡이	질 내 곰팡이의 과증식에 의해 나타남. 성 접촉이나 감염자와 수건을 함께 쓰면서 전염.	여성의 경우 음부 가려움. 희고 치즈 같으며 불쾌한 냄새가 나는 분비물. 질과 외음부의 통증 또는 부기. 남성의 경우 가려움증과 소변을 볼 때 타는 듯한 느낌 또는 성기가 붉게 변함.	진단은 흔히 증상에 기초하여 이루어짐.	미코나졸(miconazole), 클로트리마졸(clotrimazole) 또는 테라코나졸(teraconazole)을 포함한 질 좌약, 크림 혹은 경구약. 다른 약과 화학제 사용의 변용. 감염된 부분을 건조하게 유지시켜줌.
클라미디아와 비임균 요도염(NGU) *Chlamydia trachlomatous* 박테리아, 남성에게서 NGU는 *Unreaplasma urealyticum* 박테리아와 다른 병원체가 원인이 될 수 있음.	질, 구강, 항문 성관계에 의해 전염됨. 감염된 파트너의 성기를 만진 후 눈을 만짐으로써 눈에 전염됨. 또는 감염된 산모의 산도를 통해서 전염됨.	여성의 경우 소변 중 잦은 통증, 하복부의 통증, 질 분비물(그러나 대부분 여성은 증상이 없음). 남성의 경우 임질의 증상과 유사하지만 그보다는 가벼움. 소변을 볼 때 타는 듯함 혹은 통증, 약간의 성기 분비물(일부 남성의 경우에는 증상 없음). 인후통은 구강 성관계의 접촉에 의해 감염되었음을 나타냄.	여성의 경우, Abbott Testpack은 자궁경부의 표본을 분석함.	항생제.
성기 헤르페스 Herpes simplex virus-type 2(HSV-2)	거의 대부분 질, 구강, 항문 성행위에 의함. 질병의 활발한 출현 동안 대부분 접촉 전염됨.	성기, 허벅지 혹은 엉덩이 주변의 통증이 있고, 벌건 물집. 여성의 경우 질이나 자궁경부에 있을 수 있음. 물집은 고름으로 차 있는 수포나 궤양으로 변화함. 터지면 바이러스 입자가 나옴. 다른 가능한 증상은 소변을 볼 때 타는 듯한 느낌, 열, 통증, 샘이 부어오름, 여성의 경우에는 질 분비물.	궤양에 대한 임상적 검사. 성기 궤양의 기저에서 나오는 체액의 배양과 검사.	항바이러스 약물인 아사이클로비르(acyclovir)가 완화 작용과 즉각적 치유를 제공하지만, 치료는 아니다.

표 12.11 | (계속)

질병과 원인	전염 방법	증상	진단	치료
성기 사마귀 인두유종 바이러스 (HPV)	성적 접촉 혹은 감염된 수건이나 옷을 공유하는 방식의 접촉을 통해 전염. 여러 성 파트너를 가진 여성의 경우 특별히 더욱 위험함.	콜리플라워와 비슷하게 생긴 통증 없는 사마귀가 남성의 경우 남근, 포피 음낭, 내요도에 나타남. 여성의 경우에는 외음부 음순, 질벽 또는 자궁 경부에 나타남. 항문 주변이나 직장에도 나타날 수 있음.	임상적 검사. (HPV가 자궁경부암을 일으킬 수 있으므로 정기적인 Pap 검사도 권고됨.)	냉동요법(cryotherapy), 포도필린(podophyllin), 태우기, 외과적 제거와 같은 제거 방법.
임질 Gonococcus bacterium (*Neissseria gonorrhoeae*)	질, 구강, 항문 성관계 혹은 출산 시 산모에서 신생아로 전염됨	남성의 경우, 노랗고 짙은 남근 분비물, 소변을 볼 때 타는 듯한 느낌. 여성의 경우 질 분비물의 증가, 소변을 볼 때 타는 듯한 느낌, 비규칙적인 월경(대부분 여성은 초기 증상을 보이지 않음).	임상적 검사. 분비물 샘플의 배양.	항생제.

나의 생활

자기 평가 : 에이즈 인식 척도

일부 독자들은 다른 사람에 비해서 HIV와 에이즈에 대해 더 많이 알고 있다. 이 질병들에 대해서 얼마나 알고 있는지를 확인하기 위해서 각 문항에 대해서 당신이 그것이 사실이거나 대부분 사실이라고 믿는다면 예라고 표시하라. 각 문항에 대해서 틀렸거나 혹은 대부분 틀렸다고 믿는다면 아니요라고 표시하라. 그리고 이 장의 끝에 있는 정답을 보고 확인해보라.

시작하기 전에 주의할 부분이 있다. 아래 문항의 일부는 19세 이하에게 부적절할 수도 있다. 영화에 빗대어 보자면 여기에는 일부 '성관계'와 '노출'이 포함되어 있다. 그러나 폭력적인 것은 없다. 이 질문들의 목적은 이 책의 목적과 마찬가지로 자기 파괴적인 것을 막을 수 있도록 돕는 것이다.

_____ 1. 에이즈는 HIV와 동의어이다. 이 둘은 동일한 것에 대한 다른 이름이다.
_____ 2. 에이즈는 암의 한 형태이다.
_____ 3. 성관계를 처음 하였을 때 HIV에 감염될 수는 없다.
_____ 4. 남성 간의 성 행위 또는 약물 투여를 위한 주사를 공유하지 않는다면 HIV에 감염될 수 없다.
_____ 5. 당신도 HIV에 감염될 수 있으며, 몇 해 동안 어떠한 징후나 증상이 나타나지 않는다.
_____ 6. HIV에 감염된 사람을 포옹하는 것으로는 HIV에 감염되지 않는다.
_____ 7. HIV에 감염된 사람과 정상적인 성관계(남근을 질에 삽입)로는 감염되지 않는다.
_____ 8. 피임을 한다면 HIV에 감염된 사람과 성적 행위를 통해서 감염되지 않는다.
_____ 9. HIV에 감염된 사람과 구강 성관계(즉 남근이나 음부를 키스하거나, 핥거나 빠는 행위)를 통해서는 감염되지 않는다.
_____ 10. 콘돔을 사용하면 파트너가 HIV에 감염된 사람일지라도 HIV 감염 예방이 보장된다.
_____ 11. 헌혈을 통해서 HIV에 감염될 수 있다.
_____ 12. 클라미디아나 성기 사마귀와 같은 성 매개 질병을 가지고 있다면 HIV에 감염되지 않는다.
_____ 13. 당신과 파트너가 서로에 대해서 성적으로 충실하다면(다른 누구와 성관계를 갖지 않음), HIV에 감염되지 않는다.
_____ 14. HIV가 어떻게 감염되는지에 대한 지식을 갖는 것은 사람들이 위험한 행동을 하는 것을 막기에 충분하다.
_____ 15. 모기와 같은 벌레에 물리는 것을 통해서 HIV에 감염될 수 있다.

보를 찾고자 한다면 건강관리 전문가나 대학 내 보건센터를 방문해볼 수 있다. 이후 제시되는 자기 평가를 통해서 HIV/에이즈에 대한 자신의 지식을 확인해볼 수 있다.

HIV/에이즈

HIV 감염은 삶을 위협하는 바이러스 질병으로, 바이러스인 인체 면역 결핍 바이러스(HIV)가 박테리아나 바이러스와 같이 질병을 일으키는 매개물에 대항하여 방어하는 신체 시스템인 면역계에 침투하는 것이다. HIV는 CD4 세포[1]라 불리는 백혈구를 죽인다. 이 면역 세포는 바이러스를 인식하고 B 림프구(lymphocyte)라 불리는 다른 백혈구에게 질병과 맞서 싸울 항체를 만들게 한다. HIV 감염은 에이즈 발병으로 진행되며, 이때에는 신체 면역계가 약해져서 정상적으로는 신체가 막아서 처단할 수 있으나 면역계가 약해질 때 나타나는 잠재적으로 치명적인 질병을 물리칠 수 없는 상태에 이를 수 있다.

에이즈는 역사상 비극적인 유행병의 하나로, 이는 미국에서 43만 명 그리고 전 세계적으로는 2,400만 명 이상의 죽음과 관련이 있다(Bongaarts, Pelletier, & Gerland, 2010a, 2010b; H. I. Hall et al., 2008). 보건 당국은 전 세계적으로는 4,000만 명 이상, 미국에서는 100만 명 이상이 HIV에 감염됐을 것으로 추정한다(Hammer et al., 2006; Ostermann et al., 2007). 미국에서는 매해 56,000명의 새로운 HIV 감염 사례가 보고되고 있다. 전 세계적으로는 HIV 사례의 다수 그리고 미국에서의 경우 약 3명 중 1명의 사례는 이성 간의 성관계를 통해서 발생하였다.

전염 방법

HIV는 감염된 혈액, 정액, 질과 자궁경부의 분비물, 젖을 통해서 전염된다. 바이러스는 감염된 사람과의 질, 항문 또는 구강 성관계를 통해서 또한 전염될 수 있다. 바이러스는 또한 감염된 산모가 임신 중 태아에게 전염시킬 수 있으며, 어머니가 아이를 출산할 때 혹은 모유 수유를 하면서 전염될 수 있다. 감염된 사람과 피하주사 바늘을 공유하거나(불법 약물을 주사하는 사람들 간에는 흔함) 감염된 혈액을 수혈받아서 전염될 수도 있다. 침은 HIV를 전염시키지 않는다. 그러나 감염된 사람의 입에 있는 혈액(예를 들어, 칫솔질이나 잇몸병으로 인한 것)이 다른 사람의 입 안에 있는 상처로 들어가는 방식으로 깊은 키스를 통한 전염도 이론적으로는 가능하다. 공공화장실이나 벌레에 물리는 것, 감염된 사람과의 악수나 포옹, 또는 감염된 사람과 같은 학교를 다니는 것을 통해 HIV가 전염된다는 증거는 없다.

HIV는 일반적으로 감염된 사람과의 친밀한 성적 접촉 또는 주사의 공유를 통해서 퍼진다. HIV 감염에 대한 심리학적 위험 요인 중 하나는 사람들이 자신의 감염 위험성은 과소평가하는 경향이 있다는 것이다. 에이즈가 일반적으로 항문 성관계(동성애인 남성들이 흔히 하는 행위)와 오염된 주사를 공유하는 것으로 특징지어졌기 때문에 약물을 사용하지 않는 많은 이성애자인 미국인은 에이즈의 위협을 일축한다. 그러나 남성과 여성 간의 성관계를 통해서 병이 전염될 수 있으며, 이미 세계적으로 다수의 사례가 이로 인한 것이다. 동성애자인 남성과 약물 남용자와 그들의 파트너들은 전염병에 의해 상당한 타격을 받아 왔지만, HIV는 모든 성별과 성적 지향, 인종과 사회경제적 지위에 상처를 입힐 수 있다는 점을 인식해야 할 것이다. 어느 누구도 안전하지는 않으며 심지어는 감염된 사람과의 단 한 번의 성적 접촉 또는 주사 공유로 인해서 누구나 바이러스에 감염될 수 있다.

HIV/에이즈 치료

HIV/에이즈에 대한 안전하고 효과적인 백신은 없을지라도 최근 약물치료의 발전은 이 죽음의 질병을 조절할 수 있다는 희망을 낳고 있다. 항바이러스 약물의 혼합(소위 약 칵테일)을 통해서 에이즈가 불치의 병이 아니라 관리될 수 있는 만성질병이라는 희망을 갖게 되었다. 그러나 많은 환자들이 그런 치료를 받지 않고 있으며, 바이러스에서 약물 내성 변이가 나타나기 시작하였다는 사실은 그 희망을 경감시킨다. 더군다나 치료가 비싸고 많은 엄격한 요법에 따르기를 요구한다. 오늘날 가능한 항바이러스 약물은 잘해야 바이러스를 조절할 수 있으나 완치를 하거나 신체 내의 감염체를 제거할 수는 없다. 에이즈에 대한 추가적인 최신 정보는 우리나라에서는 대한에이즈예방협회의 홈페이지(www.aids.or.kr)나 한국에이즈퇴치연맹 홈페이지(www.kaids.or.kr) 등을 참고할 수 있다.

에이즈의 시대에 성 매개 질병으로부터 보호하기 위해 할 수 있는 것

> 당신은 한 사람하고만 잠을 자는 것이 아니다. 당신은 그 사람과 잠자리를 함께했던 사람 모두와 잠을 자는 것이다.
>
> — 테레사 크렌쇼 박사, 미국성교육상담치료협회 전임 회장

아래 한 젊은 여성의 발언이 보여주듯이 에이즈와 같은 성 매개 질병으로부터 스스로를 보호하기 위해 노력하는 것은 어색할 수 있다.

> 성 매개 질병과 관련해서 책임 있는 행동을 해야 한다고 이야기하지만, 매 순간 이를 행하기는 훨씬 더 어렵다. 내가 정말로 에로틱한 감정을 느꼈는데 누군가에게 "우리가 더 나가기 전에 우리 서로 성 매개 질병에 대해서 이야기해봐야 하지 않겠어요?"라고 이야기하는 것은 정말 어렵다. 열정의 순간에 누군가의 귀에 "우리 성 매개 질병이 있을지 모르니, 콘돔이나 크림을 사용하면 어때요?"라고 속삭이는 것은 어렵다. 또한 둘 사이에 서로 성관계를 가질지 불분명한 상황에서 이런 일이 발생하기 전에 이를 이야기하는 것도 이상하다(Boston Women's Health Book Collective, 1993).

성관계의 파트너와 성 매개 질병을 의논하는 것의 어려움 때문에 일부 사람들은 즉흥적인 행동을 용인한다. 다시 말하자면 에이즈의

---

1 이는 또한 T4 세포 혹은 도움 세포라 불린다.

시대임에도 불구하고 파트너에게 성 매개 질병이 없을 것이라 가정하거나 혹은 문제가 없을 것이라 기대한다. 이런 사람이 되어서는 안 된다. 그 위험성이 너무 크다. HIV/에이즈의 성적 감염을 막을 수 있는 유일하게 확실한 방법에 대해 HIV/에이즈의 CDC 부서의 로버트 잰슨(Robert Janssen) 박사는 성적 행위를 삼가거나 HIV 음성인 파트너와 단일한 관계를 지속하는 것이라고 하였다(Laino, 2002).

HIV와 다른 성 매개 질병의 감염을 막기 위해서 할 수 있는 것은 무엇일까?

1. **성 매개 질병의 위협을 무시하지 말라.** 많은 사람들이 에이즈와 다른 성 매개 질병을 신경 쓰지 않으려 한다. 단지 파트너가 감염되지 않았을 것이라고 가정하거나 성 매개 질병에 대해서 질문하는 것이 관계에 상처를 줄 것이라고 생각한다. 예방의 첫 번째 차원은 심리적인 것이다. 성 매개 질병을 무시하거나 감염되지 않을 것이라고 가정하지 마라.
2. **절제를 실천하라.** HIV나 다른 성 매개 질병의 성관계를 통한 감염을 막기 위한 유일한 방법은 성적으로 절제하는 것이다. 물론 적절한 배우자감을 찾는 동안에는 대부분의 사람들이 그렇게 절제를 한다. 그렇지만 점차적으로 성관계를 통한 성 매개 질병의 위험성에 노출된다. 또한 학생들은 절제한다는 것의 의미가 정확히 무엇인지를 알고 싶어 한다. 성관계를 피하는 것을 의미하는 것인지(맞다) 아니면 다른 사람과 어떤 성적인 행위도 하지 말라는 것인지(항상 필요한 것은 아니다)에 대해서 알기를 원한다. 키스, 포옹, 애무(정액이나 질 분비물을 접촉하지 않는)는 HIV 전염의 차원에서 일반적으로 안전하다고 고려된다. 그러나 키스를 통해서 구강 헤르페스나 박테리아성 성 매개 질병이 전염될 수는 있다.
3. **감염되지 않은 사람과 단일한 관계를 하라.** 감염되지 않은 사람과 단일한 관계의 성적 행위는 안전하다. 여기서 의문은 당신의 파트너가 감염되지 않았고 단일한 관계를 한다는 것에 대해서 어떻게 확신할 수 있을 것인가이다.
4. **안전한 성관계를 실천하라.** 성 관계를 절제하지 않거나 단일한 관계로 제한하지 않는 사람은 완벽하게 안전하지는 않을지라도 좀 더 안전한 성관계를 위해 아래와 같이 무언가를 할 수 있다.
   - **선별하라.** 성 행위는 당신이 잘 아는 사람과만 하라. 상대가 HIV나 다른 성 매개 질병을 전염시킬 그런 행동을 하는지의 여부를 고려하라.
   - **파트너의 성기를 관찰하라.** 성 매개 질병을 가진 사람들에게는 다양한 증상이 있다. 수포, 분비물, 굳은 궤양, 발진, 사마귀, 이(lice)나 전희 중에 질병의 증상으로 나타날 수 있는 불쾌한 냄새 등이 있는지를 확인하라.
   - **접촉 전후로 자신의 성기를 씻어라.** 접촉 전에 씻는 것은 상대를 보호하는 데 도움이 된다. 접촉 후에 비누와 물로 씻는 것은 세균을 제거하는 데 도움이 된다.
   - **추가적인 보호를 위해 살정제에 의존하지 말라.**
   - **콘돔을 사용하라.** 라텍스 콘돔(동물의 막으로 만든 콘돔이 아닌)은 여성의 경우에는 HIV에 감염된 남성의 정액이 여성의 질로 들어가지 않도록 보호하며, 남성의 경우에는 HIV에 감염된 여성의 질 윤활액에 접촉되지 않도록 보호한다. 콘돔은 또한 박테리아성 성 매개 질병의 전염 또한 막는다.
5. **안전한 대안으로 구강 성관계를 활용하지 말라.** 연구자들의 보고에 따르면 새롭게 HIV에 감염된 상당수가 구강 성관계와 관련이 있었다(Laino, 2002). 하지만 에이즈 전문가인 로버트 잰슨에 따르면 구강 성관계나 다른 형태의 성관계에서 콘돔을 사용하면 그 위험성을 줄일 수 있다.
6. **만약 HIV나 다른 전염성 질병에 노출되었다고 염려가 되면 이에 대해서 의사에게 말하라.** 일반적으로 초기 치료가 늦게 치료를 받는 것보다는 훨씬 효과적이다. 이는 또한 감염을 막을 수 있다.
7. **의심이 들면 중단하라.** 성관계가 안전하다는 확신이 들지 않으면 중단하고 고민해보거나 전문가의 의견을 들어라.

이에 대해서 생각해볼 때, 마지막 항목이 일반적으로 좋은 조언이다. 의심이 들 때에는 그것이 성 파트너의 문제이거나 대학에서의 전공 또는 경제적 투자이건 상관없이 중단하고 생각보아야 할 것이다.

많은 건강 프로그램에서는 성적으로 활동적인 사람들이 좀 더 안전한 성관계를 할 수 있도록 노력한다. HIV/에이즈나 성 매개 질병으로부터 자신과 파트너를 보호하기 위해서 어떤 단계를 거칠 수 있을까?

성관계를 안전하게 할 수 있기 위해 파트너와 이야기하기

당신은 크리스라는 사람과 몇 차례 만났고 그에 대해 매력을 느꼈다. 크리스는 매력적이고 똑똑하며 위트가 있다. 당신과 많은 태도를 공유하고 무엇보다도 당신을 흥분시키는 사람이다. 지금 밤이 서서히 다가온다. 서로 포옹하고 이제 앞으로 어떤 일이 벌어질지 당신은 안다.

무언가 머릿속을 지나간다. 크리스는 매력적이지만 크리스가 어떤 일을 해 왔는지에 대해서는 당신은 알지 못한다는 것을 깨닫는다. 외양이나 행동이 건강할지라도 크리스의 혈액 내에 어떤 것들이 돌아다니는지는 알 수 없다.

이제 당신은 어떤 말을 할까? 크리스를 실망시키지 않고 당신 스스로를 어떻게 보호할 수 있을까? 좀 웃길 수 있다! 성 매개 질병에 대해서 묻는다면 이건 성관계를 갖자는 언어적 표현이지만 파트너의 의도가 무엇인지에 대해서 확신이 없을 수도 있다. 이제 어떤 상황이 벌어질지에 대해서 명백하다고 할지라도 너무 직접적인 것 같지 않나? 로맨스를 깨는 것은 아닐까? 자연스런 그 순간을 깨는 것은 아닐까? 삶에는 항상 위험이 따른다고 생각할 수도 있다. 그러나 분위기를 망치는 것과 죽을 수 있는 질병에 감염되는 것 중에 어떤 것이 더 위험할까? 다른 방식으로 이야기를 해보자. 정말로 성관계를 위해서 죽을 수도 있는가? 어떤 표현도 완벽할 수는 없겠지만, 아래의 표현은 한 번 시도해볼 만하다.

1. 부드럽게 물어본다. "나한테 얘기할 거 없어?" 이 질문은 개방형이고 크리스가 당신이 생각하는 것처럼 똑똑하다면 크리스는 힌트를 얻고 당신이 알고 싶은 것을 이야기해줄 수 있다.
2. 만약 "사랑해"라고 이야기한다면 그것에 대해서는 만족해하면 된다. "나도 사랑해"라고 반응하면 된다. 조금 있다가 "다른 얘기는 없어?"라고 물어본다.
3. 크리스가 "어떤 거?"라고 되묻는다면 "음. 당신이 나를 만나기 위해서 평생 동안 방 안에 갇혀 있지는 않았을 거야. 그러니까 난 당신이 어디서 무엇을 했는지 잘 몰라"라고 다시 한 번 우회적으로 이야기해볼 수 있다.
4. 만약 이렇게 이야기하는 것이 불편하거나 조금 더 직접적으로 이야기하고 싶다면, "내가 아는 한 난 건강해. 당신에게 내가 알아야 하는 문제가 있는 것은 아니지?"라고 이야기할 수 있다. 당신이 건강하다고 밝힘으로써 서로 자기에 대해서 이야기하게 한다.
5. 크리스가 성 매개 질병에 대해서 감염되었는지의 여부를 잘 모른다고 한다면 예방을 위해서 당신이 생각한 바를 이야기하여 이를 따르도록 할 수 있다. "나한테 이것이 있는데, 난 이것을 썼으면 좋겠어"(콘돔을 가리킴)라고 이야기할 수 있다.
6. 혹은 "이런 얘기를 하는 게 좀 웃기는 것이라는 걸 알아." [당신의 감정을 표현하고 웃기는 주제에 대해서 이야기할 수 있도록 허락을 구할 수 있다. 크리스는 "괜찮아"라거나 "걱정하지 마. 뭔데?"라고 반응할 수 있을 것이다.] "세상이 그렇게 안전하지는 않잖아. 우리가 무엇을 해야 하는지를 이야기했으면 좋겠어"라고 이야기할 수도 있다.

요점은 이것이다. 당신의 파트너는 먼 동굴 속에서 살았던 것이 아니다. 파트너 또한 성 매개 질병, 특히 에이즈의 위험성에 대해서 알고 있고, 또 당신과 함께 안전하게 할 필요가 있다. 만약 파트너가 안전하지 않은 성관계를 요구하거나 당신의 감정이나 걱정을 고려해주지 않는다면, 그 사람과 정말로 함께하고 싶은지에 대해서 다시 한 번 생각해볼 필요가 있다. 당신은 더 잘할 수 있다.

제12장 복습 암송하기/암송하기/암송하기

학습 비결 : 이 질문에 대한 답을 암송하면 보다 효과적으로 학습을 할 수 있을 것이다. 우선 질문에 대한 답을 혼자 소리 내어 답해보거나 공책이나 컴퓨터에 써보라. 그리고 자신의 답을 아래의 정답 예시와 비교해보라.

1. **고정관념이란 무엇인가?**
   고정관념은 어떤 집단에 대한 틀에 박힌 관습적인 생각으로 편견이나 차별을 낳을 수 있다. 성 고정관념은 남성과 여성이 어떻게 행동해야 하는지에 대한 고정되고 관습적인 생각이다.
2. **일반적인 성 고정관념은 무엇인가?**
   여성은 전형적으로 자애롭고 부드러우며, 의존적이고, 따뜻하고, 정서적이고, 친절하고, 도움을 주고, 참을성이 많으며, 복종적으로 인식된다. 남성은 전형적으로 독립적이고, 경쟁적이며, 강하고, 논리적이고, 자신에 대한 확신을 가지며, 지배적이고 방어적이라는 고정관념이 있다.
3. **심리적 양성성이란 무엇인가?**
   역사를 통해 남성이건 여성이건 남성성이 높을수록 여성성이 낮다고 널리 여겨졌었다. 그러나 많은 심리학자들은 남성성과 여성성을 독립적인 차원으로 본다. 심리적 양성성이라는 구인은 전형적으로 남성적 특성과 여성적 특성을 모두 가지고 있는 사람을 특징으로 한다.
4. **심리적 양성성이 적응과 어떻게 관련되는가?**
   심리적으로 양성적인 사람은 자신의 재능이나 욕구를 표현할 때 혹은 주변 상황의 요구에 맞게 남성과 여성적 특질을 모두 명백하게 드러낼 수 있다. 그럼 사람들은 상황에 따라 독립성과 자애로움을 모두 드러낼 수 있다. 또한 더 높은 자존감을 가지며, 실패로부터 회복하는 능력도 더 뛰어나다. 심리적 양성성을 보이는 남편의 아내들은 전통적인 남성적 성 역할 고정관념을 가진 남편을 둔 여자들에 비해서 더 행복한 경향이 있다.
5. **인지 능력에서 성차는 무엇인가?**
   남아는 전통적으로 수학과 공간 관련 기술에서 뛰어나며, 반면에 여아는 언어 능력에서 더 뛰어나다. 그러나 이런 성차는 작으며, 점차로 줄어들고 있다.
6. **사회적 행동에서 성차는 무엇인가?**
   여성은 일반적으로 여성에 비해서 더 외향적이고 자애롭다. 남성은 일반적으로 여성에 비해 더 의지가 강하며 공격적이다. 남성은 여성에 비해서 일회적 성관계와 많은 대상과의 성관계에 대해 관심을 더 표현하는 경향이 있다.
7. **성별화의 생물학적 관점은 무엇인가?**
   성별화의 생물학 관점에서는 남성과 여성이 성과 연관된 행동 양상에 영향을 주는 진화, 유전자, 태아기 영향의 역할에 초점을 맞춘다.

8. 성별화의 심리학적 관점은 무엇인가?

정신역동이론에 따르면 성별화는 남근기 갈등의 해결 과정에서 기원한다. 그러나 아동은 이 이론이 제안하는 것보다 훨씬 더 이른 시기에 성 역할을 갖는다. 사회인지이론에서는 관찰 학습, 동일시와 사회화에 의해 성별화가 이루어진다고 설명한다. 성별 도식 이론에서는 아동들은 자기 지각을 조직화하는 데 사회에 대한 성별 도식을 활용하고 이 도식에 따라 자신을 평가한다고 주장한다.

9. 여성의 성 기관은 무엇인가?

음부 또는 외부 여성 성 기관에는 치구, 음핵, 대음순, 소음순, 질입구가 포함된다. 여성의 내부 성 기관은 질, 자궁경부, 나팔관, 난소로 구성되어 있다. 자궁경부는 질 위쪽과 자궁을 연결해주는 입구이다. 나팔관은 자궁과 복강을 연결한다. 난소는 복부에 있고 난자와 에스트로겐과 프로게스테론이라는 성 호르몬을 생산한다.

10. 남성의 성 기관은 무엇인가?

주요한 남성 성 기관에는 남근, 고환, 음낭, 정자가 저장되고 지나가며 정액(정자를 이동시키고 영양분을 주는 액체)을 생산하는 여러 관들과 샘이 포함된다.

11. 성 호르몬이 어떻게 생리주기를 조절하는가?

에스트로겐과 프로게스테론의 수준이 생리주기에 변화를 주고 이를 조절한다. 월경 이후 에스트로겐 수준은 증가하여 난자를 성숙시키고 자궁 벽을 두텁게 한다. 에스트로겐 수준이 최고조에 이를 때 난자가 방출된다(배란이 일어남). 프로게스테론의 방출에 반응하여 태아를 지원하기 위해 자궁내막이 두터워진다. 만약 난자가 수정되지 않으면 에스트로겐과 프로게스테론 수준이 급격히 떨어지고 월경이 일어난다.

12. 성 호르몬이 성 행동에 어떤 영향을 주는가?

지향 혹은 조직화의 효과로 성 호르몬은 동물이 수컷과 암컷으로서 짝짓기를 하도록 한다. 성 호르몬의 활성화 효과는 성욕에 영향을 주고 성 반응을 촉진시킨다. 남성과 여성 모두의 성욕과 성 반응은 성 호르몬인 테스토스테론에 의해 활발하게 된다.

13. 성 행위와 관습이 전 세계적으로 다양한 이유는 무엇인가?

성과 관련한 문화적 태도와 가치의 차이 때문에 성 행위와 관습은 매우 다양하다.

14. 피임법을 선택할 때 어떤 요소들을 고려해야 하는가?

피임법을 선택할 때 고려해야 될 점은 편의성, 윤리적 수용성, 비용, 피임과 관련하여 당사자들의 책임 분배를 하는 정도, 안전성, 가역성, 성 매개 질병을 보호할 수 있는지의 여부와 효과성이다.

15. 성 반응 주기는 무엇인가?

성 반응 주기는 성적 자극에 대한 신체의 반응을 기술하며, 흥분, 고조, 절정, 해소의 네 단계로 구성된다. 성 반응 주기는 혈관충혈과 근긴장으로 특징지어진다. 흥분은 남성의 경우 발기, 여성은 윤활을 특징으로 한다. 절정은 근 수축과 성적 긴장의 방출로 특징된다. 절정 이후, 남성의 경우에는 휴지기에 들어가서 그 시기 동안에는 성적 자극에 대해 일시적으로 반응하지 않는다.

16. 성기능부전이란 무엇인가?

성기능부전은 성적인 흥분을 느끼거나 오르가슴에 도달하는 데 지속적이거나 반복적인 문제이다.

17. 성기능부전의 주요 유형은 무엇인가?

주요한 성기능부전에는 성욕감퇴장애(성관계에 대한 흥미의 결핍), 여성 성적 흥분장애, 남성 발기장애, 극치감 장애, 조기사정이 있다.

18. 성기능부전의 원인은 무엇인가?

성기능부전은 신체적인 건강 문제, 성관계에 대한 부정적 태도, 성 지식과 기술의 결핍, 관계의 문제와 수행 불안 등에 의해 일어난다.

19. 성기능부전은 어떻게 치료되는가?

성기능부전은 수행 불안을 줄이고, 자기 패배적 태도와 기대를 변화시키며, 성 기술을 가르치고, 성 지식을 증진시키며, 성과 관련한 의사소통을 개선하는 것에 초점을 맞춘 성 치료를 통해서 치료한다. 또한 성기로 유입되는 혈류를 증진시켜서 혈관충혈이 되도록 하는 비아그라와 같은 약물을 포함한 생물학적 치료도 있다.

20. 어떤 동기가 강간의 기저에 있나?

강간은 명백하게 성과 관련이 있기보다는 권력, 공격성과 더욱 관련된다. 사회비평가들은 남성들에게 일반적으로 공격성이나 경쟁이 강화됨으로써 성적 공격성이 사회화된다고 주장한다. 성관계를 적대적 요소로 보거나 피해자를 비난하는 강간에 대한 미신과 같은 사회적이고 인지적 요소들도 또한 강간을 일어나게 만드는 사회적 분위기에 기여한다.

21. 강간에 대한 흔한 잘못된 믿음은 무엇인가?

이에는 도발적으로 옷을 입는 여성은 그럴 만하고, 여성이 최소한 부분적으로 강간에 대한 책임이 있으며, 여성이 "아니다"라고 이야기하는 것은 "좋다"를 의미한다는 신념 같은 것이 포함된다.

22. 어떻게 강간을 예방할 수 있는가?

문화적 관점에서 강간의 예방은 널리 퍼져 있는 강간을 조장하는 문화적 태도와 생각들에 대해 공적으로 검증하고 도전해야 하는 것을 포함한다. 특별히 대학에서 학생들로 하여금 강간에 대한 강의나 세미나를 듣도록 격려할 수도 있다. 개인 생활 차원에서 여성은 인기척이 없는 곳이나 집단의 데이트를 피하고 자신의 성적 제한에 대해서 주장하는 것과 같이 강간의 위험을 줄일 수 있는 주의 깊은 조치를 취할 수 있다. 그러나 강간이라는 행위는 폭력의 범죄이며, 그것은 항상 강간범의 잘못이라는 것을 잊지 말아야 한다.

개인적 글쓰기 숙고하기/숙고하기/숙고하기

학습 비결 : 이 장에 나온 개념들을 자신의 경험과 관련시켜 음미하면 보다 심층 처리가 가능하다. 그렇게 되면 내용에 보다 더 개인적인 의미를 부여하게 되며 더 효과적인 학습이 가능해진다. 답을 쓸 공간이 더 필요하면 추가 페이지를 이용해도 좋다.

1. 성 역할 기대에 의해서 저지된 적이 있다고 느끼는가? 남자 혹은 여자라는 것의 전통적인 의미와 기대가 직업 선택에 영향을 주었는가? 관계에서는? 흥미에서는?

2. 강간에 대한 미신을 학습한 것이 이에 대한 당신의 태도와 신념을 다시 한 번 생각하게 했는가? 어떻게?

양성성 척도에 대한 설문 채점 방법

이 척도에서 남성성에서만 높은 점수를 받은 사람은 전통적으로 남성적 태도와 행동을 강조하며, 반면에 여성성에서만 높은 점수를 받은 사람은 전통적으로 여성적 방식을 가지고 있다. 오늘날 많은 심리학자들은 만약 남성성과 여성성 모두에서 상대적으로 높은 점수를 얻었다면 더욱 잘 적응된 삶을 경험할 것이라고 믿는다. 양쪽 모두에 높은 점수를 얻는다는 것은 심리적으로 양성적이고 필요할 경우 양성의 특성을 불러일으킬 수 있다는 것을 시사한다. 말하자면, 당신은 주장적이면서도 남을 배려하고, 논리적이면서도 정서적으로 반응적이며, 강하면서도 부드러울 수 있다.

표 A에 있는 항목에 대해서 얼마나 동의했는지를 봄으로써 당신 스스로의 남성성과 여성성을 확인해볼 수 있다. 표 B를 이용하여 당신의 남성성과 여성성의 점수를 켄터키대학교에 재학 중인 286명의 남성, 723명의 여성과 비교해볼 수 있다. 당신의 백분위 점수란 당신의 점수가 제시된 학생의 비율과 같거나 그 이상이라는 의미이다.

표 A ‖ 남성성과 여성성 점수를 확인하기 위한 채점 방법

남성성						여성성					
항목	기준	만약 기준과 응답이 같다면 1점, 다르면 0점	항목	기준	만약 기준과 응답이 같다면 1점, 다르면 0점	항목	기준	만약 기준과 응답이 같다면 1점, 다르면 0점	항목	기준	만약 기준과 응답이 같다면 1점, 다르면 0점
2.	예	____	30.	예	____	1.	예	____	32.	아니요	____
3.	아니요	____	31.	예	____	5.	아니요	____	36.	예	____
4.	예	____	33.	예	____	9.	아니요	____	37.	예	____
6.	아니요	____	34.	아니요	____	13.	예	____	39.	예	____
7.	예	____	35.	예	____	14.	예	____	41.	예	____
8.	예	____	38.	아니요	____	16.	아니요	____	43.	예	____
10.	아니요	____	40.	아니요	____	18.	예	____	44.	예	____
11.	예	____	42.	예	____	19.	아니요	____	45.	예	____
12.	예	____	46.	아니요	____	20.	예	____	49.	예	____
15.	아니요	____	47.	예	____	21.	예	____	51.	아니요	____
17.	예	____	48.	아니요	____	22.	아니요	____	53.	예	____
25.	예	____	50.	예	____	23.	예	____	55.	예	____
26.	예	____	52.	예	____	24.	아니요	____	56.	아니요	____
27.	예	____	54.	아니요	____	28.	아니요	____			
29.	예	____									
총 남성성 점수(최대치는 29점)						총 여성성 점수(최대치는 27점)					

양성성 척도에서 남성성과 여성성 점수를 산출하기 위해서는 기준과 당신의 응답이 일치하면 1점을 부여한다. 만약 기준과 당신의 응답이 일치하지 않으면 0점을 부여한다. 그러고는 각각의 총점을 더한다.
자료 출처 : Berzins et al., 1977.

표 B ‖ 대학생 표본에서의 남성성과 여성성 점수의 백분위 점수

원점수	남성(%)	여성(%)	합(%)	원점수	남성(%)	여성(%)	합(%)
29	99	99	99	27	99	99	99
28	99	99	99	26	99	99	99
27	99	99	99	25	99	99	99
26	99	99	99	24	99	99	99
25	98	99	99	23	99	98	99
24	96	98	97	22	99	94	96
23	92	96	94	21	98	87	92
22	88	96	92	20	95	78	86
21	80	94	87	19	91	65	78
20	73	93	83	18	85	53	69
19	63	88	75	17	76	42	59
18	54	83	68	16	65	32	48
17	47	78	60	15	56	24	40
16	39	72	56	14	47	17	32
15	30	65	48	13	37	12	25
14	23	58	40	12	28	6	17
13	17	50	33	11	20	4	12
12	13	41	27	10	14	3	8
11	10	34	22	9	7	2	4
10	6	28	17	8	4	1	3
9	4	21	13	7	3	0	2
8	2	16	9	6	2	0	1
7	2	11	6	5	2	0	1
6	1	9	5	4	1	0	0
5	1	5	3	3	0	0	0
4	0	2	1	2	0	0	0
3	0	1	0	1	0	0	0
2	0	0	0	0	0	0	0
1	0	0	0				
0	0	0	0				

자료 출처 : Berzins et al., 1977.

모듈 복습에 대한 답

모듈 12.1
1. 고정관념
2. 성 역할
3. 양성성
4. 높은
5. 남성성

모듈 12.2
6. 유사하다
7. 여아/남아
8. 표지물
9. 남성
10. 관계적

모듈 12.3
11. 진화/자연
12. 남성
13. 사회인지
14. 성별 도식
15. 자존감

모듈 12.4
16. 음부
17. 난소
18. 테스토스테론
19. 분화
20. 에스트로겐
21. 프로게스테론
22. 감소하여
23. 조직화

모듈 12.5
24. 전형(규범, 일반)
25. 매우 좋은
26. 없다
27. 고조기
28. 혈관충혈/근긴장
29. 절정기
30. 불응기

모듈 12.6
31. 절반, 1/3
32. 흥분
33. 발기
34. 조기사정
35. 성 치료

모듈 12.7
36. 아는 사람
37. 권력
38. 더

에이즈 인식 설문에 대한 정답

1. **아니요.** 에이즈는 질병 증후군의 이름이다. 에이즈는 후천성 면역 결핍증의 줄임말이다(증후군은 질병의 징후 또는 증상의 집합이다). HIV는 인체 면역 결핍 바이러스의 줄임말이며, 이는 에이즈의 원인이 되는 미세한 질병 유기체이다. 면역계가 일정 수준 이하로 약해졌을 때 정상적으로는 신체 내에서 터전을 잡지 못하는 질환에 사람들은 노출된다. 이런 시기를 에이즈라고 부른다.
2. **아니요.** 에이즈와 암에 대한 혼동은 면역계가 약해진 사람에게는 드문 혈액암인 카포시육종(신체 전반에 자줏빛의 반점을 보임) 발병에 취약하기 때문인 것으로 보인다.
3. **아니요.** 그럴 수 있다. 성관계를 처음 가질 때에는 임신되지 않는다는 미신이 있으나, 확실히 가능하다.
4. **아니요.** 특히 미국과 캐나다에서 다른 남성과 성적 행위를 하는 남성이거나 약물을 주사받는 사람은 HIV 감염에 상대적으로 더욱 취약하다. 그러나 혈류 내에 바이러스가 침투하면 누구든 HIV에 감염될 수 있다.
5. **예.** HIV에 감염된 사람이 에이즈로 발전하는 데에는 몇 해가 걸린다.
6. **예.** HIV에 감염되기 위해서는 바이러스가 혈류 내로 들어가야 한다. 감염된 사람을 포옹하는 것으로는 감염되지 않는다. 이것이 HIV에 감염된 자녀들을 돌보는 사람들이 감염될 것에 대해서 두려워하지 않고 자녀들에게 애정을 아낌없이 보여줄 수 있는 이유이다.
7. **아니요.** 이런 잘못된 믿음은 많은 사람들이 성적 지향과 에이즈와 관련지어 생각하는 것을 반영하는 것 같다. 남성이건 여성이건 질 삽입을 통한 성관계를 통해서 HIV는 감염될 수 있다.
8. **아니요.** 대부분 그럴 수 있다. 구강 피임약이나 주기법의 경우와 같은 피임 방법은 HIV 감염을 막을 수 없다. 라텍스 콘돔은 보호하기는 하지만 완벽하지는 않다.
9. **아니요.** 비록 그 경로의 감염 가능성이 높지 않을지라도[침과 같은 소화액이나 소화관에서 발견되는 산(acid)들은 HIV를 죽인다] 구강 성관계를 통해서 HIV에 감염될 수 있다.
10. **아니요.** 라텍스 콘돔은 HIV 감염의 위험성을 줄여줄 수는 있으나, 그것이 안전함을 보장하는 것은 아니다.
11. **아니요.** 헌혈을 통해서 HIV에 감염될 수 있다는 것은 사실과 다르다. 주사는 멸균(감염으로부터 자유로움)되어 있으며 한 번만 사용한다.
12. **아니요.** 일부 사람들은 성 매개 질병에 이중으로 감염될 수는 없다는 잘못된 믿음을 갖기도 한다. 사실은 다른 성 매개 질병을 가지고 있는 사람들은 더 HIV에 감염될 수 있다. 이에는 최소한 두 가지 이유가 있다. 하나는 이 사람들은 성기 부위에 욕창이 있어서 HIV가 혈액 내로 침투하기가 더 용이하다. 또 다른 하나는 어떤 한 질병에 감염되기 쉬운 위험한 성 행동은 다른 질병에도 쉽게 노출되게 만든다는 것이다.
13. **아니요.** 한 명하고만 성적 행위를 하는 것은 위험성을 줄여준다. 하지만 다음과 같은 두 가지 질문에 대해서는 고려를 해보아야 한다. 하나는 당신과 당신의 파트너가 커플이 되기 전에 파트너가 어떤 행위를 하였을까? 또 다른 것은 당신과 당신 파트너가 약물을 투여하는 것과 같이 성 행동은 아니지만 HIV 감염을 낳을 수 있는 행동을 하지는 않는가?
14. **아니요.** 그렇지 않다. 지식 그 자체로는 위험한 행동을 하지 않게 만드는 데 충분하지 않다.
15. **아니요.** 곤충에 의한 감염에 대해서 걱정할 필요는 없다. 이런 방식으로 HIV가 전염된다는 보고는 없다.

CHAPTER 13

청소년과 성인의 발달 : 변화의 경험

개요

- 다음을 알고 있나요?
- 모듈 13.1 : 청소년기
- 모듈 13.2 : 초기 및 중기 성인기
- 모듈 13.3 : 후기 성인기
- 모듈 13.4 :  나의 생활, 나의 마음 더 오래, 더 건강하게 살기

복습 암송하기/암송하기/암송하기

 나의 생활, 나의 마음 **개인적 글쓰기** 숙고하기/숙고하기/숙고하기

다음을 알고 있나요?

- 청소년의 뇌는 아직 성장하는 중인데, 특히 위험하거나 충동적인 행동을 제재하는 부분이 아직 성장하는 중이다.(490쪽)
- 10대들 간의 성관계 비율은 최근 몇 년간 감소하였다.(493쪽)
- 초기 성인기는 대체로 젊은이들이 독립해서 자기 갈 길을 가는 시기이지만, 수백만 명의 젊은이들이 여전히 부모와 함께 살고 있다.(495쪽)
- 후기 성인기 남성들도 자녀를 생산할 수 있지만, 그들의 정자는 젊은 남성들보다 유전적 결함을 가질 확률이 높다.(498쪽)
- 알츠하이머병은 정상적인 노화의 결과가 아니다.(513쪽)
- 대부분의 사람들은 노후에 따뜻한 남쪽 지방으로 가기보다는 원래 살던 곳에 남는다.(515쪽)
- 10대나 젊은이들보다 나이 많은 사람들의 자살률이 더 높다.(516쪽)
- 청춘의 샘 다음으로 좋은 것은 집 근처 운동시설이다.(521쪽)
- 남성보다 여성이 평균 5년 정도 더 오래 산다.(523쪽)

Kevin Russ/iStockphoto

출생과 죽음은 피할 수 없으므로 그 중간 과정을 즐기는 수밖에 없다.

— 조지 산타야나

적응은 종착역이 아니라 과정이다. 성장해 가면서 우리는 끊임없이 도전을 마주하게 되고, 평생에 걸쳐 발달한다. 당신은 지금 어떤 발달 단계에 있는가? 적응상 어떤 문제들을 가지고 있는가? 직업 계획을 세우고, 결혼과 가정에 대해 생각하고 있는가? 벌써 커리어를 준비해놓았는가? 적응을 위해 수업과 직업을 병행해야 하는가? 또는 수업, 직업, 그리고 이성관계까지 병행해야 하는가? 이 책을 읽는 독자 중에는 수업, 직업, 결혼생활, 자녀, 또는 심지어 손주를 돌보는 일까지 병행하는 곡예를 하고 있는 사람도 있을 것이다.

남은 생을 사는 동안 어떤 일들이 일어날까? 모든 일이 바라는 대로 잘되리라 기대하는가? 다시 생각해보라. 인생이란 길 위에서는 장애물을 만나기 마련이다. 우리 문화에서 40대, 50대, 60대는 어떤 삶을 살고 있을까? 그들은 어떤 적응상의 문제를 겪고 있을까?

중년기와 후기 성인기에 대해서는 어떻게 생각하는가? 혹시 젊음이 주는 끝없는 가능성에 사로잡혀 70대, 80대의 노후를 맞이하리라는 생각은 고사하고 자신도 나이가 먹는다는 것을 상상조차 할 수 없는가? 80세가 되면 어떨 것 같은가? 프랑스의 유명한 엔터테이너 모리스 슈발리에가 80세가 되었을 때 그 질문을 받았다. 조금 쉽게 정리해서 말하자면, 그는 "살아 있지 않을 수도 있었는데, 좋지"라고 말했다. 그 나이까지 살 수 없을지도 모른다는 것을 고려할 때, 우리는 당신이 그렇게 존경받을 만한 나이까지 살 수 있기를 바란다. 인생에서 60년, 70년, 80년, 또는 심지어 90년째에 이르면 어떤 도전들이 생길까?

만일 당신이 50세나 60세에 대해 부정적인 고정관념을 가지고 있다면, 이 장을 읽고 난 후에는 편견이 정확한 정보와 긍정적인 기대로 바뀌기 바란다.

그 어느 때보다 사람들의 수명은 길어졌고, 어떤 삶을 살 것인가 자유롭게 선택할 수 있다.

변화는 점점 더 빠른 속도로 숨가쁘게 일어나고 있다. 성인기를 거쳐 성장하면서 우리의 집이나 일터가 지금과는 전혀 다른 모습으로 변해버린 것을 보게 될 수도 있다. 그래도 우리는 초기, 중기, 후기 성인기를 거치면서 겪게 되는 심리적·신체적 변화들을 많이 이해하게 되었다. 어떻게 보면 당신이 남은 인생을 살 준비를 하도록 이 장이 도와줄 것이다. 우선, 청소년기와 성인기로 연결되는 시기의 도전에 대해 알아보는 것으로 이 여정, 아니 당신의 여정을 시작하기로 하자. 그다음에는 초기, 중기, 후기 성인기로 이어지는 인간 경험의 연대기를 순서대로 정리할 것이다. 각 발달 단계는 우리에게 적응이라는 과제도 주지만, 개인적 성장과 성취에 대한 기회도 제공한다는 것을 보게 될 것이다.

모듈 13.1

청소년기

- 청소년기에는 신체적 발달에서 어떤 변화가 일어나는가?
- 청소년기에는 인지적 발달에서 어떤 변화가 일어나는가?
- 청소년기에는 사회적 발달과 성격 발달에서 어떤 변화가 일어나는가?

청소년기 : 사춘기와 초기 성인기 사이의 시기

자신이 여전히 청소년이라고 생각하는가? 아니면 **청소년기**(adolescence)를 벗어나고 있는가? 좀 나이가 있는 독자들에게는 청소년기가 옛날 이야기일지도 모르겠다. 그들은 청소년기에 대한 애틋한 추억이 있거나, 혹은 청소년기가 지나가서 "속이 시원하다"고 생각할지도 모르겠다. 청소년기는 매우 다양한 조합이기 때문에 이런 반응은 전혀 이상하지 않다.

청소년기는 어린이에서 성인으로 넘어가는 전환의 시기이다. 사춘기에서 시작하여 초기 성인기로 끝난다. 우리 사회에서 청소년들은 흔히 '이도 저도 아닌' 것처럼, 즉 어린이도 아니고 성인도 아닌 것처럼 느끼게 된다. 청소년들은 신체적으로는 부모와 다를 바가 없고 자녀도 생산할 수 있지만, 성인과는 매우 다른 대우를 받는다. 17세나 18세가 되기 전에는 운전면허도 딸 수 없다. 성인을 동반하지 않으면 R등급의 성인 영화도 볼 수 없다. 너무 긴 시간 동안 일을 해서도 안 되며, '동의 가능 연령(age of consent)'이 되기 전에는 결혼도 할 수 없다.

청소년기의 신체적 변화

가장 뚜렷한 청소년기 신체적 발달 중 하나는 급격한 성장이다. 청소년기의 급성장은 2, 3년간 지속되며, 어린 시절 키와 몸무게가 안정적으로 성장하던 패턴은 사라진다. 짧은 시기 동안 청소년은 8~12인치가 큰다. 대부분의 남자 아이들은 여자 아이들보다 키도 더 크고 몸무게도 더 나가게 된다.

남자 아이들의 경우 근육량이 눈에 띄게 증가한다. 어깨 너비와 가슴둘레도 증가한다. 급성장에 필요한 연료를 공급하기 위해 엄청난 양의 음식을 먹기도 한다. 살이 찌지 않으려고 눈물 나는 노력을 하는 성인들은 패스트푸드점에서 감자 칩과 쉐이크를 금세 먹어 치우고 다시 피자를 먹으러 가는 청소년들을 놀라운 눈으로 볼 수밖에 없다.

청소년기에 가장 극적인 변화는 사춘기라고 불리는 발달 단계에서 일어난다.

사춘기

사춘기(puberty)는 신체가 성적으로 성숙해지는 발달 단계이다. 청소년기의 시작을 알리는 것이다. 사춘기는 체모, 남성의 경우 변성, 여성의 경우 가슴과 엉덩이가 곡선을 갖추는 등 **2차 성징**(secondary sex characteristics)이 출현하면서 시작한다(그림 13.1 참조). 사춘기는 뼈가 성장을 멈출 때 보통 끝이 나는데, 여성의 경우는 16세 무렵, 남성의 경우 17.5세 무렵이다. 사춘기가 끝날 무렵에는 젊은 남성들과 여성들이 자식을 낳을 수 있게 된다. 사춘기는 어떤 한 특정 사건이 아니라 성장의 절차에 따라 일정 기간에 걸쳐 신체적 변화가 하나둘씩 일어나는 것이다(Jay, 2006). 사춘기의 시기와 이런 신체적 변화의 발생은 대체로 유전적 요인에 의해 결정된다(Beier & Dluhy, 2003; Mustanski et al., 2004).

남자 아이들의 경우 뇌하수체 호르몬이 고환을 자극하여 테스토스테론의 생성을 증가시키고, 이는 음경과 고환이 자라도록 하고 체모가 생기도록 한다. 10대 초반이 되면 남자 아이들은 흔히 발기를 경험하고 사정도 할 수 있다. 보통 사정할 수 있는 능력이 생기고 난 다음 적어도 1년 후에야 성숙한 정자를 방출할 수 있다. 따라서 사정 자체는 생식할 수 있다는 증거는 아니다. 여자 아이들의 경우 약 45kg 정도의 결정적 체중에 이르면 난소가 많은 양의 여성 호르몬 에스트로겐을 분비하도록 만드는 여러 호르몬이 연달아 뇌에서 분비된다(Frisch, 1997). 에스트로겐은 유방 조직, 엉덩이의 지방 및 지지 조직의 성장을 촉진시킨다.

그래서 골반은 넓어지고 엉덩이는 둥글어진다. 테스토스테론을 포함하는 남성 호르몬 안드로겐이 에스트로겐과 함께 적은 양 분비되어 겨드랑이 털과 음모가 자라게 한다. 에스트로겐과 안드로겐은 여성 성기의 발달을 증진시킨다. 사춘기 동안 에스트로겐은 일정 주기에 따라 생산되어 생리 주기를 만든다. 월경의 시작, 즉 **초경**(menarche)은 대체로 11~13세 사이에 일어난다. 오늘날에는 아프리카계 미국 여성의 경우 약 12.1세, 유럽계 미국 여성은 약 12.6세에 초경을 한다(Anderson, Dallal, & Must, 2003). 평균 초경 연령은 지난 수십 년간 낮아져 왔는데, 이는 영양과 건강이 더 좋아졌기 때문인 것으로 보인다. 그러나 여자 아이들은 배란을 시작하기 전에는 임신할 수 없는데 배란은 초경 후 최대 2년이나 지난 다음부터 시작될 수도 있다.

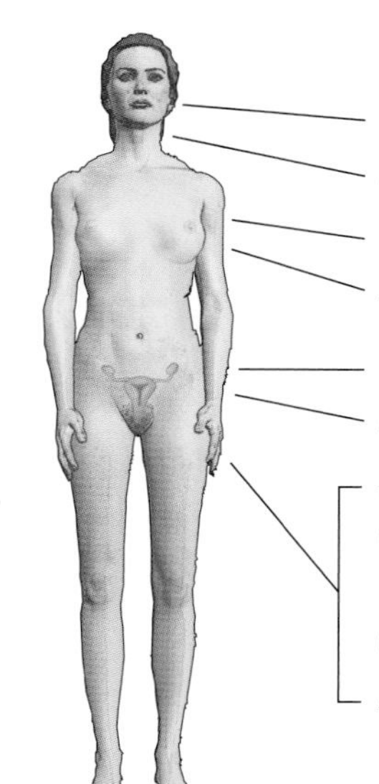

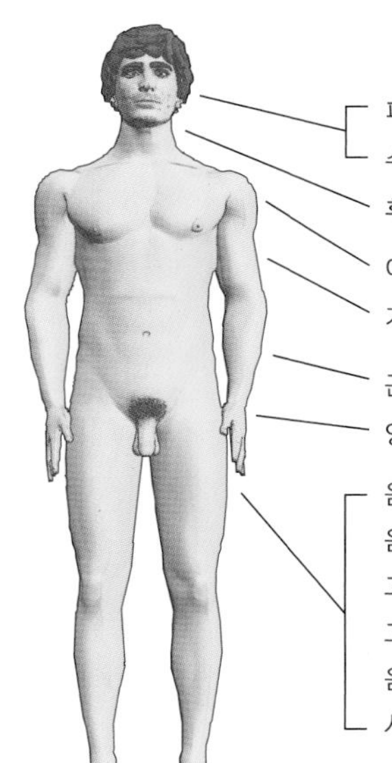

그림 13.1
사춘기의 변화 성 호르몬의 분비가 급격히 증가하여 사춘기의 신체적 변화를 유발한다.

▮ **사춘기** : 성적 생식이 처음으로 가능해지는 신체적 발달 단계

▮ **2차 성징** : 체모가 나는 곳, 목소리의 굵기와 같이 남녀 차이를 만들지만 직접 생식에 관여하지는 않는 특징들

▮ **초경** : 월경의 시작

인지 발달

나는 가난한 대학생이다. '형식적 조작 사고'라는 것에 관심 있는 어떤 정신 나간 심리학자들이 약속하기를, 연방정부가 돈이 궁한 대학생들에게 어떤 경우에도 돈을 주거나 빌려주어서는 안 된다는 주장을 내가 논리

> 적이고 일관되게 대변할 수 있다면 20달러를 주겠다고 했다. 그 주장을 믿는 사람들은 그런 입장을 지지하기 위해서는 어떤 말을 할 수 있을까? 내 생각에 다음과 같은 논리를 펼칠 수 있을 것 같다….
>
> —Flavell, Miller, & Miller(2002)에서 발췌

청소년은 초등학생 어린이와는 매우 다른 방식으로 문제에 접근한다. 어린이는 사실과 구체적 현실만을 본다. 추상적 가능성에 대해 생각해보거나 가정을 하는 것은 매우 어렵다. 반면, 청소년들은 추상적인 것과 가설을 다룰 수 있다. 위의 예에서 보여준 것과 같이, 청소년들은 어떤 입장을 옹호하기 위해 꼭 그것이 진실이라고 믿거나 옳다고 생각할 필요가 없다는 것을 알고 있다(Flavell, Miller, & Miller, 2002). 이제 두 명의 저명한 이론가 장 피아제와 로렌스 콜버그의 이론을 바탕으로 청소년의 인지 발달에 대해 살펴볼 것이다. 먼저 피아제부터 살펴보자.

피아제의 형식적 조작기 단계

발달심리학자 장 피아제(Jean Piaget)에 따르면, 어린이와 청소년의 인지 능력을 명확하게 구분 짓는 것은 추상적 사고, 또는 피아제가 형식적 조작이라고 부르는 것을 할 수 있는 능력이다. 서구 사회 대다수 어린이들의 경우 인지 발달의 **형식적 조작기**(formal operational stage)는 청소년기의 시작, 즉 11세에서 12세경에 시작한다. 그러나 모든 이에게 공통적으로 적용되는 것은 아니며, 일부는 평생 이 단계에 이르지 못하기도 한다.

‖ **형식적 조작기** : 추상적 논리적 사고와 원칙으로부터 연역적 추론을 할 수 있다고 피아제가 주장한 인지 발달 단계

형식적 조작 사고는 분류하고, 가정하고, 논리적 결론 도출을 위해 논의를 할 수 있는 능력을 포함한다. 사물뿐만 아니라 형태가 없는 생각에 대해 생각하는 능력과 상징이나 진술, 이론과 같은 생각들을 나누고 분류하는 능력이 그 핵심이다. 진술이나 이론에 적용될 때 조작의 융통성과 가역성은 청소년들이 전제부터 시작하여 결론까지 논의를 따라가고 또 거슬러 올라갈 수 있도록 한다. 형식적 조작 사고를 하는 사람은 추리소설에서 몇 가지 증거를 가지고 살인자를 추리해내는 것과 같은 연역적 추론을 할 수 있다.

9세 어린이는 "짐은 조나스보다 야구카드를 더 많이 가지고 있고, 조나스는 카마우보다 더 많은 카드를 가지고 있다면 카마우와 짐 중 누가 더 많은 카드를 가지고 있는가?"와 같은 문제는 어렵지 않게 풀 수 있을 것이다. 그러나 9세 어린이의 경우 똑같은 문제가 가설이나 논리적인 용어로 제시된다면, 즉 "A는 B보다 크고, B는 C보다 크다면, A는 C보다 큰가?"로 제시된다면 난감해할 것이다. 다시 말해, 아직 형식적 조작기에 이르지 않은 어린이는 구체적인 예가 제시될 경우에만 논리적 조작을 할 수 있다는 것이다.

어떤 측면에서는 과학에는 거의 관심이 없다고 스스로 생각하는 청소년들이 이론적 과학자로 떠오르는 시기가 형식적 조작 단계이다. 과학자와 같이 이들은 가정적 상황을 다룰 수 있다. 상황에 따라 결과가 다를 수 있다는 것을 알고, 여러 가능성을 타진해보며 미래를 예측해본다. 자신의 가설이 옳은지 판단하기 위해 실험을 해볼 수도 있다. 이는 실험실 안에서 행해지는 실험이 아니다. 그보다 청소년들은 자신에게 뭐가 제일 좋은지 보기 위해 목소리 톤이나 처신하는 방식, 또는 타인을 대하는 방법을 이것저것 실험해보는 것이다. 한편 청소년들의 성장하는 지적 능력은 **자기 중심성**(egocentrism)이라는 적응 측면에서 또 하나의 도전과 마주하게 된다.

‖ **자기 중심성** : 자신을 심리적 세계의 중심에 놓는 것. 타인의 시각으로 세상을 보지 못하는 것

청소년기 자기 중심성 : "절대 이해 못할 거야!"

미취학 아동의 사고 형식상 특징은 다른 사람의 시각으로 볼 수 없다는 자기 중심성이다. 청소년 사고의 특징은 다른 사람의 생각을 이해할 수는 있으나 타인의 관심사와 자신만의 관심사를 구분하는 데 어려움이 있는 일종의 자기 중심성이다(Elkind, 1985). 청소년기 자기 중심성은 **가상의 청중**(imaginary audience)과 **개인적 우화**(personal fable)라는 두 가지 중요한 인지적 발달을 야기한다. 가상의 청중은 다른 사람들도 나의 생각과 행동에 나만큼이나 관심을 가지고 있다는 믿음을 말한다. 이 때문에 청소년들은 자신에게 주의가 집중된다고 생각하고, 자신의 외모와 행동에 남들도 자기 자신만큼 몰입해 있다고 생각한다. 청소년들은 마치 자신이 무대 위에 서 있어서 모든 이목이 자신에게 집중되고 있다고 느낄 수도 있다.

가상의 청중 : 타인이 우리 자신만큼 우리의 생각과 행동에 관심이 있다는 믿음

개인적 우화 : 우리의 감정과 생각이 특별하고 유일무이하며, 자신에게는 어떤 해로운 일도 일어나지 않을 것이라는 믿음

가상의 청중이라는 개념은 청소년들에게 사생활에 대한 강한 욕구를 불러일으킬 수 있다. 청소년들이 왜 그렇게 자신의 외모에 대해 남의 시선을 의식하는지, 왜 얼굴에 뭐가 조금이라도 나면 걱정을 하고 꾸미는 데 긴 시간을 보내는지도 이 개념으로 설명이 된다. 개인적 우화는 우리 감정과 생각이 특별하고, 독특하며, 우리에게는 어떤 해로운 일도 일어날 수 없다는 믿음을 말한다. 개인적 우화는 자기 과시와 위험한 일을 서슴지 않고 하는 행동 패턴에 깔려 있다. 일부 청소년들은 자신이 아무리 담배를 피워도 절대 암에 걸릴 리가 없다거나, 성병이나 임신의 위험 없이 성관계를 할 수 있다고 생각하는 등 "나에게는 절대 그런 일이 일어나지 않는다"라는 태도를 가지고 있다. HIV Community Coalition of Washington의 로널드 킹(King, 2000)은 "부자이든, 가난하든, 흑인이든, 백인이든 상관없이 모든 젊은이들은 자신이 천하무적이라고 생각"하며, 이것이 왜 많은 10대들이 HIV의 위험을 알면서도 여전히 무분별한 성관계를 가지는지를 설명해준다고 하였다. 10대는 성인들보다 음주, 흡연, 무분별한 성관계와 같은 행동과 연관된 위험을 과소평가하는 경향이 있다(Berger et al., 2005; Nowinski, 2007).

개인적 우화의 또 다른 측면은 독립에 대한 욕구나 사랑에 빠지는 것과 같은 '특별한' 감정을 자신처럼 경험했거나 이해할 수 있는 사람은 아무도 없다고 생각하는 것이다. 개인적 우화는 10대들이 흔히 내뱉는 "나에 대해 아무것도 모르면서!"라고 하는 탄식에 깔려 있다고 할 수 있다.

성격과 사회적 발달

청소년기는 격동의 시기로 오랫동안 알려져 왔다. 미국심리학회의 창설자이자 초대 회장인 19세기 심리학자 스탠리 홀(G. Stanley Hall)은 청소년기를 *sturm und drang*의 시기, 즉 질풍노도의 시기로 묘사했다. 많은 청소년들은 가족 간 갈등, 육체적 · 감정적 변화에 적응, 자신의 정체성 형성하기 등과 같은 일들을 겪으며 질풍노도를 경험한다. 그러나 모든 10대들의 청소년기가 격동의 시기로 경험되는 것은 아니다. 여기에는 중요한 개인적, 문화적 차이가 존재한다. 위험한 행동을 서슴지 않는 친구들이나 사회의 경계선에서 얼쩡거리는 사람들을 낭만적으로 묘사하는 미디어 이미지에 흔들리는 청소년들보다, 강한 전통적 뿌리를 가진 청소년들은 상대적으로 약한 질풍노도를 경험하는 것으로 보인다. 그리고 소수민족의 문화적 배경을 가진 청소년들이 경험하는 질풍노도의 시기에 영향을 미치는 중요한 요인 하나는 문화적 단절이다. 즉 많은 소수민족 젊은이들이 주류문화의 태도와 행동 패턴을 받아들일 수 있는가, 또는 받아들여야 하는가와 관련된 스트레스를 경험한다.

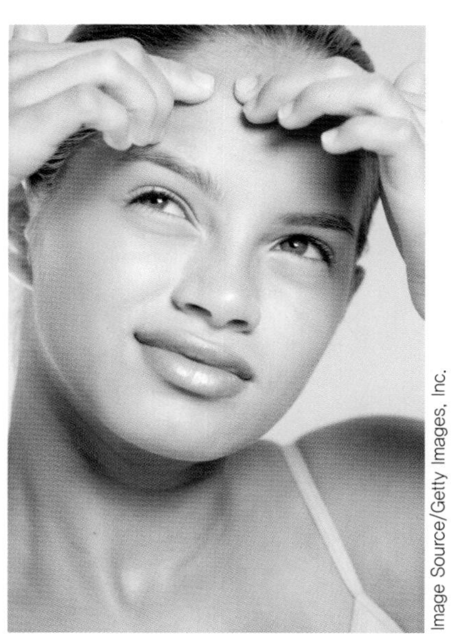

Image Source/Getty Images, Inc.

모두가 주목하고 있다 청소년들은 흔히 모든 사람들이 자신을 쳐다본다고 생각한다. 이들은 얼굴에 난 티끌만 한 잡티도 남들이 다 눈치챈다고 믿기 때문에 외모에 대해 과도하게 남의 시선을 의식하게 된다.

Ashley Cooper/AlamyLimited

불필요하게 위험한 행동을 하는가? 위험한 행동은 청소년들에게만 국한되는 것은 아니다. 2009년 설문에 응한 미국인들 중 절반 이상이 자전거를 탈 때 헬멧을 쓰지 않는다고 답했다. 당신은 헬멧을 쓰는가? 헬멧을 써야 할까?

많은 미국 10대들이 마약을 남용하고, 임신하고, 성병에 걸리고, 폭력에 빠지고, 학교 수업을 제대로 따라가지 못하고, 심지어는 자살까지 시도한다. 매년 10대 소녀 10명 중 1명이 임신을 한다. 10대 소년들의 10%와 10대 소녀들의 20%가 자살을 시도한다. 교통사고는 미국에서 청소년 사망의 주된 원인이며, 많은 경우 음주 또는 함께 탑승한 승객이 운전자의 주의를 산만하게 해서 일어난다. 또한 청소년들은 타살과 자살로 인한 사망의 위험에도 평균적 수준보다 더 많이 노출되어 있다.

독자들 중 일부는 청소년들과 그 부모들이 서로 사랑하고 존중하며 삶에서 중요한 일에 대해서는 대부분 동의한다는 증거들을 보고 놀랄지도 모르겠다(Arnett, 2004). 비록 부모와 의견 충돌이 자주 일어난다 하더라도 설문에 응답한 대부분의 청소년들은 부모나 보호자와 "아주 잘" 지내거나 "정말 최고로 잘" 지낸다고 답하였다("Teens Say," 2003).

독립을 향한 대장정 : "나는 내가 원하는 사람이 되고 싶어"

청소년들이 부모로부터 점점 더 독립을 원하게 되면서 숙제, 집안일, 돈, 외모, 통금, 이성관계 등의 일들과 관련하여 갈등이 유발된다. 청소년들이 옷이나 친구에 대해 자기 마음대로 결정하려고 할 때 의견충돌이 흔하게 일어난다. 또한 독립 추구로 인해 이전보다 상대적으로 가족들과 거리를 두려는 특징도 있다.

부모로부터 어느 정도 거리를 두는 것은 좋은 일이다. 궁극적으로 청소년들은 가족 이외의 사람들과 관계를 맺고 날개를 펴 날기 시작해야 하는 것이다. 그러나 더 독립적이 된다고 해서 청소년들이 부모에게 감정적으로 무심해져야 한다거나 완전히 또래 친구들 말만 들어야 한다는 것은 아니다.

실제로는 부모와 가까운 청소년들이 부모와 거리가 먼 청소년들보다 더 자립적이고 독립적이다. 부모와 가까운 관계를 유지하는 청소년들은 학교에서도 더 잘 지내고 적응상 문제도 더 적은 경향이 있다(Steinberg, 1996).

청소년기 적응 — 때로는 위험한 일이다

청소년들은 난폭한 운전, 위험한 성관계, 불법 마약 사용, 폭음 등과 같이 건강에 해롭고 때로는 목숨까지도 위협하는 많은 일들을 하려고 하기 때문에 종종 부모와 갈등을 빚는다(Curry & Youngblade, 2006). 개인적 우화로 인해 아직까지는 부모 생각처럼 이런 일들이 위험하다고 청소년들은 지각하지 않는다. 심지어 그런 행동이 위험한 결과를 초래할 수도 있다는 것을 아는 청소년들도 그런 위험을 감수하는 것이 '가치 있는 일'이라고 생각하기도 한다(Reyna & Farley, 2006). 이렇게 위험한 행동을 하도록 조장하는 요인 중 하나는 위험한 행동을 하는 친구와 어울리는 것이다.

청소년들의 뇌는 계속 성장 중인데, 그중에서도 특히 위험하거나 충동적인 행동을 하지 않도록 하는 부분이 아직도 성장을 계속하고 있다는 것을 기억하자(Packard, 2007; Steinberg, 2007; Yurgelun-Todd & Killgore, 2006). 그렇다고 청소년들이 논리적 또는 합리적으로 생각할 수 없다는 것은 아니다. 그러나 심리학자 데이비드 페슬러(David Fassler)가 말하듯이, "청소년들은 본능적으로, 행동의 결과를 충분히 이해하거나 분석하지 않고 충동적으로 행동하기 쉽다"("Teens' Brains," 2007에서 인용).

비록 청소년기가 위험한 행동을 많이 하는 인생의 시기이지만, 위험한 행동에는 청소년들(그리고 나이 많은 사람들) 사이에 중요한 개인차가 있다. 예를 들어, 결혼을 했거나, 자녀가

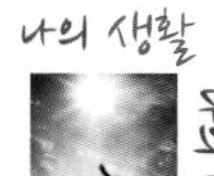

자기 평가 : 감각 추구 척도

당신은 어떤 유형인가? 하루 종일 책을 읽거나 TV를 보는 것이 좋은가? 아니면 높은 파도를 타고 서핑을 하거나 바이크를 타고 울퉁불퉁한 모하비 사막 언덕을 달려야 하는가? 감각 추구 척도는 당신이 어느 정도 수준의 자극이나 흥분을 원하는지 측정한다.

심리학자 마빈 주커먼과 그 동료들(Zuckerman et al., 1980)은 감각 추구와 관련 있는 네 가지 요인으로 (1) 스릴과 모험 추구, (2) 탈억제(disinhibition, 충동을 표출하는 경향), (3) 경험 추구, (4) 싫증 내기 쉬운 성향을 들었다. 감각 추구 성향이 높은 사람들은 알코올이나 마약 남용과 같은 문제를 가지기 쉽다(Dom, Hulstijn, & Sabbe, 2006). 또한 이들은 조정, 볼링, 탁구와 같이 위험이 적은 활동보다 스카이다이빙이나 행글라이딩과 같은 활동을 선호하는 경향이 있다(Zarevski et al., 1998).

주커먼의 척도 중 축약형 척도 하나를 아래에 소개한다. 당신의 감각 추구 경향을 알아보기 위해 A와 B 중 당신에게 더 잘 부합한다고 생각되는 것을 고르라. 그다음에는 이 장의 마지막 부분에 있는 채점 방법을 보고 채점을 해보라.

1. a) 여행을 많이 하는 직업이 좋다.
   b) 한곳에서 근무하는 직업이 좋다.
2. a) 쌀쌀하고 상쾌한 날씨에 활력을 얻는다.
   b) 추운 날에는 얼른 실내로 들어가고 싶다.
3. a) 매번 같은 얼굴만 보는 것은 지루하다.
   b) 항상 보는 친구들이 주는 편안한 익숙함이 좋다.
4. a) 모두가 안전하고 행복한 이상적인 사회에서 살았으면 좋겠다.
   b) 역사상 불안정했던 시기에 살았으면 좋았을 것이다.
5. a) 때때로 뭔가 좀 무서운 일을 해보고 싶다.
   b) 지각이 있는 사람이라면 위험한 일은 피한다.
6. a) 최면에 걸리고 싶지 않다.
   b) 최면에 걸리는 경험을 해보고 싶다.
7. a) 인생에서 가장 중요한 목표는 가능한 한 많은 경험을 하며 인생의 한순간도 낭비하지 않고 사는 것이다.
   b) 인생에서 가장 중요한 목표는 평화와 행복을 찾는 것이다.
8. a) 낙하산 점프를 해보고 싶다.
   b) 낙하산이 있든 없든, 비행기에서 뛰어내리는 건 절대 해보고 싶지 않다.
9. a) 차가운 물에 들어갈 때는 몸이 적응할 시간을 주며 천천히 입수한다.
   b) 바다나 차가운 수영장에 바로 뛰어드는 것이 좋다.
10. a) 휴가 갈 때, 때로는 캠핑처럼 변화가 있는 것을 선호한다.
    b) 휴가 갈 때, 나는 좋은 방과 침대가 있는 편안함을 선호한다.
11. a) 나는 좀 불안정하더라도 감정을 표현하는 사람들을 선호한다.
    b) 나는 차분하고 침착한 사람들을 선호한다.
12. a) 훌륭한 그림은 감각적으로 충격적이어야 한다.
    b) 훌륭한 그림은 평안함과 안정의 느낌을 주어야 한다.
13. a) 오토바이를 타는 사람들은 자신을 해치려는 무의식적인 충동이 있는 것이 틀림없다.
    b) 오토바이를 타고 싶다.

있거나, 전통적 뿌리가 강한 경우 충동적 행동을 자제하는 경향이 있다(Arnett, 1999). 물론 청소년들은 성인보다는 결혼을 했거나 자녀가 있을 확률이 낮다(그리고 우리는 위험한 행동을 감소시키기 위해 이런 방법들을 택하라고 권하는 것은 아니다).

위험을 추구하는 것은 물론 청소년에게만 국한된 것은 아니다. 많은 성인들도 자신이나 타인의 안전을 위협하는 불필요한 위험을 감수한다. 2009년 Consumer Reports National

Research Center의 설문에 따르면, 응답한 미국인 1,000명 중 58%는 자전거를 탈 때 헬멧을 착용하지 않는다고 답했고, 53%는 운전 중에 가끔 또는 자주 휴대전화로 통화를 한다고 답했다("How Often Do Americans," 2009).

감각 추구에서의 개인차는 위험 추구 행동에도 영향을 미친다. 위험을 추구하는 사람들은 강렬한 감각에 대한 욕구가 높은 경향이 있다. 예를 들어 제이콥은 저녁 내내 소파에 누워 TV를 보는 것을 즐긴다. 알렉시스는 테니스 코트에서 뛰어다니거나 조깅을 하지 않으면 뭔가 이상하게 느껴진다. 매튜는 오토바이를 타고 엄청나게 빠른 속도로 오지를 돌아다녀야만 만족스럽고, 브라이아나는 높은 파도를 타거나 비행기에서 자유 낙하 다이빙을 할 때 살아 있음을 느낀다. 매튜와 브라이아나는 위험을 추구하는 사람들이다. 앞에 나와 있는 자기 평가를 통해 당신의 감각 추구 욕구를 한번 평가해보라.

자아 정체성 대 역할 혼란

▮ **자아 정체성 대 역할 혼란** : 개인적 신념과 공적 역할에 대한 명확한 확신을 발전시켜야 하는 것이 도전 과제라고 에릭슨이 말한 청소년기 삶의 위기

▮ **자아 정체성** : 자신이 어떤 사람이며 무엇을 위해 살 것인지에 대한 확고한 인식을 일컫는 에릭슨의 용어

▮ **역할 혼란** : (자아 정체성을 발달시키지 못해) 인생에서 무엇을 할지 명확성이 부족한 것을 일컫는 에릭슨의 용어

지각, 사고, 운동(움직임) 능력 등 다양한 과정에 관여하는 신경 연결망이 강화되는 것을 포함, 뇌는 청소년기 동안 계속해서 발달한다(Kuhn, 2006). 이런 변화에 따른 결과 중 하나는 "나는 누구인가"와 "나는 무엇을 잘하는가"와 같은 질문을 포함하여 개인적 정체성에 대한 인식이 증가한다는 것이다. 에릭 에릭슨(Erikson, 1963)은 청소년기가 **자아 정체성 대 역할 혼란**(ego identity vs. role diffusion)으로 규정할 수 있는 심리사회적 발달 단계이며, 이 시기에는 자아 정체성 문제가 중요한 부분을 차지한다고 인식했다. 에릭슨은 정체성이 평생에 걸쳐 형성된다고 보았다. 사람들은 인생을 살아가면서 심리사회적 발달 측면에서 다양한 도전과 마주하게 된다. 그는 정체성 형성을 8단계로 정리하였는데, 각각의 단계는 적응적 측면에서의 특정 과업 또는 '위기'로 구분된다. 이 중 네 단계는 신뢰와 불신의 단계부터 시작해서 아동기 동안 일어난다(제2장 참조).

에릭슨이 말한 것처럼, 청소년기의 주요 과제는 성인으로서의 정체성 또는 공적 역할을 만드는 것이다. 직업적 선택이나 인생의 방향과 같이 공적 역할과 관련된 질문들과 씨름하면서 청소년들이 경험하는 개인적 혼란이나 변화를 묘사하기 위해 에릭슨은 정체성 위기(identity crisis)라는 용어를 만들었다. 이 위기는 **자아 정체성**(ego identity) 확립, 또는 특정 직업이나 인생 목표에 대한 확신을 가지게 되면서 성공적으로 해소된다. 다른 연구자들은 에릭슨의 모델을 확장하여 성적, 정치적, 종교적 믿음과 같은 개인적 신념의 발달이라는 맥락 속에서 정체성의 형성을 관찰하기도 하였다.

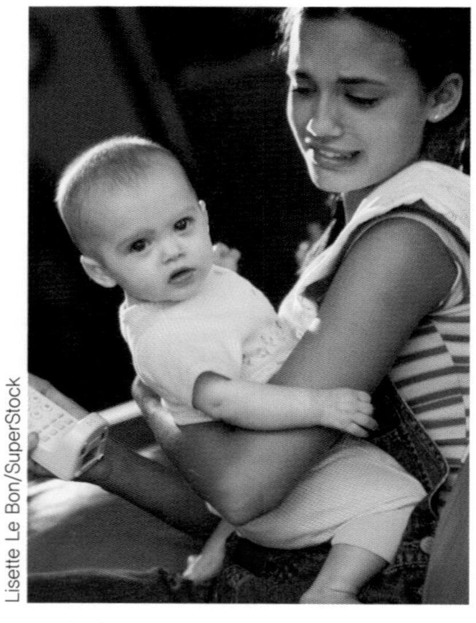

Lisette Le Bon/SuperStock

10대 엄마 대부분의 10대 임신은 계획하지 않았던 일이다. 계획에 없던 임신 때문에 10대 엄마와 아이가 지불해야 하는 의료, 사회적, 경제적 비용은 엄청나다. 10대 임산부의 경우 임신 중 합병증을 겪을 확률은 더 높고, 조산이나 저체중 태아를 출산할 위험은 더 높다. 또한 10대 임산부들이 학교를 졸업할 확률은 낮은 반면 도움을 필요로 할 확률은 더 높다. 그렇다고 아이의 아빠가 도움을 줄까? 아마도 아이 아빠는 가족은 고사하고, 자기 자신도 돌보지 못할지도 모른다.

에릭슨은 정체성 위기가 정상 발달의 건강한 한 측면이라고 보았다. 이런 개인적 투쟁의 시기를 거친 후 안정적인 자아 정체성이 발달될 수도 있다. 현대 학자 제프리 아넷(Arnett, 2004)은 정체성을 확립하는 과정이 반드시 고뇌와 투쟁을 동반한다는 인상을 주지 않기 위해 위기(crisis)라는 용어보다는 탐색(exploration)이라는 용어를 선호하였다. 에릭슨(Erikson, 1963)은 자아 정체성이 자신이 어떤 사람이며, 무엇을 위해 사는지에 대한 확고한 인식이라고 보았다. 자아 정체성이 발달되지 않은, 즉 확고한 개인적 신념과 자기 인식을 획득하지 못한 청소년들은 에릭슨이 **역할 혼란**(role diffusion)이라고 칭한 불안정한 형태의 정체성을 경험할 수도 있다. 이들은 상황에 따라 믿음이 바뀌고, 스스로는 찾지 못하는 정체성과 소속감을 제공해 주는 강한 인물의 날개 밑으로 들어가려는 모습을 보일 수 있다.

자기 평가 : 당신의 정체성은 어느 상태에 있는가?

에릭슨의 심리사회적 발달 모델을 자기 평가를 이용해 자신에게 적용해보자. 많은 대학생들은 자아 정체성을 만들어 가는 과정에 있다. 그러나 이 과정에는 시간이 소요되며, 졸업한 뒤에도 계속될 수 있다. 여러분은 제6장에서 심리학자 제임스 마르샤(Marcia, 1991)가 네 가지 자아 정체성 상태를 정의한 것을 기억할 것이다.

- *정체성 성취*(identity achievement)는 정체성 위기(심각한 자기 성찰의 시기)로부터 벗어나 비교적 안정적인 개인 신념 체계와 특정 커리어에 대한 방향을 확고히 한 사람들을 일컫는다. 커리어에 대해 마음을 확실하게 한 것을 보여주는 예로, 엔지니어가 되기 위해 엔지니어링을 전공하는 것을 들 수 있다.
- *속단*(foreclosure)은 심각한 자기 탐색이나 자기 점검의 시기 없이 일련의 신념 체계를 받아들이거나 행동 방향을 결정한 사람들을 일컫는다. 이들은 정체성 위기를 거쳐 신념 체계를 받아들이거나 직업을 선택하지 않았다. 대부분의 경우 타인, 특히 부모가 이들에게 주입한 것을 받아들인다.
- *유예*(moratorium)는 신념 체계나 직업적 선택에 있어서 현재 정체성 위기 상태에 놓인 사람들을 일컫는다. 유예상태의 사람들은 신념 체계를 정비하거나 어떤 직업을 가질지 결정하기 위해 적극적으로 노력하고 있다.
- *정체성 혼미*(identity diffusion)는 개인적 신념 체계나 직업적 선택을 확고히 하지도 않았고, 그렇게 하려는 관심도 보이지 않는 사람들을 일컫는다. 자아 정체성과 관련된 이슈들은 이들의 삶에서 아직 중요하지 않다.

자, 이제 당신 자신에 대해 생각해보자. 직업적 선택과 개인적 신념(정치적, 도덕적)과 관련하여 당신의 정체성은 어느 상태에 가장 가까운가? 정체성 상태는 각 영역마다 다를 수 있다는 것을 기억하자. 어떤 기준을 적용했는가? 시간의 경과에 따라 당신의 자아 정체성 상태는 변했는가? 미래에 또 변할 수 있는가? 변한다면 왜 변하고, 변하지 않는다면 왜 변하지 않을 것인가?

청소년의 성적 적응

에릭슨은 청소년기 동안 공적 역할, 즉 인생에서 어떤 역할을 맡을지 결정하는 것이 얼마나 중요한지 강조하였다. 그러나 이성 교제나 성적 관심에 비해 직업적 결정은 많은 청소년들에게 큰 관심의 대상이 아니다. 심지어 어떤 이들은 청소년들을 "걸어 다니는 호르몬"이라고 칭하기도 한다. 청소년들은 그들의 성적 관심을 어떻게, 그리고 언제 표현할지에 대해 씨름한다. 엎친 데 덮친 격으로, 서양 문화는 성에 대해 상반된 메시지를 보낸다. 청소년들은 결혼할 때까지, 또는 적어도 깊은 사이가 될 때까지는 기다리라는 충고를 듣지만, 이와 동시에 영화, TV, 라디오 광고 등 여러 매체들로부터 엄청난 양의 성적 메시지를 받을 뿐 아니라 친구들로부터의 압박, 자신의 본능적 욕구나 호기심도 강하다. 과거에는 젊은이들이 결혼할 때까지 성관계를 미루어 왔다면, 오늘날의 젊은이들은 혼전 성관계에 대해 보다 더 관대하다(Wells & Twenge, 2005).

이렇듯 태도 면에서 변화가 있기는 하지만, 최근 몇 년간 10대들의 성관계 빈도는 사실상 감소하였다(Santelli et al., 2007). 2011년에는 결혼하지 않은 미국 10대 중 성관계 경험이 적어도 한 번 이상 있다고 보고한 청소년들은 절반 이하(남자 43%, 여자 42%)였다(Bakalar, 2011). 15~19세 사이의 출산율도 미국 기록상 최하로 떨어졌다. 그러나 미국의 10대 출산율은 여전히 캐나다의 2배 이상, 독일의 3배 이상, 이태리의 5배 이상이다. 미국에서는 매년 50만 명 가까운 10대들이 아이를 낳고 있는데, 이는 10대 출산율을 더욱 감소시키기 위해 보다 더 집중적인 노력이 필요하다는 것을 잘 보여준다(Brownstein, 2010; E. Hamilton, Martin, & Ventura, 2009; Sun, 2011).

10대 임신이 왜 이리 흔한가? 일부 10대 소녀들은 남자친구를 붙잡아두거나 부모에게 반항하는 수단의 하나로 임신하기도 한다. 그러나 대부분의 임신은 생식과 피임 자체를 잘못 이해하거나, 임신 확률을 잘못 계산하여 일어난다. 피임 방법에 대해 잘 알고 있는 이들도 꾸준히 일관되게 이용하지 않는다. 청소년의 성적 행동을 결정짓는 데는 친구들이 매우 중요한 역할을 한다. 청소년들에게 왜 좀 더 나이가 들 때까지 성관계를 미루지 않았는지 물어보면, 답변 중 1위는 대체로 친구들의 압력이다(Dickson et al., 1998).

대체로 10대 소녀들은 집이나 학교에서 성적 요구를 어떻게 거부할지에 대해 배우는 것이 별로 없다. 이들 대부분은 효과적인 피임 방법도 손쉽게 이용하지 못한다. 성관계를 가지는 청소년들 중 일관되게 피임을 한다고 보고한 청소년은 절반 이하이다(CDC, 2000b).

10대 미혼모들은 많은 고난과 장애물을 만나게 된다. 이들은 극빈 생활을 하거나, 학교를 중도에 포기하거나, 정부 보조금으로 살아갈 확률이 또래들보다 높다(Arnett, 2004; CDC, 2000b). 아이의 생부로부터 지속적인 경제적, 정서적 도움을 받는 10대 미혼모는 거의 없으며, 대부분의 아이 생부는 가족은 고사하고 자기 자신도 제대로 돌보지 못하는 경우가 많다.

많은 청소년 동성애자들은 동성애자에게 여전히 반감과 부정적 태도를 가진 문화 속에서 자신의 성을 발달시켜 나가야 하는 특별한 과제를 안게 된다. 많은 동성애자들에게 있어서 자신이 동성애자임을 공적으로 알리는 일은 자신의 성에 대한 부정을 버리고 자신을 받아들여야 하는 힘겨운 싸움을 의미한다. 많은 젊은 동성애자들이 초기 성인기 또는 중년에 이르기까지 자신의 성적 취향을 온전히 받아들이지 못하기도 한다. 동성애자에 대한 사회적 반감 속에서 자기 자신을 받아들이게 되는 과정은 너무나 험난하여, 많은 청소년 동성애자들은 자살을 심각하게 고려하거나, 실제로 자살을 시도하기도 한다(Bagley & D'Augelli, 2000).

모듈 복습

복습하기

(1) 사춘기는 체모, 남성의 경우 변성, 여성의 경우 가슴과 엉덩이가 곡선을 이루는 등 ______이/가 나타나면서 시작된다.
(2) 피아제에 따르면 ______ 기는 가설적 사고와 연역적 논리로 특징지을 수 있다.
(3) 청소년기의 자기 중심성은 상상의 ______과 개인적 ______을/를 야기한다.
(4) 심리학자 스탠리 홀은 청소년기를 *sturm und drang*의 시기, 즉 ______(으)로 묘사했다.
(5) 청소년기 사망의 주요 원인은 ______ 사고이다.
(6) 청소년들은 자동차, 마약, 성과 관련하여 실험해보는 것을 부모보다 (더, 덜?) 위험하게 생각하는 경향이 있다.
(7) 부모와 청소년은 사회적, 정치적, 종교적, 경제적 이슈들에 대해 의견이 (일치하는, 일치하지 않는?) 편이다.
(8) 에릭 에릭슨은 청소년기 인생 위기를 ______ 정체성 대 ______ 혼란이라고 보았다.

생각해보기

청소년기 인지 발달에 대해 당신이 알고 있는 것을 청소년들의 위험 추구 성향에 대한 이해에 적용해보라.

초기 및 중기 성인기

모듈 13.2

- 성인기란 무엇인가?
- '성인 진입기'는 무슨 뜻인가?
- 초기 및 중기 성인기에 일어나는 신체적 발달 변화는 무엇인가?
- 초기 및 중기 성인기에 일어나는 인지적 발달 변화는 무엇인가?
- 초기 및 중기 성인기에 일어나는 사회적, 성격적 발달 변화는 무엇인가?

> 엄마들이 우리 나이였을 때 그들은 약혼을 한 상태였다…. 당시 엄마들은 적어도 인생에서 무엇을 할 것인지에 대해서 대략적으로 알고 있었다…. 반면 나는 좋게 보면 모호하고, 나쁘게 보면 쓸데없는 복수 전공(영문학과 정치학)으로 학위를 받을 예정이고, 결혼도 하지 않았고, 무엇을 하고 싶은지는 고사하고 내가 누구인지도 전혀 모른다…. 꽤 흥미진진한 시대라고 억지로 표현할 수도 있다. 때로 미래라는 광활한 공간을 내다보면 공허함 이상을 보기도 한다. 앞으로 의지할 것이 아무것도 없다는 것은 이제 나는 나 자신에게 의지해야 한다는 의미라는 것을 안다. 방향이 없다는 것은 나 스스로 방향을 정해야 한다는 것이다(크리스틴, 22세, Page에서 인용, 1999, pp.18, 20).

심리학자 제프리 아넷(Arnett, 2000a)에 따르면, 크리스틴은 18~25세 사이에 청소년기와 온전한 성인기를 이어주는 심리사회적 발달 시기, 즉 **성인 진입기**(emerging adulthood)라고 부를 수 있는 시기에 있다. 과거에는 사람들이 청소년기에서 바로 초기 성인기로 전환을 한다고 널리 받아들여졌다. 그러나 아넷은 온전한 성인이 되는 과정은 점진적으로 시간을 두고 진행된다고 보았다. 그는 성인 진입기라고 이름 붙인 이 발달 단계가 성인의 역할을 온전히 받아들이기 전에 젊은이들이 더 오랜 기간 동안 역할에 대한 탐색을 할 수 있도록 허용해주는 사회에서만 존재한다고 믿었다. 미국 사회와 같이 상대적으로 부유한 사회는 젊은이들이 부모의 지원과 정부의 학자금 대출 등을 누리며 보다 천천히 성인의 정체성과 인생 계획을 발달시키도록 하는 특권을 부여할 수 있다.

성인 진입기: 18~25세 사이, 더 긴 역할 탐색을 하는 것이 특징인 부유한 사회에서 볼 수 있는 가설적 발달 시기

오늘날 젊은이들은 아이팟, 구글, 페이스북 등과 같은 새로운 문화적 트렌드가 성행하던 때에 성인이 된 밀레니엄 세대이다(Nevid, 2011). 오늘날 많은 젊은이들에게 있어 온전한 성인이 되는 시기는 30세로 늦춰졌다(Grigoriadis, 2003). 〈그림 13.2〉에서 볼 수 있듯이, 오늘날 대부분의 성인들은 20대 후반이나 30대 초반이 될 때까지는 자신이 온전한 성인이 되었다고 생각하지 않는다. 많은 20대, 심지어 30대도 영화 "달콤한 백수와 사랑 만들기"의 이야기처럼 여전히 부모와 함께 살고 있다.

오늘날 많은 젊은이들이 결혼을 미룬다. 성인기로 진입하는 오늘날 젊은이들에게, 성인기 전환의 표징은 스스로 결정하기, 자신에 대해 책임지기, 경제적으로 독립하기 등의 이슈들과 더 강하게 결부되어 있다. 결혼은 더 이상 성인이 되었다는 주요 표시가 아닌 것이다.

초기 성인기는 일반적으로 사회의 독립된 일원으로서 자리매김을 하는 시기로 여겨져 왔다. 물론 이런 전환은 지연될 수 있으며, 가족과 친구들은 무엇을 꾸준히 하지 못하고, 자기중심적이고, 독립도 하지 못한 이들을 '영원한 청소년'으로 부르기도 한다.

설문조사 결과에 따르면 우리 사회에서 성인기를 앞두고 있는 이들은 일반적으로 낙관적이며, 자신들의 삶이 부모 세대만큼 좋거나 더 나을 것이라고 믿는다(Arnett, 2000b). 여전히 많은 이들이 인간 관계, 특히 결혼을 미래 행복의 근간으로 본다. 그러나 경제적 전망이나 범죄, 환경파괴 등과 같은 이슈들에 대해서는 대부분 많이 걱정한다. 그렇다 하더라도 대부분

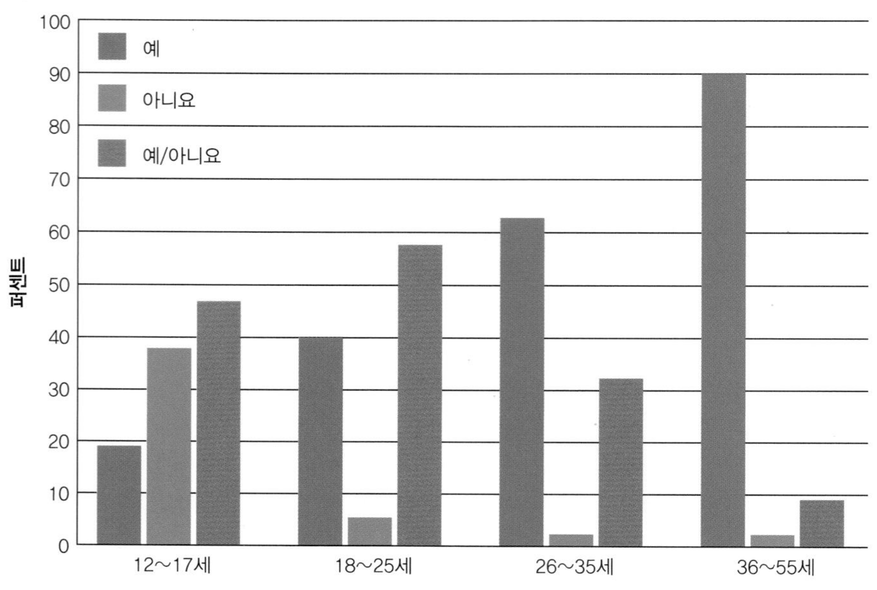

그림 13.2

성인이 된다는 것 "당신이 성인이 되었다고 느끼십니까?"에 대한 사람들의 답이 여기 나와 있다. 오늘날 대부분의 젊은이들은 20대 후반이나 심지어 30대 초반이 되어서야 자신을 완전한 성인으로 생각한다.

출처 : Arnett, 2004.

은 자신이 원하는 것을 성공적으로 이룰 것으로 믿는다.

성인기의 신체적 발달

인생 전반에 걸쳐 우리는 신체적, 심리적 발달을 계속한다. 오늘날 수명은 과거보다 더욱 길어졌고, 생활양식이나 정체성을 스스로 선택할 자유도 더 많아졌다. 심지어 50대, 60대 사람들도 '자신 찾기'나 자신을 '새롭게 만들기'와 여전히 씨름하기도 한다. 따라서 적응은 더욱 창의적이 되었다.

이제 대략 20~40세 사이의 초기 성인기와 대략 45~65세 사이의 중기 성인기에 일어나는 신체적 발달에 대해 알아보자. 〈그림 13.3〉에는 나이가 들면서 일어나는 신체적 변화들이 일부 나와 있다.

인생의 정점

신체 발달은 20대와 30대 초반에 정점에 다다르고, 이후 서서히 하락한다(Markham, 2006). 이 시기 대부분의 사람들은 감각적 기민함, 강도, 반응시간, 심혈관계 건강이 최고조에 있다. 여성 체조선수들의 경우 20대 초반만 되어도 몸에 지방이 축적되고 유연함을 잃기 때문에 내리막길에 들어서게 된다. 다른 운동 선수들은 30대에 하락을 경험하기 쉽다. 대부분의 전문 운동 선수들은 40세가 되기 전에 은퇴한다.

중년에 접어들면서 우리는 20대나 30대에 가졌던 신체의 힘이나 협응 능력 일부를 잃기 쉽다. 이러한 하락은 최고의 퍼포먼스를 보여주어야 하는 전문 스포츠계에서 더욱 확연하게 나타난다. 나이가 들어가면서 일부 신체적 능력을 잃기 시작한다고 하더라도, 40~60세 사이의 기간은 건강이 유지되는 한 신체 기능 측면에서 비교적 안정적이다. 점진적인 신체적 쇠퇴가 있기는 하나 심각한 정도는 아니며, 젊은이들과 경쟁하려고 고집하거나 한창 때의 기억에 매달리지 않는 한 크게 염려할 수준은 아니다. 그리고 많은 이들이 신체적 잠재력을 발달시킬 시간을 중기 성인기 때 처음 가진다. 20세에는 소파에서 뒹굴거리기만 했던 이가 때로는 50

세에 마라톤 주자가 되기도 한다. 합리적 기준에서는 중기 성인기 내내 좋은 심폐 기능을 유지하는 데 별 문제가 없다.

중기 성인기의 신체적 쇠퇴는 점진적으로 일어나므로, 좀 더 양질의 식단(예를 들어 지방 섭취를 줄이고 과일과 야채 섭취를 늘리는 것)을 실천하고, 규칙적으로 운동을 한다면 초기 성인기보다 더 좋은 외모와 기분을 경험할 수도 있다. 항상 앉아서 생활하는 초기 성인기 사람들이 버스를 잡기 위해 뛰어가느라 숨을 헐떡거리는 한편, 건강한 중기—심지어는 후기—성인기 사람들은 수 마일을 달린 후에야 피로를 느낄 수도 있는 것이다.

폐경

폐경(menopause), 또는 월경의 중지는 큰 개인차가 있지만 대체로 40대 후반이나 50대 초반에 일어난다. **갱년기**(climacteric)는 에스트로겐과 프로게스테론 호르몬 분비가 저하되어 일어나는 폐경을 경험하게 되는 단계이다. 갱년기에는 배란이 더 이상 일어나지 않게 되고 여성들은 생식 능력을 잃게 된다. 유방 조직도 일부 소실되고, 피부 탄력성도 저하된다. 골밀도 또한 낮아져 후기 성인기에는 **골다공증**(osteoporosis, 뼈 조직의 상실로 인해 뼈가 쉽게 부서지고 골절이 쉽게 일어나게 되는 뼈의 질병)이 생길 수도 있다.

갱년기에 많은 여성들은 핫 플래시(발열과 발한을 동반한 불편한 감각)나 불면증과 같은 불쾌한 증상들을 경험한다. 에스트로겐의 감소는 불안감과 우울감을 동반하지만, 여성들은 오히려 갱년기 이전에 직장일과 가사, 자녀 양육이라는 삼중고가 겹칠 때 더욱 심각한 우울증을 경험하기 쉽다("Depression Research", 2000). 대부분의 여성들은 갱년기에 동반되는 감정의 변화를 큰 어려움 없이 극복한다. 갱년기 여성 수백 명을 대상으로 종단 연구를 진행한 저명한 심리학자 카렌 매튜(Matthews, 1994, p. 25)에 따르면, "대부분 [여성들]의 경우 갱년기적 전환을 통과하는 데 별 문제가 없다."

물론 갱년기에 대해 잘못된 정보를 퍼뜨리고 무력감을 양산하는 많은 미신이 있다. 〈표 13.1〉은 이런 미신의 정체를 폭로하는 데 도움이 될 것이다.

남성은 어떤가? 남성에게도 폐경이 있는가?

남성은 월경을 하지 않으므로 폐경을 경험할 수는 없다.

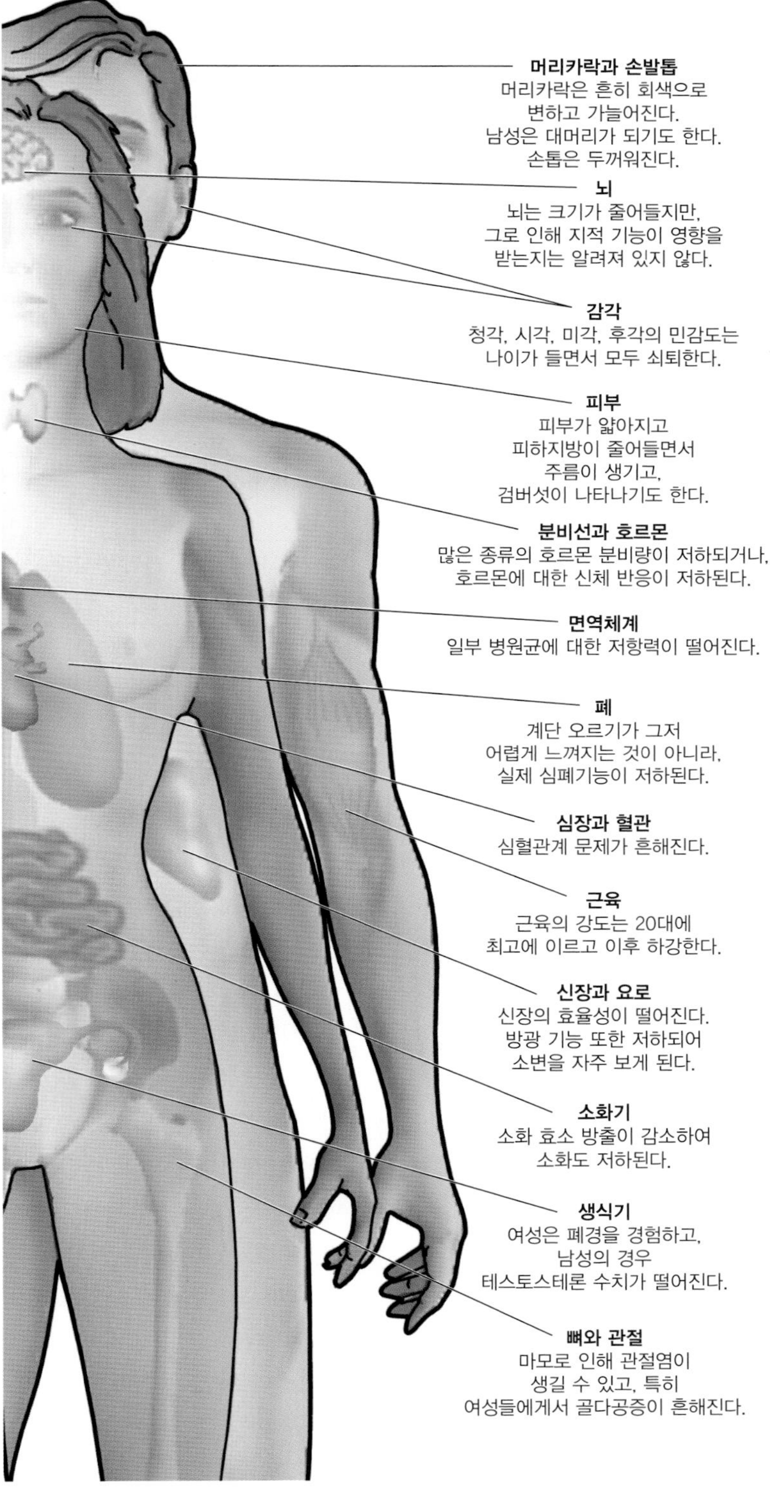

그림 13.3
나이에 따른 변화 나이가 들어가면서 많은 신체적 변화가 일어난다. 우리가 이러한 변화에 적응하는지는 중기 및 후기 성인기의 적응에 있어서 큰 역할을 한다.

▮ **폐경** : 월경의 중지

▮ **갱년기** : 성 호르몬 분비의 감소로 촉발되며, 생리 주기가 불규칙해지다가 마침내 없어지게 되는 다년간의 과정

▮ **골다공증** : 뼈에 구멍이 많아져 뼈가 부서지기 쉽게 되는 상태. 여성들에게 더욱 흔하다.

표 13.1 ▮ 갱년기에 대한 일부 미신과 사실

미신	사실
갱년기 이후 여성의 신체는 더 이상 에스트로겐을 분비하지 않는다.	에스트로겐 분비가 현격히 줄어들기는 하나, 부신과 지방 조직, 뇌에서 어느 정도는 계속 분비된다.
호르몬 변화로 인해 갱년기 여성들은 우울해지거나 불안해진다.	갱년기가 우울이나 불안과 관련 있지는 않다. 물론 갱년기 이전에 심리적 문제가 있었던 여성들의 경우 갱년기 이후에도 여전히 어려움을 겪을 수 있다. 또한 갱년기를 여성성의 상실과 동일시하는 여성들의 경우 그렇지 않은 사람들보다 더 정서적 어려움을 겪을 수 있다. 그러나 이는 이 시기의 의미에 관한 것이지 호르몬 변화에 관한 것은 아니다.
갱년기는 신체적 사건이지, 심리적 사건이 아니다.	갱년기에 여성의 신체에 변화가 일어나기는 하나, 이들 변화에 어떤 의미를 부여하는지가 정서적 반응에 결정적 영향을 미친다. 만일 갱년기를 인생 말기의 시작이라고 생각한다면, 무력감을 경험하고 이는 우울로 이어질 수 있다.
여성들은 갱년기에 심한 핫 플래시를 경험하게 된다.	많은 여성들의 경우 심하지 않은 핫 플래시를 경험하거나 아예 경험하지 않을 수도 있다.
갱년기 이후 여성들은 모든 성적 욕구가 사라진다.	그렇지 않다. 성적 관심과 능력은 평생에 걸쳐 유지된다.
갱년기 이후 여성들은 더 이상 아이를 가질 수 없다.	과거에는 사실이었으나, 생식 관련 기술의 발달로 난자 기부를 통해 갱년기 이후 여성이 임신하는 것이 가능해졌다. 몇몇 여성들(캘리포니아에 거주하는 63세 여성을 포함)은 기부받은 난자를 시험관에서 수정시킨 후 자궁에 착상시키는 방법으로 아이를 출산하기도 했다(Bohlen, 1995).

출처 : Dennerstein et al., 2002; Jackson, Taylor, & Pyngolil, 1991; Jones, 1994; Matthews et al., 1990.

그러나 어떤 이들은 중년에 남성들이 경험하는 변화를 일종의 남성 갱년기 또는 'manopause'로 말하기도 한다. 흔히 쓰이는 용어 중 하나는 'andropause'인데, 이는 이 시기에 일어나는 안드로겐, 또는 남성 성 호르몬의 감소를 일컫는다. 테스토스테론 생산은 40세 즈음부터 하락하기 시작하며, 매년 1%씩 감소한다(Daw, 2002). 테스토스테론 감소의 영향으로 근육 강도, 성적 욕구, 에너지가 감소하기도 한다. 그러나 성 호르몬의 감소나 생식력의 저하는 여성보다는 남성에게서 더욱 천천히 일어난다(Tancredi et al., 2005). 따라서 70대나 그 이후에 아이 아버지가 되는 남성을 보아도 크게 놀랄 일이 아니다. 그러나 나이 많은 남성들의 정자는 젊은 남성보다 유전적 결함을 가질 확률이 높다는 연구 결과가 있다(Sommerfeld, 2002). 결함이 있는 정자는 수정에도 문제를 초래할 수 있고, 유산이나 선천적 장애를 유발하기도 한다. 50대와 60대의 많은 남성들 역시 발기와 관련된 문제를 때로 경험할 수 있는데, 이는 혈액 순환 문제를 반영하기도 하며, 테스토스테론 생산의 저하와 관련이 있을 수도 있고 없을 수도 있다.

그러나 성적 수행이 전부가 아니다. 나이가 들어감에 따라 골 질량의 손실로 인해 키가 2.5cm 이상 줄기도 한다. 골 질량의 손실로 인해 여성들뿐만 아니라 남성들도 골다공증에 걸릴 수 있다. 지방은 더욱 많아지고, 근육량은 감소한다. 눈의 수정체와 고막도 두꺼워져서 시력과 청력의 일부 손실이 발생할 수 있다. 심혈관계 시스템과 폐가 효과적으로 활동에 반응하는 능력도 떨어져서 지구력도 저하된다.

이런 변화들 중 일부는 속도를 늦추거나 심지어 거꾸로 되돌릴 수도 있다. 운동은 근육의 긴장을 유지하고 지방 조직이 늘어나는 것을 억제하도록 도와준다. 칼슘과 비타민 D가 풍부한 식단은 여성뿐 아니라 남성들에게도 뼈 손실을 막아준다. 호르몬 대체 요법도 도움이 될 수 있지만 논란이 존재한다. 테스토스테론을 대체 주입하면 힘과 에너지, 성적 욕구를 증가시켜주지만, 전립선암과 심혈관계 질병의 위험도 증가시키는 것으로 알려져 있다.

성적 관심과 수행이 저하되기는 하나, 고령의 나이에도 남성들은 성적으로 활발한 생활을 할 수 있고 아이의 아버지가 될 수도 있다. 남성과 여성 모두에게 있어서, 일반적 행복감과 함께 노화와 관련된 생물학적 변화를 받아들이는 태도는 생물학적 변화 자체 못지않게 성적 행동에 영향을 미칠 수 있다.

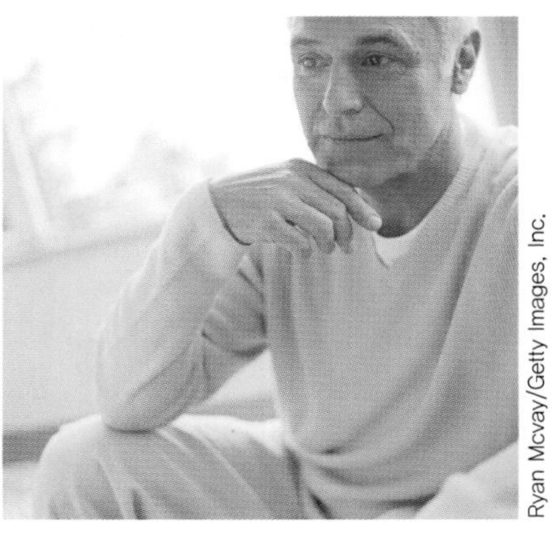
Ryan Mcvay/Getty Images, Inc.

남성 폐경이라는 것이 존재하는가? 단어의 뜻 그대로는 존재하지 않는다. 남성은 월경을 한 적이 없기 때문에 폐경(월경의 중단)도 경험할 수 없다. 그러나 때로 사람들은 테스토스테론 생산의 저하로 촉발되는 중년 남성들의 '갱년기' 변화에 대해 광범위하게 이야기하기도 한다. 적절한 식단과 운동은 남성과 여성 모두가 노화의 많은 영향을 방지할 수 있도록 도와준다. 호르몬 대체 요법은 호르몬 저하와 관련하여 적응에 문제를 경험하는 사람들을 돕기 위해 때로 사용된다. 그러나 호르몬 대체 요법에는 건강상의 위험도 따른다.

인지 발달

신체적 발달과 마찬가지로, 인지적 능력 역시 초기 성인기에 최고조에 다다른다. 인지 발달의 일부 측면은 노화에 따라 전반적인 저하를 보여준다. 그 예로, 기억력은 노화와 함께 저하된다. 새롭게 습득한 정보를 기억하기가 더욱 어려워지고, 흔한 사물이나 아는 사람의 이름도 기억하기가 어려워진다(Bopp & Verhaeghen, 2010; Jacoby & Rhode, 2006; Sweatt, 2010).

기억력의 쇠퇴는 당황스럽기는 하지만, 대체로 일상 생활을 효율적으로 하는 능력에 큰 영향을 주지는 않는다. 또한 사람들이 생각하는 것처럼 기억력의 쇠퇴가 매우 크지도 않다. 대부분의 기억력 검사는 일련의 무의미한 정보들을 기억하는 검사임에 주목할 필요가 있다. 그러나 일상 생활에서 우리의 능력은 축적된 지식과 경험을 적용하는 것에 기반을 두는 경우가 더 많다. 예를 들어, 화학 문제를 풀어야 한다면, 20세의 화학 전공 학생이 더 잘 풀 것인가, 아니면 60세의 화학과 교수가 더 잘 풀 것인가?

또한 지능 검사 점수 역시 초기 성인기에 가장 높다. 그러나 언어적 능력은 대체로 계속 유지되며, 심지어 어휘나 일반 상식 같은 부분은 나이가 들면서 향상되기도 한다. 나이가 들어감에 따라 저하되는 부분은 주로 퍼즐 맞추기와 같이 논리 또는 문제 해결 속도나 시공간 지각 능력을 필요로 하는 과제에서의 수행이다.

결정 지능(crystallized intelligence)과 **유동 지능**(fluid intelligence)의 차이에 대해 생각해보자. 결정 지능은 축적된 지식과 그 지식을 문제 해결에 적용하는 능력을 일컬으며('지혜'라고 부르는 사람도 있다), 일반적으로 시간의 경과에 따라 증가한다(Kim & Hasher, 2005; Leclerc & Hess, 2007). 그러나 정보를 신속하게 처리하는 능력과 관련된 유동 지능은 노화에 영향을 받는다(Salthouse, 2004; Stine-Morrow, 2007).

▮ **결정 지능** : 어휘, 세상사에 대해 축적된 지식, 자신의 전문 분야에서의 문제 해결 능력 등 생애 전반에 걸친 지적 성취

▮ **유동 지능** : 새로운 영역을 학습하고 문제를 해결할 때처럼, 정보를 신속하게 처리하는 능력으로 나타나는 인지적 융통성

직업적 적응 차원에서 보자면, 일과 관련된 문제들을 해결하는 데 익숙함(결정 지능)은 유동 지능보다 더 중요할 수 있다. 일하면서 쌓은 경험은 전문 용어나 지식을 향상시킨다. 사람들은 항상 해 오던 방법이 실패할 경우 유동 지능에 의지하게 되는데, 경험은 유동 지능보다 더 유용할 수 있다.

성격과 사회적 발달

좋은 소식부터 시작하자. 연구에 따르면, 청소년기에서 중년으로, 그리고 후기 성인기로 진행하면서 사람들은 심리적으로 더 건강해지는 경향이 있다고 한다. 사람들은 더욱 양심적이 되고, 정서적으로도 더욱 안정되며, 부정적 정서는 줄고 긍정적 정서와 행복감은 늘어난다(Rettner, 2010; Soto et al., 2011; Stone et al., 2010; Urry & Gross, 2010). 심리적 적응의 또 다른 중요한 지표인 자존감 역시 인생 말년에 저하되기 전까지는 성인기 내내 지속적으로 상

OJO Images/SuperStock

친밀한 관계 형성 에릭 에릭슨에 따르면, 친밀한 관계를 형성하는 것은 초기 성인기의 주요 과제이다. 초기 성인기에 해당하는 '삶의 위기'를 그는 친밀감 대 고립으로 정의하였다.

승하는 경향이 있다(Orth et al., 2010; Shaw, Liang, & Krause, 2010). 캘리포니아에서 236명의 참가자들을 청소년기부터 향후 50년간 추적 관찰한 다른 연구자들은 이들이 세월이 경과함에 따라 일반적으로 생산성도 높아지고, 대인관계도 향상되는 것을 발견했다(Jones & Meredith, 2000). 물론 개인차는 있지만, 많은 사람들, 심지어 격동의 청소년기를 보낸 이들조차도 62세가 되었을 때는 반세기 전보다 심리적 건강이 급격히 향상되었다.

이제 초기와 중기 성인기에 걸친 심리적 발달에 대해 이론가들이 이야기한 주요 주제들에 대해 살펴보자.

자신의 길을 개척하기 : 초기 성인기의 과제

많은 이론가들은 초기 성인기를 한 개인이 사회의 독립된 일원으로 자리매김을 하는 시기로 여긴다. 20대에 많은 사람들은 야심에 불타오른다. 성인기의 발달적 변화에 대한 저명한 비평가이자 언론인 게일 쉬이(Sheehy, 1976)는 20대를 커리어를 개척하기 위해 일하는 것을 포함, 인생을 개척하려고 노력하는 시기인 **애쓰는 20대**(trying twenties)로 명명했다. 성인의 역할에 뿌리를 내리는 경험은 종종 고된 일이다. 또한 많은 젊은이들은 이론가 대니얼 레빈슨과 동료들(Levinson et al., 1978)이 말한 '**꿈**(the dream)', 즉 누군가가 '되고자' 하는 욕구, 역사에 발자취를 남기고 싶은 욕구를 가지게 된다. 이는 삶에서 잠정적인 청사진 역할을 한다. 레빈슨 연구의 한 가지 한계점은 연구 대상이 모두 남자였다는 것이다. 꿈을 가지는 것은 어느 성에 국한된 것이 아니라는 말을 덧붙여야겠다.

애쓰는 20대 : 흔히 직업적 진전에 몰두하는 시기인 20대를 지칭하기 위해 쉬이가 만든 용어

꿈 : 중요한 사람이 되고, 역사에 발자취를 남기고 싶은 젊은이들의 강한 욕구를 일컫는 레빈슨의 용어

친밀감 대 고립 에릭슨(Erikson, 1963)은 친밀한 관계의 형성을 초기 성인기의 중심이라고 보고, 젊은 성인들이 당면한 주요 정체성 과제를 **친밀감 대 고립**(intimacy vs. isolation) 간의 대결이라고 보았다. 청소년기 동안 견고한 정체성을 다져 온 젊은 성인들은 자신의 정체성을 변치 않는 우정과 결혼을 통해 타인들과 '융합'시킬 준비가 되어 있다. 친밀한 관계를 발전시키기 위해 노력하지 않는 사람들은 고립과 외로움에 빠질 위험에 처한다.

에릭슨은 우리가 자아 정체성을 획득하기 전, 즉 안정적인 인생 역할을 확립하기 전에는 타인에게 전념할 수 없을지 모른다고 경고했다. 에릭슨에게 자아 정체성의 획득은 청소년기의 중심 과제이다. 개인적으로 안정이 부족한 것은 10대 결혼의 높은 이혼율과 연관이 있다.

친밀감 대 고립 : 에릭슨이 정의한 초기 성인기의 삶의 위기. 지속적인 친밀한 관계를 발전시키는 과제가 특징이다.

성격 발달과 성 서양 문화권의 많은 남성들은 분리와 **개별화**(individuation)를 초기 성인기 성격 발달의 주요 목표로 생각한다(Guisinger & Blatt, 1994). 그러나 많은 여성들의 경우 밀접한 관계의 형성과 유지가 더 우선적이다(Gilligan, Lyons, & Hammer, 1990; Gilligan, Rogers, & Tolman, 1991). 심리학자 캐롤 길리건(Gilligan, 1982)은 유명한 그의 저서 다른 목소리로(*In a Different Voice*)에서 여성들은 남들에게서 돌봄을 받는 것에서 남들을 돌봐주는 것으로 옮겨 가는 경향이 있다고 지적했다. 성인이 됨에 있어서 남성들은 남들에게서 제약을 받는 것에서 자율성(autonomy), 그리고 아마도 다른 사람을 통제하는 것으로 이행하는 경향이 더 높다.

그러나 과도한 일반화는 금물이다. 남성들과 마찬가지로 여성들도 20대를 거쳐 가면서 점점 더 자신의 삶을 스스로 통제할 수 있기를 원한다. 비록 여성과 남성의 성인 발달 사이에 전반적인 차이는 있을지라도, 많은 여성들, 특히 대학 교육을 받은 여성들은 개별화와 자율성이라는 측면에서 자신의 정체성을 발달시켜 나간다.

개별화 : 타인으로부터 분리되고 자신의 행동에 대한 통제를 늘려 가는 과정

30세 전환기 레빈슨은 28~33세 사이를 **30세 전환기**(age-30 transition)라고 불렀다. 남성과 여성 모두에게 20대 후반과 30대 초반은 주로 "내 삶은 어디로 가고 있는가", "나는 왜 이 일을 하고 있는가?" 등 재평가가 이루어지는 시점이다. 이렇게 지나온 삶을 돌아보고 삶의 방향을 재평가하는 경향 때문에 쉬이(Sheehy, 1976)는 이 시기를 **난감한 30대**(catch thirties)라고 불렀다. 우리는 30대가 되면 20대의 생활스타일이 예상만큼 편하게 들어맞지 않는다고 흔히 느끼게 된다.

▮ **30세 전환기** : 20대에 세웠던 목표나 가치관을 재점검하는 것이 특징인 28~33세를 일컫는 레빈슨의 용어

▮ **난감한 30대** : 많은 사람들이 성취와 목표를 재점검하는 30대를 일컫는 쉬이의 용어

30대가 되어 환상이 깨지는 것에 대해 쉬이는 다음과 같이 말했다.

> 그것은 완성을 위해 20대의 대부분을 쏟아 온 삶의 조각들을 흩어버리는 것이다. 이는 새로운 목표를 향해 다른 방법을 시도해보거나, '대통령 선거에 출마하기'라는 꿈을 좀 더 현실적인 목표로 바꾸는 것을 의미할 수도 있다. 혼자인 사람들은 연인을 찾고자 하는 충동을 느낀다. 이전에는 가정에서 자녀 양육에 만족했던 여성이 사회로 나가려고 조바심을 낸다. 자녀가 없던 커플은 자녀를 가지는 것에 대해 재고한다. 그리고 이미 결혼한 사람들의 대부분은 … 불만감을 느낀다(Sheehy, 1976, p. 34).

Cultura/Getty Images

'난감한 30대' 많은 사람들에게 20대 후반과 30대 초반은 자신을 점검하고, 삶이 어떻게 진행되고 있는지에 대해 다시 한 번 생각하고, 인생 방향을 재평가하는 시기이다.

많은 심리학자들은 30대 후반은 정착하고 뿌리는 내리는 것이 특징이라고 한다. 많은 젊은 성인들이 가정에 경제적, 정서적 투자를 할 필요성을 느낀다. 이들의 관심사는 승진이나 재임, 커리어, 장기 대출 같은 것들로 집중된다.

초기 성인기의 발달 과제 발달심리학자 로버트 해비거스트(Havighurst, 1972)는 각 발달 단계에서 마무리 지어야 할 특정 '과제'가 있다고 믿었다. 그가 초기 성인기에 해당하는 발달 과제로 이야기한 것들은 다음과 같다.

1. 직업 구하기
2. 연인 만들고 사귀기
3. 배우자와 만족스럽게 사는 법 배우기
4. 가정을 가지고 부모가 되기
5. 가정 유지에 대한 책임지기
6. 사회적 책임지기
7. 마음 맞는 사회 집단 찾기

에릭슨과 해비거스트는 젊은이들은 당연히 결혼하고 가정을 가지고 싶어 한다고 생각하던 30년 전에 이런 이론들을 펼쳤다. 미국의 많은 젊은이들이 여전히 같은 목표를 가지고 있다. 그러나 오늘날에는 삶의 방식에 대한 선택이 점점 더 다양해지고 있다. 예를 들어, 20대 후반이나 30대가 될 때까지 결혼을 미루는 사람들도 많고, 평생 결혼을 하지 않는 사람들도 있다. 또 어떤 이들은 함께 살되 결혼은 하지 않는 것을 택한다.

자녀 : 가질 것인가 가지지 않을 것인가

옛날에는 결혼과 자녀는 동일시되었다. '어머니의 사명'에 따르면, 여성들은 적어도 2명의 자녀를 가지는 것이 관습적이었다. 출산 가능한 기혼 여성들은 대체로 그렇게 했다. 오늘날에는 다른 전통들과 마찬가지로 어머니의 사명 또한 재고되고 있다. 그 어느 때보다 사람들은 자신이 자녀를 가질 것인지를 선택할 권리가 있다고 생각한다.

나의 생활

자기 평가 : 자녀를 가져야 할까?

자녀를 가질 것인가라는 질문에 대해서는 잘 생각해보아야 한다. 아이들은 한 세대 (또는 평생) 동안의 사랑과 돌봄을 필요로 한다. 따라서 이 질문에 대해서는 간단하게 대답할 수 없으며, "자녀를 가지시오"라고 할 수 있는 점수를 내주는 표준화된 질문지도 없다. 대신 자녀를 가질 것인가, 또는 가지지 않을 것인가와 관련된 몇 가지 고려사항에 대해 검토해보기로 하자. 각 선택에 대해 연구자들은 여러 가지 고려사항을 내놓았다. 이 리스트 자체가 당신의 동기에 대한 통찰을 제공해줄 수도 있다. 또는 찬성과 반대의 빈칸에 직접 표시해보면서 어느 쪽이 더 많은지 점검해볼 수도 있다. 그렇지만 각 항목의 중요성이 동일하다거나, 총점으로 결정해야 한다고 이야기하는 것은 아니다. 당신이 판단해야 한다. 당신의 삶(그리고 당신 자녀의 삶)이고, 당신의 선택이다.

자녀를 가져야 하는 이유

자녀를 가져야 하는 이유가 아래 나와 있다. 당신에게 해당되는 항목에 표시하라.

______ 1. *개인적인 경험.* 자녀를 가진다는 것은 특별한 경험이다. 많은 이들에게 있어서 자녀를 사랑하고, 자녀로부터 사랑받고, 인생을 개척하도록 도와주고, 성장 과정을 지켜보는 일은 그 어느 것과도 비교할 수 없는 경험이다.

______ 2. *개인적인 즐거움.* 아이들과 놀거나, 동물원이나 서커스에 데려가고, 아이들의 순박하고 신선한 눈으로 세상을 보는 것은 재미있고 즐거운 일이다.

______ 3. *개인적 확장.* 자녀는 우리가 죽은 다음에도 우리의 유전학적 유산을 비롯, 우리의 꿈과 희망의 일부를 이어 간다. 우리는 자신이나 가족의 이름을 따라 아이 이름을 짓기도 하고 자녀를 우리 자신의 연장으로 본다. 그들이 성공하면 마치 우리 자신이 성공한 것과 마찬가지로 여기기도 한다.

______ 4. *관계.* 부모는 자녀와 매우 친밀한 관계를 형성할 기회를 가진다.

______ 5. *개인적 지위.* 우리 문화에서는 단지 부모라는 이유로 존경받기도 한다. "부모를 공경하라"는 십계명만 봐도 그렇다.

______ 6. *개인적 능력.* 부모라는 역할은 쉽지 않다. 직업이나 다른 사회적 역할에서는 그만큼 능력을 발휘하지 못하는 사람들의 경우, 부모라는 사회적 역할을 잘함으로써 만족감을 경험할 수 있다.

______ 7. *개인적 책임.* 자녀의 복지와 교육에 대해 책임질 기회를 가진다.

______ 8. *개인적 힘.* 어떤 이들은 자녀에게 행사하는 부모로서의 힘에서 만족감을 느낀다.

______ 9. *도덕적 가치.* 어떤 이들은 자녀를 가짐으로써 자신보다 타인(그들의 자녀)을 먼저 생각하는 도덕적이고 이타적인 행위를 할 기회를 가진다고 느낀다.

자녀를 가지지 말아야 하는 이유

자녀를 가지지 않는 이유로 많은 부부들이 언급하는 것들이 아래 나와 있다. 해당되는 항목에 표시하라.

______ 1. *자원에 대한 부담.* 전 세계에 이미 인구가 과잉상태이고, 한정된 자원에 추가적인 부담을 주는 것은 잘못된 일이다.

______ 2. *인구 과잉 상승.* 아이들이 더 태어난다면 인구 과잉 문제를 기하급수적으로 더 상승시킬 뿐이다.

______ 3. *의무가 아니라 선택.* 부모가 되는 것은 의무가 아니라 선택이 되어야 한다.

______ 4. *함께하는 시간.* 자녀가 없는 부부는 더 많은 시간을 함께 보낼 수 있고, 더 친밀한 관계를 성장시킬 수 있다.

______ 5. *자유.* 아이들은 휴가나 교육, 직업적 성장에 대한 계획에 방해가 될 수 있다. 자녀가 없는 부부는 가고 싶은 곳에 가고, 하고 싶은 것을 하는 등 더 제약 없이 살 수 있다.

______ 6. *다른 아이들.* 자원봉사 프로그램 등을 통해 자신의 자녀가 아닌 다른 아이들을 도와주는 것을 즐길 수 있다.

______ 7. *부부가 모두 커리어 추구.* 자녀가 없는 부부는 둘 다 장애물 없이 의미 있는 커리어를 추구할 수 있다.

______ 8. *경제적 안정.* 자녀는 경제적 부담이 될 수 있는데, 특히 대학 교육을 생각하면 그렇다.

______ 9. *지역사회 복지.* 자녀가 없는 부부는 도시 문제나 지역사회 조직에 더 자유롭게 참여할 수 있는 기회를 가진다.

______ 10. *어려움.* 부모가 된다는 것은 힘들다. 시간, 돈, 에너지의 희생을 요구하며, 모든 사람이 좋은 부모가 될 수 있는 것도 아니다.

______ 11. *번복할 수 없는 결정.* 일단 자녀를 가지고 나면 번복할 수 없다.

______ 12. *실패.* 어떤 사람들은 자신이 좋은 부모가 되지 못할까 봐 두려워한다.

______ 13. *위험.* 세상은 범죄와 테러 같은 것이 일어나는 위협적이고 위험한 곳이다. 그런 세상에는 아이가 태어나지 않는 것이 낫다.

적응과 현대인의 삶

컴퓨터 자판 몇 개만 두드리면 출산에 관한 조언을 얻을 수 있다

임신 중인데 시간은 자정이 넘었다. 배에 찌릿한 통증이 몇 번 느껴져 좀 걱정이 된다. 담당 산부인과 의사는 아마도 자고 있을 테고, 아직 출산예정일까지는 몇 주 남아 있기 때문에 응급실로 달려가고 싶지도 않다. 지금 당장, 확실한 의학적 정보를 얻을 수 있다면 안심이 될 것 같다.

인터넷에 연결만 되어 있다면, 컴퓨터 자판만 몇 번 두드려 도움을 얻을 수 있을지도 모른다. 오늘날 웹은 출산과 관련된 사이트들로 넘쳐난다. 인터넷 사용에 능숙한 예비산모들은 분만에 관한 정보를 찾아보거나, 출산교실을 찾거나, 다른 예비산모들과 채팅도 하고, 임산부를 위한 비타민부터 임산부 전용 운동복까지 모든 것을 쇼핑할 수 있다.

물론 웹에 있는 다른 모든 것들처럼, 쓸데없는 말이나 잘못된 정보들도 존재한다. 그래서 MSNBC가 최적의 인터넷 서핑을 위해 전문가들에게 물어보았다.

신뢰할 만한 의학적 조언을 위해서는 대학이나 인정받는 전문 조직과 연결된 사이트에 의지하는 것이 좋다고 Keystone Mercy Health Plan의 QI 책임자이자 필라델피아 주 펜실베이니아병원 산부인과 소속인 데이비드 투브(David Toub) 박사는 조언한다. 그중 하나인 Intelihealth 사이트는 Johns Hopkins Medical Institutions와 Aetna의 합작 벤처인데, 자체 전문가 정보도 제공하고 다른 신뢰할 만한 정보에 대한 링크도 제공한다고, 일리노이대학 부설 Provena Covenant Medical Center의 여성의학, 산부인과, 산모-태아 의학의 메디컬 디렉터인 파멜라 요더(Pamela Yoder) 박사는 말한다. 또 다른 방법은 Obgyn.net과 같이 인정받은 전문가들이 정보를 제공하는 사이트를 찾는 것이다. 이 사이트에는 임신, 출산, 수유와 같은 이슈들에 대한 채팅이나 포럼도 마련되어 있다.

켈리 섀넌(Kelly Shanahan) 박사는 자신이 임신했을 때 퉁퉁 부은 발목 같은 것에 대해 다른 임산부들과 이야기하기 위해 Obgyn.net에 있는 포럼을 종종 둘러보곤 했다. 캘리포니아 주 사우스 레이크 타호에 있는 Barton Memorial Hospital의 산부인과 과장이자 개인병원도 운영하고 있는 섀넌 박사는 "때로 같은 상황에 처한 사람들에게 속을 털어놓을 수 있다는 건 좋은 일이에요"라고 말한다.

그리고 출산 이후에는 섀넌 박사는 새로 아이를 낳은 산모들을 위한 채팅방에 자주 들르곤 했다. "내가 산부인과 전문의이긴 하지만, 일단 아기가 자궁 밖으로 나온 다음에는 어떻게 해야 하는지 도통 몰랐어요"라고 덧붙였다. "신생아를 어떻게 다루어야 하는지 다른 엄마들로부터 조언을 얻는 것이 정말 큰 도움이 되었어요."

임신과 아기를 돌보는 것에 대해 이야기를 나눌 수 있는 또 다른 좋은 사이트는 iVillage.com라고 섀넌 박사는 말한다. "이 사이트 역시 전문가에게 질문하고 답변을 들을 수 있는 코너를 제공해요"라고 했다. 게시판에는 아무나 어떤 글이라도 올릴 수 있다는 것을 기억해야 한다고 전문가들은 조언한다.

추천 웹사이트

The American College of Obstetricians and Gynecologists
http://www.acog.org
American College of Nurse-Midwives
http://www.midwife.org
Intelihealth
http://www.intelihealth.com
Obgyn.net
http://www.obgyn.net
iVillage.com
Childbirth.org
http://www.childbirth.org
Fitness Wear for Pregnant Women
http://www.fitmaternity.com/index.html
Birth and labor section of Babycenter.com
http://www.babycenter.com/birthandlabor

자녀를 가질 것인지 가지지 않을 것인지에 대한 선택은 매우 개인적인, 그리고 우리가 내리는 가장 중요한 결정들 중의 하나이다. 왼쪽 페이지에 있는 자기 평가를 통해 삶에 있어서 가장 개인적이고 중요한 결정에 대해 생각해보자.

권위 있는 부모가 되는 것 : 유능한 아이로 키우기

본 교재는 독자들이 삶에서 만나는 여러 난관들을 극복하는 데 필요한 능력을 향상시키고자 하였다. 우리는 자녀들이 그들의 삶에서 만나는 난관을 극복하도록 도와줄 수도 있다. 심리학자 다이애나 바움린드(Diana Baumrind)의 연구에 따르면, 우리는 자녀들에게 **도구적 능력**(instrumental competence)을 키워줄 수 있다고 한다. 도구적으로 유능한 아이들은 목표 달성

도구적 능력 : 원하는 결과를 얻기 위해 환경을 조절할 수 있는 능력

을 위해 그들이 처한 환경을 조절할 수 있다. 이들은 활기차고 친화적이다. 다른 아이들에 비해 자립적, 독립적이고, 성숙하게 목표 설정을 하고, 성취 동기가 있으며, 협력하고, 자기 주장도 하고, 탐색적 행동을 보여준다. 아이들이 도구적 능력을 발달시킬 수 있도록 도와주는 핵심 비결은 좋은 양육으로부터 시작한다.

부모의 양육 유형

능력은 어떻게 발달하는가? 바움린드(Baumrind, 1973, 1991a, b)는 부모 양육 유형과 능력 발달 간의 관계를 연구했다. 바움린드는 엄격함, 자녀에게 지적 · 정서적 · 사회적 성숙에 대한 요구, 의사소통 능력, 온정과 참여라는 양육 행동의 네 가지 측면에 주의를 기울였다. 그녀가 찾아낸 가장 중요한 부모 양육 유형 세 가지는 권위 있는 양육, 권위주의적 양육, 허용적 양육 유형이다.

▌**권위 있는** : 자녀들에게 성숙한 행동을 요구하고, 자녀들을 논리적으로 설득하고, 사랑과 격려를 제공하는 부모들에 대한 묘사

▌**권위주의적인** : 순종을 위한 순종을 요구하는 부모들에 대한 묘사

▌**허용적인** : 자녀들에게 요구도 하지 않고 통제도 하지 않는 부모들에 대한 묘사

1. 권위 있는 부모. 유능한 자녀를 둔 대부분의 부모들은 다음 네 가지 행동 모두에서 높은 점수를 얻는다(표 13.2 참조). 이들은 엄격하고(행동에 제약을 가하고) 자녀들에게 성숙한 행동을 요구한다. 그러나 이런 엄격함과 요구는 기꺼이 자녀들과 논리적으로 대화하려는 자세, 사랑과 지지와 함께 행해진다. 기대도 높지만, 왜 그런지에 대해서도 설명하고 도움도 제공한다. 바움린드는 이런 부모들이 자녀들에게 훌륭한 조언자이자 지지자일 뿐 아니라 자녀들을 사랑하고 존중한다는 것을 나타내기 위해 이들을 **권위 있는**(authoritative) 부모라고 불렀다.
2. 권위주의적인 부모. **권위주의적인**(authoritarian) 부모는 무조건적인 순종을 기대한다. 이들은 무엇이 옳고 그른지에 대한 엄격한 지침을 가지고 있고, 자녀들에게 이런 지침들을 충실히 지킬 것을 요구한다. 권위 있는 부모와 권위주의적인 부모는 둘 다 엄격하다. 그러나 권위 있는 부모는 그들의 요구에 대해 설명하고 지지도 제공하지만, 권위주의적인 부모는 강압에 의존하고 자녀와 의사소통이 원활하지 않다. 이들은 자녀의 견해를 존중하지 않으며, 차갑고 거부적이다. 자녀들이 왜 그래야 하냐고 질문하면 권위주의적인 부모들은 종종 "왜냐하면 내가 그러라고 하니까"라고 대답한다.
3. 허용적인 부모. **허용적인**(permissive) 부모는 자녀들에게 전반적으로 너그럽다. 그래서 자녀들은 하고 싶은 것은 뭐든지 거의 다 한다. 허용적인 부모는 따뜻하고 지지적이지만, 의사소통은 원활하지 않다.

바움린드는 권위 있는 양육이 가장 성공적인 양육 유형이라고 믿었다. 바움린드는 권위 있는 부모를 둔 아이들이 아동기와 청소년기에 더 좋은 결과를 보여준다는 것을 증거로 제시했다(Baumrind, 1991a, 1991b). 예를 들어, 다른 유형의 양육을 하는 부모를 둔 아이들보다 권위 있는 부모를 둔 아이들이 친구들 사이에서 인기도 더 많고, 자존감도 더 높고, 더 자립적이고 유능하다(Parke & Buriel, 1997). 권위주의적인 부모를 둔 아이들은 흔히 위축되어 있거나 공격적이고, 권위 있는 부모를 둔 아이들만큼 학교에서 잘 지내지 못한다. 가장 미성숙한 아이들은 허용적인 부모를 둔 아이들로 보인다. 이들은 충동적인 행동을 자주 하고, 기분 변화도 심하고, 공격적이다. 청소년기에 부모의 모니터링 부족은 청소년 비행과 낮은 학업적 성취와 관련이 있다.

논리와 따뜻함이 함께 제공되기만 한다면, 부모가 엄격한 것이 좋은 성과를 거두는 것으로 보인다. 권위 있는 부모가 가진 유연성과 완고함의 조합은 아이들이 타인을 존중하고 타인이

표 13.2 | 양육 유형

양육 유형	행동 제약	성숙한 행동에 대한 요구	의사소통 능력	따뜻함과 지지
권위 있는 양육	상 (논리 사용)	상	상	상
권위주의적인 양육	상 (강압)	중	하	하
허용적인 양육	하 (느슨함)	하	하	상

무엇을 필요로 하는지 인식하면서 동시에 독립적이고 자기 주장을 할 수 있도록 도와준다. 권위 있는 부모들처럼 부모가 사랑과 지지를 담아 따뜻하게 대한 아이들은 사회적으로 그리고 정서적으로 잘 적응하고, 도덕적 기준을 내면화, 즉 도덕적 나침반이나 양심을 발달시키게 된다(Parke & Buriel, 1997).

권위 있는 부모 되기

양육은 몇 개의 간단한 절차로 요약될 수 없는 여러 복잡한 행동들의 총체이다. 그러나 부모가 자녀의 유능함을 증진시키는 데 도움이 될 수 있는 몇 가지 방침은 알려줄 수 있다.

- **융통성을 가지되 한계를 정하라.** 자녀가 '마음대로 날뛰도록' 두지 말고, 강압이 아닌 논리를 사용하여 통제하라.
- **높으면서도 합리적인 기대치를 정하라.** 발달 단계를 고려할 때 자녀가 무엇을 할 수 있는지 파악하여 기대치를 조절하라. 어떤 과제를 어려워한다면, 어떻게 해야 하는지 먼저 보여주고 스스로 하려고 할 때 격려와 지도를 제공하라.
- **어떤 것을 요구할 때 설명을 곁들여라.** 강압이 아닌 논리를 사용하라. 어린아이들에게는 "그렇게 하면 다쳐" 또는 "엄마 아빠에게 중요한 걸 부수고 있구나"와 같이 간단한 설명이면 된다. 핵심은 자녀가 스스로 판단하고 행동을 결정할 때 이용할 수 있는 가치관을 발달시킬 수 있도록 돕는 것이다.
- **자녀의 의견에 귀 기울여라.** 아이들의 감정과 생각에 관심을 가지고 있다는 것을 보여주되, 규칙을 따르는 것이 왜 중요한지에 대해서도 설명하라.
- **따뜻하게 대하라.** 많이 안아주고 입맞춰주며 사랑과 배려를 자주 표현하라. 어떤 일을 해냈을 때 칭찬하라. 2살 아이라면 몇 분간 혼자 논 것처럼 작은 일이라도 칭찬받을 만하다.

양육 유형을 점검할 때는 문화적인 요소들을 고려해야 한다. 어떤 문화는 다른 유형들보다 권위주의적인 유형을 강조한다. 우리 사회에서도 위험하고 마약이 만연한 동네에 거주하는 것처럼 위험에 노출되어 있는 가난한 가정의 경우 권위주의적인 유형이 더 적응적일 수 있다. 이런 경우, 더 엄격하게 순종을 요구하고 제약을 가하는 것이 자녀를 외부 위협으로부터 보호하는 적응적 전략일 수 있는 것이다(Parke, 2004).

또한 양육 유형이 아이들의 발달에 영향을 주기도 하지만, 자녀의 행동 역시 부모가 그들과 어떤 관계를 맺는지에 영향을 주기도 한다는 것을 짚고 넘어가야 한다. 자녀와 부모 모두가 서로에게 영향을 준다는 것을 인정하고 부모-자녀 관계를 좀 더 넓은 시각으로 볼 필요가 있다(Kerr et al., 2003).

통달을 향해 : 중년의 과제 대면하기

생산성 대 정체 : 중기 성인기의 위기를 일컫는 에릭슨의 용어로, 생산성을 유지하고 젊은 세대를 위해 기여해야 하는 과제를 가지고 있다.

에릭슨(Erikson, 1963)은 중년의 위기를 **생산성 대 정체**(generativity vs. stagnation)로 묘사하였다. 생산성은 자신의 자식을 키우거나, 젊은 세대에게 가치관을 전수하고 조언을 제공하는 것과 같이 타인을 위한 일을 하는 등 아이들의 발달이나 사회가 좀 더 나아지는 데 기여하는 과정을 말한다. 연구 결과들에 따르면, 생산성은 중년에 최고치에 달하고, 더 큰 개인적 성취감을 얻을 수 있는 길이다(Peterson & Duncan, 2007; Zucker, Ostrove, & Stewart, 2002). 이와는 대조적으로, 정체는 시간을 생산적으로 활용하기 위해 애쓰기보다는 그냥 시간이 흘러가는 대로 방치하는 것이다. 즉 인생에서 앞으로 나아가는 대신 그저 현 상태를 유지하는 것을 의미한다.

중년기의 전환

중년기의 전환 : 40~45세 사이를 일컫는 레빈슨의 용어로, 지금까지 살아온 날들보다는 앞으로 얼마나 남았는지의 차원에서 우리 자신을 보게 되는 심리적 시각의 전환이 일어난다.

심리학자 레빈슨과 동료들(Levinson et al., 1978)은 40명의 남성들의 삶을 연구한 결과, **중년기의 전환**(midllife transition)은 대체로 40~45세에 일어난다는 것을 발견했다. 이 전환의 특징은 심리적 시각의 변화이다. 이전에는 남성들은 출생 이후 살아온 햇수로 자신의 나이를 생각했으나, 이제는 삶에서 남은 햇수로 자신의 나이를 생각하기 시작한다. 30대의 남성은 여전히 20대 애송이들에게 자신이 그저 몇 년 위 형이라고 생각한다. 그러나 40~45세가 되면, 질병, 이직, 친구나 부모의 사망, 아들에게 테니스 시합에서 지는 것과 같은 어떤 지표적 사건을 겪음으로 인해 자신들이 완전히 다른 세대라는 것을 실감하게 된다. 미래에 일어날 일보다 어느새 회상할 일들이 더욱 많게 느껴진다. 자신이 절대 대통령이나 이사회의 우두머리가 되지 못할 것이라는 것도 절감하게 된다. 다저스 팀에서 유격수가 되거나 히트 팀에서 포인트 가드가 될 수도 없을 것이다. 이들은 이제 자신의 젊은 시절이 지나간 것을 애도하고, 앞으로 점점 더 늙어 가고 종국에는 죽음을 맞이한다는 무서운 현실에 적응하기 시작한다.

연구 결과에 따르면 여성들은 중년기의 전환을 남성들보다 몇 년 더 빨리 맞이한다(Stewart & Ostrove, 1998). 쉬이(Sheehy, 1976)는 여성들이 남성들보다 약 5년 빠르게, 즉 40세가 아닌 35세 무렵에 중년기에 접어든다고 했다. 왜 그럴까? 무엇보다 큰 이유는 바로 생체 시계의 쇠퇴, 즉 임신하고 자녀를 출산할 수 있는 능력의 감퇴와 연관이 있다. 그러나 오늘날 많은 여성들은 40대에도 출산이 가능하므로, 우리는 이런 시간적 지표들에 대해 좀 더 융통성 있게 생각할 필요가 있다.

중년의 위기

중년의 위기 : 중년 전환기에 많은 사람들이 경험하는 위기로, 이미 인생의 절반이 지났음을 실감하고, 꿈을 얼마나 실현할 수 있을지에 대해 재평가하게 되는 시기이다.

레빈슨에 따르면, 중년기 전환은 **중년의 위기**(midlife crisis)를 촉발할 수도 있다. 앞으로도 10~20년이나 더 월 스트리트의 작은 사무실 공간에 갇혀 끊임없이 고객 창출을 해야 하는 중간 관리자급의 중년 비즈니스맨은 심한 우울증을 겪게 될지도 모른다. 10대 자녀를 둔 전업주부는 오전 8시에서 오후 4시까지는 텅텅 비는 집에서 마흔 번째 생일을 앞두고 인생이 다 끝난 것처럼 느낄 수도 있다. 둘 다 목표를 상실한 것 같고, 덫에 걸린 것처럼 느낀다. 어떤 이들은 자신이 여전히 매력적이라는 것을 스스로에게 증명하고자 하는 욕구로 인해 불륜 관계에 빠지기도 한다. 그렇다 하더라도 중년에는 반드시 위기를 겪는다기보다 예외적으로 그럴 수도 있다는 것이다. 중년의 위기가 보편적인 현상이라고 일반적으로 믿고 있지만, 이를 증명해줄 증거들은 없다(Lachman, 2004).

Steve Craft/Masterfile

중년의 위기? 많은 사람들이 중년의 위기는 피할 수 없는 것이라 여기지만, 많은 연구 결과들은 중년기의 심각한 위기가 필연적이기보다는 예외적인 것임을 보여준다.

통달을 향해

쉬이(Sheehy, 1995)는 레빈슨보다 훨씬 더 낙관적이다. 쉬이는 45~65세까지를 '통달의 연령'이라고 불렀다. 그녀가 많은 사람들을 만나본 바에 따르면, 많은 미국인들은 이 기간을 쇠퇴의 시기로 보기보다는 새롭게 방향을 설정하고 새로운 것을 이룰 수 있는 기회가 제공되는 시기로 본다는 것을 발견했다. 많은 사람들은 이 시기 동안 가장 생산적이다. 쉬이는 45~55세 사이의 사람들에게 가장 중요한 과제는 '두 번째 성인기'를 어떻게 보낼 것인지 결정하는 것이라고 믿었다. 50세라면 앞으로 건강하게 살 수 있는 30~40년이 남아 있는 것이다. 남성과 여성 모두 의미 있는 목표를 설정하고 전력을 다해 추구한다면 큰 성공과 기쁨을 누릴 수 있다고 쉬이는 믿었다.

제2의 청소년기

사람들은 자신이 어떤 사람인지 정의하고 목표를 정해야 한다. 쉬이는 새로운 정체성이나 삶의 새 목표를 찾는 일종의 중간 궤도 수정이 일어나는 탐색의 시기를 묘사하기 위해 **제2의 청소년기**(middlescence)라는 용어를 만들었다. 여성들은 종종 제2의 청소년기를 거치며 40대와 50대에 새로워진 자기 의식을 경험한다(Sheehy, 1995). 50대 초반의 많은 여성들은 남성들이 처음 경험하는 두려움과 불확실성으로부터 이미 벗어나기 시작한다. 예를 들어, 40대 초반의 여성들은 30대 초반의 여성들보다 더 자신감이 있고, 지역사회에서 영향력을 발휘하고, 안정감과 소속감을 느끼고, 생산적이고 효율적이며 영향력이 있다고 느끼고, 가족 외의 일에도 관심을 확장하기 쉽다.

▮ **제2의 청소년기** : 중기 성인기에 일어나는 정체성 탐색을 일컫는 쉬이의 용어

빈 둥지 증후군

심리학자들은 **빈 둥지 증후군**(empty-nest syndrome)이라 불리는 개념을 매우 강조했다. 이 개념은 주로 여성들에게 적용되었다. 여성들은 자녀가 모두 대학교로 떠나거나, 결혼을 하거나, 어떤 식으로든 집을 떠나게 되면 매우 깊은 상실감을 경험하는 것으로 여겨졌다. 이 상실감은 전업주부가 가장 강하게 경험하는 것으로 받아들여졌다. 연구 결과는 좀 더 낙관적인 그림을 그려준다. 물론 자녀가 집을 떠나면 상실감을 경험할 수 있고, 이 상실감은 부모 모두에게 적용된다. 부모들은 다년간의 상호 의존 이후 자녀들을 놓아주기가 어려울 수 있다. 그러나 많은 어머니들은 일단 자녀들이 집을 떠나고 나면, 마음에 여유가 생기고 자신감이 증가하며 안정감을 느끼게 되는 등의 개인적 변화와 부부 만족도의 증가를 보고한다(Stewart & Ostrove, 1998).

▮ **빈 둥지 증후군** : 자녀들이 모두 집을 떠나 독립한 후 일부 부모들이 경험하는 우울감과 목표를 상실한 것 같은 느낌

어머니뿐만 아니라 아버지를 포함한 많은 부모들은 자녀들을 다 키우고 난 이후의 시간은 부부가 새로운 관계를 맺는 시간이 된다고 보고한다(Gorchoff, John, & Helson, 2008). 비록 빈 둥지에 남겨진 부모가 자녀를 그리워할 수는 있지만, 이들의 상실감은 더 많은 자유를 만끽하고 자신의 관심사를 추구할 수 있다는 것으로 상쇄된다. 한편, 힘겨운 취업시장과 높은 주거비용으로 인해 성인 자녀들이 집으로 돌아오거나 애당초 집을 떠나지 않음으로 인해 빈 둥지가 다시 채워지기도 한다(Buss, 2005).

모듈 복습

복습하기

(9) 청소년기와 온전한 성인기를 연결하는 시기는 ______(으)로 불린다.
(10) 이런 발달의 시기는 (부유한, 가난한?) 사회에 존재한다.
(11) 월경의 중단은 ______(이)라 불리며, 대체로 40대 후반이나 50대 초반에 일어난다.
(12) ______ 호르몬의 감소는 핫 플래시, 불안과 우울감을 동반할 수 있다.
(13) 사람들은 고령에도 (언어적 능력, 속도와 시공간 기술을 요하는 과제에서의 수행?)을 유지하는 경향이 있다.
(14) ______ 지능은 어휘나 일반 상식과 같이 삶에서 축적되는 지적 성취를 일컫는다.
(15) ______ 지능은 새로운 문제를 해결하는 능력과 같은 지적 융통성을 수반한다.
(16) ______(이)라는 용어는 커리어를 확립해 나가고 사회에서 좀 더 독립적인 역할을 맡는 초기 성인기를 지칭한다.
(17) 에릭슨은 초기 성인기의 주요 정체성 과제를 ______ 대 고립으로 규정했다.
(18) 레빈슨에 따르면, 중년 전환기는 덫에 걸린 것 같고 목표를 상실한 것 같은 느낌이 주로 나타나는 ______을/를 촉발할 수 있다.
(19) 쉬이는 중년기를 새로운 방향과 성취의 기회로 보았으며, 이를 '______의 연령'이라 했다.

생각해보기

연장된 청소년기와 성인 진입기라는 개념 사이에 차이가 있는가?

모듈 13.3 후기 성인기

- 후기 성인기에는 신체적 발달 측면에서 어떤 변화가 일어나는가?
- 후기 성인기에는 인지적 발달 측면에서 어떤 변화가 일어나는가?
- 알츠하이머병은 무엇인가?
- 기대 수명에 있어서 성별과 인종에 따른 차이는 무엇인가?
- 후기 성인기에는 인지적 발달 측면에서 어떤 변화가 일어나는가?
- 죽음과 죽어 가는 것의 심리에 대해 어떤 것들을 알고 있는가?

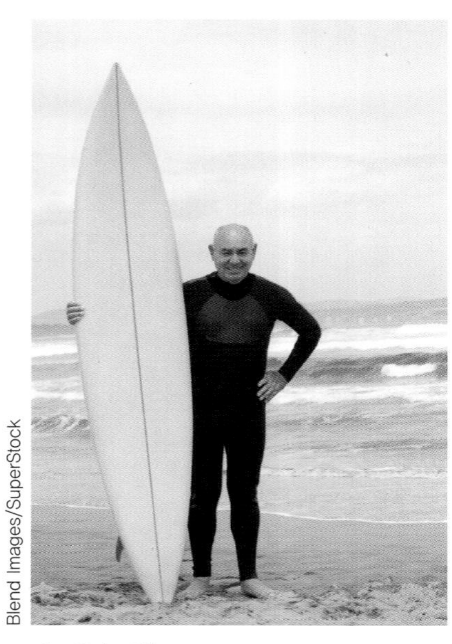

Blend Images/SuperStock

새로운 '노인' 그 어느 때보다 사람들은 오래 산다. 건강하게 오래 살기 위해 어떻게 하면 될까?

연령의 지각 변동이 오고 있다는 것을 아는가? 의학이 발전하고 식단과 운동의 중요성에 대한 인식이 증진되면서 65세 이상의 인구가 늘어나고 있다(그림 13.4 참조). 역사상 그 어느 때보다 65세 이상의 인구가 늘어난 고령화 사회에 우리가 살고 있는 것이다(그림 13.4 참조). 1900년에는 30명 중 1명만이 65세 이상이었다. 오늘날에는 8명 중 1명이 65세 이상인데, 2030년이 되면 5명 중 1명이 65세 이상이 될 것으로 추정된다(Vitiello, 2009). 평균 기대수명은 계속 증가하여, 이제 여성의 경우 대략 80세, 남성의 경우 대략 75세가 되었다(Arias, 2010)(Centers for Disease Control, 2009b). 오늘날 건강한 65세 남녀라면, 남성의 경우 적어도 85세까지, 여성의 경우 88세까지 살 확률이 50%이다(표 13.3 참조).

여러분도 운이 좋아 노인의 반열에 오를 만큼 오래 살 경우 어떤 변화들이 일어날지 한번 살펴보기로 하자.

표 13.3 ▮ 건강과 장수

	생존 확률 50%	생존 확률 25%
건강한 65세 남성	85세	92세
건강한 65세 여성	88세	94세

출처 : Carnahan, 2005에서 발췌.

신체적 발달

후기 성인기(late adulthood)에 진입하면서 여러 신체적 변화들이 일어나며, 그중 일부는 별로 달갑지 않은 변화들이다. 피부는 탄력을 잃고 주름이 늘어난다. 머리카락 색을 결정짓는 색소인 멜라닌(melanin)이 감소하면서 머리카락도 회색으로 변한다. 나이가 들면서 특히 남성들의 경우 탈모도 빨리 진행된다. 신경계에서 일어나는 노화로 인해 자극에 반응하기까지 걸리는 **반응시간**(reaction time)이 증가한다(Der & Deary, 2006; Tun & Lachman, 2008). 예를 들어, 고령의 운전자들은 신호등이나 다른 차, 도로 사정의 변화에 반응하는 데 더 긴 시간을 필요로 한다. 나이 많은 사람들은 빨리 움직이는 농구공이나 축구공을 잡을 수 없다. 나이가 들면서 면역 체계 또한 효율성이 저하되어, 암과 같은 질병에 걸리기 더 쉬워진다. 장기도 쇠퇴한다. 이러한 변화들의 종착역은 죽음이다.

▮ **후기 성인기** : 65세가량부터 시작하는 인생의 마지막 단계

▮ **반응시간** : 자극에 반응하기까지 걸리는 시간

감각의 변화

감각 또한 영향을 받는다. 나이 많은 사람들의 시각과 청각은 상대적으로 둔하다. 후각과 미각의 저하로, 음식의 간을 맞추기 위해 더 많은 양념을 사용하기도 한다. 시각의 노화는 대체

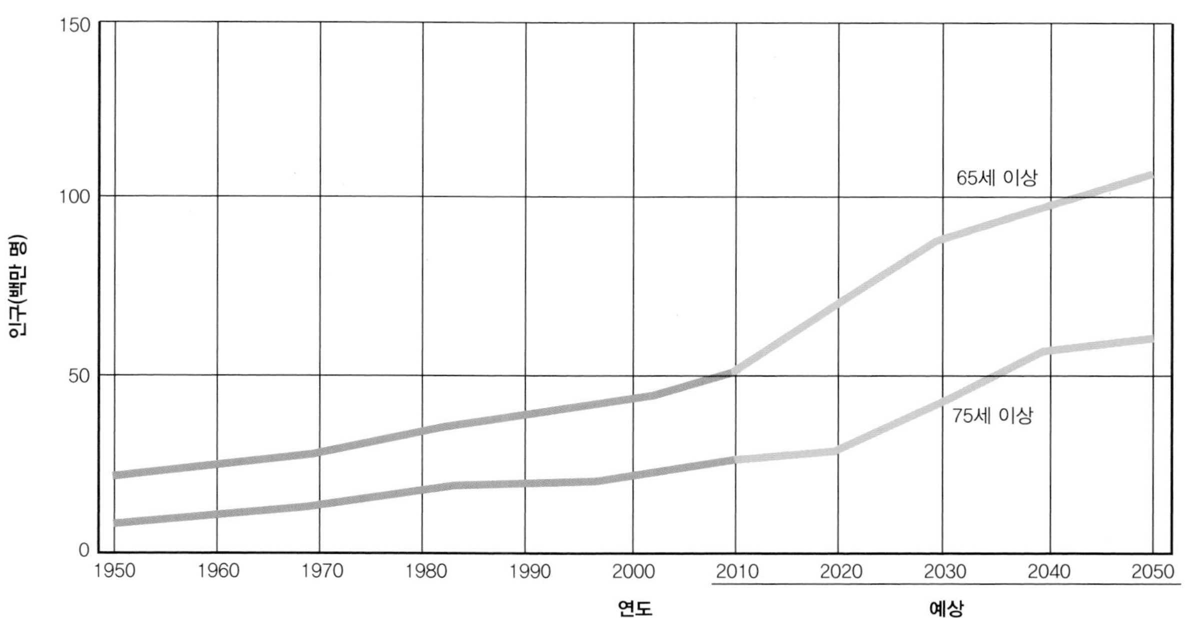

그림 13.4

미국 노령층 인구 성장 65세 이상 미국인의 증가와 함께 미국의 인구는 계속 증가할 것으로 예상된다.

출처 : Centers for Disease Control and Prevention, National Center of Health Statistics, Health, United States, 2007, Figure 1 Data from the U.S. Census Bureau.

"좋은 소식이 있어요, 여보 - 70세는 이제 50세나 마찬가지야"

Cartoon Bank

로 30대 중반부터 시작된다. 수정체의 유연성이 저하되어 작은 글씨나 가까운 물체에 초점을 맞추는 능력이 저하된다(그래서 나이가 들면 돋보기가 필요하다). 눈에 일어나는 노화는 백내장과 녹내장 같은 문제를 일으키기도 한다. 백내장은 수정체를 탁하게 하여 망막에 빛이 집중되는 것에 문제를 초래하고, 이로 인해 시야가 뿌옇게 보이고 실명할 수도 있다. 녹내장은 안구의 압력이 증가하여 발생하는데, 안구를 딱딱해지게 하고 터널 비전(주변 시야의 손실)을 가져온다. 이런 증상들은 약물 처방이나 수술로 관리한다. 나이가 들면서 청각도 저하되는데, 이는 여성보다 남성에게 더 빨리 일어난다. 보청기는 소리를 증폭시켜주는데, 흔히 좀 더 심한 청력 손실이 있을 때 도움이 된다.

폐활량, 근육량, 대사량의 변화

나이가 들면서 폐의 벽이 경직되어, 젊었을 때만큼 재빨리 확장되지 않는다. 20세에 비해 70세가 되면 폐활량이 약 40%가량 감소한다. 그러나 규칙적인 운동으로 이런 저하의 많은 부분을 막을 수 있다.

몸의 구성 자체도 변한다. 나이가 들면서, 특히 45세 이후에 근육 세포의 손실이 일어난다. 지방이 근육을 대체하는 것이다. 결과적으로 몸의 모양이 달라지고 근육 강도가 감소한다. 그러나 운동을 통해 남아 있는 근육의 크기를 증가시켜 이러한 손실의 상당 부분을 보상할 수 있다.

나이가 들면서 대사율(몸이 열량을 태우는 속도)이 감소하는데, 주요 이유는 근육 조직의 손실과 이에 상응하는 지방의 증가이다. 근육은 지방에 비해 더 많은 열량을 태우는데, 이는 다시 말해 대사율이 빠르다는 것이다. 또한 나이가 들면서 몸무게를 유지하는 데 필요한 열량도 감소하며, 여분의 열량은 지방으로 축적되게 된다. 따라서 나이가 들어서도 젊었을 때와 같은 양을 먹는다면 몸무게가 늘어나기 쉽다. 규칙적인 운동은 젊은 사람이나 나이 많은 사람 모두 건강한 체중을 유지하는 데 도움을 준다. 운동은 열량을 태울 뿐만 아니라 근육을 만들고, 근육은 지방보다 더 효율적으로 열량을 소모한다. 나이가 들면 심혈관계도 효율성이 떨어진다. 심장이 내보내는 피의 양이 감소하고, 혈관이 순환시키는 피의 양도 감소하여, 이는 성적 기능에도 영향을 준다.

골밀도의 변화

뼈는 주로 칼슘으로 구성되어 있는데, 중년 초기가 되면 밀도가 감소하기 시작하여, 골다공증으로 흔히 이어진다. 골다공증은 말 그대로 '구멍 난 뼈'라는 뜻인데, 즉 뼈가 밀도를 유지하지 못하고 작은 구멍들이 생긴다는 것이다. 결과적으로 골절의 위험이 증가한다. 골다공증의 위험은 여성들에게 더 높은데, 이는 보통 남성들의 경우 애초에 여성들보다 높은 골 질량으로 시작하기 때문에 골다공증에 대해 어느 정도 보호 요인이 되는 것이다. 여성의 뼈 소실은 갱년기의 낮은 에스트로겐 수준과도 연관이 있다(Marwick, 2000). 뼈가 쉽게 부서지고, 일부 여성들에게 척추가 굽는 증상('꼬부랑 할머니')이 나타나기도 한다. 골다공증은 장애를 가져올 수 있고, 심지어 생명에 위협이 될 수도 있다. 뼈가 부서지기 쉬우면 심각한 골절, 특히 골반 골절이 일어날 위험이 증가하며, 많은 나이 많은 여성들의 경우 완전한 회복이 불가능하다.

표 13.4 ▮ 노화에 따른 성적 반응의 변화

여성에게 일어나는 변화	남성에게 일어나는 변화
성관계에 대한 관심 저하	성관계에 대한 관심 저하
성기로 가는 혈류 저하	성기로 가는 혈류 저하
질 건조 증가	발기와 성적 쾌감을 얻기 위해 걸리는 시간 증가
질 벽의 탄력성 저하	발기를 위해 직접적 자극(접촉)의 필요성 증가
유방 크기 증가의 감소	발기의 단단함 저하
성적 쾌감의 강도 저하	사정 저하 성적 쾌감의 강도 저하 다시 발기하는 데 필요한 시간 증가

Kevin Mazur/WireImage/Getty Images

늙었어요? 누구? 저요? 나이가 들어서도 록 스타의 인기가 지속되면서 세대 간 격차를 유명무실하게 만들었다. 노화가 신체적 진행과정을 담고 있기는 하지만, 청년과 중년의 경계, 중년과 노년의 경계에 대한 사회적 관념은 시간이 가면서 변해 왔다.

성적 기능의 변화

18세 대학생이 중년의 부모에게 농담 삼아 백지만 가득한 중년의 성이라는 제목의 책을 선물했다. 학생은 웃었지만, 딸이 뭘 모른다고 생각한 부모는 점잖게 미소를 지었다. 성관계는 젊은이들만이 즐기는 것이라는 편견에도 불구하고, 많은 중년의 성인들이 만족스럽고 풍족한 성생활을 즐기는 것으로 보고되었다(Duplassie & Daniluk, 2007; Vares et al., 2007). 비록 노화와 함께 빈도는 감소하는 경향이 있지만, 나이 든 사람들 중 많은 이들이 지속적으로 활발한 성생활을 즐긴다(Hyde et al., 2010; Reece et al., 2010; Schick et al., 2010). 물론 나이가 들어감에 따라 성적 기능에 영향을 주는 중요한 변화들이 일어난다(표 13.4 참조).

기본적으로, 신체 건강한 사람들은 기대치 수정 등 약간의 조정을 한다면 평생에 걸쳐 성적 경험을 즐길 수 있다. 나이가 들면 남녀 모두 성에 대한 관심이 줄어드는데, 이는 남녀 모두에게서 일어나는 테스토스테론의 감소와 관련이 있는 것으로 보인다(그렇다, 앞에서 말한 바와 같이 여성들도 자연적으로 테스토스테론을 생성한다).

예를 들어, 나이 든 남성의 경우 발기하기까지 더 오랜 시간이 걸리고, 발기 후 강도 역시 덜하다. 이제 상상만으로는 부족하고, 많은 직접적 자극이 필요할 수 있다. 많은 남성들, 대략 절반가량의 남성들은 중년기와 노년기에 때때로 발기 부전을 경험한다. 또한 성적 쾌감의 절정에 도달하기까지 대체로 더 많은 시간을 필요로 한다. 커플들은 전희의 다양성과 시간을 늘림으로써 이런 변화에 적응할 수 있다. 여성들은 나이가 들어가면서 대체로 질이 건조해지지만, 인공 윤활제를 사용하면 충분히 성관계를 가질 수 있다. 신체적 측면, 즉 성기 근육 수축의 강도와 횟수로 본다면 성적 쾌감의 절정도 더 약해진다. 그러나 신체적 잣대만으로 즐거움을 측정할 수는 없다. 나이 든 남성도 젊었을 때와 마찬가지로 성적 쾌감을 즐길 수 있다. 지속적인 성적 활동을 즐기는 데는 개인의 태도와 기대가 결정적인 역할을 한다.

요약하자면, 후기 성인기라고 해서 성생활이 중단될 필요는 없다. 기대치와 커플 간에 서로 조정하려는 태도가 성적 만족에 있어 결정적 요인이다.

Nick Daly/Getty Images

노화와 성 건강한 신체를 가진 사람들은 평생에 걸쳐 활발한 성생활을 할 수 있다. 성적 관심이나 활동을 유지하는 노인이 이상하다는 생각은 나이와 관련된 일종의 편견이다.

인지 발달

나이가 들어가면서 기억과 관련된 문제들을 종종 경험한다. 사람들의 이름을 기억하거나 속

자기 평가 : 당신은 노화에 대해 어떻게 생각하는가?

후기 성인기에 대한 당신의 생각은 무엇인가? 나이 든 사람들은 젊은이들과 비교하여 행동 패턴이나 견해가 근본적으로 다르다고 생각하는가, 아니면 단지 몇 년 더 성숙할 뿐이라고 생각하는가?

노화에 대한 당신의 생각이 옳은지 평가하기 위해 다음 문장에 대해 예/아니요에 표시하라. 그다음에 이 장 마지막에 있는 답과 비교해보라.

예 아니요 1. 60세가 되면 대부분의 커플들은 만족스러운 성적 관계를 맺을 능력을 상실한다.
예 아니요 2. 나이 든 사람들은 하루라도 빨리 은퇴하고 싶어 한다.
예 아니요 3. 나이가 들면서 사람들은 외부에 더 신경을 쓰고 자신에게는 신경을 덜 쓴다.
예 아니요 4. 나이가 들면서 사람들은 변화하는 환경에 충분히 적응할 수 있는 능력이 줄어든다.
예 아니요 5. 삶에 대한 전반적인 만족도는 나이가 들면서 저하된다.
예 아니요 6. 나이가 들면서 사람들은 서로 유사해진다. 즉 모든 노인은 여러 측면에서 서로 비슷해지는 경향이 있다.
예 아니요 7. 나이 든 사람에게는 안정적이고 친밀한 관계를 가지는 것이 더 이상 많이 중요하지 않다.
예 아니요 8. 노인들은 청년이나 중년에 비해 다양한 심리적 장애에 더 취약하다.
예 아니요 9. 대부분의 나이 든 사람들은 우울해하는 시간이 많다.
예 아니요 10. 연령의 증가에 따라 교회 출석률도 증가한다.
예 아니요 11. 나이 든 근로자의 직업적 수행은 젊은 성인보다 대체로 덜 효율적이다.
예 아니요 12. 대부분의 나이 든 사람들은 새로운 기술을 배울 수 없다.

셈을 해야 할 때 어려움을 겪을 수 있다(Bopp & Verhaeghen, 2010; Peters et al., 2007). 또한 그림 맞추기 퍼즐과 같이 유동적 지능을 필요로 하는 문제를 해결할 때 더 큰 어려움을 경험할 수도 있다. 그러나 어휘 또는 알고 있는 지식이나 정보를 적용하는 능력을 포함하여 결정적 지능을 사용하는 과제에서의 수행은 나이가 들어서도 비교적 그대로 유지되는 경향이 있다. 다행스럽게도, 직장 업무 대부분은 축적된 지식을 적용해야 하는 과제들처럼 결정적 지능을 사용한다(Volz, 2000). 정신적 능력에 있어서 노화에 따른 변화는 기억 훈련 프로그램과 기타 인지적 기술 및 체력 단련 훈련 등을 통해 어느 정도 완화될 수 있다(Kramer & Willis, 2002).

또 다른 인지적 능력인 창의력은 나이와 상관없다. 머스 커닝햄은 80세의 나이에 컴퓨터 기반의 디지털 이미지를 사용한 댄스를 안무했다. 한스 호프만의 작품 중 가장 생기가 넘치는 그림들 중 일부는 85세에 그려졌으며, 파블로 피카소는 90대에도 그림을 그렸다. 모지스 할머니는 78세에 그림 그리기를 시작해서 100세가 넘어서도 붓을 놓지 않았다. 주세페 베르디는 79세에 활기 넘치는 오페라 "팔스타프"를 썼다. 건축가 로이드 라이트는 89세에 뉴욕의 혁신적인 나선형 건축물인 구겐하임 미술관을 디자인했다! 별거 아니라고 치부할 수 없는 일들이다.

정신을 영민하게 유지하기 : 시애틀 종단 연구

심리학자 워너 샤이에와 동료들(Schaie, 1994)은 40년에 걸쳐 성인들의 인지 발달을 연구하여, 지적 기능을 유지하는 데 기여하는 요인들을 발견했다.

1. 전반적인 건강. 건강한 사람들은 후기 성인기까지 높은 수준의 지적 기능을 유지하는 경향이 있다. 따라서 식단에 신경을 쓰고, 운동, 정기 건강검진을 하는 것은 신체적 건강뿐 아니라 지적 기능에도 도움을 준다.
2. 사회경제적 지위(SES). 사회경제적 수준이 높은 사람들은 낮은 사람들보다 지적 기능을 잘 유지하는 경향이 있다. 또한, 높은 수준의 사회경제적 지위는 평균 이상의 소득과 교육 수준, 꾸준히 활기찬 커리어를 추구하는 것, 온전한 가정의 유지, 더 나은 건강과도 연관이 있다.
3. 활기찬 활동. 문화 행사, 여행, 전문적 조직에 참여, 광범위한 독서는 지적 기능에 도움을 준다.
4. 지적 기능이 높은 배우자와 결혼. 처음 결혼할 때 지적 기능이 낮았던 배우자는 시간이 지남에 따라 지적 기능이 향상되는 경향이 있다. 아마도 상대방에게서 지속적으로 자극을 받는 것으로 보인다.
5. 새로운 경험에 개방. 삶의 새로운 도전에 개방되어 있다는 것은 나이와 상관없이 분명 우리를 젊게 만든다.

알츠하이머병 : 긴 작별인사

알츠하이머병(Alzheimer's disease, AD)은 근본 원인을 알 수 없고 회복 불가능한 뇌 질환이며, 뇌의 여러 영역에서 뇌 세포가 죽음으로 인해 천천히 그러나 가차 없이 사람들에게서 정신적 능력을 빼앗아 간다(Gross, 2007). 이 병의 마지막 단계에 가면 말을 하거나 몸을 움직이는 능력을 잃게 되고 결국 죽음에 이르게 된다.

▮ **알츠하이머병** : 기억, 언어 사용, 판단, 문제 해결과 같은 정신적 과정의 점진적인 쇠퇴가 특징인 회복 불가능한 뇌 질환

500만 명 이상의 미국인들이 알츠하이머병으로 고통을 받으며, 알츠하이머병은 미국에서 성인 사망 원인 4위를 차지하게 되었다(Querfurth & LaFerla, 2010). 65세 이상에서는 8명 중 한 사람, 85세 이상에서는 10명 중 4명이 이 질환으로 고통받고 있다. 미국 인구가 계속 나이가 들어가면서, 2050년에 알츠하이머병의 유병률은 지금의 거의 4배, 즉 1,500만 명이 이 병에 걸릴 것으로 예상된다(Belluck, 2010; Wang, 2011). 젊은 사람들도 알츠하이머병에 걸릴 수 있기는 하지만 65세 이하에서는 드물다.

우리가 알츠하이머병을 인지 발달 부분에서 다루는 이유는 이 병의 특징이 기억이나 언어 사용, 판단, 문제 해결, 성격 변화 등과 같은 정신적 과정의 쇠퇴이기 때문이다. 병이 진행됨에 따라 사람들은 익숙한 얼굴도 알아보지 못하고 이들의 이름도 잊어버린다. 병이 가장 심각한 상태에 이르면, 알츠하이머병 환자들은 그야말로 아무것도 할 수 없게 된다. 의사소통을 하거나 걸을 수도 없고, 대소변 처리나 음식 섭취에도 도움을 필요로 한다. 보다 간헐적인 기억력의 손상(예를 들어, 안경을 어디에 두었는지 잊어버리는 것)은 정상적인 노화의 과정일 수 있다. 반면 알츠하이머병은 직업적, 사회적 기능을 심각하게 악화시킨다.

알츠하이머병은 정상적인 노화의 과정이 아니라 질환이다(Gatz, 2007). 환자나 환자를 돌보는 사람(주로 자기 자신도 노화에 따른 문제를 경험하고 있는 배우자)에게 입히는 타격은 막대하다. 천천히, 자신도 모르게 악화된다는 이 병의 특징 때문에 '끝이 없는 장례식'에 비유되기도 한다.

알츠하이머병의 원인은 아직 밝혀지지 않았으나, 유전과 불명확한 환경적 원인이 중요한 역할을 한다는 증거들이 있다(Bertram, Lill, & Tanzi, 2010; Hollingworth et al., 2011; Lane et al., 2010; Seshadri et al., 2010). 과학자들은 뇌의 찌꺼기와 꼬임의 형성에 관여하는 단백

질의 생성을 조절하는 유전자가 어떤 역할을 한다고 추정한다.

불행하게도, 이 병에 대한 효과적인 치료 방법은 없다(Sperling, Jack, & Aisen, 2011). 현재 사용 가능한 약물의 효능은 좋게 보더라도 미미한 수준이다. 과학자들은 더 강력하게 찌꺼기를 포착하고 공격하도록 면역 시스템을 자극할 백신 개발에 힘을 쏟고 있다. 그러나 아직은 실험 단계에 불과하다.

노화, 성, 그리고 민족 : 서로 다른 노화의 양상

일반적으로 미국인들이 더 오래, 더 나은 삶을 살고 있지만, 모두에게 똑같이 적용되는 것은 아니다. 예를 들어, 우리 사회에서 여성들이 더 오래 살기는 하지만, 나이 든 남자가 더 나은 삶을 사는 경향이 있다. 유럽계 미국인들이 라틴계 미국인이나 아프리카계 미국인, 원주민들에 비해 평균적으로 더 오래 산다(CDC, 2000e). 라틴계 미국인들의 기대 수명은 아프리카계 미국인과 유럽계 미국인들의 중간 정도이다. 아시아계 미국인들의 수명은 아프리카계 미국인들보다는 유럽계 미국인들의 수명과 유사하다. 미국 원주민들은 미국 내 주요 인종/민족 집단 중에 가장 낮은 평균 수명을 가지고 있다. 수명에 있어서 성차와 인종 차가 존재하지만, 차이가 좁혀지고 있다.

수명에 왜 성차가 나타나는가 미국 여성들은 남성들보다 평균 5년 정도 오래 산다. 왜 그럴까? 일단, 주요 사망 원인인 심장 질환이 남성보다 여성에게서 늦게 나타난다. 또한 남성들은 사고나 간경변, 뇌졸중, 자살, 타살, 에이즈, 암 때문에 죽을 확률이 더 높다. 이들 원인으로 인한 사망의 대부분은 과음이나 무모한 행동과 같이 남성들이 주로 행하는 건강하지 못한 습관의 결과이다. 또한 많은 남성들이 정기적인 건강 검진을 받으려 하지 않고, 의사에게 자신의 건강 문제를 이야기하기를 꺼린다.

비록 여성들이 남성들보다 오래 살기는 하지만, 행복하고 건강한 노년을 보낼 전망은 더 어둡다. 운이 좋아 70대 이상 생존하는 남성들은 동일 연령대의 여성들보다 혼자 살거나, 심각한 질병으로 고통받거나, 가난할 확률이 더 낮다. 나이 많은 여성들은 남편이 먼저 사망할 확률이 높기 때문에 혼자 살 확률이 높다. 나이 많은 여성들이 가난하기 쉬운 이유 중 하나는 현재 65세 또는 그 이상의 여성들의 경우 고소득 직종에 종사했을 확률도 낮고 풍족한 연금을 받을 확률도 낮기 때문이다.

© Jeff Greenberg/PhotoEdit

노화의 양상 유럽계 미국인들은 라틴계 미국인, 아프리카계 미국인, 미국 원주민들보다 오래 사는 경향이 있다. 인종을 통제할 경우, 여성들이 남성들보다 5년 정도 오래 사는 것으로 나온다. 이렇게 다른 노화의 양상을 어떻게 설명할 것인가?

인종이나 사회 계층의 역할은 무엇인가? 사회경제적 차이는 인종별 기대 수명의 차이에 중요한 역할을 한다. 우리 사회에서 소수민족 집단의 사람들은 가난할 확률이 높고, 가난한 사람들은 영양가 높은 식사를 할 확률은 낮고 스트레스는 많이 받으며, 양질의 의료 혜택을 받을 확률이 낮다. 최고 소득 집단과 최저 소득 집단의 기대 수명에는 7년이나 차이가 있다. 식단이나 생활 양식에서의 문화적 차이, 차별에서 오는 스트레스, 유전적 차이 같은 요인들도 민족 간 기대 수명의 차이에 일부 기여한다.

또한 유색 인종들은 보다 적극적으로 생명을 구할 수 있는 치료를 포함한 의료 서비스를 공평하게 누리지 못한다는 것도 고려해야 한다. 심장마비가 일어난 아프리카계 미국인들은 유럽계 미국인들에 비해 덜 적극적인 치료를 받는다는 증거들이 있다(Chen et al., 2001; Stolberg, 2001). 미국 의료 서비스에는 이중적인 기준이 있는데, 양질의 서비스를 모두 공평하게 받지 못한다는 것뿐만 아니라 의료인으로부터의 차별 또한 반영하고 있다.

성격과 사회적 발달

▮ **자아 통합 대 절망** : 육체적 쇠퇴에도 불구하고 정체성을 유지해야 하는 후기 성인기의 위기를 일컫는 에릭슨의 용어

에릭슨은 후기 성인기를 **자아 통합 대 절망**(ego integrity vs. despair)의 단계로 규정했다. 기본적인 과제는 죽음이라는 필연성 앞에서 그래도 삶은 의미 있고 가치 있다는 믿음을 유지하는 것이다. 자아 통합은 지혜에서 비롯되는데, 지혜는 삶의 의미, 자신의 욕구와 타인의 욕구 사이에서 균형을 잡는 것, 행동과 성취에서 탁월함을 추구하는 것에 대한 전문적 지식이라고 정의 내릴 수 있다. 또한 에릭슨은 인생이라는 것이 길고 긴 역사 속의 어느 한 부분이며, 결국 어느 시점이 되면 끝난다는 것을 사람들이 받아들이도록 지혜가 도와준다고 믿었다.

에릭슨의 견해를 확장한 로버트 펙(Peck, 1968)에 따르면, 사고와 태도에서 몇 가지 변화는 후기 성인기의 발달 과제에 적응하는 데 도움을 준다.

- 체력보다는 지혜에 더 큰 가치를 둔다.
- 성적 기교보다는 우정과 사회적 관계에 더 큰 가치를 둔다.[1]
- 변하는 가족 관계나 은퇴에 적응할 수 있는 정서적 유연성을 유지한다.
- 새로운 사회적 관계를 형성하고 새로운 레저 활동도 할 수 있는 정신적 유연성을 유지한다.
- 신체적 변화나 죽음이 다가오는 것에 몰입되지 않도록 다른 사람들에게 관심을 가지고 함께 살아간다.
- 직업의 세계에서 은퇴 후 활동으로 관심을 전환한다.

또한 해비거스트는 후기 성인기의 몇 가지 발달 과제를 나열했다.

- 신체적 변화에 적응하기
- 은퇴와 경제적 상황의 변화에 적응하기
- 만족스러운 생활 여건 마련하기
- 은퇴 후 배우자와 사는 법 배우기(예를 들어, 대부분의 시간을 집에서 보내는 배우자에게 적응하기)
- 배우자의 죽음에 적응하기
- 함께 나이 들어가는 동년배들과 새로운 관계 형성하기
- 유연한 사회적 역할 맡기

독립적으로 산다는 것

노인들은 일반적으로 타인에게 의지한다는 고정관념이 사실인지 알아보자. 65세 이상의 성인 중 아주 소수(약 5%)만이 양로원과 같은 장기 요양 시설에 산다(Hyer et al., 2005). 그러나 40% 이상의 노인들이 나중에는 이런 시설에서 적어도 일정 기간을 보낸다(Hyer et al., 2005). 건강이 대체로 좋고 독립적으로 사는 것이 중요하다고 믿는 사람들은 그렇지 않은 사람들보다 혼자 살 확률이 높다(Ford et al., 2000). 기후가 좋은 따뜻한 남쪽 지방으로 이사 가기보다는 대다수의 노인들이 고향에 남는다. 이사는 나이와 상관없이 스트레스를 주는 일이다. 대부분의 노인들은 익숙한 동네에 머무는 것을 선호한다.

흔히 노인들은 가난하게 살거나 자식들에게 의지하거나 정부 보조금에 의존하는 것으로

---

1 그러나 대부분의 사람들은 평생 성적 표현을 즐기고 있거나 즐기는 데 문제가 없으며, 우리는 노인들이 성에 관심이 없다는 편견에 빠지지 않도록 해야 한다(Rathus, Nevid, & Fichner-Rathus, 2011).

그려진다. 많은 노인들이 노년에도 편안한 삶을 살지만, 이런 편견 중 일부는 사실이다. 은퇴한 사람들은 주로 그동안 모아놓은 돈이나 연금, 정부 보조금 같은 고정 수입에 의존해 살아가고, 극빈 생활을 하는 이들도 많다.

은퇴

삶에 변화가 생긴다는 것은 스트레스를 야기하는 일이기는 하지만, 은퇴는 긍정적인 일이 될 수 있다. 많은 은퇴자들이 여가 생활을 즐긴다. 일부는 돈을 받고 일하든 자원봉사 차원이든 파트 타임 일을 계속한다. 만일 계속 자녀를 부양해야 한다면 은퇴를 미루기도 한다. 애칠리(Atchley, 1985)는 많은 노인들이 은퇴와 관련하여 6단계의 발달 단계를 거친다는 이론을 제시했다.

1. 은퇴 전 단계. 이 단계에서는 은퇴에 대한 긍정적, 부정적 환상을 모두 가지고 있다. 조기 퇴직 프로그램이나 은퇴한 친구들을 통해 경제적 현실과 은퇴 후 생활에 대한 정확한 정보를 제공받음으로써 보다 나은 적응을 도모할 수 있다.
2. 허니문 단계. 이 단계에서는 새로 누리게 된 자유에 수반되는 행복감을 흔히 경험한다. 경제적 여건이 허락하는 한, 여유 시간이 생기면 꼭 해보리라고 생각했던 일들을 하느라 바쁜 시간을 보낸다.
3. 환상이 사라지는 단계. 점점 할 일이 없어지고, 꿈꿔 왔던 일들이 생각보다 재미없다는 것을 느끼게 되면 환상이 사라지게 된다.
4. 방향 전환 단계. 이제 은퇴에 대해 보다 현실적인 시각이 발달한다. 흔히 은퇴자들은 자원봉사단체에 가입하거나 시민활동 등에 참여하기도 한다.
5. 안정 단계. 은퇴자로서의 역할을 이제 완전히 익혔다. 고정적으로 하는 일들이 생기고, 삶도 안정되었다. 자신의 욕구와 강점, 약점에 대한 인식도 더욱 명확해졌다.
6. 종결 단계. 은퇴가 종결되는 방식에는 여러 가지가 있다. 그중 하나는 죽음이고, 또 다른 방식은 장애로 인해 환자가 되는 것이다. 또는 다시 일을 시작할 수도 있다.

〈그림 13.5〉에서 볼 수 있는 것처럼, 많은 사람들이 은퇴 후 다양한 형태의 일을 시작한다. 이들에게는 일을 하는 것의 혜택이 여가 생활을 즐기는 것보다 더 크다. 어떤 회사들은 은퇴한 근로자들을 파트 타임 형식으로 다시 근무하게 하는 프로그램을 운영하기도 한다(Alexander, 2003). 점점 더 많은 수의 노인들이 은퇴를 거부하거나 파트 타임의 형식으로 다시 일터로 돌아간다.

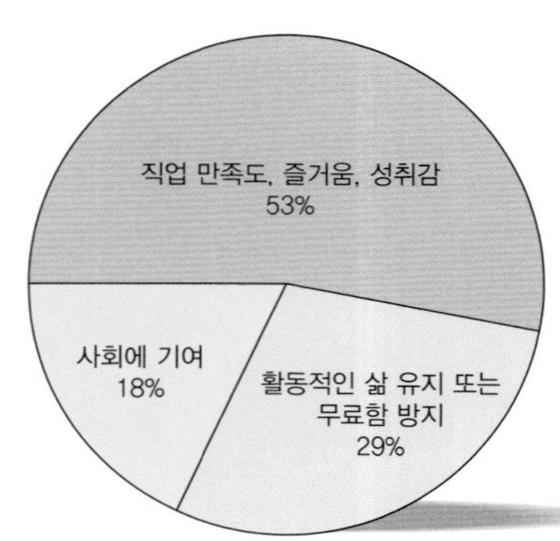

그림 13.5

왜 은퇴자들이 다시 일터로 돌아가는가 월스트리트저널에 따르면, 설문에 응답한 은퇴 임원들 중 1/3이 은퇴 후 18개월 이내에 다시 풀 타임 근무를 시작한다고 한다. 당신은 은퇴 후 어떻게 살고 싶은가?

심리적 안녕감

쇠퇴하는 신체적 기능에 적응해야 함에도 불구하고 나이 든 많은 사람들이 젊은이들보다 더 행복하다는 증거들이 있다(Isaacowitz & Blanchard-Fields, 2012). 그 이유 중 하나는 나이 든 사람들이 삶의 긍정적인 부분에 더 집중하고, 긍정적이었던 경험을 더 기억하는 경향이 있다는 것이다. 그러나 일부 노인들, 아마 20%에 달하는 노인들은 일정 수준의 우울감과 씨름하고, 1~5% 사이의 노인들은 우울장애로 진단받을 수 있는 수준까지 발전한다(Fiske, Wetherell, & Gatz, 2009; Luijendijk et al., 2008). 자살도 노인들에게서 훨씬 더 많이 일어난다. 불행하게도 노인 우울증은 치료하지 않고 넘어가는 경우가 흔한데, 이는 의료진들이 정서적 상태보다 이들이 하는 신체 증상에 대한 불평에 더 주의를 기울여

노인 우울증을 간과하기 때문이기도 하다(Areán & Ayalon, 2005).

그러나 삶에 대한 전반적인 만족도는 성인기를 거쳐 적어도 약 65~70세까지는 향상되다가 이후에는 하락하는 경향이 있다(Mroczek & Spiro, 2005). 그러나 좀 더 외향적이고 사교적인 사람들은 후기 성인기까지도 자존감을 유지하는 경향이 있는데, 이는 타인들과 사교적 관계를 유지하는 것이 주는 혜택을 잘 보여주는 듯하다. 그러나 우울증을 겪고 있는 노인들도 항우울제 약물 복용이나 심리치료와 같은 치료를 받음으로써 많은 도움을 얻을 수 있다(Post, Miller, & Schulberg, 2008; C.F. Reynolds et al., 2006; Serfaty et al., 2009).

죽음과 죽어 가는 것

죽음은 금기시하는 것의 마지막 최고봉이라 할 수 있다. 정신과 의사 엘리자베스 퀴블러로스는 그녀의 유명한 저서 *On Death and Dying*에서 우리가 죽음을 부정하는 것에 대해 다음과 같이 말했다.

> 우리는 완곡하게 돌려서 이야기하고, 죽은 이들을 마치 잠들어 있는 것처럼 보이게 하고, 만일 누가 운 좋게 집에서 죽게 된다면 집에 만연한 불안과 혼란으로부터 보호하기 위해 아이들을 다른 곳으로 보내고, 병원에서 죽음을 맞는 부모가 있다면 아이들이 병원에 방문하지 못하도록 한다(Kübler-Ross, 1969, p.8).

이제 죽음과 죽어 가는 것에 대해 알아보기로 하자. 먼저, 퀴블러로스의 선구적인 이론과 보다 최근 이론가들의 글에 대해 살펴볼 것이다. 그다음으로 품위를 지키며 죽는 것과 장례식, 사별을 둘러싼 이슈들에 대해 알아볼 것이다.

이론적 관점 퀴블러로스는 말기 환자들을 돌보면서 죽음이 다가왔다는 것을 알게 되면 사람들이 유사한 반응을 보인다는 것을 발견했다. 그녀는 죽음을 앞두고 많은 환자들이 거쳐 가는 다섯 단계를 발견했다. 죽음이 다가오고 있다는 것을 짐작하는 노인들도 유사한 반응을 보인다고 한다. 그 다섯 단계는 다음과 같다.

1. 부정(denial). 사람들은 이 단계에서 "나는 아니야. 잘못 진단한 거야"라고 느낀다. 부정은 단호하고 요지부동일 수 있다. 한편 유동적일 수도 있는데, 어느 순간에는 환자가 의학적 진단을 받아들였다가, 다음 순간에는 먼 미래의 계획에 대해 활기차게 이야기하는 모습을 보일 수도 있다.
2. 분노(anger). 부정은 주로 젊은이나 건강한 사람들, 때로는 의료 기관에 대한 분노와 억울함으로 변한다. "이건 불공평해. 왜 나야?"
3. 협상(bargaining). 그다음에는 죽음을 늦추기 위해 신과 협상을 하기도 하는데, 예를 들면, 6개월만 더 살 수 있다면, 1년만 더 살 수 있다면 좋은 일을 하겠다는 식의 약속을 한다.
4. 우울(depression). 우울과 함께, 사랑하는 사람들을 남겨두고 생명을 잃는다는 생각에 상실감과 절망이 찾아온다.
5. 최종적 수용(final acceptance). 종국에 가서는, 불가피한 것을 담담히 받아들이는 내적 평온이 올 수 있다. 이 '평온'은 만족감이 아니라 감정이 거의 없어지는 것이다.

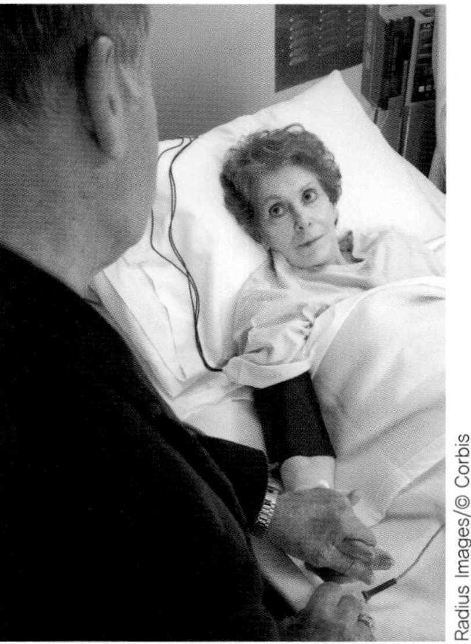
Radius Images/© Corbis

임종을 앞둔 사람 돌보기 임종을 앞둔 사랑하는 사람을 돌보는 데 본 교재가 어떤 도움을 줄 수 있을까? 아마도 무엇보다 중요한 것은 함께 대화하고 이야기를 들어주고 경험 자체를 공유하며 옆에 있어주는 것이다.

퀴블러로스의 견해에 대해 많은 비판도 있다. 일부 연구자들(예 : Retsinas, 1988)은 불치병 진단을 받는 사람들의 경우에만 적용될 수 있다고 믿는다. 대부분의 사람들은 특정 불치병의 진단 없이 노화로 죽게 되는데, 퀴블러로스의 접근 방식은 이들의 적응을 이해하는 데는 별 도움이 되지 않을 수도 있다.

심리학자 에드윈 슈나이드먼(Shneidman, 1984)은 또 다른 비판적 견해를 내놓았다. 그는 죽음을 앞둔 사람들에게서 퀴블러로스가 묘사하는 감정들이 존재하는 것은 인정한다. 그러나 특정 순서에 따라 일어난다고 보지는 않는다. 대신, 슈나이드먼은 사람들이 다양한 정서적, 인지적 반응을 보인다고 말한다. 이런 반응들은 순간 스쳐 지나갈 수도 있고 비교적 안정적일 수도 있고, 밀물과 썰물처럼 주기적인 변화를 보일 수도 있으며, 고통과 당혹스러움을 반영한다. 성격과 삶의 철학에 따라 다양한 반응이 나올 수 있다.

슈나이드먼의 견해를 지지하는 연구들은 죽음에 가까웠을 때의 반응이 다양하다는 것을 보여준다. 어떤 이들은 불가피한 상황을 비교적 잘 수용하나, 어떤 이들은 심하게 낙담하고, 또 다른 이들은 몹시 무서워한다. 어떤 이들은 분노에서 항복으로, 젊은이들에 대한 부러움에서 마지막에 갈망을 경험하기도 하는 등 급격한 감정의 변화를 보이기도 한다(Shneidman, 1984).

품위 있게 죽음을 맞이하는 것 여느 사람들과 마찬가지로 죽음을 앞둔 사람들도 자신감, 안전함, 품위를 필요로 한다. 또한 고통으로부터 벗어나는 것이 필요한데, 일반적으로 구할 수 없는 중독성 진통제(예 : 마약)를 주는 것에 대해서 의학적 논란이 분분하다.

‖ **안락사** : 고통스러운 불치의 질병이나 상태에서 괴로워하는 사람을 고통 없이 죽게 하는 것

이보다 더 큰 논란을 불러일으키는 것은 '자비로운 살인(mercy killing)'이라고도 불리는 **안락사**(euthanasia)이다. 환자의 회복을 전혀 기대할 수 없을 때, 환자가 의식이 없을 때(혼수상태와 같이), 또는 환자가 견딜 수 없는 고통을 경험하고 있어 죽기를 원할 때 때로 안락사를 고려한다(Emanuel, Fairclough, & Emanuel, 2000). 안락사에는 일반적으로 두 가지 형태가 있다. 적극적 안락사는 환자에게 신경안정제나 모르핀을 고용량으로 주사하여 고통 없이 죽음을 가져오는 것이다. 적극적 안락사에 대해서는 주마다 법률이 다른데, 대부분의 주에서는 불법이다. 언론에서 '죽음의 의사(Dr. Death)'라고도 불리는 잭 케보키언은 불치병에 걸린 사람들이 자살하도록 도와준 것에 대해 살인죄로 유죄 선고를 받았다. 한편 소극적 안락사는 죽음을 막지 않는 것을 말한다(Tadros & Salib, 2001). 소극적 안락사는 혼수상태의 환자에게 약, 음식, 호흡기 같은 생명 유지 장치를 주지 않는 것이다. 소극적 안락사에 대한 미국 내 법 적용은 다양하다.

임종을 앞둔 사람들은 종종 자신들의 감정을 나누기를 원한다. 감정에 대해 이야기하도록 격려해주면 도움이 될 수 있다. 또한 소중하게 여기던 것들로부터 멀어지는 것에 대해 무서워할 때 피하지 말고 옆에 있어주는 것도 도움이 될 수 있다. 패티슨(Pattison, 1977)은 임종을 앞둔 사람들을 도와주는 것에 대해 다음과 같은 몇 가지 가이드라인을 제시했다.

- 사회적 지지를 제공해주고, 이야기를 들어주고, 대화하고, 경험을 함께 나눈다.
- 어떤 고통을 느끼게 되고, 어떤 신체적 기능을 잃을지에 대해 정확한 정보를 제공해준다.
- 가족이나 다른 사람들을 조만간 잃게 된다는 현실을 인정한다.
- 필요한 마지막 재정적, 법적 조치를 취하도록 도와준다.
- 당사자가 슬픔을 느낄 수 있도록 허락한다.
- 당사자가 품위를 잃지 않고 필요한 신체적 기능을 유지할 수 있도록 도와준다.
- 신체적 기능을 잃는 것에 대해 자책할 필요가 없다는 것을 명확하게 해준다.

호스피스 운동 **호스피스**(hospice)라는 용어는 **병원**(hospital)이나 **환대**(hospitality)와 같은 어원에서 출발했다. 이 용어는 불치병에 걸린 사람이 품위를 지키는 가운데 신체적, 정서적 지지를 받으며 죽음을 맞이할 수 있는 집과 같은 환경을 일컫게 되었다(Lynn, 2001; McCarthy et al., 2003).

호스피스 : 일반적으로, 임종을 앞둔 환자들에게 지지적 돌봄을 제공하는 거주 환경, 요양원, 병원 시설을 말한다.

가족과 친구들은 특별히 훈련된 직원들과 함께 협력하며 도움을 제공한다. 병원과는 달리, 환자들은 자신이 감당할 수 있는 한 자신의 삶에 대해 결정권을 가진다. 신체적으로 가능한 한, 환자들은 식단이나 활동, 약에 대해 스스로 결정을 내리도록 격려받는다. 친지나 친구들은 환자 사망 이후 슬픔을 극복할 수 있도록 직원들과 계속 연락할 수도 있다.

임종을 앞둔 이들과 마찬가지로, 남겨진 사람들은 복잡하고도 강렬한 감정들을 경험한다. **애도**(bereavement)라는 용어는 살아남은 사람들의 상태를 일컫는다. 남은 사람이 사랑하는 사람을 잃은 것에 적응하면서 겪는 슬픔과 외로움, 애도의 과정을 의미한다.

애도 : 사랑하는 사람의 죽음을 경험한 후 슬프고 외로운 상태

애도에는 여러 측면이 있다. 비통함, 공허함, 무감각, 분노("왜 죽어야만 했나?", "어떻게 이런 일이 일어날 수 있어?", "이제 나는 어떻게 하지?"), 외로움, 심지어는 사망한 사람이 긴 시간 동안 고통받았고 우리 자신도 더 이상은 버티기 힘들다고 느낀다면 안도감도 경험할 수 있다. 또한 죽음은 우리 자신도 언젠가는 죽는다는 사실을 상기시킨다.

연구자들은 슬픔과 애도의 단계에 대해서도 이야기하였다. 처음에는 주로 무감각함과 충격을 경험하고, 여기에 되도록이면 예전처럼 그대로 생활하려는 욕구가 동반된다. 그다음에는 사랑하는 사람에 대한 집착과 강렬한 그리움을 경험한다. 그다음에는 사랑하는 사람을 잃었다는 사실을 점점 더 인식하게 되면서, 우울감, 절망, 혼란을 경험한다. 이 시기에 식욕을 잃고, 불면증과 건망증을 경험하는 것은 모두 정상적인 반응이다. 상실을 받아들이게 되는 데는 2년 이상의 시간이 걸릴 수도 있다.

가장 극심한 슬픔은 주로 장례식 후, 친지들과 친구들이 모두 집으로 돌아가고 마침내 혼자 남겨질 때 경험한다. 남겨진 사람은 텅 빈 집에서 이제 진실로 혼자 남겨졌다는 사실을 마침내 받아들여야 하는 것이다. 그렇기 때문에 한 번에 모든 것을 해치워버리는 것이 아니라 일정 기간 지속적으로 주변에서 지지를 제공하는 것이 도움이 된다. 애도에는 시간이 걸린다. 그래서 이 과정 내내 도움이 필요하다.

사별한 사람들은 대체로 상실을 극복하기는 한다. 먼저 간 사람을 잊지는 못하지만, 점점 덜 생각하게 된다. 일터나 집에서도 일상의 리듬을 찾는다. 예전처럼 행복하거나 삶에 만족하지는 못하더라도, 대부분 예전처럼 기능하게 된다. 이들은 삶의 가치에 대해 더 깊이, 더 소중하게 여기게 된다.

모듈 복습

복습하기

(20) 자극에 반응하기까지 걸리는 시간인 _______은/는 나이가 들어감에 따라 증가한다.
(21) 알츠하이머병은 정상적인 노화 과정의 (현상이다, 현상이 아니다?).
(22) 미국에서 (남성, 여성?)이 더 오래 사는 경향이 있다.
(23) 에릭슨은 후기 성인기를 _______ 단계라고 칭하였다.
(24) 많은 은퇴자들은 시간이 나면 해보리라 꿈꿔 왔던 일을 하는 _______ 단계를 거쳐 간다.
(25) 70대 중 자신의 삶에 대체로 만족하는 사람들은 (많다, 적다?).
(26) 퀴블러로스는 죽음을 앞두면 부정, 분노, _______, 우울, 최종적 수용이라는 다섯 단계를 거친다고 하

였다.

(27) 슈나이드먼은 퀴블러로스가 묘사한 감정들이 순서와 (상관 있다, 상관없다?)고 보았다.

(28) ______은/는 불치병 환자들이 품위를 지킬 수 있도록 신체적, 정서적 지지를 받으며 죽음을 맞이하는 집과 같은 환경을 만들어준다.

(29) ______(이)라는 용어는 슬픔과 외로움의 감정, 그리고 남겨진 사람이 사랑하는 이를 잃은 상실에 적응하는 과정을 일컫는다.

생각해보기

노화에 따른 정신적 능력의 쇠퇴 때문에 나이가 들면 무조건 은퇴해야 한다는 주장에 반박하기 위해 어떤 증거들을 내세울 수 있을까?

더 오래, 더 건강하게 살기

모듈 13.4

긍정심리학

미국인들의 수명은 그 어느 때보다 길어졌는데, 그 이유 중 하나는 많은 이들이 자신의 삶의 주인이 되어 자신이 얼마나 오래 살 것인지뿐만 아니라 얼마나 잘 살 것인가에 대해서도 영향력을 행사하고 있기 때문이다. 정기적인 건강 검진, 건강한 식단(예를 들어, 지방 섭취 줄이기), 그리고 운동은 사람들이 오래 살도록 도와준다. 운동은 나이가 들어서도 유연성과 심혈관계 건강을 유지하는 데 도움이 된다. 운동이라고 해서 몸을 혹사시키고 강물 같은 땀을 흘려야 되는 것은 아니다. 빠르게 걷는 것은 나이와 상관없이 대부분의 건강한 사람들이 일상 생활 중의 하나로 할 수 있는 운동이다.

나이 든 후 미국인들은 먹는 것에 더 신경을 쓰고 운동도 하므로, 많은 나이 든 사람들이 활기찬 생활을 한다. 로스앤젤레스타임즈가 약 1,600명을 대상으로 한 전국 설문조사에서, 나이 든 사람들 중 75%는 자신의 실제 나이보다 약 19년가량 더 젊게 느낀다고 응답하였다(Stewart & Armet, 2000). 70대, 80대의 사람들이 60대처럼 느끼는 것이다. 60대는 50대 초반처럼 느껴진다고 응답하였다.

어느 나이에서든지 사회적 지지가 성공적인 적응에 중요한 부분인데, 지지를 받는 것보다 주는 것이 더 나을 수 있다. 연구자들은 나이 든 성인 가운데 타인에게 도움을 주는 사람들은 받는 쪽보다 장수할 확률이 더 높다는 것을 발견했다(Brown et al., 2003).

성공적인 노화의 요인들

발달심리학자들은 **성공적인 노화**(successful aging)라는 말을 피할 수 없으니 단지 긍정적으로 생각하기 위해 사용하는 것은 아니다. 그보다는 노화에 대처하는 데 있어 능동적인 역할을 맡을 수 있다는 것을 의미한다. 코넬대학교 심리학자 앤소니 옹(Anthony Ong)은 "우리는 모두 나이를 먹는다. 그러나 우리 삶의 질을 결정하는 것은 어떻게 나이를 먹는가이다"라고 말하였다(*Medical News Today*, 2011). 심리학자들은 성공적인 노화와 관련하여 세 가지 일반적인 요인들을 찾아냈다(Freund, 2006; Volz, 2000).

1. **자신이 의미 있고 중요하다고 생각되는 일에 집중하기 위해 삶을 재정비하기.** 70세 이상의 사람들을 대상으로 한 로라 카스텐슨(Carstensen, 1997)의 연구는 성공적인 노화를 한 사람들은 만족감을 느낄 수 있는 정서적 목표를 설정한다고 밝혔다. 예를 들어, 이들은 이것저것 좇아다니기보다 가족과 친구에 집중한다. 젊은 이들보다 남아 있는 시간은 적겠지만, 더 현명하게 시간을 사용하는 것이다(Garfinkel, 1995).

   연구자들은 성공적인 노화를 하는 사람들이 삶을 사는 방식을 묘사하기 위해 **선택적 최적화와 보상**(selective optimization and compensation)이라는 용어를 사용한다(Baltes, 1997). 즉 성공적인 노화를 하는 사람들은 육상경기나 사업처럼 젊은이들이 더 잘할 만한 영역에서는 경쟁하려고 하지 않는다. 그보다는 자신이 일을 잘한다는 느낌이 들게 하는 일들에 집중하여 시간과 능력을 최적화하여 투자한다. 더불어 잃어버리는 것을 보상하기 위해 사용 가능한 자원을 활용하는 방법을 배운다. 기억력이 예전 같지 않다면, 노트를 하거나 기억을 상기시킬 수 있는 다른 방법들을 많이 사용한다. 감각들이 예전처럼 예민하지 않다면, 보청기와 같은 장치를 사용하거나 정보를 받아들이기 위해 더 많은 시간을 할애한다.

2. **긍정적 시각 유지하기.** 최근 연구에 따르면 노화에 대해 긍정적인 시각을 가진 사람들이 그렇지 않은 사람들보다 평균 7.5년 정도

오래 산다고 한다(Levy et al., 2002). 이 연구의 주 연구자인 예일 대학의 베카 레비(Becca Levy)는 "일반적으로 수명을 4년 정도까지도 늘린다고 하는 낮은 수축기 혈압이나 콜레스테롤 수준 같은 생리학적 측정치보다 노화에 대한 긍정적인 자기 인식이 생존에 미치는 효과가 더 크다"고 하였다("Think Positive, Live Longer", 2002).

나이 든 사람들은 여기저기 쑤시고 아픈 것같이 때때로 생기는 건강 문제가 감기나 오랜 조깅 등 일시적인 특정 요인 때문이라 생각할 수 있다. 다른 이들은 쑤시고 아픈 것을 노화 자체와 같이 전반적이고 개선할 수 없는 요인 때문이라 생각하기도 한다. 이런 문제의 원인이 일시적인 특정 원인 때문이라 생각하는 사람들이 문제 극복에 더 긍정적인 것은 어쩌면 당연한 일이다. 따라서 이들은 좀 더 긍정적인 시각과 태도를 가진다. 윌리엄 라코프스키(Rakowski, 1995)의 연구도 흥미롭다. 라코프스키는 쑤시고 아픈 것처럼 생명에 지장이 없는 건강 문제를 가진 70세 이상의 노인 1,400명을 추적 관찰하였다. 그는 이런 문제들의 원인이 일시적인 특정 원인에 있다고 생각하는 사람들보다 노화 자체에 있다고 생각하는 사람들의 수명이 더 짧다는 것을 발견했다.

3. 도전을 찾아 나서기. 많은 사람들이 후기 성인기를 인생의 힘든 것들로부터 쉴 수 있는 시간으로 여긴다. 그러나 뒤에 처져서 그냥 세상 돌아가는 것을 구경만 하는 것은 인생을 풍부하게 경험하는 것이 아닌 무위도식을 하게 되는 지름길이다. "쓰지 않으면 잃어버린다"라는 옛말은 신체적 기능뿐만 아니라 정신적 기능에도 적용된다(Salthouse, 2006). 정신적으로 자극이 되는 활동을 하면서 정신을 활력 있게 하는 것은 정신적, 신체적 기능의 개선에 도움이 될 뿐 아니라 알츠하이머병의 위험을 감소시키는 데도 도움이 될 수 있다(Hopkin, 2004; Rabin, 2008). 정신적으로 자극이 되는 일을 계속하는 것, 재미있는 여가 활동을 하는 것, 게임을 하거나 퍼즐을 푸는 것(체스 게임을 하거나 크로스워드 퍼즐을 푸는 것 등)은 정신을 활발하고 깨어 있게 하는 여러 방법 중 하나이다.

건강한 운동과 식생활 습관 가지기

스페인의 탐험가 폰세 데 레온은 신비로운 '청춘의 샘'을 찾아 나섰다. 현대의 연구 결과들에 따르면, 그는 차라리 집에 있으면서 운동기구나 구비하는 것이 더 나을 뻔했다. 규칙적인 운동과 건강한 식단은 젊었을 때도 도움이 되지만, 나이가 들어갈수록 더 이롭다는 것을 연구자들은 발견했다(Adler & Raymond, 2001; Fukukawa et al., 2004; O'Neil, 2003).

신체적 운동은 얼마나 중요한가? 규칙적인 운동의 신체적, 심리적 혜택에 대해서는 아래 나온 것들을 포함하여 많은 연구 결과들이 있다(예 : Begley, 2011; Harris, Cronkite, & Moos, 2006; Scarmeas et al., 2009; Walsh, 2011).

- 제지방체중, 뼈, 근육 강도의 상실과 같이 노화가 신체에 미치는 영향을 늦춰준다.
- 대장암과 같은 특정 암에 걸릴 위험을 낮춰준다.
- 심장질환, 뇌졸중, 당뇨병과 같은 기타 사망 원인의 위험을 줄여준다.
- 골다공증의 위험을 감소시킨다.

운동이 주는 혜택을 생각할 때, 규칙적으로 운동을 하는 사람들이 더 오래 산다는 것은 놀라운 일도 아니다(Gregg et al., 2003). 그러나 신체적 운동이 정신 건강에도 긍정적인 영향을 준다는 것을 알게 되면 놀랄지도 모르겠다. 운동은 심리적 행복을 촉진하고, 기억력과 같은 정신적 기민함을 유지하며, 이후 우울을 극복하는 데도 도움이 된다(예 : Gorman, 2006; Harris, Cronkite, & Moos, 2006; Sidhu, Vandana, & Balon, 2009; Walsh, 2011). 규칙적인 운동은 심지어 치매나 알츠하이머병에 걸릴 위험도 낮춰주는 것으로 알려져 있다(Walsh, 2011).

더 오래 살고, 더 잘 살기 위해서 우리가 할 수 있는 것들에는 스트레스를 조절하거나, 담배나 과음을 피하는 것, 정기 건강 검진, 적정 체중 유지하기 등 다른 여러 가지가 있다. 이제 우리가 얼마나 건강한 습관을 가지고 있는지 점검해볼 필요가 있겠다. 지금 건강한 습관을 발전시켜 평생 실천한다면, 더 오래 더 건강한 삶을 살 확률을 높일 수 있을 것이다.

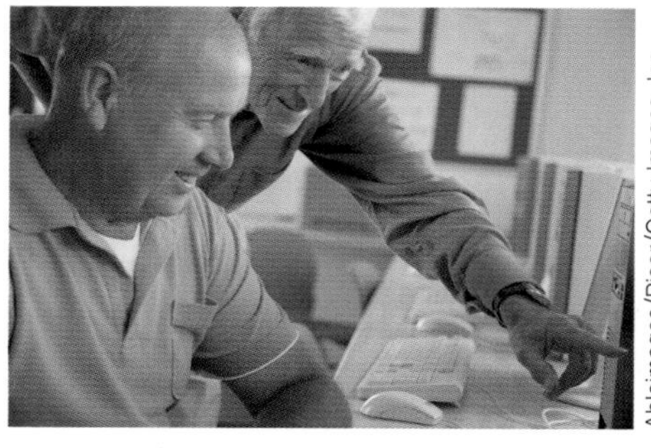
Ableimages/Riser/Getty Images, Inc.

훌륭하게 나이 들어가는 사람들 인생 후기는 한때 죽음의 서곡이라고만 생각되었다. 그러나 오늘날에는 고령 인구의 수가 급증하는 것뿐만 아니라 많은 노인들이 훌륭하게 노화에 성공하고 있다. '훌륭하게 나이 들어가는 사람들'은 인생 후기에 삶의 의미를 찾기 위해 새로운 기회와 도전 과제들을 찾아 나선다.

제13장 복습 암송하기/암송하기/암송하기

학습 비결 : 이 질문에 대한 답을 암송하면 보다 효과적으로 학습을 할 수 있을 것이다. 우선 질문에 대한 답을 혼자 소리 내어 답해보거나 공책이나 컴퓨터에 써보라. 그리고 자신의 답을 아래의 정답 예시와 비교해 보라.

1. **청소년기에는 신체적 발달에서 어떤 변화가 일어나는가?**
청소년기는 사춘기에 시작하여 성인으로서의 책임을 맡으면서 끝난다. 생식 능력이 생기고 2차 성징이 나타나는 것은 남성의 경우 테스토스테론, 여성의 경우 에스트로겐과 안드로겐의 증가로 인한 자극 때문이다.
2. **청소년기에는 인지적 발달에서 어떤 변화가 일어나는가?**
청소년기에는 형식적 조작 사고가 나타나는데, 모두가 이 단계에 도달하는 것은 아니다. 청소년기 자기 중심성으로 인해 나타나는 두 가지 결과로 상상의 청중과 개인적 우화를 들 수 있다. 상상의 청중은 청소년들이 자신에게 관심이 집중되어 있고, 타인들이 자신의 외모에 자신들만큼 관심을 가진다는 믿음을 일컫는다. 개인적 우화는 청소년들이 자신의 감정과 생각이 매우 특별하고 독특하며, 자신은 절대 위험에 처하지 않는다고 믿는 것을 일컫는다. 천하무적처럼 느끼는 것은 위험한 행동과도 연관이 있다.
3. **청소년기에는 사회적 발달과 성격 발달에서 어떤 변화가 일어나는가?**
청소년들은 더 독자적으로 행동하기를 원하고 건강을 해칠 수 있는 것들도 시도해보고 싶어 하기 때문에 흔히 부모와 충돌을 빚는다. 다투기는 하지만, 대부분의 청소년들은 여전히 부모를 사랑하고 존경한다. 에릭슨에 의하면, 청소년들은 자신이 어떤 사람이고 무엇을 중요하게 여기는가, 즉 자아 정체성을 확립하기 위해 노력 중이다. 사춘기의 변화는 성적 활동과 생식이 가능하도록 몸을 준비시키지만, 많은 청소년들은 성적 활동에 대해 책임감 있는 결정을 내릴 수 있는 성숙함은 부족하다.
4. **성인기란 무엇인가?**
역사적으로, 결혼은 성인의 표징이었다. 오늘날 미국 사회에서는 스스로 결정을 내리고, 자신을 책임지고, 경제적으로 독립하는 것이 성인의 주요 표징이다.
5. **'성인 진입기'는 무슨 뜻인가?**
성인 진입기는 부유한 사회에 존재한다는 가설적 시기이다. 약 18~25세 사이의 기간으로, 젊은이들이 좀 더 오래 역할 탐색을 하도록 해준다.
6. **초기 및 중기 성인기에 일어나는 신체적 발달 변화는 무엇인가?**
대체로 사람들은 초기 성인기에 신체적 힘의 최고조에 달한다. 월경의 중단, 즉 폐경은 여러 괴담들에 연루되어 있는데, 이 시기 호르몬 변화는 자연적으로 여성들을 우울하거나 불안하게 만든다는 믿음도 그중 하나이다. 남성들은 생식 기능에서 좀 더 완만한 하강 곡선을 그린다.
7. **초기 및 중기 성인기에 일어나는 인지적 발달 변화는 무엇인가?**
대체로 사람들은 초기 성인기 동안 인지적 능력의 최고조에 있지만, 창의성은 평생 유지된다. 기억력은 나이가 들어가면서 쇠퇴하지만 사람들이 생각하는 것만큼 많이 쇠퇴하지는 않는다. 나이가 많이 들어도 어휘나 일반 상식에서 볼 수 있듯이 언어적 능력은 대체로 유지된다. 어휘와 축적된 지식, 즉 결정 지능도 대체로 유지된다. 정보를 재빨리 처리하는 능력, 즉 유동 지능은 보다 가파르게 쇠퇴하지만, 유동 지능의 쇠퇴보다는 특정 유형의 문제를 해결하는데 얼마나 익숙한지가 더 중요하다.
8. **초기 및 중기 성인기에 일어나는 사회적, 성격적 발달 변화는 무엇인가?**
초기 성인기의 일반적인 특징은 비즈니스 세계에서 자리를 확보하고 나아가려는 노력과 친밀한 관계의 발달이다. 많은 젊은 성인들은 '30세의 전환' 동안 삶의 방향을 재검토한다. 많은 이론가들은 중기 성인기를 위기의 시간('중년의 위기')과 재평가의 연장으로 본다. 중기 성인기에 많은 성인들은 자신이 실제로 성취한 것과 젊은 시절 꿈 사이의 차이를 받아들이려고 노력한다. 막내마저 집을 떠나 독립하고 나면 일부 중년의 성인들은 우울해지지만('빈 둥지 증후군'), 많은 이들이 만족감과 안정, 자신감의 향상을 보고한다. 중기 성인기의 많은 사람들은 아직도 건강하게 살아야 하는 30년 내지 40년에 대한 목표와 자신을 재정의하는 시기, 즉 '제2의 청소년기'를 경험한다.
9. **후기 성인기에는 신체적 발달 측면에서 어떤 변화가 일어나는가?**
나이 든 사람들은 감각적 예민함이 감소하고 반응시간이 길어진다. 피부 탄력성의 변화로 인해 주름이 늘고, 멜라닌의 생산이 저하되어 흰머리가 생긴다. 폐활량, 근육량, 대사율, 골밀도가 감소한다. 면역체계도 약화되고 심혈관계의 기능도 저하된다. 성적 기능에서도 나이에 따른 변화를 경험하지만, 건강을 대체로 유지하는 사람들은 이번 변화에 적응하여 평생 성적 활동을 즐길 수 있다.
10. **후기 성인기에는 인지적 발달 측면에서 어떤 변화가 일어나는가?**
중기 성인기에 시작된 인지적 변화가 지속되는데, 대체로 기억력과 유동 지능을 필요로 하는 과제에 영향을 미친다. 결정 지능은 비교적 유지되며, 사람들은 평생 창의적 기능을 유지할 수 있다.
11. **알츠하이머병은 무엇인가?**
알츠하이머병은 원인을 알 수 없는 뇌 질환이다. 정상적인 노화의 결과는 아니다. 기억, 언어, 문제 해결 측면에서 인지 기능의 저하가 그 특징이다.
12. **기대 수명에 있어서 성별과 인종에 따른 차이는 무엇인가?**

여성은 남성보다 약 5년을 더 오래 살고, 유럽계와 아시아계 미국인은 미국 내 다른 인종들보다 오래 산다. 대체로 더 오래 사는 집단은 의료 혜택을 이용하는 확률이 높다.

13. 후기 성인기에는 성격과 사회적 발달에서 어떤 변화가 일어나는가?
에릭슨은 후기 성인기를 자아 통합 대 절망의 단계로 정의했다. 신체적 기능은 쇠퇴하지만 인생은 그래도 가치가 있는 것이라는 믿음을 유지하는 것을 기본적인 과제로 보았다. 흔히들 생각하는 것과는 달리, 많은 나이 든 사람들이 독립적이고 가난하지 않다. 나이 든 사람들은 삶의 만족도와 건강을 대체로 좋다고 평가한다. 은퇴는 자발적이라면 긍정적인 일이 될 수 있다. 나이 든 사람들에게 사회적 지지가 있다는 것은 정서적 안녕에 큰 기여를 한다.

14. 죽음과 죽어 가는 것의 심리에 대해 어떤 것들을 알고 있는가?
퀴블러로스는 치유 불가능한 사람들에게서 부정, 분노, 협상, 우울, 그리고 최종적 수용이라는 다섯 단계를 볼 수 있다고 밝혔다. 그러나 다른 연구자들은 죽음을 앞두고 나타나는 심리적 반응은 퀴블러로스가 제시하는 것보다 더 다양하다고 본다. 호스피스는 불치병 환자와 그들의 가족들에게 도움을 준다. 안락사는 다양한 법적 견해가 있고 논란이 분분한 사안이다. 연구자들은 사랑하는 사람을 잃었을 때 경험하는 애도에는 특정 단계들이 있다고 밝혔다.

나의 생활 나의 마음

개인적 글쓰기 숙고하기/숙고하기/숙고하기

학습 비결 : 이 장에 나온 개념들을 자신의 경험과 관련시켜 음미하면 보다 심층 처리가 가능하다. 그렇게 되면 내용에 보다 더 개인적인 의미를 부여하게 되며 더 효과적인 학습이 가능해진다. 답을 쓸 공간이 더 필요하면 추가 페이지를 이용해도 좋다.

1. 당신의 청소년기를 회상해보자. 본문에서 묘사된 '질풍노도의 시기'와 유사했는가?

---

2. 당신은 인생에서 어느 단계에 있다고 생각하는가? 청소년기인가? 성인 진입기인가? 초기 또는 중기 성인기인가? 후기 성인기인가? 그렇게 생각하는 근거는 무엇인가?

모듈 복습의 답

모듈 13.1
1. 2차 성징
2. 형식적 조작
3. 청중/우화
4. 질풍노도의 시기
5. 자동차
6. 덜
7. 일치하는
8. 자아/역할

모듈 13.2
9. 성인 진입기
10. 부유한
11. 폐경
12. 에스트로겐
13. 언어적 능력
14. 결정
15. 유동
16. 애쓰는 20대
17. 친밀함
18. 중년의 위기
19. 통달

모듈 13.3
20. 반응시간
21. 현상이 아니다
22. 여성
23. 자아 통합 대 절망
24. 허니문
25. 많다
26. 협상
27. 상관없다
28. 호스피스
29. 애도

자극 추구 척도 채점

이것은 원래 척도의 축약형이므로 규준은 마련되어 있지 않다. 그러나 다음과 같은 답을 했을 경우 자극 추구가 높은 것으로 본다.

1. A
2. A
3. A
4. B
5. A
6. B
7. A
8. A
9. B
10. A
11. A
12. A
13. B

노화에 대한 태도의 정답

1. **거짓.** 대부분의 건강한 커플은 70대, 80대까지도 만족스러운 성적 활동을 할 수 있다.
2. **거짓.** 과도한 일반화이다. 일에 만족하는 사람들은 은퇴를 하고 싶어 하는 마음이 적다.
3. **거짓.** 후기 성인기에는 자신의 신체적 기능과 감정과 같이 내적 측면에 더 신경을 쓰는 경향이 있다.
4. **거짓.** 적응력은 성인기 전반에 걸쳐 비교적 일정하게 유지된다.
5. **거짓.** 나이 자체는 삶의 만족도의 현저한 저하와 연관이 없다. 물론 배우자의 죽음과 같은 상실과 질병에 부정적으로 반응할 수 있다.
6. **거짓.** 나이 든 사람들이 보이는 일부 일반적인 경향을 예측할 수 있으나, 이는 젊은이들에게도 마찬가지이다. 나이 든 사람들도 성격과 행동 패턴에서 다양성을 유지한다.
7. **거짓.** 안정적으로 친밀한 관계를 가진 노인들이 더 높은 만족감을 느낀다.
8. **거짓.** 우리는 모든 나이에서 다양한 심리적 문제에 노출되어 있다.
9. **거짓.** 우울한 사람은 소수이다.
10. **거짓.** 말로 표현하는 종교적 믿음에는 별 차이가 없지만, 실제 교회 참석률은 감소한다.
11. **거짓.** 반응시간은 증가하고 일반적인 학습 능력은 다소 감소하지만, 노인들의 경우 익숙한 일을 하는 데는 거의 어려움을 경험하지 않는다. 대부분의 직업에서 나이보다는 경험과 동기가 더 중요하다.
12. **거짓.** 배우는 데 시간이 조금 더 걸릴 뿐이다.

CHAPTER

14

직업이라는 도전

개요

- 다음을 알고 있나요?
- 모듈 14.1 : 경력 개발
- 모듈 14.2 : 직업에 적응하기
- 모듈 14.3 : 직업과 여성
- 모듈 14.4 :  나의 생활, 나의 마음 나에게 맞는 직업 찾기

복습 암송하기/암송하기/암송하기

 **나의 생활, 나의 마음 개인적 글쓰기** 숙고하기/숙고하기/숙고하기

다음을 알고 있나요?

- 엄청난 복권 당첨금을 받은 후 직장을 그만두고 나면 흔히 목표를 잃은 것 같고 불만족스럽게 느껴진다.(529쪽)
- 면접에 향수를 뿌리고 가는 여성들은 면접관이 남성일 경우 취업 가능성이 낮아질 수 있다.(536쪽)
- 첨단 기술 분야는 여전히 가장 많은 직업을 만들어내는 분야이다.(542쪽)
- 유전자는 직업 만족도에 영향을 미친다.(545쪽)
- 약 4,500만의 직장인들이 사무실을 집이라고 부른다.(552쪽)
- 스트레스를 받은 직장인들은 업무 중 사고에 연루될 가능성이 높다.(557쪽)
- 수입에서 성별 격차가 줄어들고 있기는 하지만, 여성은 여전히 대체로 남성들 수입의 3/4 정도밖에 벌지 못한다.(562쪽)
- 직장 여성들에 대한 최근 설문에서 10명 중 4명 이상의 여성들이 직장에서 성추행을 경험한 것으로 드러났다.(565쪽)

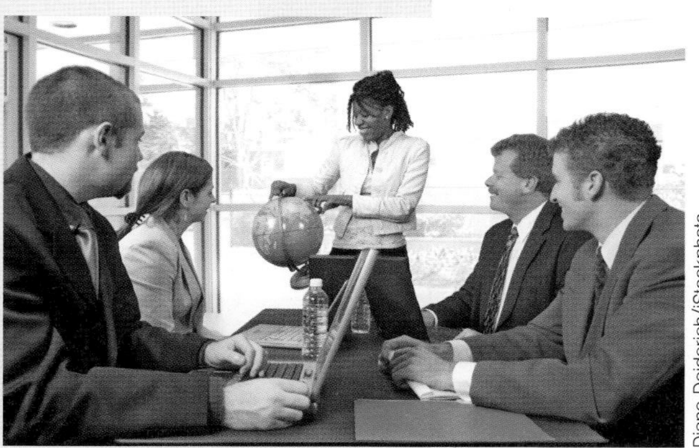
Diane Deiderich/iStockphoto

만일 당신이 전일제로 직장에 다니고 있다면, 당신은 아마도 가족이나 친구들보다는 직장 동료나 상사와 더 많은 시간을 보내고 있을 것이다. 우리는 직장에서 많은 시간을 보내기도 하지만 여러 측면에서 얻는 것도 많다. 직장은 우리가 각종 청구서들을 지불하고 생활을 꾸려 나가도록 도와준다. 또한 많은 사람들이 직업에서 만족감과 개인적 성취감을 얻는다. 어떤 직업을 가지고 있는지는 자아 정체감과도 밀접한 연관이 있다. 우리는 우리 자신을 직업으로 규정하기도 한다. "나는 교사이다… 도서관 사서이다… ________"(당신의 직업을 빈칸에 넣어보라). 우리가 보통 자기 소개를 할 때 "나는 ________로서 일합니다"라고 하기보다는 "나는 ________입니다"라고 말하는 경우가 많은 것을 상기해보라. 직업은 우리의 사회적 정체성의 일부분, 즉 우리가 수행하는 공적인 역할과 관련된 것이다. 우리가 우리 자신을 직업과 동일시하는 것은 놀라운 일이 아니다. 직장에서 업무를 수행하기 위해 우리 대부분은 교육과 훈련에 오랜 시간을 투자한다. 커리어를 개발하거나 직업을 갖기 위해 우리가 얼마나 많은 노력과 투자를 하는지 생각해보면 우리의 심리적 정체성이 부분적으로나마 직업과 연결되어 있다는 것은 충분히 이해할 수 있는 일이다.

이 장에서는 개인적 관점에서 직업의 세계에 대해 집중적으로 탐색해보려고 한다. 직업을 가지는 동기와 커리어 개발과 관련된 단계들에 대해 깊이 살펴볼 것이다. 우리의 성격에 대한 지식이 직업 선택 및 결정에 어떤 도움을 주는지도 살펴볼 것이다. 또한 산업심리나 조직심리라는 전문적인 분야의 심리학자들이 직업 만족도를 높이는 요인들을 밝히는 데 어떠한 공헌을 했는지도 알아보려고 한다. 그다음에는 다소 초점을 옮겨 직장에서 일어나는 주요한 사회적 변화, 특히 직업 현장에서 여성들이 차지하는 부분이 늘어나는 것에 대해 알아볼 것이다. 마지막으로는, 당신 자신의 직업적 흥미와 포부를 살펴볼 기회를 제공해주고자 한다.

모듈 14.1

경력 개발

- 사람들은 왜 직업을 가지는가?
- 자신의 직업을 결정하기 위해 어떤 과정을 거치는가?

… 꿈을 향해 자신 있게 앞으로 나아가고, 가지고자 상상했던 삶을 살기 위해 노력한 사람은 평범한 시간을 보낸 사람이 예상하지 못했던 성공을 이룰 수 있을 것이다.

–헨리 데이비드 소로, "월든"

"어떤 아이라도 커서 대통령이 될 수 있다."
"내 아이는 의사."
"마음만 먹는다면 뭐든지 할 수 있어."

미국과 캐나다가 기회의 땅일지는 모르겠지만, 기회에는 결정 불안이라는 비용이 따른다. 우리가 "무엇을 하는가"는 사회적 지위의 중요한 측면이다. "무슨 일 하세요?"라는 질문은 사회적인 모임에서 "어떻게 지내세요?"보다 더 중요한 질문이다. 일상적인 대화에서 가장 먼저 하게 되는 질문이기도 하다. 전통적인 신분제도나 대대로 이어지는 귀족 지위가 없는 사회에서는 직업적 위신이 사회적 지위와 존경의 중요한 결정인자가 되는 것이다.

현대의 젊은이들은 당혹스러울 만큼 다양한 직업적 선택에 직면한다. 미국 노동청이 출간한 직업명 사전은 2만 개 이상의 직업들을 적어놓았다. 물론 대부분의 사람들은 사전을 대충 훑어보고 직업을 선택하지는 않는다. 우리 대부분은 경험과 성격에 근거하여 비교적 적은 수의 직업들 중에서 선택을 하게 된다(Herr, 2001).

어떤 사람들은 부모나 지역사회의 명망 있는 인사들을 역할 모델로 삼아 그 발자취를 따라간다. 어떤 사람들은 직업 선택을 미루어 대학 졸업 후에도 직업 결정에 관해서는 처음 입학했을 때나 별반 차이가 없기도 하다.

심리학자들은 청소년과 젊은 성인들이 특정 직업을 선택하는 과정을 설명해줄 몇 가지 요인을 밝혔다(Hartman & Betz, 2007; Lent et al., 2007; Navarro, Flores, & Worthington, 2007). 그 요인들은 아래와 같다.

- 능력(competencies) : 나는 무엇을 잘하는가? 배울 수 있는 것은 무엇인가?
- 이해(comprehension) : 직업과 직업적 기회에 대한 개인적 지식
- 기대(expectancies) : 특정 직업에 대한 기대. 기대는 자신에 대한 기대 또는 자기 효능감에 대한 기대(self-efficacy expectations), 즉 특정 직업에서 업무 수행이나 문제를 해결하는 능력에 대한 기대를 포함한다.

Arnold Newman/Liason/Getty Images, Inc.

일, 의미 있는 경험 유명한 예술가 파블로 피카소는 그의 작품을 통해 개인적 욕구, 흥미, 가치를 표현하였다. 그는 살아 있는 동안에 명성과 부를 얻었을 뿐 아니라 개인적 의미와 자기 완성도 함께 얻었다. 작품이 그의 젊음을 유지시켜주었다고 하는 사람도 있을 것이다. 이 책 제2저자의 배우자는 80대에 이르러서도 청바지와 티셔츠를 입었던 미국인 예술가 잭 트월코프에 대해 박사학위 논문을 썼는데, 80세의 예술가는 "매일 아침 나는 들뜬 마음으로 이젤 앞으로 간다"라고 말하였다.

어떤 사람들은 자신이 지각하고 평가한 능력과 성격적 특성에 바탕을 두고 신중하게 직업에 대한 계획을 세운다(Skorikov, 2007). 어떤 사람들은 이전의 직업 경험을 바탕으로 특정 방향의 진로를 결정하기도 한다(Creed, Patton, & Prideaux, 2007). 그러나 많은 사람들이 그저 당시에 자리가 나거나, 가정의 압력이나 고액 연봉의 유혹, 특정 라이프스타일 때문에 의도적인 결정 없이 직업을 가지게 된다. 때로는 졸업 후 가장 먼저 알게 된 직장에 취직했는데 다행히 일이 잘 풀리기도 한다. 혹은 일이 잘 풀리지 않아 이 직장 저 직장으로 옮겨 다녀야 할 수도 있다. 그러다 보니 다섯 번째 직장에 가서야 드디어 마음에 맞는 직장에 다니게 될 수도 있

다. 직업 선택을 운에 맡기는 것은 곤란하다. 경력 개발의 과정을 이해함으로써 최선의 직업 선택에 한 걸음 더 가까이 갈 수 있을 것이다. 경력 개발의 과정에 대해 논하기 전에 먼저 "왜 직업을 가지는가?"라는 보다 일반적인 질문에 대해 생각해보자.

일을 하는 동기

왜 사람들은 일을 하는가? 간단하게 답하자면 너무나 당연한 이유이다. 바로 생활을 꾸려 나가기 위해 일하는 것이다. 직업은 우리가 생활비를 벌도록 도와준다. 운이 좋다면, 갖고 싶은 것들을 살 수 있는 여유가 생길 수도 있고, 또는 만일의 사태에 대비할 수 있는 여유자금을 비축해둘 수도 있을 것이다. 월급, 부가적 혜택, 노후 보장 등 이 모든 것은 직업에 대한 **외적 동기**(extrinsic motives)이다. 그러나 외적 동기만으로 사람들이 일을 하는 이유를 설명할 수는 없다. 세계적인 소프트웨어 기업이며 윈도우 운영체제를 만드는 마이크로소프트사의 창설자 빌 게이츠를 생각해보자. 빌 게이츠의 순자산은 2012년 기준으로 600억 달러를 넘는 것으로 추정된다. 그 엄청난 부의 규모는 상상하기도 힘든 수준이나, 빌 게이츠가 호화 저택에서 날마다 빈둥거리며 시간을 보내는가? 전혀 그렇지 않다. 비록 요즘은 마이크로소프트사에서의 업무 외에 자선 사업에도 시간을 할애하지만, 그는 여전히 총총걸음으로 사무실로 출근한다. 무엇이 빌 게이츠를 뛰게 만드는가? 무엇이 당신을 뛰게 만드는가?

▮ **외적 동기** : 돈이나 인정과 같은 외적 보상을 추구하게 되는 동기

빌 게이츠에게는 항상 넘어야 할 산이 있고, 그의 능력을 시험할 도전이 있다. 그는 한 인터뷰에서 삶이란 그에게 있어 끊임없는 도전과 성취의 과정이라고 설명한 적이 있다. 우리가 외적인 보상을 위해 일하는 것은 물론 맞지만, 일은 흥미롭고 만족을 주는 활동에 참여할 수 있는 기회와 또 다른 산을 넘을 수 있는 기회를 포함한 다양한 **내적 동기**(intrinsic motives) 또한 충족시켜준다. 한 가지 흥미로운 점은, 일과 가정의 균형을 맞추어야 하는 전문직 여성의 경우, 유연한 근무 시간 제도의 부족이나 직장 내 보육시설 부재 등의 외적 요인보다는 지루함이나 도전의 부족 같은 내적 요인 때문에 직장을 그만둘 가능성이 더 높다는 것이다(Deutsch, 1990).

▮ **내적 동기** : 자기 만족과 같은 내적 목표를 추구하는 것

엄청난 복권 당첨금을 받은 사람들이 직장을 그만둔 다음에 목표를 잃은 것 같은 느낌과 불만족감을 경험한다는 사실이 놀랍게 여겨질 수도 있다(Kaplan, 1978). 더군다나 복권에 당첨되었다는 흥분은 오래가지 않는다. 당첨금을 수령한 지 1년 정도가 지나면 복권에 당첨되기 전의 행복 수준으로 돌아가는 것이다(Corliss, 2003). 이는 돈이 행복을 가져다주지는 않는다는 것뿐 아니라, 사람들은 삶에서 월급이나 경제적 안정과 같은 외적 보상 이상의 것을 바란다는 것을 보여주는 것이다. 사람들은 내적 보상, 즉 개인적으로 성취감을 느낄 수 있는 활동에 참여하고, 사회적 인맥을 넓히고, 하루를 의미 있게 보낼 수 있는 기회를 원한다. 복권에 당첨된다면 좋기는 하겠지만, 그것이 하루를 의미 있는 활동으로 채워주지는 않는다. 직업을 가지게 되는 다른 내적인 이유에는 직업 윤리, 자기 정체성, 자기 완성, 자기 가치, 일의 사회적 가치, 사회적 역할 등이 포함된다.

1. 직업 윤리(the work ethic). 직업 윤리는 생산적인 노동에 참여하고 빈둥거리지 않을 도덕적 의무가 우리에게 있다는 것을 말한다. 직업 윤리가 투철한 사람들은 아무리 부자라 하더라도 일을 하지 않는 삶은 가치가 없고 비윤리적이라고 본다.
2. 자기 정체성(self-identity). 직업 정체성이 자기 정체성과 융합되어 있다는 것은 이미 언급

되었다. 우리는 단순히 직장에 다니는 것이 아니라 커리어나 직업을 가지는 것이다.

3. **자기 완성(self-fulfillment).** 우리는 흔히 일을 통해 개인적인 욕구, 흥미, 가치를 표현한다. 이러한 흥미를 표현하는 것을 가능케 해주는 직업을 선택할 수 있다. 우주 비행사, 과학자, 운동 선수라는 직업의 자기 완성적 가치는 비교적 명백하다. 그러나 공장 생산직 근로자, 배관공, 경찰관, 소방관들 역시 월급 외에 자기 계발적 가치를 직업에서 찾을 수 있다.
4. **자기 가치(self-worth).** 맡은 바 소임을 잘 수행하였을 때 받는 인정과 존경은 자기존중감(self-esteem)을 향상시킨다. 어떤 사람들은 부의 축적에서 자기 가치를 찾을 수도 있다. 작가라면 문단에 등단하는 것에 자기 가치가 달려 있을 수도 있다. 직업에서 실패한다면 우리의 자존감은 은행 잔고와 마찬가지로 순식간에 날아갈 수도 있다.
5. **일의 사회적 가치(social values of work).** 직장은 우리의 사회적 인맥을 넓혀준다. 직장에서 우리는 친구나 애인을 만나기도 하고, 때로는 만만치 않은 적을 만나기도 한다. 일을 통해 관심사가 비슷한 사람들을 만날 수도 있다. 오늘날처럼 매우 유동적인 사회에서는 때로 가족을 대체할 만한 사회적 인맥을 형성할 수도 있다.
6. **사회적 역할(social roles).** 직업적 역할은 지역사회 안에서 우리가 어떤 기능을 하는지 정의해주기도 한다. 지역사회는 약사, 제화공, 교사, 의사 등 여러 공적인 역할들을 가지고 있다.

경력 개발의 단계

대부분의 경우 경력 개발은 몇 개의 단계로 설명될 수 있다. 모두가 이 단계들을 똑같이 거치는 것은 아니지만 우리가 직업을 선택하게 되는 과정을 이해하는 데 도움이 된다. 앞으로 소개하고자 하는 것은 심리학자 도널드 슈퍼(Donald Super)에 의해 정리된 경력 개발에 대한 주요 이론을 담고 있다. 다만, 현대 사회의 현실을 반영하기 위해 조금 수정하였다.

1. **환상(fantasy).** 첫 번째 단계는 자신의 잠재성과 직업 세계에 대한 비현실적 개념을 반영한다. 이 환상의 단계는 주로 아동 초기부터 약 11세까지라고 보면 될 것이다. 어린 아동은 영화배우나 의사, 운동선수, 경찰같이 근사해 보이는 직업에 눈길을 주게 된다(Nauta & Kokaly, 2001; Wahl & Blackhurst, 2000). 이때는 직업과 자신의 능력이 잘 부합하는지, 또는 그 직업에서 성공할 수 있을지 등의 현실적인 측면은 거의 고려하지 않는다. 예를 들어, 제2저자의 딸 알레인은 6살 때 결단코 록 스타가 되기로 결심했었다. 당시 4살이었던 여동생 조던은 거기에 질세라 발레리나가 되겠다고 했었다. 그러나 그것 말고도 아이들은 교사도 되고 싶었고, 작가, 심리학자, 미술사가(엄마처럼), 의사도 되고 싶었다. 이 책 제1저자의 아들 마이클은 7살 때 나중에 커서 NBA 선수로 선발될 확률을 높이기 위해서는 어느 대학에 가는 것이 좋을지에 대해 고민했다. 운동에는 전혀 소질이 없었던 아버지로서는 그 야망에 뿌듯하긴 했지만, 아들이 먼저 드리블하는 것부터 배우기를 원했다.
2. **잠정적 선택(tentative choice).** 두 번째 단계에서 아이들은 선택의 폭을 좁히고, 보다 현실적인 자기 평가와 직업에 대한 지식을 가지게 된다. 11세가량부터 고등학교까지 아이들은 직업의 화려함뿐만 아니라 자신의 흥미, 능력, 한계를 고려하여 잠정적인 선택을 하

게 된다.

3. **현실적 선택(realistic choice).** 이제부터는 현실적인 선택이 이루어진다. 약 17세 이후부터는 선택의 폭은 더욱 좁아지고 현실적이 된다(Krieshok, 2001). 학생들은 직업의 요구사항, 보상, 직업의 미래까지 비교한다. 자신에 대해서도 좀 더 정확하게 평가한다. 이상적으로, 이들은 자신의 흥미, 능력, 가치관에 딱 맞는 직업을 찾으려고 한다. 자신이 원하는 직업을 가지기 위해 필요한 지식과 기술을 배울 수 있는 학업 계획을 세우기도 한다. 그러나 우리 중 많은 사람들은 현실적인 선택을 끝내 하지 못하고 '어쩌다 보니' 전혀 계획하지 않았던 직업에 종사하게 되기도 한다는 것을 기억하자.
4. **유지(maintenance).** 유지 단계, 특히 30대 후반에 들어서면 우리가 가진 직업적 역할에 '안착하기' 시작한다. 직장 내에서 위치가 바뀌거나 같은 커리어 내에서 하는 일이 다소 바뀔 수도 있지만(예를 들어 교육 분야에서 출판 분야로) 대체로 커리어가 계속 개발되고 있다는 느낌, 앞으로 나아가고 있다는 느낌이 있다. 목표가 매우 명백하지는 않더라도 어쨌든 목표를 향해 위로 올라가고 있다고 느낀다. 그러나 이 단계에서 발전 가능성이 없는 직업에 '갇혀' 오도가도 못하게 될 수도 있다. 고용주는 이들을 톱니바퀴의 톱니처럼 여기며 일이 잘못되었을 때만 이들에게 신경을 쓴다. 이들은 또한 "앞으로 25년간 내가 이 일을 계속 하고 싶은가"라는 질문을 하며 직장을 그만두어야 할지 계속 버티어야 할지 인생 중반의 귀로에 서게 되기도 한다(Savickas, 2002).
5. **커리어 변경(career change).** 이 부분이 바로 경력 개발에 대한 전통적인 시각에서 좀 이탈해야 하는 현실을 반영한다. 기업 축소나 인수합병 때문에 많은 직장인들이 직장에 대해 예전과 같은 충성심을 더 이상 느끼지 않는다. 따라서 기회가 생긴다면 이직을 할 가능성이 높아진다. 또한 급변하는 시대 속에서 더 건강하고 더 오래 살게 되었다. 교육을 받는 기간이 늘어나고, 교육, 훈련, 재훈련을 위해 학교로 다시 돌아가는 일도 많아졌다. 이 책을 읽고 있는 학생들 중 많은 이들도 학교로 다시 되돌아온 사람들일지도 모르겠다.

   은퇴만을 바라보며 65세까지 직장에 다니는 사람들도 줄어들었다. 그보다는 직장에서 만족감을 찾으며 중년을 넘어 노년까지 열정을 가지고 일하는 사람들이 많아졌다. 오늘날에는 한 번 이상 이직을 하는 것이 예외적인 일이 아니라 일반적인 일이 되었다. 그렇지만 직업적 흥미는 평생 동안, 특히 대학시절 이후에는 많이 변하지 않는 것도 사실이다(Low et al., 2005). 직업적 흥미는 성격적 특성보다도 더 안정적이다. 직장을 옮기기는 해도 대부분 관심사는 그대로 유지되며 이런 관심과 흥미를 반영하는 직업을 찾게 된다.

   이 책을 읽는 이들에게 전하는 메시지는 '계속 눈을 크게 뜨고 융통성을 유지하라'는 것이다. 당신이 30대, 40대, 50대, 심지어 60대와 그 이후에 마주치게 될 기회는 오늘 이 자리에서는 상상도 못하는 것일 수도 있다. 이 책의 제1저자가 처음 심리학을 공부하기 시작했을 때는 책상의 절반을 차지하는 전자계산기를 사용했었다. 개인 컴퓨터는 생각도 못했다. 심지어 IBM의 창설자인 존 왓슨까지도 전 세계를 통틀어 6개 이상의 컴퓨터가 있어야 할 이유를 상상할 수 없다고 1940년대에 말했다고 한다. 오늘날에는 가족이 많은 경우에는 왓슨이 전 세계가 쓰기에도 충분하다고 했던 컴퓨터 대수만큼이나 많은 컴퓨터를 한 집에 가지고 있지 않은가.

   만일 따분함에 몸이 들썩들썩한다면, 그것은 불안정하다는 신호가 아니라 심리적으로 건강하다는 신호일 수도 있다. 당신의 감정과 대안을 탐색하는 데 시간을 투자하라.

새로운 것을 시도할 수 있는 용기를 가져라.

6. 은퇴(retirement). 슈퍼의 도식에서 마지막 단계는 직장과의 끈을 단절하는 은퇴이다.

그렇다고 은퇴로 이 이야기를 마치지는 않을 것이다. 첫 직장에 취직함으로써 커리어를 시작하지 못한다면 경력 개발에 대해서 이야기도 꺼내지 못할 것이다.

취업

이 모듈에서는 자신에게 맞는 직업을 찾는 데 도움이 되는 이야기를 하고자 한다. 여기서는 일단 취업을 하는 데 집중해보자.

이력서 쓰기

입사 지원을 할 때 보통 이력서와 자기 소개서를 보내게 된다. 이력서는 당신이 해당 업무에 적임자이며 면접이 시간 낭비가 되지 않을 것이라는 것을 확신시켜주기 위한 당신에 대한 배경 정보의 요약본이다. 그러나 면접에 오라는 말을 듣기 전까지는 당신의 이력서는 당신 그 자체이다. 사실은 다른 사람들이 당신에 대해 가졌으면 좋겠다고 생각하는 첫인상인 셈이다. 따라서 직접 사람들을 만날 때 입을 옷을 고르고, 외모를 다듬고, 적절한 예의를 갖추듯이 이력서에도 똑같은 정성을 쏟아야 한다.

곧 이력서를 어떻게 작성해야 하는지에 대해 이야기할 것이다. 먼저, 누가 당신의 이력서를 읽거나 휴지통이나 파쇄기에 넣어버릴 것인지 아는 것이 좋다. 이력서는 대체로 비서나 사무 보조원에 의해 먼저 걸러지게 된다. 그들은 이력서가 엉성하거나, 글이 엉망이거나, 완성도가 떨어지거나, 업무 요구사항과 맞지 않을 경우 걸러낼 것이다. 그다음에는 주로 취업 담당관이나 인사 담당자에게 이력서가 넘겨지게 된다. 인사 담당자는 지원자의 이력서 내용이 해당 업무 내용과 맞지 않거나 자격 조건이 맞지 않는다고 생각되는 사람들을 다시 걸러낸다. 또한 이들은 학력이나 경력의 부족, 연봉 조건 불일치, 또는 미국 시민권이나 영주권자가 아닌 사람들의 이력서 또한 걸러낸다. 너무 긴 이력서 또한 걸러지기도 한다. 이력서는 자격 조건의 요약본이지, 일기나 책이 아닌 것이다. 이력서는 되도록이면 한 페이지 정도로 하는 것이 좋다. 한 가지 예외적인 상황은 학계 전문직의 경우인데, 이때는 이력서 대신 경력서(curriculum vitae, CV)로 대신한다. 경력서는 모든 출판물을 포함한 학문적 성과를 나열한다. 따라서 경력서는 길면 길수록 더 인상적인 학문적 업적을 반영하게 된다.

채용 담당자는 만일 취직이 된다면 당신을 관리감독하게 될 직속상관일 수도 있는데, 이력서에서 당신의 자격이 모자란다고 생각되면 당신을 걸러낼 것이다. 그러나 자격 조건이 필요 이상으로 좋아도 걸러질 수 있다. 왜 그럴까? 주어질 업무에 비해 필요 이상으로 기술이나 학력이 좋을 경우 해당 업무를 하면서 별로 행복하지 않을 가능성이 높다. 행복하지 않다면 최선을 다하지 않게 된다. 금세 일을 그만두겠다고 할 수도 있는데, 그렇게 되면 회사 입장에서는 채용과 훈련에 들인 투자비용을 회수하지 못하게 되는 것이다.

이력서는 어떻게 써야 할까? 모든 글자를 굵게 또는 대문자로 강조해야 할까? 색을 입히고 예술적인 폰트를 사용하는 것이 좋을까? 아예 이력서 종이 자체를 색이 들어간 종이로 하는 것은 어떨까? (색연필을 사용하는 것은?) 자동차 업계의 선구자 헨리 포드는 초기 포드사에서 출시했던 자동차 Model T가 검은색이기만 하다면 어떤 색이든 상관없다고 이야기하곤 했었다. 일반적으로, 하얀 종이에 글자는 검은색이 좋다. 정말 합당한 이유, 예를 들어 그래픽 디자인 직종에 지원하는 경우일 때만 이 규칙에서 벗어나라. 그러나 흰 종이에 검은 글씨로 쓰여진 이력서는 휴지통으로 직진하는 일이 절대 없겠지만 다른 시도는 그런 일이 생길 수도 있다는 것을 명심하라. 글씨체는 일반적이고 읽기 쉬운 폰트를 사용하는 것이 좋다. 만일 '학력'과 같은 제목처럼 일부 내용에 강조가 필요하다면 굵게 또는 다른 글자보다 크게 만들어도 되지만, 꼭 필요한 부분에만 그렇게 하라. 겉만 번드르르한 것이 아니라 실력이 있고 진지한 사람으로 보이도록 노력하라.

요약하자면, 이력서는 깔끔하게 만들어라. 진지해져야 한다. 해당 업무에 당신이 적격자임을 보여주어라. 각기 다른 직종에 똑같은 이력서를 사용해서는 안 된다. 일반적인 내용을 담은 이력서를 파일로 가지고 있다가 지원하는 업무에 맞춰 다시 세심하게 다듬어라.

그리고 정직해야 한다. 거짓을 꾸며내지 말고, 해당 업무 내용을 바탕으로 당신의 자격 중 어느 부분을 강조할 것인지 결정하라. 거짓말은 도덕적으로 나쁘기도 하지만, 길게 봤을 때 더 나쁜 결과를 가져오기도 한다. 굳이 거짓말을 하지 않아도 합격할 수 있었을 사람들이 취업 후 몇 년이 지난 다음에 거짓말한 것이 들통나는 바람에 해고당하기도 한다. 만일 지원하는 업무에 정말 적격자가 아니라면, 그냥 그 사실을 인정하고 다른 자리를 찾아 나서는 것이 그 회사는 물론 당신에게도 도움이 된다.

이력서마다 조금씩 양식이나 스타일은 다를 수 있지만, 이력서는 다음과 같이 구성된다.

1. 머리글
2. 구직 목표
3. 학력
4. 경력
5. 추천인

이제 각 부분에 대해 살펴보자.

머리글 머리글 부분에는 당신의 이름, 주소, 전화번호가 들어간다. 만일 당신이 집에서 살고 있다면, 다음과 같이 머리글을 가운데 맞춤하라.

이름
주소
전화번호
(유선, 휴대전화)

만일 학교 기숙사 생활을 하고 있다면 임시 주소와 집 주소를 모두 적을지도 모르겠다. 휴대전화는 전국 어디에서든 통용되고, 이메일 주소는 전 세계에서 통용된다는 것을 잊지 말자. 사실 최근에는 일부 기술직의 경우 휴대전화와 이메일 주소만 기재하기도 한다.

WoodyStock/Alamy

인생에서의 전환 대학 졸업은 빛나는 업적이지만, 시작에 불과하다. 갓 대학을 졸업한 많은 이들에게 대학생활에서 직장생활로 전환한다는 것은 쉽지 않은 도전 과제이다. 당신은 얼마나 잘 준비되어 있는가?

구직 목표 지원하는 일자리에 당신의 구직 목표를 맞추라. 너무 일반적이거나 너무 대놓고 구체적인 것은 곤란하다. 컴퓨터 판매 수습직원 자리에 지원하는가? '마케팅 또는 판매'라는 구직 목표는 너무 일반적인 내용이라 당신이 지원하는 일자리에 대해 아무것도 모른다는 인상을 줄 수도 있다. 반대로, '관리직으로 빨리 승진할 수 있는 기회가 있는 판매 수습직원'이라고 적어냈다가는 초기에 걸러질 확률이 높다. 회사 사장 자리가 아니라 판매 수습직원 자리에 지원하려던 것이 아닌가? 그것보다는 '컴퓨터 및 관련 제품 판매' 또는 '기술 제품 판매'가 더 적절한 문구이다.

학력 졸업한 학교마다 다음과 같은 내용을 적는다.

1. 수여받은(혹은 예정된) 학위
2. 학교이름(학교가 잘 알려지지 않았다면 주소 포함)
3. 졸업연도(또는 졸업 예정 연도)
4. 전공
5. 성적(GPA 3.0 이상일 경우)
6. 수상 경력
7. 자격증
8. 학외 활동

순서는 가장 최근에 다닌 학교부터 적는다. 예를 들면 다음과 같다.

	학력
학사	센트럴플로리다대학교, 2012
전공	마케팅
평량평균	3.87 마케팅, 3.78 총점
우등	우등 졸업(Magna Cum Laude)
활동	마케팅 클럽, 부회장, 2009-2011
전문학사	플로리다 올랜도 발렌시아 커뮤니티 칼리지, 2010
전공	심리학
고등학교	플로리아 레이크랜드 레이크깁슨고등학교

위 가상의 예를 보면 센트럴플로리다대학(UCF)에서 획득한 좋은 성적과 우등 졸업, 마케팅 클럽에서 맡았던 직책이 포함되어 있다. 고등학교에 대해서는 그다지 자세한 내용은 적혀 있지 않다. 취약한 부분에 관심을 끌고 싶지는 않다는 것을 명심해야 한다. 강점을 강조하라. 채용 담당자는 당신이 좋은 인상을 주려고 할 것을 예상하고 있다. 반면, 업적이나 성과를 과장하거나 너무 치장하는 것은 좋지 않다. 사실에 대한 기록 그 자체로 좋은 인상을 심어주는 것이 좋다.

경력 아예 사업을 조직하고 운영했던 것이 아니라면 어릴 때 했던 아이 돌보기나 잔디 깎기 등은 적지 않는다. 지금 지원하는 일자리와 관련된 과거 경력에 더욱 신경을 쓰는 것이 좋다. 만일 수년간 동일한 분야에 매진해 왔던 것을 보여줄 수 있다면 더욱 체계적이고 높은 동기 수준을 가진 것으로 보일 것이다. 더 중요한 것은 인턴십이나 정규직 경력이다. 그 외 파트 타임 경력도 도움이 된다. 별로 관련도 없고 중요하지 않은 경력으로 이력서를 채우지 말라. 대학을 갓 졸업한 사람으로서 일자리에 지원하는 것임을 기억하자. 현재 임원직에서 다른 임원직으로 이직하고자 하는 경력 많은 전문인처럼 보일 필요는 없는 것이다.

각 경력마다 다음과 같은 사항들을 적어라.

1. 직책
2. 근무 기간
3. 정규직/시간제 계약직, 주당 근무 시간
4. 고용주
5. 부서, 회사 위치
6. 업무에 대한 간단한 소개(아래 예 참조)
7. 주요 성과에 대한 간단한 소개

현재 지원하는 회사가 모두 연락하기를 원치 않는 이상 함께 일했던 상관들의 이름을 모두 적을 필요는 없다. 시간상 역순으로, 즉 가장 최근 경력부터 먼저 적는다. 아래 가상의 예를 들어보자.

경력

1. 2010년 1월~2012년 6월

고용주	샌디에이고주립대학교
직책	관장 어시스턴트, 대학 미술관
업무	영구 소장품 목록 작성, 전시 작품 수송 관리, 작품 전시 보조, 전시 카탈로그 인쇄 관리
주요 성과	Christo 전시 기획, Conceptual Art 전시 카탈로그 공동 저작

인적 사항 나이나 결혼 여부, 자녀 수, 체류 자격, 건강 등의 인적 사항을 적을 때는 주의가 필요하다. 이런 정보를 전문적인 이력서에 공개할 필요는 없다. 문화적 배경, 인종, 나이를 근거로 한 차별은 불법이지만, 법이 고용주의 마음속에 있는 편견으로부터 당신을 보호해 줄 수는 없다.

예를 들어, 나이 차별은 불법이지만, 일부 고용주들은 늦은 나이에 새롭게 경력을 쌓으려는 사람들에 대한 편견이 있다. 자녀가 중고등학교에 들어가고 난 후에 다시 학교로 돌아갔다는 이야기를 굳이 할 필요가 있을까? 또한 다른 지원자들처럼 젊지 않다는 신호가 될 수도 있는 고등학교에 대한 정보는 빼는 것도 생각해볼 필요가 있다(고등학교를 언제 졸업했는지 공개할 필요가 있을까?). 혹은 특별한 성과가 없다면 비전문적인 경력 또한 생략할 수도 있다.

면접장에서는 당신이 21살이 넘는다는 것을 다 알 수 있다. 그러나 그 자리에서는 종이에 적힌 연도가 아니라 당신이 어떤 사람인지를 직접 보여줄 수 있는 기회가 있다. 당신의 성숙한 판단력, 강한 동기, 그리고 명확한 방향 설정 능력을 어떻게 업무에 적용시킬 수 있는지 보여줄 수 있다. 그러나 일단은 면접까지 올라가야 한다.

추천인 추천인 리스트는 이력서의 마지막에 적는다. 추천인에 대한 요구가 특별히 없다면 적지 않는 것이 더 좋을 수도 있다. 잠정적 고용주는 당신을 면접에 부르기 전에 추천인에게 연락을 취할 수 있다. 조금이라도 부정적인 언급이 있다면 당신의 취직 가능성은 그 자리에서 없어질 수 있다. 고용주가 특별히 요구하지 않는 이상, 자기 소개서에 "필요시 추천인을 알려드립니다" 정도로 언급하는 것이 나을 수 있다.

이력서만으로 취업할 수는 없지만, 적어도 발을 들여놓을 수 있게는 해준다. 대부분의 채용 담당자들은 한 일자리당 수백 개의 이력서를 보게 되므로, 당신의 이력서를 포함 각 이력

표 14.1 이력서를 작성할 때 흔히 하는 실수와 그런 실수를 피하는 방법

1. 오타, 문법상 실수, 철자 오류 : 맞춤법 검사 프로그램을 활용하고 제출하기 전 다른 사람에게 이력서를 점검해달라고 하라.
2. 특이한 폰트, 부적절한 포맷, 이모티콘이나 장식 용지(예를 들어 파란색 바탕에 흰 구름 무늬가 있는 종이) 사용 : 간결하고 사무적인 양식을 사용하라.
3. 모호하거나 잘 정리되지 않은 성과 : 성과에 대해 '판매 실적 23% 상승'과 같이 명확하고 상세히 설명하라.
4. 고용주에게 원하는 것 설명, 예를 들어 사람들을 만나고 여행을 다닐 수 있는 직업을 원한다고 하는 것 : 대신, 당신이 고용주를 위해 무엇을 할 수 있는지에 대해 설명하라.
5. 연락처 미기재 : 집 전화번호, 휴대전화 번호, 팩스 번호(있다면), 이메일 주소 등 가능한 모든 연락처를 적도록 하라.
6. 불필요하게 장황한 설명 : 간단 명료하게 하라.
7. 항시 동일한 이력서 : 현재 지원하는 일자리에 이력서를 맞추라.
8. 관련 없는 정보 : 종교, 정치적 성향, 애완동물, 결혼 여부, 자녀에 대한 정보는 피하라. 일자리와 관련된 경력 및 성과에 집중하라.

서당 몇 초의 시간밖에 허용할 수 없다. 그러므로 당신의 이력서를 휴지통으로 보내버리는 실수를 범하지 않으려면 그 몇 초를 최대한 활용할 수 있는 방법을 찾아야 한다(표 14.1 참조).

자기 소개서

이력서와 함께 자기 소개서를 제출한다. 자기 소개서에는 다음과 같은 정보를 포함시키는 것이 좋다.

1. 자기 소개서의 목적 설명
2. 지원하는 일자리에 대해 어떻게 알게 되었는지에 대한 설명
3. 당신이 갖춘 자격과 업무 내용의 비교
4. 희망 연봉 및 근무 가능 지역(선택 사항)
5. 자기 소개서에 대한 응답이나 면접 요청
6. 필요시 추천인을 알려주겠다는 언급
7. 지원하는 일자리에 자신을 고려해주는 것에 대한 감사

어떻게 자기 소개서를 쓸지에 대한 다른 제안들에 대해서는 〈표 14.2〉를 참조하기 바란다.

축하합니다! 훌륭한 이력서와 자기 소개서로 좋은 인상을 심어주어, 면접에 오라는 통보를 받았다고 가정하자. 이제 무엇을 해야 하는가?

면접관 감동시키기

취업 면접은 테스트인 동시에 사교적 만남이기도 하다. 먼저, 첫인상과 단정함이 중요하다는 것을 명심하고 옷차림에 신경 써서 좋은 인상을 남기도록 하라. 다른 조건들이 동일하다면, 좋은 인상을 남기는 사람이 일자리를 얻을 확률이 높다. 향수는 사용하지 않는 것이 좋다. 연구에 따르면, 여성 면접관은 향수를 사용한 지원자를 좋게 평가한 반면, 남성 면접관은 지원자가 남자이든 여자이든 더 부정적으로 평가한다고 한다(Baron, 1983). 남성 면접관은 여성 면접관보다 다소 융통성이 부족하고, 향수로 치장하는 사람들은 업무에 대해 진지하지 못한

표 14.2 ▮ 자기 소개서 견본 : 모범적인 내용과 피해야 할 내용 등

자기 소개서 내용	평가
저희 대학 취업실로 발송된 취업 공지에 나와 있는 컴퓨터 판매 수습 사원직에 지원하기 위해 이력서를 첨부합니다.	첨부된 이력서에 대한 언급(좋음) 글쓴이가 해당 일자리에 지원하고 있음을 언급(좋음) 해당 일자리에 대해 어떻게 알게 되었는지 언급(좋음)
저의 학력과 경력이 해당 업무와 잘 맞는다고 생각됩니다. 저는 경영을 전공하였으며, 특히 마케팅이 저의 전문분야입니다. 컴퓨터 공학과 연관된 강의도 네 과목을 수강하였고, 학내 컴퓨터 센터에서 파트 타임으로 일을 하며 컴퓨터와 다양한 소프트웨어 사용에 관하여 학생들을 지원하고 있습니다. 또한 이력서에 명시되어 있듯이 파트 타임 또는 방학 중 판매직으로 일한 경험도 있습니다.	좋다! 글쓴이가 판매직과 컴퓨터 두 분야 모두에서 (대학을 갓 졸업한 사람으로서는) 많은 경험을 가지고 있음을 잘 알려주고 있다.
저는 연봉은 그다지 중요하게 생각하지 않습니다. 그러나 제 아내가 이곳에서 일하고 있기 때문에 타 지역에서 근무하는 것은 곤란합니다.	실수다! 당신의 이력서가 휴지통으로 던져지는 장면이 눈앞에 그려진다. 당신에게 중요하지 않더라도 고용주에게 연봉은 언제나 중요하다. 취업 공지에 '희망 연봉 조건'을 쓰도록 명시되어 있지 않다면 연봉에 대해서는 언급하지 말라. 또한 결혼 여부나 타 지역에서 일하는 것은 불가능하다는 등의 언급도 불필요하다. 그건 일단 면접에 가고 난 다음에 생각해도 늦지 않다. 이 부분에서 당신은 가족 문제 때문에 일을 할 수 없을지도 모른다는 것을 밝힘으로써 경쟁에서 이미 탈락되었다.
면접에서 뵐 수 있기를 기대합니다. 필요하다면 직장에서 조퇴하거나 수업을 한두 개 정도 빠질 수 있습니다.	좋기도 하고 안 좋기도 하다. 면접을 원한다는 것을 언급한다는 것은 좋지만, 면접에 가기 위해 어떤 수단과 방법을 쓸 것인지에 대해서 자세하게 알려줄 필요는 없다(아무도 그런 쓰레기 세부사항에 신경 쓰지 않는다 — 말이 좀 과하기는 하지만 당신의 자기 소개서를 읽는 사람도 같은 생각을 할 만한 상황을 만드는 것은 피하도록 하고 싶다). 만일 면접에 가는 것이 자기 소개서에 꼭 언급을 해야 할 만큼 스트레스를 준다면, 실제 사회에서 실제 직업의 스트레스는 어떻게 감당할 것인가?
읽어주셔서 너무 고마워요.	"고맙습니다"라고 똑바로 적자. "고마워요"는 너무 격식이 없다. 또, "너무"는 그냥 지우는 것이 낫다. 매끄럽지 못한 어법이기도 하다. 이제 진짜 사회인이 되는 것이다!

사람이라고 믿는 것으로 보인다.

면접관과 눈을 맞추되, 기민하고 협조적이고 친근한 눈길을 주고, 뚫어지게 쳐다보지는 말자. 뚫어지게 쳐다보는 것은 도전으로 받아들여질 수 있다. 칭찬도 좋지만, 특정 능력이나 성과에 대한 구체적인 칭찬일 때 효과가 있다. 사람들은 일반적으로 자신을 칭찬하는 사람을 좋아한다고 심리학자들은 말한다(Vonk, 2002). 그러나 알맹이 없는 칭찬은 자기 이득을 챙기려는 가식적인 행동으로 보이기 쉽다. 명심할 것은 회사와 면접관에 대해 미리 공부하여 준비된 지원자라는 인상을 주도록 하고, 칭찬은 잘 분별해서 사용하는 것이 좋다는 것이다.

면접관이 어떤 질문을 할 것인지 예상해보는 것은 면접 준비에 도움이 된다. 예상 질문들의 리스트를 작성하고 답변을 리허설하듯 큰 소리로 말해보자. 친구에게 면접관의 역할을 해달라고 부탁해보는 것도 좋다.

우수한 학생이라고 해서 매 수업마다 뭔가 발표해야 하는 것은 아니다. 이와 유사하게, 우수한 취업 후보자는 면접에서 대화를 독차지하지 않는다. 인내심을 가져라. 무슨 말이든지 나서서 해야 한다고 느끼지 말고 면접관이 업무나 회사에 대해 설명할 기회도 주어라. 흥미를

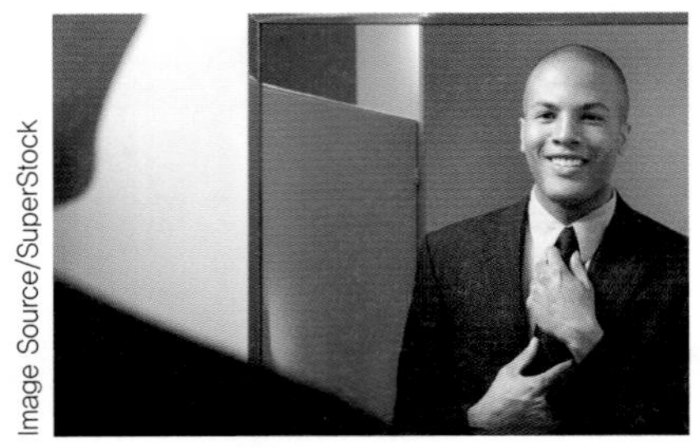
Image Source/SuperStock

취업하자! 채용 면접에 대비하자. 말끔하게 단장하라. 예상 질문에 대한 답변을 연습하라. 또한 직업의 성격이나 직장 위치에 대해 면접관에게 할 질문도 준비해두라. 미리 해당 회사나 조직에 대해 조사하여 질문이 수준 높게 들리도록 하는 것이 좋다.

보여라. 간간히 고개도 끄덕여라. 안절부절못하는 모습은 보이지 않도록 하라.

경력이나 성과에 대한 질문을 받으면 쑥스러워하지 말라. 강점과 성과를 설명해주며 자신을 홍보하되, 너무 세세하고 과도하게 자신을 칭찬하지는 말라. 취업 면접에서 적절한 자기 홍보는 면접관으로부터 높은 평가를 받는다는 연구 결과들이 자기 홍보의 가치를 뒷받침해준다(Aleksander et al., 2002).

이제 면접에서 어떤 질문을 받게 될지 한번 생각해보자. 당신의 전문 분야와 관련된 질문들도 일부 나올 텐데, 그와 관련해서는 우리가 도움을 줄 수 있는 것이 별로 없다. 그러나 대부분의 취업 면접에서 나올 수 있는 질문들에 대해서는 이야기해줄 수 있다. 당신의 이력서와 자기 소개서가 통과되어 면접에 가게 되었다고 가정하자. 다음에 나오는 연습과제로 중요한 면접에 대비해보자. 아래 연습과제를 보면 질문이 있고, 그에 대한 답변을 적을 수 있는 공간이 마련되어 있다. 그 밑에는 해당 질문에서 면접관이 기대하는 바가 어떤 것인지에 대해 우리의 생각을 적어놓았다. 항상 특정 답변을 제시하지는 않았다. 당신의 전공 분야나 지원한 회사의 성격 또는 지역 등에 적절하게 단어 선정은 달리해야 할 것이다.

자, 이제 앞 지원자가 면접을 마쳤으니 당신 차례이다! 아래 질문에 답변을 해보자. 먼저 생각나는 답변을 적고, 그다음에 우리의 제안을 읽어보면 어떨까?

1. 안녕하세요?

____

____

제안 : 귀여운 척하거나 기교를 부리지 말라. 그저 “안녕하세요” 정도면 괜찮다.

2. 이번 채용 공고에 대해서는 어떻게 알게 되셨습니까?

____

____

“지원서에 적어놓았습니다” 라는 식으로 대답하지 말자(논쟁을 하러 온 것이 아니라 취직하고 싶은 것이다). 지원서나 자기 소개서에 이미 설명을 적어놓았겠지만, 면접관이 당신의 자기 소개서를 읽지 않았을 수도 있고, 또는 그저 표준 절차를 따르고 싶은 것일 수도 있다. 항상 간단 명료하게, 그리고 예의 바르게 대답하라.

3. 우리 회사에 대해서는 어떤 것들을 알고 있습니까?

____

____

회사에 대해 미리 조사해서 준비해두자. 자신의 회사에 대해 당신이 어느 정도 알고 있는지, 아니면 아무 곳이나 무턱대고 지원하는 것인지 면접관은 궁금하다. 당신의 커리어 목표에 해당 회사가 어떻게 부합하는지 설명하라.

4. 이 일에서 기대하는 바는 무엇입니까?

____

____

당신의 구체적인 목표에 대해 이야기할 수 있는 기회이다. 면접관은 목표가 분명한 지원자를 찾는다. 당신의 분야에서 유명한 전문가와 일할 수 있는 기회나 조직 문화, 조직의 리더십 등과 같은 것을 언급하라. "집에서 가까워서요" 같은 말은 하지 말라. 주차, 보너스, 휴가 등과 같이 특권의식에 대한 냄새를 풍기는 것들이나 회사가 해주었으면 하는 것들에 대한 것은 묻지 말라. 급여의 좋은 점에 대해 언급해도 되지만, 개인적 성장이나 자기 완성의 기회 같은 것에 대해서도 이야기하라.

5. 지금으로부터 10년 후에 대한 계획은 무엇입니까?

면접관은 당신이 기업의 승진 체계에 대한 명확한 인식을 가지고 있고, 회사의 요구사항과 당신의 커리어 목표가 일치한다는 것을 듣고 싶어 한다. 일관된 답변을 준비하되, 커리어 내에서 조금 다른 성격의 일을 탐색하는 것에도 흥미가 있다는 식의 융통성을 보이는 것도 잊지 말라. 당신이 경직되어 있지 않고 조직 내에서의 경험이 당신의 미래 계획에 영향을 미칠 수도 있다는 것을 인지하고 있음을 면접관에게 알려주는 것이 좋다.

6. 만일 회사가 필요로 한다면 다른 지역에서 일할 수 있습니까?

면접관은 다른 지역에서 일하는 것에 문제가 없다는 대답을 듣고 싶어 한다. 즉 회사와의 관계가 어느 곳에 거주하는지보다 더 중요하다는 것을 듣고 싶은 것이다. 약혼자나 배우자가 맞춰줄 수 있다는 이야기는 하지 말라. 배우자가 실제로는 그렇지 않고, 당신이 그냥 그 문제에 대해 별로 이야기하고 싶지 않다는 것을 암시한다.

7. 연봉은 어느 정도로 생각하고 있습니까?

신입사원의 연봉은 대체로 정해져 있고, 큰 조직일수록 그러하다. 그러나 이 질문을 받더라도, 당신의 자격이나 배경보다 연봉을 낮게 부른다고 채용될 가능성이 높아질 것이라는 함정에 빠지지 말라. 말도 안 되게 높은 연봉은 안 되지만, 적당하게 높은 수준의 연봉을 제시하라. 당신의 경험과 경력을 강조하는 설명과 함께 구체적인 숫자를 제시해도 된다. 좋은 것은 저가에 얻을 수 없고, 회사도 이를 알고 있다. 그리고 회사가 왜 당신 자신보다 더 후하게 당신을 평가하겠는가?

8. 취직이 된다면 가장 먼저 어떤 일을 하겠습니까?

면접관은 당신이 (1) 적극적, 능동적이며, (2) 무슨 일을 해야 할지 이해하고 있다는 것을 확인하고 싶은 것이다. 합격된다면 놀라겠다든가 충격을 받을 것 같다는 식의 이야기는 하지 말라. "조직의 목표와 제 업무를 구체적으로 파악하기 위해 상관과 동료들을 알아나가겠습니다" 같은 대답도 괜찮다. 혹은 사무 공간을 정리하고, 업무에 필요한 물건들을 파악해서 주문하는 등 '바로 일을 시작하는 것'에 대해 이야기하는 것이 좋을 수도 있다. 어떤 대답이 좋을지는 해야 할 업무의 성격에 달려 있다.

9. 이 업무가 상당히 어려운 (또는 상당한 시간을 필요로 하는) 일이라는 것을 알고 있습니까?

그렇건 아니건 간에 면접관은 이 일이 식은 죽 먹기라는 식의 대답을 듣고 싶어 하지는 않는다. 면접관은 당신이 최선을 다할 것이며 열정에 가득 차 있다는 말을 듣고 싶어 한다. 적절한 대답을 하기 위해 면접관에게 왜 그렇게 말했는지 좀 더 부연설명을 해달라고 요청해볼 수도 있다.

10. 당신의 취약점은 무엇이라고 생각합니까?

가장 어려운 질문일지도 모른다. 즉석에서 대답하지 말고 지원하는 업무와 연결하여 미리 대답을 준비하라. 강점을 강조할 수 있는 기회로 이 질문을 이용하라. "이 회사의 트레이닝을 통해 많은 것을 배울 수 있다고 생각합니다. 이 분야에서 저의 능력을 키울 수 있는 기회를 찾고 있었습니다. 저는 무엇이든지 빨리 배우고, 일을 잘할 수 있을 것이라 확신합니다"와 같이 대답할 수도 있다.

11. 질문이 있습니까?

예상치 못했는가? 멍한 표정을 짓는 대신 몇 가지 질문을 면접 전에 준비하라. 똑똑한 질문을 하는 것은 업무에 대한 관심과 일을 잘할 수 있는 능력이 있다는 신호이다. 그러기는 힘들겠지만 만일 면접관이 면접 중 모든 이슈들을 다 다루었다면, "'이런저런' 것들에 대해 질문하려고 했었는데 이미 면접 중에 답변을 들었습니다. 하지만 조금 더 자세히 설명해주실 수 있으시겠습니까?"라고 말할 수도 있다.

12. 마지막으로, 면접을 끝내면서는 무슨 말을 할 것인가?

고마움을 표현하되 지나친 열정을 쏟아내지는 말라. "면접의 기회를 주셔서 고맙습니다. 만나뵙게 되어 반가웠습니다. 좋은 소식 기다리겠습니다"와 같이 이야기하면 된다.

취업 후의 발달 과제 : 부단한 노력으로 일에서 성공하기

취직을 했다! 꿈꾸던 직장이다! 공부한 보람이 있었고, 면접도 잘 보았다. (방법을 알려주었으니 당연히 잘 보았으리라 믿는다.) 높은 연봉, 충분한 승진의 기회, 그리고 원하는 분야에서 스스로를 개발할 수 있다는 보장 — 이 모든 것을 가졌다. 여기서부터는 일이 술술 풀릴 일만 남았다, 맞는가? 이 책을 오랫동안 읽어 왔으니 우리의 대답도 알 것이다. 꼭 그렇지만은 않다는 것이 우리의 대답이다.

그렇다, 취직은 했다. 그럼 이제 무엇을 해야 하는가? 만일 이번 일자리가 학력이나 경력, 성격과 잘 맞는다면 업무도 잘 해낼 것이라고 본다. 그러나 일을 시작하면 우리가 해야 하는 몇 가지 발달 과제가 있다.

- 학교에서 회사로의 전환에 적응하기. 학교 생활에는 이미 익숙해졌는데, 변화는 신나기도 하지만 두려운 일이기도 하다. 또한 학교의 '정상'(졸업)에서 조직의 위계 제도 내에서 비교적 낮은 자리로 옮겨 간다. 더군다나 학교에서는 매 학기 과목을 수료하고, 학년이 올라가는

등 측정 가능한 진척이 있다. 그러나 직장에서는 승진 없이 여러 해를 같은 직책에 머물 수도 있다.

- **업무 수행 방법 배우기.** 업무는 직업적 기술을 발휘하는 것뿐 아니라 자신의 태도와 가치관을 회사의 요구에 맞추는 것을 포함한다. 조직의 명시적 그리고 암묵적 규칙을 배우는 것은 그것 자체가 일이다.
- **조직 또는 직업에서 당신의 위치가 하급자라는 것 받아들이기.** 당신은 대학교에서는 엄청난 인기를 누렸을 수 있다. 스포츠 팀의 리더였거나 우등생이었을 수도 있다. 이런 모든 성과와 반짝이는 재능에도 불구하고, 직장에서 당신은 신참에 불과하다. 그러므로 신참처럼 행동하라. (물론 그렇다고 굽실거릴 필요는 없지만 신참이고 아직 풋내기에 불과하다는 사실을 인정하라.)
- **직장 상사와 동료들과 잘 지내는 방법 배우기.** 물론 어느 정도 사회성 기술은 가지고 있다. 그러나 당신은 새로운 사람들과 새로운 환경 속에 있다. 당신에게 새로운 기대를 걸고 있기도 하다. 대인 관계에서 다소 문제가 생기는 것은 어느 정도 예상하라.
- **직장에 잘 다니고, 개선을 가져오고, 일을 추진할 수 있다는 것 보여주기.** 이제 더 이상 4학년이 아니고, 잠재력으로 평가받지도 않는다. 받는 급여만큼 일할 수 있다는 것을 증명해 보여야 한다.
- **일을 하는 방법을 가르쳐줄 후원자나 멘토 찾기.** 도움을 주는 멘토를 찾을 수 있다면 업무에 대한 만족도도 높아지고 성공할 확률도 높아진다(Murphy & Ensher, 2001).
- **일과 나머지 생활의 경계 분명히 하기.** 일의 경계는 어디까지인가? 개인적 관심과 사회적 관계는 어디서부터 시작하는가? 업무상 문제를 집까지 가져가지 않도록 한다.(그리고 집안 문제도 직장으로 가져가지 않는다.)
- **상관의 평가나 측정할 수 있는 업무 성과에 비추어 당신의 직업적 선택을 평가하기.** 이 업무가 진정 당신에게 적합한가? 만일 충분한 시간을 가지고 신중하게 평가해보았을 때 적합하지 않다는 판단이 든다면, 그 이유에 대해 깊이 생각해보고 변화에 대해서도 고려해보라.
- **일상의 번거로운 일들, 좌절, 성공과 실패에 대처하는 법 배우기.** 일에는 스트레스가 따르는 법이고, 스트레스 대처법이 필요하다. 이 장과 이전 장들에 나온 제안들을 살펴보라.

모듈 복습

복습하기

(1) 급여를 받는 것은 일을 하는 것에 대한 (외적, 내적?) 동기이다.

(2) 직업 ______은/는 생산적인 노동을 할 도덕적 의무가 있다는 것이다.

(3) 일을 잘 마쳤을 때 받는 인정은 자기 ______에 기여한다.

(4) 어떤 사람들은 부모님이나 지역사회에서 명망 있는 사람들과 같은 역할 ______의 커리어 경로를 따른다.

(5) 커리어 개발의 ______ 단계는 자기 잠재력과 직업 세계에 대한 아동의 비현실적인 개념과 관련이 있다.

(6) ______ 선택 단계에서 아이들은 선택의 폭을 좁히고 어느 정도 현실적인 자기 평가와 직업에 대한 지식을 나타낸다.

(7) 커리어 ______ 단계는 한 번 이상 직업을 변경하는 것이 오늘날에는 예외적인 것이 아니라 일반적인 일이 되었음을 반영한다.

(8) 일자리에 지원할 때 ______은/는 당신 배경의 요약본이다.

(9) 취업 면접을 준비할 때는 _______이/가 매우 중요하다는 것을 기억해야 한다.
(10) 면접자에게 질문을 하는 것은 (좋다, 나쁘다?).
(11) 취직한 후 가장 먼저 해야 할 일은 _______을/를 어떻게 수행할지 배우는 것이다.

생각해보기

취업 이후 해야 할 발달 과제들에 대한 충고를 단 두 가지로 압축해보라.

적응과 현대인의 삶

커리어 : 뜨는 직업, 그렇지 않은 직업

어떤 커리어를 계획하고 있는가? 비디오 게임이나 초효율적 음성 인식 기술을 위한 소프트웨어를 제작하려고 하는가? 초등학교에서 아동들을 가르치고 싶은가? 레스토랑에서 음식을 서빙하고 싶은가? 개인 사업을 시작하고 싶은가? _______(당신의 이름) 박사가 되고 싶은가? 어떤 커리어를 가지기를 꿈꾸는가? 무엇보다 중요한 것은 어떤 분야에서 새 직장을 발견할 수 있을까?

서비스, 서비스, 서비스

정부는 서비스 산업이 많은 새 일자리를 창출해낼 것으로 기대한다. 기계 조작자, 제조업자, 단순 육체 노동자, 장인, 수리공 같은 일자리 중 백만 개 이상이 없어질 것이다. 새 세대 로봇을 포함한 기술의 발전은 공장에서 사람들이 설 자리를 축소시킬 것이다. 농업, 임업, 어업 및 관련된 직종에서의 일자리 역시 감소할 것으로 예상된다. 그런 분야에서의 채용은 누군가의 이직으로 인한 대체 용도일 뿐이다.

서비스 산업의 팽창세 안에서 새 일자리의 대부분은 의료, 교육, 상업 분야에서 생겨날 것으로 보인다. 왜 의료 서비스가 증가할지 궁금한가? 인구의 고령화가 진행되고 노인들은 더 많은 의료서비스를 필요로 한다. 그러나 이 분야의 많은 일자리는 대학 졸업장을 필요로 하지는 않는다. 비용 절감을 위해 병원이 환자를 빨리 퇴원시키기 때문에 가정 도우미와 간병인의 필요성이 증가한다. 그러나 진단과 치료를 위한 혁신적인 의료 기술도 증가할 것인데, 이 분야의 일자리는 적어도 기술 훈련이라도 필요로 할 것이다. 간호사 역시 많이 필요할 것이다. 교육은 어떠한가? 어린 아동들도 많고, 나이 든 사람들도 다시 재교육을 받는 일이 늘어나게 된다. 상업 분야는? 미국의 산업은 소위 상업이라고 한다. 그리고 기술 관련 일자리가 줄어드는 것이 최근의 추세이지만, 기술이 그 역할을 모두 잃어버리지는 않을 것이다. 휴대전화, 태블릿 PC, 노트북, 전자책 리더, 디지털 카메라, DVD 플레이어, 그리고 이 책이 출판되기 전에 나올 어떤 최신식 제품이든 그것들을 우리가 모두 포기하지 않는 한은 말이다.

첨단 기술의 대세

2006~2016년 사이에 가장 빨리 성장할 것으로 예상되는 업종은 무엇일까? 〈표 14.3〉을 한번 보라. 일정한 방향성이 보이는가? 빠른 성장을 보이는 대부분의 업종은 의료 및 컴퓨터 관련 업종이다. 의료 산업은 고용의 성장 측면에서도 지속적으로 두각을 나타내는데, 특히 의학, 내과, 사회복지 및 봉사 관련하여 보조역할을 할 수 있도록 훈련을 받은 사람들에 대한 필요성이 증가하고 있다. 컴퓨터 전문가들을 위한 일자리도 급격한 성장세를 보이고 있는데, 특히 소프트웨어 엔지니어와 시스템 애널리스트 직종이 그러하다. 나라 전체가 그 어느 때보다 더욱 컴퓨터 소프트웨어에 의존하고 있으며, 소프트웨어를 개발하고 사용할 수 있는 사람들에 대한 수요가 공급을 훨씬 넘어섰다. 향후 10년간 백만 개의 새로운 프로그래밍 일자리가 생겨날 것으로 예상되므로 인력 부족은 더 악화될 것으로 보인다. 시스템 애널리스트는 부분들을 전체로 통합하는 일, 즉 컴퓨터 하드웨어와 소프트웨어가 조직을 위해 일할 수 있도록 만드는 일을 담당한다. 이들이 필요하다면, 아예 그 일을 배우는 것이 좋을지도 모른다.

이 모든 것은 오늘날 대학 졸업자들에게 좋은 소식이다. 학사 학위 이상의 학력을 필요로 하는 일자리가 그 이하의 학력이나 훈련으로도 일할 수 있는 일자리보다 적어도 2배 이상 늘어날 것이다. 더구나 이들 일자리는 평균 급여보다 훨씬 더 많은 급여를 준다. 〈표 14.3〉에서 볼 수 있듯이, 컴퓨터와 의료 서비스 분야의 일자리가 매우 증가할 것이다.

더 자세한 정보를 원하는가? 대학 취업지원센터를 한번 방문해보라.(이 책을 읽고 왔다고 전하라.)

iStockphoto

새 천 년 시대 오늘날에는 디지털이라는 형용사가 앞에 붙기만 하면, 그것과 관련된 직업이 있을 확률이 높다. 그러나 당신이 첨단 기술에 별 관심이 없다면, 의료 서비스, 교육, 상업 분야의 커리어에 대한 수요 또한 높다는 것을 알아두자.

표 14.3 ▮ 일자리 창출 분야 : 미국에서 가장 많이 늘어나는 직업 30가지

2016년까지 일자리 수 측면에서 가장 큰 성장세를 보일 업종들이 아래 나와 있다. 그중에서도 가장 빠른 성장세를 보일 것으로 예상되는 네트워크 시스템 및 데이터 커뮤니케이션 업종은 2016년까지 53.4%의 성장률을 보일 것으로 예상된다.

	취업 동향 2006~2016		
	개수(천 단위)	백분율	가장 중요한 학력 또는 교육[1]
네트워크 시스템 및 데이터 커뮤니케이션	140	53.4	학사 학위
개인 및 가정 도우미	389	50.6	단기 현장 교육
가정 간병인	384	48.7	단기 현장 교육
컴퓨터 소프트웨어 엔지니어, 애플리케이션	226	44.6	학사 학위
수의 간호사	29	41.0	전문대 졸업
개인 재정 설계사	72	41.0	학사 학위
메이크업 아티스트	1	39.8	직업 전문 학교
의료 보조	148	35.4	일정 기간 현장 교육
수의사	22	35.0	전문 학위
약물 중독 및 행동 장애 상담가	29	34.3	학사 학위
피부 관리 전문가	13	34.3	직업 전문 학교
금융 전문가	75	33.8	학사 학위
사회복지 서비스 보조	114	33.6	일정 기간 현장 교육
도박장 감시관, 도박 조사관	3	33.6	일정 기간 현장 교육
물리 치료 보조	20	32.4	전문대 졸업
약사 보조	91	32.0	일정 기간 현장 교육
과학 수사 테크니션	4	30.7	학사 학위
치과 위생사	50	30.1	전문대 졸업
정신건강 전문가	30	30.0	석사 학위
정신건강 및 약물 남용 사회 복지사	37	29.9	석사 학위
부부 및 가족 상담가	7	29.8	석사 학위
치과 보조	82	29.2	일정 기간 현장 교육
컴퓨터 시스템 애널리스트	146	29.0	학사 학위
데이터베이스 관리자	34	28.6	학사 학위
컴퓨터 소프트웨어 엔지니어, 시스템 소프트웨어	99	28.2	학사 학위
게임 및 스포츠 도서 저자	5	28.0	단기 현장 교육
환경학 및 환경 보호 테크니션	10	28.0	전문대 졸업
네일 케어 관리사	22	27.6	직업 전문 학교
물리 치료사	47	27.1	석사 학위
보조 의사	18	27.0	석사 학위

[1] 해당 업종에서 일할 수 있는 자격을 갖추기 위해 필요한 고등교육이나 훈련을 11개의 범주로 분류하여 표시

출처 : 2008−09 *Occupational Outlook Handbook*, 미국 노동 통계청, http://www.bls.gov/news.release/ooh.t01.htm

모듈 14.2 직업에 적응하기

- 직업 만족도와 관련된 요인은 무엇인가?
- 직업 만족도를 향상시킬 수 있는 요인은 무엇인가?
- 직장에서의 스트레스 요인은 무엇인가?
- 직장에서의 스트레스는 어떤 방법으로 감소시킬 수 있는가?
- 소진은 무엇인가? 소진은 무엇 때문에 일어나는가?
- 직무 소진을 막을 수 있는 방법은 무엇인가?

비록 일이 개인적 성장과 자아 실현의 중요한 기회를 제공하지만, 동시에 여러 측면에서 새롭게 적응할 것을 우리에게 요구한다. 이 모듈에서는 직업 만족도에 기여하는 요인과 업무상 마주칠 스트레스 요인의 유형에 대해 살펴볼 것이다.

직업 만족도

직업 만족도 : 자신의 직업에 대해 긍정적으로 느끼는 정도

일자리를 얻었다고 해서 반드시 그 일에 만족하게 되는 것은 아니다. **직업 만족도**(job satisfaction)는 자신의 일에 대해 얼마나 긍정적으로 생각하는지를 말한다. 한 갤럽 설문조사에 따르면 직장인 중 2/3가 직장 동료에 대해 만족한다고 한다(Saad, 1999). 절반 이상은 사무실의 안전도, 근무 스케줄의 융통성, 휴가 기간에 대해 만족한다고 응답했다. 〈그림 14.1〉은 업무에서 받는 스트레스, 자신들이 하는 일에 대한 인정, 급여와 혜택에 대해 직장인들이 가장 만족하지 못한다고 응답한 것을 보여준다.

일부 직장인들, 특히 생산 라인 근로자와 말단 사원들은 소외감과 불만족감을 경험한다고 보고하였다. 어떤 이들은 업무가 지루하고 비인간적이라고 하였다. 이들은 상관이 자신들을 존중해주지 않고, 근무 조건이나 생산성 향상의 방법에 대해 알려줄 수 있는 자원으로 자신들을 활용하지 못한다는 불만을 가지고 있었다. 즉 이들의 불만족감은 '소외되어 있다'는 느낌과 연결되어 있다. 이들은 의사 결정에 아무런 의견을 제시할 수 없고, 그럴 힘도 없고, 자기 자신의 업무나 조직이 무엇을 하는지에 대해 어떤 영향력도 행사할 수 없다고 느끼고 있다(Anderson & Betz, 2001; Judge & Bono, 2001). 업무에서의 통제력은 직업 만족도에만 중요

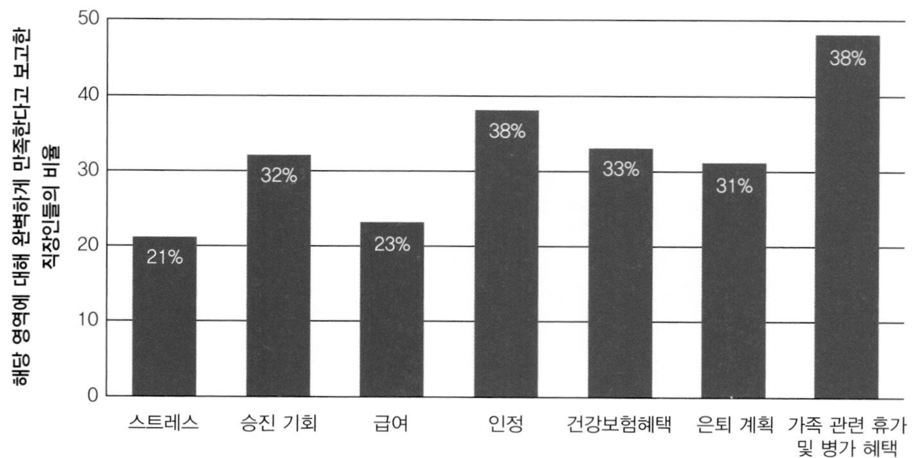

그림 14.1
직장인들이 가장 낮은 직업 만족도를 경험하는 영역들 한 갤럽 설문조사에 따르면 직장인들은 이와 같은 영역들에서 낮은 만족도를 경험하는 것으로 나타났다.

출처 : Saad, 1999.

한 것이 아니라 근로자들의 건강이나 복지에도 영향을 미칠 수 있다(Spector, 2003).

무엇이 직업 만족도를 결정하는가?

직업 만족도는 넉넉한 급여와 부가적인 혜택, 개인적으로 만족스러운 일과 직장 동료들과 교류를 할 수 있는 기회, 보육 서비스의 유무 등 여러 가지 요인에 달려 있다(Morgeson & Humphrey, 2006). 직업 만족도에서 또 다른 중요한 요소는 업무 자체에 대한 통제감이다. 자신의 업무를 스스로 통제할 수 있다고 생각할 때, 직업 만족도도 증가하고 직장을 옮길 확률도 줄어든다(Ashforth & Saks, 2000; Judge & Bono, 2001). 그러나 직업 만족도는 근로자 자신의 특성에 달려 있기도 하다(Bowling et al., 2005). 즉 비관적 사고를 가진 사람들보다는 긍정적이고 밝은 성격을 가진 사람들이 직업에 만족하는 경향이 높다는 것이다(Judge & Ilies, 2002; Staw & Cohen-Charash, 2005).

직업에 대한 만족도와 삶에 대한 만족도는 서로 영향을 준다. 즉 삶에 대한 만족도가 대체로 높으면 직업 만족도도 같이 높아지고, 직업에 대한 만족감은 삶에 대한 만족감으로 이어지기도 한다는 것이다(Lyubomirsky, King, & Diener, 2005). 자존감, 목표를 달성할 능력이 있다는 확신(자기 효능감), 정서적 안정과 같은 특정 성격 특질들도 높은 직업 만족도와 연관이 있다(Judge, Heller, & Mount, 2002; Zalewska, 2010). 알아차리지 못했을 수도 있지만, 유전적 요인도 직업 만족도에 영향을 준다(Olson, Vernon, & Harris, 2001; Shane et al., 2010). 물려받은 유전자는 직업에서 얻을 수 있는 만족감뿐 아니라 삶의 전반적인 면에서 느끼는 만족감에 영향을 줄 수 있다.

귀인 양식(attributional style)이라는 인지적 요인도 영향을 미친다(Hewlett, 2001). 많은 사람들이 자신의 일에 대해 스스로 결정할 수 있는 것이 많은 직업을 선호한다. 그러나 다른 사람들에게 결정권이 맡겨지는 것을 선호하는 사람들도 있다는 것을 연구자들은 발견했다(Schaubroeck, Jones, & Xie, 2001). 이들은 일이 잘못될 경우 스스로를 자책하는 부정적인 귀인 양식을 가진 사람들이다. 이들은 일이 결과가 좋지 않을 경우 스스로를 자책하지 않아도 되게끔, 타인이 결정권을 가지는 직업을 선호하는 경향이 있다.

직업 만족도 높이기 : 직장 생활의 질을 높이는 것이 좋다

직장 생활의 질을 높이는 것은 모두에게 긍정적인 효과를 가져온다. 우선, 향상된 직업 만족도는 높은 비용을 발생시키는 두 가지 직업 불만족 측정치인 이직 및 결근의 감소와 연관이 있다(Abbasi & Hollman, 2000; Traut, Larsen, & Feimer, 2000). 두 번째로, 직장 생활의 질과 생산성도 서로 연관이 있다. 그럼 어떻게 하면 생산성도 높이고 직업 만족도도 향상 시킬 수 있는가? 여기 몇 가지 방법이 있다.

개선된 채용 및 업무 배치 직원과 직무를 잘 맞추어 배치함으로써 출발부터 직원의 동기가 향상될 수 있다(Spector, 2003). 회사가 필요로 하는 것과 직원의 요구가 잘 맞물릴 때 양쪽 모두에게 이득이 된다. 불행하게도, 때로는 업무를 훌륭하게 수행할 수 있는 잠재력과는 상관없는 이유로 인해 채용될 때도 있다. 외모가 출중하다거나 인맥 같은 것 때문에 채용이 될 수도 있다. 그러나 대체로 회사는 앞으로 맡겨질 업무에 잘 맞는다고 생각되는 지원자를 찾는다. 자신의 직업에 만족하는 직원들은 결근하거나 퇴사할 확률이 낮다. 산업/조직심리학자들은 적절한 업무 배치를 도와줄 수 있는 사전검사 프로그램을 만들기 위해 회사와 함께 일하

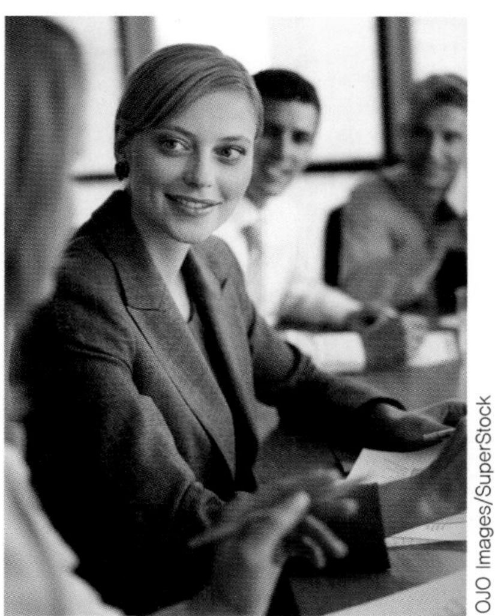

OJO Images/SuperStock

직업 만족도에 영향을 주는 요인들은 무엇인가? 대부분의 미국인들은 적어도 어느 정도는 직업에 만족하고 있으며, 거의 모든 사람들은 자신이 매우 성실한 근로자라고 생각한다. 그럼 불평하는 것들은 무엇인가? 많은 사람들이 급여, 업무 스트레스, 충분하게 인정받지 못한다는 느낌, 조직의 정책이나 결정에 영향을 줄 수 없음, 퇴직과 의료 혜택에 대해 불만족스러워한다.

자기 평가 : 직업에 대해 어떻게 느끼는가? 직업 만족도 척도

업무에 얼마나 만족하는가? 파트 타임으로 공부하는 학생은 풀 타임 직장에 다니고 있을 수도 있고, 풀 타임으로 공부하는 학생들은 파트 타임으로 일하고 있을 수도 있다. 어떤 경우이든, 미래에 직업을 가지고 있다는 상황을 가정해볼 수 있다. 직업 만족도 척도는 업무와 관련된 태도, 느낌, 행동 패턴과 관련된 질문들로 구성되어 있다.

지시 : 현재 직장에 대해 생각하면서 질문을 읽고 가장 적절한 응답을 고른다. 549쪽에 있는 답안지에 각 질문에 대한 응답을 적고, 이 장의 마지막에 있는 채점표를 보고 채점해보자.

1. 근무 중에 시계를 봅니까?
   a. 계속 본다.
   b. 가끔 본다.
   c. 한 번도 보지 않는다.

2. 월요일 아침이 되면 어떻습니까?
   a. 다시 직장으로 돌아갈 생각에 화가 난다.
   b. 다리라도 부러져서 병원에 누워 있을 수 있기를 염원한다.
   c. 처음에는 싫지만, 한 시간 정도 지나면 즐겁게 업무를 할 수 있다.

3. 하루 일과를 마치고 나면 어떻습니까?
   a. 죽을 만큼 피곤해서 아무것도 할 수가 없다.
   b. 그제서야 살 것 같아 기쁘다.
   c. 때로 피곤하긴 하지만 대체로 꽤 만족한다.

4. 일에 대해 걱정하십니까?
   a. 때때로 걱정한다.
   b. 전혀 걱정하지 않는다.
   c. 자주 걱정한다.

5. 자신의 직업에 대해 어떻게 말하시겠습니까?
   a. 나의 능력을 제대로 활용하지 못하고 있다.
   b. 나의 능력 이상의 것을 요구한다.
   c. 예전에는 절대 하지 못할 것이라고 생각했던 것들을 할 수 있게 해준다.

6. 다음 중 어떤 것이 맞습니까?
   a. 업무에 싫증을 내본 적이 거의 없다.
   b. 대체로 일에 흥미를 느끼지만, 가끔 싫증 날 때가 있다.
   c. 일하는 내내 대부분 싫증 난다.

7. 업무 중 사적인 전화나 업무와 관련 없는 일들을 하느라 보내는 시간이 얼마나 됩니까?
   a. 거의 없다.
   b. 조금 있다. 특히, 개인적으로 문제가 생겼을 때 더욱 그렇다.
   c. 많다.

8. 다른 일을 했으면 좋겠다고 생각합니까?
   a. 그런 적 거의 없다.
   b. 다른 직업은 아니고, 같은 직업 내에서 좀 더 나은 직책이었으면 좋겠다.

c. 그렇다.

9. 자신의 능력에 대해 어떻게 느낍니까?
   a. 대체로 꽤 능력이 있다고 느낀다.
   b. 때때로 능력이 있다고 느낀다.
   c. 쉽게 당황하고 자주 능력이 없다고 느낀다.

10. 직장 동료들에 대해 어떻게 생각합니까?
   a. 직장 동료들을 좋아하고 존중한다.
   b. 직장 동료들이 싫다.
   c. 직장 동료들에 대해 관심이 없다.

11. 다음 중 어떤 것이 맞습니까?
   a. 내 업무에 대해 더 배우고 싶은 것이 없다.
   b. 일을 처음 시작했을 때는 내 업무에 대해 배우는 것이 꽤 즐거웠다.
   c. 내 업무에 대해 최대한 많이 계속 배우고 싶다.

12. 자신의 장점이라고 생각하는 것들을 고르시오.
   a. 공감능력
   b. 명확한 사고
   c. 차분함
   d. 좋은 기억력
   e. 집중력
   f. 체력
   g. 창의력
   h. 전문성
   i. 매력
   j. 유머

13. 이번에는 당신의 업무가 필요로 하는 특성들을 골라보시오.
   a. 공감능력
   b. 명확한 사고
   c. 차분함
   d. 좋은 기억력
   e. 집중력
   f. 체력
   g. 창의력
   h. 전문성
   i. 매력
   j. 유머

14. 다음 중 어느 것이 맞습니까?
   a. 직업은 생활을 꾸려 나가기 위해 충분한 돈을 벌기 위한 수단일 뿐이다.
   b. 직업이 돈을 벌기 위한 주요 수단인 것은 맞지만, 가능하면 만족스러워야 한다.
   c. 직업은 삶의 전부이다.

15. 연장 근무를 합니까?
   a. 연장 근무 수당이 있을 때만 한다.
   b. 절대 하지 않는다.

c. 수당이 없어도 자주 한다.

16. 지난 1년간 결근(정기 휴가 또는 질병에 의한 것 제외)한 적이 있습니까?
    a. 전혀 없다.
    b. 며칠밖에 없다.
    c. 급여가 깎이더라도 자주 결근했다.

17. 당신을 어떻게 평가합니까?
    a. 야심이 많다.
    b. 야심이 없다.
    c. 야심이 조금 있다.

18. 직장 동료들이 당신에 대해 어떻게 생각합니까?
    a. 나를 좋아하고, 나와 함께 일하는 것을 즐기고, 대체로 잘 지낸다.
    b. 나를 싫어한다.
    c. 나를 싫어하지는 않지만, 특별히 나에게 친절하지도 않다.

19. 업무에 관해 이야기합니까?
    a. 직장 동료들과만 이야기한다.
    b. 친구와 가족들과 이야기한다.
    c. 하지 않을 수 있다면 이야기하지 않는다.

20. 뚜렷한 이유를 알 수 없는 소소한 병이나 통증이 있습니까?
    a. 거의 없다.
    b. 자주 그렇지는 않다.
    c. 자주 그렇다.

21. 어떻게 현재 직업을 선택하였습니까?
    a. 부모님과 선생님이 결정해주었다.
    b. 이것밖에 할 게 없었다.
    c. 나에게 잘 맞는 직업 같았다.

22. 가족이 병에 걸리는 상황과 같이 일과 가정 사이에서 갈등이 있을 때, 어떤 것을 선택하겠습니까?
    a. 항상 가족이 우선이다.
    b. 항상 일이 우선이다.
    c. 정말 비상 상황에서는 가족이지만, 다른 경우에는 대체로 일이 우선이다.

23. 급여에서 1/3이 감소된다면, 같은 일을 하겠습니까?
    a. 하겠다.
    b. 하고 싶지만, 그럴 경제적 여유가 없다.
    c. 하지 않겠다.

24. 해고를 당한다면, 어떤 것들이 가장 아쉽겠습니까?
    a. 돈
    b. 업무 자체
    c. 직장 동료들

25. 즐거운 일을 하기 위해 하루 휴가를 내겠습니까?
    a. 예
    b. 아니요

c. 급한 일이 없다면 그럴 수도 있다.

26. 직장에서 인정받지 못한다고 느낍니까?
    a. 때때로 그렇게 느낀다.
    b. 자주 그렇게 느낀다.
    c. 그렇게 느낀 적이 거의 없다.

27. 업무에 대해 가장 싫어하는 것은 무엇입니까?
    a. 내 시간을 마음대로 쓸 수 없다는 것
    b. 지루함
    c. 내가 원하는 방식대로 항상 일을 처리할 수 없다는 것

28. 업무와 사적인 생활을 분리합니까? (배우자에게 사실 확인을 받으시오.)
    a. 철저하게 분리한다.
    b. 대체로 분리하지만, 가끔 겹치기도 한다.
    c. 전혀 분리하지 않는다.

29. 당신의 자녀에게 당신과 같은 일을 하라고 권하겠습니까?
    a. 자녀가 일에 맞는 능력과 기질을 가지고 있다면 권하겠다.
    b. 하지 않도록 경고하겠다.
    c. 격려도 반대도 하지 않겠다.

30. 갑자기 많은 돈이 생기거나 상속받게 된다면 어떻게 하겠습니까?
    a. 남은 평생 일하지 않겠다.
    b. 항상 하고 싶었던 일을 하겠다.
    c. 어떤 형태로든 지금 하는 일을 계속하겠다.

답안지

1. a.____ b.____ c.____
2. a.____ b.____ c.____
3. a.____ b.____ c.____
4. a.____ b.____ c.____
5. a.____ b.____ c.____
6. a.____ b.____ c.____
7. a.____ b.____ c.____
8. a.____ b.____ c.____
9. a.____ b.____ c.____
10. a.____ b.____ c.____
11. a.____ b.____ c.____
12. a.____ b.____ c.____ d.____ e.____ f.____ g.____ h.____ i.____ j.____
13. a.____ b.____ c.____ d.____ e.____ f.____ g.____ h.____ i.____ j.____
14. a.____ b.____ c.____
15. a.____ b.____ c.____
16. a.____ b.____ c.____
17. a.____ b.____ c.____
18. a.____ b.____ c.____
19. a.____ b.____ c.____
20. a.____ b.____ c.____

21. a.____ b.____ c.____
22. a.____ b.____ c.____
23. a.____ b.____ c.____
24. a.____ b.____ c.____
25. a.____ b.____ c.____
26. a.____ b.____ c.____
27. a.____ b.____ c.____
28. a.____ b.____ c.____
29. a.____ b.____ c.____
30. a.____ b.____ c.____

출처 : Copyright by Phoebus Publishing Co./BPC Publishing Ltd., 1975. 허락하에 재인쇄.

기도 한다. 이들은 특정 업무에서 요구되는 특정 능력과 개인적 특성을 분석하고, 지원자가 필요한 능력과 특성들을 가지고 있는지 가려낼 수 있는 검사와 면접 양식을 개발한다.

직업 훈련과 설명 직업 훈련 또한 생산성을 증가시키고 맡은 바 업무를 잘 해낼 수 있는 기술을 가르치는 데 도움을 준다. 또한 당면한 문제를 해결할 수 있도록 도와줌으로써 직원들의 스트레스를 감소시켜주기도 한다. 쉽지 않은 문제들을 해결할 수 있는 능력은 직원들의 자기 가치감도 향상시킨다.

건설적인 비판 개선될 사항이 있을 때 비판이 필요하기는 하나, 효과를 거두기 위해서는 파괴적인 비판이 아닌 건설적인 비판이어야 한다(Johnson & Indvik, 2000). 직원의 업무 수행에 대한 평가에 있어서 건설적인 비판('좋은 비판')과 파괴적인 비판('나쁜 비판')이 〈표 14.4〉에 나와 있다. 비판을 서툴게 사용했다가는 엄청난 갈등을 불러올 수 있다. 직원의 동기는 물론 자기의 능력에 대한 효능감을 박탈하고, 직업 만족도를 저하시킨다. 가장 유용한 형태의 비판은 듣는 사람이 좀 더 잘하기 위한 도움을 받는다고 느낄 수 있도록 하는 것이다.

표 14.4 | 비판 : 좋은 비판, 나쁜 비판, 그리고 못난 비판

건설적인 비판(좋은 비판)	파괴적인 비판(나쁘고 형편없는 비판)
구체적 : 구체적으로 무엇을 잘못한 것인지 알려줌. 예를 들어, "당신의 이런 행동 때문에 문제가 생겼는데, 그 이유는 이것입니다"와 같은 비판.	**모호함** : "일 처리가 형편없어요" 또는 "일을 엉망으로 했네요"과 같은 무차별적 비판. 무엇 때문인지 구체적인 이유가 제시되지 않음.
지지적 : 상관이 비판을 하는 이유가 자신이 일을 더 잘할 수 있도록 돕기 위한 의도에서 비롯된 것이라고 직원 스스로가 느끼게끔 하는 비판.	**직원에 대한 비난** : 변하기 어려운 원인, 예를 들어 직원의 성격 때문에 문제가 생긴 것이라고 비판함.
문제 해결에 도움이 됨 : 상관이 업무상 문제 해결이나 상황 개선에 도움을 줌.	**위협적** : 상관이 "한 번만 더 이런 일이 생기면 감봉 처리할 거야" 또는 "다음 번에는 해고야" 등의 말로 직원을 공격함.
시기 적절 : 문제가 발생한 후 최대한 빨리 비판을 제공함.	**시기적으로 부적절** : 오랜 시간이 지난 다음에, 직원도 그 일에 대해 잊어 갈 무렵에 새삼스레 비판을 함.
낙관적 : 상관이 보기에 직원이 나아질 것이라고 믿는 것으로 보임.	**비관적** : 상관이 보기에 직원이 나아질 가능성은 없다고 여기는 것처럼 보임.

직원의 업무 수행에 대한 공정한 평가 업무와 실적에 대한 정확한 평가에 바탕을 둔 지도와 강화를 받을 때 직원들의 생산성과 효율성이 증가한다는 것은 놀라운 일이 아니다(Johnson & Indvik, 2000). 이상적으로는, 직원의 업무 평가는 얼마나 맡은 바 업무를 잘했는가만 따져야 할 것이다. 그러나 평가에는 인지적 편견이 종종 영향을 미친다. 예를 들어, 상관이 직원의 업무보다는 직원에 포커스를 맞추는 것이다. 상관은 직원에 대해 좋다 싫다 등의 전체적인 인상을 형성할 수 있고, 일 자체보다는 이런 인상에 바탕을 두고 업무를 평가할 수 있다. 전체적인 인상에 근거하여 직원을 평가하는 경향은 해당 직원이 특정 과제를 얼마나 잘했는지에 초점을 맞추도록 하면 감소될 수 있다. 평가 기준은 전적으로 객관적이어야 한다고 학습이론가들은 말한다. 즉 업무를 시작하기 전에 직원과 상관에게 평가 기준이 공개되어야 하고, 평가 역시 공적으로 관찰된 행동에 바탕을 두어야 한다는 것이다. 이상적으로, 근로자는 목표 행동을 얼마나 했는지에 따라 평가되고, '태도 불량'과 같이 눈에 보이지 않는 것들 때문에 처벌받지 않는다. 또 다른 편견은 업무를 위해 얼마나 노력했는지에 따라 직원을 평가하는 경향이다. 노력이 중요하기는 하나, 열심히 일하는 것이 항상 일을 잘하는 것으로 연결되지는 않는다. (당신이 더 높은 시험 점수를 받더라도 당신보다 더 노력한 학생이 더 높은 성적을 받아야 한다고 생각하는가? 성적보다 노력에 의해 프로 운동선수들이 평가받아야 되는가? 어떻게 생각하는가?)

목표 설정 명확한 업무 목표를 설정하면 직업 만족도도 높아질 수 있다(Murphy & Ensher, 2001). 근로자들은 자신이 무엇을 해야 하는지 명확하게 알아야 한다. 그러나 많은 경우 업무 목표가 모호하거나 어설프게 정해져 있다. 직원들은 "일을 열심히 하라" 또는 "전력을 다하라"고 지시를 받지만, 열심히 일하는 것이 무엇인지, 전력을 다하는 것이 무엇인지는 명확하지 않다. 이런 모호함은 불안감을 불러일으키고, 저조한 업무 수행을 가져온다. 높지만 달성 가능한 명확한 목표를 설정하는 것은 일을 도전적으로 만들면서도 스트레스를 수용할 수 있는 수준으로 유지시킨다.

경제적 보상 근로자는 실적에 부합하는 급여와 보너스를 통해 노력에 대한 보상을 받고 있다고 느낄 필요가 있다. 비생산적인 동료와 동일한 급여를 받는다는 것은 생산적인 근로자들에게는 사기가 꺾이는 일이다. 많은 여성들의 사기를 꺾는 또 다른 상황은 동일한 업무를 함에도 불구하고 남성보다 더 적은 급여를 받는 것이다.

업무 재설계 근로자들이 자부심과 성취감을 느낄 수 있는 환경을 조성하는 것의 중요함을 심리학자들은 잘 알고 있다. 조립 라인 근로자는 같은 일을 하루에도 수백 번 반복하고 완성품은 한 번도 보지 못할 수도 있다. 공장 근로를 보다 의미 있게 만드는 차원에서, 스웨덴의 볼보사 근로자들은 소그룹으로 나누어져 각 그룹 리더를 뽑고 업무를 소그룹 사이에서 배분하도록 하였다. 또 다른 업무 재설계 프로그램에서는 근로자들이 조립 라인을 따라 움직임으로써 제품이 완성되어 가는 모습을 볼 수 있는 만족을 주기도 하였다. 텍사스 인스트루먼츠의 한 지사에서는 청소부들이 소그룹으로 만나서 목표를 설정하고 청소 업무를 그들 사이에서 배분한다. 텍사스 인스트루먼츠사는 이로써 더 깨끗한 공장, 비용 절감, 그리고 이직률의 감소를 누릴 수 있었다.

일본 회사들에 의해 개발된 **품질 관리 서클**(quality circle)이라는 경영 방식은 근로자들이 정기적으로 만나 업무의 문제점들을 토론하고 해결책을 제시하는 방식을 말한다(Spector,

품질 관리 서클 : 여러 명의 근로자들이 정기적으로 만나 상품의 질을 높이기 위해 문제와 해결 방법에 대해 논의하는 것

적응과 현대인의 삶

변화하는 직업 세계가 우리에게 주는 도전 과제

오늘날의 근로자들에게는 많은 기회와 많은 어려움이 있다. 이미 근로 환경에 많은 변화를 가져온 기술은 우리가 하는 일의 종류와 방법에 지속적으로 영향을 줄 것이다. 기술적 변화는 사람들이 보다 나은 방법으로 일할 수 있도록 도와준다(Lewis, 2002). 그러한 기술적 발전을 관리할 사람들도 필요하게 되어 새 직업 분류도 생겨나게 될 것이다. 기술은 근무지를 확장하도록, 즉 말 그대로 전 세계가 자택 사무실의 연장이 될 수 있도록 해준다. 어지러울 정도로 빠른 속도로 새 직업이 만들어지고, 다시 개편될 것이다. 지금도 인터넷 사용이 가능한 휴대전화를 이용하여 근로자들은 전 세계 어디에서나 일주일 내내 하루 종일 업무 메일을 확인하고, 고객의 주문을 받고, 화상회의에 참석하고, 고객과 매니저와 연락을 취한다.

또 다른 변화는 이전 세대와는 달리 직장이란 곳이 덜 안정적이 되었다는 것이다. 부모님 세대, 혹은 그 이전 세대들은 은퇴 전까지는 대체로 한 회사에서 일을 하거나, 한 가지 직업에 종사하였다. 오늘날에는 예전 근로자들이 누렸던 것과 같은 장기적인 직업 안정성을 제공하는 회사들이 줄어들었다. 1957~1964년 사이에 태어난 근로자들의 직업 이동을 추적해보면 18~44세 사이에 평균 11개의 직장을 가졌다는 것을 보여준다(U.S. Bureau of Labor Statistics, 2010a). 오늘날의 젊은 근로자들은 은퇴 전까지 더 높은 직업 유동성을 경험할 것을 예상해야 할 것이다. 몇 년 간격으로 이 직책에서 저 직책으로 옮겨 다니거나, 기술과 능력을 업데이트하기 위해 끊임없이 재교육과 훈련을 받을 필요를 느끼게 될 것이다(표 14.5 참조).

전통적인 9시~5시 근무 시간도 변화되었다. 오늘날에는 근무 시간을 융통성 있게 조정하고 재택 근무의 기회를 제공하는 회사들이 늘어나고 있다. 약 15%의 미국 근로자들이 교대 근무, 주로 밤 근무를 포함하는 교대 근무를 하고 있는 것으로 나타났다(U.S. Bureau of Labor Statistics, 2006)(그림 14.2 참조). 집을 사무실이라 부르는 미국인들의 수는 약 4,500만 명으로 추정된다. 이들은 재택 근무자들로서, 업무를 집에서 보는 근로자들의 수가 4,500만에 이르는 것으로 추정된다(*Telecommuting*, 2007). 많은 재택 근무자들은 전통적인 사무실 근로자들보다 업무 환경에 있어서 더 많은 것을 본인이 결정할 수 있다고 느끼므로 재택 근무가 높은 직업 만족도, 향상된 업무 수행, 낮은 이직률과 연관되어 있다는 것은 놀라운 일이 아니다 (Gajendran & Harrison, 2007).

재택 근무자들이 집에서는 처리할 수 없는 업무가 있을 때 사용할 수 있는 위성 사무실이나 텔레워크(telework) 센터를 제공하는 회사들도 늘고 있다. 새롭게 떠오르는 근무 모델 중 '호텔링(hoteling)'이라고 불리는 모델은 마치 여행할 때 호텔에 체크인하는 것처럼 중앙 사무실 내에 직원들이 필요할 때만 사용할 수 있는 임시 사무실을 제공하는 것이다. 또 다른 하나는 '코워킹(coworking)'인데, 프리랜서들이나 개인 사업자들이 한 사무실 공간을 공유하여 각자의 일을 하는 것을 말한다. 공동 프로젝트를 위해 일하는 것은 아니지만, 사무실 공간을 공유한다는 것은 근무 중 커피를 함께 마시며 아이디어를 논할 수 있는 공동체 의식을 형성하기도 한다(Korkki, 2011; Zimmerman, 2011). 그 예가 맨해튼에 있는 공용 사무실 공간인 The Hive인데, 여기서는 애플리케이션 개발자, 회계사, 변호사, 웹 디자이너, 프리랜서 작가 등 다양한 사람들이 한 업무 공간을 공유하고 있다.

산업 및 조직심리학자들은 변화하는 직업 문화에 맞추어 기업 문화를 개선하기 위해 기업과 함께 일하기도 한다. 예를 들어, 오늘날 큰 회사들은 업무 측면에서 다국적 회사인 경우가 많다. 회사들은 각기 다른 문화를 가진 공급

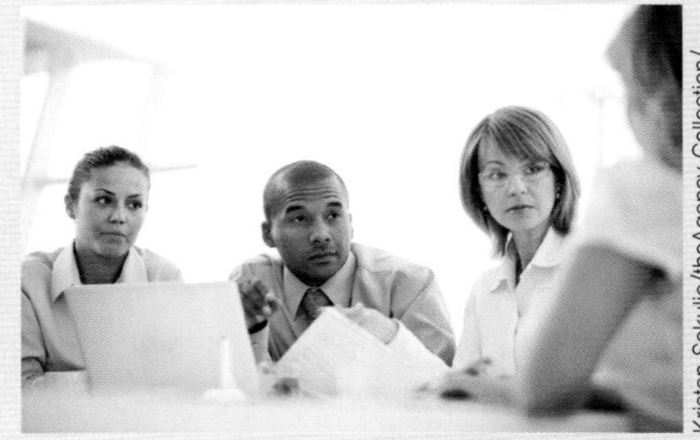
Kristen Sekulic/theAgency Collection/Getty Images

앞으로 10년이나 20년 후에는 어디에서 일을 하고 있을까? 오늘날 중년의 근로자들이 18~44세 사이에 평균적으로 11개의 다른 직장에서 일한다는 사실을 알고 있었는가? 오늘날의 젊은이들은 직업 세계의 변화에 따라 직장은 물론 커리어까지도 바꿀 준비가 되어야 한다.

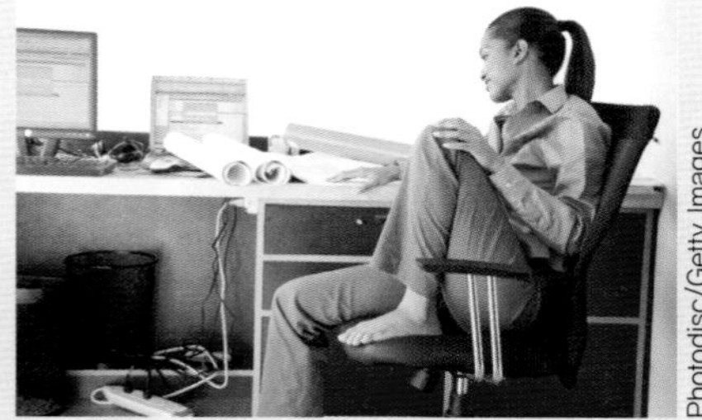
Photodisc/Getty Images

신발은 선택사항 재택근무를 하는 근로자들이 증가하고 있다. 이메일, 화상회의, 그리고 다른 기술적 진보에 힘입어, 많은 근로자들이 신발을 신을 필요 없이 적어도 근무 시간의 일부분은 집에서 일을 할 수 있게 되었다.

Zuma Press/NewsCom

The Hive 맨해튼 남쪽의 The Hive는 '코워킹'이라는 새로운 직장 트렌드의 한 예이다. 여기서는 프리랜서들이나 개인 사업자들이 공간을 함께 사용할 뿐 아니라 자신의 사업을 성장시키기 위해 일하는 가운데 새로운 아이디어도 공유한다.

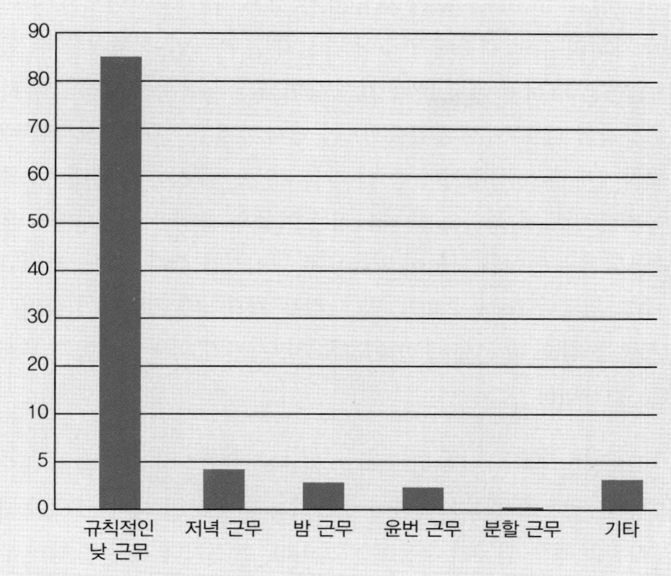

그림 14.2

미국의 교대 근무자 미국 근로자들 중 약 15%가 교대 근무에 종사하고 있으며, 주로 밤 근무를 포함한다.

출처 : U.S. Bureau of Labor Statistics, 2006.

회사, 제조회사, 고객들의 요구에 부응해야 한다. 회사를 대변하는 직원들은 문화적 차이에 민감하고 적절하게 반응할 수 있어야 하고 문화적 장애물이 있다면 극복할 수 있는 방법들을 찾아야 한다.

오늘날 근로자들이 직면하는 또 다른 어려움은 진취적인 기업가 정신이 더욱 강조되고 있다는 것이다. 이는 직장인들이 각자 자신들의 회사를 만들어야 한다는 것이 아니다. 그보다는 자신의 커리어 개발에 보다 더 적극적인 책임감을 가져야 한다는 것을 의미한다. 변화하는 기술과 업무 요구사항에 뒤처지지 않아야 하며, 새로운 기회를 잘 포착할 수 있도록 직업 선택을 잘해야 한다. 산업 및 조직심리학자들은 변화하는 업무 환경에 가장 잘 적응할 수 있는 직원을 선발할 수 있도록 기업들을 돕는 데서도 중요한 역할을 한다. 이들은 근로자들이 이러한 변화에 잘 적응하도록 돕거나, 변화하는 직업의 요구사항에 맞추어 업무 환경을 새롭게 디자인하기도 한다.

표 14.5 ▮ 변화하는 직업 세계에 적응하기

미국 노동부는 커리어 관리를 위해 다음과 같은 조언을 제공한다(U.S. Bureau of Labor Statistics, 2010b). 커리어를 준비 중이거나 새로운 커리어를 찾기 위해 학교에 다시 입학할 계획이라면 변화하는 미국 직업세계에 대비하는 데 아래 조언들이 도움을 줄 수 있다.

- 평생에 걸쳐 배워라. 평생 배운다는 것이 꼭 학교나 정식 훈련 프로그램에 등록하는 것을 의미하는 것은 아니다. 다만 새로운 능력, 기술, 일을 하는 방법을 배우는 데 열린 자세로 임한다는 것이다. 직업이나 회사와 관련하여 새로운 것을 배우는 데 주저하지 않는 사람은 직업적 안정과 지속적인 성공을 얻을 확률이 더 높다.
- 당신의 직업에서 뒤처지지 않고 항상 앞서 나갈 수 있도록 도와줄 조직이나 협회를 찾아라.
- 단기 트레이닝이나 평생 교육원 코스 같은 것들을 통해 전문적 기술을 개발할 기회를 잡아라.
- 직업을 유지할 수 없다면 최적의 직업을 찾는 것도 별 의미가 없다. 고용주가 새 직원에게서 원하는 것이 무엇인지 아는 것은 직업 유지에 도움이 된다.

2003). 품질 관리 서클은 자신의 일에 대한 통제감을 증진시켜주고 회사에 대한 충성도를 높여준다. 자신의 직업과 조직에 대해 충성도가 높은 근로자들은 자신의 업무에 대해서도 만족도가 높고 이직을 할 확률도 낮다(Somers & Birnbaum, 2000). 통제감과 충성도는 심리적 내성 또한 증진시킨다. 더군다나 업무를 최적으로 수행하는 데 방해가 되는 문제점들에 대한 이해도가 가장 높은 사람들이 근로자들이다. 품질 관리 서클의 인기가 미국에서는 떨어졌지만, 일본에서는 여전히 인기가 높다(Landy & Conte, 2010). 미국 내 혼다 공장의 품질 관리 서클에서는 생산성을 향상시킬 수 있는 제안을 한 근로자들에게는 보상으로 자동차와 휴가를 제공한다.

업무 스케줄 9시에서 5시 사이에 일했을 때만 업무 효율성이 높아진다고 어디에 적혀 있는가? 오늘날에는 점점 더 많은 회사들이 근로자들 스스로 업무 시간을 정할 수 있게 하는 **근무**

▮ **근무시간 자율 선택제** : 획일적인 월요일-금요일, 오전 9시-오후 5시 근무 시간에 따르지 않고 자율적으로 근무시간을 변경하는 것

시간 자율 선택제(flextime)를 시도하고 있다(Grzywacz & Butler, 2005). 허니웰사에서는 '어머니 근무조'를 만들어 여성들이 자녀의 수업 시간에 맞추어 자신의 근무 시간을 조정할 수 있도록 한다. 자녀를 둔 여성 직원들은 자녀의 여름 방학 기간 동안에는 대학생 보모를 고용하기도 한다. '아버지 근무조'가 등장할 때도 되지 않았을까? 이 역시 호응을 얻기 시작하여 새롭게 자녀를 출산한 남성 직원들에게 휴가를 주거나 좀 더 자율적인 근무 시간을 채택하도록 회사가 허용하기 시작했다. 유명한 반도체 회사의 한 매니저는 아들의 출생 이후 5개월의 휴가를 얻었고, 그 기간 중에 출근했던 부인에게 아들이 처음으로 뒤집기를 했다고 자랑스럽고 흥분된 마음으로 전화를 할 수도 있었다(Stein, 2002). 많은 정부 기관이나 기업들이 출퇴근 비용 감소나 에너지 절약, 교통체증 감소 및 근로자 만족도를 증진시키기 위해 주 4일 근무제를 도입하고 있다(Landy & Conte, 2010).

새로운 직업 기술 통합시키기 일부 산업에서는 로봇이나 다른 기계적 장치들이 사람들을 대체하거나 생산성을 향상시키고 있다. 컴퓨터 전문가들만이 컴퓨터를 사용하던 때가 그리 오래전 일이 아니나, 이제는 사무 직원의 경우 컴퓨터 사용은 기본이다. 팩스기나 전산 결제가 우편물을 대체하고 있다. 심리학자들은 근로자와 회사가 생산성 향상을 위해 기술을 이용할 수 있도록 돕고 있다. 또한 근로자들이 최신 기술적 발전에 뒤처지지 않기 위해 재훈련을 받을 수 있도록 돕고 있다.

다음으로 넘어가기 전에 한 가지 주의를 주고자 한다. 직업 만족도와 낮은 결근율과 이직율 사이에 상관 관계가 있기는 하지만, 직업 만족도와 생산성 사이의 상관관계는 그다지 높지 않다(Judge et al., 2001). 이는 그다지 놀라운 일이 아니다. 직업 만족도보다는 해고에 대한 불안이나 실적이 좋지 않을 경우 연봉이나 보너스의 삭감과 같은 요인들이 직무 수행이나 생산성에 더욱 큰 영향을 미칠 수 있다.

일과 스트레스

과중한 업무량, 지나치게 반복적이고 따분한 업무, 일에 대한 통제 부족, 직장 동료나 상관과의 갈등 등 많은 요인들이 일과 관련된 스트레스를 발생시킨다(Landy & Conte, 2010; Spector, 2003). 업무와 연관된 높은 스트레스는 신체 증상의 증가와 상관이 있다. 직장에서 스트레스를 발생시키는 다양한 요인들이 〈그림 14.3〉의 왼쪽 부분에 나와 있다. 스트레스를 발생시키는 물리적 환경 요인으로는 낮은 조명, 나쁜 공기, 복잡한 공간, 소음, 지나치게 춥거나 더운 기온 등이 있다. 개인적 스트레스 요인으로는 과중한 업무량, 따분함, 업무에 대한 갈등(예를 들어 피해를 입힐 수 있는 물건을 생산하는 것), 과도한 책임, 승진 기회 부족 등이 있다. 그룹 스트레스 요인으로는 상관, 부하 직원, 동료와의 갈등이 포함된다. 조직 스트레스 요인은 의사 결정과정에 참여할 기회 부족, 모호하거나 상충되는 회사 방침, 과도하거나 지나치게 느슨한 조직 구조, 낮은 임금, 인종 차별, 성 차별 등이 있다.

직장에서의 스트레스는 가정 내 스트레스로 이어지기도 하고, 또는 그 반대의 경우가 생기기도 한다. 직장에서 경험하는 좌절감과 분노로 인해 쉽게 피곤해지고 쉽게 화를 내기도 하고, 가족 간 말다툼이 유발되기도 한다. 이런 악순환 속에서 가족 갈등이 직장 내 문제를 더 복잡하게 만들 수도 있다.

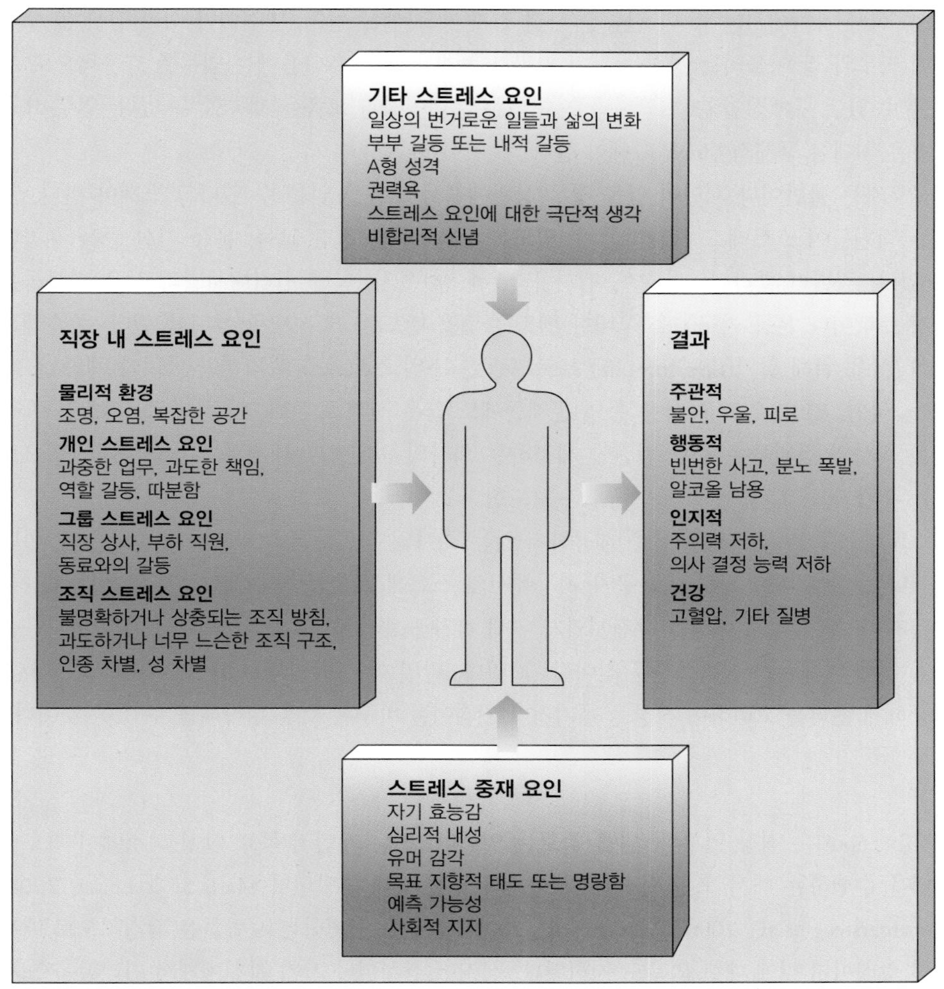

그림 14.3

업무 스트레스의 영향 이 모델에 나온 바와 같이 물리적 환경 및 조직 스트레스 요인과 같은 다양한 요인들이 근로자에게 영향을 준다. 직장 스트레스는 가정에서 오는 스트레스나 성격 요인과의 상호작용을 통해 다양한 부정적 결과를 초래하기도 한다.

근로자의 역할

〈그림 14.3〉은 근로자와 스트레스의 근원에 대해 보여주고 있다. 예를 들어, 부부간 갈등 또는 내적 갈등이 직장 내 갈등을 더욱 가중시킬 수 있다. A형 성격의 사람은 매우 쉽고 간단하게 할 수 있는 일을 시간을 다투는 경쟁으로 만들어버릴 수도 있다. 인정에 대한 과도하고 불합리한 욕구는 보상이나 적절한 인정에서 오는 혜택을 소진시켜버릴 수도 있다.

〈그림 14.3〉의 오른쪽 부분에는 이러한 스트레스 요인들의 상호작용이 불러일으킬 수 있는 주관적, 행동적, 인지적, 신체적, 조직적 결과가 제시되어 있다.

주관적 수준에서 스트레스에 시달리는 근로자는 불안, 우울, 좌절감, 피로, 싫증, 자존감 상실, 소진 등을 경험할 수 있다.

업무 스트레스에 대처하는 방법

심리학자들은 직장 내 스트레스를 감소시키기 위한 다양한 방법을 제시한다. 우선 직장 내 물리적 환경이 삶의 질을 높이는 것이 아니라 오히려 저하시키고 있는 것은 아닌지 조직이나 개인이 객관적 분석을 하는 것으로 시작할 수 있다. 많은 업무 스트레스는 업무에서 요구되는 것과 근로자의 능력이나 욕구가 일치하지 않는 데서 발생한다. 이러한 불일치를 막기 위해서, 회사 차원에서는 좀 더 신중한 사전 검사 제도(예를 들어, 면접이나 심리 검사)를 도입하여 직무와 잘 어울리는 성격을 가진 지원자를 채용하고, 그다음에는 업무를 효율적으로 수행할 수 있는 구체적인 능력을 키워줄 수 있는 트레이닝과 교육을 제공할 수 있다. 업무 요구사항은 최대한 구체적이고 명확해야 한다.

근로자는 불만이나 제언이 있을 경우 상관에게서 도움을 얻을 수 있다고 느껴야 한다. 회사는 직원들이 스트레스를 관리할 수 있도록 심리 상담, 건강 교육, 운동 시설 등을 제공할 수 있다. 킴벌리 클라크, 제록스, 펩시콜라, 웨어하우저, 록웰 인터내셔널과 같은 회사들은 조깅 트랙이나 운동 기구들을 구비한 헬스 클럽을 만드는 데 상당한 투자를 했다. 존슨앤존슨의 '삶을 위해 살기(Live-for-Life) 프로그램'은 소위 스트레스 관리뿐만 아니라 체중 조절, 운동, 금연, 영양, 알코올 남용 등의 문제들에도 많은 신경을 쓴다. 이런 프로그램들을 제공하는 회사의 직원들은 건강 검진만 제공하는 회사의 직원보다 대체로 더 건강하고, 병으로 얻는 휴가가 적고, 높은 직업 만족도를 보고한다.

스트레스 관리에 대해 도움을 제공하지 않는 회사의 직원들은 이완요법을 쓴다든지, 완벽주의나 승인에 대한 과도한 욕구가 직장에서의 스트레스를 가중시키고 있지 않은지 살펴본다든지, 또는 심리적 내성을 증진시키기 위해 각자 노력해볼 수 있다. 물론 추가적인 도움을 얻기 위해 언제든지 심리학자를 찾아갈 수 있다. 만일 이런 방법들로 해결이 되지 않는다면, 신중하게 손익을 고려하여 직장을 옮기거나 커리어를 바꾸는 것을 생각해볼 수 있을 것이다.

소진

소진 : 일이나 기타 책임에 대해 과도하게 몰입함에서 비롯된 정신적 및 신체적 탈진 상태

소진(burnout)은 직장 업무나, 남을 돌보는 일이나, 또는 개인적 목표 달성 과정에서 과도한 책임을 수행하는 데서 오는 정신적 및 신체적 탈진 상태를 말한다(Maslach & Leiter, 2008; Mommersteeg et al., 2006; Peeters et al., 2005). 소진을 경험하는 사람들은 감정적으로 매우 지친 상태이며 일에 대한 의욕도 저하된다. 심지어 현실이나 자기 자신에게서 거리감을 느끼기도 한다("이건 실제 상황이 아니야", "내가 여기 있는 것이 믿기지 않아"). 소진은 감정적으로 탈진되는 것뿐 아니라 두통, 위통, 불면, 고혈압, 심장 질환과 같이 스트레스와 관련된 질병으로 이어지기도 한다(Melamed et al., 2006).

소진을 경험하기 가장 쉬운 사람들은 어떤 사람들인가? 흔히 일중독자라고 불리는 지나치게 일에 성실한 사람들은 자신을 혹사함으로써 소진에 빠지기 쉽다. 대학생도 직장이나 가정, 학교에서 자신이 합리적으로 감당할 수 있는 것보다 더 많은 책임을 맡음으로써 소진을 경험할 수 있다.

소진을 경험하는 사람들은 일에 지나치게 사로잡혀 친구 관계나 휴가와 같은 삶의 다른 영역들은 등한시한다. 유능하고 실력 있는 사람들이 직업적 책임과 기대한 만큼 효과를 거두지 못할 것 같다는 인식에 압도당하게 되면 소진의 희생양이 되기 쉽다. 특히, 교사, 간호사, 정신건강 근로자, 경찰관, 사회복지사, 형법 또는 이혼 전문 변호사들이 직업적 소진을 경험하기 쉽다(Lee et al., 2011; Rupert & Morgan, 2005).

소진은 역할 갈등, 역할 과부하, 또는 역할의 모호성을 높게 경험하는 사람들 사이에서 흔히 나타나기도 한다. 역할 갈등을 경험하는 사람들은 시간을 써야 할 곳이 너무 많다 보니 마치 사방팔방에서 자신을 잡아당기는 것처럼 느낀다. 이 모든 것을 충족시키려고 하다 보면 결국 소진에 이르게 된다. 역할 과부하를 경험하는 사람들은 "안 됩니다"라고 말하는 것이 너무 어렵다. 소진에 빠질 때까지 계속 추가적으로 일을 맡게 된다. 역할 모호성을 경험하는

사람들은 다른 사람들이 자신에게 무엇을 기대하는지 불확실하기 때문에 모든 사람을 모든 측면에서 만족시키기 위해 노력한다. 무관심한 근로자들은 직업적 소진을 잘 경험하지 않는다. 소진은 일에 매우 충실한 근로자들에게 많이 일어난다.

행동적 측면에서 스트레스를 많이 받는 근로자들은 사고에 연루되기 쉽고, 과식이나 과도한 흡연을 하며, 알코올이나 다른 마약에 빠지거나 감정적으로 폭발하는 일이 일어나기도 한다. 아마도 스트레스로 인해 자신에게 해가 될 소지가 있는 것들에 주의를 기울이지 못하는 것일 수 있다. 또는 스트레스 유발 요인이 신체적으로도 해로운 것일 수 있다.

과도한 직업적 스트레스는 인지적으로 집중력과 판단력의 저하를 가져올 수 있다. 신체생리학적으로는 고혈압과 '적응 질환'이 생길 수 있다. 과도한 스트레스는 조직 내에서 습관적 결근, 동료들로부터 고립, 생산성 저하, 높은 이직률, 조직에 대한 충성도 상실 등을 유발할 수 있다.

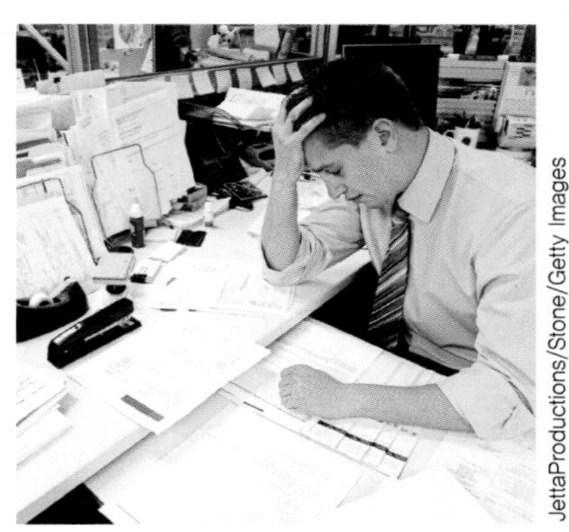

JettaProductions/Stone/Getty Images

소진 과도한 업무 부담으로 자신을 과도하게 밀어붙이는 사람들은 소진, 즉 정서적 신체적 고갈과 관련된 일종의 스트레스 반응을 경험할 수 있다.

소진은 점진적으로 일어난다. 수년간 경고의 징후가 나타나지 않을 수도 있지만, 몇 가지 흔한 징후들이 있다.

- 에너지 상실, 신체적 심리적 피로감
- 짜증과 쉽게 욱함
- 우울, 두통, 요통, 감정적으로 무디어지는 것과 같은 스트레스 관련 문제들
- 집중력 저하 또는 직무로부터 거리감 느낌
- 동기 상실
- 만족감이나 성취감 결여
- 예전에는 일에 충실했던 사람이 일에 대한 관심이 저하됨
- 자신이 기여할 수 있는 것이 없다는 느낌

소진 방지 사람들은 업무가 과중할 때 소진을 경험하기 쉽다. 그러나 소진이 불가피한 것은 아니다. 소진을 방지하기 위한 몇 가지 방법들이 아래에 나와 있다.

1. **우선순위를 정하라.** 당신에게 정말 중요한 것들에 대한 리스트를 작성하라. 그 리스트의 시작과 끝이 모두 일이라면 가치관을 재정비하라. 몇 가지 핵심적인 질문을 스스로에게 던져보자. 삶에서 의미 있고, 성취감과 만족감을 주는 사람들과의 관계와 활동에 시간을 할애하고 있는가? 당신에게 정말 중요한 것이 무엇인지 살펴보면 가치관과 우선순위를 재정비하는 데 도움이 될 것이다.
2. **합리적인 목표를 설정하라.** 과도하게 자신을 밀어붙이는 사람들은 소진을 경험하기 쉽다. 현실적인 장단기 목표를 세우고 그 이상 자신을 몰아붙이지는 말자.
3. **한꺼번에 많은 것을 하려고 하지 말라.** 목표를 향해 서서히 나아가라. 초를 양쪽에서 태운다면 손을 데기 쉽다.
4. **한계를 설정하라.** 소진을 경험하기 쉬운 사람들은 대체로 거절을 잘 못한다. 이들은 일을 확실히 하는 사람들로 정평이 나 있다. 그러나 더 많은 책임을 맡을수록 소진의 위험도 증가한다. 자신의 한계를 파악하고 존중하라. 책임을 다른 사람들과 공유하고 다른 사람에게 일을 맡길 줄도 알아야 한다. 더 이상 감당하지 못하는 수준까지 일이 쌓이기 전에 맡은 일을 줄이는 것이 좋다.
5. **감정을 나누라.** 감정, 특히 분노, 좌절감, 슬픔과 같은 부정적 감정을 속으로만 삭히지 말

라. 신뢰할 수 있는 사람들과 감정을 나누라. 감정을 꽁꽁 묶어두는 것은 스트레스를 유발한다.

6. 지지적인 관계를 만들어 가라. 사람들과 관계를 발전시키고 유지하는 것은 스트레스의 영향으로부터 우리를 보호한다. 소진을 향해 가는 사람들은 일에 너무 파묻혀 자신을 지지해줄 수 있는 사람들과의 관계를 등한시하기 쉽다.

7. 즐거움을 주는 활동을 하라. 일과 여가 사이에서 균형을 유지하라. 즐거움을 주는 무엇인가를 매일 하라. 휴식은 정신을 맑게 하고 배터리를 충전시킨다. 일만 하고 놀지 않으면 소진하게 된다.

8. 자신을 위해 시간을 할애하라. 자신만을 위한 시간을 챙겨두라. "안 됩니다" 또는 "다음에 하겠습니다"라고 말하라. 다른 사람들이 당신의 어깨에 올려놓는 모든 짐 가운데, 자신만의 시간을 가질 필요가 있다. 그리고 자신만의 시간을 매주 고정 스케줄로 만들라.

9. 휴가를 거르지 말라. 소진을 향해 가는 사람들은 종종 여러 이유를 들어 휴가를 가지 않는다. 이것은 큰 실수이다. 휴가는 평상시의 스트레스로부터 벗어날 수 있는 시간을 제공해준다.

10. 건강에 주의를 기울이라. 스트레스와 관련된 증상들을 알아두라. 스트레스 관련 신체적 증상들로는 피로, 두통, 요통, 감기 등에 대한 면역력 저하 등이 있고, 심리적인 증상으로는 불안, 우울, 짜증, 쉽게 욱하는 것이 포함된다. 건강에 생기는 변화는 소진의 첫 번째 징후일 수 있으니, 이를 삶에 있어서 스트레스 요인을 점검하라는 신호로 삼아 행동을 취하라. 염려되는 증상이 있다면 전문가를 찾아 의견을 구하라. 건강에 문제가 생기는 것을 알아내기 위해 정기적인 검진도 잊지 말자.

모듈 복습

복습하기

(12) (소수, 다수?)의 미국인 근로자들은 적어도 어느 정도는 자신의 직업에 만족한다.
(13) 높은 직업 만족도는 (높은, 낮은?) 이직률과 결근율과 연관이 있다.
(14) 직업 만족도는 근로자의 수행 평가의 정확성과 (정적, 부적?) 상관관계를 가지고 있다.
(15) 직업 만족도를 향상시키는 첫 번째 방법으로 본문에 나와 있는 것은 ______과/와 업무 배치를 개선하는 것이다.
(16) 가장 효과적인 형태의 비판은 ______ 비판이다.
(17) 일본 경영 방침 중의 하나는 근로자들이 정기적으로 만나 업무상 문제에 대해 논의하고 해결책을 제안하는 ______ 서클의 활용이다.
(18) 근무시간 자율 선택제는 결근율을 (높인다, 낮춘다?).
(19) 업무상 ______ 스트레스 요인은 의사 결정에 참여할 기회가 부족함을 포함한다.
(20) 과도한 업무 요구로 인한 정신적 신체적 고갈 상태는 ______(이)라고 불린다.

생각해보기

근로자 스스로 유발하는 스트레스 요인은 어떤 것들이 있는가?

직업과 여성

모듈 14.3

- 여성들이 일하는 이유는 무엇인가? 직장에서 여성들이 받는 스트레스의 원인은 무엇인가?
- '남자들의 일'이란 무엇인가? '여자들의 일'이란 무엇인가?
- 성에 따라 급여는 얼마나 차이가 나는가? 이를 어떻게 설명할 수 있는가?
- 여성들의 소득 격차는 어떻게 줄일 수 있는가?
- 성희롱은 무엇인가?
- 성희롱을 당했을 때는 어떻게 해야 하는가?

이사회나 공장 조립 라인, 소방서, 바다의 해군 함정, 또는 대학 강의실에 여성들이 발을 들여놓지 못했던 때가 그리 오래전 일은 아니다. 오늘날에는 점점 더 많은 여성들이 앞서 언급된 곳뿐 아니라 다른 직장에서도 남자들과 나란히 자리 잡고 있다. 직장 내 평등에 다가가기는 했지만 불평등은 여전히 존재한다. (그림 14.4에 역사상 여성의 근로 지위와 관련된 중요한 날짜들이 나와 있다.) 예를 들어 여성의 평균 임금은 남성보다 여전히 낮다. 많은 남성 관리자들이 여성보다는 남성에게 더 후한 평가를 내리는 편파적 성향이 있다는 여러 증거들도 있다(Bowen, Swim, & Jacobs, 2000). 여성 관리자들에게서는 유사한 편파적 성향이 나타나지 않는다(Bowen et al., 2000). 이러한 편향으로 인해 여성들이 희생되는 경향이 있다. (많이 놀라운가?) 여성들이 남성보다 더 많은 역할 과부하를 경험한다는 것에 대해서도 앞으로 살

여성의 근로적 지위 : 연대표

1903	버지니아 주 리치몬드에 사는 메기 레나 워커가 최초의 여성 은행장이 되었다.
1916	몬태나 주의 제넷 랜킨이 미국 국회에서 최초의 여성 하원 의원이 되었다.
1920	미국 헌법 제19조 개정조항이 비준되어 여성들이 투표권을 행사할 수 있게 되었다.
1932	아멜리아 에어하트가 여성으로서는 최초로, 그리고 남녀 통합해서는 두 번째로 대서양을 혼자 비행하는 데 성공하였다.
1943	카이저 조선이 미국 전쟁 지원을 위해 조선소에서 일하는 여성 근로자들을 위한 보육시설을 만들었다.
1948	여성들이 정식으로 군대에 입대할 수 있게 되었다.
1960	스리랑카의 시리마보 반다라나이케가 전 세계적으로 최초의 여성 수상이 되었다.
1961	케네디 대통령이 학교, 직장, 법조계에서의 성 평등을 연구하기 위해 위원회를 설립하였다.
1963	여성이라는 이유로 임금을 적게 주는 행위를 불법으로 규정짓는 동등 임금법(the Equal Pay Act)이 미국에서 제정되었다.
1966	전국 여성 연맹(NOW)이 설립되었다.
1966	프랑스 디자이너 이브 생 로랑이 여성들을 위한 바지 정장을 선보여 직장 내 여성들의 패션에 혁명을 가져왔다.
1967	뮤리엘 시버트가 여성 최초로 뉴욕 증권 거래소의 회원이 되었다.
1972	FBI에서 최초로 여성 요원을 고용했다.
1973	대형 항공사에서 최초로 여성 파일럿을 고용하였다.
1973	워싱턴포스트사의 캐서린 그레이엄이 포춘지 선정 500대 기업의 첫 여성 CEO가 되었다.
1974	버지니아 주의 앨링턴 카운티에서 지방 자치 단체로서는 최초로 여성을 직업 소방사로 선발하였다.
1976	바바라 월터스가 방송사 최초의 저녁시간 대 여성 뉴스 앵커가 되었다.
1978	임신, 출산, 기타 관련 질병으로 인한 직장 내 차별을 금지하는 임신 차별법(Pregnancy Discrimination Act)이 통과되었다.
1981	산드라 데이 오코너가 미국 대법원 최초 여성 대법관으로 임명되었다.
1983	샐리 라이드 박사가 미국 최초 여성 우주비행사가 되었다.
1984	제럴딘 페라로가 여성으로서는 최초로 주요 정당에서 부통령 후보로 출마하였다.
1986	미국 대법원이 성희롱을 성차별의 법적 증거로 인정하였다.
1993	가사 및 의료 휴가법(The Family and Medical Leave Act)이 통과되어, 출산이나 입양 후 아기를 돌보기 위해 12주의 무급 휴가를 가질 수 있게 되었다.
1994	심리학자 주디스 로딘이 아이비리그 대학(펜실베이니아대학) 최초의 여성 총장이 되었다.
1996	매들린 올브라이트가 미국 최초의 여성 국무장관이 됨으로써 여성으로서는 미국 역사상 가장 높은 공직에 오르게 되었다.
2000+	앞으로 계속될 것이다…

출처 : Adapted from *Working Mother* magazine, October 2002.

그림 14.4
직장에서의 여성 : 연대표

출처 : *Working Mother* magazine, October 2002에서 발췌.

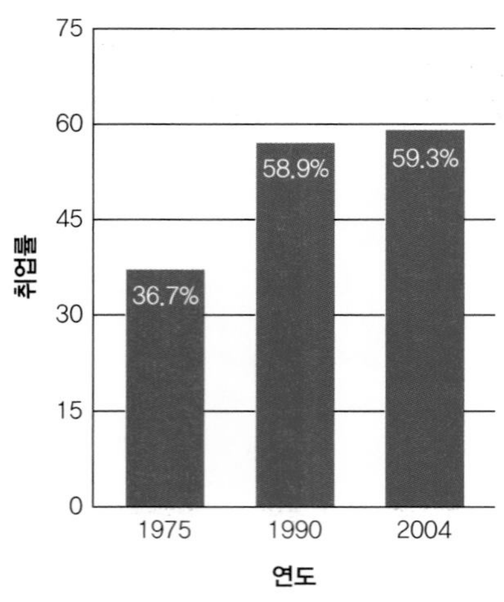

그림 14.5

워킹맘 남편과 6세 이하의 어린아이를 둔 기혼 여성이 일하는 비율이 얼마나 가파르게 높아졌는지 눈여겨보라.

펴볼 것이다.

그렇다면 여성들은 왜 일을 하는가? 다음에 나오는 바와 같이 여성들이 일하는 이유는 남성들이 일하는 이유와 같다. 즉 돈을 벌기 위해, 시간을 잘 보내기 위해, 사람들을 만나기 위해, 그리고 도전을 찾고 자기 성취를 이루기 위해서 일을 한다. 그러나 여성들은 때로 일에 대한 충성도가 남성들보다 낮다는 이야기가 들리기도 한다. 트레이닝이나 승진과 관련하여 여성들에게 동등한 기회를 주지 않는 고용주들은 여성들의 퇴직률이 높다는 것을 들어 차별을 정당화하기도 한다. 그러나 같은 직종 내에서는 남성과 여성 간에 유사한 퇴직률을 보인다는 증거들이 있다(Deutsch, 1990). 실상은 여성들이 말단 직급과 장래성이 없는 직업에 종사하는 비율이 높다. 그런 직업군에 종사하는 근로자들은 성에 상관없이 연봉도 높고 성취감을 느낄 수 있는 직업에 비해 퇴직률이 높다. 근로자의 성이 아니라 어떤 일을 하는지가 직업 충실도의 주요 예측 변인인 것이다.

여성은 왜 일하는가

여성들도 남성들과 마찬가지로 가족을 먹여 살리기 위해 일한다. "여성은 왜 일을 하는가?"라고 묻는 것 자체가 비하적 발언이다. "남성은 왜 일하는가?"라는 질문은 왜 하지 않는가? 여성들도 남성들이 일하는 것과 같은 이유로 일을 한다. 즉 생계를 유지하고, 가족을 먹여 살리고, 자신의 삶을 보다 가치 있게 만드는 개인적 관심사를 추구하기 위해 일하는 것이다. 오늘날에는 18세 이하의 자녀를 둔 10명의 엄마 중 6명이 가사 외에 다른 일을 하고 있는데, 이는 1960년대 동일 취업률의 2배이다(Pew Social Trends Staff, 2010)(그림 14.5 참조).

오늘날 많은 여성들은 장을 볼 돈을 버는 것뿐만 아니라 집에 와서 요리도 해야 한다. 그러나 변화가 그리 멀지는 않았다. 미국 노동통계청의 가장 최근 통계에 따르면, 18세 이하의 자녀가 있는 가정에서 워킹맘은 일하는 남편보다 집안일과 바깥일을 통틀어 하루에 20분 정도만 더 일한다고 한다(Konigsberg, 2011). 이와 더불어, 미국의 일하는 아빠들은 1965년 이래 3배 더 많은 가사일을 한다. 그렇다고 아버지들은 가사일이나 자녀 양육에서 어머니들과 동등한 책임을 진다는 것은 아니다. 루스 데이비스 코니그스버그(Konigsberg, 2011, p. 46)가 2011년에 타임지에서 언급했듯이, "동등하게 책임을 분배하는 남편과 아내는 흰 고래를 찾는 것만큼이나 어렵다." 아버지들이 차를 손보거나 싱크대가 새는 것을 고치기는 할지 몰라도, 요리와 청소를 하고 장을 보는 것은 여전히 어머니들이다(그림 14.6 참조).

이런 어머니들이 과도하게 많은 일들을 하고 있는가? 그런 것 같다. 많은 워킹맘들이 시간에 쫓기는 것은 놀라운 일이 아니다. 이들은 가족과 보내는 시간이 부족하다는 것과 일과 가정 사이에서 어떻게 균형을 잡을 것인가에 대해 고민한다. 그러나 맡은 책임 중 일부를 내려놓고 싶은지 물어보았을 때, 일하는 여성들의 53%가 그렇지 않다고 답했다고 해리스 여론 조사는 밝혔다. 더욱 역설적인 것은, 전업주부들보다 풀타임으로 일하는 주부들이 자신의 가정 기여도에 더욱 가치를 느낀다고 답한 사실이다.

경제력을 가지고 있음에도 불구하고, 워킹맘들의 주요 관심사는 자녀이다. 가정에서 성취감을 느끼는 때가 언제냐고 물었을 때, 4명중 1명의 남자와 여자가 좋은 관계 형성과 함께 시간 보내기를 언급했다. 그다음으로 많은 여성들(22%)은 건강하게 잘 적응하는 자녀라고 답했다. 그러나 남성들의 20%는 돈이나 원하는 것을 살 수 있는 것이라고 했다. 오직 8%의 남성들이 잘 적응하는 자녀라고 답했다. 여성의 경우 5%만이 돈을 언급했다. 역할 과부하(role

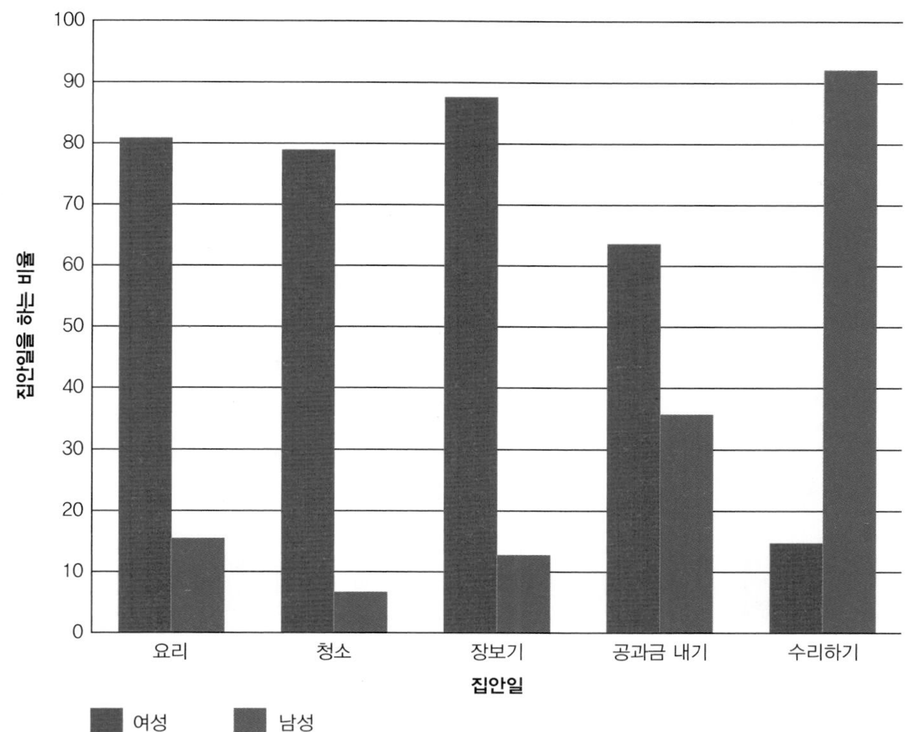

그림 14.6

엄마가 직장에 다니면 누가 청소와 요리를 하고 장을 보나요? 직장에서 퇴근하면 대부분의 미국 여성들은 두 번째 교대 근무를 시작한다. 대부분의 자녀 양육과 가사일은 여성들이 맡고 있으며, 예외가 있다면 고장 난 것을 수리하는 정도이다.

overload)를 이야기할 때, 아직 독립하지 않은 자녀를 둔 전형적인 미국 여성들의 상황에 대해 이야기하고 있음에 유념해야 한다. 미국은 맞벌이 가정을 돕기 위한 일관된 정책이 아직 없는 기이한 상황이라는 것에 대해 목소리를 높이고 싶다. 대부분의 선진국은 자녀 양육보조금이나 출산 시 유급 휴가를 제공한다. 미국에서 그렇게 하는 회사들은 매우 소수이다.

미국의 더 많은 회사들이 그렇게 해야 할 것이다. 출산이나 신생아 양육에 대한 지원은 회사에 대한 충성도를 높인다(Lyness et al., 1999). 그렇지 않다면, 일하는 여성들은 회사에 포로로 잡혀 있는 것과 마찬가지이고 기회가 생기면 이직을 할 것이다.

그래서 일하는 여성들은 사실상 직장과 가정에서 2교대 근무를 하고 있는 것이다. 예를 들어 싱글맘과 남편이 있는 여성 모두 포함하여, 일하는 여성 중 90%는 자녀 양육의 주 책임자이다(Senecal, Vallerand, & Guay, 2001). 아이가 열이 나서 엄마나 아빠 둘 중 누군가 집에 남아야 할 때 누가 그 역할을 맡을까? 아이가 아플 때 여성들이 결근할 확률은 남성의 2배이다(Wasserman, 1993).

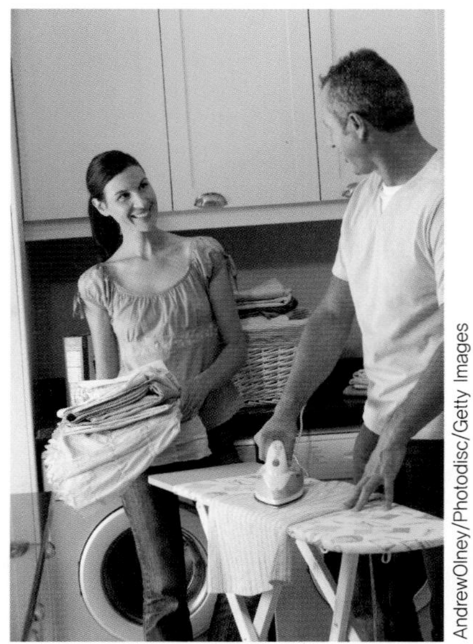

가사일을 동등하게 배분하는 부부를 찾기는 흰 고래를 찾는 것만큼 어려운가? 가사일을 동등하게 배분하는 남편과 아내를 찾는 것은 흰 고래를 찾는 것만큼이나 어렵다는 2011년 타임지 기사에 동의하는가? 동의한다면 그 이유는 무엇이고, 동의하지 않는다면 그 이유는 무엇인가?

직업과 여성

근래에는 전통적인 성차별이 어느 정도 사라졌음에도 불구하고, 많은 직업들이 여전히 '남성의 일' 또는 '여성의 일'로 남아 있다. 남성의 일 또는 여성의 일로 여겨지는 직업들은 대체로 전통, 그리고 편견의 오랜 역사를 가지고 있다.

전통, 편견, 그리고 개인적 취향의 복합적 작용으로 사무보조원이나 초등학교 교사들의 대부분이 여성인 반면, 경찰이나 정비공을 하는 여성은 소수에 불과하다. 그러나 의대나 법대에 다니는 여성의 비율은 해당 직종에 종사하는 남성들과 동일한 수준까지 최근 증가되

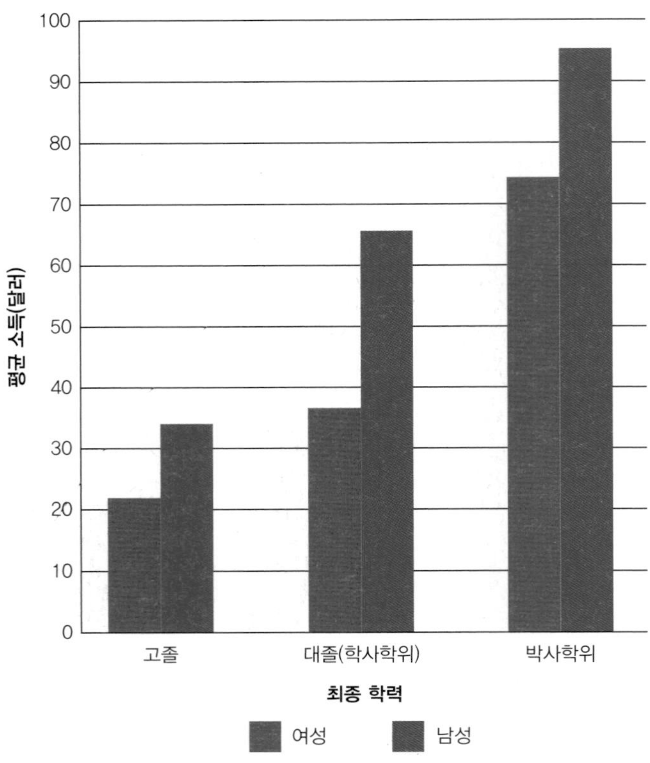

그림 14.7

성에 따른 급여 차이 : 누가 더 돈을 더 많이 버는가? 동등한 학력 수준의 남성이 1달러를 벌 때 여성은 얼마나 버는지 보여준다. 소득에서의 성 차이는 고학력자들에게서도 그대로 나타난다.

출처 : Simon, 2011에서 발췌. U.S. Census Bureau, Minnesota Population Center, Institute of International Education, and U.S. Department of Education의 자료 사용.

었다(Glater, 2001). 25년 전에는 심리학 박사학위 수여자 중 여성이 절반도 되지 않았으나 오늘날에는 여성이 3/4을 차지한다(Gill, 2006). 그러나 다른 직업, 특히 수학, 과학, 엔지니어링 분야에서의 성 차이는 그렇게 좁혀지지 않았다.

소득 격차

성에 따른 전통적 소득차이는 줄어들고 있으나, 평균적으로 여성의 경우 남성들이 버는 소득의 3/4 정도밖에 되지 않는다. 동일한 학력인 경우에도 남성의 소득이 여성보다 높다(U.S. Bureau of the Census, 2006)(그림 14.7 참조). 예를 들어, 석사학위를 가진 여성의 소득은 동일하게 석사학위를 가진 남성 소득의 72%밖에 되지 않는다(Simon, 2011). 소득 면에서 나아지고 있기는 하지만, 여성의 소득은 동등한 자격을 가진 남성들에 여전히 뒤처진다.

성에 따른 소득 차이는 여성 당사자뿐만 아니라 가정 전체에 영향을 미친다. 높은 소득은 낮은 이혼율, 높은 결혼 만족도, 자녀들의 안녕과 상관관계가 있다. 어떤 면에서는, 높은 소득으로 이어질 수 있는 개인적 역량이 보다 나은 결혼과 자녀의 양호한 적응으로 이어지는 것일 수도 있다. 또한 이러한 연구 결과들은 여성이 돈을 많이 벌면 배우자의 질투로 인해 가정에 악영향을 미친다는 논란을 잠재우는 결과이기도 하다.

그렇다면 왜 소득 차이가 생기는 것일까? 직접적인 차별이 소득 차이를 일부 설명할 수도 있겠지만, 그보다는 많은 여성들이 원래 급여가 높지 않은 직업, 즉 웨이트리스, 가정부, 사무원, 세일즈, 단순노동직과 같은 직업에 종사한다는 사실이 더 큰 원인이다. 심지어 남성과 여성이 석사학위와 같이 동등한 고학력자일 경우에도, 남성들은 더 높은 급여를 주는 관리직과 행정직에 몰리는 경향이 있지만, 여성들은 급여가 낮은 교육직에서 근무할 확률이 높다(Simon, 2011).

남성들과 비슷한 수의 여학생들이 의대를 졸업하지만, 남성들이 외과와 같이 소득이 더 높은 전공을 선택하는 경향이 있다. 여성들은 전통적으로 '보살핌'과 관련이 있는 소아청소년과나 정신건강의학과 같이 소득이 낮은 전공을 선택하는 경향이 높다(Stone & McKee, 2000). 남성들은 의과대학 내에서도 보다 권력이 있는 자리에 있을 가능성이 높은데, 이는 남성들이 더 오래 보직을 유지하기 때문인 것과도 일부 관련이 있다.

이 그림은 무엇이 잘못되었나? 눈에 보이는 것 중에는 없다. 이 그림에 드러나지 않은 것은 석사학위를 보유한 여성은 동일한 학위를 보유한 남성의 3/4밖에 벌지 못한다는 것이다.

대학 교수들 중 남성들은 여러 가지 이유로 인해 여성들보다 더 높은 급여를 받는다. 여성은 학계에서 상대적으로 신참이므로, 조교수와 같이 급여가 낮은 시작 단계에서 일하고 있을 확률이 높다. 이러한 차이는 직급이 올라갈수록 감소한다. 학계에서 소득의 차이가 나타나는 또 다른 이유는 여성들이 소득이 낮은 학문 분야, 예를 들어 교육학이나 영문학을 선택하는 경향이 있기 때문이다. 남성들은 소득이 높은 비즈니스, 엔지니어링, 자연과학과 같은 학문을 전공할 가능성이 높다.

최근 소득 차이의 감소에 성과가 있었다. 1980년도에는 남편보다 더 높은 급여를 받는 아내가 5명 중 1명밖에 안 되었지만, 이제 거의 3명 중 1명의 아내가 남편보다 더 높은 급여를 받는다(Conlin, 2003). MBA를 받은 여성들은 더욱 선전하고 있는데, 1987년에는 45%만이 남편보다 더 높은 급여를 받았지만, 오늘날에는 거의 60%에 육박한다. 그리고 고액 연봉의 임원급 관리직에서도 여성은 오늘날 거의 절반을 차지한다(Tyre & McGinn, 2003). 그러나 전체 여성 근로자들이 평등한 조건에서 일할 수 있기 위해서는 아직 갈 길이 멀다. 예를 들어, 연륜이 있는 남성 관리자는 경력도 인정받고 '고참'으로서 존중받는 사회적 지위도 누린다. 그러나 연륜이 있는 여성 관리자는 동등한 대우를 받기가 쉽지 않다.

소득 격차 줄이기 1963년의 동등 임금법(The Equal Pay Act)은 동일한 일에 대해서는 동일한 급여를 받을 수 있도록 규정하고 있다. 1964년의 민권법(The Civil Rights Act)은 채용, 해고, 승진에 있어서 인종, 민족, 또는 성을 근거로 하는 차별을 금지한다. 다음과 같은 장치들은 여성의 직장 생활의 질을 높이고 소득 격차를 줄일 수 있다.

- **좀 더 현실적인 커리어 계획 수립 격려하기.** 오늘날 평균적인 여성은 대략 28년간의 직장생활을 하지만, 계획 시에는 이보다 훨씬 더 짧은 기간 동안 일할 것으로 생각한다. 젊은 여성들은 앞으로 수십 년 넘게 일할 것을 고려하여 교육과 트레이닝의 기회를 많이 가지도록 노력해야 한다.
- **일하는 여성들에 대한 정확한 정보를 고용주에게 제공하기.** 여성들이 얼마나 오래 직장 생활을 하는지, 그리고 직업에 대한 전념은 직원의 성이 아니라 직업 자체의 특성에 의해 좌우된다는 것을 더 많은 고용주들이 인식하게 된다면, 여성들에게 더 많은 취업의 기회를 제공해줄 수 있을 것이다.
- **맞벌이 가정에서 여성의 직업이 얼마나 중요한지에 대한 인식 장려하기.** 남편들조차 자기 아내의 승진과 성취 기회를 해치는 고정관념을 가지고 있을 수 있다. 부부는 남자의 커리어가 항상 우선순위에 있어야 한다고 맹목적으로 속단해서는 안 된다. 부부 모두 직장 생활의 혜택을 얻을 수 있도록 남성들도 양육과 가사일에 협조할 수 있다.
- **직업 연속성과 안정성 유지하기.** 승진과 트레이닝 프로그램에 참여할 기회는 대체로 직업과 고용주에 대해 안정적으로 전념할 때 얻을 수 있다. 많은 부부들이 출산을 늦추거나 자녀 양육에 서로 협조함으로써 부부 모두 이런 혜택을 누릴 수 있도록 지원하기도 한다.
- **직업 유동성을 증가시키고 보육 시설 제공하기.** 근무시간 자율 선택제나 직장 내 보육 시설을 제공하고, 엄마는 물론 아빠도 육아 휴직을 쓸 수 있도록 함으로써 여성 근로자들에게 도움을 줄 수 있다.
- **트레이닝 프로그램과 직업에 여성 적임자 고용하기.** 전통적으로 남성의 전유물이었던 직업에 여성 적임자를 고용하는 데 교육 기관, 노조, 고용주들이 적극적으로 나설 수 있다.

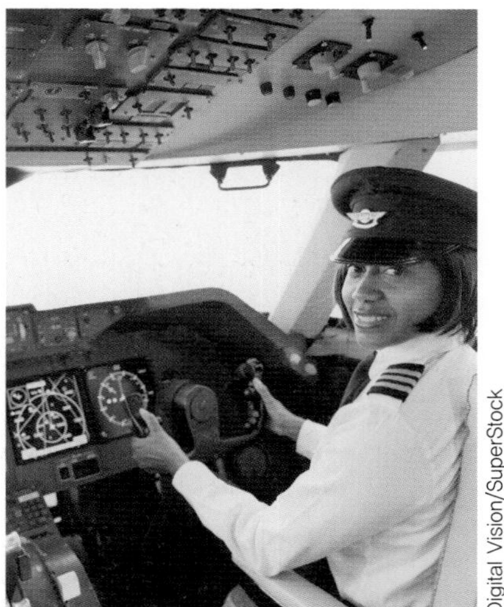

Digital Vision/SuperStock

일하는 여성 남성의 전유물로 여겨지던 직업 분야에서 여성들은 상당한 성과를 거두고 있다. 이제 의사와 변호사 자격을 획득하는 여성들의 수는 남성과 유사하고, 점차 앞서 언급된 분야는 물론 다른 영역에서도 고위직의 상당 부분을 차지하게 될 것이다. 여전히 성에 따른 소득의 격차가 있기는 하지만 이 격차는 감소되고 있다. 한편 여성들은 여전히 차별당하고 있고, 많은 여성들이 교사나 비서직과 같은 '보살핌'과 '보조' 역할을 하는 직종을 선택한다.

성희롱

성희롱은 여성은 물론 때로는 남성들도 직장에서 직면하게 되는 흔한 문제이다(Cortina & Wasti, 2005). 그러나 도대체 성희롱은 무엇을 말하는가? '순수한' 연애와 성희롱은 어떻게 구분할 수 있는가?

상대방이 원하지 않는 성적인 내용의 언어 사용, 제스처, 또는 신체적 접촉을 포함하는 의도적 또는 반복적인 부적절한 행동을 보편적으로 성희롱의 정의로 받아들인다. 성희롱의 예로는 환영받지 못하는 성적인 농담, 접근, 외설적인 언급, 성적인 빈정거림부터 노골적인 성폭행까지 다양하며, 다음과 같은 행동들을 포함한다(Powell, 1996).

- 언어 희롱 및 모욕적 언사
- 성적 행동에 대한 미묘한 압박
- 복장, 신체, 성 생활에 대한 언급
- 타인의 신체를 음흉하게 힐끔거리거나 쳐다보는 것
- 상대방이 원치 않는 신체적 접촉, 쓰다듬기, 또는 쥐기
- 타인의 신체에 몸을 비비기
- 상대방의 일자리나 학생 신분에 대한 암시적 또는 공공연한 위협과 함께 성적 행위 요구

신체적 폭행

남성과 여성 모두 성희롱의 주체나 대상이 될 수 있다. 그러나 남성보다는 여성이, 그리고 백인 여성보다는 유색인종 여성이 성희롱을 당할 가능성이 높다(Berdahl & Moore, 2006). 성희롱에 대한 고발은 직장 동료나 고용주에 의해 흔히 무시당하거나 별일 아닌 것으로 치부된다. 성희롱 피해자는 "왜 일을 크게 만들어? 길거리에서 공격받은 것도 아니잖아"라는 말을 들을 수도 있다. 그러나 성희롱을 당한 사람들 대부분은 피해를 입는다는 증거들이 있다(Buchanan & Fitzgerald, 2008). 이들은 불안과 짜증부터 자존감 저하, 분노, 식이 행동의 변화 등 심각한 적응적 문제들을 경험할 수 있다. 여성의 경우, 직장 내 성희롱은 이직, 심지어는 더 나쁜 직업으로의 이직과 높은 연관이 있다(Sims, Drasgow, & Fitzgerald, 2005). 교수나 타 학생들에 의해 성희롱을 당할 경우 여대생들은 수강을 철회하거나, 전공을 바꾸기도 하고, 학교를 바꾸기도 한다.

성희롱이 매우 높은 스트레스를 유발하는 이유 중 하나는, 다른 형태의 성적 착취나 강요와 마찬가지로, 피해자가 비난을 받는 경향이 있다는 것이다. 성희롱 가해자는 흔히 성희롱에 대한 고발이 과장되어 있다고 주장한다. 그들은 남녀 간의 정상적인 상호작용에 대해 피해자가 '과민하게 반응'하거나 자신을 '너무 진지하게 받아들인 것'이라고 주장한다. 우리 사회는 여성들이 '착하게', 즉 요란 떨지 않고 수동적으로 행동할 것을 기대한다. 자기의 권리를 적극적으로 보호하는 여성들은 '이상한 사람' 또는 '골칫거리' 취급을 받는다. 여성들은 "자기주장을 확실히 하면 비난받고, 주장하지 않으면 피해자가 된다"(Powell, 1991, p. 114).

성희롱을 하게 되는 동기

성희롱은 성적 욕구보다는 공격성과 힘의 과시와 더 연관이 있다고 전문가들은 입을 모은다(Lim & Cortina, 2005). 성희롱 상황에서 성적 접근의 시도는 누군가, 대부분의 경우 여성을 조종하거나 겁을 주려는 방법의 하나로 힘을 과시하는 것이다. 가해자는 주로 직장 상사이며, 피해자의 취약함을 이용함으로써 자신의 지위를 남용한다. 성희롱은 사회적 통제의 방법으로 사용되기도 한다. 여성들이 '주제 파악을 하고 알아서 행동하도록' 만드는 방법일 수도 있다. 이는 소방서, 공사현장, 또는 사관학교와 같이 남성의 전유물이었던 직종에서 더욱 그렇다. 성희롱은 전통적인 여성의 역할에서 벗어나려는 여성을 향한 불만과 적대감의 표출이다(Fitzgerald, 1993a, b).

성희롱은 얼마나 흔한가?

남성과 여성 모두 성희롱을 당할 수 있지만, 남성보다는 여성이 피해자가 될 가능성이 높고, 남성은 가해자가 될 확률이 높다는 것을 많은 연구 결과들이 보여준다(Mansnerus &

Kocieniewski, 2004; Stockdale et al., 2004). 성희롱은 성적 피해를 입는 가장 흔한 형태이다. 그렇다면 성희롱은 얼마나 만연한가? 전문가들은 여성 2명 중 1명은 업무나 학창 생활 중 어떤 형태의 성희롱을 경험하는 것으로 추정한다(Fitzgereald, 1993a, b). 일하는 여성에 대한 최근 설문조사는 10명 중 4명 이상(41%)이 직장에서 성희롱을 경험한 것으로 밝혔다(Das, 2009). 성희롱은 공사현장, 조선소, 또는 경찰 관할 구역 등 전통적으로 여성이 별로 종사하지 않았던 직종에서 더 흔한 경향이 있다(Berdahl, 2007; Chaiyavej & Morash, 2009). 성희롱이 매우 흔함에도 불구하고, 고발해봐야 소용없다는 믿음이나 보복에 대한 두려움으로 인해 대부분의 사건들이 고발 없이 묻힌다(Cortina & Wasti, 2005).

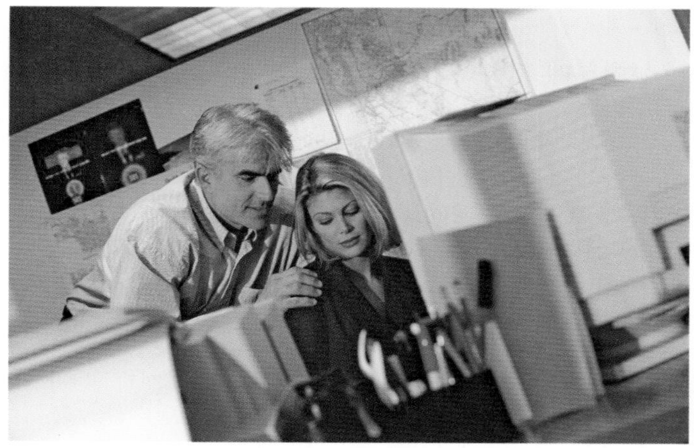
Image State/Alamy Limited

성희롱? 남성과 여성은 성희롱으로 간주되는 행동에 대해 다른 시각을 가지고 있는 경우가 흔하다. 남성은 여성보다 성희롱을 덜 심각한 문제로 생각하고 그 빈도도 과소 추정하는 경향이 있다. 성희롱은 원치 않는 접촉, 언어적 폭력, 성적 관계에 대한 압박 등 다양한 형태로 나타날 수 있다.

남성들은 여성들보다 성희롱을 별로 심각하지 않은 문제로 치부하는 경향이 있고, 성희롱의 빈도도 과소평가한다(Corr & Jackson, 2001). 성희롱을 방지하려는 노력을 조직의 수뇌부가 하고 있다고 인식할 때 그렇지 않은 경우보다 여성들은 성희롱 고발을 더 편하게 느낀다(Offermann & Malamut, 2002).

모듈 복습

복습하기

(21) 남성 인사 평가자들은 (남성, 여성?) 근로자에게 더 후한 인사 고과 점수를 준다고 연구 결과들은 밝히고 있다.

(22) 자녀와 함께 사는 전형적인 미국 근로 여성은 ______ 과부하를 경험하고 있다.

(23) 여성들이 일을 하는 주 이유는 남자들이 일하는 이유와 (같다, 다르다?).

(24) 비서직과 교사직에는 여성들이 (많다, 적다?).

(25) 성에 따른 소득 격차는 (감소하고, 증가하고?) 있다.

(26) 오늘날 평균적인 여성은 25년 (이상, 이하?)의 직장 생활을 하지만, 그보다 (더 적은, 더 많은?) 시간을 직장에서 보낼 것으로 예상한다.

(27) ______은/는 상대방이 원하지 않음에도 불구하고 의도적 혹은 반복적으로 행하는 성적인 내용의 언어 사용, 제스처, 또는 신체적 접촉을 포함한다.

(28) 성희롱이 매우 높은 스트레스를 유발하는 이유 중 하나는 피해자가 ______을/를 받는 경향이 있다는 것이다.

생각해보기

다음 의견에 동의하는지 혹은 동의하지 않는지 밝히고 의견을 피력하라 : 어떤 일은 남자가 해야 하고 어떤 일은 여자가 해야 한다.

나의 생활 나의 마음

성희롱에 저항하기

고용주에 의해 성희롱을 당했다면 어떻게 할 것인가? 어떻게 대응할 것인가? 다시는 일어나지 않기를 바라며 아무것도 하지 않을 것인가? 어떤 조치를 취할 수 있을까? 도움이 될 만한 몇 가지 제안들이 여기에 있다(Powell, 1996; Rathus, Nevid, & Fichner-Rathus, 2011에서 수정). 그러나 성희롱에 대한 책임은 어떤 경우라도 피해자에게 있는 것이 아니라 가해자와 성희롱이 일어나도록 방관한 조직에 있다는 것을 분명히 해야 한다.

1. *사무적이고 직업적인 태도를 보여준다.* 가해자를 매우 사무적이고 직업적인 태도로 대하면 성희롱이 중단되기도 한다.
2. *성희롱 행동은 막고, 적절한 행동을 장려한다.* 때로 가해자의 행동을 조종하면 성희롱이 즉시 멈추어지기도 한다. 가해자에 대한 당신의 반응이 업무적인 행동은 장려하고 추파나 외설적인 행동을 막기도 한다. 만일 성희롱을 하는 상사가 조용히 둘이서만 프로젝트를 검토할 수 있도록 업무 시간이 끝난 다음에 사무실로 다시 나오라고 제안한다면, 한계를 분명히 하라. 업무에 대한 이야기는 업무 시간 내에 하는 것이 편하다고 이야기하라. 과제 중심이 되어라. 업무를 분명히 하라. 업무과 관련된 관계만 유지하고 싶다는 당신의 의도를 가해자는 재빨리 눈치챌 것이다. 만일 가해자가 집요하게 계속한다면 스스로를 탓하지 말라. 당신은 당신 자신의 행동에 대해서만 책임이 있다. 가해자가 집요하게 나온다면 좀 더 직접적인 반응이 적절할 수도 있다. "김 부장님, 저는 온전히 업무적인 관계만 유지했으면 좋겠습니다, 그러실 수 있죠?"
3. *가해자와 단둘이 있게 되는 상황을 피한다.* 직장 상사가 성희롱을 하고 있는데 업무 관계로 조언이 필요하다면, 텅 빈 사무실에서는 피하고, 사무실에 다른 직원들이 많을 때 상사에게 말을 걸어라. 또는 상사의 조언을 구할 때 직장 동료와 함께 들어가거나 상사와 이야기를 하는 동안 직장 동료가 사무실 밖에서 기다리도록 하라.
4. *기록을 만든다.* 정식 고발을 하기로 마음먹을 경우를 대비해 성희롱에 대한 모든 기록을 문서로 남겨라. 기록에는 (1) 성희롱이 일어난 장소, (2) 날짜와 시간, (3) 기억할 수 있다면 정확하게 어떤 말들이 오갔는지를 포함하여 어떤 일이 일어났는지, (4) 당신이 어떻게 느꼈는지, (5) 목격자들의 이름 등을 포함시켜라. 성희롱 피해자 중 일부는 가해자와 함께 있을 때 몰래 녹음기를 소지하기도 한다. 녹음기록은 법정에서는 증거로 채택되지 않을 수도 있지만, 조직 내 고충처리절차상에서는 설득력이 있다. 나라나 주에 따라 몰래 녹음을 하는 것이 불법일 수도 있으므로 법률을 확인하기 바란다.
5. *가해자와 이야기를 한다.* 가해자와 성희롱에 대해 단도직입적으로 이야기를 하는 것이 불편할 수 있지만, 당신이 성희롱으로 인식하고 있고 중단되기를 바란다는 것을 명확하게 전달할 수 있다. 이야기를 할 때는 특정 성희롱 행동을 자세히 묘사하고(예를 들어, "사무실에 우리 둘만 있을 때 당신이 계속 나를 만지거나 몸을 가까이 붙였습니다"), 그런 행동 때문에 어떤 기분이 들었는지("나의 인권이 침해된다고 느꼈습니다. 그 일 때문에 매우 기분이 좋지 않고 잠도 잘 자지 못합니다"), 가해자가 앞으로는 어떻게 행동했으면 좋을지에 대한 바람("다시는 나를 만지지 않겠다고 약속해주세요")을 이야기하는 것이 도움이 될 수 있다. 가해자를 직접 대면하는 것이 성희롱을 중단시킬 수도 있다. 만일 가해자가 발뺌을 한다면, 다른 조치들을 취하는 것이 필요할 수 있다.
6. *가해자에게 편지를 쓴다.* 성희롱 행동에 대한 기록을 편지에 쓰고, 그런 행동이 중단되어야 한다는 것을 가해자에게 명시하라. 편지에는 (1) 어떤 일이 일어났는지("당신은 내 몸에 대해 여러 차례 성차별적인 발언을 했습니다"), (2) 어떤 기분이 들었는지("그런 식으로 말할 때 나는 마치 성적 도구가 된 것 같이 느껴졌습니다"), (3) 가해자가 앞으로 어떻게 행동해야 하는지에 대한 설명("앞으로는 저에게 그런 성차별적인 발언을 하지 말아주세요")을 적어라.
7. *지원을 요청한다.* 신뢰할 만한 사람들의 지지는 성희롱을 겪는 매우 힘든 상황에서 도움이 될 수 있다. 다른 사람과 이야기하다 보면 감정을 표현하게 되고 정서적 지지, 격려, 조언을 얻을 수 있다. 이와 더불어, 가해자에게 성희롱을 당한 다른 사람들을 발견하고 이야기를 나누는 기회가 될 수도 있어 당신의 입장을 더욱 탄탄하게 할 수도 있다.
8. *불만사항을 접수한다.* 회사와 조직은 성희롱에 대한 방침을 설명하고 성희롱 불만접수에 대해 합리적으로 대처할 법적 의무가 있다(Stokes, Stewart-Belle, & Barnes, 2000). 큰 규모의 조직에는 그런 불만사항을 처리하는 전담 관리자(옴부즈맨, 차별철폐담당관, 또는 성희롱 관련 고문 등)가 대체로 정해져 있다. 이런 관리자와 함께 불만사항에 대해 의논하라. 조직 내 고충처리절차와 비밀 보장 권리에 대해 문의하라. 성희롱 사건이 일어난 날짜, 사건 내용, 사건 때문에 유발된 감정 등에 대한 기록도 준비하라. 성희롱 고발을 다루는 정부 주무부처는 Equal Employment Opportunity Commission과 Human Rights Commission이 있다. 이 부처들은 어떻게 당신의 법적 권리를 보호하고 정식 불만접수가 처리되는지에 대해 조언을 해줄 수 있다.
9. *법적 해결책을 구한다.* 성희롱은 불법이며 소송을 걸 수 있는 사건이다. 법적 조치를 고려한다면 해당 영역에 익숙한 변호사와 상의하라. 급여를 소급해서 받거나 (만일 성희롱 관련으로 해고되었다면) 복직 조치, 징벌적 손해배상을 받을 수 있을지도 모른다.

이 장을 부정적으로 끝내지는 말자. "나의 생활, 나의 마음" 모듈에서는 어떻게 하면 자신에게 가장 적합한 커리어를 찾을 수 있을지에 대한 조언으로 마치려고 한다.

나의 생활 나의 마음

나에게 맞는 직업 찾기

모듈 14.4

즐겁게 오랫동안 일할 수 있는 직업을 찾기 위해서는 그 직업이 성격과 잘 맞는지 고려하는 것 외에 적성, 관심사, 개인적 특성에 적합한지에 대해서도 고려해보아야 한다. 다시 말해, 아침에 일어나 회사에 가야 한다는 생각 자체가 끔찍하게 느껴진다면 돈을 번다는 것은 별 의미가 없을지도 모른다. 만일 직업이 나에게 맞지 않다면, 스트레스는 높아지고 최선을 다하기도 힘들 것이다. 가장 적합한 직업을 찾기 위해서는 먼저 우리 자신에 대해 잘 파악하고 있어야 하며, 이는 자기 평가부터 시작할 수 있다.

많은 직업들은 다양한 성격적 특성을 요구한다(Darcy & Tracey, 2007; Nauta, 2007). 광고 기획사의 카피라이터는 예술적인 동시에 기획력도 있어야 한다. 임상 또는 상담 심리학자는 탐구적이고, 예술적이며, 사회 지향적인 경향이 있다. 군인과 피부 미용사는 현실적이고 관습적인 경향이 있다(그러나 큰 작전을 수행하고 정부 요직도 맡는 군 참모는 기획력도 있어야 하고, 새로운 헤어스타일과 패션을 창조하는 사람들은 예술적이기도 하다).

직업에 대해 좋은 결정을 내리는 데 심리학이 어떤 도움을 줄 수 있을지 살펴보자. 대차대조표 또는 심리검사를 활용하는 두 가지 접근에 대해 알아보자.

직업 결정을 내리는 데 대차대조표와 심리검사를 어떻게 활용할 것인가

직업에 대한 결정과 같이 개인적 결정을 내리는 데 대차대조표가 도움이 될 수 있다. 각 선택안의 장점과 단점을 저울질해보고, 좌절감을 가져올 수 있는 잠재적 요인은 어떤 것들이 있는지 짚어보고, 더 많은 정보를 얻거나 장애물을 극복하기 위해서 어떻게 해야 할지에 대한 계획을 세우는 데 대차대조표가 도움이 된다.

장점과 단점을 저울질한다는 개념은 딱히 새로운 것이 아니지만, 대차대조표는 우리가 가지고 있는 정보를 빠짐없이 모두 살펴보도록 도와준다고 재니스와 맨(Janis & Mann, 1977)은 밝혔다. 대차대조표는 어떤 정보가 부족한지를 깨닫는 데에도 도움을 줄 수 있다. 대차대조표는 고등학생이 진학할 대학교를 고르고 성인이 다이어트를 시작하고 운동 수업에 등록할지 말지 결정하는 데 도움이 되는 것으로 알려져 있다. 대차대조표 사용자들은 가지 않은 길에 대한 후회가 적고 자신의 결정을 고수할 확률이 높다.

대차대조표를 이용하기 위해서 각 선택안마다 다음과 같은 정보를 나열해보자.

1. 자신에게 예상되는 뚜렷한 득과 실
2. 다른 사람들에게 예상되는 득과 실
3. 자신이 인정 또는 인정하지 않을 것으로 예상되는 것
4. 다른 사람들이 인정 또는 인정하지 않을 것으로 예상되는 것

인문학 전공 1학년인 에밀리는 의대로 전공을 바꾸어야 할지 고민이 들었다. 가족 중에는 이 일을 상의할 만한 의사가 없었다. 대학 학생상담센터의 심리학자는 의대 전공의 장단점을 저울질해보기 위해 〈표 14.6〉에 나오는 대차대조표를 써보도록 권유했다.

대차대조표를 작성하다 보니 결정을 위해서는 많은 정보들이 필요하다는 것을 깨달았다. 예를 들어, 길고 강도 높은 공부를 에밀리가

표 14.6 | 의예과 과정으로 전공을 바꾸는 것에 대한 에밀리의 대차대조표

선택안에 대한 에밀리의 대차대조표를 보면, 다른 사람들이 의사라는 직업을 선호한다는 것은 에밀리가 알고 있지만 정작 자신이 의사로서 어떻게 느낄지에 대해서는 별로 생각해보지 않았다는 것을 알 수 있다. 이로써 에밀리는 자신의 심리적 욕구에 대해 더 잘 알아볼 필요성이 있다는 것을 깨닫게 되었다.

고려할 영역	예상되는 긍정적 요인	예상되는 부정적 요인
에밀리 자신에게 명백한 득과 실	높은 소득	오래 공부해야 한다 의대에 합격할 수 있을지에 대한 걱정 졸업까지는 많은 학자금 대출 필요
타인에게 명백한 득과 실	가족들에게 혜택이 돌아갈 수 있는 높은 소득	가족과 보낼 수 있는 시간이 거의 없다
스스로 인정 또는 인정하지 않음	의사라는 자부심	
사회적 인정 또는 인정하지 않음	의사에 대한 타인의 존경	일부 여성들은 여성 의사를 (여전히!) 못마땅해한다

표 14.7 | 만족스러운 직업 선택을 위해 필요한 정보의 유형

1. **인지 및 교육 수준의 적합성 : 원하는 직업은 당신의 인지적 능력, 학습 능력과 학력에 적합한가?** 그 직업으로 이어질 수 있는 전문가 예비 과정을 밟은 적이 있는가? 그 과정에서 잘했는가? 이미 그 직업을 가지고 있는 사람들의 인지적 수준은 어떠한가? 당신 자신의 지적 능력은 이들과 유사한가? 그 직업을 위해서는 어떤 종류의 특정 재능과 지적 능력이 필요한가? 그런 재능과 능력을 보유하고 있거나 발전시킬 수 있는지 확인할 수 있는 심리검사나 학력검사가 있는가? 그런 능력이 없다면 키울 수 있는가? 어떻게 키울 수 있는가? 당신이 그런 능력을 얼마나 잘 발전시킬 수 있는지 예측해볼 방법이 있는가? 그 영역은 당신에게 인지적 도전을 제공하는가? 아니면 그 영역에서 당신은 지루해할 것인가?
   정보를 얻을 수 있는 곳 : 대학 상담 또는 검사센터, 대학 진로센터, 개업한 심리학자나 진로 상담사, 이미 해당 영역 또는 관련 영역에서 일하고 있는 사람들
2. **내적 요인 : 원하는 직업이 당신의 성격과 맞는가?** 그 직업은 현실적인 성격 유형을 필요로 하는가? 아니면 탐구적, 예술적, 사회적, 기획력 있는, 또는 관습적인 유형을 필요로 하는가? 홀랜드(Holland)의 이론에 따르면 당신의 성격은 어떤 유형인가?(이어지는 자기 평가를 참조하라.) 직업 환경과 사람이 잘 맞는가? 일이 반복적인가, 아니면 변화무쌍한가? 변화(새로운 지각적 자극)를 강하게 선호하는가, 아니면 질서와 일관성을 중시하는가? 기계를 주로 다루는 직업인가, 서류를 주로 다루는 직업인가, 아니면 주로 다른 사람들과 어울려야 하는 직업인가? 당신은 물건을 조작하는 것을 좋아하는가, 서류작업을 좋아하는가, 아니면 다른 사람들과 상호작용하는 것을 즐기는가? 실내에서 일하는 직업인가, 아니면 바깥에서 일하는 직업인가? 당신은 '실내형'인가, '실외형' 사람인가? 당신은 자율성과 주도성에 대한 욕구가 강한가, 다른 사람에게 맡기는 것을 편하게 느끼는가? 그 직업은 당신이 스스로 결정을 내리고 다른 사람에게 지시를 내리도록 하는가, 아니면 계속 다른 사람에게 지시를 받아야 하는가? 당신은 심미적 욕구가 강한가? 일은 예술적인가? A 유형 성격인가, B 유형 성격인가, 아니면 중간인가? 직업 영역은 매우 경쟁적인가, 아니면 느슨한가?
   정보를 얻을 수 있는 곳 : 그 직업에서 성공한 사람(그들과 유사하게 느끼는가? 유사한 관심사를 가지고 있는가? 그들과 그들 회사가 좋은가?), 서면으로 된 직무 내용, 성격과 흥미에 관한 심리검사들
3. **외적 요인 : 직업을 가지기 위해 해야 할 투자와 예상 소득은 균형을 이루는가?** 원하는 직업을 가지기 위해 교육이나 전문 트레이닝에 투자해야 하는 시간, 노력, 돈은 얼마나 되는가? 재정적인 자원을 보유하고 있는가? 그렇지 않다면 구할 수는 있는가? (장기 대출과 같이 치러야 할 희생은 가치가 있는가?) 당신은 꾸준함과 인내력이 있는가? 당신이 그 직업을 가질 때 즈음 당신의 능력에 대한 시장은 어떻게 될까? 20년 뒤에는 어떻게 될까? 금전적 보상이 당신이 투자한 것을 만회해줄 수 있는가?
   정보를 얻을 수 있는 곳 : 대학 재정지원부서, 대학 진로지원부서, 대학 상담센터, 가족, 해당 직업에 종사하고 있는 사람

할 수 있을까? 의대에 합격할 가능성은 얼마나 될까? 매일 의사로서 주로 해야 하는 업무는 에밀리의 성격에 맞을까?

정보의 필요성은 의사가 되고 싶은 사람들에게만 국한되는 것은 아니다. 커리어를 결정할 때 고려해야 하는 질문들이 〈표 14.7〉에 나와 있다.

더 많은 정보를 얻기 위해 에밀리의 상담사는 몇 가지 심리검사를 실시했다. 대부분의 진로 상담사들은 검사들을 활용한다. 면담에서 얻은 정보와 검사 결과, 상담받는 사람의 개인적 역사를 종합하여 그 사람의 관심사, 능력, 성격에 대한 통합된 결과를 도출한다.

에밀리가 받은 검사 중의 하나는 웩슬러 성인용 지능검사(Wechsler Adult Intelligence Scale, WAIS)이다. WAIS와 스탠포드-비네 지능 검사(Stanford-Binet Intelligence Scale)는 가장 보편적으로 사용되는 지능 검사이다. 에밀리의 WAIS 점수는 130점대였는데, 이 점수는 의대에서 성공적으로 학업을 수행하는 사람들의 지능과 유사한 수준이다. 에밀리의 언어, 수리, 시공간 능력에는 결함이 없었다. 따라서 학업적으로 문제가 있다면 그것은 능력이 부족해서가 아니라 동기 부족이나 미리 들었어야 할 과목을 듣지 않았기 때문일 가능성이 높다. 그러나 상담자는 또한 "미래에 어떻게 행동할지에 대한 가장 좋은 예측자료는 과거의 행동"이라고 에밀리에게 말했다. 의예과 프로그램은 화학이 중요하기 때문에, 고등학교 때 화학 과목에서 높은 점수를 받은 에밀리는 의예과에서도 잘할 가능성이 보였다.

대차대조표는 에밀리가 의사가 되는 것에 대해 오직 피상적으로만 생각했다는 것을 보여주었다. 에밀리는 의사가 일반적으로 존경받는 직업이라고 인식했기 때문에 자신도 자부심을 느낄 것이라고 생각했다. 그러나 의사 생활이 에밀리의 성격에 맞을까? 에밀리의 심리적 욕구를 충족시킬 수 있을까? 상담사는 흥미 검사와 많이 활용되는 성격 검사인 Edwards Personal Preference Schedule(EPPS) 결과를 바탕으로 성격에 대한 유용한 정보를 주었다. 흥미 검사는 대학 상담센터나 검사센터에서 많이 사용된다.

대부분의 검사 항목은 다양한 직업(예를 들어, 배우, 건축가), 교과목(수학, 예술), 활동(카뷰레터 조절하기, 연설하기), 취미활동(골프, 체스, 재즈 또는 록 콘서트), 사람들 유형(아기들, 자유분방한 사람)에 관해 응답자가 좋아하는지, 관심이 없는지, 싫어하는지 등의 선호도를 표시하도록 되어 있다. 응답자의 선호도는 각 직업군에서 일하는 사람들의 선호도와 비교된다. 일반적인 관심영역(영업, 과학, 교육, 농업 등)과 특정 관심영역(수학자, 지도교사, 피부 미용사 등)이

이 비교를 통해 도출된다. 응답자는 자신의 성격 유형에 대해서도 정보를 모을 수 있다.

EPPS는 심리적 욕구를 대변하는 2개의 문장을 한 쌍으로 묶어 제시하고, 응답자는 둘 중 어느 쪽이 자신에게 해당되는지 표시한다. 이런 식으로 응답자의 성향, 예를 들면 지배적 성향이 강한지 아니면 남에게 지시받는 것을 선호하는지, 질서를 중시하는지, 다른 사람들에게 도움받는 것을 선호하는지 알 수 있다. 모두 15개의 심리적 욕구의 상대적 강도를 살펴본다.

흥미 검사에서는 에밀리가 탐구적인 일과 의학을 비롯한 과학, 수학을 선호하는 것으로 나타났다. 그러나 에밀리는 사회적 선호도가 그다지 높지 않았다. 잘 적응하는 의사는 대체로 탐구적이면서도 동시에 사회적인 유형의 사람들이다. EPPS 결과는 에밀리가 성취, 질서, 지배성, 꾸준함 등에 대해 상대적으로 강한 욕구를 가지고 있다는 것을 보여주었다. 이 모든 요인은 오랜 공부, 욕구충족지연, 학습 욕구 등으로 대변되는 의예과 공부와 잘 어울린다. EPPS 결과보고서는 에밀리가 그다지 사회적 선호도가 높지 않다는 점에서 흥미 검사 결과 보고서와 일치했다. EPPS 결과는 에밀리가 **보살핌**(nurturance), 타인을 돌보고 그들의 안녕을 추구하는 것에 대해서는 낮은 욕구를 가지고 있다고 보여주었다.

이와 같이 대학 교수, 심리학자, 의사, 변호사와 같이 명망 있는 직업을 가질 능력이 있는 사람이라 할지라도 꼭 그 직업에 종사하며 행복하지 않을 수도 있다는 것을 볼 수 있다. 우리의 성격에 맞지 않는 직업을 가지게 되면 불행하게 될 수도 있다.

이런 정보들을 얻고 나자, 자신에게는 의사로서 타인을 돕고자 하는 욕구가 별로 없다는 것을 에밀리는 깨달았다. 의학에 대한 관심은 주로 학문적 욕구였던 것이다. 그러나 좀 더 숙고한 다음 에밀리는 의예과에 한번 도전해보기로 결정하고, 의학과 관련된 직업을 선택하는 데 필요한 기초과목인 화학과 기타 과학 과목들을 수강하기로 했다. 설사 에밀리가 타인을 돕고 싶은 욕구를 키우지 않거나 의대에 합격하지 않더라도 이 과목들은 흥미로울 것 같았다. 예상했던 대로 일이 진행되지 않았을 경우를 대비한 이런 계획은 우리 모두에게 유용하다. 뚜렷한 목표를 향해 가고 있을 때라도 대안책을 고려한다면, 예상치 못한 장애물을 더 잘 극복할 수 있다.

보살핌 : 다른 사람들(또는 다른 생명체) 또는 이들을 양육하는 것에 대한 심리적 욕구 또는 특성

나의 생활

자기 평가 : 당신의 직업 유형은 무엇인가? 취업 박람회에 참가하여 알아보라!

다양한 직업 환경이나 직업에 잘 적응할지 미리 예측하는 데는 여러 방법이 있는데, 대개 우리의 성격 특성에 맞는 직업을 찾는 것을 포함한다. 심리학자 존 홀랜드(Holland, 1997)는 직업에 어울리는 6개의 성격 유형에 대한 이론을 발전시켰다. 당신은 어떤 성격 유형(들)인지 알아내기 위해서 취업 박람회에 가보자.

대학 체육관에서 취업 박람회가 열린다고 상상해보자. 취업 박람회가 열리면, 학생들과 관심 있는 고용주들이 이야기를 나누기 시작한다. 시간이 지나면서 공통의 관심사를 발견하고 그 관심사에 따라 체육관 곳곳에 모인다.

자, 이제 당신이 방에 들어선다. 이미 그들끼리 그룹이 형성되어 있지만, 당신은 멀찌감치 따로 서 있지는 않을 것이다. 어느 그룹에 들어갈지 결정하기 위해 오가는 대화들을 들으며 낄 수 있는 기회를 포착한다.

그럼 이제 〈그림 14.8〉의 설명을 읽고 6개의 그룹에 속한 사람들을 살펴보자.

어느 그룹에 가장 끼고 싶은가? 그룹을 상징하는 알파벳을 여기에 적어라 : __________

두 번째로 끼고 싶은 그룹은 어디인가? 첫 번째 그룹의 사람들과 만나 이야기를 나눈 다음에는 누구와 이야기를 나누고 싶은가? 그 그룹의 알파벳을 여기에 적어라 : __________

그렇다면 가장 따분해 보이는 그룹은 어디인가? 공통 분모를 찾을 수 없는 그룹은 어디인가? 피하고 싶은 그룹은 어디인가? 함께 어울리고 싶지 않은 그룹의 알파벳을 여기에 적어라 : __________

자, 취업 박람회에서 당신이 잘 적응한 곳은 어디인가? 당신의 직업적 적응에 대해 그것이 의미하는 바는 무엇인가? 직업에 잘 적응하기 위해서는 우리의 성격 특성에 잘 맞는 직업을 골라야 한다. 취업 박람회는 사람들이 어디에 잘 맞고, 어디에는 잘 맞지 않는지 알아내도록 도와준다.

홀랜드(Holland, 1997)는 성격을 실재형(realistic), 탐구형(investigative), 예술형(artistic), 사회형(social), 기업형(enterprising), 관습형(conventional)이라는 6개의 유형으로 나누어 이에 맞는 직업은 무엇인지 알아봄으로써 사람들이 어떤 일들을 가장 즐길 것인지 예측하고자 하였다. 〈그림 14.8〉에 나와 있는 각 그룹은 성격 유형을 반영한다(Brown, 2002; Holland, 1997; Spokane, Luchetta, & Richwine, 2002).

1. *실재형*. 실재형 사람들은 생각이 구체적이고, 도구를 조작하는 것을 선호하고, 육체적 활동이 포함된 직업에 흥미를 느끼는 경향이 있다. 농업, 주유소에서 주유를 도와주는 일 같은 비숙련 노동, 건설이나 전기 작업과 같은 숙련 노동이 이에 속한다.

2. *탐구형.* 탐구형 사람들은 생각이 추상적이고, 창의적이며 내향적인 경향이 있다. 연구나 대학교에서 가르치는 일에 흔히 잘 적응한다.
3. *예술형.* 예술형 사람들은 창의적, 감성적이고, 주관적 느낌에 관심에 있으며, 직관적인 경향이 있다. 시각 또는 공연 예술 쪽에 끌리게 된다.
4. *사회형.* 사회형 사람들은 외향적이고 사회적 관심이 많다. 대체로 언어적 능력이 뛰어나며 다른 사람들과 함께 어울리고 싶어 하는 강한 욕구가 있다. 사회복지사, 상담가, 어린이들을 가르치는 교사 등의 직업이 잘 어울린다.
5. *기업형.* 기업형 사람들은 모험적, 충동적, 지배적이며 외향적인 경향이 있다. 산업, 정부, 사회적 조직에서 지도자나 기획을 하는 일에 끌리게 된다. 성공적인 부동산 개발자나 거물들은 주로 기업형 인물들이다.
6. *관습형.* 관습형 사람들은 규칙적인 일을 선호한다. 자기 절제력이 뛰어나며, 질서를 중시하고, 사회적 인정에 대한 욕구가 있으나, 상상력은 그다지 뛰어나지 않다. 이들에게 어울리는 직업에는 은행, 회계, 사무직 등이 있다.

그림 14.8

성격 유형과 직업 이 그림에 나오는 것과 같은 취업 박람회에 있다고 상상해보라. 취업 박람회에서는 보통 학생들과 관심 있는 고용주들이 이야기를 나누기 시작한다. 시간이 지나면서 이들은 공통의 관심사를 발견하게 되고, 이에 따라 그룹으로 나뉘게 된다. 6개의 그룹에 속하는 사람들의 유형에 대한 설명을 읽고 한번 생각해보라. 어느 그룹과 가장 잘 어울린다고 느끼는가? 그 선택으로 볼 때 당신의 성격은 어떤 유형인가?

C
이들은 사무직 또는 숫자와 관련된 기술을 가지고 있다. 데이터를 가지고 일을 하고, 다른 사람의 지시를 이행하며, 치밀하게 일을 수행하는 것을 좋아한다.

E
이들은 사람들과 일하는 것을 좋아한다. 경제적 또는 조직의 이익을 위해 다른 사람들을 이끌고 영향력을 행사하는 일을 즐긴다.

R
이들은 기계적 또는 신체적 능력을 가지고 있다. 기계나 도구를 사용하여 일하는 것, 야외활동, 동물이나 식물을 다루는 일을 좋아한다.

I
이들은 새로운 것을 배우는 것을 좋아한다. 연구하고, 문제를 해결하고, 지식을 넓혀 가는 것을 즐긴다.

S
이들은 사람들과 함께 일하는 것을 좋아한다. 아픈 사람들을 포함해 다른 사람들을 도와주고 싶어 한다. 다른 사람들에게 정보나 지식을 알려주는 일을 좋아한다.

A
이들은 상상력과 창의력이 매우 뛰어나다. 틀에 박히지 않은 상황에서 일하는 것을 즐긴다. 이들은 예술적이고 혁신적이다.

이상적인 직업 찾기

당신의 관심사나 성격 특성을 잘 파악하는 것은 어떤 직업이 가장 잘 맞을지 찾아내는 데 도움을 줄 수 있다. 그러나 일단 직업을 가지고 나면, 그 직업이 개인적 욕구를 만족시키는지 끊임없이 평가할 필요가 있다. 이 직업을 통해 성취감을 느끼는가? 내 꿈을 실현하도록 도와주는가? 등의 질문을 스스로에게 해볼 필요가 있다.

산업 및 조직심리학자 나샤 런던바르가스(London-Vargas, 2001)는 현재 당신의 직업 또는 미래에 가질 직업이 당신의 경제적 욕구뿐만 아니라 개인적 욕구도 충족시켜주는지 평가하는 데 도움이 될 일련의 질문들을 알려준다.

- 그 직업이 당신 삶의 관심사나 열정과 관련이 있는가?
- 그 직업이 당신의 꿈을 실현하는 데 도움이 되는가?
- 그 직업에 대한 열정이 있는가?
- 그 직업은 스스로 찾아낸 것인가, 아니면 어쩌다 보니 일하게 된 것인가?
- 그 직업으로 인해 괜찮은 일을 이루어낸 것 같은 느낌이 드는가? 아니면 퇴근할 때 성취감도 없고 우울한가?

런던바르가스는 우리가 하는 일이 우리의 관심사, 열정, 개인적 성취감, 도전에 대한 욕구와 연결되어 있을 때, 우리의 삶이 의미로 가득 차게 되고, 우리 자신의 삶뿐만 아니라 우리가 하는 일로부터 혜택을 얻는 사람들의 삶에도 가치를 더하게 된다는 것을 지적한다.

제14장 복습 암송하기/암송하기/암송하기

학습 비결 : 이 질문에 대한 답을 암송하면 보다 효과적으로 학습을 할 수 있을 것이다. 우선 질문에 대한 답을 혼자 소리 내어 답해보거나 공책이나 컴퓨터에 써보라. 그리고 자신의 답을 아래의 정답 예시와 비교해보라.

1. 사람들은 왜 직업을 가지는가?

근로자들은 외적 보상(돈, 지위, 안전)과 내적 보상(직업 윤리, 자기 정체성, 자아 성취, 자기 가치, 직업의 사회적 가치) 모두에 의해 동기가 증진된다.

2. 자신의 직업을 결정하기 위해 어떤 과정을 거치는가?

단계 이론가들은 환상, 잠정적 선택, 현실적 선택, 유지, 커리어 변경, 은퇴 단계 등 커리어 발달에서 다양한 단계에 대해 이야기한다.

3. 이력서는 무엇인가? 이력서는 어떻게 쓰는가?

이력서는 당신의 배경과 자격에 대한 요약이다. 면접 전까지 이력서는 당신 그 자체이다. 이력서에는 학력과 경력을 가장 최근 것부터 먼저 적도록 한다. 아주 특별한 경우가 아니면 글자는 검은색으로 한다. 이메일 주소와 휴대전화 번호도 포함시킨다. 거짓말은 하지 말라! 자격이 되지 않는 직업에 거짓말을 해서 취업에 성공했다고 치자. 그다음에는 어떻게 할 것인가?

4. 자기 소개서에는 무엇을 쓰는가?

자기 소개서에는 채용 공고에 대해 어떻게 알게 되었는지에 대한 설명, 당신이 어떤 자격 요건을 갖추고 있는지에 대한 간단한 소개, 연봉이나 근무지에 대한 희망 사항, 면접 요청, 필요하다면 추천서를 보낼 수 있다는 언급, 이력서를 읽어준 것에 대한 감사 등이 포함된다.

5. 취업 면접에서 성공하는 방법은 무엇인가?

최대한 단정한 복장과 말솜씨로 좋은 첫 인상을 남겨라. 도전적 눈빛이 아닌 경청하는 자세의 적절할 눈맞춤을 유지하라. 답변은 간결하게 하고, 자신만의 질문을 준비하라. 해당 직업에 맞는 당신의 자격을 강조하라. 절대 냉소적이거나 조바심 내는 모습을 보이지 말라. 합리적으로 높은 연봉을 요구하라. 단점을 먼저 늘어놓을 필요는 없다.

6. 취업에 성공하고 난 후 남보다 앞서가는 방법은 무엇인가?

직장 적응은 학교에서는 선배일지 몰라도 바깥 세상에서는 상대적으로 낮은 지위로 내려간다는 것을 인식하는 데서 시작된다고 할 수 있다. 자신의 업무를 잘 배우고 그에 대한 책임을 져라. 직장 동료들과 상사들과 잘 지낼 수 있다는 것을 보여줘라. '동아줄'을 내려줄 수 있는 멘토를 찾아라.

7. 직업 만족도와 관련된 요인은 무엇인가?

사실 미국에서 일하는 근로자들의 상당수가 자신의 직업에 완전히 또는 대체로 만족한다고 한다. 나이가 많은 근로자나 높은 임금을 받는 근로자들이 만족할 가능성이 더 높다. 근로자들은 의사결정 과정에서 소외되는 것을 좋아하지 않으며, 파괴적인 비판보다는 건설적인 비판에서 더욱 도움을 얻는다. 많은 근로자들이 스트레스, 낮은 임금, 인정받지 못하는 것, 건강 보험이나 연금 같은 측면에서 직업적 혜택이 만족스럽지 못한 것에 대해 불평한다.

8. 직업 만족도를 향상시킬 수 있는 요인은 무엇인가?

직업 만족도를 높이는 방법에는 신중한 채용과 직원 선택, 트레이닝과 교육, 편견 없는 평가와 피드백, 목표 설정, 생산성에 따른 경제적 보상, 의사 결정 과정에 직원 참여, 근무 시간 선택제나 직무 분담과 같이 유연한 근무시간 등이 있다.

9. 직장에서의 스트레스 요인은 무엇인가?

육체적, 개인적, 집단, 조직과 관련된 스트레스 요인들이 있다. 예를 들면, 직장 내 환경오염이 심한 경우도 있고, 근로자의 성격이 직업에 맞지 않은 경우도 있다. 직장 동료들이 비판이나 중상모략을 일삼을 수도 있다. 낮은 직급 직원들의 의견은 전혀 받아들이지 않는 매우 경직된 위계질서를 가진 조직도 있다.

10. 직장에서의 스트레스는 어떤 방법으로 감소시킬 수 있는가?

우선, 환경 오염이나 갈등을 조장하는 상하관계와 같은 스트레스 요인을 줄이기 위해 직장 내 환경을 살펴볼 수 있다. 많은 조직들이 건강 관련 또는 운동 시설을 제공하기도 한다. 근로자 자신도 직업이 자신의 성격이나 기술에 잘 맞는지 평가해볼 필요가 있다.

11. 소진은 무엇인가? 소진은 무엇 때문에 일어나는가?

소진은 감정적 탈진, 비인격화, 성취의 감소 등으로 나타난다. 매우 양심적이고 성실한 근로자들이 직무상 좌절감을 경험하게 되면 소진을 경험하게 된다.

12. 직무 소진을 막을 수 있는 방법은 무엇인가?

우선순위 명확하게 하기, 현실적인 목표와 한계 설정하기, (신뢰할 수 있는 사람들에게) 감정 표현하기, 지지적 인간 관계 만들기, 직장 밖에서 개인적으로 만족을 느낄 수 있는 일을 하는 데 시간 할애하기 등을 통해 소진을 방지할 수 있다.

13. 여성들이 일하는 이유는 무엇인가? 직장에서 여성들이 받는 스트레스의 원인은 무엇인가?

경제적 독립, 자아 존중감, 사회적 상호작용, 자아 정체감 등 기본적으로 남자들이 일하는 것과 같은 이유이다. 그러나 여성들은 일을 하면서 자녀 양육의 의무와 일 사이에서 균형 잡기, 역할 과부하, 성차별 및 성희롱, 성차에 따른 소득 격차 등 때문에 더 많은 스트레스를 경험하게 된다.

14. '남자들의 일'이란 무엇인가? '여자들의 일'이란 무엇인가?

남자가 하는 일과 여자가 하는 일이 따로 있다는 가정을 두고 하는 그런 질문 자체가 성 차별적인 질문이다. 관습적으로 남자들의 일이라고 여겨져 왔던 영역, 특히 법이나 의학 분야에 이제는 거의 동일한 수의 여성들이 일하고 있다. 그러나 과거 이런 영역에 여성들이 진출하는 것이 막혀 있었기 때문에 권력을 행사할 수 있는 위치에는 여전히 나이 많은 남자들이 자리를 차지하고 있다. 여전히 남자들이 장악하고 있는 영역들도 있는데 예를 들면 군대, 과학이나 엔지니어링, 트럭 운전, 공사현장 같은 곳이다.

15. 성에 따라 급여는 얼마나 차이가 나는가? 이를 어떻게 설명할 수 있는가?

20세기 말에는 여성이 남성 소득의 75%를 받을 정도로 소득 격차가 줄어들었다. 남아 있는 소득 격차에 대해서는 설명이 간단하지 않다. 차별, 전통적으로 낮은 임금을 주는 직업에서 일하려는 여성들의 '선택'(고정 성 역할에 평생 익숙해져 버린 결과로), 과거 여성들에게 문이 닫혀 있던 영역이 여전히 남성 연장자에 의해 통제되고 있다는 사실 등이 그 이유에 포함된다.

16. 여성들의 소득 격차는 어떻게 줄일 수 있는가?

현실적인 커리어 계획, 경력 단절 방지, 보육 시설 확보, 트레이닝 프로그램 등이 도움이 될 수 있다(물론 차별 자체를 줄이는 것도 도움이 될 것이다).

17. 성희롱은 무엇인가?

상대방이 원하지 않는데도 의도적 또는 반복적으로 성적 언급, 제스처, 신체적 접촉을 하는 것을 보편적으로 성희롱으로 정의한다.

18. 성희롱을 당했을 때는 어떻게 해야 하는가?

성희롱을 당하고 있다고 판단되면 냉정하고(꼭 험악하게 할 필요는 없다) '직업적으로 전문적인' 태도를 취하여, 상대방에게 멈추라고 직접적으로 이야기하거나, 성희롱 가해자와 단둘이 있게 되는 상황을 피하고, 사건에 대해 기록하고, 조직에 불만사항을 접수하고, 법적 조치를 취할 수 있다. 그냥 두면 '저절로' 멈추는 경우는 매우 드물다.

개인적 글쓰기 숙고하기/숙고하기/숙고하기

학습 비결 : 이 장에 나온 개념들을 자신의 경험과 관련시켜 음미하면 보다 심층 처리가 가능하다. 그렇게 되면 내용에 보다 더 개인적인 의미를 부여하게 되며 더 효과적인 학습이 가능해진다. 답을 쓸 공간이 더 필요하면 추가 페이지를 이용해도 좋다.

1. 대학교에 입학하고 취업하려는 당신의 동기에 영향을 주는 내적, 외적 요인들에는 어떤 것들이 있는가?

______

______

______

2. 커리어 개발의 여러 단계에 대해 배웠다. 현재 당신은 어느 단계에 속해 있는가? 설명해보라.

______

______

______

모듈 복습의 답

모듈 14.1
1. 외적
2. 윤리
3. 존중감
4. 모델
5. 환상
6. 잠정적
7. 변경
8. 이력서
9. 첫인상
10. 좋다
11. 업무

모듈 14.2
12. 다수
13. 낮은
14. 정적
15. 채용
16. 건설적인
17. 품질 관리
18. 낮춘다
19. 조직적
20. 소진

모듈 14.3
21. 남성
22. 역할
23. 같다
24. 많다
25. 감소하고
26. 이상/더 적은
27. 성희롱
28. 비난

직업 만족도 척도 채점

아래 채점표를 보고 당신의 점수를 계산해보라. 각 답마다 할당된 숫자를 더해 여기에 총점을 적어보자 : _______

채점표

1. a. 1 b. 3 c. 5
2. a. 5 b. 1 c. 3
3. a. 3 b. 1 c. 5
4. a. 5 b. 3 c. 1
5. a. 1 b. 3 c. 5
6. a. 5 b. 3 c. 1
7. a. 5 b. 3 c. 1
8. a. 5 b. 3 c. 1
9. a. 5 b. 3 c. 1
10. a. 5 b. 3 c. 1
11. a. 1 b. 3 c. 5

12와 13 : 당신의 장점으로 적은 것과 업무에서 요구되는 것이 일치하는 항목마다 5점씩 부여하라.

a. _____
b. _____
c. _____
c. _____
e. _____
f. _____
g. _____
h. _____
i. _____
j. _____

14. a. 1 b. 3 c. 5
15. a. 3 b. 1 c. 5
16. a. 5 b. 3 c. 1
17. a. 5 b. 1 c. 3
18. a. 5 b. 1 c. 3
19. a. 3 b. 5 c. 1
20. a. 5 b. 3 c. 1
21. a. 3 b. 1 c. 5
22. a. 1 b. 5 c. 3
23. a. 5 b. 3 c. 1
24. a. 1 b. 5 c. 3
25. a. 1 b. 5 c. 3
26. a. 3 b. 1 c. 5
27. a. 3 b. 1 c. 5
28. a. 1 b. 3 c. 5
29. a. 5 b. 1 c. 3
30. a. 1 b. 3 c. 5

해석

몇 점이 나왔는가? 28~80점 사이는 낮은 점수, 81~150점 사이는 평균 점수, 151점 이상은 높은 점수이다.

낮은 점수(28~80) : 당신의 점수는 현재 직업에 만족하고 있지 않다는 것을 말해주지만 이유에 대해서는 알려주지 않는다. 당신이 처한 상황을 살펴보고 불만족의 원인이 성격과 직무가 맞지 않아서인지 상사와의 불화 때문인지 등에 대해 스스로에게 물어보라. 만일 직무와 성격이 맞지 않다고 생각된다면, 직업 테스트나 상담이 도움이 될 수 있다. 만일 인간관계 문제나 다른 요인 때문에 불만족스럽다면, 제12장에 나와 있는 갈등 해결 방식들이나 다른 해결 방법들을 사용해볼 수 있을 것이다. 심리상담가나 믿을 만한 동료, 또는 가족과 함께 당신의 고민에 대해 이야기해보는 것은 어떤가?

평균 점수(81~150) : 당신의 직업 만족도는 평균 정도이다. 임금이 더 올랐으면 좋겠다거나, 업무 관련 스트레스가 좀 줄어들었으면 좋겠다거나, 좀 더 인정을 받았으면 좋겠다고 느낄지 몰라도, 전반적으로는 현재 당신의 직업이 월급봉투 외에 다른 사회적 또는 개인적 만족감을 주고 있는 것으로 보인다.

높은 점수(151 이상) : 당신은 직업에서 큰 만족감을 얻고 있는 것으로 보인다. 날마다 하는 업무를 즐기고, 동료들과도 잘 지내며, 하는 일이 당신에게 잘 맞는다고 느낀다. 만일 삶에서 무엇인가 부족하다면, 그건 직업과 관련된 것이 아닌 것 같다. 한편 혹시 일에 대한 헌신이 만족스러운 가정을 만드는 것이나 여가 활동을 즐기는 데 방해가 되고 있지는 않은지 한번 살펴보자.

참고문헌

Abbasi, S. M., & Hollman, K. W. (2000). Turnover: The real bottom line. *Public Personnel Management, 29*, 333–342.

Abbott, A. (2010). Schizophrenia: The drug deadlock. *Nature, 468*, 158–159. doi:10.1038/468158a

Abell, J., Locke, A., Condor, S., Gibson, S., & Stevenson, C. (2006). Trying similarity, doing difference: The role of interviewer self-disclosure in interview talk with young people. *Qualitative Research, 6*, 221–244.

Aboa-Éboulé, C., Brisson, C., Maunsell, E., Mâsse, B., Bourbonnais, R., Vézina, M., et al. (2007). Job strain and risk of acute recurrent coronary heart disease events. *Journal of the American Medical Association, 298*, 1652–1660.

Aboujaoude, E. (2010). Problematic Internet use: An overview. *World Psychiatry, 9*, 85–90.

Abramowitz, J. S., & Braddock, A. E. (2011). *Hypochondriasis and health anxiety: Advances in psychotherapy—evidence-based practice*. Cambridge, MA: Hogrefe Publishing.

Abramson, L. T., Seligman, M. E. P., & Teasdale, J. D. (1978). Learned helplessness in humans: Critique and reformulation. *Journal of Abnormal Psychology, 87*, 49–74.

Ackerman, J. M., Griskevicius, V., & Li, N. P. (2011). Let's get serious: Communicating commitment in romantic relationships. *Journal of Personality and Social Psychology, 100,* 1079–1094. doi:10.1037/a0022412

Adams, H., & Phillips, L. (2006). Experiences of two-spirit lesbian and gay Native Americans: An argument for standpoint theory in identity research. *Identity, 6*, 273–291.

Ader,RS.,Felten,D.L.,&Cohen,N.(Eds.).(2001).*Psychoneuroimmunology, 3rd ed.* San Diego, CA, Academic Press.

Aleksander, P. J. E., West, B. J., Ryan, A. M., &. DeShon, R. P. (2002). The use of impression management tactics in structured interviews: A function of question type? *Journal of Applied Psychology, 87*, No. 6, 1200–1208.

Alexander, K. (2003, March 18). Retired, but still on the job. *The New York Times,* pp. G1, G8.

Alexander, M. (2007, October). Deadly distraction. *Reader's Digest*, pp. 92–105.

Alford, L. (2010). What men should know about the impact of physical activity on their health. *International Journal of Clinical Practice, 64*, 1731.

Allport, G. W. (1954). *The nature of prejudice*. Reading, MA: Addison-Wesley.

Amato, P. R. (2006). Marital discord, divorce, and children's well-being: Results from a 20–year longitudinal study of two generations. In A. Clarke-Stewart & J. Dunn (Eds.), *Families count: Effects on child and adolescent development. The Jacobs Foundation series on adolescence* (pp. 179–202). Cambridge, UK: Cambridge University Press.

American Association of University Women (1992). *How schools short-change women: The A.A.U.W. report.* Washington, DC: A.A.U.W. Educational Foundation.

American Cancer Society. (2005). *Signs and symptoms of cancer, what are symptoms and signs? Detailed guide: Cancer (general information)*. American Cancer Society: Author.

American Cancer Society. (2005). *Can prostate cancer be prevented?* Retrieved from http://www.cancer.org/docroot/cri/content/cri_2_4_2x_can_prostate_cancer_be_prevented_36.asp.

American College Health Association. (2005). National College Health Assessment (ACHA-NCHA), Spring 2003 Reference Group Report. *Journal of American College Health, 53*, 199–210.

American Heart Association (2005). *High-protein diets*, Retrieved from http://216.185.112.5/presenter.jhtml?identifier=11234

American Heart Association (2009). *Heart disease and stroke statistics, 2009 update: A report from the American Heart Association Statistics Committee and Stroke Statistics Subcommittee*, e21–e181. doi: 10.1161/CIRCULATIONAHA.108.191261

American Psychiatric Association (2000). *Diagnostic and statistical manual of mental disorders. DSMBIVBTR.* Washington, DC: Author.

American Psychological Association (1992). Ethical principles of psychologists and code of conduct. *American Psychologist, 47,* 1597–1611.

American Psychological Association (1998, March 16). Sexual harassment: Myths and realities. APA Public Information Home Page; www.apa.org.

American Psychological Association (APA). (2002). Ethical principles of psychologists and code of conduct. *American Psychologist, 57*, 1060–1073.

American Psychological Association (2006, March 4). *Americans engage in unhealthy behaviors to manage stress*. Retrieved from http://apahelpcenter.mediaroom.com/index.php?s=press_releases&item=23

American Psychological Association (APA) (2007, October 25b). *Stress a major health problem in the U.S., warns APA*. Retrieved from http://www.apa.org/releases/stressproblem.html

Americans engage in unhealthy behaviors to manage stress. (2006, March 4). *APA Press Release,* Retrieved from http://apahelpcenter.mediaroom.com/index.php?s=press_releases&item=23

Andersen, B. L.,Yang, H.-C., Farrar, W. B., Golden-Kreutz, D. M., Emery, C. F., Thornton, L. M., et al. (2008). Psychologic intervention improves survival for breast cancer patients: A randomized clinical trial. *Cancer, 113*, 3450–3458.

Anderson, E. M., & Lambert, M. J. (2001). A survival analysis of clinically significant change in outpatient psychotherapy. *Journal of Clinical Psychology, 57,* 875–888.

Anderson, S. E., Dallal, G. E., & Must, A. (2003). Relative weight and race influence average age at menarche: Results from two nationally representative surveys of US girls studied 25 years apart. *Pediatrics, 111,* 844–850.

Anderson, S. L., & Betz, N. E. (2001). Sources of social self-efficacy expectations: Their measurement and relation to career development. *Journal of Vocational Behavior, 58*(1), 98–117.

Andersson, E., Enander, J., Andrén, P., Hedman, E., Ljótsson, B., Hursti, T., et al. (2012). Internet-based cognitive behaviour therapy for obsessive-compulsive disorder: A randomized controlled trial. *Psychological Medicine, 11*, 1–11.

Angier, N. (1998, September 1). Nothing becomes a man more than a woman's face. *The New York Times,* p. F3.

Antill, J. K. (1983). Sex role complementarity versus similarity in married couples. *Journal of Personality and Social Psychology, 45,* 145–155.

Anton, R. F. (2008). Naltrexone for the management of alcohol dependence. *New England Journal of Medicine, 359,* 715–721.

Arango, C., Rapado-Castro, M., Reig, S., Castro-Fornieles, J., González-Pinto, A., Otero, S., et al. (2012). Progressive brain changes in children and adolescents with first-episode psychosis. *Archives of General Psychiatry, 69,* 16–26. doi:10.1001/archgenpsychiatry.2011.150

Archer, J. (2004). Sex differences in aggression in real-world settings: A meta-analytic review. *Review of General Psychology, 8*, 291–322.

Areán, P. A., & Ayalon, L. (2005). Assessment and treatment of depressed older adults in primary care. *Clinical Psychology: Science and Practice,* 12, 321–335

Arias, E. (2010). *United States Life Tables*. Centers for Disease Control and Prevention, National Center for Health Statistics, National Vital Statistics System, National Vital Statistics Reports, 58, No. 21.

Armeli, S., Carney. M. A., Tennen, H., Affleck, G., & O'Neil. (2000). Stress and alcohol use: A daily process examination of the stressor vulnerability model. *Journal of Personality and Social Psychology, 78*, 979–994.

Armfield, J. M. (2006). Cognitive vulnerability: A model of the etiology of fear. *Clinical Psychology Review, 26*, 746–768.

Arnett, J. J. (1999). Adolescent storm and stress, reconsidered. *American Psychologist, 54*, 317–326.

Arnett, J. J. (2000a). Emerging adulthood. *American Psychologist, 55*, 469–480.

Arnett, J. J. (2000b). High hopes in a grim world: Emerging adults' view of their futures and Generation X.@ *Youth & Society, 31*, 267–286.

Arnett, J. J. (2004). *Adolescence and emerging adulthood: A cultural approach* (2nd ed.). Upper Saddle River, NJ: Pearson/Prentice Hall.

Arthritis Foundation. (2000, April 6). Pain in America: Highlights from a Gallup survey. Retrieved from http://www.arthritis.org/answers/sop_factsheet.asp.

Asch, S. E. (1956). Studies of independence and conformity: I. A minority of one against a unanimous majority. *Psychological Monographs, 70*, 70.

Ashforth, B. E., & Saks, A. M. (2000). Personal control in organizations: A longitudinal investigation with newcomers. *Human Relations, 53*, 311–339.

Assad, K. K., Donnellan, M. B., & Conger, R. D. (2007). Optimism: An enduring resource for romantic relationships. *Journal of Personality and Social Psychology, 93*, 285–297.

Atchley, R. C. (1985). *Social forces and aging: An introduction to social gerontology.* Belmont, CA: Wadsworth.

Awad, G. H., & Ladhani, S. (2007). Review of counseling and psychotherapy with Arabs and Muslims: A culturally sensitive approach. *Cultural Diversity and Ethnic Minority Psychology, 13*, 374–375.

Ayers, J. W., Hofstetter, C. R., Usita, P., Irvin, V. L., Kang, S., & Hovell, M. F. (2009). Sorting out the competing effects of acculturation, immigrant stress, and social support on depression: A report on Korean women in California. *The Journal of Nervous and Mental Disease, 197*, 742–747. doi: 10.1097/NMD.0b013e3181b96e9e

Bach, P. B., Schrag, D., Brawley, O. W., Galaznik, A., Yakren, S., & Begg, C. B. (2002). Survival of Blacks and Whites after a cancer diagnosis. *Journal of the American Medical Association, 287*, 2106–2113.

Bäckström T., et al. (2003). The role of hormones and hormonal treatments in premenstrual syndrome. *CNS Drugs, 17*(5), 325–342.

Bagley, C., & D'Augelli, A. R. (2000). Suicidal behaviour in gay, lesbian, and bisexual youth. *British Medical Journal, 320,* 1617–1618.

Bailar, J. C., III (2001). The powerful placebo and the wizard of Oz. *New England Journal of Medicine, 344*, 1630–1632.

Bailey, D. S. (2003). The "Sylvia Plath" effect. *Monitor on Psychology, 34*, 42–43.

Bailey, J. M. (1999). Homosexuality and mental illness. *Archives of General Psychiatry, 56*(10), 883–884.

Bailey, J. M., & Pillard, R. C. (1991). A genetic study of male sexual orientation. *Archives of General Psychiatry, 48,* 1089–1096.

Bailine, S., Fink, M., Knapp, R., Petrides, G., Husain, M. M., Rasmussen, K., & Kellner, C. H. (2010). Electroconvulsive therapy is equally effective in unipolar and bipolar depression. *Acta Psychiatrica Scandinavica, 121*, 431–436.

Baillargeon, R. H., Zoccolillo, M., Keenan, K., Côté, S., Pérusse, D., Wu, H.-Z., et al. (2007). Gender differences in physical aggression: A prospective population-based survey of children before and after 2 years of age. *Developmental Psychology, 43*, 13–26.

Bakalar, N. (2011, November 14). Teenagers having sex are now a minority. *The New York Times*, p. D7.

Baker, C. W., Whisman, M. A., & Brownell, K. D. (2000). Studying intergenerational transmission of eating attitudes and behaviors: Methodological and conceptual questions. *Health Psychology, 19*(4), 376–381.

Baker, D. C., & Bufka, L. F. (2011). Preparing for the telehealth world: Navigating legal, regulatory, reimbursement, and ethical issues in an electronic age. *Professional Psychology: Research and Practice, 42*, 405–411. doi: 10.1037/a0025037

Ballie, R. (2002, January). Kay Redfield Jamison receives $500,000 'genius award'. *Monitor on Psychology*, Retrieved from http://www.apa.org/monitor/jan02/redfield.html

Balsam, K. F., Beauchaine, T. P., Mickey, R. M., & Rothblum, E. D. (2005). Mental health of lesbian, gay, bisexual, and heterosexual siblings: effects of gender, sexual orientation, and family. *Journal of Abnormal Psychology, 114,* 471–476.

Balsam, K. F., Huang, B. U., Fieland, K. C., Simonikarina, J. M., & Walters, K. (2004). Culture, trauma, and wellness: A comparison of heterosexual and lesbian, gay, bisexual, and two-spirit Native Americans. *Cultural Diversity & Ethnic Minority Psychology, 10*, 287–301.

Baltes, P. B., & Staudinger, U. M. (2000). Wisdom: A metaheuristic (pragmatic) to orchestrate mind and virtue toward excellence. *American Psychologist, 55,* 122–136.

Bandelow, B., Wedekind, D., Sandvoss, V., Broocks, A., Hajak, G., Pauls, J. et al. (2000). Salivary cortisol in panic attacks. *American Journal of Psychiatry, 157,* 454–456.

Bandura, A. (1986). *Social foundations of thought and action: A social-cognitive theory.* Englewood Cliffs, NJ: Prentice-Hall.

Bandura, A. (1999). Social cognitive theory: An agentic perspective. *Asian Journal of Social Psychology, 2*(1), 21–41.

Bandura, A. (2004). Swimming against the mainstream: The early years from chilly tributary to transformative mainstream. *Behaviour Research and Therapy, 42*, 613–630.

Bandura, A., & Bussey, K. (2004). On broadening the cognitive, motivational, and sociostructural scope of theorizing about gender development and functioning: Comment on Martin, Ruble, and Szkrybalo (2002). *Psychological Bulletin, 130*, 691–701.

Bandura, A., & Locke, E. A. (2003). Negative self-efficacy and goal effects revisited. *Journal of Applied Psychology, 88,* 87–89.

Bandura, A., Blanchard, E. B., & Ritter, B. (1969). The relative efficacy of desensitization and modeling approaches for inducing behavioral, affective, and cognitive changes. *Journal of Personality and Social Psychology, 13,* 173–199.

Bandura, A., Pastorelli, C., Barbaranelli, C., & Caprara, G. V. (1999). Self-efficacy pathways to childhood depression. *Journal of Personality & Social Psychology, 76*, 258–269.

Banks, S. M., et al. (1995). The effects of message framing on mammography utilization. *Health Psychology, 14,* 178–184.

Bar, M., Neta, M., & Linz, H. (2006). Very first impressions. *Emotion, 6*, 269–278.

Barabási, A.-L. (2007). Network medicine — from obesity to the "diseasome." *New England Journal of Medicine, 357*, 404–407.

Barnack, J. L., Reddy, D. M., & Swain, C. (2010). Predictors of parents' willingness to vaccinate for human papillomavirus and physicians' intentions to recommend the vaccine. *Women's Health Issues, 20*, 28–34. doi:10.1016/j.whi.2009.08.007

Baron, R. A. (1983). *Behavior in organizations.* Boston: Allyn & Bacon.

Baron, R. A. (1990). Countering the effects of destructive criticism. *Journal of Applied Psychology, 75,* 235–245.

Baron, R. A., & Byrne, D. (2000). *Social psychology: Understanding human interaction,* 9th ed. Boston: Allyn & Bacon.

Baron, R. A., Branscombe, N. R., & Byrne, D. (2009). *Social psychology* (12th ed.). Boston: Allyn & Bacon.

Barrett, M. B. (1990). *Invisible lives: The truth about millions of women-loving women.* New York: Harper & Row (Perennial Library).

Barrett, S. E., Chin, J. L., Comas-Diaz, L., Espin, O., Greene, B., & McGoldrick, M (2005). Multicultural feminist therapy: Theory in context. *Women & Therapy, 28*(3-4), 27–61.

Barsky, A. J., & Ahern, D. K. (2004). Cognitive behavior therapy for hypochondriasis: A randomized controlled trial. *Journal of the American Medical Association, 291*, 1464–1470.

Barsky, A. J., Ahern, D. K., Bailey, E. D., Saintfort, R., Liu, E. B., & Peekna, H. M. (2003). Hypochondriacal patients' appraisal of health and physical risks. *American Journal of Psychiatry, 158*, 783–787.

Basaria, S., Coviello, A. D., Travison, T. G., Storer, T. W., Wildon, R., Farwell, A., et al. (2010). Adverse events associated with testosterone administration *New England Journal of Medicine, 363*,109–122.

Basch, M. F. (1980). *Doing psychotherapy*. New York: Basic Books.

Bassett, A. S., Scherer, S. W., & Brzustowicz, L. M. (2010). Copy number variations in schizophrenia: Critical review and new perspectives on concepts of genetics and disease. *American Journal of Psychiatry, 167*, 899–914. doi: 10.1176/appi.ajp.2009

Bateman, A., & Fonagy, P. (2009). Randomized controlled trial of outpatient mentalization-based treatment versus structured clinical management for borderline personality disorder. *American Journal of Psychiatry*. Retrieved from http://dx.doi.org/10.1176/appi.ajp.2009.09040539.

Batson, C. D., & Powell, A. A. (2003). Altruism and prosocial behavior. In T. Millon & M. J. Lerner (Eds.), *Handbook of psychology: Personality and social psychology, Vol. 5* (Vol. 5, pp. 463–484). New York: John Wiley & Sons, Inc.

Baucom, D. H., & Aiken, P. A. (1984). Sex role identity, marital satisfaction, and response to behavioral marital therapy. *Journal of Consulting and Clinical Psychology, 52,* 438–444.

Baucom, D. H., & Danker-Brown, P. (1983). Peer ratings of males and females possessing different sex-role identities. *Journal of Personality Assessment, 47*, 494–506.

Baum, A.E., Akula, N., Cabanero, M., Cardona, I., Corona, W., Klemens, B. et al. (2007). A genome-wide association study implicates diacylglycerol kinase eta (DGKH) and several other genes in the etiology of bipolar disorder. *Molecular Psychiatry.* Retrieved from http://www.ncbi.nlm.nih.gov/sites/entrez?cmd=Retrieve&db=PubMed&list_uids=17486107&dopt=Abstract

Baumrind, D. (1973). The development of instrumental competence through socialization. In A. D. Pick (Ed.), *Minnesota Symposia on Child Development, Vol. 7.* Minneapolis: University of Minnesota Press.

Baumrind, D. (1991a). The influence of parenting style on adolescent competence and substance abuse. *Journal of Early Adolescence, 11,* 56–95.

Baumrind, D. (1991b). Parenting styles and adolescent development. In J. Brooks-Gunn, R. Lerner, & A. C. Petersen (Eds.), *Encyclopedia of Adolescence, II.* New York: Garland.

Beard, C., Weisberg, R. B., & Amir, N. (2011). Combined cognitive bias modification treatment for social anxiety disorder: A pilot trial. *Depression and Anxiety, 28*, 981–988. doi: 10.1002/da.20873

Beck, A. T. (2005). The current state of cognitive therapy: A 40–year retrospective. *Archives of General Psychiatry, 62*, 953–959.

Beck, A. T., & Alford, B. A. (2009). *Depression: Causes and treatment* (2nd ed.). Baltimore, MD: University of Pennsylvania Press.

Beck A. T., & Weishaar, M. E. (2008). Cognitive therapy. In R. J. Corsini & D. Wedding (Eds.), *Current psychotherapies* (8th ed., pp. 263–294). Belmont, CA: Thomson Higher Education.

Beck, A. T., Rush, A. J., Shaw, B. F., & Emery, G. (1979). *Cognitive therapy of depression*. New York: Guilford Press.

Beevers, C. G., Wells, T. T., & Miller, I. W. (2007). Predicting response to depression treatment: The role of negative cognition. *Journal of Consulting and Clinical Psychology, 75,* 422–431.

Beier, D. R., & Dluhy, R. G. (2003). Bench and bedside — the g protein-coupled receptor GPR54 and puberty. *New England Journal of Medicine, 349*, 1589–1592.

Beitman, B. D., Goldfried, M. R., & Norcross, J. C. (1989). The movement toward integrating the psychotherapies: an overview. *American Journal of Psychiatry, 146*, 138–47.

Bell, B. T., & Dittmar, H. (2011). Does media type matter? The role of identification in adolescent girls' media consumption and the impact of different thin-ideal media on body image. *Sex Roles, 65*, 478–490. doi: 10.1007/s11199-011-9964-x

Bell, K. M., & Naugle, A. E. (2008). Intimate partner violence theoretical considerations: Moving towards a contextual framework. *Clinical Psychology Review, 28*, 1096–1107.

Bell, P. A. (2005). Reanalysis and perspective in the heat-aggression debate. *Journal of Personality and Social Psychology, 89*, 71–73.

Belluck, P. (2003, February 9). Methadone, once the way out, suddenly grows as a killer drug. *The New York Times*, pp. A1, A30.

Belluck, P. (2010, December 15). With Alzheimer's patients growing in number, Congress endorses a national plan. *The New York Times*, p. A2

Belmaker, R. H., & Agam, G. (2008). Major depressive disorder. *New England Journal of Medicine, 35,* 55–68.

Bem, S. L. (1993). *The lenses of gender.* New Haven: Yale University Press.

Benight, C. C., & Bandura, A. (2004). Social cognitive theory of posttraumatic recovery: The role of perceived self-efficacy. *Behaviour Research and Therapy, 10,* 1129–1148.

Benjamin, J. Ebstein, R., & Belmaker, R. (Eds.), (2002). *Molecular genetics and the human personality.* Washington, D.C.: American Psychiatric Publishing.

Benotsch, E. G., Kalichman, S., & Weinhardt, L. S. (2004). HIV–AIDS patients' evaluation of health information on the Internet: The digital divide and vulnerability to fraudulent claims. *Journal of Consulting and Clinical Psychology, 72*, 1004–1011.

Benowitz, N. L. (2010). Nicotine addiction. *New England Journal of Medicine, 362*, 2295–2303.

Berdahl, J. L. (2007). The sexual harassment of uppity women. *Journal of Applied Psychology, 92*, 425–437.

Berdahl, J. L., & Moore, C. (2006). Workplace harassment: Double jeopardy for minority women. *Journal of Applied Psychology, 91*, 426–436.

Berenbaum, S. A., & Bailey, J. M. (2003). Effects on gender identity of prenatal androgens and genital appearance: Evidence from girls with congenital adrenal hyperplasia. *Journal of Clinical Endocrinology and Metabolism, 88*, 1102–1106.

Berger, L. E., Jodl, K. M., Allen, J. P., McElhaney, K. B., & Kuperminc, G. P. (2005). When adolescents disagree with others about their symptoms: Differences in attachment organization as an explanation of discrepancies between adolescent, parent, and peer reports of behavior problems. *Development and Psychopathology, 17*, 509–528.

Berke, R. L. (1997, June 15). Suddenly, the new politics of morality. *The New York Times,* p. E3.

Bernardin, H. J., Cooke, D. K., & Villanova, P. (2000). Conscientiousness and agreeableness as predictors of rating leniency. *Journal of Applied Psychology, 85*, 232–236.

Berndt, T. J. (1982). The features and effects of friendships in early adolescence. *Child Development, 53,* 1447–1460.

Berne, E. (1976). *Games people play*. New York: Ballantine Books.

Berrington de Gonzalez, B., Hartge, P., Cerhan, J. R., Flint, A. J., Hannan, L., MacInnis, R. J., et al. (2010). Body-mass index and mortality—Prospective analysis of 1.46 million white adults. *New England Journal of Medicine, 363*, 2211–2219. doi: 10.1056/NEJMoa1000367

Berry, J. A., Cervantes-Sandoval, I., Nicholas, E. P., & Davis, R. L. (2012). Dopamine is required for learning and forgetting in drosophila. *Neuron, 74*, 530. doi:10.1016/j.neuron.2012.04.007

Berscheid, E., & Reis, H. T. (1998). Attraction and close relationships. In D. T. Gilbert, S. T., Fiske, et al. (Eds.), *The handbook of social psychology*, Vol. 2 (4th ed.). (pp. 193–281). New York: McGraw-Hill.

Bertram, L., Lill, C. M., & Tanzi, R. E. (2010). The genetics of Alzheimer Disease: Back to the future. *Neuron, 68*, 270–281. doi:10.1016/j.neuron.2010.10.013

Berzins, J. I., Welling, M. A., & Wetter, R. E. (1977). *The PRF ANDRO Scale: User's manual*. Unpublished manuscript: University of Kentucky.

Bettencourt, B. A., Dorr, N., Charlton K., & Hume, D. L. (2001). Status differences and in-group bias: A meta-analytic examination of the effects of status stability, status legitimacy, and group permeability. *Psychological Bulletin, 127*, 520–542.

Birch, C. D., Stewart, S. H., & Brown, C. G. (2007). Exploring differential patterns of situational risk for binge eating and heavy drinking. *Addictive Behaviors, 32*, 433–448.

Birnbaum, M. H., Martin, H., & Thomann, K. (1996). Visual function in multiple personality disorder. *Journal of the American Optometric Association, 67*, 327–334.

Bjerklie, D. (2005, January 17). Can sunny thoughts halt cancer? *Time Magazine*, p. A14.

Bjorklund, D. F., & Kipp, K. (1996). Parental investment theory and gender differences in the evolution of inhibition mechanisms. *Psychological Bulletin, 120,* 163–188.

Blanchard, E. B., & Hickling, E. J. (2004). *After the crash: Psychological assessment and treatment of survivors of motor vehicle accidents.* (2nd ed.). Washington, D.C.: American Psychological Association.

Blanco, C., Heimberg, R. G., Schneier, F. R., Fresco, D. M., Chen, H., Turk, C. L., et al. (2010). A placebo-controlled trial of phenelzine, cognitive behavioral group therapy, and their combination for social anxiety disorder. *Archives of General Psychiatry, 67,* 286–295.

Blankers, M., Koeter, M. W. J., & Schippers, G. M. (2011). Internet therapy versus internet self-help versus no treatment for problematic alcohol use: A randomized controlled trial. *Journal of Consulting and Clinical Psychology, 79*, 330–341. doi:10.1037/a0023498

Blass, T. (1991). Understanding behavior in the Milgram obedience experiment: The roles of personality, situations, and their interactions. *Journal of Personality and Social Psychology, 60,* 398–413.

Blass, T. (2004). *The man who shocked the world*. New York: Basic Books.

Blatt, S. J., Quinlan, D. M., Pilkonis, P. A., & Shea, M. T. (1995). Impact of perfectionism and need for approval on the brief treatment of depression: The National Institutes of Mental Health Treatment of Depression Collaborative Research Program revisited. *Journal of Consulting and Clinical Psychology, 63,* 125–132.

Bletzer, K. V., & Koss, M. P. (2006). After-rape among three populations in the Southwest: A time of mourning, a time for recovery. *Violence Against Women, 12,* 5–29.

Block, J. J. (2008). Issues for DSM-V: Internet addiction. *American Journal of Psychiatry,* 165, 306–307.

Blumenthal, J. A., Sherwood, A., Babyak, M. A., Watkins, L. L., Waugh, R., Georgiades, A., et al. (2005). Effects of exercise and stress management training on markers of cardiovascular risk in patients with ischemic heart disease. A randomized controlled trial. *Journal of the American Medical Association, 293*, 1626–1634.

Bohlen, C. (1995, April 4). Almost anything goes in birth science in Italy. *New York Times*, p. A14.

Bongaarts, J., Pelletier, F., & Gerland, P. (2010a). How many more AIDS deaths? *The Lancet, 375*, 103–104. doi:10.1016/S0140-6736(09)61756-6

Bongaarts, J., Pelletier, F., & Gerland, P. (2010b). Global trends in AIDS mortality. In R. G. Rogers & E. M. Crimmins (Eds.), *International handbook of adult mortality.* New York: Springer.

Boot, E., Kant, S. G., Otter, M., Cohen, D., Nabanizadeh, A., & Baas, R. W. J. (2012). Overexpression of chromosome 15q11–q13 gene products: A risk factor for schizophrenia and associated psychoses? *American Journal of Psychiatry, 169*, 96–97. 10.1176/appi.ajp.2011.11091382

Booth, A., & Edwards, J. N. (1985). Age at marriage and marital instability. *Journal of Marriage and the Family, 47,* 67–75.

Bopp, K. L., & Verhaeghen, P. (2010). Working memory and aging: Separating the effects of content and context. *Psychology and Aging, 24*, 968–980. doi:10.1037/a0017731

Borae, J., & Namkee, P. (2010). In-person contact begets calling and texting: Interpersonal motives for cell phone use, face-to-face interaction, and loneliness. *Cyberpsychology, Behavior, and Social Networking*, 13, 611–618. doi:10.1089/cyber.2009.0314

Borjesson, M., & Dahlof, B. (2005). Physical activity has a key role in hypertension therapy. *Lakartidningen, 102*, 123–124, 126, 128–129.

Boskind-White, M., & White, W. C. (1983). *Bulimarexia: The binge/purge cycle.* New York: W. W. Norton.

Boston Women's Health Book Collective. (1993). *The new our bodies, ourselves.* New York: Simon and Schuster.

Bouchard, T. J., Jr. (2004). Genetic influence on human psychological traits. *Current Directions in Psychological Science, 13*, 148–151.

Boutron, I., Kaptchuk, T. J., Friedlander, E., Kelley, J. M., Sanchez, M. N., Kokkotou, E., . . . Lembo, A. J. (2010). Placebos without deception: A randomized controlled trial in irritable bowel syndrome. *PLoS ONE, 5*(12):, e15591. doi:10.1371/journal.pone.0015591

Bowen, Chieh-Chen, Swim, J. K., & Jacobs, R. R. (2000). Evaluating gender biases on actual job performance of real people: A meta-analysis. *Journal of Applied Social Psychology, 30*, 2194–2215.

Bowling, N. A., Beehr, T. A., Wagner, S. H., & Libkuman, T. M. (2005). Adaptation-level theory, opponent process theory, and dispositions: An integrated approach to the stability of job satisfaction. *Journal of Applied Psychology, 90,* 1044–1053.

Bowman, L. (2000, November 21). Sleep on it for long-term memory. *Scripps Howard News Service, Web Posting*. Retrieved from http://www.psycport.com/news/2000/11/21/a/0000–0002–sleeplearn.html.

Boyatzis, R. E. (1974). The effect of alcohol consumption on the aggressive behavior of men. *Quarterly Journal of Studies on Alcohol, 35*, 929–972.

Boykin, A. W., & Ellison, C. M. (1995). The multiple ecologies of Black youth socialization: An Afrographic analysis. In R. L. Taylor (Ed.), *African American youth: Their social and economic status in the United States*. Westport, CT: Praeger.

Boyle, S. H., Jackson, W. G., &. Suarez, E. C. (2007). Hostility, anger, and depression predict increases in C3 over a 10–year period. *Brain, Behavior, and Immunity, 21*, 816–823.

Boynton, R. S. (2004, January 11). In the Jung archives. *The New York Times Book Review*, p. 8.

Bradley, R., Greene, J., Russ, E., Dutra, L., & Westen, D. (2005). A multidimensional meta-analysis of psychotherapy for PTSD. *American Journal of Psychiatry, 162,* 214–227.

Bradshaw, J. (2008, July/August). Consulting authority expanding for RxP psychologist. The *National Psychologist*, p. 7.

Bramlett, M. D., & Mosher, W. D. (2002). Cohabitation, marriage, divorce, and remarriage. *National Center for Health Statistics, Vital Health Statistics, 23*(22). http://www.cdc.gov/nchs/data/series/sr_23/sr23_022.pdf.

Brannan, M. E., & Petrie, T. A. (2011). Psychological well-being and the body dissatisfaction- bulimic symptomatology relationship: An examination of moderators. *Eating Behaviors, 12*, 233–241. doi:10.1016/j.eatbeh.2011.06.002

Braun, B. G. (1988). *Treatment of multiple personality disorder.* Washington, DC: American Psychiatric Press.

Brehm, S. S. (2008). Looking ahead: The future of psychology and APA. *American Psychologist, 63,* 337–344.

Breitenbecher, K., H. (2000). Sexual assault on college campuses: Is an ounce of prevention enough? *Applied and Preventive Psychology, 9,* 23–52.

Brewer, R. D., & Swahn, M. H. (2005). Binge drinking and violence. *Journal of the American Medical Association, 294*, 616–618.

Brien, S. E., Ronksley P. E., Turner, B. J., Mukamal, K. J., & Ghali, W. A. (2011) Effect of alcohol consumption on biological markers associated with risk of coronary heart disease: Systematic review and meta-analysis of interventional studies. *British Medical Journal, 342*. d636. doi: 10.1136/bmj.d636

Brody, J. E. (2000, May 16). Cybersex gives birth to a psychological disorder. *The New York Times,* pp. F7, F12.

Brown, D. (2002). Introduction to theories of career development and choice: Origins, evolution, and current efforts. In D. Brown & Associates (Eds.), *Career choice and development* (4th ed.) (pp. 3–23). San Francisco: Jossey-Bass.

Brown, G. R., & Haaser, R. C. (2005). Sexual disorders. In J. L. Levenson, (Ed.). *The American psychiatric publishing textbook of psychosomatic medicine* (pp. 359–386). Washington, DC: American Psychiatric Publishing, Inc.

Brown, K. W., & Ryan, R. M. (2003). The benefits of being present: Mindfulness and its role in psychological well-being. *Journal of Personality and Social Psychology, 84,* 822–848.

Brown, M. J. (2006). Hypertension and ethnic group. *British Medical Journal, 332*, 833–836.

Brownstein, J. (2010, October 20). *Teen pregnancy rates dip, but vary widely by state.* Retrieved from http://www.msnbc.msn.com/id/39761335/ns/health-kids_and_parenting/.

Bryant, A., & Check, E. (2000, Fall/Winter). How parents raise boys & girls. A sense of self. *Newsweek Special Issue*, 64–65.

Bryner, J. (2008). *Clueless guys can't read women, study confirms*. Retrieved March 23, 2008 from http://www.msnbc.msn.com/id/23726891.

Buchanan, N. T., & Fitzgerald, L. F. (2008). Effects of racial and sexual harassment on work and the psychological well-being of African American Women. *Journal of Occupational Health Psychology, 13*, 137–151.

Budney, A. J., Vandrey, R. G., Hughes, J. R., Moore, B. A., & Bahrenburg, B. (2007). Oral delta-9-tetrahydrocannabinol suppresses cannabis withdrawal symptoms. *Drug and Alcohol Dependence, 86*, 22–29.

Bulik, C. M., Sullivan, P. F., Tozzi, F., Furberg, H., Lichtenstein, P., & Pedersen, N. L. (2006). *Archives of General Psychiatry, 63*, 305–312.

Bureau of Labor Statistics, U.S. Department of Labor (2010a). *National longitudinal surveys*. Retrieved from http://www.bls.gov/nls/nlsfaqs.htm#anch41.

Bureau of Labor Statistics, U.S. Department of Labor (2010b). *Career exploration*. Retrieved from http://www.acinet.org/explore/View.aspx?pageID=31.

Burger, J. M. (2009). Replicating Milgram: Would people still obey today? *American Psychologist, 64*, 1–11.

Burnett, A., et al. (2009). Communicating/muting date rape: A co-cultural theoretical analysis of communication factors related to rape culture on a college campus. *Journal of Applied Communication Research, 37*, 465–485.

Burt, M. R. (1980). Cultural myths and supports for rape. *Journal of Personality and Social Psychology, 38,* 217–230.

Burton, C. M., & King, L. A. (2004). The health benefits of writing about intensely positive experiences. *Journal of Research in Personality, 38*, 150–163.

Buscemi, N., Vandermeer, B., Hooton, N., Pandya, R., Tjosvold, L., et al. (2006). Efficacy and safety of exogenous melatonin for secondary sleep disorders and sleep disorders accompanying sleep restriction: Meta-analysis. *British Medical Journal, 332*, 385–393.

Bushman, B. J., & Anderson, C. A. (2001). Media violence and the American public: Scientific facts versus media misinformation. *American Psychologist, 56*, 477–489.

Bushman, B. J., Wang, M. C., & Anderson, C. A. (2005). Is the curve relating temperature to aggression linear or curvilinear? Assaults and temperature in Minneapolis reexamined. *Journal of Personality and Social Psychology, 89*, 62–66.

Buss, D. (2005, January 23). Sure, come back to the nest. Here are the rules. *The New York Times, Section 3,* p8.

Buss, D. M. (1994). *The evolution of desire: Strategies of human mating.* New York: Basic Books.

Buss, D. M. (2000). The evolution of happiness. *American Psychologist, 55,* 15–23.

Buston, P. M., & Emlen, S. T. (2003). Cognitive processes underlying human mate choice: The relationship between self-perception and mate preference in Western society. *Proceedings of the National Academy of Sciences, 100*, 8805–8810.

Butler, A. C., Chapman, J. E., Forman, E .M., & Beck, A. T. (2006). The empirical status of cognitive-behavioral therapy: A review of meta-analyses. *Clinical Psychology Review, 26*, 17–33.

Buysse, D. J., Germain, A., Moul, D. E., Franzen, P. L., Brar, L. K., Fletcher, M. E., et al. (2011). Efficacy of brief behavioral treatment for chronic insomnia in older adults. *Archives of Internal Medicine*. Retrieved from http://dx.doi.org/10.1001/archinternmed.2010.535

Byrne, S. M., Fursland, A., Allen, K. L., & Watson, H. (2011). The effectiveness of enhanced cognitive behavioural therapy for eating disorders: An open trial. *Behaviour Research and Therapy, 49*, 219–226. doi:10.1016/j.brat.2011.01.006 |

Cacioppo, J. T., Hawkley, L. C., & Bernston, G. G. (2003). The anatomy of loneliness. *Current Directions in Psychological Science, 12*, 71–74.

Caetano, R. (1987). Acculturation and drinking patterns among U.S. Hispanics. *British Journal of Addiction, 82*, 789–799.

Cale, E. M., & Lilienfeld, S. O. (2002). Sex differences in psychopathy and antisocial personality disorder. A review and integration. *Clinical Psychology Review,* 22, 1179–1207.

Calzada, E. J., Fernandez, Y., & Cortes, D. E. (2010). Incorporating the cultural value of respeto into a framework of Latino parenting. *Cultural Diversity and Ethnic Minority Psychology, 16*, 7786.

Calzada-Reyes, A., Alvarez-Amador, A., Galán-García, L., & Valdés-Sosa, M. (2012). Electroencephalographic abnormalities in antisocial personality disorder. *Journal of Forensic and Legal Medicine, 19*, 29–34. doi:10.1016/j.jflm.2011.10.002

Camara, W. J., Nathan, J. S., & Puente, A. E. (2000). Psychological test usage: Implications in professional psychology. *Professional Psychology: Research and Practice, 31,* 141–154.

Campbell, W. K., Sedikides, C., Reeder, G. D., & Elliott, A. J. (2000). Among friends? An examination of friendship and the self-serving bias. *British Journal of Social Psychology, 39*(2), 229–239.

Canli, T., Desmond , J. E., Zhao, Z., & Gabrieli, J. D. E. (2002). Sex differences in the neural basis of emotional memories. *Proceedings of the National Academy of Sciences, 99*(16), 10789–10794.

Cannon, C. P. (2011). High-density lipoprotein cholesterol as the Holy Grail. *Journal of the American Medical Association, 306*, 2153–2155. doi: 10.1001/jama.2011.1687

Carducci, B. J. (1999). The *pocket guide to making successful small talk: How to talk to anyone anytime anywhere about anything*. New Albany, IN: Pocket Guide Publishing.

Carducci, B. J. (2000a). *Shyness: A bold new approach.* New York: HarperCollins.

Carducci, B. J. (2000b, February). Shyness: The new solution. *Psychology Today, 33*, 38–40, 42–45, 78.

Carey, B. (2009, November 26). Surgery for mental ills offers both hope and risk. *The New York Times*. Retrieved from http://www.nytimes.com/2009/11/27/health/research/27brain.html?_r=1&scp=1&sq=psychosurgery&st=cse

Carey, B. (2011). Wariness on surgery of the mind. *The New York Times, Science Times,* pp. D5, D6.

Carmody, T. P., Duncan, C., Simon, J., Solkowitz, S., Huggins, J., Lee, S., et al. (2008). Hypnosis for smoking cessation: A randomized trial. *Nicotine and Tobacco Research, 10*, 811–818.

Carnahan, I. (2005, June 6). Do-it-yourself retirement. *Forbes,* p. 93.

Carpenter, W. T., Jr., & Buchanan, R. W. (1994). Schizophrenia. *New England Journal of Medicine, 330,* 681–690.

Carrère, S., Buehlman, K. T., Gottman, J. M., Coan, J. A., & Ruckstuhl, L. (2000). Predicting marital stability and divorce in newlywed couples. *Journal of Family Psychology, 14*(1), 42–58.

Carroll, K. M., & Onken, L. S. (2005). Behavioral therapies for drug abuse. *American Journal of Psychiatry, 162,* 1452–1460.

Carver, C. S., Johnson, S. L., & Joormann, J. (2008). Serotonergic function, two-mode models of self-regulation, and vulnerability to depression: What depression has in common with impulsive aggression. *Psychological Bulletin, 134*, 912–943. doi: 10.1111/j.1467-8721.2009.01635.

Carver, C. S., Scheier, M. F., & Segerstrom, S. C. (2010). Optimism. *Clinical Psychology Review, 30*, 879–889. doi:10.1016/j.cpr.2010.01.006

Carver, C. S., Smith, R. G., Antoni, M., Petronis, V. M., Weiss, S., & Derhagopian, R. P. (2005). Optimistic personality and psychosocial well-being during treatment predict psychosocial well-being among long-term survivors of breast cancer. *Health Psychology, 24,* 508–516.

Cellar, D. F., Nelson, Z. C., & Yorke, C. M. (2000). The five-factor model and driving behavior: Personality and involvement in vehicular accidents. *Psychological Reports, 86*(2) 454–456.

Centers for Disease Control (CDC) (2008, September 13). *HIV: Basic information*. Retrieved from http://www.cdc.gov/hiv/topics/basic/index.htm#hiv

Centers for Disease Control (CDC) (2009, January 13). *Annual CDC report finds high burden of sexually transmitted diseases, especially among women and racial minorities*. Retrieved from http://www.cdc.gov/nchhstp/Newsroom/PressRelease011309.html

Centers for Disease Control and Prevention (1995). *Suicide surveillance: 1980–1990.* Washington, DC: USDHHS.

Centers for Disease Control and Prevention (CDC) (2009). *Overweight and obesity: Health consequences*. Retrieved from http://www.cdc.gov/obesity/causes/health.html

Centers for Disease Control and Prevention (CDC). (2001, March 9). Physical activity trends in the United States, 1990–1998. *Morbidity and Mortality Weekly Report, 50*, 166–169.

Centers for Disease Control and Prevention (CDC). (2008, February). Adverse health conditions and health risk behaviors associated with intimate partner violence — United States, 2005. *MMWR Morbidity and Mortality Weekly Report, 57*, 113.

Centers for Disease Control and Prevention (CDC). (2009a). Cigarette smoking among adults and trends in smoking cessation: United States, 2008. *Morbidity and Mortality Weekly Report, 58*(44), 1227–1232.

Centers for Disease Control and Prevention (CDC). (2009d). *Suicide rates among persons ages 10 years and older, by race/ethnicity and sex, United States, 2002–2006*. Retrieved from http://www.cdc.gov/violenceprevention/suicide/statistics/rates02.html.Centers for Disease Control and Prevention, 2009e-teen birth

Centers for Disease Control and Prevention (CDC). (2010a). Sexually transmitted diseases treatment guidelines, 2010. *Morbidity and Mortality Weekly Report, Vol. 5*, No. RR-12.

Centers for Disease Control and Prevention (CDC). (2010b, June). *Obesity and overweight*. Retrieved from http://www.cdc.gov/nchs/fastats/overwt.htm.

Centers for Disease Control and Prevention (CDC). (2010c). *Fast stats: Illegal drug use*. Retrieved from http://www.cdc.gov/nchs/fastats.

Centers for Disease Control and Prevention (CDC). (2010d). FDA licensure of bivalent human papillomavirus vaccine (HPV2, Cervarix) for use in females and updated HPV vaccination recommendations from the Advisory Committee on Immunization Practices (ACIP). *Morbidity and Mortality Weekly Report, 59*, 626.

Centers for Disease Control and Prevention (CDC). (2011). Vital signs: HIV testing and diagnosis among adults—United States, 2001–2009. *Morbidity and Mortality Weekly Report. Journal of the American Medical Association, 305*, 244–246.

Centers for Disease Control and Prevention, National Center for Health Statistics (2008). *Sleep duration as a correlate of smoking, alcohol use, leisure-time physical inactivity, and obesity among adults: United States, 2004–2006*. Retrieved from http://www.cdc.gov/nchs/products/pubs/pubd/hestats/sleep04–06/sleep04–06.htm.

Centers for Disease Control and Prevention. (2000a). *HIV/AIDS surveillance report: U.S. HIV and AIDS cases reported through December 1999, 11*(2).

Centers for Disease Control and Prevention. (2000b, June 9). Youth risk behavior surveillance—United States, 1999. *Morbidity and Mortality Weekly Report, 49*(SS05); 1–96.

Centers for Disease Control and Prevention. (2000c). Suicide in the United States. Page updated January 28, 2000. (http://www.cdc.gov/ncipc/factsheets/suifacts.htm)

Centers for Disease Control and Prevention. (2000d). National and state-specific pregnancy rates among adolescents—United States, 1995–1997. *Morbidity and Mortality Weekly Report, 49*(27).

Centers for Disease Control and Prevention. (2000e). *National Vital Statistics Reports, 48*(3).

Chaiyavej, S., & Morash, M. (2009). Reasons for policewomen's assertive and passive reactions to sexual harassment. *Police Quarterly, 12*, 63–85.

Chambless, D. L., & Hollon, S. D. (1998). Defining empirically supported therapies. *Journal of Consulting and Clinical Psychology, 66*, 7–18.

Chambless, D. L., & Ollindick, T. H. (2001). Empirically supported psychological interventions: Controversies and evidence. *Annual Review of Psychology, 52*, 685–716.

Champagne, F. A., & Mashoodh, R. (2009). Genes in context: Gene–environment interplay and the origins of individual differences in behavior. *Current Directions in Psychological Science, 18*, 127–131. doi: 10.1111/j.1467-8721.2009.01622.x

Chang, E. C., & Asakawa, K. (2003). Cultural variations on optimistic and pessimistic bias for self versus a sibling: Is there evidence for self-enhancement in the West and for self-criticism in the East when the referent group is specified? *Journal of Personality and Social Psychology, 84*, 569–581.

Chansanchai, A. (2011, December 14). Average teen girl sends, receives nearly 4K texts a month. *MSNBC.com*. Retrieved from http://digitallife.today.msnbc.msn.com/_news/2011/12/15/9471773–average-teen-girl-sends-receives-nearly-4k-texts-a-month

Chen, J., Odenike, O., & Rowley, J. D. (2010). Leukaemogenesis: More than mutant genes. *Nature Reviews: Cancer, 10*, 23–36.

Chen, J., Rathore, S. S., Radford, M. J., Wang, Y., & Krumholz, H. M. (2001). Racial differences in the use of cardiac catheterization after acute myocardial infarction. *New England Journal of Medicine, 344*, 1443–1449.

Chen, X., Williamson, V. S., An, S.-S., Hettema, J. M., Aggen, S. H., Neale, M. C., et al. (2008). Cannabinoid receptor 1 gene association with nicotine dependence. *Archives of General Psychiatry, 65*, 743.

Cheng, H., & Furnham, A. (2002). Personality, peer relations, and self-confidence as predictors of happiness and loneliness. *Journal of Adolescence, 25*, 327–339.

Cheng, W., & Ickes, W. (2009). Conscientiousness and self-motivation as mutually compensatory predictors of university-level GPA. *Personality and Individual Differences, 47*, 817–822. doi:10.1016/j.paid.2009.06.029

Chernyak, Y., & Lowe, M. R. (2010). Motivations for dieting: Drive for thinness is different from drive for objective thinness. *Journal of Abnormal Psychology, 119*, 276–281. doi: 10.1037/a0018398

Chida, Y., & Steptoe, A. (2009). The association of anger and hostility with future coronary heart disease: A meta-analytic review of prospective evidence. *Journal of the American College of Cardiology, 53*, 936–946. doi:10.1016/j.jacc.2008.11.044

Choi, I., Dalal, R., Kim-Prieto, C., & Park, H. (2003). Culture and judgment of causal relevance. *Journal of Personality and Social Psychology, 84*, 46–59.

Choi, I., Zou, J., Titov, N., Dar, B. F., Li, S., et al. (2012). Culturally attuned Internet treatment for depression amongst Chinese Australians: A randomised controlled trial. *Journal of Affective Disorders, 136*, 459–468.

Chou, T., Asnaani, A., & Hofmann, S. G. (2012). Perception of racial discrimination and psychopathology across three U.S. ethnic minority groups. *Cultural Diversity and Ethnic Minority Psychology, 18*, 74–81. doi: 10.1037/a0025432

Choy, Y., Fyer, A. J., & Lipsitz, J. D. (2007). Treatment of specific phobia in adults. *Clinical Psychology Review*, *27*, 266–286.

Christakis, D. A. (2010). Internet addiction: A 21st century epidemic? *BMC Medicine*, *8*,61. doi: 10.1186/1741-7015-8-61

Christakis, N. A., & Fowler, J. H. (2007). The spread of obesity in a large social network over 32 years. *New England Journal of Medicine*, *357*, 370–379.

Christensen, A., Atkins, D. C., & Baucom, B., & Yi, J. (2010). Marital status and satisfaction five years following a randomized clinical trial comparing traditional versus integrative behavioral couple therapy. *Journal of Consulting and Clinical Psychology, 78*, 225–235. doi: 10.1037/a0018132

Cialdini, R. B., & Goldstein, N. J. (2004). Social influence: Compliance and conformity. *Annual Review of Psychology, 55*, 591–621.

Cialdini, R. B., & Trost, M. R. (1998). Social influence: Social norms, conformity, and compliance. In D. T. Gilbert, S. T. Fiske, & G. Lindzey (Eds.), *The handbook of social psychology* (4th ed., Vol. 2, pp. 151–192). Boston: McGraw-Hill.

Cialdini, R. B., et al. (1999). Compliance with a request in two cultures: The differential influence of social proof and commitment/consistency on collectivists and individualists. *Personality & Social Psychology Bulletin, 25*, 1242–1253.

Cigars increase lung cancer risk five-fold—study. (2000, February 15). *Reuters News Agency online.*

Clancy, S. M., & Dollinger, S. J. (1993). Identity, self, and personality: I. Identity status and the five-factor model of personality. *Journal of Research on Adolescence, 3*, 227–245.

Clay, R. A. (2009, April). The debate over low libidos. *Monitor on Psychology, 40*, pp. 32–35.

Clingempeel, W. G., & Repucci, N. D. (1982). Joint custody after divorce: Major issues and goals for research. *Psychological Bulletin, 91*, 102–127.

Clingempeel, W. G., & Segal, S. (1986). Stepparent-stepchild relationships and the psychological adjustment of children in stepmother and stepfather families. *Child Development, 57*, 474–484.

Cloud, J. (2011, February 10). *Facebook and love: Why women are attracted to guys who play hard to get.* Retrieved from http://healthland.time.com

Cloud, J. (2011, March 7). Beyond drugs: How alternative treatments can ease pain. *Time*, pp. 80–88.

Cochran, S. V., & Rabinowitz, F. E. (2003). Gender-sensitive recommendations for assessment and treatment of depression in men. *Professional Psychology: Research and Practice, 34*, 132–140.

Cockell, S. J., Hewitt, P. L., Seal, B., Sherry, S., Goldner, E. M., Flett, G. L., et al. (2002). Trait and self-presentational dimensions of perfectionism among women with anorexia nervosa. *Cognitive Therapy and Research, 26*, 745–758.

Coderre, T. J., Mogil, J. S., & Bushnell, M. C. (2003). The biological psychology of pain. In M. Gallagher & R. J. Nelson (Eds.), *Handbook of psychology: Vol. 3. Biological psychology*, Vol. *3*. (pp. 237–268). New York: John Wiley & Sons.

Cohan, C. L., & Kleinbaum, S. (2002). Toward a greater understanding of the cohabitation effect: Premarital cohabitation and marital communication. *Journal of Marriage & the Family, 64*, 180–192.

Cohen, L. A. (1987, November). Diet and cancer. *Scientific American*, pp. 42–48, 533–534.

Cohen, S., Doyle, W. J., Skoner, D. P., Rabin, B. S., Gwaltney, J. M., Jr., et al. (1997). Social ties and susceptibility to the common cold. *Journal of the American Medical Association, 277*, 1940–1944.

Cohen, S., Doyle, W. J., Turner, R., Alper, C. M., & Skoner, D. P. (2003). Sociability and susceptibility to the common cold. *Psychological Science, 14*, 389–395.

Cohen, S., Janicki-Deverts, D., & Miller, G. E. (2007). Psychological stress and disease. *Journal of the American Medical Association, 298*, 1685–1687.

Cole, T. B. (2006). Rape at US colleges often fueled by alcohol. *Journal of the American Medical Association, 296*, 504–505.

Coleman, M., & Ganong, L. H. (1985). Love and sex role stereotypes: Do macho men and feminine women make better lovers? *Journal of Personality and Social Psychology, 49*, 170–176.

Collaer, M. L. & Hill, E. M. (2006). Large sex difference in adolescents on a timed line judgment task: Attentional contributors and task relationship to mathematics. *Perception, 35*, 561–572.

Collaer, M. L., & Hines, M. (1995). Human behavioral sex differences: A role for gonadal hormones during early development? *Psychological Bulletin, 118*, 55–107.

Collins, J. F. (2000). Biracial Japanese American identity: An evolving process. *Cultural Diversity & Ethnic Minority Psychology, 6*, 115–133.

Collins, L. (2004). We are not gay. In K. K. Kumashiro (Ed.), *Restoried selves: Autobiographies of queer Asian/Pacific American activists* (pp. 13–17). New York: Harrington Park Press/The Haworth Press.

Coltraine, S., & Messineo, M. (2000). The perpetuation of subtle prejudice: Race and gender imagery in 1990s television advertising. *Sex Roles, 42*, 363–389.

Conkle, A., & West, C. (2008, June/July). *APS Observer, 21*, pp. 18–23.

Conlin, M. (2003, January 27). Look who's bringings home more bacon. *Business Week*, p. 85.

Conway, K. P., Compton, W., Stinson, F. S., & Grant, B. F. (2006). Lifetime comorbidity of DSM-IV mood and anxiety disorders and specific drug use disorders: Results from the National Epidemiologic Survey on Alcohol and Related Conditions. *Journal of Clinical Psychiatry, 67*, 247–257.

Cook, C. M., & Saucier, D. M. (2010) Mental rotation, targeting ability and Baron-Cohen's empathizing–systemizing theory of sex differences. *Personality and Individual Differences, 49*, 712–716. doi:10.1016/j.paid.2010.06.010

Cooper, A., Delmonico, D. L, Griffin-Shelley, E., & Mathy, R. M. (2004). Online sexual activity: An examination of potentially problematic behaviors. *Sexual Addiction & Compulsivity, 11*, 129–143.

Cooper, A., Delmonico, D. L., & Burg, R. (2000). Cybersex users, abusers, and compulsives: New findings and implications. *Sexual Addiction & Compulsivity, 7*, 5–29.

Coopersmith, S. (1967). *The antecedents of self-esteem.* San Francisco: W. H. Freeman.

Corliss, R. (2003, January 20). Is there a formula for joy? *Time Magazine*, pp. 44–46.

Cororve, M. B., & Gleaves, D. H. (2001). Body dysmorphic disorder: A review of conceptualizations, assessment, and treatment strategies. *Clinical Psychology Review, 21*, 949–970

Corr, P. J., & Jackson, C. J. (2001). Dimensions of perceived sexual harassment: Effects of gender, and status/liking of protagonist. *Personality & Individual Differences, 30*(3), 525–539.

Cortina, L. M., & Wasti, S. A. (2005). Profiles in coping: Responses to sexual harassment across persons, organizations, and cultures. *Journal of Applied Psychology, 90*, 182–192.

Cortoos, A., De Valck, E., Arns, M., Breteler, M.H.M., & Cluydts, R. (2010). An exploratory study on the effects of tele-neurofeedback and tele-biofeedback on objective and subjective sleep in patients with primary insomnia. *Applied Psychophysiology and Biofeedback, 35*, 125–134.

Costa, P. T., &; McCrae, R. R. (2006). Changes in personality and their origins: Comment on Roberts, Walton, and Viechtbauer (2006). *Psychological Bulletin, 132*, 26–28.

Costa, P., Jr., Terracciano, A., & McCrae, R. R. (2002). Gender differences in personality traits across cultures: Robust and surprising findings. *Journal of Personality & Social Psychology, 81*, 322–331.

Courtenay, W. H. (2000). Engendering health: A social constructionist examination of men's health beliefs and behaviors. *Psychology of Men & Masculinity, 1*(1), 4–15.

Couzin, J. (2006, April 13). Gene variant may boost obesity risk. *ScienceNOW Daily News*. Retrieved from http://sciencenow.sciencemag.org/cgi/content/full/2006/413/1.

Cramer, D. (2003). Facilitativeness, conflict, demand for approval, self-esteem, and satisfaction with romantic relationships. *Journal of Psychology, 137*, 85–98.

Cramer, P. (2000). Defense mechanisms in psychology today: Further processes for adaptation. *American Psychologist, 55*, 637–646.

Creed, F., & Barsky, A. (2004). A systematic review of the epidemiology of somatisation disorder and hypochondriasis. *Journal of Psychosomatic Research, 56*, 391–408.

Creed, P. A., Patton, W., & Prideaux, L-A. (2007). Predicting change over time in career planning and career exploration for high school students. *Journal of Adolescence, 30*, 377–392.

Crespo-Facorro, B. , Pérez-Iglesias, R-O., Mata, I., Ramirez-Bonilla, M., Martínez-Garcia, O., Pardo-Garcia, G., et al. (2011). Effectiveness of haloperidol, risperidone and olanzapine in the treatment of first-episode non-affective psychosis: Results of a randomized, flexible-dose, open-label 1-year follow-up comparison. *Journal of Psychopharmacology*, *25*, 744–54. doi: 10.1177/0269881110388332

Crews, D. (1994). Animal sexuality. *Scientific American, 270*(1), 108–114.

Crisis Connection. (2011). College campuses and rape. Retrieved from http://www.crisisconnectioninc.org/sexualassault/college_campuses_and_rape.htm

Crockett, L. J., Iturbide, M. I., Torres Stone, R. A., McGinley, M., Raffaelli, M., et al. (2007). Acculturative stress, social support, and coping: Relations to psychological adjustment among Mexican American college students. *Cultural Diversity and Ethnic Minority Psychology, 13*, 347–355.

Crockett, M. J., Clark, L., Robbins, T. W., Tabibnia, G., & Lieberman, M. D. (2008, June 6.). Serotonin modulates behavioural reactions to unfairness. *Science*. Retrieved from http://www.sciencedaily.com/releases/2008/06/080605150908.htm

Crowne, D. P., & Marlowe, D. (1960). A new scale of social desirability independent of psychopathology. *Journal of Consulting Psychology, 24*, 349–354.

Csordas, T. J., Storck, M. J., & Strauss, M. (2008). Diagnosis and distress in Navajo healing. *Journal of Mental and Nervous Disease, 196*, 585–596.

Cuijpers, P., Muñoz, R. F, Clarke, G.N., & Lewinsohn, P M. (2009). Psychoeducational treatment and prevention of depression: The "Coping with Depression" course thirty years later. *Clinical Psychology Review, 29*, 449–458. doi:10.1016/j.cpr.2009.04.005

Cuijpers, P., van Straten, A., Schuurmans, J., van Oppen, P., Hollon, S. D., & Andersson, G. (2010). Psychotherapy for chronic major depression and dysthymia: A meta-analysis. *Clinical Psychology Review, 30*, 51–62. doi:10.1016/j.cpr.2009.09.003

Culotta, E. (2012). Roots of racism. *Science, 336*, 825–827. doi: 10.1126/science.336.6083.825

Cunningham, M. R., Roberts, A. R., Barbee, A. P., Druen, P. B., et al. (1995). "Their ideas of beauty are, on the whole, the same as ours": Consistency and variability in the cross-cultural perception of female physical attractiveness. *Journal of Personality and Social Psychology, 68*, 261–279.

Curry, L. A., & Youngblade, L. M. (2006). Negative affect, risk perception, and adolescent risk behavior. *Journal of Applied Developmental Psychology, 27*, 468–485.

Cynkar, A. (2007, June). The changing gender composition of psychology. *Monitor on Psychology*, pp. 46–47.

Dabbs, J. M., Jr., Chang, E-L., Strong, R. A., & Milun, R. (1998). Spatial ability, navigation strategy, and geographic knowledge among men and women. *Evolution & Human Behavior, 19*(2) 89–98.

Dahl, M. (2011, May 24). Want to catch a lady's eye? Don't smile, study says. *MSNBC.com*. Retrieved from http://bodyodd.msnbc.msn.com/_news/2011/05/24/6709623–want-to-catch-a-ladys-eye-dont-smile-study-says

Dale, K. Y., Berg, R., Elden, A., Ødegård, A., & Holte A. (2009). Testing the diagnosis of dissociative identity disorder through measures of dissociation, absorption, hypnotizability and PTSD: A Norwegian pilot study. *Journal of Trauma and Dissociation, 10*, 102–112. doi: 10.1080/15299730802488478.

Dalen, K., Ellertsen, B., Espelid, I., & Grønningsaeter, A. G. (2009). EMG feedback in the treatment of myofascial pain dysfunction syndrome. *Acta Odontologica Scandinavica, 44*, 279–284.

Danaei, G., Finucane, M. M., Lin, J. K., Singh, G. M., Paciorek, C. J., Cowan, M. J., et al. (2011). National, regional, and global trends in systolic blood pressure since 1980. *The Lancet*, *377*, 568–577. doi: 10.1016/S0140-6736(10)62036-3

Danielsen, L. M., Lorem, A. E., & Kroger, J. (2000). The impact of social context on the identity-formation process of Norwegian late adolescents. *Youth & Society, 31*, 332–362.

Dao, T. K., & Prevatt, F. (2006). A psychometric evaluation of the Rorschach Comprehensive System's Perceptual Thinking Index. *Journal of Personality Assessment, 86*, 180–189.

Darcy, M. U. A., & Tracey, T. J. G. (2007). Circumplex structure of Holland's RIASEC interests across gender and time. *Journal of Counseling Psychology, 54*, 17–31.

Darley, J. M., & Gross, P. H. (1993). A hypothesis-confirming bias in labeling effects. *Journal of Personality and Social Psychology, 44*, 20–33.

Darley, J. M., & Latané, B. (1968). Bystander intervention in emergencies: Diffusion of responsibility. *Journal of Personality and Social Psychology, 8*, 377–383.

Das, A. (2009). Sexual harassment at work in the United States. *Archives of Sexual Behavior, 38*, 909–921. doi: 10.1007/s10508-008-9354-9

Davidson, J. R. (2009). First-line pharmacotherapy approaches for generalized anxiety disorder. *Journal of Clinical Psychiatry, 70*(Suppl.2), S25–S31.

Davidson, J. R. T., Foa, E. B., Huppert, J. D., Keefe, F. J., Franklin, M. E., Compton, J. S., et al. (2004). Fluoxetine, comprehensive cognitive behavioral therapy, and placebo in generalized social phobia. *Archives of General Psychiatry, 61*, 1005–1013.

Davis, J. L., & Rusbult, C. E. (2001). Attitude alignment in close relationships. *Journal of Personality and Social Psychology, 81*, 65–84.

Davis, S. R., Davison, S. L., Donath, S., & Bell, R. J. (2005). Circulating androgen levels and self-reported sexual function in women. *Journal of the American Medical Association, 294*, 91–96.

Davis, S. R., Moreau, M., M.D., Kroll, R., Bouchard, C., Panay, N., et al. (2008). Testosterone for low libido in postmenopausal women not taking estrogen. *New England Journal of Medicine, 359*, 2005–2017.

Davis, T. L., & Liddell, D. L. (2002). Getting inside the house: The effectiveness of a rape prevention program for college fraternity men. *Journal of College Student Development, 43*, 35–50.

Davison, G. C. (2000). Stepped care: Doing more with less? *Journal of Consulting and Clinical Psychology, 68*, 580B585.

Daw, J. (2002, October). Hormone therapy for men? *Monitor on Psychology*, p. 53.

De La Cancela, V., & Guzman, L. P. (1991). Latino mental health service needs: Implications for training psychologists. In H. F. Myers et al. (Eds.), *Ethnic minority perspectives on clinical training and services in psychology* (pp. 59–64). Washington, DC: American Psychological Association.

de Moor, C., Sterner, J., Hall, M., Warneke, C., Gilani, Z, Amato, R. et al. (2003). A pilot study of the effects of expressive writing on psychological and behavioral adjustment in patients enrolled in a Phase II trial of vaccine therapy for metastatic renal cell carcinoma. *Health Psychology, 21*, 615–619.

DeAngelis, T. (2001). Our erotic personalities are as unique as our fingerprints. *Monitor on Psychology, 32*, p. 25.

Deary, I. J., Batty, G. D., Pattie, A., & Gale, C. R. (2008). More intelligent, more dependable children live longer: A 55-year longitudinal study of a representative sample of the Scottish nation. *Psychological Science, 19*, 874–880.

Deas, S., Power, K., Collin, P., Yellowlees, A., & Grierson, D. (2011). The relationship between disordered eating, perceived parenting, and perfectionistic schemas. *Cognitive Therapy and Research, 35*, 414–424. doi: 10.1007/s10608-010-9319-x

DeBruine, L. M., Jones, B.C., Smith, F., G., & Little, A. C. (2010). Are attractive men's faces masculine or feminine? The importance of controlling confounds in face stimuli. *Journal of Experimental Psychology: Human Perception and Performance, 36*, 751–758. doi:10.1037/a0016457

Deci, E. L., La Guardia, J. G., Moller, A. C., Scheiner, M. J., & Ryan, R. M. (2006). On the benefits of giving as well as receiving autonomy support: Mutuality in close friendships. *Personality and Social Psychology Bulletin, 32*, 313–327.

Deegear, J., & Lawson, D. M. (2003). The utility of empirically supported treatments. *Professional Psychology: Research and Practice, 34*, 271–277.

Del Giudice, M., Booth, T., & Irwing, P. (2012). The distance between mars and venus: Measuring global sex differences in personality. *PLoS ONE, 7*, e29265 doi: 10.1371/journal.pone.0029265

Delgado, M. Y., Updegraff, K. A., Roosa, M. W., & Umaña-Taylor, A. J. (2010). Discrimination and Mexican-origin adolescents' adjustment: The moderating roles of adolescents', mothers', and fathers' cultural orientations and values. *Journal of Youth and Adolescence, 40*, 125–139. doi: 10.1007/s10964-009-9467-z

DelVecchio, T., & O'Leary, K. D. (2004). Effectiveness of anger treatments for specific anger problems: A meta-analytic review. *Clinical Psychology Review, 24*, 15–34.

Denizel-Lewis, B. (2005, January 9). Ban of brothers. *New York Times Magazine*, pp. 32–39, 52, 73, 74.

Dennerstein, L., Randolph, J., Taffe, J., Dudley, E., & Burger, H. (2002). Hormones, mood, sexuality, and the menopausal transition. *Fertility and Sterility, 77*, 42–48.

Dennis, C. (2004, January 29). Brain development: The most important sexual organ. *Nature, 427*, 390–392. Heath, 2006).

Denollet, J., & Pedersen, S. S. (2009). Anger, depression, and anxiety in cardiac patients: The complexity of individual differences in psychological risk. *Journal of the American College of Cardiology, 53*, 947–949. doi:10.1016/j.jacc.2008.12.006

Department of Health and Human Services. (1986). *The health consequences of involuntary smoking: A report of the Surgeon General*. (Publication no. DHHS [CDC] 87–8398). Washington, DC: U. S. Government Printing Office.

Depression Research at the National Institutes of Mental Health. (2000). *NIH Publication No. 00–4501*. Retrieved from http://www.nimh.nih.gov/publicat/depresfact.cfm

Der, G., & Deary, I. J. (2006). Age and sex differences in reaction time in adulthood: Results from the United Kingdom Health and Lifestyle Survey. *Psychology and Aging, 21,* 62–73.

Derringer, J., Krueger, R. F., Dick, D. M., Saccone, S., Grucza, R. A., Agrawal, A., et al. Gene Environment Association Studies (GENEVA) Consortium. (2010). Predicting sensation seeking from dopamine genes: A candidate-system approach. *Psychological Science, 9*, 1282–1290. doi: 10.1177/0956797610380699

DeRubeis, R. J., Fournier, J. C., & Fawcett, J. (2010). Depression severity and effect of antidepressant medications—reply. *Journal of the American Medical Association, 303,* 1599. [Letter] doi: 10.1001/jama.2010.510

DeRubeis, R. J., Hollon, S. D., Amsterdam, J. D., Shelton, R. C., Young, P. R., Salomon, R.M., et al. (2005). Cognitive therapy vs medications in the treatment of moderate to severe depression. *Archives of General Psychiatry, 62*, 409–416.

DeRubeis, R. J., Tang, T. Z., & Beck, A. T. (2001). Cognitive therapy. In K. S. Dobson (Ed.), *Handbook of cognitive-behavioral therapies* (2nd ed., pp. 349–392). New York: Guilford Press.

Deutsch, C. H. (1990, April 29). Why women walk out on jobs. *The New York Times,* p. F27.

Deveny, K. (2003, June 30). We're not in the mood. *Newsweek,* pp. 41–46.

DeYoung, C. G., Quilty, L. C., & Peterson, J. B. (2007). Between facets and domains: 10 aspects of the Big Five. *Journal of Personality and Social Psychology, 93,* 880–896.

Di Castelnuovo, A., Costanzo, S., Bagnardi, V., Donati, M. B., Iacoviello, L., & de Gaetano, G. (2006). Alcohol dosing and total mortality in men and women: An updated meta-analysis of 34 prospective studies. *Archives of Internal Medicine, 166*, 2437–2445.

Di Iorio, C. R., Watkins, T. J., Dietrich, M. S., Cao, A., Blackford, J. U., Rogers, B., et al. (2011). Evidence for chronically altered serotonin function in the cerebral cortex of female 3,4-methylenedioxymethamphetamine polydrug users. *Archives of General Psychiatry, 69*, 399–409. doi:10.1001/archgenpsychiatry.2011.156

Di Paula, A., &. Campbell, J. D. (2002). Self-esteem and persistence in the face of failure. *Journal of Personality and Social Psychology, 83*, 711–724.

Diamond, A. (2009). The interplay of biology and the environment broadly defined. *Developmental Psychology, 45*, 1–8. doi:10.1037/a0014601

Dickerson, F. B., Tenhula, W. N., & Green-Paden, L. D. (2005). The token economy for schizophrenia: Review of the literature and recommendations for future research. *Schizophrenia Research, 75*, 405–416.

Dickson, N., Paul, C., Herbison, P., & Silva, P. (1998). First sexual intercourse: Age, coercion, and later regrets reported by a birth cohort. *British Medical Journal, 316,* 29–33.

DiGiuseppe, R., & Tafrate, R. C. (2003). Anger treatment for adults: A meta-analytic review. *Clinical Psychology: Science and Practice, 10,* 70–84.

DiGiuseppe, R., & Tafrate, R. C. (2007). *Understanding anger disorders*. New York: Oxford University Press.

Dindia, K., & Timmerman, L. (2003). Accomplishing romantic relationships. In J. O. Greene, & Burleson, B. R. (Eds.). *Handbook of communication and social interaction skills* (pp. 685–721). Mahwah, NJ: Lawrence Erlbaum Associates.

Dittmann, M. (2004, July/August). Standing tall pays off, study finds. *Monitor on Psychology, 35,* p. 14.

Dittmann, M. (2003, February). Psychology's first prescribers. *Monitor on Psychology, 36–37.*

Dittmann, M. (2003, March). Anger across the gender divide. *Monitor on Psychology, 34*, pp. 52–53.

Dittmar, H., Halliwell, E., & Ive, S. (2006). Does Barbie make girls want to be thin? The effect of experimental exposure to images of dolls on the body image of 5- to 8-year-old girls. *Developmental Psychology, 42*, 283–292.

Ditzen, B., Schmidt, S., Strauss, B., Nater, U. M., Ehlert, U., & Heinrichs, M. (2008). Adult attachment and social support interact to reduce psychological but not cortisol responses to stress. *Journal of Psychosomatic Research, 64*, 479–486.

Dixon, J., Durrheim, K., & Tredoux, C. (2005). Beyond the optimal contact strategy: A reality check for the contact hypothesis. *American Psychologist, 60*, 697–711.

Dixon, J., Durrheim, K., & Tredoux, C. (2007). Intergroup contact and attitudes toward the principle and practice of racial equality. *Psychological Science, 18*, 867–872.

Djoussé, L., Driver, J. A., & Gaziano, J. M. (2009). MPH relation between modifiable lifestyle factors and lifetime risk of heart failure. *Journal of the American Medical Association, 302*, 394–400.

Dobbs, D. (2010). Schizophrenia appears during adolescence. But where does one begin and the other end? *Nature, 468*, 154–156. doi:10.1038/468154a

Dodge, K. A., Laird, R., Lochman, J. E., & Zelli, A. (2002). Multidimensional latent-construct analysis of children's social information processing patterns. *Psychological Assessment, 14,* 60–73.

Dohrenwend, B. P. (2006). Inventorying stressful life events as risk factors for psychopathology: Toward resolution of the problem of intracategory variability. *Psychological Bulletin, 132*, 477–495.

Dolan, D. C., Taylor, D. J., Bramoweth, A. D., & Rosenthal, L. D. (2010). Cognitive behavioral therapy of insomnia: A clinical case series study of patients with comorbid disorders and using hypnotic medications. *Behavior Research and Therapy, 48*, 321–327. doi:10.1016/j.brat.2009.12.004

Dolbier, C. L., Cocke, R. R., Leiferman, J. A., Steinhardt, M. A., Schapiro, S. J., Nehete, P. N., et al. (2001). Differences in functional immune responses of high vs. low hardy healthy individuals. *Journal of Behavioral Medicine, 24,* 219–229.

Dom, G., Hulstijn, W., & Sabbe, B. (2006). Differences in impulsivity and sensation seeking between early- and late-onset alcoholics. *Addictive Behaviors, 31*, 298–308.

Donald, M., Dower, J., Correa-Velez, I., & Jones, M. (2006). Risk and protective factors for medically serious suicide attempts: A comparison of hospital-based with population-based samples of young adults. *Australian and New Zealand Journal of Psychiatry, 40*, 87–96.

Donnellan, M. B., & Lucas, R. E. (2008). Age differences in the Big Five across the life span: Evidence from two national samples. *Psychology and Aging, 23*, 558–566. doi: 10.1037/a0012897

Donohue, K. F., Curtin, J. J., Patrick, C. J., & Lang, A. R. (2007). Intoxication level and emotional response. *Emotion, 7*, 103–112.

Dorahy, M. J. (2001). Dissociative identity disorder and memory dysfunction: The current state of experimental research and its future directions. *Clinical Psychology Review, 21*, 771–795

Doran, N., Schweizer, C. A., & Myers, M. G. (2011). Do expectancies for reinforcement from smoking change after smoking initiation? *Psychology of Addictive Behaviors, 25*, 101–107. doi: 10.1037/a0020361

Dougall, A. L., & Baum, A. (2001). Stress, health, and illness. In A. Baum, T. A. Revenson, & J. E. Singer (Eds). *Handbook of health psychology* (pp. 339–348). Mahwah, NJ: Lawrence Erlbaum Associates.

Drews, F. A., Pasupathi, M., & Strayer, D. L. (2008). Passenger and cell phone conversations in simulated driving. *Journal of Experimental Psychology: Applied, 14*, 392–400. doi:10.1037/a0013119

Driessen, E., Cuijpers, P., de Maat, S. C. M., Abbass, A. A., de Jonghe, F., & Dekker, J. J. M. (2010). The efficacy of short-term psychodynamic psychotherapy for depression: A meta-analysis. *Clinical Psychology Review, 30*, 25–36. doi:10.1016/j.cpr.2009.08.010

Drucker, R. (2010, June 23). Human papillomavirus vaccine updates. *Journal Watch Pediatrics and Adolescent Medicine*. Retrieved from http://pediatrics.jwatch.org/cgi/content/full/2010/623/2.

DuBois, D. L., and Flay, B. R. (2004). The healthy pursuit of self-esteem: Comment on and alternative to the Crocker and Park (2004) formulation. *Psychological Bulletin, 130*, 415–420.

Dubovsky, S. (2008b, May 12). Neurosurgery for depression: Pinpointing the way to success. *Journal Watch Psychiatry*. Retrieved from http://psychiatry.jwatch.org/cgi/content/full/2008/512/2

Ducci, F., Kaakinen, M., Pouta, A., Hartikainen, A.-L., Veijola, J., Isohanni, M., et al. (2011). TTC12–ANKK1-DRD2 and CHRNA5-CHRNA3-CHRNB4 influence different pathways leading to smoking behavior from adolescence to mid-adulthood. *Biological Psychiatry, 69*, 650–660. doi: 10.1016/j.biopsych.2010.09.055

Dugas, M. L., Ladouceur, R., Léger, E., Freeston, M. H., Langlis, F., Provencher, M. D., et al. (2003). Group cognitive-behavioral therapy for generalized anxiety disorder: Treatment outcome and long-term follow-up. *Journal of Consulting and Clinical Psychology, 71,* 821–825.

Duplassie, D., & Daniluk, J. C. (2007). Sexuality: Young and middle adulthood. In M S. Tepper & A. F. Owens (Eds.), *Sexual health Vol. 1: Psychological foundations* (pp. 263–289). *Praeger perspectives: Sex, love, and psychology*. Westport, CT: Praeger Publishers/Greenwood Publishing Group.

Duric, V., Banasr, M., Licznerski, P., Schmidt, H. D., Stockmeier, C. A., Simen, A. S., Newton, S. S., & Duman, R. S. (2010). A negative regulator of MAP kinase causes depressive behavior. *Nature Medicine, 16*, 1328–1332.doi: 10.1038/nm.2219

Dwairy, M. (2002). Foundations of psychosocial dynamic personality theory of collective people. *Clinical Psychology Review, 22,* 343–360.

Dyer, K. R., et al. (2001). The relationship between mood state and plasma methadone concentration in maintenance patients. *Journal of Clinical Psychopharmacology, 21*, 78–84.

Easterbrook, G. (2005, January 17). The real truth about money. *Time,* pp. A32–A34.

Eddleston, K. A., Veiga, J. F., & Powell, G. N. (2006). Explaining sex differences in managerial career satisfier preferences: The role of gender self-schema. *Journal of Applied Psychology, 91*, 437–445.

Edenberg, H. J., Strother, W. N., McClintick, J. N., Tian, H., Stephens, M., Jerome, R. E., et al. (2005). Gene expression in the hippocampus of inbred alcohol-preferring and -nonpreferring rats. *Genes, Brain & Behavior, 4,* 20–30.

Edwards, R., Campbell, C., Jamison, R. N., & Wiech, K. (2009). The neurobiological underpinnings of coping with pain. *Current Directions in Psychological Science, 18*, 237–241. doi: 10.1111/j.1467-8721.2009.01643.x

Egger, J. I. M., De Mey, H. R. A., Derksen, J. J. L., & van der Staak, C. P. F. (2003). Cross-cultural replication of the five-factor model and comparison of the NEO-PI-R and MMPI-2 PSY-5 scales in a Dutch psychiatric sample. *Psychological Assessment, 15*, 81–88.

Eggers, D. (2000, May 7). Intimacies. *The New York Times Magazine,* pp. 76–77.

Ehlers, A., Bisson, J., Clark, D., M., Creamer, M., Pilling, S., Richards, D., et al.(2010). Do all psychological treatments really work the same in posttraumatic stress disorder? *Clinical Psychology Review, 30*, 269–276. doi:10.1016/j.cpr.2009.12.001

Ehlers, A., Clark, D. M., Hackmann, A., McManus, F., Fennell, M., Herbert, C., & Mayou, R. (2003). A randomized controlled trial of cognitive therapy, a self-help booklet, and repeated assessments as early interventions for posttraumatic stress disorder. *Archives of General Psychiatry, 60,* 1024–1032.

Eiser, A. (2011, September). The crisis on campus. *Monitor on Psychology, 42*(8), 18–19.

Elkind, D. (1985). Egocentrism redux. *Developmental Review, 5*, 218–226.

Ellemers, N., Spears, R., & Doosje, B. (2002). Self and social identity. *Annual Review of Psychology, 53,* 161–186.

Ellington, J. E., Marsh, L. A., & Critelli, J. E. (1980). Personality characteristics of women with masculine names. *Journal of Social Psychology, 111,* 211–218.

Elliot, A. J., Niesta Kayser, D.,Greitemeyer, T., Lichtenfeld, S., Gramzow, R. H., Maier, M. A., et al. (2010). Red, rank, and romance in women viewing men. *Journal of Experimental Psychology: General, 139*, 399–417. doi: 10.1037/a0019689

Ellis, A. (2001, January). "Intellectual" and "emotional" insight revisited. *NYS Psychologist, 13*, 2–6.

Ellis, A. (2008). Rational emotive behavior therapy. In R. J. Corsini & D. Wedding (Eds.) (8th ed.), *Current psychotherapies* (pp. 187–222). Belmont, CA: Thomson Higher Education.

Ellis, A., & Ellis, D. J. (2011). *Rational emotive behavior therapy. Theories of psychotherapy.* Washington, DC: American Psychological Association.

Ellis, A., & Dryden, W. (1996). *The practice of rational emotive behavior therapy*. New York: Springer.

Ellis, B. J., Jackson, J. J., & Boyce, W. T. (2006). The stress response systems: Universality and adaptive individual differences. *Developmental Review, 26*, 175–212.

Ellis, L., & Bonin, S. L. (2003). Genetics and occupation-related preferences. Evidence from adoptive and non-adoptive families. *Personality and Individual Differences, 35,* 929–937.

Ellis, L., & Hellberg, J. (2005). Fetal exposure to prescription drugs and adult sexual orientation. *Personality and Individual Differences, 38*, 225–236.

Ellison-Wright, I., & Bullmore, E. (2010). Anatomy of bipolar disorder and schizophrenia: A meta-analysis. *Schizophrenia Research, 117*, 1–12. doi:10.1016/j.schres.2009.12.022

Ellsworth, P. C., Carlsmith, J. M., & Henson, A. (1972). The stare as a stimulus to flight in human subjects. *Journal of Personality and Social Psychology, 21,* 302–311.

Elms, A. C. (2009). Obedience lite. *American Psychologist, 64*, 32–36.

Else-Quest, N. M., Hyde, J. S., & Linn, M. C. (2010). Cross-national patterns of gender differences in mathematics: A meta-analysis. *Psychological Bulletin, 136*, 103–127. doi: 10.1037/a0018053

Emanuel, E. J., Fairclough, D. L., & Emanuel, L. L. (2000). Attitudes and desires related to euthanasia and physician-assisted suicide among terminally ill patients and their caregivers. *Journal of the American Medical Association, 284*, 2460–2468.

Engels, R. C. M. E., Scholte, R. H. J., van Lieshout, C. F. M., de Kemp, R., & Ovebeek, G. (2006). Peer group reputation and smoking and alcohol consumption in early adolescence. *Addictive Behaviors, 31*, 440–449.

England, D., Descartes, L., & Collier-Meek, M. (2011). Gender role portrayal and the Disney princesses. *Sex Roles, 64*, 555–567. doi: 10.1007/s11199-011-9930-7.

Eonta, A., M., Christon, L. M., Hourigan, S. E., Ravindran, N., Vrana, S. R., & Southam-Gerow, M. (2011). Using everyday technology to enhance evidence-based treatments. *Professional Psychology: Research and Practice, 42*, 513–520. doi: 10.1037/a0025825

Epstein, A. M., & Ayanian, J. Z. (2001). Racial disparities in medical care. *New England Journal of Medicine online, 344*(19).

Erikson, E. H. (1963). *Childhood and society.* New York: W. W. Norton.

Escobar, J. I., & Vega, W. A. (2000). Commentary: Mental health and immigration's AAAs: Where are we and where do we go from here? *Journal of Nervous and Mental Disease, 188*, 736–740.

Esposito, K., Giugliano, F., Di Palo, C., Giugliano, G., Marfella, R., D'Andrea, F., et al. (2004). Effect of lifestyle changes on erectile dysfunction in obese men: A randomized controlled trial. *Journal of the American Medical Association, 291*, 2978–2984.

Evans, G. W., Wells, N. M., Chan, H. E., & Saltzman, H. (2000). Housing quality and mental health. *Journal of Consulting and Clinical Psychology, 68*, 526–530.

Eysenck, H. J., & Eysenck, M. W. (1985). *Personality and individual differences.* New York: Plenum.

Faedda, G. L., Becker, I., Baroni, A., Tondo, L., Aspland, E., & Koukopoulos, A. (2010). The origins of electroconvulsive therapy: Prof. Bini's first report on ECT. *Journal of Affective Disorders, 120*, 12–15. doi:10.1016/j.jad.2009.01.023

Fallon, A. E., & Rozin, P. (1985). Sex differences in perceptions of desirable body shape. *Journal of Abnormal Psychology, 94,* 102–105.

Fals-Stewart, W. (2003). The occurrence of partner physical aggression on days of alcohol consumption: A longitudinal diary study. *Journal of Consulting and Clinical Psychology, 71, 41–52.*

Fan, Y., Tang, Y., Lu, Q., Feng, S., Yu, Q., Sui, D., et al. (2009). Dynamic changes in salivary cortisol and secretory immunoglobulin A response to acute stress. *Stress and Health, 25*, 189–194. doi:10.1002/smi.1239 10.1002/smi.1239

Farley, F. (2000). Hans J. Eysenck (1916–1997). *American Psychologist, 55*(6), 674–675.

Farris, C., Treat, T. A., & Viken, R. J. (2010). Alcohol alters men's perceptual and decisional processing of women's sexual interest. *Journal of Abnormal Psychology, 119*, 427–432. doi: 10.1037/a0019343

Farris, C., Treat, T. A., Viken, R. J., & McFall, R. M. (2008). Perceptual mechanisms that characterize gender differences in decoding women's sexual intent. *Psychological Science, 19*, 348–354.

Farzadfar, F., Finucane, M., Danaei, G., Pelizzari, P. M., Cowan, M. J., Paciorek, C. J., et al. (2011). National, regional, and global trends in serum total cholesterol since 1980. *The Lancet*, *16*, 377, 578–586. doi: 10.1016/S0140-6736(10)62038-7

Feder, J., Levant, R. F., & Dean, J. (2007). Boys and violence: A gender-informed analysis. *Professional Psychology: Research and Practice, 38*, 385–391.

Feingold, A. (1992). Good-looking people are not what we think. *Psychological Bulletin, 111,* 304–341.

Feingold, A. (1994). Gender differences in personality: A meta-analysis. *Psychological Bulletin, 116,* 429–456.

Feng, J., Spence, I., & Pratt, J. (2007). Playing an action video game reduces gender differences in spatial cognition. *Psychological Science, 18*, 850–855.

Ferdinand, K. C. (2006). Coronary artery disease in minority racial and ethnic groups in the United States. *The American Journal of Cardiology, 97*, 12–19.

Ferraz, L., Vállez, M., Navarro, B., Gelabert, E., Martín-Santos, R., & Subirà, S. (2009). Dimensional assessment of personality and impulsiveness in borderline personality disorder. *Personality and Individual Differences*, *46*, 140–146.

Few gender differences in math abilities, worldwide study finds. (2010, January 10). *ScienceDaily*. Retrieved from http://www.sciencedaily.com/releases/2010/01/100105112303.htm

Fibel, B., & Hale, W. D. (1978). The generalized expectancy for success scale—A new measure. *Journal of Consulting and Clinical Psychology, 46,* 924–931.

Fink, B., & Penton-Voak, I. (2002). Evolutionary psychology of facial attractiveness. *Current Directions in Psychological Science, 11,* 154–158.

Finucane, M. M., Stevens, G. A., Cowan, M. J., Danaei G., Lin, J. K., Paciorek, C. J., Singh, G. M., et al. (2011). National, regional, and global trends in body-mass index since 1980. *The Lancet*, *377*, 557–567 doi: 10.1016/S0140-6736(10)62037-5

Fiore, A T., Taylor, L S., Mendelsohn, G.A., & Hearst, M. (2008). Assessing attractiveness in online dating profiles. *ACM Computer-Human Interaction*, *CHI 08*, 797–806.

Firestone, R. W., Firestone, L. A., & Catlett, J. (2006a). *Sex and love in intimate relationships*. Washington, DC: American Psychological Association.

Fischer, P., Krueger, J. I., Greitemeyer, T., Vogrincic, C., Kastenmüller, A., Frey, D., et al. (2011).The bystander-effect: A meta-analytic review on bystander intervention in dangerous and non-dangerous emergencies. *Psychological Bulletin, 137*, 517–537. doi: 10.1037/a0023304

Fisher, B. S., Daigle, L. E., Cullen, F. T., & Turner, M. G. (2003). Reporting sexual victimization to the police and others: Results from a national-level study of college women. *Criminal Justice & Behavior, 30*, 6–38.

Fisher, H. E. (2000). Brains do it: Lust, attraction and attachment. *Cerebrum, 2,* 23–42.

Fiske, A., Wetherell, J. L., & Gatz, M. (2009). Depression in older adults. *Annual Review of Clinical Psychology, 5,* 363–389. doi:10.1146/annurev.clinpsy.032408.153621

Fitness, J. (2001). Emotional intelligence and intimate relationships. In J. Ciarrochi & J. P. Forgas, et al. (Eds.), *Emotional intelligence in everyday life: A scientific inquiry.* (pp. 98–112). Philadelphia, PA: Psychology Press.

Fitzgerald, L. F. (1993a). *Sexual harassment in higher education: Concepts and issues*. Washington, DC: National Education Association.

Fitzgerald, L. F. (1993b). Sexual harassment: Violence against women in the workplace. *American Psychologist, 48,* 1070–1076.

Flagel, S. B., Clark, J. J., Robinson, T. E., Mayo, L., Czuj, A., Willuhn, I., Akil, H., et al. (2011). A selective role for dopamine in stimulus–reward learning. *Nature, 469*, 53–57. doi:10.1038/nature09588

Flavell, J. H., Miller, P. H., & Miller, S. A. (2002). *Cognitive development* (4th ed.). Upper Saddle River, NJ: Prentice Hall.

Fleeson, W. (2004). Moving personality beyond the person-situation debate: The challenge and the opportunity of within-person variability. *Current Directions in Psychological Science, 13,* 83–87.

Fleeson, W., & Noftle, E.E. (2009). In favor of the synthetic resolution to the person–situation debate. *Journal of Research in Personality, 43*, 150–154. doi: 10.1016/j.jrp.2009.02.008

Flegal, K. M., Carroll, M. D., Kit, B. K., & Ogden, C. L. (2012). Prevalence of obesity and trends in the distribution of body mass index among US adults, 1999–2010. *Journal of the American Medical Association*, *307*, 491–497. doi:10.1001/jama.2012.39

Flegal, K. M., Carroll, M. D., Ogden, C. L., & Curtin, L. R. (2010). Prevalence and trends in obesity among US Adults, 1999–2008. *Journal of the American Medical Association, 303*, 235–241. doi:10.1001/jama.2009.2014

Flegal, K. M., Graubard, B. I., Williamson, D. F., & Gail, M. H. (2007). Cause-specific excess deaths associated with underweight, overweight, and obesity. *Journal of the American Medical Association, 298*, 2028–2037.

Fogel, J. (2003). Use of the Internet for health information and communication. *Journal of the American Medical Association, 290,* 2256. [Letter]

Foley, E., Baillie, A., Huxter, M., Price, M., & Sinclair, E. (2010). Mindfulness-based cognitive therapy for individuals whose lives have been affected by cancer: A randomized controlled trial. *Journal of Consulting and Clinical Psychology, 78*, 72–79. doi: 10.1007/s10826-009-9272-z.

Folkman, S., & Moskowitz, T. (2000a). Positive affect and the other side of coping. *American Psychologist, 55*, 647–654.

Foote, B., Smolin, Y., Kaplan, M., Legatt, M. E., & Lipschitz, D. (2005). Prevalence of dissociative disorders in psychiatric outpatients. *American Journal of Psychiatry, 163*, 623–629.

Foran, H. M., & O'Leary, K. D. (2008). Alcohol and intimate partner violence: A meta-analytic review. *Clinical Psychology Review, 28*, 1222–1234.

Ford, A. B., Haug, M. R., Stange, K. C., Gaines, A. D., Noelker, L. S., & Jones, P. K. (2000). Sustained personal autonomy: A measure of successful aging. *Journal of Aging & Health, 12*, 470–489.

Forestell, C. A., Humphrey, T. M., & Stewart, S. H. (2004). Is beauty in the eye of the beholder? Effects of weight and shape on attractiveness ratings of female line drawings by restrained and nonrestrained eaters. *Eating Behaviors, 5,* 89–101.

Forgas, J. P., Levinger, G., & Moylan, S. J. (1994). Feeling good and feeling close: Affective influences on the perception of intimate relationships. *Personal Relationships, 1*, 165–184.

Forgeard, M. J. C., Haigh, E. A. P., Beck, A. T., Davidson, R. J., Henn, F. A., Maier, S. F., et al. (2011). *Clinical Psychology: Science and Practice, 18, 275–299.* doi: 10.1111/j.1468-2850.2011.01259.x

Forman, J. P., Stampfer, M. J., & Curhan, G. C. (2009). Diet and lifestyle risk factors associated with incident hypertension in women. *Journal of the American Medical Association, 302*, 401–411.

Fournier, J. C., DeRubeis, R. J., Hollon, S. D., Dimidjian, S., Amsterdam, J. D., Shelton, R. C., & Fawcett, J. (2010). Antidepressant drug effects and depression severity: A patient-level meta-analysis. *Journal of the American Medical Association, 303*, 47–53.

Fowler, J. H., & Christakis, N. A. (2008). Dynamic spread of happiness in a large social network: Longitudinal analysis over 20 years in the Framingham Heart Study. *British Medical Journal, 337*, 2338.

Frahm, S., Ŝlimak, M. A., Ferrarese, L., Santos-Torres, J., Antolin-Fontes, B., Auer, S., et al. Ibañez-Tallon, I. (2011). Aversion to nicotine is regulated by the balanced activity of b4 and a5 nicotinic receptor subunits in the medial habenula. *Neuron, 70*, 522–535. doi: 10.1016/j.neuron.2011.04.013

Frattaroli, J. (2006). Experimental disclosure and its moderators: A meta-analysis. *Psychological Bulletin, 132*, 823–865.

Freedman, D. H. (2011, February). How to fix the obesity crisis. *Scientific American*. Retrieved from http://www.scientificamerican.com/article.cfm?id=how-to-fix-the-obesity-crisis.

Freeman, H. P., & Payne, R. (2000). Racial injustice in health care. *New England Journal of Medicine, 342,* 1045–1047.

Freeman, M. P. (2011, December 21). The menstrual cycle and mood: Premenstrual dysphoric disorder. *Journal Watch Women's Health*. Retrieved from http://womens-health.jwatch.org/cgi/content/full/2011/1221/1?q=etoc_jwwomen

French, S. E., Seidman, E., Allen, L., & Aber, J. L. (2006). The development of ethnic identity during adolescence. *Developmental Psychology, 42*, 1–10.

Fresco, A. (2005). Texting teenagers are proving 'more literate than ever before'. *The Times Online*, October 31, 2005. Retrieved from http://www.timesonline.co.uk/article/0,,2-1850922,00.html.

Freud, S. (1933). New introductory lectures. In *Standard edition of the complete psychological works of Sigmund Freud, Vol. 22*. London: Hogarth Press, 1964.

Freud, S. (1964). New introductory lectures. In *Standard edition of the complete psychological works of Sigmund Freud, Vol. 22*. London: Hogarth. (Original work published 1933.)

Freund, A. A. (2006). Age-differential motivational consequences of optimization versus compensation focus in younger and older adults. *Psychology and Aging, 21*, 40–52.

Friedman, M., & Rosenman, R. H. (1974). *Type A behavior and your heart.* New York: Knopf.

Friedman, M., & Ulmer, D. (1984). *Treating Type A behavior and your heart.* New York: Fawcett Crest.

Friedman, R. A. (2006). The changing face of teenage drug abuse — The trend toward prescription drugs. *New England Journal of Medicine, 354,* 1448–1450.

Friedman, R. A., &. Leon, A. C. (2007). Expanding the black box — Depression, antidepressants, and the risk of suicide. *New England Journal of Medicine, 356,* 2343–2346.

Frisch, R. (1997). Cited in N. Angier (1997). Chemical tied to fat control could help trigger puberty. *The New York Times*, pp. C1, C3.

Frye, M. A. (2011). Bipolar disorder—A focus on depression. *New England Journal of Medicine, 364*, 51–59.

Fujita, F., & Diener, E. (2005). Life satisfaction set point: Stability and change. *Journal of Personality and Social Psychology, 88,* 158–164.

Furnham, A. (2009). Sex differences in mate selection preferences. *Personality and Individual Differences, 47*, 262–267.

Furnham, A., Petrides, K. V., & Constantinides, A. (2005). The effects of body mass index and waist-to-hip ratio on ratings of female attractiveness, fecundity, and health. *Personality and Individual Differences, 38*, 1823–1834.

Furstenberg, F. F., & Kiernan, K. E. (2001). Delayed parental divorce: How much do children benefit? *Journal of Marriage & the Family, 63*, 446–457.

Futrelle, D. (2006, August). Can money buy happiness? *Money*, pp. 127–131.

Gaines, S. O., Jr., Marelich, W. D., Bledsoe, K. L., & Steers, W. N. (1997). Links between race/ethnicity and cultural values as mediated by racial/ethnic identity and moderated by gender. *Journal of Personality and Social Psychology, 72*, 1460–1476.

Gajendran, R. S. & Harrison, D. A. (2007). The good, the bad, and the unknown about telecommuting: Meta-analysis of psychological mediators and individual consequences. *Journal of Applied Psychology, 92*, 1524–1546.

Gallagher, R. (1996). Cited in B. Murray (1996). College youth haunted by increased pressures. *APA Monitor, 26*(4), 47.

Galliher, R. V., Jones, M. D., & Dahl, A. (2011). Concurrent and longitudinal effects of ethnic identity and experiences of discrimination on psychosocial adjustment of Navajo adolescents. *Developmental Psychology, 47*, 509–526. doi:10.1037/a0021061

Gallup Organization. (2005). *Americans' personal satisfaction*. Retrieved from http://www.gallup.com/poll/content/default.aspx?ci14506.

Gannon, N., & Ranzijn, R. (2005). Does emotional intelligence predict unique variance in life satisfaction beyond IQ and personality? *Personality and Individual Differences, 38*, 1353–1364.

Garb, H. N., Wood, J. M., Lilienfeld, S. O., & Nezworski, M. T. (2002). Effective use of projective techniques in clinical practice: Let the data help with selection and interpretation. *Professional Psychology: Research and Practice, 33*, 454–463.

Garcia, S. M., Weaver, K., Moskowitz, G. B., & Darley, J. M. (2002). Crowded minds: The implicit bystander effect. *Journal of Personality and Social Psychology, 83,* 843–853.

Gardner, A. (2010, October 4). *Variety spices up Americans' sex lives, survey says*. Retrieved from http://www.businessweek.com/lifestyle/content/healthday/643856.html.

Garfinkel, R. (1995). Cited in P. Margoshes (1995). For many, old age is the prime of life. *APA Monitor, 26*(5), 36–37.

Garlow, S. J., Purselle, D., & Heninger, M. (2005). Ethnic differences in patterns of suicide across the life cycle. *American Journal of Psychiatry, 162*, 319–323.

Garnets, L. D. (2002). Sexual orientations in perspective. *Cultural Diversity and Ethnic Minority Psychology, 8*, 115–129.

Gartlehner, G., Gaynes, B. N., Hansen, R. A., Thieda, P., DeVeaugh-Geiss, A., Krebs, E. E., et al. (2008). Comparative benefits and harms of second-generation antidepressants: Background paper for the American College of Physicians. *Annals of Internal Medicine, 149*, 734–750.

Garwood, S. G., Cox, L., Kaplan, V., Wasserman, N., et al. (1980). Beauty is only "name deep." The effect of first name in ratings of physical attraction. *Journal of Applied Social Psychology, 10*, 431–435.

Gatchel, R. J. (2001). Biofeedback and self-regulation of physiological activity: A major adjunctive treatment modality in health psychology. In A. Baum, T. A. Revenson, & J. E. Singer (Eds.), *Handbook of health psychology* (pp. 95–104). Mahwah, NJ: Lawrence Erlbaum Associates.

Gatz, M. (2007) Genetics, dementia, and the elderly. *Current Directions in Psychological Science, 16,* 123–127.

Gaucher, D., Friesen, J., & Kay, A. C. (2011). Evidence that gendered wording in job advertisements exists and sustains gender inequality. *Journal of Personality and Social Psychology, 10*1, 109–128. doi: 10.1037/a0022530

Gaulin, S. J. C., & McBurney, D. H. (2001). *Psychology: An evolutionary approach*. Upper Saddle River, NJ: Prentice-Hall.

Gawronski, B., Rydell, R. J., Vervliet, B., & De Houwer, J. (2010). Generalization versus contextualization in automatic evaluation. *Journal of Experimental Psychology: General, 139*, 683–701.

Gehar, D. R. (2009). *Mastering competencies in family therapy*. Belmont, CA: Brooks/Cole, Cengage Learning.

Geier, A. B., Rozin, P., & Doros, G. (2006). Unit bias: A new heuristic that helps explain the effect of portion size on food intake. *Psychological Science, 17*, 521–525.

Geipert, N. (2007, January). Don't be mad: More research links hostility to coronary risk. *Monitor on Psychology, 38*, pp. 50–51.

Giancola, P. R., & Corman, M. D. (2007). Alcohol and aggression: A test of the attention-allocation model. *Psychological Science, 18*, 649–655.

Gignac, G. E. (2006). Self-reported emotional intelligence and life satisfaction: Testing incremental predictive validity hypotheses via structural equation modeling (SEM) in a small sample. *Personality and Individual Differences, 40,* 1569–1577.

Gilbert, S. (2004, March 16). New clues to women veiled in black. *The New York Times, Science Times,* pp. F1, F7.

Gilbert, S. C. (2003). Eating disorders in women of color. *Clinical Psychology: Science and Practice, 10,* 444–455.

Gilligan, C. (1982). *In a different voice*: Psychological theory and women's development. Cambridge, MA: Harvard University Press.

Gilligan, C., Lyons, P., & Hammer, T. J. (Eds.). (1990). *Making connections.* Cambridge, MA: Harvard University Press.

Gilligan, C., Rogers, A. G., & Tolman, D. L. (Eds.). (1991). *Women, girls, and psychotherapy.* New York: Haworth.

Gillin, J. C. (1991). The long and the short of sleeping pills. *New England Journal of Medicine, 324,* 1735–1736.

Gillis, J. S., & Avis, W. E. (1980). The male-taller norm in mate selection. *Personality and Social Psychology Bulletin, 6,* 396–401.

Giltay, E.J., Kamphuis, M.H., Kalmijin, S., Zitman, F.G., & Kromhout, D. (2006). Dispositional optimism and the risk of cardiovascular death: The Zutphen Elderly Study. *Archives of Internal Medicine*, *166*, 431–436.

Girgenti, M. J., LoTurco, J. J., & Maher, B. J. (2012). 1ZNF804a regulates expression of the schizophrenia-associated genes PRSS16, COMT, PDE4B, and DRD2. *PLoS ONE*, e32404. doi:10.1371/journal.pone.0032404

Glassman, A. H., Bigger, T., Jr., & Gaffney, M. (2009). Psychiatric characteristics associated with long-term mortality among 361 patients having an acute coronary syndrome and major depression: Seven-year follow-up of SADHART participants. *Archives of General Psychiatry, 66*, 1022.

Glater, J. D. (2001, March 16). Women are close to being majority of law students. *The New York Times,* pp. A1, A16.

Gloster, A. T., Wittchen, H.-U., Einsle, F., Lang, T., Helbig-Lang, S., Fydrich, T., et al. (2011). Psychological treatment for panic disorder with agoraphobia: A randomized controlled trial to examine the role of therapist-guided exposure in situ in CBT. *Journal of Consulting and Clinical Psychology, 79*, 406–420, doi:10.1037/a0023584

Godleski, S. A., & Ostrov, J. M. (2010). Relational aggression and hostile attribution biases: Testing multiple statistical methods and models. *Journal of Abnormal Child Psychology, 38*, 447–458. doi:10.1007/s10802-010-9391-4

Gold, R., Butler, P., Revheim, N., Leitman, D. I., Hansen, J. A., Gur, R. C., et al. (2012). Auditory emotion recognition impairments in schizophrenia: Relationship to acoustic features and cognition. *American Journal of Psychiatry, 169*, 424–432. 10.1176/appi.ajp.2011.11081230

Goldberg, I. J., et al. (2001). Wine and your heart: A Science Advisory for Healthcare Professionals from the Nutrition Committee, Council on Epidemiology and Prevention, and Council on Cardiovascular Nursing of the American Heart Association. *Circulation, 103*, 472–475.

Goldstein, R. B., Grant, B. F., Huang, B., Smith, S. M., Stinson, F. S., Dawson, D. A., et al. (2006). Lack of remorse in antisocial personality disorder: Sociodemographic correlates, symptomatic presentation, and comorbidity with Axis I and Axis II disorders in the National Epidemiologic Survey on Alcohol and Related Conditions. *Comprehensive Psychiatry*, *47*, 289–297.

Golish, T. D. (2003). Stepfamily communication strengths: Understanding the ties that bind. *Human Communication Research, 29,* 41–80.

Golombok, S., Perry, B., Burston, A., Murray, C., Mooney-Somers, J., Stevens, M., et al. (2003). Children with lesbian parents: A community study. *Developmental Psychology, 39*, 20–33.

Gone, J. P., & Trimble, J.E. (2012). American Indian and Alaska Native mental health: Diverse perspectives on enduring disparities. *Annual Review of Clinical Psychology, 8*, 131–160.

González, H. J., Vega, W. A., Williams, D. R., Tarraf, W., West, B. T., & Neighbors, H. W. (2010). Depression care in the United States: Too little for too few. *Archives of General Psychiatry, 67*, 37–46.

Good, C., Aronson, J., & Harder, J.A. (2008). Problems in the pipeline: Stereotype threat and women's achievement in high-level math courses. *Journal of Applied Developmental Psychology, 29*, 17–28.

Goode, E. (2000, June 25). Thinner: The male battle with anorexia. *The New York Times*, p. MH8.

Gooren, L. J. G., & Kruijver, P. M. (2002). Androgens and male behavior. *Molecular and Cellular Endocrinology, 198*, 31–40.

Gorchoff, S. M., John, O. P., & Helson, R. (2008). Contextualizing change in marital satisfaction during middle age: An 18–year longitudinal study. *Psychological Science, 19,* 1194–1200.

Gordon, J. L., Ditto, B., Lavoie, K. L., Pelletier, R., Campbell, T. S., et al. (2011). The effect of major depression on postexercise cardiovascular recovery. *Psychophysiology, 48*, 1605–1610. doi: 10.1111/j.1469-8986.2011.01232.x

Gorman, C. (2007, January 29). 6 lessons for handling stress. *Newsweek*, pp. 80–85.

Gorman, C. (2012, January). Five hidden dangers of obesity: Excess weight can harm health in ways that may come as a surprise. *Scientific American*. Retrieved from https://www.scientificamerican.com/article.cfm?id=five-hidden-dangers-of-obesity

Gothold, J. J. (2009). Peeling the onion: Understanding layers of treatment. *Annals of the New York Academy of Sciences, 1159*, 301–312.

Gottman, J. M., & Krokoff, L. J. (1989). Marital interaction and satisfaction: A longitudinal view. *Journal of Consulting and Clinical Psychology, 57,* 47–52.

Grabe, S., Ward, L. M., & Hyde, J. S. (2008). The role of the media in body image concerns among women: A meta-analysis of experimental and correlational studies. *Psychological Bulletin, 134*, 460–476.

Grace, A. A. (2010). Ventral hippocampus, interneurons, and schizophrenia: A new understanding of the pathophysiology of schizophrenia and its implications for treatment and prevention. *Current Directions in Psychological Science, 19,* 232–237. doi: 10.1177/0963721410378032

Graham, J. R. (2011). MMPI-2: *Assessing personality and psychopathology* (5th ed.). New York: Oxford University Press. Grant, A., Fathalli, G., Rouleau, G., Joober, R., & Flores, C. (2012). Association between schizophrenia and genetic variation in DCC: A case-control study. *Schizophrenia Research, 137*, 26–31.

Grant, A., Fathalli, G., Rouleau, G., Joober, R., Flores, C. (2012). Association between schizophrenia and genetic variation in DCC: A case–control study. *Schizophrenia Research, 137*, 26–31.

Grant, B. F., Harford, T. C., Muthen, B. O., Yi, H. Y., Hasin, D. S., & Stinson, F. S. (2006a). DSM-IV alcohol dependence and abuse: Further evidence of validity in the general population. *Drug and Alcohol Dependence, 86*, 154–166.

Grant, B. F., Hasin, D. S., Blanco, C., Stinson, F. S., Chou, S. P., Goldstein, R. B., et al. (2006a). The epidemiology of social anxiety disorder in the United States: Results from the National Epidemiologic Survey on Alcohol and Related Conditions. *Journal of Clinical Psychiatry, 66*, 1351–1361.

Grant, B. F., Hasin, D. S., Stinson, F. S., Dawson, D. A., Goldstein, R. B., Smith, S., et al. (2006b). The epidemiology of DSM-IV panic disorder and agoraphobia in the United States: Results from the National Epidemiologic Survey on Alcohol and Related Conditions. *Journal of Clinical Psychiatry, 67*, 363–374.

Gratz, K. L., Rosenthal, M. Z., Tull, M. T., Lejuez, C. W., & Gunderson, J. G. (2010). An experimental investigation of emotional reactivity and delayed emotional recovery in borderline personality disorder: The role of shame. *Comprehensive Psychiatry*, *51*, 275

Gray, M. J., & Acierno, R. (2002). Posttraumatic stress disorder. In M. Hersen (Ed.), *Clinical behavior therapy: Adults and children*. (pp. 106–124). New York: John Wiley & Sons.

Gray-Little, B., & Hafdahl, A. R. (2000). Factors influencing racial comparisons of self-esteem: A quantitative review. *Psychological Bulletin, 126*, 26–54.

Greenbaum, P., & Rosenfeld, H. M. (1978). Patterns of avoidance in response to interpersonal staring and proximity: Effects of bystanders on drivers at a traffic intersection. *Journal of Personality and Social Psychology, 36,* 575–587.

Greenberg, L. S., & Malcolm, W. (2002). Resolving unfinished business: Relating process to outcome. *Journal of Consulting and Clinical Psychology, 70,* 406–416.

Greenberg, S. T., & Schoen, E. G. (2008). Males and eating disorders: Gender-based therapy for eating disorder recovery. *Professional Psychology: Research and Practice, 39*, 464–471.

Greene, B. (2000). African American lesbian and bisexual women. *Journal of Social Issues, 56*, 239–249.

Greene, B. (2005). Psychology, diversity and social justice: Beyond heterosexism and across the cultural divide. *Counseling Psychology Quarterly, 18*, 295–306.

Greene, B. A. (1993). African American women. In L. Comas-Diaz & B. Greene (Eds.), *Women of color and mental health.* New York: Guilford Press.

Greenwood, A. (2006, April 25). Natural killer cells power immune system response to cancer. *NCI Cancer Bulletin, 3* 17). Retrieved from http://www.cancer.gov/ncicancerbulletin/NCI_Cancer_Bulletin_042506/page4

Greenwood, T. A., Lazzeroni, L. C., Murray, S. S., Cadenhead, K. S., Calkins, M. E., et al. (2011). Analysis of 94 candidate genes and 12 endophenotypes for schizophrenia from the Consortium on the Genetics of Schizophrenia. *American Journal of Psychiatry, 168*, 930–946 doi: 10.1176/appi.ajp.2011.10050723

Gregg, E. W., Cauley, J. A., Stone, K., Thompson, T. J., Bauer, D. C., Cummings, S. R., et al. (2003). Relationship of changes in physical activity and mortality among older women. *Journal of the American Medical Association, 289,* 2379–2386.

Gregoire, C. (2010, January 25). *Cohabitation and marriage in America-study: The state of our unions 2009–living together vs getting married.* Retrieved from http://divorce.suite101.com/article.cfm/cohabitation_and_marriage_in_america_2009#ixzz0hySvsOSG.

Griffo, R., & Colvin, C. R. (2009). A brief look at interactionism: Past and present. *Journal of Research in Personality, 43*, 243–244. doi:10.1016/j.jrp.2008.12.038

Grigoriadis, V. (2003, July 20). Smiling through the 30th, a birthday once apocalyptic. *The New York Times,* Section 9, pp. 1, 8.

Gross, J. (2007, March 21). Prevalence of Alzheimer's rises 10% in 5 years. *The New York Times*, p. A14.

Grossman, P. (2008). On measuring mindfulness in psychosomatic and psychological research. *Journal of Psychosomatic Research, 64*, 405–408.

Grzywacz, J. G., & Butler, A. B. (2005). The impact of job characteristics on work-to-family facilitation: Testing a theory and distinguishing a construct. *Journal of Occupational Health Psychology, 10*, 97–109.

Guéguen, N., Jacob, C., & Lamy, L. (2010). "Love is in the air": Effects of songs with romantic lyrics on compliance with a courtship request. *Psychology of Music, 38*, 303–307. doi: 10.1177/0305735609360428

Guisinger, S., & Blatt, S. J. (1994). Individuality and relatedness: Evolution of a fundamental dialectic. *American Psychologist, 49*, 104–111.

Gunderson, J. G. (2007). Disturbed relationships as a phenotype for borderline personality disorder. *American Journal of Psychiatry, 164*, 1637–1640.

Gunderson, J. G. (2011). Borderline personality disorder. *New England Journal of Medicine, 364*, 2037–2042.

Gunter, R. W., & Whittal, M. L. (2010). Dissemination of cognitive-behavioral treatments for anxiety disorders: Overcoming barriers and improving patient access. *Clinical Psychology Review, 30,* 194–202. doi:10.1016/j.cpr.2009.11.001

Guralnik, O., Schmeidler, J., & Simeon, D. (2000). Feeling unreal: Cognitive processes in depersonalization. *American Journal of Psychiatry, 157*, 103–109.

Gwaltney, C. J., Metrik, J., Kahler, C. W., & Shiffman, S. (2009). Self-efficacy and smoking cessation: A meta-analysis. *Psychology of Addictive Behaviors, 23*, 56–66. doi: 10.1037/a0013529

Gyatso, T. (2003, April 26). The monk in the lab. *The New York Times,* p. A29.

Hadjistavropoulos, H. D.,Thompson, M., Ivanov, M., Drost, C., Butz, C., Klein, B., et al. (2011). Considerations in the development of a therapist-assisted internet cognitive behavior therapy service. *Professional Psychology: Research and Practice, 42*, 463–471. doi: 10.1037/a0026176

Haeffel, G. J., Getchell, M., Koposov, R. A., Yrigollen, C. M., DeYoung, C. G., Klinteberg, B., et al. (2008). Association between polymorphisms in the dopamine transporter gene and depression: Evidence for a gene-environment interaction in a sample of juvenile detainees. *Psychological Science, 19*, 62–69.

Hafdahl, A. R., & Gray-Little, B. (2002). Explicating methods in reviews of race and self-esteem: Reply to Twenge and Crocker (2002). *Psychological Bulletin, 128*, 409–416.

Haferkamp, N., & Krämer, N. (2011). Social comparison 2.0: Examining the effects of online profiles on social-networking sites. *CyberPsychology, Behavior & Social Networking, 14*, 309–314. 10.1089/cyber.2010.0120

Halbreich, U., O'Brien, S., Eriksson, E., Bäckström, T., Yonkers, K.A., & Freeman, E.W. (2006). Are there differential symptom profiles that improve in response to different pharmacological treatments of premenstrual syndrome/premenstrual dysphoric disorder? *CNS Drugs, 20*, 523–547.

Hall, G. C. N., Sue, S., Narang, D. S., & Lilly, R. S. (2000). Culture-specific models of men's sexual aggression: Intra- and interpersonal determinants. *Cultural Diversity & Ethnic Minority Psychology, 6*, 252–267.

Halpern, D. F. (2004). A cognitive-process taxonomy for sex differences in cognitive abilities. *Current Directions in Psychological Science, 13*, 135–139.

Halpern, D. F., & LaMay, M. L. (2000). The smarter sex: A critical review of sex differences in intelligence. *Educational Psychology Review, 12*, 229–246.

Halpern, D. F., Benbow, C. P., Geary, D. C., Gur, R. C., Shibley Hyde, J., & Gernsbacher, M. A. (2007). The science of sex differences in science and mathematics. *Psychological Science in the Public Interest, 8*, 1–51.

Ham, L. S., & Hope, D. A. (2003). College students and problematic drinking: A review of the literature. *Clinical Psychology Review, 23,* 719–759.

Hamilton, B. E., Martin, J. A., & Ventura, S. J. (2009). Births: Preliminary data for 2007. *National Vital Statistics Reports, 57* (12). Hyattsville, MD: National Center for Health Statistics. Retrieved from http://www.cdc.gov/nchs/FASTATS/.

Hammer, S. M., Saag, M. S., Schechter, M., Montaner, J. S. G., Schooley, R. T., et al. (2006). Treatment for adult HIV infection: 2006 recommendations of the International AIDS Society–USA Panel. *Journal of the American Medical Association, 295*, 190–198.

Hampton, T. (2008). Sleep deprivation. *Journal of the American Medical Association, 299*, 513.

Hansen, N. D., Randazzo, K. V., Schwartz, A., Marshall, M., Kalis, D., Frazier, E., et al. (2006). Do we practice what we preach? An exploratory survey of multicultural psychotherapy competencies. *Professional Psychology: Research and Practice, 37*, 66–74.

Hardin, E. E., & Leong, F. T. L. (2005). Optimism and pessimism as mediators of the relations between self-discrepancies and distress among Asian and European Americans. *Journal of Counseling Psychology, 52,* 25–35.

Hargreaves, D. A., & Tiggemann, M. (2009). Muscular ideal media images and men's body image: Social comparison processing and individual vulnerability. *Psychology of Men & Masculinity, 10*, 109–119. doi:10.1016/j.bodyim.2004.10.002

Hariri, A. R., Mattay, V. S., Tessitore, A., Kolachana, B., Fera, F., Goldman, D., & Egan, M. F. (2002). Serotonin transporter genetic variation and the response of the human amygdala. *Science 297,* 400–403.

Harkness, K. L., Alavi, N., Monroe, S. M., Slavich, G. M., Gotlib, I. H., & Bagby, R. M. (2010). Gender differences in life events prior to onset of major depressive disorder: The moderating effect of age. *Journal of Abnormal Psychology, 119,* 791–803. doi: 10.1037/a0020629

Harris, E., & Younggren, J. N. (2011). Risk management in the digital world. *Professional Psychology: Research and Practice, 42*, 412–418. doi: 10.1037/a0025139

Harris, J., Lack, L., Kemp, K., Wright, H., & Bootzin, R. (2012). A randomized controlled trial of intensive sleep retraining (ISR): A brief conditioning treatment for chronic insomnia. *Sleep, 35*, 49–60.

Harro, J. Merenäkk, L., Nordquist, N., Konstabel, K., Comascoe, E., & Oreland, L. (2009). Personality and the serotonin transporter gene: Associations in a longitudinal population-based study. *Biological Psychology, 81*, 9–13. doi:10.1016/j.biopsycho.2009.01.001

Hartman, R. O., & Betz, N. E. (2007). The five-factor model and career self-efficacy: General and domain-specific relationships. *Journal of Career Assessment, 15*, 145–161.

Hartmann, P., Reuter, M., & Nyborg, H. (2006). The relationship between date of birth and individual differences in personality and general intelligence: A large-scale study. *Personality and Individual Differences, 40*, 1349–1362.

Harvey, A. G., & Tang, N. K. Y (2012). (Mis)perception of sleep in insomnia: A puzzle and a resolution. *Psychological Bulletin, 138*, 77–101. doi: 10.1037/a0025730

Hassinger, H. J., Semenchuk, E. M., & O'Brien, W. H. (1999). Appraisal and coping responses to pain and stress in migraine headache sufferers. *Journal of Behavioral Medicine, 22*(4), 327–340.

Havighurst, R. J. (1972). *Developmental tasks and education,* 3d ed. New York: McKay.

Hawkley, L. C., & Cacioppo, J. T. (2003). Loneliness and pathways to disease. *Brain, Behavior & Immunity, 17(Suppl1)*, S98–S105.

Hawkley, L. C., Burleson, M. H., Berntson, G. G., & Cacioppo, J. T. (2003). Loneliness in everyday life: Cardiovascular activity, psychosocial context, and health behaviors. *Journal of Personality & Social Psychology, 85*, 105–120.

Hayes, S. C., Muto, T., & Masuda, A. (2011). Seeking cultural competence from the ground up. *Clinical Psychology: Science and Practice, 18*, 232–237. doi: 10.1111/j.1468-2850.2011.01254.x

Healy, M. (2010, October 5). *Americans are branching out sexually, survey finds*. Retrieved from http://www.latimes.com/health/la-sci-sex-survey-20101005,0,587370.story.

Heath, R. A. (2006). *The Praeger handbook of transsexuality: Changing gender to match mindset*. Westport, CT: Praeger Publishers.

Heiman, J. R. (2008). Treating low sexual desire—New findings for testosterone in women. *New England Journal of Medicine, 359*, 2047–2049.

Heinemann, L. A. J., Minh, T. D., Filonenko, A., & Uhl-Hochgräber, K. (2010). Explorative evaluation of the impact of severe premenstrual disorders on work absenteeism and productivity. *Women's Health Issues, 20*, 58–65. doi:10.1016/j.whi.2009.09.005

Helderman, R.S. (2003, May 20). Click by click, teens polish writing; instant messaging teaches more than TTYL and ROFL. *The Washington Post*, p. B.01.

Hendrick, B. (2011, October 19). Use of antidepressants on the rise in the U.S. *WebMD Health*. Retrieved from http://www.webmd.com/depression/news/20111019/use-of-antidepressants-on-the-rise-in-the-us.

Henslee, A. M., & Coffey, S. F. (2010). Exposure therapy for post-traumatic stress disorder in a residential substance use treatment facility. *Professional Psychology: Research and Practice, 41*, 34–40. doi:10.1016/j.brat.2010.02.002

Herbenick, D., Reece, M., Schick, V., Sanders, S., Dodge, B., Fortenberry, J.D. (2010). Sexual behavior in the United States: Results from a national probability sample of males and females ages 14–94. *Journal of Sexual Medicine, 7* (suppl 5), 255–265. doi:10.1111/j.1743-6109.2010.02012.x

Herek, G. M., & Gonzalez-Rivera, M. (2006). Attitudes toward homosexuality among U.S. residents of Mexican descent. *Journal of Sex Research, 43*, 122–135.

Heron, M. (2010, March 31). *Deaths: Leading causes for 2006 National Vital Statistics Reports, 58*, No. 14.

Herr, E. L. (2001). Career development and its practice: A historical perspective. *Career Development Quarterly, 49*(3), 196–211.

Herzog, T. R., & Chernick, K. K. (2000). Tranquility and danger in urban and natural settings. *Journal of Environmental Psychology, 20*, 29–39.

Hetherington, E. M. (2006). The influence of conflict, marital problem solving and parenting on children's adjustment in nondivorced, divorced and remarried families. In A. Clarke-Stewart & J. Dunn (Eds.), *Families count: Effects on child and adolescent development. The Jacobs Foundation series on adolescence* (pp. 203–237). Cambridge University Press.

Hetherington, E. M., & Kelly, J. (2003). For better or for worse: Divorce reconsidered. *American Journal of Psychiatry, 160*, 601–602.

Hewlett, K. (2001, July/August). Can low self-esteem and self-blame on the job make you sick? *Monitor on Psychology, 32*, pp. 58–60.

Hildebrandt, T., Alfano, L., Tricamo, M., & Pfaff, D. W. (2010). Conceptualizing the role of estrogens and serotonin in the development and maintenance of bulimia nervosa. *Clinical Psychology Review, 30*, 655–668. doi: 0.1016/j.cpr.2010.04.011

Hill, J. O., Wyatt, H. R., Reed, G.W., & Peters, J. C. (2003). Obesity and the environment: Where do we go from here? [Editorial]. *Science, 299*, 853–855.

Hinton, D. E., Park, L., Hsia, C., Hofmann, S., & Pollack, M. H. (2009). Anxiety disorder presentations in Asian populations: A review. *CNS Neuroscience & Therapeutics, 15*, 295–303.

Hitsch, G. J., Hortaçsu, A., & Ariely, D. (2010). What makes you click?—Mate preferences in online dating. *Quantitative Marketing and Economics, 8*, 393–427. doi: 10.1007/s11129-010-9088-6

Hobza, D. L., & Rochlen, A. B. (2009). Gender role conflict, drive for muscularity, and the impact of ideal media portrayals on men. *Psychology of Men & Masculinity, 10*, 120–130. doi:10.1037/a0015040

Hodson, G. (2011). Do ideologically intolerant people benefit from intergroup contact? *Current Directions in Psychological Science, 20*, 154–159.

Hofferth, D. G., & Anderson, K. G. (2003). Are all dads equal? Biology versus marriage as a basis for paternal investment. *Journal of Marriage and the Family, 65*, 213–232.

Hofmann, S. G. (2008). Cognitive processes during fear acquisition and extinction in animals and humans: Implications for exposure therapy of anxiety disorders. *Clinical Psychology Review, 28*, 200–211.

Holland, J. L. (1997). *Making vocational choices: A theory of vocational personalities and work environments* (3rd ed.). Odessa, FL: Psychological Assessment Resources.

Hollingworth, P., Harold, D., Sims, R., Gerrish, A., Lambert, J.-C., et al. (2011). Common variants at ABCA7, MS4A6A/MS4A4E, EPHA1, CD33 and CD2AP are associated with Alzheimer's disease. *Nature Genetics, 43*, 429.

Holloway, J. D. (2003, March). Advances in anger management. *Monitor on Psychology, 34,* pp. 54–55.

Holma, K. M., Melartin, T. K., Haukka, J., Holma, I. A. K., Sokero, T. P., & Isometsä, E. T. (2010). Incidence and predictors of suicide attempts in DSM–IV major depressive disorder: A five-year prospective study. *American Journal of Psychiatry, 167*, 801–808.

Holmen, K., Ericsson, K., & Winblad, B. (2000). Social and emotional loneliness among non-demented and demented elderly people. *Archives of Gerontology & Geriatrics, 31*(3), 177–192.

Hopkin, M. (2004, August 10). Alzheimer's linked to lowbrow jobs. *Nature.com*. Retrieved from http://www.nature.com/news/2004/040809/full/040809-3.html.

Hopko, D. R., Bell, J. L., Armento, M., Robertson, S., Mullane, C., Wolf, N., et al. (2007). Cognitive-behavior therapy for depressed cancer patients in a medical care setting. *Behavior Therapy, 39*, 126–36.

Horry, R., Palmer, M. A., Sexton, M. L., & Brewer, N. (2012). Memory conformity for confidently recognized items: The power of social influence on memory reports. *Journal of Experimental Social Psychology, 48*, 783–786. doi:10.1016/j.jesp.2011.12.010

Horwitz, B. N., Luong, G., & Charles, S. T. (2008). Neuroticism and extraversion share genetic and environmental effects with negative and positive mood spillover in a nationally representative sample. *Personality and Individual Differences, 45*, 636–642.

Houry, D. (2004). Suicidal patients in the emergency department: Who is at greatest risk? *Annals of Emergency Medicine, 43,* 731–732.

Hovey, J. D. (2000). Acculturative stress, depression, and suicidal ideation in Mexican immigrants. *Cultural Diversity and Ethnic Minority Psychology, 6*, 134–151.

How often do Americans take risks? (2009, February). *Consumer Reports*, pp. 8–9.

Hu, P., Stylos-Allan, M., & Walker, M. (2006). Sleep facilitates consolidation of emotional declarative memory. *Psychological Science, 17*, 891–898.

Hudson, J. I., Hiripi, E., Pope, H. G., Jr., & Kessler, R. C. (2006). Prevalence and correlates of eating disorders in the National Comorbidity Survey Replication. *Biological Psychiatry, 61*, 348–358.

Huesmann, L. R., Moise-Titus, J., Podolski, C.-L., & Eron, L. D. (2003). Longitudinal relations between children's exposure to TV violence and their aggressive and violent behavior in young adulthood: 1977–1992. *Developmental Psychology, 39,* 201–221.

Hunsley, J., & Bailey, J. M. (2001). Whither the Rorschach? An analysis of the evidence. *Psychological Assessment, 13*, 472–485.

Huntjens, R. J., C., Peters, M. L., Postma, A., Woertman, L., Effting, M., & van der Hart, O. (2005). Transfer of newly acquired stimulus valence between identities in dissociative identity disorder (DID). *Behaviour Research and Therapy, 43*, 243–255.

Huus, K. (2011, December 14). Where is Mr. or Mrs. Right? Matrimony suffers slump, report shows. *MSNBC.com*. Retrieved from http://usnews.msnbc.msn.com/_news/2011/12/13/9425241-where-is-mr-or-mrs-right-matrimony-suffers-slump-report-shows

Huynh, Q.-L., Devos, T., & Dunbar, C. M. (2012). The psychological costs of painless but recurring experiences of racial discrimination. *Cultural Diversity and Ethnic Minority Psychology, 18*, 26–34. doi: 10.1037/a0026601

Hwang, W.C. (2006). The psychotherapy adaptation and modification framework: Application to Asian Americans. *American Psychologist, 61*, 702–715.

Hyde, J. S, Mezulis, A. H., & Abramson, L. Y. (2008). The ABCs of depression: Integrating affective, biological, and cognitive models to explain the emergence of the gender difference in depression. *Psychological Review, 115*, 291–313.

Hyde, J. S. (2005a). The gender similarities hypothesis. *American Psychologist, 60,* 581–592.

Hyde, J. S. (2005b). The genetics of sexual orientation. In J. S. Hyde (Ed.), *Biological substrates of human sexuality* (pp. 9-20). Washington, DC: American Psychological Association.

Hyde, J. S., Lindberg, S M., Linn, M. C., Ellis, A. B., & Williams, C. C. (2008). Gender similarities characterize math performance. *Science, 321*, 494–495. doi: 10.1126/science.1160364

Hyer, L., Carpenter, B., Bishmann, D., & Wu, H.-S. (2005). Depression in long-term care. *Clinical Psychology: Science and Practice, 12*, 280–299.

Hyman, S. E. (2011). The meaning of the Human Genome Project for neuropsychiatric disorders. *Science, 331*, 1026. doi: 10.1126/science.1203544

Ilgen, M., McKellar, J., & Tiet, Q. (2005). Abstinence self-efficacy and abstinence 1 year after substance use disorder treatment. *Journal of Consulting and Clinical Psychology, 73*, 1175–1180.

International Schizophrenia Consortium, Purcell, S. M, Wray, N. R., Stone, J. L, Visscher, P. M., O'Donovan, M. C., et al. (2009). Common polygenic variation contributes to risk of schizophrenia and bipolar disorder. *Nature, 460*, 748–752. doi:10.1038/nature08185

Iribarren, C., Sidney, S., Bild, D. E., Liu, K. Markovitz, J. H., Roseman, J. M., & Matthews, K. (2000). Association of hostility with coronary artery calcification in young adults: The CARDIA study. Coronary Artery Risk Development in Young Adults. *Journal of the American Medical Association, 283*, 2546–2551.

Isaacowitz, D. M., & Blanchard-Fields, F. (2012). Linking process and outcome in the study of emotion and aging. *Perspectives on Psychological Science, 7*, 3–17. doi: 10.1177/1745691611424750

Ishak, W. W., Bokarius, A., Jeffrey, J. K., Davis, M. C., & Bakhta, Y. (2010). Disorders of orgasm in women: A literature review of etiology and current treatments. *Journal of Sexual Medicine, 7,* 3254–3268. doi: 10.1111/j.1743-6109.2010.01928.x.

Jackson, B. B., Taylor, J., & Pyngolil, M. (1991). How age conditions the relationship between climacteric status and health symptoms in African American women. *Research in Nursing and Health, 14*, 1–9.

Jacoby, L. L., & Rhode, M. G. (2006). False remembering in the aged. *Current Directions in Psychological Science, 15,* 49–53.

Jamison, K. R. (1995). *An unquiet mind*. New York: Knopf.

Jamison, K. R. (1997). Manic-depressive illness and creativity. *Scientific American mysteries of the mind, Special Issue, 7* (1), 44–49.

Jamison, K. R. (2000). Cited in K. Krehbiel (2000). Diagnosis and treatment of bipolar disorder. *Monitor on Psychology, 31*, 22.

Janis, I. L., & Mann, L. (1977). *Decision-making.* New York: Free Press.

Jankowiak, W. R., & Fischer, E. F. (1992). A cross-cultural perspective on romantic love. *Ethnology, 31*, 149–155.

Janssen, E. (Ed). (2006). *The psychophysiology of sex*. Bloomington, IN: Indiana University Press.

Jay, M. S. (2006). The tempo of puberty. *The Journal of Pediatrics, 148*, 732–733.

Jefferson, D. J. (2005, August 8). America's most dangerous drug. *Newsweek*, p. 41–48.

Jeffery, R. W., Epstein, L. H., Wilson, G. T., Drewnowski, A., Stunkard, A. J., & Wing, R. R. (2000a). Long-term maintenance of weight loss: Current status. *Health Psychology*, *19*(Suppl 1), 5–16.

Jeffery, R. W., Hennrikus, D. J., Lando, H. A., Murray, D. M., & Liu, J. W. (2000b). Reconciling conflicting findings regarding postcessation weight concerns and success in smoking cessation. *Health Psychology, 19*, 242–246.

Jemmott, J. B., et al. (1983). Academic stress, power motivation, and decrease in secretion rate of salivary secretory immunoglobin A. *Lancet, 1,* 1400–1402.

Jensen, M. P. (2008). The neurophysiology of pain perception and hypnotic analgesia: Implications for clinical practice. *The American Journal of Clinical Hypnosis, 25*, 123–148.

Jiang, H., & Chess, L. (2006). Regulation of immune responses by T Cells. *New England Journal of Medicine, 354,* 1166–1176.

Joe, S., Baser, E., Breeden, G., Neighbors, H. W., & Jackson, J. S. (2006). Prevalence of and risk factors for lifetime suicide attempts among Blacks in the United States. *Journal of the American Medical Association, 296*, 2112–2123.

Johnson, J., Wood, A. M., Gooding, P., Taylor, P., & Tarrier, N. (2011). Resilience to suicidality: The buffering hypothesis. *Clinical Psychology Review, 31*, 563–591. doi:10.1016/j.cpr.2010.12.007

Johnson, P. R., & Indvik, J. (2000). Rebels, criticizers, backstabbers, and busybodies: Anger and aggression at work. *Public Personnel Management, 29*, 165–174.

Johnson, S. L., Murray, G., Fredrickson, B., Youngstrom, E. A., Hinshaw, S., Bass, J. M., et al. (2011). Creativity and bipolar disorder: Touched by fire or burning with questions? *Clinical Psychology Review, 32*, 1–12. doi:10.1016/j.cpr.2011.10.001

Johnson, W., McGue, M., Krueger, R. J., & Bouchard, T. J., Jr. (2004). Marriage and personality: A genetic analysis. *Journal of Personality and Social Psychology, 86*, 285– 294.

Jokinen, J., Mårtensson, B., Nordström, A.-L., & Nordström, P. (2008). CSF 5-HIAA and DST non-suppression-independent biomarkers in suicide attempters. *Journal of Affective Disorders, 105*, 241–245.

Jones, C. J., & Meredith, W. (2000). Developmental paths of psychological health from early adolescence to later adulthood. *Psychology and Aging, 15*, 351–360.

Jones, D. C. (2004). Body image among adolescent girls and boys: A longitudinal study. *Developmental Psychology*, *40*, 823–835.

Jones, J. L., & Leary, M. R. (1994). Effects of appearance-based admonitions against sun exposure on tanning intentions in young adults. *Health Psychology, 13,* 86–90.

Jonkman, S. (2006). Sensitization facilitates habit formation: Implications for addiction. *Journal of Neuroscience, 26*, 7319–7320.

Joormann, J., Levens, S. M., & Gotlib, I. H. (2011). Depression and rumination are associated with difficulties manipulating emotional material in working memory. *Psychological Science, 22*, 979–983. doi: 10.1177/0956797611415539

Judge, T A., & Cable, D. M. (2004). Income: Preliminary test of a theoretical model. *Journal of Applied Psychology, 89*, 428–441.

Judge, T. A., & Bono, J. E. (2001). Relationship of core self-evaluation traits—self-esteem, generalized self-efficacy, locus of control, and emotional stability with job satisfaction and job performance: A meta-analysis. *Journal of Applied Psychology, 86*, 80–92.

Judge, T. A., & Ilies, R. (2002). Relationship of personality to performance motivation: A meta-analytic review. *Journal of Applied Psychology, 87*, 797–807.

Judge, T. A., Heller, D., & Mount, M. K. (2002). Five-Factor Model of personality and job satisfaction: A meta-analysis. *Journal of Applied Psychology, 87*, 530–541.

Judge, T. A., Thoresen, C. J., Bono, J. E., & Patton, G. K. (2001). The job satisfaction–job performance relationship: A qualitative and quantitative review. *Psychological Bulletin, 127*, 376–407.

Kahneman, D., Krueger, A. B., Schkade, D., Schwarz, N., & Stone, A. A. (2006). Would you be happier if you were richer? A focusing illusion. *Science, 312*, 1908–1910.

Kaiser, C. R., Vick, S. B., & Major, B. (2006). Prejudice expectations moderate preconscious attention to cues that are threatening to social identity. *Psychological Science, 17*, 332–338.

Kane, J. M., & Mertz, J. E. (2011). Debunking myths about gender and mathematics performance. *Notices of the American Mathematical Society*, in press. doi: 10.1090/noti790

Kantrowitz, B., & Springen, K. (2003, September 22). Why sleep matters. *Newsweek*, pp. 75–77.

Kaplan, H. R. (1978). *Lottery winners.* New York: Harper & Row.

Kappe, R., & van der Flier, H. (2010). Using multiple and specific criteria to assess the predictive validity of the Big Five personality factors on academic performance. *Journal of Research in Personality, 44*, 142–145. doi:10.1016/j.jrp.2009.11.002

Kashima, Y. (2000). Maintaining cultural stereotypes in the serial reproduction of narratives. *Personality & Social Psychology Bulletin, 26*, 594–604.

Katon, W. J. (2006). Panic disorder. *New England Journal of Medicine, 354*, 2360–2367.

Katon, W., Russo, J., Sherbourne, C., Russo, J., Sherbourne, C., Stein, M. B., et al. (2006). Incremental cost-effectiveness of a collaborative care intervention for panic disorder. *Psychological Medicine*, *36*, 353–363.

Kay, A. B. (2006). Natural killer T cells and asthma. *New England Journal of Medicine, 354,* 1186–1188.

Kaye, W., (2009). Eating disorders: Hope despite mortal risk. *American Journal of Psychiatry, 166*, 1309–1311. doi: 10.1176/appi.ajp. 2009.09101424

Keating, C. R. (2002). Charismatic faces: Social status cues put face appeal in context. In G. Rhodes & L. A. Zebrowitz (Eds.), *Facial attractiveness: Evolutionary, cognitive, and social perspectives* (pp. 153–192). Westport, CT: Ablex Publishing.

Keefe, F. J., Abernethy, A. P., & Campbell, L. C. (2005). Psychological approaches to understanding and treating disease-related pain. *Annual Review of Psychology, 56*, 601–630.

Keller, S., Maddock, J. E., Laforge, R. G., Velicer, W. F., & Basler, H-D. (2007). Binge drinking and health behavior in medical students. *Addictive Behaviors, 32*, 505–515.

Keller, S. N., & Brown, J. D., (2002). Media interventions to promote responsible sexual behavior. *The Journal of Sex Research, 39*, 1–6.

Kellerman, J., Lewis, J., & Laird, J. D. (1989). Looking and loving: The effects of mutual gaze on feelings of romantic love. *Journal of Research in Personality, 23,* 145–161.

Kemeny, M. E. (2003). The psychobiology of stress. *Current Directions in Psychological Science, 12*, 124–129.

Kempton, M. J., Stahl, D., Williams, S. C. R., & DeLisi, L. E. (2010). Progressive lateral ventricular enlargement in schizophrenia: A meta-analysis of longitudinal MRI studies. *Schizophrenia Research, 120*, 54–62.

Kendler, K. S., & Gardner, C. O. (2010). Dependent stressful life events and prior depressive episodes in the prediction of major depression: The problem of causal inference in psychiatric epidemiology. *Archives of General Psychiatry, 67*, 1120–1127. doi:10.1001/archgenpsychiatry.2010.136

Kendler, K. S., Aggen, S. H., Knudsen, G. P., Røysamb, E., Neale, M. C., & Reichborn-Kjennerud, T. (2011). The structure of genetic and environmental risk factors for syndromal and subsyndromal common DSM-IV Axis I and All Axis II Disorders, *American Journal of Psychiatry, 168*, 29–39.

Kendler, K. S., Gardner, C. O., & Prescott, C. A. (2002). Toward a comprehensive developmental model for major depression in women. *American Journal of Psychiatry, 159*, 1133–1145.

Kendler, K. S., Schmitt, E., Aggen, S. H., & Prescott, C. A. (2008). Genetic and environmental influences on alcohol, caffeine, cannabis, and nicotine use from early adolescence to middle adulthood. *Archives of General Psychiatry, 65*, 674–682.

Kenga, S.-L, Smoski, M. J., & Robins, C. J. (2011). Effects of mindfulness on psychological health: A review of empirical studies. *Clinical Psychology Review, 31*, 1041–1056. doi:10.1016/j.cpr.2011.04.006

Kennedy, S. H., Milev, R., Giacobbe, P., Ramasubbu, R., Lam, R. W., Parikh, S. V., et al. (2009). Canadian Network for Mood and Anxiety Treatments (CANMAT). Clinical guidelines for the management of major depressive disorder in adults. *Journal of Affective Disorders, 117*, S44–S53.doi: 10.1111/j.1399-5618.2006.00432.x

Kenrick, D. T., Li, N. P., & Butner, J. (2003). Dynamical evolutionary psychology: Individual decision rules and emergent social norms. *Psychological Review, 110*, 3–28.

Kern, M. L., & Friedman, H. S. (2008). Do conscientious individuals live longer? A quantitative review. *Health Psychology, 27*, 505–512.

Kernberg, O. F., & Michels, R. (2009). Borderline personality disorder. *American Journal of Psychiatry, 166*, 505–508. doi:10.1016/j.comppsych.2009.08.005

Kerr, M., Stattin, H., Biesecker, G., & Ferrer-Wreder, L. (2003). Relationships with parents and peers in adolescence. In R. M. Lerner, M.A. Easterbrooks, & J. Mistry (Eds.), *Handbook of psychology: Developmental psychology, Vol. 6*. (pp. 395–422). New York: John Wiley & Sons.

Kesebir, P., & Diener, E. (2008). In pursuit of happiness: Empirical answers to philosophical questions. *Perspectives on Psychological Science, 3*, 117–125. Doi: 10.1111/j.1745-6916.2008.00069.x

Keshavan, M. S., Nasrallah, H. A., & Tandon, R. (2011). Schizophrenia, "Just the Facts" 6. Moving ahead with the schizophrenia concept: From the elephant to the mouse. *Schizophrenia Research, 127*, 3–13.

Kessler, R. C., Berglund, P. A., Demler, O., Jin, R., & Walters, E. E. (2005). Lifetime prevalence and age-of-onset distributions of DSM-IV disorders in the National Comorbidity Survey Replication (NCS-R). *Archives of General Psychiatry, 62*, 593–602.

Kessler, R. C., Chiu, W. T., Demler, O., & Walters, E. E. (2005). Prevalence, severity, and comorbidity of 12–month DSM-IV disorders in the National Comorbidity Survey Replication. *Archives of General Psychiatry, 62*, 617–627.

Khoo, J., Piantadosi, C., Duncan, R., Worthley, S. G., Jenkins, A., Noakes, M., et al. (2011). Comparing effects of a low-energy diet and a high-protein low-fat diet on sexual and endothelial function, urinary tract symptoms, and inflammation in obese diabetic men. *The Journal of Sexual Medicine, 8*, 2868–2875. doi: 10.1111/j.1743-6109.2011.02417

Kiecolt-Glaser, J. K., Preacher, K. J., MacCallum, R. C., Atkinson, C., Malarkey, W. B., & Glaser, R. (2003). Chronic stress and age-related increases in the proinflammatory cytokine IL-6. *Proceedings of the National Academy of Sciences, 100*, 9090–9095.

Kiefer, A. K., & Sekaquaptewa, D. (2007). Implicit stereotypes, gender identification, and math-related outcomes: A prospective study of female college students. *Psychological Science, 18,* 13–18.

Kiehl, K. A. (2006). A cognitive neuroscience perspective on psychopathy: Evidence for paralimbic system dysfunction. *Psychiatry Research, 142*, 107–128.

Kiesner, J. (2009). Physical characteristics of the menstrual cycle and premenstrual depressive symptoms. *Psychological Science, 20*, 763–770.

Kim, S., & Hasher, L. (2005). The attraction effect in decision making: Superior performance by older adults. *The Quarterly Journal of Experimental Psychology A: Human Experimental Psychology, 58A*(1), 120–133.

King, L. A., Scollon, C. K., Ramsey, C., & Williams, T. (2000). Stories of life transition: Subjective well-being and ego development in parents of children with Down Syndrome. *Journal of Research in Personality, 34*, 509–536.

Kinsey, A. C., Pomeroy, W. B., & Martin, C. E. (1948). *Sexual behavior in the human male.* Philadelphia: W. B. Saunders.

Kinsey, A. C., Pomeroy, W. B., Martin, C. E., & Gebhard, P. H. (1953). *Sexual behavior in the human female.* Philadelphia: W. B. Saunders.

Kirschner, P. A., & Karpinski, A. C. (2010). Facebook® and academic performance. *Computers in Human Behavior, 26,* 1237–1245. doi:10.1016/j.chb.2010.03.024 |

Kitayama, S., Duffy, S., Kawamura, T., & Larsen, J. T. (2003). Perceiving an object and its context in different cultures: A cultural look at new look. *Psychological Science, 14,* 201–206.

Kleinke, C. L. (1977). Compliance to requests made by gazing and touching experimenters in field settings. *Journal of Experimental Social Psychology, 13*, 218–223.

Kleinke, C. L., & Staneski, R. A. (1980). First impressions of female bust size. *Journal of Social Psychology, 110,* 123–134.

Klump, K. L., & Culbert, K. M. (2007). Molecular genetic studies of eating disorders: Current status and future directions. *Current Directions in Psychological Science, 16,* 37–41.

Knapp, M. L. (1984). *Interpersonal communication and human relationships.* Needham Heights, MA: Allyn & Bacon.

Knoblauch, S. (2009). From self- psychology to selves in relationship: A Radical process of micro and macro expansion in conceptual experience. In W. Coburn & N. Vanderhide (Eds.), Self and systems, *Annals of the New York Academy of Sciences, 1159*, 262–278.

Knox, D., Zusman, & Zusman, M. E. (1999). Love relationships among college students. *College Student Journal, 33*, 149–151.

Knox, D., Zusman, M. E., & Nieves, W. (1998). Breaking away: How college students end love relationships. *College Student Journal, 32*, 482–484.

Kobasa, S. C. O., Maddi, S. R., Puccetti, M. C., & Zola, M. A. (1994). Effectiveness of hardiness, exercise, and social support as resources against illness. In A. Steptoe & J. Wardle (Eds.), *Psychosocial processes and health* (pp. 247–260). Cambridge, England: Cambridge University Press.

Koenen, K. C., Fu, Q. J., Ertel, K., Lyons, M. J., Eisen, S. A., et al. (2008). Common genetic liability to major depression and posttraumatic stress disorder in men. *Journal of Affective Disorders, 105*, 109–115.

Kohl, J. V. (2007). Pospartum psychoses: Closer to schizophrenia or the affective spectrum? *Current Opinion in Psychiatry, 17*, 87–90.

Kohlberg, L. (1969). *Stages in the development of moral thought and action.* New York: Holt, Rinehart & Winston.

Kohlberg, L. (1981). *The philosophy of moral development: Moral stages and the idea of justice.* San Francisco: Harper & Row.

Kolata, G. (2000, June 25). Men in denial: The doctor's tale. *The New York Times online*.

Kõlves, K., Ide, N., & De Leo, D. (2010). Suicidal ideation and behaviour in the aftermath of marital separation: Gender differences. *Journal of Affective Disorders, 120*, 48–53. http://dx.doi.org/10.1016/j.jad.2009.04.019

Konigsberg, R. D. (2011, August 8). Chore wars. *Time*, pp. 45–49.

Korkki, P. (2011, July 17). Working separately, together. *The New York Times, Business Section,* p. 8.

Kornblum, W. (2000). *Sociology in a changing world, 5th ed.* Fort Worth: Harcourt College Publishers.

Kosson, D. S., Lorenz, A. R., & Newman, J. P. (2006). Effects of comorbid psychopathy on criminal offending and emotion processing in male offenders with antisocial personality disorder. *Journal of Abnormal Psychology, 115*, 798–780.

Koster, E. H. W., De Lissnyder, E., Derakshan, N., & De Raedt, R. (2011). Understanding depressive rumination from a cognitive science perspective: The impaired disengagement hypothesis. *Clinical Psychology Review, 31*, 138–145. doi:10.1016/j.cpr.2010.08.005

Kramer, A. F., & Willis, S. L. (2002). Enhancing the cognitive vitality of older adults. *Current Directions in Psychological Science, 11,* 173–177.

Krantz, D. S., Contrada, R. J., Hill, D. R., & Friedler, E. (1988). Environmental stress and biobehavioral antecedents of coronary heart disease. *Journal of Consulting and Clinical Psychology*, *56*, 333–341.

Krantz, M. J., & Mehler, P. S. (2004). Treating opioid dependence: Growing implications for primary care. *Archives of Internal Medicine, 164*, 277–288.

Krendl, A. C., Richeson, J. A., Kelley, W. M., & Heatherton, T. F. (2008). The negative consequences of threat: A functional magnetic resonance imaging investigation of the neural mechanisms underlying women's underperformance in math. *Psychological Science, 19*, 168–175.

Krieshok, T. S. (2001). How the decision-making literature might inform career center practice. *Journal of Career Development, 27*, 207–216.

Kroger, J. (2000). Ego identity status research in the new millennium. *International Journal of Behavioral Development, 24*, 145–148.

Kübler-Ross, E. (1969). *On death and dying.* New York: Macmillan.

Kuehn, B. M. (2011). Antidepressant use increases. *Journal of the American Medical Association, 306*, 2207. doi: 10.1001/jama.2011.1697

Kuhn, D. (2006) Do cognitive changes accompany developments in the adolescent brain? *Perspectives on Psychological Science, 1*, 59–67.

Kumashiro, K. K. (Ed.). (2004). *Restoried selves: Autobiographies of Queer Asian/Pacific American activists*. Harrington Park Press/The Haworth Press.

Kumsta, R., Entringer, S., Hellhammer, D. H., & Wüst, S. (2007). Cortisol and ACTH responses to psychosocial stress are modulated by corticosteroid binding globulin levels. *Psychoneuroendocrinology*, *32*, 1153–1157.

Kunda, Z., & Spencer, S. J. (2003). When do stereotypes come to mind and when do they color judgment? A goal-based theoretical framework for stereotype activation and application. *Psychological Bulletin, 129,* 522–544.

Kupfersmid, J. (1995). Does the Oedipus complex exist? *Psychotherapy*, *32*, 535–547.

Kurdek, L. A. (2005). What do we know about gay and lesbian couples? *Current Directions in Psychological Science, 14*(5), 251.

Kurzban, R., & Weeden, J. (2005). HurryDate: Mate preferences in action. *Evolution and Human Behavior, 26*, 227–244.

Lachman, M. E. (2004). Development in midlife. *Annual Review of Psychology, 55*, 305–331.

LaFramboise, T. (1994). Cited in T. DeAngelis (1994). History, culture affect treatment for Indians. *APA Monitor, 27*(10), 36.

LaFramboise, T. D., Albright, K., & Harris, A. (2010). Patterns of hopelessness among American Indian adolescents: Relationships by levels of acculturation and residence. *Cultural Diversity and Ethnic Minority Psychology, 16*, 68–76. doi:10.1037/a0016181

LaFrance, M., Hecht, M. A., & Paluck, E. L. (2003). The contingent smile: A meta-analysis of sex differences in smiling. *Psychological Bulletin, 129,* 305–334.

Lahey, B. B. (2009). Public health significance of neuroticism. *American Psychologist, 64*, 241–256. doi: 10.1037/a0015309

Lahti, J., Räikkönen, K., Ekelund, J., Peltonen, L., Raitakari, O. T., & Keltikangas-Järvinen, L. (2006). Socio-demographic characteristics moderate the association between DRD4 and novelty seeking. *Personality and Individual Differences, 40*, 533–543.

Laino, C. (2000, July 18). Cybersex addiction widespread. *MSNBC.com*. Retrieved from http://www.msnbc.com/news/596355.asp.

Laino, C. (2002, April 25) Gender gap in longevity narrowing. *MSNBC .com.* Retrieved from http://www.msnbc.com/news/743069.asp.

Lalumière, M. L., Blanchard, R., & Zucker, K. J. (2000). Sexual orientation and handedness in men and women: A meta-analysis. *Psychological Bulletin, 126*, 575–592.

Lamanna, M. A., & Riedmann, A. (2005). *Marriages and families* (8th ed). Belmont, CA: Wadsworth.

Lamberg, L. (2003). Advances in eating disorders offer food for thought. *Journal of the American Medical Association, 290,* 1437–1442.

Lamberg, L. (2006). Rx for obesity: Eat less, exercise more, and—maybe—get more sleep. *Journal of the American Medical Association, 295,* 2341–2344.

Lamers, C. T. J., Bechara, A., Rizzo, M., & Ramaekers, J. G. (2006). Cognitive function and mood in MDMA/THC users, THC users and non-drug using controls. *Journal of Psychopharmacology, 20*, 302–311.

Lampard, A. M., Byrne, S. M., McLean, N., & Fursland, A. (2011). An evaluation of the enhanced cognitive-behavioural model of bulimia nervosa. *Behaviour Research and Therapy, 49*, 529–535. doi:10.1016/j.brat.2011.06.002 |

Landy, F. J., & Conte, J. M. (2010). *Work in the 21st century : An introduction to industrial and organizational psychology* (3rd ed.). Hoboken, NJ: John Wiley & Sons, Inc.

Lane, R. F., Raines, S. M., Steele, J. W., Ehrlich, M. E., Lah, J. A., Small, S., A., et al. (2010). Diabetes-associated SorCS1 regulates Alzheimer's amyloid-metabolism: Evidence for involvement of SorL1 and the Retromer Complex. *Journal of Neuroscience, 30*, 39. doi: 10.1523/JNEUROSCI.3872-10.2010

Lange, A., Rietdijk, D., Hudcovicova, M., van de Ven, J.-P., Schrieken, B., &. Emmelkamp, P. M. G. (2003). Interapy: A controlled randomized trial of the standardized treatment of posttraumatic stress through the Internet. *Journal of Consulting and Clinical Psychology, 71,* 901–909.

Langens, T. A., & Schüler, J. (2007). Effects of written emotional expression: The role of positive expectancies. *Health Psychology, 26*, 174–182.

Langlois, J. H., Kalakanis, L., Rubenstein, A. J., Larson, A., Hallam, M., & Smoot, M. (2000). Maxims or myths of beauty? A meta-analytic and theoretical review. *Psychological Bulletin, 126*, 390–423.

Långström, N., Rahman, Q., Carlström, E., & Lichtenstein, P. (2010). Genetic and environmental effects on same-sex sexual behavior: A population study of twins in Sweden. *Archives of Sexual Behavior, 39*, 75–80. doi:10.1007/s10508-008-9386-1

Lansford, J. E. (2009). Parental divorce and children's adjustment. *Perspectives on Psychological Science, 4*, 140–152.

Laroche, L. (2003). *Managing cross-cultural differences in international projects.* Retrieved from http://www.itapintl.com/mngdifintproj.htm.

Larrick, R. P., Timmerman, T. A., Carton, A. M., & Abrevay, J. (2011). Temper, temperature, and temptation: Heat-related retaliation in baseball. *Psychological Science, 22*, 423–428.

Larsen, H., van der Zwaluw, C. S., Overbeek, G., Granic, I., Franke, B., & Engels, R. C. (2010). A variable-number-of-tandem-repeats polymorphism in the dopamine D4 receptor gene affects social adaptation of alcohol use: investigation of a gene-environment interaction. *Psychological Science, 21*, 1064–1068.

Latane, B., & Darley, J. M. (1970). *The unresponsive bystander: Why doesn't he help?* New York: Appleton-Century-Crofts.

Latta, F., & Van Cauter, E. (2003). Sleep and biological clocks. In M. Gallagher & R. J. Nelson (Eds.), *Handbook of psychology: Vol. 3. Biological psychology, Vol. 3*. (pp. 355–378). New York: John Wiley & Sons.

Lau, J. Y. F., & Eley, T. C. (2010). The genetics of mood disorders. *Annual Review of Clinical Psychology, 6*, 313–337. doi 10.1146/annurev.clinpsy.121208.131308

Lauerman, C. (2000, November 7). Psychological counseling is now just a computer click away. *Chicago Tribune Web Posting*, Retrieved from http://www.psycport.com/news/2000/11/07/knigt/3822–0076–MED-ETHERAPY.TB.html

Laumann, E. O., Gagnon, J. H., Michael, R. T., & Michaels, S. (1994). *The social organization of sexuality.* Chicago: University of Chicago Press.

Laumann, E. O., Mahay, J., & Youm, Y. (2007). Sex, intimacy, and family life in the United States. In Kimmel, M. (Ed). *The sexual self: The construction of sexual scripts* (pp. 165–190). Nashville, TN: Vanderbilt University Press.

Laumann, E. O., Paik, A., & Rosen, R. C. (1999). Sexual dysfunction in the United States: Prevalence and predictors. *Journal of the American Medical Association, 281*, 537–544.

Lazarus, R. S., & Folkman, S. (1984). *Stress, appraisal, and coping.* New York: Springer.

Lazarus, R. S., DeLongis, A., Folkman, S., & Gruen, R. (1985). Stress and adaptational outcomes: The problem of confounded measures. *American Psychologist, 40,* 770–779.

Leaper, C., & Ayres, M. M. (2007). A meta-analytic review of gender variations in adults' language use: Talkativeness, affiliative speech, and assertive speech. *Personality and Social Psychology Review, 11*, 328–363.

Lear, J. (2000, February 27). Freud's second thoughts. *The New York Times Book Review*, p. 39.

Leclerc, C. M., & Hess, T. M. (2007). Age differences in the bases for social judgments: Tests of a social expertise perspective. *Experimental Aging Research, 33*, 95–120.

Lee, I-M. (2007). Dose-response relation between physical activity and fitness: Even a little is good; more is better. *Journal of the American Medical Association, 297*, 2137–2139.

Lee, J. (2002, September 19). I think, therefore IM. *The New York Times*, p.G.1.

Lee, J., Lim, N., Yang, E., & Lee, S. M. (2011). Antecedents and consequences of three dimensions of burnout in psychotherapists: A meta-analysis. *Professional Psychology: Research and Practice, 42*, 252–258. doi: 10.1037/a0023319\

Lee, L., Loewenstein, G., Ariely, D., Hong, J., & Young, J. (2008). If I'm not hot, are you hot or not? Physical-attractiveness evaluations and dating preferences as a function of one's own attractiveness. *Psychological Science, 19*, 669–677.

Leiblum, S. R. (Ed.) (2010). *Treating sexual desire disorders: A clinical casebook*. New York: Guilford Press.

Leiblum, S. R., Koochaki, P. E., Rodenberg, C. A., Barton, I. P., & Rosen, R. C. (2006).

Leichsenring, F., & Rabung, S. (2008). Effectiveness of long-term psychodynamic psychotherapy: A meta-analysis. *Journal of the American Medical Association, 300*, 1551–1565.

Lent, R. W., Singley, D., Sheu, H-B., Schmidt, J. A., & Schmidt, L. C. (2007). Relation of social-cognitive factors to academic satisfaction in engineering students. *Journal of Career Assessment, 15*, 87–97.

Leonardo, E. D., & Hen, R. (2006). Genetics of affective and anxiety disorders. *Annual Review of Psychology, 57,* 117–137.

LeVay, S. (2003). *The biology of sexual orientation*. Retrieved from http://members.aol.com/slevay/page22.html.

Levine, E. S., & Schmelkin, L. P. (2006). The move to prescribe: A change in paradigm? *Professional Psychology: Research and Practice, 37*, 205–209.

Levine, R. V., & Norenzayan, A. (1999). The pace of life in 31 countries. *Journal of Cross-Cultural Psychology, 30*, 178–205.

Levinger, G. (1980). Toward the analysis of close relationships. *Journal of Experimental Social Psychology, 16*, 510–544.

Levinger, G. (1983). Development and change. In H. H. Kelley et al. (Eds.), *Close relationships.* New York: W. H. Freeman.

Levinson, D. J., Darrow, C. N., Klein, E. B., Levinson, M. H., & McKee, B. (1978). *The seasons of a man's life.* New York: Knopf.

Levy, B. R, Slade, M. D., Kunkel, S. R., & Kasl, S. V. (2002). Longevity increased by positive self-perceptions of aging. *Journal of Personality and Social Psychology, 83*, 261–270.

Lewin, T. (2011, January 26). Record level of stress found in college freshmen. *The New York Times.* Retrieved from www.nytimes.com

Lewinsohn, P. M., Rohde, P., Seeley, J. R., Klein, D. N., & Gotlib, I. H. (2000). Natural course of adolescent major depressive disorder in a community sample: Predictors of recurrence in young adults. *American Journal of Psychiatry, 157,* 1584–1591.

Lewis, M. (2002, October 27). In defense of the boom. *The New York Times Magazine,* pp. 44–49,60, 71–72, 84, 94.

Li, N. P., & Kenrick, D. T. (2006). Sex similarities and differences in preferences for short-term mates: What, whether, and why. *Journal of Personality and Social Psychology, 90*, 468–489.

Lichta, R. W. (2010). A new BALANCE in bipolar I disorder. *The Lancet, 375*, 350–352. doi:10.1016/S0140-6736(09)61970-X

Lilienfeld, S. O., Fowler, K. A., & Lohr, J. M. (2003). And the band played on: Science, pseudoscience, and the Rorschach Inkblot Method. *The Clinical Psychologist, 56(1)*, pp. 6–7.

Lilienfeld, S. O., Kirsch, I., Sarbin, T. R., Lynn, S. J., Chaves, J. F., et al. (1999). Dissociative identity disorder and the sociocognitive model: Recalling the lessons of the past. *Psychological Bulletin, 125*, 507–523.

Lim, J., & Dinges, D. F. (2010). A meta-analysis of the impact of short-term sleep deprivation on cognitive variables. *Psychological Bulletin, 136*, 375–389. doi: 10.1037/a0018883

Lim, S., & Cortina, L. M. (2005). Interpersonal mistreatment in the workplace: The interface and impact of general incivility and sexual harassment. *Journal of Applied Psychology, 90*, 483–496.

Lindberg, S. M., Hyde, J. S., Petersen, J. L., & Linn, M. C. (2010). New trends in gender and mathematics performance: A meta-analysis. *Psychological Bulletin, 136*, 1123–1135. doi: 10.1037/a0021276

Linde, K., Allais, G., Brinkhaus, B., Manheimer, E., Vickers, A., & White, A. R. (2009). Acupuncture for tension-type headache.

Cochrane Database of Systematic Reviews, 1. doi:10.1002/14651858.CD007587

Linde, K., Streng, A., Jurgens, S., Hoppe, A., Brinkhaus, B., Witt, C., Wagenpfeil S, et al. (2005). Acupuncture for patients with migraine: A randomized controlled trial. *Journal of the American Medical Association, 293*, 2118–2125.

Lipsman, N., Neimat, J. S., & Lozano, A. M. (2007). Deep brain stimulation for treatment-refractory obsessive-compulsive disorder: The search for a valid target. *Neurosurgery, 61*, 1–13.

Little, A. C., Burt, D. M., & Perrett, D. I. (2006). What is good is beautiful: Face preference reflects desired personality. *Personality and Individual Differences, 41*, 1107–1118.

Liu, R. T., & Alloy, L B. (2010). Stress generation in depression: A systematic review of the empirical literature and recommendations for future study. *Clinical Psychology Review, 30*, 582–593.

Livingston, R. W., & Drwecki, B. B. (2007). Why are some individuals not racially biased? Susceptibility to affective conditioning predicts nonprejudice toward blacks. *Psychological Science, 18*, 816–823.

Lo, C. S. L., Ho, S. M. Y., & Hollon, S. D. (2008). The effects of rumination and negative cognitive styles on depression: A mediation analysis. *Behaviour Research and Therapy, 46*, 487–495.

Lobb, R., Suarez, E. G., Fay, M. E., Gutheil, C. M., Hunt, M. K., Fletcher, R. H., & Emmons, K. M. (2004). Implementation of a cancer prevention program for working class, multiethnic populations. *Preventive Medicine, 38*, 766–776.

Lobel, M., DeVincent, C.J., Kaminer, A., & Meyer, B.A. (2000). The impact of prenatal maternal stress and optimistic disposition on birth outcomes in medically high-risk women. *Health Psychology, 19*, 544–553.

Logan, J., Hall, J., & Karch, D. (2011). Suicide categories by patterns of known risk factors: A latent class analysis. *Archives of General Psychiatry, 68*, 935–941.

London-Vargas, N. (2001, July). Organizing a life's work: Finding your dream job. *TIP: The Industrial-Organizational Psychologist, Vol. 39*(1). Retrieved from http://www.siop.org/TIP/backissues/TipJul01/Jul01TOC.htm.

Looking for love: Researchers put online dating to the test. (2012, January 5). *ScienceDaily*. Retrieved from http://www.sciencedaily.com/releases/2012/01/120105142811.htm

LoPiccolo, J. (2011). Most difficult to treat: Sexual desire disorders. *PsycCRITIQUES, 56*, in press.

Lorenz, F. O., Wickrama, K. A. S., Conger, R. D., & Elder, G. H. Jr. (2006). The short-term and decade-long effects of divorce on women's midlife health. *Journal of Health and Social Behavior, 47*, 111–125.

Love ballad leaves women more open to a date. (2010, June 18). *ScienceDaily.* Retrieved from http://www.sciencedaily.com/releases/2010/06/100618112139.htm.

Low, K. S. D., Yoon, M., Mijung; R., Roberts, B. W., & Rounds, J. (2005). The stability of vocational interests from early adolescence to middle adulthood: A quantitative review of longitudinal studies. *Psychological Bulletin, 131*, 713–737.

Lucas, R. E. (2007). Adaptation and the set-point model of subjective well-being: Does happiness change after major life events? *Current Directions in Psychological Science, 16*, 75–79.

Lucas, R. E., Clark, A. E., Georgellis, Y., & Diener, E. (2003). Reexamining adaptation and the set point model of happiness: Reactions to changes in marital status. *Journal of Personality and Social Psychology, 84*, 527–539.

Ludwick-Rosenthal, R., & Neufeld, R. W. J. (1993). Preparation for undergoing an invasive medical procedure. *Journal of Consulting and Clinical Psychology, 61*, 156–164.

Ludwig, D. S., & Kabat-Zinn, J. (2008). Mindfulness in medicine. *Journal of the American Medical Association, 300*, 1350–1352.

Luijendijk, H. J., van den Berg, J. F., Marieke, J. H. J., Dekker, M. D., van Tuijl, H. R., Otte, W., et al. (2008). Incidence and recurrence of late-life depression. *Archives of General Psychiatry, 65*, 1394–1401.

Luo, S., & Klohnen, E. C. (2005). Assortative mating and marital quality in newlyweds: A couple-centered approach. *Journal of Personality and Social Psychology, 88*, 304–326.

Luoma, J. B., Martin, C. E., & Pearson, J. L. (2002). Contact with mental health and primary care providers before suicide: A review of the evidence. *American Journal of Psychiatry*, 159, 909–916.

Lurie, N. (2005). Health disparities—less talk, more action. *New England Journal of Medicine, 353*, 727–729.

Lurie, N., et al. (1993). Preventive care for women: Does the sex of the physician matter? *New England Journal of Medicine, 329*, 478–482.

Luscombe, B. (2010, November 29). Marriage: What it's good for? *Newsweek*, pp. 46–56.

Lynch, H. T., Coronel, S. M., Okimoto, R., Hampel, H., Sweet, K., Lynch, J. F., et al. (2004). A founder mutation of the MSH2 gene and hereditary nonpolyposis colorectal cancer in the United States. *Journal of the American Medical Association, 291*, 718–724.

Lyness, K. S., Thompson, C. A., Francesco, A. M., & Judiesch, M. K. (1999). Work and pregnancy: Individual and organizational factors influencing organizational commitment, time of maternity leave and return to work. *Sex Roles, 41*, 485–508.

Lynn, J. (2001). Serving patients who may die soon and their families: The role of hospice and other services. *Journal of the American Medical Association, 285*, 925–932.

Lyubomirsky, S., King, L., & Diener, E. (2005). The benefits of frequent positive affect: Does happiness lead to success? *Psychological Bulletin, 131*, 803–855.

Maestripieri, D., & Roney, J. R. (2006). Evolutionary developmental psychology: Contributions from comparative research with nonhuman primates. *Developmental Review, 26*, 120–137.

Magdol, L., Moffitt, T. E., Caspi, A., et al. (1997). Gender differences in partner violence in a birth cohort of 21-year-olds: Bridging the gap between clinical and epidemiological approaches. *Journal of Consulting and Clinical Psychology, 65*, 68–78.

Mah, K., & Binik, Y. M. (2001). The nature of human orgasm: A critical review of major trends. *Clinical Psychology Review, 21*, 823–856.

Mahmut, M., Homewood, J., & Stevenson, R. (2008). The characteristics of non-criminals with high psychopathy traits: Are they similar to criminal psychopaths? *Journal of Research in Personality, 42*, 679–692.

Major, G. C., Doucet, E., Trayhurn, P., Astrup, A., & Tremblay, A. (2007). Clinical significance of adaptive thermogenesis. *International Journal of Obesity, 31*, 204–212.

Malamuth, N. M., Huppin, M., & Paul, B. (2005). Sexual coercion. In Buss, D. M. (Ed.), *The handbook of evolutionary psychology* (pp. 394–418). Hoboken, NJ: John Wiley & Sons, Inc.

Maldonado, J. R., Butler, L. D., & Spiegel, D. (1998). Treatments for dissociative disorders. In P. E. Nathan & J. M. Gorman (Eds.), *A guide to treatments that work* (pp. 423–446). New York: Oxford University Press.

Malhotra, D., McCarthy, S., Michaelson, J. J., Vacic, V., Burdick, K. E., Yoon, S., et al. (2011). High frequencies of de novo CNVs in bipolar disorder and schizophrenia. *Neuron, 72*, 951. doi: 10.1016/j.neuron.2011.11.007

Malouff, J., Rooke, S., & Schutte, N. (2008). The heritability of human behavior: Results of aggregating meta-analyses. *Current Psychology, 27*, 153–161. doi: 10.1007/s12144-008-9032-z

Manicavasgar, V., Parker, G., & Perich, T. (2011). Mindfulness-based cognitive therapy vs cognitive behaviour therapy as a treatment for non-melancholic depression. *Journal of Affective Disorders, 130*, 138–144. doi:10.1016/j.jad.2010.09.027

Mann, T., Tomiyama, A.J., Westling, E., Lew, A., Samuels, B., & Chatman, J. (2007). Medicare's search for effective obesity treatments: Diets are not the answer. *American Psychologist, 62*, 220–233.

Manne, S., Winkel, G., Zaider, T., Rubin, S., Hernandez, E., & Bergman, C. (2010). Therapy processes and outcomes of psychological interventions for women diagnosed with gynecological cancers: A test of the generic process model of psychotherapy. *Journal of Consulting and Clinical Psychology, 78*, 236–248 248. doi: 10.1037/a0018223

Manning, R., Levine, M., & Collins, A. (2007). The Kitty Genovese murder and the social psychology of helping: The parable of the 38 witnesses. *American Psychologist, 62*, 555–562.

Mansnerus, L., & Kocieniewski, D. (2004, August 14). Ex-aide says he was victim of McGreevey. *New York Times Online*. Retrieved from www.nytimes.com/2004/08/14/nyregion/14jersy.html.

Manson, J. E., Greenland, P., LaCroix, A. Z., Stefanick, M. L., Mouton, C. P., et al. (2002). Walking compared with vigorous exercise for the prevention of cardiovascular events in women. *New England Journal of Medicine, 347*, 716–725.

Manson, J. E., Skerrett, P. J., Greenland, P., & VanItallie, T. B. (2004). The escalating pandemics of obesity and sedentary lifestyle a call to action for clinicians. *Archives of Internal Medicine, 164*, 249–258.

Marcia, J. E. (1991). Identity and self-development. In R. M. Lerner, A. C. Petersen, & J. Brooks-Gunn (Eds.), *Encyclopedia of adolescence* (Vol. 1). New York: Garland.

Marin, T. J., Martin, T. M., Blackwell, E., Stetler, C., & Miller, G E. (2007). Differentiating the impact of episodic and chronic stressors on hypothalamic-pituitary-adrenocortical axis regulation in young women. *Health Psychology, 26*, 447–455.

Markel, H. (2003, September 3). Lack of sleep takes it toll on student psyches. *The New York Times, Science Times,* p. F6.

Markham, B. (2006). Older women and security. In J. Worell & C. D. Goodheart (Eds.). *Handbook of girls' and women's psychological health: Gender and well-being across the lifespan* (pp. 388–396). Oxford series in clinical psychology. New York: Oxford

Markman, H. J. (1981). Prediction of marital distress: A five-year follow-up. *Journal of Consulting and Clinical Psychology, 49,* 760–762.

Marks, I., & Dar, R. (2000). Fear reduction by psychotherapies: Recent findings, future directions. *British Journal of Psychiatry, 176,* 507–511.

Marquis, C. (2003, March 16). Living in sin. *The New York Times*, p. WK2.

Marsiglio, W. (2004). When stepfathers claim stepchildren: A conceptual analysis. *Journal of Marriage & Family*, *66*, 22–39.

Martin, A. (2007, March 25). Will diners still swallow this? *The New York Times, Section 3,* pp. 1, 9, 10.

Martin, E. K., Taft, C. T., & Resick, P. A. (2007). A review of marital rape. *Aggression and Violent Behavior, 12*, 329–347.

Martin, S. (2012, March). "Our health at risk": APA's latest survey finds that many Americans don't understand how stress can undermine their health. *Monitor on Psychology, 43*(3), 18.

Martins, A., Ramalho, N., & Morin, E. (2010). A comprehensive meta-analysis of the relationship between emotional intelligence and health. *Personality and Individual Differences, 49*, 554–564. doi:10.1016/j.paid.2010.05.029 |

Marwick, C. (2000). Consensus panel considers osteoporosis. *Journal of the American Medical Association online, 283*(16).

Masheb, R. M., Grilo, C. M., & Rolls, B. J. (2011). A randomized controlled trial for obesity and binge eating disorder: Low-energy-density dietary counseling and cognitive-behavioral therapy. *Behaviour Research and Therapy, 49*, 821–829. doi:10.1016/j.brat.2011.09.006

Maslach, C., & Leiter, M. P. (2008). Early predictors of job burnout and engagement. *Journal of Applied Psychology, 93*, 498–512.

Masters, W. H., & Johnson, V. E. (1966). *Human sexual response.* Boston: Little, Brown.

Masters, W. H., & Johnson, V. E. (1970). *Human sexual inadequacy.* Boston: Little, Brown.

Mata, J., Thompson, R. J., Jaeggi, S. M., Buschkuehl, M., Jonides, J., & Gotlib, I. H. (2011). Walk on the bright side: Physical activity and affect in major depressive disorder. *Journal of Abnormal Psychology*, *120*, 1–12. doi: 10.1037/a0023533

Matthews, K. (1994). Cited in Azar, B. (1994). Women are barraged by media on "the change." *APA Monitor, 25*(5), 24–25.

Mayer, J. D., Salovey, P., & Caruso, D. R. (2008). Emotional intelligence: New ability or eclectic traits. *American Psychologist, 63,* 503.

McAuley, E., Blissmer, B., Marquez, D. X., Jerome, G. J., Kramer, A. G., & Katula, J. (2000). Social relations, physical activity and well-being in older adults. *Preventive Medicine, 31*, 608–617.

McCarthy, E. P., Burns, R. B., Ngo-Metzger, Q., Davis, R. B., & Phillips, R. S. (2003). Hospice use among Medicare managed care and fee-for-service patients dying with cancer. *Journal of the American Medical Association, 289*, 2238–2245.

McCauley, J. L., Calhoun, K. S., & Gidycz, C. A. (2010). Binge drinking and rape: A prospective examination of college women with a history of previous sexual victimization. *Journal of Interpersonal Violence, 25*, 1655–1668.

McCord, C. E., Elliott, T. R., Wendel, M. L., Brossart, D. F., Cano, M. A., Gonzalez, G., et al. (2011). Community capacity and teleconference counseling in rural Texas. *Professional Psychology: Research and Practice, 42*, 521–527. doi: 10.1037/a0025296

McCrae R. R., Costa, P. T., Jr., Martin, T. A., Oryol, V. E., Rukavishnikov, A. A., Senin, I. G., et al. (2004). Consensual validation of personality traits across cultures. *Journal of Research in Personality, 38*, 179–20.

McCrae, R. R., & Terracciano, A. (2005). Personality profiles of cultures: Aggregate personality traits. *Journal of Personality and Social Psychology*, *89*, 407–25.

McCrae, R. R., Costa, P. T., Jr., Ostendorf, F., Angleitner, A., Hrebickova, M., Avia, M., et al. (2000). Nature over nurture: Temperament, personality, and life span development. *Journal of Personality and Social Psychology*, *78,* 173–186.

McDermott, J. F. (2001). Emily Dickinson revisited: A study of periodicity in her work. *American Journal of Psychiatry*, *158*, 686–690.

McEvoy, P. M. (2008). Effectiveness of cognitive behavioural group therapy for social phobia in a community clinic: A benchmarking study. *Behaviour Research and Therapy, 45*, 3030–3040.

McHugh, R. K., & Barlow, D. H. (2010). The dissemination and implementation of evidence-based psychological treatments: A review of current efforts. *American Psychologist, 65*, 73–84. doi: 10.1037/a0018121

McKellar, J., Stewart, E., & Humphreys, K. (2003). Alcoholics Anonymous involvement and positive alcohol-related outcomes: Cause, consequence, or just a correlate? A prospective 2-year study of 2,319 alcohol-dependent men. *Journal of Consulting and Clinical Psychology, 71*, 302–308.

McLeod, B. D., & Weisz, J. R. (2004). Using dissertations to examine potential bias in child and adolescent clinical trials. *Journal of Consulting and Clinical Psychology, 72,* 235–251.

Means-Christensen, A. J., Snyder, D. K., & Negy, C. (2003). Assessing nontraditional couples: Validity of the Marital Satisfaction Inventory-Revised with gay, lesbian, and cohabiting heterosexual couples. *Journal of Marital and Family Therapy, 29,* 69–83.

Medical News Today. (2011). *Are positive emotions good for your health in old age?* Retrieved from http://www.medicalnewstoday.com/articles/214442.php.

Mehl, M. R., Vazire, S., Ramírez-Esparza, N., Slatcher, R. B., & Pennebaker, J. W. (2007). Are women really more talkative than men? *Science, 317*, 82.

Meier, M. H., Slutske, W. S., Heath, A. C., & Martin, N. G. (2011). Sex differences in the genetic and environmental influences on childhood conduct disorder and adult antisocial behavior. *Journal of Abnormal Psychology, 120*, 377–388. doi: 10.1037/a0022303

Melamed, S., Shirom, A., Toker, S., Berliner, S., & Shapira, I. (2006). Burnout and risk of cardiovascular disease: Evidence, possible causal paths, and promising research directions. *Psychological Bulletin, 132*, 327–353.

Mendelsohn, M. E., & Karas, R. H. (2005). Molecular and cellular basis of cardiovascular gender differences. *Science, 308*, 583–587.

Mente, A., de Koning, L., Shannon, H. S., & Anand, S. S. (2009). A systematic review of the evidence supporting a causal link between dietary factors and coronary heart disease. *Archives of Internal Medicine, 169,* 659–669.

Merikangas, K. R., He, J.-P., Burstein, M., Swendsen, J., Avenevoli, S., Case, B., et al. (2011). Service utilization for lifetime mental disorders in U.S. adolescents: Results of the National Comorbidity Survey–Adolescent Supplement (NCS-A). *Journal of the American Academy of Child & Adolescent Psychiatry, 50,* 32–45. doi: 10.1016/j.jaac.2010.10.006

Merwin, R. M. (2011). Anorexia nervosa as a disorder of emotion regulation: Theory, evidence, and treatment implications. *Clinical Psychology: Science and Practice, 18,* 208–214. doi: 10.1111/j.1468-2850.2011.01252

Meyer, G. J. (2000). Incremental validity of the Rorschach Prognostic Rating Scale over the MMPI Ego Strength Scale and IQ. *Journal of Personality Assessment, 74,* 365–370.

Meyer, I. H. (2003). Prejudice, social stress, and mental health in lesbian, gay, and bisexual populations: Conceptual issues and research evidence. *Psychological Bulletin, 129,* 674–697

Meyers, L (2007, February). 'A struggle for hope.' *Monitor on Psychology, 38,* 30–31.

Mezulis, A. H., Abramson, L. Y., Hyde, J. S., & Hankin, B. L. (2004). Is there a universal positivity bias in attributions? A meta-analytic review of individual, developmental, and cultural differences in the self-serving attributional bias. *Psychological Bulletin, 130,* 711–747.

Michael, R. T., Gagnon, J. H., Laumann, E. O., & Kolata, G. (1994). *Sex in America: A definitive survey.* Boston: Little, Brown.

Michael, Y. L., Carlson, N. E., Chlebowski, R. T., Aickin, M., Weihs, K. L., et al. (2009). Influence of stressors on breast cancer incidence in the Women's Health Initiative. *Health Psychology, 28,* 137–146. doi:10.1037/a0012982

Mikolajczak, M., Gross, J. J., Lane, A., Corneille, O., de Timary, P., & Luminet, O. (2010). Oxytocin makes people trusting, not gullible. *Psychological Science, 14,* 1072–1074. doi: 10.1177/0956797610377343

Milgram, S. (1963). Behavioral study of obedience. *Journal of Abnormal and Social Psychology, 67,* 371–378.

Milgram, S. (1974). *Obedience to authority.* New York: Harper & Row.

Military discharged fewer gays in 2002, report finds. (2003, March 25). *The New York Times.*

Miller, A. G. (2009). Reflections on "Replicating Milgram" (Burger, 2009). *American Psychologist, 64,* 20–27.

Miller, G. (2011). Sweet here, salty there: Evidence for a taste map in the mammalian brain. *Science, 333,* 213. doi: 10.1126/science.333.6047.1213

Miller, G. (2011). Why loneliness is hazardous to your health. *Science, 331,* 138–140. doi: 10.1126/science.331.6014.138

Miller, G. E., Chen, E., & Zhou, E. S. (2007). If it goes up, must it come down? Chronic stress and the hypothalamic-pituitary-adrenocortical axis in humans. *Psychological Bulletin, 133,* 25–45.

Miller, M., Azrael, D., & Hemenway, D. (2004). The epidemiology of case fatality rates for suicide in the northeast. *Annals of Emergency Medicine, 43,* 723–730.

Miller, N. E., & Dollard, J. (1941). *Social learning and imitation.* New Haven, CT: Yale University Press.

Mischel, W. (2004). Toward an integrative science of the person. *Annual Review of Psychology, 55,* 1–22.

Mischel, W., & Shoda, Y. (1995). A cognitive-affective system theory of personality. *Psychological Review, 102,* 246–268.

Mitka, M. (2003). Economist takes aim at "big fat" US lifestyle. *Journal of the American Medical Association, 289,* 33–34.

Mitka, M. (2012). Heart disease and stroke deaths fall, but some fear a reverse in the trend. *Journal of the American Medical Association, 307,* 550–552. doi: 10.1001/jama.2012.86

Mokdad, A. H., Ford, E. S., Bowman, B. A., Dietz, W. H., Vinicor, F., Bales, V. S., et al. (2003). Prevalence of obesity, diabetes, and obesity-related health risk factors, 2001. *Journal of the American Medical Association, 289,* 76–79.

Mommersteeg, P. M. C., Keijsers, G. P. J., Heijnen, C. J., Verbraak, M. J. P M., & van Doornen, L. J. P. (2006). Cortisol deviations in people with burnout before and after psychotherapy: A pilot study. *Health Psychology, 25,* 243–248.

Monroe, S. M., & Reid, M. W. (2009). Life stress and major depression. *Current Directions in Psychological Science, 18,* 68–72. doi: 10.1111/j.1467-8721.2009.01611.x

Montorsi, F., Adaikan, G., Becher, E., Giuliano, F., Khoury, S., Lue, T. F., & Wasserman, M. (2010). Summary of the recommendations on sexual dysfunctions in men. *Journal of Sexual Medicine, 7,* 3572–3588. doi: 10.1111/j.1743-6109.2010.02062.x

Montpetit, M. A., & Bergeman, C. S. (2007). Dimensions of control: Mediational analyses of the stress–health relationship. *Personality and Individual Differences, 43,* 2237–2248.

Moore, D. R., & Heiman, J. R. (2006). Women's sexuality in context: Relationship factors and female sexual functioning. In I. Goldstein, C. Meston, S. Davis, & A. Traish (Eds.), *Female sexual dysfunction.* New York: Parthenon.

Moos, R. H., & Moos, B. S. (2004). Long-term influence of duration and frequency of participation in alcoholics anonymous on individuals with alcohol use disorders. *Journal of Consulting and Clinical Psychology, 72,* 81–90.

Mora, L. E., Nevid, J., & Chaplin, W. T. (2008). Psychologist treatment recommendations for Internet-based therapeutic interventions. *Computers in Human Behavior, 24,* 3052–3062.

Moracco K. E., Runyan C. W., Bowling, J. M., & Earp, J. L. (2007). Women's experiences with violence: A National study. *Women and Health, 17,* 3–12.

Morawska, A., & Oei, T. P. S. (2005). Binge drinking in university students: A test of the cognitive model. *Addictive Behaviors, 30,* 203–218.

Morgeson, F. P., & Humphrey, S. E. (2006). The Work Design Questionnaire (WDQ): Developing and validating a comprehensive measure for assessing job design and the nature of work. *Journal of Applied Psychology, 91,* 1321–1339.

Morphy, H., Dunn, K. M., Lewis, M., Boardman, H. F., & Croft, P. R. (2007). Epidemiology of insomnia: A longitudinal study in a UK population. *Sleep, 30,* 274–280.

Morris, W. L., Sinclair, S., & DePaulo, B. M. (2006). *The perceived legitimacy of civil status discrimination.* Manuscript submitted for publication.

Morris, W. N., Miller, R. S., & Spangenberg, S. (1977). The effects of dissenter position and task difficulty on conformity and response conflict. *Journal of Personality, 45,* 251–256.

Moser, M., Franklin, S. F., & Handler, J. (2007). The nonpharmacologic treatment of hypertension: How effective is it? An update. *The Journal of Clinical Hypertension, 9,* 209–216.

Mosher, W. D., Chandra, A., & Jones, J. (2005). *Sexual behavior and selected health measures: Men and women 15–44 years of age, United States, 2002.* Advance data from vital and health statistics, No. 362. Hyattsville, MD: National Center for Health Statistics.

Motivala, S. J., & Irwin, M. R. (2007). Sleep and immunity: Cytokine pathways linking sleep and health outcomes. *Current Directions in Psychological Science, 16,* 21–25.

Motl, R. W., Dishman, R. K., Saunders, R. P., Dowda, M., Felton, G., Ward, D. S., et al. (2002). Examining social-cognitive determinants of intention and physical activity among Black and White adolescent girls using structural equation modeling. *Health Psychology, 21,* 459–467.

Mroczek, D. K., & Spiro, A. (2005). Change in life satisfaction during adulthood: Findings from the Veterans Affairs Normative Aging Study. *Journal of Personality and Social Psychology, 88,* 189–202.

Mulvihill, K. (2000, March 14). Many miss out on migraine remedies. *The New York Times online.*

Munro, G. D., & Munro, J. E. (2000). Using daily horoscopes to demonstrate expectancy confirmation. *Teaching of Psychology, 27,* 114–116.

Murphy, E. M. (2003). Being born female is dangerous for your health. *American Psychologist, 58,* 205–210.

Murphy, S. E., & Ensher, E. A. (2001). The role of mentoring support and self-management strategies on reported career outcomes. *Journal of Career Development, 27,* 229–246.

Murphy, S. M., Vallacher, R. R., Shackelford, T. K., Bjorklund, D. F., & Unger, J. L. (2006). Relationship experience as a predictor of romantic jealousy. *Personality and Individual Differences, 40,* 761–769.

Muscatell, K. A., Slavich, G. M., Monroe, S. M., Gotlib, I. H. (2009). Stressful life events, chronic difficulties, and the symptoms of clinical depression. *The Journal of Nervous and Mental Disease, 197,* 154–160. doi: 10.1097/NMD.0b013e318199f77b

Muslim women bridging culture gap. (1993, November 8). *The New York Times*, p. B9.

Must, A., Kõks, S., Vasar, E., Tasa, G., Lang, A., et al. (2009). Common variations in 4p locus are related to male completed suicide. *NeuroMolecular Medicine, 11*, 13–19. doi: 10.1007/s12017-008-8056-8

Mustanski, B. S., Viken, R. J., Kaprio, J., Pulkkinen, L., & Rose, R. J. (2004). Genetic and environmental influences on pubertal development: Longitudinal data from Finnish twins at ages 11 and 14. *Developmental Psychology, 40*, 1188–1198.

Myrick, H., Anton, R. F., Li, X., Henderson, S., Randall, P, K., & Voronin, K. (2008). Effect of naltrexone and ondansetron on alcohol cue–induced activation of the ventral striatum in alcohol-dependent people. *Archives of General Psychiatry, 65*, 466–475.

Nasrallah, H. A., Keshavan, M. S., Benes F. M., Braff, D. L., Green A. I., Gur, R., et al. (2009). Proceedings and data from The Schizophrenia Summit: A critical appraisal to improve the management of schizophrenia. *The Journal of Clinical Psychiatry, 70*, Suppl. 1, 4–46.

National Cancer Institute (2000). Cited in Jetter, A. (2000, February 22). Breast cancer in Blacks spurs hunt for answers. *The New York Times*, p. D5.

National Cancer Institute (2000, December). *Cancer facts: Marijuana use in supportive care for cancer patients*. Retrieved from http://cis.nci.nih.gov/fact/8_4.htm.

National Cancer Institute (2005). *Surveillance, Epidemiology, and End Results (SEER) Program*. National Cancer Institute, DCCPS, Surveillance Research Program, Cancer Statistics Branch, released April 2005. Retrieved from www.seer.cancer.gov.

National Cancer Institute (2005, February). *Breast cancer prevention*. Retrieved from http://www.nci.nih.gov/.

National Institutes of Diabetes and Digestive and Kidney Diseases (NIDDK). New obesity gene discovered. (2001, Summer). *WIN Notes*, p. 2.

National Sleep Foundation (2000). *2000 Omnibus Sleep in America Poll*. Retrieved from http://www.sleepfoundation.org/publications/2000poll.html#3.

National Sleep Foundation. (2005). *Sleep in America*. Retrieved from http://www.sleepfoundation.org/hottopics/index.php?secid=16.

National Survey of Sexual Health and Behavior (NSSHB). (2010). Findings from the National Survey of Sexual Health and Behavior. *Journal of Sexual Medicine, 7*, Supplement 5.

National Women's Health Information Center, U.S. Department of Health and Human Services, Office on Women's Health. (2009, August 10). *Genital herpes*. Retrieved from http://www.womenshealth.gov/faq/genital-herpes.cfm#b.

Nauta, M. M., & Kokaly, M. L. (2001). Assessing role model influences on students' academic and vocational decisions. *Journal of Career Assessment, 9*, 81–99.

Navarro, R. L., Flores, L. Y., & Worthington, R. L. (2007). Mexican American middle school students' goal intentions in mathematics and science: A test of social cognitive career theory. *Journal of Counseling Psychology, 54*, 320–335.

Neff, K. D., & Harter, S. (2003). Relationship styles of self-focused autonomy, other-focused connectedness, and mutuality across multiple relationship contexts. *Journal of Social & Personal Relationships, 20*, 81–99.

Neighbors, C., Lee, C. M., Lewis, M. A., Fossos, N., & Walter, T. (2009). Internet-based personalized feedback to reduce 21st-birthday drinking: A randomized controlled trial of an event-specific prevention intervention. *Journal of Consulting and Clinical Psychology, 77*, 51–63.

Nelson, E. C., Heath, A. C., Madden, P. A., Cooper, M. L., Dinwiddie, S. H., Bucholz, K. K., et al. (2002). Association between self-reported childhood sexual abuse and adverse psychosocial outcomes: Results from a twin study. *Archives of General Psychiatry, 59*, 139–145.

Nelson, J. C. (2006). The STAR*D Study: A four-course meal that leaves us wanting more. *American Journal of Psychiatry, 163*, 1864–1866.

Nestoriuc, Y., & Martin, A. (2007). Efficacy of biofeedback for migraine: A meta-analysis. *Radiology Source, 128*, 111–127.

Nestoriuc, Y., Rief, W., & Martin, A. (2008). Meta-analysis of biofeedback for tension-type headache: Efficacy, specificity, and treatment moderators. *Journal of Consulting and Clinical Psychology, 76*, 379–396.

Nettle, D. (2001). *Strong imagination: Madness, creativity, and human nature*. New York: Oxford University Press.

Nevid, J. S. (1984). Sex differences in factors of romantic attraction. *Sex Roles, 11*, 401–411.

Nevid, J. S. (2006). *Essentials of psychology: Concepts and applications*. Boston: Houghton Mifflin Company.

Nevid, J. S. (2007). *Psychology: Concepts and applications*. (2nd ed.) Boston: Houghton Mifflin Company.

Nevid, J. S. (2009). *Psychology: Concepts and applications*. (3rd ed.) Belmont, CA: Cengage.

Nevid, J. S. (2011, May/June). Teaching the millennials. *APS Observer, Teaching Tips, 24*(5), l 53–156.

Nevid, J. S. (2012). *Essentials of psychology: Concepts and applications* (3rd ed.). Belmont, CA: Cengage Learning.

Nevid, J. S., & Rathus, S. A. (1978). Multivariate and normative data pertaining to the RAS with the college population. *Behavior Therapy, 9*, 675.

Nevid, J. S., & Rathus, S. A. (2007). *Your health*. Mason, OH: Thomson Custom Solutions.

Nevid, J. S., & Rathus, S. A. (2013). *HLTH*. Belmont, CA: Cengage Learning.

Nevid, J. S., Rathus, S. A., & Greene, B. (2003). *Abnormal psychology in a changing world*. (5th ed.). Upper Saddle River, NJ: Prentice-Hall, Inc.

Nevid, J. S., Rathus, S. A., & Greene, B. (2006). *Abnormal psychology in a changing world* (6th ed.). Upper Saddle River, NJ: Prentice-Hall.

Nevid, J. S., Rathus, S. A., & Greene, B. (2008). *Abnormal psychology in a changing world*. (7th ed.). Upper Saddle River, NJ: Prentice-Hall.

Nevid, J. S., Rathus, S. A., & Greene, B. A. (2011). *Abnormal psychology in a changing world*. (8th ed.). Upper Saddle River, NJ: Prentice-Hall.

Nevid, J. S., Rathus, S. A., & Greene, B. (2000). *Abnormal psychology in a changing world*, (3rd ed.) Englewood Cliffs: Prentice Hall.

Nevid, J. S., Rathus, S. A., & Rubenstein, H. R. (1998). *Health in the new millennium*. New York: Worth.

Nicolosi, A., Laumann, E. O., Glasser, D. B., Brock, G., King, R., & Gingell, C. (2006). Sexual activity, sexual disorders and associated help-seeking behavior among mature adults in five anglophone countries from the Global Survey of Sexual Attitudes and Behaviors (GSSAB). *Journal of Sex & Marital Therapy, 32*, 331–342.

Nisbett, R. (2003). *Geography of thought*. New York: Free Press.

Nisbett, R. E. (2003). *The geography of thought: How Asians and Westerners think differently . . . and why*. New York: The Free Press.

Nolen-Hoeksema, S. (1991). Responses to depression and their effects on the duration of depressive episodes. *Journal of Abnormal Psychology, 100*, 569–582.

Nolen-Hoeksema, S. (2006). The etiology of gender differences in depression. In C. M. Mazure & G. Puryear (Eds.), *Understanding depression in women: Applying empirical research to practice and policy*. Washington, DC: American Psychological Association.

Nonnemaker, J. M., & Homsi, G. (2007). Measurement of properties of the Fagerstrom Test for nicotine dependence adapted for use in an adolescent sample. *Addictive Behaviors, 32*, 181–186.

Norcross, J. C., & Karpiak, C. P. (2012). Clinical psychologists in the 2010s: 50 Years of the APA Division of Clinical Psychology. *Clinical Psychology: Science and Practice, 19*, 1–12. doi: 10.1111/j.1468-2850.2012.01269.

Norris, F N., Murphy, A. D., Baker, C. K., Perilla, J. L., Rodriguez, F. G., & Rodriguez, J. D. (2003). Epidemiology of trauma and posttraumatic stress disorder in Mexico. *Journal of Abnormal Psychology, 112*, 646–656.

Nosko, A., Wood, E., & Molema, S. (2010). All about me: Disclosure in online social networking profiles: The case of FACEBOOK. *Computers in Human Behavior, 26*, 406–418. doi:10.1016/j.chb.2009.11.012

Novotney, A. (2009, February). Dangerous distraction. *Monitor on Psychology, 40* (2), 3236.

Nowak, A., Vallacher, R. R., & Miller, M. E. (2003). Social influence and group dynamics. In T. Millon & M. J. Lerner (Eds.), *Handbook of psychology: Vol. 5. Personality and social psychology, Vol. 5.* (pp. 383–418). New York: John Wiley & Sons, Inc.

Nowicki, S., & Strickland, B. R. (1973). A locus of control scale for children. *Journal of Consulting and Clinical Psychology, 40*, 148–154.

Nowinski, J. (2007). *The identity trap: Saving our teens from themselves*. New York: AMACOM.

Nuland, S. (2003, May 19). "Where doesn't it hurt?" *Newsweek*, p. 62.

Oberauer, K., & Kliegl, R. (2004). Simultaneous cognitive operations in working memory after dual-task practice. *Journal of Experimental Psychology-Human Perception and Performance, 30*, 689–707.

O'Connor, A. (2005, March). Instant messaging: Friend or foe of student writing? *NewHorizons.org*. Retrieved from http://www.newhorizons.org/strategies/literacy/oconnor.htm.

O'Connor, A. (2011, December 15). Regular marijuana use by high school students hits new peak, report finds. *The New York Times*, p. A20.

O'Connor, T. G., Caspi, A., DeFries, J. C., & Plomin, R. (2000). Are associations between parental divorce and children's adjustment genetically mediated? An adoption study. *Developmental Psychology, 36*, 429–437.

O'Donohue, W., Yeater, E. A., & Fanetti, M. (2003). Rape prevention with college males: The roles of rape myth acceptance, victim empathy, and outcome expectancies. *Journal of Interpersonal Violence, 18*, 513–531.

O'Boyle, E. H., Humphrey, R. H., Pollack, J. M., Hawver, T. H., & Story, P. A. (2010). The relation between emotional intelligence and job performance: A meta-analysis. *Journal of Organizational Behavior*. Retrieved from http://crossroadscalifornia.com/wp-content/uploads/2010/09/Study-EQ-and-Job-Performance.pdf

Offermann, L. R., & Malamut, A. B. (2002). When leaders harass: The impact of target perceptions of organizational leadership and climate on harassment reporting and outcomes. *Journal of Applied Psychology, 87*, 885–893.

Ogden, C. L., Carroll, M. D., Curtin, L. R., McDowell, M. A., Tabak, C. J., & Flegal, K. M. (2006). Prevalence of overweight and obesity in the United States, 1999–2004. *Journal of the American Medical Association, 295*, 190–198.

Ogletree, S. M. (2010). With this ring, I thee wed: Relating gender roles and love styles to attitudes towards engagement rings and weddings. *Gender Issues, 27*, 67–77. doi: 10.1007/s12147-010-9090-z

Olfson, M., Gameroff, M. J., Marcus, S. C., Greenberg T., & Shaffer, D. (2005). Emergency treatment of young people following deliberate self-harm. *Archives of General Psychiatry, 62*, 1122–1128.

Olshansky, S. J., Passaro, D. J., Hershow, R. C., Layden, J., Carnes, B. A., Brody, J., et al. (2005). A potential decline in life expectancy in the United States in the 21st Century. *New England Journal of Medicine, 352*, 1138–1145.

Olson, I. R., & Marshuetz, C. (2005). Facial attractiveness is appraised in a glance. *Emotion, 5*, 498–502.

Olson, J. M., Vernon, P. A., Harris, J. A., & Jang, K. L. (2001). The heritability of attitudes: A study of twins. *Journal of Personality and Social Psychology, 80*, 845–860.

Olson, M. A., Crawford, M. T., & Devlin, W. (2009). Evidence for the underestimation of implicit in-group favoritism among low status groups. *Journal of Experimental Social Psychology, 45*, 1111–1116. doi:10.1016/j.jesp.2009.06.021

Onishi, N. (2004, January 8). Never lost, but found daily: Japanese honesty. *The New York Times*, pp. A1, A4.

Oquendo, M. A., Hastings, R. S., Huang, Y., Simpson, N., Ogden, R. T., Hu, X.-Z., Goldman, D., et al. (2007). Brain serotonin transporter binding in depressed patients with bipolar disorder using positron emission tomography. *Archives of General Psychiatry, 64*, 201–208.

Orbach, G., Lindsay, S., & Grey, S. (2007). A randomised placebo-controlled trial of a self-help Internet-based intervention for test anxiety. *Behaviour Research and Therapy, 45*, 483–496.

Ortega, A. N., Rosenheck, R., Alegria, M., & Desai, R. A. (2000). Acculturation and the lifetime risk of psychiatric and substance use disorders among Hispanics. *Journal of Nervous and Mental Disease, 188*, 728–735.

Orth, U., Trzesniewski, K. H., & Robins, R. W. (2010). Self-esteem development from young adulthood to old age: A cohort-sequential longitudinal study. *Journal of Personality and Social Psychology, 98*, 645. doi: 10.1037/a0018769

Ostermann, J., Kumar, V., Pence, B. W., & Whetten, K. (2007). Trends in HIV testing and differences between planned and actual testing in the United States, 2000–2005. *Archives of Internal Medicine, 167*, 2128–2135.

Otto, M. W., Teachman, B. A., Cohen, L. S., Soares, C. N., Vitonis, A. F., Allison F., et al. (2007). Dysfunctional attitudes and episodes of major depression: Predictive validity and temporal stability in never-depressed, depressed, and recovered women. *Journal of Abnormal Psychology, 116*(3) 475–483.

Ouellette, S. C., & DiPlacido, J. (2001). Personality's role in the protection and enhancements of health: Where the research has been, where it is stuck, how it might move. In A. Baum, T. A. Revenson, & J. E. Singer (Eds.), *Handbook of health psychology* (pp. 175–194). Mahwah, NJ: Lawrence Erlbaum Associates.

Ouimette, P. C., Finney, J. W., & Moos, R. H. (1997). Twelve-step and cognitive-behavioral treatment for substance abuse. *Journal of Consulting and Clinical Psychology, 65*, 230–240.

Overmier, J. B., & Seligman, M. E. P. (1967). Effects of inescapable shock upon subsequent escape and avoidance learning. *Journal of Comparative and Physiological Psychology, 63*, 23–33.

Overstreet, N. M., Quinn, D. M., & Agocha, V. B. (2010). Beyond thinness: The influence of a curvaceous body ideal on body dissatisfaction in Black and White Women. *Sex Roles, 63*, 91–103. doi: 10.1007/s11199-010-9792-4

Oyserman, D. (2008). Racial-ethnic self-schemas: Multidimensional identity-based motivation. *Journal of Research in Personality, 42*, 1186–1198.

Oyserman, D., Coon, H. M., & Kemmelmeier, M. (2002). Rethinking individualism and collectivism: Evaluation of theoretical assumptions and meta-analyses. *Psychological Bulletin, 128*, 3–72.

Oyserman, D., Gant, L., & Ager, J. (1995). A socially contextualized model of African American identity: Possible selves and school persistence. *Journal of Personality and Social Psychology, 69*, 1216–1232.

Oyserman, D., Kemmelmeier, M., & Coon, H. M., (2002). Cultural psychology, a new look: Reply to Bond (2002), Fiske (2002), Kitayama (2002), and Miller (2002). *Psychological Bulletin, 128*, 110–117.

Ozer, E. J., & Weiss, D. S. (2004). Who develops posttraumatic stress disorder? *Current Directions in Psychological Science, 13*, 169–172.

Packard, E. (2007, April). That teenage feeling. *Monitor on Psychology, 38(4)*, 20–22.

Packer, D. J. (2008). Identifying systematic disobedience in Milgram's obedience experiments: A meta-analytic review. *Perspectives on Psychological Science, 3*, 301–304.

Pampaloni, I., Sivakumaran, T., Hawley, C. J., Al Allaq, A., Farrow, J., Nelson, S., & Fineberg, N. A. (2009). High-dose selective serotonin reuptake inhibitors in OCD: A systematic retrospective case notes survey. *Journal of Psychopharmacology*. Retrieved from http://jop.sagepub.com/cgi/content/abstract/0269881109104850v1

Paris, J. (2008). *Treatment of borderline personality disorder: A guide to evidence-based practice*. New York: Guilford Press.

Park, A. (2011, March 7). Healing the hurt. *Time*, pp. 64–71.

Park, A., Sher, K. J., & Krull, J. L. (2006). Individual differences in the "Greek effect" on risky drinking: The role of self-consciousness. *Psychology of Addictive Behaviors, 20*, 85–90.

Park, J., & Banaji, M. R. (2000). Mood and heuristics: The influence of happy and sad states on sensitivity and bias in stereotyping. *Journal of Personality and Social Psychology, 78*, 1005–1023.

Parke, R. D. (2004). Development in the family. *Annual Review of Psychology, 55*, 365–399.

Parke, R. D., & Buriel, R. (1997). Socialization in the family: Ethnic and ecological perspectives. In W. Damon (Editor-in-Chief) & N. Eisenberg (Vol. Ed.), *Handbook of child psychology: Vol. 3. Social, emotional, and personality development* (5th ed., pp. 463–552). New York: John Wiley & Sons.

Parker, J. D. A., Duffy, L. M., Wood, L. M., Bond, B. J., & Hogan, M. J. (2005). Academic achievement and emotional intelligence: Predicting the successful transition from high school to university. *Journal of First-Year Experience and Students in Transition, 17*, 67–78.

Parker-Pope, T. (2009, January 13). A problem of the brain, not the hands: Group urges phone ban for drivers. *The New York Times*, p. D5.

Parlee, M. B. (1979). The friendship bond: *Psychology Today's* survey report on friendship in America. *Psychology Today, 13*(4), 43–54, 113.

Parloff, R. (2003, February 3). Is fat the next tobacco? *Fortune*, 51–54.

Parmet, S., Lynn, C., & Golub, R. M. (2011). Obsessive-compulsive disorder. *Journal of the American Medical Association, 305,* 1926. doi:10.1001/jama.305.18.1926

Patrick, S., Sells, J. N., Giordano, F. G., & Tollerud, T. R. (2007). Intimacy, differentiation, and personality variables as predictors of marital satisfaction. *The Family Journal, 15*, 359–367.

Pattison, E. M. (1977). *The experience of dying.* Englewood Cliffs, NJ: Prentice-Hall.

Paul, E. L., & Brier, S. (2001). Friendsickness in the transition to college: Precollege predictors and college adjustment correlates. *Journal of Counseling & Development,79*, 77–89.

Paul, P. (2005, January 17). The power to uplift. *Time,* pp. A46–A48.

Paunonen, S. V. (2003). Big Five Factors of personality and replicated predictions of behavior. *Journal of Personality and Social Psychology, 84,* 411–424.

Pawlowski, B., & Koziel, S. (2002). The impact of traits offered in personal advertisements on response rates. *Evolution & Human Behavior, 23*(2), 139–149.

Pazda, A. D., & Elliot, A.J. (2012). The color of attraction: How red influences physical appeal. In M. Paludi (Ed.), *The Psychology of Love*. Santa Barbara, CA: Praeger.

Pazda, A.D., Elliot, A.J., & Greitemeyer, T. (2012). The color of sexuality: Female red displays are used and perceived as a sexual signal. In A. Columbus (Ed.), *Advances in Psychology Research, Volume 89*. Hauppauge, NY: Nova.

Pearson, J. L., & Brown, G. K. (2000). Suicide prevention in late life: Direction for science and practice. *Clinical Psychology Review, 20*, 685–705.

Peck, R. C. (1968). Psychological developments in the second half of life. In B. L. Neugarten (Ed.), *Middle age and aging.* Chicago: University of Chicago Press.

Pedersen, S. S., Lemos, P. A., van Vooren, P. R., Liu, T. K., et al. (2004). Type D personality predicts death or myocardial infarction after bare metal stent or sirolimus-eluting stent implantation: A rapamycin-eluting stent evaluated at Rotterdam Cardiology Hospital (RESEARCH) registry substudy. *Journal of the American College of Cardiology, 44*, 997–1001.

Peeters, M. C., Bakker, A. B., Schaufeli, W. B., & Wilmar, B. (2005). Balancing work and home: How job and home demands are related to burnout. *International Journal of Stress Management, 12,* 43–61.

Pempek, T. A., Yermolayeva, Y. A., & Calvert. S. L. (2009). College students' social networking experiences on Facebook. *Journal of Applied Developmental Psychology*, *30*, 227–238.

Pengilly, J. W., & Dowd, E. T. (2000). Hardiness and social support as moderators of stress. *Journal of Clinical Psychology, 56*, 813–820.

Pennebaker, J. W. (2004). Theories, therapies, and taxpayers: On the complexities of the expressive writing paradigm. *Clinical Psychology: Science and Practice, 11*, 138–142.

Penner, L. A., Dovidio, J. F., Piliavin, J. A., & Schroeder, D. A. (2005). Prosocial behavior: Multilevel perspectives. *Annual Review of Psychology, 56*, 365–392.

Peplau, L. A. (2003). Human sexuality: How do men and women differ? *Current Directions in Psychological Science, 12*, 37–40.

Pereira, M.A., O'Reilly, E., Augustsson, K., Fraser, G. E., Goldbourt, U., Heitmann, et al. (2004). Dietary fiber and risk of coronary heart disease: A pooled analysis of cohort studies. *Archives of Internal Medicine, 164,* 370–376.

Perilloux, C., Easton, J. A., & Buss, D.M.(2012). The misperception of sexual interest. *Psychological Science, 23*, 146–151.

Perlis, M. L., Jungquist, C., Smith, M. T., & Posner, D. (2008). *Cognitive behavioral treatment of insomnia: A session by session guide.* New York, NY: Springer.

Perlis, R. H., Ostacher, M., Fava, M., Nierenberg, A. A., Sachs, G. S., & Rosenbaum, J. F. (2010). Assuring that double-blind is blind. *American Journal of Psychiatry, 167*, 2502–52. doi: 10.1176/appi.ajp.2009.09060820

Perls, F. S. (1971). *Gestalt therapy verbatim.* New York: Bantam Books.

Perrett, D. L. (1994, March 21). Nature. In J. E. Brody, Notions of beauty transcend culture, new study suggests. *The New York Times*, p. A14.

Perrone, K. M., Webb, L. K., & Jackson, Z. V. (2007). Relationships between parental attachment, work and family roles, and life satisfaction. *The Career Development Quarterly, 55*, 237–248.

Perry, D. G., & Bussey, K. (1979). The social learning theory of sex differences: Imitation is alive and well. *Journal of Personality and Social Psychology, 37,* 1699–1712.

Persons, J. B., Davidson, J., & Tompkins, M. A. (2001). *Essential components of cognitive-behavior therapy for depression.* Washington, DC: American Psychological Association.

Peters, E., Hess, T. M., Västfjäll, D., & Auman, C. (2007). Adult age differences in dual information processes: Implications for the role of affective and deliberative processes in older adults' decision making. *Perspectives on Psychological Science, 2,* 1–23.

Petersen, A. (2011,December 13). A serious illness or an excuse? *The Wall Street Journal,* pp. D1, D. 4.

Peterson, B. E., & Duncan, L. E. (2007). Midlife women's generativity and authoritarianism: Marriage, motherhood, and 10 years of aging. *Psychology and Aging, 22,* 411–419.

Pettigrew, T. F., & Tropp, L. R. A. (2006). A meta-analytic test of intergroup contact theory. *Journal of Personality and Social Psychology, 90*, 751–783.

Petty, R. E., & Brinol, P. A. (2006). A metacognitive approach to "implicit" and "explicit" evaluations: Comment on Gawronski and Bodenhausen (2006). *Psychological Bulletin, 132*, 740–744.

Petty, R. E., Wheeler, S. C., & Tormala, Z. L. (2003). Persuasion and attitude change. In T. Millon & M. J. Lerner (Eds.), *Handbook of psychology: Vol. 5. Personality and social psychology* (pp. 353–382). New York: John Wiley & Sons.

Phinney, J. S. (2000). Identity formation across cultures: The interaction of personal, societal, and historical change. *Human Development, 43*, 27–31.

Phinney, J. S., Cantu, C. L., & Kurtz, D. A. (1997). Ethnic and American identity as predictors of self-esteem among African American, Latino, and White adolescents. *Journal of Youth & Adolescence, 26*(2), 165–185.

Pierce, R. C., & Kumaresan, V. (2006). The mesolimbic dopamine system: The final common pathway for the reinforcing effect of drugs of abuse? *Neuroscience and Biobehavioral Reviews, 30*, 215–238.

Pierre, M. R., & Mahalik, J. R. (2005). Examining African self-consciousness and Black racial identity as predictors of Black men's psychological well-being. *Cultural Diversity and Ethnic Minority Psychology, 11*, 28–40.

Pilkonis, P. (1996). Cited in Goleman, D. J. (1996, May 1). Higher suicide risk for perfectionists. *The New York Times,* p. C12.

Pincus, A. L., Lukowitsky, M. R., Wright, A. G. C., & Eichler, W. C. (2009). The interpersonal nexus of persons, situations, and psychopathology. *Journal of Research in Personality, 43*, 264–265. doi:10.1016/j.jrp.2008.12.029

Plaisier, I., de Bruijn, J. G. M., Smit, J. H., de Graafd, R., ten Have, M., Beekman, A. T. F., van Dyck, R., et al. (2008). Work and family roles and the association with depressive and anxiety disorders: Differences between men and women. *Journal of Affective Disorders, 105*, 63–72.

Polinko, N. K., & Popovich, P. M (2001). Evil thoughts but angelic actions: Responses to overweight job applicants. *Journal of Applied Social Psychology, 31,* 905–924.

Pope, H.G., Kouri, E. M., & Hudson, J. I. (2000). Effects of supraphysiologic doses of testosterone on mood and aggression in normal men: A randomized controlled trial. *Archives of General Psychiatry, 57*, 133–140.

Poropat, A. E. (2009). A meta-analysis of the five-factor model of personality and academic performance. *Psychological Bulletin, 135*, 322–338. 10.1037/a0014996

Post, E.P., Miller, M.D., & Schulberg, H. C. (2008). Using interpersonal psychotherapy (IPT) to treat depression in older primary care patients. *Geriatrics, 63*, 18–28.

Poulin, M. J., Holman, E. A., & Buffone, A. (2012). The neurogenetics of nice: Receptor genes for oxytocin and vasopressin interact with threat to predict prosocial behavior. *Psychological Science, 23*, 446–452. doi:10.1177/0956797611428471

Powell, E. (1991). *Talking back to sexual pressure.* Minneapolis: CompCare Publishers.

Powell, E. (1996). *Sex on your terms.* Boston: Allyn & Bacon.

Powell, L. H., Calvin, J. E., 3rd, & Calvin, J. E., Jr. (2007). Effective obesity treatments. *American Psychologist, 62*, 234–246.

Practice Directorate Staff. (2005, February). Prescription for success. *Monitor on Psychology, 36,* p. 25.

Pratt, L. A., & Brody, D. J. (2008, September). Depression in the United States household population, 2005–2006. *NCHS Data Brief, Number 7.* Retrieved from http://www.cdc.gov/nchs/data/databriefs/db07.htm

Pressman, S. D., & Cohen, S. (2005). Does positive affect influence health? *Psychological Bulletin, 131,* 925–971.

Pressman, S. D., Cohen, S., Miller, G. E., Barkin, A., Rabin, B. S., & Treanor J. J. (2005). Loneliness, social network size, and immune response to influenza vaccination in college freshmen. *Health Psychology, 24*, 297–306.

Preston, S. H. (2003). Deadweight? — The influence of obesity on longevity. *New England Journal of Medicine, 352* , 1135–1137.

Prezza, M., Amici, M., Roberti, T., & Tedeschi, G. (2001). The effects of culture on the causes of loneliness. *Journal of Community Psychology, 29*, 29–52.

Prochaska, J. O., & Norcross, J. C. (2010). *Systems of psychotherapy* (7th ed.). Belmont, CA:Brooks/Cole, Cengage Learning.

Pronin, E., Gilovich, T., & Ross, L. (2004). Objectivity in the eye of the beholder: Divergent perceptions of bias in self versus others. *Psychological Review, 111*, 781–799.

Prudic, J., Olfson, M., Marcus, S. C., Fuller, R. B., & Sackeim, H. A. (2004). Effectiveness of electroconvulsive therapy in community settings. *Biological Psychiatry, 55,* 301–312.

Pruessner, M., Iyer, S. N., Faridi, K., Joober, R., & Malla, A. K. (2011). Stress and protective factors in individuals at ultra-high risk for psychosis, first episode psychosis and healthy controls. *Schizophrenia Research, 129*, 29–35.

Puente, S., & Cohen, D. (2003). Jealousy and the meaning (or nonmeaning) of violence. *Personality & Social Psychology Bulletin, 29,* 449–460.

Puighermanal, E., Marsicano, G., Busquets-Garcia, A., Lutz, B., Maldonado, R. & Ozaita, A. (2009). Cannabinoid modulation of hippocampal long-term memory is mediated by mTOR signaling. *Nature Neuroscience, 12*, 1152–1158. doi:10.1038/nn.2369

Punyanunt-Carter, N. M. (2006). An analysis of college students' self-disclosure behaviors on the Internet. *College Student Journal, 40*, 329–331.

Qaseem, A., Snow, V., Denberg, T. D., Forciea, M. A., Owens, D. K., et al. (2008). Using second-generation antidepressants to treat depressive disorders: A clinical practice guideline from the American College of Physicians. *Annals of Internal Medicine, 149*, 725–733.

Qaseem, A., Snow, V., Denberg, T. D., Casey, D. E., Jr., Forciea, M. A., Owens, D. K., et al. (2009). Testing and pharmacologic treatment of erectile dysfunction: A clinical practice guideline from the American College of Physicians. *Annals of Internal Medicine, 151*, 639–649.

Querfurth, H. W., & LaFerla, F. M. (2010). Alzheimer's disease. *New England Journal of Medicine, 362,* 329–344.

Rabasca, L. (2000a). Listening instead of preaching. *Monitor on Psychology, 31*(3), pp. 50–51.

Rabasca, L. (2000b). Pre-empting racism. *Monitor on Psychology, 31*(11), 60.

Rabin, R. C. (2008, May 13). For a sharp brain, stimulation. *The New York Times,* p. H4.

Rabin, R. C. (2011, December 15). Nearly 1 in 5 women in U.S. survey say they have been sexually assaulted. *The New York Times*, p. A32.

Radel, M., Vallejo, R. L., Iwata, N., Aragon, R., Long, J. C., Virkkunen, M., et al. (2005). Haplotype based localization of an alcohol dependence gene to the 5q34 ? Aminobutyric Acid Type A Gene Cluster. *Archives of General Psychiatry, 62*, 47–55.

Raichle, K., & Lambert, A. J. (2000). The role of political ideology in mediating judgments of blame in rape victims and their assailants: A test of the just world, personal responsibility, and legitimization hypotheses. *Personality & Social Psychology Bulletin, 26*, 853–863.

Raine, A. (2008). From genes to brain to antisocial behavior. *Current Directions in Psychological Science, 17*, 323–328. doi: 10.1111/j.1467-8721.2008.00599

Rakowski, W. (1995). Cited in Margoshes, P. (1995). For many, old age is the prime of life. *APA Monitor, 26*(5), 36–37.

Rapee, R. M., Gaston, J. E., & Abbott, M. J. (2009). Testing the efficacy of theoretically derived improvements in the treatment of social phobia. *Journal of Consulting and Clinical Psychology, 77*, 317–327. doi: 10.1037/a0014800

Rapgay, L., Bystritsky, A., Dafter, R. E., & Spearman, M. (2011). New strategies for combining mindfulness with integrative CBT for the treatment of GAD. *Journal of Rational-Emotive & Cognitive-Behavior Therapy, 29*, 92–119.

Rasch, B., Büchel, C., Gais, S., & Born, J. (2007). Odor cues during slow-wave sleep prompt declarative memory consolidation. *Science, 315*, 1426–1429.

Raskin, N. J., & Rogers, C. R., & Witty, M. C. (2008). Person-centered therapy. In R. J. Corsini & D. Wedding (Eds.) (8th ed.), *Current psychotherapies* (pp. 141–186). Belmont, CA:Thomson Higher Education.

Rathus, J. H., & Sanderson, J. H. (1999). *Marital distress: Cognitive behavioral interventions for couples.* Northvale, NJ: Jason Aronson.

Rathus, S. A. (1973). A 30–item schedule for assessing assertive behavior. *Behavior Therapy, 4,* 398–406.

Rathus, S. A., Nevid, J. S., & Fichner-Rathus, L. (2002). *Human sexuality in a world of diversity*. (5th ed.) Boston: Allyn & Bacon.

Rathus, S. A., Nevid, J. S., & Fichner-Rathus, L. (2008). Human sexuality in a world of diversity. (7th ed.) Boston: Allyn & Bacon.

Rathus, S. A., Nevid, J. S., & Fichner-Rathus, L. (2011). *Human sexuality in a world of diversity.* (8th ed.) Boston: Allyn & Bacon.

Rawe, J., & Kingsbury, K. (2006, May 22). When colleges go on suicide watch. *Time*, pp. 62–63.

Raz, A., Zigman, P., & de Jong, V. (2009). Placebo effects and placebo responses: Filling the interstices with meaning. *PsycCRITIQUES, 54(*33). Retrieved from http://psycnet.apa.org/index.cfm?fa=search.displayRecord&uid=2009-10507-001

Reas, D. L., & Grilo, C. M. (2007). Timing and sequence of the onset of overweight, dieting, and binge eating in overweight patients with binge eating disorder. *International Journal of Eating Disorders, 40*, 165–170.

Reece, M., Herbenick, D., Schick, V., Sanders, S. A., Dodge, B., & Fortenberry, D. (2010). Sexual behaviors, relationships, and perceived health among adult men in the United States: Results from a national probability sample. *Journal of Sexual Medicine*, *7* (suppl. 5), 291–304. doi: 10.1111/j.1743-6109.2010.02009.x

Reis, H. T., et al. (1990). What is smiling is beautiful and good. *European Journal of Social Psychology, 20*, 259–267.

Resnick, H. S., Kilpatrick, D. G., Dansky, B. S., Saunders, B. E., & Best, C. L. (1993). Prevalence of civilian trauma and posttraumatic stress disorder in a representative national sample of women. *Journal of Consulting and Clinical Psychology, 61*, 984–991.

Rettner, R. (2010, May 17). *People are happier, less stressed after age 50*. Retrieved from http://www.msnbc.msn.com/id/37195913/ns/health-aging/.

Reuter, M., Frenzel, C., Walter, N. T., Markett, S., & Montag, C. (2010). Investigating the genetic basis of altruism: The role of the COMT Val158Met polymorphism. *Social Cognitive and Affective Neuroscience*. Retrieved from http://scan.oxfordjournals.org/content/early/2010/10/28/scan.nsq083.full.pdf, doi: 10.1093/scan/nsq083

Reyna, V. F., & Farley, F. (2006). Risk and rationality in adolescent decision making implications for theory, practice, and public policy. *Psychological Science in the Public Interest, 7*, 2–44.

Reynolds, C. A., Barlow, T., & Pedersen, N. L. (2006). Alcohol, tobacco and caffeine use: Spouse similarity processes. *Behavior Genetics, 36*, 201–215.

Reynolds, C. F., Dew, M. A., Pollock, B. J., Mulsant, B. H., Frank, E., Miller, M. D., Houck, P. R., Mazumdar, S., et al. (2006). Maintenance treatment of major depression in old age. *New England Journal of Medicine, 354,* 1130–1138.

Rhoades, G. K., Stanley, S. M., & Markman, H. J. (2009). The pre-engagement cohabitation effect: A replication and extension of previous findings. *Journal of Family Psychology, 23*, 107–111.

Ricciardelli, L. A., & McCabe, M. P. (2001). Children's body image concerns and eating disturbance: A review of the literature. *Clinical Psychology Review, 21,* 325–344.

Richardson-Jones, J. W., Craige, C., Guiard, A., Stephen, A., Metzger, K., Kung, H., et al. (2010). 5-HT1A autoreceptor levels determine vulnerability to stress and response to antidepressants. *Neuron, 65*, 40–52. doi:10.1016/j.neuron.2009.12.003

Richtel, M. (2009, December 7). Promoting the car phone, despite risks. *The New York Times*, pp. A 1, A20.

Rideout, V. J., Foehr, U. G., & Roberts, D. F. (2010). *Media in the lives of 8- to 18–year-olds: A Kaiser Family Foundation study*. Menlo Park, CA: Henry J. Kaiser Family Foundation.

Rideout, V. J., Foehr, U. G., & Roberts, D. F. (2010, January). *Generation M2: Media in the lives of 8- to 18–year-olds. Kaiser Family Foundation study*. Retrieved from http://www.kff.org/entmedia/8010.cfm

Rieckmann, T. R., Wadsworth, M. E., & Deyhle, D. (2004). Cultural identity, explanatory style, and depression in Navajo adolescents. *Cultural Diversity and Ethnic Minority Psychology, 10*, 365–382.

Rief, W., & Sharpe, M. (2004). Somatoform disorders—new approaches to classification, conceptualization, and treatment. *Journal of Psychosomatic Research, 56*, 387–390.

Rieger, E., Van Buren, D. J., Bishop, M., Tanofsky-Kraff, M., Welch, R., & Wilfley, D. E. (2010). An eating disorder-specific model of interpersonal psychotherapy (IPT-ED): Causal pathways and treatment implications. *Clinical Psychology Review, 30*, 400–410. doi:10.1016/j.cpr.2010.02.001

Riepe, M. (2000). Cited in Ritter, M. (2000, March 21). Brains differ in navigation skills. *The Associated Press online.*

Rimm, E. B., & Stampfer, M. J. (2005). Diet, lifestyle, and longevity – The next step. *Journal of the American Medical Association, 292,* 1490–492.

Rind, B., & Strohmetz, D. (1999). Effect on restaurant tipping of a helpful message written on the back of customers' checks. *Journal of Applied Social Psychology, 29,* 139–144.

Ripley, A. (2005, March 7). Who says a woman can't be Einstein? *Time*, pp. 51–60.

Riso, L. P., duToit, P. L., Blandino, J. A., Penna, S., Dacey, S., Duin, J. S., et al. (2003). Cognitive aspects of chronic depression. *Journal of Abnormal Psychology, 112,* 72–80.

Ritter, M. (2000, March 21). *Brains differ in navigation skills.* The Associated Press online.

Rivas-Drake, D. (2012). Ethnic identity and adjustment: The mediating role of sense of community. *Cultural Diversity and Ethnic Minority Psychology, 18*, 210–215. doi: 10.1037/a0027011

Roberts, A., Cash, T. F., Feingold, A., & Johnson, B. T. (2006). Are black-white differences in females' body dissatisfaction decreasing? A meta-analytic review. *Journal of Consulting and Clinical Psychology, 74,* 1121–1131.

Roberts, B., W., Smith, J., Jackson, J. J., & Edmonds, G. (2009). Compensatory conscientiousness and health in older couples. *Psychological Science, 20*, 553–559. doi: 10.1111/j.1467-9280.2009.02339.x

Roberts, R. E. (2008). Persistence and change in symptoms of insomnia among adolescents. *Sleep, 31*, 177.

Roberts, S. (2005, March 27). Ms. Rose, by any other name, might still be a florist. *The New York Times*, Section 4, p. 12.

Robins, R. W., & Trzesniewski, K .H. (2005). Self-esteem development across the lifespan. *Current Directions in Psychological Science, 14* 158–162.

Robles, T. F., Glaser, R., & Kiecolt-Glaser, J. K. (2005). Out of balance: A new look at chronic stress, depression, and immunity. *Current Directions in Psychological Science, 14,* 111–115.

Rodriguez, J., Umaña-Taylor, A., Smith, E. P., & Johnson, D. J. (2009). Cultural processes in parenting and youth outcomes: Examining a model of racial-ethnic socialization and identity in diverse populations. *Cultural Diversity and Ethnic Minority Psychology, 15*, 106–111. doi: 10.1037/a0015510

Roese, N. J., & Olson, J. M. (2007). Better, stronger, faster: Self-serving judgment, affect regulation, and the optimal vigilance hypothesis. *Perspectives on Psychological Science, 2*, 124–141.

Roger, V. L. (2009). Lifestyle and cardiovascular health: Individual and societal choices. *Journal of the American Medical Association, 302,* 437–439.

Rokach, A., & Bacanli, H. (2001). Perceived causes of loneliness: A cross-cultural comparison. *Social Behavior & Personality, 29*, 169–182.

Ronksley, P. E., Brien, S. E., Turner, B. J., Mukamal, K. J., & Ghali, W. A. (2011). Association of alcohol consumption with selected cardiovascular disease outcomes: A systematic review and meta-analysis. *British Medical Journal, 342*, d671. doi:d671 DOI: 10.1136/bmj.d671

Rosen, R. C., & Laumann, E. O. (2003). The prevalence of sexual problems in women: How valid are comparisons across studies? Commentary on Bancroft, Loftus, and Long's (2003) A Distress about sex: A national survey of women in heterosexual relationships. *Archives of Sexual Behavior, 32*, 209–211.

Rosenbloom, S. (2011, November 13). Love, lies, and what they learned. *The New York Times,* pp. ST1, ST8.

Rotter, J. B. (1990). Internal versus external control of reinforcement: A case history of a variable. *American Psychologist, 45,* 489–493.

Roy-Byrne, P. (2010, August 2). How do antidepressants increase suicide risk in the young? *Journal Watch Psychiatry*. Retrieved from http://psychiatry.jwatch.org/cgi/content/full/2010/802/2

Roy-Byrne, P. (2009, January 12). With a little help from my friends: The happiness effect. *Journal Watch Psychiatry*. Retrieved from http://psychiatry.jwatch.org/cgi/content/full/2009/112/1

Rozin, P., Bauer, R., & Catanese, D. (2003). Food and life, pleasure and worry, among American college students: Gender differences and regional similarities. *Journal of Personality and Social Psychology, 85,* 132–141.

Rubinstein, S., & Caballero, B. (2000). Is Miss America an undernourished role model? *Journal of the American Medical Association, 283,* 1569.

Rupert, P. A., & Morgan, D. J. (2005). Work setting and burnout among professional psychologists. *Professional Psychology: Research and Practice, 36*, 544–550.

Rush, A. J., Khatami, M., & Beck, A. T. (1975). Cognitive and behavior therapy in chronic depression. *Behavior Therapy, 6,* 398–404.

Rushton, J. P., & Bons, T. A. (2005). Mate choice and friendship in twins: Evidence for genetic similarity. *Psychological Science, 16,* 555–559.

Rutledge, P. C., Park, A., & Sher, K. J. (2008). 21st birthday drinking: Extremely extreme. *Journal of Consulting and Clinical Psychology, 76*, 517–523.

Rutledge, T., & Hogan, B. E. (2002). A quantitative review of prospective evidence linking psychological factors with hypertension development. *Psychosomatic Medicine, 64*, 758–66.

Rutter, M. (2008). Biological implications of gene–environment interaction. *Journal of Abnormal Child Psychology, 36*, 969–975.

Rutter, M., Caspi, A., Fergusson, D., Horwood, L. J., Goodman, R., Maughan, B., et al. (2004). Sex differences in developmental reading disability: New findings from 4 epidemiological studies. *Journal of the American Medical Association, 291*, 2007–2012.

Saad, L. (1999, September 3). *American workers generally satisfied, but indicate their jobs leave much to be desired.* Princeton, NJ: Gallup News Service.

Saigal, C. S., Wessells, H., Pace, J., Schonlau, M., & Wilt, T. J. (2006). Predictors and prevalence of erectile dysfunction in a racially diverse population. *Archives of Internal Medicine, 166*, 207–212.

Salgado de Snyder, V. N., Cervantes, R. C., & Padilla, A. M. (1990). Gender and ethnic differences in psychosocial stress and generalized distress among Hispanics. *Sex Roles, 22,* 441–453.

Salthouse, T. A. (2004). What and when of cognitive aging. *Current Directions in Psychological Science, 13*, 140–144.

Salthouse, T. A. (2006). Mental exercise and mental aging: Evaluating the validity of the "use it or lose it" hypothesis. *Perspectives on Psychological Science, 1*, 68–87.

Sánchez-Ortuño, M. M., & Edinger, J. D. (2010). A penny for your thoughts: Patterns of sleep-related beliefs, insomnia symptoms and treatment outcome. *Behavior Research and Therapy, 48*, 125–133. doi:10.1016/j.brat.2009.10.003

Sanders, L. (2007, December 16). Gut problem. *The New York Times Magazine*, pp. 42–44.

Santelli, J. S., Lindberg, L. D., Finer, L. B., & Singh, S. (2007). Explaining recent declines in adolescent pregnancy in the United States: The contribution of abstinence and improved contraceptive use. *American Journal of Public Health, 97,* 150–156.

Sar, V., Akyuz, G., Kundakci, T., Kiziltan, E., & Dogan, O. (2004). Childhood trauma, dissociation, and psychiatric comorbidity in patients with conversion disorder. *American Journal of Psychiatry, 161,* 2271–2276.

Saucier, D. A., Miller, C. T., & Doucet, N. (2005). Differences in helping Whites and Blacks: A meta-analysis. *Personality and Social Psychology Review, 9,* 2–16.

Saulny, S. (2011, February 10). In a multiracial nation, many ways to tally. *The New York Times*, pp. A1, A17.

Savickas, M. L. (2002). Career construction: A developmental theory of vocational behavior. In D. Brown & Associates (Eds.), *Career choice and development*. (4th ed.) (pp. 149–205). San Francisco: Jossey-Bass.

Savitsky, K., Keysar, B., Epley, N., Carter, T., & Swanson, A. (2011). The closeness-communication bias: Increased egocentrism among friends versus strangers. *Journal of Experimental Social Psychology, 47* (1): 269 DOI: 10.1016/j.jesp.2010.09.005

Sbarra, D. A., Law, R. W., & Portley, R. M. (2011). Divorce and death: A meta-analysis and research agenda for clinical, social, and health psychology. *Perspectives on Psychological Science, 11*, 454–474, doi:10.1177/1745691611414724

Schaubroeck, J., Jones, J. R., & Xie, J. L. (2001) Individual differences in utilizing control to cope with job demands: Effects on susceptibility to infectious disease. *Journal of Applied Psychology, 86,* 265–278.

Scheier, M. F., & Carver, C. S. (1985). Optimism, coping, and health: Assessment and implications of generalized outcome expectancies. *Health Psychology, 4,* 219–247.

Scheier, M. F., Matthews, K. A., Owens, J. F., Schulz, R., Bridges, M. W., Magovern, G. J., et al. (1999). Optimism and rehospitalization after coronary artery bypass graft surgery. *Archives of Internal Medicine,159*, 829–935.

Schemo, D. J. (2006, January 25). One-quarter of college students cite unwanted sexual contact. *The New York Times,* p. B7.

Schick, V., Herbenick, D., Reece, M., Sanders, S. A., Dodge, B., Middlestadt, S. E., et al. (2010). Sexual behaviors, condom use, and sexual health of Americans over 50: Implications for sexual health promotion for older adults. *Journal of Sexual Medicine, 7* (suppl 5), 315–329. doi: 10.1111/j.1743-6109.2010.02013.x

Schmader, T., Johns, M., & Forbes, C. (2008). An integrated process model of stereotype threat effects on performance. *Psychological Review, 115*, 336–356.

Schneider, L. S. (2004). Estrogen and dementia: Insights from the Women's Health Initiative Memory Study. *Journal of the American Medical Association, 291*, 3005–3007.

Schneier, F. R. (2006). Social anxiety disorder. *New England Journal of Medicine, 355,* 1029–1036.

Schroeder, S. A. (2007). We can do better — improving the health of the American people. *New England Journal of Medicine, 357,* 1221–1228.

Schultz, C. C., Koch, K., Wagner, G., Roebel, M., Schachtzabel, C., Gaser, C., et al. (2010). Reduced cortical thickness in first episode schizophrenia. *Schizophrenia Research, 116*, 204–209.

Schultz, L. T., & Heimberg, R. G. (2008). Attentional focus in social anxiety disorder: Potential for interactive processes. *Clinical Psychology Review, 28*, 1206–1221.

Schwartz, C. E., Wright, C. I., Shin, L. M., Kagan, J., & Rauch, S. L. (2003). Inhibited and uninhibited infants "grown up:": Adult amygdalar response to novelty. *Science, 300,* 1952–1953.

Schwartz, S. J., Mullis, R. L., Waterman, A. S., & Dunham, R. M. (2000). Ego identity status, identity style, and personal expressiveness: An empirical investigation of three convergent constructs. *Journal of Adolescent Research, 15*, 504–521.

Schwartz, S. J., Zamboanga, B. L., & Jarvis, L. H. (2007). Ethnic identity and acculturation in Hispanic early adolescents: Mediated relationships to academic grades, prosocial behaviors, and externalizing symptoms. *Cultural Diversity and Ethnic Minority Psychology, 13,* 364–373.

Scribner, R . A., Mason, K. E., Simonsen, N. R., Theall, K., Chotalia, J., Johnson, S., et al. (2010). An ecological analysis of alcohol-outlet density and campus-reported violence at 32 U.S. colleges. *Journal of Studies on Alcohol and Drugs, 71*, 184.

Sedikides, C., Gaertner, L., & Toguchi, Y. (2003). Pancultural self-enhancement. *Journal of Personality and Social Psychology, 84,* 60–79.

Sefcek, J. A., Brumbach, B. H., Vasquez, G., & Miller, G. F. (2007). The evolutionary psychology of human mater choice: How ecology, genes, fertility, and fashion influence mating strategies. *Journal of Psychology & Human Sexuality, 18*, 125–182

Segal, Z. V., Bieling, P., Young, T., MacQueen, G., Cooke, R. Martin, L., . . . Levitan, R. D. (2010). Antidepressant monotherapy vs sequential pharmacotherapy and mindfulness-based cognitive therapy, or placebo, for relapse prophylaxis in recurrent depression. *Archives of General Psychiatry, 67*, 1256–1264.

Segrin, C., Powell, H. L., Givertz, M., & Brackin, A. (2003). Symptoms of depression, relational quality, and loneliness in dating relationships. *Personal Relationships, 10*, 25–36.

Selby, E. A., & Joiner, T. E., Jr. (2009). Cascades of emotion: The emergence of borderline personality disorder from emotional and behavioral dysregulation. *Review of General Psychology, 13*, 219–229. doi:10.1037/a0015687

Seligman, M. E. P. (2003, August). *Positive psychology: Applications to work, love, and sports.* Paper presented at the meeting of the American Psychological Association, Toronto, Canada.

Seligman, M. E. P., & Maier, S. F. (1967). Failure to escape traumatic shock. *Journal of Experimental Psychology, 74*, 1–9.

Seligman, M. E. P., Steen, T. A., Park, N., & Peterson, C. (2005). Positive psychology progress: Empirical validation of interventions. *American Psychologist, 60*, 410–421.

Seltzer, L. J., Ziegler, T. E., & Pollak, S. D. (2010). *Social vocalizations can release oxytocin in humans.* Proceedings of the Royal Society B: Biological Sciences, published online. doi: 10.1098/rspb.2010.0567

Selye, H. (1976). *The stress of life,* rev. ed. New York: McGraw-Hill.

Selye, H. (1980). The stress concept today. In I. L. Kutash, L. B. Schlesinger, et al. (Eds.), *Handbook on stress and anxiety.* San Francisco: Jossey-Bass.

Senecal, C., Vallerand, R. J., & Guay, F. (2001). Antecedents and outcomes of work-family conflict: Toward a motivational model. *Personality & Social Psychology Bulletin, 27*, 176–186.

Serfaty, M. A., Haworth, D., Blanchard, M., Buszewicz, M., Murad, S., & King, M. (2009). Clinical effectiveness of individual cognitive behavioral therapy for depressed older people in primary care: A randomized controlled trial. *Archives of General Psychiatry, 66*, 1332–1340.

Seshadri, S., Fitzpatrick, A. L., Ikram, A., DeStefano, A. L., Gudnason, V., Boada, M., et al. (2010). Genome-wide analysis of genetic loci associated with Alzheimer Disease. *Journal of the American Medical Association, 303*, 1832–1840.10.1111/j.1743–6109.2010.02013.x

Shackelford, T. K., Goetz, A T., Buss, D. M. Euler, H. A., & Hoier, S. (2005). When we hurt the ones we love: Predicting violence against women from men's mate retention. *Personality Relationships, 12,* 447–463.

Shackelford, T. L., Schmitt. D. P., & Buss, D. M. (2005). Universal dimensions of human mate preferences. *Personality and Individual Differences, 39*, 447–458.

Shadish, W. R., & Baldwin, S. A. (2005). Effects of behavioral marital therapy: A meta-analysis of randomized controlled trials. *Journal of Consulting and Clinical Psychology,* 73, 6–14.

Shafran, R., & Mansell, W. (2001). Perfectionism and psychopathology: A review of research and treatment. *Clinical Psychology Review, 21*, 879–906.

Shane, S., Nicolaou, N., Cherkas, L., & Spector, T. D. (2010). Genetics, the Big Five, and the tendency to be self-employed. *Journal of Applied Psychology, 95*, 1154–1162. doi: 10.1037/a0020294

Shaw, B. A., Liang, J., & Krause, N. (2010). Age and race differences in the trajectories of self-esteem. *Psychology and Aging, 25*, 84–94. doi: 10.1037/a0018242

Shea, C. (2007, December 9). The height tax. *The New York Times Magazine*, p. 74.

Sheard, M., & Golby, J. (2007). Hardiness and undergraduate academic study: The moderating role of commitment. *Personality and Individual Differences, 43*, 579–588.

Shedler, J. (2010). The efficacy of psychodynamic psychotherapy. *American Psychologist, 65*, 98–109. doi: 10.1037/a0018378

Sheehy, G. (1976). *Passages: Predictable crises of adult life.* New York: Dutton.

Sheehy, G. (1981). *Pathfinders.* New York: Morrow.

Sheehy, G. (1993, April). The unspeakable passage. Is there a male menopause? *Vanity Fair,* 164–167, 218–227.

Sheehy, G. (1995). *New passages: Mapping your life across time.* New York: Random House.

Sheese, B. E., Brown, E. L., & Graziano, W. G. (2004). Emotional expression in cyberspace: Searching for moderators of the Pennebaker disclosure effect via e-mail. *Health Psychology, 23*, 457–464.

Shehan, C., & Kammeyer, K. (1997). *Marriages and families: Reflections of a gendered society*. Boston: Allyn & Bacon.

Sheldon, K. M. (2004). The benefits of a "sidelong" approach to self-esteem need satisfaction: Comment on Crocker and Park (2004). *Psychological Bulletin, 130,* 421–424.

Shields, D. C., Asaad, W., Eskandar, E. N., Jain, F. A., Cosgrove, G. R., Flaherty, A. W., et al. (2008). Prospective assessment of stereotactic ablative surgery for intractable major depression. *Biological Psychiatry, 64*, 449.

Shiffman, S., Balabanis, M. H., Paty, J. A., Engberg, J., Gwaltney, C. J., Liu, K. S., et al. (2000). Dynamic effects of self-efficacy on smoking lapse and relapse. *Health Psychology, 19,* 315–323.

Shifren, J., & Ferrari, N. A. (2004, May 10). A better sex life. *Newswee*k, pp. 86–87.

Shoulberg, E. K., Sijtsema, J. J., & Murray-Close, D. (2011). The association between valuing popularity and relational aggression: The moderating effects of actual popularity and physiological reactivity to exclusion. *Journal of Experimental Child Psychology, 110,* 20–37. doi:10.1016/j.jecp.2011.03.008

Sieben, L. (2011, March 14). Nearly a third of college students have had mental-health counseling, study finds. *The Chronicle of Higher Education*. Retrieved from http://chronicle.com/article/Nearly-a-Third-of-College/126726/?sid=at&utm_source=at&utm_medium=en

Siegle, G. J. (2008). Brain mechanisms of borderline personality disorder at the intersection of cognition, emotion, and the clinic. *American Journal of Psychiatry, 164*, 1776–1779. [Editorial]

Siegler, I., Bosworth, H. B., and Poon, L. W. (2003). Disease, health, and aging. In R. M. Lerner, M.A. Easterbrooks, & J. Mistry (Eds.), *Handbook of psychology: Developmental psychology,* Vol. 6. (pp. 423–442). New York: John Wiley and Sons.

Silva, P. (2005). The state of affairs. *Sexual and Relationship Therapy, 20,* 261–262.

Silventoinen, K., Pietiläinen, K. H., Tynelius, P., Serensen, T. I. A., Kaprio, J. & Rasmussen, F. (2007). Genetic and environmental factors in relative weight from birth to age 18: The Swedish young male twins study. *International Journal of Obesity, 31*, 615–621.

Simon, C. P. (2011, July 24). R.O.I. Is grad school worth the investment? *The New York Times, Education Life,* pp. 18–19.

Simons, T., & O'Connell, M. (2003). *Married-couple and unmarried-partner households: 2000.* Washington, D.C.: U.S. Census Bureau. Retrieved from http://www.census.gov/prod/2003pubs/censr-5.pdf.

Simonsen, G., Blazina, C., & Watkins, C. E., Jr. (2000). Gender role conflict and psychological well-being among gay men. *Journal of Counseling Psychology, 47*, 85–89.

Sims, C. S., Drasgow, F., & Fitzgerald, L. F. (2005). The effects of sexual harassment on turnover in the military: Time-dependent modeling. *Journal of Applied Psychology, 90*, 1141–1152.

Singh, D. (1994a). Body fat distribution and perception of desirable female body shape by young Black men and women. *International Journal of Eating Disorders, 16*, 289–294.

Singh, D. (1994b). Is thin really beautiful and good? Relationship between waist-to-hip ratio (WHR) and female attractiveness. *Personality and Individual Differences, 16*, 123–132.

Sink, M. (2004, November 9). Drinking deaths draw attention to old campus problem. *New York Times,* p. A16.

Skegg, K., Nada-Raja, S., Dickson, N., Paul, C., & Williams, S. (2003). Sexual orientation and self-harm in men and women. *American Journal of Psychiatry, 160*, 541–546.

Skinner, B. F. (1938). *The behavior of organisms: An experimental analysis.* New York: Appleton.

Skorikov, V. (2007). Continuity in adolescent career preparation and its effects on adjustment. *Journal of Vocational Behavior, 70*, 8–24.

Slijper, F. M., Drop, S. L. S., Molenaar, J. C., & de Muinck Keizer Schrama, S. M. P. F. (1998). Long-term psychological evaluation of intersex children. *Archives of Sexual Behavior, 27,* 125–144.

Sloan, D. M., & Marx, B. P. (2004). A closer examination of the structured written disclosure procedure. *Journal of Consulting and Clinical Psychology, 72*, 165–175.

Smart, C. (2006). The state of affairs: Explorations in infidelity and commitment. *Sexualities, 9*, 259–262.

Smart Richman, L., Pek, J., Pascoe, E., & Bauer, D. J. (2010). The effects of perceived discrimination on ambulatory blood pressure and affective responses to interpersonal stress modeled over 24 hours. *Health Psychology, 29*, 403–411.

Smith, A. E. M., Msetfi, R. M., & Golding, L. (2010). Client self rated adult attachment patterns and the therapeutic alliance: A systematic review. *Clinical Psychology Review, 30*, 326–337. doi:10.1016/j.cpr.2009.12.007

Smith, C. O., Levine, D. W., Smith, E. P., Dumas, J., & Prinz, R. J.(2009). A developmental perspective of the relationship of racial–ethnic identity to self-construct, achievement, and behavior in African American children. *Cultural Diversity and Ethnic Minority Psychology, 15*, 145–157. doi: 10.1037/a0015538

Smith, D. B. (2009, Autumn). The doctor is in. *The American Scholar*. Retrieved from http://www.theamericanscholar.org/the-doctor-is-in/.

Smith, M. L., Glass, G. V., & Miller, T. I. (1980). *The benefits of psychotherapy.* Baltimore, MD: The Johns Hopkins University Press.

Smith, M. T., & Perlis, M. L. (2006). Who is a candidate for cognitive-behavioral therapy for insomnia? *Health Psychology, 25,* 15–19.

Snowden, R. V. (2009, February 25). Even moderate alcohol use increases risk of certain cancers in women. *ACS News*, Press Release.

Snyder, C. R., & Lopez, S. J. (2007). *Positive psychology: The science and practical explorations of human strength.* Thousand Oaks, CA: Sage Publications.

Snyder, D. (1979). Multidimensional assessment of marital satisfaction. *Journal of Marriage and the Family, 41,* 813–823.

Somers, M., & Birnbaum, D. (2000). Exploring the relationship between commitment profiles and work attitudes, employee withdrawal, and job performance. *Public Personnel Management, 29*(3), 353–365.

Sommerfeld, J. (2002, August 13). Coveting a clone. *MSNBC.com.* Retrieved from http://www.msnbc.com/news/768363.asp?pne=msn

Song, S. (2006, January 16). Sleeping your way to the top. *Time*, p. 83.

Sorg, E. T., & Taylor, R. B. (2011). Community-level impacts of temperature on urban street robbery *Journal of Criminal Justice, 39*, 463–470.

Soto, C. J., John, O. P., Gosling, S. D., & Potter, J. (2011). Age differences in personality traits from 10 to 65: Big Five domains and facets in a large cross-sectional sample. *Journal of Personality and Social Psychology, 100*, 330–348.

Soubelet, A. (2011). Age-cognition relations and the personality trait of conscientiousness. *Journal of Research in Personality*, *45*, 529–534. doi:10.1016/j.jrp.2011.06.007

Spanos, N. P. (1994). Multiple identity enactments and multiple personality disorder: A sociocognitive perspective. *Psychological Bulletin, 116,* 143–165.

Spatola, C. M. A., Scaini, S., Pesenti-Gritti, P., Medland, S. E., Moruzzi, S., Ogliari, A., et al. (2011). Gene–environment interactions in panic disorder and CO2 sensitivity: Effects of events occurring early in life. *American Journal of Medical Genetics Part B: Neuropsychiatric Genetics, 156*, 79–88. doi 10.1002/ajmg.b.31144

Spector, P. E. (2003). *Industrial & organizational psychology: Research and practice* (3rd ed.). New York: John Wiley & Sons.

Spelke, E. S. (2005). Sex differences in intrinsic aptitude for mathematics and science?: A critical review. *American Psychologist, 60*, 950–958.

Sperling, R. A., Aisen, P. S., Beckett, L. A., Bennett, D. A., Craft, S., Fagan, A. M., et al. (2011). Toward defining the preclinical stages of Alzheimer's disease: Recommendations from the National In Schwartz et al., 2010tute on Aging and the Alzheimer's Association workgroup. *Alzheimers Dementia, 7*, 280.

Spiegel, D. (2006). Recognizing traumatic dissociation. *American Journal of Psychiatry, 163*, 566–568.

Spokane, A. R., Luchetta, E. J., & Richwine, M. H. (2002). Holland's theory of personalities in work environments. In D. Brown & Associates (Eds.), *Career choice and development*. (4th ed.) (pp. 373–426). San Francisco: Jossey-Bass.

Sprecher, S., Sullivan, Q., & Hatfield, E. (1994). Mate selection preferences. *Journal of Personality and Social Psychology, 66*(6), 1074–1080.

Sprenger, T. (2011). Weather and migraine. *Journal Watch Neurology*, April 5, 2011.

Staver, M. (2011, November 2). With an app, your next date could be just around the corner. *The New York Times.* Retrieved from http://www.nytimes.com/2011/11/03/business/cellphone-apps-give-speed-dating-a-new-meaning.html?pagewanted=2&_r=1&sq=dating%20location&st=cse&scp=1

Staw, B. M., & Cohen-Charash, Y. (2005). The dispositional approach to job satisfaction: More than a mirage, but not yet an oasis. *Journal of Organizational Behavior, 26,* 59–78.

Steck, L., Levitan, D., McLane, D., & Kelley, H. H. (1982). Care, need, and conceptions of love. *Journal of Personality and Social Psychology, 43,* 481–491.

Steele, J. R., & Ambady, N. (2006). "Math is hard!" The effect of gender priming on women's attitudes. *Journal of Experimental Social Psychology, 42,* 428–436.

Stein, J. (2005, January 17). Is there a hitch? *Time Magazine,* pp. A37–A40.

Stein, M. B., & Stein, D. J. (2008). Social anxiety disorder. *The Lancet, 371*, 1115–1125.

Stein, S. (2002, October). Make room for daddy. *Working Mother*, 44–49.

Steinberg, L. (1996). *Beyond the classroom*. New York: Simon & Schuster.

Steinhauer, J. (1995, July 6). No marriage, no apologies. *The New York Times,* pp. C1, C7.

Steinhauer, J. & Holson, J. M. (2008). Cellular alert: As texts fly, danger lurks. *The New York Times,* pp. A1, A17.

Stenson, J. (2001, August 27). Breaking down a male myth: Men not 'emotional mummies,' suggests new research. *MSNBC.com. Retrieved* from http://www.msnbc.com/news/895501.asp.

Sternberg, R. J. (1988). *The triangle of love: Intimacy, passion, commitment.* New York: Basic Books.

Stevens, S. E., Hynan, M. T., & Allen, M. (2000). A meta-analysis of common factor and specific treatment effects across the outcome domains of the phase model of psychotherapy. *Clinical Psychology: Science and Practice, 7,* 273–290.

Stewart, A. J., & McDermott, C. (2004). Gender in psychology. *Annual Review of Psychology, 55*, 519–544.

Stewart, A. J., & Ostrove, J. M. (1998). Women's personality in middle age: Gender, history, and midcourse corrections. *American Psychologist, 53*(11), 1185–1194.

Stewart, J. Y., & Armet, E. (2000, April 3). Aging in America: Retirees reinvent the concept. *Los Angeles Times online*.

Stice, E., Hayward, C., Cameron, R. P., Killen, J. D., & Taylor, C. B. (2000). Body-image and eating disturbances predict onset of depression among female adolescents: A longitudinal study. *Journal of Abnormal Psychology, 109*, 438–444.

Stickgold, R., & Wehrwein, P. (2009, April 27). Sleep now, remember later. *Newsweek*, p. 56.

Stine-Morrow, E. A. L. (2007). The Dumbledore hypothesis of cognitive aging. *Current Directions in Psychological Science, 16*, 295–299.

Stockdale, M. S., Berry, C.G., Schneider, R. W., & Cao, F. (2004). Perceptions of the sexual harassment of men. *Psychology of Men and Masculinity, 5,* 158–167.

Stokes, P. P., Stewart-Belle, S., & Barnes, J. M. (2000). The Supreme Court holds class on sexual harassment: How to avoid a failing grade. *Employee Responsibilities & Rights Journal, 12*, 79–91.

Stolberg, S. G. (2001, May 10). Blacks found on short end of heart attack procedure. *The New York Times*, p. A20.

Stone, A. A., Schwartz, J. E., Broderick, J. E., & Deaton, A. (2010). A snapshot of the age distribution of psychological well-being in the United States. *Proceedings of the National Academy of Sciences*, doi:10.1073/pnas.1003744107

Stout, D. (2000, September 1). Use of illegal drugs is down among young, survey finds. *The New York Times*, p. A18.

Strasser, A. A., Kaufmann, V., Jepson, C., Perkins, K. A., Pickworth, W. B., & Wileyto, E. P. (2005). Effects of different nicotine replacement therapies on postcessation psychological responses. *Addictive Behaviors, 30*, 9–17.

Strayer, D. L., & Drews, F. A. (2007). Cell-phone-induced driver distraction. *Current Directions in Psychological Science, 16*, 128–131.

Strebeigh, F. (2009). *Equal: Women reshape American law*. New York: Norton.

Stricker, G., & Gold, J. R. (1999). The Rorschach: Toward a nomothetically based, idiographically applicable configurational model. *Psychological Assessment, 11,* 240–250.

Striegel-Moore, R. H., & Bulik, C. M. (2007). Factors for eating disorders. *American Psychologist, 62*, 181–198.

Striegel-Moore, R. H., Dohm, F. A., Kraemer, H. C., Taylor, C. B., Daniels, S. D., Crawford, P. B., et al. (2003). Eating disorders in white and black women. *American Journal of Psychiatry, 160,* 1326–1331.

Strohmetz, D. B., Rind, B., Fisher, R., & Lynn, M. (2002). Sweetening the till: The use of candy to increase restaurant tipping. *Journal of Applied Social Psychology, 32,* 300–309.

Strong, S. M., Williamson, D. A., Netemeyer, R. G., & Geer, J. H. (2000). Eating disorder symptoms and concerns about body differ as a function of gender and sexual orientation. *Journal of Social & Clinical Psychology, 19*, 240–255.

Stuart, R. B. (2004). Twelve practical suggestions for achieving multicultural competence. *Professional Psychology: Research and Practice, 35,* 3–9.

Studies focus on acculturation and Hispanic Youth. (2007, February). *NIDA Notes, 21* (2), p. 3

Suarez-Almazor, M. E., Looney, C, Liu, Y. F., Cox, V., Pietz, K., Marcus, D. M., et al. (2010). A randomized controlled trial of acupuncture for osteoarthritis of the knee: Effects of patient-provider communication. *Arthritis Care & Research, 62*, 1229–1236. doi: 10.1002/acr.20225

Substance Abuse and Mental Health Services Administration (SAMHSA) (2005). *Overview of findings from the 2002 National Survey on Drug Use and Health* (Office of Applied Studies, NHSDA Series H-21 DHHS Publication No. SMA 03–3774). Rockville, MD. Retrieved from http://www.nida.nih.gov/NIDA_notes/NNvol19N5/Study.html

Substance Abuse and Mental Health Services Administration (SAMHSA) (2010). *Results from the 2009 National Survey on Drug Use and Health: National Findings*. Office of Applied Studies, NSDUH Series H-38A, HHS Publication No. SMA 10–4586. Rockville, MD: Author.

Sue, S. (2003). In defense of cultural competency in psychotherapy and treatment. *American Psychologist, 58,* 964–970.

Suedfeld, P. (2000). Reverberations of the Holocaust fifty years later: Psychology's contributions to understanding persecution and genocide. *Canadian Psychology, 41*, 1–9.

Suinn, R. A. (1995). Anxiety management training. In K. Craig (Ed.), *Anxiety and depression in children and adults* (pp. 159–179). New York: Sage.

Suinn, R. M. (1982). Intervention with Type A behaviors. *Journal of Consulting and Clinical Psychology, 50,* 933–949.

Suinn, R. M. (2001). The terrible twos—anger and anxiety: Hazardous to your health. *American Psychologist*, *56,* 27–36.

Sukru, U., Huner, A., & Yerlikaya, E. E. (2004). Violence by proxy in Othello syndrome. *Primary Care Psychiatry, 9*, 121–123.

Suler, J.R. (2002). Identity management in cyberspace. *Journal of Applied Psychoanalytic Studies, 4*, 455–460.

Sullivan, A. (2000, April 2). The He hormone. *The New York Times Magazine*, pp. 46–51ff.

Sun, F. (2011, July 18). Baby Mamas. *Time*, pp. 59–60.

Swami, V., & Furnham, A. (2008). *The psychology of physical attraction*. London: Routledge.

Sweatt, J. D. (2010). Epigenetics and cognitive aging. *Science, 328*, 701–702. doi: 10.1126/science.1189968

Sweeney, C. (2005, June 5). Not tonight. *The New York Times, Women's Health,* Section 15, pp. 1, 7.

Sweeny, K., Carroll, P. J., & Shepperd, J. A. (2006). Thinking about the future: Is optimism always best? *Current Directions in Psychological Science, 15*, 302–306.

Szalma, J. L., & Hancock, P. A. (2011). Noise effects on human performance: A meta-analytic synthesis. *Psychological Bulletin, 137*, 682–707. doi: 10.1037/a0023987

Szasz, T. S. (2011). *The myth of mental illness: Foundations of a theory of personal conduct*. New York: HarperCollins.

Szeszko, P. R., MacMillan, S., McMeniman, M., Chen, S., Baribault, K., Lim, K. O., et al. (2004). Brain structural abnormalities in psychotropic drug-naive pediatric patients with obsessive-compulsive disorder. *American Journal of Psychiatry, 161,* 1049–1056.

Tadros, G., & Salib, E. (2001). Carer's views on passive euthanasia. *International Journal of Geriatric Psychiatry, 16*(2), 230–231.

Tancredi, A., Reginster, J-Y., Luyckx, F., & Legros, J-J. (2005). No major month to month variation in free testosterone levels in aging males. Minor impact on the biological diagnosis of "andropause." *Psychoneuroendocrinology, 30*, 638–646.

Tandon, R., Keshavan, M. S., & Nasrallah, H. A. (2008). Schizophrenia, "just the facts" what we know in 2008. 2. Epidemiology and etiology. *Schizophrenia Research, 102*, 1–3.

Tandon, R., Nasrallah, H. A., & Keshavan, M. S. (2009). Schizophrenia, "just the facts" 4. Clinical features and conceptualization. *Schizophrenia Research, 110*, 1–23. doi:10.1016/j.schres.2009.03.005

Tang, T. Z., DeRubeis, R. J., Hollon, S. D., Amsterdam, J., & Shelton, R. (2007). Sudden gains in cognitive therapy of depression and depression relapse/recurrence. *Journal of Consulting and Clinical Psychology, 75*, 404–408.

Taubes, G. (2012). Unraveling the obesity-cancer connection. *Science, 335*, 28–32. doi: 10.1126/science.335.6064.28

Tavernise, S. (2011, May 26). Married couples are no longer a majority, census finds. *The New York Times,* p. A22.

Tavernise, S. (2012, May 17). Whites account for under half of births in U.S. *The New York Times.* Retrieved from www.nytimes.com.

Taylor, M. J. (2000). The influence of self-efficacy on alcohol use among American Indians. *Cultural Diversity and Ethnic Minority Psychology, 6*, 152–167.

Taylor, M., J., Rudkin, L., & Hawton, K. (2005). Strategies for managing antidepressant-induced sexual dysfunction: Systematic review of randomised controlled trials. *Journal of Affective Disorders, 88*, 241–254.

Taylor, S. E. (2000). Cited in Goode, E. (2000, May 19). Response to stress found that's particularly female. *The New York Times,* p. A20.

Taylor, S. E., Klein, L. C., Lewis, B. P., Gurung, R. A. R., Gruenewald, T. L., & Updegraff, J. A. (2000). Biobehavioral responses to stress in females: Tend-and-befriend, not fight-or-flight. *Psychological Review, 107*, 411–429.

Taylor, S. E., Lerner, J. S., Sherman, D. K., Sage, R. M., & McDowell, N. K. (2003). Portrait of the self-enhancer: Well adjusted and well liked or maladjusted and friendless? *Journal of Personality and Social Psychology, 84,* 165–176.

Taylor, S., Jang, K. L., & Asmundson, G. J. G. (2010).Etiology of obsessions and compulsions: A behavioral-genetic analysis. *Journal of Abnormal Psychology, 119*, 672–682. doi: 10.1037/a0021132

Taylor, W. E., Welch, W. T., Kim, H. S., & Sherman, D. K. (2007) Cultural differences in the impact of social support on psychological and biological stress responses. *Psychological Science, 18*, 831–837.

Teachman, B. A., Marker, C. D., & Clerkin, E. M. (2010). Catastrophic misinterpretations as a predictor of symptom change during treatment for panic disorder. *Journal of Consulting and Clinical Psychology*, *78*, 964–973. doi: 10.1037/a0021067

Teens say they get along with parents. (2003, August 5). *Associated Press*, *MSNBC.com.* Retrieved from http://www.msnbc.com/news/948480.asp.

Teens' brains hold key to their impulsiveness. (2007, December 3). Associated Press Web Posting. Retrieved from http://www.msnbc.msn.com/id/21997683/.

Telecommuting has mostly positive consequences for employees and employers, say researchers. (2007, November 19). American Psychological Association Press Release. Retrieved from http://www.apa.org/releases/telecommuting.html.

Terry, D. (2000, July 16). Getting under my skin. *The New York Times online*.

The BALANCE Investigators and Collaborators. (2010). Lithium plus valproate combination therapy versus monotherapy for relapse prevention in bipolar I disorder (BALANCE): A randomised open-label trial. *The Lancet, 375*, 385–395. doi:10.1016/S0140-6736(09)61828-6

The President's Council on Physical Fitness and Sports, Department of Human Services (2010, December). *Physical activity facts*. Retrieved from ww.fitness.gov.

The ubiquitous cell phone. (2005, Summer). *The University of Denver Magazine*. Retrieved October 8, 2005 from http://www.du.edu/dumagazine/studentLife.html.

Thiederman, S. (2002). *Body language, Part II, Where do I stand?* Retrieved from http://equalopportunity.monster.com/articles/body2/

Think positive, live longer (2002, July 28). *MSNBC.com.* Retrieved from http://www.msnbc.com/news/786749.asp.

Thompson, J. K., & Tantleff, S. (1992). Female and male ratings of upper torso: Actual, ideal, and stereotypical conceptions. *Journal of Social Behavior and Personality, 7*, 345–354.

Thompson, P. M., Hayashi, K. M., de Zubicaray, G., Janke, A.L., Rose, S. E., Semple J., et al. (2003). Dynamics of gray matter loss in Alzheimer's disease. *The Journal of Neuroscience, 23,* 994.

Thomsen, D. K., Mehlsen, M. Y., Christensen, S., & Zachariae, R. (2003). Rumination-relationship with negative mood and sleep quality. *Personality and Individual Differences, 34,* 1293–1301.

Thornhill, R., & Palmer, C. (2000). *A natural history of rape: Biological bases of sexual coercion*. Cambridge, Mass.: MIT Press.

Tierney, J. M (2008, March 11). A boy named Sue and a theory of names. *The New York Times,* p. F1.

Tilley, D. S., & Brackley, M. (2005). Men who batter intimate partners: A grounded theory study of the development of male violence in intimate partner relationships. *Issues in Mental Health Nursing, 26*, 281–297.

Tindle, H. A., Chang, Y.-F., Kuller, L. H., Manson, J. E., Robinson, J. G., Rosal, M. C., Siegle, G. J., et al. (2009). Optimism, cynical hostility, and incident coronary heart disease and mortality in the women's health initiative. *Circulation*, *120*, 656–662. doi:10.1161/CIRCULATIONAHA.108.82y

Tolin, D. F. (2010). Is cognitive-behavioral therapy more effective than other therapies? A meta -analytic review. *Clinical Psychology Review*, *30*, 710–720. doi:10.1016/j.cpr.2010.05.003

Tomlinson, K. L, Tate, S. R., Anderson, K. G., McCarthy, D. M., & Brown, S. A. (2006). An examination of self-medication and rebound effects: Psychiatric symptomatology before and after alcohol or drug relapse. *Addictive Behaviors, 31*, 461–474.

Toomey, R., Lyons, M. J., Eisen, S. A., Xian, H., Chantarujikapong, S., Seidman, L. J., et al. (2003). A twin study of the neuropsychological consequences of stimulant abuse. *Archives of General Psychiatry, 60*, 303–310.

Torpy, J. M., Burke, A., E., & Golub, R. M. (2011). Generalized anxiety disorder. *Journal of the American Medical Association, 305*, 522. doi:10.1001/jama.305.5.522

Torres, L., Driscoll, M. W., & Voell, M. (2012). Discrimination, acculturation, acculturative stress, and Latino psychological distress: A moderated mediational model. *Cultural Diversity and Ethnic Minority Psychology, 18*, 17–25. doi: 10.1037/a0026710

Touhey, J. C. (1972). Comparison of two dimensions of attitude similarity on heterosexual attraction. *Journal of Personality and Social Psychology, 23,* 8–10.

Tracy, J. L., & Beall, A. T. (2011). Happy guys finish last: The impact of emotion expressions on sexual attraction. *Emotion*, *11*, 1379–1387.

Tran, A. G. T. T., & Lee, R. M. (2010). Perceived ethnic–racial socialization, ethnic identity, and social competence among Asian American late adolescents. *Cultural Diversity and Ethnic Minority Psychology, 16*, 169–178. doi: 10.1037/a0016400

Traut, C. A., Larsen, R., & Feimer, S. H. (2000). Hanging on or fading out? Job satisfaction and the long-term worker. *Public Personnel Management, 29*, 343–351.

Triandis, H. C., & Suh, E. M. (2002). Cultural influences on personality. *Annual Review of Psychology, 53,* 133–160.

Troxel, W. M., & Matthews, K. A. (2004). What are the costs of marital conflict and dissolution to children's physical health? *Clinical Child & Family Psychology Review, 7*, 29–57.

Trunzo, J. J., & Pinto, B. M. (2003). Social support as a mediator of optimism and distress in breast cancer survivors. *Journal of Consulting and Clinical Psychology, 71,* 805–811.

Trzesniewski, K. H., Donnellan, M. B., Moffitt, T. E., Robins, R. W., Poulton, R., & Caspi, A. (2006). Low self-esteem during adolescence predicts poor health, criminal behavior, and limited economic prospects during adulthood. *Developmental Psychology, 42*, 381–390.

Tsai, J. L., Mortensen, H., Wong, Y., & Hess, D. (2002). What does "being American" mean? A comparison of Asian American and European American young adults. *Cultural Diversity and Ethnic Minority Psychology, 8,* 257–273.

Tun, P. A., & Lachman, M. (2008). Age differences in reaction time and attention in a national telephone sample of adults: Education, sex, and task complexity matter. *Developmental Psychology, 44*, 1421–1429. doi:10.1037/a0012845

Turner, R. J., Lloyd, D. A., & Taylor, J. (2006). Stress burden, drug dependence, and the Hispanic nativity paradox. *Drug and Alcohol Dependence, 83,* 79–89.

Turner, R. N., Hewstone, M., & Voci, A. (2007). Reducing explicit and implicit outgroup prejudice via direct and extended contact: The mediating role of self-disclosure and intergroup anxiety. *Journal of Personality and Social Psychology, 93*, 369–388

Twenge, J. M. (2009). Change over time in obedience: The jury's still out, but it might be decreasing. *American Psychologist, 64*, 28–31.

Tynes, B. M., Umaña-Taylor, A. J., Rose, C. A., Lin, J., & Anderson, C. J. (2012). Online racial discrimination and the protective function of ethnic identity and self-esteem for African American adolescents. *Developmental Psychology, 48*, 343–355. doi: 10.1037/a0027032

Tyre, P., & McGinn, D. (2003, May 12). She works, he doesn't. *Newsweek*, 45–52.

U.S. Bureau of Labor Statistics. (2006). *Workers on flexible and shift schedules, News*. USDL 05–1198. Retrieved from www.bls.gov/bls/newrels.htm#OEUS.

U.S. Bureau of the Census (USBC). (2000). *Statistical abstract of the United States,* 120th ed. Washington, DC: U.S. Government Printing Office.

U.S. Bureau of the Census. (2005). *Statistical abstract of the United States* (125th ed.). Washington, DC: U.S. Government Printing Office.

U.S. Bureau of the Census. (2007). *Statistical abstract of the United States* (127th ed.). Washington, DC: U.S. Government Printing Office.

U.S. Census Bureau (2005). *College enrollment-summary by sex, race and Hispanic origin:* 2003. Retrieved from www.census.gov/population/www/socdemo/school.html

U.S. Census Bureau (2006). Current population report, P2-550. *Statistical Abstract of the United States, 2006.* Retrieved from www.census/gov/population/www/socdemo/educ-attn.html.

USDHHS (U.S. Department of Health and Human Services). (1992). *For a strong and healthy baby.* DHHS Publication No. (ADM) 92–1915. Washington, DC: U.S. Government Printing Office.

USDHHS (U.S. Department of Health and Human Services). (1993, Winter). *Mothers target of passive smoking intervention effort. Heart Memo.* Public Health Service, National Institutes of Health, National Heart, Lung and Blood Institute, Office of Prevention, Education, and Control.

U.S. Department of Health and Human Services, Substance Abuse and Mental Health Services Administration, Center for Mental Health Services, National Institutes of Health, National Institutes of Mental Health. (2001). *Mental health: Culture, race, and ethnicity: A supplement to mental health: A Report of the Surgeon General—Executive summary*. Rockville, MD: Author.

U.S. Department of Health and Human Services. (2005). *2005 Dietary Guidelines for Americans, Key Recommendations for the General Population*. Released January 12, 2005.

U.S. Department of Justice. (2009). *Criminal victimization in the United States.* Statistical Tables, Office of Justice Programs. Bureau of Justice Statistics. http://www.ojp.usdoj.gov/bjs/abstract/cvus/rape_sexual_assault.htm.

U.S. Surgeon General, U.S. Department of Health & Human Services (USDHHS). (2010). *How tobacco causes disease: The biology and behavioral basis for smoking-attributable disease: A report of the Surgeon General*. Washington, D.C. USDHHS., December 2010.

Uhl, G. R., & Grow, R. W. (2004). The burden of complex genetics in brain disorders. *Archives of General Psychiatry, 61*, 223–229.

Uhl, G. R., Drgon, T., Liu, Q.-R., Johnson, C., Walther, D., Komiyama, T., et al. (2008). Genome-wide association for methamphetamine dependence: Convergent results from 2 samples. *Archives of General Psychiatry, 65*, 345–355.

Uhlmann, E., & Swanson, J. (2004). Exposure to violent video games increases automatic aggressiveness. *Journal of Adolescence, 27,* 41–52.

Umaña-Taylor, A. J. (2004). Ethnic identity and self-esteem: Examining the role of social context. *Journal of Adolescence, 27,* 139–146.

Underwood, A., & Adler, J. What you don't know about fat. *Newsweek*, August 23, 2004, pp. 40–47

Unger, J. B., Cruz, T. B., & Rohrbach, L. A. (2000). English language use as a risk factor for smoking initiation among Hispanic and Asian

American adolescents: Evidence for mediation by tobacco-related beliefs and social norms. *Health Psychology, 19,* 403–410.

Unger, T., Calderon, G., Bradley, L., Sena-Esteves, M., & Rios, M. (2007). Selective deletion of BDNF in the ventromedial and dorsomedial hypothalamus of adult mice results in hyperphagic behavior and obesity. *Journal of Neuroscience, 27,* 14265–14274.

University of Chicago (2011, March 14). Couples sometimes communicate no better than strangers. *ScienceDaily*. Retrieved from http://www.sciencedaily.com /releases/2011/01/110110090954.htm

University of Michigan (2011, December 21). Do you hear what I hear? Noise exposure surrounds us. *ScienceDaily*. Retrieved from http://www.sciencedaily.com /releases/2011/12/111221211233.htm.

Unützer, J. (2007). Late-life depression. *New England Journal of Medicine, 357,* 2269–2276.

Urry, H. L., & Gross, J. J. (2010). Emotion regulation in older age. *Current Directions in Psychological Science, 19,* 352–357. doi: 10.1177/0963721410388395

Utsey, S. O., Chae, M. H., Brown, C. F., & Kelly, D (2002). Effect of ethnic group membership on ethnic identity, race-related stress, and quality of life. *Cultural Diversity and Ethnic Minority Psychology, 8,* 366–377.

Vaccarino, V., Rathore, S. S., Wenger, N. K., Frederick, P. D., Abramson, J. L., Barron, H. V., et al. (2005) Sex and racial differences in the management of acute myocardial infarction, 1994 through 2002. *New England Journal of Medicine, 353,* 671–682.

Vacic, V., McCarthy, S., Malhotra, D., Murray, F., Chou, H.-H., Peoples, A., et al. (2011). Duplications of the neuropeptide receptor gene VIPR2 confer significant risk for schizophrenia. *Nature, 471,* 499–503. doi: 10.1038/nature0988

Vaillant, G. E. (1994). Ego mechanisms of defense and personality psychopathology. *Journal of Abnormal Psychology, 103,* 44–50.

Vaitl, D., Birbaumer, N., Gruzelier, J., Jamieson, G. A., Kotchoubey, B., Kübler, A., et al. (2005). Psychobiology of altered states of consciousness. *Psychological Bulletin. 131,* 98–127.

Valenti, O., Cifelli, P., Gill, K. M., & Grace, A. A. (2011). Antipsychotic drugs rapidly induce dopamine neuron depolarization block in a developmental rat model of schizophrenia. *Journal of Neuroscience, 31,* 12330–12338. doi: 10.1523/JNEUROSCI.2808-11.2011

Valla, J. M., & Ceci, S. J. (2011). Can sex differences in science be tied to the long reach of prenatal hormones? Brain organization theory, digit ratio (2D/4D), and sex differences in preferences and cognition. *Perspectives on Psychological Science, 6,* 134–146. doi:10.1177/1745691611400236

Vallea, M. F., Huebner, E S., & Suldo, S. M. (2006). An analysis of hope as a psychological strength. *Journal of School Psychology, 44,* 393–406.

van Baarsen, B., Snijders, T. A. B., Smit, J. H., & van Duijn, M. A. J. (2001). Lonely but not alone: Emotional isolation and social isolation as two distinct dimensions of loneliness in older people. *Educational & Psychological Measurement, 61,* 119–135.

Vancouver, J. B., Thompson, C. M., Tischner, E. C., & Putka, D. J. (2002). Two studies examining the negative effect of self-efficacy on performance. *Journal of Applied Psychology, 87,* 506–516.

van Doorn, J., & Stapel, D. A. (2011, December). When and how beauty sells: Priming, conditioning, and persuasion processes. *Journal of Consumer Research*. Retrieved from http://ejcr.org. doi: 10.1086/660700

van Tol, M.-J., van der Wee, N. J. A., van den Heuvel, O. A., Nielen, M. M. A., Demenescu, L. R., Aleman, A., et al. (2010). Regional brain volume in depression and anxiety disorders. *Archives of General Psychiatry, 67,* 1002–1011. doi:10.1001/archgenpsychiatry.2010.121

Vares, T., Potts, A., Gavey, N., & Grace, V. M. (2007). Reconceptualizing cultural narratives of mature women's sexuality in the Viagra era. *Journal of Aging Studies, 21,* 153–164.

Veltri, C. O., Graham, J. R., Sellbom, M., Ben-Porath, Y. S., Forbey, J. D., O'Connell, C., et al. (2009). Correlates of MMPI-A scales in acute psychiatric and forensic samples. *Journal of Personality Assessment, 91,* 288–300.

Verkuyten, M., & De Wolf, A. (2007) The development of in-group favoritism: Between social reality and group identity. *Developmental Psychology, 43,* 901–911.

Vickers, A. J., Rees, R. W., Zollman, C. E., McCarney, R., Smith, C. M., Ellis, N., et al. (2004). Acupuncture for chronic headache in primary care: Large, pragmatic, randomised trial. *British Medical Journal, 328,* 744–747.

Vitiello, M. V. (2009). Recent advances in understanding sleep and sleep disturbances in older adults: Growing older does not mean sleeping poorly. *Current Directions in Psychological Science, 18,* 316–320. doi: 10.1111/j.1467-8721.2009.01659.x

Vøllestad, J., Sivertsen, B., & Nielsen, G. H. (2011). Mindfulness-based stress reduction for patients with anxiety disorders: Evaluation in a randomized controlled trial. *Behaviour Research and Therapy, 49,* 281–288. doi:10.1016/j.brat.2011.01.007

Volz, J. (2000). Successful aging: The second 50. *Monitor on Psychology, 30*(1), 24–28.

Vonk, R. (2002). Self-serving interpretations of flattery: Why ingratiation works. *Journal of Personality and Social Psychology, 82,* 515–526.

Wadden, T. A., Berkowitz, R. I., Womble, L. G., Sarwer, D. B., Phelan, S., Cato, R. K., Hesson, L. A., et al. (2005). Randomized trial of lifestyle modification and pharmacotherapy for obesity. *New England Journal of Medicine, 353,* 2111–2120.

Wade, N. (2011, January 11). Depth of the kindness hormone appears to know some bounds. *The New York Science Times*, p. D1, D2.

Wagner, B., Schulz, W., & Knaevelsrud, C. (2011). Efficacy of an Internet-based intervention for posttraumatic stress disorder in Iraq: A pilot study. *Psychiatry Research, 30,* 85–88. doi:10.1016/j.psychres.2011.07.026

Wagner-Moore, L. E. (2004). Gestalt therapy: Past, present, theory, and research. *Psychotherapy: Theory, Research, Practice, Training, 41,* 180–189.

Wahl, K. H., & Blackhurst, A. (2000). Factors affecting the occupational and educational aspirations of children and adolescents. *Professional School Counseling, 3,* 367–374.

Walker, E., Shapiro, D., Esterberg, M., & Trotman, H. (2010). Neurodevelopment and schizophrenia: Broadening the focus. *Psychological Science, 19,* 204–208. doi: 10.1177/0963721410377744

Wallerstein, J., Lewis, J., & Blakeslee, S. (2000*). The unexpected legacy of divorce: A 25–year landmark study.* New York: Hyperion.

Wallis, C. (2005). The new science of happiness. *Time Magazine*, pp. A3–A9;

Walsh, B. T., Fairburn, C. G., Mickley, D., Sysko, R., & Parides, M. K. (2004). Treatment of bulimia nervosa in a primary care setting. *American Journal of Psychiatry, 161,* 556–561.

Walsh, B. T., Kaplan, A. S., Attia, E., Olmsted, M., Parides, M., Carter, J. C., et al. (2006). Fluoxetine after weight restoration in anorexia nervosa: A randomized controlled trial. *Journal of the American Medical Association, 295,* 2605–2612.

Walsh, R. (2011). Lifestyle and mental health. *American Psychologist, 66,* 579–592. doi:10.1037/a0021769

Wampold, B. E. (2007). Bruce E. Wampold: Award for distinguished professional contributions to applied research. *American Psychologist, 62,* 855–873.

Wang, P. S., Lane, M., Olfson, M., Pincus, H. A., Wells, K. B., & Kessler, R. C. (2005). Twelve-month use of mental health services in the United States: Results from the National Comorbidity Survey Replication. *Archives of General Psychiatry, 62,* 629–640.

Wang, S. S. (2011, April 19). New guidelines for spotting Alzheimer's. *The Wall Street Journal*, p. D4.

Ward, C. A. (2000). Models and measurements of psychological androgyny: A cross-cultural extension of theory and research. *Sex Roles, 43,* 529–552.

Wargo, E. (2007, November). Understanding the have-nots. *APS Observer, 20(11).* Retrieved from http://www.psychologicalscience.org/observer/getArticle.cfm?id=2265

Wargo, E. (2006, July). How many seconds to a first impression? *APS Observer, 19*(7), p. 11.

Warman, D. M., & Cohen, R. (2000). Stability of aggressive behaviors and children's peer relationships. *Aggressive Behavior, 26*, 277–290.

Warneken, F., & Tomasello, M. (2006). Altruistic helping in human infants and young chimpanzees. *Science, 311,* 1301–1303.

Warner, J. (2004, September 27). Suburbs may be hazardous to your health. *WebMD Medical News*. Retrieved from http://content.health.msn.com/content/article/94/102926.htm.

Wartik, N. (2000, June 25). Depression comes out of hiding. *The New York Times*, pp. MH1, MH4.

Wasserman, J. (1993, September 3). It's still women's work. *Daily News,* p. 7.

Waterman, C. K., & Nevid, J. S. (1977). Sex differences in the resolution of the identity crisis. *Journal of Youth and Adolescence, 6,* 337–342.

Watson, D., Suls, J., & Haig, J. (2002). Global self-esteem in relation to structural models of personality and affectivity. *Journal of Personality and Social Psychology, 83,* 185–197.

Watson, J. B. (1924). *Behaviorism.* New York: Norton.

Webster, G. D. (2009). The person-situation interaction is increasingly outpacing the person-situation debate in the scientific literature: A 30–year analysis of publication trends, 1978–2007. *Journal of Research in Personality, 43*, 278–279. doi:10.1016/j.jrp.2008.12.030

Weiner, M. J., & Wright, F. E. (1973). Effects of undergoing arbitrary discrimination upon subsequent attitudes toward a minority group. *Journal of Applied Social Psychology, 3,* 94–102.

Weir, K. (2011, December). The exercise effect. *Monitor on Psychology,* 49–52.

Weiss, A., Bates, T. C., & Luciano, M. (2008). Happiness is a personal(ity) thing. *Psychological Science, 19*, 205–210. doi: 10.1111/j.1467-9280.2008.02068.x

Weiss, R., & Samenow, C. P. (2010). Smart phones, social networking, sexting and problematic sexual behaviors—A call for research. *Sexual Addiction & Compulsivity, 17*, 241–246.

Weisz, J. R., Jensen-Doss, A., & Hawley, K. M. (2006). Evidence-based youth psychotherapies versus usual clinical care: A meta-analysis of direct comparisons. *American Psychologist, 61*, 671–689.

Wells, B. E., & Twenge, J. M. (2005). Changes in young people's sexual behavior and attitudes, 1943–1999: A cross-temporal meta-analysis. *Review of General Psychology, 9*, 249–261.

Welsh, J. (2011, August 7), Is constant 'Facebooking' bad for teens? *MSNBC .com.* Retrieved from http://www.msnbc.msn.com/id/44050845/ns/technology_and_science-science/

Wessel, T. R., Arant, C. B., Olson, M. B., Johnson, B. D., Reis, S. E., Sharaf, B. L., et al. (2004). Relationship of physical fitness vs body mass index with coronary artery disease and cardiovascular events in women. *Journal of the American Medical Association, 292,* 1179–1187.

Westen, D., & Gabbard, G. O. (2002). Developments in cognitive neuroscience: 1. Conflict, compromise, and connectionism. *Journal of the American Psychoanalytic Association, 50*, 53–98.

Whitchurch, E. R., Wilson, T. D. , & Gilbert, D. T. (2011). "He loves me, he loves me not . . ." Uncertainty can increase romantic attraction. *Psychological Science, 22*, 172–175. doi: 10.1177/0956797610393745

White, J. K., Hendrick, S. S., & Hendrick, C. (2004). Big five personality variables and relationship constructs. *Personality and Individual Differences*, *37*, 1519–1530.

Whitty, M. T., & Fisher, W. A. (2008). The sexy side of the Internet: An examination of sexual activities and materials in cyberspace. In A. Barak (Ed.), *Psychological aspects of cyberspace: Theory, research, applications* (pp. 185–208). New York: Cambridge University Press.

Wiederman, M. W., & Kendall, E. (1999). Evolution, sex, and jealousy: Investigation with a sample from Sweden. *Evolution & Human Behavior, 20*, 1212–1218.

Wieselquist, J., Rusbult, C. E., Foster, C. A., & Agnew, C. R. (1999). Commitment, pro-relationship behavior, and trust in close relationships. *Journal of Personality & Social Psychology, 77*(5), 942–966.

Wilcox, W. B. (2010). *The state of our unions. The National Marriage Project.* University of Virginia. Retrieved from http://www.virginia.edu/marriageproject/pdfs/Union_11_25_09.pdf.

Willett, W. C. (2005). Diet and cancer: An evolving picture. *Journal of the American Medical Association, 293*, 233–234.

Willetts, M. C. (2006). Union quality comparisons between long-term heterosexual cohabitation and legal marriages. *Journal of Family Issues, 27*, 110–127.

Williams, J. E., & Best, D. L. (1994). Cross-cultural views of women and men. In W. J. Lonner & R. Malpass (Eds.), *Psychology and culture*. Boston: Allyn & Bacon.

Williams, J. E., Paton, C. C., Siegler, I. C., Eigenbrodt, M. L., Nieto, F. J., & Tyroler, H. A. (2000). Anger proneness predicts coronary heart disease risk: Prospective analysis from the Atherosclerosis Risk in Communities (ARIC) Study. *Circulation, 101,* 2034–2039.

Williams, L. (1992, February 6). Woman's image in a mirror: Who defines what she sees? *The New York Times,* pp. A1, B7.

Willis, J., & Todorov, A. (2006). First impressions: Making up your mind after a 100–ms exposure to a face. *Psychological Science, 17*, 592–598.

Wills, T. A., & Filer Fegan, M. (2001). Social networks and social support. In A. Baum, T. A. Revenson, & J. E. Singer (Eds.), *Handbook of health psychology* (pp. 209–234). Mahwah, NJ: Lawrence Erlbaum Associates.

Wills, T. A., Gibbons, F. X., Gerrard, M., & Brody, G. H. (2000). Protection and vulnerability processes relevant for early onset of substance use: A test among African American children. *Health Psychology, 19,* 253–263.

Wilmore, J. (1991). Importance of differences between men and women for exercise testing and exercise prescription. In J. Skinner, (Ed.), *Exercise testing and exercise prescription.* Malverne, PA: Lea & Febiger.

Wilson, D. (2011, April 13). As generics near, makers tweak erectile drugs. *The New York Times.* Retrieved from www.nytimes.com.

Wilson, G. T., Grilo, C. M., & Vitousek, K. M. (2007). Psychological treatment of eating disorders. *American Psychologist, 62*, 199–216.

Wilson, J. M. B., Tripp, D. A., & Boland, F. J. (2005). The relative contributions of waist-to-hip ratio and body mass to judgments of attractiveness. *Sexualities, Evolution & Gender, 7*, 245–267.

Wilson, R. E., Gosling, S. D., & Graham, L. T. (2012). A review of Facebook research in the social sciences. *Perspectives on Psychological Science, 7*, 203–220. DOI: 10.1177/1745691612442904

Winerip, M. (1998, January 4). Binge nights. *The New York Times*, Education Life, Section 4A, pp. 28–31, 42.

Winerman, L. (2004, July/August). Sleep deprivation threatens public health, says research award winner. *Monitor on Psychology, 35,* 61.

Wiseman, H., Mayseless, O., & Sharabany, R. (2006). Why are they lonely? Perceived quality of early relationships with parents, attachment, personality predispositions and loneliness in first-year university students. *Personality and Individual Differences, 40*, 237–248.

Witte, T. K., Timmons, K. A., Fink, E., Smith, A. R., & Joiner, T. E. (2009). Do major depressive disorder and dysthymic disorder confer differential risk for suicide? *Journal of Affective Disorders, 115*, 69–78. doi:10.1016/j.jad.2008.09.003

Wolk, M. (2011, November 18). Yes, college degree has value—try $1 million. Retrieved from http://lifeinc.today.msnbc.msn.com/_news/2011/11/17/8861013–yes-college-degree-has-value-try-1-million

Wonderlich, S. A., Joiner, T. E., Jr., Keel, P. K., Williamson, D. A., & Crosby, R. D.(2007). Eating disorder diagnoses: Empirical approaches to classification. *American Psychologist, 62*, 167–180.

Wong, E. C., Kim, B. S. K., Zane, N. W. S., Kim, I J., & Huang, J. S. (2003). Examining culturally based variables associated with ethnicity: Influences on credibility perceptions of empirically supported interventions. *Cultural Diversity and Ethnic Minority Psychology, 9,* 88–96.

Wood, J., M., Lilienfeld, S. O., Nezworski, M. T., Garb, H. N., Allen, K. H., & Wildermuth, J. L. (2010). Validity of Rorschach Inkblot scores for discriminating psychopaths from nonpsychopaths in forensic populations: A meta-analysis. *Psychological Assessment, 22*, 336–349. doi: 10.1037/a0018998

Wood, M. D., Vinson, D. C., & Sher, K. J. (2001). Alcohol use and misuse. In A. Baum, T. A. Revenson, & J. E. Singer (Eds.), *Handbook of health psychology* (pp. 280–320). Mahwah, NJ: Lawrence Erlbaum Associates.

Wood, W. (2000). Attitude change: Persuasion and social influence. *Annual Review of Psychology, 51,* 539–570.

Wood, W., & Quinn, J. M. (2003). Forewarned and forearmed? Two meta-analytic syntheses of forewarnings of influence appeals. *Psychological Bulletin, 129,* 119–138.

Woods, S. A., & Hardy, C. (2012). The higher-order factor structures of five personality inventories. *Personality and Individual Differences*, in press. doi:10.1016/j.paid.2011.11.001

Woods-Giscombé, C. L., & Lobel, M. (2008). Race and gender matter: A multidimensional approach to conceptualizing and measuring stress in African American women. *Cultural Diversity and Ethnic Minority Psychology, 14,* 173–182.

Wortman, C. B., Adesman, P., Herman, E., & Greenberg, P. (1976). Self-disclosure: An attributional perspective. *Journal of Personality and Social Psychology, 33,* 184–191.

Wray, N. R., Middeldorp, C. M., Birley, A. J., Gordon, S. D., Sullivan, P. F., Visscher, P. M., et al. (2008). Genome-wide linkage analysis of multiple measures of neuroticism of 2 large cohorts from Australia and the Netherlands. *Archives of General Psychiatry, 65,* 649–658.

Wright, J. T., Jr., Dunn, K., Cutler, J. A., Davis, B. R., Cushman, W. C., et al. (2005). Outcomes in hypertensive Black and nonblack patients treated with chlorthalidone, amlodipine, and lisinopril. *Journal of the American Medical Association, 293,* 1595–1608.

Wright, K. P., Jr., Hull, J. T., Hughes, R. J., Ronda, J. M., & Czeisler, C. A. (2006). Sleep and wakefulness out of phase with internal biological time impairs learning in humans. *Journal of Cognitive Neuroscience, 18,* 508–521.

Yager, J. (2006, October 16). Which patients with major depression will relapse despite maintenance fluoxetine? *Journal Watch Psychiatry*. Retrieved from http://psychiatry.jwatch.org/cgi/content/full/2006/1016/4

Yang, Q., She,H., Gearing, M., Colla, E., Lee, M., Shacka, J. J., & Mao, Z. (2009). Regulation of neuronal survival factor MEF2D by chaperone-mediated autophagy. *Science, 323,* 124–127.

Yatham, L. N. (2011) A clinical review of aripiprazole in bipolar depression and maintenance therapy of bipolar disorder. *Journal of Affective Disorders, 128,* S21–S28.

Yoder, A. E. (2000). Barriers to ego identity status formation: A contextual qualification of Marcia's identity status paradigm. *Journal of Adolescence, 23,* 95–106.

Young, K. S. (2008). Internet sex addiction: Risk factors, stages of development, and treatment. *American Behavioral Scientist, 52,* 21–37. *American Behavioral Scientist, 52,* 21–37.

Young-Wolff, K. C., Enoch, M.-A., & Prescott, C. A. (2011). The influence of gene–environment interactions on alcohol consumption and alcohol use disorders: A comprehensive review. *Clinical Psychology Review, 31,* 800–816. doi:10.1016/j.cpr.2011.03.005

Yücel, M., Solowij, N., Respondek, C., Whittle, S., Fornito, A., Pantelis, C., et al. (2008). Regional brain abnormalities associated with long-term heavy cannabis use. *Archives of General Psychiatry, 65,* 694–701.

Yurgelun-Todd, D. A., & Killgore, W. D. S. (2006). Fear-related activity in the prefrontal cortex increases with age during adolescence: A preliminary fMRI study. *Neuroscience Letters, 406,* 194–199.

Zajonc, R. B. (1968). Attitudinal effects of mere exposure. *Journal of Personality and Social Psychology, 9,* 1–27.

Zak, P. J. (2012, April 27). The trust molecule. *The Wall Street Journal*, pp. C1, C2.

Zalewska, A. M. (2010). Relationships between anxiety and job satisfaction – three approaches: 'Bottom-up', 'top-down' and 'transactional.' *Personality and Individual Differences, 50,* 977–986. doi:10.1016/j.paid.2010.10.013

Zane, N., & Sue, S. (1991). Culturally responsive mental health services for Asian Americans: Treatment and training issues. In H. F. Myers et al. (Eds.), *Ethnic minority perspectives on clinical training and services in psychology* (pp. 49–58). Washington, DC: American Psychological Association.

Zarevski, P., Marusic, I., Zolotic, S., Bunjevac, T., & Vukosav, Z. (1998). Contribution of Arnett's inventory of sensation seeking and Zuckerman's sensation seeking scale to the differentiation of athletes engaged in high and low risk sports. *Personality & Individual Differences, 25,* 763–768.

Zebenholzer, K., Rudel, E., Frantal, S., Brannath, W., Schmidt, K., Wöber-Bingöl, C., et al. (2011). Migraine and weather: A prospective diary-based analysis. *Cephalalgia, 31,* 391.

Zenter, M. R. (2005). Ideal mate personality concepts and compatibility in close relationships: A longitudinal analysis. *Journal of Personality and Social Psychology, 89,* 242–256.

Zernicke, K (2005, March 12). A 21st-birthday drinking game can be a deadly rite of passage. *The New York Times*, pp. A1, A13.

Zimmerman, E. (2011, July 31). Putting a shared office to the test. *The New York Times, p.* BU7.

Zimmermann, P., Brückl, T., Nocon, A., Pfister, H., Binder, E. B., et al. (2011). Interaction of FKBP5 gene variants and adverse life events in predicting depression onset: Results from a 10–year prospective community study. *American Journal of Psychiatry, 168,* 1107–1116. doi: 10.1176/appi.ajp.2011.10111577

Zucker, A. N., Ostrove, J. M., & Stewart, A. J. (2002). College-educated women's personality development in adulthood: Perceptions and age differences. *Psychology and Aging, 2,* 236–244.

Zucker, K. J. (2005a). Gender identity disorder in children and adolescents. *Annual Review of Clinical Psychology, 1,* 467–492.

Zucker, K. J. (2005b). Gender identity disorder in girls. In D. J. Bell, S. L. Foster, & E. J. Mash, (Eds.), *Handbook of behavioral and emotional problems in girls: Issues in clinical child psychology* (pp. 285–319). Kluwer Academic/Plenum Publishers.

Zuckerberg, M. (2009, April 8). *200 million strong*. Retrieved from http://ja-jp.facebook.com/blog.php?post=72353897130

Zuckerman, M. (1980). Sensation seeking. In H. London & J. Exner (Eds.), *Dimensions of personality*. New York: John Wiley & Sons.

Zuckerman, M. (2006). Biosocial bases of sensation seeking. In T. Canli (Ed.), *Biology of personality and individual differences* (pp. 37–59). New York: Guilford Press.

찾아보기